子どもの本

情報教育・プログラミングの本 2000冊

野口武悟 編

日外アソシエーツ

Guide to Books for Children

2000 Works
by
Informatics Education & Programing

Compiled by

Takenori NOGUCHI

©2018 by Nichigai Associates, Inc.

Printed in Japan

本書はディジタルデータでご利用いただくことが
できます。詳細はお問い合わせください。

●編集担当● 成田 さくら子

刊行にあたって

　パーソナルコンピュータの発売から40年、インターネットの普及から20年。この間、社会は急速に情報化し、いまや高度情報社会といわれるようになった。私たちの日々の暮らしも、各種の情報端末とインターネット抜きには考えられなくなった。学校においては、子どもの情報活用能力を育成するためにさまざまな教育実践（情報教育）が行われるようになり、高等学校では2003（平成15）年から教科「情報」が新設された。また、2017（平成29）年から2018（平成30）年にかけて改訂された各校種の「学習指導要領」では、論理的思考力や創造性などの育成を目指してプログラミング教育を行うことが求められ、情報教育は新たな局面を迎えている。

　本書は、2010年以降に出版された高校生以下の子どもとその親・教師を対象とした情報分野の図書1,948冊を収録した図書目録である。「パソコン・スマホを知ろう」「ICT（情報通信技術）を知ろう」「ネットワークコミュニケーションと情報化社会」「プログラミングと人工知能（AI）」「いろいろなソフトウェア」「ICTと職業・家庭」「学校教育とICT」の大見出しを設けて、図書を分類した。本文は、現在手に入れやすい本がすぐわかるように出版年月の新しいものから順に排列し、初版と改訂版がある場合などは最新版を収録した。また、選書の際の参考となるように目次と内容紹介を載せ、巻末には書名索引と事項名索引を付して検索の便を図った。

　本書が、小学校・中学校・高等学校の学校図書館や公共図書館の児童コーナーなどの場で、本の選書から紹介まで幅広く活用されることを願っている。

　2018年9月

　　　　　　　　　　　　　　　　　　　　　野口　武悟

凡　例

1．本書の内容

　　本書は、小学・中学・高校生、およびその親・教師を対象とした情報教育、プログラミングについて書かれた図書を集め、テーマ別にまとめた図書目録である。

2．収録の対象

1) 小学・中学・高校生とその親を対象とした情報教育、プログラミングについて書かれた図書（学習漫画・学習参考書を含む）、および教師用指導書・解説書、あわせて 1,948 冊を収録した。
2) 原則 2010 年以降に日本国内で刊行された図書を対象とした。
3) 初版と改訂版、単行本と文庫版、年刊ものなどの場合は、最新版を収録した。

3．見出し

　　各図書を「パソコン・スマホを知ろう」「ICT（情報通信技術）を知ろう」「ネットワークコミュニケーションと情報化社会」「プログラミングと人工知能（AI）」「いろいろなソフトウェア」「ICT と職業・家庭」「学校教育と ICT」に大別し、さらにテーマごとに小見出しを設けて分類した。

　　読者対象が主として親や教師といった「大人」向けである図書については、各テーマ見出しの下に「◆◆◆」を設けて別立とした。

4．図書の排列

　　各見出しのもとに出版年月の逆順に排列した。出版年月が同じ場合は書名の五十音順に排列した。

5．図書の記述

書名／副書名／巻次／各巻書名／各巻副書名／各巻巻次／著者表示／版表示／出版地＊／出版者／出版年月／ページ数または冊数／大きさ／叢書名／叢書番号／副叢書名／副叢書番号／叢書責任者表示／注記／定価（刊行時）／ISBN（Ⓘで表示）／NDC（Ⓝで表示）／目次／内容

＊出版地が東京の場合は省略した。

6．書名索引

各図書を書名の読みの五十音順に排列して著者名を補記し、本文での掲載ページを示した。

7．事項名索引

本文の各見出しの下に分類された図書に関する用語、テーマ、人名などを五十音順に排列し、その見出しと本文での掲載ページを示した。

8．書誌事項の出所

本目録に掲載した各図書の書誌事項等は主に次の資料に拠っている。

データベース「bookplus」

JAPAN/MARC

目　　次

パソコン・スマホを知ろう ……… 1

コンピュータ ……………………… 1
タブレット ……………………… 14
ITの偉人たち（伝記）…………… 14
スマートフォン ………………… 24

ICT（情報通信技術）を知ろう ………………………… 28

インターネットとは？ …………… 28
ホームページのしくみ ………… 40
くらしのなかの情報技術 ………… 43

ネットワークコミュニケーションと情報化社会 …………… 54

ネットワークコミュニケーション … 54
メール ………………………… 55
SNS…………………………… 57
情報メディア …………………… 62
メディアリテラシー …………… 73
情報化社会・倫理 ……………… 81
情報モラル・ネットマナー …… 90
著作権 ………………… 103
情報セキュリティ ……………… 107
情報社会のトラブル …………… 117
インターネット・SNSの悩み …… 118

健康被害 …………………… 130
ネット依存 …………………… 130
身体的な影響 ………………… 137
ネット犯罪 …………………… 141

プログラミングと人工知能（AI） …………………… 145

プログラミング ………………… 145
アプリ ………………………… 184
ビッグデータ・人工知能（AI）… 189
ロボット ………………………… 208
電子工作 ………………………… 226

いろいろなソフトウェア …… 238

Office系 ………………………… 238
画像・動画編集系 ……………… 240
その他 …………………………… 246

ICTと職業・家庭 ………… 250

ICTにかかわる職業 …………… 250
家庭とICT ……………………… 261

(6)

学校教育とICT······················ 280

指導要領・教育論 ····················· 280
　プログラミング教育 ·············· 318
　特別支援教育 ························ 324
スクールカウンセリング・ソー
シャルワーク ························ 330

情報教育全般 ······················ 336

書名索引 ······························· 345
事項名索引 ···························· 379

パソコン・スマホを知ろう

コンピュータ

『コンピューターってどんなしくみ？―デジタルテクノロジーやインターネットの世界を超図解』 村井純，佐藤雅明監修 誠文堂新光社 2018.4 155p 21cm （子供の科学★ミライサイエンス）〈索引あり〉 1200円 ①978-4-416-51806-9 ⑩007.63

『最強！ はたらくスーパーマシンのひみつ100』 学研プラス 2017.6 207p 17cm （SG100） 1200円 ①978-4-05-204610-0 ⑩530
目次 はたらく機械・乗り物（水陸両用多目的浚渫船，クレーン船 ほか），人を運ぶマシン（超音速自動車，モンスタートラック ほか），科学のマシン（ニュートリノ観測装置，スーパーコンピュータ ほか），宇宙のマシン（小惑星探査機，惑星探査機 ほか），いろいろなマシン（ウォータージェットマシン，ロボットスーツ ほか）
内容 この世界には，さまざまなところで活やくするすばらしいマシンがたくさんある。おもわず「すごい！」と言いたくなる迫力の写真と選びぬかれた100のひみつできみをスーパーマシンの世界に案内しよう。最後のクイズにすべて答えられたとき，きみはスーパーマシン博士だ！

『スマホ世代のためのパソコン入門―やさしい図解』 村松茂著 秀和システム 2017.3 143p 19cm 〈索引あり〉 1200円 ①978-4-7980-4932-8 ⑩548.29
目次 第0章 なぜパソコンを使わなければならないのか，第1章 スマートフォンとパソコンは何が違うのか，第2章 スマートフォンとパソコンの基本操作の違い，第3章 スマートフォンとパソコンの文字入力の違い，第4章 インターネットの楽しみ方の違い，第5章 メールを使うときの違い，第6章 写真，音楽，ビデオを楽しむときの違い，第7章 SNSを楽しむときの違い
内容 今からサクッとパソコンデビュー！「スマホ世代のパソコン知らず」から卒業する本。

『脳のひみつにせまる本 3 脳科学の最前線』 川島隆太監修，こどもくらぶ編 京都 ミネルヴァ書房 2015.10 31p 27cm〈文献あり 索引あり〉 2500円 ①978-4-623-07436-5 ⑩491.371
目次 1 現代人の日常生活と脳（忘れるってどういうこと？，テレビやゲームは脳のはたらきを抑制する！，スマホと成績との関係，スマホは脳に悪影響!?，脳は糖分ではたらく，朝ごはんが大事！，主食とおかずで脳の力を引きだす），2 人工の「脳」（人間とコンピューターの将棋対局，念じただけでロボットが動く!?，「ロボットは東大に入れるか」，脳に近づくコンピューター，「ニューラルネットワーク」とは？，人間の脳は変化している！，100年後の脳はどうなっている？）
内容 脳のはたらきは現在，どんどん解明が進んでいます。脳の記憶のメカニズムとは？ 人間の脳をコンピューターでつくることはできる？…など，最前線の脳研究を紹介します。

『小学生でもわかるスマホ＆パソコンそもそも事典』 秋田勘助著 新潟 シーアンドアール研究所 2015.7 151p 24cm〈索引あり〉 1500円 ①978-4-86354-176-4 ⑩548.29

『コンピュータのひみつ』 ひろゆうこ漫画，橘悠紀構成 学研パブリッシングコンテンツ事業推進部グローバルCB事業室 2015.3 127p 23cm （学研まんがでよくわかるシリーズ 99） ⑩548.2

『ハロー！ スパコン―スパコンって何だろう？ 私たちのくらしとどうつながっているのかな？』 神戸 理化学研究所計算科学研究機構 2015.3 11p 30cm ⑩548.291

『スマホ・パソコン・SNS―こどもあんぜん図鑑 よく知ってネットを使おう！』 講談社編，藤川大祐監修 講談社 2015.2 55p 27cm 〈索引あり〉 2000円 ①978-4-06-219305-4 ⑩694.6
目次 1 ネットのふしぎ（どうしてスマホはいろいろなことができるの？，ネットはどんなところで使われているの？，スマホとパソコンは，どこがちがうの？ ほか），2 レッツ！ コミュニケーション（友だちと楽しくメッセージをやりとりしたい，あぶないメッセージには，どんなものがあるの？，

コンピュータ　　　　　　　　　　　　　　　　　　パソコン・スマホを知ろう

アプリで友だちをどんどん増やしたい　ほか），3 レッツ！ スマホ・パソコン（発信するときに，気をつけることは？，写真をのせるときに，気をつけることは？，人気マンガのキャラクターを，アイコンに使ってもいいか？　ほか）

|内容| ネットのしくみを絵を使ってわかりやすく説明しています。SNSのトラブルなど，どんなことに気をつけたらよいかを学ぶことができます。ネットをじょうずに活用することができる能力，ネットリテラシーを育てます。

『世界一やさしいパソコンの本』　ぴよひな著　大阪　パレード　2014.5　62p　20cm　（Parade Books）〈発売：星雲社〉　1852円　Ⓘ978-4-434-19320-0　Ⓝ548.2

|目次| 家族になるまで─パソコンの仕組み（家族を探すCPUくん，マザーボードのお母さん，双子のメモリ，HDDお姉ちゃん，電源お父さん），コンピューターが生まれるまで

|内容| 絵本，だけど実用書。パソコンを愛するタレントが書く，小学生でもわかるパソコンの仕組み。ブログ大反響の「コンピューターの歴史」収録！

『ぱそこんたろうといたずらいぬろうくん』　パソコンたろうさく，パソコンえみえ　［鹿沼］　IT Supportパソコン太郎　2014　1冊（ページ付なし）　30cm　（パソコン太郎の夢絵本シリーズ　1）　980円　Ⓘ978-4-9908313-0-1　Ⓝ548.29

『ソニー』　こどもくらぶ編さん　ほるぷ出版　2013.1　39p　29cm　（見学！日本の大企業）〈年譜あり　索引あり〉　2800円　Ⓘ978-4-593-58671-4　Ⓝ542.09

|目次| 従業員約20名からのスタート，創業者・井深大という人物，ソニーの名を世界へ，創業から10年がすぎて，ソニー・アメリカの設立，アメリカのビジネス，厚木工場完成，さまざまなテレビの開発，はげしい戦い，ウォークマン登場！，電卓の開発に成功，ソニーのコンピュータの歴史，新たな規格争い，ソニーのつよみとこだわり

|内容| 世界にほこる日本の大企業として知られる，ソニーの歩みを見ていきます。あわせて，ソニーを支える技術面での努力や考え方について，くわしく見ていきます。

『日本のコンピュータ・IT』　こどもくらぶ編さん　ほるぷ出版　2010.12　39p　29cm　（世界にはばたく日本力）〈索引

あり〉　2800円　Ⓘ978-4-593-58636-3　Ⓝ547

|目次| 世界をリードするインターネット技術（ここがすごい！ 日本のインターネット技術，日本の技術の背景をさぐる，世界で活躍する日本人，世界をリードする日本の企業，もっとくわしく 日本のICTインフラに関する国際比較評価レポート），ユビキタスネット社会の実現（ここがすごい！ 日本の情報通信技術，日本の技術の背景をさぐる，世界で活躍する日本人，もっとくわしく スマート・ユビキタスネット社会実現戦略），世界にほこる日本の携帯電話（ここがすごい！ 日本の携帯電話，日本の技術の背景をさぐる，世界で活躍する日本人）

|内容| 本書では，コンピュータ・ITの技術力のなかから，インターネットと携帯電話について見ていきましょう。また，すぐれた情報通信技術を活用し，ユビキタスネット社会の実現をめざす日本の取り組みについても見ていきましょう。そして，日本の技術力のすごさ，その背景となるもの，その技術力によって世界で活躍する日本人について知りましょう。

『徹底図解 パソコンのしくみ─CPU、スマホ、クラウドなど最新テクノロジーがわかる！』　高作義明著　新版　新星出版社　2018.7　207p　21cm　1500円　Ⓘ978-4-405-10728-1

|目次| パソコンの構成，パソコンを取り巻く最先端の技術，パソコン本体のしくみ，入出力装置のしくみ，外部記憶媒体のしくみ，音楽と映像機器のしくみ，OSのしくみ，アプリケーションのしくみ，インターネットのしくみ，パソコンの歴史〔ほか〕

『Mac100％　vol.25　ビギナーあるある、ぜ～んぶ解決！ 初心者の大疑問100』　晋遊舎　2018.7　146p　30cm　（100％ムックシリーズ）〈家電批判特別編集〉　1380円　Ⓘ978-4-8018-0930-7　Ⓝ007.63

『よくわかる 初心者のためのパソコン入門─Windows10 April 2018 Update対応』　富士通エフ・オー・エム著・制作　改訂版　FOM出版　2018.7　198p　29×21cm　1000円　Ⓘ978-4-86510-356-4

|目次| 第1章 パソコンを触ってみよう，第2章 ウィンドウを操作してみよう，第3章 文字入力をマスターしよう，第4章 文書を作成しよう，第5章 ファイルやフォルダーを上手に管理しよう，第6章 インターネットで情報を収集しよう，第7章 メールを送受信しよう，第8章 セキュリティ対策を万全にしよう，第9章 いろいろなアプリを活用しよう，付録 パソコンのトラブルを解決しよう

パソコン・スマホを知ろう　　コンピュータ

内容 はじめてパソコンを使う方に、パソコンの操作方法をわかりやすく解説！Windows10の便利なアプリの使い方も紹介！困ったときに役立つトラブル解決術の付録付き！

『Windows10セミナーテキスト』 土岐順子著　第2版　日経BP社　2018.6　239p　28×21cm〈発売：日経BPマーケティング〉1700円　①978-4-8222-5346-2

目次 第1章 Windows10の基本操作，第2章 アプリの基本操作，第3章 ファイルの管理，第4章 Windows10の設定の変更，第5章 インターネットの利用，第6章 周辺機器の接続

『データサイエンス入門』 竹村彰通著　岩波書店　2018.4　166,5p　18cm　（岩波新書 新赤版 1713）〈文献あり〉760円　①978-4-00-431713-5　Ⓝ007

目次 1 ビッグデータの時代（データサイエンスの登場，台頭するデータサイエンティスト，統計学の流れ ほか），2 データとは何か（定義と種類，コストと価値，ばらつきと分布 ほか），3 データに語らせる一発見の科学へ向けたスキル（データサイエンスのスキルの学び方，データ処理と可視化，データの分析とモデリング ほか），付録1 統計学の歴史の概要，付録2 コンピュータの歴史の概要

内容 ビッグデータの時代だ。さまざまな分野の研究がデータ駆動型に変わってきている。ビジネスでのビッグデータ利用も人工知能の開発とあいまって盛んだ。データ処理、データ分析に必要な情報学（コンピュータ科学）、統計学の基本知識をおさえ、新たな価値創造のスキルの学び方を紹介する。待望の入門書。

『パソコン完全ガイド ［2018］ 最新パソコン完全網羅！ これ一冊で全部わかります』 晋遊舎　2018.2　97p　29cm（100%ムックシリーズ一完全ガイドシリーズ 208）〈家電批評特別編集〉680円　①978-4-8018-0856-0　Ⓝ007.63

『すぐ使えるWindows 10&Office活用読本 2018年版』 日経パソコン編集編［東京］　日経BP社　2018.1　161p　28cm〈発売：日経BPマーケティング〉

『すぐ使えるMac&Office活用読本 2018年版』 日経パソコン編集編［東京］　日経BP社　2018.1　177p　28cm〈発売：日経BPマーケティング〉

『はじめてのマック―Windowsとは違うMacのキホン 2018 OSの違いを理解してすばやく操作習得、便利に使いこなせる！』 マイナビ出版　2017.12　143p　29cm（マイナビムック―Mac Fan Special）〈最新Macと最新macOS High Sierra対応！〉1380円　①978-4-8399-6514-3　Ⓝ007.63

『量子計算理論―量子コンピュータの原理』 森前智行著　森北出版　2017.11　183p　22cm〈他言語標題：QUANTUM COMPUTING　文献あり　索引あり〉3600円　①978-4-627-85401-7　Ⓝ007.1

目次 古典計算―ベクトルと演算子による表現，量子計算（基礎、発展），測定型量子計算，計算量理論の基礎，状態の検証，量子対話型証明系，超量子計算，非ユニバーサル量子計算

内容 従来のコンピュータのしくみと何がどう違うのか？ なぜ速いのか？ 実用化が現実味を帯びてきた量子コンピュータ。その原理について、基礎から最先端の話題までを幅広く解説。

『はじめてのMacパーフェクトガイド―最速でMacが使えるようになる！』 スタンダーズ　2017.8　95p　30cm〈他言語標題：Mac First Experience Perfect Guide　最新macOS Sierra対応版〉926円　①978-4-86636-087-4　Ⓝ007.63

『IT全史―情報技術の250年を読む』 中野明著　祥伝社　2017.7　366,7p　19cm〈索引あり〉1800円　①978-4-396-61612-0　Ⓝ547.48

目次 プロローグ 生態史観から見る情報技術，第1章 腕木通信が空を駆ける一近代的情報技術の幕開け，第2章 電気を使ったコミュニケーション，第3章 音声がケーブルを伝わる，第4章 電波に声をのせる，第5章 テレビ放送時代の到来，第6章 コンピュータの誕生，第7章 地球を覆う神経網，第8章 IoE、ビッグデータ、そしてAI，エピローグ「超」相克の時代を迎えて

内容 産業革命のあと、フランスで腕木通信と呼ばれる技術が誕生したのが1794年。レイ・カーツワイルが主張する「シンギュラリティ」、すなわちコンピュータの能力が人間を超え、これまでとまったく異なる世界が現れるのが2045年とされている。本書は、この間250年の物語だ。情報技術の過去を振り返り、現在を検証し、将来を構想する。

『パソコン初心者が文字入力で困ったら読む本――本指でもサクサク打てる、キーボード超入門』 可知豊著　秀和システム　2017.5　167p　19cm〈索引あり〉1200円　①978-4-7980-4990-8　Ⓝ809.9

子どもの本 情報教育・プログラミングの本2000冊　**3**

コンピュータ　　　　　　　　　　　　　　　　　　パソコン・スマホを知ろう

|目次| 第1章 パソコンが苦手な、あなたへ、第2章 まずは基本から。35個のキーだけで日本語入力できる、第3章 ひらがなのステップアップと、記号の入力を覚えちゃおう、第4章 次は「文章」！漢字や記号・絵文字を上手に呼び出そう、第5章 実はこれが重要！「間違ったトコロ、パパッと直せる？」、第6章 入力で困ったときの解決法と、知っておくと役に立つこと

|内容| ボタンいっぱいのキーボード…でも実は、あの中の3分の1だけ使えば楽勝なんです！1本指で迷いながら入力している人も、1日でつまずかなくなります！「タッチタイピングっぽく見える」ちょっとカッコいい入力のしかたも教えますよ！

『**Windows10・メール・インターネット・ワード・エクセル・パワーポイント必須の操作がまとめてわかる本**』 スタンダーズ 2017.4 127p 26cm 〈「Windows10・メール・インターネット・ワード・エクセル・パワーポイント設定・操作がかんたんにできる本」(2016年刊)の改題、加筆・修正を行った再編集版〉1000円 ①978-4-86636-058-4 ⑩007.63

『**コンピューター・リテラシー—PCの基礎から実践まで**』 宮田雅智、宮治裕、河島茂生著 DTP出版 2017.4 154p 26cm 1100円 ①978-4-86211-612-3 ⑩007.6

『**最新・基本パソコン用語事典—Basic Edition オールカラー**』 秀和システム第一出版編集部編著 第4版 秀和システム 2017.4 491p 19cm 〈索引あり〉950円 ①978-4-7980-4866-6 ⑩007.033

|内容| 情報社会の最新常識1610語超を厳選！最新情報、技術用語の意味と仕組みがよ〜くわかる！

『**使って学んで知ろうPC（パソコン）のころえneo**』 楊国林、篠政行、明田川紀彦著 改訂2版 町田 ポラーノ出版 2017.4(3刷) 226p 26cm 〈他言語標題：Computer literacy principles and practice 文献あり〉2400円 ①978-4-908765-10-0 ⑩007.6

『**チューリングの大聖堂—コンピュータの創造とデジタル世界の到来　下**』 ジョージ・ダイソン著、吉田三知世訳 早川書房 2017.3 390p 16cm （ハヤカワ文庫 NF 492—[〈数理を愉し

む〉シリーズ]）〈2013年刊の二分冊〉1060円 ①978-4-15-050492-2 ⑩548.2

|目次| 第10章 モンテカルロ、第11章 ウラムの悪魔、第12章 バリチェリの宇宙、第13章 チューリングの大聖堂、第14章 技術者の夢、第15章 自己複製オートマトンの理論、第16章 マッハ九、第17章 巨大コンピュータの物語、第18章 三九番めのステップ

|内容| 科学者たちがコンピュータ開発を成し遂げられたのは、学問の自由と独立を守るプリンストンの高等研究所という舞台あればこそである。そこでフォン・ノイマンはどう立ち回り、アインシュタインやゲーデルを擁した高等研究所はいかにしてその自由性を得られたのか。彼らの開発を支えた科学者・技術者はどのように現代に直結する偉業を成し遂げたか。大戦後の混乱に埋もれていた歴史事情を明らかにした大作。

『**チューリングの大聖堂—コンピュータの創造とデジタル世界の到来　上**』 ジョージ・ダイソン著、吉田三知世訳 早川書房 2017.3 426p 16cm （ハヤカワ文庫 NF 491—[〈数理を愉しむ〉シリーズ]）〈2013年刊の二分冊〉1060円 ①978-4-15-050491-5 ⑩548.2

|目次| 第1章 一九五三年、第2章 オルデン・ファーム、第3章 ヴェブレンのサークル、第4章 ノイマン・ヤーノシュ、第5章 MANIAC、第6章 フルド219、第7章 6J6、第8章 V40、第9章 低気圧の発生

|内容| 現代のデジタル世界の発端は、数学者チューリングの構想した「チューリングマシン」に行きつく。理論上の存在だったそのマシンを現実に創りあげたのが万能の科学者フォン・ノイマン。彼の実現した「プログラム内蔵型」コンピュータが、デジタル宇宙を創成したのだ。開発の舞台となった高等研究所に残る文献や写真資料、インタビュー取材をもとに編まれた、決定版コンピュータ「創世記」。第49回日本翻訳出版文化賞受賞。

『**パーソナルコンピュータ博物史—パソコンの時代を築き上げたレトロパソコンたち**』 京都コンピュータ学院KCG資料館著、京都情報大学院大学監修、講談社ビーシー編 講談社ビーシー 2017.3 143p 19cm 〈発売：講談社〉1300円 ①978-4-06-220563-4 ⑩548.295

|目次| 第1章 レトロパソコン写真館、第2章 レトロパソコン情報館、第3章 レトロパソコンの周辺機器、第4章 パソコンへの道、第5章 レトロパソコンのCPU、付録 巻末資料集

|内容| パソコンの発達と普及の歴史をこの一冊で！パソコンはいかにして生まれて、いかにして普及していったのか？歴史に残る代表的なレトロパソコンを多数掲載。

『理解するほどおもしろい！ パソコンの
しくみがよくわかる本』 丹羽信夫著
技術評論社 2017.2 255p 23cm 〈索
引あり〉 1880円 ①978-4-7741-8656-6
Ⓝ548.29

目次 1 パソコンはこんな機械，2 パソコン
の中はどうなっている？，3 パソコンをさ
らに便利にする周辺機器，4 パソコンのOS
とアプリケーション，5 ファイルがわかる
とパソコンがもっとわかる，6 いつも使っ
ているインターネットのしくみ，7 パソコ
ンを安心して使うために

内容 パソコンの中はどうなっている？ OS
にはどんな役割がある？ メールが相手に届
くしくみは？ 高品質なサウンドはどこが違
う？ パソコンのあんな疑問、こんな疑問に
答えます！

『プレ・シンギュラリティ―人工知能とス
パコンによる社会的特異点が迫る』 齊
藤元章著 PHP研究所 2017.1 254p
19cm 〈他言語標題：The Pre-
Singularity 「エクサスケールの衝撃」
（2015年刊）の改題、抜粋版〉 1300円
①978-4-569-83244-9 Ⓝ548.291

目次 序章 人類の未来を変える可能性を秘
めた半導体，第1章 急速に近づく「プレ・シ
ンギュラリティ（前特異点）」，第2章「エク
サスケール・コンピューティング」によって
すべてが変わる，第3章 まずエネルギーが
フリーになる，第4章 生活のために働く必
要がない社会の出現，第5章 人類が「不老」
を得る日，第6章 新しい価値観が生まれる，
終章 我々日本人が次世代スーパーコン
ピュータを開発する

内容 現実がSFを超える日は近い。「現生人
類」から「新生人類」へ―われわれは、壮大
な新世界の扉を開く―2015年に世界スパコン
ランキング「Green500」で世界1～3位を独
占、その後は史上初の三連覇を達成。2015
年日本イノベーター大賞受賞、気鋭の研究
開発者が描き出す「鮮烈な未来」。

『あなたの知らないところでソフトウェア
は何をしているのか？―映画やゲーム
のグラフィックス、データ検索、暗号
化、セキュリティー、データ圧縮、ルー
ト探索……華やかな技術の裏でソフト
ウェアがしていること』 V.Anton
Spraul著，原隆文訳 オライリー・ジャ
パン 2016.5 266p 21cm 〈索引あり〉
発売：オーム社） 2600円 ①978-4-
87311-767-6 Ⓝ007.63

目次 1章 暗号化，2章 パスワード，3章
Webセキュリティー，4章 映画のCGI，5章

ゲームグラフィックス，6章 データ圧縮，7
章 データ検索，8章 並行処理，9章 地図の
ルート探索

内容 データやパスワードはどのように暗号
化され守られているか、映画やゲームのの
グラフィックスはどのように作られているか、
動画や画像はどのように圧縮されているか、
巨大なデータベースの中でデータはどのよ
うに検索されているか、複数のプログラムが
衝突することなく並行処理できるのはなぜ
か、地図のルートはどのように探されてい
るか…美しいコンピューターグラフィック
ス、安全なオンラインショッピング、迅速な
Google検索など、我々がふだん当然のよう
に接しているテクノロジーの背後にある概念
や基本的な考え方をわかりやすく解説しま
す。学校教育などの学習教材にも好適です。

『パソコン操作の基礎技能』 小野哲雄監
修，蝦名信英著 札幌 サンタクロー
ス・プレス 2016.2 194p 26cm
2800円 ①978-4-9908804-0-8

目次 第1章 パソコン操作と健康被害（VDT
とは何か，ネット犯罪 ほか），第2章 アプ
リケーションの基本操作（アプリケーション
とファイル，表計算ソフト ほか），第3章
コンピュータ・サイエンス（整数と小数，フ
ローチャートと数式記述法 ほか），第4章
パソコン概論（パソコンのOS，パソコンが
できるまで ほか）

内容 技術は嘘をつかない。自己流のプログ
ラムは稼働しない。これが最低限の基礎
力だ。

『コンピュータ開発のはてしない物語―起
源から驚きの近未来まで』 小田徹著
技術評論社 2016.1 319p 21cm
〈「コンピュータ史」（オーム社 1983年
刊）の改題、全面改訂 文献あり〉 1980
円 ①978-4-7741-7831-8 Ⓝ548.2

目次 第1章 コンピュータの起源を求めて，
第2章「最初のコンピュータ」はどのよう
にして誕生したのか，第3章 ソフトウェア
はコンピュータとともに産声を上げた，第4
章 世界を驚かせた日本のコンピュータ開
発，第5章 パソコンはどのようにして私た
ちに身近な存在になったのか，第6章 次々
に計算速度の記録を塗り替えるスーパーコ
ンピュータ，第7章 インターネットの誕生
とネット社会を構成するコンピュータの変
貌，第8章 コンピュータはどこへ行くのか
―近未来のコンピュータ化社会

内容 いまや日常的に使われ、身近にあふれ
るコンピュータ。その起源は実に3万5000年
前まで遡ることができる。古代からの計算
道具が、現在私たちの知るコンピュータに
姿を変えるまでには、パスカルやライプ
ニッツといった誰もが知る偉人たちの知ら
れざる発明が、そしてチューリングやノイ
マンなどコンピュータ科学の基礎を築いた
先駆者たちによる壮大なドラマがあった。

コンピュータ　　　　　　　　　　　パソコン・スマホを知ろう

現代に続くパソコンの開発競争、最新鋭の
コンピュータまで報告しつつ、驚愕の近未
来に迫る。「コンピュータの名著・古典100
冊」（インプレス）の1冊に選ばれた「コン
ピュータ史」（オーム社）を全面的に改訂し、
改題のうえここに上梓。

『**今度こそわかる量子コンピューター**』
西野友年著　講談社　2015.10　206p
21cm　（今度こそわかるシリーズ）〈索
引あり〉2900円　①978-4-06-156605-7
Ⓝ007.1

目次 予測できない情報?!を共有する，そろ
ばんから原子の世界へ，q‐bitは量子ビッ
ト，量子測定，並んだq‐bit，量子操作と演
算子，固有値と固有状態，量子ゲートと量子
回路，量子テレポーテーション，密度演算
子，エンタングルメント，誤り訂正符号，量
子暗号，量子探索，古典コンピューターの不
思議

内容 どういう原理なのか？　おもしろいほ
どよくわかる！　量子テレポーテーションや
量子暗号もわかりやすく解説。

『**わかるウィンドウズ10**』　コスモメディ，
庄子元，国本温子，わかる編集部執筆
学研パブリッシング　2015.9　271p
24cm　〈索引あり　発売：学研マーケ
ティング〉1000円　①978-4-05-406319-
8

目次 ここが変わったWindows10，
Windows10にアップグレードしよう，
Microsoftアカウントのセットアップ—パソ
コンを使う準備をしよう，基本を習得！　ま
ずはここから！—Windows10にさわってみ
よう，エクスプローラーの基本をつかむ！
—ファイル操作をマスターしよう，もっと
活用！　すばやく操作！—Windows10の便利
機能を使いこなそう，標準アプリの利用か
ら追加/削除まで！—アプリでパソコンの可
能性を広げよう，Edgeでホームページを賢
く利用！—インターネットの基本を身につ
けよう，送受信から添付・OneDrive連携ま
で！—メールで友だちとやり取りしよう，
写真の取り込み・閲覧・加工！—デジタル写
真を楽しく管理しよう，音楽の取り込み・購
入・CD作成！—パソコンでもっと音楽を楽
しもう，データをバックアップ！　友だちと
共有！—USB・DVD・CDにデータを保存
しよう，パソコンの「困った！」を完全解
消！—Windows10トラブルシューティング

『**できるゼロからはじめるパソコン超入
門**』法林岳之，できるシリーズ編集部著
インプレス　2015.8　254p　24cm
〈ウィンドウズ10対応　索引あり〉
1000円　①978-4-8443-3876-5

『**はじめてのWindows10　基本編**』　戸
内順一著　秀和システム　2015.8
287p　24cm　（BASIC MASTER
SERIES 444）〈Windows10
HomeProMobile対応　索引あり〉1000
円　①978-4-7980-4434-7

目次 Windows10へアップグレードする，
Windows10を始めよう，Windows10を使う
ために必要な操作，新しくなったスタート
画面の使い方を覚えよう，ストアアプリと
デスクトップアプリを同時に使ってみよう，
アプリをより便利に使う，エクスプロー
ラーを使いこなそう，新しいブラウザの
「Microsoft Edge」でインターネットを楽し
む，メールアプリを使ってみよう，PCの安
全性をセキュリティ面から高めようPCを快
適に使うためにメンテナンスをしよう，PC
で音楽を楽しもう，デジカメ写真を
Windows10で手軽に管理しよう，
Windows10付属のアプリを使ってみよう，
今更聞けないWindows10の使い方

『**速効！図解Windows 10—総合版**』　川
上恭子，白鳥睦，野々山美紀，後藤涼子著
マイナビ　2015.7　447p　24cm　〈索引
あり〉1790円　①978-4-8399-5699-8

目次 1 Windows10を使う準備，2 まずは
スタート画面を触ってみよう，3 ウィンド
ウとフォルダーの操作を確認しよう，4
Windows10のアプリを使いこなそう，5 写
真・音楽・映像を楽しもう，6 インターネッ
トを100%使いたおそう，7 メールのやりと
りを楽しもう，8 Windows10を自分ごのみ
に設定しよう，9 パソコンにつなげる，パ
ソコンを直す，10 セキュリティやユーザー
を設定しよう

内容 基本から応用まで，操作のギモンをす
べて解決。PC、タブレットともに使いやす
く進化したWindows10の新機能をわかりや
すく解説！　大きな画面で大きな文字。番号
順に操作すれば必ずできる。やりたいこと
がすぐ探せる。

『**量子コンピューターが本当にすごい—
Google，NASAで実用が始まった"夢
の計算機"**』　竹内薫著，丸山篤史構成
PHP研究所　2015.6　301p　18cm
（PHP新書 987）〈文献あり〉840円
①978-4-569-82498-7　Ⓝ007.1

目次 第1章 そもそも，「計算する」ってど
ういうこと？，第2章 コンピューターとは
なんだ？，第3章 コンピューターは，中で何
をやっているのか？，第4章 量子ってなん
だろう？，第5章 暗号—その華麗なる歴史，
第6章 量子コンピューターって，なんだ？

内容 量子力学の原理を使って複数の計算を
同時に行い，スパコンを圧倒的に凌ぐ計算
能力を持つ量子コンピューター。少し前ま
で「実現はするのは百年後」と目されていた

6

パソコン・スマホを知ろう　　　　　　　　　　　　　　　　　　　　　　　コンピュータ

が、2011年、カナダのD‐Wave社が突然、量子コンピューターの発売を発表。当初はその真偽が疑問視されていたが、2013年にGoogle,NASAが導入を決定。この快挙、実は日本人が開発した「量子アニーリング」方式の賜であった。暗号を軽々と解き、航空機のバグを即座に見つけ、今後社会をがらりと変えていく夢の計算機。量子コンピューターの凄さを、文系も楽しめるように基礎の基礎から解説する。

『**はじめてのMacBook Air/Pro100％入門ガイド―この一冊で最新Macを使いこなす！**』 小原裕太著　技術評論社　2015.4　127p　26cm〈OS 10 Yosemite対応　索引あり〉1280円　①978-4-7741-7168-5

目次 1 MacBookの基本（電源を入れてMacの初期設定をしよう，Macの本体について知ろう　ほか），2 インターネットを楽しむ（インターネットに接続しよう，SafariでWebページを見てみよう　ほか），3 インターネットを通じてコミュニケーションする（メールを使う準備をしよう，メールを受信して読んでみよう　ほか），4 デジカメ写真や音楽を楽しむ（写真を取り込んでみよう，写真を見てみよう　ほか），5 Macをもっと使いこなす（複数のウインドウを効率よく切り替えよう，デスクトップやDockを使いやすくしよう　ほか）

内容 はじめてでも安心！ やさしく丁寧な解説でMacの基本が丸わかり!!OS X Yosemite対応。

『**おしゃべりなコンピュータ―音声合成技術の現在と未来**』 情報・システム研究機構国立情報学研究所監修，山岸順一，徳田恵一，戸田智基，みわよしこ著　丸善出版　2015.3　210p　18cm（丸善ライブラリー 385―情報研シリーズ 19）〈文献あり〉760円　①978-4-621-05385-0　Ｎ549.9

目次 第1章 「コンピュータの声」に囲まれた私たちの日常，第2章 歌うコンピュータ，第3章 「化ける」コンピュータ―片思いの相手に話しかけてもらうには？，第4章 踏み越えるコンピュータ―「声」の障碍と音声合成，第5章 話すコンピュータ―言葉の壁を越える，第6章 おしゃべりなコンピュータの未来

内容 『ドラえもん』の「声のキャンデー」や『ミッション・インポッシブル3』など多くのフィクション作品にみられる音声合成シーン。現実は、フィクション作品に発揮された作者たちの想像力を、はるかに超えたところにあります。現在の音声合成は、いったい、どこまで進んでいるのでしょう

か？ どんなふうに利用されているのでしょうか？ どのような人の、どのような夢を現実にしてきたのでしょうか？ これから、どのような応用がなされていく可能性があるのでしょうか？ その応用は、人類の未だ見ない将来をどのように変えていくのでしょうか？「音声合成」という世界への旅に出発しましょう。

『**iMacマスターブック**』 松山茂，矢橋司著　マイナビ　2015.2　319p　24cm（MacFan BOOKS）〈OS 10 Yosemite対応版　索引あり〉1780円　①978-4-8399-5427-7

目次 1 覚えておきたい基礎知識，2 操作の基本をマスターする，3 インターネットを使いこなす，4 カスタマイズ＆徹底活用，5 アプリケーションを便利に使う，Appendix トラブルシューティング

内容 Yosemiteの新機能をチェック/iMacをセットアップ/キーボードやマウスを操作/起動しないときの対処法/メールを送受信/iCloudの設定を行う/iPhoneとやり取り/iTunesで音楽を聴く/写真やムービーを編集/オフィス文書を作成する/設定で使い勝手をアップ。はじめてのユーザーでもよくわかる！

『**スパコンを知る―その基礎から最新の動向まで**』 岩下武史，片桐孝洋，高橋大介著　東京大学出版会　2015.2　164p　21cm〈文献あり　索引あり〉2900円　①978-4-13-063455-7　Ｎ548.291

目次 第1章 スーパーコンピュータとは何か（スーパーコンピュータとは何か，スパコンは何に使われるのか？　ほか），第2章 スパコンはなぜ速く計算できるのか（プロセッサーコンピュータの心臓部，メモリ　ほか），第3章 スパコンを効果的に利用するには（スパコンが高速に計算できる条件，スパコンにおけるプログラミング），第4章 最新技術と将来展望（ベクトルプロセッサをスパコンに使う，演算アクセラレータをスーパーコンピュータに使う　ほか）

内容 世界で一番のコンピュータとは？ 普通のコンピュータとどこが違うの？ どんなことに使えるの？ どんな仕組みで、なぜ速く計算できるの？ 1位、2位はどうやって決めるの？

『**シュレーディンガーの猫、量子コンピュータになる。**』 ジョン・グリビン著，松浦俊輔訳　青土社　2014.3　303,7p　20cm〈文献あり　索引あり〉2600円　①978-4-7917-6771-7　Ｎ548.29

目次 量子猫での計算，第1部（チューリングとそのマシン，フォン・ノイマンとそのマシン），第2部（ファインマンと量子，ベルともつれた網），第3部（ドイッチュとマルチバー

子どもの本 情報教育・プログラミングの本2000冊　**7**

コンピュータ

パソコン・スマホを知ろう

ス，チューリングの後継たちと量子マシン），不協和の量子

|内容| 日々進歩し確実に実用に向かっている量子コンピュータ。チューリングやフォン・ノイマンの古典的コンピュータから、ファインマンやベルによる量子力学の展開を経て、ドイッチュの多世界を軸に、試行錯誤によって学習する機械、侵入不可能なパソコンやスマートフォン、超光速通信やテレポーテーションの可能性までを、わかりやすく網羅的に解説する。

『次世代スパコン「エクサ」が日本を変える！―「京」は凄い、“その次”は100倍凄い』 辛木哲夫著 小学館 2014.2 205p 18cm 〈小学館新書 198〉〈文献あり〉 720円 ①978-4-09-825198-8 Ⓝ548.291

|目次| 第1章 次世代スパコンが未来をつくる（スパコンはなぜ重要なのか、スーパーコンピュータの定義 ほか）、第2章 「京」のすごさと開発の難しさ（初めてのスパコンはiPhoneと同じレベル？、日本のスパコン開発の歴史 ほか）、第3章 エクサがつくる「京」の100倍の世界（エクサの概要、エクサ開発の難しさ ほか）、第4章 計算科学が世界をひらく（シミュレーションは第3の科学、シミュレーションとは何か ほか）、第5章 これからの課題とスパコンがつくる未来（クラウドで気軽にスパコンを使える、神戸市による利用者支援 ほか）

|内容| 6年後の完成を目標に、“エクサ”級のスーパーコンピュータの開発計画が進行中だ。日本が誇るスパコン「京」の後継機で、京の100倍規模の計算速度（1秒間に1エクサ回）を持つ。「エクサ」を利用すれば、大地震の際の津波や、近年増えているゲリラ豪雨、竜巻などの精密で迅速な予測ができると期待されている。また、新薬開発の期間・コストの削減、低燃費で安全な自動車開発、さらには暗黒物質など宇宙の謎の解明にも貢献する。我々の生活を安全・快適にする“エクサ”級スパコンの可能性を詳細に予測する。

『コンピュータって―機械式計算機からスマホまで』 ポール・E・セルージ著，山形浩生訳 東洋経済新報社 2013.12 228,34p 20cm 〈文献あり 索引あり〉 2200円 ①978-4-492-76213-4 Ⓝ007.6

|目次| 01 デジタル時代，02 最初のコンピューター1935〜1945年，03 プログラム内蔵方式，04 チップとシリコンバレー，05 マイクロプロセッサ，06 インターネットとワールドワイドウェブ，07 コンピューティングとコンピュータの未来

|内容| 終わりなき革新の歴史がわかる。デジタル時代の新しい教養書。ド文系でも読める進化史。

『コンピューターの基礎知識』 下田孔也著 オデッセイコミュニケーションズ 2013.11 224p 24cm 〈デジタルリテラシーの基礎 1〉〈IC3 GS4コンピューティングファンダメンタルズ対応 索引あり〉 1500円 ①978-4-9905124-5-3

|目次| 第1章 オペレーティングシステム（OS）の基礎（OSの役割と動作，ファイルやフォルダーの管理 ほか）、第2章 コンピューターハードウェアの概念（一般的なコンピューター用語の理解，コンピューター機器の種類 ほか）、第3章 コンピューターソフトウェアの概念（ソフトウェアの管理方法，ライセンス ほか）、第4章 トラブルシューティング（ソフトウェアの一般的な問題解決の方法，ハードウェアの一般的な問題解決の方法 ほか）

『生物化するコンピュータ』 デニス・シャシャ，キャシー・ラゼール著，佐藤利恵訳 講談社 2013.9 269p 20cm 〈年表あり〉 2800円 ①978-4-06-216534-1 Ⓝ548

|目次| 第1部 アダプティブ・コンピューティング（ロドニー・ブルックス―アニマル・ルール，グレン・リーヴスとエイドリアン・ストイカ―遠い惑星へ向かうための設計，ルイス・クオルス―設計チームを進化させる，ジェイク・ラヴレスとアムルト・バーランベ―大きな波に乗る，ナンシー・レヴェソン―「それがシステムなんだよ、お馬鹿さん」）、第2部 生きた素材を利用する（ネッド・シーマン―生命の端っこ，ポール・ローゼムント―命あるものは芸術を装う，スティーヴン・スキエナ―バグをプログラミングする，ジェラルド・サスマン―○億個の生物コンピュータを作る，ラディカ・ナグパル―ローカルからグローバルへ）、第3部 物理学と速度（モンティ・デノー―スピードの設計者，デヴィッド・ショー―アントンと偉大なフェムトスコープ，ジョナサン・ミルズ―自然現象を利用する，スコット・アーロンソン―物理学の新法則を見つけ出す）

|内容| 未来のコンピュータは生物と見分けがつかなくなる？ 自分で自分を修理するロボット、DNAや細菌を使う超並列コンピュータ、耐久性の低下を自ら知らせてくれる橋…。宇宙工学、金融学、医学などさまざまな分野で「生物とコンピュータの融合」はどこまで進んでいるのか。生物化するコンピュータの研究で世界をリードする科学者16人が語る未来像。

『納得！ 世界で一番やさしいデジタル用語の基礎知識』 湯浅顕人著 宝島社 2013.7 223p 16cm 〈宝島SUGOI文庫 Fゆ-2-1〉〈索引あり〉 562円 ①978-4-8002-1257-3 Ⓝ548.2

8

パソコン・スマホを知ろう　　　　　　　　　　　　コンピュータ

[目次] パソコン用語の基礎知識，ネット用語の基礎知識，デジカメ用語の基礎知識，スマホ用語の基礎知識，家電用語の基礎知識

[内容] パソコンやネット，スマホなど，デジタルの世界は日進月歩。次々に新しい言葉が出てくるので，ついていくのは大変です。本書は，現代社会に生き抜くために必要不可欠なデジタル用語の基礎知識をコンパクトにまとめた実用文庫です。事典のように使えるのはもちろん，頭から読んでいっても「なるほど納得！」と膝を打つ，「読める解説」を心がけました。一家に一冊，必携の基礎知識本です！

『図解初学者のためのコンピュータのしくみ』 平澤茂一監修，梅澤克之，石田崇著
安曇野　プレアデス出版　2013.5
228p　21cm〈文献あり　索引あり〉
1800円　①978-4-903814-60-5　Ⓝ548.2

[目次] コンピュータの歴史，コンピュータの基本，命令とデータ，2進演算と論理演算，パソコンのハードウェア，ソフトウェアとオペレーティングシステム(1)，オペレーティングシステム(2)とプログラミング，ネットワーク技術とインターネット，高信頼化コンピュータシステム，情報セキュリティの基礎，インターネットのセキュリティ対策，マルチメディア端末としてのコンピュータ，モバイル技術，コンピュータとネットワークの最新技術

[内容] どんな原理で動くのか？ 電卓からモバイル，クラウド，スーパーコンピュータまでバランスよく網羅し，わかりやすく解説。

『岩波講座計算科学　1　計算の科学』
宇川彰，押山淳，小柳義夫，杉原正顯，住明正，中村春木編集　宇川彰，押山淳，小柳義夫，杉原正顯，住明正，中村春木著
岩波書店　2013.4　172p　22cm〈付属資料：4p：月報 no.7　文献あり　年表あり　索引あり〉3200円　①978-4-00-011301-4　Ⓝ007.6

[目次] 第1章 計算科学とは，第2章 科学と計算の歴史，第3章 計算の哲学，第4章 計算可能性と計算量，第5章 展望，付録A スーパーコンピュータの歩み，付録B スーパーコンピュータ年表

[内容] 電子計算機は人間の脳をはるかに凌駕する計算能力をもつ。とりわけ超高速なスーパーコンピュータの登場は，自然や社会の現象の分析において革新的な変化を引き起した。科学はどのように変わるのか？これまで正面から取り上げられることの少なかった，方法論としての「計算の哲学」を議論する。これまでの計算の歴史も俯瞰し，未来を展望する。

『事例で学ぶコンピュータリテラシー』
菊地紀子著　第2版　学文社　2013.4
101p　26cm〈Office2010対応　索引あり〉2000円　①978-4-7620-2345-3

[目次] 第1章 コンピュータの基本（ハードウェア，ソフトウェア ほか），第2章 コンピュータの利用（ビジネス，学校，幼稚園・保育園），第3章 文書作成用ソフトの活用（手紙文とビジネス文書の違い，ビジネス文書・保護者宛文書など ほか），第4章 表計算用ソフトの活用（表作成，計算 ほか），第5章 プレゼンテーション用ソフトの活用（スライドの作成，文字や画像，スライドの効果ほか），第6章 ネットワークの活用（ホームページによる情報検索，電子メールの利用ほか）

『科学感動物語　11　チーム―夢を実現した最強のきずな』 学研教育出版
2013.2　215p　22cm〈発売：学研マーケティング〉1500円　①978-4-05-500981-2　Ⓝ402.8

[目次] 東京スカイツリー―前人未到の高さに挑む，大河内正敏―理想の研究所「理研」を救った男，ライト兄弟一力を合わせて"不可能の壁"を飛び越えた兄弟，島秀雄―父と子でつないだ，新幹線への夢，すばる望遠鏡―宇宙誕生の光を求めて，しんかい6500―深海6500m へ，25年にわたる挑戦，ジュールとトムソン―「熱力学」をつくった，ふたりの熱き友情，スーパーコンピューター「京」―全員の力で獲得した世界一，島津源蔵―「文明開化」の時代の技術開発，セルゲイ・ブリンとラリー・ペイジ（グーグル）―世界を変えた検索エンジン

『タイピングが1週間で身につく本―ポケット図解：超入門：超簡単』 佐藤大翔，アンカー・プロ著　最新版　秀和システム　2013.2　155p　19cm
(Shuwasystem PC Guide Book)
〈Windows8/7/VistaXPMobile対応　索引あり〉750円　①978-4-7980-3665-6

[目次] キーボードの基本編，日本語入力編，短期集中漢字変換トレーニング，実践タッチタイピング1週間でマスター，タブレット＆スマホユーザー限定特別トレーニング

[内容] 実践的なカリキュラムで1週間完全マスター。キーボードと日本語入力の基本操作がわかる。4種類の練習ソフトで楽しみながら腕試し。

『2100年の科学ライフ』 ミチオ・カク著，斉藤隆央訳　NHK出版　2012.9
471,7p　20cm　2600円　①978-4-14-081572-4　Ⓝ404

[目次] 1 コンピュータの未来―心が物を支配する，2 人工知能の未来―機械の進歩，3 医療の未来―完璧以上，4 ナノテクノロ

子どもの本 情報教育・プログラミングの本2000冊　**9**

コンピュータ　　　　　　　　　　　　　　　　　　　パソコン・スマホを知ろう

ジー―無から万物？，5 エネルギーの未来
―恒星からのエネルギー，6 宇宙旅行の未
来―星々へ向かって，7 富の未来―勝者と
敗者，8 人類の未来―惑星文明，9 二一〇
〇年のある日

[内容] コンピュータ，人工知能，医療，ナノ
テクノロジー，エネルギー，宇宙旅行…近未
来（現在〜2030年），世紀の半ば（2030年〜
2070年），遠い未来（2070年〜2100年）の各
段階で，現在のテクノロジーはどのように
発展し，人々の日常生活はいかなる形にな
るのか。世界屈指の科学者300人以上の取材
をもとに物理学者ミチオ・カクが私たちの
「未来」を描きだす―。

『今さら聞けないパソコンの常識』 トリ
プルウイン著 改訂4版 新星出版社
2012.8 303p 19cm 〈索引あり〉 1300
円 ⓘ978-4-405-04137-0 Ⓝ548.29
[目次] iPadなどのタブレット端末はパソコン
ですか？，押さえておきたい!!パソコンの
最新常識，今さら聞けない!?広がるパソコンの
世界，ここまで知れば大丈夫!!ハードウェア
の常識，押さえておきたい!!OSの一般常識，
ここまで知れば大丈夫!!ソフトウェアの常
識，今さら聞けない!?ソーシャル・ネット
ワークの常識，押さえておきたい!!インター
ネットの常識，今さら聞けない!?インター
ネット活用の常識，絶対に知っておこう!!
ネット犯罪対策，今さら聞けない!?プログラ
ムの一般常識，今，知りたい!!伝説となった
スティーブ・ジョブズの常識

[内容] 『知らなければならないパソコンの常
識』を分野別にピックアップ。コンピュー
タの最新常識をわかりやすく紹介する一冊
です。

『プロが教えるパソコンのすべてがわかる
本―メカニズムはもちろん，パソコンの
誕生から歴史，さらに製造工程までも徹
底解説！』 平沢茂一監修 ナツメ社
2012.7 255p 21cm （史上最強カ
ラー図解） 〈文献あり 索引あり〉 1500
円 ⓘ978-4-8163-5248-5 Ⓝ548.29
[目次] 第1部 パソコンの基礎のキソ（パソコ
ンとは？，パソコンをつくる），第2部 パソ
コンのしくみ（パソコンが動くしくみ，デー
タを保存するしくみ，パソコンを操作する
しくみ），第3部 パソコンの歴史（パソコン
の誕生から普及まで），第4部 パソコンを動
かそう（ソフトウェアとは？，プログラムを
つくる，マルチメディアとパソコン），第5
部 パソコンの未来とネットワーク（イン
ターネットを利用する，パソコン最新情報）
[内容] メカニズムはもちろん，パソコンの誕
生から歴史，さらに製造工程までも徹底
解説。

『絵でわかるスーパーコンピュータ』 姫
野龍太郎著 講談社 2012.6 164p
21cm （絵でわかるシリーズ） 〈他言語
標題：An Illustrated Guide to High
Performance Computing 索引あり〉
2000円 ⓘ978-4-06-154764-3 Ⓝ548.
291
[目次] 第1章 スーパーコンピュータとは何か
（コンピュータとスーパーコンピュータの歴
史，コンピュータの性能向上とその限界 ほ
か），第2章 スーパーコンピュータはなぜ重
要なのか（スーパーコンピュータを利用する
技術の重要性，スーパーコンピュータを国
産として開発することの重要性 ほか），第3
章 世界最速スーパーコンピュータ「京」
（「京」までのスーパーコンピュータ開発
プロジェクト，次世代スーパーコンピュータ
「京」開発プロジェクト ほか），第4章
「京」で何ができるようになるか（生命科学，
医療 ほか），第5章 「京」の先へ（IESP
（International Exascale Software Project，
Exa FLOPSソフトウェア・国際プロジェク
ト），EESP ほか）

[内容] 日本のスパコンはここがすごい。「世
界一」の開発当事者がわかりやすく語るス
パコンの技術と可能性。科学は「京」を待っ
ていた。

『岩波講座計算科学 別巻 スーパーコン
ピュータ』 宇川彰［ほか］編 小柳義
夫，中村宏，佐藤三久，松岡聡著 岩波書
店 2012.3 204p 22cm 〈付属資料：
4p：月報 no.2 索引あり 文献あり〉
3200円 ⓘ978-4-00-011307-6 Ⓝ007.6
[目次] 第1章 コンピュータの基本原理（デー
タの表現と計算誤差，フォン・ノイマン型コ
ンピュータ ほか），第2章 スーパーコン
ピュータの高速化手法（性能指標，メモリシ
ステム ほか），第3章 スーパーコンピュー
タをどう活用するか（何をプログラムする
のか，並列化と並列プログラミングの基
本 ほか），第4章 スパコンの進化とエクサ
フロップスに向けた今後の課題（スパコンの
性能向上とその歴史，エクサへの道と技術
的な「壁」 ほか）

[内容] 計算科学はコンピュータとともに発展
してきた。科学技術計算を主目的とする大
規模で超高速なコンピュータはスーパーコ
ンピュータと呼ばれ，その象徴である。本
書はコンピュータの基本原理から，演算能
力の高速化手法，並列プログラミング，最新
の技術動向や今後の課題までをわかりやす
く解説し，その可能性を考える。

『透明人間になる方法―スーパーテクノロ
ジーに挑む』 白石拓著 PHP研究所
2012.2 205p 18cm （PHPサイエン
ス・ワールド新書 052） 860円 ⓘ978-
4-569-80183-4 Ⓝ404

パソコン・スマホを知ろう　　　　　　　　　　　　　　　コンピュータ

目次 第1章 ステージ2（メタマテリアルで実現する―透明マント，地面スレスレを飛ぶ列車―エアロトレイン ほか），第2章 ステージ3（自由自在に操縦できる!?―生きたリモコン昆虫，ドライバーはもう不要―自律走行自動車 ほか），第3章 ステージ4（暗黒大陸「小腸」診断を可能にした―カプセル内視鏡，光子の圧力で飛ぶ―宇宙帆船イカロス ほか），第4章 ステージ1（夢の計算機か，それとも……量子コンピュータ，高度3万6千キロまで昇降―宇宙エレベーター ほか）

内容 「ハリー・ポッター」シリーズにも登場する魔法の定番アイテム，「透明マント」の開発を世界中の研究者がいま真剣に取り組んでいる。脳で念じるだけで物を動かす「サイコキネシス」の現実化は近く，太陽の光で飛ぶ「宇宙帆船イカロス」にいたってはJAXAが実際に打ち上げ済みだ。本書では，SF作品や映画に出てくるような様々な〝夢〟の技術がどうなっているか，その「完成度」をやさしく紹介。小説よりもおもしろい現実の話で，夢と想像力に満ちた感動の物語。

『明るい未来が見えてくる！ 最先端科学技術15。―2012年キーワードは，この1冊で大丈夫！：45分でわかる！』 山田久美著　マガジンハウス　2011.11　109p　21cm　（Magazine house 45 minutes series #20）800円　①978-4-8387-2362-1　Ⓝ502.1

目次 知っているようで知らないスーパーコンピュータ「京」，ケータイで高速かつ常時接続のようなデータ通信が実現！「LTE」，電子が回転する性質を利用する「スピントロニクス」，「ワイヤレス給電」で，電源ケーブルのない世界を実現，透明なセメントが電気を流す？「アルミナセメント」，95％以上が水という不思議な新素材「アクアマテリアル」，賢い送電網「スマートグリッド」が新エネルギー社会を導く，21世紀のエネルギー社会を支える「高温超電導ケーブル」，ユビキタスネットワーク社会を実現する「IPv6」，東京～大阪間を1時間で結ぶ「リニア中央新幹線」，ノーベル賞が相次ぐ「ナノカーボン」はどこがすごいの？，精度は3センチ以下！日本版GPS衛星「みちびき」，手のひらサイズの化学工場「マイクロ化学チップ」，ミクロの決死圏が現実のものに！「ドラッグ・デリバリー・システム」，自分にピッタリ合った次世代の医療「オーダーメイド医療」

内容 2012年キーワードは，この1冊で大丈夫。世界に負けない日本の科学技術。自信がわく15の話。

『アンティキテラ古代ギリシアのコンピュータ』 ジョー・マーチャント著，

木村博江訳　文藝春秋　2011.11　357p　16cm　（文春文庫 S8-1）790円　①978-4-16-765179-4　Ⓝ440.23

目次 1 海底より現れしもの，2 ありえない，3 「戦利品」，4 科学史は塗りかえられる，5 大胆な推理，6 十九世紀のコンピュータがふたりを結びつけた，7 すべては解読の名誉のために，8 最強の布陣，9 みごとな設計，10 アルキメデスの影

内容 1901年，ギリシアの海底から奇妙な機械の破片が引き上げられた。小さな箱に多くの歯車を組み込む洗練された設計と技術。はじめは紀元前1世紀のものとは誰も信じなかった。いったいこれはなんのために創られたのか？ 百年にわたった謎解きを研究者たちのドラマとともに描く，興奮の科学ノンフィクション。

『パソコンとケータイ頭のいい人たちが考えたすごい！「仕組み」―世界一やさしいネット力養成講座』 NHK「ITホワイトボックス」プロジェクト編　講談社　2011.9　205p　18cm　（NHK ITホワイトボックス）1000円　①978-4-06-217263-9　Ⓝ007.6

目次 1章 「仕組み」でコンピューターは動いている！―「クラウド・スパコン・インターフェース」を理解する（これだけは知っておきたいクラウドの「本当の意味」，ノマドワーカー（様々な場所で働く人）が増えている理由，仕事でもプライベートでも「ネットストレージ」が便利！ ほか），2章 「新しい仕組み」をつくったプロフェッショナルたち―最新の「流通・小売・医療」のからくり（コンビニは「仕組み」で出来ている，欲しいものが必ずある〝画期的なシステム〟が生まれるまで，コンビニ流通の神様，「商品管理」―バーコードからICタグまで ほか），3章 ケータイは，どのように「進化」するのか？―「スマートフォン」や「モバイルゲーム」が目指していること（携帯電話業界の人気もの，新しいトレンド「アンドロイド」，アンドロイドはオープンソースOS ほか）

内容 ゲームビジネス×コンビニ流通×医療IT×スパコン×スマートフォン×インターフェース×ネットショッピング。ものすごく分かりやすく解説されたNHK番組を緊急出版化。

『やさしいIT講座―6時間でわかるPCの基本』 米村貴裕著　改訂版　工学社　2011.7　271p　21cm　（I/O books）1900円　①978-4-7775-1618-6　Ⓝ548.29

目次 1時間目 パソコン内部告発！，2時間目 データ化の謎を解明せよ，3時間目 人工知能はどこですか？，4時間目 プログラミングでノーベル賞，5時間目 神と悪魔が共存する世界，6時間目 ああ，伸び縮みさせられる

コンピュータ　　　　　　　　　　　　　　　　　　　　パソコン・スマホを知ろう

『ラクラクわかるパソコンのしくみ』 ア
スキー書籍編集部編　アスキー・メディ
アワークス　2011.6　175p　21cm
（図解ですっきり）〈文献あり　索引あ
り　発売：角川グループパブリッシン
グ〉1480円　①978-4-04-870074-0
Ⓝ548.29

目次 第1章 パソコンの構成，第2章 パソコ
ンの進化，第3章 パソコンの構造，第4章
パソコンが動くわけ，第5章 ソフトが動く
わけ，第6章 インターネット・ネットワーク
のしくみ

内容 普段当たり前に使っているパソコンが
どうやって動いているか，中身はどうなっ
ているか，そのしくみを図解で詳しく解説。
パソコンの基本構成，CPUやメモリのしく
み，OSとの連携，周辺機器やネットワーク，
パソコンを取り巻く最新情報まで目で見て
わかります。

『ようこそ、私の研究室へ—世界に誇る日
本のサイエンスラボ21』 黒田達明［著］
ディスカヴァー・トゥエンティワン
2010.11　327p　18cm　（Dis＋cover
science 4）1200円　①978-4-88759-
856-0　Ⓝ502.1

目次 第1章 独自のアイディアで驚きの成果
を実現する研究室（まったく新しい「X線技
術」でガンの早期診断に挑む，不思議な生物
「粘菌」で「生き物の賢さ」に迫る ほ
か），第2章 最先端を探求し世界を舞台に活
躍する研究室（アスリートのような科学者，
量子情報科学を駆ける，タンパク質の解析
は世界が舞台だ ほか），第3章 夢を原動力
に新しい分野を開拓する研究室（カオス工学
で「脳」を創ろう，猫を怖がらないネズミ登
場！ 情動の秘密 ほか），第4章 新しい技術
の創出で社会を変える研究室（交通渋滞を解
決するのは「数学」におまかせ，水の浄化シ
ステムで世界の暮らしを安全に ほか）

内容 ひらめき能力のあるコンピュータで
「脳を創る」カオス理論，親の不注意とされ
てきた子どものケガを予防するセンサ技術，
「藻」のオイルによる次世代バイオ燃料開
発，「動物の体」で「人間の臓器」をつくる
驚異の再生医療，巨大屋外模型施設が解き
明かす都市の異常気象，「クレイジー」な装
置がきり拓く量子コンピュータの未来，津
波と地震から世界の人々を守る予測研究，
渋滞解消に威力を発揮する数理モデル，猫
を怖がらないネズミが生まれる嗅細胞の謎，
不思議生物「粘菌」から学ぶ生き物の「賢
さ」―などなど。総勢21人のサイエンティ
ストが，自らの独創的な研究を語る。21世
紀の科学の多様性を物語る1冊。

『パソコンの仕組みの絵本—パソコンの実
力がわかる9つの扉 CPUやメモリ、周
辺機器の役割が分かる』 アンク著
［東京］　翔泳社　2010.9　161p　23cm
〈索引あり〉1680円　①978-4-7981-
2252-6

目次 パソコンのしくみの勉強をはじめる前
に，第1章 CPUとチップセット，第2章 メ
モリ，第3章 ハードディスク，第4章 いろ
いろな記憶装置，第5章 ネットワークイン
ターフェース，第6章 映像とサウンド，第7
章 入力と出力，第8章 プリンタ，付録

内容 CPUの働きから周辺機器，ネットワー
クの基本まで，イラストで説明，らくらく
理解。

『マンガで教えて…テクノ君！ 機械のし
くみ』 朝比奈奎一，三田純義編著，横井
謙仁漫画　日刊工業新聞社　2010.9
111p　21cm　（B&Tブックス）1200円
①978-4-526-06527-9　Ⓝ530

目次 第1章 機械を一言でいうと…（機械と
道具の違いはどこにある？，大きく4つに分
けられる機械の種類 ほか），第2章 機械を
動かす心臓部モーターのしくみと種類（機械
を動かすパワーのヒミツ，モーターの基本
的なしくみ ほか），第3章 エネルギーを伝
達・変換するさまざまな要素（駆動源の動力
を伝え，変換する要素，機械の要 軸の働き
ほか），第4章 働く機械をのぞいてみよう
（「機械の母」といわれる工作機械のしくみ，
マイクロ単位で測定する精密測定器のしく
み ほか），第5章 現代生活に欠かせない身
近な機械のしくみ（オフィスでは必要不可欠
なOA機 コピー機・プリンターのしくみ，
現代社会には欠かせないコンピュータの中
身とは？ ほか）

『エピソードでたどるパソコン誕生の謎』
岸野正剛［著］　電気学会　2010.7
240p　21cm〈文献あり　索引あり　発
売：オーム社〉1600円　①978-4-88686-
279-2　Ⓝ548.2

目次 インターネットの生まれた経緯とパソ
コン誕生までのあらすじ，「電気を発生させ
る原理」を発見したファラデー，真空管の発
明とエレクトロニクス時代の幕開け，真空
管のサイズを豆粒以下にしたトランジスタ
の発明，すべての電子部品を格納したIC
チップの登場：主役はキルビーとノイス，電
気式計算機の発明からプログラム内蔵方式
への進化，コンピュータの頭脳すべてをIC
チップ（シリコン）上に載せたマイクロプロ
セッサ，若者たちの狂気の夢から生まれた
パソコン，マッキントッシュの誕生秘話，ま
とめおよびインターネットのその後

内容 “パソコン”は誰でもが知っている。し
かし，パソコン誕生には多くの驚くべきと
んでもないエピソードや若者の夢から生ま
れた技術が含まれている。多くの電子技術
はパソコンが世に出る鍵になった。マイク

ロプロセッサの開発もその一つだ。これなしに現在のパソコン、ケータイ、コンピュータ、そして、インターネットはあり得ない。本書は、インターネット誕生までに生まれた一見難しそうな電子技術の謎とき問答であるが、話は女子大新入生と町の物知り博士の対話の形で流れていくので、若者たちだけでなく多くの一般の読者に違和感なく受け止められるに違いない。

『デジタル機器』 スティーブ・パーカー著, 上原昌子訳 ゆまに書房 2010.7 37p 31cm （最先端ビジュアル百科「モノ」の仕組み図鑑 3）〈並列シリーズ名：HOW IT WORKS〉2500円 ①978-4-8433-3345-7 ⓃN549

目次 電卓, フラットパネルディスプレー, パーソナルコンピューター, デジタルカメラ, ビデオカメラ, スキャナー, プリンター, ワイヤレスマイク, スピーカー, デジタルオーディオプレーヤー, テレビゲーム機, ホームシアター, バーチャルリアリティー, 携帯電話, ナビゲーションシステム

内容 電卓からホームシアターまで、15種類の機器がもつ内部のつくりのひみつをさぐってみよう。一つひとつのイラストが、機器の中心となる部分や装置の内側にある科学技術をわかりやすく説明し、各ページにのせられた写真が、それぞれの機器が実際に使われているようすを教えてくれる。次から次へと続くわくわくする見開きページで、マイクロチップや、コンピュータの重要さから、デジタル機器の歴史やこれから先の姿までがわかる。

『僕らのパソコン30年史―ニッポンパソコンクロニクル』 SE編集部編著 ［東京］ 翔泳社 2010.5 255p 21cm 〈年表あり〉1800円 ①978-4-7981-2189-5 ⓃN548.2

目次 1 パソコン年代記（1971～1980年 黎明期―マイクロプロセッサの登場が個人用コンピュータを生んだ, 1981～1985年 市場形成期―国産パソコン群雄割拠、米国ではIBM PCが成功を収める, 1986～1990年 PC-9801と一太郎の時代―16ビットパソコンとMS-DOSの上にソフトウェアが花開いた, 1991～1995年 DOS/VとWindowsの時代―高性能パソコンが普及して一大転換期へ, 1996～2000年 Windowsとインターネットの時代―パソコンが急速に普及して新しい利用法が広がる, 2001～2009年 デジタルコンテンツの時代―ネットビジネスが広がりデジタル機器が複合的に利用される）, 2 パソコンをめぐる時代の変遷（CPUとPCアーキテクチャで見るパソコンの歴史, OS

の系譜, パソコン雑誌と時代の流れ, アキハバラ今昔）

内容 30年以上を通して変化したパソコンを、写真を多用し世相にも触れながら、わかりやすく解説。第1部を年代ごとのトピックの解説にあて、当時の開発者や関係者への「証言（ターニングポイント）」を盛り込み、開発秘話などを明かしてもらう。第2部ではPCアーキテクチャ、OS、パソコンの聖地アキハバラ、「雑誌」の変遷など、テーマごとにまとめた。

『量子コンピュータがわかる本―近未来のコンピュータ技術を基礎から解説』 赤間世紀著 工学社 2010.4 175p 21cm （I/O books）〈文献あり 索引あり〉1900円 ①978-4-7775-1514-1 ⓃN007.1

目次 第1章 序論 情報とは何か, 第2章 コンピュータのモデル, 第3章 量子力学, 第4章 量子コンピュータ, 第5章 量子コンピューティング, 第6章 量子コンピュータの将来

内容 「量子コンピュータ」は、現在の「ノイマン型コンピュータ」では不可能な超高速計算が可能になると考えられている、コンピュータの未来技術です。ただ、「量子力学」は難解な学問なので、それを理論の前提とした「量子コンピュータ」の仕組みについても、やはり難解なものになっています。本書は、直感的な説明に、理論的な補足を加えることで、「量子コンピュータ」をできるだけ分かりやすく解説しています。量子力学の基礎から、従来のコンピュータの理論、研究の経緯と実際の理論、実用化された場合の「量子コンピューティング」やその問題点まで、「量子コンピュータ」のすべてが分かります。

『ライフログのすすめ―人生の「すべて」をデジタルに記録する！』 ゴードン・ベル, ジム・ゲメル著, 飯泉恵美子訳 早川書房 2010.1 392p 18cm （ハヤカワ新書juice-1010）1400円 ①978-4-15-320010-4

目次 第1部（来るべき世界, 僕の人生のかけら, 電子記憶と生物学的記憶の出会い）, 第2部（仕事, 健康, 学習, 現世から来世へ）, 第3部（革命を生き抜け, さあ, はじめてみよう, 未来）

内容 人の記憶力には限界がある。だが、あなたの見聞きしたもの、触れたもの、そして普段は気にかけない自分の位置情報や生体情報まで、人生の「すべて」をデジタルに記憶させれば、いつでも簡単に検索して取り出すことができる。仕事に役立つのみならず、病気の兆候を発見することや、いずれはヴァーチャルな分身に人生を語らせることも可能だ。いいことずくめの「ライフログ」の時代はやってきたのだ！ みずから「人生の完全記録」を試みるコンピューター科学の重鎮が、その基本概念と可能性、実践法までを情熱豊かに語り尽くす。

子どもの本 情報教育・プログラミングの本2000冊　13

コンピュータ　　　　　　　　　　　　　　　　　　パソコン・スマホを知ろう

◆タブレット

『ゼロからはじめるiPadスマートガイド』
技術評論社編集部著　技術評論社　2018.6　255p　19cm〈iPadPromini 4対応 最新のiPadに対応　索引あり〉1580円　Ⓘ978-4-7741-9824-8　Ⓝ007.63

目次 1 iPadのキホン，2 インターネットを楽しむ，3 メール機能を利用する，4 音楽や写真・動画を楽しむ，5 アプリを使いこなす，6 iCloudを活用する，7 SNSを活用する，8 iPadをもっと使いやすくする

『iPad入門・活用ガイド』　マイナビ出版　2017.12　127p　30cm（マイナビムック）〈iPad & iPad mini & iPad Pro・iOS 11対応〉980円　Ⓘ978-4-8399-6437-5　Ⓝ007.63

『Surface完全（コンプリート）大事典』
伊藤浩一著　技術評論社　2017.10　255p　19cm（今すぐ使えるかんたんPLUS＋）〈他言語標題：Complete Guide Book of Surface　Windows 10 Creators Update対応版　索引あり〉1380円　Ⓘ978-4-7741-9179-9　Ⓝ007.63

目次 第1章 まずはここから！ Surface基本ワザ，第2章 外出先でも困らない！ インターネット接続ワザ，第3章 より便利に！ アクセサリー＆外部機器の活用ワザ，第4章 メインPCと同じ作業環境に！ 環境構築ワザ，第5章 ビジネス文書を共有！ ファイル連携ワザ，第6章 アイデアをメモに残す！ Surfaceペン活用ワザ，第7章 Surfaceをパワーアップ！ 役立つ厳選アプリ，第8章 とことん使う！ 1ランク上のカスタマイズワザ，第9章 いざというときに！ Surfaceのセキュリティワザ

内容 最強タブレット＆ノートPCを徹底的に使いこなす！ 活用テク159。

『タブレットがまるごとわかる本　2018』
晋遊舎　2017.9　129p　26cm（100％ムックシリーズ）〈家電批評特別編集〉815円　Ⓘ978-4-8018-0768-6　Ⓝ007.63

『1日ですいすい使える！ タブレットの教科書』　宝島社　2017.7　95p　30cm（TJ mook）880円　Ⓘ978-4-8002-7393-2

『初めてでもできるタブレット入門—for Android 2017改訂版』　河本亮執筆　スタンダーズ　2017.6　95p　29cm

〈Android7.0対応　背のタイトル：これ1冊でわかる！ タブレット入門〉926円　Ⓘ978-4-86636-077-5　Ⓝ007.63

『イチからわかる！ タブレットの楽しみ方』　オフィスマイカ著　宝島社　2015.3　222p　16cm（宝島SUGOI文庫 Fおー7-1）〈「50代から始める！ これだけ覚えればOK！ 超かんたんタブレット」（2014年刊）の改題，再編集　索引あり〉680円　Ⓘ978-4-8002-3776-7

目次 1 タブレットってどんなの？（タブレットはこんなに便利！，タブレットってどう選べばいいの？　ほか），2 タブレットとアプリ（「アプリ」を入れてタブレットをもっと使いやすく，「アプリ」はここで手に入れよう　ほか），3 タブレットでできること（大きな画面でメールが読める，わからないことはその場で検索　ほか），4 タブレットで生活を楽しく（タブレットを持って出かけよう，タブレットで食事や運動を管理 ほか），5 タブレットで困ったら（バッテリーが切れる前に省エネ設定を！，動きが遅い・アプリが不安定なときは？　ほか）

内容 スマートフォンより画面がひと回りもふた回りも大きいため，文字が読みやすく，指先での操作もラクラクの「タブレット」。でもパソコンともケータイともまったく違う操作感には誰もが最初は戸惑うもの。本書ではタブレットの基本中の基本から，「動画を観る」「SNSを使う」「お買い物をする」といったアプリを使った楽しい活用方法まで，画像とイラストを使ってわかりやすく紹介しています。

『家族とつながるiPad使いこなしガイド—メールやLINE、ネット検索がすぐできる』　竹田真，増田由紀著　ソフトバンククリエイティブ　2013.7　175p　30cm〈索引あり〉1300円　Ⓘ978-4-7973-7455-1

目次 第1章 iPadの基本的な操作を覚えよう，第2章 「写真」で家族とつながろう，第3章 手軽に「メッセージ」を送り合おう，第4章 家族の疑問は「インターネット」で調べよう，第5章 家族みんなで楽しめるエンタメアプリ，第6章 旅行でも地図や調べものに大活躍，第7章 iPadの各種設定について

内容 iPadで家族とテレビ電話（FaceTime）、LINEで孫にメッセージを送りたい、テレビで気になったことをネットで調べる、YouTubeでお気に入りの歌手の映像を見る、友人との旅行で地図を使う—iPadで「やりたいこと」をやさしく解説した入門書。

◆ITの偉人たち（伝記）

『月とアポロとマーガレット—月着陸をささえたプログラマー』　ディーン・ロビ

14

ンズ作，ルーシー・ナイズリー絵，鳥飼玖美子訳　評論社　2018.7　1冊　29×23cm　（児童図書館・絵本の部屋）1500円　①978-4-566-08036-2

内容 1969年7月20日、人類が初めて月に着陸した日に衛星中継で同時通訳した鳥飼玖美子が、「アポロ計画」を成功させた女性プログラマー、マーガレット・ハミルトンの伝記絵本を翻訳しました。

『世界を変えた100人の女の子の物語──グッドナイトストーリーフォーレベルガールズ』　エレナ・ファヴィッリ，フランチェスカ・カヴァッロ文，芹澤恵，高里ひろ訳　河出書房新社　2018.3　224p　25cm　2400円　①978-4-309-27931-2　Ⓝ280

目次 アウンサンスーチー・政治家，アシュリー・フィオレク・モトクロス選手，アストリッド・リンドグレーン・作家，アミーナ・グリプ＝ファキム・大統領/科学者，アムナ・アル・ハダッド・重量挙げ選手，アメリア・エアハート・飛行家，アリシア・アロンソ・バレリーナ，アルテミジア・ジェンティレスキ・画家，アルフォンシーナ・ストラーダ・自転車選手，アレック・ウェック・スーパーモデル〔ほか〕

内容 「大人になったら、何になりたい？」「どんなふうに、生きていきたい？」スーパーモデル、大統領、スパイ、活動家、バレリーナ、コンピュータ科学者…大きな夢をもち、自分の力を信じて道をきりひらいた一〇〇人の女の子。ぜんぶ世界のどこかで、本当にあったおはなしです。この本の中で、あなたに似ただれかに、出会うかもしれません。

『世界でさいしょのプログラマー──エイダ・ラブレスのものがたり』　フィオナ・ロビンソンさく，せなあいこやく　評論社　2017.5　［40p］　21×29cm　（評論社の児童図書館・絵本の部屋）1500円　①978-4-566-08019-5　Ⓝ289.3

内容 この本は、世界初のプログラマーだったひとりの女性、エイダ・ラブレスをえがく伝記絵本です。エイダは、英国を代表する詩人バイロン卿と、数学者のアン・イザベラ・ミルバンクとの間に生まれました。エイダの母は、娘が父親のようにほんぽうな人間にならないよう、てっていして数学を中心にすえた教育を受けさせました。詩なんてもってのほかです！　しかし、エイダの想像のつばさは、そんなことで折られたりはしませんでした。「世界で最初のコンピュータ・プログラマー」とよばれるエイダの人生は、たしかな知識と豊かな想像力が結びつけば、だれも思いもおよばない世界がつくりだせ

ることを教えてくれます。コンピュータがとくいな子どもたちや、発明家をめざす子どもたちだけでなく、夢みることが大好きな子どもたちにもおすすめしたい本です。

『夢を追いかける起業家たち──ディズニー、ナイキ、マクドナルド、アップル、グーグル、フェイスブック』　サラ・ギルバート，アーロン・フリッシュ，ヴァレリー・ボッデン著，原丈人日本語版監修，野沢佳織訳　西村書店東京出版編集部　2017.3　191p　21cm　〈文献あり　索引あり〉　1900円　①978-4-89013-764-0　Ⓝ332.8

目次 第1章 ディズニー Disney，第2章 ナイキ Nike，第3章 マクドナルド McDonald's，第4章 アップル Apple，第5章 グーグル Google，第6章 フェイスブック Facebook

内容 ディズニー、ナイキ、マクドナルド、アップル、グーグル、フェイスブック。世界有数のアメリカのグローバル企業をおこした若き起業家たちのユニークな発想の原点と、新たな技術を駆使して世界を変えていった足跡をコンパクトにつづる。カラー写真多数収録。巻末には、起業家を支援しつづけるアライアンス・フォーラム財団の創設者、原丈人氏のメッセージを掲載。

『スティーブ・ジョブズ──イラスト伝記 世界を変えたすごい男！』　ジェシー・ハートランド著，杉山絵美訳　京都　淡交社　2016.7　237p　21cm　〈文献あり〉　1300円　①978-4-473-04095-4　Ⓝ289.3

目次 幼い時の目覚め（1955 - 1965），成長していく中で（1965 - 1971），スティーブとウォズの初めてのビジネス（1971），大学生活と悟り（1972 - 1974），アップル・コンピュータ誕生（1975 - 1976），前進（1977），もっとその先へ（1978 - 1981），のぼり坂くだり坂（1982 - 1986），スティーブの家族（1980年半ば - 1990年代），枝分かれ（おはなしは1986年にもどります），アップルにもどる（1997 - 2001），発展（2000 - 2004），洗練されたデザイン（2004 - 2011）

『10分で読める発明・発見をした人の伝記』　塩谷京子監修　学研教育出版　2015.3　175p　21cm　〈発売：学研マーケティング〉　800円　①978-4-05-204115-0　Ⓝ402.8

目次 ゆたかな発想力で新しいパソコンを生みだした スティーブ・ジョブズ，電球を開発して、発明王とよばれた エジソン，ラジウムを発見、二度ノーベル賞をとった マリー・キュリー，電話を発明した、ろう学校の先生 ベル，自動織機を発明し、「トヨタ」のもとをきずいた 豊田佐吉，日本の宇宙開発・ロケット開発の父 糸川英夫，虫の世界

コンピュータ　　　　　　　　　　　　　パソコン・スマホを知ろう

の新発見を、本にまとめた ファーブル，自然を守ることの大切さをうったえた レイチェル・カーソン，物理学の新時代を開いたアインシュタイン，難病のちりょうに光をもたらした 山中伸弥，この人も知っておきたい！

内容 歴史を動かした人から、今活やくする人まで、のっている！ 学校で使う道徳の本や、国語の教科書に出ている人がいっぱい！人物のことが「名言」で、よくわかる！

『ビル・ゲイツ』 アンヒョンモ文，スタジオチョンビ絵，簗田順子訳 岩崎書店 2014.12 183p 23cm （オールカラーまんがで読む知っておくべき世界の偉人 16）〈他言語標題：Bill Gates 年譜あり〉 1600円 ①978-4-265-07686-4 Ⓝ289.3

目次 1 かしこい子ども，2 コンピューターとの出会い，3 レイクサイド・プログラマーズ・グループ，4 世界で一番かがやく人たち，5 ハーバード大学入学，6 マイクロソフト，7 はばたきのとき，8 夢見る天才

『スティーブ・ジョブズ―革新的IT機器で世界をかえた実業家』 林信行監修，田中顕まんが 学研教育出版 2014.10 144p 23cm （学研まんがNEW世界の伝記）〈文献あり 年譜あり 発売：学研マーケティング〉 1000円 ①978-4-05-204037-5 Ⓝ289.3

目次 プロローグ 世界をおどろかせたiPhone，1 ものづくりが大すきな少年，2 ウォズとつくったアップル1，3 マッキントッシュの開発，4 ジョブズ，アップルを去る，5 世界初の全編CGアニメの完成，6 ふたたびアップルへ，7 iPhoneの衝撃，8 世界をかえた男の旅立ち，まんがの内容がもっとよくわかる スティーブ・ジョブズとコンピュータ

内容 天才的な発想力でコンピュータとアイフォーンを生み出し、人々の生活を大きく変えた。

『時代を切り開いた世界の10人―レジェンドストーリー 1 スティーブ・ジョブズ―革新的なIT機器で人々のライフスタイルを変えた』 髙木まさき監修 学研教育出版 2014.2 143p 22cm 〈文献あり 年譜あり 発売：学研マーケティング〉 1600円 ①978-4-05-501058-0 Ⓝ280.8

目次 レジェンドストーリー1 スティーブ・ジョブズ1955 - 2011（シンク・ディファレント，"ちがう"を考える，少年ジョブズのいたずら伝説，コンピュータ革命はガレージから

始まった，ジョブズにえいきょうをあたえた人々，シンプルへのこだわり―日本から得たもの，平坦ではない人生，アニメ映画をコンピュータで作る，今日が人生最後の日だったら），スティーブ・ジョブズ資料館（スティーブ・ジョブズの功績，スティーブ・ジョブズの生涯とその時代，深く知りたい！ ジョブズのいたずら伝説，スティーブ・ジョブズとかかわりのあった人々，深く知りたい！ ジョブズに寄せられた別れのメッセージ，スティーブ・ジョブズが残した言葉，深く知りたい！ スティーブ・ジョブズ流プレゼンの秘密，スティーブ・ジョブズゆかりの地，伝記学習感動や考えを新聞にまとめてみよう）

『くらしにつながるノーベル賞』 若林文高監修 文研出版 2013.12 47p 29cm （ノーベル賞の大研究）〈文献あり 年譜あり 索引あり〉 2800円 ①978-4-580-82214-6 Ⓝ402.8

目次 物理学賞 離れていてもつながる携帯電話のひみつ！ 無線通信の装置を開発―グリエルモ・マルコーニ，物理学賞 コンピュータの小型化を実現した！ トランジスタの発明―ウィリアム・ショックレー，物理学賞 身のまわりの機械やカードの中で活躍！ IC（集積回路）の発明―ジャック・キルビー，物理学賞 強力でまっすぐに進む人工の光！ レーザーの発明に貢献―チャールズ・タウンズ，化学賞 携帯電話やノートパソコンなどに活用！ 導電性プラスチックの発明―白川英樹，生理学・医学賞 生体のしくみを解き明かす！ 消化器官の研究に貢献―イワン・パブロフ，生理学・医学賞 においを感じるしくみを解き明かす！ におい分子受容体の発見―リチャード・アクセル，経済学賞 必勝法を見つけ出す！ ゲーム理論の応用―ジョン・ナッシュ

『スティーブ・ジョブズ―コンピュータとiPhoneで、世界を変えた天才起業家』 大谷和利監修，上川敦志まんが，小口覚シナリオ 小学館 2013.11 159p 23cm （小学館版学習まんが人物館 世界―28）〈文献あり 年譜あり〉 950円 ①978-4-09-270028-4 Ⓝ289.3

目次 第1章 いたずらっ子スティーブ，第2章 ウォズとの出会い，第3章 ガレージで創業する，第4章 アップルの快進撃，第5章 マッキントッシュ誕生，第6章 会社を追われる，第7章 アップルを救う，第8章 世界を変える，学習資料館

内容 Mac、iPod、iPhone、iPad…素晴らしい想像力で、美しく、優れた製品を発明し続けたスティーブ・ジョブズの情熱と信じる心。

『スティーブ・ジョブズ―コンピュータで世界を変えた情熱の実業家』 八坂考訓漫画，堀ノ内雅一シナリオ，桑原晃弥監

パソコン・スマホを知ろう　　　　　　　　　　　　　　　　　コンピュータ

修・解説　集英社　2013.8　141p　23cm　〈集英社版・学習漫画—世界の伝記NEXT〉〈文献あり　年譜あり〉　900円　①978-4-08-240062-0　Ⓝ289.3
目次　「特別」な子、コンピュータの世界へ、天才と天才、アップル誕生、"めちゃくちゃすごい"、「技術」と結びつくもの、復活、もっと夢中に、未来へのこすもの

『科学感動物語　10　苦悩—栄光なき天才、失われた才能』　学研教育出版　2013.2　219p　22cm　〈発売：学研マーケティング〉　1500円　①978-4-05-500980-5　Ⓝ402.8
目次　イヴァン・パブロフ—「条件反射」で脳の謎に迫ったパイオニア、アラン・チューリング—コンピューターの父が着せられた汚名と名誉、ロバート・フック—科学史から忘れられた"17世紀のダ・ヴィンチ"、グリゴリー・ペレリマン—世紀の難問に挑戦したなぞの男、フリッツ・ハーバー—世界中から糾弾された「祖国のための科学」、ロバート・オッペンハイマー—「原爆の父」は、罪の深さを知った、エヴァリスト・ガロア—革命のパリを駆けた若き数学の星、ロザリンド・フランクリン—栄光と疑惑がうず巻くDNA構造発見、アントワーヌ・ラボアジエ—「化学」のはじまりの悲劇、野口英世—世界を駆けた細菌学者

『世界をかえたインターネットの会社　2　Appleものがたり』　アダム・サザーランド原著、稲葉茂勝訳・著　ほるぷ出版　2012.8　31p　29cm　〈索引あり〉　2800円　①978-4-593-58666-0　Ⓝ007.35
目次　Apple社の歴史を見てみよう！、ふたりではじめたApple社、ウォズとジョブズの役割分担、トップから転落、ジョブズの復帰、ジョブズとビル・ゲイツ、Apple社による音楽配信事業、iPhoneの発明、App Store、Apple社が出版へ進出！、USP（ユニーク・セリング・プロポジション）とは？、Apple社の将来は？
内容　Apple社について、創設者のスティーブ・ジョブズやApple社が、これまでにどのようなことをしてきたか、どんな決断をしてきたかなどの話を紹介する。

『世界を変えた！　スティーブ・ジョブズ』　アマンダ・ジラー文、星野真理訳　小学館　2012.3　182p　19cm　〈年譜あり　文献あり〉　1300円　①978-4-09-290530-6　Ⓝ289.3
目次　誕生、すばらしい場所で育つ、小学校の問題児、はじめての仕事、チャレンジ精神、気の合う友人、ウォズ、ジョブズ、大学

へいく、アタリ社に夜勤でつとめる、精神の目覚め、ゲーム史上に残るゲームの登場〔ほか〕
内容　パソコン、iPod、iPhone、iPad…。次々と革命的なものを生み出したスティーブ・ジョブズ。すべては、父親といっしょにガレージで機械の組み立てに夢中になった少年時代から始まっていた。いつも人生の意味を探していたジョブズからの熱いメッセージ。

『スティーブ・ジョブズ』　パム・ポラック、メグ・ベルヴィソ著、伊藤菜摘子訳　ポプラ社　2012.1　111p　20cm　〈ポプラ社ノンフィクション　8〉〈年表あり〉　1200円　①978-4-591-12850-3　Ⓝ289.3
目次　第1章　シリコンバレーで育って、第2章　アップルの誕生、第3章　山あり谷あり…そして追放、第4章　次はネクスト、第5章　無限のかなたへ、第6章　アップルに帰る、第7章　ちがうことを考えよう、第8章　めちゃくちゃすばらしい、スティーブ・ジョブズの生きた時代
内容　「世界を変えよう！」夢の始まりは、友だちとつくる1台のコンピューターからだった。わかりやすく読めるジョブズの伝記。

『世界を変えた50人の女性科学者たち』　レイチェル・イグノトフスキー著、野中モモ訳　大阪　創元社　2018.4　127p　24×20cm　1800円　①ISBN978-4-422-40038-9
目次　ヒュパティア（天文学者・数学者・哲学者、350～370‐415？）、マリア・ジビーラ・メーリアン（科学イラストレーター・昆虫学者、1647‐1717）、王貞儀／ワン・チェンイ（天文学者・詩人・数学者、1768‐1797）、メアリー・アニング（化石コレクター・古生物学者、1799‐1847）、エイダ・ラヴレス（数学者・作家、1815‐1852）、エリザベス・ブラックウェル（医師、1821‐1910）、ハータ・エアトン（エンジニア・数学者・発明家、1854‐1923）、ネッティー・スティーヴンズ（遺伝学者、1861‐1912）、フローレンス・バスカム（地質学者・教育者、1862‐1945）、マリー・キュリー（物理学者・化学者、1867‐1934）〔ほか〕
内容　科学・技術・工学・数学（STEM）の分野で活躍しながら歴史の陰にかくれがちだった女性科学者50人、その驚くべき業績やバイタリティあふれる人生をチャーミングなイラストとともに紹介します！ニューヨークタイムズベストセラー。サイエンス・フライデーBrain Pickings2016年ベストサイエンスブック。

子どもの本　情報教育・プログラミングの本2000冊　17

コンピュータ　　　　　　　　　　　　　　　　　　パソコン・スマホを知ろう

『Becoming Steve Jobs―ビジョナ
リーへの成長物語　上』　ブレント・
シュレンダー, リック・テッツェリ著,
井口耕二訳　日本経済新聞出版社
2018.4　381p　16cm　（日経ビジネス
人文庫　し16-1）〈「スティーブ・ジョブ
ズ　上」（2016年刊）の改題〉900円
①978-4-532-19858-9　Ⓝ289.3
目次 第1章 ガーデン・オブ・アラーのス
ティーブ・ジョブズ, 第2章 「ビジネスマン
にはなりたくない」, 第3章 突破と崩壊, 第
4章 次なるNeXT, 第5章 もうひとつの賭
け, 第6章 ビル・ゲイツの来訪, 第7章 運,
第8章 まぬけ, ろくでなし, 一国一城の主
内容 アップル追放から復帰までの12年間。
この混沌の時代こそが, ジョブズを大きく
変えた。人生最後の10年間に彼が示したビ
ジョン, 理解力, 忍耐力は, いずれもこの時
期に育まれた。横柄で無鉄砲な男は, どの
ようにビジョナリーにまで登り詰めたのか。
25年以上にわたり彼を取材してきた記者が
アップルの全面協力を得て, ジョブズの人
間的成長を描いた話題作。

『Becoming Steve Jobs―ビジョナ
リーへの成長物語　下』　ブレント・
シュレンダー, リック・テッツェリ著,
井口耕二訳　日本経済新聞出版社
2018.4　388p　16cm　（日経ビジネス
人文庫）〈「スティーブ・ジョブズ　下」
（2016年刊）の改題　文献あり〉900円
目次 第9章 ちょっとおかしい人たちなのか
もしれない, 第10章 勘を頼りに歩む, 第11
章 最善を尽くす, 第12章 ふたつの決断,
第13章 スタンフォード大学, 第14章 ピク
サー安住の地, 第15章 十全なウィジェッ
ト, 第16章 死角, 怨念, 肘鉄, 第17章 「僕
はくそ野郎だからと言ってやれ」
内容 生まれながらにして偉大なリーダーは
存在しない。成長して偉大なリーダーにな
るのだ。破綻寸前のアップルに復帰し, 少
しずつ着実に会社を再生させたジョブズが,
苦難の末に身につけたリーダーとしての能
力とは何か。ティム・クック, ジョナサン・
アイブ, ジョン・ラセター, ロバート・アイ
ガーら, ありのままのスティーブ・ジョブズ
を知る人物が全面協力した決定版。

『スティーブ・ジョブズ　4　楽園追放と
ピクサー創立』　脇英世著　東京電機大
学出版局　2018.3　440,15p　19cm〈他
言語標題：Steve Jobs　文献あり　索引
あり〉2900円　①978-4-501-55630-3
Ⓝ289.3

目次 アップル・コンピュータ追放と訴訟の
追い打ち, ジャックリング・ハウスにひるが
える海賊旗, ネクスト本社の移転, ターゲッ
トを絞り準備を整える, 強敵 サン・マイク
ロシステムズ, アンセル・アダムス, エド
ウィン・ランド, ジョージ・ルーカスの帝
国, スター・ウォーズ, NYITコンピュー
タ・グラフィックス研究所, ルーカス・フィ
ルムのコンピュータ部門, ルーカス・フィル
ムのゲームへの進出, ザ・ドロイド・ワーク
ス, スティーブ・ジョブズによるピクサー買
収, アニメーションへの転進と大逆転

『宇宙に命はあるのか―人類が旅した一千
億分の八』　小野雅裕著　SBクリエイ
ティブ　2018.2　267p　18cm　（SB新
書　426）〈文献あり〉800円　①978-4-
7973-8850-3　Ⓝ538.9
目次 第1章 幼年期の終わり―宇宙時代の夜
明け（ロケットの父の挫折, フォン・ブラウ
ン―宇宙時代のファウスト ほか）, 第2章
小さな一歩―技術者のアポロ（嘘だらけの数
字, 無名の技術者の反抗 ほか）, 第3章 一
千億分の八―太陽系探査全史（偉大なる降
格, NASAに飾られた一枚の「塗り絵」 ほ
か）, 第4章 Are we alone？―地球外生命
探査最前線（命とは何か？, 最終手段の仮説
ほか）, 第5章 ホモ・アストロルム―我々は
どこへ行くのか？（系外惑星探査の夜明け,
ペガサス座51番星b ほか）
内容 一九六九年七月二十日。人類がはじめ
て月面を歩いてから50年。宇宙の謎はどこ
まで解き明かされたのでしょうか。本書は,
NASAの中核研究機関・JPLジェット推進研
究所で火星探査ロボット開発を牽引してい
る著者による, 宇宙探査の最前線。「悪
魔」に魂を売った天才技術者。アポロ計画
を陰から支えた無名の女性プログラマー。
太陽系探査の驚くべき発見。そして, 永遠
の問い「我々はどこからきたのか」への答え
―。宇宙開発最前線で活躍する著者だから
こそ書けたイマジネーションあふれる渾身
の書き下ろし！

『ジョン・ハンケ世界をめぐる冒険―グー
グルアースからイングレス, そしてポケ
モンGOへ』　ジョン・ハンケ, 飯田
和敏取材・構成, 飯田一史構成　星海社
2017.11　174p　20cm〈他言語標題：
Adventures on Foot　文献あり　発
売：講談社〉1600円　①978-4-06-
510555-9　Ⓝ289.3
目次 コンピュータとの出会い, グーグル
アースを生み出した場所, ナイアンティッ
クの誕生, イングレス前夜, サンフランシス
コの戦い, 日本, ポケモン
GO, 自分を燃やしつくせ
内容 グーグルアースからイングレス, そし
てポケモンGOへ―。Googleを飛び出し, ナ
イアンティック社を創業したジョン・ハン
ケは, 常に革命的なプロダクトを世界に送
り出し, 人々を熱狂させつづけてきた。テ

キサスの田舎町を抜け出したかった幼少期、プログラミングにのめりこんだ学生時代。巨大企業Googleでの成功と葛藤。そして、ナイアンティックでの自由な挑戦へ。世界が今もっとも注目する経営者にして哲学するプログラマーが、その半生と思想をしずかに語った、未来を生み出す偉人のはじめての自伝。全世界に先駆け、日本の読者に向けて堂々の登場！

『林檎の樹の下で―アップルはいかにして日本に上陸したのか。　下　日本への帰化編』 斎藤由多加著, うめ漫画　光文社　2017.11　221p　19cm〈アスキー 1996年刊の再刊　文献あり〉1300円　①978-4-334-97964-5　Ｎ548.2

[目次] 第3部 帰化への道（奇妙な状況，理不尽，マッキントッシュ誕生，ジョブズの決断，漢字マック，芽吹いた林檎の種），それからの10年 1996年3月執筆，さらにそれからの10年 2003年9月執筆

[内容] 仕事で振り回される人も、振り回す人にも読んでほしい“モノづくり”の物語。今だからこそ知っておくべき「アップルの歴史」。

『林檎の樹の下で―アップルはいかにして日本に上陸したのか。　上　禁断の果実上陸編』 斎藤由多加著, うめ漫画　光文社　2017.11　223p　19cm〈アスキー 1996年刊の再刊　文献あり〉1300円　①978-4-334-97963-8　Ｎ548.2

[目次] 第1部 西海岸の産物（禁断の林檎，Apple2，新しいパートナー探し，東レとの提携），第2部 青い瞳をしたパソコン（予兆，ようこそIBM殿，アップル・ジャパン設立）

[内容] 若きジョブズと翻弄される日本人たち…アップル日本進出を巡る壮絶なドラマが始まる。

『世界を動かす巨人たち　経済人編』 池上彰著　集英社　2017.7　250p　18cm（集英社新書 0889）〈文献あり〉760円　①978-4-08-720889-4　Ｎ280

[目次] 第1章 ジャック・マー，第2章 ルパート・マードック，第3章 ウォーレン・バフェット，第4章 ビル・ゲイツ，第5章 ジェフ・ベゾス，第6章 ドナルド・トランプ，第7章 マーク・ザッカーバーグ，第8章 グーグルを作った二人―ラリー・ペイジ，セルゲイ・ミハイロビッチ・ブリン，第9章 コーク兄弟―チャールズ・コーク，デビッド・コーク

[内容] この11人の大富豪こそ、真の「実力者」。池上彰が、歴史を動かす「個人」から現代世界を読み解く人気シリーズ最新刊！

『スティーブ・ジョブズ　3　マッキントッシュの栄光と悲惨』 脇英世著　東京電機大学出版局　2017.4　329,12p　19cm〈他言語標題：Steve Jobs　文献あり 索引あり〉2500円　①978-4-501-55540-5　Ｎ289.3

[目次] 第13章 新社長ジョン・スカリー，第14章 アップル・コンピュータのデザイン戦略，第15章 マッキントッシュの売り込み，第16章 『一九八四年』，第17章 マッキントッシュの売上げ低下，第18章 レーザーライターとDTP，第19章 アップルトークとマッキントッシュ・オフィス，第20章 スティーブ・ジョブズの楽園追放，終章

『スティーブ・ジョブズ　2　アップル3とリサの蹉跌』 脇英世著　東京電機大学出版局　2017.4　425,14p　19cm〈他言語標題：Steve Jobs　文献あり 索引あり〉2500円　①978-4-501-55530-6　Ｎ289.3

[目次] リサ・ニコール・ブレナンの生まれた土地，スティーブ・ジョブズを取り巻く女性達，ビジカルクと意外なアップル2の大成功，悲運のアップル3，ゼロックスとパロアルト研究所，アラン・ケイ，ALTOの誕生，スティーブ・ジョブズのPARC訪問，リサの開発と悲劇，マッキントッシュの開発の始まり，マッキントッシュの開発の本格化，マーケッティング部門の組織化

『コンピュータに記憶を与えた男―ジョン・アタナソフの闘争とコンピュータ開発史』 ジェーン・スマイリー著，日暮雅通訳　河出書房新社　2016.11　250,9p　20cm〈文献あり〉2400円　①978-4-309-25358-9　Ｎ548.2

[内容] チューリング、フォン・ノイマン、ツーゼ、フラワーズ、ニューマン、モークリー＆エッカート、そして本書の主人公ジョン・アタナソフ―コンピュータ発明史は単なる発明の物語におさまらない、知性のはたらきや世界の動きまでを語る一大歴史物語だった。ピューリッツァー賞作家が描く、スリリングな傑作理系ノンフィクション！

『万能コンピューター―ライプニッツからチューリングへの道すじ チューリング生誕100周年記念版』 マーティン・デイヴィス原著, 沼田寛訳　近代科学社　2016.11　249p　23cm〈文献あり 索引あり〉3600円　①978-4-7649-0471-2　Ｎ548.2

[目次] 第1章 ライプニッツの夢，第2章 論理を代数に変換したブール，第3章 フレーゲ―画期的達成から絶望へ，第4章 無限を巡り歩いたカントル，第5章 ヒルベルトの救済プログラム，第6章 ヒルベルトの計画を転覆させたゲーデル，第7章 汎用計算機を

コンピュータ　　　　　　　　　　　　　　　　　　　　パソコン・スマホを知ろう

構想したチューリング，第8章 現実化された万能計算機，第9章 ライプニッツの夢を超えて

『電気革命—モールス，ファラデー，チューリング』 デイヴィッド・ボダニス[著]，吉田三知世訳 新潮社 2016.6 373,54p 16cm （新潮文庫 シー38-23）〈「エレクトリックな科学革命」（早川書房 2007年刊）の改題 文献あり〉710円 ①978-4-10-220036-0 Ⓝ540.2

[目次] 第1部 導線（辺境に住む男と伊達男—一八三〇年オールバニ，一八三六年ワシントンD・C，アレックとメイベル—一八七五年ボストン，トーマスとJ・J—一八七八年ニューヨーク），第2部 波動（ファラデーの神—一八三一年ロンドン，大西洋の嵐——八五八年英国海軍艦船 "アガメムノン"，一八六一年スコットランド），第3部 波動機械（唯一無二の男—一八八七年ドイツ，カールスルーエ，空中に満ちる力—一九三九年サフォーク海岸，放たれた力—一九四二年フランス，ブリュヌヴァル，一九四三年ハンブルク），第4部 「石」でできたコンピュータ（チューリング—一九三六年ケンブリッジ，一九四二年ブレッチリー・パーク，チューリングの遺産—一九四七年ニュージャージー），第5部 脳，そしてその先（水のなかの電気—一九四七年イギリス，プリマス，気分さえもが電気で決まる—一九七二年インディアナポリス，そして今）

[内容] 同じ電信技術を追求しながら特許のために人生の明暗が分かれたモールスとヘンリー。聴覚障害者の恋人への愛から電話を発明したベル。宇宙は神の存在で満たされていると信じつつ力場を発見したファラデー。愛した上級生の死の喪失感をバネにコンピュータを発明したチューリング。電気と電子の研究の裏側には劇的すぎる数多の人間ドラマがあった！

『ビル・ゲイツ 2 そしてライバルは誰もいなくなった』 脇英世著 東京電機大学出版局 2016.5 541,18p 19cm 〈他言語標題：Bill Gates 文献あり 索引あり〉3000円 ①978-4-501-55420-0 Ⓝ289.3

[目次] IBMの非常措置の光と影，新OSが必要だ，巨人IBMの思想SAA，泥沼のOS/2戦争，メモリを求めて，ウィンドウズ勝利へ向かう，指先で情報を，ビル・ゲイツとジム・キャナビーノの戦い，アップルとIBMの提携，ダウンサイジング，ワールド・ワイド・ウェブ分散情報システムWWW，オンライン・サービス，マイクロソフトのもたつきとインターネットへの模索，ウィンドウズ95，インターネット戦略の発表，レイモンド

ノーダのノベルの衰退，フィリップ・カーンのボーランドの敗北，ウィンドウズNT

『スティーブ・ジョブズ 2』 ウォルター・アイザックソン[著]，井口耕二訳 講談社 2015.9 561p 15cm （講談社＋α文庫 G260-2）〈2011年刊の増補〉850円 ①978-4-06-281615-1 Ⓝ289.3

[目次] 再臨—野獣，ついに時機めぐり来たる，王政復古—今日の敗者も明日は勝者に転じるだろう，シンク・ディファレント—iCEOのジョブズ，デザイン原理—ジョブズとアイブのスタジオ，iMac—hello (again)，CEO—経験を積んでもなおクレージー，アップルストア—ジーニアスバーとイタリアの砂岩，デジタルハブ—iTunesからiPod，iTunesストア—ハーメルンの笛吹き，ミュージックマン—人生のサウンドトラック〔ほか〕

[内容] 一度は裏切られた古巣アップルへの復帰—iMacのヒットを契機にiPod，そしてiPhone，iPadと，世界を熱狂させる製品を次々と世に出し，人々は彼を「史上最高の経営者，イノベーター」と称えた。だが，絶頂期の彼を病魔が襲う…スティーブ・ジョブズの後半生の活躍を描いた本書・第2巻では，死後に発表された，「最後の日々」や「葬儀の模様」を記した終章を新たに収録。あの「シンク・ディファレント」な世界が再びよみがえる！

『スティーブ・ジョブズ 1』 ウォルター・アイザックソン[著]，井口耕二訳 講談社 2015.9 570p 15cm （講談社＋α文庫 G260-1）〈2011年刊の増補〉850円 ①978-4-06-281614-4 Ⓝ289.3

[目次] 子ども時代—捨てられて，選ばれる，おかしなふたり—ふたりのスティーブ，ドロップアウト—ターンオン，チューンイン，アタリとインド—禅とゲームデザインというアート，アップル1—ターンオン，ブートアップ，ジャックイン，アップル2—ニューエイジの夜明け，クリスアンとリサ—捨てられた過去を持つ男，ゼロックスとリサ—グラフィカルユーザインターフェース，株式公開—富と名声を手にする，マック誕生—革命を起こしたいと君は言う…〔ほか〕

[内容] アップル・コンピュータ（パソコン），ピクサー（アニメ映画），iPodやiTunes（音楽），iPhone（電話），iPad（タブレット），DTP，そしてアップルストア（小売店）…。完璧を求める情熱と猛烈な実行力とで「舐めたくなるほど」魅力的な製品を生み出し，上記の業界，いや，この地球に革命をもたらした歴史的なイノベーター，スティーブ・ジョブズ。彼の生涯を克明に綴り，世界中を感動させた，あの公式伝記が，ついに文庫になって登場！

20

『ビル・ゲイツ　1　マイクロソフト帝国の誕生』　脇英世著　東京電機大学出版局　2015.9　466,17p　19cm〈他言語標題：Bill Gates　文献あり　索引あり〉2500円　①978-4-501-55360-9　Ⓝ289.3

目次　ビル・ゲイツの少年時代，ボストン，ハーバード，ハネウェル，アルバカーキとMITS，新しいヘッド・クオーター，シアトル移転，巨人IBMのパソコン業界参入，CP/MとMS-DOS，MS-DOSの誕生，新たな局面へ，チャールズ・シモニー〔ほか〕

『エニグマ　アラン・チューリング伝　下』アンドルー・ホッジス著，土屋俊，土屋希和子，村上祐子訳　勁草書房　2015.8　520,13p　20cm〈索引あり〉2700円

目次　2　物理的なるもの（助走，水銀の遅延，グリーンウッドの木，渚にて）

内容　あらゆるチューリング評伝のルーツとなった決定版伝記！「イミテーション・ゲーム」原作。アカデミー賞脚色賞受賞！

『偉人の選択100 STEVE JOBS』　田中イデア著　［東京］　立東舎　2015.7　223p　18cm〈文献あり　発売：リットーミュージック〉1000円　①978-4-8456-2624-3　Ⓝ289.3

目次　1　1955-1975—幼少・青年期，2　1975-1980—アップル設立期，3　1980-1985—Mac開発期，4　1985-1997—新会社設立期，5　1997-2005—アップル復帰期，6　2005-2011—アップル黄金期

『マンガ　エニグマに挑んだ天才数学者チューリング』　フランチェスカ・リッチョーニ原作，トゥオノ・ペッティナート漫画，竹内薫訳　講談社　2015.4　123p　19cm〈文献あり〉1500円　①978-4-06-219526-3　Ⓝ289.3

内容　「エニグマ」とは，第二次世界大戦中にドイツ軍が使用した暗号機だ。解読不可能を可能にし，世界を救ったチューリングとはいかなる人物だったのか？　計算可能性理論を確立し，人工知能の父とも謳われる天才数学者の42年の生涯の光と影に迫る！

『サイエンス異人伝—科学が残した「夢の痕跡」』　荒俣宏著　講談社　2015.3　428p　18cm　（ブルーバックス B-1908）〈「夢の痕跡」（1995年刊）の改題，加筆・修正　索引あり〉1280円　①978-4-06-257908-7　Ⓝ502

目次　第1部　ドイツ科学の光芒（スペクトルとスペクタクル，科学を見せる劇場のこと—ジオラマの歴史，彫らない版画の誕生，薬

種店と一角獣，機械がつくった「馬」，利離縁タールの幻の翼，ロコモーティヴの啓示，ベンツの祖先は自転車だった，Uボートは人食いザメ，ジーメンスの通信革命，バベジの原コンピュータ，ロボットとからくり人形のはざま），第2部　アメリカ科学の愉快（電話の発明とヘレン・ケラー，メンロパークの魔術師，万博のタイムカプセル，自然史博物館とスミソンの功績，空飛ぶ自転車の怪，女の脚を変えた発明，ロケット待つ銘菓ゴダードの悲劇，ドイツから来た天才ロケット学者，ターボジェットと発想した男，革命児ノイマン，ここにあり，プリンストン高等研究所にて）

内容　20世紀科学の祭典にようこそ！　過剰な刺激を欲し続ける現代人にとって20世紀科学の発明・発見の舞台裏こそリアリティを体感できる大人の遊園地だ。

『エニグマ　アラン・チューリング伝　上』アンドルー・ホッジス著，土屋俊，土屋希和子訳　勁草書房　2015.2　412p　20cm　2700円　①978-4-326-75053-5　Ⓝ289.3

目次　1　論理的なるもの（集団の精神，真理の精神，新しい人びと，リレー競争）

内容　史上最強の暗号解読者，コンピュータ科学の創始者，そしてその後の数奇な人生がここに。

『スティーブ・ジョブズ—青春の光と影』脇英世著　東京電機大学出版局　2014.10　481,12p　19cm〈文献あり　索引あり〉2500円　①978-4-501-55280-0　Ⓝ289.3

目次　スティーブ・ジョブズの誕生と生みの親，スティーブ・ジョブズの育ての親と幼少年時代，スティーブ・ウォズニアック，二人のスティーブ，ヒッピーと反戦運動の高揚，ティモシー・リアリーとババ・ラム・ダス，クリスチャン・ブレナン，リード・カレッジ，アタリとノーラン・ブッシュネル，マイクロ・コンピュータ革命の日は来た，しかし…，スティーブ・ウォズニアック立つ，アップル誕生，アップル2，アップルの再編，マイクロ・コンピューター業界の変貌，華々しい成功の陰に

『スティーブ・ジョブズ—アップルをつくった天才　実業家・アップル創業者〈アメリカ〉』　筑摩書房編集部著　筑摩書房　2014.8　190p　19cm　（ちくま評伝シリーズ〈ポルトレ〉）〈他言語標題：Steve Jobs　文献あり　年譜あり〉1200円　①978-4-480-76611-3　Ⓝ289.3

目次　第1章　コンピュータとの出会い（コンピュータとの出会い，魔法の機械　ほか），第2章　ウォズの魔法使い（ベトナム戦争時代の少年，盟友登場　ほか），第3章　俳句禅堂（エンジニアとヒッピー，ありがとうも，さ

よならも言わずに ほか)，第4章 リンゴの木の下で(自家製コンピュータクラブ，ウォズの悟り ほか)，第5章 失楽園と復活(人は自分が本当は何がほしいのかわからない，億万長者になる ほか)

内容 「これ，売れるんじゃないか」すべては，そのひと言から始まった。夢を次々と現実にしていった男の物語。

『チューリング―情報時代のパイオニア』
B・ジャック・コープランド著，服部桂訳 NTT出版 2013.12 419p 20cm〈年譜あり 索引あり〉2900円 Ⓘ978-4-7571-0344-3 Ⓝ289.3

目次 クリック，タップか，タッチしてオープン，万能チューリング・マシン，アメリカ，数学，ヒトラー，トン・ツーとエニグマが呼んでいる，チューリングとUボートの戦い，一九四二年―アメリカへの帰還とヒトラーの新しい暗号，コロッサス，デリラ，勝利，一カ月の仕事を一分でこなすACE，マンチェスターの「電子頭脳」，イミテーション・ゲーム―人工知能，人工生命，冷えた朝がゆ，/終焉////

内容 現代のコンピュータの基本モデルとなった「チューリング・マシン」を考案したイギリスの数学者アラン・チューリング(1912‐1954)。本書は，2012年に生誕100年を迎え，その生涯や業績への再評価が世界的に高まっている中，チューリング研究の第一人者であるコープランド教授が一般向けに書き下ろした話題の書である。チューリングの生涯は，対ナチ戦争を勝利に導いた暗号解読，ゲイとしての私生活，自殺説・他殺説・事故説が入り乱れるその死まで，多くの逸話にあふれ，小説や映画の素材にもなっている。チューリング理論の平易な解説を交えながら，ミステリーのように歴史の謎を解いていく，チューリング伝の決定版。

『スティーブ・ジョブズ1995ロスト・インタビュー』 スティーブ・ジョブズ[述]，「スティーブ・ジョブズ1995」MOVIE PROJECT編 講談社 2013.9 93,143p 18cm〈英語併記〉1000円 Ⓘ978-4-06-218626-1 Ⓝ289.3

目次 第1部(人生を変えた「12歳の夏休み」，「やってみればいいさ」，21歳で気づいたビジネス常識のウソ，コンピュータが教えてくれること，その時，未来が見えた，なぜ一度成功した企業は失敗するか，IBM，アップルが勘違いする瞬間，日本の自動車工場を訪ねて，何がすばらしい製品を作り出すのか，優秀な人を使う方法，未来を予見して，アップルを去った理由，「マイクロソフトは日本人のようだ」，可能性はソフトウェアにある，10年後のコンピュータはこうな

る，これこそ人類最大の発明)，第2部 英語(日本語訳付き)巻末から

内容 あの幻のインタビューが蘇る―アップルを追放されてNeXTのCEOを務めていたジョブズは，1995年に，あるTV局のインタビューに応じた。貴重な映像のはずだったが，オンエアではわずか数分しか使われることはなかった。そして，そのテープは紛失し，どこにあるのかわからなくなってしまった。そのため人は，それを「ロスト・インタビュー」と呼ぶようになった。ところが2011年，ジョブズが亡くなってからまもなく，テープは発見される。なぜアップル社を去ることになったのか/マイクロソフト社についてどう考えているか/あなたが開発しているテクノロジーによって，10年後はどんな世界ができているか…。このインタビューが行われた2年後，ジョブズはアップルに復帰，さらにその4年後にiPodが発売された。つまりこの時，ジョブズは「充電中」で，この時期があったからこそ，飛躍できたともいえるだろう。「ロスト・インタビュー」の中には成功のためのヒントが詰まっている。

『世界を変える80年代生まれの起業家―起業という選択』 山口哲一著 [東京]スペースシャワーブックス 2013.9 165p 19cm〈発売：スペースシャワーネットワーク〉1500円 Ⓘ978-4-906700-98-1 Ⓝ332.8

『時代をきりひらくIT企業と創設者たち5 ウィキペディアをつくったジミー・ウェールズ』 スーザン・メイヤー著，スタジオアラフ訳，熊坂仁美監修 岩崎書店 2013.2 118p 23cm〈文献あり 年譜あり 索引あり〉2000円 Ⓘ978-4-265-07910-0 Ⓝ007.35

目次 第1章 幼少時代と幼児教育，第2章 初期のキャリアと開花した成功，第3章 無料の百科事典，第4章 ウィキペディアの誕生，第5章 ウィキペディアと検索の未来，第6章 ウィキペディアの先へ

『時代をきりひらくIT企業と創設者たち4 アマゾンをつくったジェフ・ベゾス』 ジェニファー・ランダー著，スタジオアラフ訳，中村伊知哉監修 岩崎書店 2013.2 126p 23cm〈文献あり 年譜あり 索引あり〉2000円 Ⓘ978-4-265-07909-4 Ⓝ007.35

目次 第1章 若きビジョナリー，第2章 初期の仕事，忍耐強い愛，第3章 遠い西部での新生活，第4章 急成長，第5章 本だけではなく，第6章 キンドル：読む「手段」の変革，第7章 つねに前進あるのみ

『時代をきりひらくIT企業と創設者たち3 グーグルをつくった3人の男』 コロナ・ブジェジナ著，スタジオアラフ訳，

中村伊知哉監修　岩崎書店　2013.2
126p　23cm　〈文献あり　年譜あり　索引
あり〉　2000円　①978-4-265-07908-7
Ⓝ007.35

目次 第1章 創設者：セルゲイ・ブリンとラ
リー・ペイジ，第2章 スタンフォード大学
と検索エンジン，第3章 グーグル始動，第4
章 CEO：エリック・シュミット，第5章 株
式公開，第6章 グーグルの成長，第7章 イ
ノベーションの継続

『ぼくとビル・ゲイツとマイクロソフト—
アイデア・マンの軌跡と夢』　ポール・
アレン著，夏目大訳　講談社　2013.2
531p　19cm　2400円　①978-4-06-
217128-1　Ⓝ289.3

目次 チャンス，ルーツ，ビル・ゲイツ，熱
狂，ワシントン州立大学，2＋2＝4！，
MITS，パートナー，ソフトカード，プロ
ジェクト・チェス〔ほか〕

内容 マイクロソフトのもう一人の創業者，
ついに語る。ビル・ゲイツとの出会い。ア
イデアのポールと現実主義のビル。裏切り
と離別。その後のアイデア・マンとしての
人生—NBAやNFLなどのスポーツ，宇宙旅
行，音楽，人工知能，脳地図—好奇心の飽く
なき探求。新しい時代を創ったアイデアの
人ならではの夢への挑戦を描いた自伝。

『ジュリアン・アサンジ自伝—ウィキリー
クス創設者の告白』　ジュリアン・アサ
ンジ著，片桐晶訳　学研パブリッシング
2012.10　317p　20cm　〈発売：学研
マーケティング〉　1800円　①978-4-05-
405369-4　Ⓝ289.3

目次 独房，マグネティック島，逃亡，はじ
めてのコンピュータ，サイファーパンク，告
発，数学が導いてくれた未来，ウィキリーク
スの誕生，寒い国から来たサイト，アイスラ
ンド，「正義」の殺人，オール・ザ・"エ
ディターズ"メン

内容 自らの複雑な生い立ち，コンピュータ
との出会い，ハッキング，ウィキリークス立
ち上げ，さらには性的暴行疑惑にいたるま
で，赤裸々に語った衝撃の告白録。

『スティーブ・ジョブズは何を遺したのか
—パソコンを生み，進化させ，葬った
男』　林信行監修　［東京］　日経BP社
2012.1　127p　28cm　（日経BPパソコ
ンベストムック）　〈発売：日経BPマー
ケティング〉　933円　①978-4-8222-
6870-1

『ジョブズ伝説—アートとコンピュータを
融合した男』　高木利弘著　三五館

2011.12　397,32p　20cm　〈年表あり
文献あり〉　1800円　①978-4-88320-548-
6　Ⓝ289.3

目次 序章 スティーブ・ジョブズが伝説に
なった日，第1章 パーソナルコンピュータ
創世記—Apple 2，第2章 専門家ではないそ
のほかの人々のために—Macintosh，第3章
クビになったのは最良のことだった—
NeXT，第4章 最も先進的なクリエイティ
ブ・カンパニー—Pixar，第5章 迷走し，倒
産寸前となったアップル—ジョブズの復帰，
第6章 シンク・ディファレント—iMac，第7
章 ユニックス＋GUIがアップル再生のエン
ジンとなる—Mac OS X，第8章 "音楽の無
法地帯"に新しい秩序を—iPod & iTunes
Store，第9章 アップルは電話を"再発明"し
た—iPhone，第10章 魔法のような革命的な
デバイス—iPad，第11章 アップル流クラウ
ド・コンピューティング—iCloud，第12章
ハングリーであれ！バカであれ！—スタン
フォード大学卒業祝賀スピーチ，終章 未来
社会へのメッセージ—アートとコンピュー
タを融合する

内容 コンピュータの知識ゼロでもジョブズ
を理解できるよう，わかりやすく解説。ジョ
ブズの主な基調講演を収録。公認伝記『ス
ティーブ・ジョブズ』をはじめ，膨大な資料
を簡潔に整理。ジョブズ＆アップルの第一
人者による，日本発のジョブズ伝。ジョブ
ズとアップルの軌跡をまとめた年表付き。

『科学の花嫁—ロマンス・理性・バイロン
の娘』　ベンジャミン・ウリー［著］，野
島秀勝，門田守訳　法政大学出版局
2011.7　621,26p　20cm　（叢書・ウニ
ベルシタス 958）　〈文献あり　索引あ
り〉　7300円　①978-4-588-00958-7
Ⓝ289.3

目次 第1章 暗い想像力に呪われた人びと，
第2章 ただ一つの優しい弱みが欠けていた，
第3章 人間の危険な才能，第4章 悪魔の客
間，第5章 深いロマンティックな裂け目，
第6章 不具の変身，第7章 完全な職業人，
第8章 ロマンスの死，第9章 まぼろしに縋
りつつ，第10章 皮相なる感覚を超えて

内容 アメリカ国防総省の使用するコン
ピュータ言語「エイダ」にその名を残すエイ
ダ・ラヴレスは，ロマン主義の詩人バイロン
の娘であった。自然科学と技術の発展著し
い十九世紀英国で，呪われた貴族の家に生ま
れ，親ゆずりの数学の才と芸術的情念の矛
盾に引き裂かれた一人の女性が，今日の電
子計算機の最初のプログラマーと見なされ
るにいたった数奇な生涯と時代を描く評伝。

『二つの祖国を持つ女性たち』　楠巳敦子
著　栄光出版社　2011.6　319p　20cm
1500円　①978-4-7541-0123-7　Ⓝ280

目次 トゥラン（コンピューター・プログラ
マー）ベトナム，ヴィクトリア（高層賃貸ア

パートビル管理人）ロシア，ファリデー（不動産仲介業者）イラン，ライラ（土木技師）パレスチナ，グレイス（弁護士）中国，マリエッタ（看護婦）フィリピン，ハイディ（美容師）韓国，グレイス（コンピューター・グラフィック・デザイナー）台湾，ステファニー（大学付属研究所員）韓国，ノーマ（オートクチュールのドレス・メーカー）アルゼンチン，ゼイネップ（洋裁リフォーム業）トルコ，エルス（栄養学者）オランダ，ミミ（裁縫師）コンゴ，リコ（ピアニスト）日本

内容 祖国を出てアメリカに移住した5大陸13カ国の勇気ある女性たち。女性として，職業人として，母として，夢は実現できたのか。グリーンカード（永住権）は，どのように取得したのか。ロス在住の著者が，グローバル化の先駆者たちの生活と意見をリポートする，異色の比較女性文化論。

『科学の偉人伝』 白鳥敬著　自由国民社　2010.9　172p　19cm　（おとなの楽習─偉人伝）〈シリーズの編者：現代用語の基礎知識編集部　下位シリーズの並列シリーズ名：IJINDEN　索引あり〉1200円　①978-4-426-11081-9　Ⓝ402.8

目次 第1章 物質とはなんだろう宇宙とはなんだろう（ピタゴラス─万物の根源は数である，デモクリトス─物質はアトムからできている ほか），第2章 発明が歴史を変えた（世界を変えた大発明，レオナルド・ダ・ビンチ─科学から技術へ），第3章 実験技術・観測技術の進歩で科学がジャンプ（ガリレオ・ガリレイ─天体望遠鏡と地動説，エヴァンジェリスタ・トリチェリ，ブレーズ・パスカル，オットー・フォン・ゲーリケ─真空の発見 ほか），第4章 科学からテクノロジーへ（ジェームズ・クラーク・マクスウェル─電磁波の発見，ドミトリ・イヴァノヴィチ・メンデレーエフ─周期表の発見 ほか），第5章 社会を飛躍的に変えた20世紀の科学技術（アラン・チューリング，ジョン・フォン・ノイマン，クロード・シャノン─コンピュータの発明，ジョージ・ガモフ，アーノ・ペンジアス，ロバート・ウィルソン─ビッグバン宇宙論の始まり ほか）

内容 おとなになった今だからこそなるほど！ と思えることがある。中学レベルをさらりとおさらい。

スマートフォン

『初めてでも分かる！ スマホデビュー時知っておくべき3つのこと』 トレンドマクロ　2017.8　17p　［PDF資料］

『これだけはおさえておこう！ スマホのセキュリティ対策8選 初めてのスマホセキュリティハンドブック』 トレンドマクロ　2017.2　12p　［PDF資料］

『時代（とき）を映すインフラ─ネットと未来』 漆谷重雄，栗本崇著，情報・システム研究機構国立情報学研究所監修　丸善出版　2016.10　194p　18cm　（丸善ライブラリー　387）〈文献あり〉760円　①978-4-621-05387-4　Ⓝ547

目次 第1話 固定電話が定着─黒と緑（モッシー事件の謎が明らかに，電話線と電柱をじっくり見た ほか），第2話 アイドルで急変─メタルシルバーと赤（固定から携帯へ，インターネット時代へ），第3話 つながりが拡散─グリーンとスカイブルー（最近は無料通話が普通だよね，僕らはビデオ通話をこう使う ほか），第4話 先端科学で躍進─紺瑠璃とオレンジ（全都道府県が超高速なんだね，実験用地のネットって面白い ほか），第5話 未来に向かって─レインボー

内容 主人公は幼なじみの高校生，一橋未来と竹橋真凛。なぜか超高速ネットに興味を持ち始め，家族や親戚を巻き込みながら，電話，ピッチ，ケータイ，インターネット，超高速ネット，そしてIoTと，その驚きの進化を聞き出していく。幅広い年代の方が一気読みできることを目指した会話形式シリーズの第一弾。

『小学生でもわかるスマホ&パソコンそもそも事典』 秋田勘助著　新潟　シーアンドアール　2015.7　151p　24cm　〈索引あり〉1500円　①978-4-86354-176-4　Ⓝ548.29

『スマホ・パソコン・SNS─こどもあんぜん図鑑 よく知ってネットを使おう！』 講談社編，藤川大祐監修　講談社　2015.2　55p　27cm　〈索引あり〉2000円　①978-4-06-219305-4　Ⓝ694.6

目次 1 ネットのふしぎ（どうしてスマホはいろいろなことができるの？，ネットはどんなところで使われているの？，スマホとパソコンは，どこがちがうの？ ほか），2 レッツ！ コミュニケーション（友だちと楽しくメッセージをやりとりしたい，あぶないメッセージには，どんなものがあるの？，アプリで友だちをどんどん増やしたい ほか），3 レッツ！ スマホ・パソコン（発信するときに，気をつけることは？，写真をのせるときに，気をつけることは？，人気マンガのキャラクターを，アイコンに使ってもいい？ ほか）

内容 ネットのしくみを絵を使ってわかりやすく説明しています。SNSのトラブルなど，どんなことに気をつけたらよいかを学ぶことができます。ネットをじょうずに活用す

パソコン・スマホを知ろう　　　　　　　　スマートフォン

ることができる能力、ネットリテラシーを育てます。

『気をつけよう！ スマートフォン 1 スマートフォンとインターネット』 小寺信良著　汐文社　2014.10　31p　27cm〈索引あり〉2300円　Ⓘ978-4-8113-2103-5　Ⓝ694.6

目次 スマートフォンってどんなもの？，みんなどんなふうに使っているの？，アプリを使うって，どういうこと？，サービスを利用する，IDとパスワード，利用規約ってなに？，スマートフォンとお金の関係

『中高生のためのケータイ・スマホハンドブック』 今津孝次郎監修，金城学院中学校高等学校編著　学事出版　2013.9　95p　21cm　600円　Ⓘ978-4-7619-1999-3　Ⓝ694.6

目次 1 コミュニケーションとケータイ・スマホの実態，2 ケータイ・スマホの基本的なこと，3 はやりのコミュニティサイト，4 ケータイ・スマホのリスク，5 ケータイ・スマホがこころと身体に与える影響，6 ケータイ・スマホを少しでも安全に使うために，7 災害とケータイ・スマホ，8 ケータイ・スマホの行方，9 世界のケータイ・スマホ事情，10 親子で考えるケータイ・スマホ

内容 ケータイ・スマホの便利さとともに、そのかげに潜むリスク。生徒有志がケータイとスマートフォン（スマホ）を「人間とコミュニケーション」という基本から捉え直し、具体的にどうつきあえばよいのかについて、生徒自身の目線から幅広く検討した長年の成果をまとめたもの。

『電気がいちばんわかる本　5　電波のひみつ』 米村でんじろう監修　ポプラ社　2011.3　39p　27cm〈索引あり〉2600円　Ⓘ978-4-591-12326-3　Ⓝ540

目次 1 電波をさがせ！（家の中の電波，まちの中の電波，地球上・宇宙の電波），2 電波について知ろう（電波ってなに？，ラジオ・テレビの電波，携帯電話の電波 ほか），3 電波の実験と工作（電波を実感しよう，カンカンかんたんスピーカー，アンテナをつくろう！）

◆◆◆

『はじめての今さら聞けないスマートフォン入門―図解でかんたん』 髙橋慈子，八木重和著　第2版　秀和システム　2018.7　199p　24×19cm　（BASIC MASTER SERIES）1400円　Ⓘ978-4-7980-5487-2

目次 第1章 そもそもスマートフォン（スマホ）ってどんなもの？（スマホってつまりどういうもの？（スマホの概要と用途），iPhone（アイフォン）とAndroid（アンドロイド）のスマホって何が違う？（OSによる違い）ほか），第2章 スマホを買うときに、これを知っておけば困らない！（携帯電話販売店と家電店で買うと違う？（販売店による違い），店員さんに何を伝える？ 確認する？（購入時のチェックリスト）ほか），第3章 スマホを買ったら、まずは確認しよう、やっておこう（スマホ本体、各部の名称と意味（ボタンやスイッチの役割），ホーム画面の見かたと仕組み（ホーム画面の使い方）ほか），第4章 スマホでアプリを使おう（アプリを探すには（アプリの検索），アプリをインストールするには（アプリのインストール）ほか），第5章 「うまくいかない！」「こんなときはどうするの？」と困ったら（Wi-Fi（ワイファイ）を使うには（Wi-Fi接続），バッテリーを長持ちさせるには（充電切れ）ほか）

内容 iPhoneとAndroidどちらがいい？ LINEやインスタを簡単に使える？ 撮った写真を送るにはどうするの？ 初心者の疑問をすべて解決！ 基本からすっきりわかる。

『スマホ＆SNSの安心設定ブック』 ジャムハウス編集部著　ジャムハウス　2018.6　111p　19×15cm　900円　Ⓘ978-4-906768-48-6

目次 序章 セキュリティの大切さを知っておこう，第1章 iPhoneの安心設定，第2章 Androidの安心設定，第3章 LINEの安心設定，第4章 Twitterの安心設定，第5章 Instagramの安心設定，第6章 Facebookの安心設定，第7章 フィルタリングブラウザーを使う方法

内容 家庭・学校・ビジネス・勉強会で役立つ！ インターネットやSNS、キケン回避するにはまず設定から。

『情報メディア白書　2018』 電通メディアイノベーションラボ編　ダイヤモンド社　2018.2　269p　30cm　16000円　Ⓘ978-4-478-10491-0

目次 特集1 スマートフォン創造的破壊の10年，特集2 新しいメディアの潮流，第1部 情報メディア産業の動向（新聞，出版，音楽，劇映画・映像ソフト，アニメーション ほか），第2部 情報メディア関連データ（情報利用時間，情報支出，ハード普及率，情報メディア関連産業，情報価格 ほか）

内容 巻頭特集スマートフォン創造的破壊の10年。誕生からたった10年で、あらゆるメディアの存立基盤を揺るがし、ユーザーの情報行動を一変させたスマホの過去と現在を多角的に徹底分析し、新しい時代のユーザーの姿とスマホが向かうべき方向を考察する。地殻変動を起こしたメディア産業の最新報告。圧倒的なデータ量と分析力、20年

子どもの本 情報教育・プログラミングの本2000冊　25

を超える信頼に支えられた、メディア・ICT関係者、マーケター必携の書。分析対象13業種、コンテンツ産業の全貌を明らかにする随一のデータブック。図版データ600点超！

『ケータイの形態学—au design project 15th anniversary 2002-2017』 KDDI 2017.9 167p 21cm〈他言語標題：The morphology of mobile phones 年表あり〉2800円 Ⓝ547.464

『データで読み解くスマホ・ケータイ利用トレンド—ケータイ社会白書〈2016 - 2017〉』 NTTドコモモバイル社会研究所編 中央経済社 2016.10 259p 21cm〈発売：中央経済グループパブリッシング〉1800円 Ⓘ978-4-502-20171-4
目次 2015〜2016年のスマホ・ケータイ社会トレンド総括，第1章 スマホ・ケータイの所有・利用状況，第2章 スマホ・ケータイコミュニケーション，第3章 コンテンツとメディア，第4章 子どものスマホ・ケータイ利用，第5章 シニアの生活実態とICT利用，第6章 ケータイをめぐる法制度解説，補章 本書におけるオリジナル調査概要，付録 ケータイ社会年表
内容 スマホ・ケータイの使われ方の実態と移り変わりをデータで解説。オリジナル調査により豊富なデータを提供。SNS、動画、シニアなど最近のトレンドを解説。

『よくわかる最新スマートフォン技術の基本と仕組み—アプリ開発の実際を知る驚きの世界』 小笠原種高著，大澤文孝監修 秀和システム 2016.10 253p 21cm（図解入門 How-nual—Visual Guide Book）〈奥付のタイトル：図解入門よくわかる最新スマートフォン技術の基本と仕組み 索引あり〉1600円 Ⓘ978-4-7980-4762-1 Ⓝ007.64
目次 第1章 スマートフォンの仕組み，第2章 スマートフォンを構成するハードウェア，第3章 スマホアプリの仕組み，第4章 iPhoneアプリの仕組み，第5章 Androidアプリの仕組み，第6章 通知の仕組み，第7章 Bluetoothの仕組み
内容 ますます便利になるスマートフォン、その最新技術とアプリ開発がよくわかる！

『ポスト・モバイル社会—セカンドオフラインの時代へ』 富田英典編 京都 世界思想社 2016.3 283p 21cm〈他言語標題：The Post-Mobile Society 索引あり〉3600円 Ⓘ978-4-7907-1677-8 Ⓝ007.3
目次 メディア状況の概観とセカンドオフライン—モバイル社会の現在，第1部 カフカの手紙からモバイルメディアへ，第2部 社会生活とモバイルメディア，第3部 文化的営みとモバイルメディア，第4部 ソーシャルメディアとモバイル社会，ユビキタスからセカンドオフラインへ—モバイル社会の近未来
内容 モバイルメディアの普及は、人々の暮らしに歴史的変化をもたらした。スマートフォンの普及により、いま、私たちの日常と情報空間は大転換期を迎えている。カフカの手紙からソーシャルメディアまで、第一線の研究者がモバイル社会の過去・現在・未来を考える。

『ケータイの文化人類学—かくれた次元と日常性』 金暻和著 クオン 2016.2 183p 19cm（クオン人文・社会シリーズ 03）〈文献あり 索引あり〉1800円 Ⓘ978-4-904855-37-9 Ⓝ007.3
目次 ケータイの日常，第1部 いかにしてケータイにとりくむか（ケータイ言説から見る，日常性を探る：メディア・実践・文化，方法論の検討），第2部 日常性のまなざし（ケータイのフォークロア，ケータイのものがたり，ケータイのパフォーマンス），ケータイのかくれた次元
内容 ケータイはいまや、「話す」はもちろん、「読む」、「書く」、「観る」の日常実践を持ち運ぶ、歴史上最も普及率の高いメディアである。このモバイル・メディアは近代以来、全地球的な規模で大衆化した唯一のメディアと言っても過言ではない。本書はケータイが日常にはいりこむことで、私たちの暮らしがどう変わり、どのような文化が生まれたのかを都市伝説やワークショップを通して異化し、解読する。

『スマホ・タブレットで子どもの能力を開発しよう』 瀬戸武生著 インプレスR&D 2016.1 244p 21cm（インプレスR&D〈NextPublishing〉—OnDeck books）2000円 Ⓘ978-4-8020-9064-3 Ⓝ375.199

『ケータイの2000年代—成熟するモバイル社会』 松田美佐，土橋臣吾，辻泉編 東京大学出版会 2014.1 299p 22cm Ⓘ978-4-13-050180-4 Ⓝ007.3
目次 ケータイの2000年代，第1部 メディア利用の深化編（ケータイ・ネットはいかに日常化したか，モバイルは他のメディアとどう違うのか，デジタル・デバイドの現在—それは今なお問題であるのか），第2部 つながりの変容編（SNSは「私」を変えるか—ケータイ・ネットと自己の多元化，メディア利用にみる恋愛・ネットワーク・家族形成，ケータイは友人関係を変えたのか—震災による

パソコン・スマホを知ろう　　　　　　　　　　　　　　　　スマートフォン

関係の "縮小" と "柔軟な関係" の広がり，ジェンダーによるケータイ利用の差異，ケータイは社会関係資本たりうるか，モバイルな社会性へ向けて），第3部 調査票（単純集計結果）・経年比較

『恋愛ドラマとケータイ』　中村隆志編著
青弓社　2014.1　241p　19cm　（青弓社ライブラリー 79）1600円　①978-4-7872-3367-7　Ⓝ361.45

目次 第1章 ときめきの波―恋愛ドラマとケータイの歴史，第2章 イノベーションとしてのケータイ普及と恋愛ドラマにおける変遷，第3章 ドラマで使われるケータイ，第4章 恋愛ドラマのソーシャルネットワークとケータイ，第5章 ケータイの物質性と身体―「ケータイを抱きしめる」文化の一考察，第6章 ポピュラー音楽の歌詞における携帯電話の意味，第7章 恋愛のコンテンツとケータイ

内容 ケータイ利用の背景や文脈的要因までも含め，ケータイによるコミュニケーションの変化や身体との関係性を理解するため，恋愛ドラマの物語構造，物語内でのケータイの役割，登場人物の身体のふるまいを詳細に分析。ある時期の若者の心を捉えた流行歌も議論の俎上に載せる。それら表象の解析をとおして，ケータイによるコミュニケーションの歴史的な変容をあぶり出し，人々とケータイとの距離感を浮き彫りにする。

『スマホを使うあなたへ―これだけは知っておこう！』　[大津]　滋賀県
[2014]　8p　21cm　Ⓝ694.6

『「図解」スマートフォンのしくみ』　井上伸雄著　PHP研究所　2012.4　260p　18cm　（PHPサイエンス・ワールド新書 054）〈索引あり〉940円　①978-4-569-80284-8　Ⓝ694.6

目次 第1章 これがスマートフォンだ！―その魅力を探る（これからはスマートフォンが主役，スマートフォンのタッチパネル ほか），第2章 進化する携帯電話―携帯電話の世代と技術（携帯電話を世代で分類する，「ガラケー」と呼ばれた日本の携帯電話 ほか），第3章 スマートフォンを支える高速データ伝送技術―光ファイバ並みの超高速伝送を目指して（携帯電話のデータ伝送速度，ベストエフォート型通信とは ほか），第4章 電波の周波数を有効に使うために―周波数が足りなくなってきた！（急増するモバイル通信の需要，携帯電話に適した電波の周波数は ほか），第5章 携帯電話だけではないモバイル通信―無線LAN、WiMAX、ブルートゥース…（外出中でも使えるようになった無線LAN，無線LANの規格とWiFi ほか）

内容 タッチパネルの構造やクラウドのしくみなど，スマートフォンを支えるシステムを丁寧に解説。特に，膨大なデータを即座に送受信するための通信技術を詳述する。スマホの高速データ通信には無線LANと携帯電話回線が使用されているが，3.9世代携帯電話の伝送方式「LTE」にはどのような特徴があるのか？ 足りなくなってきた周波数はどのように再編成されるのか？ 知れば知るほど面白いモバイル技術の世界。

『プロが教える通信のすべてがわかる本―最新の通信技術を基礎から学んでみよう！ 史上最強カラー図解』　三木哲也監修　ナツメ社　2011.8　255p　21cm　〈文献あり 索引あり〉1500円　①978-4-8163-5110-5　Ⓝ547

目次 第1部 通信を支える人々（電話通信を支える人々，インターネット通信を支える人々，宇宙通信を支える人々），第2部 通信のしくみ（電気信号・電波のしくみ，ネットワークのしくみ，無線通信のしくみ），第3部 日常で利用される通信（固定電話を利用する，携帯電話を利用する，インターネットを利用する，IP電話を利用する，衛生通信を利用する，無線通信を利用する），第4部 通信のこれから（通信と放送の融合，通信の描く未来）

『ケータイのデザイン』　ヒヨコ舎編著　アスペクト　2011.1　127p　17cm　（ASPECT LIGHTBOX）〈文献あり〉1600円　①978-4-7572-1874-1　Ⓝ694.6

目次 The Future, Today, Classic, Mobile Phone Designer Interview

内容 ケータイのデザインの変遷とこれから。1985年→2010年に販売された携帯電話と、次世代に向けたコンセプトモデルまで、デザインで見るケータイの進化。

『親子の対話によるケータイ対応マニュアル』　子どもとメディア制作・著作　[福岡]　子どもとメディア　[2010]　26p　21cm

ICT（情報通信技術）を知ろう

インターネットとは？

『暗号の大研究─歴史としくみをさぐろう！』 伊藤正史監修　PHP研究所　2018.8　63p　29×22cm　（楽しい調べ学習シリーズ）　3000円　①978-4-569-78783-1

目次 第1章 暗号の歴史（古代エジプトの「ヒエログリフ」は暗号？，文字を入れかえるスキュタレー暗号，文字を置きかえるシーザー暗号 ほか），第2章 現代の暗号（通信ネットワークと暗号，インターネットで必要とされる暗号，コンピュータによる暗号化の基本 ほか），第3章 私たちのくらしと暗号（ウェブサイトと暗号，電子メールと暗号，電子マネーと暗号 ほか）

『統計ってなんの役に立つの？─数・表・グラフを自在に使ってビッグデータ時代を生き抜く』 涌井良幸著，子供の科学編集部編　誠文堂新光社　2018.5　155p　21cm　（子供の科学★ミライサイエンス）　1200円　①978-4-416-51817-5

目次 1 統計を学ぶとどうなる？（広告のカラクリを見抜く，ニュースをクールに見る ほか），2 データをまとめてみよう（資料の整理をしてみよう，度数分布グラフをつくってみよう ほか），3 確率ってなんだ？（確率ってなあに？，やってみた確率 ほか），4 統計で世の中が見える（わずかなデータで全体を見抜く，標本の取り出し方は2通り ほか），5 統計センスをみがこう（お米をまいて円周率がわかる？，コインで確率の自由研究 ほか）

内容 統計ってむずかしそうだけどみんなの暮らしの中にはいろいろな数や表，グラフが大活躍しているんだって！ 統計のことが気になるチュータと，顔がグラフになったミライネコが，身近な統計の世界をごあんな〜い。

『インターネットのひみつ』 入澤宣幸構成，かんようこ漫画　新版　［東京］学研プラス次世代教育創造事業部学びソリューション事業室　2017.12　123p

23cm　（学研まんがでよくわかるシリーズ 133）〈年表あり〉 Ⓝ007.3

『親子で学ぶ！ 統計学はじめて図鑑 レッツ！ データサイエンス』 渡辺美智子監修・著，青山和裕，川上貴，山口和範著，友永たろイラスト　日本図書センター　2017.4　143p　26cm　2400円　①ISBN978-4-284-20394-4

目次 プロローグ，統計学ってどんなこと？，1章 いろんなデータを統計グラフにしてみよう，2章 なんで平均を出すのが大事なの？，3章 起こりやすさと確率を考えよう，4章 おさらい！ 統計グラフのポイント，5章 統計グラフを使ってにが見える？，エピローグ，統計学の未来

内容 いま，大注目の「統計学」を楽しく学べる待望の図鑑!!

『時代（とき）を映すインフラ─ネットと未来』 漆谷重雄，栗本崇著，情報・システム研究機構国立情報学研究所監修　丸善出版　2016.10　194p　18cm　（丸善ライブラリー 387）〈文献あり〉 760円　①978-4-621-05387-4　Ⓝ547

目次 第1話 固定電話が定番─黒と緑（モッシー事件の謎が明らかに，電話線と電柱をじっくり見た ほか），第2話 アイドルで急変─メタルシルバーと赤（固定から携帯へ，インターネット時代へ），第3話 つながりが拡散─グリーンとスカイブルー（最近は無料通話が普通だよね，僕らはビデオ通話をこう使う ほか），第4話 先端科学で躍進─紺瑠璃とオレンジ（全都道府県が超高速なんだね，実験用のネットで面白いね ほか），第5話 未来に向かって─レインボー

内容 主人公は幼なじみの高校生，一橋未来と竹橋真凛。なぜか超高速ネットに興味を持ち始め，家族や親戚を巻き込みながら，電話，ピッチ，ケータイ，インターネット，超高速ネットにIoTと，その驚きの進化を聞き出していく。幅広い年代の方が一気読みできることを目指した会話形式シリーズの第一弾。

『おしえて！ 尾木ママ最新SNSの心得 1　知りたい！ ネットの世界』 尾木直樹監修　ポプラ社　2015.4　63p　24cm〈索引あり〉 2850円　①978-4-591-14347-6　Ⓝ694.5

目次 1章 インターネットの世界（インターネットって何？，世界につながるインターネット，インターネットって，どんなことが

できるの?，インターネットにつなげる機器、こんなにたくさん!，フリートーク!，インターネット、どう使ってる?，送ってすぐに届く手紙! 電子メール，世界中から情報を集める，世界中に情報を発信する!，友だちと楽しむ! グループで交流，音楽やゲームを楽しむ，ネット上のお店で買い物ができる，あなたはじょうずに使える? インターネットのマナー&ルールチェック!)，2章 聞いて! ネットのなやみ相談室 (聞いて! 尾木ママ，コンピュータウイルスって何?，要注意! スマートフォンのウイルス感染，いつから持つ? 携帯電話・スマートフォン)

『池上彰さんと学ぶみんなのメディアリテラシー──知っていると便利知らなきゃ怖いメディアのルールと落とし穴　1　メディアの役割とその仕組み』 池上彰監修　学研教育出版　2015.2　47p　29cm〈文献あり　索引あり〉 発売:学研マーケティング〉2800円　①978-4-05-501123-5　Ⓝ361.453

目次 池上彰さんインタビュー「メディアが発信する情報を信じ過ぎてもいけないし疑い過ぎてもいけません」，1 私たちのまわりにあるメディアってなに?，2 メディアの作られかた (1) テレビはどうやって作られる?，3 メディアの作られかた (2) 新聞はどうやって作られる?，4 メディアの作られかた (3) 本と雑誌のことをよく知ろう!!，5 メディアの作られかた (4) インターネットの仕組みと特徴，6 メディアを見る目を養おう

内容 テレビがタダで観られるのはなぜ? 各メディアの短所と長所は? メディアがウソをつくことがある? 知っていると便利、知らなきゃ怖い、メディアのルールと落とし穴。

『モノのしくみがわかる本──オールカラー 生活家電や乗り物からハイテク技術まで』 科学技術研究倶楽部編　学研パブリッシング　2013.12　239p　19cm〈文献あり　発売:学研マーケティング〉571円　①978-4-05-405909-2　Ⓝ530

目次 1 身のまわりにあるモノのしくみ (液晶分子の特性を利用して映像を表示する──液晶テレビ，離れた場所から機器を操作できる──リモコン ほか)，2 ITに関するモノのしくみ (情報化社会と生活の必需品──インターネット，「インターネット生活」に必須のツール──検索エンジン ほか)，3 ハイテク技術に関するモノのしくみ (宇宙への唯一の輸送手段──ロケット，宇宙の謎に挑む小さな旅人──惑星探査機 ほか)，4 身近な乗り物のしくみ (電気モーターの力で動く次世代自動車──ハイブリッドカーと電気自動車，水素で動く夢のクリーンエネルギーカー──燃料電池自動車 ほか)，5 建物・インフラに関するモノのしくみ (首都圏全域にデジタル放送を届ける──東京スカイツリー，天候に左右されずスポーツができる──ドーム球場 ほか)

内容 私たちの生活を支えるさまざまな「モノ」のしくみを大解剖!

『15歳の可能性──3』 加瀬ヒサヲ作　ほるぷ出版　2013.2　225p　19cm（NHKネットコミュニケーション小説）1400円　Ⓝ913.6

目次 明日への舞台 ハッピーな未来って? 夢を描く君を見てる 逃したものは欲しいもの? いつか会える日まで オレのふり、楽しいですか? クリスマスに届けたくて 願いごとはひそかな決意 本当の言葉を探して 桜が咲いたその先に

内容 ある中学の3年2組の生徒たちが、ブログ、ツイッター、ネットオークションなどインターネットを通じ経験するエピソードを10話収録

『世界をかえたインターネットの会社　3　Googleものがたり』 アダム・サザーランド原著，稲葉茂勝訳・著　ほるぷ出版　2012.8　31p　29cm〈索引あり〉2800円　①978-4-593-58667-7　Ⓝ007.35

目次 世界でもっとも有名な会社のひとつGoogle社，Google社の成功のカギ，Google社の誕生，Google社の創設，はげしい競争のなかで注目されるGoogle社，Google社はどうやって利益を得ているのか，働き手を幸せにする，Google社の株式公開，Google社の成長，多様化するGoogle社，Google社が世界をかえる，Google社をずっと愛される存在に，Google社の憂い

内容 検索エンジンGoogleを運営する会社がどんなことをしているか、どうやって利益をあげているかなどについて、創設者のラリー・ペイジとサーゲイ・ブリンに関する話とともに紹介する。この本を読めば、Google社が検索エンジンの運営で、どのようにして巨額の利益をあげられるようになったか、Google社は、会社をより成長させるために、どんな新しいことに挑戦しているかなどがわかる。

『世界をかえたインターネットの会社　1　Facebookものがたり』 アダム・サザーランド原著，稲葉茂勝訳・著　ほるぷ出版　2012.7　31p　29cm〈索引あり〉2800円　①978-4-593-58665-3　Ⓝ007.35

目次 映画になった創設者，株式会社になったFacebook，アイデアは成長しつづける!，マークとショーン・パーカーの出あい，人気

インターネットとは？　　　　　　　　　　　　　ICT（情報通信技術）を知ろう

を利益にかえる！，オープン・レジストレーション，世界的規模に成長，Facebookのさまざまな機能，Facebook社が利益を出す秘訣，Facebookをプラットフォームに！，次の手は，「いいね！」，共有すべきか？　すべきでないのか？，Facebookと政治

内容　この本では，だれもが一度は聞いたことがあると思われるFacebook社について，どんなことをしている会社か，どうやって利益をあげているかといった，なかなか聞いても聞けないような話を，Facebook社の創設者であるマーク・ザッカーバーグの個人史とともに紹介していきます。

『科学者を目指したくなる！　おもしろ科学実験＆知識ブック　3巻　最新科学を学べ！　おどろき！　科学知識ブック』教育画劇　2011.4　55p　27cm　〈索引あり〉　3300円　①978-4-7746-1344-4　Ⓝ407.5

目次　第1章　宇宙の謎を解く試み（宇宙のかなたへの過酷な冒険，星の光は過去からのメッセージ，地下1000mにある「見えないものを見る」装置，世界最小の物質を観察する，宇宙で暮らせる日は来るか？），第2章　人間の生命と科学（人間の体を，分子の単位で見てみたら…，失った手や足を，もう一度取りもどす…，一人ひとりにあった病気の治療法，脳は体の司令塔），第3章　進化する情報科学技術（1秒間に数百兆回も計算!?，冷蔵庫や電子レンジがインターネットとつながると…，ペラペラの紙状のテレビを持ち歩く），第4章　技術革新が創る未来（「友だちはロボット」になる日，クモの糸よりも細い繊維が生活を変える，東京〜大阪間を1時間で結ぶ！），第5章　環境とエネルギー（水素で走る，究極のエコカー，分解しながらくりかえし使える資源，畑で育てるプラスチック），資料編　日本のノーベル賞受賞者

『池上彰のなるほど！　現代のメディア　4　ネットとじょうずにつきあおう』池上彰日本語版監修　ローリー・ハイル著，生方頼子訳　文溪堂　2011.2　55p　29cm　〈年表あり　索引あり〉　2900円　①978-4-89423-712-4　Ⓝ361.453

目次　身近になったインターネット，ブログとミニブログ，インターネットのコミュニティ，みんなでつくる「ウィキ」とレーティング，動画・写真の楽しみかた，インターネットの危険から身をまもるために，政治運動や社会活動と「検閲」，ケータイとじょうずにつきあうためのマナーとルール

『日本のコンピュータ・IT』こどもくらぶ編さん　ほるぷ出版　2010.12　39p　29cm　（世界にはばたく日本力）〈索引あり〉　2800円　①978-4-593-58636-3　Ⓝ547

目次　世界をリードするインターネット技術（ここがすごい！　日本のインターネット技術，日本の技術の背景をさぐる，世界で活躍する日本人，世界をリードする日本の企業，もっとくわしく　日本のICTインフラに関する国際比較評価レポート），ユビキタスネット社会の実現に近い国（ここがすごい！　日本の情報通信技術，日本の技術の背景をさぐる，世界で活躍する日本人，もっとくわしく　スマート・ユビキタスネット社会実現戦略），世界にほこる日本の携帯電話（ここがすごい！　日本の携帯電話，日本の技術の背景をさぐる，世界で活躍する日本人）

内容　本書では，コンピュータ・ITの技術力のなかから，インターネットと携帯電話について見ていきましょう。また，すぐれた情報通信技術を活用し，ユビキタスネット社会の実現をめざす日本の取り組みについても見ていきましょう。そして，日本の技術力のすごさ，その背景となるもの，その技術力によって世界で活躍する日本人について知りましょう。

『これ一冊で身につくネットワークの基本としくみ』Gene著　ナツメ社　2018.8　343p　21cm　1980円　①978-4-8163-6495-2

目次　第1章　ネットワークの基礎知識，第2章　ネットワーク上の通信のしくみ，第3章　ネットワーク基盤（インフラ）の特徴と種類，第4章　ネットワークの共通言語TCP/IP，第5章　ユーザが使うアプリケーションのしくみ，第6章　ネットワークを構成する機器の役割としくみ，第7章　ネットワークを守るセキュリティ技術

内容　ネットワークがつながるしくみ，TCP/IPの基本と各層の役割，Webサイトやメールのしくみ，ネットワークセキュリティの基本…etc.初歩の初歩からしっかりわかる！

『今すぐ使えるかんたんインターネット＆メール』リブロワークス著　改訂2版　技術評論社　2018.7　223p　24cm　（Imasugu Tsukaeru Kantan Series）〈Windows 10対応版　背・表紙のタイトル：インターネット＆メール　索引あり〉　1380円　①978-4-7741-9859-0　Ⓝ547.4833

目次　第1章　インターネットをはじめよう，第2章　インターネットを使おう，第3章　インターネットで情報を収集しよう，第4章　メールを利用しよう，第5章　メールを連絡先やカレンダーと連携させよう，第6章　インターネットサービスを活用しよう

『情報通信白書　平成30年版　人口減少時代のICTによる持続的成長』　総務省編　日経印刷　2018.7　406p　30cm〈発売：全国官報販売協同組合〉3075円 ①978-4-86579-121-1

目次 第1部 特集 人口減少時代のICTによる持続的成長（世界と日本のICT，ICTによる新たなエコノミーの形成，ICTによる生産性向上と組織改革，ICTによるインクルージョン促進），第2部 基本データと政策動向（ICT分野の基本データ，ICT政策の動向），資料編

『Googleサービスがぜんぶわかる本―新機能からプライバシー・快適設定＆お得で便利な活用術まで徹底解説！』　完全版　洋泉社　2018.5　160p　26cm（洋泉社MOOK）1200円 ①978-4-8003-1465-9 Ⓝ007.58

『Wi-Fiがまるごとわかる本　2018』　晋遊舎　2018.5　127p　26cm（100％ムックシリーズ）〈家電批評特別編集〉815円 ①978-4-8018-0904-8 Ⓝ547.5

『Googleサービス完全マニュアル』　桑名由美著　秀和システム　2018.4　299p　21cm　1380円 ①978-4-7980-5421-6

目次 01 まずはGoogleのサービスについて知っておこう，02 Googleの検索機能を使いこなそう，03 カーナビやお店の検索もできるGoogleマップを活用しよう，04 Gmailでメールを一本化してどこからでもやり取りしよう，05 共有もできるGoogleカレンダーで予定を管理しよう，06 Google Chromeで快適にホームページを閲覧しよう，07 Googleドライブで文書を作成、編集、管理しよう，08 YouTubeで動画を閲覧・投稿しよう，09 加工もできるGoogleフォトで写真や動画を管理しよう，10 翻訳、AIアシスタント…いろいろなGoogleサービスを使ってみよう，11 Googleの設定を変えて安全、快適に使おう

内容 基本操作から活用のヒントまで、仕事でも日常でも役に立つ無料サービスを使い倒そう。スマホにフル対応。

『Googleサービスがまるごとわかる本―無料 快適 効率化』　最新版　三才ブックス　2018.3　143p　26cm（三才ムック vol.987）〈パソコン・スマホ・タブレット対応〉1200円 ①978-4-86673-038-7 Ⓝ007.58

『インターネット,7つの疑問―数理から理解するその仕組み』　大﨑博之著　共立出版　2018.2　144p　19cm（共立スマートセレクション 26）〈他言語標題：Unveiling Seven Secrets of the Internet　文献あり　索引あり〉1800円 ①978-4-320-00926-4 Ⓝ547.4833

目次 序章 インターネットとは何か?，1 疑問1―インターネットはどこが優れているのか?，2 疑問2―インターネットに弱点はないのか?，3 疑問3―インターネットはなぜ高速なのか?，4 疑問4―インターネットをさらに高速化する方法は?，5 疑問5―インターネットは混雑するとなぜ遅くなるのか?，6 疑問6―インターネットで海外と通信するとなぜ遅くなるのか?，7 疑問7―インターネットは世界を小さくしたのか?

『IT全史―情報技術の250年を読む』　中野明著　祥伝社　2017.7　366,7p　19cm〈索引あり〉1800円 ①978-4-396-61612-0 Ⓝ547.48

目次 プロローグ 生態史観から見る情報技術，第1章 腕木通信が空を駆ける―近代的情報技術の幕開け，第2章 電気を使ったコミュニケーション，第3章 音声がケーブルを伝わる，第4章 電波に声を乗せる，第5章 テレビ放送時代の到来，第6章 コンピュータの誕生，第7章 地球を覆う神経網，第8章 IoE、ビッグデータ、そしてAI，エピローグ「超」相克の時代を迎えて

内容 産業革命のあと、フランスで腕木通信と呼ばれる技術が誕生したのが1794年。そして、レイ・カーツワイルが主張する「シンギュラリティ」、すなわちコンピュータの能力が人間を超え、これまでとまったく異なる世界が現れるのが2045年とされている。本書は、この間250年の物語だ。情報技術の過去を振り返り、現在を検証し、将来を構想する。

『僕たちのインターネット史』　ばるぼら，さやわか著　亜紀書房　2017.7　254p　19cm〈他言語標題：Our History of Internet　年表あり〉1600円 ①978-4-7505-1511-3 Ⓝ007.3

目次 第1章 80年代編 インターネット前史（インターネットの言説史，パソコン通信とは何か ほか），第2章 90年代編 アングラ・サブカルチャーとしてのインターネット（カウンターカルチャーとしてのインターネット，カウンターカルチャーのアングラ・サブカル化 ほか），第3章 00年代編 商業化するインターネット（インターネットの商業化と2ちゃんねる，インターネットにおける自由と倫理の問題 ほか），第4章 10年代編 インターネットにミネルヴァの梟は飛んでいるのか?（政治化するインターネット，「動員の革命」の両義性 ほか）

内容 80年代のパソコン通信の時代から、インターネットの黎明期を経て現在まで。イ

ンターネットの「現場」を知り尽くした著者が、その歴史を総ざらいする！

『**擬人化でまなぼ！ ITインフラのしくみ―パソコン・ネットワーク・サーバーがわかる!!**』 岡嶋裕史著，村上ゆいちキャラクターデザイン ［東京］翔泳社 2016.10 263p 21cm 〈他言語標題：パソコン・サーバー・ネットワークの役割と関係がわかる！ 索引あり〉1980円 ①978-4-7981-4693-5 Ⓝ547.48

目次 第1話 コンピュータを動かす五つの元素―五大装置とその役割，第2話 ソフトを束ねる絶対神―OS，第3話 後か先かそれが問題だ―アルゴリズム，第4話 コンピュータをつなぐ鉄鎖―集中と分散，第5話 システムに安心と安全の祝福を―信頼性，第6話 知識の迷宮を駆け抜けろ！―データベース，第7話 祭りは続くよ，いつまでも―CPU

内容 対話形式で進むからスラスラっと読めちゃうっ 萌え×学習。図解も豊富！ ハードウェアなどのIT用語を擬人化したITインフラ入門書。

『**インターネットの基礎知識―IC3 GS4 リビングオンライン対応**』 立山秀利著，オデッセイコミュニケーションズ編 第2版 オデッセイコミュニケーションズ 2016.9 13,176p 24cm （デジタルリテラシーの基礎 2）1500円 ①978-4-908327-03-2

『**インターネットは流通と社会をどう変えたか**』 阿部真也，江上哲，吉村純一，大野哲明編著 ［東京］中央経済社 2016.9 241p 21cm 〈他言語標題：CHANGES MADE TO THE MARKETING & SOCIETY BY THE INTERNET 索引あり 発売：中央経済グループパブリッシング〉2800円 ①978-4-502-19581-5 Ⓝ675.4

目次 インターネットの始まりとネットスピリット，第1部 インターネットの発展と流通機構の変貌（ネット社会における消費者意識の行方，流通における情報機能の変容，商品集積から情報集積へと転換する流通サービス，ネット販売における情報過負荷と消費者選択に関する探索的研究），第2部 ソーシャル・メディアの社会構造へのインパクト（バーチャル・コミュニティとリアル・コミュニティ，ネット・コミュニティにおける他者との関わり，ソーシャル・メディアとSNSの発展過程，ソーシャル・メディア時代の消費生活と企業社会，商用化が進むソーシャル・メディアの問題点），第3部 インターネットとマーケティング・ネットワーク

（インターネット時代におけるマーケティングと消費の変化，情報化と国際マーケティング戦略―ウェブサイトの文化的側面，企業と消費者の環境配慮行動における情報の重要性，ICT事業分野におけるプラットフォームの概念規定とその戦略的意義），ネット・イノベーションの世界再編成の未来像

内容 情報化がもたらす「暗い面」と「明るい面」を踏まえ，次なるネット社会の可能性と流通経済を考える。

『**かんたんネットワーク入門―オールカラー図解 イラストでわかるネットワークのしくみ**』 三輪賢一著 改訂3版 技術評論社 2016.9 175p 26cm 〈索引あり〉1580円 ①978-4-7741-8190-5 Ⓝ547.48

目次 1 ネットワークって何だろう？，2 基本になるネットワークLAN，3 ネットワークのルールプロトコル，4 世界中に広がるネットワークへ，5 インターネットでできること，6 ネットワークを安全に利用するために

内容 一番やさしいネットワークの本。コンピュータはどうつながっているの？ に答えます。ネットワークの最新技術もよくわかる！

『**情報通信技術はどのように発達してきたのか**』 井上伸雄著 ベレ出版 2016.8 271p 21cm （BERET SCIENCE）〈索引あり〉1700円 ①978-4-86064-485-7 Ⓝ547.02

目次 プロローグ 情報化社会への道，第1章 電気を使わない通信から電気を使う通信へ，第2章 電波で信号を送る無線通信の発達，第3章 情報デジタル化する技術，第4章 ますます広がるインターネットの世界，第5章 いつでも，どこでも使えるモバイル通信，第6章 これからは光を使う通信の時代

内容 ストンと腑に落ちる解説と，シンプルな図解でわかりやすい！ 腕木通信から光通信まで―情報通信技術の歴史と，IoT，IoE時代を支える最先端技術のしくみがわかる！

『**インターネットで文献探索 2016年版**』 伊藤民雄著 日本図書館協会 2016.5 204p 19cm （JLA図書館実践シリーズ 7）〈文献あり 索引あり〉1800円 ①978-4-8204-1603-6 Ⓝ007.58

『**はじめての今さら聞けないネット検索**』 羽石相峯 秀和システム 2016.3 127p 24cm （BASIC MASTER SERIES 459）〈索引あり〉1400円 ①978-4-7980-4604-4 Ⓝ007.58

目次 第1章 正しい「ネット検索」とは？ そもそも「検索」って何？，第2章 これを知っておけば困らない！，第3章 キーワードがわかっているときにやってみよう，第4

ICT（情報通信技術）を知ろう　　　　　　　　インターネットとは？

章　キーワードがわからないときにやってみよう，第5章　もっと上手にネット検索できるために，付録

内容　できる！　検索ができる人から学ぶ，誰も教えてくれない検索の基礎とは。あなたが検索できない理由を知ろう。辞書だと思えば楽にコツがつかめる。あの"モヤモヤ"を解消できますか？　キーワードがわかれば解決。図解でわかりやすく説明！

『擬人化でまなぶ！　ネットワークのしくみ—もしも，プロトコルが人格を持ったなら…!? 個性的なキャラたちが織り成すネットワークのつながるしくみ』　岡嶋裕史著　［東京］翔泳社　2016.2　238p　21cm〈索引あり〉1980円　①978-4-7981-4323-1　Ⓝ547.48

目次　第1話　いざ，OSIの迷宮へ！，第2話　速さか確かさかで大げんか，第3話　広大なネットワークへの旅立ち，第4話　やさしいパケットの届け方，第5話　やがてネットワークの果てにたどりつく，第6話　名前解決を牛耳るビッグ13の影，第7話　電波に乗ってどこまでも，番外編　ぽろりもあるよ。脆弱性だらけの水着大会

内容　いっしょに擬人化でまなぼっ！　本書はネットワークプロトコルなどのIT用語を擬人化したネットワーク入門書です。彼女たちのやり取りを通じて無理なく基礎知識が学べます。

『シンギュラリティ—限界突破を目指した最先端研究』　NAIST-IS書籍出版委員会編　近代科学社　2016.2　324p　21cm〈他言語標題：SINGULARITY　索引あり〉2500円　①978-4-7649-0504-7　Ⓝ007.04

目次　1 計算機科学における限界点（クラウド社会の限界突破，ネットワークとシステム構築の限界突破，計算機構の限界突破），2 メディア科学における限界点（センシングの限界突破，知能の限界突破，リアリティの限界突破），3 システム科学における限界点（数理・制御の限界突破，生活支援技術の限界突破，ライフサイエンスの限界突破）

『知識の社会史　2　百科全書からウィキペディアまで』　ピーター・バーク著，井山弘幸訳　新曜社　2015.7　534p　20cm〈文献あり　索引あり〉4800円　①978-4-7885-1433-1　Ⓝ361.5

目次　第1部　知識の実践（知識を集める，知識を分析する，知識を広める，知識を使う），第2部　進歩の代価（知識を失う，知識を分割する），第3部　三つの次元における社

会史（知識の地理学，知識の社会学，知識の年代学）

内容　グーテンベルクから百科全書，そしてウィキペディアまで。知はいかにして商品となり，資本主義世界に取り入れられたか？　探検，遺跡発掘，博物館，美術館，万博，百科事典から，蒸気，鉄道，電信，コピー機，ラジオ・テレビ，コンピュータ，そしてインターネットまで，様々のエピソードを題材に展開する「知の一大パノラマ」完結！

『鈴木さんにも分かるネットの未来』　川上量生著　岩波書店　2015.6　343p　18cm（岩波新書　新赤版 1551）900円　①978-4-00-431551-3　Ⓝ007.3

目次　ネット住民とはなにか，ネット世論とはなにか，コンテンツは無料になるのか，コンテンツとプラットフォーム，コンテンツのプラットフォーム化，オープンからクローズドへ，インターネットの中の国境，グローバルプラットフォームと国家，機械が棲むネット，電子書籍の未来，テレビの未来，機械知性と集合知，ネットが生み出す貨幣，インターネットが生み出す貨幣，リアルとネット

内容　ネットの世界では何が起きているのか。ネットの世論は，どのようにつくられるのか。テレビ，新聞を凌駕するのか。そしてリアルとの関係は…。パイオニアとして，さまざまな試みを実現してきた著者が，縦横無尽に語る。ネットによって，世界は，どこに向かっていくのだろうか？

『デジタル・アーカイブとは何か—理論と実践』　岡本真，柳与志夫責任編集　勉誠出版　2015.6　295p　21cm　2500円　①978-4-585-20034-5　Ⓝ007.5

目次　構築から利活用まで，アーカイブに携わる全ての人へ贈る—。増え続けるデジタル・アーカイブ。何を見せればよいのか。どこを探せばよいのか。混迷の中にいる制作者・利用者のために，積み重ねた知恵と実例。Europeanaの立ち上げ，東寺百合文書のWEB公開，電子図書館，そして国立デジタルアーカイブセンター構想…。新たな仕組みは，ここから生まれる。

内容　1 アーカイブからデジタル・アーカイブへ　2 デジタル・アーカイブの条件　若手座談会　実践するデジタル・アーカイブ　3 これからのデジタル・アーカイブ

『マンガで学ぶネットワークのきほん』　高橋麻奈著，春瀬サク画　SBクリエイティブ　2015.6　193p　26cm〈索引あり〉1980円　①978-4-7973-8090-3　Ⓝ547.48

目次　プロローグ　ネットワークの世界へようこそ，第1章　LANのきほんを知ろう，第2章　IPアドレスを知ろう，第3章　TCP/IPとプロトコルの役割，第4章　ルーティングのきほん，第5章　セキュリティのきほん，第6章　広がるネットワークの活用

子どもの本　情報教育・プログラミングの本2000冊　**33**

内容 経営難が続く六本木の老舗喫茶「レコード」は、世界的コーヒーチェーン「ワールド・ワイド・コーヒー」が日本に進出する第1号店として新装オープンすることになった。グループの社長の指示を受け、新店舗にネットワークを導入しなければならなくなる。その奮闘記。アメリカ本社から送り込まれた若き天才ネットワーク管理者セアラは、新装オープンまでに、ネットができるおしゃれなカフェに改装することができるのか…。スマホやパソコン、テレビに車、レコーダーなどの機器が、ネットにつながる仕組みを、マンガでイメージがつかめるように紹介。

『10年つかえるSEOの基本』 土居健太郎著 技術評論社 2015.5 134p 20cm 1480円 ①978-4-7741-7324-5 N547.483

目次 第1章 検索エンジンは、なんのために、どんなことをしてるのか、第2章 検索する人の気持ちと行動を考えてみよう、第3章 検索キーワードを見つけよう、第4章 検索キーワードをサイトに反映させよう、第5章 コンテンツを作ろう、第6章 リンクを集めよう、第7章 SEOを「売り手目線の販促活動」と考えてはいけない、おわりに 検索エンジンの進化とこれからのSEO

内容 すぐに変わってしまうトレンドを追うより変わらない"考え方"をおさえよう。フルカラーの紙面でかけあいを追いながらたのしくわかる！

『ユーザーがつくる知のかたち—集合知の深化』 西垣通監修 ［東京］ KADOKAWA 2015.3 290p 21cm （角川インターネット講座 06 村井純, 伊藤穰一, 川上量生, まつもとゆきひろ代表監修）〈文献あり〉2500円 ①978-4-04-653886-4 N007

目次 第1部 ネット集合知に何ができるのか（知能増幅としてのネット集合知, 集合知とは何か, ユーザー参加型芸術の歴史と集合知研究, 心とネット—結界を破るもの, 想像界とネット界）, 第2部 変容する人間と社会（インターネットに「ユーザー」はいるか？—「抽象的・遡及的集合知（心の理論 注意×リッチクラブ）」→Brain Internet Protocol？, 情報の哲学としてのサイバネティクス—アルゴリズムと現実像, SNSは人を変えるか？, ネット社会における正義）

内容 ひとりひとりの知恵がネットワークで結びつき、「集合知」として可視化されつつある現代。コンピュータを介してすべての人が協働する創造的な「新文明」の到来はありうるのだろうか？ 科学、哲学、社会、医学、文学など多分野の論客が、それぞれの視点から未来像を投げかける！

『デジタル・アーカイブの最前線—知識・文化・感性を消滅させないために』 時実象一著 講談社 2015.2 218p 18cm （ブルーバックス B-1904）〈文献あり 索引あり〉860円 ①978-4-06-257904-9 N007.5

目次 第1章 歴史を記録するアーカイブ（東日本大震災とアーカイブ, テレビニュースを保存しよう, 昔のホームページはどこに）, 第2章 文化を記録するアーカイブ（映画を消滅から救う, 家族の写真を保存する, 音を保存しよう, 芸術作品のアーカイブ）, 第3章 活字を記録するアーカイブ（本をアーカイブする, 新聞記事で歴史をひもとく, 作られなかった議事録, アカデミズムのアーカイブ）, 第4章 アーカイブの技術（デジタルデータの技術, アーカイブのネットワークで世界がつながる）, 第5章 これからのアーカイブ（アーカイブに立ちふさがる壁, デジタル・ヒューマニティーズのすすめ）

内容 災害の悲しい記憶も、映画の名場面が生む感動も、人類が未来に残すべき貴重な「知の遺産」である。だが、それらを守るしくみが崩れつつあるいま、出版物は孤児と化し、映像は再生不能となり、ウェブ世界でも膨大な情報がどんどん消えている。これらを電子的に保存すべく、世界の有志たちが立ち上がり、推進するデジタル・アーカイブ。その考え方、方法から乗り越えるべき問題まで。

『サイエンス大図鑑』 アダム・ハート＝デイヴィス総監修, 日暮雅通監訳, 日暮雅通, 藤原多伽夫, 山田和子訳 コンパクト版 河出書房新社 2014.10 511p 26cm〈索引あり〉3800円 ①978-4-309-25300-8 N402

目次 1 科学の夜明け—先史時代・1500年（火の力, 初期の金属加工師たち ほか）, 2 ルネサンスと啓蒙の時代—1500・1700年（実験科学の誕生, ルネサンスの医学と手術 ほか）, 3 産業革命—1700・1890年（ニューコメン機関, 蒸気力から蒸気機関へ ほか）, 4 原子の時代—1890・1970年（原子の構造, 化学結合 ほか）, 5 情報化時代—1970年以降（インターネット, 人工知能とロボット工学 ほか）

内容 2,000点を超える貴重な写真や理解を助ける図版で、科学の世界をわかりやすく解説。54ページにわたる付録資料の中から、過去から現代までの主要な科学者250人以上の紹介と、約700項目におよび科学用語の解説、2,500項目を超える索引を収録。主要人物19人については見開きの伝記で紹介し、パイオニア的人物約100人については、簡単な人物伝を収録。量子論や遺伝子工学、情報技術など、現代科学の最前線に立つ科学者の取り組みもわかりやすく紹介。

ICT（情報通信技術）を知ろう　　　インターネットとは？

『情報ネットワークの仕組みを考える』
河西宏之, 北見憲一, 坪井利憲著　新版
朝倉書店　2014.9　158p　21cm〈初
版：昭晃堂　2004年刊　文献あり　索引
あり〉2500円　①978-4-254-12202-2
Ⓝ547

目次 1 電話とインターネットはなぜつなが
るか, 2 音声とパソコンの信号―アナログと
ディジタル, 3 電話がつながる―電話の仕
組み, 4 情報の渋滞が発生しないようにす
る―トラヒック理論, 5 電子メールが届く,
Webで世界中の情報を手に入れる―イン
ターネットとTCP/IPの仕組み, 6 大学内の
ネットワークはどう構成されるか―LANの
仕組み, 7 情報とネットワークのセキュリ
ティ―安心してネットワークを使うために,
8 携帯電話を使う―無線通信と移動通信, 9
情報のハイウェイ―光通信とネットワーク

『あなたはネットワークを理解していますか？―インターネット時代に欠かせない根っこの知識が確実に身につく！』梅
津信幸著　SBクリエイティブ　2014.3
221p　18cm（サイエンス・アイ新書
SIS-302）〈文献あり　索引あり〉1100
円　①978-4-7973-5469-0　Ⓝ547.48

目次 第1章 ネットワークという魔法の言葉
―イントロダクション（みんなネットワーク
が大好き, 見えてきたネットワークの性質
ほか）, 第2章 人類はどう「残し」どう「伝
えて」きたか―エントロピーとチャネル
（昔, 昔のその昔, 信号と暗号―かぎられた
相手にだけ伝える方法 ほか）, 第3章 つな
がってこそでる威力―ノードとリンク（見え
ないものを追いつめる, 実物のネットワー
ク ほか）, 第4章 隠す者と暴く者―暗号と
セキュリティ（小説に見る暗号のアイデア,
情報を守る暗号のしくみ ほか）, 第5章
しっぽを噛むヘビ―バランスとフィード
バック（ネットワークの中に生まれるバラン
ス, 人間が作りだしたネットワーク ほか）

内容 人もネットワークもつながることで
"力"が解放される！　"情報"をどう伝える
か, どう動かすか, どうつなげるかをテーマ
に, ネットワークの本質に迫る。

『インターネット講座―ネットワークリテ
ラシーを身につける』有賀妙子, 吉田智
子, 大谷俊郎著　改訂新版　京都　北大
路書房　2014.2　265p　21cm〈3版の
タイトル：新・インターネット講座　索
引あり〉2200円　①978-4-7628-2830-0
Ⓝ547.483

目次 活用編（インターネットでできること,
電子メールのコミュニケーション, Web
ページでの情報収集, Webページの批判的

閲覧）, 制作編（Webページの企画・デザイ
ン, Webページの制作, Webページのテス
ト, 評価と運用）, 技術編（インターネット
のしくみ, 電子メールのしくみ, World
Wide Webのしくみ）, 応用編（Java Script
を利用したWebページの制作, CGIを利用
したWebページの制作）

『インターネットの基礎知識』立山秀利
著　オデッセイコミュニケーションズ
2014.1　176p　24cm（デジタルリテ
ラシーの基礎 2）〈IC3 GS4リビングオ
ンライン対応　索引あり〉1500円
①978-4-9905124-6-0

目次 第1章 インターネットとWebブラウ
ザー（インターネット、ブラウザー、WWW
の比較, ブラウザーの利用）, 第2章 ネット
ワーク（インターネット接続, ネットワーク
の種類, 機能, 性能, 機器, ネットワークの
トラブルシューティング）, 第3章 デジタル
コミュニケーション（電子メールを使用した
コミュニケーション, インターネットを利
用したコミュニケーション）, 第4章 デジタ
ル社会のモラルとルール（コミュニケーショ
ンの標準的かつ責任ある
コンピューターの利用）, 第5章 安全なコン
ピューターの利用（安全なオンラインコミュ
ニケーションと行動, 人間工学に基づいた
配慮）, 第6章 検索, 調査能力（検索エンジ
ンの利用, 検索結果の評価, 検索エンジンの
高度な利用）

内容 インターネットやネットワークの基礎
知識や操作方法, 電子メールやソーシャル
メディアサイトの知識や概念, インター
ネットの利用に伴うモラルやルール, セ
キュリティなどを学習。練習問題付。

『デジタル人文学のすすめ』楊暁捷, 小
松和彦, 荒木浩編　勉誠出版　2013.7
293p　21cm　2500円　①978-4-585-
20023-9　Ⓝ002

目次 デジタル技術により開かれつつある世
界、その実現への道のりと運営の課題、技術
革新の背後にある陥穽、そして、これからの
可能性。国文学・歴史学におけるデジタル
アーカイブや、妖怪データベース、電子図書
館やe国宝など、めまぐるしく変化する「デ
ジタル人文学」の環境を、実際の現場から捉
え直し、人文学の未来を考える立ち位置と
思考の拠り所を提供する。

内容 総論　第1部 デジタル環境の出現と普
及　第2部 人文学諸分野との融合　第3部
明日のデジタル人文学へ

『まったくわからない人のためのネットの
常識』高作義明, 田中眞由美, 諏訪真理
子著　新星出版社　2013.4　303p
19cm〈索引あり〉1300円　①978-4-
405-04138-7　Ⓝ547.483

目次 序章 まったくわからない人へネット の第一歩，第1章 こんなに楽しい!!驚きの ネットワールド，第2章 まったくわからな い人のためのネットの基礎知識，第3章 まったくわからない人のためのWindows8の 常識，第4章 まったくわからない人のため のスマホの常識，第5章 まったくわからな い人のためのタブレット端末の常識，第6章 まったくわからない人のためのウェブ閲覧 とメールの常識，第7章 これなら満足!!ネッ トの世界を満喫する，第8章 まったくわか らない人のためのソーシャル・ネットワー クの常識，第9章 知らないでは済まされな い!!ネット犯罪とその対策

内容 スマホ，タブレットなど様々な端末で つながるネットの世界。これからはじめる 人も，『これまでいまいちわからない！』と いう人も，ネットの使い方が一目でわかる。 知っているようで知らないネットのことが みえてくる一冊。

『基礎からわかる「Web」と「ネットワー ク」―「情報」が21世紀の社会をかた ちづくる！』 瀧本往人著，ＩＯ編集部 編集 工学社 2013.3 199p 21cm （I/O BOOKS）〈索引あり〉 1900円 Ⓘ978-4-7775-1751-0 Ⓝ547.483

目次 第1章 「Web」と「ネットワーク」に おける「情報」（「情報」，アナログとデジタ ル，複製技術とオリジナル，符号化と圧 縮），第2章 「Web」と「ネットワーク」の 仕組み（ネットワークの基本，インターネッ トの基本，サーバとデータベース，放送ネッ トワーク，無線LAN），第3章 「Web」と 「ネットワーク」の活用（HTMLとハイパー リンク，「インタラクティブ」と「リアルタイ ム」，ブログとソーシャル，アフィリエイ ト，セキュリティ）

内容 「Web」「ネットワーク」の肥大化はと どまることを知らない。情報通信システム は，世界にくまなく張りめぐらされ，膨大な 数の人々が，さまざまな目的で利用してい る。本書は，「Web」や「ネットワーク」と は何か，どのように使われ，どのような意味 をもつかを，最新の情報に基づいて分析し ている。

『インターネットを探して』 アンド リュー・ブルーム著，金子浩訳 早川書 房 2013.1 314p 19cm 1800円 Ⓘ978-4-15-209353-0 Ⓝ547.4833

目次 1 地図，2 ネットワークのネットワー ク，3 接続だけが，4 インターネット全体， 5 光の街，6 もっとも長いチューブ，7 データが眠る場所

内容 私たちはふだん，ウェブサイトやメー ルが，どこを通って自分の目の前まで来た

のかを意識することはまずない。それほど インターネットは日常生活にすっかり溶け 込んでいる。しかしそのデータは，誰かが 送信し，どこかを通ってきたからこそ届い たのだ。著者ブルームはあるきっかけでそ うした "モノとしてのインターネット" を強 く意識するようになる。つまり，「人類史上 もっとも強力な情報ネットワークが，リス の出っ歯でかじられただけで不調におち いった」のを目撃したのだ。やがてブルー ムは，インターネットそのものをこの目で しかと見ようと決意して，長い旅に出る。 多くの人に話を聞き，世界をまたにかけて 飛び回る彼が見つけたものとは…。驚きと 感動が満載の冒険譚。

『Google Earthと旅する世界の歴史』 ペニー・ワームズ文，ウィリアム・イン グス絵，ひろうちかおり訳 大日本絵画 ［2012.12］ 1冊 31×27cm （VRしか けえほん） 1300円 Ⓘ978-4-499-28480- 6

内容 世界有数の偉大な歴史的各所で， ちょっと時間を戻してみましょう。―ロー マの古代都市ポンペイ，インカの町マチュ ピチュ，ベルサイユ宮殿，第二次世界大戦中 にノルマンディ上陸作戦の舞台となった海 岸。興味深く具体的な場面を学習し，クイ ズに挑戦―。それから，Google Earthでい まのようすを見に行きながら，トップシー クレットの目的地を見つけましょう。歴史 的事実と謎解きクイズ，そして楽しさいっ ぱいのGoogle Earth検索がぴったになった， 想像力をかきたてるデジタル歴史学習。

『インターネット・サイエンスの歴史人物 館―情報通信技術の礎を築いた科学者 たち』 岩山知三郎著 インプレスR&D 2012.10 221p 21cm （インプレス R&D〈next publishing〉―New thinking and new ways）〈文献あり〉 発売：インプレスコミュニケーション ズ〉 Ⓘ978-4-8443-9528-7 Ⓝ547.028

『おうちで学べるネットワークのきほん― 初心者のためのTCP/IP入門』 Gene 著 ［東京］ 翔泳社 2012.4 320p 21cm〈索引あり〉 1980円 Ⓘ978-4- 7981-2526-8 Ⓝ547.48

目次 01 自宅のLANを見てみよう―イン ターネット＆LANの基礎，2 IPアドレス について学ぼう―ネットワークの住所，3 DNS の仕組みを理解しよう―インターネットの 電話帳，4 TCPとUDPって何だろう―ポー トの意味と役割，5 TCP/IPの設定を理解し よう―インターネットはなぜつながる？，6 Webサイト＆電子メールの仕組みを理解し よう―HTTP，POP3，SMTP，IMAP4，7 スイッチ＆ルータについて学ぼう―ルー ティングの仕組み，8 ネットワークセキュ リティについて学ぼう―ウイルスからPCを

守る，Appendix01 IPv6について学ぼう—補講，Appendix02 総復習—本書のまとめ

内容 本書は，初学者向けのネットワーク入門書です。初学者でも無理なく読み進められるよう，本書では「ネットワーク技術に関する実習を行って」「その仕組みを理解する」という構成をとっています。また実習は全て，自宅PCで実践できるものを選びました。

『はじめて学ぶ情報社会』 劉継生，木村富美子著 京都 昭和堂 2012.4 290p 21cm 〈文献あり 索引あり〉 2400円 ①978-4-8122-1212-7 Ⓝ007.3
目次 情報の本質，情報処理の過程と構造，情報伝達の仕組み，情報の作用，情報のデジタル表現，コンピュータ，インターネット，サイバースペース，情報システム，電子商取引，電子政府・電子自治体，eラーニング，情報セキュリティ，情報社会の課題と情報理論，情報についての哲学的考察

『産業とくらしを変える情報化 6 くらしを変える情報ネットワーク』 堀田龍也監修 学研教育出版 2012.2 47p 29cm 〈索引あり〉 発売：学研マーケティング〉 2800円 ①978-4-05-500905-8 Ⓝ007.3
目次 私たちの生活を支える情報ネットワークを知る，くらしを守る情報ネットワーク 犯罪や火災などから私たちを守る情報ネットワークの仕組み（家を守る，お店や会社を守る，コントロールセンターで対応，屋外の人を守る），くらしを便利にする情報ネットワーク インターネットで買い物をして商品が届くまで（ネットショップの開店を手伝う，ネットショップの成長を手伝う，楽天市場全体を盛り上げる！），情報ネットワークを活用したコンビニエンスストアの店舗運営，巻末コラム 検索エンジンのヒミツ

『産業とくらしを変える情報化 5 教育・福祉を変える情報ネットワーク』 堀田龍也監修 学研教育出版 2012.2 47p 29cm 〈索引あり〉 発売：学研マーケティング〉 2800円 ①978-4-05-500904-1 Ⓝ007.3
目次 教育・福祉と情報ネットワーク 教育や福祉の分野で活躍する情報機器と情報ネットワークとは？，図書館を便利にする情報機器と情報ネットワーク（本を探すときに役立つ，本を借りるときに役立つ，本の管理に役立つ），教育の情報化（インターネットで学習ができる！，情報機器やネットワークで，授業をわかりやすく！，先生の仕事もICTで便利に！），お年寄りの暮らしを見守る情報ネットワーク，情報ネットワークを上手に

活用するには？，巻末コラム 情報ネットワークを「安全に」活用するために

『産業とくらしを変える情報化 4 防災を変える情報ネットワーク』 堀田龍也監修 学研教育出版 2012.2 47p 29cm 〈索引あり〉 発売：学研マーケティング〉 2800円 ①978-4-05-500903-4 Ⓝ007.3
目次 防災と情報ネットワーク さまざまな自然災害と，気象庁の防災情報（地震と津波，火山，気象関連），天気予報と情報ネットワーク 天気予報がつくられるまで，巻末コラム 「黄砂」ってなに？

『産業とくらしを変える情報化 3 医療を変える情報ネットワーク』 堀田龍也監修 学研教育出版 2012.2 47p 29cm 〈索引あり〉 発売：学研マーケティング〉 2800円 ①978-4-05-500902-7 Ⓝ007.3
目次 病院の医療と情報ネットワーク 病院で治療を受け，会計が済むまで（受付，診察，検査，入院患者の看護，入院患者の治療，薬の調剤，会計），救急医療と情報ネットワーク 119番通報から病院で治療を受けるまで（119番通報！，救急隊に指令を出す，救急隊，出場！，現場に到着！ 救急処置をし，病院へ連絡，病院で治療や検査，手術を行う），地域医療と情報ネットワーク 複数の医療機関が連携し，よりよい診療を目指す，巻末コラム 今すぐ全国の病院で電子カルテを共有できればいいのに？

『パソコンとケータイ頭のいい人たちが考えたすごい！「仕組み」—世界一やさしいネット力養成講座』 NHK「ITホワイトボックス」プロジェクト編 講談社 2011.9 205p 18cm （NHK ITホワイトボックス） 1000円 ①978-4-06-217263-9 Ⓝ007.6
目次 1章 「仕組み」でコンピューターは動いている！—「クラウド・スパコン・インターフェース」を理解する（これだけは知っておきたいクラウドの「本当の意味」，ノマドワーカー（様々な場所で働く人）が増えている理由，仕事でもプライベートでも「ネットストレージ」が便利！ ほか），2章 「新しい仕組み」をつくったプロフェッショナルたち—最新の「流通・小売り・医療」のからくり（コンビニは「仕組み」で出来ている，欲しいものが必ずある "画期的なシステム" が生まれるまで，コンビニ流通の神様，「商品管理」—バーコードからICタグまで ほか），3章 ケータイは，どのように「進化」するのか？—「スマートフォン」や「モバイルゲーム」が目指していること（携帯電話業界の人気もの，新しいトレンド「アンドロイド」，アンドロイドはオープンソースOS ほか）

子どもの本 情報教育・プログラミングの本2000冊　37

インターネットとは？　　　　　　　　　　　ICT（情報通信技術）を知ろう

内容 ゲームビジネス×コンビニ流通×医療IT×スパコン×スマートフォン×インターフェース×ネットショッピング。ものすごく分かりやすく解説されたNHK番組を緊急出版化。

『プロが教える通信のすべてがわかる本—最新の通信技術を基礎から学んでみよう！　史上最強カラー図解』　三木哲也監修　ナツメ社　2011.8　255p　21cm〈文献あり　索引あり〉1500円　①978-4-8163-5110-5　⑩547
目次 第1部 通信を支える人々（電話通信を支える人々，インターネット通信を支える人々，宇宙通信を支える人々），第2部 通信のしくみ（電気信号・電波のしくみ，ネットワークのしくみ，無線通信のしくみ），第3部 日常で利用される通信（固定電話を利用する，携帯電話を利用する，インターネットを利用する，IP電話を利用する，衛生通信を利用する，無線通信を利用する），第4部 通信のこれから（通信と放送の融合，通信の描く未来）

『みるみるネットワークがわかる本』　岡田庄司著　秀和システム　2011.7　255p　21cm〈索引あり〉1500円　①978-4-7980-3020-3　⑩547.48
目次 1 ネットワークの世界を知ろう（ネットワークって何だろう？，ネットワークで使える身近な機器たち ほか），2 ネットワークにつながる仕組みを知ろう（有線LANの仕組み，有線LANの仕組み ほか），3 データが届く仕組みを知ろう（大事な荷物を届けよう〜配送計画，荷物の中身を用意する〜5階：アプリケーション層 ほか），4 セキュリティに強くなろう（なぜセキュリティが必要？，不正侵入を防ぐ仕組み ほか）
内容 「ネットワークをわかるようになりたい」なら！ 身近なネットワークのことから，ウェブやメールの仕組みまで，わかりやすくお話しします。

『インターネットのカタチ—もろさが織り成す粘り強い世界』　あきみち，空閑洋平共著　オーム社　2011.6　295p　21cm〈文献あり　索引あり〉1900円　①978-4-274-06824-9　⑩547.48
目次 第1章 壊れやすくて粘り強い，第2章 ネットワークのネットワーク，第3章 仕様のデバッグ，第4章 「名前」を巡る変化，第5章 物理的に切れた！，第6章 インターネットと国境，第7章 インターネットの大渋滞，第8章 論理的な密集地帯，第9章 おわりに，付録A インターネットのカタチをとらえる，付録B 参考文献

『クラウドなんてこわくない！』　牧野武文,佐々木博著，ソーシャルメディア・セミナー編　技術評論社　2011.6　191p　19cm　（ポケットカルチャー．ソーシャルメディア・セミナー）〈並列シリーズ名：POCKET CULTURE〉1380円　①978-4-7741-4649-2　⑩007.35
目次 第1章 私たちは毎日クラウドを使いこなしている　第2章 クラウドの歴史と基礎知識　第3章 6つのクラウド企業とそのサービス　第4章 私のデータはどこにある？　第5章 世界はクラウド化へ向かう　第6章 質疑応答—自分をクラウド化する生き方　特別対談 震災とクラウド，そしてソーシャルメディア

『記憶する道具—生活/人生ナビゲータとしてのライフログ・マシンの誕生』　美崎薫著　NTT出版　2011.4　282p　20cm〈文献あり〉2200円　①978-4-7571-0305-4　⑩007.3
目次 米国防総省もマイクロソフトも一度は投げ出した「ライフログ」にたった一人で挑み，実践し続ける男。彼は何を考え，そしてなぜ「全人生記録のための道具」をつくり続けるのか？ -。
内容 第ゼロ賞　第1章 全人生記録システムの未来–「テクノロジーで記憶を拡張する」第2章 人間の拡張　第3章 記憶とはなんなのか　第4章 ツールによって記憶はどう拡張されたか　第5章 意識を記録するツール　第6章 完成した全人生記録システムがもたらすもの

『検索エンジンはなぜ見つけるのか—知っておきたいウェブ情報検索の基礎知識』　森大二郎著　［東京］　日経BP社　2011.3　235p　21cm〈文献あり　索引あり　発売：日経BPマーケティング〉2400円　①978-4-8222-8461-9　⑩007.58
目次 第1章 検索エンジンの目指すもの（ウェブの海から誕生した検索エンジン，「最善の情報」提供を目指す2つのサービス ほか），第2章 集める（最善の検索をするために，制度に支えられる図書館の情報収集 ほか），第3章 整理する（分類によって整理する，全文検索に備えて整理する ほか），第4章 検索する（最善の情報を見つけるために，「正確に用語がわかっている」質問に答える ほか）
内容 世界中のウェブページから一瞬にして検索するしくみがわかる。「もれなく，すばやく，的確に」検索するためのさまざまな工夫がわかる。検索エンジンを第一線で開発する著書が本物のエンジンの姿を説き明かす。「図書館」「本」「ライト」身近な例で先端技術がすらすら理解できる。コンピュータや数学の専門知識がなくても面白く読め

る。「ページランク」や「協調フィルタリング」など先端技術の本質がわかる。

『メディア用語基本事典』　渡辺武達, 山口功二, 野原仁編　京都　世界思想社　2011.1　342p　19cm　〈年表あり　索引あり〉　2400円　①978-4-7907-1499-6　Ⓝ361.453

目次 メディアと社会の21世紀問題，メディア一般，メディア学・コミュニケーション研究，新聞，放送（テレビ・ラジオ），インターネット・情報通信，出版・印刷，広告・広報，大衆文化，メディアのキー・パーソンたち，カレント・トピック，資料編

内容 キーワードからメディアを俯瞰する。メディアとジャーナリズム，そしてコミュニケーションと情報の実状と研究動向を今日的視点でとらえた，総合的かつハンディな事典。

『ライフログ入門』　美崎薫著　東洋経済新報社　2011.1　207p　19cm　〈別タイトル：Life Log〉　1500円　①978-4-492-58087-5　Ⓝ007.3

目次 クラウドのライフログサービスがすごいことになってきた！人生を記録し，整理・検索し，活用する時代が幕を開ける。ライフログは，凡庸な記録の山をヴィンテージの宝物に変える技術。ログが予測し，人が考える作業をサポートする。人生には単独のばらばらのできごとは存在しない。過去を踏まえて考えれば，いまなにをしたらよいかわかる。人生のすべては例外からできている。あるべきものがない，気づくべきことを見逃してしまう。ライフログで不安や雑事から解放されれば，大切なこと，人生について考える時間を生み出せる。生活は便利になり生産性も上がるのだ。

内容 1 イントロダクション　2 ライフログの可能性　3 ライフログのある生活　4 さまざまなライフログシステム　5 ライフログで人生は変わる

『これならわかる！ネットワーク入門講座―TCP/IPが面白い！』　水口克也著　秀和システム　2010.8　223p　24cm　〈索引あり〉　1900円　①978-4-7980-2688-6　Ⓝ547.48

目次 第1章 ネットワークはじめの一歩，第2章 物理層，第3章 データリンク層，第4章 ネットワーク層，第5章 トランスポート層，第6章 アプリケーション層，第7章 OSI参照モデル全体の流れ

内容 愉快なキャラクターたちの会話と，図解イラストによって，初心者でもネットワークの基礎知識とデバイスの仕組みが楽しく学べます。

『面白いほどよくわかる電気のしくみ―電池、発電、エレクトロニクス…世界を動かす根源のパワーのすべて』　山内ススム著　日本文芸社　2010.3　228p　19cm　（学校で教えない教科書）　1400円　①978-4-537-25752-6　Ⓝ540

目次 第1章 電気とは，第2章 電池と磁石，第3章 発電から送電まで，第4章 エレクトロニクス，第5章 電波とテレビ放送，第6章 電話とインターネット

内容 電池、発電、エレクトロニクス…世界を動かす根源パワーのすべて。

『実験でわかるインターネット』　岡嶋裕史著　岩波書店　2010.3　202,3p　18cm　（岩波ジュニア新書 651）　〈並列シリーズ名：Iwanami junior paperbacks　文献あり　索引あり〉　780円　①978-4-00-500651-9　Ⓝ547.483

目次 第1章 ネットワークにつないでみよう（ネットワークの全体像はどうなっている？―OSI基本参照モデル，コンピュータはどうやって相手を見分けるか―MACアドレス，遠くのコンピュータにつなぐには―IPアドレス，ソフトどうしはどうやってつながるのか―ポート番号），第2章 つながったコンピュータで何ができるか（インターネット上の「電話帳」の使い方を覚えよう―DNS，手動でホームページを作ってみよう―HTML，手動でホームページを手に入れてみよう―HTTP，手動でメールを受け取ってみよう―POP3，手動でメールを送ってみよう―SMTP），第3章 インターネットをもっと使いこなす（メールは盗聴される！，個人ページの情報はどうやって漏れる，IPアドレスを水増しする魔法のふくらし粉―プライベート・アドレス）

内容 「インターネットのしくみなんて知らなくても使える！」と思っていませんか。実は、しくみを知ることで、危険から身を守り、自由に使いこなせるのです。パソコンで簡単にできる実験を通して、ネットワークの構造をやさしく解説。暗記ではなく、手を動かして知識が身につくネットワーク/インターネット入門書。

『インターネット文化論―その変容と現状』　櫻庭太一著　専修大学出版局　2010.2　155p　21cm　〈文献あり〉　2000円　①978-4-88125-242-0　Ⓝ007.3

目次 第1章 現代のインターネット変容―「Web（ウェブ）2.0」の概念の本質（「Web2.0」の時代，「Web2.0」の技術的実例とその展開―検索サービスとの連携 ほか），第2章 日本におけるコンピュータ・ネットワークの発達とコミュニティの形成（パソコン通信の時代からインターネット普及まで，1990年代末期のインターネットコミュニティと『2ちゃんねる』の登場 ほか），第3章

インターネットとは？　　　　　　　　　　　　ICT（情報通信技術）を知ろう

「Wikipedia」の現状と問題点（「Wikipedia」の概要，「Wikipedia」利用の実際 ほか），第4章 ケータイ小説コミュニティとその作品—迷走するコミュニケーション・ツールとしての小説（「ケータイ」で読む「小説」，「魔法のiらんど」とケータイ小説『恋空』の概要 ほか），第5章 現代のインターネット変容とその本質（各コミュニティの展望，今後の「インターネット上の創作環境」をめぐる課題）

『インターネット新世代』　村井純著　岩波書店　2010.1　224p　18cm　（岩波新書 新赤版1227）　760円　Ⓘ978-4-00-431227-7　Ⓝ547.483

目次 第1章 メディアが変わる，第2章 無線とモビリティ—携帯電話の将来，第3章 地球規模のインフラストラクチャへ，第4章 地球社会とインターネットの課題，第5章 グローバル空間，第6章 未来へ向けて

内容 社会に深く浸透し，情報基盤となりつつあるインターネット。急激に変わる放送などのメディア，携帯電話など電波による通信技術，広がるクラウドコンピューティングの背景を紹介し，未来を展望する。縦割り社会を横に貫き，すべての分野をつなぐ透明なグローバル空間をどのようにして創造するか。激動する世界の中で，日本の役割は何か。

『ライフログのすすめ—人生の「すべて」をデジタルに記録する！』　ゴードン・ベル，ジム・ゲメル著，飯泉恵美子訳　早川書房　2010.1　392p　18cm　（ハヤカワ新書juice-1010）　1400円　Ⓘ978-4-15-320010-4

目次 第1部（来るべき世界，僕の人生のかけら，電子記憶と生物学的記憶の出会い），第2部（仕事，健康，学習，現世から来世へ），第3部（革命を生き抜け，さあ，はじめてみよう，未来）

内容 人の記憶力には限界がある。だが，あなたの見聞きしたもの，触れたもの，そして普段は気にかけない自分の位置情報や生体情報まで，人生の「すべて」をデジタルに記憶させれば，いつでも簡単に検索して取り出すことができる。仕事に役立つのみならず，病気の兆候を発見することや，いずれはヴァーチャルな分身に人生を語らせることも可能だ。いいことずくめの「ライフログ」の時代はやってきたのだ！ みずから「人生の完全記録」を試みるコンピューター科学の重鎮が，その基本概念と可能性，実践法までを情熱豊かに語り尽くす。

『らくらくインターネット—しくみがわかるとこんなに楽しい』　山口旬子著　自

由国民社　2010.1　112p　30cm　（子どものためのパソコンはじめてシリーズ 3）　1048円　Ⓘ978-4-426-10478-8　Ⓝ547.483

◆ホームページのしくみ

『高校生からはじめるプログラミング』　吉村総一郎著　KADOKAWA　2017.4　223p　26cm　〈索引あり〉　2000円　Ⓘ978-4-04-601955-4　Ⓝ007.64

目次 1 HTMLでWebページを作ってみよう（プログラミングを体験してみよう，はじめてのHTML，さまざまなHTMLタグ，HTMLで作る自己紹介ページ），2 JavaScriptでプログラミングしてみよう（はじめてのJavaScript，JavaScriptでの計算，JavaScriptで論理を扱う，JavaScriptのループ，JavaScriptのコレクション，JavaScriptの関数，JavaScriptのオブジェクト），3 CSSでWebページをデザインしてみよう（はじめてのCSS，CSSを使ったプログラミング），4 診断アプリを作ってみよう（Webページの企画とデザイン，診断機能の開発，診断機能の組み込み，ツイート機能の開発）

内容 ゼロからはじめて，一生役立つWebプログラミングの基本が身につく！ N高校のプログラミング教育メソッドを大公開！

『ゲームを作りながら楽しく学べる HTML5＋CSS＋JavaScriptプログラミング』　田中賢一郎著　改訂版　インプレスR&D　2017.3　339p　26cm　（Next Publishing—Future Coders）〈発売：インプレス〉　2500円　Ⓘ978-4-8443-9751-9　Ⓝ007.64

目次 第1章 HTML入門（はじめてのHTML，画像の表示 ほか），第2章 CSS入門（Webページの見映えを設定する，インラインスタイル ほか），第3章 JavaScript入門（プログラミング言語とは，変数 ほか），第4章 Canvas（コンテキスト，描画の方法 ほか），第5章 ゲームプログラミングに挑戦（Canvasを使った基礎的なゲーム，横方向にスクロールするゲーム ほか）

内容 ブラウザですぐ始められる高校生のためのプログラミング入門。

『12歳からはじめるHTML5とCSS3』　TENTO著　ラトルズ　2013.1　303p　23cm　2380円　Ⓘ978-4-89977-342-9　Ⓝ547.483

目次 第1章 ソースっておいしいの？，第2章 リンクをたどってジャンプせよ！，第3章 色をつけたり，大きくしたり，第4章 スタイルをキメよう！，第5章 ならべたり番号をつけたり表にしたり，第6章 レイアウトしよう！，第7章 みんなにページを見せよう！，第8章 HTML5ってなにょ？，第9章 JavaScriptをつかってみよう！

ICT（情報通信技術）を知ろう　　　　　　　　　　　　　インターネットとは？

内容 HTML/CSSの基礎からJavaScriptの初歩まで！ 最新の情報をわかりやすく解説。日本ではじめての子ども向けプログラミングスクールで小学生が学んだカリキュラムをそのまま本にした。

◆◆◆

『HTML5＆CSS3しっかり入門教室―ゼロからよくわかる、使える力が身につく。』山崎響著　翔泳社　2018.7
279p　24×19cm　2380円　①978-4-7981-5455-8
目次 1 準備編（Webページの基礎知識），2 実践編（HTMLの基礎，Webページを構築する，CSSの基礎，HTMLにCSSを適用する），3 発展編（jQueryでWebページを動かす，Webページをマルチデバイスに対応させる，Webページをサーバーにアップロードする），Appendix 用語集
内容 挫折せずに学び通せる。初学者がつまづきやすいポイントをおさえながら、解説していきます。サンプルをダウンロードして、実際に動かして確認しながら学べます。

『はじめてのHTML＋CSS』大藤幹著
秀和システム　2018.5　375p　24cm
（TECHNICAL MASTER 89）
〈HTML5対応　索引あり〉2500円
①978-4-7980-5100-0　Ⓝ007.645
目次 01 はじめる前の準備編，02 やさしい入門編，03 レイアウトの基本編，04 スマートフォン対応編，05 さらにステップアップ編，06 ウェブサイトの公開編
内容 「はじめて」でも「よくわかる」5つの必達ポイント。(1)制作環境の準備から書いてあるから心配せずにはじめられる。(2)ゆっくり一つずつ学んでいくからHTMLタグの意味もよくわかる。(3)一緒にCSSスタイルシートを学ぶから正しい使いかたが身に付く。(4)最新のHTML5とCSS3で解説しているから、ずっと役に立つ。(5)スマホ・タブレット・PCなど、最近の閲覧環境に対応。

『スラスラわかるHTML & CSSのきほん―サンプル実習』狩野祐東著　第2版　SBクリエイティブ　2018.4　279p
24cm〈最新HTML5.2準拠 WinMac対応　初版：ソフトバンククリエイティブ2013年刊　索引あり〉1980円　①978-4-7973-9315-6　Ⓝ007.645
目次 Webサイト制作を始める前に，HTMLの基礎，制作の準備と基本のHTML，見出し、段落、リスト、リンクと画像の挿入，2ページ目以降を効率的に作成する，CSSの基礎，CSSでページのスタイルを調整，フロート、テーブル、フレックスボックス、フォー

ムの作成，モバイル端末に対応する，Webサイトの公開
内容 本書で制作する「KUJIRA Cafe」のWebサイトは全5ページで、PC／スマートフォンに両対応！ HTMLとCSSをゼロから書きながら作り上げていきます。詳しい操作手順が載っているので大丈夫。予備知識がなくても始められます。制作するWebサイトは最新のHTML5.2に準拠。ずっと使える知識がぎゅっと詰まっています。

『イラスト図解でよくわかるHTML&CSSの基礎知識』中田亨著，羽田野太巳監修　技術評論社　2018.2
261p　21cm〈HTML 5/CSS 3＆レスポンシブwebデザイン対応　表紙のタイトル：HTML&CSSの基礎知識　文献あり　索引あり〉1980円　①978-4-7741-9553-7　Ⓝ007.645
目次 1 Webサイト制作で知っておきたいキーワード，2 HTMLの基本的なしくみを理解する，3 HTML5を理解する，4 CSSの基本的なしくみを理解する，5 CSSで表現の幅を広げる，6 さまざまな端末に対応する
内容 これからWebサイトを制作したい人や、HTMLやCSSを学びたい人、学び直したい人を対象に、HTMLとCSSの基礎知識を解説。初心者が挫折しないように、文章よりも豊富な図やイラストを使用。

『ホームページ辞典―HTML CSS JavaScript』アンク著　第6版 ［東京］翔泳社　2017.12　591p　24cm
〈モダンブラウザHTML5 & CSS3/iPhone & Android対応　索引あり〉2000円　①978-4-7981-5321-6　Ⓝ007.64
目次 第1部第1章 HTMLの基礎，第1部第2章 HTMLタグリファレンス，第2部第1章 CSSの基礎，第2部第2章 CSSリファレンス，第3部第1章 JavaScriptの基礎，第3部第2章 JavaScriptリファレンス，付録
内容 Webページの基本3要素、HTML（構造）・CSS（デザイン）・JavaScript（動き）の解説を1冊に盛り込みました。第6版となる本書では、最新HTML5、CSS3の解説を増量。モダンブラウザ/iPhone&Androidにも対応し、近年のWebトレンドに合わせた、より実践的な内容になっています。ダウンロード可能なサンプルソースも一新してよりわかりやすくなりました。これからWeb制作を学びたいビギナーから、実務でのリファレンスとして使いたい上級者まで、広くおすすめできる1冊です。

『はじめてのWebページ作成―HTML・CSS・JavaScriptの基本』松下孝太郎編著，山本光,沼晃介,樋口大輔,鈴木一史,市川博著　講談社　2017.10

子どもの本 情報教育・プログラミングの本2000冊　**41**

118p 26cm 〈索引あり〉 1900円
Ⓘ978-4-06-153833-7 Ⓝ007.64

目次 1 Webページとは（Webページの概要，Webページの作成 ほか），2 HTML（HTMLの概要，文書 ほか），3 CSS（CSSの概要，セレクタ ほか），4 JavaScript（JavaScriptの概要，基本的な利用 ほか），資料

『はじめてのホームページらくらく作成ガイド—15分×7日間無料でできる』 改訂版 小学館 2017.4 97p 26cm（小学館SJ MOOK）〈索引あり〉 1200円 Ⓘ978-4-09-104231-6 Ⓝ547.4833

『これからWebをはじめる人のHTML & CSS、JavaScriptのきほんのきほん』 たにぐちまこと著 マイナビ出版 2017.3 319p 24cm 〈索引あり〉 2580円 Ⓘ978-4-8399-5971-5 Ⓝ007.64

目次 1 Webの開発環境を整えよう，2 HTMLとCSSのきほんを学ぼう，3 スマートフォン対応のきほんを学ぼう，4 CSSフレームワークのきほんを学ぼう—Bootstrapでフォームを作る，5 JavaScriptのきほんを学ぼう，6 イベントドリブンのきほんを学ぼう—DOMを使ってストップウォッチを作る，7 Ajax通信のきほんを学ぼう—jQuery、Vue.jsにもチャレンジ！

内容 必須スキルHTML/CSS/JavaScriptを身につけよう。サイト/アプリを制作したいWebエンジニアのための最初の1冊！

『わかばちゃんと学ぶWebサイト制作の基本』 湊川あい著 新潟 シーアンドアール研究所 2016.6 303p 21cm〈Windows Mac対応！ 文献あり 索引あり〉 2200円 Ⓘ978-4-86354-194-8 Ⓝ547.483

『いちばんやさしいHTML5 & CSS3の教本—人気講師が教える本格Webサイトの書き方』 赤間公太郎，大屋慶太，服部雄樹著 インプレス 2016.3 295p 21cm 〈レスポンシブWebデザイン対応 索引あり〉 2200円 Ⓘ978-4-8443-8029-0 Ⓝ547.483

目次 1 Webサイトを作成する準備をしよう，2 HTMLの基本を学ぼう，3 共通部分のHTMLを作成しよう，4 共通部分から個別のページを作成しよう，5 CSSの基本を学ぼう，6 CSSで共通部分をデザインしよう，7 コンテンツのデザインを整えよう，8 スマートフォンに対応しよう，9 Webサイトを公開しよう，10 機能を追加して集客しよう

内容 はじめて学ぶ人でも安心！ オールカラーでコードを丁寧に解説。HTMLとCSSの基本を順番に学んで実践的なWebサイトを完成させる！ 勘違いしやすい箇所は講師がフォロー！ ワークショップ感覚で読み進められる。

『図解HTML5 & CSS3』 リブロワークス著 最新版 技術評論社 2015.11 191p 19cm （今すぐ使えるかんたんmini）〈他言語標題：Schematic：Hyper Text Markup Language 5 & Cascading Style Sheets 3 HTML5正式勧告完全対応 初版のタイトル：図解HTML5 索引あり〉 1080円 Ⓘ978-4-7741-7650-5 Ⓝ547.483

目次 第1章 なぜ「HTML5」が必要なのか，第2章 HTML5の新しいマークアップ，第3章 CSS3で変わるデザイン，第4章 HTML5とプログラミング，第5章 グラフィックとマルチメディアの進化，第6章 HTML5のこれから

内容 最新のWebのしくみと知識が、たった3分でわかる！ HTML5正式勧告完全対応。

『今すぐ使えるかんたんホームページHTML&CSS入門』 リブロワークス著 技術評論社 2015.8 255p 24cm（Imasugu Tsukaeru Kantan Series）〈最新HTML5&CSS3対応版 索引あり〉 1580円 Ⓘ978-4-7741-7446-4

目次 第1章 ホームページづくりをはじめよう，第2章 基本のホームページを作ろう，第3章 画像を使いこなそう，第4章 ホームページを装飾しよう，第5章 ホームページを見やすくレイアウトしよう，第6章 ホームページを大きくしよう，第7章 ホームページを公開しよう，第8章 ホームページをもっとパワーアップさせよう

『いきなりできます！ 最新ホームページ作り＆HTML超入門—初めての人でも作れる！ HTMLがわかる！』 デジカル著 第3版 SBクリエイティブ 2015.2 231p 25cm 〈Windows対応 第2版までの出版者：ソフトバンククリエイティブ 索引あり〉 1600円 Ⓘ978-4-7973-8223-5

目次 1 ホームページを作る準備をしよう，2 ホームページを作ろう，3 ホームページを公開しよう，4 ホームページを飾りつけよう，5 無料ソフト＆サービスを利用しよう，6 HTML&CSSリファレンス

内容 HTMLの書き方から、画像の扱い方、サーバーでの公開、検索エンジンへの登録まで、本のとおりに進めていけば、ホームページ作りの基礎がすべて身につきます!!

『HTML5レベル1』 吉川徹，窪田則子，秋葉秀樹，白石俊平著 ［東京］ 翔泳社

2014.9 391p 21cm （HTML教科書）
3400円 ①978-4-7981-3583-0

目次 1 HTML5の要素（HTML5の書式, コンテンツ・モデルとカテゴリー ほか）, 2 CSS3の基礎（CSSの基礎, CSSの書式 ほか）, 3 レスポンシブWebデザイン（レスポンシブWebデザインの概要, メディアクエリ ほか）, 4 オフラインWebアプリケーション（オフラインWebアプリケーションの概要, アプリケーションキャッシュ ほか）, 5 Webの基礎知識（HTTP・HTTPS, ネットワーク・サーバ関連技術の概要 ほか）

内容 これ1冊で一発クリア, テキスト＆問題集。ひと目でわかる重要項目, 学習しやすい！ 業界第一人者の書き下ろし, わかりやすい！

『HTML＋CSSクイックマスター──HTMLとCSSを知る最初の一冊』 ウイネット編著 新潟 ウイネット 2012.10 219p 30cm （DIGITAL DESIGN MASTER SERIES）〈HTML5対応 索引あり 発売：星雲社〉2300円 ①978-4-434-17184-0

目次 第1部 Webの基礎知識（インターネットとは, World Wide Webの基礎知識 ほか）, 第2部 コンテンツ制作基礎（Webページの制作手順, HTMLの基本構造 ほか）, 第3部 ページデザイン（文字のレイアウト, ボックスのレイアウトとページレイアウト ほか）, 第4部 リッチコンテンツデザイン（オーディオ, ビデオ ほか）, 第5部 サイドデザイン（Webサイトの構造, HTML5とCSS3 ほか）

内容 初心者から中級者までが体系的に学習できます。教育機関の教材としてロングセラーのウェブデザインシリーズです。HTMLとCSSを知る最初の一冊。

『趣味や仕事で使える！ かんたんホームページのつくり方』 山本浩司著 技術評論社 2011.7 159p 26cm 〈索引あり〉1980円 ①978-4-7741-4668-3

目次 1 サンプルを使ってホームページをつくろう（サンプルファイルの利用方法, かんたんシンプルページのつくり方, ホームページの顔, トップページをカスタマイズしよう, 自己紹介などのプロフィールページをカスタマイズしよう, ギャラリーページにもなるダイアリーページをカスタマイズしよう, 他のページやブログとつながるリンクページをカスタマイズしよう, 読者の声が聞けるお問合せページをカスタマイズしよう, 作成したホームページをインターネット上に公開しよう）, 2 ホームページ・ビルダー15をもっと使いこなそう（文字

をカスタマイズしよう, テキストボックスをカスタマイズしよう, 表をカスタマイズしよう, 画像をカスタマイズしよう, ウェブアートデザイナーで画像を加工しよう）

内容 和風, 北欧風, かわいい, まじめetc.デザインパターンがいろいろ選べる。

『30時間でマスターインターネット──Windows Vista対応 3 HTMLでつくるWebページ』 実教出版編修部編 実教出版 2010.3 127p 26cm 762円 ①978-4-407-31910-1 ⑩547.483

目次 1章 インターネットとWebページ（インターネットとは, WebサーバとWebブラウザ, ハイパーテキスト, 知りたい情報を見つけるには）, 2章 Webページの作成（Webページとは, Webページをつくるには, Webページ作成, 基本的なHTMLタグを覚えよう, イメージの配置, リスト, ハイパーリンク）, 3章 スタイルシートを活用しよう（スタイルシートとは, スタイルシートの基礎, スタイルシートで使われる単位, HTMLへの組み込み方, 見栄えを変更してみよう, 外部スタイルシートを使ってみよう）, 4章 さまざまなHTML表現（テーブル, フレーム, フォーム, プラグインとマルチメディア, JavaScript）, 5章 インターネットの詳しいお話（IPアドレスとドメイン名, 情報モラルとセキュリティ, データを共有するサービス, Webを記述する言語）

くらしのなかの情報技術

『お父さんが教える13歳からの金融入門』 デヴィッド・ビアンキ著, 関美和訳 日本経済新聞出版社 2016.7 238p 19cm 1500円 ①978-4-532-35685-9 ⑩338

目次 カネ, カネ, カネ, おカネのいろいろな支払い方, 株式市場はかっこいい, 株を売買してみよう, オプション（知ってると友だちに自慢できるよ！）, ファンド（めちゃくちゃ大きなおカネの停留所）, 債券と譲渡性預金（退屈だと思ったら大まちがい！）, 企業分析（マジで, これをやるとすごく賢くなれる）, おカネを借りる（絶対に, 借りすぎないこと！）, 金利（寝てるあいだに儲けよう）, 純資金（君の持ち物の価値は？）, 税金（安ければ安いほどいいね）, 経済（ビジネスの中のビジネス）, ベンチャー・キャピタルとプライベート・エクイティ（大きく賭けて, 大きく儲ける）, おカネに賢く（クラスでいちばんになろう！）, これでおしまい──じゃなくて, これが始まり

内容 アメリカの中高生が学ぶマネーのしくみ！ ビットコイン, ユーロとドル, ヘッジファンド──きちんと説明できますか？

くらしのなかの情報技術　　　　　　　ICT（情報通信技術）を知ろう

『もっと知りたい！　マイナンバー　2』
フレーベル館　2016.1　71p　30cm
（新しい制度マイナンバーがよくわかる！）　4000円　Ⓘ978-4-577-04333-2
目次　1 マイナンバーはこんなふうに使われる！（税をきちんとおさめるために，国を支える税とマイナンバー　ほか），2 外国のマイナンバーはどんなもの？（ほかの国にもマイナンバーがある！，世界のあちこちで使われるマイナンバー　ほか），3 マイナンバーはこれからどうなる？（マイナンバーの利用は広がっていく？，あるかもしれないこれからのマイナンバー利用　ほか），4 マイナンバーまとめてQ&A！（マイナンバーは暗記したほうがいいの？　友だちのマイナンバーを聞いてもいいの？　ほか）

『マイナンバーってなんだろう？　1』
フレーベル館　2015.10　71p　31×22cm　（新しい制度マイナンバーがよくわかる！）　4000円　Ⓘ978-4-577-04332-5
目次　1 わたしだけの番号が指定された！（マイナンバーの通知カードが届いたよ！マイナンバー制度がはじまるよ！　ほか），2 マイナンバーカードをつくろう！（役所でマイナンバーカードを受け取ろう！，通知カードからマイナンバーカードへ！　ほか），3 マイナンバーを使ってみよう！（マイナンバーはどこでどうやって使うの？，行政サービスで使えるマイナンバー！　ほか），4 安全のために気をつけよう！（マイナンバーはむやみに人に教えちゃダメ！，マイナンバーは個人のひみつのひとつ！　ほか）

『小学生からの知っておきたい「お金」のすべて　1　お金ってなんだろう？―電子マネー・ポイントカード・バーチャルマネー』　荻原博子監修　文溪堂　2015.3　47p　30cm　〈索引あり〉　2900円　Ⓘ978-4-7999-0119-9　Ⓝ330
目次　1 あれもお金，これもお金（電子マネー，プリペイドカードや商品券，ポイントカード，クレジットカード），2 お金ってなんだろう？（そもそもお金ってなんだろう？，お金が持つ3つの価値，お金の番人日本銀行，お金を交通整理する銀行の仕事），3 新しい「お金」の危険性（ケータイサービスや課金，電子マネーを利用する際の「心がけ」とは，フィッシングによる不正送金とは，「ID・パスワード」の流出を避けるには）

◆◆◆

『VRは脳をどう変えるか？―仮想現実の心理学』　ジェレミー・ベイレンソン著，

倉田幸信訳　文藝春秋　2018.8　364p　19cm　2200円　Ⓘ978-4-16-390884-7
目次　なぜフェイスブックはVRに賭けたのか？，一流はバーチャル空間で練習する，その没入感は脳を変える，人類は初めて新たな身体を手に入れる，消費活動の中心は仮想世界へ，2000人のPTSD患者を救ったVRソフト，医療の現場が注目する"痛みからの解放"，アバターは人間関係をいかに変えるか？，映画とゲームを融合した新世代のエンタテイメント，バーチャル教室で子供は学ぶ，優れたVRコンテンツの三条件
内容　VRを新しいゲームや映画の一種だと思っていると，未来を見誤る。このメディアはエンタテイメントだけでなく，医療，教育，スポーツの世界を一変させ，私たちの日常生活を全く新たな未来へと導いていく。その大変革を，心理学の視点から解き明かそう。現在のVRブームは，クラウドファンディングから始まった小さなVR機器メーカー「オキュラス社」をFacebookが巨額で買収したことから始まった。世界を驚かせたその買収劇のわずか数週間前，マーク・ザッカーバーグは本書の著者の研究室を訪れ，最新のVRを自ら体験していた。そこでザッカーバーグが味わった衝撃が，この本には詰まっている。

『シニア・マルチメイジャーのすすめ―21世紀高齢化への知恵』　石井威望著
日本評論社　2018.4　271p　19cm　（生存科学叢書）　2200円　Ⓘ978-4-535-58718-2　Ⓝ404
目次　第1部 21世紀の見取り図（新時代を飛躍せよ―究極的な「共生」観の登場，時代の閉塞感を突破せよ―「ケア」の新パラダイム，ブランコ式向上をめざせ―デザイン力×ITイノベーション，"新大陸"ウェルビーイングをめざせ―「個人」ユーザー時代の幕開け，「大災害」に生き方を学べ―クラウド・VR・ARが拓く未来），第2部 21世紀の国土と人材（コミュニケーション網で貫け―新幹線・リニアで描く「国土」，個々人が情報拠点となれ―「差異」のシェアリング，「老化」を相対化せよ―多次元宇宙が創造する「遊び」，長寿・高齢化を逆手に取れ―ソーシャル・キャピタルの効用，「時間」の流れを制御せよ―超高速取引と時計遺伝子　ほか）
内容　21世紀版「伊能忠敬」をめざせ。VR、AR、量子宇宙、ミトコンドリア共生…新たな次元がはひらく21世紀は"第四次産業革命"まったださなか。超高齢社会のいま、五十にして測量を志した伊能忠敬のように、誰もがマルチメイジャー（複数の専門家）になれる！

『スマート社会を実現するIoT/AI〈人工知能〉／ロボットがサクッとわかる本―乗り遅れるな。IoT、AI、ロボット、センシング技術が社会を変える』　神崎洋治著，日刊工業出版プロダクション編

日刊工業新聞社　2018.4　211p　26cm
（シリーズITソリューション企業総覧）
2000円　①978-4-526-07847-7　Ⓝ007.3
目次 1章 すでにIoTをめぐる大きな変革が
一般社会でもビジネス社会でも起こり始め
ている，2章 スマートテクノロジーから見
えてくるテクノロジーの未来とは何だろう

『ミライのつくり方2020-2045―僕がVR
に賭けるわけ』　GOROman著　星海社
2018.4　253p　18cm　（星海社新書
130）〈発売：講談社〉960円　①978-4-
06-511651-7　Ⓝ007.1
目次 第1章 こうして僕は「GOROman」に
なった（「バラす」ことからすべては始まっ
た，ガジェット越しに生まれる父との対話
ほか），第2章 日本にVRを！（ゲームプログ
ラマーの道へ，なんで僕らはこんなに苦し
いんだ！ ほか），第3章 すべてを支配する
「キモズム」理論（キャズムとキモズム，パ
ソコンを使う姿が「キモい」?! ほか），第4
章 VRで生活はこう変わる（2020年から始ま
るVR革命，「空間パラダイム」で生活激変
ほか），第5章 VRは社会をこう変える（VR
が生み出す新しいビジネス，人が「クリエイ
ティブ」になるとはどういうことか ほか）
内容 今からわずか27年後の2045年，VRは
僕らの常識のはるか先にある―本書ではVR
をいち早く日本に伝道し，ITがもたらした
数多の変化を予測・的中し続けてきた著者
が，仕事や教育，エンターテインメントから
国のあり方まで，僕らの日常にVRがもたら
す革命を予言する。

『お金のミライは僕たちが決める』　我妻
弘崇著　星海社　2018.3　253p　18cm
（星海社新書 125）〈文献あり　発売：
講談社〉960円　①978-4-06-511440-7
Ⓝ338
目次 第1章 現代日本におけるお金のかたち
（そもそもお金って何だろう？，1964年東京
オリンピックとクレジットカード ほか），
第2章 キャッシュレス化とどう向き合うか
（消費者視点でキャッシュレスの波に乗るた
めに，「可処分所得」が増えていく ほか），
第3章 世界におけるキャッシュレス（世界基
準でキャッシュレス化するメリットとは？，
中国はどうしてキャッシュレス大国になっ
たのか？ ほか），第4章 日本は脱現金化す
るか？（キャッシュレスには程遠い!?現金大
国ニッポン，インバウンドが増えれば可処
分所得創出の機会も増える ほか），終章 僕
たちとお金のミライ（ポイントプログラムは
今度も覇者であり続けるか，台頭する新世
代のデジタル決済サービス ほか）
内容 いま，「お金のかたち」が変わりつつ
ある。キャッシュレス，モバイル決済，フィ

ンテック，仮想通貨…いくつもの新しいト
ピックが日々メディアを賑わし，変革の鐘
を鳴らしている。しかし，僕たち消費者の
生活がどう変わるのか―と問われると，具
体的にイメージできない人も多いだろう。
そこで本書では，徹底した消費者目線から，
現在進みつつある変化を追っていくことに
した。その結果見えてきたのは，いかに画
期的な決済手段や技術でも，消費者が選ば
なければ定着しないということ。つまり，
お金のミライを決める権利は，僕たち消費
者にこそあるのだ。さあ，ともに選ぼう，僕
たちにとってより望ましい世界を！

『みんなのIoT―Learning IoT with
Python & Raspberry Pi』　柴田淳
著　SBクリエイティブ　2018.2　297p
21cm〈索引あり〉2280円　①978-4-
7973-9325-5　Ⓝ547.48
目次 01 IoTってなんだろう，02 IoTと電
子工作，03 IoTとプログラミング，04 IoT
とデータ，05 IoTとクラウド，06 IoTとAI
内容 今大人気のシングルボードコンピュー
タRaspberry PiとPythonを使って，スマー
トスピーカーなどのIoTデバイスを実際に作
りながら，IoTというわかりにくい言葉の本
質を読み解く。電子工作やプログラミング
の知識は一切不要。手間を掛けないように
実習するための工夫がいたるところに施さ
れている。

『メディアで学ぶ日本と世界　2018』　若
有保彦編著　成美堂　2018.2　125p
26cm〈他言語標題：Meet the World〉
2000円　①978-4-7919-3425-6　Ⓝ830
目次 人工知能，日常の判断に「客観的」助
言を提供，フィンランド，失業者に月587ド
ルの基礎所得支給へ，料理人，和食給食の普
及を援助，オックスファム：8人の富，世界
の半数に匹敵，東京の神社，電子マネーの賽
銭を受け入れ，読書用メガネ，過去のものに
なる可能性，日本，2020年五輪へ向け，農家
の「食の安全」認証取得支援へ，乳児の脳の
画像での自閉症のリスク診断が可能に，相乗
りタクシーアプリ，実証実験へ，故郷の味，
東京で大きなビジネスに〔ほか〕

『大予測次に来るキーテクノロジー
2018-2019』　城田真琴著　日本経済新
聞出版社　2018.1　349p　19cm　1600
円　①978-4-532-32194-9　Ⓝ507
目次 第1章 人工知能はホワイトカラー業務
をこなせるか，第2章 自動運転で激変する
自動車業界の未来，第3章 音声操作はイン
ターフェースの覇権を握るか，第4章
チャットボットがウェブの「次の玄関」に，
第5章 「ポスト・スマホ」を狙うVR・AR・
MR，第6章 バイオメトリクス認証で生活は
どう変わるのか，第7章 センシングで実現

する究極のおもてなし，第8章 ブロックチェーンが示す中央集権型システムの終焉

内容 「未来予測の専門家」が読み解く！ AIはホワイトカラー業務をこなせるのか？ 自動運転は自動車と社会をどう変えるのか？ 進化する音声操作，「ボイスファースト」の時代とは？

『MR入門―複合現実 「現実世界」と「人工的な世界」が相互に影響する！ 「現実の世界」と「コンピュータの世界」の融合』 佐野彰著 工学社 2017.10 143p 21cm （I/O BOOKS）〈文献あり 索引あり〉1900円 ①978-4-7775-2031-2 Ⓝ007.1

目次 第1章 「VR」「AR」「MR」の現状（この本の目的，2017年の夏はどんな夏だったか），第2章 だいたい15分ぐらいで分かる「VR」「AR」「MR」（「VR」「AR」「MR」を理解するためのイメージ，「VR」「AR」「MR」，それぞれ何が違うか ほか），第3章 理解を深めるためのキーワード21（デバイス（device），インターフェイス（interface）ほか），第4章 「VR」「AR」「MR」の興味深い利用例（MRの可能性：「NFL」「PGA」とのデモンストレーション，展示活用されるARとVR ほか），第5章 これからどうなるのか（進化の方向性は似ている，コンテンツの内容で「VR」「AR」「MR」が選べる時代に ほか）

内容 「MR」は，「現実世界」と「人工的な世界」を組み合わせ，それが相互に影響し合う技術です。似たような技術に「VR」や「AR」があります。「VR」が「人工的に作られた世界」なのに対し，「AR」は「現実世界に何かを付け足す（拡張する）技術」となります。本書は，「AR」「VR」「MR」関連の用語から，実際に使われている「実例」まで，幅広く扱っており，「AR」「VR」「MR」の全体像が理解できます。

『最新IoTがよ～くわかる本―なぜIoTは「第4次産業革命」なのか？』 神崎洋治著 秀和システム 2017.9 271p 21cm （図解入門 How-nual―Visual Guide Book）〈索引あり〉1600円 ①978-4-7980-5269-4 Ⓝ007.3

目次 第1章 IoTの利用事例（IoTを活用して職場環境を改善，ブルドーザーの位置や状況を把握するIoT技術 ほか），第2章 スマートホーム（スマートロック，リノベーションに見るスマートホーム ほか），第3章 通信とIoT（IoT時代の5G通信，電波の周波数と特性 ほか），第4章 第4次産業革命とインダストリー4.0（インダストリー4.0，インダストリアル・インターネット ほか），第5章 IoT市場と主要プレイヤー（IoT市場の動向，

スマートメーター（東京ガス/東京電力）ほか）

内容 IoTの主要プレイヤー（Amazon，GE，Google，ソラコム，NVIDIA）と最新導入事例。新しい技術と用語・サービスがすぐわかる！

『デジタルコンテンツ白書 2017』 経済産業省商務情報政策局監修 デジタルコンテンツ協会 2017.9 266p 28×21cm 12000円 ①978-4-944065-26-4

目次 第1章 特集：「仮想（VR/MR/AR）コンテンツがやってくる」，第2章 日本のコンテンツ産業の市場動向，第3章 日本のコンテンツ産業政策，第4章 コンテンツの分野別動向，第5章 メディアの分野別動向，第6章 海外動向，資料編

『VRを気軽に体験モバイルVRコンテンツを作ろう！』 酒井駿介著 インプレス 2017.9 97p 24cm （THINK IT BOOKS）1800円 ①978-4-295-00234-5 Ⓝ007.64

目次 モバイルVR開発をはじめよう，モバイルVRの開発環境を構築しよう，サンプルプロジェクトをビルドしてみよう，Unityの仕組みを理解しよう，モバイルVRゲームを作ってみよう，VRシューティングゲームを実装しよう，VRゲームのグラフィックを強化しよう

内容 最新版のUnity 2017を使ったGear VR＆ハコスコで動くVRコンテンツの作り方。

『IoTを支える技術―あらゆるモノをつなぐ半導体のしくみ』 菊地正典著 SBクリエイティブ 2017.3 202p 18cm （サイエンス・アイ新書 SIS-376）〈索引あり〉1000円 ①978-4-7973-9016-2 Ⓝ547.48

目次 第1章 IoTを支える“半導体部品たち”（IoTは“モノ”と“モノ”のインターネット？，IoTで家庭，農業，工場はどう変わる？ ほか），第2章 半導体センサーが“現場の状況”をリアルタイムにキャッチする（“電子の五感”センサー，急成長するセンサー ほか），第3章 “モノ”のデータをいかにインターネット経由で処理するか（IoTの第2段階「インターネットにつなぐ」，「通信距離」で見た無線通信規格の区別 ほか），第4章 IoTを加速する“半導体部品たち”の素顔（IoTでの新しい半導体デバイス，今さら聞けない「半導体のABC」 ほか），第5章 IoT時代に求められる半導体テクノロジー（IoTを実現する新しい半導体テクノロジー，エネルギーバンドとは？ ほか）

内容 IoT（Internet of Things）というと，すぐに“モノのインターネット”と直訳されます。けれども，あらためて「果たしてその実態は？」と考えると，今一つはっきりしな

いのではないでしょうか。本書は、IoTを3つの構成要素に分けて見ていきます。センサーがどのようにデータを収集するのか、どのようにインターネットへデータを送信するのか、そして、どのようにデータを処理するのか。各構成要素で用いられる技術を詳細に解説し、IoTのしくみと可能性を提示します。

『AI人工知能知るほどに驚き！の話』 ライフ・サイエンス研究班編　河出書房新社　2017.3　221p　15cm　（KAWADE夢文庫　K1062）〈文献あり〉680円　①978-4-309-49962-8　Ⓝ007.13

目次 第1章 まずは知っておきたいAIの基礎知識—例えば、AIに革命を起こした「ディープラーニング」とは？，第2章 いま、AIができること・できないこと—例えば、AIはヒット小説家になれるか？，第3章 ビジネスはAIでここまで変わる！—例えば、株価の予想・売買はAIの独壇場になる?!，第4章 社会はAIでここまで変わる！—例えば、AI搭載の外科医ロボが完成し、手術ミスがゼロになる?!，第5章 日常生活はAIでここまで変わる！—例えば、家が"住人に合わせる"から、より快適な暮らしに，第6章 これだけ危惧されているAIが秘めた恐怖—例えば、AIは本当に人間の能力を超えるのか？，第7章 1950年代から始まったAIとロボットの進化史—研究のきっかけからAIとロボットが描く未来まで

内容 人工知能に革命を起こした「ディープラーニング」とは？「IoT」化と人工知能の関係は？ 人間の知力を超えることはありうる？ いま話題のAIのすべてがスッキリ理解できる！

『生活用IoTがわかる本—暮らしのモノをインターネットでつなぐイノベーションとその課題』 野城智也，馬場博幸著 インプレスR&D　2017.3　215p　21cm（Next Publishing—New Thinking and New Ways）〈発売：インプレス〉2400円　①978-4-8443-9763-2　Ⓝ007.3

目次 第1章 IoTが生み出すひとまとまりの価値，第2章 生活用IoTでは「場でのまとまり」が重要，第3章 ローカル・インテグレーターの先行実例，第4章 普遍的な接続性を実現するためには，第5章 生活用IoTの発展普及のための技術的事項，第6章 生活用IoTを促進するための組織立て，第7章 生活用IoTの普及を阻む技術的課題とその克服策，第8章 生活用IoTの普及を阻む組織的課題とその対策

内容 日常の生活圏内へのIoT導入事例と、その際の課題を解説した、初のガイドブック！

『丸わかり!!IoT入門—「あらゆるモノがインターネットにつながる」をやさしく超図解!!』 洋泉社　2017.3　111p　29cm　（洋泉社MOOK）1300円　①978-4-8003-1156-6　Ⓝ547.4833

『未来を変える通貨—ビットコイン改革論』 斉藤賢爾著　新版　インプレスR&D　2017.2　193p　21cm　（Next Publishing—New Thinking and New Ways）〈文献あり　発売：インプレス〉1800円　①978-4-8443-9752-6　Ⓝ338

目次 第1章 ビットコインの仕組み（ビットコインの全体像と技術の特徴，ブロックチェーンとマイニング，取引とコイン，ビットコインネットワーク），第2章 ビットコイン狂想曲—あの騒動は何だったのか（2013年はビットコインにとって節目の年，Mt.Gox社の経営破綻を振り返る，サトシ・ナカモトとは誰なのか），第3章 ビットコインの光と影（ビットコインは社会の何を変えるか，国民通貨との比較，乖離目的と設計，ビットコインのリスク，ビットコインビザンチン将軍問題，ビットコインとインターネット），第4章 デジタル通貨で創る未来（アルトコイン，自動化される世界，人間不在にならないデジタル通貨）

内容 デジタル通貨の研究者がビットコインの仕組みからその課題までを解説。お金が変われば社会が変わる。

『この1冊でまるごとわかるブロックチェーン＆ビットコイン　入門編』 日経ビッグデータ，日経FinTech共同編集［東京］　日経BP社　2016.12　114p　28cm　（日経BPムック）〈発売：日経BPマーケティング〉1800円　①978-4-8222-3681-6　Ⓝ547.48

『第四次産業革命—ロボット、AIであなたの生活、仕事はこう変わる』 西村康稔著　ワニブックス　2016.9　268p　18cm　（ワニブックス｜PLUS｜新書174）〈文献あり〉880円　①978-4-8470-6577-4　Ⓝ007.35

目次 第1章 IoT・ビッグデータ・人工知能でもたらされる「第四次産業革命」，第2章 加速する人工知能の研究開発，第3章 フィンテック—金融とIT技術の融合による新たな金融サービスの拡大，第4章 ブロックチェーンの衝撃—その革新性，第5章 進展するシェアリングエコノミー，第6章 安全・安心を確保するためのサイバーセキュリティ，第7章 新たな経済社会システムへの挑戦

内容 IoT、ビッグデータ、人工知能とは一体何か？ 起こらんとしている「革命」の真実とは？ 移動、健康、住まい、教育、食、金融、働き方…我々の暮らしはどう変化す

くらしのなかの情報技術 ICT（情報通信技術）を知ろう

るのか？ IoT立国日本へ向けてわかりやす
く徹底解説!!

『〈インターネット〉の次に来るもの―未
来を決める12の法則』 ケヴィン・ケ
リー著，服部桂訳 NHK出版 2016.7
401,13p 20cm 2000円 ①978-4-14-
081704-9 Ⓝ007
内容 人工知能、仮想現実、拡張現実、ロ
ボット、ブロックチェーン、IoT、シンギュ
ラリティ―これから30年の間に私たちの生
活に破壊的変化をもたらすテクノロジーは
すべて、12の不可避な潮流から読み解ける。
前作『テクニウム』でテクノロジー進化の原
理を鮮やかに描き出した著者の待望の最新
刊。ニューヨークタイムズ・ベストセラー。

『ビジュアル解説IoT入門』 三菱総合研
究所編 日本経済新聞出版社 2016.7
169p 21cm 1300円 ①978-4-532-
32067-6 Ⓝ547.48
目次 第1章 IoTが変える世界，第2章 IoT
を支える先端技術，第3章 ライフスタイル
を変える，第4章 ものづくりビジネス改革，
第5章 さまざまな業界への広がり，第6章
重要なビジネス・コンセプト
内容 AI（人口知能）、ブロックチェーンな
ど、注目のキーワードを網羅しました。も
のづくりやサービス業ほか、各業界への影
響や企業動向を図解します。IT用語が苦手
な方にもわかりやすく「IoTの本質」を説明
しました。1項目完結スタイルなので、興味
のあるところから読むことができます。

『いずれ老いていく僕たちを100年活躍さ
せるための先端VRガイド』 廣瀬通孝
著 星海社 2016.6 190p 18cm
（星海社新書 85）〈文献あり〉 発売：
講談社〉 840円 ①978-4-06-138583-2
Ⓝ007.1
目次 第1章 VRとは何か，第2章 VRの歴史
と現在，第3章 21世紀型の問題解決とは，
第4章 未来予測とVR，第5章 超高齢社会の
到来，第6章 VRで未来は変えられる
内容 現在の日本では超高齢化が進み、生産
年齢人口が減ることが大きな社会問題と
なっています。この本の目的は、高度なシ
ミュレーション技術であるバーチャルリア
リティ（VR）を活用することで、誰もが100
歳まで社会で活躍するような未来の姿を
描くことです。黎明期からVRを研究してき
た先駆者が、その本質を解き明かします。
空間を超え、感覚を超え、時間を超え、現実
の制約条件を飛び越えるVR技術でサポート
することで、老いを超えるスピードで自分
自身を進化させることが可能になります。
本書は、今後ますます発展を遂げるVR技術

を使いこなし、未来を変えるためのガイド
ブックです。

『モノのインターネットのコトハジメ―
internet of things』 松本直人著 オ
ンデマンド印刷版 ［東京］ 翔泳社
2016.4 79p 26cm （Codezine―
Shoeisha digital first） 2000円 ①978-
4-7981-4685-0 Ⓝ547.48
目次 第1章 IoTで起こっているコト，第2章
いまさら聞けないクラウドのアレコレ，第3
章 IoT時代を支えるプロトコル「MQTT」，
第4章 高速化するネットワーク，第5章 モ
バイルとIPv6ネットワーク，第6章 モノの
インターネットのこれから

『IoT超入門―想像を超えた未来が迫って
きた！』 宝島社 2016.3 95p 26cm
（別冊宝島 2436号） 1000円 ①978-4-
8002-5190-9 Ⓝ547.4833

『IoTとは何か―技術革新から社会革新
へ』 坂村健［著］ KADOKAWA
2016.3 239p 18cm （角川新書 K-
74）〈文献あり〉 800円 ①978-4-04-
082058-3 Ⓝ694.5
目次 第1章 IoTの登場（IoTとユビキタス・
コンピューティング、世界をつなぐオープ
ンシステム），第2章 IoTの実用化とその可
能性（IoTの実証実験、オープンIoT、IoTに
よるサービス），第3章 オープンとクローズ
―日本の選択（オープンのインフラがもたら
す世界、IoTで製品はどう変わるのか、世界
競争と日本のジレンマ、オープン・イノベー
ションを求めて），第4章 IoT社会の実現と
未来（すべては「ネットワーク」と「識別」
からはじまる、アグリゲート・コンピュー
ティング・モデルを目指して）
内容 「IoT＝モノのインターネット」とは何
か。何のための技術であり、私たちの社会
や生活は、一体どう変わるのか。技術研究
開発や社会制度設計、ビジネスや実用の最
前線から、豊富な実例をあげつつ、その現
状・課題・未来像と、日本への指針を示す！

『はじめてのプロジェクションマッピング
―フリーソフトとプロジェクターを
使って、映像投影！』 小笠原種高著，I
O編集部編集 工学社 2015.12 159p
21cm （I/O BOOKS）〈索引あり〉
2300円 ①978-4-7775-1928-6 Ⓝ778
目次 第1章 「プロジェクション・マッピン
グ」の基礎，第2章 「PMソフト」の導入，第
3章 動画を映して、調整する，第4章 「マッ
ピング」してみよう，第5章 素材の作り方，
第6章 「VPT」のさまざまな機能，附録
内容 本書は、「プロジェクション・マッピ
ング」を個人で楽しむための、「必要な機材」
「フリーで公開されている専用ソフトの使い
方」から、「映像素材の作り方」「実際に投影

ICT（情報通信技術）を知ろう　　　　　くらしのなかの情報技術

する際のコツ」などの応用的な部分まで、詳しく解説しています。

『日本人のためのクラウドファンディング入門』 板越ジョージ著　フォレスト出版　2015.10　223p　18cm　（Forest 2545 Shinsyo 113）〈文献あり〉900円　①978-4-89451-961-9　Ⓝ336.82

目次 序章 クラウドファンディングとは何か？（「クラウドファンディング」って何？，クラウドファンディングの3つの種類 ほか），第1章 日本人のためのクラウドファンディング（日本人は，クラファンを誤解している，これから，クラファンが日本に広がる理由 ほか），第2章 クラウドファンディングをやってみたいと思ったら（クラウドファンディングの主な流れ，クラファンで資金調達する2つの方式 ほか），第3章 クラウドファンディング成功のポイント（公開するための「下準備期間」を設ける，最初の1週間で目標の25%以上を集めると，達成率は5倍にアップ ほか），第4章 クラウドファンディングでよくある質問（クラウドファンディングの応募資格と禁止事項はありますか？，海外のCFサイトに投稿する際の応募資格を教えてください ほか）

内容 知らない分だけ損している！ 世の中は，あなたの夢やアイデアを待っている。クラウドファンディングの潮流から，超基礎知識，活用法まで，日本一わかりやすい，クラウドファンディング超入門。

『IoTまるわかり』 三菱総合研究所編　日本経済新聞出版社　2015.9　205p　18cm　（日経文庫 1344）860円　①978-4-532-11344-5　Ⓝ547.48

目次 序章 2030年，IoTが変える社会（ケース1：健康志向の阿部さん（50代男性）の毎朝の健康ライフ，ケース2：忙しい中，夕食の食材を買いに出かける小泉さん（30代女性）ほか），第1章 「IoT」を大づかみしてみよう（わかりづらい「Internet of Things」を整理する，キーワードは「つながっている」ということ ほか），第2章 消費・サービスへのインパクト（究極まで進む「消費者主権」，小売・店舗―IoT活用型O2Oによるマーケティングの変革 ほか），第3章 製造業・ものづくりへのインパクト（ものづくり，サービス，消費者の境目がなくなる，ビジネスモデルはどう変わるのか ほか），第4章 日本にとっての大きなチャンス（3つの知恵の輪（3つのプラットフォーム），現場を強化する，ボトムアップ的活用 ほか）

内容 すべてのワードが「腹落ち」できる！ インダストリー4.0，ウェアラブル，ビッグデータ，インダストリアル・インターネット、020、クラウド。

『図解マイナンバー法のすべてQ&A―企業の実務対応がどう変わる!? 規則・ガイドライン対応版』 みずほ情報総研株式会社編　改訂改題　中央経済社　2015.8　221p　21cm　〈初版のタイトル：図でわかる！ マイナンバー法のすべてQ&A〉　2200円　①978-4-502-15881-0　Ⓝ317.6

目次 1 マイナンバー法の概要，2 マイナンバー法の目的とメリット，3 マイナンバー法における民間事業者の責務，4 マイナンバー法における地方公共団体の責務，5 マイナンバー法から電子政府の推進へ，6 成りすまし・名寄せ・情報漏えいの懸念とプライバシー，7 民間利用の可能性と考慮点，8 まとめ

内容 2015年10月には通知が始まり，2016年1月から利用が始まるマイナンバー制度が企業での実務において，どのような影響があるかを、Q&A形式で図表をふんだんに用いて分かりやすく解説。施行規則や特定個人情報ガイドライン等で明らかになってきた企業のマイナンバーの取扱いについて、重点的に解説した。99のQと3つの基礎用語でよくわかる！

『IoTがわかる本―身の周りのモノをネットワークにつなぐ！』 I O編集部編集　工学社　2015.5　159p　21cm　（I/O BOOKS）〈索引あり〉1900円　①978-4-7775-1896-8　Ⓝ547.48

目次 第1章 「IoT」の概要（「IoT」とは何か，「IoT」と「ネットワーク」，「IoT」で実現すること，「IoT」の未来像），第2章 「センサ」と「IoT」（「センサ」とは，「センサ」の種類と仕組み，「センサ」のある機器，身体に直接貼る「生体情報センサ」），第3章 「マイコンボード」と「IoT」（「マイコンボード」とは，定番の「マイコンボード」，Linuxボード，その他の「マイコンボード」），第4章 「IoT」の課題とセキュリティ技術（「IoT」の課題，「IoT」の危険な罠，「IoT」時代のセキュリティ技術）

内容 「IoT」の概要と、主要な部品となる「センサ」、マイコンボードなどの「開発環境」、そして「セキュリティ技術と危険性」について、幅広く解説。

『コンピューターがネットと出会ったら―モノとモノがつながりあう世界へ』 坂村健監修　［東京］　KADOKAWA　2015.5　236p　21cm　（角川インターネット講座 14）2500円　①978-4-04-653894-9　Ⓝ694.5

目次 第1部 IoTを支える技術（ネットワークにつながるとはどういうことか？，IoT時代のノード―モノに組み込まれるコンピューター，IoT時代のユーザーエクスペリエンス―計算する機械から人間と融合する

子どもの本 情報教育・プログラミングの本2000冊　**49**

コンピューターへ，IoT時代のネットワーク
―次世代インターネット），第2部 融合する
コンピューターとネットワーク（ネットにつ
ながるモノ，モノとモノがつながる世界）

内容 あらゆるものがネットワークに接続される「モノのインターネット（IoT）」時代。インターネットはより環境に溶け込み，住居、交通、医療などすべてを一変させつつある。組込みシステム、ユーザーエクスペリエンス、プログラマブルネットワークの3つを手がかりに、国内の第一人者たちが来るべき未来像を示す！

『ICカードと自動改札』椎橋章夫著
［東京］ 交通研究協会 2015.4 178p
19cm （交通ブックス 123）〈「自動改
札のひみつ」（2003年刊）の改題、再編集
索引あり 発売：成山堂書店〉 1800円
①978-4-425-76221-7 ⑩686.51

目次 1 自動改札機の役割，2 日本の自動改
札機の歴史，3 自動改札機の種類と構造，4
自動改札機はどのような機能を持っている
か，5 ICカードのしくみと交通系への導入，
6 どこまで進化するICカード乗車券システ
ム，7 出改札システム，8 券売機

内容 自動改札機は、誰でも一度は使ったことがあると思います。今ではどこの駅にも設置され、普段何気なく使っていますが、いつ頃開発され、一体どのような仕組みで動いているのでしょう？ 自動改札機の種類と構造、自動券売機、多機能化を続けるICカード乗車券のこと、そして未来の姿などを本書で詳しく紹介します。

『「VR」「AR」技術最前線―「仮想現実」
と「拡張現実」の基本と技術がわか
る！』 I O編集部編 工学社 2015.1
175p 21cm （I/O BOOKS）〈索引
あり〉 1900円 ①978-4-7775-1876-0
⑩007.1

目次 序章 「AR」と「VR」の違いと歴史、
第1部 「仮想現実」（VR）の技術（進化する
「VR」技術、「Oculus Rift」と没入型
HMD、「Kinect」と「モーション・キャプ
チャ」、2014年「東京ゲームショウ」で見た
「VR」、「GCS2014」から見るイマドキの
ゲーム開発）、第2部 「拡張現実」（AR）の
技術（進化するAR技術、「Google Glass」
とウェアラブル、「Google Glass」入門、
「AR」アプリとデバイス、「プロジェクショ
ン・マッピング」で遊ぼう、Leap Motion
V2、プロジェクトタンゴ）、第3部 Oculus
Rift（「Oculus Rift」でできること、Oculus
Rift DK2、「OcuFes」体験レポート、イン
タビュー「Oculus Rift」の魅力とは）、終
章 「MR」（Mixed Reality）の世界

内容 「AR」は、「動き」や「音声」を認識するデバイス「Kinect」（マイクロソフト）や、インターネットやコンピュータにアクセスできるメガネ型デバイス「Google Glass」（グーグル）の登場で注目されています。「VR」は、ヘッドマウント・ディスプレイ「Oculus Rift」（オキュラスVR）の登場で話題になっています。

『すべてわかるIoT大全―モノのインター
ネット活用の最新事例と技術』 ［東京］
日経BP社 2014.11 265p 28cm
（日経BPムック）〈発売：日経BPマー
ケティング〉 2700円 ①978-4-8222-
6889-3

『これからはじめるプロジェクションマッ
ピング』 藤川佑介著 マイナビ 2014.
6 252p 26cm 〈索引あり〉 2600円
①978-4-8399-5211-2

目次 1 環境設定，2 プロジェクションマッ
ピングの実施，3 GrandVJ、Video Mapper
の応用，4 付属のサンプルを使ったプロ
ジェクションマッピング，5 実際に役に立
つプロジェクションマッピング，6 Mac OS
での使用方法

内容 Windows&Mac対応。イベントや学校
行事、結婚式のためのオリジナル映像を作
ろう！

『分かる！ できる！ プロジェクション・
マッピング』 antymark著 シンコー
ミュージック・エンタテイメント
2014.5 143p 28cm 〈他言語標題：
PROJECTION MAPPING FOR
BEGINNERS〉 2100円 ①978-4-401-
63989-2 ⑩727

目次 プロジェクション・マッピングと
は？、ハード/ソフト解説、セッティングの
基本、主要ソフトウエア解説（MadMapper、
Resolume、Max 6、TouchDesigner、
GrandVJ2＋VideoMapper）、ArKaos
GrandVJ2 & VideoMapperの使い方、
マッピングの基本（基本的な投射、複数面へ
の設定とメッシュについて、曲面でのマッ
ピング）、裏方のプロに聞く（プロジェク
ター設置/サウンドでの演出/ソフトウエ
ア）、プロジェクション・マッピングQ&A、
プロジェクション・マッピングTIPS集、注
目の映像チーム―SUPEREYE/吉川マッハ
スペシャル/ハウステンボス株式会社＋チェ
ルカ株式会社/プロジェクションマッピング
協会/noTempo/antymark

内容 日本語サポートがあるArKaos
GrandVJ2＋VideoMapperを使って、今す
ぐプロジェクション・マッピングができ
る！ 最新のプロジェクション・マッピング
事情が分かる！

『「スイカ」の原理を創った男―特許をめ
ぐる松下昭の闘いの軌跡』 馬場錬成著

日本評論社　2014.1　271p　20cm
2300円　①978-4-535-51985-5　Ⓝ548.
232
目次 アメリカで高まった「松下特許」の評価，名古屋工業専門学校卒業からワイヤメモリ発明まで，世界のコンピュータ・メーカーに採用されたメモリックス，再び大学に戻り産学連携に取り組む，製缶工場の技術指導から生まれた非接触伝送装置の発明，相次ぐ関連特許の出願と権利主張を始める〔ほか〕

『人を幸せにする目からウロコ！　研究』
萩原一郎編著　岩波書店　2014.1
233p　18cm　（岩波ジュニア新書　765）
860円　①978-4-00-500765-3　Ⓝ507
目次 ネタバレ防止ブラウザの研究（中村聡史），柑味鮎の開発（赤壁善彦），対話型顔画像美観化システムの研究（荒川薫），食べたつもりになるARダイエットメガネ（鳴海拓志），かわいいの系統的研究（大倉典子），芋エネルギーが地球を救う（鈴木高広），建築の音づくり（上野佳奈子），やわらかボディーのEV（升島努），工学部機械系の心理学者（葭田貴子），大学の知財を活用して起業しよう（鈴木堅之），自らの感性を生かした「人間の幹」サイエンス（跡見順子，折紙工学から折紙工法へ（萩原一郎）
内容 折り紙にヒントを得た画期的な工法や、柑橘の風味のする鮎、かけるだけで痩せられる（？）ダイエットめがねなど、ユニークな発想による目からウロコの研究を紹介します。人の幸せに貢献するため、創造的な研究にたずさわる知的探究者たちの熱意に満ちた研究開発物語です。

『AR入門―身近になった拡張現実　現実の映像に情報を加えて創る世界！』　佐野彰著，ＩＯ編集部編集　改訂版　工学社　2013.5　191p　21cm　（I/O BOOKS）〈索引あり〉2000円　①978-4-7775-1757-2　Ⓝ547.48
目次 第1章　ARについて知るためのキーワード24（オーグメント，重畳表示 ほか），第2章　ARに関する疑問とその歴史（そもそもARって何？，どうやって位置を判断するの？ ほか），第3章　ARの応用事例39（エンタテイメント，ARブラウザ/ARプラットフォーム ほか），第4章　ARのこれから（ARコンテンツの特徴，新しい技術・新しい発想）
内容 現実の映像に何らかの情報を追加して表示する技術に関係する用語から、実際に世の中で使われている事例まで幅広く扱っている。改訂版では「3Dプリンタ」「プロジェクションマッピング」「Kinect」…などを追加。

『僕らの未来を変えるマシン「3Dプリンタ」　知る編』　神田沙織，渋谷ラボ著　[出版地不明]　[神田沙織]　2013.2　89p　21cm　〈文献あり〉Ⓝ548.25

『マイナンバー法のすべて―身分証明、社会保障からプライバシー保護まで、共通番号制度のあるべき姿を徹底解説』　八木晃二編著　東洋経済新報社　2013.1　247,6p　21cm　〈文献あり〉2000円　①978-4-492-21205-9　Ⓝ317.6
目次 第1章　マイナンバー制度の内容、問題点、解決策，第2章　「社会保障・税番号制度」のあるべき姿，第3章　国民ID制度のあるべき姿，第4章　身元証明書制度のあるべき姿，第5章　プライバシー保護制度のあるべき姿，第6章　マイナンバー制度のあるべき姿の実現に向けて
内容 身分証明、社会保障からプライバシー保護まで、共通番号制度のあるべき姿を徹底解説。第一人者が、マイナンバー制度の政府案の問題点とそれに代わる『代替案』を提示する。

『「マイナンバー法」を問う』　清水勉，桐山桂一著　岩波書店　2012.8　63p　21cm　（岩波ブックレット　No.847）500円　①978-4-00-270847-8　Ⓝ317.6
目次 第1章　「マイナンバー法」とは何か，第2章　法案が国会に提出されるまで，第3章　世界の現状を眺める，第4章　個人が番号で管理されるということ，第5章　脅かされるプライバシー――「マイナンバー」のある社会とは
内容 国民一人ひとりに番号を振る「共通番号制」（マイナンバー法）が成立しようとしている。社会保障分野での利点はあてにならない。実は弱者を排除する論理が働く。個人のプライバシーにも脅威となる。「なりすまし」犯罪の多発で、むしろ先進各国は慎重さを持ち始めているのが実態なのだ。官僚の情報支配を進める「IT箱モノ」なんていらない。

『やさしいホームICT』　大村弘之編著　電気通信協会　2011.11　217p　21cm　〈索引あり〉　発売：オーム社〉2100円　①978-4-88549-054-5　Ⓝ547.48
目次 第1章　ホームICTとその社会要請，第2章　ホームICTの現状と課題，第3章　ホームICTの設計思想，第4章　ホームICTを構成する技術，第5章　ホームICTの標準化動向，第6章　ホームICTの適用例
内容 より豊かで便利な暮らしを実現するホームICTサービスをわかりやすく解説。

『バーチャルリアリティ学』　日本バーチャルリアリティ学会編，舘暲，佐藤誠，廣瀬通孝監修　日本バーチャルリアリティ学会　2011.1　384p　21cm　〈工業

くらしのなかの情報技術　　　　　　　　　　ICT（情報通信技術）を知ろう

調査会2010年刊のソフトカバー版　索引あり　発売：コロナ社〉2700円　①978-4-904490-05-1　Ⓝ007.1
目次　第1章 バーチャルリアリティとは，第2章 ヒトと感覚，第3章 バーチャルリアリティ・インタフェース，第4章 バーチャル世界の構成手法，第5章 リアルとバーチャルの融合─複合現実感，第6章 テレイグジスタンスと臨場感コミュニケーション，第7章 VRコンテンツ，第8章 VRと社会

『AR（エーアール）（拡張現実）で何が変わるのか？』 川田十夢,佐々木博著，ソーシャルメディア・セミナー編　技術評論社　2010.12　159p　19cm　（ポケットカルチャー──ソーシャルメディア・セミナー 1）〈並列シリーズ名：POCKET CULTURE　文献あり〉1480円　①978-4-7741-4473-3　Ⓝ007.1
目次　第1章 ARの本質は省略にある，第2章 目に見えるものだけがARじゃない，第3章 実例から学ぶARの作り方，第4章 「何に」「何を」出すか，第5章 未来のARはどこへ向かう？，第6章 AR質疑応答，付録 ARがしっくりわかるブックガイド
内容　しっくりわかる拡張現実。「AR（拡張現実）って何？」「どう作る？」の疑問を解決！豊富な実例と，その裏にあるコンセプトが一目瞭然。対話で進める「ソーシャルメディア白熱教室」。Twitter・ニコニコ生放送からのコメントも多数掲載。

『AR〈拡張現実〉入門』 丸子かおり著　アスキー・メディアワークス　2010.9　174p　18cm　（アスキー新書 165）〈発売：角川グループパブリッシング〉743円　①978-4-04-868864-2　Ⓝ547.48
目次　はじめに ARって何か難しいものと思ったあなたへ，第1章 「AR」とは一体何だろう？，第2章 技術的に見たARサービス，第3章 ARビジネスの明日はどこへ？，第4章 ARを実現させるハードウェア，第5章 進化するARで懸念すべきこと，第6章 ARで未来を見ると景色が変わる!?，付録 すぐに体験できる「ARサービス一覧」
内容　「セカイカメラ」「ラブプラス」「iButterfly」…ARの技術を使った情報提供，エンターテイメント，キャンペーンが注目を集めている。レンズ越しに覗けば，肉眼で見えないものが浮かび上がる注目の技術がAR。実証実験を経て，これからまさに本格導入の段階に入るARの基本技術から，ビジネス，生活への応用例までをやさしく解説。

『AR三兄弟の企画書』 川田十夢著　［東京］ 日経BP社　2010.8　238p　19cm

〈発売：日経BPマーケティング〉1400円　①978-4-8222-4824-6　Ⓝ007.1
目次　第1章 AR技術と概念がもたらす衝撃，第2章 AR技術をどうやって見立てるか？，第3章 水平思考で拡がるARビジネスの可能性，第4章 ARで拡がるあなたの可能性，第5章 今，拡張すべきは旧来のメディア，第6章 そう遠くない未来，拡張現実で適うこと
内容　広告，テレビ，本，映画…あらゆるビジネスを"拡張"するヒントがここにある。

『AR─拡張現実』 小林啓倫著　毎日コミュニケーションズ　2010.7　199p　18cm　（マイコミ新書）780円　①978-4-8399-3564-1　Ⓝ547.48
目次　第1章 ARとは何か，第2章 ARの構成要素，第3章 表現を変えるAR，第4章 表現としてのARを実現した「実物大ARエヴァンゲリオン」，第5章 コミュニケーションを変えるAR，第6章 ネットを変えるAR，第7章 空間を変えるAR，第8章 日本企業にとっての可能性
内容　アイフォーン・アプリとして有名な「セカイカメラ」，箱根にCGで再現された巨大なエヴァンゲリオン，マーカーをウェブ・カメラで読み取るとアイドルの3D映像が出現する変わったキャンペーン…。これらにはAR（Augmented Reality）＝拡張現実という概念，技術が利用され，最近注目を集めている。モニター越しに映る現実世界にさまざまなデジタル情報が浮かび上がる，そんな漫画やアニメ，SF作品でおなじみの光景を実現するのがARだ。本書では，ARとは何か，今ARに何が起きているのか，そして私たちの生活をどのように変えようとしているのか。遠い未来の話としてではなく，すでに現在になりつつある話として考察する。

『3Dの時代』 渡辺昌宏,深野暁雄著　岩波書店　2010.7　177p　21cm　〈文献あり〉2200円　①978-4-00-001078-8　Ⓝ547.8
目次　第1章 3Dの時代，到来，第2章 3Dの時代，その背景，第3章 3D映像，第4章 3DCG，第5章 AR，第6章 3Dインターネット，第7章 予測される課題，第8章 クロス3D，第9章 レア3D，第10章 これからの3D
内容　日本では幕末に写真として登場した3Dは，今や映画やテレビだけでなく，医療，教育など，さまざまな分野で利用されています。本書では，今後，私たちの生活や社会に浸透する可能性の高い3Dの4つの分野である3D映像，3DCG，AR（拡張現実），3Dインターネットを中心に，それぞれの歩みをたどり，今どのように活用されているか，今後の社会にどう影響を与えていくのかを解説します。

『ARポケットガイド─iPhoneで楽しむ拡張現実』 篠田ヒロシ,岡田拓人著　毎

ICT（情報通信技術）を知ろう　　　　　　　　くらしのなかの情報技術

日コミュニケーションズ　2010.6
127p　19cm〈索引あり〉1280円
①978-4-8399-3573-3
目次 1 ARとiPhoneの基本，2 代表的な
ARアプリ，3 情報収集系アプリ，4 カーラ
イフアプリ，5 ARゲームアプリ，6 天体観
測アプリ
内容 存在しないものがカメラに写る！
iPhoneで「拡張現実」を体験してみよう。
今、話題の「セカイカメラ」を徹底紹介！
他にも情報収集からゲームまで。現実の世
界に「エアタグ」を表示しよう。

『身近な発明の話』　板倉聖宣著　仮説社
2010.4　143p　19cm　（新総合読本 5）
1400円　①978-4-7735-0217-6　Ⓝ507.1
目次 潜水コップで水の中にもぐったら，不
思議な石，石灰石―はじめての鉱物学と化
学，石灰の日本史―"天国のようなシックイ
壁"から"貝塚の発見"まで，コンニャク発明
ものがたり，笑気の発明発見物語，世界最初
の電磁石―実験好きの靴屋さん，スター
ジョンさんの大発明，"自動改札"のなぞ―
ICカードの通信の仕組み
内容 石灰、コンニャク、電磁石といった私
たちにとって身近なもの―そんな身近なも
のにも、発明・発見をめぐるさまざまな物語
があった。発明や発見がどのように行なわ
れたかを生きいきと説明。「新総合読本」は、
学年・教科にとらわれずにたのしめる読み物
です。お話のくわしい解説もついています。

子どもの本 情報教育・プログラミングの本2000冊　**53**

ネットワークコミュニケーションと情報化社会

ネットワークコミュニケーション

『変わりゆく日本人のネットワーク―ICT普及期における社会関係の変化』
石黒格編著　勁草書房　2018.2　228p　22cm〈索引あり〉2800円　①978-4-326-60301-5　Ⓝ361.3

|目次| 序章 21世紀の家族・コミュニティ変動論へ―21年後の朝霞・山形再訪，第1章 社会関係のなにが，なぜ変わったと考えられているか，第2章 ネットワーク・サイズの変化，第3章 親密な友人関係の変化，第4章 親密な友人関係における同類結合とその変化―時系列比較の観点から，第5章 親子の居住関係と接触頻度の変化，第6章 家族意識の変化，第7章 サポート・ネットワークの変化，第8章 多様化するICT利用とネットワーク・サイズ―都市度とサポート利用可能性の視点から，終章 何が変わり，何が変わらなかったのか

|内容| 20世紀末から現在にかけての約20年間で，日本人の社会関係はどう変化したのか。情報通信技術（ICT）の普及に伴しつつ，首都圏と地方都市における時系列調査により，ソーシャル・ネットワークの変化を実証的に分析する。

『デジタル時代のクオリティライフ―新たに見つめるアナログ力』　淺間正通編著　遊行社　2016.7　223p　19cm〈文献あり〉1800円　①978-4-902443-38-7　Ⓝ361.45

『オンライン・バカ―常時接続の世界がわたしたちにしていること』　マイケル・ハリス著，松浦俊輔訳　青土社　2015.9　280,8p　20cm〈索引あり〉2200円　①978-4-7917-6880-6　Ⓝ007.3

|目次| 第1部 集合（入れ替わり，今どきの子，告白，みんなの意見，本物らしさ），第2部 切断（注目！，記憶（優れた誤り），結合，いなくなる方法）

|内容| 一日中メールの受信箱をチェックし，セックスの相手を出会い系サイトで探し，知らないことはウィキペディアで調べ，遠くの国の大学の講義を動画でみて学位を取る。人類がみんなデジタルネイティブになる前に，わたしたちが忘れてしまったものを探す旅。

『つながる/つながらないの社会学―個人化する時代のコミュニティのかたち』
長田攻一，田所承己編　弘文堂　2014.3　275p　21cm〈他言語標題：Sociology of Being Connected and Not Being Connected　索引あり〉2200円　①978-4-335-55163-5　Ⓝ361.3

|目次| 第1部 「身体‐場所」と“メディア＝モビリティ”（現代人のメタコミュニケーションの変容―状況論的アプローチ，インターネット・コミュニケーションの「場所化」と「脱‐場所化」ほか），第2部 親密性と自己承認をめぐる“つながり”の変容（若者の“つながり”をどう考えるか―若者の友人関係に関する研究を手がかりにして，コミュニティカフェに集う人びと―地域における居場所とコミュニケーションの変容　選択縁・相互承認・多世代交流），第3部 ボランタリーな“つながり”の新たな模索（「個人化」社会における“つながり”と協同組合運動―首都圏生活クラブ生協の取り組みから，趣味とオンラインコミュニティ―「初音ミク」に見るボランタリズムの現在），第4部 “つながる”と“つながらない”の重奏（科学的不確実性と“つながる/つながらない”，生きられたアナーキズムの系譜―「半」の空間とコモンズ）

|内容| “つながる”と“つながらない”のはざまで揺れる若者たち。facebookやLINE，twitterなど，誰かとつながるためのツールがさまざまに用意されている現代，我々は強迫的に誰かと“つながる”ことを求め，その一方で“つながり”が遮断された無縁社会を生きている。コミュニティカフェやオンラインコミュニティ，生活協同組合といった事例を研究対象に，変容する“つながり”の意味と形を捉える一冊。

『コミュニティメディア』　進藤美希著　コロナ社　2013.5　189p　21cm（メディア学大系 7　相川清明，飯田仁監修）〈他言語標題：Community Media　文献あり　索引あり〉2400円　①978-4-339-02787-7　Ⓝ361.6

目次 第1部 都市のコミュニティ（都市の発展，市民，クリエイティブシティ，クリエイティブクラスによる都市文化の形成，産業クラスター，地域メディアを活用したコミュニケーション），第2部 関心に基づくコミュニティ（非営利団体による社会活動，医療とコミュニティ，プロフェッショナルコミュニティが世界に与える影響，企業における知識コミュニティ），第3部 インターネットコミュニティ（ソーシャルメディアの発展，インターネット上の市民ジャーナリズム，インターネットコミュニティで行われる創作活動，オープンイノベーション，グローバル市民社会とインターネット）

『つながり進化論—ネット世代はなぜリア充を求めるのか』 小川克彦著 中央公論新社 2011.3 260p 18cm （中公新書 2100）〈文献あり〉 800円 Ⓘ978-4-12-102100-7 Ⓝ361.45

目次 今どきの学生，ネットをどう使っているのか，第1部 技術から見た人と人とのつながり，その進化をたどる（個人をつなげるサービス—固定電話からケータイメールへ，新たなつながり方の誕生—パソコン通信からTwitterへ，失敗してしまったネットのサービス），第2部 心情から見た人と人とのつながり，プラスとマイナスのつながり方（つながりの心情—プラス面，つながりの心情—マイナス面），第3部 人と人のつながりの未来を考える（人の心情はどう変わっていくのか，これからのネットに求められること）

内容 物心つくころからネットが日常にある「ネット世代」。彼らの心情や行動は，前の世代と比べて大きく変わった。ツイッターで「夕飯食べよう」とつぶやけば，場所や時間はもとより，相手さえ曖昧なまま，夕食に誘うことができる。いまや恋の告白や別れ話もネット経由である。時に賢く，時に理解不能なネット世代のつながりを求める心情とは，どのようなものか。通信技術の進歩と心情の変化の両面から解読する。

『デジタル時代の人間行動』 松野良一監修 中央大学出版部 2011.3 216p 21cm〈文献あり〉 2100円 Ⓘ978-4-8057-6179-3 Ⓝ361.45

目次 第1部 メディア環境激変と人間行動（デジタル時代の広告と消費者行動，現実の私・ウェブ上の私—学生たちのコミュニケーション環境，時代の潮流と携帯電話の「過去，現在，未来」そして「サザエさん」，電子会議室で市民・行政はどう変わったかほか），第2部 メディア表現と人間行動（住民参加による携帯電話を使ったマッピングサイト作りと意識変化，日本におけるパブリック・アクセス・チャンネルの課題と可能性—CATVにおける市民制作番組に関する

アンケート調査を中心に，「子ども放送局」の教育的効果—東京都立城南特別支援学校の事例を中心に，「新聞ブログ」を使ったコミュニケーションデザイン ほか）

内容 デジタル技術の進展が，人間行動を変容させている。ケータイ，スマートフォン，ブログ、ツイッター、ミクシィ、SNS、facebook、YouTubeなどのデジタルツールが，人間の"社会的身体"を形成し，拡張させているのだ。デジタル時代を生きる私たちにとって，道しるべとなる1冊。

『情報社会とコミュニケーション』 茨木正治，圓岡偉男，中島淳編著 京都 ミネルヴァ書房 2010.4 199p 21cm（Minerva text library 58）〈文献あり〉 2400円 Ⓘ978-4-623-05704-7 Ⓝ361.45

目次 コミュニケーション研究の現状，第1部 現代社会とマス・メディア（感情とマス・メディア，少女マンガというコミュニケーション—『NANA』にみる自我表現の現在をめぐって，テレビ放送と子ども），第2部 新しいメディアとコミュニケーション（ウェブ社会の諸問題，情報リテラシーと格差社会，情報化社会のコミュニケーション），第3部 パーソナル・コミュニケーション（親と子のコミュニケーション，記憶とコミュニケーション），コミュニケーションの限界と可能性

内容 「情報化社会の到来」という言葉に代表されるように，大量の情報が日々絶え間なく流され続ける現代社会の姿がここにある。問題となるのは，情報の量ではなく情報がもたらす様々な影響であり，その結果にある。本書では，"情報"と"コミュニケーション"をキーワードに，マス・コミュニケーション，新しいメディア（電子，デジタル）と対人コミュニケーション，の側面から現代日本社会の姿を分析する。

◆メール

『13歳から身につける一生モノの文章術』 近藤勝重著 大和出版 2017.7 190p 19cm 1300円 Ⓘ978-4-8047-6279-1 Ⓝ816

目次 「書く力」＝「考える力」，話の核心を考えてから書く，頭の整理はペンを持ってする，現在・過去・未来—時系列に書く，直接その表現を使わずにその内面を伝えてみよう，例え上手になろう，細部を描写する，読点はどう打てばいいのか，正しい言葉を使う，自分との対話をする，これで社会人としての基礎ができる，愛子さまの作文

内容 作文，入試問題，レポート，報告書，メール，手紙…，あなたの人生についてまわる「文章力」を"考えたことをどう文字化するか"という根本から鍛える1冊。

『書きたいことが、いっぱいみつかる作文教室 小学3・4年生』 田近洵一監修 くもん出版 2015.1 63p 27cm 2500円 ①978-4-7743-2362-6 Ⓝ816
目次 三年(こうすれば必ず書ける 書くときのポイントをつかもう―作文の書き方、自こしょうかいをしよう 三才のわたしをしょうかいします―しょうかい、新聞記者になろう 学校に見えた方のことを報告・記録、わたしはアナウンサー 放送の原こうを書く―放送原こう、わたしの好きなことわざ ことわざについて説明します―説明、調べたことを報告しよう 身の回りで見つけた点字ブロック―報告、にているけれどちがう クジラとイルカをくらべると―ひかく・説明)、四年(こうすれば必ず書ける 書くときのポイントをつかもう―作文の書き方、手紙を書こう 相手や内ように応じて―手紙・メール、動物の目で動物になって見た世界を書く―想像、社会科見学 清そう工場を見学して―報告、自分の主張を伝える 目の不自由な人との交流から―意見、調べたことをまとめて レポートを書こう―レポート、食べ物図かんを作ろう わたしの考えたかんたんレシピ―説明、季節の発見を俳句に 四季の俳句―俳句)

『言葉は大事だ！ じてん―あいさつ・マナー・敬語 4 手紙・メール編』 金田一真澄著, 荒賀賢二絵 新日本出版社 2015.1 31p 29cm 〈索引あり〉 2500円 ①978-4-406-05829-2 Ⓝ815.8
目次 手紙のはじめにある「前略」って、なに?、「暑中見舞い」はいつ出すの?、手紙の「拝啓」「敬具」は、どういう意味?、手紙の最後にある「かしこ」って、なに?、「元日」と「元旦」はどう違う?、新年のあいさつは英語でどう書くの?、「おめでとう」の手紙で気をつけることは?、出欠を問いあわせるはがきなどにある「御芳名」とは?、「お名前」「お住所」「ご意見」「お考え」、どれがへん?、「様」と「殿」は、どっちがえらい?、手紙で先生に向かって「あなた」と書くと、どう思われる?、「ぼく」は、ふつう目上の人に向かって言うときに使うって、ほんと?、電子メールでは、相手の名前はどこに書くの?、件名に「はじめまして」と書くのはよくないの?、メールの文章では、改行は必要ないって、ほんと?、メールを送信する前に確認することは?、電子メールの「一往復半の原則」って、なに?、手紙にできて電子メールにできないことって、なに?

『書きかたがわかるはじめての文章レッスン 2 手紙・電子メール』 金田一秀穂監修 学研教育出版 2013.2 47p 29cm〈発売：学研マーケティング〉 3000円 ①978-4-05-500984-3 Ⓝ816
目次 手紙の基本を知ろう、みんなの手紙を見てみよう、手紙の表現を知ろう、あて名の書き方を知ろう、電子メールの基本を知ろう、電子メールのマナー

『楽しい文章教室―今すぐ作家になれる 3巻 手紙がきちんと書ける』 教育画劇 2011.4 63p 23cm〈文献あり〉 3300円 ①978-4-7746-1234-8 Ⓝ816
目次 「手紙が書ける」から、「手紙がきちんと書ける」ようになろう!、伝える方法を考える 手紙とその仲間、使い分けのコツ、伝える作法を心得る きちんと書くための決まりごと、伝える方法その1 個性豊かな手紙の書き方、伝える方法その2 見せるハガキの書き方、伝える方法その3 プレゼントになるカードの書き方、伝える方法その4 技ありなEメールとけいたいメールの書き方、伝える方法その5 ブログとツイッターの書き方の基本、「手紙がきちんと書ける」をきわめよう

『今すぐ使えるかんたんインターネット＆メール』 リブロワークス著 改訂2版 技術評論社 2018.7 223p 24cm〈Imasugu Tsukaeru Kantan Series〉〈Windows 10対応版 背・表紙のタイトル：インターネット＆メール 索引あり〉 1380円 ①978-4-7741-9859-0 Ⓝ547.4833
目次 第1章 インターネットをはじめよう、第2章 インターネットを使おう、第3章 インターネットで情報を収集しよう、第4章 メールを利用しよう、第5章 メールを連絡先やカレンダーと連携させよう、第6章 インターネットサービスを活用しよう

『実践 日本語表現ワークブック』 中村萬里, 川崎聡, 津野瀬果絵, 矢毛達之, 占部匡美, 蔵田純子著 暁印書館 2016.3 80p 26cm〈付属資料：CD1〉 1700円 ①978-4-87015-541-1
目次 マナーを身につける、伝わる話し方をする、敬語を学ぶ、聞き方に注意する、聞いたことを書き取る、朗読を味わう、目的と用途を理解する、新聞を読む、発想をまとめる、構成を考える、説明文と意見文を書く、原稿用紙・レポートの書き方、手紙・Eメールの書き方、履歴書・エリートシートの書き方

『マンガでよくわかる敬語入門』 瀬戸矢まりの監修, 青木健生原作, 葛岡容子作画 泰文堂 2016.1 175p 19cm（リンダパブリッシャーズの本）〈文献あり〉 1300円 ①978-4-8030-0849-4 Ⓝ815.8

ネットワークコミュニケーションと情報化社会　　ネットワークコミュニケーション

目次 第1章 敬語の分類，第2章 相手を「立てる」尊敬語・謙譲語，第3章 「ウチ」と「ソト」の使い分け，第4章 「お」と「ご」の使い方，第5章 知ると便利なクッション言葉，第6章 間違いやすい敬語，第7章 メールで使うべき敬語，第8章 美しい言葉遣い

内容 最低限，身に付けておきたい敬語の初級編！ 役に立つ！ 敬語を学んで，スマートな人生を送ろう！

『ゼロからはじめる情報リテラシー——電子メールからグループウェアまで』 高橋尚子著 技術評論社 2015.1 159p 21cm〈索引あり〉1280円 ①978-4-7741-7059-6 Ⓝ007.6

目次 はじめに ネットワークコミュニケーションの確認と準備（電子メールの確認と準備），第1部 電子メールの活用実習（電子メールの基本ルールとマナー，電子メールをグループで使う，電子メールでファイルを扱う），第2部 インターネットの活用実習（インターネットの情報検索，オンラインデータベースの利用，公開情報・データの検索と活用），第3部 グループウェアの活用実習1（グループメンバーとの意見交換，グループメンバーの意見集約，グループメンバーでファイル共有），第4部 グループウェアの活用実習2（グループでテーマを決める，グループで内容を具現化する，グループでスライドを作成する，グループでスライドを発表する），おわりに ネットワークコミュニケーションのこれから（よりよいネットワーク活用とコミュニケーションを目指す）

内容 15の実習でICTコミュニケーションの基本が身につく。

『メールはなぜ届くのか——インターネットのしくみがよくわかる』 草野真一著 講談社 2014.5 213p 18cm （ブルーバックス B-1825）〈文献あり 索引あり〉860円 ①978-4-06-257825-7 Ⓝ547.48

目次 1章 メールでやり取りするのはデジタルデータだ（やり取りするのはすべて1と0，デジタルデータの特徴 ほか），2章 メールやウェブページのデータが届くまでの流れ（データを人間に役立つ形で表示するために，ウェブページの閲覧における通信 ほか），3章 ウェブメールとウェブの変化（ウェブメールの利点と欠点，高機能化，ウェブから提供されるソフトウェア ほか），4章 データは実際どのように運ばれるのか？（データはパケットに分割される，「宛先」を決める仕組み～IPアドレス～ ほか），5章 「メールの送受信」の背景にあるもの（インターネットの誕生，ネットワークの発達 ほか）

内容 地球の裏側にいる相手にも瞬時に届くメール。送ってから届くまでの間，いったい何がが行われているのだろうか。本書では，誰もが抱くこうした素朴な疑問を専門知識がなくてもわかるように平易に解説。メールが届くしくみを学びながら，インターネット上でのデータのやりとりが自然とわかるようになる。

『最新手紙・メールのマナーQ＆A事典——パーフェクトマニュアル』 井上明美著 小学館 2013.3 286p 19cm〈タイトルは奥付・背による.標題紙のタイトル：手紙・メールのマナーQ＆A事典 文献あり 索引あり〉1300円 ①978-4-09-310802-7 Ⓝ816.6

目次 1 手紙の書式（封書の手紙とはがきの使い分けを教えて？——いろいろな通信手段の使い分け，封筒やはがきの表書き・裏書きの書き方を知りたい！——表書き・裏書きの書式 ほか），2 手紙の内容（ご無沙汰している知人に近況報告の手紙を送りたい。どう書いたらいい？——近況報告，お中元，お歳暮などの季節の贈答，送り状って必要？——贈答 ほか），3 メール・FAX・電報（メールの基本マナーを知りたい！——基本のマナー，電子メールのルールに沿った文章の構成とは？——全体の構成 ほか），4 言葉遣い・表現（お祝いやお悔やみの手紙で，使ってはいけない言葉があるって本当？——忌み言葉，手紙で特に間違えやすい言い回しや注意が必要な表現があれば教えて！——注意したい言葉遣い1 ほか）

内容 そこが知りたい103の疑問を徹底解説。この一冊で社会人のマナーは万全。封書・はがき・メール・FAX・電報，どんな疑問も即解決。

『敬語使いこなしパーフェクトマニュアル』 井上明美著 小学館 2010.3 223p 19cm 1200円 ①978-4-09-310764-8 Ⓝ815.8

目次 社内の敬語，電話の敬語，社外の敬語，おつきあいの敬語，手紙・メール・ファックスの敬語，敬語の基礎知識

内容 社会人の言葉づかいはこの1冊で万全！ 会話から手紙・メールまでこれだけは知っておきたい言い回しを紹介。

◆SNS

『学生のためのSNS活用の技術』 佐山公一編著，高橋大洋，吉田政弘著 第2版 講談社 2018.2 151p 21cm〈他言語標題：Using Social Media Effectively：A Practical Guide for Students 文献あり 索引あり〉2200円 ①978-4-06-153162-8 Ⓝ007.353

目次 第1章 SNSを使いこなそう（SNSとは何か，やさしいようで奥が深いSNSの利

子どもの本 情報教育・プログラミングの本2000冊　**57**

用)，第2章 SNS活用がなぜ重要なのか（SNSのもつ大きな力への期待，SNS活用の実例，結局は一人ひとりの力に帰結するSNS活用），第3章 SNSによる情報収集の技術（情報収集手段としてSNSを使うときの注意点，情報収集手段としてのSNSの魅力，情報収集におけるSNSの位置づけ），第4章 SNSによる情報発信の技術（SNSを使うときの人間の心理を知ろう，目的に合った最適なSNSを選ぼう，相手に伝わるSNSでの書き方とは），第5章 SNS活用の実践（SNSを離れ，一人で考える時間を確保することを優先，もっと大切な情報がSNSの先にある，発信することで一人ひとりの未来が変わる）

内容 情報収集と情報発信。双方向からのSNS活用のポイントをわかりやすく解説。在学中はもちろん，社会に出てからも使える内容！

『おしえて！ 尾木ママ最新SNSの心得 2 どうしよう？ SNSのトラブル』 尾木直樹監修 ポプラ社 2015.4 63p 24cm 〈索引あり〉 2850円 ①978-4-591-14348-3 Ⓝ694.5

目次 1章 SNSってなんのこと？（SNSって知ってる？，SNSにはどんな種類があるの？，ほかにもあるよいろいろなSNS！ ほか），2章 聞いて！ SNSのなやみ相談室（Facebookのネタがなくってこまっています。Facebookの「いいね！」にうんざりです！，友だちがFacebookにわたしと写っている写真をアップ。ほか），3章 聞いて！ LINEのなやみ相談室（新世代のコミュニケーションツールLINEについてもっと知りたい！，便利なLINE機能の表と裏！，スマートに使いたいLINEのマナー ほか）

『おしえて！ 尾木ママ最新SNSの心得 1 知りたい！ ネットの世界』 尾木直樹監修 ポプラ社 2015.4 63p 24cm 〈索引あり〉 2850円 ①978-4-591-14347-6 Ⓝ694.5

目次 1章 インターネットの世界（インターネットって何？，世界につながるインターネット，インターネットって，どんなことができるの？，インターネットにつなげる機器，こんなにたくさん！，フリートーク！ インターネット，どう使ってる？，送ってすぐに届く手紙！ 電子メール，世界中から情報を集める，世界中に情報を発信する！，友だちと楽しむ！ グループで交流，音楽やゲームを楽しむ，ネット上のお店で買い物ができる，あなたはじょうずに使える？ インターネットのマナー＆ルールチェック！），2章 聞いて！ ネットのなやみ相談室（聞いて！ 尾木ママ，コンピュータウイルスって何？，要注意！ スマートフォンの

ウイルス感染，いつから持つ？ 携帯電話・スマートフォン）

『気をつけよう！ スマートフォン 2 SNSとメッセージ』 小寺信良著 汐文社 2015.1 31p 27cm 〈索引あり〉 2300円 ①978-4-8113-2104-2 Ⓝ694.6

目次 SNSとメッセンジャーはなにが違うの？，SNSを利用する人のタイプ，SNSに書く，書かれるということ，SNSはこう使おう，メッセンジャーはこう使おう，個人情報ってなに？，個人情報が流出するとなにが問題なの？，写真や動画をアップするということ，炎上ってどういうこと？

『世界をかえたインターネットの会社 1 Facebookものがたり』 アダム・サザーランド原著，稲葉茂勝訳・著 ほるぷ出版 2012.7 31p 29cm 〈索引あり〉 2800円 ①978-4-593-58665-3 Ⓝ007.35

目次 映画になった創設者，株式会社になったFacebook，アイデアは成長しつづける！，マークとショーン・パーカーの出あい，人気を利益にかえる！，オープン・レジストレーション，世界的規模に成長，Facebookのさまざまな機能，Facebook社が利益を出す秘訣，Facebookをプラットフォームに！，次の手は，「いいね！」，共有すべきか？ すべきでないのか？，Facebookと政治

内容 この本では，だれもが一度は聞いたことがあると思われるFacebook社について，どんなことをしている会社か，どうやって利益をあげているかといった，なかなか聞きたくても聞けないような話を，Facebook社の創設者であるマーク・ザッカーバーグの個人史とともに紹介していきます。

◆◆◆

『今すぐ使えるかんたんYouTube入門』 AYURA著 技術評論社 2018.7 159p 24cm （Imasugu Tsukaeru Kantan Series）〈背・表紙のタイトル：YouTube入門 索引あり〉 1480円 ①978-4-7741-9829-3 Ⓝ007.353

目次 第1章 YouTubeをはじめよう，第2章 動画を視聴しよう，第3章 便利な機能を利用しよう，第4章 動画を効率的に探そう，第5章 動画を投稿しよう，第6章 マイチャンネルで動画を公開しよう，第7章 スマートフォンやタブレットで利用しよう，第8章 困ったときの解決策

『Facebook Perfect GuideBook』 森嶋良子，鈴木麻里子，田口和裕著 改訂第5版 ソーテック社 2018.7 367p 21cm 1680円 ①978-4-8007-1212-7

目次 1 Facebookについて知っておこう，2 最初に行なうFacebookの操作，3 友達・人脈の作り方，4 ニュースフィード，投稿，

ネットワークコミュニケーションと情報化社会　　ネットワークコミュニケーション

メッセージ、チャット，5 イベント・グループ・Facebookページ，6 モバイルからの利用，7 アプリで便利に楽しく，8 ビジネスに活用する

内容 Facebookの使い方、活用法がダンゼン詳しい！ 最も詳しい解説書！ 設定、友達作り、情報収集、チャットから、ビジネス活用・広告、集客まで！ セキュリティ、プライバシー保護にも役立つ操作ガイド。知りたい機能やりたい操作がわかる！ 最新インターフェイス・スマホ対応。

『**YouTube完全マニュアル**』 桑名由美著　秀和システム　2018.7　255p　21cm　1380円　①978-4-7980-5423-0

目次 01 YouTubeでできることやサービスの内容について知ろう，02 スマホやパソコンで動画を視聴しよう，03 動画を公開したり、共有しよう，04 「チャンネル」を活用して情報発信や他のユーザーと交流しよう，05 撮影や編集のコツを覚えて魅せる動画を作ろう，06 YouTubeの広告とアクセス解析の使い方を理解しよう，07 トラブルを避け、安全・快適に使うために知っておきたいこと

内容 チャンネルから動画加工、広告/分析まで。集客やブランディングに必須の動画共有サービスを完全解説！ パソコン・スマホ両対応。

『**スマホ&SNSの安心設定ブック**』 ジャムハウス編集部著　ジャムハウス　2018.6　111p　19×15cm　900円　①978-4-906768-48-6

目次 序章 セキュリティの大切さを知っておこう，第1章 iPhoneの安心設定，第2章 Androidの安心設定，第3章 LINEの安心設定，第4章 Twitterの安心設定，第5章 Instagramの安心設定，第6章 Facebookの安心設定，第7章 フィルタリングブラウザーを使う方法

内容 家庭・学校・ビジネス・勉強会で役立つ！ インターネットやSNS、キケン回避するにはまず設定から。

『**YouTube Perfect GuideBook─基本操作から活用ワザまで知りたいことが全部わかる！**』 タトラエディット著　改訂第4版　ソーテック社　2018.4　191p　21cm 〈最新インターフェイス対応 索引あり〉 1480円　①978-4-8007-1202-8　Ⓝ007.353

『**SNSで一目置かれる堀潤の伝える人になろう講座**』 堀潤著　朝日新聞出版　2018.3　263p　19cm　1400円　①978-4-02-331652-2　Ⓝ007.353

目次 1章 メディアはそもそも「フェイク」を内にはらんでいる（ウソの情報を見抜くのは難しい，日本史上最悪のフェイクニュース ほか），2章 個人とメディアの「情報のリレー」がちょっといい社会をつくる（災害時に圧倒的に「強い」個人発信，複数の発信から避難所格差が浮き彫りに ほか），3章 伝えるスキル 基本編（何を発信したらいいかわからない人へ，あなたが見たい未来は何ですか？ ほか），4章 伝えるスキル 応用編（僕が動画での発信をすすめる理由，自由に動画を撮ってみよう ほか），5章 メディアの多様性が社会を豊かにする（僕が情報発信を続けてこられた理由，反対意見との向き合い方 ほか）

内容 情報の受発信スキルを学ぶ人気講座が書籍化。あなただけが持つ情報に、ものスゴイ価値がある─。NHKを飛び出して独自のニュースを発信し続けるSNSの達人がそのノウハウを全公開！

『**ゼロからはじめるインスタグラム Instagram**』 リンクアップ著　技術評論社　2018.3　191p　19cm 〈背のタイトル：ゼロからはじめるインスタグラム 索引あり〉 1280円　①978-4-7741-9577-3　Ⓝ007.353

目次 第1章 インスタグラムを始めよう，第2章 ユーザーとつながって写真を見よう，第3章 写真を加工して投稿しよう，第4章 インスタ映えする！ 写真の撮影テクニック，第5章 「ストーリーズ」を見たり投稿したりしよう，第6章 インスタグラムの機能を使いこなそう，第7章 インスタグラム困ったときの解決技

内容 いちばんやさしい入門書です！ インスタグラムの使い方&楽しみ方が全部わかる！

『**できるゼロからはじめるLINE & Instagram & Facebook & Twitter超入門**』 田口和裕, 森嶋良子, 毛利勝久, できるシリーズ編集部著　インプレス　2018.3　270p　24cm 〈iPhone & Android対応 ドコモauソフトバンク格安スマホ完全対応！ 索引あり〉 1380円　①978-4-295-00330-4　Ⓝ547.46

目次 第1章 LINEで会話を楽しもう（LINEをはじめよう（LINE），LINEに登録するには（新規登録） ほか），第2章 Instagramで写真を共有しよう（Instagramをはじめよう（Instagram），Instagramの初期設定をしよう（新規登録） ほか），第3章 Facebookで近況を伝え合おう（Facebookをはじめよう（Facebook），Facebookのアカウントを登録するには（新規登録） ほか），第4章 Twitterでつぶやきを楽しもう（Twitterをはじめよう（Twitter），Twitterのアカウントを新規登録するには（新規登録） ほか）

子どもの本 情報教育・プログラミングの本2000冊　**59**

ネットワークコミュニケーション　　ネットワークコミュニケーションと情報化社会

内容　話題の4大SNSが1冊ですぐ楽しめる。

『YouTube革命―メディアを変える挑戦者たち』　ロバート・キンセル，マーニー・ペイヴァン著，渡会圭子訳　文藝春秋　2018.3　349p　19cm　1800円　Ⓘ978-4-16-390811-3　Ⓝ007.353
目次　何を見るかを決めるのは私たちだ―鉄のカーテンの向こう側から，ユーチューバーの誕生，大手メディアから覇権を奪う，オンラインコミュニティでファンを育てる，ユーチューバーが社会を変える，国境を軽々と越える，見たことのないものを，見せてほしい，おばあちゃんユーチューバー，世界一有名なキルト作家になる，成功するユーチューバーの条件，ストリーミングのマネタイズ方法，あらたなジャーナリズムの担い手へ，ユーチューバーが広告をつくる，ジャスティン・ビーバーの物語，Z世代とYouTubeの未来，次世代のエンターテイナー，教育者，指導者，起業家たちは世界中にいる
内容　日本で起きていることは，まだ序章に過ぎない。テレビ，音楽，出版，映画，広告，ジャーナリズム，政治，ビジネス…。すべてがYouTube＝「世界標準プラットフォーム」から発信される未来。YouTube副社長（チーフ・ビジネス・オフィサー）による待望の書！

『これからはじめるLINE基本＆活用ワザ』　コグレマサト，まつゆう＊，できるシリーズ編集部著　改訂2版　インプレス　2018.2　254p　19cm　（できるポケット）〈索引あり〉1200円　Ⓘ978-4-295-00316-8　Ⓝ547.46
目次　第1章　LINEを使い始めよう，第2章　一緒に使う友だちを増やそう，第3章　友だちとトークや無料通話を楽しもう，第4章　プライバシーを設定してLINEを安全に使おう，第5章　グループで快適にトークしよう，第6章　トークルームを自分好みに変えよう，第7章　LINEを情報収集に活用しよう，第8章　ほかのアプリと連携してもっと楽しもう，第9章　タブレットやパソコンでもLINEを楽しもう

『LINE/Facebook/Twitter/Instagramの「わからない！」をぜんぶ解決する本』　洋泉社　2018.2　207p　26cm　（洋泉社MOOK）〈iPhone　Android　パソコンも対応〉1200円　Ⓘ978-4-8003-1413-0　Ⓝ547.46

『私たち、かわいい写真が撮りたいの―人気インスタグラマーの写真はここがちがった！』　小学館　2017.12　81p　30cm　（SHOGAKUKAN SELECT MOOK）　780円　Ⓘ78-4-09-103795-4　Ⓝ743

『SNSで夢を叶える―ニートだった私の人生を変えた発信力の育て方』　ゆうこす著　KADOKAWA　2017.9　187p　19cm　〈表紙のタイトル：MAKE YOUR DREAMS COME TRUE BY USING SNS〉1300円　Ⓘ978-4-04-896025-0　Ⓝ007.353
目次　第1章　叶わなかった初恋―ほろ苦いSNSとの出会い，第2章　「好き」と素直に言えるまで―フォロワーを増やすための試行錯誤，第3章　片想いが恋に変わった瞬間―Twitterは共感のメディア，第4章　幸せいっぱいの誕生日―Instagramで「自己プロデュース」，第5章　職業，モテクリエイター―YouTubeでファン層が広がる，第6章　ありのままの私を愛してもらう―ブログで綴る本当の気持ち
内容　ゆうこす流SNS新常識。

『フェイスブック―不屈の未来戦略　19億人をつなぐ世界最大のSNSへ到達するまでとこれから先に見えるもの』　マイク・ホフリンガー著，大熊希美訳　TAC株式会社出版事業部　2017.7　409p　19cm　1800円　Ⓘ978-4-8132-7143-7　Ⓝ007.353
目次　1　フェイスブックが誕生するまで（鐘は鳴る“会社の価値が半分に”，ザックの熱意―フェイスブックのすべてはマーク・ザッカーバーグから始まり，世界に波及する），2　小さなサービスが大企業になるまでに得た10の教訓（10億ドルの買収提案を辞退，人と世界とをつなぐ窓，継続的な成長の秘訣，100億ドル規模のビジネスを3年で作る，速く動く，グーグルに負けない理由，フェイスブックがフェイスブック以上の存在になる時，未来を見据える，人材獲得競争，フェイスブックが大企業の中でも突出した企業となった理由），3　フェイスブックが思い描く未来（メッセージは媒体となる―人工知能と2つのアプリ，次の10億人―正気を疑う事業計画を進めるまっとうな理由，世界をVRとARに「転送」する―人類に必要な最後の画面，フェイスブックが「勝った」なら？―マインドパンゲアを編み上げる），4　最後に（失敗について―ホームランではない打席もある，いつかはなくなる？―ディスラプションへの免疫なんて存在しない）
内容　その成功は偶然ではない。フェイスブックが世界最大級のソーシャルネットワークになるために下した決断と，そこから得られる10の教訓，そしてさらなる10億人へ，フェイスブックが思い描く未来。フェイスブック開発者の一人が描くインサイドストーリー。

『マストドン―次世代ソーシャルメディアのすべて』 小林啓倫，コグレマサト，いしたにまさき，まつもとあつし，堀正岳著 マイナビ出版 2017.6 235p 18cm （マイナビ新書） 850円 ①978-4-8399-6382-8 Ⓝ007.353

目次 突如としてネットで大きな注目を浴びている「マストドン」。見かけはツイッターにそっくりなソーシャル・ネットワーク・サービスだが，その仕組みはいまのネットの限界を打ち破る革新的なもので，世界中でユーザーが増えつつある。ソーシャルメディアに造詣の深い5人の著者が「マストドン現象」を読み解き，ウェブの未来を予測する。

内容 第1章 マストドンブームがやってきた（マストドンとは何か マストドンとツイッターの類似性 ほか） 第2章 マストドンによって蘇る体験（分散はなぜ起こったのか？ 蘇るツイッターの記憶 ほか） 第3章 日産がマストドンを利用する理由（日産自動車とソーシャルメディアの歴史 ブランドの強化という広報の大きな指標 ほか） 第4章 マストドンはpixivの何を変えるのか？（絵を描く前からコミュニケーションが生まれる場に 描く・見る，双方が楽しみpixivも賑わう ほか） 第5章 マストドンが示す分散型SNSの可能性（マストドンの役割と可能性 ツイッターの迷走がもたらしたチャンス ほか） 第6章 マストドン座談会－マストドンの未来を考える

『ゼロからはじめるSkypeスマートガイド』 リンクアップ著 技術評論社 2017.1 191p 19cm 〈背のタイトル：ゼロからはじめるSkypeスカイプスマートガイド 索引あり〉 1180円 ①978-4-7741-8589-7 Ⓝ547.46

目次 1 Skypeの基本，2 Windows10用Skypeを設定しよう，3 Windows10用Skypeを使おう，4 Mac用Skype & Windowsデスクトップ用Skypeを利用しよう，5 スマートフォン用Skypeを利用しよう，6 有料サービスを利用しよう，7 Skypeをオフィスで利用しよう，8 Skypeをもっと活用しよう，9 Skypeのトラブル対策

内容 Skypeの使い方＆楽しみ方が全部わかる！ Windows10の「Skypeプレビュー」を完全解説！ プライベートからビジネスまで使える技が満載！ スマホやブラウザーでの活用方法もバッチリ解説！

『高校生が教える先生・保護者のためのLINE教室』 旭LINE同盟，佐藤功著 学事出版 2015.9 63p 21cm 1000円 ①978-4-7619-2141-5 Ⓝ547.483

目次 1章 「LINE使いの専門家＝現役高校生」が教えます当世LINE事情（現役高校生に，スマホ・ケータイについて聞いてみた，LINE基礎講座「LINEとメールはここが違う」，だから子どもたちはLINEにハマる ほか），2章 高校生が教えます！ LINEルール（現役高校生に，スマホを使う「ルール」について聞いてみた，私たちのLINEルール，初期設定，これだけは ほか），3章 高校生と高校教師が教えます！ LINE指導の一例（現役高校生に，スマホを舞台に起こる「トラブル」について聞いてみた，“座談会”もしもトラブルが起こったら，ケータイなしでも（だから？）できるSNS指導―センセーに教えたろ，LINE）

『オンラインゲームは若年層に悪影響をあたえるのか？』 竹野真帆著 夏目書房新社 2015.3 196p 19cm 〈発売：サイゾー〉 1500円 ①978-4-904209-60-8 Ⓝ371.45

目次 目的，方法，研究（ゲームの構造分析，ゲームプレーヤーへのインタビュー，ゲーム内チャットのテキストマイニング，児童・生徒層へのアンケート），考察，結論，研究史

内容 ゲームは悪か？ それとも救済者なのか？ かくも未来に希望を見出せない若者たちが居ることを我々はまだ認識していない。悩める若者たちの深層をあぶりだす新鋭の研究書。

『ソーシャルメディアで伝わる文章術―Facebook Twitter ブログetc.：月間6万PVのブログを運営するコピーライターが教える！』 前田めぐる著 秀和システム 2013.3 255p 19cm 1600円 ①978-4-7980-3711-0 Ⓝ816

目次 ウケる！ つながる！ ファンがつく！ 月間6万PVのブログを運営するコピーライターが教える秘訣。

内容 第1章 文章力がすぐにアップする9つのヒント 第2章 ソーシャルメディアで気をつけた6つのポイント 第3章 今日が明日の糧になる。タイムラインの書き方・活かし方 第4章 学びをシェアしよう 第5章 上手い文章より，共感を呼ぶ文章にしよう 第6章 ゆるやかなつながりで「信頼」を育む 第7章 独自の視点で価値を高めよう

『時代をきりひらくIT企業と創設者たち2 ツイッターをつくった3人の男』 メアリ・レーン・カンバーグ著，熊谷玲美訳，熊坂仁美監修 岩崎書店 2013.2 126p 23cm 〈文献あり 年譜あり 索引あり〉 2000円 ①978-4-265-07907-0 Ⓝ007.35

目次 第1章 失敗から成功へ＠ev（エヴァン・ウィリアムズ），第2章 芸術家から起業家へ＠biz（ビズ・ストーン），第3章 アイデアのデパート＠jack（ジャック・ドーシー），第4章 協力の始まり，第5章 ツイッターの

成長，第6章 世界に広がるツイッター，第7章 ツイッターは「いまどうしてる？」

『LINE—なぜ若者たちは無料通話＆メールに飛びついたのか？』 コグレマサト，まつもとあつし著 マイナビ 2012.11 231p 18cm （マイナビ新書）〈文献あり〉 830円 ①978-4-8399-4488-9 Ⓝ547.483

目次 第1章 世界中で数千万人が熱中するLINE，第2章 これまでのネットサービスとの違い，第3章 LINEでつながる人，つながらない人，第4章 スマホシフトがもたらす課題，第5章 LINEはどこへ向かうのか，第6章 LINEが示すインターネットの未来

内容 若者を中心に人気急上昇中のスマートフォンアプリ「LINE」。ユーザー数の急増、国内外での人気などが話題になるものの、その実態はユーザー以外には、まだまだ謎に包まれている。本書ではLINEブームを分析し、そこから見えてくる新しいインターネットの姿やその活用術、そしてそこにひそむ課題も解説する。

『「フェイスブック革命」の真実—ソーシャルネットワークは世界をいかに変えたか？』 石川幸憲著 アスキー・メディアワークス 2012.8 223p 18cm （アスキー新書 225）〈発売：角川グループパブリッシング〉 752円 ①978-4-04-870577-6 Ⓝ547.483

目次 第1章 スモール・ワールド，第2章 ネットワーク社会，第3章 ソーシャルネットワーキング，第4章 フェイスブックの誕生，第5章 フェイスブックの飛躍，第6章 フェイスブック効果，第7章 ポストモダンのメディア

内容 大事件が起きるたびに、存在が注目されるようになったソーシャルネットワーク。アメリカ大統領選挙の帰趨を左右し、中東の春に人々を集わせ、東日本大震災では情報インフラとして機能した。それは世界のあり方をどのように変えたのか？ その代表的存在であるフェイスブックの誕生と成長の過程を追い、新たな情報の支配者の真実に迫る。

『ソーシャルゲームはなぜハマるのか—ゲーミフィケーションが変える顧客満足』 深田浩嗣著 ソフトバンククリエイティブ 2011.9 298p 21cm 〈文献あり 索引あり〉 2200円 ①978-4-7973-6623-5 Ⓝ798.5

目次 第1部 ソーシャルゲーム登場（ソーシャルメディアのこれまで，ソーシャルメディアの現状，ソーシャルゲームの登場），

第2部 ソーシャルゲームはなぜハマるのか（ゲーミフィケーション・フレームワークとは，釣り★スタのゲーミフィケーション・フレームワーク分析，怪盗ロワイヤルのゲーミフィケーション・フレームワーク分析，モチベーションとは何か，課金のきっかけ），第3部 ゲーム以外の領域への応用：ゲーミフィケーション（ゲーミフィケーションとは何か，事例に見るゲーミフィケーション，ゲーミフィケーションのデザイン）

内容 なぜその人はリピーターになるのか？ 人を夢中にさせ、顧客ロイヤリティを向上させる秘密の仕掛けを徹底解説。

『チャットのなかの青春—初心者のためのチャット・掲示板入門』 岡本よしお，松村ふっこ著 文芸社 2010.3 139p 19cm 1000円 ①978-4-286-08533-3 Ⓝ547.483

情報メディア

『本のことがわかる本 1 調べよう！文字のはじまりと本の歴史』 能勢仁監修 稲葉茂勝文 京都 ミネルヴァ書房 2015.7 31p 27cm 〈文献あり 索引あり〉 2500円 ①978-4-623-07426-6 Ⓝ020

目次 1 本ができる前の時代（文字の誕生，文字がある言語、ない言語，絵・絵文字・象形文字・文字，紙以前の書写材料，紙の発明），2 本の誕生（巻物は本ではないの？，日本でははじめから紙，木版印刷の発明，日本の古書，印刷の発明と本の発達，日本の印刷技術の発展），3 現代の本（ユネスコによる「本」の定義，現代における「本」の条件，電子書籍について）

内容 本ができる前の時代の文字の歴史、文字が記された書写材料の変遷やヨーロッパや日本の印刷技術、本の定義などについて知ることができます。

『アニメなんでも図鑑』 鈴木伸一監修 ポプラ社 2015.4 159p 27cm （もっと知りたい！ 図鑑）〈文献あり 索引あり〉 4800円 ①978-4-591-14313-1 Ⓝ778.77

目次 アニメの歴史（日本アニメの誕生、昭和初期から戦時中の日本アニメ、1950年代—再起の時代 ほか），アニメのジャンル（目的による分類、素材による分類），アニメの特ちょう（実写とアニメーションのちがい、誇張した表現、いろいろな動き ほか），アニメのできるまで（アニメはこうしてつくられる），3DCGアニメのできるまで（コンピュータでつくるアニメ），かんたんアニメのつくり方（パラパラまんが、おどろき盤、

コマ撮りアニメ），みておきたい傑作アニメ（アニメが伝えてくれること），アニメにかかわる仕事につくには（アニメーターへの道，声優への道，演出（監督）への道 ほか），アニメをささえる人たち（アニメ制作のパートナー，多くの企業がアニメに注目！），アニメをたのしむ（全国アニメミュージアム）

内容 世界に誇る日本のアニメをさまざまな切り口で紹介。多様な表現から巨大なアニメビジネスまでみていきながら，アニメの魅力をさぐる。たくさんの写真と絵をつかい，アニメの歴史やジャンルの紹介，アニメの絵が動くしくみ，アニメができるまでの現場ルポなど，知りたかったことが満載。

『本について授業をはじめます』 永江朗著 少年写真新聞社 2014.9 141p 22cm （ちしきのもり）〈文献あり〉1600円 ①978-4-87981-493-7 Ⓝ023

目次 1時間目 ぼくらのもとに本がとどくまで（この本はどこから来たの？，一本の木が紙になり，本のかたちに，取次から本屋さんへ，そしてきみの手に，本の中身はだれがつくる？），2時間目 本のルーツをたどる旅（本のはじまり，印刷技術の発達，電子書籍があらわれた），3時間目 本と仲よくなるには（本のあるところへ，読書のすすめ，未来の本について考える，きみも作家デビュー）

内容 今，日本で出版されている本は一日で平均220点にもなります。これらの本，どこから来たのでしょう？ だれが，どうやって，つくっているのでしょう？ 本の流通と歴史をさぐってみると，人間にとって，いかに本が重要なものであるかがわかってきました。

『池上彰と学ぶメディアのめ』 NHK「メディアのめ」制作班,池上彰著 NHK出版 2013.4 207p 21cm 1300円 ①978-4-14-011319-6 Ⓝ361.453

目次 1 身のまわりのメディア（写真一枚で世界を切り取れ！，実感！ 音のちから，お客の心をつかむ！ ポップの言葉 ほか），2 メディアのちから（流行をリード！ ファッション雑誌の作り方，「命」をふきこむアニメーション，気持ちを動かす！ CMのヒミツ ほか），3 インターネットとのつき合い方（伝わる！ 上手なメールの書き方，どうしてタダ？ インターネットのサービス，匿名？ 本名？ インターネットでのつき合い方 ほか）

内容 あなたはいつも，多数のメディアに囲まれながら生活しています。メディアを読み取る「め」を育て，その特徴をよく知ってうえでうまく使いこなし，生活の中に取りこんでみましょう。メディアとの上手なつき合い方をわかりやすく解説。

『みんなのユニバーサルデザイン 6 これからのユニバーサルデザイン』 川内美彦監修 学研教育出版 2013.2 47p 30cm 〈文献あり 索引あり 発売：学研マーケティング〉2800円 ①978-4-05-500942-3 Ⓝ369

目次 第1章 世界のユニバーサルデザイン（人種も宗教も言葉もちがう人どうしが気持ちよく生きていくために，障害のある人も同じ権利をもっています ともに生き，「創造」していきましょう，「ちがい」のよさを認め，「他者」を受け入れる，今はまだ，衛生教育が始まったばかり），第2章 ユニバーサルデザインを広めよう！（ユニバーサルデザインを楽しく伝えるテレビ番組「石井ちゃんとゆく！」，いっしょにおどろう！ 手話ダンス，マルチメディアデイジーで「読む」楽しみが広がります，もっと見やすいホームページを！，日本語って，とってもかんたん！「漢字」と「敬語」以外はね）

『調べてまとめて新聞づくり 2 新聞のつくり方・見せ方』 竹泉稔監修 ポプラ社 2012.3 47p 29cm 〈索引あり〉2800円 ①978-4-591-12801-5 Ⓝ375.19

目次 1 どんな新聞をつくりたい？（学校で取りくむ新聞，だれに，どう読んでもらう？，なぜ新聞にまとめるの？），2 新聞づくりの手順（まずはテーマさがしから，紙面の割りつけを考える，取材方法を考える，現地取材に行く前の準備，いよいよ取材！，記事を書く，見出しとリード，紙面を組む，しあげはていねいに，合評会をおこなう），3 見やすい紙面づくりのテクニック（割りつけの基本X字型，割りつけと記事の流れ，少しのくふうで，こんなにかわる！，手書きか，パソコンか）

『産業とくらしを変える情報化 2 情報を伝える新聞』 堀田龍也監修 学研教育出版 2012.2 47p 29cm 〈索引あり 発売：学研マーケティング〉2800円 ①978-4-05-500901-0 Ⓝ007.3

目次 1 新聞って何だろう，情報を伝える新聞 新聞ができるまで（記者の仕事，写真部の仕事，航空部の仕事，デスクの仕事，整理部の仕事，校閲部の仕事，印刷の仕事），2 新聞から情報を得るということ，3 新聞の広告，4 新聞をつくってみよう，5 新しい新聞の姿，用語集

『産業とくらしを変える情報化 1 情報を伝える放送』 堀田龍也監修 学研教育出版 2012.2 49p 29cm 〈索引あり 発売：学研マーケティング〉2800円 ①978-4-05-500900-3 Ⓝ007.3

目次 ニュース番組ってどんなもの？，情報を伝える放送 ニュース番組ができるまで（TBS報道局に情報が入る，取材して，メモ

情報メディア　　　　　　　　　　　　ネットワークコミュニケーションと情報化社会

や映像にまとめる，扱うニュースや順番を決める，ニュースの映像や原稿をつくる，アナウンサーが下読みをする，スタジオで本番スタート！，電波を送信！），用語集

『**池上彰のなるほど！ 現代のメディア 3 広告にだまされないために**』 池上彰日本語版監修 ローラ・ヘンズレー著，浜田勝子訳 文渓堂 2011.3 55p 29cm 〈年表あり 索引あり〉2900円 ①978-4-89423-711-7 Ⓝ361.453

目次 広告があふれている，広告の歴史，広告はどのようにしてつくられるか，広告戦略，広告の技術としかけ，とにかく見てほしい！，これが広告？，インターネット広告，広告をつくってみよう

『**池上彰のなるほど！ 現代のメディア 2 ゲームはたのしいけれど…**』 池上彰日本語版監修 ステルギオス・ボツァキス著，片神貴子訳 文渓堂 2011.3 55p 29cm 〈年表あり 索引あり〉2900円 ①978-4-89423-710-0 Ⓝ361.453

目次 エンターテインメントの世界，エンターテインメント・メディアの歴史，なぜエンターテインメント作品をつくるの？，エンターテインメントにみられる暴力と性，表現と「ステレオタイプ」，エンターテインメントとお金，エンターテインメントをぬすむ，エンターテインメント・メディアのこれから

『**池上彰のなるほど！ 現代のメディア 1 ニュースはねむらない**』 池上彰日本語版監修 ジョン・ディコンシーリョ著，笹山裕子訳 文渓堂 2011.3 55p 29cm 〈年表あり 索引あり〉2900円 ①978-4-89423-709-4 Ⓝ361.453

目次 ニュースを伝える，ニュースをかえた新聞と雑誌，電波に乗せて，テレビの時代，インターネットがジャーナリズムをかえる，どこへ向かうの？ ニュースの未来

『**まるごとわかる！ 地デジの本 地デジのためにできた電波塔**』 マイカ作 汐文社 2011.3 47p 21×22cm 2000円 ①978-4-8113-8731-4 Ⓝ547.8

目次 電波塔ってなに？，日本全国にある電波塔，世界の電波塔，東京のシンボル「東京タワー」，東京タワーとテレビ放送，まだまだ知りたい東京タワーのひみつ，東京タワーの歴史，東京の新しいシンボル「東京スカイツリー」，東京スカイツリーとテレビ放送，東京スカイツリーのひみつ1 デザイン，東京スカイツリーのひみつ2 ライトアップ，東京スカイツリーのひみつ3 外部の構造，東京スカイツリーのひみつ4 内部の構造，東京スカイツリーのひみつ5 タワー周辺の施

設，東京スカイツリーの歴史，東京スカイツリーはどんなところにあるの？，東京スカイツリーの周りはこれからどうなる？，東京スカイツリーの今後，東京スカイツリーの今後

内容 身の回りにあふれる「デジタル」という道具を，さまざまな角度から学ぶ。

『**まるごとわかる！ 地デジの本 地デジ放送のひみつ**』 マイカ作 汐文社 2011.2 47p 21×22cm 2000円 ①978-4-8113-8730-7 Ⓝ547.8

目次 地デジってどういうこと？，どうして地デジになるの？，海外では地デジってどうなってるの？，テレビ放送の歴史を知りたい！，地デジはいつごろ始まったの？，地デジは画質がいい，地デジは音質がいい，地デジでデータ放送，地デジで双方向通信，地デジの字幕放送，地デジは番組表も見られる，地デジのマルチ編成，どうすれば地デジが見られるの？ 地デジが見られない人がいるの？ 地デジを録画したい！，まだまだ古いテレビを使いたい！，アナログテレビでも地デジは見られる！ ケータイからはワンセグ放送，地デジが始まった後，これからどうなるの？，地デジの未来

『**本と図書館の歴史―ラクダの移動図書館から電子書籍まで**』 モーリーン・サワ文，ビル・スレイヴィン絵，宮木陽子，小谷正子訳 西村書店東京出版編集部 2010.12 70p 27cm 1800円 ①978-4-89013-923-1 Ⓝ010.2

目次 第1章 古代図書館の誕生，第2章 破壊と崩壊の暗黒時代，第3章 印刷機がもたらした黄金時代，第4章 新大陸へ，第5章 バック・トゥ・ザ・フューチャー，インターネットで調べてみよう

『**まるごとわかる！ 地デジの本―地デジの「デジ」ってなに？**』 マイカ作 汐文社 2010.11 47p 21×22cm 2000円 ①978-4-8113-8729-1 Ⓝ547.8

目次 デジタルってなんだろう？，私たちの身の回りにあるデジタル，家の外にもデジタルがいっぱい！，たくさんのデータが持ち運べる，デジタルは音がいい，デジタルは画面がきれい，デジタルは音や画面がそのままコピーできる，お父さん，お母さんが子どものころはどうしてたの？，昔から使われている道具を探してみよう，アナログの道具はみんながすぐに使える〔ほか〕

『**まなぶたのしむイラストレーション 2 個性をひきだす表現法**』 吉田佳広著 理論社 2010.3 55p 23cm （名人のデザイン塾）2000円 ①978-4-652-04869-6 Ⓝ726.507

目次 画材で違ういろいろな効果，いろいろな画材，線で描く，面で描く，パステルで描く，色鉛筆で描く，鉛筆で描く，ロウとカ

ラーインクで描く，デカルコマニー，形の単純化，パソコンで描く

『今すぐ使えるかんたんビデオ編集＆DVD作り』　リンクアップ著　技術評論社　2018.7　191p　24cm〈Imasugu Tsukaeru Kantan Series〉〈Power Director対応版　表紙・背のタイトル：ビデオ編集＆DVD作り　索引あり〉　1680円　①978-4-7741-9833-0　⑩746.7

［目次］第1章 動画制作の準備を整えよう，第2章 動画の素材を取り込もう，第3章 ビデオクリップを編集しよう，第4章 動画に演出を加えよう，第5章 音楽・音声を組み合わせよう，第6章 完成した動画を出力しよう，第7章 そのほかの便利機能，補遺

［内容］素材ビデオの取り込み，クリップの編集，効果的な演出，完成ビデオの出力，DVDの書き込み─わかりやすく完全解説!!

『ソーシャルメディア四半世紀─情報資本主義に飲み込まれる時間とコンテンツ』　佐々木裕一著　日本経済新聞出版社　2018.6　541p　21cm　3200円　①978-4-532-32218-2

［目次］前史と最初期のユーザーサイト，第1部 2001年思想を持ったスモールメディア（ユーザーサイトはこうして生まれた，ネットで儲けられない ほか），第2部 2005年ユーザーサイト・アズ・ア・ビッグビジネス（チープレボリューションと収益化，ユーザーサイト起業ブームのブログ，SNS，ウェブ2・0 ほか），第3部 2010年ユーザーサイトの黄金期＝メディアとしての衰退前夜（オリジナル投稿の黄金期，何で稼ぎ，大きくなるのか─事業の再構築と成長戦略 ほか），第4部 2015年メディアから仕組みへの助走（サービスの宴古，ウェブの身内化，「調べる」から「見る」へ─スマートフォン時代のユーザーサイト ほか），第5部 結論，そして2018年の風景から情報ネットワーク社会を設計する（ユーザーコンテンツのこれまで，メディア利用がもたらす格差の拡大 ほか）

［内容］ブログ，クチコミサイト，SNS，ソーシャルゲーム─。かつて夢見たウェブの進化は，どこへ向かったのか？ 日本のソーシャルメディア25年間を振り返る壮大な記録！ これからの社会＋ビジネス＋メディアへの指針となる，いちばん新しいインターネットの歴史書！

『メディア学キーワードブック─こんなに広いメディアの世界』　東京工科大学メディア学部編　コロナ社　2018.3　197p　21cm〈他言語標題：Media Science Keyword Book〉2500円　①978-4-339-02882-9　⑩007

［目次］メディア学，映像制作，アニメーション，ゲーム，シミュレーション，視覚情報デザイン，コンピュータグラフィックス，音声音響，ヒューマンインタフェース，コンピュータシステム，コンピュータネットワーク，社会・経済情報，ソーシャルデザイン，ビジネス・サービスデザイン，音楽

『情報メディア白書　2018』　電通メディアイノベーションラボ編　ダイヤモンド社　2018.2　269p　30cm　16000円　①978-4-478-10491-0

［目次］特集1 スマートフォン創造的破壊の10年，特集2 新しいメディアの潮流，第1部 情報メディア産業の動向（新聞，出版，音楽，劇映画・映像ソフト，ゲームほか），第2部 情報メディア関連データ（情報利用時間，情報支出，ハード普及率，情報メディア関連産業，情報価格 ほか）

［内容］巻頭特集スマートフォン創造的破壊の10年。誕生からたった10年で，あらゆるメディアの存立基盤を揺るがし，ユーザーの情報行動を一変させたスマホの過去と現在を多角的に徹底分析し，新しい時代のユーザーの姿とメディアが向かうべき方向を考察する。地殻変動を起こしたメディア産業の最新報告。圧倒的なデータ量と分析力，20年を超える信頼に支えられた，メディア・ICT関係者，マーケター必携の書。分析対象13業種，コンテンツ産業の全貌を明らかにする随一のデータブック。図版データ600点超！

『日本メディア史年表』　土屋礼子編　吉川弘文館　2018.1　359p　23cm〈他言語標題：The Chronology of Japanese Media History　文献あり　索引あり〉6500円　①978-4-642-01477-9　⑩070.21

［目次］年表（1937～2015年）。通信社の始まり，世界分割協定，「広告」の誕生，新聞の号外とかわら版，高級紙と大衆紙，明治期の大出版社・博文館，映画の誕生，広告会社の栄枯盛衰，印刷機と新聞，「出版」という言葉〔ほか〕

［内容］1837年の電信機発明から2015年まで，メディアの歴史を総合的に扱ったはじめての年表。新聞・出版・通信・電影・映画・放送・広告・ニューメディアの専門家が結集し，項目を選定。時代の空気を感じ取ることができる，巻頭のカラー口絵と本文中の豊富な写真。年表欄外のコラムで，メディアに関する事柄を解説。技術革新と社会変動の歴史を実感できる。浅間山荘事件，秋葉原通り魔事件，ジャスミン革命，ネット選挙活動などメディア史の画期となった出来事も盛り込む。ニュースやSNSなど，情報の歴史

情報メディア　　　　　　　　ネットワークコミュニケーションと情報化社会

を描き、メディアリテラシー教材として活用できる。

『Flatlay Sheet―インスタグラマーが教える！写真の撮り方からおすすめアプリまで』　JTBパブリッシング　2018.1　1冊　30cm　500円　Ⓘ978-4-533-12326-9　Ⓝ007.353

『私たち、かわいい写真が撮りたいの―人気インスタグラマーの写真はここがちがった！』　小学館　2017.12　81p　30cm　（SHOGAKUKAN SELECT MOOK）780円　Ⓘ78-4-09-103795-4　Ⓝ743

『デジタルメディアの社会学―問題を発見し、可能性を探る』　土橋臣吾，南田勝也，辻泉編著　第3版　北樹出版　2017.10　226p　21cm　〈索引あり〉2100円　Ⓘ978-4-7793-0555-9　Ⓝ007.3
　[目次]環境化するデジタルメディア，第1部問題を発見する（ウェブは本当に情報の大海か，ネットは自由な空間か管理された箱庭か，ケータイは友人関係を広げたか，ゲームでどこまで恋愛できるか　ほか），第2部可能性を探る（オンラインで連帯する，「つながり」で社会を動かす，ケータイで都市に関わる，リアルタイムにウェブを生きる　ほか），メディア・リテラシーの新展開

『デジタルコンテンツ白書　2017』　経済産業省商務情報政策局監修　デジタルコンテンツ協会　2017.9　266p　28×21cm　12000円　Ⓘ978-4-944065-26-4
　[目次]第1章　特集：「仮想（VR/MR/AR）コンテンツがやってくる」，第2章　日本のコンテンツ産業の市場動向，第3章　日本のコンテンツ産業政策，第4章　コンテンツの分野別動向，第5章　メディアの分野別動向，第6章　海外動向，資料編

『子どもと情報メディア―子どもの健やかな成長のための情報メディア論　テレビ　ケータイ　インターネット　テレビゲーム』　村田育也著　改訂版　相模原　現代図書　2017.6　203p　21cm　〈文献あり　索引あり　発売：星雲社〉2000円　Ⓘ978-4-434-23269-5　Ⓝ371.37
　[目次]第1章　教育と情報メディア，第2章　子どもとテレビ，第3章　子どもとケータイ，第4章　子どもとインターネット，第5章　子どもとテレビゲーム，第6章　子どもの健やかな成長のために

『メディア技術史―デジタル社会の系譜と行方』　飯田豊編著　改訂版　北樹出版

2017.4　169p　21cm　〈索引あり〉1900円　Ⓘ978-4-7793-0532-0　Ⓝ361.453
　[目次]第1章　技術としての書物―紙の本VS電子本への古くて新しい回答，第2章　写真はどこにあるのか―イメージを複製するテクノロジー，第3章　映画の歴史を巻き戻す―現代のスクリーンから映像の幼年時代へ，第4章　音楽にとっての音響技術―歌声の主はどこにいるのか，第5章　声を伝える/技術を楽しむ―電話・ラジオのメディア史，第6章　テレビジョンの初期衝動―「遠く（tele）を視ること（vision）」の技術史，第7章　ローカルメディアの技術変容―ミニFMという実践を補助線に，第8章　文化としてのコンピューター―その「柔軟性」はどこからきたのか，第9章　開かれたネットワーク―インターネットをつくったのは誰か，第10章　手のひらの情報革命―携帯電話からケータイへ，第11章　誰のための技術史？―アマチュアリズムの行方

『デジタルで楽しむ歴史資料―企画展示』　人間文化研究機構国立歴史民俗博物館編　佐倉　人間文化研究機構国立歴史民俗博物館　2017.3　58p　30cm　〈別タイトル：Explore the digital world of historical materials！〉Ⓝ702.1

『メディアの歴史―ビッグバンからインターネットまで』　ヨッヘン・ヘーリッシュ［著］，川島建太郎，津﨑正行，林志津江訳　法政大学出版局　2017.2　456，37，14p　20cm　（叢書・ウニベルシタス1051）〈文献あり　索引あり〉4800円　Ⓘ978-4-588-01051-4　Ⓝ361.453
　[目次]さまざまな根源（ノイズ，声，画像），文字の時代（文字，活版印刷，新聞雑誌/郵便），記号以前（写真，録音と遠隔通信，映画），シミュレーション・スティミュレーション（ラジオ，テレビ，コンピュータ/インターネット），とりあえずの終幕　一つとなったマルチメディア社会における変換＝交換＝改宗
　[内容]宇宙誕生から21世紀の現在まで，存在はつねにメディアとともにあった。原初のノイズに始まり，声と像の生成，文字の発明，活版印刷，新聞雑誌・郵便のシステムをへて，写真，録音，映画，ラジオ，テレビそして最新デジタル技術に至るまで，人類の感性と意味の領野を拡張してきたメディアの歴史を唯一無二の視点で総覧する。マクルーハンやキットラーの切り開いた地平を更新する圧倒的通史！

『できるゼロからはじめるパソコン音楽制作超入門』　侘美秀俊著　リットーミュージック　2016.6　239p　24cm　〈ウィンドウズ10対応　索引あり〉1500円　Ⓘ978-4-8456-2813-1　Ⓝ763.9

ネットワークコミュニケーションと情報化社会　　　　情報メディア

目次 第1章 パソコン音楽制作のことを知ろう（歌や楽器の多重録音ができる（多重録音、トラック、マルチトラックレコーディング），録音した音の加工や編集ができる（編集、エフェクト）ほか），第2章 ソフトを組み込んでみよう（音楽制作ソフトについて知ろう（DAW、フリーソフト），制作ソフトの入手先にアクセスしてみよう（Webブラウザ、Webサイト、検索、リンク）ほか），第3章 楽器の音を出してみよう（はじめてソフトを起動してみよう（初回の起動、使用許諾、ログイン），起動直後の設定をしよう（ファイアウォール、追加コンテンツ、スタートページ）ほか），第4章 バンドのサウンドを再現してみよう（ドラムの仕組みを知ろう（ドラムセット），ドラムの基本パターンを入力してみよう（リズムパターン）ほか），第5章 オーディオ素材を重ねて曲を仕上げよう（ギターの演奏素材を配置してみよう（MIDI、オーディオ、録音），ギターのフレーズを加工してみよう（アンプシュミレーター、エフェクター）ほか）

『マルチメディアを考える』 清水恒平著 武蔵野 武蔵野美術大学出版局 2016.4 93p 21cm〈年譜あり 索引あり〉1200円 ①978-4-86463-051-1 Ⓝ548.2

目次 第1章 コンピュータが広がっていく時代（マルチメディアとは，マルチメディアのはじまり，デジタルデータの恩恵 ほか），第2章 コンピュータが消えていく時代（ソーシャルメディアとは，ソーシャルメディアのはじまり，増大する情報の量と速度 ほか），第3章 存在感なきコンピュータの時代（手のひらの中のコンピュータ，津波防災ウェブサービス「ココクル？」，ケーブルからの解放 ほか）

内容 マルチメディアとは？ ソーシャルメディアとは？ 基本的事項の定義を押さえ，その歴史を繙いていこう。そこで今の自分の立ち位置を確認し，さあ，こんどは「人々の生活を豊かにするために」デザイナーは，何をすべきだろう。デザインとテクノロジーを考える。

『iPhoneで撮影・編集・投稿YouTube動画編集養成講座』 SHIN-YU著 ソーテック社 2016.2 239p 24cm〈索引あり〉1980円 ①978-4-8007-1121-2 Ⓝ547.883

目次 1 スマホを使った動画の撮影と編集，2 iPhoneの基本的なビデオ編集，3 他と差を付ける映像テクニック，4 ビジネスで使える動画作成術，5 アッと驚く特殊な映像表現，6 YouTubeに動画を公開しよう

内容 商品レビュー・実況・縦動画・トリックなど映像テク満載！

『ソーシャルメディア論―つながりを再設計する』 藤代裕之編著 青弓社 2015.10 253p 19cm 1800円 ①978-4-7872-3391-2 Ⓝ007.3

目次 第1部 歴史を知る（歴史―ソーシャルメディア社会の誕生，技術―技術的に可能なオープンプライバシー社会とその功罪，法―ソーシャルメディア時代の制度はどうあるべきか），第2部 現在を知る（ニュースメディア―「ネットニュース」は公共性を保てるか，広告―「ルール間の摩擦」が生む問題，政治―すれ違う政治と有権者，理想なきインターネット選挙の解禁，キャンペーン―ソーシャルメディア社会の透明な動員，都市―都市の自由を我々が維持するために，権利―つながりが生み出す侵害の連鎖，モノ―「あらゆるモノがつながる社会」のメリットとデメリット），第3部 未来を考える（メディア―都市と地方をつなぎ直す，共同規制―ルールは誰が作るのか，システム―システムで新たなつながりを作る，教育―「発信者」としての大学生はどうあるべきか，人―「別の顔」を制度化する）

内容 ありそうでなかった「ソーシャルメディア論」の教科書。「ネットは恐ろしい」で終わらせず，無責任な未来像を描くのでもなく，ソーシャルメディアを使いこなし，よりよい社会をつくっていくための15章。

『ソーシャルメディアの罠』 宮田穣著 彩流社 2015.6 189p 19cm （フィギュール彩）〈別タイトル：SOCIAL MEDIA CATCHES YOU IN A TRAP 文献あり〉1800円 ①978-4-7791-7030-0 Ⓝ361.454

目次 便利だけれど、使い方を間違えると、とんでもない事態が生じてしまう！ 危険なスマホ問題はどこにある？ 大人が使っても問題は生じるのに、ましてや分別がつけづらい中高生、大学生などが手にしたらどんなことが起こるのか、そして、すでに起こっているのか？ コミュニケーション学で日本で初めて博士号を取得した著者が、自分の勤務校である女子大を例にしながら、あらゆるサンプルを集め、ソーシャルメディアに潜む罠を平易な言葉で分かり易く解説。

内容 第1章 コミュニケーションの悩ましさ 第2章 インターネットは私たちの何を変えたのか 第3章 ソーシャルメディアのいま 第4章 ソーシャルメディアの罠 第5章 コミュニケーションを問い直す 第6章 コミュニケーションはバランス感覚 第7章 ソーシャルメディアといかに向き合うか 終章 コミュニケーション作法をもとう

『現代社会と応用心理学 5 クローズアップメディア』 浮谷秀一，大坊郁夫編 福村出版 2015.5 233p 21cm 2400円 ①978-4-571-25505-2 Ⓝ140

情報メディア　　　　　　　　　　ネットワークコミュニケーションと情報化社会

目次 メディアの変化―マスメディアから「パーソナルメディア」の時代？，メディア環境の進化―「スマートICT」の戦略的活用で、日本に元気と成長を，メディアの心理的影響―「ゲーム脳」をめぐって、クローズドコミュニケーション―「LINE疲れ」に陥る人たち，ソーシャル・ネットワーキング・システム（SNS）―店員が冷凍庫に横たわる写真公開で、店は休業に，モバイルコミュニケーション―携帯電話が対面コミュニケーションを邪魔する？，メディアとしての顔―自国人らしい顔のイメージ，インターネット社会の功罪―消えない過去―出所後も被害「終身刑のよう」，ソーシャルゲームの課金問題―消費者庁がソーシャルゲームに注意喚起！ 1000万円の相談も，ネット消費社会―急成長するeコマース市場〔ほか〕

内容 マスメディアから「パーソナルメディア」の時代？「ネット掲示板」顔見知りとしか話さない。311原発報道は視聴者をどこに導くのか？「ゲーム脳」をめぐって。「LINE疲れ」に陥る人たち。21世紀の社会と人間関係を象徴する「メディア」に注目。

『障害者の読書と電子書籍―見えない、見えにくい人の「読む権利」を求めて』
日本盲人社会福祉施設協議会情報サービス部会編　小学館　2015.3　160p
26cm　1600円　①978-4-09-388413-6
Ⓝ369.275

目次 第1章 障害者の読書環境はどう発展してきたのか，第2章 障害者の電子書籍利用の可能性と課題をさぐる，第3章 障害者のための電子書籍製作を試みる，第4章 デジタル教科書で「何を」教えるか，第5章 障害者権利条約によって電子書籍はどう変わるか，第6章 電子書籍は障害者の読書の世界を変える，第7章 電子書籍は高齢者の読書をどう変えるのか

内容 電子書籍の普及のスピードはめざましく、紙の単行本と同時に電子書籍を利用できる状況になりつつあります。これにより、視覚障害者の読書環境にも大きな変化がもたらされるのではと期待されています。これからの電子書籍がどうあれば、障害者によりよい読書環境を提供できるのか。本書では機器環境や仕様の問題だけでなく、出版社と著者との関係、法整備の問題にまで踏み込んで提言しています。

『電子出版と電子図書館の最前線を創り出す―立命館大学文学部湯浅ゼミの挑戦』
湯浅俊彦編著　市川　出版メディアパル　2015.3　270p　21cm〈文献あり〉
2400円　①978-4-902251-79-1　Ⓝ023

目次 第1章 電子出版・電子図書館は知識情報基盤を変える（電子出版・電子図書館の未来をデザインする―最前線を創り出すことの重要性，大学図書館における電子書籍の取組み―立命館大学図書館から見えてきたこと），第2章 電子学術書を活用した大学教育の最前線（BookLooperを利用した大学教育の可能性，SpringerにおけるeBookの歴史、しくみ、利用の実際），第3章 ゼミ生が探究する電子出版と電子図書館（電子書籍における「版」の考察，電子書籍とペーパーライク―なぜ電子書籍は紙の形から離れないのか ほか），第4章 電子出版・電子図書館のフィールドワーク（国立国会図書館・東京本館、講談社本社 ほか）

『ショートムービー作りでおぼえる動画撮影の教科書―3つのサンプルでツボがわかる!!』　瀬川陣市著　秀和システム
2014.12　159p　24cm〈索引あり〉
1600円　①978-4-7980-4250-3　Ⓝ746.7

目次 1 まずは動画の設計図を作ろう（起承転結のある動画を作りたい―ストーリー動画のポイントとは、シンプルにインパクトある動画にしたい―フラッシュイメージで見せるストーリー ほか），2 撮影を便利にするモノを揃えよう（動画撮影に適したカメラを知りたい―ミラーレスカメラのメリットとは、レンズの使い分け方を知りたい―交換レンズの種類と特性とは ほか），3 動画の撮影をスタートしよう（撮影を効率よくこなしたい―撮影スケジュールを計画するには、光の当て方と効果を知りたい―ライティングの基礎とは ほか），4 動画の編集は面倒がらずにやろう（ムービーメーカーの画面構成を知りたい―ムービーメーカーのインターフェースとは、動画編集のファーストステップを知りたい―動画ファイルを取り込むには ほか），5 動画を公開して「いいね！」されよう（公開後にトラブルにならないようにしたい―公開に関しての約束事とは、探されやすく見たい思わせたい―検索されやすいタイトルとは ほか）

内容 動画の時代がやってきました。動画は、写真のノウハウが多く活きる世界ではありますが、動画ならではの機材やノウハウがある世界でもあります。本書は、お手持ちのミラーレス一眼カメラなどを用いて、このような動画のイロハをひととおり学べることを目標に制作されました。

『ソーシャルメディアの何が気持ち悪いのか』　香山リカ著　朝日新聞出版　2014.
6　205p　18cm　（朝日新書）720円
①978-4-02-273564-5　Ⓝ007.3

目次 私生活を自慢して、賞賛・承認しあう。その反対の、悪意に満ちたヘイトスピーチ…。SNSは社会と人間をどのように変えるのか？ 便利さの裏に潜む、新たな問題の核心に気鋭の精神科医が迫る。

内容 序章 ソーシャルメディアへの違和感　1章 「SNS疲れ」という新たなストレス　2章 ネットで人はなぜ傷つけ合うのか　3章

ネトウヨが生まれる理由　4章 SNSとプチ正義感　5章 ネット・スマホ依存という病　6章 SNSは日本人をどう変えるか？　終章 SNSがつくる「1・2の関係」の世界

『マスコミュニケーションの新時代』　小田原敏, アンジェロ・イシ編著　北樹出版　2014.4　142p　21cm　（叢書現代の社会学とメディア研究 第4巻）〈索引あり〉　1900円　①978-4-7793-0422-4　Ⓝ361.453

目次 第1章 マスコミュニケーションを担う人々―プロフェッショナリズムとアマチュアリズム, 第2章 マスコミとどう向きあうか―メディアコンテンツをどう見るのか, 第3章 テレビジャーナリズムの昨日と今日―マスメディアと大衆の乖離, 第4章 インターネットとジャーナリズム―誰でもニュースを伝えられる時代のメディアのありかた, 第5章 音楽聴取の個人化―ウォークマンとiPodが象徴するもの, 第6章 デジタルメディア社会における広告の展開, 第7章 テクノロジーとメディア, 第8章 ブラジルから考えるメディアの「グローバルとローカル」

内容 20世紀に電子メディアが登場, 普及し, 瞬く間に社会や個人へと広がりをみせたが, 20世紀末にインターネットが普及し始め, それまでのマスコミュニケーション状況を相対化し始めた。20世紀の大衆（マス）は現代までどう変化してきたのか, 20世紀のマスメディアは, ネットによる相対化で何を浮き彫りにしているのか, 社会全体のマスコミュニケーションをどうとらえなおすのか, を考える。

『日常生活のデジタルメディア』　青木久美子, 高橋秀明著　放送大学教育振興会　2014.3　229p　21cm　（放送大学教材）〈索引あり　発売：[NHK出版]〉　2300円　①978-4-595-31502-2　Ⓝ007.3

目次 情報社会の機会と課題, 日常生活におけるデジタルメディアの利活用, メディアのパーソナル化, コミュニティとしてのメディア, モバイルメディア, 電子商取引, ソーシャルメディアとビジネス, 学習とデジタルメディア, 娯楽とデジタルメディア, 政治とデジタルメディア, 健康とデジタルメディア, 危機とデジタルメディア, デジタルメディアと安全・安心, 危険性, デジタルメディアの標準化, デジタルメディアと社会文化

『コミュニティメディア』　進藤美希著　コロナ社　2013.5　189p　21cm　（メディア学大系 7　相川清明, 飯田仁監修）〈他言語標題：Community Media

文献あり　索引あり〉　2400円　①978-4-339-02787-7　Ⓝ361.6

目次 第1部 都市のコミュニティ（都市の発展, 市民, クリエイティブシティ, クリエイティブクラスによる都市文化の形成, 産業クラスター, 地域メディアを活用したコミュニケーション）, 第2部 関心に基づくコミュニティ（非営利団体による社会活動, 医療とコミュニティ, プロフェッショナルコミュニティが世界に与える影響, 企業における知識コミュニティ）, 第3部 インターネットコミュニティ（ソーシャルメディアの発展, インターネット上の市民ジャーナリズム, インターネットコミュニティで行われる創作活動, オープンイノベーション, グローバル市民社会とインターネット）

『これ1冊で完全理解電子書籍―端末・サービスの選び方から使い方, 楽しみ方まで』　西田宗千佳監修　[東京]　日経BP社　2013.1　97p　28cm　（日経BPパソコンベストムック）〈発売：日経BPマーケティング〉　933円　①978-4-8222-6955-5

『ウェブで政治を動かす！』　津田大介著　朝日新聞出版　2012.11　296p　18cm　（朝日新書 377）　820円　①978-4-02-273477-8　Ⓝ312.1

目次 第1章 政治的無関心は何を引き起こすのか, 第2章 ウェブでつくる新時代のデモ, 第3章 ソーシャルメディア＋マスメディア＝？, 第4章 ネット世論を考える, 第5章 ネット選挙にみる次世代の民主主義, 第6章 政治家のソーシャルメディア利用術, 第7章 問われるソーシャルメディアリテラシー, 第8章 きみが政治を動かす, 終章 ガバメント2.0が実現する社会へ

内容 われわれはいつから「政治」に興味がなくなってしまったのだろうか―。政治は, もはや遠い世界の出来事ではない。ウェブを駆使して社会を動かせる時代は, もうそこまで来ている！ 本書では動員の革命, 政治家のSNS利用, ネット選挙, オープンガバメントなど, 近年のめざましい動きを追い, 「どうせ何も変わらない」という閉塞感を抱えた現代人へ向け, ネット界の寵児が政治への新しいアプローチを説く。

『世界一受けたいソーシャルメディアの授業―人生を変える6つの授業とソーシャル人としての生き方』　松宮義仁著　フォレスト出版　2012.3　259p　19cm　1500円　①978-4-89451-487-4　Ⓝ694.5

目次 受講者が続々結果を出している。著者累計20万部突破, ソーシャルメディア講師として世界トップの著者が教えるソーシャルメディアの授業を初公開。フェイスブック初心者から会社経営者までに使える, 世界一わかりやすいソーシャルメディアリテラシー。

内容 1時間目 ソーシャルメディア・インパクト―フェイスブックがわたしにもたらし

情報メディア　　　　　　　　　　　　ネットワークコミュニケーションと情報化社会

たもの　2時間目　ソーシャルの影響力を表すクラウトスコアの衝撃－あなたの発言が世論を動かす！　3時間目　人脈進化論－影響力を高めるソーシャルグラフのつくり方　4時間目　稼ぐ人のパーソナル・プラットフォーム戦略－人・物・金・情報を交流させてビジネスを生みだす　5時間目　超ソーシャルメディア戦略－ソーシャル×フルマーケティングシステムで売上げをアップさせる方法　6時間目　ソーシャル人になれ！－ソーシャルメディア時代の豊かな生き方

『本当は怖いソーシャルメディア―2015年「メディア融合時代」を考える』　山田順著　小学館　2012.3　222p　18cm　（小学館101新書　127）　720円　①978-4-09-825127-8　Ⓝ694.5

目次　第1章　フェイスブックの落とし穴，第2章　シリコンバレーを占拠せよ，第3章　グーグルの挑戦と野望，第4章　ソーシャルメディア礼賛論の罠，第5章　電子書籍ガラパゴス村，第6章　新聞なき世界で起こること，第7章　目前に迫るメディア融合時代，第8章　ビッグブラザーが支配する監視社会

内容　テレビや新聞などのメディア力が低下する中，世界各国で影響力を増し続けるソーシャルメディア。"アラブの春"などで国を変える原動力となったFacebookやtwitterは，日本でも急速に普及した。しかし，最近では"なりすまし"が横行，個人情報を晒すなど危険性が指摘され，ソーシャルメディアが持つ負の力について考えるべき時期がきている。海外のメディア事情にも詳しい筆者が，数年後に迎えるメディア融合時代を見据えたうえで，日本での一方的なソーシャルメディア支持の状況に警鐘を鳴らす。

『女性と情報』　昭和女子大学女性文化研究所編　御茶の水書房　2012.2　272p　22cm　（昭和女子大学女性文化研究叢書　第8集）　4600円　①978-4-275-00957-9　Ⓝ367.1

目次　女性とメディアリテラシー教育―高度情報化社会における女性としてのパースペクティブ，新聞・女性・そしてインターネット―ジャーナリズム変容の源泉，「ワイドショー政治」再考，きこえない女性の立場から情報メディアを通じて"発信"するということ―ユニバーサルデザイン社会の実現に向けて，男女共同参画社会における女性農業者の地位向上と情報アクセス，ドリス・レッシングの声―分裂する世界に向けて，トルコ地方都市における女性のコミュニティ空間の形態，都市における女性の領域としての市場空間―市場空間が伝える女性の役割，伝統的生活空間にみるモンゴルの女性―ことばとコミュニケーション，情報をさぐって，『融通念仏縁起』のメッセージ

―正和本絵巻成立の意義をめぐって，明治期における江戸城大奥の伝えられ方―朝野新聞の連載と『朝野叢書　千代田城大奥』から，笙野頼子偏向する情報との対峙―『渋谷色浅川』『海底八幡宮』を中心に

『ソーシャルメディアの夜明け―これからの時代を楽しく生きるためのヒント』　平野友康著　メディアライフ　2011.12　343p　19cm　〈発売：開拓社〉　1886円　①978-4-7589-7002-0　Ⓝ694.5

目次　第1章　夜明けの中で。(いつも寄り添っている感じ。それがソーシャル。マーケットの規模よりラブ度が大事！，始めてみれば，何か分かるよ。経験を積むことが近道になる。ネット越しに"目が合う"ということ。インターネットは実は古いメディア。ソーシャルメディアの夜明けは静かにやってくる。)，第2章　ソーシャルメディアの可能性。(ソーシャルのよさは軽やかさにある。リアルプロダクティングのススメ。リアルプロダクティングの実験―課金ポイントをズラす。みんな，「次は何が来るか病」にかかっている！，個人の可能性を殺すものは悪である。テクノロジーとソーシャルメディアが持つ怖さ。人間はイメージひとつで変わるもの。)，第3章　楽しく生きるためのヒント。(これから生きるためのヒント。モノづくりのヒント。楽しく続けるためのヒント。未来に繋がるヒント。)

内容　ツイッターやフェイスブックなどSNSの登場が引き起こした20年に一度の変革期。人間味とテクノロジーが初めて溶け合ったソーシャルメディアにみる新しい生き方とは？　メディアクリエイターの平野友康が贈る，数々の実体験に基づいたアイディアとヒント集。これからのソーシャルメディア時代をあなたらしく生き抜くための必携の書。

『デジタルメディアの社会学―問題を発見し，可能性を探る』　土橋臣吾，南田勝也，辻泉編著　北樹出版　2011.10　223p　21cm　〈索引あり〉　2100円　①978-4-7793-0302-9　Ⓝ007.3

目次　環境化するデジタルメディア，第1部　問題を発見する（ウェブは本当に情報の大海か，ネットは自由な空間か管理された箱庭か，ケータイは友人関係を広げたか，ゲームでどこまで恋愛できるか　ほか），第2部　可能性を探る（オンラインで連帯する，「つながり」で社会を動かす，ケータイで都市に関わる，リアルタイムにウェブを生きる　ほか），メディア・リテラシーの新展開

『震災に負けない！　Twitter・ソーシャルメディア「超」活用術』　新しい情報インフラを考える会著　エクスナレッジ　2011.5　95p　21cm　（エクスナレッジムック）　1000円　①978-4-7678-1149-9

ネットワークコミュニケーションと情報化社会　　　　情報メディア

『図解ソーシャルメディア早わかり—1時間でわかる』 松村太郎, 徳本昌大著　中経出版　2011.4　190p　21cm〈他言語標題：AN ILLUSTRATED GUIDE TO SOCIAL MEDIA　文献あり〉1500円　①978-4-8061-4020-7　Ⓝ007.3

目次 第1章 ソーシャルメディアとは何なのか？（ソーシャルメディアはコミュニケーションをどう変えるのか？, ソーシャルメディアにはどんな種類があるのか？　ほか）, 第2章 ソーシャルメディアは何を変えたのか？（ソーシャルメディアは情報流通を変えた！, ソーシャルメディアはマーケティングを変えた！　ほか）, 第3章 アメリカのソーシャルメディア活用はどうなっているか？（ユナイテッド航空—顧客との「対話」のためにソーシャルメディア活用の道を模索, スティーブ・ルーベル氏—企業のソーシャルメディア戦略はトレンドにフォーカスすべき）, 第4章 日本企業のソーシャルメディア活用はどうなっているか？（リバークレイン—海外市場の開拓のため, フェイスブックを積極活用, 豚組しゃぶ庵—顧客とのつながりを, ツイッターで構築した飲食店 ほか）, 第5章 これからのソーシャルメディアはどうなるか？（日本では複数のソーシャルメディアが並存していく！, ウェブでのコミュニケーションに秩序が生まれる！　ほか）

内容 ソーシャルメディア入門書の決定版！生き残るのは、「6億人の頭脳」を味方にするビジネスだ。フェイスブック、ツイッター、ユーストリーム…ここから日本が変わる。

『ソーシャルネットワーク革命がみるみるわかる本—Facebook,Twitter,mixi…ソーシャルメディアを小学校にたとえたらわかりやすかった！』 ふくりゅう, 山口哲一著　ダイヤモンド社　2011.4　253p　21cm　1600円　①978-4-478-01576-6　Ⓝ694.5

目次 商品がユーザーを見つける時代がやってきました！, 代表的な「ソーシャルメディア」はこれだ！, なぜ今「ソーシャルグラフ」なのか!?, スウィートバケイションに学ぶ「ソーシャルグラフ」活用最前線, ミクシィ笠原健治社長インタビュー 心の距離の近い人がつながる『ソーシャルグラフ』, TwitterカンパニーEVP佐々木智也さんインタビュー ユーザーが喜ぶ, 広告主も喜ぶ。そんなソーシャルメディアの使い方, 人と人がつながる「ソーシャルグラフ」によって変わる日常生活, キュレーター座談会 スイバケを応援してくれた「スイバケ・キュレーター」五人衆の超本音トーク, 「オリノコ」インタビュー 海外, 最新, 「ソーシャルメディア」事情 『ソーシャルグラフ』が社会

を変えていく, 頓智ドットCEO井口尊仁氏インタビュー スケスケ社会がすでに始まっているんですよ！, まとめ その答えは「ソーシャルグラフ」にある！

内容 本書は、最近テレビのニュース番組や、ビジネス誌で見かける「ソーシャルメディア」の本質である、「ソーシャルグラフ（人間関係図/信頼関係図）」についてあらゆる角度から掘り下げて、わかりやすく説明していきます。「商品がユーザーを見つける時代」の効果的にモノが売れる・伝わる仕組みを探しにいきましょう。

『iPadいつどこスケッチライフ—絵の具もペンもいらないお気楽イラスト生活』 Necojita著　技術評論社　2011.3　127p　21cm　（コノマド）1780円　①978-4-7741-4564-8

目次 01 iPadでいつでもスケッチ（SketchBook Proの使い方, ArtRageの使い方 ほか）, 02 iPadでイラスト風スケッチ（Brushesの使い方, ファッションイラストを描く ほか）, 03 作品をみんなで共有しよう！（Webで公開しよう, スケッチをクラウドで保存する ほか）, 04 おすすめのお絵描きアプリ10選（Zen Brush—水墨画や書道をリアルに再現, 彩えんぴつ—やさしい雰囲気の色鉛筆アプリ ほか）, 05 iPadスケッチのためのスタイラスペン解説（スケッチのためのスタイラスペン, DIYでスタイラスペンをつくる ほか）

内容 iPadスケッチを楽しむためのアイデアとテクニックをたくさん詰め込みました。

『ウィキリークス以後の日本—自由報道協会(仮)とメディア革命』 上杉隆著　光文社　2011.3　209p　18cm　（光文社新書 510）740円　①978-4-334-03614-0　Ⓝ007.3

目次 第1章 ウィキリークス騒動の真実, 第2章 ウィキリークスは何をしてきたのか, 第3章 アサーンジとは何者か, 第4章 日本の反応は世界の非常識, 第5章 すべての問題は記者クラブに通ずる, 第6章 「自由報道協会」(仮)が日本のジャーナリズムに革命を起こす, 第7章 革命に至る道のり, 第8章 これから何が起こるのか, 世界はものすごい速さで動き続けている—あとがきに代えて

内容 日本のマスメディアが「暴露サイト」と報じるウィキリークスの本質とは何か？同様に、犯罪者扱いされている創設者のジュリアン・アサーンジとは何者か？ なぜウィキリークスの出現は(日本以外の)世界中で「情報の9・11」と言われるのか？ 記者クラブが情報統制を敷いて、真のジャーナリズムが存在しない日本では報じられない"事実"を解説。また、ツイッターやフェイスブックなどのソーシャルメディアが大きな役割を果たしたとされるチュニジアのジャスミン革命やエジプト革命にも言及。ウィ

キリークス以後の世界で何が起ころうとしているのか，著者が暫定代表を務める「自由報道協会（仮）」の活動も含めて解説する。

『日本的ソーシャルメディアの未来』 濱野智史，佐々木博著，ソーシャルメディア・セミナー編 技術評論社 2011.3 175p 19cm （ポケットカルチャー．ソーシャルメディア・セミナー）〈並列シリーズ名：POCKET CULTURE 文献あり〉 1480円 ①978-4-7741-4528-0 Ⓝ007.3

目次 ネットは社会か？ 共同体か？ ジャニオタだけが知っている秘密の顔文字。おじさんはなぜソーシャルメディアを使えないのか？ フェイスブックとミクシィと，そして「韓国のグーグル」って何？ ニコニコ動画やツイッターに「ハマる」理由はこれだ。

内容 第1章 コミュニティ（共同体）とソサエティ（社会） 第2章 インターネットを「時間」から考える 第3章 ソーシャルメディアと日本人 第4章 「ミクシィ疲れ」はなぜ起こる？ 第5章 学校教育とソーシャルメディア 第6章 質疑応答－50年後，どうしてる？ 付録 「ソーシャル」をより深く知るブックガイド

『メディアとパーソナリティ』 坂元章編著 京都 ナカニシヤ出版 2011.3 152p 19cm （クロスロード・パーソナリティ・シリーズ 第2巻）〈索引あり〉 2000円 ①978-4-7795-0401-3 Ⓝ361.48

目次 第1章 テレビとパーソナリティ（知的能力，攻撃性 ほか），第2章 テレビゲームとパーソナリティ（「ゲーム族」の性格？，テレビゲームの歴史と発達 ほか），第3章 インターネットとパーソナリティ（インターネット利用による人間関係への影響，インターネット上で相手のパーソナリティは理解できるのか？ ほか），第4章 ケータイとパーソナリティ（ケータイの発展，ケータイとパーソナリティ特性 ほか）

『全貌ウィキリークス』 マルセル・ローゼンバッハ，ホルガー・シュタルク著，赤坂桃子，猪股和夫，福原美穂子訳 早川書房 2011.2 397,10p 19cm 1800円 ①978-4-15-209197-0 Ⓝ007.3

目次 第1章 「国家の敵」ウィキリークス，第2章 ジュリアン・アサンジとは誰か，第3章 ウィキリークス誕生，第4章 「コラテラル・マーダー」ビデオの公開，マニング上等兵の背景，第5章 大手メディアとの協働，アフガン戦争記録のリーク，第6章 内部崩壊の危機，イラク戦争日誌四〇万件公開の

衝撃，第7章 世界が震えたアメリカ外交公電流出，第8章 包囲されたウィキリークス，第9章 ウィキリークスの未来，世界の未来

内容 門外不出の戦争日誌や外交公電など，各国政府のトップシークレットを次々と暴露する，前代未聞の内部告発組織ウィキリークス。本書の著者2人は，以前からこの組織を取材し，創設者ジュリアン・アサンジの信頼を勝ち取った，独「シュピーゲル」誌のトップ記者である。密着取材を許され，ウィキリークスのメディア・パートナーとして活動を共にする2人。彼らはこの組織の「偉業」だけでなく，謎に包まれたシステムの意外な脆さ，そしてアサンジがひた隠す数々の汚点をも浮き彫りにしていく―。いま世界でもっとも注目される組織のすべてに迫る，決定版ドキュメント。

『メディア用語基本事典』 渡辺武達，山口功二，野原仁編 京都 世界思想社 2011.1 342p 19cm 〈年表あり 索引あり〉 2400円 ①978-4-7907-1499-6 Ⓝ361.453

目次 メディアと社会の21世紀問題，メディア一般，メディア学・コミュニケーション研究，新聞，放送（テレビ・ラジオ），インターネット・情報通信，出版・印刷，広告・広報，大衆文化，メディアのキー・パーソンたち，カレント・トピック，資料編

内容 キーワードからメディアを俯瞰する。メディアとジャーナリズム，そしてコミュニケーションと情報の実状と研究動向を今日的視点でとらえた，総合的かつハンディな事典。

『かっこいい動画を作ろう！』 森皿尚行著 秀和システム 2010.12 309p 21cm 〈他言語標題：Let's Make a Cool Movie！ 索引あり〉 1900円 ①978-4-7980-2822-4 Ⓝ007.35

目次 1 こんな動画はいかがでしょうか，2 初めて動画を作ります，3 画像素材の下ごしらえ，4 無料の動画ツールで頑張ります，5 できた動画を発表してみる，6 トラブルシューティング

内容 画像の加工方法，素材の頼み方，無料ツール紹介，動画サイト投稿方法…動画制作未経験者向け。

『書物と映像の未来―グーグル化する世界の知の課題とは』 長尾真，遠藤薫，吉見俊哉編 岩波書店 2010.11 179p 19cm 1500円 ①978-4-00-023480-1 Ⓝ007.3

目次 グーグル・ブックス、電子書籍、ユーチューブ…。情報環境が激変するなか、学術書を含めた書籍や映画、ドキュメンタリー映像等のメディア文化財をいかに保存し、継承していくか。市場原理とは異なる視点に立ったそれらの利活用とは具体的に

ネットワークコミュニケーションと情報化社会　　　　　　　　情報メディア

どのようなものか。国立国会図書館長の長尾真氏、東京国立近代美術館フィルムセンター主幹/国際フィルム・アーカイブ連盟会長の岡島尚志氏、NHK放送総局ライツ・アーカイブスセンター長の大路幹生氏をはじめ、書物と映像をめぐる現場・研究を先導する論者たちの発言。

内容 1 書物の未来 2 映像とネット文化の未来

『グーグルに異議あり！』 明石昇二郎著
集英社 2010.4 197p 18cm （集英社新書） 700円 Ⓘ978-4-08-720537-4 Ⓝ021.2

目次 グーグルが、地球上すべての「本」を掌握してしまう!?複雑怪奇で巧妙な「ブック検索和解案」に世界中の著者・出版社・書店がパニックになるなか、著者はグーグルの正体を明らかにすべく、愚直に調査を開始。著作権侵害に対しては刑事告訴で対抗を試み、不当な和解案にはNYまで異議申し立てに飛び、共闘する作家と手を結ぶために欧州へ。本書は世界中の情報をのみこもうとするグーグルの策略と「デジタル書籍」のあるべき姿を考えるために必読である。

内容 第1章 春－黒船襲来　第2章 初夏－刑事告訴　第3章 盛夏－和解案の「正体」第4章 秋－対決

◆メディアリテラシー

『窓をひろげて考えよう―体験！ メディアリテラシー』 下村健一著 京都 かもがわ出版 2017.7 47p 27cm 〈企画構成：艸場よしみ〉 2800円 Ⓘ978-4-7803-0893-8 Ⓝ007.3

目次 1 人里にクマがでた！，2 ケンカ相手の言い分は…，3 動物園からワニが逃げた！，4 両国の関係、ちょっと心配…，5 こわい病気がうつるかも！，6 地球温暖化がついに解決か！，7 よく当たる宝くじ売り場，8 犯人はコイツに決まってる！

内容 穴のあいたページをめくったら、びっくり！ 同じ絵でも、部分と全体では、印象が変わる！ コツを体験して「メディアリテラシー」を身につけよう！ 情報に振り回されない8つの「コツ」。

『人間はだまされる―フェイクニュースを見分けるには』 三浦準司著 理論社 2017.6 200,8p 19cm （世界をカエル10代からの羅針盤）〈文献あり〉 1300円 Ⓘ978-4-652-20216-6 Ⓝ070.14

目次 はじめに：「本物の情報」を求めて、だましのテクニックを見破れ一下心がいっぱい、何がニュースか―送り手と受け年の関係，ジャーナリストの仕事場―好奇心を全開

にし現場へ、ジャーナリズムってなに？―もしもそれが無かったら、客観報道とは―伝えることのむずかしさ、これこそが特ダネだ！―スクープの意義、人権と犯罪報道―報道被害を減らすには、情報源を守る―都合の悪いことは隠される、誰もがジャーナリスト―ネット時代のメディアのあり方、情報は一人歩きする―あふれる情報の時代に、思い込みの壁―海外ニュースは遠い存在？、愛国心はほどほどに―冷静さを取り戻す道、終わりに：「世論」が暴走しないために

内容 メディアリテラシーを身につけた賢い情報受信者、発信者になるために。

『池上彰さんと学ぶ12歳からの政治　2 いちばん身近な選挙の話―選挙の決まり 投票のしくみ 一票の格差 民主政治 メディアリテラシー』 池上彰監修 学研プラス 2017.2 47p 29cm 〈索引あり〉 3000円 Ⓘ978-4-05-501230-0 Ⓝ312.1

目次 池上彰さんにインタビュー 選挙とは？，第1章 選挙，第2章 投票，第3章 選挙の課題，第4章 民主政治，第5章 メディアリテラシー

『アクティブ・ラーニングで身につく発表・調べ学習　2 調べ学習で情報を集めよう』 中村昌子監修 河出書房新社 2016.11 47p 31cm 〈索引あり〉 2800円 Ⓘ978-4-309-61312-3 Ⓝ375.1

目次 1章 図書館で調べてみよう（図書館ってどんなところ？、読みたい本を見つけよう、知りたいことを調べてみよう），2章 取材して調べてみよう（取材って何だろう？、取材を申しこもう、手紙などで取材しよう、取材が終わったら），3章 実際に体験して調べてみよう（体験してもっとテーマに近づこう），4章 インターネットで調べてみよう（インターネットってどんなもの？、知りたい情報を見つけよう、情報をしっかりと確認しよう）

内容 この本で、今求められている「アクティブ・ラーニング」の考え方を知り、調べ学習における情報の集め方を身につけていきましょう！

『ネットで見たけどこれってホント？ 3 生活のメディアリテラシー』 北折一著 少年写真新聞社 2016.11 63p 27cm 〈イラスト：松本奈緒美 索引あり〉 2000円 Ⓘ978-4-87981-579-8 Ⓝ371.37

目次 熱中症予防には、吸収のいいスポーツ飲料がいい？、耳かきは危険なので、やってはいけない？、冬はあせをかかないから、洗たくの回数はへらしていい？、暗いところで本を読むと目が悪くなるというのはウソ？、ペットボトルで蚊を集められる？、飛

子どもの本 情報教育・プログラミングの本2000冊　　73

情報メディア　　　　　　　　　ネットワークコミュニケーションと情報化社会

びついて、まき散らす…その前に!!リテラくんのリテラシー白熱教室、静電気は木で防ぐ?、携帯電話は電磁波が出るから、危険?、つめの白い部分を見れば体調がわかる?、地震には、まず防災グッズ?〔ほか〕

[内容] ちょーっと待ったー!!その情報、ホント? 信じてだいじょうぶ?

『ネットで見たけどこれってホント?　2 食のメディアリテラシー』北折一著
少年写真新聞社　2016.10　63p　27cm 〈イラスト：松本奈緒美　索引あり〉 2000円　①978-4-87981-578-1　Ⓝ371.37

[目次] スイカと天ぷらはいっしょに食べてはいけない?、有機栽培野菜は栄養がたっぷりでおいしい?、オリーブオイルを使うとダイエットできる?、こげたものを食べるとがんになっちゃう?、トクホのお茶を飲むとやせられる?、牛乳は体に悪い?、ヨーグルトは加熱して食べても、効果が落ちない?、カビの生えたパンは、カビさえとれば食べていい?、"知っておきたいネットのこと"あやしい食品広告の見分け方のコツ、電子レンジで温めたものを食べるとがんになる?、砂糖をとるのをやめるとキレなくなる?、魚をたくさん食べると頭がよくなる?、ショウガで体温を上げると病気にならない?

[内容] ●●、食べちゃダメなんだ! 今見てる情報、本当にホント?

『ネットで見たけどこれってホント?　1 健康のメディアリテラシー』北折一著
少年写真新聞社　2016.9　63p　27cm 〈イラスト：松本奈緒美　索引あり〉 2000円　①978-4-87981-577-4　Ⓝ371.37

[目次] 除菌剤を使えば手洗いは必要ない?、くさいおならが出るのは、肉ばかり食べているから?、インフルエンザの予防にマスクは効果がない?、お酒は飲めば飲むほど強くなる?、炭酸飲料をたくさん飲むと、骨がとける?、タバコは自分で吸うよりも、周りの人のほうが害が大きい?、「知っておきたいネットのこと」あやしいネット情報の見分け方のコツ、炭水化物をぬくと、ダイエットできる?、コラーゲンをとると、はだがすべすべになる?、歯みがきは、食後すぐよりも少し時間がたってからがいい?、ニキビにベビーパウダーや軟こうをぬると治る?、過呼吸になった時は、紙ぶくろを口に当てる?

[内容] うわっ! そうなんだ! みんなに教えなきゃ! ちょっと待った! その情報、危険かも!

『はじめよう! アクティブ・ラーニング 4　メディアを使って調べよう』青山

由紀監修　ポプラ社　2016.4　47p 29cm 〈索引あり〉2900円　①978-4-591-14862-4　Ⓝ002.7

[目次] 1 メディアを利用してみよう!(情報を伝える手段「メディア」を使おう!、情報を集めるときは3つのことを確認!)、2 インターネットで調べてみよう!(インターネットでは「検索」を活用しよう!、検索に適したキーワードを考えよう!、サイトへ行って調べよう!、複数のサイトで情報をくらべてみよう!、インターネットと本の情報をくらべてみよう!)、3 新聞で調べてみよう!(新聞で社会のできごとを調べよう!、分野で分かれた「面」を活用しよう!、新聞の「面」の特徴をくらべてみよう!、ちがう新聞の記事とくらべてみよう!、過去のできごとは「縮刷版」で調べよう!、新聞社の情報を使ってみよう!)、4 テレビで調べてみよう!(ニュースや教育番組を見てみよう!、テレビ番組も注意深く見よう!)、5 調べた情報を整理しよう!(情報メモや情報カードをつくろう!、情報が多いときは情報ノートをつくろう!、図や表を使って情報を整理しよう!)

『はじめよう! アクティブ・ラーニング 1　自分で課題を見つけよう』白石範
孝監修　ポプラ社　2016.4　47p　29cm 〈索引あり〉2900円　①978-4-591-14859-4　Ⓝ002.7

[目次] 1 課題を見つけて解決しよう!(「ハテナ?」を「なるほど!」に変えよう!、将来、役に立つアクティブ・ラーニング、課題から解決までの6つのステップ)、2 課題を決めよう!(何を調べるのかを自分たちで決めよう!、疑問から課題を見つけだそう!、7つのレベルをくわしく見てみよう!)、3 情報を集めよう!(課題にあった調べ方がある、調べて集めた情報はホントかな?、情報リテラシーを身につけよう!、集めた情報を整理しよう!)、4 まとめて発表しよう!(集めた情報にあったまとめ方を考えよう!、発表するときの3つのポイントをおさえよう!)

『発信力の育てかた―ジャーナリストが教える「伝える」レッスン―14歳の世渡り術』外岡秀俊著　河出書房新社
2015.9　189p　19cm　1300円　①978-4-309-61697-1

[目次] 第1章 情報収集術－自分が伝えたいものを見つける(小さな驚きが出発点、偶然に目を向ける ほか)、第2章 取材術－客観力を育てる実践的レッスン(取材する前に「仮説」を立てる、メモは取材の基本 ほか)、第3章 編集術－誰もが理解できるために(設計図を描いてみる、前文は必要か ほか)、第4章 発信術－ネット社会は一人一人がジャーナリスト(どのメディアを使うべきか、メディアはメッセージである ほか)

内容 すべての人が発信者になる時代がきた！ 情報収集術・取材術・編集術・発信術－プロのコツさえ学べば、伝える力はぐんぐん伸びる。元朝日新聞の名記者が伝授する、世界とつながるためのスキル。

『**10代からの情報キャッチボール入門—使えるメディア・リテラシー**』 下村健一著 岩波書店 2015.4 152p 19cm 1600円 ①978-4-00-061041-4 Ⓝ007.3

目次 第1章 ネット時代の情報キャッチボール（一日で一番、時間を費やしているのは？，一番、教わったことがないものは？ ほか），第2章 情報をしっかり受け取るための4つのギモン（まだわからないよね？—結論を即断するな，事実かな？ 意見・印象かな？—ゴッチャにして鵜呑みにするな ほか），第3章 情報をしっかり届けるための4つのジモン（君も全世界に情報発信ができてしまう，発信と受信は、コインの表裏—まず、ギモン1～4をそのまま自分に向け直そう ほか），第4章 情報のキャッチボールが社会をつなぐ（インターネットを離れても、民主主義は情報キャッチボールへの参加から ほか）

内容 「今年の12月に人類滅亡だって！」君のLINEに友だちからこんなメッセージが届いたら、どうする？ ネット上に無数の情報が飛び交い、誰もが簡単に情報の被害者にも、加害者にもなってしまう。4つのギモンとジモンを学べば、誰でもしっかりと情報を受け取り、届けることができる！ 現代を生きるための実践ガイドブック。

『**池上彰さんと学ぶみんなのメディアリテラシー—知っていると便利知らなきゃ怖いメディアのルールと落とし穴 3 スマホ・SNSとの正しい付き合い方**』 池上彰監修 学研教育出版 2015.2 47p 29cm〈文献あり 索引あり 発売：学研マーケティング〉2800円 ①978-4-05-501125-9 Ⓝ361.453

目次 池上彰さんインタビュー「スマホの電源を切って考える時間を作ることも大切です」，1 携帯電話やスマホを持つときに大切なこと（高機能で高性能な機器を持っている私たち、電話やメールだけじゃない！ スマホのすごい機能，携帯電話やスマホのマナー・ルールはちゃんと守っている？ ほか），2 人とつながるって楽しい？ つらい？（多くの人とつながることができるSNS，これまでのウェブサイトとSNSはどこが違うの？，要チェック！ あなたはスマホ・SNS中毒になっている!? ほか），3 ネットで発信することの楽しさと責任を知ろう（悪ふざけ投稿で起こったとんでもない事件，ネットの悪ふざけはどうして起こる

の？，ネットでは自分の正義をふりかざす人がいる！ ほか）

内容 アプリのダウンロードは慎重に！ SNSいじめはなぜ起こる？ 悪ふざけで人生が台無しに!?知っていると便利、知らなきゃ怖いメディアのルールと落とし穴。

『**池上彰さんと学ぶみんなのメディアリテラシー—知っていると便利知らなきゃ怖いメディアのルールと落とし穴 2 インターネットの便利さ・怖さ**』 池上彰監修 学研教育出版 2015.2 47p 29cm〈文献あり 索引あり 発売：学研マーケティング〉2800円 ①978-4-05-501124-2 Ⓝ361.453

目次 池上彰さんインタビュー「インターネットのプラス面とマイナス面を知ろう」，1 インターネットをよく知り、うまく付き合うには？（ネットのおかげで生活はとても便利に！，ネットを使うことはたった一人で夜の街を歩くのと同じ!? ほか），2 インターネットのサービスをかしこく安全に利用しよう！（インターネットには無料のサービスがたくさん！，なぜ無料なの？ その理由を確かめてみよう ほか），3 インターネットの楽しさと怖さをよく知っておこう！（インターネットに参加する方法はさまざま，ネットを上手に利用している人の特徴 ほか），4 インターネットはみんながつながる夢のメディア（インターネットのおかげで便利な世の中で，みんなが知りたいことを共有するすばらしいさを感じよう ほか）

内容 危険なサイトの見分け方は？ Wikipediaはどう作られる？ ネットで人助けができる？ 知っていると便利、知らなきゃ怖いメディアのルールと落とし穴。

『**池上彰さんと学ぶみんなのメディアリテラシー—知っていると便利知らなきゃ怖いメディアのルールと落とし穴 1 メディアの役割とその仕組み**』 池上彰監修 学研教育出版 2015.2 47p 29cm〈文献あり 索引あり 発売：学研マーケティング〉2800円 ①978-4-05-501123-5 Ⓝ361.453

目次 池上彰さんインタビュー「メディアが発信する情報を信じ過ぎてもいけないし疑い過ぎてもいけません」，1 私たちのまわりにあるメディアってなに？，2 メディアの作られかた（1） テレビはどうやって作られる？，3 メディアの作られかた（2） 新聞はどうやって作られる？，4 メディアの作られかた（3） 本と雑誌のことをよく知ろう!!，5 メディアの作られかた（4） インターネットの仕組みと特徴，6 メディアを見る目を養おう

内容 テレビがタダで観られるのはなぜ？ 各メディアの短所と長所は？ メディアがウソをつくことがある？ 知っていると便利、

知らなきゃ怖い、メディアのルールと落とし穴。

『調べるって楽しい!―インターネットに情報源を探す』 大串夏身著 青弓社 2013.4 170p 19cm〈索引あり〉 1600円 ①978-4-7872-0050-1 ⓃⓃ002.7
[目次] 調べるのが楽しい!, 何でも検索できるキーワード検索, 検索結果画面にあるメニューの使い方も覚えよう, テーマや分野がはっきりしていればカテゴリーで探すのもいい, 同種の検索エンジンを一括して検索すると早く検索できる, ターゲットが決まっていればGoogleなどのサービスをまず使う, 地図で"サーチサーフィン"の醍醐味を, 天気予報はゴルフ場やキャンプ場のまでわかる, 画像, 動画, 音楽サービスを楽しむ, ショッピングには商品情報があふれている〔ほか〕
[内容] 調べれば世界がわかる, だから楽しい!―意外と知らない検索のコツやウェブサービスの使い方・調べ方の基本から, インターネットの大海に情報源を探す方法までをコンパクトにガイド。

『わくわくメディア探検―子どものメディアリテラシー:メディアと楽しく上手につきあうコツ』 駒谷真美著 同文書院 2012.3 133p 30cm〈文献あり 索引あり〉 1800円 ①978-4-8103-1411-3 Ⓝ371.37
[目次] 探検準備をしよう!, 探検1 みんなの生活にあるメディアを探そう!, 探検2 テレビ日記をつけてみよう!, 探検3 テレビ番組のタイプを知ろう!, 探検4 テレビのふしぎを見つけよう!, 探検5 ヒーローのひみつを見つけよう!, 探検6 CMを見て, 知って, つくってみよう!

『世界を信じるためのメソッド―ぼくらの時代のメディア・リテラシー』 森達也著 イースト・プレス 2011.10 153p 19cm〈よりみちパン!セ〉 1200円 ①978-4-7816-9019-3 Ⓝ070.14
[目次] 世界が, 人間が, 取り返しのつかない過ちを犯すのは, メディアの使い方をあやまるからだ。メディアはときに人を殺し, ぼくらを殺すことすらある。ならば, なにをどう信じるべきなのか。いま, なによりも必要なリテラシー
[内容] 第1章 メディアは人だ。だから間違える。(連想ゲームをしよう イメージって, どう作られる? ほか) 第2章 メディア・リテラシー, 誰のために必要なの?(メディアへの接しかた 「何となく」の副作用 ほか) 第3章 キミが知らない, メディアの仕組み(僕がクビになった理由 トップ・

ニュースは何か? ほか) 第4章 真実はひとつじゃない(世界をアレンジする方法 メディアは最初から嘘だ ほか)

『池上彰のなるほど! 現代のメディア 4 ネットとじょうずにつきあおう』 池上彰日本語版監修 ローリー・ハイル著, 生方頼子訳 文渓堂 2011.2 55p 29cm〈年表あり 索引あり〉 2900円 ①978-4-89423-712-4 Ⓝ361.453
[目次] 身近になったインターネット, ブログとミニブログ, インターネットのコミュニティ, みんなでつくる「ウィキ」とレーティング, 動画・写真の楽しみかた, インターネットの危険から身をまもるために, 政治運動や社会活動と「検閲」, ケータイとじょうずにつきあうためのマナーとルール

『その情報, 本当ですか?―ネット時代のニュースの読み解き方』 塚田祐之著 岩波書店 2018.2 231p 18cm (岩波ジュニア新書 866)〈文献あり〉 900円 ①978-4-00-500866-7 Ⓝ070.14
[目次] 1 相次ぐ「フェイクニュース」の出現―何が本当の情報か, 2 事実をどう集め, 伝えるか―私がテレビでめざしたこと, 3 それはわずか数行の情報から始まった―緊急報道の舞台裏, 4 テレビとネット, どう見られているか, 5 インターネット情報はどう生み出されているか, 6 テレビだからできること―大きな時代の変わり目に, 7 多様な意見をどう生かすか―テレビと政治の現実, 8 ネット時代, ニュースや情報をどう読み解くか
[内容] ネットやテレビを通して流れる膨大な量のニュースや情報…。あふれる情報の中から誤った情報に惑わされずに「事実」を読み取るにはどうすればよいのか。長年にわたってNHKの報道番組ディレクターとして報道に携わってきた著者が, 報道のあり方やネット情報の仕組みを論じ, 情報の正しい読み取り方を伝える。

『エビデンスに基づくインターネット青少年保護政策―情報化社会におけるリテラシー育成と環境整備』 齋藤長行著 明石書店 2017.12 288p 22cm〈文献あり〉 5500円 ①978-4-7503-4611-3 Ⓝ367.61
[目次] 青少年インターネット環境整備の構図, 第1部 青少年のインターネットリテラシー指標の開発と運用(青少年のインターネット利用環境と保護政策, 青少年保護政策を最適化させるための意思決定, 青少年のインターネットリテラシー指標開発のコンセプト, 青少年のインターネットリテラシー指標の開発と評価, 指標を基にした青少年のインターネットリテラシーの分析と評価),

第2部 ILASを基にしたインターネットリテラシーの調査研究（青少年のインターネットリテラシーの縦断的調査，青少年と保護者のインターネットリテラシーの比較分析），第3部 青少年と保護者に対する意識調査研究（青少年のインターネットの安全利用に対する意識に関する調査，保護者の啓発教育経験と家庭での安全対策実施との関係性）

『新聞の嘘を見抜く──「ポスト真実」時代のメディア・リテラシー』 徳山喜雄著 平凡社 2017.9 263p 18cm （平凡社新書） 860円 ①978-4-582-85852-5 Ⓝ070.14

目次 客観的事実よりも感情に強く訴えるほうが世論形成に影響する「ポスト真実」の時代。新聞は部数の落ち込みが激しいだけでなく、政権に近い新聞とそうでない新聞との間に深い亀裂が走り、それを政権が利用するといった事態も生まれている。新聞ははたして「終わった」メディアなのか。長年培われた構造上の問題から生まれる、新聞報道の作為、不作為の嘘を検証する。

内容 第1章 「ポスト真実」時代の新聞－Brexitと米大統領選挙 第2章 新聞による作為、不作為の嘘 第3章 朝日問題の本質とその余波 第4章 新聞の嘘を見抜く読み方 第5章 報道写真の虚実 第6章 新聞は誰に寄り添うか 第7章 新聞はもう終わったメディアなのか

『実践メディアリテラシー──"虚報"時代を生きる力』 大重史朗著 八王子 揺籃社 2017.3 184p 18cm 1000円 ①978-4-89708-374-2 Ⓝ070

目次 第1講（新聞にはどのような種類があるのか，日本の新聞の特徴，新聞・雑誌の「記者」の仕事の変遷 ほか），第2講（「検証」や「論点整理」の前に「おわび」記事を出すべきだった、問題なのは吉田氏証言が虚偽だったことではなく、虚偽を見抜けなかった記者、新聞社の側だ、同業他紙は問題ではない、朝日の中に同じような取材はないか「検証」を ほか），第3講（製薬企業の「講演会」と医療記者の関係，「まずはストーリーありき」の朝日体質、新人養成への考え方が原因か，記者の飲酒とモラル アルコール癖が悪くてもデスクや支局長になれる ほか）

内容 情報が氾濫している時代。パソコンやスマートフォンでニュースは常時流されている。しかし、あなたの検索した「ニュース」は果たしてどこまで正しい情報なのだろうか。検索結果が「正しい」とは限らない。それを見極める力をどうしたら養うことができるのか。大学で教鞭をとる現役ジャーナリストが語ったらどうなるか。研究室だけの机上の論理ではカバーしきれな

い、取材現場経験をふまえた理論と実践を兼ね備えたメディア論。

『情報リテラシー──Office 2016対応版 応用編』 日経BP社、鳥越昇、森由紀著 日経BP社 2017.3 331p 28cm 〈共同刊行：日本経済大学 発売：日経BPマーケティング〉 2600円 ①978-4-8222-9224-9 Ⓝ007.6

『情報リテラシー入門 2017年版』 日経BP社編，平田浩一ほか著 日経BP社 2017.3 203p 26cm 〈発売：日経BPマーケティング〉 2300円 ①978-4-8222-9225-6 Ⓝ007.6

『メディア・リテラシー教育──ソーシャルメディア時代の実践と学び』 中橋雄編著 北樹出版 2017.3 180p 22cm 〈他言語標題：Theory of Media Education 索引あり〉 2200円 ①978-4-7793-0531-3 Ⓝ371.37

目次 第1章 ソーシャルメディア時代のメディア・リテラシー教育，第2章 構成主義の視座からメディア・リテラシーを捉える，第3章 ID理論とメディア・リテラシー，第4章 新教科としてのメディア・リテラシー教育，第5章 既存の教科におけるメディア・リテラシー教育，第6章 ICT教育環境とメディア・リテラシー，第7章 問題設定を行うメディア・リテラシー教育用教材，第8章 メディア・リテラシー教育を実現させる教員養成，第9章 メディア・リテラシー教育に関する教師教育

『池上彰×津田大介テレビ・新聞・ネットを読む技術』 池上彰，津田大介著 KADOKAWA 2016.12 219p 15cm （中経の文庫 C42い）〈「メディアの仕組み」（夜間飛行 2013年刊）の改題、新編集〉 600円 ①978-4-04-601839-7 Ⓝ070.21

目次 第1章 テレビの報道、どうあるべき？（NHKは「強い」!?，「NHKスペシャル」と「クローズアップ現代」のウラ側 ほか），第2章 新聞をネット社会で活かす方法（読んでも頭に入ってこない…，マスコミが「政局」報道ばかりする理由 ほか），第3章 ネットの情報、どう付き合えばいい？（ツイッターやフェイスブックは革命のきっかけに過ぎなかった、SNSの普及で上がる情報統制コスト ほか），第4章 「伝える」ことで、情報はインプットできる（自分の意見を言うな!?，ジャーナリストに期待されていること ほか），第5章 池上流・情報ストック術（知識と情報をストックする方法、本の豊かさをツイッターが増幅させてくれる ほか）

内容 ニュースや情報の解説でおなじみの池上彰氏と、ウェブメディア界の寵児とうたわれる津田大介氏が、日本の「テレビ・新

聞・ネット」の"ナカミ"について徹底解説。世にあふれる情報を読み取る目を養い、事実を正しく知るために必読の一冊。ネットをまだよく知らない世代も、もはや新聞なんて読まない世代も読んでおくべき、「情報メディアのトリセツ」。

『ビデオゲームプレイヤーの心理学とゲーム・リテラシー教育』 小孫康平著 風間書房 2016.8 155p 22cm 〈文献あり〉 6500円 ①978-4-7599-2141-0 Ⓝ798.5

内容 ビデオゲームの研究方法 ビデオゲームの心理学 ビデオゲームプレイヤーの心理学 脈波とカオス Grand Theft Autoにおけるゲームプレイヤーの心理 スーパーマリオにおけるゲームプレイヤーの心理状態 未習熟者群および習熟者群のボタン操作 慣れに伴うボタン操作 メディア・リテラシー ゲーム・リテラシー教育〔ほか〕

『インターネットで文献探索 2016年版』 伊藤民雄著 日本図書館協会 2016.5 204p 19cm （JLA図書館実践シリーズ 7）〈文献あり 索引あり〉 1800円 ①978-4-8204-1603-6 Ⓝ007.58

『教師をめざす学生のための教育情報リテラシー15日間—教職をめざす学生必携！』 田村順一監修, 教育情報テキスト研究チーム著 パート2 相模原 現代図書 2016.5 213p 26cm 〈初版のタイトル：教師をめざす学生のための情報教育リテラシー15日間 文献あり 発売：星雲社〉 2000円 ①978-4-434-21518-6 Ⓝ375

目次 なぜICTか, ICT教育の3つの形態, ICT機器のいろいろ, 授業におけるICT活用例, ICTを支えるパソコンの基礎基本, Wordの活用基礎編, Wordの活用応用編, Excelの基礎編（校務中心）, Excelの活用応用編, Word・Excelまとめ, 学びのための情報検索, ネット社会とモラル, PowerPointの基礎編—貼り紙・ポスターの作成, PowerPointの応用編—授業説明スライドの作成とプレゼンテーション, 実習課題PowerPointを使ったプレゼンテーションの実践, 実習課題ICTを利用した模擬授業を考えてみよう, 教育上困難を有する児童生徒へのICT

内容 「先生になりたい学生諸君へ、第二弾！」教育の情報化は今や国家百年の計。スマホでゲームとSNSしかできないあなた！ それで子供に情報を教えられるの？ このテキストで学び、実習して、正しい教育情報リテラシーを身につけよう。

『はじめての今さら聞けないネット検索』 羽石相著 秀和システム 2016.3 127p 24cm （BASIC MASTER SERIES 459）〈索引あり〉 1400円 ①978-4-7980-4604-4 Ⓝ007.58

目次 第1章 正しい「ネット検索」とは？ そもそも「検索」って何？, 第2章 これを知っておけば困らない！, 第3章 キーワードがわかっているときにやってみよう, 第4章 キーワードがわからないときにやってみよう, 第5章 もっと上手にネット検索できるために, 付録

内容 できる！ 検索ができる人から学ぶ, 誰も教えてくれない検索の基礎とは。あなたが検索できない理由を知ろう。辞書だと思えば楽にコツがつかめる。その"モヤモヤ"を解消できますか？ キーワードがわかれば解決。図解でわかりやすく説明！

『メディアリテラシーを育む』 内田順子, 川村清志編 ［佐倉］ 総研大日本歴史研究専攻 2016.3 95p 21cm （歴史研究の最前線 vol.18）〈共同刊行：国立歴史民俗博物館〉 Ⓝ371.37

『モバイルネットワーク時代の情報倫理—被害者・加害者にならないためのメディアリテラシー』 山住富也著 第2版 近代科学社 2015.11 176p 21cm 〈索引あり〉 1600円 ①978-4-7649-0493-4 Ⓝ007.3

目次 第1章 情報化社会（情報活用による生活の変化, 電子化される情報 ほか）, 第2章 ネットワーク犯罪（不正アクセスによる被害, 個人情報の漏洩 ほか）, 第3章 コンピュータウィルス（有害なプログラム, コンピュータウィルス ほか）, 第4章 情報セキュリティ（情報セキュリティとは, ユーザ認証 ほか）, 第5章 インターネットと法律（不正アクセス禁止法, Webサイトと著作権法 ほか）

『情報倫理—ネット時代のソーシャル・リテラシー』 髙橋慈子, 原田隆史, 佐藤翔, 岡田晋典著 技術評論社 2015.1 175p 21cm 〈他言語標題：Information Ethics 文献あり〉 1280円 ①978-4-7741-6822-7 Ⓝ007.3

目次 情報倫理とは, 情報通信社会とインターネット, 進化と変遷, ネット時代のコミュニケーション, メディアの変遷, メディア・リテラシー, 情報技術とセキュリティ, インターネットと犯罪, 個人情報とプライバシー, 知的所有権とコンテンツ, 企業と情報倫理, 科学技術と倫理, デジタルデバイスとユニバーサルデザイン, ソーシャルネットワークサービス（SNS）と情報モラル, 情報通信社会とリテラシー

『ゼロからはじめる情報リテラシー——電子メールからグループウェアまで』 高橋尚子著　技術評論社　2015.1　159p　21cm　〈索引あり〉1280円　①978-4-7741-7059-6　⑩007.6

目次 はじめに ネットワークコミュニケーションの確認と準備（電子メールの確認と準備），第1部 電子メールの活用実習（電子メールの基本ルールとマナー，電子メールをグループで使う，電子メールでファイルを扱う），第2部 インターネットの活用実習（インターネットの情報検索，オンラインデータベースの利用，公開情報・データの検索と活用），第3部 グループウェアの活用実習1（グループメンバーとの意見交換，グループメンバーの意見集約，グループメンバーでファイル共有），第4部 グループウェアの活用実習2（グループでテーマを決める，グループで内容を具現化する，グループでスライドを作成する，グループでスライドを発表する），おわりに ネットワークコミュニケーションのこれから（よりよいネットワーク活用とコミュニケーションを目指す）

内容 15の実習でICTコミュニケーションの基本が身につく。

『メディア・リテラシーの倫理学』 小林正幸著　風塵社　2014.6　292,3p　19cm　〈索引あり〉1800円　①978-4-7763-0062-5　⑩007.3

内容 「不法侵入」としてのメディア体験 不変としての情報観の成立 情報からメディアへ メディア倫理学のはじまり（1）－原子論的世界観から メディア倫理学のはじまり（2）－プラトン哲学から プラトンのメディア論（1）-有害メディア論から プラトンのメディア論（2）-「話し言葉」としての詩批判から プラトンのメディア論（3）－メディアは何でもかまわない 活字人間の誕生－ルターは聖書を読んだ 書くことは読むことである 贈与としての書物 間柄としてのメディア コンピュータ端末における自覚 メディア技術の徴発性

『テレビの裏側がとにかく分かる「メディアリテラシー」の教科書』 長谷川豊著　サイゾー（発売）　2014.5　202p　19cm　1200円　①978-4-904209-45-5　⑩699.21

目次 序章 僕がこの本を書いたわけ，第1章 視聴者は客じゃない，第2章 メディアリテラシーって何？，第3章 僕のしたやらせ報道，第4章 繰り返された悲劇—『ほこ×たて』騒動，第5章 「やらせ」なんてものはなくなりはしない—テレビ番組の作られ方，第6章 日本の常識なんて世界では全く通用

しない，第7章 テレビとの向き合い方，終章 リテラシーの力が世界を変える

内容 フリーアナウンサー・長谷川豊が日本人の「思考停止」状態に警鐘をならし，テレビの裏側を教え，メディアとの向き合い方を分かりやすく伝授する。

『メディア・リテラシー論—ソーシャルメディア時代のメディア教育』 中橋雄著　北樹出版　2014.4　174p　22cm　〈他言語標題：Theory of Media Literacy 文献あり 索引あり〉2200円　①978-4-7793-0411-8　⑩371.37

目次 第1章 現代社会におけるメディアと人間の関わり，第2章 メディア・リテラシーとは何か，第3章 メディアの何を学ぶのか，第4章 多様な能力からなるメディア・リテラシー，第5章 イギリス・カナダ・日本におけるメディア教育，第6章 日本におけるメディア・リテラシーの研究，第7章 子どもを取り巻くメディア環境，第8章 メディア・リテラシーと情報活用能力，第9章 学力とメディア・リテラシー，第10章 メディア教育用教材の開発，第11章 先駆的モデル，フィンランドのメディア教育

内容 メディア・リテラシーの概念に関する理解を深めること。自身のメディア・リテラシーを高めること。メディア・リテラシーを育むための方法を検討すること。この3点を持続的に検討し続けることができるように，現代社会を生きる上で欠かすことのできない能力であるメディア・リテラシーについて，理論と実践の両面から記述。

『メディア情報教育学—異文化対話のリテラシー』 坂本旬著　法政大学出版局　2014.3　227p　21cm　（キャリアデザイン選書）2500円　①978-4-588-68008-3　⑩371.37

目次 グローバルなメディア社会を生きるために，第1部 メディア情報リテラシーの理論（体験的メディア・リテラシー教育論史，メディア・リテラシー教育の系譜，情報リテラシーと探究学習，メディア情報リテラシー教育の理論と運動），第2部 異文化協働型メディア情報リテラシー教育の理論と実践（異文化協働型メディア情報リテラシー教育の基礎，協働学習の可能性，メディア情報リテラシーと「教育的価値」，異文化探究学習の創造），メディア情報教育学の構築

内容 今日のメディア社会では，情報の波が国境を超えて移動し，さまざまな希望やひずみをともなって新しい公共圏が形成されつつある。言語や民族の壁を超えるグローバル・シチズンシップの育成に必要な「メディア情報リテラシー教育」の理念と方法を，著者自身の教育現場での異文化探究学習の体験を交えながら解説し，技術主義に陥ることなき批判的教育の可能性を提示する画期的論考。

情報メディア　　　　　　　　　　　　ネットワークコミュニケーションと情報化社会

『メディアと表現―情報社会を生きるためのリテラシー』　目白大学社会学部メディア表現学科編　学文社　2014.3　230p　21cm　〈文献あり　索引あり〉　2500円　①978-4-7620-2439-9　Ⓝ007.3

目次　第1部　メディアの現在と未来（マスメディアの変容と社会的影響，電子書籍紆余曲折10年の教訓　ほか），第2部　広告・デザイン・アート（広告にとってのメディアと表現，デザインの重要な視点　ほか），第3部　エンターテインメントとメディア（誰もが映像番組を作ることができる時代，実写・特撮・アニメに通底するものとは何か　ほか），第4部　メディアを支えるシステムデザイン（Web表現の仕組み，ユーザーインタフェースのデザイン手法　ほか），第5部　メディア表現の課題と展望（マスメディアにおけるジェンダー表現，メディアとモラル　ほか）

『新説情報リテラシー―ソーシャル時代を生き抜くための情報スキル』　杉浦司著　西宮　関西学院大学出版会　2013.11　248p　21cm　〈他言語標題：New theory Information Literacy〉　2300円　①978-4-86283-149-1　Ⓝ002.7

目次　第1部　情報リテラシーの現状（ITへの過剰依存が招いた危惧すべき実情，情報リテラシー教育を取り巻く現状，情報リテラシーとは何か），第2部　情報リテラシーの体系（情報の収集/必要となる情報の入手先を探し出し，利用可能なデータを選別する，情報の加工/情報を加工して意味のある情報に変換する，情報の分析/情報が持つ本質を解析し，有用な知識を導出する，情報の蓄積/学習した知識と既存知識とを結び付けて新たな知識を蓄積する，情報の生成/得られた知識を説明するための情報を生成する，情報の発信/情報を必要とする利用者を探し出し，生成した情報を発信する），第3部　情報リテラシーの今後（IT重視の情報リテラシーは何を残したのか，情報リテラシー教育の在るべき姿）

『最新Study Guideメディア・リテラシー　入門編』　鈴木みどり編　最新版　リベルタ出版　2013.4　159p　25cm　〈初版のタイトル：Study Guideメディア・リテラシー　文献あり　索引あり〉　2200円　①978-4-903724-37-9　Ⓝ361.453

目次　第1章　メディア・リテラシーをどう学ぶか，第2章　私とメディア，私たちとメディア，第3章　テレビ・コマーシャルとは何か，第4章　ドラマと私たちの世界，第5章　ニュース報道を読み解く，第6章　インターネットを読み解く

内容　永年の活動でつちかわれたノウハウをもとに，日本のメディア状況に即し，わかりやすく編まれたメディア・リテラシー・ガイド。各種の「分析シート」や資料・データも豊富に収め，学校でも市民講座でも，そのままテキストとして使える。インターネット時代にふさわしく，再度の増補大改訂。

『MEDIA MAKERS―社会が動く「影響力」の正体』　田端信太郎著　宣伝会議　2012.11　205p　19cm　1600円　①978-4-88335-270-8　Ⓝ361.453

目次　第1章　はじめに，第2章　一般ビジネスパーソンもメディアの知識が必要な時代，第3章　「メディア」とは何か？，第4章　そこにメディアが存在する意味―影響力の本質，第5章　「コンテンツ」の軸でメディアを読み解く―源氏物語からニコ動までコンテンツを分類する3次元マトリックス，第6章　「メディア野郎」へのブートキャンプ，第7章　メディアとテクノロジー，第8章　劇的に変わるメディアとメディア・ビジネス，第9章　拡大する，個人型メディアの影響力とこれから

内容　メディアが毎日の隅々までを浸す「メディア爆発時代」。ビジネスの成否や，人生の質をも左右する，「メディア・リテラシー」の身に付け方とは？　7000万ユーザーの「LINE」，5億PVの「livedoorニュース」，60万部の「R25」など数々のメディア・ビジネスを経験した著者が，その魔力を解き明かす。

『考える情報学―ディスカッションへのテーマと事例』　中西裕編著　樹村房　2012.10　205p　21cm　〈索引あり〉　2100円　①978-4-88367-215-8　Ⓝ007

目次　「情報」と「情報学」，情報技術の仕組みと歴史，著作権，個人情報保護，情報の収集と利用，文化・教育の情報化，生活の情報化，表現の情報化，インターネットと政治，インターネットコミュニケーション，有害情報

『情報活用学入門―情報リテラシーを超えて：情報化社会の「攻め方」・「守り方」』　大嶋淳俊著　学文社　2012.10　201p　21cm　〈文献あり　索引あり〉　2300円　①978-4-7620-2311-8　Ⓝ007.3

『教師のための情報リテラシー―知識基盤社会を生き抜く力を育てるために』　舟生日出男編著　京都　ナカニシヤ出版　2012.3　116p　26cm　〈索引あり　文献あり〉　1800円　①978-4-7795-0629-1　Ⓝ375

目次　第1章　情報活用能力を育てる情報教育（知識基盤社会と情報活用能力，情報とは何か　ほか），第2章　子どもの生活と情報活用：ヒロミの1日（学校に行く前：朝の天気予報"主体的な情報活用と意思決定"，朝の会：ワークシートの回収"アルゴリズム的思考に

よる作業の効率化"ほか)，第3章 ICTを用いた授業実践例(共有化した文章構成や表現方法を活用して表現する，同期型遠隔学習でお互いを深く知る ほか)，第4章 これからの時代と情報教育(より善く生きるための情報活用，情報活用の不易と流行 ほか)

『よくわかるメディア法』 鈴木秀美，山田健太編著 京都 ミネルヴァ書房 2011.7 243p 26cm （やわらかアカデミズム・〈わかる〉シリーズ）〈文献あり〉 2800円 ①978-4-623-05850-1 Ⓝ070.13

内容 メディア法・序説 表現の自由：総論 表現の自由：各論 取材・報道の自由とメディア特権 名誉毀損・プライバシー侵害 救済・予防(教育)手段 情報公開法・個人情報保護法 放送法 通信法・インターネット法 著作権法 外国のメディア法 マス・メディアの現状とジャーナリズム

『学校・家庭でできるメディアリテラシー教育―ネット・ケータイ時代に必要な力』 藤川大祐著 金子書房 2011.4 154p 19cm 〈文献あり〉 1600円 ①978-4-7608-2360-4 Ⓝ371.37

目次 1 メディアリテラシー教育の基礎・基本，2 ネット・ケータイのトラブルを防ぐ，3 メディア社会を生きる

内容 変わるメディア、新しいトラブル。小・中・高校生にメディアを主体的に使いこなせる能力をどう育てるか。子どものメディア利用状況、ネット・ケータイのトラブル予防など、教師・親が知っておきたい情報満載。

『ダメ情報の見分けかた―メディアと幸福につきあうために』 荻上チキ，飯田泰之，鈴木謙介著 日本放送出版協会 2010.12 197p 18cm （生活人新書334）〈文献あり〉 700円 ①978-4-14-088334-1 Ⓝ361.453

目次 第1章 「騙されないぞ」から「騙させないぞ」へ―ウェブ時代の流言リテラシー（メディアの屈折作用，メディア・リテラシーの四類型，ウェブ時代の流言リテラシー ほか)，第2章 情報を捨てる技術―データ検証から確率論まで（リテラシーはなぜ必要か，まずは退けるべき三つの言説，より良い情報受容のための手法)，第3章 メディア・リテラシーの政治的意味―「偏った情報」とどうつきあうか？（メディア・リテラシーの政治的傾向，社会の多様性はなぜ重要か，社会の多様性が政治にもたらす影響 ほか)

内容 「凶悪な少年犯罪が増えている」「現在は円高ではなくドル安である」…これって

正しい？ 無根拠な情報から、ネットに広がるデマまで。メディア論・経済学・社会学の気鋭の論客が、情報を的確に仕分ける技術を伝授。流言が広がらない環境をどう作るか。情報と政治的偏向の複雑な関係をどう捉えるか。情報社会を生き延びるための実践的メディア・リテラシー論。

『ケースで考える情報社会―これからの情報倫理とリテラシー』 大島武，寺島雅隆，畠田幸恵，藤戸京子，山口憲二共著，大島武，畠田幸恵，山口憲二編著 第2版 三和書籍 2010.9 202p 19cm 〈他言語標題：Case Studies of Information Society〉 1700円 ①978-4-86251-084-6 Ⓝ007.3

目次 第1章 インターネット，第2章 ネット利用のマナー，第3章 個人情報とプライバシー，第4章 電子商取引，第5章 知的財産権，第6章 メディアリテラシー，第7章 ネットワーク不法行為，第8章 情報技術とセキュリティ，第9章 情報倫理とリテラシー

内容 知っておきたい、新IT時代のマナーと倫理。

『幼児教育をめざす人の情報リテラシー 2010年度版』 山本孝一著 名古屋 三恵社 2010.4 114p 26cm 1905円 ①978-4-88361-619-0 Ⓝ007.63

『可能性としての文化情報リテラシー』 岡田浩樹，定延利之編 ひつじ書房 2010.3 294p 21cm 〈文献あり〉 2400円 ①978-4-89476-499-6 Ⓝ361.5

目次 文化のカオスに挑む―文化研究のマルチ・オブジェクト化と文化情報リテラシー，第1部 マルチメディアとフィールドワーク，第2部 マルチメディアとコミュニケーション研究，第3部 文化情報を読み解くということ

内容 文献テキストばかりで文化を論じるには限界がある。声や仕草、姿勢や背景といった文化情報を活用する能力「文化情報リテラシー」を身につければ、どのような文化研究が新たに可能になるのか。また、どのような問題が新たに見えてくるのか。文化人類学・言語学・コミュニケーション科学・美学・自然科学の研究者がそれぞれの立場で「文化情報リテラシー」を語り、あるいは実践してみせた学際的な1冊。初学者を想定してできるだけ平易に書かれている。

情報化社会・倫理

『少年からのシグナル』 警察庁 2018 12p ［PDF資料］

情報化社会・倫理　　　　　　　　　　ネットワークコミュニケーションと情報化社会

『ネットの危険からお子様を守るために
今、保護者ができること』内閣府
2017.11　4p　［PDF資料］

『基礎からわかる情報リテラシー──コン
ピューター・インターネットと付き合う
基礎知識』奥村晴彦, 森本尚之著　改訂
第3版　技術評論社　2017.10　166p
23cm　〈索引あり〉1480円　①978-4-
7741-9304-5　⑩007.6

『18歳からはじめる情報法』米丸恒治編
京都　法律文化社　2017.4　91p　26cm
（From 18）2300円　①978-4-589-
03833-3　⑩007.3
目次 情報や通信は憲法とどのようにかか
わっているのだろうか，知的財産はどのよ
うな場合に法的に保護されるのだろうか，
情報通信はどのような法的仕組みで保障さ
れるのだろうか，サイバースペースにおけ
る表現規制はどのようにされているのだろ
うか，ネット上の名誉毀損や営業妨害には
どのような特徴があるのだろうか，ネット
上の著作物やドメイン名の使用はどのよう
な規制があるのだろうか，プロバイダは法
的にどのような義務を負っているのだろう
か，サイバースペースでの商取引にはどん
な法律が適用されているのだろうか，電子
データの真正性・完全性はどうやって証明
されるのだろうか，個人情報の保護と利活
用はどのように保障されているのだろうか，
承諾なく送られた商業メール（スパムメー
ル）はどのような法規則があるのだろうか，
ネットのセキュリティはどのように法制化
されているのだろうか？，行政手続のオン
ライン化はどのように法規制されているの
だろうか，民間の電子化に関する法制度は
どこまで進んでいるのだろうか，行政情報
の公開と利活用はどのように保障されてい
るのだろうか

『11歳からの正しく怖がるインターネッ
ト─大人もネットで失敗しなくなる本』
小木曽健著　晶文社　2017.2　213p
19cm　1300円　①978-4-7949-6955-2
⑩694.5
目次 第1章 ネットで絶対に失敗しない方法
（これ、できますか?，アイスケース炎上事
件 ほか），第2章 SNS「大人のたしなみ」
（震災翌日、SNSでヘリが来た，携帯はつな
がらなかった ほか），第3章 ネットと子育
て・ネットと家族（歩きスマホ?，スマホ依
存チェック ほか），第4章 ネットと未来（デ
ジタルネイティブ，ネットは人間を変える
のか? ほか）
内容 一度ネットで起こしてしまった失敗＝
炎上は、進学・就職・結婚など、大事な場面

でくり返しあなたの人生の邪魔をする。日
本全国40万人以上に伝えられた、ネットを
安全・安心に使うための「絶対に失敗しない
方法」をイラスト入りでわかりやすく紹介。

『みんなで考えよう！ つかう・つかわな
い？ どうつかう？─大人と子どもで、
気をつけ・考える・話しあう・注意する！
1　ケイタイ─マナー違反していな
い？』秋田喜代美監修, 稲葉茂勝著
フレーベル館　2015.10　31p　29cm
〈索引あり〉2700円　①978-4-577-
04326-4　⑩694.6
目次 絵本で考えてみよう！ ケイタイがあ
ればよかったのに…，1 この写真どう思
う?（ケイタイ歩行・ケイタイ自転車，ケイ
タイで話しながら買いものをする，公共の
場での着信音，デジタル万引き），2 調べて
みよう！（ケイタイのおかげで便利になっ
た!，子ども向けケイタイ，ケイタイはトラ
ブルの入り口?，ケイタイ・スマフォ依存，
つかう側の心の問題），資料編

『おしえて！ 尾木ママ最新SNSの心得
1　知りたい！ ネットの世界』尾木直
樹監修　ポプラ社　2015.4　63p　24cm
〈索引あり〉2850円　①978-4-591-
14347-6　⑩694.5
目次 1章 インターネットの世界（インター
ネットって何?，世界につながるインター
ネット，インターネットって、どんなことが
できるの?，インターネットにつなげる機
器、こんなにたくさん!，フリートーク!
インターネット、どう使ってる?，送ってす
ぐに届く手紙! 電子メール，世界中から情
報を集める、世界中に情報を発信する!，友
だちと楽しむ! グループで交流，音楽や
ゲームを楽しむ，ネット上のお店で買い物
ができる，あなたはじょうずに使える? イ
ンターネットのマナー＆ルールチェッ
ク!），2章 聞いて! ネットのなやみ相談
室（聞いて! 尾木ママ，コンピュータウイ
ルスって何?，要注意! スマートフォンの
ウイルス感染、いつから持つ? 携帯電話・
スマートフォン）

『気をつけよう！ スマートフォン　2
SNSとメッセージ』小寺信良著　汐文
社　2015.1　31p　27cm　〈索引あり〉
2300円　①978-4-8113-2104-2　⑩694.6
目次 SNSとメッセンジャーはなにが違う
の?，SNSを利用する人のタイプ，SNSに書
く、書かれるということ，SNSはこう使お
う，メッセンジャーはこう使おう，個人情
報ってなに?，個人情報が流出するとなに
が問題なの?，写真や動画をアップすると
いうこと、炎上ってどういうこと?

『池上彰と学ぶメディアのめ』NHK「メ
ディアのめ」制作班, 池上彰著　NHK出

82

『知っておきたい情報社会の安全知識』
坂井修一著　岩波書店　2010.3　195p　18cm　〈岩波ジュニア新書 649〉〈並列シリーズ名：Iwanami junior paperbacks〉780円　①978-4-00-500649-6　Ⓝ007.3

目次 プロローグ 幸福な情報社会と不幸な情報社会，第1章 情報社会の爆発的発展（コンピュータとインターネット，ITの発達が社会を変えた，ITにはどんな問題があるか），第2章 情報社会で何が起こっているのか（どんな事故や事件が起こっているのだろう，ITとは何なのか，なぜ事故や事件が起こるのか，さまざまな攻撃），第3章 どんな安全対策をとればいいのだろう（事件や事故に巻き込まれないために，日常やるべきこと，失敗したとき・困ったとき，暮らしと個人を守る），エピローグ S君のおじいさんの後日談，付録 IT関連の法律の条文（抜粋）

内容 コンピュータやインターネットの発展は，高度な情報社会をつくりあげる一方で，かつてない事件や事故を引き起こす存在にもなっている。ITを基盤とした情報社会を，どうしたら安心・安全にできるのか。また私たちの対策は何か。そのために必要な知識を，現実に起きている事例をとりあげて，ていねいに解説する。

『インターネット社会を生きるための情報倫理』　情報教育学研究会・情報倫理教育研究グループ著　改訂版　実教出版　2018.3　3,127p　21cm　〈索引あり〉450円　①978-4-407-34621-3　Ⓝ007.3

目次 1章 情報と情報社会（情報と情報社会の特徴，情報の受信・発信と個人の責任），2章 個人情報と知的財産，3章 ネットにおけるコミュニケーションとマナー（電子メールによる情報の受信・発信，Webページによる情報の受信・発信 ほか），4章 情報社会における生活（身近な生活における情報，社会生活における情報 ほか），5章 情報セキュリティとネット被害（情報セキュリティ，コンピュータへの被害 ほか）

内容 21世紀の新しいユビキタス社会での生きる力を養う。インターネットのルールやマナー，トラブルへの対策だけでなく，インターネット社会で生きるための必要な，最低限の知識を簡潔にまとめた。改訂にあたって，旧版の構成を大幅に変更し，新たな項目も追加している。

『情報セキュリティと情報倫理』　山田恒夫，辰己丈夫編著　放送大学教育振興会　2018.3　259p　21cm　〈放送大学教材〉〈索引あり　発売：[NHK出版]〉2600円　①978-4-595-31897-9　Ⓝ007.37

目次 情報化社会における光と影2018，サイバー犯罪とマルウェア，ネットトラブルの諸相と対策，情報メディアがもたらすもの，

ネットワークコミュニケーションと情報化社会　　　　　　　　　　　情報化社会・倫理

版　2013.4　207p　21cm　1300円　①978-4-14-011319-6　Ⓝ361.453

目次 1 身のまわりのメディア（写真一枚で世界を切り取れ！，実感！ 音のちから，お客の心をつかむ！ ポップの言葉 ほか），2 メディアのちから（流行をリード！ ファッション雑誌の作り方，「命」をふきこむアニメーション，気持ちを動かす！ CMのヒミツ ほか），3 インターネットとのつき合い方（伝わる！ 上手なメールの書き方，どうしてタダ？ インターネットのサービス，匿名？ 本名？ インターネットでのつき合い方 ほか）

内容 あなたはいつも，多数のメディアに囲まれながら生活しています。メディアを読み取る「め」を育て，その特徴をよく知ってうえでうまく使いこなし，生活の中に取りこんでみましょう。メディアとの上手なつき合い方をわかりやすく解説。

『やさしく読める小学生の時事問題』　日能研教務部企画・編集　改訂新版　横浜　日能研　2011.3　192p　26cm　（日能研ブックス）〈発売：みくに出版〉1700円　①978-4-8403-0438-2

目次 産業の問題─つくって運んで結び合う世界，貿易の問題─ふえる外国製品と日本の産業，エネルギーの問題─私たちのくらしを動かす力，石油の問題─燃える水はいつかなくなる！，交通の問題─時間と距離をちぢめた道具，経済の問題─お金がくらしにはたす役割，食料の問題─今日のごはんはだいじょうぶ？，少子高齢化の問題─人口の変化と私たちの未来，情報化社会の問題─ITが私たちの未来を変える，災害の問題─ゆれ動く！ 地震列島〔ほか〕

内容 中学入試によく出るテーマを厳選。入試で重要な時事問題がわかる。それぞれのテーマの歴史的背景をまとめてあるので，問題点がよくわかる。「時事問題キーワード」で，入試に直結した基礎知識が身につく。

『池上彰のなるほど！ 現代のメディア　4 ネットとじょうずにつきあおう』　池上彰日本語版監修　ローリー・ハイル著，生方頼子訳　文溪堂　2011.2　55p　29cm　〈年表あり　索引あり〉2900円　①978-4-89423-712-4　Ⓝ361.453

目次 身近になったインターネット，ブログとミニブログ，インターネットのコミュニティ，みんなでつくる「ウィキ」とレーティング，動画・写真の楽しみかた，インターネットの危険から身をまもるために，政治運動や社会活動への参加，「検閲」，ケータイとじょうずにつきあうためのマナーとルール

子どもの本 情報教育・プログラミングの本2000冊　83

情報化社会・倫理　　　　　ネットワークコミュニケーションと情報化社会

子どもの発達と情報メディアの使用の問題，初等中等教育における情報倫理教育，高等教育・生涯学習における情報倫理教育，個人の行動データとプライバシー，情報社会の法，情報社会における倫理，情報セキュリティの基盤技術「暗号」，暗号と認証を支える制度，情報システムと管理，情報セキュリティポリシーと事件，技術者倫理と情報セキュリティ人材育成，まとめ

『インターネットの光と影—被害者・加害者にならないための情報倫理入門』　情報教育学研究会・情報倫理教育研究グループ編　Ver.6　京都　北大路書房　2018.2　198p　21cm　〈索引あり〉　2000円　①978-4-7628-3006-8　Ⓝ007.3

目次 序章 インターネットと情報社会，第1章 インターネットと個人情報，第2章 インターネットと知的財産権，第3章 インターネットと生活，第4章 インターネットとビジネス，第5章 インターネットと教育，第6章 インターネットとコミュニケーション，第7章 インターネットと犯罪，第8章 インターネットとセキュリティ，終章 健全な情報社会をめざして

『インターネットの自由と不自由—ルールの視点から読み解く』　庄司克宏編，佐藤真紀，東史彦，宮下紘，市川芳治，山田弘著　京都　法律文化社　2017.7　176p　21cm　2900円　①978-4-589-03857-9

目次 01 インターネットの自由が危ない？，02 ネット・ショッピングのトラブルは誰の責任か？，03 個人情報は世界中どこでも保護されるか？，04 個人情報保護は基本的人権か？，05 忘れられる権利と表現の自由はどちらが上か？，06 個人情報保護か？ テロ対策の監視か？，07 EUの個人情報保護法は日本にまで及ぶか？，08 個人データはネット時代の「通貨」か？，09 人工知能のカルテルは罪になるか？，10 ビッグデータを活用した競争は「卑怯」か？

『ゲーム（スマートフォンや家庭用ゲーム機等でのゲーム）を安全・安心に楽しむために知ってもらいたいこと』　一般社団法人コンピュータエンターテイメント協会　2017　2p　[PDF資料]

『実践！ スマホ修行』　藤川大祐，岩立沙穂，岡田彩花，村山彩希，飯野雅，大川莉央，込山榛香著　学事出版　2016.8　189p　19cm　1600円　①978-4-7619-2275-7　Ⓝ371.37

目次 第1章 Stop！ 炎上路線—ネット発信のトラブルを防ぐ，第2章 いじめ脱出ゲーム—人間関係で悩まないために，第3章 毒

リンゴを食べないで—出会い系犯罪の恐怖，第4章 君と僕の危険な関係—スマホ時代の恋愛事情，第5章 君のスマホのプライバシー—情報社会のセキュリティ，第6章 ネット依存の傾向と対策—青春を無駄にするな，第7章 課金で損しちゃった!?—お金で騙されないために，第8章 著作権や肖像権のキャパシティ—エンタメ産業の未来のために

内容 情報モラル，インターネット・リテラシー教育の新しい教材の誕生！ 今作では，若い世代を取り巻く，ネット炎上・いじめ・出会い系犯罪・スマホ時代の恋愛・プライバシー・ネット依存・課金・著作権・肖像権の問題に，AKB48メンバー6人が白熱討論！ 学校の授業や地域の研修会等でも活用できる新しい教材。

『岩波講座現代　9　デジタル情報社会の未来』　大澤真幸，佐藤卓己，杉田敦，中島秀人，諸富徹編集委員　佐藤卓己編　岩波書店　2016.6　282p　22cm　3400円　①978-4-00-011389-2　Ⓝ081

目次 1 ネットは社会をどう変えるか（制度と技術と民主主義—インターネット民主主義原論，ソーシャルキャピタル・メディア・格差，「ネット社会の闇」とは何だったのか—ウェブ流言とその対処），2 ネットと知・文化の未来（デジタル・アーカイヴの未来，ウェブ以後の歴史哲学，“海賊版”の可能性—オープンアクセスの創造力，ウェブ文明のエートス—自在，公開，伝承），3 ウェブ文明は我々をどこに導くか（ユビキタス化する外交空間，「新デジタル時代」と新しい資本主義，アジアを移動する人々とネットカフェの風景，社会学研究とソーシャルメディア）

内容 ウェブ文明の未来の姿を，バックミラーにのぞきながら進む。現代社会の全体像を把握し，新たな知の基盤を築くための挑戦。

『ポスト・モバイル社会—セカンドオフラインの時代へ』　富田英典編　京都　世界思想社　2016.3　283p　21cm　〈他言語標題：The Post-Mobile Society　索引あり〉　3600円　①978-4-7907-1677-8　Ⓝ007.3

目次 メディア状況の概観とセカンドオフライン—モバイル社会の現在，第1部 カフカの手紙からモバイルメディアへ，第2部 社会生活とモバイルメディア，第3部 文化的営みとモバイルメディア，第4部 ソーシャルメディアとモバイル社会，ユビキタスからセカンドオフラインへ—モバイル社会の近未来

内容 モバイルメディアの普及は，人々の暮らしに歴史的変化をもたらした。スマートフォンの普及により，いま，私たちの日常と情報空間は大転換期を迎えている。カフカの手紙からソーシャルメディアまで，第一

線の研究者がモバイル社会の過去・現在・未来を考える。

『インターネット法』 松井茂記,鈴木秀美,山口いつ子編 有斐閣 2015.12 369p 22cm 〈他言語標題：INTERNET LAW 索引あり〉 2900円 ①978-4-641-12583-4 Ⓝ007.3

[目次] インターネット法の発達と特色,インターネットにおける表現の自由,インターネット上の名誉毀損・プライバシー侵害,インターネットにおけるわいせつな表現・児童ポルノ,インターネット上での青少年保護,インターネット上の差別的表現・ヘイトスピーチ,電子商取引と契約,電子商取引の支払いと決済,電子マネー,インターネットと刑法,インターネットと知的財産法,インターネット上の個人情報保護,サービス・プロバイダーの責任と発信者開示,国境を越えた扮装の解決

[内容] インターネットのルールを探る。インターネットの進展は私たちの暮らしを大きく変えた。コミュニケーションが広がり,より便利になった一方で,それに伴う法律問題も日々生起している。本書は,このようなネット社会のルールをわかりやすく解説し,今後のあり方をも展望するものである。

『「表現の自由」入門』 ナイジェル・ウォーバートン[著],森村進,森村たまき訳 岩波書店 2015.12 125,9p 19cm 〈文献あり 年表あり 索引あり〉 1900円 ①978-4-00-024525-8 Ⓝ316.1

[目次] 第1章 表現の自由,第2章 思想の自由市場?,第3章 感情を害する,害されること,第4章 ポルノグラフィの検閲,第5章 インターネット時代の表現の自由,結論 言論の自由の未来

[内容] 「表現の自由」とは何か―われわれはなぜそれを大切にすべきなのか。暴力をかきたてる言論やポルノグラフィの場合に,どこで限界の線引きがなされるべきか。表現の自由をめぐる思想史からアクチュアルな難問まで,具体例を多用しつつ平易な文章で説いた画期的な本。

『モバイルネットワーク時代の情報倫理―被害者・加害者にならないためのメディアリテラシー』 山住富也著 第2版 近代科学社 2015.11 176p 21cm 〈索引あり〉 1600円 ①978-4-7649-0493-4 Ⓝ007.3

[目次] 第1章 情報化社会(情報活用による生活の変化,電子化される情報 ほか),第2章 ネットワーク犯罪(不正アクセスによる被害,個人情報の漏洩 ほか),第3章 コンピュータウィルス(有害なプログラム,コンピュータウィルス ほか),第4章 情報セキュリティ(情報セキュリティとは,ユーザ認証 ほか),第5章 インターネットと法律(不正アクセス禁止法,Webサイトと著作権法 ほか)

『ネット社会と忘れられる権利―個人データ削除の裁判例とその法理』 奥田喜道編著 現代人文社 2015.10 246p 21cm 〈発売：大学図書〉 2700円 ①978-4-87798-615-5 Ⓝ316.1

[目次] 第1部 ネット社会と「忘れられる権利」(ネット社会と「忘れられる権利」の意義と課題―アメリカとヨーロッパの議論を手がかりに,EUにおける個人データ保護権と「忘れられる権利」,不法行為法と「忘れられる権利」,「忘れられる権利」の憲法的基礎としての「個人の尊厳」「幸福追求権」),第2部 事例報告/日本の「忘れられる権利」(グーグルサジェスト削除請求等事件―サジェスト機能と「忘れられる権利」,ヤフー検索結果削除請求求事件―名誉棄損,プライバシー侵害の法的責任を問う,グーグル検索結果削除仮処分命令申立事件―検索サイト管理者の検索結果の削除義務の有無 など),第3部 諸外国における「忘れられる権利」の動向(フランスの「忘れられる権利」,ドイツの「忘れられる権利」,イギリスの「忘れられる権利」―「ヨーロッパの中のイギリス」という視点から,カナダの「忘れられる権利」,スイスの「忘れられる権利」,韓国の「忘れられる権利」)

[内容] 止まらない個人情報の流出・拡散。プライバシー侵害や名誉棄損が日々増幅。グーグル,ヤフーなどの検索サービスにどうストップをかけたか。その裁判例の紹介と法的根拠を考える。

『情報倫理の挑戦―「生きる意味」へのアプローチ』 竹之内禎,河島茂生編著 学文社 2015.9 216p 19cm 〈索引あり〉 2000円 ①978-4-7620-2550-1 Ⓝ007.3

[目次] 第1部 インターネット・コミュニケーションにおける意味の希求(苦難を語る場としてのインターネット,インターネット依存―ネット空間に見いだす自己肯定感と責任意識),第2部 情報倫理としてのメディアリテラシー(放送の公共圏の再編―倫理とメディアの時空間に関する一考察),第3部 情報倫理としての知的自由(知的自由を守る図書館の役割とその支援―東日本大震災において盛岡大学被災地図書館支援プロジェクトが目指したもの,ビッグデータの利活用とプライバシー・個人情報)

『「炎上」と「拡散」の考現学―なぜネット空間で情報は変容するのか』 小峯隆生+筑波大学ネットコミュニティ研究グループ著 祥伝社 2015.6 188p

19cm 1500円 ①978-4-396-61529-1
Ⓝ007.3

目次 1章 「炎上」が描く4曲線(報道の現場で思い知らされた「情報」の力,権力が全員に配られた ほか),2章 「炎上」と「拡散」のアナリシス1―「いいね！」でヒット！か,「デジタル処刑」か？(上昇曲線―『タイタニック』ケース,肯定的なコメントの連続 ほか),3章 「炎上」と「拡散」のアナリシス2―「祭り」の始まりから終息まで(上昇して下降する曲線1―「スタディギフト」ケース,増えるフォロワー数と下降への圧力 ほか),4章 ネット言論を動かす「3つのスタンダード」(スタンダード1―金(金銭),「全員が平等」の幻影 ほか),5章 新しい"祭り"の時代(「炎上」と「拡散」を解析して見えてくる日本,ウェブ炎上は,日本の新しい祭り ほか)

内容 新しい日本の"祭り"には法則があった！ 日本人の半数がSNSを使い,「全員がジャーナリスト」の時代。『『いいね！』でヒット』と「デジタル処刑」の分岐点は何か？ 国際学会注目の研究プロジェクトが解き明かす！

『消費社会と子どもの文化』 永井聖二,加藤理編 改訂版 学文社 2015.4 190p 21cm (子ども社会シリーズ 6 住田正樹,武内清,永井聖二監修) 〈索引あり〉 2000円 ①978-4-7620-2543-3 Ⓝ367.68

目次 消費社会と子どもの文化,「児童文化」の誕生と子どもの文化,モダニズムと子ども用品の文化,子どもの文化とメディアミックス,子どもの読み物と絵本の誕生,子ども雑誌の世界―現代消費社会と少女雑誌,アニメと子ども―その現状と課題,子どもの音楽文化,子どもとメディア,子どもとテレビゲーム,子どもとインターネット,消費社会の進展と子どもの変容,消費社会のなかの子どもと子どもの文化

『ネット社会の諸相』 飯田良明,松下慶太編著 学文社 2015.3 174p 22cm 〈索引あり〉 2100円 ①978-4-7620-2536-5 Ⓝ007.3

目次 第1章 情報化社会からネット社会へ(情報化社会―ネット社会前史,高度情報化社会 ほか),第2章 家族関係の情報化(身近すぎて見えない「情報化」,家族を越えて家族をし続ける"家族" ほか),第3章 教育・学習の情報化(ネット社会における教育・学習の方向性,「教育の情報化」の流れと展望 ほか),第4章 職場・組織の情報化(近代社会における組織と情報,現代社会における組織の構造変容 ほか),第5章 地域の情報化(地域社会からネット・コミュニティへ,

地域社会と情報化 ほか),第6章 政治の情報化(政治社会と情報,ネット社会と政治情報 ほか),第7章 ネット社会における人間(情報化社会における人間像,ネット社会における人間像の変容 ほか)

『情報倫理―ネット時代のソーシャル・リテラシー』 髙橋慈子,原田隆史,佐藤翔,岡部晋典著 技術評論社 2015.1 175p 21cm 〈他言語標題: Information Ethics 文献あり〉 1280円 ①978-4-7741-6822-7 Ⓝ007.3

目次 情報倫理とは,情報通信社会とインターネット,進化と変遷,ネット時代のコミュニケーション,メディアの変遷,メディア・リテラシー,情報技術とセキュリティ,インターネットと犯罪,個人情報とプライバシー,知的所有権とコンテンツ,企業と情報倫理,科学技術と倫理,デジタルデバイスとユニバーサルデザイン,ソーシャルネットワークサービス(SNS)と情報モラル,情報通信社会とリテラシー

『保護者のためのスマートフォン安心安全ガイド』 安心ネットづくり促進協議会 2015 2p [PDF資料]

『インターネットの憲法学』 松井茂記著 新版 岩波書店 2014.12 490p 22cm 〈文献あり〉 4000円 ①978-4-00-061006-3 Ⓝ316.1

目次 インターネットの発展,見直しを迫られる従来の憲法理論,インターネットに憲法をどう適用するか,インターネット上の表現の自由をどう考えるか,わいせつな表現・児童ポルノをどこまで規制できるか,有害情報から青少年をどう保護するか,名誉毀損・プライバシー侵害の責任をどこまで問えるか,ヘイトスピーチ及び差別的表現,インターネットと知的財産権,プロバイダーの法的責任をどう考えるか,インターネット上の個人情報保護をどうはかるか,国境を越えるインターネットにどう対応すべきか,電子民主主義の可能性

内容 ヘイトスピーチ,リベンジ・ポルノ,パケットスニッフィング,忘れられる権利,児童ポルノ規制,グーグルブック・クラウドサービスと著作権侵害…。初版当時には予想もできなかった新しい法律問題が生じるなかで,ネット空間における「表現の自由」について,どのように考えたらよいのだろうか。好評を博した初版から12年,待望の新版。

『つながりっぱなしの日常を生きる―ソーシャルメディアが若者にもたらしたもの』 ダナ・ボイド著,野中モモ訳 草思社 2014.10 353,29p 19cm 〈文献あり〉 1800円 ①978-4-7942-2087-5 Ⓝ367.68

ネットワークコミュニケーションと情報化社会　　　　情報化社会・倫理

［目次］1章 アイデンティティ―なぜ、若者はネットでよからぬことをしているように見えるのか？、2章 プライバシー―なぜ、若者はネットであけっぴろげにしてしまうのか？、3章 中毒―何が若者をソーシャルメディアにはまらせてしまうのか？、4章 危険―性犯罪者は、そこらじゅうをうろついているのか？、5章 いじめ―ソーシャルメディアは、意地悪や残忍な行為を増幅するのか？、6章 不平等―ソーシャルメディアは、ますます社会の分断や格差を広げるのか？、7章 リテラシー―デジタルネイティブは、幻想だ。8章 パブリック―若者にとっての公はどこに？

［内容］ネット中毒、リテラシー、プライバシー…ネットにまつわる定説は、次々に覆された！ 米国SNS研究の第一人者が解き明かした10代の "複雑" な生活から少し先の日本が見えてくる。

『ネットが生んだ文化（カルチャー）―誰もが表現者の時代』 川上量生監修
［東京］ KADOKAWA 2014.10 265p 21cm （角川インターネット講座 04 村井純、伊藤穰一、川上量生、まつもとゆきひろ代表監修）〈文献あり〉2500円 Ⓘ978-4-04-653884-0 Ⓝ007.3

［目次］第1部 日本のネット文化と精神風土（ネットがつくった文化圏，日本のネットカルチャー史，ネットの言論空間形成），第2部 ネット文化を支配する原理（リア充対非リアの不毛な戦い，炎上の構造―100年後も1000年後も、どこかで誰かが燃えている，祭りと血祭り―炎上の社会学，日本文化にみるコピペのルール，リア充/非リア充の構造）

［内容］これからの日本を支配するネット住民の行動原理とは？ 非リア・コピー・炎上・嫌儲の4キーワードを理解せよ。

『情報倫理入門』 土屋俊監修，大谷卓史編著 改訂新版 アイ・ケイコーポレーション 2014.9 242p 21cm〈執筆：江口聡ほか〉2600円 Ⓘ978-4-87492-324-5 Ⓝ007.3

［目次］なぜ情報倫理が必要なのか，倫理とは何だろうか，コンピューターとインターネットの歴史，インターネット上の情報は信頼できるのか，インターネットコミュニティー、オフラインコミュニティーとの共通性とインターネットならではの特性，ユビキタス社会のプライバシー，監視社会における自由の問題，動画共有サイトにMAD動画を投稿してもよいだろうか，情報公開と機密情報，不正アクセス禁止法は情報セキュリティーを高めるか，ネットワーク管理者の倫理，情報技術者の責任，グローバル化とインターネット

『おとなが読んで・知って・まもるこどもiPad』 吉田メグミ著 インプレスR&D 2014.6 118p 21cm （インプレスR&D〈next publishing〉―New thinking and new ways） Ⓘ978-4-8443-9600-0 Ⓝ547.483

『知らないではすまされないインターネット利用の心得ケーススタディ』 鳥飼重和監修，香西駿一郎、神田芳明，深澤諭史執筆 きんざい 2014.6 160p 21cm 1500円 Ⓘ978-4-322-12571-9 Ⓝ007.3

［目次］第1章 ウェブページの閲覧，インターネットサービスの利用（インターネット上の行動は記録されています，その情報、仕事で使えるの？ ほか），第2章 インターネット上での情報発信（まずはここから！ 情報発信の基本の「き」、どうせバレないから…個人への誹謗中傷 ほか），第3章 インターネットと情報漏えい（意外に多い電子メールからの情報漏えい，データを集めているつもりが流出に…（危険がいっぱいのファイル共有ソフト）ほか），第4章 インターネットと著作権（タダより高いものはない?!（ファイル共有ソフトの利用は要注意），コピーして得したつもりが「倍返し」？（違法なインストールへの損害賠償）ほか）

［内容］「炎上」、「出会い系などのトラブル」、「情報漏えい」…。社会人が陥りやすいトラブルを網羅し、インターネット法務に精通した弁護士がその現状と対策を徹底解説！ ネット選挙などの最新の話題にも対応。

『インターネットの基礎知識』 立山秀利著 オデッセイコミュニケーションズ 2014.1 176p 24cm （デジタルリテラシーの基礎 2）〈IC3 GS4リビングオンライン対応 索引あり〉 1500円 Ⓘ978-4-9905124-6-0

［目次］第1章 インターネットとWebブラウザー（インターネット、ブラウザー、WWWの比較，ブラウザーの利用），第2章 ネットワーク（インターネット接続，ネットワークの種類，機能、性能、機器，ネットワークのトラブルシューティング），第3章 デジタルコミュニケーション（電子メールを使用したコミュニケーション，インターネットを利用したコミュニケーション），第4章 デジタル社会のモラルとルール（コミュニケーションの標準的なルール，合法的かつ責任あるコンピューターの利用），第5章 安全なコンピューターの利用（安全なオンラインコミュニケーションと行動，人間工学に基づいた配慮），第6章 検索、調査能力（検索エンジンの利用，検索結果の評価，検索エンジンの高度な利用）

［内容］インターネットやネットワークの基礎知識や操作方法、電子メールやソーシャルメディアサイトの知識や概念、インター

子どもの本 情報教育・プログラミングの本2000冊　**87**

情報化社会・倫理　　　　　　　　ネットワークコミュニケーションと情報化社会

ネットの利用に伴うモラルやルール、セキュリティなどを学習。練習問題付。

『ケータイの2000年代―成熟するモバイル社会』　松田美佐, 土橋臣吾, 辻泉編　東京大学出版会　2014.1　299p　22cm　5400円　①978-4-13-050180-4　Ⓝ007.3

目次 ケータイの2000年代, 第1部 メディア利用の深化編（ケータイ・ネットはいかに日常化したか, モバイルは他のメディアとどう違うのか, デジタル・デバイドの現在―それは今なお問題であるのか）, 第2部 つながりの変容編（SNSは「私」を変えるか―ケータイ・ネットと自己の多元化, メディア利用にみる恋愛・ネットワーク・家族形成, ケータイは友人関係を変えたのか―震災による関係の"縮小"と"柔軟な関係"の広がり, ジェンダーによるケータイ利用の差異, ケータイは社会関係資本たりうるか, モバイルな社会性へ向けて）, 第3部 調査票（単純集計結果）・経年比較

『情報倫理―ネットの炎上予防と対策』　田代光輝, 服部哲著　共立出版　2013.11　200p　26cm　〈他言語標題：Information Ethics　索引あり〉　2400円　①978-4-320-12338-0　Ⓝ007.3

目次 ネットの炎上予防と対策のための情報倫理, 社会と情報についての基礎, インターネット（技術編）, インターネット（ビジネス編）その1接続ビジネス, インターネット（ビジネス編）その2コンテンツビジネス, 法律と権利, ソーシャルネットワークサービス（SNS）, スモールワールドとスケールフリーネットワーク, ブログ（blog）, ストックとフロー, ネットトラブル, ネットトラブル―コミュニケーションに関するトラブル, 炎上の過程と炎上事例, 炎上の構造と収め方, 政治とインターネット（ネット選挙）

『デジタル社会の法制度』　電子開発学園メディア教育センター教材開発グループ［編著］, SCC出版局編集　第6版　［東京］　電子開発学園出版局　2013.4　231p　26cm　（情報処理基礎講座）〈文献あり　索引あり〉　発売：エスシーシー　2200円　①978-4-88647-991-4

目次 法律と責任の考え方, 人格に基づく権利, 商標法, 不正競争防止法, 特許権, 実用新案権, 意匠権, 著作権, 不法行為責任と契約による責任, Webサイト管理者に必要な法的知識, 電子商取引に関わる法律と制度, サイバー犯罪, 情報処理技術者が知っておくべきその他の法律, 標準化と公的認証制度, ネットワーク社会の発展のために

『デジタルネイティブの時代―なぜメールをせずに「つぶやく」のか』　木村忠正著　平凡社　2012.11　255p　18cm　（平凡社新書 660）　800円　①978-4-582-85660-6　Ⓝ007.3

目次 序章 アラブの春はソーシャルメディア革命だったのか, 第1章 デジタルネイティブへのアプローチ, 第2章 デジタルネイティブの形成と動態, 第3章 社会的コミュニケーション空間の構造と変容, 第4章 不確実なものを避ける日本社会, 終章 「安心志向のジレンマ」を克服するネットワーク社会へ

内容 物心ついた頃から, PCやケータイに親しんでいるデジタルネイティブは, メールやツイッター, SNSなどをどんなふうに使いこなしているのだろうか。そのコミュニケーションのあり方を調べたとき, 彼らの抱える悩みや困難のなかから, 日本社会の抱える問題点が浮き彫りになってきた。現代日本を映し出す鏡, デジタルネイティブを探る。

『デジタル・ネイティブとソーシャルメディア―若者が生み出す新たなコミュニケーション』　松下慶太著　教育評論社　2012.8　238p　19cm　〈他言語標題：DIGITAL NATIVE and SOCIAL MEDIA　文献あり〉　1800円　①978-4-905706-70-0　Ⓝ007.3

目次 第1章 デジタル・ネイティブが来た！（デジタル・ネイティブの登場, デジタル・ネイティブとテレビ, コミュニケーションの変容, 「リアルな動き」につながるコミュニケーション）, 第2章 「つながり」よければすべてよし？（ソーシャル・キャピタルとは何か？, ネットワークの不思議, 「つながり」とコミュニケーションがどのように連動するか？）, 第3章 コミュニケーション全盛の時代（「就活」と「コミュ力」, 背景としての就活の情報化, 就活における「つながり」, シーシャルがコミュニケーションの全てを飲み込む時代）, 第4章 モバイル×ソーシャルが変える社会（モバイル再考, ランチというソーシャルな行為, 「モバイル×ソーシャル」で組み替えられるもの）

内容 デジタル・ネイティブが創造する新たなソーシャル・キャピタルとは？ Facebook、Twitter、LinkedIn、ソーシャルゲーム…×スマホ、ソー活、コミュ力、社会参加…「つながり」を求める若者＝デジタル・ネイティブの姿を通して、ソーシャルメディアによって変革するコミュニケーション、政治、そして社会を読み解く。

『子ども像の探究―子どもと大人の境界』　是澤博昭, 是澤優子著　［横浜］　世織書房　2012.5　246p　21cm　（Social Compass Series 3）〈年表あり〉　2400円　①978-4-902163-64-3　Ⓝ371.45

目次 1章 子ども像の源流, 2章 伝統社会の子ども, 3章 近代日本と子どもの誕生, 4章 子どもとは―保護と教育の対象, 5章 子ども像の変容, 6章 テレビ時代の子ども文化, 7章 情報化社会と子ども―子ども文化の商品化と遊び空間の変容

『はじめて学ぶ情報社会』 劉継生, 木村富美子著 京都 昭和堂 2012.4 290p 21cm〈文献あり 索引あり〉2400円 ①978-4-8122-1212-7 Ⓝ007.3
目次 情報の本質, 情報処理の過程と構造, 情報伝達の仕組み, 情報の作用, 情報のデジタル表現, コンピュータ, インターネット, サイバースペース, 情報システム, 電子商取引, 電子政府・電子自治体, eラーニング, 情報セキュリティ, 情報社会の課題と情報理論, 情報についての哲学的考察

『インターネット社会と情報行動―情報・生活スタイル論の試み』 犬塚先著 京都 ナカニシヤ出版 2011.11 196p 22cm〈文献あり 索引あり〉2500円 ①978-4-7795-0580-5 Ⓝ007.3
目次 第1章 情報行動と社会変容(情報行動の捉え方, 情報の意味と評価の類型, 情報行動を支える基準, 情報行動倫理と情報化文化, 情報社会に見られるつながりと流動性), 第2章 インターネット及び携帯電話の利用と効果(情報機器利用と情報参加, インターネット利用に見る情報行動, 携帯電話の進歩と広がり, ケータイの秘める可能性), 第3章 情報化文化の生成―地域SNSと若者のネット意識(SNSとオンライン・コミュニティ, 地域SNSの展開, オンライン・コミュニティ, 高校・大学生のネット意識と情報行動), 第4章 情報倫理の捉え方(情報社会と倫理, 情報行動と情報倫理, 情報倫理の形成, 情報倫理の根本), 第5章 インターネット社会と流動性(ネットワークと社会, コミュニケーションの広がりと定着, 情報スタイルの構成, 情報社会の流動性)
内容 情報社会の変化を個人の情報行動から究明。インターネット・ケータイ・SNSなどを介した個人の情報行動の分析をもとに,「情報スタイル」概念を提示する。

『これだけ! 著作権と情報倫理』 数研出版編集部編 4訂版 数研出版 2011.11 63p 21cm 286円 ①978-4-410-70014-9 Ⓝ007.3

『子供がケータイを持ってはいけないか?』 小寺信良著 ポット出版 2011.9 237p 19cm〈他言語標題:Should children not have cell phones?〉

1600円 ①978-4-7808-0169-9 Ⓝ367.61
目次 子供たちとケータイの関係, 第1章 親が知らないケータイ・コミュニケーション(チェーンメールの何が「悪」なのか, コミュニティサイトは, 言われているほど問題か ほか), 第2章 学校のIT活用最前線(技術科の先生に学ぶ, 情報と技術のあり方, 校務のIT化で得られるメリット・デメリット ほか), 第3章 ケータイ規制条例の現場(ケータイ規制の何が問題なのか,「ケータイ持たせない」運動 石川県の実態 ほか), 第4章 震災時のケータイの可能性(震災でわかったネットのポジション, 災害時のITの信頼性 ほか)

『学生時代に学びたい情報倫理』 鞆大輔著 共立出版 2011.8 183p 26cm〈他言語標題:The Information Ethics for Student 文献あり 索引あり〉2000円 ①978-4-320-12290-1 Ⓝ007.3
目次 1章 情報倫理とは(倫理とは, 情報化社会と倫理, 情報倫理とは), 2章 技術的な問題(セキュリティリスク, マルウェア, ファイル共有ソフト), 3章 法律的な問題(サイバー犯罪, 個人情報の保護, 知的所有権), 4章 倫理的な問題(ネチケット, 情報倫理と社会, 情報倫理と教育)

『進化する情報社会』 児玉晴男, 小牧省三編著 放送大学教育振興会 2011.3 206p 21cm (放送大学教材) 2400円 ①978-4-595-31281-6 Ⓝ007.3
目次 情報通信技術(ICT)と社会, メディア融合と社会, 将来通信網はどのようなものか, ネット中立性を巡る議論, クラウドコンピューティングと社会, ユビキタスネットワーク社会, 大学の情報化, セキュリティとプライバシー, 情報通信技術(ICT)と産業, 情報通信と地域再生, 情報技術によって変貌を遂げる科学, 情報社会の生き方, デジタルコンテンツと著作権, 情報技術と知的財産, 持続可能な情報社会を目指して

『キュレーションの時代―「つながり」の情報革命が始まる』 佐々木俊尚著 筑摩書房 2011.2 311,3p 18cm (ちくま新書 887)〈並列シリーズ名:CHIKUMA SHINSHO 文献あり〉900円 ①978-4-480-06591-9 Ⓝ007.3
目次 プロローグ ジョゼフ・ヨアキムの物語, 第1章 無数のビオトープが生まれている, 第2章 背伸び記号消費の終焉, 第3章「視座にチェックインする」という新たなパラダイム, 第4章 キュレーションの時代, 第5章 私たちはグローバルな世界とつながっていく
内容 テレビ, 新聞, 出版, 広告―。マスコミが亡び, 情報の常識は決定的に変わった。ツイッター, フェイスブック, フォースクエアなど, 人と人の「つながり」を介して情報をやりとりする時代が来たのだ。そこには人を軸にした, 新しい情報圏が生まれてい

情報化社会・倫理　　　　　　ネットワークコミュニケーションと情報化社会

る。いまやだれもが自ら情報を選んで、意味づけし、みんなと共有する「一億総キュレーション」の時代なのである。シェア、ソーシャル、チェックインなどの新現象を読み解きながら、大変化の本質をえぐる、渾身の情報社会論。

『ケースで考える情報社会—これからの情報倫理とリテラシー』　大島武,寺島雅隆、畠田幸恵、藤戸京子、山口憲二共著、大島武、畠田幸恵、山口憲二編著　第2版　三和書籍　2010.9　202p　19cm〈他言語標題：Case Studies of Information Society〉1700円　①978-4-86251-084-6　Ⓝ007.3
|目次| 第1章 インターネット，第2章 ネット利用のマナー，第3章 個人情報とプライバシー，第4章 電子商取引，第5章 知的財産権，第6章 メディアリテラシー，第7章 ネットワーク不法行為，第8章 情報技術とセキュリティ，第9章 情報倫理とリテラシー
|内容| 知っておきたい、新IT時代のマナーと倫理。

『ユビキタス社会の中での子どもの成長—ケータイ時代を生きる子どもたち』　深谷昌志,深谷和子,高旗正人編著　西東京　ハーベスト社　2010.7　206p　21cm〈文献あり〉1800円　①978-4-86339-023-2　Ⓝ367.61

『子どもの現在（いま）—10の視点からのアプローチ』　秋山弥,作田良三編著　京都　晃洋書房　2010.5　164p　21cm〈文献あり〉1900円　①978-4-7710-2148-8　Ⓝ371.45
|目次| 第1章 子ども中心主義と体験学習，第2章 学力低下問題，第3章 自己決定・自己責任と子ども，第4章 特別支援教育の現在，第5章 キレるおとな・キレる子ども，第6章「学校の怪談」に見る仲間集団，第7章 ケータイ・ネットと子ども，第8章 子どもの遊びとキャリア形成，第9章 大学におけるキャリア教育，第10章 子どもタレントというキャリア

『情報化時代の基礎知識』　守屋政平編著,福崎稔,岡田工,佐藤弘幸,谷口郁生,毒島雄二共著　第2版　川崎　弓箭書院　2010.4（第2刷）165p　21cm〈文献あり発売：あずさ書店〉2300円　①978-4-900354-89-0　Ⓝ007.6

『画面の向こうに人がいる—インターネット社会の光と影　人権学習パンフレット』［和歌山］　和歌山県教育委員会　2010.3　8p　30cm　Ⓝ007.3

『情報化社会における子どもとメディアとの関わり—乳幼児期から小学校低学年期を中心に』［横浜］　神奈川県青少年問題協議会　2010.3　35p　30cm　（神奈川県青少年問題協議会報告　平成20・21年期）〈共同刊行：神奈川県青少年課〉Ⓝ371.37

◆情報モラル・ネットマナー

『大人になってこまらないマンガで身につくネットのルールとマナー』　遠藤美季監修、大野直人マンガ・イラスト　金の星社　2018.6　143p　21cm　1100円　①978-4-323-05326-4
|目次| 第1章 ネットを使ってできること（インターネットってなに？，インターネットでできること），第2章 ネットでやってはいけないこと（ネットにもルールがある，よくないサイトを見てはダメ ほか），第3章 ネットで起こるトラブル（ネットには危険がひそんでいる，ネットゲームに関するトラブル ほか），第4章 楽しく安全にネットを使うには（家の人と話してみよう）

『親子で学ぶインターネットの安全ルール—小学生・中学生編』　いけだとしお,おかもとなちこ文,つるだなみ絵　最新版　ジャムハウス　2018.4　93p　19cm　1500円　①978-4-906768-46-2　Ⓝ007.37
|目次| 携帯電話・スマホ編（けいたい電話やスマートフォンを持つかどうかはお父さん・お母さんとしっかり相談して，けいたい電話やスマートフォンを持つお父さん・お母さんとのやくそくを守ろう ほか），コミュニケーション編（ツイッターやフェイスブックなどのSNS，LINEやブログの利用はお父さん・お母さんと相談，SNSやブログで仲良くなった人から名前や住所，電話番号を聞かれても返事してはダメ ほか），インターネット編（お父さん・お母さんと見たことがあるホームページからスタート，インターネットでのさがしものはお父さん・お母さんといっしょに ほか），メール編（知らない人からメールが来たらひらいちゃダメ，お父さん・お母さんにほうこく，友達のフリをするウソつきメールに注意する ほか）
|内容| お父さん・お母さんも一緒に知りたい33の安全ルールを掲載。

『初めてでも分かる！いま気をつけたいネットの脅威　2018年4月版』　トレンドマクロ　2018.4　13p　[PDF資料]

『ドラえもん社会ワールド情報に強くなろう』　藤子・F・不二雄まんが，藤子プロ,山田肇監修，小学館ドラえもんルーム編　小学館　2018.2　197p　19cm

ネットワークコミュニケーションと情報化社会　　　　　情報化社会・倫理

（ビッグ・コロタン 161）〈文献あり〉850円　①978-4-09-259161-5　Ⓝ007

目次 1 情報を活用する時代がやってきた，2 情報が秘める大きな力，3 守らなくてはならない情報もある，4 知っておきたい著作権のルール，5「情報」を学習に活用しよう，6「情報」をまとめて，発表しよう，7 インターネットでわかること，わからないこと，8 情報技術で社会と人間はどう変わる？，9 情報と人類の関係、おもしろ豆知識

内容 インターネット検索で注意することは何？ 他人の情報を勝手にネットでひろめてOK？ ドラえもんのまんがと記事で、情報についての知識を、楽しく学べる本です！

『インターネットをあんぜんにたのしく使おう』　ver.5.0　シマンテック　2018　9p　［PDF資料］

『ケータイ・インターネットの歩き方　パネル集』　一般財団法人モバイルコンテンツ審査・運用監視機構 EMA　2018　7p　［PDF資料］

『ネットには危険もいっぱい─他人事だと思ってない？』　警察庁，文部科学省　2018　2p　［PDF資料］

『気をつけよう！ 情報モラル　4　個人情報漏洩・拡散編』　原克彦監修，秋山浩子編，イケガメシノイラスト　汐文社　2017.12　35p　27cm　〈文献あり 索引あり〉　2400円　①978-4-8113-2416-6　Ⓝ007.3

目次 01 動画投稿サイトで目立ちたい！，02 自己中の友だちにイライラ！，03 メンバー限定のはずなのに…

『子供の動画視聴、大丈夫ですか？─動画共有サイト "You Tube"について』　福井県安全環境部県民安全課　2017.12　2p　［PDF資料］

『初めてでも分かる！ スマホのセキュリティ対策を実践してみよう　後編』　トレンドマクロ　2017.12　15p　［PDF資料］

『親子で学ぶスマホとネットを安心に使う本─知りたいことが今すぐわかる！』　鈴木朋子著，坂元章監修　技術評論社　2017.11　159p　21cm　〈索引あり〉　1280円　①978-4-7741-9358-8　Ⓝ002.7

目次 第1章 スマホとネットの基本について理解しよう！，第2章 ネット上の危険な情報に注意しよう！，第3章 SNS&メールのトラブルから身を守ろう！，第4章 お金の

トラブルを防止しよう！，第5章 ネットのやり過ぎとマナーについて考えよう！，第6章 著作権やセキュリティに気をつけよう！

『初めてでも分かる！ スマホデビュー時知っておくべき3つのこと』　トレンドマクロ　2017.8　17p　［PDF資料］

『初めてでも分かる！ ネットを安全に楽しむための3つの心得』　トレンドマクロ　2017.7　12p　［PDF資料］

『大人を黙らせるインターネットの歩き方』　小木曽健著　筑摩書房　2017.5　206p　18cm　（ちくまプリマー新書278）　820円　①978-4-480-68983-2　Ⓝ007.3

目次 第1章 大人を黙らせるインターネットの「ひとこと」（理屈でネットリ黙らせる（華麗な使い方編），リスクの理解で黙らせる（ド根性対策編），眼からウロコで黙らせる（爆裂思いこみ編）），第2章 講演ナマ録！「正しく怖がるインターネット」（私のことは忘れてください，これできますか？，ツイッターで黙んできたモノ ほか），第3章 どんな質問にも即答する質疑応答の時間（SNSはなぜ無くならない，安全なネットサービスを知りたい，ネットは人類を幸せにするのか ほか）

内容「個人情報」「ネットいじめ」に「成績」「炎上」…。インターネットには大人たちの心配のタネがいっぱい。だったら、そんな心配を吹っ飛ばす知恵を提案してあげよう！ 大人も黙って納得する、無敵の「ネットとのつき合い方」教えます

『ジンケンダーと3つの約束─スマホとの付き合い方』　大津　滋賀県人権施策推進課　［2017］　1枚　21cm　〈リーフレット〉　Ⓝ007.3

『STOP！ 自画撮り！』　警察庁　2017　24p　［PDF資料］

『ちょっと待って！ スマホ時代の君たちへ─小中学生版　一日中、スマホやネットばかりになっていない？』　文部科学省生涯学習政策局青少年教育課　2017　4p　［PDF資料］

『ちょっと待って！ スマホ時代の君たちへ─高校生版　一日中、スマホやネットばかりになっていない？』　文部科学省生涯学習政策局青少年教育課　2017　4p　［PDF資料］

『新・10歳からのルール100　3　家族のルール』　10歳からのルールを考える会編集，しんざきゆきイラスト　鈴木出版　2016.12　39p　29cm　2900円　①978-4-7902-3321-3　Ⓝ361.41

子どもの本 情報教育・プログラミングの本2000冊　**91**

情報化社会・倫理　　　　　　　　　　ネットワークコミュニケーションと情報化社会

目次 1 家族のルール，2 SNS・メール・インターネットのルール

『新・10歳からのルール100　2　社会のルール』　10歳からのルールを考える会編集　鈴木出版　2016.11　39p　29cm　2900円　①978-4-7902-3320-6　Ⓝ361.41

目次 1 社会のルール（元気にあいさつしてほしい，コンビニ前でたむろしないで，自転車が盗まれた！，暗くて見えないよ！　ほか），2 SNS・メール・インターネットのルール（「著作権」って何？・「肖像権」って何？，広告をクリックしてみたら…，いやらしいホームページに来ちゃったよ〜，出会い系サイトに来ちゃったよ〜　ほか）

『新・10歳からのルール100　1　友だち・学校のルール』　10歳からのルールを考える会編集　鈴木出版　2016.10　39p　29cm　2900円　①978-4-7902-3319-0　Ⓝ361.41

目次 1 友だちのルール（約束してたけど…，ダメっていわなくちゃ…，ありがとうっててれるよ　ほか），2 SNS・メール・インターネットのルール（チェーンメールが届いたら…，こんなメール書いてない？，つい頭にきて…），3 学校のルール（オレだってサッカー見たいけど…，きっとみんなが持ってくるから…，小さい子って苦手　ほか）

『ネットのルール』　関和之マンガ・イラスト　旺文社　2016.7　151p　21cm　（学校では教えてくれない大切なこと12）　850円　①978-4-01-011113-0　Ⓝ694.5

目次 1章 ネットでしてはいけないこと（ネットの情報はすべて正しいの？，ネットでダウンロードしてはいけないもの　ほか），2章 サイト利用の注意点（ワンクリック詐欺って何？，無料サイトに登録したらどうなるの？　ほか），3章 メールやSNS利用の注意点（有名人からメールが届いた！，高額当選メールが届いた！　ほか），4章 さまざまな危険・注意（歩きスマホは危険！，スマホ中毒に要注意！　ほか）

内容 小学生のための世の中を生きぬく力を身につける本。

『心を育てるみんなのぎもん　4巻　社会のぎもん』　東風安生監修　学研プラス　2016.2　39p　29cm　2800円　①978-4-05-501198-3　Ⓝ159.5

目次 社会って何？，平等ってどういうこと？，国境って何？，どんな宗教があるの？，たばこやお酒が子どもに禁止されているのは，なぜ？，電車やバスに乗るときに

マナーが必要なのは，なぜ？，インターネットにもマナーがあるの？，これはよいこと？悪いこと？，クラスのルールなら，破ってもいいの？，少しくらいなら，ちこくしてもいいの？〔ほか〕

『心を育てるみんなのぎもん　2巻　友達のぎもん』　東風安生監修　学研プラス　2016.2　39p　29cm　2800円　①978-4-05-501196-9　Ⓝ159.5

目次 友情って，何？，友達ができない…。友達ってどうやって作るの？，友達をさそいたいけれど，断られたらどうする？，友達は，いつまで友達？，SNSの友達とのつき合い方は？，一人でいるのが好きって変？，異性とも仲良くしたい。どうしたらいいの？，かみの毛を短く切りすぎて，友達に見られたくない。どうしたらいいの？，けんかをしてはいけないの？，いやなあだ名をつけられたら，どうしたらいいの？〔ほか〕

『みんなで考えよう！　つかう・つかわない？　どうつかう？―大人と子どもで，気づく・考える・話しあう・注意する！　3　SNS―本当につながっている？』　秋田喜代美監修，稲葉茂勝著　フレーベル館　2016.2　31p　29cm　〈索引あり〉　2700円　①978-4-577-04328-8　Ⓝ694.6

内容 大人と子どもで，気づく・考える・話しあう・注意する！

『みんなで考えよう！　つかう・つかわない？　どうつかう？―大人と子どもで，気づく・考える・話しあう・注意する！　2　スマフォ―便利さにたよりすぎてない？』　秋田喜代美監修，稲葉茂勝著　フレーベル館　2015.12　31p　29cm　〈索引あり〉　2700円　①978-4-577-04327-1　Ⓝ694.6

目次 絵本で考えてみよう！（スマフォがあればこんなに便利！），1 この写真どう思う？（歩きスマフォ，電車のなかでスマフォを見てばかり！，家族でいてもスマフォで孤食，いつでもスマフォを手ばなせない，育児をしながらスマフォ!?，事故現場を撮影するなんて，異様！），2 調べてみよう！（スマフォ1台でいろいろできる！，無料で楽しめることが多い！，赤ちゃんにスマフォをもたせる親!?，進化する音声認識機能），資料編（ディベートしよう！，「フィルタリングをかけることに賛成・反対」，これだけはおぼえておきたいスマフォのマナー，いまさら聞けない用語の解説）

内容 大人と子どもで，気づく・考える・話しあう・注意する！

『マナーと敬語完全マスター！―絵さがしで遊んでバッチリわかる!!!　3　町のマナーと敬語』　親野智可等監修，オオノマサフミ絵　あかね書房　2015.3　47p

ネットワークコミュニケーションと情報化社会　　　　　　　　　　　　　情報化社会・倫理

31cm〈索引あり〉3000円　①978-4-251-08470-5　Ⓝ385.9

目次 1(自転車と自動車のダメマナーをさがせ！，自転車と自動車のダメマナー発見！)，2(バスと電車のダメマナーをさがせ！，バスと電車のダメマナー発見！)，3(よその家でのダメマナーをさがせ！，よその家でのダメマナー発見！)，4(買い物中のダメマナーをさがせ！，買い物中のダメマナー発見！)，5(旅行中のグッマナーはどっち!?，旅行中のダメマナーを確認！)，6(特別な日のダメマナーをさがせ！，特別な日のダメマナー発見！)

内容 身だしなみ・あいさつ・携帯電話の使い方から交通ルールまで…覚えることが多すぎて、小学生って、タ・イ・ヘ・ン。…でも、だいじょうぶ！ この本の絵さがしで遊べば、きみにもよ～くわかる!!!

『マナーと敬語完全マスター！―絵さがしで遊んでバッチリわかる!!! 2 家のマナーと敬語』 親野智可等監修，オオノマサフミ絵　あかね書房　2015.3　47p 31cm〈索引あり〉3000円　①978-4-251-08469-9　Ⓝ385.9

目次 1(起きてから登校までのダメマナーをさがせ！，起きてから登校までのダメマナー発見！)，2(食事のダメマナーをさがせ！，食事のダメマナー発見！)，3(帰ってからねるまでのグッマナーはどっち!?，帰ってからねるまでのダメマナーを確認！)，4(おもてなしのダメマナーをさがせ！，おもてなしのダメマナー発見！)，5(るす番のダメマナーをさがせ！，るす番のダメマナー発見！)，6(携帯電話のダメマナーをさがせ！，携帯電話のダメマナー発見！)

内容 身だしなみ・あいさつ・携帯電話の使い方から交通ルールまで…覚えることが多すぎて、小学生って、タ・イ・ヘ・ン。…でも、だいじょうぶ！ この本の絵さがしで遊べば、きみにもよ～くわかる!!!

『池上彰さんと学ぶみんなのメディアリテラシー―知っていると便利知らなきゃ怖いメディアのルールと落とし穴 3 スマホ・SNSとの正しい付き合い方』 池上彰監修　学研教育出版　2015.2 47p　29cm〈文献あり 索引あり〉 発売：学研マーケティング〉2800円 ①978-4-05-501125-9　Ⓝ361.453

目次 池上彰さんインタビュー「スマホの電源を切って考える時間を作ることも大切です」，1 携帯電話やスマホを持つときに大切なこと(高機能で高性能な機器を持っている私たち、電話やメールだけじゃない！ スマホのすごい機能，携帯電話やスマホのマ

ナー・ルールはちゃんと守っている？ ほか)，2 人とつながるって楽しい？ つらい？ (多くの人とつながることができるSNS，これまでのウェブサイトとSNSはどこが違うの？，要チェック！ あなたはスマホ・SNS中毒になっている!? ほか)，3 ネットで発信することの楽しさと責任を知ろう(悪ふざけ投稿で起こったとんでもない事件，ネットの悪ふざけはどうして起こるの？，ネットでは自分の正義をふりかざす人がいる！ ほか)

内容 アプリのダウンロードは慎重に！ SNSいじめはなぜ起こる？ 悪ふざけで人生が台無しに!?知っていると便利，知らなきゃ怖いメディアのルールと落とし穴。

『池上彰さんと学ぶみんなのメディアリテラシー―知っていると便利知らなきゃ怖いメディアのルールと落とし穴 2 インターネットの便利さ・怖さ』 池上彰監修　学研教育出版　2015.2　47p 29cm〈文献あり 索引あり〉 発売：学研マーケティング〉2800円 ①978-4-05-501124-2　Ⓝ361.453

目次 池上彰さんインタビュー「インターネットのプラス面とマイナス面を知ろう」，1 インターネットをよく知り、うまく付き合うには？(ネットのおかげで生活はとても便利に！，ネットを使うことはたった一人で夜の街を歩くのと同じ!? ほか)，2 インターネットのサービスをかしこく安全に利用しよう！(インターネットには無料のサービスがたくさん！，なぜ無料なの？ その理由を確かめてみよう ほか)，3 インターネットの楽しさと怖さをよく知っておこう！(インターネットに参加する方法はさまざま，ネットを上手に利用している人の特徴 ほか)，4 インターネットはみんなのつながる夢のメディア(インターネットのおかげで便利な世の中に、みんなが知りたいことを共有するすばらしいさを感じよう ほか)

内容 危険なサイトの見分け方は？ Wikipediaはどう作られる？ ネットで人助けができる？ 知っていると便利、知らなきゃ怖いメディアのルールと落とし穴。

『こどもあんぜん図鑑』 講談社編，国崎信江監修　講談社　2015.2　128p 27cm〈索引あり〉2500円　①978-4-06-219304-2　Ⓝ368.6

目次 交通安全(道路を歩く，自転車に乗る，車に乗る，電車やバスに乗る)，生活安全(遊び，家にいるとき，エスカレーターに乗るとき，病気をふせぐ)，防災(地震，火事，津波，強い雨，強い風，火山)，防犯(犯罪が起こる場所，道路，トイレ，デパートや遊園地など，げんかん・エレベーター，家の中，家の外，携帯電話・スマートフォン)

内容 小学校低学年の安全教育にぴったり！ 交通安全、生活安全、防災、防犯の4つの

子どもの本 情報教育・プログラミングの本2000冊　93

情報化社会・倫理　　　　　ネットワークコミュニケーションと情報化社会

テーマをパーフェクトに網羅。豊富なイラストで、身の守り方や危険なポイントがわかりやすい。導入のおはなしで、生活のなかにひそむ危険が疑似体験できる。巻末の「おうちの方へ」では保護者にも役立つ情報をコンパクトに収録。

『最新情報モラル―ネット社会を賢く生きよう！　積極的にネットを活用するための基礎知識と実践スタディ』　大橋真也，森夏節，早坂成人，曽我聡起，高瀬敏樹著［東京］日経BP社　2015.2　95p　26cm〈発売：日経BPマーケティング〉480円　①978-4-8222-9206-5　⑩007.3

目次 序章 情報とモラル、マナー、ルール（情報モラルって何だろう，マナーとルールの違い），1章 情報モラルと学生生活（友人間、学校、社会のマナーやルール，どのデジタル機器を使うのか ほか），2章 メールやレポートでの情報利活用（メールと学生生活，読んでもらえるメールの件名とは ほか），3章 学習効果をみんなに知ってもらうために（何のためのプレゼンテーションか，プレゼンで失敗しないために ほか），4章 コミュニティの上手な活用法（ネットにおけるトラブルや問題，SNSやブログは学びに活用できるか ほか），5章 ネット社会で賢く生きるための知識と技術（実名主義は何のため，デジタルブックの作り方 ほか）

『スマホ・パソコン・SNS―こどもあんぜん図鑑 よく知ってネットを使おう！』　講談社編，藤川大祐監修　講談社　2015.2　55p　27cm〈索引あり〉2000円　①978-4-06-219305-4　⑩694.6

目次 1 ネットのふしぎ（どうしてスマホはいろいろなことができるの？，ネットはどんなところで使われているの？，スマホとパソコンは、どこがちがうの？ ほか），2 レッツ！コミュニケーション（友だちと楽しくメッセージをやりとりしたい，あぶないメッセージには、どんなものがあるの？，アプリで友だちをどんどん増やしたい ほか），3 レッツ！スマホ・パソコン（発信するときに、気をつけることは？，写真をのせるときに、気をつけることは？，人気マンガのキャラクターを、アイコンに使ってもいい？ ほか）

内容 ネットのしくみを絵を使ってわかりやすく説明しています。SNSのトラブルなど、どんなことに気をつけたらよいかを学ぶことができます。ネットをじょうずに活用することができる能力、ネットリテラシーを育てます。

『家庭でマスター！　小学生のスマホ免許―こんな時どうする!?クイズ式で身につ

くネットトラブル護身術』　遠藤美季著，木原飛鳥漫画　誠文堂新光社　2014.12　93p　26cm　1200円　①978-4-416-71457-7　⑩694.6

目次 準備編，基本編，コミュニケーション編，トラブル編，犯罪編，依存編，スマホ免許取得総合試験

内容 インターネットにのせた情報はずっと残るってホント？ クラスのあまり好きじゃない子からSNSの友だち申請が届いたら、OKする？ 友だちがお小遣い稼ぎのサイトを教えてくれた！ 会員登録は危険かな…？ クイズに答えて、スマホスキルを身につけろ！

『気をつけよう！　スマートフォン　1　スマートフォンとインターネット』　小寺信良著　汐文社　2014.10　31p　27cm〈索引あり〉2300円　①978-4-8113-2103-5　⑩694.6

目次 スマートフォンってどんなもの？，みんなどんなふうに使っているの？，アプリを使うって、どういうこと？，サービスを利用する，IDとパスワード，著作権ってなに？，スマートフォンとお金の関係

『ネット警備隊ねっぱとくん―親，先生，子どもがともに考える情報モラル 情報モラル教育啓発指導資料』　おおにしひさお作・画　開隆堂出版　2014.8　91p　26cm〈発売：開隆館出版販売〉2000円　①978-4-304-04201-0　⑩375.199

目次 第1部（ネット警備隊のおしごと…，見えること見えないこと，写真は残る…ほか），第2部（ネット依存…あなたは大丈夫？，親子で考えよう一家庭でのルールづくり，大人がしっかりしなければ…！ ほか），第3部 ネット警備隊ねっぱとくん番外篇「良得の島が変わったとき」，第4部 やさしくゆるいトリセツ（教師編，保護者編）

『10歳からのデジタル・シチズンシップ―ネットの海でもぼくらはおぼれない』　清水謙治作，井上千裕絵　町田　玉川大学出版部　2014.7　143p　21cm　1400円　①978-4-472-40490-0　⑩007.3

内容 見知らぬ外国の島の市長から、俺たち3人にナゾの電子メールが届いた！ なぜだぁ??1通のメールをきっかけに、子どもたち自らがデジタル世界と現実世界の仕組みや付き合い方を9つのテーマに沿って体験していく物語。

『12歳からのスマホのマナー入門』　藤川大祐著　大空出版　2014.3　191p　18cm　（大空教育新書 C002）800円　①978-4-903175-49-2　⑩694.6

目次 第1章 スマホとは何ですか？，第2章 スマホで何ができるのですか？，第3章 ど

うする？ スマホのトラブル，第4章 入門！ メディアリテラシー，第5章 スマホ時代をかしこく生きるには

[内容] スマホ（スマートフォン）を使うことが当たり前になりつつある時代に，"12歳"という思春期を迎えた年ごろをどう過ごせばよいのでしょうか。少し前まで誰も考えなかったこの問題を，みなさんと一緒に考えていきます。大人でも迷いがちな「子どもとスマホの関係」について，率直に語る54の質問と回答。スマホ社会を健やかに生きるための指針が詰まった「マナー入門書」です。

『気をつけよう！ SNS 3 依存しないために』 小寺信良著 汐文社 2014.2 31p 27cm〈別タイトル：気をつけよう！ ソーシャル・ネットワーキング・サービス 索引あり〉2300円 ①978-4-8113-2048-9 Ⓝ694.5

[目次] メッセージングサービスって何？，どんな種類があるの？，どんな風に使われてるの？，どうやって友達と繋がるの？，こう使おう，LINE，つながり依存って何？，どうして依存がダメなの？，つながり依存にならないために，知っておきたいSNS Q&A

[内容] なぜ依存が起こるのか？ 依存しないで利用する方法とは？

『気をつけよう！ SNS 2 ソーシャルゲームってどんなもの？』 小寺信良著 汐文社 2013.12 31p 27cm〈別タイトル：気をつけよう！ ソーシャル・ネットワーキング・サービス 索引あり〉 2300円 ①978-4-8113-2047-2 Ⓝ694.5

[目次] ソーシャルゲームって何？，友達と遊べるの？，ソーシャルゲームとお金の関係，ガチャって何？，ソーシャルゲームのトラブル，こう使おう，ソーシャルゲーム，知っておきたいSNS Q&A

『気をつけよう！ SNS 1 SNSってなんだろう？』 小寺信良著 汐文社 2013.11 31p 27cm〈別タイトル：気をつけよう！ ソーシャル・ネットワーキング・サービス 索引あり〉2300円 ①978-4-8113-2046-5 Ⓝ694.5

[目次] SNSって，何をするところ？，いろいろなSNS，みんな，どうやって使っているの？，SNSとお金の関係，こんな時どうする？ SNS，これだけは守れ，SNS，知っておきたいSNS Q&A

『ソーシャルメディア絶対安全マニュアル トラブルにまきこまれないFacebook、Twitter、LINEの使い方―元2ちゃんねる管理人ひろゆきが教える』 西村博

之著 インプレスジャパン 2013.9 213p 19cm〈発売：インプレスコミュニケーションズ 別タイトル：Social Media Safety & Security Manual〉 1200円 ①978-4-8443-3453-8 Ⓝ694.5

[目次] ソーシャルメディアは2ちゃんよりコワイ!?と思ったら大間違い！ 元2ちゃんねる管理人ひろゆきがソーシャルメディアの落とし穴と絶対トラブらない安全な使い方を教えます！ COLUMN・実録ソーシャルメディア事件簿

[内容] ひろゆきが語る「ソーシャルメディアのここが危ない！」Part 1（ソーシャルメディアは知り合い連絡用ツールじゃない 「大手サービスだから安心」？ ほか） スペシャル対談 ひろゆき×はまちや「ハッカーはここまで暴ける！」（はまちや「僕は世界一安全な人間ですよ」 アドレスバーから脆弱性が「見える」 ほか） ひろゆきが語る「ソーシャルメディアのここが危ない！」Part 2（子どものスマホは保護者が抜き打ちチェック！ 利用は許可制で「見るだけ」から ほか） これだけはやっておこう！ ソーシャルメディア安全設定ガイド（スマホの位置情報をオフにする グーグルアカウントの初期設定を変更する ほか）

『中高生のためのケータイ・スマホハンドブック』 今津孝次郎監修，金城学院中学校高等学校編著 学事出版 2013.9 95p 21cm 600円 ①978-4-7619-1999-3 Ⓝ694.6

[目次] 1 コミュニケーションとケータイ・スマホの実態，2 ケータイ・スマホの基本的なこと，3 はやりのコミュニティサイト，4 ケータイ・スマホのリスク，5 ケータイ・スマホがこころと身体に与える影響，6 ケータイ・スマホを少しでも安全に使うために，7 災害とケータイ・スマホ，8 ケータイ・スマホの行方，9 世界のケータイ・スマホ事情，10 親子で考えるケータイ・スマホ

[内容] ケータイ・スマホの便利さとともに，そのかげに潜むリスク。生徒有志がケータイとスマートフォン（スマホ）を「人間とコミュニケーション」という基本から捉え直し，具体的にどうつきあえばよいのかについて，生徒自身の目線から幅広く検討した長年の成果をまとめたもの。

『小・中学生向け インターネットあんしんガイド 【SNS編】』 トレンドマクロ 2013.5 12p ［PDF資料］

『小・中学生向け インターネットあんしんガイド 【スマホ＆タブレット編】』 トレンドマクロ 2013.5 12p ［PDF資料］

『気をつけよう！ 情報モラル 2 メール・SNS編』 永坂武城監修，秋山浩子

文，平田美咲イラスト　汐文社　2013.3
31p　27cm　〈文献あり　索引あり〉　2200
円　①978-4-8113-8933-2　Ⓝ007.3

目次 01（メールだけでは，伝わらない？，
文字の会話は，むずかしい？，チェーンメー
ルは無視！），02（ネットの日記で思わぬ事
件に？，日記を見るのはトモダチだけな
の？，軽い気持ちで書いただけ？），03（無
料で通話＆メッセージ？　そのアプリいい
ね！，どんなトークでもOK？，この人は
「友だち」だったかな？）

『気をつけよう！　情報モラル　1　ゲー
ム・あそび編』　永坂武城監修，秋山浩子
文，平田美咲イラスト　汐文社　2012.
11　31p　27cm　〈文献あり　索引あり〉
2200円　①978-4-8113-8932-5　Ⓝ007.3

目次 01 初めてのケータイは，やっぱりス
マホ！？，02 ゲームで必要なアイテムを手に
入れたい！，03 よくわからないアプリ，イ
ンストールしてOK？

『子どものための『ケータイ』ルールブッ
ク』　目代純平著　総合法令出版　2012.
10　219p　19cm　1300円　①978-4-
86280-326-9　Ⓝ367.61

目次 第1章 子どものケータイ利用の現状，
第2章 大人が知らない子どものネット社会，
第3章 正しい情報と知識で子どもを守る，
第4章 「ケータイ教育」の始め方，第5章
ケータイ教育の効果，第6章 子どものケー
タイ，こんなときどうする？　Q&A

内容 ネットいじめ，迷惑メール，高額請求
──「持たせない」だけがトラブルから守る方
法ではない！　親子で携帯電話の使い方を考
える。ケータイ教育がネット社会に潜む危
険から子どもを守ります。

『12歳からのマナー集──インターネット・
ケータイ電車内マナーからなぜ，「いじ
め」てはいけないのかまで』　多湖輝著
新講社　2012.10　190p　18cm
（WIDE SHINSHO 178）〈2004年刊の
再編集〉900円　①978-4-86081-453-3
Ⓝ385.9

目次 第1章 「インターネット」が楽しくな
るマナー，第2章 メールやケータイを「書
く」マナー，第3章 「人を殺す」ってどうい
うこと？，第4章 トラブルを避ける「心の
準備」，第5章 「友だち」とのマナー，第6章
「言葉・電話」のマナー，第7章 「歩く・乗
る」マナー，第8章 「買う・見る・食べる」
マナー

『新・親子で学ぶインターネットの安全
ルール』　いけだとしお，おかもとなちこ

文，つるだなみ絵　ジャムハウス
2012.10　91p　19cm　1500円　①978-
4-906768-05-9　Ⓝ694.5

目次 インターネット編（お父さん・お母さ
んと見たことがあるホームページからス
タート，インターネットでのさがしものは
お父さん・お母さんといっしょに ほか），
メール編（知らない人からメールが来たらひ
らいちゃダメ。お父さん・お母さんにほう
こく，友達のフリをするウソつきメールに
注意する ほか），コミュニケーション編（け
いじばん，チャット，ブログやツイッターの
利用はお父さん，お母さんと相談，けいじば
ん，チャット，ブログやツイッターで仲良く
なった人から名前や住所，電話番号を聞か
れても返事してはダメ ほか），携帯電話編
（けいたい電話を持つかどうかはお父さん・
お母さんとしっかり相談して，けいたい電
話を持つならお父さん・お母さんとの約束
を守ろう ほか）

内容 平成23年度採用教科書「小学校の国語
5年」（三省堂）の「わたしの本だな」で紹介
された書籍に最新情報を追加！　スマホやツ
イッターのどこがキケンかも解説。お父さ
ん・お母さんも一緒に知りたい33の安全
ルールを掲載。

『インターネットにおけるルールとマナー
こどもばん公式テキスト』　インター
ネット協会著　改訂版　インターネッ
ト協会　2012.3　105p　26cm　1600円
①978-4-903050-02-7　Ⓝ694.5

『ルールとマナーを学ぶ子ども生活図鑑
4（人間関係編）』　子どもの生活を考え
る会編　国土社　2012.3　31p　29cm
〈索引あり　文献あり〉3000円　①978-
4-337-17004-9　Ⓝ385.9

目次 魔法のことば（あいさつのいろいろ，
あいさつの方言），人づきあい（年上の人と
のつきあい方，年下の人とのつきあい方，差
別しない，困っている人を助けよう），友だ
ちづきあい（友だちをつくろう，お誕生会，
転校生が来た時，けんかした時，いじめられ
たら），メール・電話・手紙などのルール
（メール・ツイッター，電話の受け方・かけ
方，はがき・手紙の書き方，年賀状・暑中見
舞い），江戸しぐさ

内容 あいさつのしかた，友だちづきあい，
電話やメールのやりとりなど，人間関係の
ルールやマナーを紹介。

『ひと目でわかる最新情報モラル──ネット
社会を賢く生きる実践スタディ』　大橋
真也，森夏節，立田ルミ，小杉直美，橘孝
博，早坂成人，曽我聡起，高瀬敏樹，石坂
徹，辰島裕美著　第2版　［東京］　日経
BP社　2011.12　89p　21cm　〈初版：
日経BPソフトプレス2009年刊　発売：

ネットワークコミュニケーションと情報化社会　　　　　　　　情報化社会・倫理

日経BPマーケティング〉476円
①978-4-8222-9507-3　Ⓝ007.3
目次 序章 情報とモラル、マナー、ルール
（情報モラルとは何だろう、マナーとルール
の違い）、第1章 モバイルとネット文化（友
人間、学校、社会の取り決め、メールをめぐ
るトラブル ほか）、第2章 学校生活とメー
ル、ウェブ（読んでもらえるメールの件名と
は，相手に通じるメールの心得 ほか）、第3
章 レポート作成とプレゼンテーション（著
作権の正しい考え方、引用は勝手にしてよ
いか ほか）、第4章 ネットワーク社会との
付き合い方（ネットの罠とトラブル，自分の
PCをネットワークにつなぐ前にすること ほ
か）、第5章 コミュニティの活用と新しい文
化（ケータイの文化とコミュニティ、SNSを
利用した学習とコミュニケーション ほか）

『親子向けインターネット・ネチケット入
門―始める前にこれだけは身につけて
おこう！』　井上直子著　文芸社　2011.
4　146p　19cm　1100円　①978-4-286-
10225-2　Ⓝ694.5

『12歳からの心理学』　多湖輝著　新講社
2011.2　190p　19cm　1300円　①978-
4-86081-366-6　Ⓝ159.5
目次 プロローグ 大人への第一歩を歩み出
そうとしているキミへ、第1章 いまは大人
になろうとしてもがいている時期なんだ，
第2章 他人が気になるのは、大人への入り
口に来たからだ、第3章 世の中には、自分
の力ではどうにもならないことがある、第4
章 「いじめ」って何？、第5章 「ケータイ」
とのつき合い方、第6章 キミはどんな大人
になりたいのかな？、第7章 キミのいる場
所はどこ？、第8章 「自分の未来を考える」
練習をしよう、エピローグ 「聞く耳」をも
つ練習もしていこう
内容 「ケータイ」とどうつき合う？ 「いじ
め」にどう立ち向かう？ こうすればキミの
「未来」が見えてくる。

『10代のためのケータイ心得』　スメリー，
服部元信まんが，こころ部監修　ポプラ
社　2010.3　191p　21cm　〈表紙のタイ
トル：ケータイココロエ〉933円
①978-4-591-11784-2　Ⓝ694.6
目次 なのてくなのこのけ一たいてくにっ
く、ケータイ恐怖劇場、ケータイトラブル速
効解決マニュアル、ケータイ能力テスト、
ケータイ用語辞典、テーマ別エピソード
マップ
内容 携帯電話を使うために必要なマナー、
ネチケット、情報を正しく判断し活用する
力が身につきます。第13回文化庁メディア
芸術祭審査委員会推薦作品。

『体と心保健総合大百科　中・高校編
2010年』　少年写真新聞社編　少年写真
新聞社　2010.2　307p　30cm　〈『保健
ニュース』『心の健康ニュース』縮刷活
用版　索引あり〉3771円　①978-4-
87981-329-9　Ⓝ374.9
目次 保健ニュース1縮刷（2008年4月8日号
No.1396～2009年3月18日号No.1427）・保健
ニュース2縮刷（2008年4月8日号No.1396～
2009年3月8日号No.1426）（体の危険信号を
キャッチする尿検査―腎臓は疲れ!?、疲れ
ている時にできやすい口内炎は体調の黄色
信号―口内炎、ワクチンによる免疫で予防
する麻しん―麻しん（はしか）の流行と対策、
紫外線による皮膚障害から身を守ろう―有
害な紫外線から皮膚を守ろう、ウイルスが
原因！ 流行性角結膜炎―流行性角結膜炎
ほか）、心の健康ニュース縮刷（2008年4月8
日号No.331～2009年3月8日号No.342）（朝食
で決まる脳のパワー―食事栄養と脳の発達、
成長すると欲しいものも変わる―マズロー
の欲求段階説について、携帯電話は「時間泥
棒」？―「携帯電話」との付き合い方、平和
学習 教室も世界もルールは同じ―インタ
ビュー（財）広島平和文化センタースティー
ブン・リーパー理事長、人生の先輩シリーズ
（5）車イスバスケットボールプレーヤー及川
晋平さん―インタビュー：人生の先輩シ
リーズ（5）車イスバスケットボールプレー
ヤー及川晋平さん ほか）

『体と心保健総合大百科　小学校編 2010
年』　少年写真新聞社編　少年写真新聞
社　2010.2　227p　30cm　〈『小学保健
ニュース』『心の健康ニュース』縮刷活
用版　索引あり〉3771円　①978-4-
87981-328-2　Ⓝ374.9
目次 小学保健ニュース縮刷（2008年4月8
日号No.843～2009年3月18日号No.874）（高熱
と体に赤いぽつぽつが出る「はしか」―麻し
ん（はしか）の流行と対策、健康診断ではな
にを調べるの？一学校における健康診断、
夏が来る前から注意しておこう―太陽の紫
外線による皮膚への害―小児の紫外線の影
響、ぼうこうに細菌が入ることで起こるぼ
うこう炎―トイレの我慢が原因でなる膀胱
炎、運動中のあせで失われる体の水分―熱
中症の予防 ほか）、心の健康ニュース縮刷
（2008年4月8日号No.331～2009年3月8日号
No.342）（朝食で決まる脳のパワー―食事栄
養と脳の発達、成長すると欲しいものも変
わる―マズローの欲求段階説について、携
帯電話は「時間泥棒」？―「携帯電話」との
付き合い方、平和学習 教室も世界もルール
は同じ―インタビュー（財）広島平和文化
センタースティーブン・リーパー理事長、人
生の先輩シリーズ（5）車イスバスケットボー
ルプレーヤー及川晋平さん―インタビュー
人生の先輩シリーズ（5）車イスバスケット
ボールプレーヤー及川晋平さん ほか）

子どもの本 情報教育・プログラミングの本2000冊　**97**

情報化社会・倫理　　　　　ネットワークコミュニケーションと情報化社会

『ひと目でわかる最新情報モラル—高校版 ネット社会を賢く生きる実践スタディ』 大橋真也，森夏節，立田ルミ，小杉直美，橘孝博，早坂成人，曽貫聰起，高瀬敏樹，石坂徹，辰島裕美，山田祐仁著　日経BP社　2010.1　97p　21cm〈発売：日本文教出版〉476円　①978-4-536-60028-6　Ⓝ007.3

目次　序章　情報とモラル、マナー、ルール（情報モラルとは何だろう、マナーとの違い）、第1章　ケータイとネット文明の利器（友人間、学校、社会の取り決め、メールをめぐるトラブル　ほか）、第2章　学校生活とメール、ウェブ（読んでもらえるメールの件名とは、相手に通じるメールの心得　ほか）、第3章　レポート作成とプレゼンテーション（著作権の正しい考え方、引用は勝手にしてよいか　ほか）、第4章　自分とネットワーク社会（ネットの罠とトラブル、ファイル共有ソフトが危ないと言われる理由　ほか）、第5章　実社会とネットコミュニティ（社会人の一日を追いかけてみよう、SNSを利用した学習とコミュニケーション　ほか）

内容　ケータイメール、添付ファイル、To/Cc/Bcc、デジタル万引き、プロフ、裏サイト、匿名性、メーリングリスト、ブログ、SNS…。ネットが次々に生んだ新しい価値やキーワードをカバー。

『インターネットのお約束　あひるのおやコ』　兵庫県警察　28p　［PDF資料］

『ネットトラブルの法律相談Q＆A』　神奈川県弁護士会IT法研究会編　第2版　法学書院　2018.4　247p　21cm〈索引あり〉2000円　①978-4-587-21936-9　Ⓝ007.3

目次　スマートフォン・携帯電話・アプリ、SNS（フェイスブック、ツイッター、ライン、インスタグラム等）、クラウド、情報セキュリティ、名誉毀損・プライバシー侵害、動画投稿・違法ダウンロード、ネットショッピング、アフィリエイト、仮想通貨、ネットバンキング、ネットトレード、会社・企業関係、著作権〔ほか〕

内容　インターネットショッピングで返品はできるの？　娘にTwitterを利用させても大丈夫？　従業員採用活動時に個人情報を収集するときの注意点は？　民法等の最新の法改正に対応！

『事例でわかる情報モラル—30テーマ 2018』　実教出版編修部編　実教出版　2018.2　112p　26cm〈年表あり　索引

あり〉500円　①978-4-407-34361-8　Ⓝ375.199

目次　巻頭特集　おもなソーシャルメディアの使い方、ネット社会のモラルとマナー、ネット社会での生活と危険性、個人情報と知的財産、情報セキュリティとネット被害、解説編、特集　あなたは大丈夫!?ネット依存症、特集　情報関連法規とセキュリティQ＆A

『だれもが実践できるネットモラル・セキュリティ』　堀田龍也、西田光昭編著　三省堂　2018.1　191p　30cm　1800円　①978-4-385-36266-3　Ⓝ375.199

目次　第1章　巻頭対談（ネットモラル教育の過去・現在そして未来。）、第2章　実践事例（情報モラル指導の実際、事例アニメ教材、解説アニメ教材、道徳用読み物、情報セキュリティ）、第3章　研修（校内研修、保護者、管理職、教育委員会、教員養成）、第4章　新学習指導要領と情報モラル

内容　この本には、授業づくりのポイントや教材の活用方法を実践者の先生方が具体的に解説した実践事例を多数掲載しています。ぜひこの本を読んでネットモラル教育を始めてほしいと思います。研修についても充実の内容。

『ある日突然、普通のママが子どものネットトラブルに青ざめる—知らないと意外にコワいネットとスマホの落とし穴』　長谷川陽子著　大阪　アイエス・エヌ　2017.12　223p　19cm　1500円　①978-4-909363-01-5

目次　1　子どもをめぐる「いまどきのネット事情」、2　日本の子どもはネットトラブルに巻き込まれやすい!?、3　ネットが悪いのではなく、「使い方」が問題、4　わが子を「加害者」にしてしまう危険がいっぱい、5　え!?そんな法律、あったの？、6　今日からできる「ネット利用ルールの作り方」

内容　起こってからでは、もう遅い。情報教育アナリストが「親がすぐできること」を伝授。

『先生・保護者のためのスマホ読本—小学校保健室から発信！』　今津孝次郎監修・著、子どもたちの健やかな育ちを考える養護教諭の会編著　学事出版　2017.11　118p　19cm　1500円　①978-4-7619-2370-9　Ⓝ371.27

目次　第1章　小学校で子どもはどのように育つのでしょうか、第2章　子どもとのかかわりについて見つめ直しましょう、第3章　「スマホ・デビュー」を観察すると、第4章　スマホとコミュニティサイトの仕組みとは、第5章　ネットいじめをなくそう、第6章　日ごろからスマホ依存を予防しましょう、第7章　スマホ使用について保健室からのアドバイス、第8章　家庭でスマホ・ルールをつくりましょう

98

ネットワークコミュニケーションと情報化社会　　　　　　　　　　　情報化社会・倫理

内容 小学生からのスマホデビューは今や当たり前。家庭・学校で何ができるか，子どもの成長やコミュニケーション力向上の視点から考えてみましょう。小学校保健室で見聞きした事例を元に，養護教諭たちでまとめた1冊です。

『事例でわかる情報モラル―30テーマ
2017』 実教出版編修部編　実教出版
2017.2　112p　26cm〈年表あり　索引あり〉　500円　①978-4-407-34079-2
Ⓝ007.3
目次 巻頭特集 おもなソーシャルメディアの使い方，ネット社会のモラルとマナー（携帯電話・スマートフォンのマナー，ソーシャルメディア ほか），ネット社会での生活と危険性（位置情報サービスの利用，情報の共有と管理 ほか），個人情報と知的財産（個人情報のコントロール，個人情報の流出 ほか），情報セキュリティとネット被害（パスワードの管理，不正アクセス ほか），解説編，特集（あなたは大丈夫!?ネット依存症，情報関連法規とセキュリティQ&A）
内容 社会の目，科学の目。30テーマ。

『あなたは大丈夫？ 考えよう！ インターネットと人権』 藤川大祐監修　改訂版
人権教育啓発推進センター（制作）
2017.1　22p　21cm〈委託：法務省〉
Ⓝ694.5
目次 「インターネット使うとき，こんなことをしていませんか？」，ネットは便利だけど…，使い方を間違えると大変なことに！，ネット被害から自分を守るために，ネットで相手を傷つけないために，フィルタリング，ルール，マナーは，子どもの人権を守ります！，困った時には，一人で悩まず，相談しよう！，書き込みや写真，動画などの削除依頼について知りましょう，「STOP！ネットトラブルの歌」〜中学生・高校生編〜青森県警察

『見てわかる情報モラル―スマホ・SNS時代の情報社会の歩き方22Lessons』
日本文教出版編集部編集　第3版　大阪
日本文教出版　2016.10　48p　26cm
380円　①978-4-536-25359-8　Ⓝ007.3

『情報社会における法・ルールと倫理』
清野正哉著　中央経済社　2016.6
327p　21cm〈発売：中央経済グループパブリッシング〉　3600円　①978-4-502-19191-6
目次 第1章 情報社会とは，第2章 情報倫理と法・ルール，第3章 情報社会における専門家と職業倫理，第4章 保護される個人の権利・利益，第5章 情報社会における個人の参

加と行動規制，第6章 ソーシャルメディア（SNS等），第7章 スマートフォン・携帯電話の利用における問題点と解決方法，第8章 インターネット利用の問題点と解決方法−自宅等やスマートフォン等でのプライベート利用の視点から，第9章 企業や組織等でのインターネットの利活用における問題点と解決方法，第10章 情報セキュリティ，第11章 情報社会における自力救済と法
内容 「情報倫理」の入門書として，情報社会の特質・問題点から説き起こし，法的・倫理的規範を解説。法規制から倫理的側面まで！ 加速する情報技術の発展を受けて，現代を生きる人・技術者のために判断と行動の規範を明らかにする。

『情報モラル&情報セキュリティ―36の事例でわかりやすく解説！』 富士通エフ・オー・エム株式会社著者制作　改訂版
FOM出版　2016.2　91p　26cm〈索引あり〉　500円　①978-4-86510-274-1
Ⓝ007.3

『事例でわかる情報モラル―30テーマ
2016』 実教出版編修部編　実教出版
2016.2　112p　26cm〈索引あり〉　500円　①978-4-407-33922-2　Ⓝ007.3
目次 巻頭特集 おもなSNSの特徴としくみ，ネット社会のモラルとマナー（携帯電話・スマートフォンのマナー，ソーシャルメディア ほか），ネット社会での生活と危険性（位置情報サービスの利用，情報の共有と管理 ほか），個人情報と知的財産（個人情報のコントロール，個人情報の流出 ほか），情報セキュリティとネット被害（パスワードの管理，不正アクセス ほか），解説編，特集 あなたは大丈夫!?ネット依存症，特集 著作権Q&A
内容 社会の目，科学の目。30テーマ。

『あなたに知ってほしいスマホ・インターネットの使い方―常に危険と隣り合わせ』 人権教育啓発推進センター（制作）
2015.11　19p　22cm　278円　Ⓝ007.3

『スマート本―スマホについてラップした本』 倉垣英男，スメリー著，佐藤慎吾監修　Kurock出版　2015.11　155p
19cm〈他言語標題：Rap the smartphone〉　1000円　①978-4-9908531-0-5　Ⓝ367.61

『ネット社会を安全に暮らす』 公共政策調査会　2015.2　418p　21cm　（懸賞論文論文集 平成26年度）〈共同刊行：警察大学校警察政策研究センター　文献あり〉　非売品　Ⓝ547.483

『その「つぶやき」は犯罪です―知らないとマズいネットの法律知識』 鳥飼重和

子どもの本 情報教育・プログラミングの本2000冊　99

情報化社会・倫理　　ネットワークコミュニケーションと情報化社会

監修, 神田芳明, 香西駿一郎, 前田恵美, 深澤諭史著　新潮社　2014.5　206p　18cm　(新潮新書 572)　700円　①978-4-10-610572-2　Ⓝ007.3

目次 序章「加害者」にも「被害者」にもなる時代. 第1章 人は知らぬうちに「加害者」になる (「勘違い」で罪を犯す人々,「名誉毀損」をしてしまう人々,「個人情報」を漏らしてしまう人々,「肖像権」を侵害してしまう人々,「著作権」を侵害してしまう人々,「嘘」による罪を犯す人々,「善意」で罪を犯す人々), 第2章 人はある日突然「被害者」になる (書き込まれたら, こう対処する, 新手のネット問題に巻き込まれたら)

内容 思わずブログに綴った悪口, 正直に書いた店のクチコミ, 良かれと思って拡散させた噂話, 気軽にしたSNSのタグ付け…これらが全て「犯罪」だとしたら! 誰もが気軽に「発信」できる時代には, 著作権侵害, 名誉毀損, 個人情報漏洩, 虚偽広告など具体的な相談事例を元に, 自分や会社を守るための知識を弁護士が徹底解説. インターネットを使う全ての現代人に必読の一冊.

『子どもの安全とリスク・コミュニケーション』関西大学経済・政治研究所子どもの安全とリスク・コミュニケーション研究班編　吹田　関西大学経済・政治研究所　2014.3　251p　21cm　(関西大学経済・政治研究所研究双書 第159冊)〈発行所: 関西大学出版部〉2300円　①978-4-87354-582-0　Ⓝ367.61

目次 リスクマネジメントの考え方, 子どもソーシャル・リスク, 子どもの安全とソーシャル・リスクマネジメント―子どもの安全に関わるリスク対応と施策, 子どもを持つ生活者とリスクマネジメント, 子どものインターネット利用におけるリスクとゲーム形式を用いたメディア・リテラシー実践の可能性, 子どもたちが困難やストレスを乗り越えるために, 小学校受験におけるリスク・マネジメントに関する一考察, わが国のプライバシー・個人情報保護法制の将来像の探求―「ECプライバシー研究報告」におけるわが国の個人情報保護法制の「有効性」に関する評価を端緒として, 参加型手法を取り入れた防災教育―中学生の被災地での体験学習の事例より, 学校の危機管理, 学校現場における安全管理・防災教育の実践―高槻市立磐手小学校における取り組み

『わが子のスマホ・LINEデビュー安心安全ガイド』日経デジタルマーケティング編, 小林直樹著　[東京]　日経BP社　2014.3　158p　19cm〈発売: 日経BP

マーケティング〉1300円　①978-4-8222-2531-5　Ⓝ367.61

目次 第1章 データで読み解く子どもとスマホの今 (ガラケー (従来型携帯電話) とスマホは何が違う?, スマホの普及状況は?　ほか), 第2章 データで読み解くスマホリスク (歩きスマホ, ワンクリック詐欺 ほか), 第3章 わが子を守るスマホ設定 (フィルタリングは必要か?, LINEができないからフィルタリングを外してと言われたら?　ほか), 第4章 わが子を「炎上」させない対策とルール (2013年夏,「バカッター」続出のワケ, 悪ふざけや愚行の自慢は「人の性」, ボタン一つで公開, 炎上招く ほか), 第5章 トラブルを防ぐSNS設定 (つながりたくない人を遮断したい, 知らない人にフォロー, 閲覧されたくない ほか)

内容 ネット依存, 炎上, 架空請求詐欺, 友だち募集掲示板, リベンジポルノ, 歩きスマホ, LINE疲れ, ウイルス, 不正アプリ, 個人情報流出…親子でつくる「スマホ・ガイドライン」作成の手引. トラブルを未然に防ぐSNS設定ガイド.

『あのー, それは違法行為ですけど…―知らないうちにあなたは犯罪者?』牧野二郎著　新潟　シーアンドアール研究所　2013.12　215p　26cm　(目にやさしい大活字 smart publishing)　2500円　①978-4-86354-726-1　Ⓝ007.3

目次 やってはいけない! メールの落とし穴, やってはいけない! ホームページの落とし穴, やってはいけない! ネットオークションの落とし穴, やってはいけない! ネット株の落とし穴, やってはいけない! 音楽・映像の落とし穴, やってはいけない! パソコン・ソフトの落とし穴, やってはいけない! その他の落とし穴, 付録 (本書で解説した主な法律一覧)

内容 偽ブランド品をネットオークションに出品してしまった! 録音したラジオ番組をホームページで公開してしまった! 友人から聞いた未公開情報をもとに株を買ってしまった! 会社で余っているパソコンを無断で持ち帰ってしまった! etc…ネット時代に知らないでは済まされない. 犯罪者にならないために知っておくべき, 目からウロコの法律の知恵袋!

『液晶画面に吸いこまれる子どもたち―ネット社会の子育て』下田博次, 下田真理子共著　女子パウロ会　2013.10　151p　19cm　1200円　①978-4-7896-0726-1　Ⓝ379.9

目次 1章 インターネットに託された夢 (インターネットの夢と現実, 知性の向上を目指すネット利用の具体例), 2章 青少年への悪影響が大きい快楽的利用 (メディア・マジックの乱用と悪用の結果, メディア・マジックの力, 闇の世界への危険, 錯覚を生みやすいメディア, ネット利用のための判断

ネットワークコミュニケーションと情報化社会　　　　　　　　　情報化社会・倫理

力・自制力・責任力），3章 赤ちゃんから始めるネット社会の子育て（おもちゃのアプリと小児科医の心配，思春期からでは遅すぎる，メディア・マジックの影響を受けやすい思春期，ゲーム中毒を社会的損失として取り組む国々，流行に流されない家庭や，IT業界は「良い面ばかり強調してきた」と反省も），4章 これだけは知っておきたいこと（ペアレンタルコントロールの重要さ，さまざまな電子メディアのリスクと注意点，子どもの成長に合わせたメディアの与え方，ホフマンさんの愛と知恵）

内容 「子どもたちにはぜひ幸せな一生を送ってほしい！」そう願うお父さん，お母さん，先生がた，パソコン，ケータイ，スマートフォンなどの情報機器は子どもたちの未来を大きく，豊かに，便利にします。けれど，悪用や乱用をすれば深い闇の世界への危険が…ネット社会の子育てで，最も重要なことをまとめた必読の一冊。

『先生・保護者のためのケータイ・スマホ・ネット教育のすすめ──「賢い管理者」となるために』 今津孝次郎監修・著，金城学院中学校高等学校編著　学事出版　2013.9　93p　21cm　1300円　①978-4-7619-1998-6　⑭371.37

目次 第1章 新しい情報メディアと私たち──この本のねらいと使い方，第2章 ケータイ・スマホ・ネットと賢くつきあう──ダイジェスト版「ハンドブック」，第3章 ホンネ座談会──「ハンドブック」づくりで深めた生徒・保護者・教員のコミュニケーション，付章 ケータイ・スマホ・ネットと賢くつきあうための用語集

内容 人間のコミュニケーションという大きな視野から新メディアを位置づけ，それらの利便性・不便性・危険性の三側面を整理しながら，新メディアとどうつきあうべきかについて根本的に考える。延べ100人近い生徒有志が，そうした作業を5年以上にもわたって探索してきた成果である「ハンドブック」（ダイジェスト版）を第2章に収録している。

『最新 事例でわかる情報モラル』　実教出版編集部編　実教出版　〔2013.2〕　96p　26cm　480円　①978-4-407-33032-8

目次 ネット社会のモラルとマナー，個人情報，ネット社会での生活と危険性，知的財産，情報セキュリティとネット被害，資料編

『知ってる!?ケータイやインターネットも使い方ひとつで…』　名古屋　名古屋市市民経済局人権施策推進室　2013.2　22p　21cm　〈法務省委託　共同刊行：名古屋市教育委員会〉⑭694.5

『最新事例でわかる情報モラル──30テーマ』　実教出版編修部編　実教出版　〔2013〕　96p　26cm　〈索引あり〉　480円　①978-4-407-33032-8　⑭007.3

『お母さんのための子供のデジタルマナーとしつけ──目にやさしい大活字：SMART PUBLISHING』　中元千鶴著，マナーキッズプロジェクト監修　新潟　シーアンドアール研究所　2012.12　167p　26cm　〈2012年刊の再刊〉　2000円　①978-4-86354-701-8　⑭379.91

目次 第1章 子供にスマホや携帯電話、パソコンは必要ですか？（子供にスマホや携帯電話を安易に買い与えていませんか？，スマホを持っていないことがイジメにつながると思っていませんか？　ほか），第2章 子供にスマホやパソコンを持たせるときの必須ルール（子供にスマホを無条件で持たせていませんか？，子供のスマホを定期的にチェックしていますか？　ほか），第3章 子供を危険から守るのは親の責任（子供にスマホのマナーやモラルを教えていますか？，スマホを子供の自主性に任せて好き勝手に使わせていませんか？　ほか），第4章 イジメは犯罪！ 子供を加害者にも被害者にもしない（学校の裏サイトにはかかわらないことを子供に話していますか？，友達がイジメられていたら先生や親に相談しましょう　ほか），第5章 テレビやゲームをするときの必須ルール（子供部屋で自由にテレビを見たりワンセグを使わせていませんか？，子供にテレビのチャンネル権を持たせていませんか？　ほか）

内容 スマホはネット上の役に立つ情報・害になる情報にもアクセスできる道具になる。デジタルツールを子供に与えるときのマナーやルールをどうやって教えるのか，犯罪やイジメから子供を守るには何をなすべきかをわかりやすく解説。

『子どものための『ケータイ』ルールブック』　目代純平著　総合法令出版　2012.10　219p　19cm　1300円　①978-4-86280-326-9　⑭367.61

目次 第1章 子どものケータイ利用の現状，第2章 大人が知らない子どものネット社会，第3章 正しい情報と知識で子どもを守る，第4章 「ケータイ教育」の始め方，第5章 ケータイ教育の効果，第6章 子どものケータイ、こんなときどうする？ Q&A

内容 ネットいじめ，迷惑メール，高額請求──「持たせない」だけがトラブルから守る方法ではない！ 親子で携帯電話の使い方を考える。ケータイ教育がネット社会に潜む危険から子どもを守ります。

『メディア社会やって良いこと悪いこと』　佐藤佳弘著　源　2012.6　157p　19cm　1238円　①978-4-904248-11-9　⑭007.3

子どもの本 情報教育・プログラミングの本2000冊　101

情報化社会・倫理　　　　　　　　　　ネットワークコミュニケーションと情報化社会

目次 第1章 メールやダウンロードがややこ
しい，第2章 カキコや掲載がややこしい，
第3章 音楽や映画がややこしい，第4章 携
帯電話がややこしい，第5章 ショッピング
がややこしい，第6章 IT社会がややこしい

内容 メール・音楽・映画・携帯…これを
やったら違法行為。

『保護者のためのあたらしいインターネッ
トの教科書―おとなの知らないネット
の世界』 インターネットユーザー協会
編　中央経済社　2012.5　167p　21cm
1600円　①978-4-502-69620-6　Ⓝ007.3

目次 第1章 ネットのしくみと使い方・使わ
れ方（ネットの世界は本当に「危険がいっぱ
い」なの？，ネットにつながるしくみ ほ
か），第2章 メール（生活に定着したメール，
メールにも種類がある ほか），第3章 「匿
名」でのコミュニケーション（ネットの情報
はカンタンには消えない，ネット上から「削
除する」とは ほか），第4章 ソーシャル
ネットワークサービス（ネットでのコミュニ
ケーションには特別な意味がある？，SNS
の種類と利用のされ方 ほか），第5章 ネッ
トの生放送（ネット生放送とテレビ番組のち
がい，ネットで生放送が人気の理由 ほか），
第6章 ネットとゲーム（ケータイゲーム，
"無料"ケータイゲームサイトの課金システ
ム ほか）

内容 「子どもにケータイを持たせるけど大
丈夫かな？」「夜遅くまでゲームしているの
が心配だな」子どもにネットを使わせるとき
や，ネットにつながる機器を使わせるときに
気をつけたいことをやさしくまとめました。

『見てわかる情報モラル―ディジタル世代
のための情報社会の歩き方22 Lesson』
日本文教出版　2012.3　48p　26cm
376円　①978-4-536-60057-6　Ⓝ007.3

目次 携帯電話のマナー，依存症，メールの
マナー，迷惑メール対策とチェーンメール，
有害サイトとフィルタリング，詐欺に遭わ
ないために，コンピュータウイルス対策，個
人情報の管理，パスワードの管理（不正アク
セス），なりすまし〔ほか〕

内容 ディジタル世代のための情報社会の歩
き方22Lesson。

『スマートフォン時代の法とルール―ツ
イッター、SNS、動画配信サービス、携
帯電話のトラブルと解決策』 清野正哉
著　中央経済社　2011.7　218p　21cm
2400円　①978-4-502-68850-8　Ⓝ007.3

目次 第1章 ツイッター（Twitter）―その利
用における問題点と対処方法，第2章 SNS・
ブログ―その利用における問題点と対処方

法，第3章 YouTube（ユーチューブ）、ニコ
ニコ動画等の映像配信サービス―映画配信
サービスへの利用と参加における問題点と
解決方法，第4章 スマートフォン・携帯電
話の利用における問題点とその解決方法，
第5章 インターネット利用における問題点
とその解決方法，第6章 会社や組織等での
インターネットの利活用における問題点と
その解決方法，第7章 情報セキュリティ，
第8章 情報社会におけるその他の問題，第9
章 情報社会における自力救済と法，参考資
料 著作権法テキスト

内容 本書はコンピュータ・ネットワーク社
会に生きるわたしたちに最低限必要な知識
と対策を，具体的な情報コミュニケーション
ツールの利活用の視点から解説しています。

『ネットでやって良いこと悪いこと』 佐
藤佳弘著　源　2011.7　143p　19cm
1238円　①978-4-904248-09-6　Ⓝ007.3

目次 第1章 音楽・動画の落とし穴（音楽や
映像のダウンロードは合法か？，聴くだけ，
観るだけなら大丈夫？ ほか），第2章 イラ
スト・画像の落とし穴（いちばん危険なキャ
ラクターは？，子供が描いたポケモンでも
訴えられる？ ほか），第3章 カキコの落と
し穴（名誉毀損と侮辱の違いは？，タレント
ならブログで悪口を言ってもいい？ ほ
か），第4章 写真の落とし穴（勝手に撮っ
ちゃダメ？，拒絶なければ撮影OK？ ほ
か），第5章 ネット犯罪の落とし穴（誹謗中
傷カキコが無罪？，著作権を侵害しても無
罪？ ほか）

内容 知らなかったではすまされない！ あ
なたのブログが訴えられるかも！ ネット利
用におけるやって良いこと悪いことを解説。

『情報モラル』 柴田匡啓著　改訂2版　伊
勢原　産業能率大学情報マネジメント
学部　2011.3　69p　26cm〈他言語標
題：Information moral　発売：三惠社
（名古屋）〉953円　①978-4-88361-604-
6　Ⓝ007.3

『「親子のためのネット社会の歩き方セミ
ナー」実施報告書』 コンピュータ教育
開発センター著　コンピュータ教育開発
センター　[2011]　59p　30cm〈平成
22年度財団法人JKA補助事業〉Ⓝ007.3

『情報・倫理・知的財産―ネットワーク社
会のリベラルアーツ』 白井豊著　東村
山　ゆたか創造舎　2010.9　230p
21cm〈索引あり〉2400円　①978-4-
904551-05-9　Ⓝ007.3

『IT社会の護身術』 佐藤佳弘著　横浜
春風社　2010.3　237p　19cm　2095円
①978-4-86110-204-2　Ⓝ007.3

目次 第1章 ケータイがもたらしたもの，第
2章 パソコンの行方，第3章 漂流するデジ

タル情報，第4章 ゆがむインターネット，第5章 ネット書き込みの向こう側，第6章 情報化してゆく生活

内容 IT時代の暮らしを守る心構えをやさしく解説。情報化社会の危機管理を説く37のポイント。

『ケータイを安全に正しく使うために』高知県人権啓発センター編 高知 高知県人権啓発センター 2010.3 24p 21cm Ⓝ694.6

『インターネット社会を生きるための情報倫理 2010』 情報教育学研究会・情報倫理教育研究グループ著 実教出版 2010.2 113p 21cm （情報books plus！）〈他言語標題：Information ethics〉400円 Ⓘ978-4-407-31903-3 Ⓝ007.3

『情報化社会の歩き方―危険回避のガイドブック』 佐藤佳弘著 京都 ミネルヴァ書房 2010.2 229p 21cm〈索引あり〉2800円 Ⓘ978-4-623-05424-4 Ⓝ007.3

目次 第1部 IT社会の権利侵害（人権侵害の危険，肖像権侵害の危険，著作権侵害の危険，個人情報の危険，プライバシー侵害の危険，訴えてやる），第2部 情報リスクマネジメント（危ない携帯電話，危ないメール，危ないサイト，危ないショッピング，オークション，危ないカード）

内容 自由と利便性にひそむ陥穽。あなたの無知が「危険」を招く，被害者にも加害者にもならないために。

『「親子のためのネット社会の歩き方セミナー」実施報告書』 コンピュータ教育開発センター著 コンピュータ教育開発センター ［2010］ 59,33p 30cm〈平成21年度財団法人JKA補助事業〉Ⓝ007.3

◆◆著作権

『学校で知っておきたい著作権 3 ネットの写真はSNSで使ってもいいの？』小寺信良著，上沼紫野，インターネットユーザー協会監修 汐文社 2017.2 39p 27cm〈索引あり〉2500円 Ⓘ978-4-8113-2306-0 Ⓝ021.2

目次 著作権の歴史，私的複製ってなに？，こんなときどうする？ 著作権Q&A，音楽と私的複製の関係，テレビ放送と私的複製の関係，デジタルコピーと補償金，インターネットの動画と著作権，本と私的複製の関係

『学校で知っておきたい著作権 2 運動会の旗に漫画キャラを描いてもいいの？』 小寺信良著，上沼紫野，インターネットユーザー協会監修 汐文社 2017.1 39p 27cm〈索引あり〉2500円 Ⓘ978-4-8113-2305-3 Ⓝ021.2

目次 著作権の仕組み，著作権の隣にある権利，こんなときどうする？ 著作権Q&A，著作権の保護期間，マンガ・イラストの著作権，二次創作とパロディ，著作権法の隙間を埋めるクリエイティブ・コモンズ，写真に関係する権利

『学校で知っておきたい著作権 1 本の一部をコピーして授業で配ってもいいの？』 小寺信良著，上沼紫野，インターネットユーザー協会監修 汐文社 2016.11 39p 27cm〈索引あり〉2500円 Ⓘ978-4-8113-2304-6 Ⓝ021.2

目次 著作権って何だろう？，著作権で保護するもの，しないもの，著作物を利用する，著作権の権利制限，学校の中の著作権，著作権の保護と利用のバランス，まとめノート

『18歳の著作権入門』 福井健策著 筑摩書房 2015.1 202,4p 18cm （ちくまプリマー新書 225）〈文献あり 索引あり〉820円 Ⓘ978-4-480-68928-3 Ⓝ021.2

目次 第1部 基礎知識編（「著作物」って何？―まずはイメージをつかもう，著作物ではない情報（1）―ありふれた表現や社会的事件は？，著作物ではない情報（2）―アイディア，実用品は？，著作物ってどんな権利？―著作権侵害だと何が起きるのか，著作物を持つのは誰か？―バンドの曲は誰のもの？ ほか），第2部 応用編（ソーシャルメディアと著作物―つぶやきに気をつけろ！，動画サイトの楽しみ方―違法動画を見てよい？「歌ってみた」は？，JASRACと音楽利用のオキテ，作品を広めるしくみ―噂の「CCマーク」を使ってみる，青空文庫を知っていますか？―著作権には期間がある ほか）

内容 基礎的な知識からデジタル化が揺さぶる創作と著作権の現況まで。著作権を考えることは未来を創造すること！ おとなになる前に読みたい，教養としての著作権の話。

『気をつけよう！ 情報モラル 3 著作権・肖像権編』 永坂武城監修，秋山浩子文，平田美咲イラスト 汐文社 2013.3 31p 27cm〈文献あり 索引あり〉2200円 Ⓘ978-4-8113-8934-9 Ⓝ007.3

目次 01 このポスター，誰の作品なの？，02 ネットで調べて丸写し？，03 ネットに写真を載せちゃダメなの？

『小中学生のための初めて学ぶ著作権―学習指導要領対応』 岡本薫［著］ 朝日学生新聞社 2011.6 239p 19cm （あ

さがく選書 1) 1000円　Ⓘ978-4-904826-21-8　Ⓝ021.2

|目次| 1「社会のルール」というものについて考えてみよう，2 まず「今のルール」を知ろう―ルールを知らなければ何もできない（著作権で保護される「コンテンツ」とは？，どんな権利があるのか？，だれが著作権を持つのか？，実はもう一つ別の著作権がある！，無断で使える「例外的な場合」とは？），3 ルールを「使いこなせる」ようになろう―みなさんは「自由」を使いこなせるか（責任を持った「契約」ができるか？，「自分を守るための行動」ができるか？），4「ルールを変える」ことを考えられるようになろう―みなさんは「民主主義」を使いこなせるか，5 著作権クイズ！

|内容| コピー機・インターネット・パソコン・携帯端末などの出現で，「著作権」は，「一部のプロの人」だけでなく，「すべての人々」に関わるものになりました。この本では，「権利とは何か？」，「著作権はなぜあるのか？」といった根本的なことから始め，著作権の本質から細かなものまで，30話に分けてわかりやすく解説しています。この1冊で，著作権の全体像を理解できます。

『メディアとICTの知的財産権』　菅野政孝，大谷卓史，山本順一著　第2版　共立出版　2018.2　260p 26cm　（未来へつなぐデジタルシリーズ 12）〈索引あり〉　2900円　Ⓘ978-4-320-12432-5　Ⓝ507.2

|目次| ICTと現代の知的財産権，メディアの歴史と知的財産権制度の変遷，知的財産法制全体の概観，産業構造の高度化を支える知的財産権，消費生活に浸透し消費行動を誘引する知的財産権，一部の職業的創作者からすべての人たちが創作公表する時代の知的財産権，ICTユーザから見た著作権―生活の中の著作権，コンピュータソフトウェアと知的財産権，コンピュータソフトウェアビジネスと著作権，コンテンツ流通ビジネスと著作権，オープンソースソフトウェアとコモンズの思想，DRMの技術と法，ICTにかかわる標準化と知的財産，ICT企業の知財・標準化戦略，ICTの将来と知的財産権

『撮ってはいけない―知らないとあなたも犯罪者に!?スマホ時代のルールとマナー』　飯野たから著，紺野礼央監修　自由国民社　2017.11　239p 19cm　1300円　Ⓘ978-4-426-12375-8　Ⓝ021.2

|目次| 第1章 撮ってはいけない（子どもを無断撮影，自撮り写真の写り込み ほか），第2章 使ってはいけない（コピペ論文，ブログで本を紹介 ほか），第3章 歌ってはいけない（店でCDを流す，路上ライブ ほか），第4章 真似てはいけない（替え歌・ものまね，参考書と塾の教材 ほか），『撮ってはいけない』かんたん用語辞典

|内容| その写真，大丈夫ですか？ スマホ・SNS時代だから起こる本当に怖いトラブルを事例で紹介！「一瞬のシャッターチャンス」を「一生の後悔」にしないために―。だれもが知っておきたい著作権のコワイ話満載！

『これだけは知っておきたい「著作権」の基本と常識―アウトかセーフの境界線を理解しよう！』　宮本督監修　フォレスト出版　2017.8　191p 19cm〈索引あり〉　1500円　Ⓘ978-4-89451-767-7　Ⓝ021.2

|目次| 第1章 著作権とは何か，第2章 インターネットに関連する著作権，第3章 仕事に関連する著作権の扱い，第4章 生活に身近な著作権，第5章 アウトかセーフか？ 著作権侵害，第6章 著作物を正しく利用する方法

|内容| オマージュとパクリの境界線は？ 動画投稿サイトにアップできるもの，できないもの。「商用」と「非商用」の違いは？ 国・官公庁の統計資料は自由に使える？ 書体にも著作権があるというのは本当？ Wikipediaの文章をコピペし，商用利用してOK？ 有名人の似顔絵を商用利用するのは肖像権の侵害？ パロディ映画を制作してネットにアップロードするのは？ 他のマンガ家の画風を真似てもOK？ グレーゾーンにまで手が届く！ さまざまな側面から著作権をフォロー。SNS全盛・パクリ噴出時代，ビジネスでも趣味でも必須の知識！

『正しいコピペのすすめ―模倣，創造，著作権と私たち』　宮武久佳著　岩波書店　2017.3　186,3p 18cm（岩波ジュニア新書 849）〈文献あり 索引あり〉　860円　Ⓘ978-4-00-500849-0　Ⓝ021.2

|目次| 第1章 コピーする日常―作る人と使う人，第2章 コピーのルールとは―著作権早分かり，第3章 それ，違法コピーです―著作権は守られているか，第4章 コピーと創造性―「見たことのないもの」を創れるか，第5章 技術がルールを変える―あなたの知らない世界は古い？，第6章 コピペ時代を生きる―ルールを守りながら

|内容| 他人が撮った写真をSNSにアップする，web上の文章を自分のレポートに貼り付ける，ネットで見つけた動画をダウンロードして視聴する…，これらの大半が著作権に関係しています。「許されるコピペ」と「許されないコピペ」の違いは何なのでしょうか？ コピペ時代を生きるために必要な著作権ルールをわかりやすく解説します。

『SNS時代の写真ルールとマナー』　日本写真家協会編　朝日新聞出版　2016.7

ネットワークコミュニケーションと情報化社会　　　　情報化社会・倫理

248p　18cm　（朝日新書 572）780円
①978-4-02-273672-7　Ⓝ316.1
目次 Q&A スナップ写真を楽しむために，写真とSNSでの公開，子どもの写真を撮る，こんな場所で撮っていいの？，撮った写真を公表したい，フォトコンテストへの応募，撮られたくないという権利，写真を撮ってトラブルに，そのほかのケース，座談会 みんなが写真家時代の写真の撮り方，写真の著作権，法的視点から見た「肖像権」と「著作権」
内容 素敵なレストランの中で撮ってもいいのかな？　道ですれちがうかわいいペットは？　気軽に撮れるからこそ思わぬトラブルも起こりやすい。SNSにアップするときに気を配りたいポイントなど，臆せず写真を楽しむための，プロ写真家のアドバイス！

『デジタル時代の知識創造—変容する著作権』 長尾真監修　［東京］
KADOKAWA　2015.1　318p　21cm
（角川インターネット講座 03　村井純，伊藤穣一，川上量生，まつもとゆきひろ代表監修）2500円　①978-4-04-653883-3　Ⓝ007.5
目次 第1部 知の共有と著作権の権利（知識・情報の活用と著作権，インターネット時代の著作権制度，万人が著作者の時代—米国の議論から，デジタルアーカイブのオープン化と著作権の新時代），第2部 出版と知識創造の未来（電子書籍とは何か？，情報共有時代の社会制度—グーグルとフェイスブックが投げかける問い，ウェブと電子書籍は，作品と作者をどう変えたか，デジタルアーカイブとは何か，メタ複製技術時代の“世界脳”—書物へのオマージュと電子化された“知”，デジタルの衝撃と文化のサスティナビリティ）
内容 表現するすべての人のためのひらかれた電子図書館へ。デジタルアーカイブから描き出す“知の遺産”の未来。新たな「知」を生み出す，図書館，出版，著作権の新時代とは—？

『メディアと著作権』 堀之内清彦著　論創社　2015.1　341p　20cm〈文献あり〉　3800円　①978-4-8460-1374-5　Ⓝ021.2
目次 第1部 著作権法の基礎（著作権制度の歴史，著作権法概説），第2部 メディアと著作権（出版と著作権，新聞と著作権，映画と著作権，インターネットと著作権，放送と著作権）
内容 著作権の実務に携わった著者は，冒頭で「著作権制度の歴史」を示し，「著作権法」を俯瞰した後に，「出版・新聞・映画・イン

ターネット・放送」と「著作権」の問題を，多くの文献に基づき解説する！

『著作権法がソーシャルメディアを殺す』 城所岩生著　PHP研究所　2013.12　237p　18cm　（PHP新書）760円　①978-4-569-81290-8　Ⓝ021.2
目次 ツイッターで歌詞をつぶやくと有料，違法ダウンロードで2年以下の懲役か200万円の罰金，パロディ作品は認めない—ますます強化される日本の著作権法。いかにも権利者を保護する良法のようだが，利用目的が公正であれば許諾はいらない世界のトレンドとは大きく逆行している。グーグル，ヤフー，ユーチューブ，フェイスブック，クラウド…日本からこうした画期的な新サービスが育たないのは当然。何より，ソーシャルメディアを通じてコンテンツを発表する私たちユーザーの創造力を破壊しているのだ。立法・行政・司法と業界がつるんだ“著作権ムラ”の正体と横暴を告発。法改正を提言する。
内容 第1章 世界の潮流に逆行する日本の著作権法　第2章 著作権者の保護に躍起になる人たち　第3章 日本発・新サービスはこうして葬られた！　第4章 日本発・画期的発明はこうして葬られた！　第5章 デジタルネット時代に取り残されるテレビ局　第6章 世界はさらに進んでいる　第7章 いまこそ著作権法改革を急ごう！　エピローグ「ロビーイング2.0」のすすめ

『グーグル、アップルに負けない著作権法』 角川歴彦［著］　KADOKAWA　2013.10　309p　19cm　（角川EPUB選書 002）1400円　①978-4-04-080001-1　Ⓝ021.2
目次 第1章 コンテンツのクラウド型流通と情報端末が変える著作権（アップルがクラウドサービス（iCloud）を発表，デジタルイノベーションの光と影 ほか），第2章 スマートテレビと著作権（グーグルが考えたスマートイノベーションのもたらす新世界，スマートテレビ以前（1）アメリカ家電見本市 ほか），第3章 エコシステムと著作権（モバイルコンピューティングの凄まじさ，全ては2011年に始まった ほか），第4章 著作権の現状と将来を語る（対談1 21世紀の技術に即した著作権法を（中山信弘（明治大学特任教授・東京大学名誉教授・弁護士）），対談2 コンテンツはソーシャル化する（川上量生（株式会社ドワンゴ代表取締役会長）） ほか）
内容 グーグル、アップル、アマゾン、ツイッターの戦略を熟知する第一人者が語るコンテンツ現場の大革命。

『クラウド時代の著作権法—激動する世界の状況』 小泉直樹，奥邨弘司，駒田泰土，張睿暎，生貝直人，内田祐介著　勁草書房　2013.7　174p　22cm　（KDDI総研叢書）〈索引あり〉3500円　①978-4-326-40285-4　Ⓝ021.2

子どもの本 情報教育・プログラミングの本2000冊　　105

情報化社会・倫理　　　　　　ネットワークコミュニケーションと情報化社会

目次 序章 クラウド・コンピューティングとは何か，第1章 日本におけるクラウド・コンピューティングと著作権，第2章 欧州におけるクラウド・コンピューティングと著作権―プロバイダーの責任制限に係る法理の展開に焦点を当てて，第3章 米国におけるクラウド・コンピューティングと著作権―ロッカー・サービスに焦点をあてて，第4章 インターネット上の著作権侵害の事前的対応としてのスリーストライクルールの現状―諸外国におけるインターネットアクセス切断の動き，第5章 諸外国におけるオープンデータ政策と著作権，第6章 電子指紋にもとづく著作権コンテンツの自動検出技術

内容 マルチデバイス時代を迎えて，すっかり定着したクラウド・コンピューティング。音楽配信や電子出版など，クラウドを利用した新たなビジネスモデルが日々，世界中で生まれている。この新技術を活かすには，著作権を避けて通れない。本書は欧州と米国を中心に，諸外国の状況を詳しく紹介し，その相違点とともに，国境を越えた課題の共通点を明らかにする。

『情報サービスと著作権』 情報サービス産業協会編集，吉田正夫監修　改訂第2版　情報サービス産業協会　2012.3　55p　21cm　（JISAブックレッツ 6）476円　①978-4-905169-01-7　Ⓝ021.2

目次 1 著作権制度の基本（著作権という身近な権利，表現とは？，創作的な表現を「著作物」と呼びます！，著作物？ それとも違う？，さまざまな著作物 ほか）　2 情報サービスと著作権（情報サービスにとっての著作権，システム開発契約と著作権，他社プログラムを利用する，使用許諾契約，オープンソースやフリーソフト ほか）

『なんでコンテンツにカネを払うのさ？―デジタル時代のぼくらの著作権入門』岡田斗司夫，福井健策著　阪急コミュニケーションズ　2011.12　223p　19cm　1400円　①978-4-484-11453-2　Ⓝ021.2

目次 01 電子書籍の自炊から著作権を考える（電子書籍の自炊はいけないこと？，家族が1万人いたら，自由に「私的複製してもいい？」 ほか），02 著作権は敵か，味方か？（意外に新しい著作権という考え方，プラトンとアリストテレスとダイエット ほか），03 コンテンツホルダーとプラットフォームの戦い（著作権がないと社会はつまらなくなる？，日本はコンテンツ輸入国だ ほか），04 クリエイターという職業（野球でメシは食えない，プロとして食えるのは日本で1000人ほか），05 ネットの中に国家を作り上げる（全メディアアーカイブ構想とは？，オプトアウトで大量のコンテンツを集める ほか）

内容 気鋭の弁護士とFree論者が大放談！著作権を知れば，デジタルとコンテンツの未来が見えてくる。

『これだけ！ 著作権と情報倫理』 数研出版編集部編　4訂版　数研出版　2011.11　63p　21cm　286円　①978-4-410-70014-9　Ⓝ007.3

『デジタル時代の著作権』 野口祐子著　筑摩書房　2010.10　286p　18cm　（ちくま新書 867）〈並列シリーズ名：CHIKUMA SHINSHO　文献あり〉860円　①978-4-480-06573-5　Ⓝ021.2

目次 序章 なぜ，今，著作権なのか，第1章 著作権が保護するもの，第2章 ゆらぐ著作権―その歴史と現代の課題，第3章 技術と法律のいたちごっこ―間接侵害について，第4章 ハリウッドが著作権の世界を動かす，第5章 科学の世界と著作権，第6章 柔軟な著作権制度へ―フェア・ユースとクリエイティブ・コモンズ，終章 これからの著作権制度で考えること

内容 近年における社会のデジタル化の進展はめざましいものがある。ソーシャルメディアの普及，多様な電子端末の登場，電子書籍への移行…。こうした急激な変化の前に，創作者の権利，すなわち著作権のあり方も再考を迫られている。著作物の複製・改変・送信が一般化し，アナログ時代の法体系では対応しきれない状況にあるのだ。著作権をめぐり，今何が変わり，何が問題となっているのか。われわれはどんな点を心得ておかなければならないのか。基本的な仕組みから明快に説き起こす。

『デジタル・ネットワーク社会と著作権』半田正夫著　改訂　著作権情報センター　2010.8　19p　26cm

『ケータイ・ネットに気をつけろ！―訴えられたらどうするの？』 富樫康明著　日本地域社会研究所　2010.7　269p　19cm　（コミュニティ・ブックス）1905円　①978-4-89022-922-2　Ⓝ021.2

目次 第1章 ケータイトラブル・カメラ編，第2章 肖像権に注意しよう，第3章 著作権と肖像権は表裏一体，第4章 今，一億総著作権時代，第5章 今こそ大事な「著作権講座」，第6章 子どもたちが危ない！

内容 すべてのホームページは違反だらけ。あなたは大丈夫？ ケータイ・ネット戦争に巻き込まれる新時代。自らの身は，自らで守るしかない。

『撮る自由―肖像権の霧を晴らす』 丹野章著　改訂版　本の泉社　2010.6　174p　19cm　952円　①978-4-7807-0469-3　Ⓝ316.1

ネットワークコミュニケーションと情報化社会　　　　　　　　　　　　情報化社会・倫理

目次 「見ていいものは撮ってもいい」か，「撮影」はどこまで自由か，撮れない場合もある，撮影禁止の事情，撮影禁止の対象物はあるか，「撮る自由」の考え方，あるテレビ番組のこと，公表について，ふたつの事例，肖像権と著作権，デジタル社会

◆情報セキュリティ

『気を付けて!!サイバー空間の落し穴』
京都府警察,京都府防犯協会連合会　2p
［PDF資料］

『ご存知ですか？ フィルタリング』　総務省　2p　［PDF資料］

『ゆりか先生のワンポイントセキュリティ教室』　マイクロソフト　15p　［PDF資料］

『利用者向けフィッシング詐欺対策ガイドライン　2018年度版』　フィッシング対策協議会　2018.3　24p　［PDF資料］
目次 フィッシングとは～あなたのパスワードが狙われている～，フィッシング対策3つの心得，今すぐできるフィッシング対策，フィッシング対策協議会と本ガイドラインの位置づけ

『撃退！ 迷惑メール 迷惑メール対策BOOK　2018年度版』　迷惑メール相談センター　2018.2　72p　［PDF資料］
目次 こんなメールに気をつけよう，迷惑メールをブロックしよう，迷惑メールを予防しよう処法，スマートフォンのセキュリティ，子どものスマートフォン利用案内，迷惑メールでお困りの方へ，おまけ

『キッズのための情報セキュリティ対策』
総務省 情報流通行政局 サイバーセキュリティ課　2018　45p　［PDF資料］
目次 はじめに，基礎知識（きそちしき），どんな危険（きけん）があるの？，安全の基本（きほん），メールを利用するときの注意，ホームページを見るときの注意，スマートフォンやゲーム機でインターネットを使うときに，SNS（エスエヌエス）を使うときの注意

『撃退！ チェーンメール チェーンメール対策BOOK』　迷惑メール相談センター　2018　16p　［PDF資料］
目次 チェーンメールとは？，SNSに広がるチェーンメッセージ・デマ，チェーンメールの種類，なぜ転送してはいけないのか，災害時に広がったチェーンメール，不安な時のチェーンメール転送先

『総務省 安心してインターネットを使うために 国民のための情報セキュリティサイト　基礎知識』　総務省　2018　56p　［PDF資料］
目次 インターネットを使ったサービス，どんな危険があるの？，インターネットの安全な歩き方，情報セキュリティ関連の技術

『ネットワークビギナーのための 情報セキュリティハンドブック』　内閣サイバーセキュリティセンター　2017.12　159p　［PDF資料］
目次 第1章基本のセキュリティ～ステップバイステップでセキュリティを固めよう，第2章セキュリティを理解して，ネットを安全に使う，第3章スマホ・パソコンのより進んだ使い方やトラブルの対処の仕方，第4章被害に遭わないために，知らない間に加害者にならないために，第5章自分を守る、家族を守る、災害に備える

『初めてでも分かる！ スマホのセキュリティ対策を実践してみよう　前編』　トレンドマクロ　2017.11　15p　［PDF資料］

『初めてでも分かる！ いま気をつけたいネットの脅威　2017年上半期編』　トレンドマクロ　2017.10　13p　［PDF資料］

『これだけはおさえておこう！　スマホのセキュリティ対策8選 初めてのスマホセキュリティハンドブック』　トレンドマクロ　2017.2　12p　［PDF資料］

『サイバーセキュリティのひみつ』　ひろゆうこ漫画，入澤宣幸構成　学研プラス出版プラス事業部出版コミュニケーション室　2016.1　128p　23cm　（学研まんがでよくわかるシリーズ 111）Ⓝ007.609

『マンガで学ぶサイバーセキュリティ2016年版』　内閣サイバーセキュリティセンター　2016　20p　［PDF資料］
目次 安心・安全なインターネットの利用，スマートデバイスを安全に利用しよう，トラブルを防ぐために

『セコム』　こどもくらぶ編　ほるぷ出版　2015.8　39p　29×22cm　（見学！ 日本の大企業）2800円　①978-4-593-58722-3
目次 セコムがつくる安全・安心，「日本警備保障」の船出，創業期の物語，SPアラームの開発，「セコム」の登場，オンラインセキュリティシステムが海外へ，ホームセキュリティの開始，メディカル事業がスタート，「安全・安心」がキーワード，「お

子どもの本 情報教育・プログラミングの本2000冊　**107**

ばあちゃんが見つかった！」，防災と地理情報サービスの取りくみ，安全・安心を未来へつなげる，セコムのCSR活動

[内容] だれもが安心してくらすことのできる社会をめざし，オンラインセキュリティシステムを基礎とした新しいサービスを発信しつづける，セコムの歩みを見ていきます。

『マンガで学ぶサイバー空間の落とし穴！』　京都府警察　2013.3　28p　［PDF資料］

『家族のためのインターネットセキュリティガイド』　マリアン・メリット著　シマンテック　2012　56p　［PDF資料］

[目次] 年代別に見るセキュリティ対策，セキュリティの基本，リスク，セキュリティ対策のヒント

『学校の情報セキュリティ実践マニュアル―教育の現場で安心してICTを活用するために』　NTTラーニングシステムズ，福與喜弘著，西田光昭，髙橋邦夫監修　翔泳社　2018.7　115p　26cm　2200円　①978-4-7981-5692-7

[目次] 第1章 基本編，第2章 教職員編，第3章 교育情報セキュリティ管理者編，第4章 システム編，付録

[内容] 本書は，教育の現場で安心してICTを活用するために，取り組むべきポイントを解説したガイドブックです。情報セキュリティポリシーの策定だけでなく，現場の事情と課題に即した情報セキュリティの入門書としても最適です。実際に起きてしまった事故の例や具体的な課題を挙げ，いま行わなければならない対策を解説します。文部科学省『教育情報セキュリティポリシーに関するガイドライン』に準拠した内容となっていますので，安心してご利用いただけます。読者特典として，管理／申請／点検に便利な帳票ファイルをWeb提供しています。

『情報セキュリティ白書 2018 深刻化する事業への影響：つながる社会で立ち向かえ』　情報処理推進機構企画・著作・制作　情報処理推進機構　2018.7　30cm　2000円　①978-4905318637

[目次] 序章 2017年度の情報セキュリティの概況，第1章 情報セキュリティインシデント・脆弱性の現状と対策，第2章 情報セキュリティを支える基盤の動向，第3章 個別テーマ

『事例で学ぶ情報セキュリティ』　富士通エフ・オー・エム著・制作　改訂3版　FOM出版　2018.7　152p　24×19cm　（よくわかるシリーズ）　1500円　①978-4-86510-357-1

[目次] 第1章 情報化社会の現状，第2章 利用者の情報セキュリティ対策，第3章 よくあるセキュリティトラブル，第4章 セキュリティ管理者の情報セキュリティ対策，第5章 セキュリティポリシー，第6章 知っておきたい知識，付録1 利用者規約とセキュリティチェック表，付録2 スマートデバイスのセキュリティ対策

[内容] 実際の事故事例をもとにした43の事例で学ぶセキュリティ対策！ 日常業務に役立つ実践的な対策例を紹介！ セキュリティチェック表，章末問題で確実に知識を習得！

『情報セキュリティと情報倫理』　山田恒夫，辰己丈夫編著　放送大学教育振興会　2018.3　259p　21cm　（放送大学教材）　〈索引あり〉　発売：［NHK出版］　2600円　①978-4-595-31897-9　Ⓝ007.37

[目次] 情報化社会における光と影2018，サイバー犯罪とマルウェア，ネットトラブルの諸相と対策，情報メディアがもたらすもの，子どもの発達と情報メディアの使用の問題，初等中等教育における情報倫理教育，高等教育・生涯学習における情報倫理教育，個人の行動データとプライバシー，情報社会の法，情報社会における倫理，情報セキュリティの基盤技術「暗号」，暗号と認証を支える制度，情報システムと管理，情報セキュリティポリシーと事件，技術者倫理と情報セキュリティ人材育成，まとめ

『サイバー攻撃―ネット世界の裏側で起きていること』　中島明日香著　講談社　2018.1　252p　18cm　（ブルーバックス B-2045）〈文献あり　索引あり〉　1000円　①978-4-06-502045-6　Ⓝ007.375

[目次] 第1章 サイバー攻撃で悪用される「脆弱性」とは何か，第2章 サイバー攻撃は防げるか―脆弱性の発見・管理・修正，第3章 プログラムの制御はいかにして乗っ取られるか―バッファオーバーフローの脆弱性，第4章 文字列の整形機能はいかにして攻撃に悪用されるか―書式指定文字列の脆弱性，第5章 いかにしてWebサイトに悪意あるコードが埋め込まれるか―クロスサイト・スクリプティングの脆弱性，第6章 機密情報はいかにして盗まれるか―SQLインジェクションの脆弱性，第7章 脆弱性と社会―脆弱性市場からサイバー戦争まで

[内容] あらゆる機器がネットワークにつながるようになった今，誰しもサイバー攻撃と無関係ではいられない。重要な情報を守るためには，それを狙うハッカーたちの手口を理解する必要がある。彼らが攻撃の糸口にする「システムの脆弱性」とは何か？ 脆弱性を突くサイバー攻撃はどのようなもの

ネットワークコミュニケーションと情報化社会　　　　　　情報化社会・倫理

か？ 国際的に活躍する情報セキュリティ研究者がその原理から対策までを平易に解説。

『**だれもが実践できるネットモラル・セキュリティ**』 堀田龍也，西田光昭編著
三省堂　2018.1　191p　30cm　1800円
Ⓘ978-4-385-36266-3　Ⓝ375.199

目次 第1章 巻頭対談（ネットモラル教育の過去・現在そして未来。），第2章 実践事例（情報モラル指導の実際，事例アニメ教材，解説アニメ教材，道徳用読み物，情報セキュリティ），第3章 研修（校内研修，保護者，管理職，教育委員会，教員養成），第4章 新学習指導要領と情報モラル

内容 この本には，授業づくりのポイントや教材の活用方法を実践者の先生方が具体的に解説した実践事例を多数掲載しています。ぜひこの本を読んでネットモラル教育を始めてほしいと思います。研修についても充実の内容。

『**マジメだけどおもしろいセキュリティ講義―事故が起きる理由と現実的な対策を考える**』 すずきひろのぶ著　技術評論社　2017.11　403p　21cm（Software Design plusシリーズ）〈文献あり 索引あり〉2600円　Ⓘ978-4-7741-9322-9　Ⓝ007.37

目次 第1章 なぜ脆弱性は生まれるのか，なぜ攻撃は減らないのか，第2章 そのセキュリティ技術は安全か，第3章 今後深刻化するであろう脅威，第4章 一番の脆弱性は人間，第5章 セキュリティ情報の収集/読み解き方，第6章 2014〜2016年の5大セキュリティ事件詳説

内容 あなたは素人にセキュリティについて聞かれたときに，正しく説得力のある説明ができますか？

『**現代情報社会におけるプライバシー・個人情報の保護**』 村上康二郎著　日本評論社　2017.9　277p　22cm　〈索引あり〉5000円　Ⓘ978-4-535-52261-9　Ⓝ316.1

目次 プライバシー・個人情報保護の基本動向と課題，第1部 情報プライバシー権の基礎理論―日米比較法研究（情報プライバシー権をめぐる我が国における議論状況，情報プライバシー権に関する初期の学説，情報プライバシー権に関するプロパティライツ理論の意義と限界，情報プライバシー権と表現の自由の関係，情報プライバシー権の基礎理論に関する考察），第2部 プライバシー・個人情報保護の現代的課題（クラウド・コンピューティングにおける個人情報の保護，バイオメトリクス認証におけるプライバシー・個人情報の保護，ビッグデータ

時代におけるプライバシー・個人情報の保護，プライバシー影響評価（PIA）に関する国際的動向と我が国における課題）

『**この一冊で全部わかるセキュリティの基本**』 みやもとくにお，大久保隆夫著
SBクリエイティブ　2017.9　191p　21cm（Informatics & IDEA―イラスト図解式）〈索引あり〉1680円　Ⓘ978-4-7973-8880-0　Ⓝ007.37

目次 1 セキュリティの基本，2 セキュリティの確保に必要な基礎知識，3 攻撃を検知・解析するための仕組み，4 セキュリティを脅かす存在と攻撃の手口，5 セキュリティを確保する技術，6 ネットワークセキュリティ，7 セキュリティ関連の法律・規約・取り組み

内容 基本的な考え方から技術の仕組み，重要用語まできちんと学べる入門書。

『**プライバシーの権利を考える**』 山本龍彦著　信山社出版　2017.9　294p　22cm　〈索引あり〉7000円　Ⓘ978-4-7972-2753-6　Ⓝ316.1

『**4コマ漫画でさくっとわかるセキュリティの基本**』 粕淵卓，森井昌克著　ソシム　2017.8　191p　21cm　〈文献あり〉1680円　Ⓘ978-4-8026-1115-2　Ⓝ007.37

目次 1章 現場トラブル編（セキュリティ，意識してますか？，USBメモリを業務で，利用してますか？　ほか），2章 ネットトラブル編（ウイルス対策，立ててますか？，仕事を自宅に，持ち帰ってますか？　ほか），3章 利用ガイドライン編（業務に関係ないサイト，見てませんか？，無料のサービスやソフト，利用してますか？　ほか），4章 システム攻撃編（ウェブ健康診断，実施してますか？，ウェブの改ざん，気を付けてますか？ほか）

内容 情報漏えい，サイバー攻撃，もう他人事ではない！ 知識ゼロでも，予算ゼロから，できる対策，教えます。

『**サイバーセキュリティ読本―ネットで破滅しないためのサバイバルガイド**』 一田和樹著　完全版　星海社　2017.5　217p　18cm（星海社新書 111）〈初版：原書房 2013年刊　発売：講談社〉980円　Ⓘ978-4-06-138615-0　Ⓝ007.37

目次 1 特命書店員・河合牡蛎と二人の相棒―身近なサイバー兵器マルウェア，2 俺のスマホのセキュリティがガバガバなわけがない，3 卯城幸の憂鬱―ツイッター・フェイスブックで自爆しなさい！，4 とあるSNSの個人情報目録―「個人情報は買える」という教え，5 やはり俺のパスワード管理意識はまちがっている。，6 情弱書店員が1

子どもの本 情報教育・プログラミングの本2000冊　**109**

情報化社会・倫理　　　　ネットワークコミュニケーションと情報化社会

年でネットリテラシーを上げてサイバーセキュリティ専門家になった話，7 最後に

内容 備えなしにネットを使うことは戦場を全裸で散歩するようなもの。正しく安全なネットの使い方を社内に啓蒙せよ―「特命」を受けた男女3名の書店員で結成された「総務部安全対策委員会」。リーダーの河合牡蛎と共に，社内で巻き起こるネットトラブルをすみやかに解決せよ！ 日常に潜むサイバーテロ，ネット詐欺，SNSストーキング…物語の手法を用いて最新事情が分かる！ 読んで楽しい，知って備えるサイバーセキュリティの入門書！

『ハッカーの学校ハッキング実験室』　黒林檎著，矢崎雅之編　データハウス　2017.4　286p　21cm　2800円　①978-4-7817-0227-8　⑭007.375

目次 第1章 検証環境の構築（検証環境の作成），第2章 Twitterアカウントの自動作成（APIを使用しないTwitterプログラミングの準備，アカウントの自動生成），第3章 Twitterを使用したフィッシングサイトの作成（Flask，フィッシングサイト生成プログラムの作成，フィッシングサイトの作成，Twitterのスパムフィルターについて），第4章 Twitterを利用したキーロガー（キーロガー），第5章 Twitterを使用したC&Cボットの構築（C&Cボットネットの概要，C&Cコントローラの構築，C&Cボットの構築）

内容 フォロワー自動生成，キーロガー，ボットネット，フィッシングサイト。SNSを利用したハッキング・プログラミング実践教室。

『超監視社会―私たちのデータはどこまで見られているのか？』　ブルース・シュナイアー著，池村千秋訳　草思社　2016.12　381p　19cm　2000円　①978-4-7942-2237-4　⑭007.3

目次 第1部 私たちの超監視社会（情報化時代の「排ガス」，監視されるデータ，分析されるビジネス，国家の監視と統制，官民監視パートナーシップ），第2部 なにが脅かされるのか？（政治的自由と正義，公平で平等なビジネス，企業の競争力，プライバシー，安全），第3部 超監視社会への対抗策（原則，国家に関する提案，企業に関する提案，私たちができること，新しい社会規範）

内容 フリーメール・SNS・ゲーム・アプリ―，あなたの行動は，どんどん漏れています！ 今すぐ，ネットの履歴を消さずにはいられない…。情報セキュリティの世界的権威による最新作，待望の邦訳！

『暴露の世紀―国家を揺るがすサイバーテロリズム』　土屋大洋［著］　KADOKAWA　2016.12　239p　18cm（角川新書 K-115）〈文献あり〉800円　①978-4-04-082102-3　⑭391.6

目次 序章 情報技術が「暴露の世紀」の幕を開けた，第1章 暴露の衝撃―スノーデン事件とその余波，第2章 政府vs.個人，プライバシー闘争は始まっている，第3章 日本にサイバーセキュリティはあるか，第4章 サイバー攻撃が現実空間を破壊する，第5章 さらされる国家，忍びよる電子戦争，終章「暴露の世紀」とは何か

内容 IT革命によって，完全なる機密情報など存在しえない「暴露の世紀」が幕を開けた。狙われているのは原発，東京五輪，そしてあなたのスマホー。サイバーセキュリティの第一人者が日本人に突きつける新世紀の現実。

『超初心者のためのサイバーセキュリティ入門』　齋藤ウィリアム浩幸著　文藝春秋　2016.10　209,28p　18cm（文春新書 1097）800円　①978-4-16-661097-6　⑭007.609

目次 はじめに（セキュリティ意識調査テスト あなたの個人情報は大丈夫？，サイバー攻撃を仕掛けてくる敵は誰？ ほか），第1章 あなたの個人情報は毎秒盗まれている（LINE乗っ取りで社会的信用は一秒で失われる，位置情報付きの写真投稿がストーカー事件，誘拐事件の引き金になる ほか），第2章 サイバーセキュリティとは何か？（個人情報は大切な資産，今ではお金よりも価値が高い，すべての個人情報はインターネットに格納されている ほか），第3章 誰にでもできるサイバーセキュリティ（現実世界よりもサイバー世界のセキュリティを重視しよう，サイバー攻撃を防ぐ十一箇条 ほか），巻末付録 サイバーセキュリティ用語集

内容 スマホもパソコンも持っているけれど，セキュリティって何だか難しそう…そう思っているあなたに朗報です。アメリカと日本で活躍する第一人者が，分かりやすく・楽しく，基礎から応用までレッスンします。

『ネットワークをめぐるアキレスの冒険―インターネットの動作原理とセキュリティの基礎知識』　坂本俊之著　新潟シーアンドアール研究所　2016.10　263p　21cm〈索引あり〉2130円　①978-4-86354-205-1　⑭547.483

目次 第1章 雲の上の将棋指し―パケットによる通信とウェブ，第2章 小包の仕分け場―ルーティングとさまざまなアドレス，第3章 ユニクス山の歩き方―『サーバー』の内側をのぞく，第4章 ここはどこ，私は誰？―インターネット上の住所と名前解決，第5章 ワールド・ワイド・ウェブ―ホームページとHTML，第6章 標的はどこに？―メール・チャット・データベース，第7章 全能の

コントローラーをどうぞ─クラウドコンピューティング，第8章 絶対安全なものなどない─暗号化と無線通信，第9章 物語の総括とさらなる学習のための章

内容 アキレスとネットワーク蜘蛛と一緒にインターネットの世界へ冒険の旅に出ませんか？ パケットによる通信，セッション管理，UNIX系サーバー，クラウド，公開鍵暗号…何気なく利用している技術の仕組みと，そこに潜む危険性を物語で学べる1冊！

『迷惑メール、返事をしたらこうなった。─詐欺＆悪徳商法「実体験」ルポ』 多田文明著 イースト・プレス 2016.10 335p 15cm （文庫ぎんが堂 た3-3） 686円 Ⓘ978-4-7816-7149-9 Ⓝ365

『事例で学ぶプライバシー』 宮下紘著 草加 朝陽会 2016.7 135p 21cm （Gleam books） 1000円 Ⓘ978-4-903059-48-8 Ⓝ316.1

目次 プライバシーか、国土の安全か？─元CIA職員の告発をめぐって，ビッグデータの光と影─Suicaのデータ提供の教訓，災害と個人情報─名簿・位置情報の生かし方，モバイル・アプリに関するワルシャワ宣言と日本の対応，マイナンバー制度と個人情報保護─マイナンバーの利用開始を受けて，医療情報のデータベース化と個人情報─がん登録推進法の論点，国連プライバシーの権利に関する決議─デジタル時代の要請，住民基本台帳閲覧制限と個人情報保護─逗子市ストーカー殺人事件から考える，顔認証とプライバシー─大阪駅顔認証監視カメラの是非，スマートメーターとプライバシー─電力消費からみえる行動パターン，「忘れられる権利」を認めたEU─検索サイトからの情報削除

内容 どう考える？ 個人情報とプライバシー。プライバシーか安全保障か？ 犯罪防止に監視カメラはあればあるほどいい？ マイナンバーは大丈夫なのか？ 企業はどこまで個人情報を利用できるのか？ いろんな便利があなたのプライバシーを侵害する。GPSもドローンも、遺伝情報もビッグデータもIoTも。技術の進歩がプライバシーを奪う時代の対応策とは？

『スノーデン・ショック─民主主義にひそむ監視の脅威』 デイヴィッド・ライアン［著］，田島泰彦、大塚一美、新津久美子訳 岩波書店 2016.4 159,35p 19cm 〈文献あり 索引あり〉 1900円 Ⓘ978-4-00-001084-9 Ⓝ316.1

『最新わかりすぎる情報セキュリティの教科書─いい人も悪い人もいるインター

ネットの世界』 SCC教育事業推進本部セキュリティ教育部編著 エスシーシー 2016.2 293p 21cm （SCC Books B-384） 〈マイナンバー制度改正個人情報保護法対応 文献あり 索引あり〉 1500円 Ⓘ978-4-88647-241-0 Ⓝ007.609

目次 ドクロのWebページ，私が内定を辞退したですって⁉，裏切られた気持ちでいっぱい，「マイナンバー」って怖くないですか，怪しいメールは開くなって言ったのに！，うちの社員に限って，セクハラ会社はいやだ，アングラサイトの住人がパスワードを狙ってる，「もしもし、パスワードを忘れちゃったんですけど…」，インターネットの罠，サイバー攻撃？ 受けて立とうじゃないの！，謎は全て解けた。犯人はお前だ。パスワードが見えました、その注文は本物？，スマホやタブレットの利用，情報セキュリティ関連の主な法律

『サイバーセキュリティ入門─私たちを取り巻く光と闇』 猪俣敦夫著 共立出版 2016.2 231p 19cm （共立スマートセレクション 7） 〈他言語標題：Introduction to Cyber Security 索引あり〉 1600円 Ⓘ978-4-320-00906-6 Ⓝ007.609

目次 1 インターネットの仕組み，2 暗号の世界へ飛び込もう，3 インターネットとセキュリティ，4 インターネットにおけるサイバー攻撃，5 ハードウェアとソフトウェア，6 私たちを取り巻くセキュリティ

『情報モラル＆情報セキュリティ─36の事例でわかりやすく解説！』 富士通エフ・オー・エム株式会社著制作 改訂版 FOM出版 2016.2 91p 26cm 〈索引あり〉 500円 Ⓘ978-4-86510-274-1 Ⓝ007.3

『プライバシー保護入門─法制度と数理的基礎』 中川裕志著 勁草書房 2016.2 246p 21cm 〈索引あり〉 2800円 Ⓘ978-4-326-40315-8 Ⓝ316.1

目次 1章 序，2章 法制度と技術に関する基礎概念，3章 米国、EU、日本のプライバシー保護制度の現状，4章 パーソナル・データ・エコシステム，5章 リンク攻撃と拡大した疑似ID，6章 k-匿名化をめぐる技術，7章 差分プライバシー，8章 個人識別，9章 秘密計算，付章 医療情報、遺伝子情報のプライバシー保護

内容 個人情報やプライバシーをめぐる法制度の概要、最新の議論状況、国際的な動向等を紹介。制度設計に必須となる、プライバシー保護技術の入門的な内容も解説。

『サイバーセキュリティ2020─脅威の近未来予測』 日本ネットワークセキュリ

子どもの本 情報教育・プログラミングの本2000冊 **111**

情報化社会・倫理　　　　　ネットワークコミュニケーションと情報化社会

ティ協会未来予測プロジェクト編　インプレスR&D　2016.1　190p　21cm（Next Publishing）〈発売：インプレス〉1700円　①978-4-8443-9701-4　Ⓝ007.3

目次 Scene：2020年の生活はこうなる！（スマート家電のある暮らし，学校外に作られる子どもの世界 ほか），Perspective1：技術の進歩で変わる脅威（ライフスタイルの変化に伴うリスク，すべてが繋がるIoT，その発展がもたらす脅威 ほか），Perspective2：社会の変化とインターネット（日常生活に潜むソーシャルメディアのリスク，サイバー犯罪の動向と抑止への取り組み ほか），INTERVIEW：識者が予想するプライバシーの未来（鈴木正朝氏（新潟大学教授）「法改正でEUとの関係が火を噴く」，寺田眞治氏（オプトプロダクトマネージャー）「プライバシーの大変革が起きる」 ほか）

内容 IoT，ウェアラブル，ドローン，ビッグデータほか，テクノロジーの進化によって多様化するサイバーリスクに立ち向かえ！

『スパム―インターネットのダークサイド』　フィン・ブラントン著，生貝直人，成原慧監修，松浦俊輔訳　河出書房新社　2015.12　330p　19cm〈文献あり〉2400円　①978-4-309-24744-1　Ⓝ547.48

目次 序論 インターネットの影の歴史，1 次のメッセージを読み込む準備ができました 1971～1994年，2 すばやく稼ぐ 1995～2003年，3 被害者クラウド 2003～2010年，結論

内容 「迷惑メール」から見えてくる，インターネットにおける光と影の攻防。誰が？どのようにして？ 何のために？―情報工学，国際法，経済，複雑系科学，地政学などを駆使して分析する，本の裏側の歴史。

『漫画で学ぶサイバー犯罪から身を守る30の知恵』　ラックサイバー・グリッド・ジャパン編　並木書房　2015.9　159p　19cm　1400円　①978-4-89063-333-3　Ⓝ007.609

目次 第1部 パソコン・ネットの基礎知識（コンピューターって何？―さらに小型化され生活は大きく変化する，OSって何？―アプリどうしをつなげる基本ソフト，マックは安全って本当？―利用者が増えれば狙われる ほか），第2部 サイバー犯罪から身を守る（ウイルスって何？―実行プログラム「.exe」に気をつけろ！，アンチウイルスソフトって何？―新種のウイルスには弱い，DoS攻撃って何？―さらに悪質なDDoS攻撃 ほか），第3部 ネット社会のサバイバル

（ネットバンキングに注意する―便利なサービスに潜む悪魔の手口，ファイル共有ソフトって何？―使い方に問題があり犯罪の温床に，ビットコインって何？―「秘密鍵」を安全に保管する ほか）

内容 日本年金機構がサイバー攻撃を受けて大量の個人情報が流出した。家庭用無線LANが「ただ乗り」されて不正接続の被害も出ている。ほかにも「ワンクリック請求」「フィッシング詐欺」「遠隔操作」「DoS攻撃」などなど，サイバー犯罪の手口はますます巧妙になり，誰もが被害者になる可能性がある。自分のパソコンを守るにはどうすればいいのか？ サイバー防護の専門家が，今さら聞けないネットの基礎知識からサイバー犯罪の対処まで，マンガと平易な文章で初心者向けにわかりやすく解説！

『迷惑メールを97%阻止―S25Rの真髄』　浅見秀雄著　文芸社　2015.8　236p　19cm〈索引あり〉1250円　①978-4-286-16453-3　Ⓝ547.483

『おうちで学べるセキュリティのきほん―全く新しいセキュリティの入門書』　増井敏克著　［東京］　翔泳社　2015.7　327p　21cm〈索引あり〉2200円　①978-4-7981-4177-0　Ⓝ007.609

目次 01 セキュリティのトレンドを知ろう―攻撃と対策の最新動向，02 インターネットのセキュリティって何だろう―インターネットの仕組みとセキュリティの基本，03 Webサービスにおける脅威を理解しよう―便利なテクノロジーの危険性，04 ネットワークのセキュリティを学ぼう―ネットワークの脅威を踏まえた設計，05 暗号と認証って何だろう―安全性を高めるための技術，06 Webアプリケーションのセキュリティを学ぼう―HTTPに潜む脆弱性，07 サーバーのセキュリティを学ぼう―停止できないサービスへの攻撃，Appendix 安全なWebアプリケーションを作るために―セキュリティを考慮した開発

内容 不正アクセス，ウイルス，スパイウェア対策。暗号技術，認証，脆弱性診断，運用と監視。Webアプリ，クラウド，無線LANの危険性。図解と事例でわかるインターネットの脅威。

『プライバシー権の復権―自由と尊厳の衝突』　宮下紘著　八王子　中央大学出版部　2015.7　344p　22cm〈索引あり〉2800円　①978-4-8057-0731-9　Ⓝ316.1

目次 1 ルイス・ブランダイスのプライバシー権―34歳と71歳のブランダイスをつなぐ言葉，2 プライバシー二都物語―「自由」と「尊厳」の衝突，3 安全vsプライバシー，4 「忘れられる権利」をめぐる攻防，5 ビッグ・データ&モノのインターネットとプライバシー保護，6 プライバシー・個人情報保護の新世代

内容 プライバシー権の羅針盤！ ビッグデータやモノのインターネットの到来により個人情報はいま、未曾有の危機にさらされている。時代の牆壁を穿ち、プライバシー権の「理論」と「実務」の架け橋となる好著！

『ファミリー・セキュリティ読本―ネットの危険を正しく知る』 一田和樹著 原書房 2015.3 244p 19cm 1600円 ①978-4-562-05145-8 ⑭007.609

目次 プロローグ サイバー安全度チェック, 1章 避けられないネットの危険性と防衛策, 2章 個人情報漏洩, テロ集団の誘惑, 薬物乱用, 児童ポルノ, ネットいじめ ソーシャルネットワークは危険な地雷原, 3章 基本的な防御のおさらいと情報収集の方法, 4章 サイバー冤罪事件は誰にでも起こりうる, 5章 普及型犯罪の脅威 万引きより簡単。電子スリからサーバ攻撃まで, 6章 パスワード, 認証 超人でなければできない管理の強要はいつまで続くのか？, 7章 これってほんとに使って大丈夫なの？ スマホは穴のあいた財布, ネットゲームは犯罪者の狩り場, エピローグ 破壊の時代を生き延びるために

内容 なにが危険でどこまでならOKなの？ 個人情報漏洩, ネットいじめ, スマホとSNSの闇, ネットゲームと犯罪, 脆弱なパスワードになりすましアカウント…ネットセキュリティの達人が教えるあなたと家族を守るために「正しく怖がる」ための必読書！

『事例から学ぶ情報セキュリティ―基礎と対策と脅威のしくみ』 中村行宏, 横田翔著 技術評論社 2015.2 311p 21cm（［Software Design plus］）〈他言語標題：LEARN INFORMATION SECURITY FROM EVERY EPISODE 文献あり 索引あり〉2480円 ①978-4-7741-7114-2 ⑭007.609

目次 第1章 情報セキュリティ対策の現状, 第2章 情報セキュリティの情報収集術, 第3章 情報漏洩（事例＆対策）, 第4章 サイバー攻撃（事例＆対策）, 第5章 身近な脆弱性（事例＆対策）, 第6章 Windowsログイン認証回避の脆弱性（事例＆対策）, 第7章 マルウェアの感染（事例＆対策）, 第8章 インターネットバンキングの攻撃（事例＆対策）, 第9章 フィッシング（事例＆対策）, 第10章 スマートフォンを標的にしたマルウェア（事例＆対策）, 第11章 ハードウェアのセキュリティ脅威（事例＆対策）, Appendix さまざまな脅威

内容 最新の手口や情報収集術を「知る」「見る」「試す」70の事例＆対策を掲載！

『デジタルの作法―1億総スマホ時代のセキュリティ講座』 宮川健［著］KADOKAWA 2015.2 220p 19cm（角川EPUB選書 019）1300円 ①978-4-04-080026-4 ⑭007.609

目次 第1章 あなたの「スマホ」がいつまでも快適にならない理由（スマートフォンは「電話」ではなく「小さなパソコン」, なぜいま, スマホが狙われやすいのか ほか）, 第2章 フツーの人がこれだけは知っておくべき「セキュリティ」（エキスパートが語った, セキュリティの3つのキモ, 自分の「お金」に直結したID・パスワードの扱い方 ほか）, 第3章 意外に知らない「ソーシャル」の危ない話（「つながりたくない人」ともつながれてしまう, ディズニーの偽ツイッターを14万人がフォローした理由 ほか）, 第4章 フツーの人の「クラウド＆パソコン」との付き合い方（クラウドがパソコンとの付き合い方を変えた, 1年に一度はやっておきたい「IT大そうじ」 ほか）

内容 スマートフォンには, 多くの個人情報が, それも, あなたの友達という"つながりの情報"が保存されている。また現在では, インターネット上に投稿したさまざまなSNSの情報を集約することで, 投稿した本人が考えている以上に, 丸裸の個人情報があらわになる。こうした時代に身を守る方法を知らなければ, デジタルの時代の「作法」を学ばなければ, 悪意ある者の獲物になってしまう可能性があるのだ。

『はじめての情報通信技術と情報セキュリティ』 諏訪敬祐, 関良明共著 丸善出版 2015.2 212p 21cm〈文献あり 索引あり〉2700円 ①978-4-621-08909-5 ⑭547.48

目次 第1章 情報通信の概要, 第2章 情報のディジタル化と表現, 第3章 コンピュータ, 第4章 ディジタル情報機器, 第5章 コンピュータネットワークとインターネット, 第6章 情報通信システム, 第7章 情報セキュリティの社会的な背景, 第8章 情報セキュリティの役割, 第9章 情報セキュリティの基本技術, 第10章 リスクとセキュリティ対策, 第11章 社会の一員としての情報セキュリティ

内容 ディジタル情報の表現方法およびコンピュータ, インターネット, 情報通信システムなどの情報通信技術の基礎を, 専門的な予備知識がなくても理解できるように平易に解説。技術の発展にともない, 情報通信環境の安全性も変化し続けていることを踏まえ, ますます重要となる情報セキュリティの必要性にも触れ関連する基礎知識を解説している。

『わかりすぎる情報セキュリティの教科書―いい人も悪い人もいるインターネットの世界』 SCC教育事業推進本部セキュリティ教育部編著 エスシーシー

情報化社会・倫理　　　　　　　　　　ネットワークコミュニケーションと情報化社会

2014.12　254p　21cm　（SCC Books B-377）〈文献あり　索引あり〉1500円
①978-4-88647-232-8　Ⓝ007.609
目次 ドクロのWebページ，私が内定を辞退したですって!?，裏切られた気持ちでいっぱい，「マイナンバー」って怖くないですか，怪しいメールは開くって言ったのに！，うちの社員に限って，セクハラ会社はいやだ，アングラサイトの住人がパスワードを狙ってる，「もしもし，パスワードを忘れちゃったんですけど…」，インターネットの罠，サイバー攻撃？受けて立とうじゃないの！，謎は全て解けた。犯人はお前だ。パスワードが見えました，その注文は本物？，スマホやタブレットの利用，情報セキュリティ関連の主な法律

『情報セキュリティ入門―情報倫理を学ぶ人のために』佐々木良一監修，会田和弘著　改訂版　共立出版　2014.10 197p　26cm〈他言語標題：Introduction to Information Security 索引あり〉2700円　①978-4-320-12376-2　Ⓝ007.609
目次 第1章 インターネット社会と情報倫理，第2章 インターネット社会で抱える問題，第3章 情報セキュリティとは，第4章 情報セキュリティの技術的対策，第5章 インターネット社会と法，第6章 情報倫理教育へむけて

『情報セキュリティ入門』羽室英太郎著　第3版　慶應義塾大学出版会　2014.9 369p　21cm〈他言語標題：INTRODUCTION TO INFORMATION SECURITY　索引あり〉2800円　①978-4-7664-2165-1 Ⓝ007.609
目次 第1章 情報セキュリティとは？，第2章 コンピュータウイルスに"感染"？，第3章 サイバー攻撃の脅威と手口，第4章 "ケータイ"と"ネット"，第5章 ウェブサイト"のセキュリティ，第6章 サイトとパソコンのセキュリティを確保するためには？，第7章 組織の情報セキュリティ管理のために
内容 スマートフォンが乗っ取られる？不正送金ウイルス?!コピー複合機にもセキュリティが必要！など最新トピックを大幅に追加。記述内容も最新にアップデート。直感的に理解できるように図解を多数使用し，Q&A形式で分かりやすく解説。一般的なパソコン・携帯電話の利用者から企業の危機管理担当者まで，情報セキュリティ対策の概要が理解できる好適書。

『スノーデンファイル―地球上で最も追われている男の真実』ルーク・ハーディ

ング著，三木俊哉訳　［東京］日経BP社　2014.5　334p 図版8p　19cm〈発売：日経BPマーケティング〉1800円　①978-4-8222-5021-8　Ⓝ391.6
目次 TheTrueHOOHA（ザ・トゥルー・フーハ），市民的不服従，情報提供者，パズル・パレス，男との対面，スクープ！，世界一のお尋ね者，際限なき情報収集，もう楽しんだだろう，邪悪たるべからず，脱出，デア・シットストーム！，「押し入れ」らかの報道，おかど違いのバッシング
内容 全世界のメール，SNS，通話は，米国NSAの監視下にあった―スノーデンは衝撃の事実を次々と語った。米国政府の情報収集活動の実態を暴き，2014年のピュリッツァー賞に輝いた『ガーディアン』紙が描く舞台裏の攻防。

『ネット護身術入門―お金と個人情報を守れ！』守屋英一著　朝日新聞出版　2014.5　203p　18cm　（朝日新書 462）〈文献あり〉720円　①978-4-02-273562-1　Ⓝ007.609
目次 第1章 SNS5000万人時代，倒産や殺人も発生，第2章 業務情報やプライバシーが丸裸，第3章 サイバー犯罪による被害は1000億円に！，第4章 ネット護身術その1 被害にあったらどうすればいいのか，第5章 ネット護身術その2 どうすれば予防できるのか，第6章 ネット護身術その3 お金とパスワードの正しい守り方，第7章 自己防衛のために，何を見ればいいのか
内容 今や当たり前となったネットのコミュニケーション。しかし，そこには情報漏洩の危険がいっぱい。パスワードやカード番号，自宅住所も丸裸に!?情報セキュリティの専門家が教える自己防衛策！

『情報のセキュリティと倫理』山田恒夫編著　放送大学教育振興会　2014.3 279p　21cm　（放送大学教材）〈索引あり　発売：[NHK出版]〉2700円　①978-4-595-31498-8　Ⓝ007.609
目次 情報化社会における光と影2014，サイバー犯罪の諸相と問題解決［利用者の視点から，子どもに対する視点，管理者の視点から］，情報セキュリティの基盤技術（暗号と認証の基礎，公開鍵暗号系，さまざまな認証技術），情報セキュリティマネジメント，情報通信技術とプライバシー，セキュリティと法，インターネットの特性と子どもによるインターネット使用の問題，初等中等教育における情報倫理教育，生涯学習における情報倫理教育，技術者倫理と情報セキュリティ人材育成，まとめと展望

『よくわかる！情報セキュリティの基本』萩原栄幸監修，PHP研究所編　京都 PHP研究所　2013.12　95p　21cm

（イラスト＆ケーススタディー）500円
①978-4-569-81588-6　Ⓝ007.609

『個人情報そのやり方では守れません』
武山知裕著　青春出版社　2013.11
189p　18cm　（青春新書
INTELLIGENCE PI-410）848円
①978-4-413-04410-3　Ⓝ007.609
目次 1章 使い回しのパスワード、学生時代
の名簿、ポイントカード……あなたの行動・
住所・電話番号、こんなところから"水漏
れ"していた，2章 ブログ、フェイスブッ
ク、ツイッター、ミクシィ……匿名でアップ
した情報から、ここまで個人が特定されて
いたなんて！、3章 便利なスマホアプリや
ショートメッセージに潜むワナ—あなたの
スマホから、勝手に迷惑メールが送られてい
る!?、4章 ますます巧妙化するネット詐欺に
先手を打つ—他人の個人情報を悪用してお
金を引き出す、いまどきの手口、5章 パス
ワードの設定・管理からPC、スマホ、カー
ドの安全対策まで—虎の子のパスワード
＆個人情報は、こうして守るのが正しい！
内容 あなたや家族の"行動"が筒抜けになっ
ていた！ 複雑にしたはずのパスワードが簡
単に見破られていた！ 安心！ のパスワード
管理＆セキュリティ設定法、教えます。

『迷惑メール、返事をしたらこうなった。
—詐欺＆悪徳商法「実体験」ルポ』　多
田文明著　イースト・プレス　2013.11
263p　19cm　1200円　①978-4-7816-
1092-4　Ⓝ365
目次 第1章 「ロト6攻略法」メールに返事
をしてみた，第2章 「一攫千金」メールに返
事をしてみた，第3章 「あやしい通販」メー
ルに返事をしてみた，第4章 「出会い系」
メールに返事をしてみた，第5章 「架空請
求」メールに返事をしてみた，第6章 「友達
申請」メールに返事をしてみた，第7章 「江
○百合乃」にご用心！
内容 ロト6攻略法、一攫千金、あやしい通
販、出会い系、架空請求、芸能人なりすま
し、SNS友達申請、…その悪徳手口を完全解
明！ キャッチセールス評論家が、あの差出
人の「正体」に迫る！

『スマートフォン個人情報が危ない！—実
際の「事件例」をもとに「セキュリティ
対策」を解説』　御池鮎樹著、ＩＯ編集
部編集　工学社　2013.1　159p　21cm
（I/O BOOKS）〈索引あり〉1600円
①978-4-7775-1738-1　Ⓝ547.62
目次 第1部 スマートフォンのマルウェア
（狙われるスマートフォン、携帯電話を狙う
世界初のマルウェア「Cabir」 ほか），第2部

スマートフォンを狙う国内のマルウェア（国
内の携帯事情とマルウェア，初の日本語マル
ウェア『海賊版「いっしょにとれーにんぐ」』
ほか），第3部 マルウェア以外による情報漏
洩（OS自体に仕込まれたスパイ？「Carrier
IQ」、超人気アプリ「LINE」の危険なプラ
イバシー），第4部 スマホのセキュリティ対
策（スマートフォンのセキュリティ、
「iPhone」のセキュリティシステム ほか）
内容「Android」端末では、多くのユーザー
が「フィッシング詐欺アプリ」に引っかか
り、ネットバンクのアカウントが漏洩しま
した。「安全」と思われてきた「iPhone」
も、「アドレス帳」を勝手に読み込むなど、
個人情報をねらったアプリが登場していま
す。実際に起きたスマホの個人情報漏洩事
件をもとに、どのようなマルウェアがあり、
またどのように対策すればよいのか、具体
例を挙げて丁寧に解説します。

『スマートフォンを安心して利用するため
に—「スマートフォン・クラウドセキュ
リティ研究会」最終報告より』　スマー
トフォン・クラウドセキュリティ研究会
編　クリエイト・クルーズ　2012.12
87p　21cm　700円　①978-4-906470-
60-0　Ⓝ547.62
目次 第1章 スマートフォンを取り巻く状
況，第2章 スマートフォンの情報セキュリ
ティ上の脅威と課題，第3章 事業者及び政
府におけるスマートフォンの情報セキュリ
ティ対策，第4章 スマートフォンの情報セ
キュリティに関する一般利用者への普及啓
発，第5章 スマートフォンからのクラウド
利活用に関する情報セキュリティ，第6章
「スマートフォン情報セキュリティ行動計画」

『フェイスブックが危ない』　守屋英一著
文藝春秋　2012.6　187p　18cm　（文
春新書 867）680円　①978-4-16-
660867-6　Ⓝ547.483
目次 第1章 フェイスブックが選ばれる理
由，第2章 上手に活用できるかは、あなた
次第！，第3章 再利用される生活の記録、
第4章 悪用されるフェイスブック，第5章
超絶テクニックを初公開！，第6章 トラブ
ル発生！ あなたならどうする？
内容「懐かしい人に再会できる」「人脈づく
りに役立つ」「震災時の安否確認にも便
利」…。今や世界で9億人が利用する「フェ
イスブック」。便利さの一方でプライバシー
の流出やサイバー犯罪の被害も広がってい
る。セキュリティの第一人者が安心して使
うための実践的なノウハウを伝授する。

『迷惑メールやって良いこと悪いこと』
須藤慎一著　源　2012.6　157p　19cm
1238円　①978-4-904248-12-6　Ⓝ547.
48
目次 第1章 これが迷惑メールの手口だ！
（間違いメールに返信させようとたくらむ迷
惑メール業者、オプトインを装った出会い系

子どもの本 情報教育・プログラミングの本2000冊　**115**

情報化社会・倫理　　　　ネットワークコミュニケーションと情報化社会

迷惑メール，芸能人の悩み相談に乗ったら，出会い系サイトだった！　ほか），第2章 迷惑メールこんなときどうする？（子供に迷惑メールが届いた！あなたの子供は大丈夫？，メルアドを掲載するなら「広告お断り」の注意書きを！，同じID・同じパスワードを使い回すと危険！　ほか），第3章 これが迷惑メールの実態だ！（あなたが送っている，迷惑「な」メール，意外と高い，迷惑メール広告のクリック率と購入率，消費者の二五％は「あらゆる広告・勧誘メールが不快」　ほか）

内容 大公開！ 迷惑メールの手口と対策。

『**デジタル社会のプライバシー──共通番号制・ライフログ・電子マネー**』 日本弁護士連合会編著 航思社 2012.1 476p 21cm 〈発売：[大学図書]〉 3400円 ①978-4-906738-00-7 Ⓝ316.1

目次 序章 シンポジウム，第1章 インターネットにおける個人情報の収集・利用と保護，第2章 電子マネーにおける個人情報の収集，利用と保護，第3章 監視カメラ・人の移動履歴に基づく監視，第4章 税・社会保障共通番号，第5章 高度情報通信社会におけるプライバシー保護，資料

内容 インターネットでの買い物，スイカやおサイフケータイなどの電子マネー，街頭監視カメラ，さらに共通番号制──あなたの個人情報，大丈夫？まさに今，危機にさらされているプライバシーの問題を，市民の個人情報保護を最優先に，法的側面から検証・提言。

『**あなたのスマートフォンが狙われている！**』 宮島理著 アスキー・メディアワークス 2011.10 223p 18cm（アスキー新書 201）〈発売：角川グループパブリッシング〉743円 ①978-4-04-870921-7 Ⓝ547.483

目次 第1章 恐るべきIT犯罪の手口，第2章 世界を覆うIT犯罪・テロの脅威，第3章 うっかりミスが命取り，第4章 IT社員は管理できるか，第5章 ネット上での人間模様，第6章 ITセキュリティ対策

内容 スマホやタブレット端末の普及が急速に進むなか，Android携帯をターゲットにしたウイルスが急増し，ウイルスだけではなく，スマホやタブレット端末を狙ったサイバー犯罪もますます巧妙化してすぐ近くに迫っている。最新のIT犯罪の手口や，これらに巻き込まれないための護身術などを解説。

『**もしもあの写真がネットにバラまかれたら──あなたの知らないスマートフォン・ソーシャルネットワークの落とし穴**』 佐野正弘著 エンターブレイン 2011.10 190p 19cm （ビジネスファミ通）

〈並列シリーズ名：Business Famitsu 発売：角川グループパブリッシング〉1200円 ①978-4-04-727610-9 Ⓝ547.62

目次 第1部 スマートフォンとマルウェア（急速に高まるスマートフォン人気，スマートフォンはウイルスに感染する ほか），第2部 脅威をもたらす，携帯電話との違い（携帯電話とスマートフォンは何が違うのか？，"日本発"のモバイルインターネット ほか），第3部 マルウェアに感染するとどうなる？（マルウェアにはどうやって感染するのか？，従来のスマートフォン向けマルウェア傾向 ほか），第4部 スマートフォンをマルウェアから守るには（スマートフォンに求められるセキュリティ対策，マルウェアが重視するのは母体の多さ ほか），第5部 スマートフォンを安全に利用するために（スマートフォンが携帯電話であるがゆえの脅威，小さいデバイスだからこそ起こり得る"盗難" ほか）

内容 爆発的に普及するスマートフォン。そこに潜む危険を，あなたは知らない…。

『**はじめてのウイルスセキュリティZERO──更新料不要！ 軽くて安心！**』 御池鮎樹著 工学社 2010.10 215p 21cm （I/O books）〈索引あり〉1900円 ①978-4-7775-1551-6 Ⓝ547.483

目次 第1章 「ウイルスセキュリティZERO」をインストールする（「ウイルスセキュリティZERO」をインストールする，メイン画面を表示する ほか），第2章 ウイルスやスパイウェアを防ぐ（「ウイルス」と「スパイウェア」からパソコンを守る，「マルウェア」を自動的に「検出」「駆除」する ほか），第3章 ファイアウォールで不正侵入を防ぐ（ファイアウォールとは？，ファイアウォール機能を利用する ほか），第4章 個人情報を守る（狙われる個人情報，個人情報を保護する ほか），第5章 迷惑メールや詐欺メールを防ぐ（邪魔で危険な「迷惑メール」，迷惑メール監視機能を使う ほか）

『**迷惑メール撃退マニュアル──しつこい「スパム」や悪質な「フィッシング」から身を守る！**』 御池鮎樹著 工学社 2010.7 207p 21cm （I/O books）〈索引あり〉1900円 ①978-4-7775-1534-9

目次 第1章 迷惑メールの基礎知識（「迷惑メール」の現状，迷惑メールとはなにか ほか），第2章 迷惑メールを防ぐには（迷惑メールはどのようにして送られるか，メール・ヘッダを理解する ほか），第3章 メールソフトの迷惑メール対策（メールソフトの迷惑メール対策機能を使う，「Outlook Express」の迷惑メール対策 ほか），第4章 セキュリティ・ソフトの迷惑メール対策（セキュリティ・ソフトの迷惑メール対策機能

116

を使う、「Norton Internet Security」の迷惑メール対策機能 ほか〉
内容 しつこい「スパム」や悪質な「フィッシング」から身を守る。メールボックスの邪魔者をスッキリとフィルタリング。

『個人情報の盗難を防止するために』
McAfee 2010 25p ［PDF資料］
目次 個人情報の盗難とは、個人情報の盗難に関する重要な事実、個人情報の盗難のさまざまな姿、個人情報はどのようにして盗まれるのか、個人情報の盗難はなぜ困るのか、個人情報の盗難から身を守るには、被害に遭ってしまったら

情報社会のトラブル

『脱！ スマホのトラブル―LINE フェイスブック ツイッターやって良いこと悪いこと』 佐藤佳弘著 増補版 西東京武蔵野大学出版会 2018.3 206p 19cm 1350円 ①978-4-903281-35-3 Ⓝ007.353
目次 第1章 カキコの危険、第2章 メール、メッセージの危険、第3章 アップロード（掲載）の危険、第4章 ダウンロードの危険、第5章 サイト利用の危険、第6章 人体・健康への危険、第7章 その他の危険
内容 スマホは…危険？ 子供たちが被害者。加害者にならないために。

『本当に怖いスマホの話―次はキミの番かもしれない……』 遠藤美季監修 金の星社 2015.3 191p 19cm 1100円 ①978-4-323-07317-0 Ⓝ694.6
目次 1章 友人トラブル、2章 SNSいじめ、3章 スマホ依存、4章 ゲーム依存、5章 出会い系サイト、6章 個人情報漏洩
内容 スマホによるトラブルを漫画とイラストで紹介！「いざ」というときに役立ち、スマホをしっかり理解して使用するための案内書。

『子どもとスマホ―おとなの知らない子どもの現実』 石川結貴著 ［東京］ 花伝社 2016.9 197p 19cm 〈発売：共栄書房〉 1200円 ①978-4-7634-0791-7 Ⓝ367.61
目次 第1章 スホマが変える子どもの世界、第2章 子どもとインターネット、第3章 深刻化するネットトラブル、第4章 今日から役立つ知識と対策、第5章 ネット社会の未来と子どもたちのこれから
内容 ネットやスマホの問題をわかりやすく説明。現代の子どもたちが置かれている環境や現状を報告。家庭や学校における指導、教育について具体的に解説。ネットやスマホのトラブルを防ぐためにどうすればいいか、身近に利用できるもの、簡単に実践できる方法を紹介。ネットやスマホの「怖さ」だけでなく、利便性や効果的な使い方についての提案。

『子どものスマホ・トラブル対応ガイド』 安川雅史著 ぎょうせい 2016.4 149p 21cm 〈文献あり〉 2000円 ①978-4-324-10060-8 Ⓝ371.37
目次 第1章 スマホに"操作される"子どもたち（子どもを取り巻くネットトラブルの実情、ネットの罠に陥る子どもの素顔）、第2章 危険！ 子どものスマホ・トラブル事例（SNSで深刻化する「ネットいじめ」、見知らぬ人とつながる子どもたち、身も心も滅ぼす危険な「小遣い稼ぎ」、スマホ依存による生活習慣への影響、ネットの世界で終わらない「炎上」の脅威）、第3章 知っておきたい！ トラブル回避テクニック（SNSトラブルの未然防止策、フィルタリング、悪意の攻撃から子どもを守る方法）、第4章 スマホ時代の子どもの守り方・育て方（ネットいじめに対応する上での留意点（教師の皆さんへ）、スマホ時代の子どもと向き合う（保護者の皆さんへ））、資料 トラブル防止・解決の手引き
内容 知っていますか？ スマホの危険と対処法。「スマホ依存」「LINEいじめ」「悪質投稿」「リベンジポルノ」…。スマホにハマる今どきの子ども事情と知られざるトラブルの実態、事前・事後の対応策を一冊に凝縮！

『大切な子どもの守り方』 舟生岳夫著 総合法令出版 2015.5 189p 19cm 1300円 ①978-4-86280-448-8 Ⓝ368.6
目次 第1章 子どもを狙う犯罪から守るには（子どもの被害がふたたび増加して、子どもを狙う目的 ほか）、第2章 家庭の向こうから子どもが狙われる（携帯電話、スマートフォンの普及、子どもが隠語を知っていたら（使っていたら）要注意 ほか）、第3章 子どもを守るためにできること（子どものことをよく知る、学校や塾の安全に対する考え方を知る ほか）、第4章 今後、子どもの社会はどう変わっていくのか（子どもがネットを使うことが当たり前の時代、小さいうちからネットの危険性を教える ほか）
内容 通学路、公園、おつかい、留守番…一人でいる子どもが狙われています！ 小さな子どもを守るために親がしてあげられること。子どもの防犯に関するあらゆることがこの1冊にまとまっています。

『ネット・セーフティー―スマホ・ネットトラブルから子どもを守る対応法』

ニッキー・ジャイアント著，金綱知征監修，森由美子訳　京都　クリエイツかもがわ　2015.1　175p　26cm〈文献あり〉2000円　①978-4-86342-152-3　Ⓝ371.37

目次　1 デジタル世代のためのネット・セーフティー（ネット・セーフティーとは？，ネット・セーフティーの中核をなすもの　ほか），2 ネット・セーフティーカリキュラム（デジタル世代のコミュニケーション，安全でいるために　ほか），3 ネット・セーフティワークシート（コミュニケーションの形，コミュニケーションが重荷になる時　ほか），4 ネット・セーフティー指針づくりの手本（学校名－ネット・セーフティー指針，教職員向けの行動規則の例　ほか）

内容　スマホを手放せない子どもたち。ネットいじめ、ゲーム依存、課金トラブルなどの危険からどう子どもたちを守るか、学校教育の対応法を提示！　スマホやネットの正しい使い方を理解し、危険性を知り、安全に使うためにカリキュラム23で取り組む！

『つながりを煽られる子どもたち―ネット依存といじめ問題を考える』　土井隆義著　岩波書店　2014.6　87p　21cm（岩波ブックレット　No.903）620円　①978-4-00-270903-1　Ⓝ367.61

目次　第1章 メビウスの輪の翳り（つながり過剰症候群，多様化する価値観　ほか），第2章 つながりの格差化（豊かさから美味しさへ，新自由主義とリスク化　ほか），第3章「いいね！」の承認願望（暴走するつながり意識，SNSでの自己承認　ほか），第4章 常時接続を超えて（肥大する承認願望，イツメンという世間　ほか）

内容　LINE疲れ、快楽でなく不安からのスマホ依存、友だち関係を維持するためのいじめ、親友を作りづらいイツメン（いつも一緒のメンバー）同士のしがらみ…。子どもたちが「つながり過剰症候群」に陥る社会背景と心理メカニズムとは？「いいね！」を求めあう承認願望の肥大化と、それはどう関わっているのか？　また、その隘路からの出口はどこにあるのか？　大好評ロングセラー『「個性」を煽られる子どもたち』『キャラ化する／される子どもたち』に続く待望の第三弾！

『親は知らない―ネットの闇に吸い込まれる子どもたち』　読売新聞社会部著　中央公論新社　2010.11　246p　20cm　1500円　①978-4-12-004170-9　Ⓝ367.61

目次　第1章 ネットの先に潜む魔手，第2章 変容する子どもたち，第3章 加害者への転落，第4章 迫る薬物汚染の今，第5章 欲望

の対象にされる子どもたち，第6章 子どもを守るために

内容　「ケータイさえあれば生きられる」家出少女と泊め男を結ぶ闇。プロフは出会い系と同じ、性被害の温床に。「カキコしてね」娘に家とは別の顔。裏サイトいじめ、学校の監視は裏技で骨抜きに。ネットゲーム依存で消えた家族との会話。頭の良くなる薬・スマートドラッグの落とし穴。ネットに流出したジュニアアイドルの動画。フィルタリングは穴だらけ、など。ニッポンの今を伝える迫真のルポルタージュ。ケータイ依存度チェックリスト付き。

◆インターネット・SNSの悩み

『ネットいじめ対策　親子ガイドブック』　シマンテック　16p　［PDF資料］

目次　はじめに：「ネットいじめ」とは，媒体と手口：ネットいじめ，要注意：ネットいじめの兆候，大切なこと：話合う，質問でチェック：ネットいじめ，ネットで使われている俗語

『気をつけよう！　情報モラル　6　誹謗中傷・炎上編』　原克彦監修，秋山浩子編，イケガメシノイラスト　汐文社　2018.3　35p　27cm〈文献あり　索引あり〉2400円　①978-4-8113-2418-0　Ⓝ007.3

目次　01 ちょっとした悪ふざけのつもりが…（どうなる？　どうする？　おもしろ写真でトラブル！，クイズ○×どっち？　考えよう！），02 悪口コメントでストレス解消？（どうなる？　どうする？　匿名コメントでトラブル！，クイズ○×どっち？　考えよう！），03 こっそりやったのにいつの間にか大炎上！（どうなる？　どうする？　写真拡散でトラブル！，クイズ○×どっち？　考えよう！）

『シリーズ・道徳と「いじめ」　3　しっかり取りくもう！「モラル・コンパス」をもつ』　稲葉茂勝著，貝塚茂樹監修　こどもくらぶ編　京都　ミネルヴァ書房　2018.3　31p　27cm〈索引あり〉2800円　①978-4-623-08263-6　Ⓝ371.42

目次　「モラル」について考える（「モラル」という言葉，最近注目「モラル・コンパス」，めざすは「モラリスト！」），道徳教育の授業レポート（よりよい友達関係を築くにはどうすればよいか考える，いじめをなくす構造を知って、いじめをなくす人間関係を考える，相手の立場に立ち、「思いやり」のある行動について考える，いじめをしない「心」とは，いじめられる側・いじめる側の気持ちから考える，SNSのいじめの映像を見て、自分は行動できるか考える，からかっただけなのに？　身近ないじめを自分自身の問題として考える）

内容　考える、議論する、道徳と「いじめ」。全国の小中学校でおこなわれている、道徳の

授業をレポート。自分の価値観や言動を律する「モラル・コンパス」について考えます。

『シリーズ・道徳と「いじめ」 2 調べよう・ふり返ろう！ これもいじめ・あれもいじめ』
稲葉茂勝著，貝塚茂樹監修・著 京都 ミネルヴァ書房 2018.2 31p 27cm 〈索引あり〉 2800円 ①978-4-623-08262-9 Ⓝ371.42

目次 1「いじめ」ってなんだろう？（いじめの定義ってなに？，いじめの種類と特徴，昔のいじめ・いまのいじめ，ネットいじめ，増え続けるいじめ，現代のいじめの構造を考えてみよう！，日本のいじめ・世界のいじめ），2 「いじめ」をなくすために（「いじめ防止対策推進法」を知ろう！，「つながりあう」とは？，マイノリティーとマジョリティー，マイノリティーといじめ）

内容 いじめの「定義」とは？ 日本と世界のいじめの特徴は？ いじめを自分の問題としてとらえ、いじめをなくすためになにができるのか、どうすればよいのか考えていきます。

『なやみと〜る―〈ききめ〉おなやみ解決・はげまし 5 ネット・SNSのなやみ』
高橋暁子，北川雄一監修，梶塚美帆文，つぼいひろき絵 岩崎書店 2018.1 127p 21cm 2000円 ①978-4-265-08605-4 Ⓝ159.5

目次 第1章 インターネットってなんだろう？，第2章 メールやSNSって何？ 注意点は？，第3章 インターネットの危険と注意点，第4章 ネットにまつわるおなやみアレコレ，第5章 先輩たちのエピソード

内容 この本では、ネットにまつわるなやみ・トラブルを経験してきた先輩たちや、学校の先生、インターネットの専門家とたくさん話し合って、知っておくべき注意点や、なやみ・トラブルの解決のヒントを集めました！ ナビゲーターの「マウスくん」とともに、ひとつひとつ困難をのりこえていく主人公、「はなちゃん」と「ひでとくん」の成長を見ながら、インターネットを上手に使うためのヒントにしてもらえたらうれしいです！

『少年のスマホ利用に伴うトラブルに注意！』
熊本県警察本部少年課 2018 2p ［PDF資料］

『STOP！ ネット犯罪』
警察庁 2018 4p ［PDF資料］

『メールde詐欺にだまされない！ そのメール、詐欺カモ!? 2018年度版』
迷惑メール相談センター 2018 2p ［PDF資料］

『脱！ SNSのトラブル―LINE フェイスブック ツイッターやって良いこと悪いこと』
佐藤佳弘編著 西東京 武蔵野大学出版会 2017.11 157p 19cm 1350円 ①978-4-903281-33-9 Ⓝ007.353

目次 第1章 SNSはトラブルメーカー，第2章 だからあなたは嫌われる，第3章 悪人があなたを狙う，第4章 ウソがバレるとき，第5章 やっちまった大失敗，第6章 トラブルにあわない使い方

内容 SNSは…迷惑!?トラブルの被害者・加害者にならないために！

『18歳からはじめる民法』
潮見佳男，中田邦博，松岡久和編 第3版 京都 法律文化社 2017.4 100p 26cm （From 18） 〈文献あり〉 2200円 ①978-4-589-03827-2 Ⓝ324

目次 バイクで人身事故を起こしたら，インターネット上で中傷されたら，買った自動車が故障していたら，スーパーで食品を買ったら，英会話教室に通ったら，インターネット通販で靴を買ったら，友人に貸した自転車を取り戻したい，入学するときにお金を借りたら，自分のクレジットカードを作ったら，アパートを借りたら，親が家を新築したら，ある友達との「結婚」，親が離婚したら，祖母が認知症になったら，祖父が亡くなったら，民法の世界を整理したら

『いじめから脱出しよう！―自分をまもる方法12か月分』
玉聞伸啓著 小学館 2017.1 127p 19cm 900円 ①978-4-09-840176-5 Ⓝ371.42

目次 4月 自分をまもる方法，5月 自分をまもる方法，6月 自分をまもる方法，7月 自分をまもる方法，8月 自分をまもる方法，2学期に向けて SNSいじめは画面を保存。夏休み明け、こわくなるのは当然，9月 自分をまもる方法，10月 自分をまもる方法，11月 自分をまもる方法，12月 自分をまもる方法，1月 自分をまもる方法，2月 自分をまもる方法，3月 自分をまもる方法

内容 月々の「いじめ」に最も効果的な、「自分をまもる方法」を伝えます。「もう死ぬしかない」という苦しみから抜け出せる！

『インターネットトラブル事例集』
総務省 2017 28p ［PDF資料］

目次 乳幼児とデジタル機器について考えてみましょう！，データで考える！ インターネットトラブルの現状と傾向，スマホの過度な使用による日常生活への支障，無料通話アプリなどでの悪口や仲間外れ，なりすまし投稿による誹謗中傷，個人や学校などへの脅迫行為，SNSやネットで知り合った人

情報社会のトラブル　　　　　　　　ネットワークコミュニケーションと情報化社会

による性犯罪被害，コミュニティサイトなどを使った未成年によるアプローチ〔ほか〕

『出会い系サイト・コミュニティサイト STOP！児童被害』警察庁 2017 2p ［PDF資料］

『スマホ断食―ネット時代に異議があります』藤原智美著 潮出版社 2016.7 204p 19cm 1200円 Ⓘ978-4-267-02057-5 Ⓝ007.3

目次 いまこそスマホ断食を，私の思い出はスマホには収まらない，データに分解された私を誰かが見ている，ネット社会の匿名性，ネットでは「盗み」は知的作業なのか，自己愛が「祭り化」で加速する，「見られたい」という欲望，ネット動画とのつきあい方，ネットが人を萎縮させる，紙の本が思考を鍛える，スマホから逃れて自分を取り戻す

内容 何かあるとすぐにネットで検索。止まらないネットサーフィンで，気づくと1時間。LINEの既読が気になって仕方がない…ネット漬けの日常から逃走し，「自分」を取り戻す。芥川賞作家によるネット社会批判。

『おしえて！尾木ママ最新SNSの心得 2 どうしよう？ SNSのトラブル』尾木直樹監修 ポプラ社 2015.4 63p 24cm 〈索引あり〉2850円 Ⓘ978-4-591-14348-3 Ⓝ694.5

目次 1章 SNSってなんのこと？（SNSって知ってる？，SNSにはどんな種類があるの？，ほかにもあるよいろいろなSNS！ ほか），2章 聞いて！SNSのなやみ相談室（Facebookのネタがなくってこまっています！，Facebookの「いいね！」にうんざりです！，友だちがFacebookにわたしと写っている写真をアップ。ほか），3章 聞いて！LINEのなやみ相談室（新世代のコミュニケーションツールLINEについてもっと知りたい！，便利なLINE機能の表と裏！，スマートに使いたいLINEのマナー ほか）

『マンガ ストップいじめ ノーモア自殺！―いじめ・自殺のない国をめざして』再チャレンジ東京編 学事出版 2015.1 96p 26cm 〈奥付のタイトル：ストップいじめノーモア自殺！ 文献あり〉700円 Ⓘ978-4-7619-2079-1 Ⓝ371.42

目次 二人だけのオフ会（ワークシート「二人だけのオフ会」を読んで，LINEについて考えよう！―スマホは便利。だけど不便なこともある，教室以外の居場所を作ろう！―「自分にOK」を出せる空間や時間をみつけよう！），ナイフと毛布と私（ワークシート「ナイフと毛布と私」を読んで，心のキズは身体のキズ以上―気づいてほしい「見え

ない痛み」があること，いのちの電話って知ってる？―聞いてもらうことで楽になることがあります。），ツボミの花（ワークシート「ツボミの花」を読んで，コンプレックスと向き合う―完璧な人なんていない。自分に自信をもてるコツ，好きなことを生かす！―自分のよさを知れば強くなれる）

『家庭でマスター！ 中学生のスマホ免許―依存・いじめ・炎上・犯罪…SNSのトラブルを防ぐ新・必修スキル』遠藤美季著，坂本ロクタク漫画 誠文堂新光社 2014.12 94p 26cm 1200円 Ⓘ978-4-416-71458-4 Ⓝ694.6

目次 準備編，基本編，コミュニケーション編，トラブル編，犯罪編，依存編，スマホ免許取得総合試験

内容 こんなトラブルあるある！脱SNS依存部の2人と一緒にスマホに潜むワナを見破れ。

『ひとりだちするためのトラブル対策―予防・回避・対処が学べる』子どもたちの自立を支援する会編集 日本教育研究出版 2014.11 80p 26cm 1100円 Ⓘ978-4-931336-19-3 Ⓝ378

目次 1章 対人関係・人間関係（友人関係，男女交際 ほか），2章 健康な生活（飲酒・喫煙，危険な薬物 ほか），3章 金銭管理と消費者被害（貸し借りや支払い，家計簿 ほか），4章 携帯・スマホ・パソコン・ネット（依存症，掲示板・SNS等の情報発信 ほか），5章 トラブル心構え

内容 予防，回避，対処―身近な事例を多数掲載。

『子ども、保護者、教員で考えるインターネットトラブル防止ガイド―最新版「自分の身は自分で守る」子どもに育てる！』SNAスクールネットワークアドバイザー編著 ラピュータ 2014.9 112p 21cm 〈文献あり〉1200円 Ⓘ978-4-905055-21-1 Ⓝ371.42

目次 第1章 これだけは必ず守る！ 子どものネット・ルール，第2章 保護者は責任重大！知らないではすまされないネットの子どものネット事情，第3章 先生が注意する6つのポイント，第4章 「自分の身は自分で守る」―子ども達を育てるために，私達ができること

内容 LINE、ゲーム機でのトラブルなど最新情報が満載！子どもも、大人も一緒に読めるネット対策の決定版。

『ある日、私は友達をクビになった―スマホ世代のいじめ事情』エミリー・バゼロン著，高橋由紀子訳 早川書房 2014.8 324p 19cm 1800円 Ⓘ978-4-15-209475-9 Ⓝ371.42

ネットワークコミュニケーションと情報化社会　　　　　　　情報社会のトラブル

目次 プロローグ 二五年前の記憶，1 トラブル発生，2 エスカレート，3 解決策，4 さあ，ここから

内容 「自分のどこがいけないんだろう」―。ちょっとしたきっかけからいじめられるようになり，その呪縛から抜けられなくなる子どもたち。スマホを携え，SNSに常時アクセスする彼らにとって，いじめとは学校だけではなくネット上でも毎日24時間続くものであり，対策はますます難しくなっている。ジャーナリストである著者は，ティーンエイジャー3人の事例を徹底検証するほか，フェイスブック本社を取材し「ネットいじめ」の問題について探る。大人が子どもたちのためにできることを考える渾身のノンフィクション。

『いじめは，やめて！』 スーザン・アイコブ・グリーン著，上田勢子訳 福村出版 2014.7 134p 26cm （子どもの「こころ」を親子で考えるワークブック 2） 1500円 ①978-4-571-20601-6 ⓃN371.42

目次 いじめってなに？，いじめと気持ち―悲しい気持ち，こわい気持ち，そのほかいろいろな気持ち，いじめと体―痛みや苦しみ，勇気のあるふりをすれば勇気が出ますよ，見た目が良ければ気分も良くなりますよ，冷静でいましょう，いじめのしかえしをしない，いじめっ子をさけましょう，自己主張しましょう，自信のある話し方をしましょう〔ほか〕

内容 からかい，悪口，ネットいじめに対処する方法，仲間はずれにされたときの気持ちに対処する方法，必要なときに助けを求められるようになる方法。37のかんたんで楽しいアクティビティを通して子どもに教えましょう。

『尾木ママの女の子相談室 2 スッキリ解決★友だちの悩み』 尾木直樹監修・文 ポプラ社 2014.6 249p 18cm （ポプラポケット文庫 206-2―ガールズ）〈2013年刊の再構成〉650円 ①978-4-591-14020-8 ⓃN159.5

目次 第1章 仲良しグループのなやみ（グループ内で孤独を感じます，どの仲良しグループにも入れないかも… ほか），第2章 親友ってなんだろう？（わたしの自由をうばう親友，口が軽い親友…信用していいの？ ほか），第3章 これって，いじめ？（いじられキャラだと思っていたら…，「悪口」の基準がわからない！ ほか），第4章 いじめ，つらいよ…（「うっざ！」のひとことから，無視がはじまった，親友がいじめられているのに，何もできない ほか），第5章 ネット・ケータイ・スマホトラブルのなやみ

（ケータイをもっていないのは，いけないこと？，SNSに毎日をしばられている気がする ほか）

内容 「これっていじめ？」「親友ってなんだろう？」…次から次へいわてくる，友だちについての悩み。どうやって解決すればいいのか，あなたの気持ちを大事にしながら，尾木ママといっしょに答えをさぐりだしましょう。尾木ママのアドバイスで，前向きになれる1冊です。小学校上級から。

『子どものための法律相談』 第一東京弁護士会少年法委員会編 第2版 青林書院 2014.4 569p 21cm （新・青林法律相談 26）〈索引あり〉4800円 ①978-4-417-01620-5 ⓃN367.61

目次 第1章 総論，第2章 学校問題，第3章 いじめ，第4章 学校事故，第5章 インターネット，第6章 子どもと性，第7章 子どもと家事事件，第8章 児童虐待，第9章 少年非行，第10章 外国人，第11章 子どもと労働，巻末資料―各種相談窓口

内容 家事事件手続法，改正民法等に対応!! いじめ，自殺，体罰，児童虐待，少年非行，子どもと性，スマホ・携帯電話，インターネットなど，現代の多くの子どもたちが遭遇するトラブルについて，子どもに関する問題に取り組む弁護士が，適切な法的対処法を提示する。第7章「子どもと家事事件」を追加。

『まんがと図解でわかる裁判の本―こんなとき，どうする？ どうなる？ 5 危険がいっぱい！ インターネット』 山田勝彦監修 岩崎書店 2014.3 47p 29cm〈文献あり 索引あり〉3000円 ①978-4-265-08349-7 ⓃN327

目次 巻頭特集 これだけは知っておきたい基礎知識，第1話 インターネットに個人情報をのせた―ネットいじめはだれが悪いの？，第2話 人気まんがをインターネットで公開―これって悪いことなの？，第3話 送った写真を取り返したい―インターネットでの交流は危険？，第4話 SNSが「炎上」しちゃった―モラルとインターネットマナー，巻末特集 チャレンジ！ 法律違反クイズ

『新だれにも聞けないなやみ相談の本―自分で，自分にアドバイス 5 生きるをもっと喜ぶ！』 池田真理子，岡本泰弘，下田博次，高見友理，長崎夏海，梨屋アリエ，宮田雄吾著 学研教育出版 2014.2 63p 24cm〈発売：学研マーケティング〉2800円 ①978-4-05-501044-3 ⓃN159.5

目次 第1章 成長する心とからだのなやみ（太っているから，鏡を見るたび自分がいやになる。やせたい！，胸が大きいから，ヘンな目で見られる。いやだなあ。はずかしい。，友だちがわたしと同じ男子を好きらしい。友だちと男子，どっちを大切にしたら

いい？，男の子を好きにならないのは，おかしいの？　ほか），第2章　自分を守るために（友だちからすすめられて，タバコをすっている。ことわりたいけど…。，毎日，ムカつく。悪いことをすると，少しすっきりする。，メールのやり取りに夢中。ねる時間もおそくなってきました。，ネットで親友ができた！　会いたい！　ほか）

『ぼく，わたしトラブってます！』　兵庫県消費生活課　2013.12　4p　［PDF資料］

『いじめは犯罪！　絶対にゆるさない！―いじめに悩むこどもたち，お母さんたちへ』　井澤一明著　青林堂　2012.12　182p　19cm　〈SEIRINDO BOOKS〉838円　Ⓘ978-4-7926-0458-5　Ⓝ371.42

|目次|第1章　いじめ概論―大津いじめ自殺事件を考える，第2章　もしも，いじめられたら（こどもたちへ，保護者の皆様へ），第3章　いじめ解決法（いじめ対処の大原則，いじめ解決法，いじめ解決の重点ポイント，学校の「この対処」が不登校に追い込む，「できる教師」のいじめ指導法，傷ついた子供たちを救いたい，ネットいじめ対処法），第4章　いじめ相談Q&A（教師の「言い分」に負けないためのアドバイス，保護者の不安を解消するためのアドバイス）

『いじめ予防と対応Q&A73』　菅野純，桂川泰典編著　明治図書出版　2012.5　164p　22cm　1760円　Ⓘ978-4-18-148929-8　Ⓝ371.42

|目次|第1章　いじめを「理解・把握する」Q&A，第2章　いじめを「予防する」Q&A，第3章　いじめに「取り組む」Q&A，第4章　「ネットいじめ」Q&A，第5章　いじめと「不登校・発達障害・非行」Q&A，第6章　「保護者とのかかわり」Q&A，第7章　「いじめの経験をいかす」Q&A

|内容|いじめ問題については，教育学や心理学，社会学などさまざまな立場から，その解明や対応・予防などについてアプローチが行われてきましたが，決定的な対応策が存在せず，常にどこかで悩んでいる子，傷ついている子がいます。本書は，その課題にこたえるべく，学校の先生方や相談で出会う子ども，保護者のみなさんのQに答える形で，具体的な73のQ&Aでまとめています。

『気をつけよう！消費者トラブル　1（ケータイ編）』　秋山浩子文，納田繁絵　汐文社　2011.11　47p　27cm　〈索引あり　文献あり〉　2000円　Ⓘ978-4-8113-8831-1　Ⓝ365

|目次|1　無料ゲームのはずなのに…（ホントにぜんぶ，無料なのかな？），2　音楽は無料だったけれど…（ダウンロードは，無料ではないの？），3　勝手に登録されちゃった！（「無料」は「有料」の入口なのかも…），4　知らない人からメールが…（占いで，アンケートに答えたら…）

『いじめを生む教室―子どもを守るために知っておきたいデータと知識』　荻上チキ著　PHP研究所　2018.7　258p　18cm　（PHP新書）　920円　Ⓘ978-4-569-84077-2

|目次|第1章　これでいいのか，日本のいじめ議論，第2章　データで読み解くいじめの傾向，第3章　大津市の大規模調査からわかったこと，第4章　「不機嫌な教室」と「ご機嫌な教室」，第5章　理論で読み解くいじめの構造，第6章　「ブラック校則」調査から見えたこと，第7章　ハイリスク層へのサポート，第8章　メディアが飛びつくネットいじめ，第9章　教員の課題と「いじめ防止法」，第10章　大人に求められること

|内容|「いじめ問題」を解決するために必要な知識とは何か。連日のように悲惨なニュースが報じられ，そのたびに多くの議論が交わされるが，その中には具体的な根拠に欠ける当てずっぽうな「俗流いじめ論」も少なくないと著者はいう。一方で，メディアには取り上げられずとも，いじめが社会問題化して以来30年以上にわたり，日本でも世界でも数々の研究が行なわれ，多くの社会理論が磨かれてきた。本書では，そうした数多くの研究データを一挙に紹介しつつ，本当に有効ないじめ対策とは何かを議論する。いじめ議論を一歩先に進めるために，必読の一冊。

『ネットトラブルの法律相談Q&A』　神奈川県弁護士会IT法研究会編　第2版　法学書院　2018.4　247p　21cm　〈索引あり〉　2000円　Ⓘ978-4-587-21936-9　Ⓝ007.3

|目次|スマートフォン・携帯電話・アプリ，SNS（フェイスブック，ツイッター，ライン，インスタグラム等），クラウド，情報セキュリティ，名誉毀損・プライバシー侵害，動画投稿・違法ダウンロード，ネットショッピング，アフィリエイト，仮想通貨，ネットバンキング，ネットトレード，会社・企業関係，著作権〔ほか〕

|内容|インターネットショッピングで返品はできるの？　娘にTwitterを利用させても大丈夫？　従業員採用活動時に個人情報を収集するときの注意点は？　民法等の最新の法改正に対応！

『ある日突然，普通のママが子どものネットトラブルに青ざめる―知らないと意外にコワいネットとスマホの落とし穴』

長谷川陽子著　大阪　アイエス・エヌ
2017.12　223p　19cm　1500円　⑪978-
4-909363-01-5

|目次| 1 子どもをめぐる「いまどきのネット事情」，2 日本の子どもはネットトラブルに巻き込まれやすい!?，3 ネットが悪いのではなく，「使い方」が問題，4 わが子を「加害者」にしてしまう危険がいっぱい，5 え!?そんな法律，あったの?，6 今日からできる「ネット利用ルールの作り方」

|内容| 起こってからでは，もう遅い。情報教育アナリストが「親がすぐできること」を伝授。

『一緒にいてもスマホ—SNSとFTF』
シェリー・タークル著，日暮雅通訳　青土社　2017.3　515p　20cm　2400円
⑪978-4-7917-6969-8　Ⓝ361.4

|目次| 1 会話の効用，2 ひとつ目の椅子，3 二つ目の椅子，4 三つ目の椅子，5 この先の進路，6 四つ目の椅子?

|内容| 急激に広まったスマートフォンは，いつどこででも連絡を取り合える日常を作り出した。その反面，親子，友人，恋人同士の関係性にも大きな変化をもたらしつつある。家庭，学校，職場でいま起きている問題を豊富なインタビューをもとに分析し，便利さと引き換えに失ったもの，またそれを取り戻す方法をTEDでも話題のシェリー・タークルが提言する。

『ルポ ネットリンチで人生を壊された人たち』　ジョン・ロンソン著，夏目大訳　光文社　2017.2　501p　18cm　（光文社新書 869）1200円　⑪978-4-334-03972-1　Ⓝ007.3

|目次| ツイッターのなりすまし，誰も気づかなかった捏造，ネットリンチ—公開羞恥刑，世界最大のツイッター炎上，原因は群衆心理にあるのか?，善意の行動，恥のない夢の世界への旅，徹底的な正直さ，売春婦の顧客リスト，独白劇の捏造，グーグルの検索結果を操作する男，法廷での羞恥，恥なき世界，猫とアイスクリームと音楽と，あなたの現在の速度

|内容| ツイッターやフェイスブックなどのSNSを舞台に，現代によみがえった「公開羞恥刑」＝ネットリンチの実態と深層に迫る!

『学校におけるいじめ—国際的に見たその特徴と取組への戦略』　ピーター・K・スミス著，森田洋司，山下一夫総監修，葛西真記子，金網知征監訳　学事出版　2016.9　311p　21cm　〈文献あり 索引あり〉　3200円　⑪978-4-7619-2271-9　Ⓝ371.42

|目次| 第1章 個人的な問題，実際的問題，研究プログラムとしての学校現場のいじめ，第2章 「いじめ」の意味と学校でのいじめに関する研究の歴史，第3章 どうすればいじめを発見できるか，第4章 学校におけるいじめとネットいじめについての基本的な知識，第5章 いじめのリスクがあるのは誰か? いじめにはどのような影響があるのか?，第6章 いじめ対策および介入の成果，第7章 いじめ減少への取組とこれからの研究の課題と展望

『ネットいじめの構造と対処・予防』　加納寛子編著　金子書房　2016.8　239p　21cm　〈索引あり〉　2300円　⑪978-4-7608-3036-7　Ⓝ367.6

|目次| 第1部 ネットいじめの構造（緊急座談会：高校生とその保護者が語る，ネットいじめのリアリティ，ネットいじめとは，ネットいじめの特異性），第2部 ネットいじめへの対応と予防（ネットいじめへの対処，ネットいじめの予防，『学び合い』によるネットいじめの解消），第3部 ネットいじめ—事例と分析・対策（対談：ネットいじめの枠組みをどうつくるか?，インターネットを用いたいじめや迫害をめぐる諸問題—「延長された表現形」として増幅させるブースター効果，対談：ネットいじめから新しい時代を構想する）

|内容| 事態の把握と解決，そして再発の阻止へ—ソーシャルメディアの普及とともに蔓延するネットいじめの理論的背景と構造を，心理学・教育学・社会学の視点から明らかにし，対処と予防の方策を提案する。

『スマホ時代の親たちへ—「わからない」では守れない!』　藤川大祐著　大空出版　2016.4　173p　18cm　（大空教育新書 C003）〈文献あり〉　800円
⑪978-4-903175-64-5　Ⓝ367.61

|目次| 第1章 退屈のない青春—スマートフォンと生活時間，第2章 すぐそこにあるネットいじめ—スマートフォンと人間関係，第3章 攻撃はもう始まっている—スマートフォンと犯罪，第4章 大人はもっとわかっていない—スマートフォンと子育て，第5章 それでも未来は輝いている—スマートフォンと子どもの未来

|内容| 平成25（2013）年を境に，子どもたちのスマホ（スマートフォン）所持率が激増し，その結果，「平成25年問題」と呼ぶべき一連の問題が起きています。スマホの長時間利用による生活への悪影響，ネットいじめ，犯罪被害…。この問題にうまく対処していくために，私たちはどのようにスマホと付き合っていけばいいのでしょうか? 迷える保護者たちへの処方箋となる一冊です。

『ネット炎上の研究—誰があおり，どう対処するのか』　田中辰雄，山口真一著　勁草書房　2016.4　242p　21cm　2200円
⑪978-4-326-50422-0

子どもの本 情報教育・プログラミングの本2000冊　**123**

目次 第1章 ソーシャルメディアと炎上：特徴と発生件数，第2章 炎上の分類・事例・パターン，第3章 炎上の社会的コスト，第4章 炎上は誰が起こすのか，第5章 炎上参加者はどれくらいいるのか，第6章 炎上の歴史的理解，第7章 サロン型SNS：受信と発信の分離，第8章 炎上への社会的対処，付録 炎上リテラシー教育のひな型

内容 炎上参加者はネット利用者の0.5％だった。炎上はなぜ生じたのだろうか。炎上を防ぐ方法はあるのだろうか。炎上は甘受するしかないのだろうか。実証分析から見えてくる真実。

『インターネットと人権侵害―匿名の誹謗中傷～その現状と対策』 佐藤佳弘著 西東京 武蔵野大学出版会 2016.2 205p 21cm 2000円 ①978-4-903281-27-8 Ⓝ007.3

目次 第1章 ネット社会の現状，第2章 ネット上の人権侵害，第3章 ネット時代の法整備，第4章 ネットトラブルへの対処法，第5章 法的な手段，第6章 社会の取り組み，第7章 安全・安心のネット社会へ

内容 名誉毀損・侮辱・信用毀損・脅迫・さらし・ネットいじめ・児童ポルノ・ハラスメント・差別…ネットはなぜ人を不幸にするのか？

『子どもたちが危ない！ スマホの現実』 あきもと司，石川英治著 ロングセラーズ 2015.12 243p 18cm （［ロング新書］） 926円 ①978-4-8454-0968-6 Ⓝ367.61

目次 1章 子どものネット環境はこんなに危険がいっぱい，2章 子どもの安全を守るためのルール作り，3章 大人が知っておくべき子どもの実態，4章 対談 インターネットという媒体を通じて親子のコミュニケーションは図れる，5章 健全な発達を支えるために司法ができること

内容 大人と同様に，子どもたちが携帯電話を持つようになって久しい。便利になった半面，有害サイトへのアクセスが容易になり，犯罪に巻き込まれたり，ネットいじめが起きて命を落としたりするという悪質で悲惨な事件も急増している。それでも親は子どもに携帯電話を持たせたいのだろうか？ 子どもに携帯電話を持たせていいのだろうか？

『人とのつながりとこころ―人と社会を見通す心理学』 今川民雄，山口司，渡辺舞編 京都 ナカニシヤ出版 2015.11 203p 21cm 2200円 ①978-4-7795-0996-4

目次 第1章 人のこころが変わった？（ケイタイとパーソナル・スペースと人とのつながり，ブログでの自己表現というこころ ほか），第2章 人とのつながりが変わった？（ケイタイと人とのつながり，SNSは世界を広げる ほか），第3章 人とのつながりと傷つき（現代人の生活とストレス，人とのつながりと対象喪失 ほか），第4章 人とのつながりの中に生きる（人とのつながりと自己成長，人とのつながりと自己開示 ほか）

『スクールカーストの正体―キレイゴト抜きのいじめ対応』 堀裕嗣著 小学館 2015.10 207p 18cm （小学館新書 250） 760円 ①978-4-09-825250-3 Ⓝ371.42

目次 序章 スクールカースト，第1章 スクールカーストといじめ被害者リスク，第2章 スクールカーストと校内トラブル，第3章 スクールカーストと現代型いじめ対応，第4章 スクールカーストと生徒の変容，第5章 現代型いじめと教師の役割

内容 「子どもたちに，今，何が起きているのか」を，これ1冊で俯瞰できる，血の通った「現場」のスクールカースト論。現役中学校教師である著者は，「スクールカーストの決定要因は，コミュニケーション能力だ」とその本質を喝破，「LINEはずし等の現代型いじめ」や，「キレて暴れ出す子どもたち」等々，リアルなエピソードの背景にあるものを読み解いていきます。機能する「いじめ対応」とはどうあるべきかを提案する最終章は，教育関係者ならずとも，必読です。今後，本書を抜きにして「いじめ対応」は語れません。

『知らないではすまされない！ わが子を守る法律知識―SNSと未成年』 髙野浩樹著 ベストブック 2015.9 255p 19cm （ベストセレクト） 1500円 ①978-4-8314-0199-1 Ⓝ367.61

目次 第1章 未成年者とは？，第2章 わが子が陥りやすい契約トラブル，第3章 わが子が事故の当事者になった！，第4章 学校のトラブルで泣かないために，第5章 アルバイト先でトラブルに巻き込まれないために，第6章 ネットをめぐるトラブルがわが子を襲う！，第7章 わが子のお金の問題はどうするべき？，第8章 わが子の男女交際問題，第9章 人ごとではない刑事の問題

『やはり俺のソシャゲ課金は間違っているだろうか』 きむら秀一著 柏 暗黒通信団 2015.8 40p 21cm 300円 ①978-4-87310-021-0

目次 ソーシャルゲームにおける課金のあり方と問題について。

『ネット私刑（リンチ）』 安田浩一著 扶桑社 2015.7 191p 18cm （扶桑社新書 186） 760円 ①978-4-594-07292-6 Ⓝ007.3

ネットワークコミュニケーションと情報化社会　　　　　　　　　　　　情報社会のトラブル

目次 第1章 川崎中1殺害事件（事件発生，もうひとつの「犯人捜し」ほか），第2章 大津いじめ自殺事件（少年の自殺，醜悪な光景 ほか），第3章 過去のネット私刑——憎悪と差別の「回路」（若い加害者の素顔，自覚できない悪 ほか），第4章 被害者・スマイリーキクチに聞く！「ネットはさらしている自分自身をも暗闇に追い込む」（いきなり「殺人犯」にされた衝撃，当時はネットのパワーを侮っていた ほか）

内容 正義を大義名分にネットで個人情報を暴露・拡散する悪行＝ネットリンチ。さらす人，さらされた人それぞれの実態に，大宅壮一ノンフィクション賞を受賞した気鋭のジャーナリストが迫る！ 川崎の中学生殺害事件の現場を直撃取材！

『ネット検索が怖い——「忘れられる権利」の現状と活用』 神田知宏著 ポプラ社 2015.5 165p 18cm （ポプラ新書 059） 780円 Ⓘ978-4-591-14517-3 Ⓝ007.3

目次 序章 自分に関する書き込みを削除するには？，第1章 ついに，グーグルに対し検索結果削除命令が下された！，第2章 ネット上の書き込みに困り，苦しんでいる状態から脱したい，第3章 誰もが，被害者・加害者になる可能性，第4章 削除請求・開示請求はどのように行われるのか，第5章 検索される恐怖から一生逃れられないのか

内容 上司に批判をSNSに書いてしまった／プライバシーがネットに漏れた／自分の子どもが友だちの悪口をネットに／会社が「ブラック企業」と中傷された…ネットの書き込みや記事で苦しむ人が急増しています。グーグルから削除仮処分決定を勝ち取った気鋭のIT弁護士が，具体的な事例をもとに「忘れられる権利」の現状と活用法を伝授します。

『すぐに役立つ図解とQ&Aでわかる最新ネットトラブルの法律知識とプロバイダへの削除依頼・開示請求の仕方』 服部真和監修 三修社 2015.4 255p 21cm 1800円 Ⓘ978-4-384-04641-0 Ⓝ007.3

目次 序章 ネットの法律とトラブル解決の基本，第1章 ネットビジネスの法律とルール，第2章 ネット取引とトラブル，第3章 ネットオークションのしくみとトラブル，第4章 IT契約書式・規約の作成方法，第5章 ネットと企業のコンプライアンス，第6章 著作権とプライバシーに関わるトラブル，第7章 ネットをめぐるその他のトラブル，第8章 ネットをめぐる犯罪，第9章 ネットトラブルに遭ったときの対応策

内容 無断掲載や無断投稿は許さない！ネット取引からネットオークション，著作権侵害，個人情報保護まで。ネットをめぐる法律問題を幅広く網羅。プロバイダへの削除請求や申請書の書き方を解説

『子どものネットトラブルに悩む親の法律知識Q&A』 牧野和夫編 中央経済社 2015.3 130p 21cm 1600円 Ⓘ978-4-502-13021-2 Ⓝ367.61

目次 第1章 子どものネット利用とリスク（子どもにスマホを持たせるリスク，コミュニティーサイトとは ほか），第2章 学校・日常生活でのトラブル（集合写真のブログへの公開——肖像権の問題，ネット上の誹謗中傷による不登校 ほか），第3章 損害賠償事件と親・学校の責任（友達に傷害を負わせた場合の子どもの責任，友達に傷害を負わせた場合の親の責任 ほか），第4章 契約をめぐるトラブルと親の責任（子どもの責任と親の監督義務，オンラインゲームで多額の購入をした場合 ほか），第5章 子どもと刑事責任（厳しさを増す少年法改正，刑事未成年の意味 ほか）

内容 ネット社会とのつきあい方，家庭で話しあっていますか？ 学校・日常生活で巻き込まれる，あるいは引き起こしてしまう事件の法律的な意味を，民事・刑事の両面から弁護士が明らかにします。

『ファミリー・セキュリティ読本——ネットの危険を正しく知る』 一田和樹著 原書房 2015.3 244p 19cm 1600円 Ⓘ978-4-562-05145-8 Ⓝ007.609

目次 プロローグ サイバー安全度チェック，1章 避けられないネットの危険性と防衛策，2章 個人情報漏洩，テロ集団の誘惑，薬物乱用，児童ポルノ，ネットいじめ ソーシャルネットワークは危険な地雷原，3章 基本的な防御のおさらいと情報収集の方法，4章 サイバー冤罪事件は誰にでも起こりうる，5章 普及型サイバー犯罪の脅威 万引きから簡単。電子スリからサーバ攻撃まで，6章 パスワード，認証 超人でなければできない管理の強要はいつまで続くのか？，7章 これってほんとに使って大丈夫なの？ スマホは穴のあいた財布，ネットゲームは犯罪者の狩り場，エピローグ 破壊の時代を生き延びるために

内容 なにが危険でどこまでならOKなの？ 個人情報漏洩，ネットいじめ，スマホとSNSの闇，ネットゲームと犯罪，脆弱なパスワードになりすましアカウント…ネットセキュリティの達人が教えるあなたと家族を守るために「正しく怖がる」ための必読書！

『インターネットはなぜ人権侵害の温床になるのか——ネットパトロールがとらえたSNSの危険性』 吉冨康成編著 京都 ミネルヴァ書房 2014.8 130p 19cm 〈他言語標題：Violation of Human rights on the Internet〉 1600円　Ⓘ978-4-623-07065-7　Ⓝ694.5

目次 第1章 心を蝕むインターネット，第2章 人権侵害を招くインターネットの正体，第3章 ネット人権侵害，第4章 ネット人権侵害、法律と倫理，第5章 ネット人権侵害を傍観する日本，第6章 ネットパトロール

内容 ネットいじめなどに代表されるように，現在SNSなどのコミュニティサイトでは，多くの人権侵害にあたる表現がみられます。本書では，ネット人権侵害の現状と実際を知らせ盲目的なネット利用に警鐘を鳴らすとともに，その対策の端緒ともなるネットパトロールの実践を紹介し，ネット人権侵害対策の糸口を探ってゆきます。

『ネットトラブルの法律相談Q&A』 横浜弁護士会インターネット法律研究会編　法学書院　2014.8　239p　21cm　〈索引あり〉 1800円　Ⓘ978-4-587-21935-2　Ⓝ007.3

目次 スマートフォン・携帯電話・アプリ，SNS（フェイスブック、ミクシィ、ツイッター等），クラウド，情報セキュリティ，名誉毀損・プライバシー侵害，動画投稿・違法ダウンロード，ネットショッピング，アフィリエイト，仮想通貨，ネットバンキング，ネットトレード，会社・企業関係，著作権，未成年者，サイバー犯罪

『いじめサインの見抜き方』 加納寛子著　金剛出版　2014.7　193p　21cm　〈索引あり〉 2400円　Ⓘ978-4-7724-1373-2　Ⓝ371.42

目次 第1部 現代的いじめの特徴（いじめは常時起きている，KS（既読スルー）―いじめを助長するソーシャルメディア，被害・加害のハードル ほか），第2部 いじめのサインの見抜き方（いじめを見つける鍵のありか，机の観察からいじめのサインを見つける，持ち物からいじめのサインを見つける ほか），第3部 早期発見のための対策（いじめグループに誘われたら？，警察への通報，ネットいじめ発見の限界 ほか）

内容 いじめを解決する鍵はどこにあるのか。言動，持ち物，SNS…。子どものさまざまな異変を読み取り早期解決を図る視点と方策を一冊に凝縮！

『人生を棒に振るスマホ・ネットトラブル』 久保田裕，小梶さとみ著　双葉社　2014.7　190p　19cm　〈文献あり〉 1300円　Ⓘ978-4-575-30703-0　Ⓝ547.483

目次 第1章 ひとつの投稿で一生が台無しに，第2章 拡散のこわさを知らない子ども

たち，第3章 SNSの悩ましさ，第4章 違法行為で人生を棒に振らないために

内容 フェイスブックやLINE上で繰り広げられる私生活自慢。SNSへの放言投稿が企業を巻き込み，大事件に。一瞬の判断ミスがあなたの人生を台無しにする！ 便利さと危うさが共存するネット社会を生きる知恵とは!?

『インターネット消費者相談Q&A』 第二東京弁護士会消費者問題対策委員会編　第4版　民事法研究会　2014.4　126p　21cm　900円　Ⓘ978-4-89628-935-0　Ⓝ365

目次 1 ネットオークション・ネットショッピングトラブル，2 名誉毀損・プライバシー侵害，3 インターネット上のマルチ商法・ねずみ講・内職商法，4 突然の料金請求，5 オンラインゲーム，その他，参考条文

『尾木ママの10代の子をもつ親に伝えたいこと』 尾木直樹著　PHP研究所　2014.4　251p　15cm　（PHP文庫 お67-3） 620円　Ⓘ978-4-569-76168-8　Ⓝ379.9

目次 第1部 10代の子ども特有の心配ごと（思春期とはどのような時期か，おさらいします，思春期の子どもとどのように接すればよいのでしょうか，彼らは「友だち関係こそすべて」という世界で生きています，10代のいじめ問題について考えます，避けて通ることはできない性の問題について），第2部 変わる思春期に親はどう対応する？（「うちの子に反抗期はないみたい」って，ほんとうですか，思春期の子がもつ強いエネルギーをどう生かせばよいのでしょうか，思春期の子どもにとって「ここちよい場」を家庭の中に）

内容 ケータイ，スマホ，LINEなどの影響で，子どもが多くの情報に触れたり，友達と常に繋がってしまうことが，10代の子をもつ親の不安をいっそう強くしています。本書は，人気の教育評論家が，"性の問題""いじめ""親子の適度な距離の取り方"など，10代特有の問題について，親が今日からできる対策をやさしくアドバイス。思春期の子をもつ親の心のモヤモヤが晴れる一冊です。

『家庭や学級で語り合うスマホ時代のリスクとスキル―スマホの先の不幸をブロックするために』 竹内和雄著　京都北大路書房　2014.2　125p　19cm　〈文献あり〉 1600円　Ⓘ978-4-7628-2828-7　Ⓝ367.61

目次 第1章 ネットの中を逃げ惑う子どもたち，第2章 調査から見るネットでの子どもの実態，第3章 子ども主体のネット問題対策，第4章 家庭，教室で作るケータイ・スマホの約束

内容 子どもたちがインターネット上で出会う問題への対策を共に考える。危険な事例

ネットワークコミュニケーションと情報化社会　　　　　情報社会のトラブル

をリアルに紹介しつつ、危険への対策や有益な活用法も伝えていく。

『SNSトラブル回避術―ソーシャルメディアガイドラインの作り方』 富士通エフ・オー・エム株式会社著制作 FOM出版 2013.12 176p 21cm〈索引あり〉1400円 ①978-4-86510-078-5 Ⓝ336

『ソーシャル無法地帯』 ローリー・アンドリューズ著，田中敦訳 イースト・プレス 2013.11 381p 19cm 2000円 ①978-4-7816-1065-8 Ⓝ694.5

目次 フェイスブックという国家，検索の落とし穴，オンラインの自己とオンラインの自己の乖離，技術の進歩と基本的人権，自由を拡張させた「つながる権利」，保障されるべき言論の自由，死を招きかねない言論にも自由を与えるべきか，場所のプライバシーは保護されるべきか，情報のプライバシーは保護されるべきか，親権に影響を及ぼすソーシャル・ネットワーク，陪審員裁判とソーシャル・ネットワーク，ソーシャル・ネットワーク法廷に持ち込む是非，法手続きの権利，ソーシャル・ネットワークとこれからの憲法

内容 個人情報の悪用が横行する，SNS（ソーシャル・ネットワーク・システム）は治外法権なのか？―多数の実例から明らかになったSNSを介した個人情報の盗用・捏造などの危険性。プライバシーゼロの時代に私たちはそれらとどう立ち向かい，どう自己防衛していくべきか？

『父親が知らない娘の真実』 黒羽幸宏著 双葉社 2013.11 255p 18cm （双葉新書 072） 838円 ①978-4-575-15425-2 Ⓝ367.61

目次 第1章 娘たちのコミュニケーションツールSNS，第2章 いじめ問題を考える，第3章 SNSとつながるリアルライフ，第4章 娘たちの金銭事情，第5章 恋愛＆セックス，第6章 娘とどう向き合うか，巻末座談会 娘たちの本音

内容 マジか！ と思っても目をそらしてはいけない。娘たちが生きる学校，SNS，恋愛…こんなに大変なことになっていた。

『教育の最新事情―教員免許状更新講習テキスト』 千葉大学教育学部附属教員養成開発センター編集 第3版 福村出版 2013.5 219p 21cm 2000円 ①978-4-571-10164-9 Ⓝ372.107

目次 教育をめぐる状況変化―教員のメンタルヘルス，「子ども」像のゆらぎと学校教育，教育的愛情，倫理観，遵法精神その他教

員に対する社会的要請の強い事柄―カリキュラム・マネジメント，子どもの心理発達（仲間関係）と学校教育，特別支援教育に関する新たな課題，教育相談の基礎，キャリア教育，ネットいじめの対応と将来，新しい学習指導要領とカリキュラム・マネジメント，教育改革の動向〔ほか〕

『インターネット取引に係る消費者トラブルの実態調査報告書』 ［東京］ 日本生産性本部 2013.3 85p 30cm〈平成24年度消費者庁委託調査〉Ⓝ365

『本当はコワいSNS』 アスペクト編 アスペクト 2012.10 223p 15cm （アスペクト文庫 B17-1） 648円 ①978-4-7572-2162-8 Ⓝ694.5

目次 第1章 あなたの隣にSNSのワナが！ PART1（もうひとりの自分が存在する…「なりすまし登録」の恐怖，コメントが付かないと不安になる…友人への電話催促で不仲に！ ほか），第2章 あなたの隣にSNSのワナが！ PART2（浮気の温床!?世界で急増するSNS離婚，個人情報は真っ赤なウソ！信じる方が「安易すぎる」？ ほか），第3章 バカ発見器？ ツイッターでわが身を滅ぼす人達（睡眠薬入りのお酒で友人女性を…実況中継があわや命取りに！，有名人の来客をつぶやく 問われるサービス業者のモラル ほか），第4章 SNSやブログが炎上する日全世界が敵になる！（「非公開」がいつの間にか「公開」に！ 気付いた時にはマル秘情報が筒抜け，芸能人を「引退」「自殺」にストレス発散のためにいけにえを探す ほか），第5章 目をそらしてはいけない！ネットによる恐怖の社会影響（政治家さえもコテンパンに！ 揚げ足取り軍団の実態とは，孤独ではない症候群 ネットの友達は本当に友達か？ ほか）

内容 インターネットにまつわる本当に恐い話が満載。もうひとりの自分が存在する「なりすまし登録」の恐怖，ネットストーカーによる嫌がらせ，人間関係を壊す「つながり」依存症などなど，日常生活にひそむSNSのキケンな実態に迫った戦慄の一冊。

『インターネットの法律とトラブル解決法―これだけは必ず知っておきたい』 神田将監修 改訂版 自由国民社 2012.4 207p 21cm〈他言語標題：Practical Guide of Cyber Law 文献あり〉1600円 ①978-4-426-11460-2 Ⓝ007.3

目次 序章 インターネット・携帯電話・ATMの法律の基礎知識，第1章 パソコン購入とインターネット加入契約の法律とトラブル解決法，第2章 インターネットの利用とトラブル解決法，第3章 インターネットショッピングの法律とトラブル解決法〔ほか〕

子どもの本 情報教育・プログラミングの本2000冊　**127**

情報社会のトラブル　　　　ネットワークコミュニケーションと情報化社会

内容 本書では、インターネットに関連した問題を取り上げて解説し、また、インターネットトラブルに法律がどう適用されて解決されるかについても解説してあります。ほぼ問題点を網羅した、インターネット利用者のための実用書です。

『出会い系サイト詐欺被害対策マニュアル』 大阪　出会い系・アダルトサイト被害対策会議　2011.11　82p　26cm
〈印刷：耕文社（大阪）〉952円　①978-4-86377-020-1　Ⓝ368.66

『ネットいじめはなぜ「痛い」のか』 原清治，山内乾史編著　京都　ミネルヴァ書房　2011.10　224p　19cm　1800円
①978-4-623-06053-5　Ⓝ371.42

目次 第1章 ケータイの利用実態といじめの今日的特質，第2章 ネットいじめの広がりとその予防策について考える，第3章 ネットいじめはどのような要因によって発生するのか，第4章 ネットいじめの実態，第5章 子どもの関係性とネットいじめの正体，第6章 ネットいじめとスクールカースト，第7章 ネットいじめから考える子どもたちの新たな「友だち」関係，第8章 サイバーネットワークと子どもたち，第9章 青少年の特徴とネット世界の子どもたち，第10章 子どもだけの世界を理解するということ，第11章 日常のリアルなコミュニケーションが鍵になる

内容 ネットいじめの構造と要因、抑止を考える。

『なぜ、人は平気で「いじめ」をするのか？―透明な暴力と向き合うために』 加野芳正著　日本図書センター　2011.9　292p　19cm　（どう考える？ ニッポンの教育問題）1500円　①978-4-284-30446-7　Ⓝ371.42

目次 プロローグー「いじめ」の誕生，第1章 いじめ自殺の衝撃―三度の"いじめパニック"，第2章 ネットいじめ，第3章 "いじめ"のカタチ，第4章 なぜ、いじめは発生するのか，第5章 学級集団といじめ，第6章 いじめ問題と向き合う，エピローグ，ブックガイド

内容 だれか、「いじめ問題」について、わかるように教えてくれ!!いじめの誕生から、三度のいじめパニック、そしてそこから生まれた様々な理論までを徹底分析！ いじめ問題を考えるための最初の1冊。

『バカ発見器―インターネットから火がついた大事件!!』 永島穂波著　クイン出版　2011.9　222p　18cm　800円
①978-4-86284-115-5　Ⓝ547.483

目次 1 2011年最新事件簿，2 殺人・自殺編，3 凶悪？ 事件編，4 情報流出編，5 インターネットと大企業・マスコミ編，6 炎上・祭り編，7 知的財産編，8 インターネットと政治編，9 海外編

内容 「バカ発見器」これは最近、急速に普及してきた「twitter（ツイッター）」のことを揶揄する意味の言葉。ネット上で不用意な発言をしてしまう者が急増している社会において、自らの犯罪行為をつぶやき、仕事で知りえた内部情報を簡単に漏らし、まったく筋の通らないでたらめな意見を開陳する。そうした発言は第三者を通じてあっという間に拡散し、結果多くの批判を生み出す事になる。いわゆる「ネット炎上」を時代の流れに沿ってまとめあげた解説本。

『コワ～いネットの話』 別冊宝島編集部編　宝島社　2011.8　223p　16cm
（宝島sugoi文庫　Aへー1-134）648円
①978-4-7966-8378-4　Ⓝ694.5

目次 第1章 コワ～いSNSの話，第2章 コワ～いネトゲの話，第3章 コワ～いネット掲示板の話，第4章 コワ～いHP＆ブログの話，第5章 コワ～いアダルトサイトの話，第6章 コワ～いネットショッピングの話，第7章 コワ～いネットオークションの話

内容 今やビジネスやプライベートで欠かせない存在となったインターネット。個人で行うブログをはじめ、SNS、ゲーム、ショッピングなど、その用途は増すばかりだ。その一方で、ネット犯罪に巻き込まれるユーザー、ネット廃人になってしまうユーザーが急増している。そんなネットのコワ～い話を徹底取材。ニッポン1億総ネット時代―。ある日突然、誰もがその被害者となる可能性を秘めているのだ。

『ソーシャルメディア炎上事件簿―Twitter、Facebook、ネット動画…』 小林直樹著，日経デジタルマーケティング編　［東京］　日経BP社　2011.8　198p　19cm〈発売：日経BPマーケティング〉1400円　①978-4-8222-2721-0　Ⓝ007.3

目次 第1章 毎月起こるソーシャルメディア事件―事件簿1～7，第2章 典型的「炎上」パターン6分類―事件簿8～30，第3章 炎上防衛Q&A知っておきたい20の知恵

内容 ソーシャルメディアで炎上？ なんて自分には関係ない。会社勤めをする、そんなあなたにこそ読んでいただきたい。同僚と飲みに行くのは会社近くを避ける。そんな慎重な人もツイッターなどソーシャルメディアへの投稿でついうっかり。そして炎上。翌日、会社に謝罪する。そもそも投稿などしないから関係ない。そう思っても誰かがあなたの役職に"なりすまし"孫正義氏を罵倒。そして炎上。翌日、会社が謝罪する。いずれも実話でありそれらを具体的社

128

名で綴ったのがこの事件簿。12年前から炎上現場を追い続けた専門記者による炎上回避のための指南書でもある。

『学校「裏」サイト対策Q（きゅう）＆A—子どもを守るために』 鈴木崇弘，小西直人著　東京書籍　2011.7　215p　21cm　1500円　①978-4-487-80542-6　Ⓝ367.61
目次 第1章 子どもの生活とインターネット，第2章 ネット隠語，第3章 「裏」サイトの実態，第4章 ネットいじめ，第5章 無料ゲーム，第6章 子どもたちの犯罪事件，第7章 教育委員会の安全な仕組みづくりの対策，第8章 海外における学校「裏」サイトとネットいじめの検証
内容 ケータイは天使の道具か？ 悪魔の誘惑か？ 大人が知らない，子どもたちのネットライフ。全国7300校の学校「裏」サイトの調査に基づいた子どもたちの実態と対策。

『コワ～いツイッターの話』 別冊宝島編集部編　宝島社　2011.6　222p　16cm　（宝島sugoi文庫）　495円　①978-4-7966-8256-5　Ⓝ547.483
目次 第1章 コワ～いつぶやきストーカー，第2章 つぶやきで人生が台無し！，第3章 軽いつぶやきが大事件に発展！，第4章 コワ～いつぶやきの住人，第5章 コワ～いつぶやきビジネス
内容 ここ数年でユーザー数が急増し，日本人の生活に浸透したツイッター。その利便性が高い評価を得る反面，ツイッターの機能を悪用する輩も増え続けている。相手のつぶやきを利用したストーカー行為，リツイート機能を使ったいじめ行為，悪徳ビジネスへの勧誘…。さらに，つぶやきすぎて会社を解雇されるなど，人生を台無しにしてしまった人も。そんなツイッター廃人となった人々の顛末を追う。

『情報社会のいじめ問題—解決に向けた地域からのアプローチ』 伊藤賢一，平塚浩士，富山慶典，滝充，下田博次，小熊良一，管野吉雄，黒須俊夫編　前橋　上毛新聞社事業局出版部　2011.4　110p　21cm　（ブックレット群馬大学 6）　458円　①978-4-86352-044-8　Ⓝ371.42

『子どもの秘密がなくなる日—プロフ中毒ケータイ天国』 渡辺真由子著　主婦の友社　2010.12　191p　18cm　（主婦の友新書 007）　762円　①978-4-07-273347-9　Ⓝ367.61
目次 第1章 浸透するプロフ（プロフとは，親は知らない，プロフの仕組み ほか），第2章 子どものプロフ利用実態（プロフの使い方，プロフの魅力 ほか），第3章 疲弊する子どもたち（トラブル漬けの日常，あふれる有害サイト ほか），第4章 海外の子どものネット事情（パソコン利用が中心，海外のネット対策），第5章 親世代はどう対応するか（プロフを与えていいのか，子どもとの関わり方）
内容 思考できない脳，プライバシーのダダ漏れ，氾濫するアダルト広告。中高生の7割が利用する新コドモ文化の真実。今や7割の中高生が利用するといわれ，子どもたちの間にしっかりと根を張っているプロフ。ほとんどの大人は知らないその実態をリポートした，渾身のプロフ本。

『家庭・学校・社会子どものトラブル解決法—みんなの「お悩み」相談』 横山正夫監修，飯野たから著　自由国民社　2010.8　151p　24cm　1400円　①978-4-426-11044-4　Ⓝ367.61
目次 序章 親は子どもの携帯電話を規制できるか，第1章 出会い系サイトのトラブルに親はどう対処すればいいか，第2章 悪質商法に巻き込まれた子を親はどう救うか，第3章 いじめや学校事故から子どもをどう守るか，第4章 アルバイトや契約をめぐるトラブルはどう解決するか，第5章 犯罪に手を染める子どもを見つけたら…
内容 本書は，ネット社会の今日，子どもがインターネットや携帯電話をめぐるトラブルに巻き込まれたとき，法律上，親としてはどう対処すればいいか，いじめや悪質商法からトラブルの解決に役立つ法的対策と問題点を，具体的な事例を使ってわかりやすく解説してあります。ふんだんに図表を使って，法律と縁のない方でも無理なく読んで学べる構成です。

『子どものケータイ—危険な解放区』 下田博次著　集英社　2010.7　238p　18cm　（集英社新書）　720円　①978-4-08-720551-0　Ⓝ367.61
目次 第1章 子どもの携帯電話問題一〇年の経緯，第2章 パーソナルメディアの時代へ，第3章 思春期メディアの誕生，第4章 携帯サブカルチャー，第5章 犯罪，非行・逸脱のニューウェーブ，第6章 慌てる国と携帯電話業界，第7章 子どものケータイ利用問題が拡大した理由，第8章 子どものケータイ問題，どうなる，どうする
内容 中・高生にとって，今やそれなしではいられない必須アイテムとなったケータイ。しかし子どもたちの世界はその出現を境に一変した。いつでも誰とでも繋がることができる利便性は，有害情報へのアクセスをも簡単にし，児童買春，少女売春，援交といった子どもを巻き込んだ犯罪の出現を助長している。大人の目の届かない世界で繰り広げられ，深刻化の度合を増すケータイを使った少年犯罪を，長らく子どもの携帯

電話利用問題に取り組んできた第一人者が分析し、その解決策を緊急提言する。

『ネット取引被害の消費者相談』 東京弁護士会消費者問題特別委員会編 商事法務 2010.2 330p 21cm 〈索引あり〉 2800円 ①978-4-7857-1734-6 Ⓝ365

目次 第1章 総説―はじめに、第2章 電子商取引の基本概念・仕組み（サイバーモール、インターネットオークション、インターネット上の決済と電子マネー ほか）、第3章 関連法令の概説（消費者契約法、特定商取引法、割賦販売法 ほか）、第4章 具体的な問題事例（一般的な共通問題、商品・役務の購入、ネット上の投資被害 ほか）

内容 ネットオークション、ネット・マルチ等の事例に対応。電子商取引仕組み、関係する法令等の解説も充実。

『ネットいじめ・犯罪から子どもを守る―平成21年度東予地方局人権フォーラム講演録』 渡辺真由子［述］ 松山 愛媛県人権啓発センター ［2010］ 38p 30cm Ⓝ368.6

◆健康被害
◆◆ネット依存

『気をつけよう！ 情報モラル 5 コンテンツ依存・つながり依存編』 原克彦監修、秋山浩子編、イケガメシノイラスト 汐文社 2018.2 35p 27cm 〈文献あり 索引あり〉 2400円 ①978-4-8113-2417-3 Ⓝ007.3

目次 01 この会話、やめるのがこわくて…、02 頭の中はゲームでいっぱい！、03 おもしろい！ 目立ちたい！ 動画コンテンツに夢中

『よくわかるネット依存―心身への影響から予防策まで』 遠藤美季監修 PHP研究所 2017.7 63p 29cm （楽しい調べ学習シリーズ） 〈索引あり〉 3000円 ①978-4-569-78666-7 Ⓝ493.937

目次 第1章 インターネットって何？（インターネットのしくみ、インターネットにつながる社会、暮らしを支えるインターネット ほか）、第2章 ネット依存とは？（依存症って何だろう？、インターネットに依存する一日、ネット依存1 ゲーム依存 ほか）、第3章 ネット依存にならないために（ネット依存しない人になるために、依存していませんか？ チェックしてみよう、ネット依存を克服するために 利用状況の確認と目標の設定 ほか）

『ストップ！ ゲーム依存 3 データで見るゲームの最新事情』 藤川大祐監修、オフィス303編 汐文社 2017.3 31p

27×19cm 2300円 ①ISBN978-4-8113-2314-5

目次 データで見る子どもとゲームの関係、データで見るゲームの世界の最新事情、ゲームと教育の最前線レポート、ゲーム用語集、ゲーム年表

内容 ゲームに関する最新のグラフやデータを見ることで、ゲームを取りまく今の状況を理解することができます。ゲームに関するふたつの授業のレポートがのっています。ゲームの持つ可能性や、子どもとゲームの付き合い方について学ぶことができます。

『ストップ！ ゲーム依存 2 進化するゲームの世界』 藤川大祐監修 汐文社 2017.3 31p 26cm 2300円 ①ISBN978-4-8113-2313-8

目次 1，ゲームニクスって何だ？、2，現実がゲームになる？、3，ゲームで助け合い？、4，ゲームで勉強ができる？、5，ゲームが世界を変える？、6，VRって何だ？

『ストップ！ ゲーム依存 1 ゲームにはまる理由』 藤川大祐監修、オフィス303編 汐文社 2017.1 31p 27cm 〈索引あり〉 2300円 ①978-4-8113-2312-1 Ⓝ798.5

目次 1 ゲームで世界とつながる？、2 インターネットって何だ？、3 ゲームにはまるしくみって？、4 ゲーム依存って何だ？、5 ゲームの中でお金を使う？、6 個人情報がぬすまれる？

『子どものネット依存―小学生からの予防と対策』 遠藤美季著 京都 かもがわ出版 2015.5 151p 21cm 1500円 ①978-4-7803-0759-7 Ⓝ367.61

目次 序章 放置できない子どものネット依存（あるお母さんからの電話、急増する子どものネットトラブル・ネット依存 ほか）、第1章 子どものネットトラブル・ネット依存の実態（子どもたちをめぐるネットの風景、子どものSNS利用の問題点 ほか）、第2章 家庭と地域でできる予防と対策（依存予防でできること、親に持ってほしい意識 ほか）、第3章 学校でできるネットトラブル・ネット依存予防教育（なぜ学校での取り組みが必要か、小学校での取り組みから ほか）、終章 子どもに関わる全ての人の知恵と努力で（子ども、教師、保護者からの聞き取りから、ネット依存から回復した事例 ほか）

内容 うちの子がネット依存・トラブルに!? "ネット依存予備群"を増やさないために全国の先進的取り組みを詳しく紹介し、小中高・家庭ですぐできる対応を提案。

『おしえて！ 尾木ママ最新SNSの心得3 ストップ依存！ SNSのかしこいつかい方』 尾木直樹監修 ポプラ社

2015.4　63p　24cm　〈索引あり〉　2850円　①978-4-591-14349-0　Ⓝ694.5

目次 1章 だいじょうぶ？ SNS依存(今、ネット依存が増えているって、本当？、ネットに依存するとどうなるの？、あぶない！思春期のSNS依存 ほか)、2章 ネット依存のなやみ相談室(リアルな友だちがいるから、依存じゃないですよね？、ずっとオンラインゲームをしていたい！ わたしって依存症？、新しい仲間はネットから見つけます！ いけませんか？　ほか)、3章 尾木ママのネットの歩き方(これからどうなるの？ ネット依存、海外の取り組みを見てみよう、日本国内でも地域ぐるみで協力して、子どもを依存から守る ほか)

『気をつけよう！ スマートフォン　3 つながり依存』　小寺信良著　汐文社　2015.3　31p　27cm　〈索引あり〉　2300円　①978-4-8113-2105-9　Ⓝ694.6

目次 ネット依存ってなに？、ネット依存の種類、どうして依存するのがダメなの？、依存の傾向があるか、チェックしてみよう、依存になる原因はなに？、依存にならないために

『高校生・大学生にみられる「こころの障害」—その理解と対応』　武藤直義著　京都　あいり出版　2015.1　173p　19cm　〈文献あり　索引あり〉　1800円　①978-4-86555-000-9　Ⓝ371.43

目次 1章 ネット依存症、2章 パーソナリティ障害、3章 パニック障害、4章 気分障害、5章 社会不安障害、6章 発達障害、7章 統合失調症、8章 疲労を訴える受験生

『家庭でマスター！ 中学生のスマホ免許—依存・いじめ・炎上・犯罪…SNSのトラブルを防ぐ新・必修スキル』　遠藤美季著、坂本ロクタク漫画　誠文堂新光社　2014.12　94p　26cm　1200円　①978-4-416-71458-4　Ⓝ694.6

目次 準備編、基本編、コミュニケーション編、トラブル編、犯罪編、依存編、スマホ免許取得総合試験

内容 こんなトラブルあるある！ 脱SNS依存部の2人と一緒にスマホに潜むワナを見破れ！

『親子で読むケータイ依存脱出法』　磯村毅[著]　ディスカヴァー・トゥエンティワン　2014.4　287p　18cm　1400円　①978-4-7993-1482-1　Ⓝ493.937

目次 第1章 ケータイやゲームで成績が落ちてしまった子どもたちとのやり取りから、第2章 激論！ 保護者相談室、第3章 親が陥りがちなケータイ3つの誤解、第4章 子どもがネット社会の弊害につぶされないために

内容 ネット依存(予備軍含む)の中高生、52万人！「うちの子に限って…」は通用しない！ 依存症の専門臨床医としてカウンセリングを行っている著者だからこそ書ける、「ほんとうのところ、親は何をするべきか、するべきではないか」知らないでいると恐ろしい「依存」の実態とその解決策を明快に示す。

『ネット依存・ゲーム依存がよくわかる本』　樋口進監修　講談社　2018.6　98p　21cm　(健康ライブラリー—イラスト版)　〈文献あり〉　1300円　①978-4-06-511802-3　Ⓝ493.743

目次 第1章 ネットやゲームで生活が破綻した人たち、第2章 なぜ、そこまで熱中してしまうのか、第3章 どこまでのめりこむと病気なのか、第4章 病院ではどんな治療が受けられるのか、第5章 生活のなかで家族や本人ができること

内容 ひと目でわかるイラスト図解。なぜ、そこまで熱中してしまうのか？ スマホが依存を加速！ 生活が破綻する前に対策を。やめられない心理から最新の治療法まで徹底解説！

『依存症からの脱出—つながりを取り戻す』　信濃毎日新聞取材班[著]　海鳴社　2018.2　274p　19cm　1800円　①978-4-87525-338-9　Ⓝ493.743

目次 1章 ネットに吸い込まれ、2章 らせんの苦しみ、3章 家族ゆえ、4章 医療に何ができるか、5章 地域で支える、6章 変わるか業界、7章 罪に終わらせず、8章 小さくても一歩、特集 もっと知りたい「依存症」、「伝えたい」—読者の生の声から、信毎健康フォーラム「アルコール依存症」

内容 ネット依存から、薬物、アルコール、ギャンブル依存まで—依存症は「心の弱い人」がかかる病ではない。「心の闇」と立ち向かいながら、周りの人の助けで回復への道を歩む人たちに初めて光を当てる。第36回ファイザー医学記事賞優秀賞受賞。

『事例でわかる情報モラル—30テーマ 2018』　実教出版編修部編　実教出版　2018.2　112p　26cm　〈年表あり　索引あり〉　500円　①978-4-407-34361-8　Ⓝ375.199

目次 巻頭特集 おもなソーシャルメディアの使い方、ネット社会のモラルとマナー、ネット社会での生活と危険性、個人情報と知的財産、情報セキュリティと情報被害、解説編、特集 あなたは大丈夫!?ネット症、特集 情報関連法規とセキュリティQ&A

情報社会のトラブル　　　　　　　　　ネットワークコミュニケーションと情報化社会

『スマホゲーム依存症』 樋口進著　内外
出版社　2018.1　223p　19cm〈他言語
標題：SMARTPHONE GAME
ADDICTION　文献あり〉1280円
①978-4-86257-312-4　Ⓝ493.743
目次 序章 ネット依存治療専門外来に異変,
第1章 なぜ,スマホゲームにはまるのか?,
第2章 スマホゲームの特徴を知る,第3章
ゲーム依存の診断ガイドラインとスクリー
ニングツール,第4章 スマホゲーム依存の
脳の中で何が起きているのか?,第5章 依
存かな? と思ったらすぐに始めること,第6
章 スマホゲーム依存を治療する,第7章 ス
マホゲーム依存に悩む家族へのアドバイス
内容 2011年に日本で初めて「インターネッ
ト依存専門治療外来」を開設し,日本におけ
るネット依存治療の第一人者として知られ
る医師が,国内外の最新の研究・治療例をも
とに,新たな国民病「スマホゲーム依存症」
からの離脱法をやさしく解説する。

『心と体を蝕む「ネット依存」から子ども
たちをどう守るのか』 樋口進監修　京
都　ミネルヴァ書房　2017.11　140p
26cm　(MINERVA Excellent Series—
心理NOW!)〈索引あり〉1800円
①978-4-623-08082-3　Ⓝ493.937
目次 はじめに 知っていますか? ネット依
存,第1章 ネット依存の驚くべき実態,第2
章 ネット依存はどうして起こるか,第3章
ネット依存の脳で何が起こっているか,第4
章 ネット依存を予防するにはどうするか,
第5章 ネット依存の治療,おわりに ネット
依存は治療できる,資料
内容 中高生の100人に8人がネット依存の疑
いあり! 子どもの未来を奪うネット依存の
驚くべき実態とは。

『脱ネット・スマホ中毒—炎上・犯罪に巻
き込まれない! SNS時代を生き抜く最
新護身術』 遠藤美季著　Ver.2.0　誠文
堂新光社　2017.9　223p　19cm〈漫
画：高原玲〉1400円　①978-4-416-
61787-8　Ⓝ493.743
目次 第1章 街にあふれる依存者たち…—急
増するネット依存,第2章 つながらないと
ヤバイ学生たち—中高生に広がるスマホ依
存,第3章 ネットで引き裂かれる夫婦・恋
人たち—パートナー間のネット依存,第4章
仮想世界に生きるネトゲ狂者たち—低年齢
化が進むオンラインゲーム依存,第5章 崩
壊する家族,どこまでもハマりこむネット
の住人たち—家庭内に広がる深刻なネット
依存,第6章 ネット犯罪に巻き込まれない
&引き起こさないために—脱ネット・スマ
ホ中毒のススメ

『もしかしてうちの子も?—しのびよる
ネット中毒の危険と対策』 山中千枝子,
女子パウロ会共著　女子パウロ会
2017.9　87p　19cm〈文献あり〉900円
①978-4-7896-0786-5　Ⓝ367.61
目次 1 ネット中毒の危険と対策—星野家の
ストーリー(ネット・ゲームに夢中になる気
持ち,知ってほしいネット・ゲーム中毒のこ
と,脳への影響は,麻薬や覚醒剤と変わらな
い,対策は?,スマホと子育て,ゲーム中毒
と不登校のコウちゃん,ネットと上手に付き
合う法,ネット中毒を乗り越えるために),2 ネ
ット中毒の子どもたちを見つめて—保護者と
子どもの生活から(あきらめないで,ゲーム
を止めて,団らん,おばちゃん,遊んで,ス
マホ,買いないさい,動物園で,分娩室のス
マホ,デジタル・ダイエット・キャンプ)

『SNSに振り回されないで』 高橋暁子監
修,空生直マンガ　インタープレス
2017.8　39p　21cm　(もっと知ろうか
らだのこと 25)　500円　①978-4-
906723-22-5　Ⓝ007.353

『スマホ廃人』 石川結貴著　文藝春秋
2017.4　223p　18cm　(文春新書
1126)　740円　①978-4-16-661126-3
Ⓝ368
目次 第1章 子育ての異変(授乳アプリに管
理される母親,100万の「赤ちゃんマーケッ
ト」が生み出される ほか),第2章 スクー
ルカーストとつながり地獄(98.5%の高校生
がスマホを所有,LINEの未読メッセージが
200「積もる」 ほか),第3章 すきま時間を
埋めたくなる心理(なんとなくスマホをい
じってしまう,「トイレにスマホ」が二割
ほか),第4章 エンドレスに飲み込まれる
人々(老父にスマホを与えたら,高齢者向け
アプリ市場の活況化 ほか),第5章 「廃」
への道(依存症の子どもたちを救うには,
「シャットダウン制」という取り組み ほか)
内容 コミュニケーションやゲームのみなら
ず,しつけや子守もこなすなど,単なる端末
の域を超えて活用の幅が広がるスマホ。一
方で,高い中毒性が指摘され,長時間の使用
は身体への影響が懸念されている。文明の
利器は諸刃の剣なのか? 豊富な取材をもと
に最前線を追う。

『本物の学力・人間力がつく尾木ママ流自
然教育論』 尾木直樹著　山と溪谷社
2016.11　207p　19cm　1200円　①978-
4-635-49019-1　Ⓝ379.3
目次 第1章 尾木ママが教えます! 今どき
の子育て事情(今の子どもの体は60歳並
み!?,「子どもロコモ」を防ぐには,アウト
ドア初心者にオススメなバーベキュー ほ
か),第2章 自然は最高の教育フィールド!
(これからの子どもたちに求められる力っ

て？，なぜ今，自然教育なのか，自然が我が子をデキル子にしてくれる！ほか），第3章 家族登山のススメ（家族で山に行けば，子どもは生きた学習をする！，山はこんなにも学びにあふれている！，山登り好きな家庭の子は優しく育つ ほか）

内容 学力と生きる力みんな自然体験が叶えてくれる！いじめ，不登校，勉強が出来ない，親子の断絶，スマホ中毒，ライン地獄…子育ての悩みを，尾木ママが解決！

『スマホ依存の親が子どもを壊す』諸富祥彦著 宝島社 2016.7 207p 19cm 1200円 Ⓘ978-4-8002-5691-1 Ⓝ369.4

目次 第1章 スマホ・ネグレクトで「心が壊れる」子どもたち，第2章 「スマホ・ネグレクト」と「プチ虐待」が引き起こす愛着障害という心の問題，第3章 今，親と先生にできること―子どもの「心の安全基地」になる，第4章 「私自身にも愛着障害傾向があるかも」と思った大人のあなたへ―大人の愛着障害との向き合い方，第5章 小学生から高校生の子どもをスマホ依存にさせないために，親と学校ができること，第6章 非IT的な脳の「ものすごい力」，資料 近頃，赤ちゃんの泣き方がおかしい！親のスマホ熱中が原因？，巻末付録

内容 保育，教育，小児医療の現場ではすでに多くの人が気づいている―「心の壊れた子」が大量に現れた！“手に負えない子”の背景に親のスマホ依存があった！家庭や学校で使える対処法＆子どもの傾向チェック欄付き。

『事例でわかる情報モラル―30テーマ 2016』実教出版編修部編 実教出版 2016.2 112p 26cm 〈索引あり〉 500円 Ⓘ978-4-407-33922-2 Ⓝ007.3

目次 巻頭特集 おもなSNSの特徴としくみ，ネット社会のモラルとマナー（携帯電話・スマートフォンのマナー，ソーシャルメディア ほか），ネット社会の生活と危険性（位置情報サービスの利用，情報の共有と管理 ほか），個人情報と知的財産（個人情報のコントロール，個人情報の流出 ほか），情報セキュリティとネット被害（パスワードの管理，不正アクセス ほか），解説編，特集 あなたは大丈夫!?ネット依存症，特集 著作権Q&A

内容 社会の目，科学の目。30テーマ。

『依存症の科学―いちばん身近なこころの病』岡本卓，和田秀樹著 京都 化学同人 2016.1 208p 19cm 〈文献あり 索引あり〉 1400円 Ⓘ978-4-7598-1815-4 Ⓝ493.74

目次 第1章 精神医学と依存症，第2章 依存症社会の日本，第3章 依存症の人が生きづらい日本，第4章 依存症のケースリポート，第5章 依存性薬物，第6章 脳科学からみる依存症，第7章 依存症の治療法

内容 アルコール，ギャンブルからドラッグやIT機器・スマホ依存まで，日本人の依存症者人口は2000万人ともいわれます。社会心理学的要因から，薬物ごとの特質，脳科学に基づく知見，認知療法などの最新の治療法まで，医師がわかりやすく解説。アルコール・薬物・ギャンブル依存症の診断基準付。

『メディアにむしばまれる子どもたち―小児科医からのメッセージ』田澤雄作著 教文館 2015.9 200p 19cm 1300円 Ⓘ978-4-7642-6996-5 Ⓝ493.937

『インターネット・ゲーム依存症―ネトゲからスマホまで』岡田尊司著 文藝春秋 2014.12 294p 18cm （文春新書 995）〈文献あり〉 820円 Ⓘ978-4-16-660995-6 Ⓝ493.74

目次 プロローグ やはり脳が壊されていた！，第1章 身近に溢れるインターネット・ゲーム依存症，第2章 デジタル・ヘロインの奴隷となって，第3章 二次性発達障害とデジタル認知症，第4章 はまるにはワケがある―依存する側の理由，第5章 蟻地獄の構造―四万人がはまる合成麻薬，第6章 ネット，ゲーム依存症を予防する，第7章 ネット，ゲーム依存症を克服する，エピローグ 発達と愛着の課題がリンクするとき

内容 最新の画像解析により，衝撃的な事実が明らかになった―インターネット依存者の脳内で，覚醒剤依存者と同様の神経ネットワークの乱れが見られたのだ。二〇一三年，アメリカ精神医学会も診断基準に採用。国内推定患者数五百万人の脳を蝕む「現代の阿片」。日本の対策は遅れている。

『ソーシャルメディア中毒―つながりに溺れる人たち』高橋暁子著 幻冬舎エデュケーション 2014.12 223p 18cm （幻冬舎エデュケーション新書 002）〈発売：幻冬舎〉 778円 Ⓘ978-4-344-97951-2 Ⓝ694.5

目次 第1章 今，若者のあいだで何が起きているのか？，第2章 止まらない承認欲求の連鎖，第3章 進化するネットいじめ，第4章 あらゆる人に迫るネット依存，第5章 大人社会に蔓延するSNSの闇と罠，第6章 「ソーシャル疲れ」が呼び込むうつと孤独，第7章 SNSがもたらす違和感，第8章 ソーシャルメディア中毒への処方箋

内容 全国でネット依存の可能性がある人は421万人，中高生は51万8千人といわれている。ミクシィの誕生から10年。SNSはコミュニケーションインフラと化した一方で，若者を中心に問題が後を絶たない。なぜ事件は頻発するのか，なぜ依存してしまうの

か。その危険性と不自由さを暴くと共に、SNSを避けて通れない現状とどう付き合っていくべきか、元教員のITジャーナリストが独自の観点で解き明かす。

『"依存症"の克服のために誰もが出来ること—自分を語ること・おしゃべりで治そう インターネット依存・SNS依存・薬物依存・恋愛依存など身近な社会問題「アディクション」への対処法』 西田恭介著 秀麗出版 2014.11 119p 21cm 2160円 Ⓘ978-4-9908019-1-5 Ⓝ493.74

目次 依存との出会い，楽物依存の恐怖，みんなが依存している，3つの「アディクション」，どうして依存してしまうのか？（しゃかい編，からだ編），パブロフの犬，おしゃべりで治そう，依存はいつもボクたちの物語に

内容 現代日本社会の問題：依存症/Addiction。先端研究分野・社会科学分野の視点から迫る！ 先端治療法：条件反射制御法のアプローチについても紹介。

『実践ひきこもり回復支援プログラム—アウトリーチ型支援と集団精神療法』 宮西照夫著 岩崎学術出版社 2014.11 179p 21cm〈文献あり 索引あり〉2300円 Ⓘ978-4-7533-1086-9 Ⓝ371.42

目次 第1章 ひきこもる若者を理解する，第2章 病院におけるひきこもり回復支援プログラムの実践，第3章 ひきこもりの集団精神療法—ショートケアと素晴らしい仲間たち，第4章 ひきこもりの長期化とネット依存

『スマホで馬鹿になる—子どもを壊す依存症の恐怖』 和田秀樹著 ［東京］ 時事通信出版局 2014.10 194p 19cm〈発売：時事通信社〉1400円 Ⓘ978-4-7887-1336-9 Ⓝ367.61

目次 第1章 子ども（若者）を襲うスマホのトラブル，第2章 スマホ依存の危険な徴候，第3章 広がるスマホ規制，第4章 スマホ依存の恐怖，第5章 依存症は人格を破壊する病気，第6章 スマホ依存で学力・人間関係力が低下，第7章 親がとるべきスマホ対策

内容 中高生の50万人以上が依存症！ あなたの子どもは大丈夫⁉危険すぎるスマホ依存。親がとるべき対策はこれだ！

『誰にでもリスクがあるネット依存』 中山秀紀監修，空生直マンガ インタープレス 2014.8 39p 21cm （もっと知ろうからだのこと 22）500円 Ⓘ978-4-906723-13-3 Ⓝ493.937

『つながりを煽られる子どもたち—ネット依存といじめ問題を考える』 土井隆義著 岩波書店 2014.6 87p 21cm （岩波ブックレット No.903）620円 Ⓘ978-4-00-270903-1 Ⓝ367.61

目次 第1章 メビウスの輪の翳り（つながり過剰症候群，多様化する価値観 ほか），第2章 つながりの格差化（豊かさから美味しさへ，新自由主義とリスク化 ほか），第3章「いいね！」の承認願望（暴走するつながり意識，SNSでの自己承認 ほか），第4章 常時接続を超えて（肥大する承認願望，イツメンという世間 ほか）

内容 LINE疲れ，快楽でなく不安からのスマホ依存，友だち関係を維持するためのいじめ，親友を作りづらいイツメン（いつも一緒のメンバー）同士のしがらみ…。子どもたちが「つながり過剰症候群」に陥る社会背景と心理メカニズムとは？「いいね！」を求めあう承認願望の肥大化とは，それはどう関わっているのか？ また，その隘路からの出口はどこにあるのか？ 大好評ロングセラー『個性』を煽られる子どもたち』『キャラ化する/される子どもたち』に続く待望の第三弾！

『「ひきこもり」から子どもを救い出す方法—不登校・ネット依存・出social拒否・家庭内暴力』 内田直人著 現代書林 2014.6 205p 19cm 1300円 Ⓘ978-4-7745-1467-3 Ⓝ367.68

目次 第1章 ひきこもり子どもの本音と向き合う（まずは子どもの気持ちを理解する，A君の場合—18歳・ひきこもり期間18ヶ月 ほか），第2章 ひきこもりの子どもに対する心構え（結果を求めることをやめる，回り道を怖れない ほか），第3章 実例に学ぶひきこもりから救い出す方法（F君—中学3年からひきこもり，家庭内暴力，G君—小学校からの不登校，大学1年でひきこもり ほか），第4章 青少年育成クラブの「心の教育」（相手を思いやる「心」，感謝・反省の「心」 ほか），体験談 私が青少年育成クラブで学んだこと，私はなぜゴルフを教育に取り入れたか

内容 ひきこもる子どもの気持ちと解決法がよくわかる！ 教育歴20年・1,000人以上を立ち直らせてきた専門家が教える子どもの接し方・取り組み方。子どもの社会復帰を果たすためにどのように向き合っていくべきか？

『スマホチルドレン対応マニュアル—「依存」「炎上」これで防ぐ！』 竹内和雄著 中央公論新社 2014.5 225p 18cm （中公新書ラクレ 495）800円 Ⓘ978-4-12-150495-1 Ⓝ371.42

目次 スマホチルドレンの憂鬱—現場からの悲痛な声，スマホチルドレン増殖中—データから現状を知る，スマホチルドレンの暴走—被害者から加害者へ，段階別スマホチルドレン対策（まだ「欲しい」と言い出す前

なら，子どもが「欲しい」と言い出したなら，依存の気配を感じたら），特別対談 悪いのは「LINE」だけなの？（田端信太郎×竹内和雄），スマホチルドレンQ&A，スマホチルドレンの未来のために―私たちがこれから考えるべきこと

内容 スマートフォンを手放せない子ども，「スマホチルドレン」。その存在の裏にリアル社会の「闇」が見え隠れする。この本は現場で問題解決を試み，講演を重ねる著者と，その背景や段階別対処法を探っている。LINE株式会社・田端信太郎氏との対談も収録。手遅れになる前に一読を！

『ネットに奪われる子どもたち―スマホ社会とメディア依存への対応』 清川輝基編著，古野陽一，山田眞理子著 少年写真新聞社 2014.5 247p 21cm〈文献あり〉 1600円 ①978-4-87981-487-6 Ⓝ493.937

目次 第1章 スマホパンデミック，第2章 スマホ社会で深刻化するメディア依存とネット依存，第3章 広がるスマホ子育て，第4章 スマホ社会の子どもたち―拡大するリスクの中で，第5章 ネット中毒対策先進国「韓国」に学ぶ，第6章 社会がネットに奪われる前に―ネット社会とどう向き合うか，第7章 家庭で取り組むメディア依存対策，第8章 学校・地域ぐるみの制度づくりを

『体と心保健総合大百科 2014年中・高校編 保健ニュース・心の健康ニュース縮刷活用版』 少年写真新聞社編集 少年写真新聞社 2014.4 291p 30cm〈索引あり〉 3771円 ①978-4-87981-489-0 Ⓝ374.9

目次 健康診断特集眼鏡とコンタクトレンズの特徴―眼鏡とコンタクトレンズ，磨き残しに注意 歯垢は悪玉菌のすみか―歯垢は悪玉菌のすみか，体のしくみシリーズ1 全身に血液を送り出す心臓―心臓の仕組みと疾患，腸管出血性大腸菌による食中毒に注意―腸管出血性大腸菌による食中毒，喫煙によって起こるCOPD（慢性閉塞性肺疾患）―タバコ病COPDを知っていますか？，熱中症予防 水分補給で保つ体液バランス―熱中症予防 なぜ水分摂取が必要なのか，腰痛予防のためのストレッチ―子どもに柔軟性をつけて，けが・腰痛を予防しよう，痛み・腫れ変形に注意 覚えよう骨折の応急手当―覚えよう骨折の応急手当，夏場に注意したいあせも―汗疹（あせも），いつもケータイが気になる？ メール依存に気をつけよう―思春期のメール依存〔ほか〕

『ネット依存から子どもを救え』 遠藤美季，墨岡孝著 光文社 2014.4 237p

19cm 1400円 ①978-4-334-97777-1 Ⓝ493.937

目次 第1章 急増する「ネットにハマる」子どもたち，第2章 ネット依存は，何が問題なのか，第3章 ネット依存を精神医学的に解説する，第4章 どうしてそんなにハマるのか，広がるのか，第5章 ネット依存と心の問題，第6章 ネット依存の診断と治療，第7章 「依存傾向」のうちにできること，第8章 上手に利用することが最良の予防法

内容 中高生の病的使用51万8千人，不適応使用104万7千人。あなたのお子さんは大丈夫ですか？ ネットゲーム依存，スマホ依存，SNS依存etc.…ネット依存は“病気”です。アルコールや薬物などの“物質”に依存しているわけではありませんが，「ギャンブル依存」や「買い物依存」などと同じように，「行動」や「行為」への依存，という分類にあたります。趣味や娯楽の域を超え，自己コントロールを失うほどになると「依存」と診断され，病気としての治療が必要とされるのです。

『ネット依存から子どもを守る本―家庭や学校で取り組む予防教育と治療法』 キム・ティップ・フランク著，上田勢子訳 大月書店 2014.4 127p 21cm〈文献あり〉 1500円 ①978-4-272-41224-2 Ⓝ371.42

目次 第1章 ネット時代に生きる，第2章 精神面の健康を保つ力，第3章 ネット依存症とは，第4章 家庭でできる予防法，第5章 学校での教育，第6章 ネット依存症への対処法

内容 「子どもが睡眠障害，成績低下，不登校，ひきこもりになったらどうしたらよい？」「ネット依存の予防法はあるの？」―本書はアメリカの第一人者の研究をもとに予防教育と治療法をまとめたハンドブックです。

『ネット依存症から子どもを救う本―「うちの子って大丈夫？」と思ったら読む本』 樋口進監修 法研 2014.4 187p 21cm 1400円 ①978-4-86513-003-4 Ⓝ493.937

目次 序章 ネット依存症が増えている，第1章 中高生とネット，第2章 なぜネットにはまるのか，第3章 ネット依存症から救うための環境づくり，第4章 ネットとの接し方，第5章 ネット依存症の治療，巻末 参考資料

『ネット依存症』 樋口進著 PHP研究所 2013.12 204p 18cm （PHP新書894） 760円 ①978-4-569-81498-8 Ⓝ493.74

目次 序章 ネット依存治療専門外来，第1章 「ネット依存」とは何か，第2章 「ネット依存」による心と身体への悪影響，第3章 「ネット依存」は治療できるのか，第4章 家族・身近な人はいかに対処すべきか，あとが

情報社会のトラブル　　　　　　ネットワークコミュニケーションと情報化社会

きに代えて―スマホが手放せないあなたも
危ない

|内容| 1990年代半ばから「インターネット依
存症」という言葉が聞かれるようになった。
ただその頃は、まだほんの一部の特殊な人
たちのことで、自分には関係ないと考える
人が多かった。ところが、いまではもっと
身近なものになっている。最初は誰でも
「自分は単に人より少しネットにつながって
いる時間が長いだけ」と思うにすぎず危機
感は持たない。それがやがて、生活に支障
を来たすことがあるという。本書では、
ネット依存に苦しむ患者さんやその家族の
ことについて、専門外来をもつ久里浜医療
センター院長がわかりやすく解説。最新情
報や家族に伝えたいことをまとめた

『依存症のすべて―「やめられない気持
ち」はどこから来る？』廣中直行著
講談社　2013.9　301p　19cm　（ここ
ろライブラリー）〈他言語標題：All
About Addiction　文献あり〉1400円
Ⓘ978-4-06-259496-7　Ⓝ493.74

|目次| 第1章 依存症とは何か？，第2章 依存
症を生む心，第3章 薬物依存症，第4章 い
ろいろな「依存症」―行為、ネット、人間関
係，第5章 依存症からの回復，第6章 依存
症と社会

|内容| 誰の心にもあるやめられない気持ち、
欲しくてたまらない気持ちが依存症の始ま
り。心が疲れたとき、傷ついたとき、人は自
分を守るために何かに頼る。アルコール、
たばこ、ギャンブル、買い物、ネット…。そ
れにのめり込み、とらわれるようになった
とき、人は依存症になる。依存症のしくみ
と、回復への道のりをわかりやすく解説。

『スマホ中毒症―「21世紀のアヘン」か
ら身を守る21の方法』志村史夫［著］
講談社　2013.7　206p　18cm　（講談
社＋α新書 625-1C）838円　Ⓘ978-4-
06-272812-6　Ⓝ007.3

|目次| 第1章 スマホは21世紀のアヘンである
（現代の怪物・エレクトロザウルス、ケータ
イへの嫌悪感 ほか），第2章 エレクトロザ
ウルスに食われた若者たち（「片手ケータイ
運転」を取り締まれ，何でもネットの「IT
学生」の愚 ほか），第3章 エレクトロザウ
ルスはほんとうの幸せをもたらすか？（増え
る仕事、忙しくなる人間，チャップリンの予
言 ほか），第4章 「寅さん」に学ぶ、知的
生き方のすすめ（知識より智慧の人、寅さ
ん、分をわきまえることへの拍手喝采 ほ
か），第5章 IT版「清貧の思想」で“人間
力”を取り戻す（「温故致智」の叡智、豊かさ
とは何か？　ほか）

|内容| スマホなしで会社に電話をかけられま
すか？「スマホ依存」は、寅さんと写経で治
せ！物理学者が説く、豊かな人間力復活の
智慧。IT版『清貧の思想』。

『ネット依存症のことがよくわかる本―イ
ラスト版』樋口進監修　講談社　2013.
6　98p　21cm　（健康ライブラリー）
〈文献あり〉1200円　Ⓘ978-4-06-
259775-3　Ⓝ493.74

|目次| 1 バーチャルに生きるぶんリアルに支
障が出る，2 息抜きや気分転換のレベルでは
ない依存，3 なぜそれほどネットにハマるの
か，4 病気だと認識することが治療のスター
ト，5 ネットとの付き合い方を身につける

|内容| 24時間ゲームに夢中。うちの子、依存
症？なぜネットをやめることができないの
か？ハマる心理から治療法までを専門医が
解説。自分でできる依存度チェックテスト
付き。

『子供をゲーム依存症から救う精神科医の
治療法』岩崎正人著　データハウス
2013.5　221p　19cm　〈文献あり〉1500
円　Ⓘ978-4-7817-0143-1　Ⓝ493.937

|目次| 第1章 ゲーム依存症という病，第2章
依存症のおさらい，第3章 ゲーム好きな子
の将来は？，第4章 ゲーム依存度と親がと
るべき対処法，第5章 ゲーム依存症は『依
存症専門機関』で診てもらう，第6章 ゲー
ム依存症の子供たちにみられる特徴，第7章
ゲーム依存症者の背景―機能不全化した原
家族，第8章 生きにくさは社会を変質させる

|内容| 依存症の概要から、段階的な改善方法
までを詳細に解説。ゲームに興じる子供た
ちが“どの程度のめり込んでいて”“どんな対
処をすればいいのか”専門的な視点からゲー
ム依存症の脱出方法を紹介。

『「メディア中毒」からの脱出―子どもと
メディア日韓共同フォーラムin福岡報告
書』福岡　子どもとメディア　2013.4
118,13,37p　30cm　1000円　Ⓝ367.61

『ネトゲ脳、緊急事態―急増する「ネット
＆ゲーム依存」の正体』森昭雄著　主
婦と生活社　2012.12　191p　19cm
〈文献あり〉900円　Ⓘ978-4-391-
14262-4　Ⓝ493.937

|目次| 第1章 IT先進国で深刻化する「ネトゲ
脳」，第2章 日本ではなぜ「ネトゲ脳」問題
が報道されないのか？，第3章 パソコンや
スマホ依存の恐ろしい実態，第4章 「ネト
ゲ脳」の背後にある“依存”のメカニズム，
第5章 「ゲーム脳」から「ネトゲ脳」へ―進
化する診断技術，第6章 日本の未来―子ど
もたちの「脳」を守るために

|内容| 世界で急増するインターネット＆ゲー
ム依存者。IT先進国の韓国では、多発する
ネット関連事件に、国を挙げて予防・治療体
制を確立しつつあります。韓国の最新画像
診断や脳科学の進歩では、ネット＆ゲーム

依存者の"ネトゲ脳"が麻薬中毒者の脳と酷似しているとの報告も。日本ではやっと国立病院でネット依存治療部門ができたばかり。"ネトゲ脳"の増殖はとめられないのか！子どもたちの脳の機能不全をこのまま放置していいのか！今できることは、目の前の緊急事態を知ることなのです。

『体と心保健総合大百科　中・高校編 2011年』　少年写真新聞社編　少年写真新聞社　2011.2　287p　30cm　〈『保健ニュース』『心の健康ニュース』縮刷活用版　索引あり〉　3771円　①978-4-87981-361-9　Ⓝ374.9

目次　覚えておきたい身体測定のポイント，眼障害を引き起こすコンタクトレンズの汚れや傷，勉強時間も削られる危険！ケータイ依存症，煙がなくても要注意「残留受動喫煙」の害，長年の強酸の影響で起こる歯の摩耗　酸蝕歯を防ごう，少量の菌でも感染する　カンピロバクター食中毒に注意，内臓脂肪の蓄積で起こる　メタボリックシンドローム，計画的な水分補給で熱中症予防，サッカー，野球，テニスなどでよく起きる成長期のスポーツ障害，夏バテしにくい体をつくる"汗かき習慣"〔ほか〕

『ゲーム・インターネット依存とその克服』　香川県教育センター編　[高松] 香川県教育センター　2011.2　72p　30cm　（研究成果報告書　平成22年度―調査研究　2）　Ⓝ371.42

『ケータイ廃人』　佐藤勇馬著　データハウス　2011.1　236p　19cm　〈文献あり〉　1400円　①978-4-7817-0069-4　Ⓝ368.021

目次　第1章　ケータイ廃人の実態（ケータイと借金，ケータイと殺傷事件　ほか），第2章　ゲーム廃人（モバゲーとGREEの実態，ゲーム廃人の実態　ほか），第3章　出会い系廃人（メル友募集サイト，プロフ　ほか），第4章　サイト廃人（Twitterとmixi，生放送サイト　ほか），第5章　犯罪系廃人（ケータイ詐欺，殺害予告　ほか）

内容　モバゲー課金地獄，プロフ少女売春地獄，ツイッター依存地獄，出会い系トラブル地獄，サラ金借金地獄…ケータイ廃人の実態，ハマるワケ，ケータイの呪縛からの逃れ方。

『僕の見たネトゲ廃神』　西村本気著　リーダーズノート　2010.2　219p　19cm　1200円　①978-4-903722-17-7　Ⓝ368

目次　第1章　僕のいた世界（容赦ない現実と，甘えられない悲劇，インターネットは温か

い。間違いなく裏切らないし　ほか），第2章　僕の見たネトゲ廃神（僕と廃人の日常，「ベッキー」と「伝説の廃神」　ほか），第3章　もう一つのネトゲ戦争（町をうごめく黄色い集団，運営会社をこらしめろ！，喜べない新作と抗争　ほか），第4章　リアル人生大逆転（頑張らないために必死な日々，リアル転生，最強の廃神へ　ほか）

内容　「ここでしか，生きられない」僕は「廃」だったけど「神」にはなれなかった。リアルから転生して，廃神として生きる人がいる。僕は語る。あの世界で見たことを…。

◆◆身体的な影響

『スマホが学力を破壊する』　川島隆太著　集英社　2018.3　216p　18cm　（集英社新書　0924）〈文献あり〉　740円　①978-4-08-721024-8　Ⓝ493.937

目次　スマホを使うだけで成績が下がる!?，睡眠不足が成績低下の原因か，スマホが先か，学力が先か，LINE等インスタントメッセンジャーの影響，テレビやゲームの影響，どれだけの生徒がスマホ等を長時間使用しているのか，勉強中のスマホ使用の実態，メディア・マルチタスキング，スマホが脳発達に悪影響を与えている？，スマホの依存度評価〔ほか〕

内容　2010年より急速に普及したスマートフォンは日本人の生活に深く浸透し，街中を歩けばスマホを使う人を見かけないことのほうが珍しくなった。しかし，その使用に付帯するリスク，とりわけ子どもたちによる長時間使用の危険性や，成績に及ぼされる影響についてはあまり知られていない。本書は7万人の子どもたちを対象に，数年間にわたって行われた大規模調査の結果を基に，スマホやアプリの使用がもたらす影響を解明し，スマホ使用のリスクを正面から論じた，現代人，とりわけ全保護者必読の一冊である。

『スマホ首病が日本を滅ぼす―首を治せば生まれ変われる』　松井孝嘉著　ワニブックス　2018.3　223p　18cm　（ワニブックス｜PLUS｜新書　223）〈「首を治せば病気が消える」（2007年刊）の改題，再構成，加筆〉　830円　①978-4-8470-6605-4　Ⓝ493.6

目次　第1章　首こり病が日本を蝕む（若者たちを襲う「自殺願望」の正体，首こり病は命をも脅かす），第2章　覚えておきたい病気にならない習慣（首筋肉のこりが全身の不調を招く，こんな人が病気になりやすい　ほか），第3章「医学の常識」を疑え！（線維筋痛症と診断されていた病気が治った，慢性疲労症候群も大部分が治る　ほか），第4章　一週間で効果があらわれる「松井式治療法」（患者さんの駆け込み寺・東京脳神経セ

ンター，触診だけで首の状態はわかる ほか），第5章 「病気が消えた」体験談

内容 首こりが消えれば，不調が消える！ 首を治せば，間違いなく人生が変わる！ 誰にもわかってもらえないうつ，頭痛，めまい，パニック障害，慢性疲労症候群，胃腸障害，むちうち，不眠症，自律神経失調症，ドライマウス，ドライアイ…不調の原因は "首" にあった！ 世界が注目する "首こり博士" がスマホ首病に警鐘を鳴らす。

『腱鞘炎は自分で治せる―指・手首・ひじの痛みが1分で消える！』 高林孝光著 マキノ出版 2017.10 182p 19cm （ビタミン文庫）〈文献あり〉 1300円 ①978-4-8376-1313-8 Ⓝ494.77

目次 第1章 パソコンやスマホをやりすぎていませんか？（「パソコン腱鞘炎」「スマホ腱鞘炎」が急増中，腱鞘炎は特定の部位の使いすぎが大きな原因 ほか），第2章 腱鞘炎を1分で治す奇跡のメソッド（腱鞘炎のタイプをチェックしよう，腱鞘炎の症状1「手首が痛む」 ほか），第3章 腱鞘炎を撃退する生活術を大公開（正しい姿勢が腱鞘炎にならない基本中の基本，ビジネスマンはカバンの持ち方を変えよう ほか），第4章 腱鞘炎を自分で治した体験者の報告（パソコン操作の時間が倍増して発症した手首の激痛がその場で完全に消え重いカバンもらくらく持てる，ひじに感じていたピリッとした痛みが1分で軽快し1週間後には完治して仕事も草野球も絶好調 ほか）

内容 パソコン・スマホが原因の痛みを撃退！ 手の甲をもんで固定するだけ。

『その「もの忘れ」はスマホ認知症だった―10万人の脳を診断した脳神経外科医が教える』 奥村歩著 青春出版社 2017.7 189p 18cm （青春新書INTELLIGENCE PI-516） 880円 ①978-4-413-04516-2 Ⓝ498.39

目次 第1章 あなたの脳，「スマホ認知症」になっていませんか―トシのせいじゃない!?40～50代に急増中の「もの忘れ」の正体，第2章 「考えない脳」はこうしてつくられる―IT生活による「脳過労」が脳に意外なダメージを与えるメカニズム，第3章「スマホ認知症」を防ぐ10の心得―忙しい人の脳は「鍛え方」より「休ませ方」が大事」に ほか），第4章 スマホで疲れた脳は自分で回復できる―オーバーワークの脳がよみがえる「毎日のちょっとした習慣」，第5章 いくつになってもサビない脳をつくるために―脳回路の「つながり」を強化する脳習法

内容 すぐに検索，情報チェック，ナビに頼る…あなたの脳を「考えない脳」に変えてしまう衝撃の事実！ スマホ認知症にならない

スマホの使い方，スマホで疲れた脳の休ませ方を脳科学的見地から解明。

『日めくりパソコン疲れ目解消！』 中川和宏［著］ クロスメディア・パブリッシング 2017.2 1冊（ページ付なし） 15×22cm 〈発売：インプレス〉 1080円 ①978-4-295-40048-6

『「スマホ首」が自律神経を壊す』 松井孝嘉［著］ 祥伝社 2016.10 182p 18cm （祥伝社新書 485） 780円 ①978-4-396-11485-5 Ⓝ493.6

目次 1章 スマホがもたらす健康被害，2章 その症状，「スマホ首こり病」かもしれません！，3章 首を治せば「うつ」は治る，4章「幸せ神経」副交感神経を高めよう，5章 論より証拠！ 首を治して人生を変えた患者さんたち

内容 約6キロにもなる重い頭を支え，脳と全身の橋渡しの役を担う首が自在に動いてこそ，人は健康でいられる。けれども今，首は長時間，不自然な形で下向きに固定され，固まった筋肉が，多くの病気を誘発しているのだ。頭痛，不眠症，めまい，自律神経失調症，血圧不安定，更年期障害，機能性胃腸症…，そして新型うつ。脳神経の権威である著者は，首の固定状態を諸悪の根源と診て，スマホの長期使用に警戒を発した。原因不明の体調不良，気分の落ち込みの原因は何か？「首こり」がなぜ，自律神経を乱すのか？ 最新の知見が教えてくれる，戦慄の医学レポート！

『本当にこわい！ スマートフォン族の病気』 浅川雅晴著 ロングセラーズ 2016.8 269p 18cm 1000円 ①978-4-8454-0985-3 Ⓝ498.39

目次 プロローグ―スマホを使っているあなたが，突然おそわれる異変，1章 目→脳→脳疲労→自律神経の乱れ―気づかないうちに出てくるテクノストレス症候群，2章 軽くみてはいけない！ 不眠とうつ症状，3章 病気を出す人と出さない人，4章 子供の心が病んでいる，5章 挫折しないための人生操縦五つのポイント，6章「自分に限って」は禁物！ 早まる老化・若年性痴呆症

内容 早まる老い，自律神経の乱れ，頭痛・うつ病，テクノストレス症候群…軽く見てはいけない異変。

『やってはいけない脳の習慣―2時間の学習効果が消える！ 小中高生7万人の実証データによる衝撃レポート』 横田晋務著，川島隆太監修 青春出版社 2016.8 188p 18cm （青春新書INTELLIGENCE PI-491） 880円 ①978-4-413-04491-2 Ⓝ493.937

目次 第1章 学習効果を打ち消す「スマホ脳」の衝撃―「スマホ・LINEのしすぎで勉

ネットワークコミュニケーションと情報化社会　　　　　　情報社会のトラブル

強しないから成績が下がる」のウソ，第2章
MRIで解明！ 脳が変形してしまう危険な習
慣—ゲーム，テレビの時間と脳の成長の遅
れは比例する!?，第3章 脳のやる気スイッチ
「線条体」を活動させる方法—"やらされ感"
が学力にマイナス効果になる理由，第4章
自己肯定感の高い子ほど学力が高い，のは
なぜ？—脳科学で証明！ 自己肯定感を高め
る親の習慣とは，第5章 朝食のおかずが増
えるほど，脳はやせる!?—一食，睡眠，
親子のコミュニケーションと脳の働きの相
関関係，第6章 習慣は，生まれつきの脳力
に勝る!?—脳科学研究最前線

内容 親のちょっとした働きかけが，子ども
の脳の働きを左右する！ 親が思いもよらな
かったスマホ，ゲームの脅威！

『スマホ目を解消！ 目元スティック—疲
れ目ドライアイ老眼にも』 島田淑子，山
口康三監修　主婦の友社　2016.7　33p
22cm　（主婦の友生活シリーズ）1200
円　①978-4-07-415698-6　Ⓝ496.41

『体と心保健総合大百科　2016年中・高
校編　保健ニュース・心の健康ニュース
縮刷活用版』 少年写真新聞社編集　少
年写真新聞社　2016.4　287p　30cm
〈索引あり〉3771円　①978-4-87981-
559-0　Ⓝ374.9

目次 中学保健ニュース縮刷 高校保健
ニュース縮刷（尿検査でわかる腎臓の健康，
むし歯でなくても歯が溶ける酸蝕歯，歩き
ながらのケータイスマホの危険性，無害で
はない無煙タバコ，こまめな水分補給と暑
さへの慣れで熱中症を防ぐ ほか），心の健
康ニュース縮刷（きっかけにアイスブレイ
ク，人生の先輩シリーズ16 刺激を受けに出
かけよう，自律神経の働きと心と体の変化，
思春期は悩みが多くて当たり前，人を結ぶ
"和"の心を世界に ほか）

『スマホ首サポーター美ネック—なるほ
ど！ つけるだけで？ 首らく美姿勢』
今村大祐監修　主婦の友社　2015.8
31p　26cm　（主婦の友生活シリーズ）
1800円　①978-4-07-400219-1　Ⓝ493.6

『ブルーライトから目を守ろう！』 島﨑
潤監修，大橋よしひこマンガ　インター
プレス　2015.8　39p　21cm　（もっと
知ろうからだのこと 23）500円
①978-4-906723-14-0　Ⓝ496

『マインド・チェンジ—テクノロジーが脳
を変質させる』 スーザン・グリーン
フィールド著，広瀬静訳
KADOKAWA　2015.8　367p　19cm

2300円　①978-4-04-601216-6　Ⓝ491.
371

目次 1 私たちの脳が，変わり始めている，
2 脳を知る，3 SNSは脳をどう変えるか，4
脳とビデオゲーム，ネットサーフィン，5
脳とスクリーン

内容 オックスフォード大教授が警告する
「脳の再配線」とは？「SNS」「ネットサー
フィン」「TVゲーム」が脳に直接与える影
響を，科学的見地から明らかにする。

『"スマホ首"があらゆる不調を引き起こ
す！—30秒ストレッチで簡単改善』 鄭
信義著　講談社　2015.4　158p　19cm
（講談社の実用BOOK）〈文献あり〉
1200円　①978-4-06-219445-7　Ⓝ498.3

目次 第1章 スマホ首が全身の不調を引き起
こす（そのスマホ姿勢，非常に危険です！，
前に突き出した首が問題だった ほか），第2
章 スマホ首は首の前側から治す（スマホ
首を治すには，胸鎖乳突筋をほぐすしかな
い！，胸鎖乳突筋をほぐすには大胸筋がキ
モ ほか），第3章 首の後ろをほぐして，リ
ラックス！（自律神経を整えるツボは，首の
後ろ側，首の後ろ側の板状筋群と僧帽筋を
ほぐそう ほか），第4章 スマホ首を根本的
に解消する生活習慣（正しい生活習慣で心身
の元気を取り戻そう，スマホ首は体幹を鍛
えよう ほか）

内容 頭痛，肩こり，首こり，不眠，めまい，
イライラ，しわ，たるみ…新国民病・スマホ
首はこれで解決！

『パソコンによる首・肩のコリと痛みはこ
うやって治す』 渡辺靖之著　メディカ
ルトリビューン　2014.10　127p　21cm
1600円　①978-4-89589-462-3　Ⓝ494.7

目次 第1章 IT時代に急増する「首，肩，腕
の異常なこりと痛み」の正体，第2章 病気な
の？ 病院に行くべきなの？，第3章 今すぐ
できる撃退法，第4章 こり，痛みとサヨナラ
する生活の知恵，第5章 病院で受ける専門
治療ってどういうもの？，第6章 首，肩，腕
に異常のある，あなたの疑問に丁寧に回答！

『デジタルデトックスのすすめ—「つなが
り疲れ」を感じたら読む本』 米田智彦
著　PHPエディターズ・グループ
2014.2　173p　19cm　〈文献あり 発
売：PHP研究所〉1300円　①978-4-
569-81699-9　Ⓝ007.3

目次 序章 デジタルデトックスはなぜ必要
か？，第1章 1億総「ネット依存」の時代が
到来？—成城墨岡クリニック院長 墨岡孝氏
に聞いてみた。，第2章 デジタルデトックス
をやってみた1 生活習慣編，第3章 デジタ
ルデトックスをやってみた2 休日編，第4章
デジタル時代の心のつくりかた—早稲田大
学教授 熊野宏昭氏に聞いてみた。，終章
ネットに頼らない幸せ

子どもの本 情報教育・プログラミングの本2000冊　139

内容 スマホやSNSなしで何日過ごせます
か？ ネット依存に陥っていた著者がたどり
着いた、かしこいネットとの付き合い方。

『デジタル・デメンチア―子どもの思考力
を奪うデジタル認知障害』 マンフレ
ド・シュピッツァー著，小林敏明訳，村
井俊哉監修 講談社 2014.2 397p
20cm 〈文献あり〉2200円 ①978-4-06-
218205-8 Ⓝ493.937

目次 Googleはわれわれを愚かにするか，ロ
ンドンのタクシー，自分はどこに？，学校：
読んで書かないでコピーとペースト？，脳
に登録するか，それともクラウドの中に放
り出すか，ソーシャル・ネットワーク：face
to faceに代わるFacebook，ベビー・テレビ
とベビー・アインシュタインDVD，保育園
にラップトップ？，デジタル・ゲーム：悪い
成績，デジタル・ネイティヴ：神話と現実，
マルチタスキング：損なわれる注意力，セル
フ・コントロールvsストレス，不眠，うつ
病，依存症とその身体への影響，見て見ぬふ
り？ 何も起こらないのはなぜ？，どうした
らよいのか？

内容 ゲーム、ネット、パソコンによる学校
教育…デジタル・メディアが子どもの脳を
蝕む！ ドイツの著名な脳科学者による世界
注目の警世の書！ 膨大な研究データに基づ
き恐るべき実態を徹底解明！

『あなたの首の痛み・肩こりはストレート
ネックが原因です！』 酒井慎太郎著
永岡書店 2014.1 191p 19cm 1200
円 ①978-4-522-43233-4 Ⓝ494.7

目次 第1章 「前へニュッと突き出した首」
こそが不調の始まりだった！，第2章 頭と
首が前に出ると、健康と美容の「柱」が崩れ
ていく…，第3章 自分でストレートネック
を治す6つのカンタン習慣，第4章 二重ア
ゴ，ムチウチ，四十肩…首・肩まわりのお悩
み解消Q&A，第5章 首をちゃんと治せば、
体も心もグッと若返る！

内容 新国民病「ストレートネック」を自分
で治す6つの習慣。

『スマホうつ―何だかやる気が出ない薬
じゃ治らないその症状…。 SNSだけ
じゃないうつの真相 イライラ、モヤモ
ヤのその正体 知れば心が軽くなる』 川
井太郎著 秀和システム 2013.11
145p 21cm 1300円 ①978-4-7980-
3997-8 Ⓝ494.7

目次 第1章 もしかしたら、あなたも『スマ
ホうつ』かもしれない，第2章 頭痛、肩コ
リ、食欲不振、その原因はパソコン＆スマホ
にあった!?，第3章 実は手ごわい『スマホう

つ』の実態，第4章 『スマホうつ』予防の秘
策，第5章 首・肩コリにすぐ効く！ IT猫背
改善体操，第6章 『スマホうつ』改善で人生
が明るくなる！

内容 何だかやる気が出ない、薬じゃ治らな
いその症状…。SNSだけじゃないうつの
真相。

『ブルーライト体内時計への脅威』 坪田
一男著 集英社 2013.11 194p
18cm （集英社新書 0716） 720円
①978-4-08-720716-3 Ⓝ491.3

目次 第1章 ブルーライトはハザードか？，
第2章 ブルーライトはどこから出ている!?，
第3章 ブルーライトと時計遺伝子，第4章
ブルーライトと健康，第5章 ブルーライト
との付き合い方

内容 スマートフォン、タブレット、LED照
明…今や日常生活の至るところで、我々が
否応なく過剰に浴びているブルーライト。
実は、その光は眼に、人体に深刻な影響を与
えている。眼精疲労や加齢黄斑変性など眼
への影響だけではなく、夜間に過剰なブ
ルーライトを浴びると体内時計が壊れ、心
身に変調をきたすのだ。LEDディスプレイ
から発せられる、そうした光をカットする
PCメガネの登場など世の中の関心が高まる
なか、増え続けるブルーライトの使用に警
鐘を鳴らし、対策を伝授する。

『「スマホ症候群」に気をつけて！―スト
レートネック、こり、痛み、しびれ…ス
マホ依存のカラダが危ない!!』 木津直
昭著 双葉社 2013.7 101p 21cm
〈文献あり〉 1300円 ①978-4-575-
30553-1 Ⓝ494.7

目次 第1章 「スマホなしの生活」なんて考
えられない！，第2章 スマホでカラダに大
変化！―スマホ症候群，第3章 「スマホ肩」
と「スマホ肘」って？，第4章 本当は怖い
「ストレートネック」，第5章 カラダのゆが
みを作る筋・筋膜の癒着って？，第6章 5分
でできる「これだけ！ 5ステップの改善法」，
第7章 20分の「骨盤ウォーキング」のススメ

内容 肩こり、首こり、猫背、しびれ、めま
い、ストレートネック、吐き気、首が回らな
い、ぽっこりお腹…スマホの持ち方や姿勢が
原因で、こんな症状の人が続出！ 「5ステッ
プ改善法」「骨盤ウォーキング」「最適な使い
方」で「スマホ症候群」を防ごう＆治そう！

『パソコン・スマホの「疲れ目」「視力低
下」驚異の回復法』 中川和宏著 三笠
書房 2013.4 203p 15cm （知的生
きかた文庫 な18-5―[LIFE]） 〈「あな
たの〈視力〉はすぐ戻る」(2006年刊)の
改題、加筆、改筆、再編集〉 590円
①978-4-8379-8185-5 Ⓝ496.42

目次 1 今すぐできる！「目のコリ・疲れ」
をスッキリ取り除く法，2 「目がショボショ

ネットワークコミュニケーションと情報化社会　　　情報社会のトラブル

ボ」「かすむ」「まぶしい」…つらい「ドライアイ」も自分で簡単に治せる！，3 始めたその日に，劇的効果！ 簡単，確実に「視力を取り戻す」画期的な方法，4 1日たった3分でも！「脳」を刺激すれば，目はみるみるよくなる！〔ほか〕

[内容] 放っておくと危ない。ドライアイ，緑内障，白内障，黄斑変性症…予防にも。「中川メソッド」で「視力回復」「目の悩み」を解消。

『パソコン、スマホで筋肉が癒着する！―しつこいコリ・痛み・しびれの予防と対策』 木津直昭著　グリーン・プレス　2012.7 151p 21cm〈文献あり〉 1200円　①978-4-907804-23-7　Ⓝ494.7

[目次] 第1章 危機に瀕している手・腕・肩（身体には大変化が起きている，あるサラリーマンの日常 ほか），第2章 本来の姿を失った背骨・骨盤（狂いの生じた背骨・骨盤，頸椎に大変化，「ストレートネック」 ほか），第3章 椅子と座り方についての検証（一般論で語られない「座り方」，椅子の選び方 ほか），第4章 毎日の姿勢，癖をチェックしてみよう（人は癖に気づいていないもの，パソコン姿勢をチェック ほか），第5章 これからの対策（万人に向く予防法はない，カイロプラクティックについて ほか）

『現代の不眠―24時間型社会のぐっすり眠り学』 塩見利明著　明治書院　2012.6 217p 19cm（学びやぶっく 65―たいいく） 1200円　①978-4-625-68475-3　Ⓝ493.72

[目次] 第1章 「睡眠」とは何か―健康睡眠の基礎知識，第2章 24時間型ストレス社会が眠りを妨げるのか―なぜよく眠れないのか，第3章 代表的な睡眠の病気―なぜ，いま病院に「睡眠科」が必要なのか，第4章 眠気は未病の警告シグナル―不眠が作るさまざまな病気と事故，第5章 現代型不眠への対策と手順―良い生活リズムが健康を作る，第6章 「眠り上手」のすすめ―より健やかな睡眠のために

[内容] 21世紀の文明開化ともいうべきインターネット、携帯電話、スマホ、大画面テレビ、LED照明の急激な普及が、人類の日常生活の明暗リズム、特に睡眠に悪影響を与えています。コンビニのような24時間型の眠らない社会が睡眠の危機を招く。「意識して睡眠を考える時代」に突入しました。

『パソコン近視がどんどんよくなる本―疲れ目、頭痛、首・肩こり、ドライアイ、不眠症まで一挙解消！』 中川和宏著　青春出版社　2012.4 160p 20cm

1200円　①978-4-413-03834-8　Ⓝ496.42

[目次] 1 パソコン・ケータイ・スマホ型―「新しい近視」は脳で止められた！，2 自分でできる視力回復トレーニング―たった6分でパソコン近視がどんどんよくなる！，3 目と脳に本当にいい生活習慣―情報社会であなたの視力を守る新常識

[内容] 急増する"新しい近視"は脳で止められた。疲れ目、頭痛、首・肩こり、ドライアイ、不眠症まで一挙解消。

『電子メディアは子どもの脳を破壊するか』 金澤治［著］ 講談社　2010.10 279p 15cm（講談社文庫 か120-1） 552円　①978-4-06-276748-4　Ⓝ493.937

[目次] 1 子どもの脳が変わった!?，2 IT革命が起こった，3 ITが発達脳に影響をあたえ，4 ITが脳内過剰放電を引き起こす，5 電磁波は安全か？，6 それでも子どもの脳は立ち直る，7 子どもを取り巻く難局とその裏にあるもの，8 ITと発達脳との上手なマッチング

[内容] テレビ・インターネット・携帯電話・小型ゲーム機など、電子メディアがかつてないほど普及した現在、子どもの脳の発達が阻害されているとしか考えられないような現象が起きている。電子メディアが脳に及ぼす影響とは何か。増え続ける電子機器と上手に付き合うには？ 児童精神科医が提言。文庫書下ろし。

『パソコン疲れは首で治せる！』 松井孝嘉著　アスキー・メディアワークス 2010.10 176p 18cm（アスキー新書 159）〈発売：角川グループパブリッシング〉 743円　①978-4-04-868700-3　Ⓝ493.6

[目次] 第1章 パソコン疲れが病気を招く，第2章 パソコン作業が危ない！，第3章 「パソコン病＝首コリ病」発症のメカニズム，第4章 問診票が明かす、あなたの首コリ度，第5章 首コリが治ったらすべてがよくなる，第6章 これで長時間のパソコン作業も安心！

[内容] パソコンは、私たちにとって無くてはならない機器となりました。しかし、その普及とともに拡がるVDT症候群は、進行すると"新型うつ"など深刻な病気をも引き起こします。「最近、ドライアイや胃腸症状、頭痛や肩こりなどがひどくなった」と感じている人、パソコンを使う人必読のVDT症候群対策と予防法を解説。

◆ネット犯罪

『サイバー犯罪入門―国もマネーも乗っ取られる衝撃の現実』 足立照嘉著　幻冬舎　2017.7 232p 18cm（幻冬舎新

書 あー13-1） 800円 Ⓘ978-4-344-98460-8 Ⓝ368.66

目次 第1章 おいしすぎるハッキング・ビジネス，第2章 サイバー犯罪の実態と背景，第3章 サイバー犯罪ビジネスのテクニック，第4章 ハッカーの視点，ハッカーの心理，第5章 サイバー犯罪の展望，そして今後のアプローチ

内容 世界中の貧困層や若者にとって，ハッカーは「ノーリスク・ハイリターン」の夢の職業だ。同時に，サイバー犯罪による"収益"を資金源とする犯罪組織やテロリストは，優秀なハッカーを常に求めている。両者が出会い，組織化され，犯罪の手口は年々巧みに。「気付かないうちに預金額が減っている」といった事件も今や珍しくないし，数十億円を一気に集めることも容易い。一方で，日本人は隙だらけ。このままでは生活を守れない！ 日々ハッカーと戦うサイバーセキュリティ専門家が，ハッカーの視点や心理，使っているテクニックを，ギリギリまで明かす。

『PC遠隔操作事件』 神保哲生著 光文社 2017.5 558p 20cm 2400円 Ⓘ978-4-334-97905-8 Ⓝ368.66

目次 1 事件，2 踏み台，3 挑戦状，4 逮捕，5 前哨戦，6 公判，7 墓穴，8 真相，9 被害者，10 判決，11 動機，12 課題

内容 衝撃の結末から3年。今はじめて明らかにされる真相とは？

『子どもの防犯マニュアル』 舟生岳夫著 ［東京］ 日経BP社 2017.3 181p 19cm 〈発売：日経BPマーケティング〉 1200円 Ⓘ978-4-8222-5502-2 Ⓝ368.6

内容 スマホは「設定変更」してから使わせる。防犯ブザーは利き腕と逆のランドセルの肩ひもに。万が一のときは不審者の車と逆方向に逃げる。子どもの安全・安心のために親ができること，知っておくべきこと。セコムの「子どもの防犯」のプロが小学生を持つ親の不安に応えます！

『「サイバー危機（クライシス）」の記録— a decade record〈2007-2016〉』 御池鮎樹著，ＩＯ編集部編集 工学社 2016.8 223p 21cm （I/O BOOKS） 〈索引あり〉 2300円 Ⓘ978-4-7775-1966-8 Ⓝ368.66

目次 日本国内でのサイバー攻撃，ソニー，史上最悪の個人情報漏洩事件，国家間のサイバー戦争，Google，中国から撤退を表明?!，セキュリティ崩壊，相次いだ「ゼロデイ・アタック」，狙われる個人情報，被害は数百万人!?スマホ史上最悪のマルウェア，サ

イバー犯罪との戦い，「動画共有サイト」で著作権侵害による逮捕者

内容 ここ10年で，ITの主役はパソコンからスマートフォンへと変化し，インターネットや電子メールは，今や当たり前の存在となった。しかしその陰で，マルウェアやサイバー犯罪といった"敵"もまた，その力を急速に増大させ，その牙は，現実社会に大きな影響を与えるほどの脅威となっている。本書では，ここ10年で起きたサイバー犯罪を「国家間の事件」「国内での事件」「企業への攻撃」など各分野に分けて紹介した。これらを振り返ることで，現在も続いているセキュリティの問題に警鐘を鳴らす。

『闇（ダーク）ウェブ』 セキュリティ集団スプラウト著 文藝春秋 2016.7 218p 18cm （文春新書 1086） 780円 Ⓘ978-4-16-661086-0 Ⓝ368.66

目次 序章 現実社会を動かすサイバー空間，第1章 サイバー闇市場の実態，第2章 盗まれた個人情報の行方，第3章 サイバー闇市場へのアクセス，第4章 「Tor」と捜査機関の攻防，第5章 最大の闇市場「シルクロード」の黒幕逮捕，終章 終わりなきサイバー犯罪との戦い

内容 麻薬，児童ポルノ，偽造パスポート，偽札，個人情報，サイバー攻撃，殺人請負，武器…「秘匿通信技術」と「ビットコイン」が生みだしたサイバー空間の深海にうごめく「無法地帯」の驚愕の実態！ 自分の家族や会社を守るための必読書。

『フューチャー・クライム—サイバー犯罪からの完全防衛マニュアル』 マーク・グッドマン著，松浦俊輔訳 青土社 2016.2 595,11p 20cm 〈索引あり〉 3400円 Ⓘ978-4-7917-6909-4 Ⓝ368.66

目次 第1部 立ちこめる暗雲（接続し，依存し，無防備，システムクラッシュ，ムーアの無法者，お客様ではなく，製品，監視救済，ビッグデータ，ビッグリスク，家のIT電話，画面を信用する，問題が増える），第2部 犯罪の未来（クライム・インク，デジタル地下世界の中，すべての物がハッキング可能になるとき，ハッキングされた世界，人をハッキングする，機械の台頭—サイバー犯罪が3Dになる，次世代セキュリティの脅威—サイバーは始まりにすぎないわけ），第3部 生き残るための進歩（生き残るための進歩，活路），付録 すべてが接続され，誰もが弱点だらけ—そこでそれについてできること

内容 テクノロジーは犯罪の現場で最も速く実用化される。オンライン口座から資産が奪われ，ドローンが危険ドラッグを宅配し，自動小銃が3Dプリンターで作られる…。ネット犯罪の権威が描く犯罪の新時代の幕開けとその対処法。全米ベストセラー待望の翻訳。

『**サイバーリスクから子どもを守る―エビ
デンスに基づく青少年保護政策**』 経済
協力開発機構編著, 齋藤長行訳, 新垣
円訳 明石書店 2016.1 271p 22cm
3600円 ⓘ978-4-7503-4300-6 Ⓝ367.6

目次 勧告 OECDインターネット上の青少
年の保護に関する理事会勧告, 第1部 イン
ターネットのリスクにさらされている子ど
もたちを守るための青少年保護政策報告書
(インターネット上の子どもたちのリスク,
インターネットを利用する子どもたちの保
護政策, 政策上の主要な知見, インターネッ
トを利用する子どもたちの保護政策の記述
的概要), 第2部 日本のインターネット・リ
テラシー指標開発プロジェクト(政策立案の
ためのインターネット・リテラシーの効果
の検証, 日本のインターネット・リテラシー
指標システムの開発, 青少年のインター
ネットの安全利用の分析と評価, 主要な知
見と政策提言)

『**日本サイバー軍創設提案―危機迫る!
サイバー戦争最前線**』 苫米地英人著
サイゾー 2015.10 121p 21cm 500
円 ⓘ978-4-904209-84-4 Ⓝ391.6

目次 第1章 サイバー戦争はすでに始まって
いる(サイバー戦争はリアルに起きる日常的
な戦争, 宣戦布告に気づかない日本, 本当の
戦争はサイバー空間で行われている, 脅威
のマルウェア「スタックスネット」の秘密,
兵隊たちが銃を持って撃ちあうのは完全に
時代遅れ ほか), 第2章 日本のサイバー防
衛(日本のサイバー防衛はトップレベルで
あった, 加速する日本へのサイバー攻撃, 新
年の挨拶がフィッシングメール, 水飲み場
型攻撃, 人間の脆弱性 ほか)

内容 日本政府も日本国民も危機感が足りな
いが, すでにサイバー軍から宣戦布告され
ている! 2020年東京オリンピックもサイ
バー攻撃の標的に!?狙われたら終わり。ハッ
キングされたら機密情報も個人情報もダダ
漏れして国の機能もストップ, 日本はサイ
バー軍は攻撃能力を持つべきか? 情報戦争
をめぐる最新の動向がこの一冊でわかる!

『**ネット被害防止ガイドライン―子どもた
ちがネットトラブルに巻き込まれない
ために**』 改訂版 那覇 沖縄県教育委
員会 2015.3 77p 30cm Ⓝ367.6199

『**IT社会事件簿**』 矢野直明[著] ディ
スカヴァー・トゥエンティワン 2015.2
276p 18cm (ディスカヴァー携書
141)〈2013年刊の再刊 年表あり〉
1100円 ⓘ978-4-7993-1642-9 Ⓝ368.
66

目次 1 突如現れたサイバー空間が新たな事
件を生んだ, 2 社会構造の根幹を揺るがす
みずほ証券の株誤発注事件, 3 現実が蝕ま
れ, 混迷深まる, 4 足元に押し寄せてきた
危険, 5 世界を変容させるソーシャルメ
ディアの力, 6 未来を生きるためのサイ
バーリテラシー

内容 インターネットの本格普及から20年。
ドクター・キリコ, ウィニー, 学校裏サイ
ト, 秋葉原無差別大量殺傷事件, ウィキリー
クス, アラブの春, リベンジポルノ, バカッ
ター…あの事件は何を変えたのか? 私たち
はどう生きるか?

『**見えない世界戦争―「サイバー戦」最新
報告**』 木村正人著 新潮社 2014.10
206p 18cm (新潮新書 592)〈文献
あり〉720円 ⓘ978-4-10-610592-0
Ⓝ391.6

目次 第1章 せめぎあう仮想と現実(デジタ
ル・フォレンジック, PC遠隔操作事件の教
訓 ほか), 第2章 軍産学民が一体化した中
国の脅威(サイバー義勇軍「中国紅客連盟」
とは, グーグルvs.金盾工程の行方 ほか),
第3章 スノーデン事件に揺れる米英シギン
ト同盟(「トンネル」から出てきた男, ウィ
キリークスを凌駕する秘匿性 ほか), 第4章
終わりなきドラグネット合戦への警鐘(プラ
イバシーと安全で揺れる司法判断, 現実味
を増す重要インフラへのサイバー攻撃 ほ
か), 第5章 リアルを侵触するサイバー戦の
前途(暗殺されたイランのサイバー司令官,
「スタックスネット」ウイルスの暗躍 ほか)

内容 深化するシギント(通信傍受)と果て
なき情報のドラグネット(網), 日進月
歩で開発されるマルウェアやコンピューター
ウイルス―世界中のあらゆる情報通信が行
きかうサイバー空間は, 今や陸・海・空・宇
宙に次ぐ「第五の戦場」と化している。ス
ノーデン事件やウィキリークスはもとより,
肥大化する中国のサイバー活動の脅威, 諸外
国と日本の対応など, 国際情勢を事実で揺さ
ぶる「情報の戦争」の実態をレポートする。

『**犯罪にねらわれる子どもたち―今すぐに
実践できる子どもを犯罪から守る方法**』
北芝健著 メディアパル 2013.5
255p 19cm (北芝健犯罪学シリーズ)
〈文献あり〉1500円 ⓘ978-4-89610-
135-5 Ⓝ368.6

目次 第1章 行きずりの大人は「サメ」のよ
うな捕食動物である, 第2章 いまや小学生
にまで広がる少女売春, そして児童ポルノ
犯罪, ドラッグ犯罪の現状, 第3章 子ども
を自殺させないために, 親ができること, 第
4章 犯罪に巻き込まれる確率が高い場所―
子どもから犯罪を遠ざけるために見定めた
い遊び場所, 第5章 在日外国人による, 子
どもを狙った犯罪―在日外国人による犯罪
と外国における性犯罪への取り組み。そして
移民二世による少年犯罪の増加

情報社会のトラブル　　　　ネットワークコミュニケーションと情報化社会

内容　幼児性愛者はこんなにも身近にいた！読み進むのが辛い、子どもたちを取り巻く凶悪な犯罪！元・警視庁刑事だから知り得る犯罪者/加害者たちの心理。幼児誘拐事件における犯人たちの手口、防止方法とその教え方。また、いじめによる自殺を防ぐために知っておきたい“いじめ”のメカニズム。ドラッグ犯罪、出会い系サイトでの売春…を、元・警視庁刑事の北芝健が解説。

『現代詐欺師シノギの手口』　夏原武著
宝島社　2013.2　255p　19cm　1143円
Ⓡ978-4-8002-0677-0　Ⓝ368.6
目次　第1章 劇場型詐欺の猛威（丸紅巨額保証書偽造事件、ワールドオーシャンファーム事件 ほか）、第2章 日常に潜むワナ（還付金詐欺、代引き詐欺 ほか）、第3章 おいしい税金（国保連10億円着服事件、傷病手当金詐欺 ほか）、第4章 怪しい投資・ビジネス（互助会詐欺、留学詐欺 ほか）
内容　貧困ビジネス詐欺、住宅ローン詐欺、復興詐欺、振り込め詐欺、Facebook詐欺、ワンクリック詐欺、SNS詐欺、コシ・トラスト事件、宗教法人詐欺、弁護士詐欺、著作権詐欺、支払い督促詐欺、ナイジェリア詐欺。『新クロサギ』原作者があらゆる詐欺の事件と手口を解説。

『サイバー戦争』　山田井ユウキ著　マイナビ　2012.6　215p　18cm　（マイナビ新書）〈年表あり〉830円　Ⓡ978-4-8399-4229-8　Ⓝ368.66
目次　第1章 サイバー戦争の足音は着実に忍び寄っている、第2章 ハッカーvs巨大組織の時代、第3章 サイバー攻撃の手口、第4章 情報流出の歴史から見る日本のサイバー防衛力、第5章 すでにサイバー戦争は始まっている、第6章 サイバー戦争時代の兵士像と日本のとるべき道
内容　超大国間の戦争がなくなった現在、現実的に核戦争が起きる可能性は低くなりました。しかし、21世紀の経済成長を支えてきたITインフラが充実するにつれ、世界は「サイバー戦争」の時代を迎えています。本書では新進気鋭のITライターである山田井ユウキ氏が、迫りくる「見えない戦争」の時代について考察しました。一人のハッカーが巨大組織を壊滅寸前に追い込む現代にあって、私たち、ひいては日本がどのような対策をとっていけばよいのか、コンピュータウイルスの歴史や最新のサイバー攻撃の手口などを解説しながら、その答えを導き出していきます。

『サイバー犯罪対策ガイドブック—基礎知識から実践対策まで』　末藤高義著　民事法研究会　2012.5　267p　21cm

2800円　Ⓡ978-4-89628-782-0　Ⓝ368.66
目次　第1部 サイバー犯罪理解のための基礎知識（インターネット時代の新しい道具たち、インターネット上の取引と決済、インターネット上の不正行為）、第2部 サイバー犯罪の実情と対策（サイバー犯罪の種類と手口、サイバー犯罪対策をめぐる関係機関の取組み、ネットセキュリティによるサイバー犯罪対策）
内容　スマートフォンや電子マネー、電子商取引・決済等、サイバー犯罪の理解に必要な基礎知識をわかりやすく解説。サイバー犯罪の種類と手口、具体的な事件と法律との関係、関係機関の取組みや対策をわかりやすく解説。

『国・企業・メディアが決して語らないサイバー戦争の真実』　西本逸郎、三好尊信著　中経出版　2012.2　207p　18cm　1000円　Ⓡ978-4-8061-4293-5　Ⓝ368.66
目次　1 現状を知るためのサイバー事件簿、2 地球を呑み込むサイバー空間、3 サイバー空間に潜む脅威、4 サイバー戦争、5 奪われる日本の未来、6 私たちは何をするべきか？
内容　多発するサイバーテロは“新たな戦争”の号砲か。三菱重工サイバーテロ、衆・参議院サイバー攻撃、暗躍するアノニマス、そして米国サイバー戦争宣言。「見えない戦場」で、いま何が起こっているのか？―。

『ケータイ犯罪からわが子を守る！』　和田秀樹著　潮出版社　2011.12　223p　19cm　1300円　Ⓡ978-4-267-01890-9　Ⓝ367.61
目次　第1章 子どもにケータイをいつ持たせるか、第2章 メールの役割が変化している、第3章 ケータイ時代のいじめとは、第4章 ケータイ犯罪に巻き込まれないために、第5章 家庭でできるケータイのルールセッティング、第6章 もう放任主義では生き残れない、第7章 ネット時代のメディア活用術、第8章 人間関係至上主義時代だから勉強させよう、第9章 親のあなたがすべきこと
内容　警告！ケータイ時代の危ない子育て。“受験のカリスマ”が教える失敗しない30のポイント。

『サイバー犯罪とデジタル鑑識の最前線！』　洋泉社編集部編　洋泉社　2011.11　191p　21cm　1600円　Ⓡ978-4-86248-788-9　Ⓝ368.66
目次　巻頭特集 増え続けるサイバー犯罪、1 サイバー犯罪を追え！進化するデジタル鑑識技術、2 身近な危機から身を守る、3 いまやイデオロギーの戦い!?世界サイバー犯罪事件簿、サイバー用語辞典
内容　セキュリティの穴から甚大な被害をもたらすサイバー犯罪の脅威と、最先端のデジタル鑑識技術に迫る。

プログラミングと人工知能（AI）

プログラミング

『**COZMOと学ぶプログラミング**』 ジャムハウス編集部著，タカラトミー協力 ジャムハウス 2018.8 95p 26cm 1500円 ①978-4-906768-55-4

目次 1章 COZMOと友だちになろう！（使う前の準備をしよう，COZMOと仲良くなろう，COZMOといろいろ遊んでみよう），2章 COZMOとプログラミングを学ぼう！（誰でも簡単にプログラムを作れる「ベーシックモード」を体験，ベーシックモードでミッションに挑戦，ちょっと高度なプログラミング体験ができる「アドバンスモード」，アドバンスモードでミッションに挑戦，COZMOの遊び方Q&A）

内容 COZMOはプログラム体験もできる，かしこいあいぼう。ベーシックモード－ブロックをつなげるだけの簡単プログラミング。アドバンスモード－センサーを使った本格的プログラミングにも挑戦できる。

『**Scratchではじめるときめきプログラミング－作って楽しい！ 動かしてうれしい！ 考えて学べる！**』 中山久美子，古市威志，なせもえみ，小林佳代子著 マイナビ出版 2018.8 175p 24×19cm 1900円 ①978-4-8399-6577-8

目次 1 はじめてのScratch（Scratchをはじめよう，画面の使い方を覚えよう ほか），2 対戦ゲームを作ろう！ サッカー・ゲーム（漫画 サッカー・ゲームのポイント，素材一覧 ほか），3 アクションゲームを作ろう！ 乗り物ゲット（漫画 乗り物ゲットのポイント，自由に選べる素材一覧 ほか），4 国当てクイズを作ろう！ マジカルツアー・クイズ（漫画 マジカルツアー・クイズのポイント，自由に選べる素材一覧 ほか），5 落ちものゲームを作ろう！ キラキラ★キャッチ（漫画 キラキラ★キャッチのポイント，自由に選べる素材一覧 ほか）

内容 親子で，兄弟姉妹で，友達で！ 楽しいゲームで遊びながら，作る力，考える力もぐんぐん育つ！

『**冒険で学ぶはじめてのプログラミング**』 鈴木遼 著 技術評論社 2018.8 182p 21cm〈別タイトル：Learning through Adventure：Computer Programming for Beginners 索引あり〉1780円 Ⓝ007.64

『**SCRATCHで楽しく学ぶアート＆サイエンス**』 石原淳也著，阿部和広監修 日経BP社 2018.7 175p 26cm〈発売：日経BPマーケティング 文献あり〉2100円 Ⓝ007.64

『**遊びながら楽しく学ぶ！ 小学生のScratchプログラミング**』 中村里香，林田浩典著，石戸奈々子監修 ナツメ社 2018.6 159p 26cm〈索引あり〉1800円 ①978-4-8163-6468-6 Ⓝ007.64

目次 1章 プログラミングをはじめよう，2章 Scratchを使ってみよう，3章 おやつゲットを作ろう，4章 おばけやしきを作ろう，5章 ラッキーうらないを作ろう，6章 うんこスイーパーを作ろう，7章 おならでジャンプを作ろう，付録 ブロックの一覧

内容 5つのゲームで楽しみながら、論理的思考や発想力が身につく！

『**Webプログラミングが面白いほどわかる本―環境構築からWebサービスの作成まで、はじめからていねいに N高校のプログラミング教育**』 吉村総一郎著 KADOKAWA 2018.6 415p 26cm 2500円 ①978-4-04-602302-5

目次 1 Linuxの基本を身に付けよう，2 シェルプログラミングをやってみよう，3 GitHubで始めるソーシャルコーディング，4 Node.jsでプログラミングをやってみよう，5 Slackのボットを作ろう，6 HTTPサーバーを作ってみよう

内容 Linuxでの環境構築から、Git・GitHubによるコード管理、Node.jsによるサーバーサイドのプログラミングが学べる1冊。

『**プログラミングでなにができる？―ゲーム・ロボット・AR・アプリ・Webサイト……新時代のモノづくりを体験**』 杉浦学著，阿部和広監修 誠文堂新光社 2018.5 189p 21cm（子供の科学★ミライサイエンス）1200円 ①978-4-416-51805-2 Ⓝ007.64

目次 1 ゲームをつくろう（ゲームのしくみ，Scratchでゲームづくり ほか），2 ARをつ

くろう（ARってなんだろう？，ARをどうつくる？　ほか），3 ロボットを動かそう（ロボットのしくみ，ロボットとプログラミング　ほか），4 Webサイトをつくろう（Webサイトのしくみ，Webサイトはどうつくる？　ほか），5 スマホアプリをつくろう（スマホアプリはどうつくる？，アプリづくりの準備　ほか）

内容 プログラミングをやってみたいチュータと，ミライネコが変身したネコプログラマーが，ゲームをつくって遊んだり，ロボットを動かしたり，プログラミングでいろんなものをつくってみるよ。

『ワクワク・ドキドキロボットプログラミング大作戦』谷藤賢一著　リックテレコム　2018.5　255p　24cm〈文献あり 索引あり〉2400円 ①978-4-86594-069-5 Ⓝ007.64

目次 1 ビジュアルプログラミング編（ロボットの準備をしよう！，ロボットが演奏する！，ロボットが動く！，ロボットが考える！），2 C言語編（素晴らしきC言語の入り口へ！，C言語でロボット演奏！，C言語でロボットが走る！，人工知能ロボットに挑戦！，旅立ち），付録1 楽しく遊べるプログラム集，付録2 リファレンスマニュアル，付録3 HEWの後でビュートビルダー2にもどるには

内容 小3から高校生まで（大人も），本書ではロボットを動かしながら楽しくプログラミングに入門できます。ロボットはヴイストン製の「ビュートローバーH8」。専用ソフトを使った簡単プログラミングからスタートしつつ，本格的なプログラミングの醍醐味をC言語で満喫します。「えっ！ こどもがC言語？」だいじょうぶ，ぜ〜んぜん行けます。大人気の教室で実証済みです！

『先生と子どもがいっしょに学べるはじめてのプログラミング—ScratchとmBlockで楽しく身につく』櫻木翔太，福田紘也著　河出書房新社　2018.4　143p　26cm〈索引あり〉2700円 ①978-4-309-25379-4 Ⓝ007.64

目次 第1章 プログラムって何だろう？（プログラムを作ってみよう，プログラムの得意なこと，苦手なこと ほか），第2章 プログラミングを始めよう！（プログラミング言語は，プログラミングするための言葉，プログラミングが，目的から手段になった？　ほか），第3章 プログラミングでロボットを動かそう！（楽しくプログラミングできるロボット「mBot」を知ろう，mBotをラジコンのように動かそう！　ほか），第4章 プログラミングの可能性（プログラミングすれ

ば，目で見て確かめられる，授業で習ったことを確かめてみよう ほか）

内容 なぜ必要？ どう作る？「プログラミングの基本のき」がスイスイわかる。イラストで楽しくわかる「巻頭」。着実に力がつく「課題」。覚えておきたい言葉の意味がわかる「用語集」収録!!

『どすこい！ おすもうプログラミング—親子で学ぶScratch学習ドリル』入江誠二著，くにともゆかりイラスト　玄光社　2018.4　189p　26cm〈索引あり〉1800円 ①978-4-7683-0959-9 Ⓝ007.64

『コードでチャレンジ！ マインクラフトプログラミング』Tech Kids School著，キャデック編・著 ［東京］翔泳社　2018.3　159p　26cm （ぼうけんキッズ）1800円 ①978-4-7981-5505-0 Ⓝ798.507

目次 第1章 マインクラフトとは？，第2章 キーボードでプログラミングしてみよう，第3章 ぐるぐるまわるとプログラムもまわる！，第4章 もし，もし もしもし!?，第5章 クエストを攻略，第6章 サンプルプログラムでうでだめし，第7章 ラストクエストに挑戦だ！，第8章 プログラミングを成功させるコツ

内容 Minecraft（ComputerCraftEdu）のCodeEditorを利用して，クエストなどに挑戦しながら，コードを入力したプログラミングを体験できます。論理的に筋道を立てて考え，形にする力を養うことができます。著者であるTech Kids Schoolで人気の高い内容をピックアップ。クエストを多く取り入れ，楽しくチャレンジできる構成にしています。対象読者：小学4年生から中学3年生のお子さんを持つ保護者の方，小学4年生から中学3年生。

『こどもプログラミングドリル Scratch編』武井一巳著　スタンダーズ・プレス　2018.3　143p　26cm〈発売：スタンダーズ　Scratch2.0対応〉1800円 ①978-4-86636-233-5 Ⓝ007.64

『小中学生からはじめるプログラミングの本　2018年版』石井英男，吉岡直人，赤石昭宏，薬師寺国安，森谷健一，松原拓也，大森敏行著，日経パソコン編 ［東京］日経BP社　2018.3　137p　28cm （日経BPパソコンベストムック）〈発売：日経BPマーケティング〉1200円 ①978-4-8222-5703-3 Ⓝ007.64

『プログラミングを学ぶ前に読むアルゴリズムえほん—考える力・問題を解決する力・よりよく行動する意欲が身につく 4 あそべるアルゴリズム!!』松田孝監修　フレーベル館　2018.3　35p　31cm

プログラミングと人工知能（AI）　　　　　　　　　　　　　　プログラミング

2800円　①978-4-577-04564-0　Ⓝ007.64

目次 1 考えをあいてに正しくつたえる（ことばでとくちょうをつたえるアイテムえらび，カードにかいた絵を当てるもよう当てゲーム，命令カードをならべてうごくリズムにのって♪，ルールをきめてグループに分けるどんななかま？），2 アルゴリズムを考える・つかう（くりかえしのもようをかくパターンをえがけ！，おもいものからじゅんにならべるどれがはやい？，ならべかえパズルパンケーキをうつせ！，ルールをまもって目的をかなえる川をわたるには？），3 プログラムをつくる（デバッグ～バグをとりのぞく～どこがまちがい？，ブロックをならべてプログラミング買いものゲーム，プログラミングすごろく　メダルあつめ）

『iPadで学ぶはじめてのプログラミング—対象年齢小学4年生以上』　林晃著
新潟　シーアンドアール研究所　2018.2　303p　26cm 〈索引あり〉3730円
①978-4-86354-227-3　Ⓝ007.64

目次 第1章 プログラミングって何？，第2章 Swiftの世界に踏み出そう，第3章 色を塗ってみよう，第4章 カウンターを作ってみよう，第5章 じゃんけんアプリを作ってみよう，第6章 時計を作ってみよう，第7章 地図を表示してみよう

内容 プログラミング学習アプリ「Swift Playgrounds」プログラムって「どうやって動くの？」「どうやって作るの？」お子様の目線でアプリのプログラミングがやさしく学べます！

『サイバーエージェント公式こどもプログラミング超入門—Scratchでつくろう！迷路ゲーム』　テックキッズスクール著
小学館　2018.2　79p　26cm　1300円
①978-4-09-227195-1　Ⓝ007.64

目次 基本の巻—「ハラハラ迷路」ゲームをつくろう!!（ゲームをつくるその前に—プログラミングを理解するための機能分解を学ぼう，主人公のネコが自由自在に動くようにしよう，背景に迷路をかこう，スタート地点をつくろう，ネコがカベにぶつかったら，スタート地点にもどるようにしよう，ゴール地点をつくろう，ジャマする敵キャラをつくろう），グレードアップの巻—ゲームをもっとおもしろくしよう！（敵キャラを増やそう，ワープをつくろう，お助けアイテムをつくってみよう，覚えておきたい！Scratchブロックずかん＆応用プログラム）

内容 ゲームクリエイターになりたいキミに役立つヒントがいっぱい！パソコンとこの1冊があればできる！「60分で1ゲーム」つくれる!!

『親子でかんたんスクラッチプログラミングの図鑑』　松下孝太郎, 山本光著　技術評論社　2018.1　191p　26cm　（まなびのずかん）〈索引あり〉2580円
①978-4-7741-9387-8　Ⓝ007.64

目次 1章 プログラミングとは，2章 プログラミングの基本をマスターしよう，3章 プログラミングの世界を楽しもう，4章 かんたんなゲームを作ってみよう，5章 ミニゲームの作り方を学ぼう，6章 本格的なゲームを作ろう，7章 教材を作ってみよう，8章 アルゴリズムを学ぼう，付録

内容 楽しく作れる！いっしょに学べる！ゼロからはじめたい親子に最適！スクラッチの使い方から本格的なプログラミング知識までまるごと1冊に凝縮！プログラミング教育に対応！学校教材にも使える！（国語，算数，理科，社会，図工，音楽）

『プログラミングを学ぶ前に読むアルゴリズムえほん—考える力・問題を解決する力・よりよく行動する意欲が身につく！3　フローチャートで，みらいをえがけ！—アルゴリズムのきほんの形』　松田孝監修　フレーベル館　2018.1　35p　31cm　2800円　①978-4-577-04563-3　Ⓝ007.64

目次 この本のねらい アルゴリズムのきほんの形を知ろう！，やさいをそだてよう！，アルゴリズムの3つのきほんの形，アルゴリズムあそびブロックならべ1 朝することは？，そうじのしかたを考えよう！，アルゴリズムあそびブロックならべ2 おそうじゲーム，フロチャートとプログラム／アルゴリズムあそびのかいせつ，指導者の方へ プログラミングの授業アイデア 1・2・3年生編

内容 アルゴリズムを書きあらわすときは，文字のブロックを線でつないだ，フローチャートとよばれる図にするとわかりやすいよ。アルゴリズムには，「じゅんばんに行う」「くりかえし行う」「ひつようなら行う」という，3つのきほんの形がある。この3つの形をフローチャートで書きあらわせるようになれば，プログラミングのきほんは，ばっちり！

『子どもと学ぶビスケットプログラミング入門—4歳～小学生向け』　原田康徳, 渡辺勇士, 井上愉可里, できるシリーズ編集部著　インプレス　2017.12　222p　24cm　（できるキッズ）1800円
①978-4-295-00282-6　Ⓝ007.64

目次 やってみよう（ビスケットを始めよう，お魚を泳がせよう，海をにぎやかにしよう，おサルにリンゴを拾わせよう，画面をおして宝箱を開けよう），できるかな（シューティングゲームを作ろう，対戦ゲームを作ろう，作曲マシンを作ろう，迷路ゲームを作

子どもの本 情報教育・プログラミングの本2000冊　**147**

ろう，くり返し模様を作ろう，ブロックくず
しを作ろう）

内容 タブレットやスマホで学べる！ 4歳〜
小学生向け。

『10代からのプログラミング教室―でき
る！ わかる！ うごく！』 矢沢久雄著
河出書房新社 2017.12 185p 19cm
（14歳の世渡り術）〈本文イラスト：伊
藤ハムスター〉1300円 ①978-4-309-
61712-1 Ⓝ007.64

目次 1 おそれるな，相手を知ればおのずか
ら道はひらける―コンピュータを知る（プロ
グラムを知る，コンピュータは5つのことだ
け覚えれば大丈夫，基本はとてもシンプル
だ，プログラミング感覚を養う，4つの機能
を意識しよう），2 プログラミング技術を身
につけよう―真似から始めるトレーニング
（何を作りたいか考える，分解して考える，
コンピュータの表現にする，プログラムを
解読してみよう，改良できるポイントを探
す，プログラミングのストーリー展開の作
り方，さあ，もっと作ってみよう），Next
STAGE プログラミングは，きみを変える
「言葉」（もっとできるようになりたくなった
きみへ，プログラミング言語はどう選ぶか，
英語はやっておこう。嫌いにならない程度
に，欲しいものがなんでも作れると思って
いい，プログラミングは世界を広げる言葉）

『プログラミングとコンピュータ―しくみ
と基本がよくわかる！』 大岩元監修
PHP研究所 2017.12 63p 29cm
（楽しい調べ学習シリーズ）〈索引あ
り〉3000円 ①978-4-569-78723-7
Ⓝ007.64

目次 第1章 プログラミングってなに？（「プ
ログラム」とは，なんだろう？，見つけよ
う，身のまわりのいろいろな手順，くらべて
みよう，人間とコンピュータ ほか），第2章
コンピュータとプログラミング（コンピュー
タやロボットが動くしくみ，コンピュータ
と電卓は，なにがちがうの？，メモリのしく
みとプログラム ほか），第3章 情報とプロ
グラミング（情報ってなに？，ビットってな
に？，2進数ってなに？ ほか）

内容 ロボットを命令通りに動かすには？
コンピュータの計算力は，どんなところで
使われているの？ 音や画像はどうやって伝
えるの？ ほか。

『プログラミングについて調べよう』 川
崎純子文，曽木誠監修，沼田光太郎絵
岩崎書店 2017.12 63p 29cm（調
べる学習百科）〈年表あり 索引あり〉
3600円 ①978-4-265-08447-0 Ⓝ007.
64

目次 まんが 王女マリーをすくえ!!，第1章
コンピューターとアプリ（コンピューターと
プログラムの世界へようこそ！，タブレッ
トでゲームができるのは，なぜ？，コン
ピューターのハードやソフトって，なに？
ほか），第2章 デジタルの世界とそのしくみ
（「デジタル」って，どういうこと？，デジ
タル情報って，どう計算するの？，写真や絵
は，どうやってデジタルにするの？ ほ
か），第3章 プログラミング，はじめの一歩
（プログラミングを体験しよう，ゲームはど
うやってつくるの？，順番に書いたら長く
なっちゃった！ ほか），コンピューターと
プログラムの歴史

内容 ゲームで使うスマートフォンやタブ
レットは，コンピューターのなかまです。
コンピューターは，自動車や室内のエアコ
ン，掃除機などにも使われています。わた
したちは，知らず知らずのうちに毎日コン
ピューターを操作しているのです。もっと
じょうずに動かしたい，こんなことはでき
ないの，そう思うことも多いでしょう。そ
れを実現するには，もう少しコンピュー
ターのことを知る必要があります。この本
では，コンピューターのしくみとともに，そ
れを動かしているプログラムについてやさ
しく解説します。プログラミングの前提を
楽しく学び，もっとコンピューターとなか
よしになってください。

『マウスで楽しく学べるスクラッチ子ども
プログラミング入門』 PROJECT
KySS著 秀和システム 2017.12
207p 24cm〈索引あり〉1800円
①978-4-7980-5307-3 Ⓝ007.64

目次 猫を上下左右に動かしてみよう，猫を
キーボードで操作してみよう，猫の歩くス
ピードをランダムにしてみよう，猫レース
を作ってみよう，キャラからボールを発射
してみよう，キャラが幽霊を撃つゲームを
作ってみよう，線に沿ってキャラを動かし
てみよう，キャラどうしにあいさつをさせ
てみよう，キャラの色と大きさを変化させ
てみよう，自分だけのブロックを作ってみ
よう〔ほか〕

内容 この本では，25個の冒険で得られる魔
法を紹介します。それぞれの魔法で，どん
なことを学ぶかを簡単に解説しておきま
しょう。冒険はレベル1からはじまって，
徐々に難易度が上がっていくようにしてい
ます。最後のレベル25はプログラムではあ
りませんが，自分の作った作品を全世界に
向けて公開ができるので，最高レベルの25
にしています。このレベル25をクリアすれ
ば，本書の冒険はすべておわりです。

『親子で学ぶプログラミング超入門―知り
たいことが今すぐわかる！ Scratchで
ゲームを作ろう！』 星野尚著，阿部和
広監修 技術評論社 2017.11 223p

21cm〈他言語標題：Introduction to programming　索引あり〉1480円　Ⓘ978-4-7741-9359-5　Ⓝ007.64

目次 プログラミングって何ですか？，プログラミングの考え方を知ろう！，プログラミング言語を知ろう！，プログラミングを体験しよう！，Scratchでゲームを作ってみよう！，次は何をすればいいの？

『**10才からはじめるゲームプログラミング図鑑―スクラッチでたのしくまなぶ**』キャロル・ヴォーダマン，ほか著，山崎正浩訳　大阪　創元社　2017.11　223p　24cm〈索引あり〉2800円　Ⓘ978-4-422-41418-8　Ⓝ798.507

目次 コンピューターゲームとは？，さあ始めよう！，スター・ハンター，チーズをさがせ！，サークル・ウォーズ，おサルのジャンプ，ホウキにのった魔女，犬のごちそう，氷の上のレース，ドラムで音あそび，次はどうする？，用語集と索引

内容 自分で作ると，ゲームはもっと楽しい！アクションゲームやレーシングゲーム，迷路や音を使ったものまで，8種類のゲームのプログラミング方法をわかりやすく解説。君も未来のゲームプログラマーをめざそう！

『**プログラミングを学ぶ前に読むアルゴリズムえほん―考える力・問題を解決する力・よりよく行動する意欲が身につく！　2　ならべかえたり、さがしたり！―よくつかうアルゴリズム**』松田孝監修　フレーベル館　2017.11　35p　31cm　2800円　Ⓘ978-4-577-04562-6　Ⓝ007.64

目次 この本のねらい　よくつかわれるアルゴリズムを知ろう！，チームで，さくせんをねろう！，アルゴリズムあそび　ならべかえよう―えんぴつソート，ことばや本をさがそう！，アルゴリズムあそび　数字さがし―カードはどこ？，たくさんのデータをつかうコンピューター／アルゴリズムあそびのかいせつ，指導者の方へ　授業で使えるプログラミングのツール

内容 考える力・問題を解決する力・よりよく行動する意欲が身につく！指導者向け・プログラミング授業アドバイス解説ページつき。

『**micro：bitではじめるプログラミング―親子で学べるプログラミングとエレクトロニクス**』スイッチエデュケーション編集部著　オライリー・ジャパン　2017.11　186p　24cm　（Make PROJECTS）〈文献あり　発売：オー

ム社〉2000円　Ⓘ978-4-87311-813-0　Ⓝ549

目次 1章　micro：bitの基本を知ろう（micro：bitってなんだろう？，micro：bitの各部の説明　ほか），2章　micro：bitの機能を知ろう（“使う機能”ボタンスイッチ―スイッチオンで文字表示，“使う機能”端子（タッチセンサー）―ラブメーターを作る　ほか），3章　micro：bitで作品を作ろう（光テルミンを作る，リアクションゲームを作る　ほか），4章　モジュールで作品を作ろう（モジュールってなんだろう？，“使うモジュール”スピーカーモジュール―「音楽が流れるリンゴ」を作る　ほか），5章　micro：bitで学ぼう（STEM教育に最適なmicro：bit，STEM教育の実践例　ほか），付録　ブロックリファレンス

内容 micro：bitは，イギリス生まれのSTEM教育用マイコンボードです。英国放送協会（BBC）が主体となって開発したこのボードには，ボタンスイッチ，LED，加速度センサー，光センサー，地磁気センサー，温度センサー，BLE（Bluetooth Low Energy）などが搭載されており，これ1つでさまざまな動きを表現できます。また，ブラウザ上でブロックを組み合わせるだけでプログラムを作れるので，子どもでもかんたんにプログラミングを習得することができます。本書では，はじめてマイコンボードに触れる小学校高学年以上を対象に，ハードウェアの基本からプログラミングのしかた，さまざまな作品の作り方までをていねいに解説。親子で学ぶプログラミングとエレクトロニクスの入門書にぴったりの一冊です。

『**子どもの考える力を育てるゼロから学ぶプログラミング入門**』すわべしんいち著，熊谷正朗監修，典挿絵　志木　repicbook　2017.10　159p　26cm〈Scratch 2.0対応〉1500円　Ⓘ978-4-908154-07-2　Ⓝ007.64

目次 第1章　ネズミ探偵団と謎の怪盗事件―おそうじロボットの世界（消えたプログラム，ロボットのしくみ，おそうじロボットの気持ち，ロボット的な考え方，プログラムをより簡単に，失敗から学ぶ，発想の転換），第2章　実際にプログラムを体験してみよう！（Scratchの世界，ゲームの世界）

内容 Scratch2.0対応。物語を読むだけで論理的思考が育まれる『理解編』，Scratchで実際のプログラムを体験できる『実践編』。問題解決に必要な正しい見方が身につく「プログラミング的思考」を理解するためのやさしい入門書。

『**算数でわかるPythonプログラミング**』田中一成著　オーム社　2017.10　134p　24cm〈索引あり〉1700円　Ⓘ978-4-274-22113-2　Ⓝ007.64

目次 第1問　全部でいくら，第2問　安いよ，安いよ！，第3問　鶴と亀，第4問　平均を計

算しよう，第5問 謎の黒い箱，第6問 測らなくても計算できちゃう，第7問 割り算は難しい？，第8問 サイコロを作る，第9問 数字のバトル！，第10問 最大公約数，特訓コースの修了試験

内容 数学の苦手な大学生のカズ君が，小学校の算数を学び直しながらPythonのプログラミングを教えてもらう話。

『たのしいプログラミング！―マイクラキッズのための超入門』 小笠原種高，大澤文孝著　学研プラス　2017.10　207p　24cm〈Minecraft 1.8.9対応 Scratch 2.0対応　索引あり〉2300円　①978-4-05-406587-1　N798.507

目次 第1章 スクラッチを使ってみよう，第2章 マインクラフトで遊ぼう，第3章 スクラッチとマイクラをつなごう，第4章 プログラムでブロックを並べよう，第5章 もよう入りの壁を作ろう，第6章 家を組み立ててみよう，第7章 技術を組み合わせて遊んでみよう

『小学生からはじめるわいわいタブレットプログラミング―みんなといっしょ楽しもう！』 阿部和広著　［東京］日経BP社　2017.9　147p　26cm〈文献あり　発売：日経BPマーケティング〉1800円　①978-4-8222-5450-6　N007.64

目次 1 手拍子でダンス！，2 体を使って迷路を脱出！，3 タブレットとじゃんけん対決！，4 オリジナルのチャットアプリを作ろう！，5 絵を描く道具（ペイントアプリ）を作ろう！，6 方位磁石で大きな絵を描こう！

内容 iPadでScratchのプログラムが作れる！ 小学低学年向け。

『中学プログラミング―世界一わかりやすいBASICの入門書』 蝦名信英著，小野哲雄監修　札幌　サンタクロース・プレス　2017.9　169p　24cm　2600円　①978-4-9908804-3-9　N007.64

目次 1 プログラミング環境，2 ダイレクトモードとテキストモード，3 フローチャート，4 分岐命令，5 ループ，6 配列

『7さいからはじめるゲームプログラミング―親子で読める・使える・楽しめる！』 スタープログラミングスクール編著　実務教育出版　2017.9　143p　26cm〈Scratch 2.0対応〉1900円　①978-4-7889-1339-4　N798.507

目次 ようこそ！ プログラミングの世界へ，プログラミングってなあに？，ぼくたちといっしょにプログラミングを学ぼう！，

Scratchをはじめるには？，Scratchのキホン1 メイン画面を知ろう！，Scratchのキホン2 プログラムのつくり方を覚えよう！，ゲームをつくってみよう！

内容 論理的思考力・創造力・表現力・コミュニケーション力―プログラミングでAI時代に必要な4つの力が身につく！

『プログラミングを学ぶ前に読むアルゴリズムえほん―考える力・問題を解決する力・よりよく行動する意欲が身につく！1　アイデアはひとつじゃない！―アルゴリズムって、こういうもの』 松田孝監修　フレーベル館　2017.9　35p　31cm　2800円　①978-4-577-04561-9　N007.64

目次 学校へ行こう！，アルゴリズムあそび数を数えよう 何羽いるかな？，たいそうぎを、こうかんしよう！，アルゴリズムあそびめいろ どの道で帰る？，プログラミングとアルゴリズム/アルゴリズムあそびのかいせつ

内容 アルゴリズムっていうのは，目的をかなえるための方法のこと。アルゴリズムを考えて，それをコンピューターに命令することをプログラミングっていうよ。そう聞くとむずかしそうだけど，じつは、だれでも生活の中でアルゴリズムを考えて，行動しているんだって！ この本を読むと，目的にたいしていろいろなアルゴリズムを考え，どれが一番よい方法かを考えるようになる。つまり，プログラミングのきほんの考え方を学ぶことができるんだ。

『プログラミングで目覚まし時計を作る！―日経Kids＋自由研究 子どもの未来を拓く！ 夏休みは親子で！』 ［東京］日経BP社　2017.8　130p　28cm　（日経ホームマガジン）〈発売：日経BPマーケティング〉1200円　①978-4-8222-5918-1　N007.64

『子どもと学ぶScratchプログラミング入門』 竹林暁，澤田千代子，できるシリーズ編集部著　インプレス　2017.7　270p　24cm　（できるキッズ）〈索引あり〉1880円　①978-4-295-00131-7　N007.64

目次 第1章 プログラミングを始めよう，第2章 Scratchを始めよう，第3章 音を鳴らしてみよう，第4章 自動で動く車を作ろう，第5章 迷路ゲームを作ろう，第6章 もぐらたたきを作ろう，第7章 オート紙芝居を作ろう，第8章 シューティングゲームを作ろう，第9章 電子スノードームを作ろう，第10章 クイズ！ できるもんを作ろう，第11章 幾何学模様を作ろう，第12章 ブロックくずしを作ろう

プログラミングと人工知能（AI）　　　　　　　　　　　　　　　　　　　　プログラミング

内容 Scratchを初めて学ぶ子どもと大人のために使い方や機能を丁寧に解説。子どもにとって意味が分かりにくい条件分岐や座標、関数については、考え方を詳しく解説し、大人がどうやって子どもに考え方を説明すればいいか身近な例をひもといて紹介している。

『小学生からのプログラミングSmall Basicで遊ぼう!!―カンタン。タノシイ。カッコイイ。』 米村貴裕著　みらいパブリッシング　2017.7　175p　26cm〈イラスト：秋田恵微　発売：星雲社〉1800円　①978-4-434-23551-1　Ｎ007.64

目次 1 キビシ～～イ「先生」―プログラムを作ってみよう♪（Small Basicの出し方と空白＆改行，ウインドウを出してみましょう ほか），2 超リアルにウネウネする「龍」と遊ぶプログラムのお話（「ペイント」でお絵描きしながら，「保存」と「フォルダ」とパス（Path） ほか），3 地球を守れ!!!―ソフト完成までの絶対必須な物語（ヒーロー・ヒロイン「ソフト」の構想，タイムトンネル（？）で「プロ」流の書き方へ ほか），4 最後の仕上げは3DCG!!!―「お仕事」「ゲーム」「理解」の実用編（イロイロなファイルを読むから遅い，Windows「メモ帳」を画面に出そう ほか）

内容 まもなく小学校で必修化！ マンガのようにスラスラ読める。絵文字やアイコンじゃない！「Small Basic」はより高度な段階にそのまま進めるのでプログラミング学習に最適。

『〈プログラミング体感まんが〉ぺたスクリプト―もしもプログラミングできるシールがあったなら』　「ぺたスクリプト」製作委員会著，中谷秀洋原作，歌工房まんが　技術評論社　2017.7　110p　23cm　1080円　①978-4-7741-9128-7　Ｎ007.64

目次 第1話 ふしぎなシール，第2話 おこづかいアップ大作戦，第3話 全自動宿題えんぴつ，第4話 もし暗記が苦手なら，第5話 おかわり争奪戦，第6話 ユーレイからのメッセージ，第7話 ヒミツの暗号のヒミツ

内容 アキラはフツーの小学校に通う、フツーの男の子。イタズラが大好きな小学4年生だ。ある日アキラは、年上のいとこ、トキねえから、最近話題のシール付きチョコ「ぺたスクリプト」のことを教えてもらった。なんでも、さくさくチョコのおまけについてるシールにヒミツがあるらしい。さっくゲットしたアキラたちは、身の回りのものを「プログラミング」してみるのだが…。

『親子で学ぶはじめてのプログラミング―Unityで3Dゲームをつくろう！』　掌田津耶乃著　マイナビ出版　2017.5　349p　26cm〈索引あり〉2740円　①978-4-8399-6189-3　Ｎ798.507

目次 1日目 Unityの使い方を覚えよう！，2日目 いよいよプログラミングを開始！，3日目 ゲームオブジェクトを動かそう！，4日目 ゲームオブジェクトを使いこなそう！，5日目 キャラクタ同士の処理を考えよう！，6日目 GUIを使おう！，7日目 ゲーム作りに挑戦！

内容 初心者歓迎！ 親子で楽しく学べる。UnityとC#で本格プログラミング。ボウリング、砲撃ゲームなどがつくれて遊べる！

『12歳からはじめるゼロからのPythonゲームプログラミング教室』　大槻有一郎，リブロワークスPython部著　ラトルズ　2017.5　279p　21cm〈Windows7/8/8.1/10対応　索引あり〉2200円　①978-4-89977-463-1　Ｎ798.507

目次 1 Pythonをはじめよう，2 まずは簡単なことからやってみよう，3 ウィンドウを作ってみよう，4 条件分岐でプログラムに判断させよう，5 たくさんのデータをパパッと料理しよう，6 ロールプレイング風迷路を作ってみよう，7 モンスターと戦闘しよう，8 アドベンチャーゲームを作ろう

内容 ミニゲームを作りながら、人工知能で話題のPythonを楽しく覚えよう！ Windows 7/8/8.1/10対応。

『はじめてのプログラミング』　たきりょうこまんが，うめまんが監修，橋爪香織執筆，阿部和広監修　学研プラス　2017.5　176p　23cm　（学研まんが入門シリーズ）〈Scratch 2.0対応〉1300円　①978-4-05-204585-1　Ｎ007.64

目次 プロローグ ゲーム大好き，第1章 イギリスからやってきた転入生，第2章 チーム「けやき板クリエイターズ」結成！，第3章 インターネットの世界の住人，第4章 開発、順調です！，第5章 ゲームのデザインをかっこよく！，第6章 みんなで遊んでもらおう！，エピローグ 15年後のぼくたち

内容 この本はまんがと解説の立体構成になっているよ。はじめにまんがを読んでプログラミングの楽しさを味わおう！ そして、自分も自分でやってきた転入生がりたくなったら、解説ページを読んで、ゲームをつくるためのプログラミングに挑戦しよう！ この本のすべてのプログラムが組めたら、きみは立派なプログラマーだ！ オリジナルのプログラムもどんどん考えて、楽しいゲームをたくさんつくろう！

『高校生からはじめるプログラミング』　吉村総一郎著　KADOKAWA　2017.4

223p 26cm〈索引あり〉2000円 ①978-4-04-601955-4 Ⓝ007.64

目次 1 HTMLでWebページを作ってみよう（プログラミングを体験してみよう，はじめてのHTML，さまざまなHTMLタグ，HTMLで作る自己紹介ページ），2 JavaScriptでプログラミングしてみよう（はじめてのJavaScript，JavaScriptでの計算，JavaScriptで論理を扱う，JavaScriptのループ，JavaScriptのコレクション，JavaScriptの関数，JavaScriptのオブジェクト），3 CSSでWebページをデザインしてみよう（はじめてのCSS，CSSを使ったプログラミング），4 診断アプリを作ってみよう（Webページの企画とデザイン，診断機能の開発，診断機能の組み込み，ツイート機能の開発）

内容 ゼロからはじめて、一生役立つWebプログラミングの基本が身につく！ N高校のプログラミング教育メソッドを大公開！

『子どもと一緒に楽しむ！ プログラミング―日経Kids＋はじめてでもカンタン！ すぐできる』［東京］日経BP社 2017.4 98p 28cm （日経ホームマガジン）〈発売：日経BPマーケティング〉1200円 ①978-4-8222-3881-0 Ⓝ007.64

『小中学生からはじめるプログラミングの本』石井英男，吉岡直人，赤石昭宏，森谷健一，松原拓也，大森敏行著，日経パソコン編［東京］日経BP社 2017.4 129p 28cm （日経BPパソコンベストムック）〈発売：日経BPマーケティング〉1200円 ①978-4-8222-3928-2 Ⓝ007.64

『みんな大好き！ マインクラフトるんるんプログラミング！―ふりがな付き』松尾高明，齋藤大輔，ナポアン，nishi著，コマンドブロック編 ソシム 2017.4 207p 26cm〈機能が強化された最新版1.11対応〉2000円 ①978-4-8026-1078-0 Ⓝ798.507

目次 いろいろな仕掛けが作れるようになる、お友だちとマルチプレイで遊べる、自分が作ったワールドを配布できる…マインクラフトを自在に操る最初の一歩。コマンドブロックをマスターしよう。

内容 序章 コマンドブロックの世界にようこそ！ 1章 ワールドについて知っておこう！ 2章 コマンドブロックを動かすためのレッドストーンの基礎 3章 コマンドでできることを知ってみよう！ 4章 コマンドブロックを使ってみよう！ 基礎編 5章 コマンドブロックを使ってみよう！ 応用編

6章 コマンドブロックで、使える仕掛けを作ってみよう！ 7章 ワールドを公開しよう！ 8章 サーバーを立てて、ワールドを公開してみよう！

『ルビィのぼうけん ［2］ コンピューターの国のルビィ』リンダ・リウカス作，鳥井雪訳［東京］翔泳社 2017.4 87p 24cm 1800円 ①978-4-7981-3877-0 Ⓝ007.64

内容 コンピューターの中ってどうなってるの？ 親子で楽しむ！ テクノロジーへの興味を育む知育絵本。プログラマーである作者が、子どもたちのために作り上げた、コンピューターを好きになるストーリー＆26のアクティビティ。世界中で大反響！『ルビィのぼうけん』第2弾。5歳以上。

『ゲームを作りながら楽しく学べるHTML5＋CSS＋JavaScriptプログラミング』田中賢一郎著 改訂版 インプレスR&D 2017.3 339p 26cm （Next Publishing―Future Coders）〈発売：インプレス〉2500円 ①978-4-8443-9751-9 Ⓝ007.64

目次 第1章 HTML入門（はじめてのHTML，画像の表示 ほか），第2章 CSS入門（Webページの見映えを設定する，インラインスタイル ほか），第3章 JavaScript入門（プログラミング言語とは，変数 ほか），第4章 Canvas（コンテキスト，描画の方法ほか），第5章 ゲームプログラミングに挑戦（Canvasを使った基礎的なゲーム，横方向にスクロールするゲーム ほか）

内容 ブラウザですぐ始められる高校生のためのプログラミング入門。

『子どもの"プログラミング的思考"をグングン伸ばす本』横山達大著 秀和システム 2017.3 127p 24cm 1700円 ①978-4-7980-4953-3 Ⓝ007.64

目次 誕生日の贈り物，エクセルゲームの始まり，好きな数字がたくさん!!，言葉に秘められた謎，なぜか時折お父さんが現れる，頼りはこの番地のみ，お父さんの秘密，エクセルがひっくり返る？，大いなる神，数字へのあふれる思い，僕は必ずお父さんのもとへ，予言の手紙，お父さんへの贈り物

内容 子どもを"頭のいい子"に育てたいなら、小学生からがチャンス!!12のエクセルゲームを楽しみながら自然に論理的思考が身につく！

『パソコンがなくてもわかるはじめてのプログラミング 3 コンピューターを動かす魔法の言葉』松林弘治著，坂村健監修，角川アスキー総合研究所編 角川アスキー総合研究所 2017.3 31p 27cm〈索引あり 発売：汐文社〉2300円 ①978-4-8113-2376-3 Ⓝ007.64

プログラミングと人工知能（AI）　　　　　　　　　　　　　　　プログラミング

目次 1 アルゴリズムって何だろう？，2 秘密の暗号，3 5本指で31まで数えてみよう，4 絵を数字で伝えよう，5 一筆書きで遊ぼう，6 パビリオンをどう回る？，7 本を並べ替えよう，8 背の順に並べ！，9 犯人を捜せ！，10 しりとり迷路を作ろう

『パソコンがなくてもわかるはじめてのプログラミング　2　ゲームを作ってみよう！』　松林弘治著，坂村健監修，角川アスキー総合研究所編　角川アスキー総合研究所　2017.3　32p　27cm〈索引あり〉　発売：汐文社〉2300円　①978-4-8113-2375-6　N007.64

目次 1「もしも」があればいろいろできる，2 ロボットを動かそう，3 マス目の終わりまで進むには？，4「もしも」カードで迷路に挑戦，5 怪獣を避けながら進め！，6 キャラクターをランダムに動かそう，7 対戦ゲームを作ろう

『ビスケットであそぼう―園児・小学生からはじめるプログラミング』　デジタルポケット著　［東京］　翔泳社　2017.3　139p　26cm　（ぼうけんキッズ）　1800円　①978-4-7981-4305-7　N007.64

目次 ビスケットの使い方，みんなでつくる（ビスケットランドであそぼう！，いろいろな動きを作ろう―ぶつかる編），ひとりでつくる（いろいろな動きを作ろう―かんたんゲーム編，模様を作ろう，音を鳴らそう，落ちゲーを作ろう）

内容 園児から小学生，大人まで「プログラミング」の楽しさを体験できる知育・学習書です。この本では，スマートフォンやタブレット、ブラウザでかんたんに使える、ビスケット（Viscuit）を使ってプログラミングを体験してもらいます。ビスケットとは、絵を描いてあそびながらプログラミングできる、ビジュアルプログラミング言語です。

『Unityではじめるおもしろプログラミング入門』　藤森将昭著　リックテレコム　2017.3　166p　24cm〈索引あり〉　1800円　①978-4-86594-070-1　N798.5

目次 第1章 プログラミング上達のコツ（自分の手を動かそう，小さなものから始めてみよう ほか），第2章 プログラミングの基礎―6つのポイント（プログラミングは「言葉」でできている，プログラミングは上から順に実行される ほか），第3章 Unityの基本的な操作方法を学ぶ（新しいプロジェクトを作成しよう，Unityの開発画面を知ろう ほか），第4章 ゲームを作ってみよう！（コインを回転させよう，ボールを動かそう ほか）

内容 初めてプログラミングに触れる、中学生以上が対象。初歩的な「プログラムの書き方」を学ぶ近道として、1本の簡単な3Dゲームを、「Unity5」で少しずつ作りながら動かしていく。

『親子で楽しく学ぶ！　マインクラフトプログラミング』　Tech Kids School著，キャデック編・著　［東京］　翔泳社　2017.2　151p　26cm　（ぼうけんキッズ）　1800円　①978-4-7981-4911-0　N798.5

目次 第1章 マインクラフトって何？，第2章 マインクラフトプログラミング入門，第3章「くり返し」でもっとラクに楽しく！，第4章 とちゅうでちがうことをする!?，第5章 クエストに挑戦だ！，第6章 もっともっとトライしてみよう！

内容 本書はマインクラフトを使って、親子で楽しみながらプログラミングを体験できる書籍です。対象読者は：小学校1年生から6年生のお子さんを持つ保護者の方。小学校1年生から6年生。特徴：Minecraft（ComputerCraftEdu）を利用して、親子でプログラミングを体験できます。本書を読むうちに、プログラミングに必要な「論理的思考力」が培われます。

『なるほどわかったコンピューターとプログラミング』　ロージー・ディキンズ文，ショー・ニールセン絵，福本友美子訳，阿部和広監修　ひさかたチャイルド　2017.2　14p　29cm　1800円　①978-4-86549-088-6　N007.64

目次 コンピューターって？，プログラミングって？，中はどうなってるの？，コンピューターはどう考えるの？，命令を出す，コンピューター言語，いいプログラムを作るには，インターネットを使おう，コンピューターの歴史

内容 コンピューターの中でどんなことが起こっているのか、しかけをめくって見てみよう。コンピューター本体の各部分のことから、コンピューターに命令を出すプログラムのことまでわかりやすく説明するよ。

『パソコンがなくてもわかるはじめてのプログラミング　1　プログラミングって何だろう？』　松林弘治著，坂村健監修，角川アスキー総合研究所編　角川アスキー総合研究所　2017.2　31p　27cm〈索引あり〉　発売：汐文社〉2300円　①978-4-8113-2374-9　N007.64

目次 1 プログラミングって何だろう？，2 まっすぐ動かしてみよう，3 曲がってみよう，4 自由に動かそう，5 繰り返してすごい！，6「繰り返し」を繰り返そう，7 集大成の迷路に挑戦だ

『ローリーとふしぎな国の物語―プログラミングとアルゴリズムにふれる旅』　カルロス・ブエノ著，奥泉直子訳　マイナ

ビ出版　2017.2　238p　21cm　2200円　①978-4-8399-6108-4　Ⓝ007.64

目次 "ほぼ"迷子，かくれたお供，"筋が通っていること"と"合理的なこと"，いくつまでいける？，トータスの教え，ようこそシンボルへ，ティンカーさんとの取引，読めるかな？，方法は他にもある，繰り返し言っちゃダメ〔ほか〕

内容 ローリーは、森の中で道に迷い、ふしぎな国「ユーザーランド」に入り込んでしまいます。そこには、カメレオンのように体の色がくるくる変わるトカゲや、カメに乗った古代ギリシア人など、変わった動物や人がいっぱい。ローリーは、出会った人に話を聞きながら、家に帰る道を探していきますが…？ ローリーと一緒にコンピューターの世界でぼうけんしよう！ 対象：10歳以上。

『プログラミング教室』　たにぐちまこと監修，落合ヒロカズ漫画　ポプラ社　2017.1　206p　21cm　（マンガでマスター）〈他言語標題：PROGRAMMING SCHOOL FOR LOVING KIDS　文献あり〉1000円　①978-4-591-15268-3　Ⓝ007.64

目次 1 プログラミングをはじめよう！，2 だれでも使えるScratch！，3 アニメが作れちゃう!?，4 ブロックを使いこなせ！，5 出題ソフトを作るには？，6 ゲーム作りに挑戦！，7 広がる！ プログラミングの世界

内容 これ1冊で自分だけのゲームが作れちゃう！ うわさのプログラミングツールScratchがマンガでわかる!!プログラミングしながら論理的な考え方を身につけよう！ はじめてでもプログラミングツールScrachがマスターできる!!マンガのキャラクターといっしょに、プログラミングを学んじゃおう!!マンガのあとは、解説ページで用語やしくみをくわしく紹介！

『Scratchでつくる！ たのしむ！ プログラミング道場―CoderDojo Japan公式ブック 小学生以上対象 この本からスタート』　角田一平，とがその，高村みづき，若林健一，砂金よしひろ著，安川要平監修　ソーテック社　2016.12　175p　26cm　1900円　①978-4-8007-1151-9　Ⓝ007.64

目次 序章 下北沢道場―スクラッチをはじめよう！，第1章 柏道場―忍者を着せかえよう！，第2章 仙台道場―図形をかいてみよう！，第3章 長岡京道場―ピアノを演奏しよう！，第4章 西宮・梅田道場―クイズゲームを作ろう！，第5章 奈良道場―画面をスクロールさせよう！，第6章 小平道場―シューティングを作ろう！，終章 下北沢

道場―世界のユーザーと交流しよう！，道場 CoderDojoについて

内容 友だちも、遊びも、学びもつくるたのしみを通してはぐくめる。すぐに試せるキャラクター＆課題の解答をネットで公開！ 小学生以上対象。

『親子でまなぶステップアップ式プログラミング』　TENTO監修　洋泉社　2016.11　111p　26cm　1900円　①978-4-8003-1073-6　Ⓝ007.64

目次 1 さあ、プログラミングをはじめよう！―はじめに知っておきたいこと，2 "Viscuit"で水族館を作ろう―はじめてのプログラミング，3 "Scratch"で楽しむ追いかけっこゲーム―「ものづくり」にふれるプログラミング，4 "アルゴロジック"のパズルを解いてみよう―考える力が身につく！，5 "MOONBlock"を使ったリンゴ狩りゲーム―「プログラマー」への第一歩，6 "Artec Robotist"で作るロボットカー―はじめてのIoT，7 "Minecraft"で体験する未来のプログラミング―仮想空間での「ものづくり」

内容 「プログラミングって、なにからはじめればいいの？」そんな疑問にお答えします！ パソコンがはじめてだって大丈夫！ お子さんの能力に合わせて、ひとつずつステップアップ！ 親子で楽しみながら、お子さんの考える力を伸ばしましょう！ 子どものためのプログラミングスクールが監修！ 小学校低学年からはじめられる！

『小学生でもわかるプログラミングの世界―プログラミングってそういうことか…』　林晃著　新潟　シーアンドアール研究所　2016.11　119p　24cm〈索引あり〉1530円　①978-4-86354-207-5　Ⓝ007.64

目次 第1章 そもそもプログラムって何？，第2章 そもそもプログラミング言語って何？，第3章 作ったプログラムはどうやって発表したらいいの？，第4章 そもそもプログラマーってどんな人？，第5章 プログラミングってそもそもどうやって勉強するの？，第6章 知っておきたいコンピュータの基礎知識

内容 プログラミングってそういうことか…プログラミングを勉強し始める前に知っておきたい基礎知識を、わかりやすくQ&Aで図解！

『すごい！ なぜ？ どうして？ 子どもといっしょにコンピュータとプログラミングを学ぶ本』　矢沢久雄著　［東京］日経BP社　2016.11　195p　26cm〈発売：日経BPマーケティング〉1900円　①978-4-8222-8546-3　Ⓝ007.64

目次 01 まずはここから！―キーボードを使えるようになろう，02 計算はまかせろ！―掛け算の九九表を作ってみよう，03 こっ

そり伝える！―秘密の手紙を暗号化してみよう，04 コンピュータも間違える？―計算誤差を確認してみよう，05 コンピュータの限界を超えろ！―小数点以下100桁まで計算してみよう，06 力任せと工夫が大事？―円周率を求めてみよう，07 なぜ正しく動かない？―プログラムのバグを体験してみよう，08 やっぱり工夫が大切！―ゲームプログラムを楽しくしよう，09 サイズと画質の関係は？―4つの画像ファイル形式を比べてみよう，10 使うほど賢くなる？―漢字変換の謎に迫ってみよう

内容 キー入力、計算処理、表計算、暗号化・復号、計算誤差、小数点数、バグ・デバッグ、ゲーム、画像処理、学習機能。「コンピュータはなぜ動くのか」「プログラムはなぜ動くのか」の著者がやさしく伝える、コンピュータとプログラミングの便利さ、楽しさ。

『プログラミングって何？ 親子でゼロからわかる本』 アンク著 秀和システム 2016.10 127p 24cm 〈索引あり〉 1680円 ①978-4-7980-4766-9 Ⓝ007.64

目次 第1章 「プログラミング」って、私たちとどんな関係があるの？（「プログラム」って、わたしたちにはあまり関係なさそうだけど、つまり何のこと？、運動会や入学式の「プログラム」とはちがうの？ ほか）、第2章 「プログラム」って、つまりどんなもの？（プログラミングってやっぱりむずかしいの？ 自分にもできるかな？、プログラミングを覚えようと思ったら、方法はだいたい3つ！ ほか）、第3章 はじめる前におぼえておきたい、プログラミングのルール（プログラムを作るとき、プログラミング以外には何をするの？、プログラムの「開発」って、どういうことをするの？ ほか）、第4章 じゃんけんで見てみよう！ プログラミングの流れ（じゃんけんってどんなものか、考えてみよう、「だいたいどんなふうに動くのか」考えてみよう ほか）

内容 「なんだかむずかしそうなもの」？ いえいえ、そんなことありません！ 子どもも大人も、知っていると役にたつ「プログラミング」の正体！

『親子で始めるプログラミング―日経Kids＋』 ［東京］ 日経BP社 2016.9 106p 28cm （日経ホームマガジン） 〈発売：日経BPマーケティング〉 1200円 ①978-4-8222-3855-1 Ⓝ007.64

『プログラムの絵本―プログラミングの基本がわかる9つの扉 誰もが学べるソフト作りの基本』 アンク著 ［東京］ 翔泳社 2016.9 159p 23cm 〈索引あ

り〉 1780円 ①978-4-7981-4674-4 Ⓝ007.64

目次 プログラムの勉強をはじめる前に，第1章 コンピュータの中のソフトウェア，第2章 バイナリの世界，第3章 アセンブリ言語，第4章 メモリの使われ方，第5章 高級言語を使ったプログラミング，第6章 プログラミング言語の種類，第7章 プログラミングの手法，第8章 高度なプログラミング，付録

内容 中高生からプロの人まで誰もが学べるソフト作りの基本。

『妖怪プログラミング アルゴとリズムの冒険―しっかり考える小中学生の本格プログラミング システム界は大混乱の巻』 宮嵜淳著 リックテレコム 2016.8 167p 26cm 〈索引あり〉 1900円 ①978-4-86594-007-7 Ⓝ007.64

『Raspberry Piではじめるどきどきプログラミング―自分専用のコンピューターでものづくりを楽しもう！』 阿部和広監修・著，石原淳也，塩野禎隆，星野尚著 増補改訂第2版 ［東京］ 日経BP社 2016.7 151p 26cm 〈発売：日経BPマーケティング〉 1900円 ①978-4-8222-5312-7 Ⓝ007.64

目次 第1章 自分だけのパソコンを手に入れよう，第2章 自分だけのパソコンを設定しよう，第3章 プログラミングでネコを自由に操ろう，第4章 ものづくりを仮想世界で体験しよう，第5章 ものづくりの自動化に挑戦しよう，第6章 現実の世界をプログラムしよう

内容 自分専用のコンピュータでものづくりを楽しもう。

『小学生からはじめるわくわくプログラミング―親子で楽しみながら考える力、つくる力、伝える力を育もう！ 2』 阿部和広監修・著，倉本大資著 ［東京］ 日経BP社 2016.5 146p 26cm 〈Scratch 2.0対応 文献あり 発売：日経BPマーケティング〉 1900円 ①978-4-8222-9582-0 Ⓝ007.64

目次 総合×図工―実写コマ撮りアニメ，算数×図工―多角形と星型図形，総合×図工―車窓シミュレーター，算数×図工―繰り返し模様，理科×図工―ネコジャンプ，音楽×図工―自動演奏装置，コーディング教育への新しいアプローチ ミッチェル・レズニック＆デヴィッド・シーゲル，もっともっと、たのしもう！

内容 親子で楽しみながら考える力、つくる力、伝える力を育もう！

『ルビィのぼうけん―こんにちは！ プログラミング』 リンダ・リウカス作，鳥井雪訳 ［東京］ 翔泳社 2016.5

プログラミング　　　　　　　　　　　　　　　　プログラミングと人工知能（AI）

113p　24cm　1800円　①978-4-7981-4349-1　Ⓝ007.64

[内容] 世界中で大反響！ 親子で楽しむ！ プログラマー的思考法を育む知育絵本。プログラマーである作者が、初めてプログラミングに触れる子どもたちのために作り上げた10のストーリー＆アクティビティ。

『遊べる！ わかる！ みんなのプログラミング入門―子どもたち集まれ！』 吉田潤子著　リックテレコム　2016.3　158p　26cm　1800円　①978-4-86594-013-8　Ⓝ007.64

[目次] 第1章 基本のうごきをマスターして、花火のアニメーションを作ろう 入門編（白い画用紙に花火の玉を作ろう、花火の玉を上にうごかそう ほか）、第2章 ストーリーのあるアニメーションを作ろう 応用編（生きものたちが住む海の背景をえらぼう、生きもののエサを作って、上から落とそう ほか）、第3章 キーボードでうごかすシューティングゲームを作ろう チャレンジ編（ゲームの世界観を考えよう、キーボードでUFOを上下にうごかそう ほか）、第4章 プログラミンのしあげとおさらい（できた作品をインターネットに公開しよう、プログラミンのキャラクターをおさらいしよう）、ふろく プログラミング言語を体験してみよう

[内容] 「使う人」から「つくれる人」になろう！ 文部科学省提供のオンラインツール、プログラミンを利用。小学生でも大丈夫！ ゲームを作って遊ぼう！

『12歳からはじめるゼロからのC言語ゲームプログラミング教室』 大槻有一郎著　ラトルズ　2016.3　295p　23cm　〈Visual Studio 2015対応 Windows7/8/8.1/10対応 「13歳からはじめるゼロからのC言語ゲームプログラミング教室 入門編」（2010年刊）の改題、改訂 索引あり〉 2280円　①978-4-89977-445-7　Ⓝ798.5

[目次] 1 Cをはじめよう―プログラムを作るための準備、2 まずは簡単なことからやってみよう―変数と計算、3 プログラムに判断させよう―条件分岐、4 たくさんのデータをパパっと料理する―ループと関数、5 ロールプレイング風ゲームを作ってみよう―ループと配列変数の応用、6 恋愛ゲームを作ろう―文字列の処理、7 プラネタリウムを作ろう―データ構造とメモリ管理

[内容] ミニゲームを作りながら、プログラミング言語の王様Cを楽しく覚えよう！

『親子でベーシック入門―IchigoJamではじめてのプログラミング』 蘆田昇, 福

野泰介, ジャムハウス編集部著　ジャムハウス　2015.12　151p　26cm　1980円　①978-4-906768-31-8　Ⓝ007.64

[目次] 第1章 こどもパソコンIchigoJamで遊ぼう！（こどもパソコンIchigoJamの入手方法、プログラミングをすべてのこどもへ！ ほか）、第2章 IchigoJamでプログラミング（IchigoJamはじめのいっぽ 基礎編、IchigoJamはじめのいっぽ ほか）、第3章 IchigoJamでプログラミング―応用編（変数のはたらきとくりかえし処理、ふくざつなくりかえし処理 ほか）、第4章 リファレンスとサンプルプログラム（リファレンス、サンプルプログラム）、第5章 IchigoJamを自分で組み立ててみよう（ブレッドボードキットを組み立てよう）

[内容] "プログラミング"と"かんたん電子工作"に挑戦しよう。

『10才からはじめるプログラミング図鑑―たのしくまなぶスクラッチ＆Python超入門』 キャロル・ヴォーダマン, ほか著, 山崎正浩訳　大阪　創元社　2015.10　223p　24cm　〈索引あり〉 2800円　①978-4-422-41415-7　Ⓝ007.64

[目次] 1 プログラミングってなんだろう？（コンピューターのプログラムとは？、コンピューターのように考えよう？ ほか）、2 スクラッチから始めよう（スクラッチはどんな言語だろう？、スクラッチのインストールと起動 ほか）、3 パイソンで遊ぼう（パイソンはどんな言語だろう？、パイソンのインストール ほか）、4 コンピューターのしくみ（コンピューターのしくみ、二進法、十進法、十六進法 ほか）、5 現実の世界でのプログラミング（プログラミング言語、伝説のプログラマー ほか）

[内容] 未来の世界を変えるスーパープログラマーをめざそう！ 7つのプロジェクトをとおしてプログラムの書き方やゲームの作り方がわかる最高の入門書。この本1冊で「スクラッチ」と「Python」の2つのプログラミング言語が学べる！

『こどもが楽しむ「プログラミン」入門―つくってあそべるプログラム』 岡嶋裕史著　技術評論社　2015.6　143p　23cm　1780円　①978-4-7741-7343-6　Ⓝ007.64

[目次] 第1章 パソコンと友だちになろう、第2章 どうぶつをうごかしてみよう、第3章 アニメを作ってみよう、第4章 思いどおりにうごかしてみよう、第5章 音楽やセリフを出してみよう、第6章 天敵が登場、第7章 天敵にえさをあげてみよう、第8章 なかよくなって完成させよう、ふろく みんなに見せてみよう

[内容] 「プログラミン」は、文部科学省が運営する、こどものためのプログラミング体験用ウェブアプリケーションです。かわい

156

いモンスターの形をした「プログラミン」を組み合わせて、アニメやゲームを簡単に作ることができます。「プログラミン」で遊ぶことで、コンピュータがどういうものなのか理解し、コンピュータを道具として使いこなす第一歩を踏み出すことができます。また、ものごとを筋道立てて考える力、試行錯誤しながら最後までやり遂げる力を伸ばすことができます。何よりも、自分で作ったプログラムを思い通りに動かすのはとても楽しいことです。さあいっしょに、プログラミンを始めましょう！

『こどもプログラミング読本―「未来をつくる力」を育てる ママとパパのための』風穴江, 神谷加代, 塩野禎隆, デジタルポケット, 技術評論社編集部著 技術評論社 2015.5 79p 26cm 1480円 ①978-4-7741-7321-4 Ⓝ007.64

[目次] 1 プログラミングは必要なの？―「これからは英語よりプログラミング」って本当？!, 2 学校でもプログラミングを教えるの？―「小・中・高」必修化の流れと「これからの学び」としてのプログラミング, 3 プログラミングってそもそも何？―何ができるの？ どうすればできるの？, 4 どこに行けば教えてくれるの？―プログラミングスクール/ワークショップに行ってみよう！, 5 どれで学ぶのがいいの？―おうちで試せる、親子で学べる！

『いちばんはじめのプログラミング―Scratchで、作る楽しさ、考える楽しさをそだてる』たにぐちまこと著 マイナビ 2015.4 159p 26cm 〈Scratch2.0対応〉1900円 ①978-4-8399-5486-4 Ⓝ007.64

[目次] 序章 スクラッチをさわってみよう, 1章 「カエルになったナイト」―お城の中で、魔法使いと対決する劇を作ろう, 2章 「ねこピアノ」―音色を変えられる電子ピアノを作ろう, 3章 「パンダ先生の計算ゲーム」―自動で問題を出して解答できるゲームを作ろう, 4章 「コウサギヘルプ」―カーソルキーで操作して敵をよけるゲームを作ろう, 5章 「たこシューティング」―すみを発射して、敵を倒すゲームを作ろう, 6章 「くまたまごキャッチ」―落ちてくるたまごとをマウス操作で拾うゲームを作ろう

[内容] 「Scratch」は、マサチューセッツ工科大学の研究所「MITメディアラボ」が開発した、プログラミングツールです。わかりやすい画面で子どもから楽しめ、目的にたどりつくための論理的思考を鍛えられるようになっています。本書では、6つのゲームを作りながら、思考力やプログラミングの基礎力を養います。対象：小学3年生以上。

『5才からはじめるすくすくプログラミング』阿部和広監修・著, 橋爪香織, 谷内正裕著 ［東京］ 日経BP社 2014.10 127p 26cm 〈文献あり 発売：日経BPマーケティング〉1700円 ①978-4-8222-9761-9 Ⓝ007.64

[目次] すくらっちじゅにあをはじめよう（はじめまして, すくらっちじゅにあであそぶじゅんび, ねこちゃんをうごかそう, じぶんのきゃらくたーをえがこう, じぶんのきゃらくたーをうごかそう, おうちのひとやおともだちにみせよう）, すくらっちじゅにあをたのしもう（はじめるじゅんび, うみのなかのようす, なんでもたべよう, あみだくじをつくろう, じゃんぷげーむをつくろう, うごくえほんをつくろう）, たのしかったね, どんなぶろっくがあるかな（ScratchJrをつくった人たちからのメッセージ, 日本の専門家からのメッセージ, ちょっとだけピョンキー, ScratchJrの動作環境とインストール, ScratchJrでたくさんあそべたかな？）

『14歳からはじめるC言語わくわくゲームプログラミング教室 Visual Studio2013編』大槻有一郎著 ラトルズ 2014.7 295p 23cm 〈Windows7/8/8.1対応 索引あり〉2315円 ①978-4-89977-411-2 Ⓝ798.5

[目次] 第1章 C言語でゲームを作ろう―C言語の紹介と開発環境, 第2章 C言語のキホン―ソースコードの入力から関数の作成まで, 第3章 DXライブラリのキホン―リアルタイム描画とユーザー入力, 第4章 RPG風のアクションパズルを作ろう―二次元配列を使ったマップ作成, 第5章 横スクロールアクションゲームを作ろう―大きなマップ上でのアクション, 第6章 3Dダンジョン探検ゲームを作ろう―疑似3D表示とセリフデータの読み込み

『小学生から楽しむRubyプログラミング―プログラムを作って動かす楽しさとおもしろさを体験しよう！』まちづくり三鷹著, 高橋征義監修 ［東京］ 日経BP社 2014.7 127p 26cm 〈文献あり 発売：日経BPマーケティング〉1800円 ①978-4-8222-9747-3 Ⓝ007.64

[目次] 第1章 プログラムを動かしてみよう, 第2章 プログラムをのぞいてみよう, 第3章 プログラムのしくみを知ろう, 第4章 プログラムの流れを知ろう, 第5章 プログラムを作ってみよう, 第6章 プログラミングをもっと楽しもう, ふろく コンピューターの使い方

[内容] プログラムを作って動かす楽しさとおもしろさを体験しよう！

プログラミング　　　　　　　　　　　　　　　　　　プログラミングと人工知能（AI）

『**MOONBlockでつくるゲームプログラ
ミング—エンちゃんと遊ぼう！**』 布留
川英一著　誠文堂新光社　2013.12
83p　21×21cm　1600円　⑪978-4-416-
31334-3　Ⓝ798.5
[目次] 1 やさしいゲームプログラミング（逃
げろエンちゃん，空からばくだんが落ちて
くる！のゲーム，プログラムはこうして
とっておく，冥府のモンスター軍団とたた
かうナイト，のゲーム ほか），2 ゲームお
もちゃ箱（ブーちゃんをつかまえて，レー
サー魂，エンちゃんダッシュ！ ほか），3
ブロックリファレンス（「パペット」キット，
「ビヘイビア」キット，「リアクション」
キット ほか）

『**小学生からはじめるわくわくプログラミ
ング—親子で楽しみながら考える力、つ
くる力、伝える力を育もう！**』 阿部和
広著　［東京］　日経BP社　2013.7
151p　26cm　〈Scratch 1.4/2.0両対応
文献あり　発売：日経BPマーケティン
グ〉　1900円　⑪978-4-8222-8515-9
Ⓝ007.64
[目次] みんなへのメッセージ，ようこそ，プ
ログラミングの世界へ（Scratch1.4のインス
トール，はじめてのプログラミング），つ
くってみよう！（国語 物語メーカー，算数
フィズバズ，理科 アリシミュレーター，社
会 なんでもクイズ，音楽 かえるのうた（輪
唱），100mハードル），もっとたのしもう！
（Scratch2.0を使ってみよう），すべての子
供たちへ！（すべての年齢の「子供たち」の
ためのパーソナルコンピューター），
Dynabookとは何か？（「すべての年齢の『子
供たち』のためのパーソナルコンピュー
ター」の後日談），もっともっと、たのし
もう！

『**15歳からはじめるAndroidわくわく
ゲームプログラミング教室**』 掌田津耶
乃著　フルカラー最新版　ラトルズ
2012.9　327p　23cm　〈Windows対応
索引あり〉　2380円　⑪978-4-89977-320-
7　Ⓝ798.5
[目次] 第1章 Androidのプログラミングはど
うなってる？，第2章 Androidプログラミン
グ超入門，第3章 グラフィックを使ったパ
ズルゲームに挑戦！，第4章 コンピュータ
が考える思考型ゲームに挑戦！，第5章
SurfaceViewを使ってリアルタイムゲームに
挑戦！，第6章 センサーを使ったリアルタ
イムゲームに挑戦！

『**高校生のためのアルゴリズム入門**』 イ
ンフォテック・サーブ　2012.3　195p

26cm　900円　⑪978-4-903768-90-8
Ⓝ007.64

『**15歳からはじめるiPhone（アイフォー
ン）わくわくゲームプログラミング教
室**』 沼田哲史著　ラトルズ　2011.11
279p　23cm　〈索引あり〉　2180円
⑪978-4-89977-300-9　Ⓝ798.5
[目次] 第1章 iPhoneゲームを作ろう—開発環
境の準備，第2章 Objective - Cプログラミ
ングのキホン—Xcodeの操作とObjective -
Cのルール解説，第3章 神経衰弱で基本をつ
かめ—Core Animationの基本，第4章 神経
衰弱に演出をつけよう—効果音と画面切り
替え，第5章 落ち物パズルを作ってみよう
—繰り返しのタイマを使うゲーム，第6章
脱出ゲームを作ってみよう—ゴールから作
り始めるゲーム，第7章 世界中に自分の
ゲームを公開しよう—ゲームの実機テスト
から公開まで
[内容] 楽しいiPhoneゲームをObjective - C
で作っちゃおう。

『**14歳からはじめるHTML5
& JavaScriptわくわくゲームプログ
ラミング教室—Windows/Macintosh
対応**』 大槻有一郎著　ラトルズ　2011.
6　319p　23cm　〈索引あり〉　2280円
⑪978-4-89977-297-2　Ⓝ798.5
[目次] 第1章 HTML5でプログラムを作る準
備をしよう—開発に必要なソフトの用意，
第2章 まずはキホンからはじめてみよう—
HTML5とJavascriptの基礎，第3章 ゲーム
の画面を作ってみよう—HTML5とCSS3，
第4章 シルクハット並べゲームを作ろう—
JavaScriptでHTML要素を動かす，第5章
バグ消しパズルを作ろう—Canvasを使った
ゲーム作成，第6章 アドベンチャーゲーム
を作ろう—AJAXとCSSアニメーション

『**15歳からはじめるAndroidわくわくプ
ログラミング教室—Java超入門編
Windows XP/Vista/7対応**』 掌田
津耶乃著　ラトルズ　2011.5　343p
23cm　〈索引あり〉　2280円　⑪978-4-
89977-291-0　Ⓝ007.64
[目次] 第1章 Android開発とJava，第2章
Java言語の基本を覚えよう，第3章 オブ
ジェクト指向をマスターしよう！，第4章
さまざまな値を扱おう！，第5章 コレク
ション・クラスを使おう，第6章 ファイル
アクセスとネットワークアクセス，第7章
いよいよAndroidの世界へ！
[内容] Androidアプリを作るためにJAVAを
知識ゼロからはじめよう。

『**14歳からはじめるC言語わくわくゲー
ムプログラミング教室—Windows
XP/Vista/7対応 Visual Studio
2010編**』 大槻有一郎著　ラトルズ

158

2011.2 327p 23cm〈索引あり〉2280円 ⓘ978-4-89977-281-1 Ⓝ798.5

目次 第1章 C言語でゲームを作ろう！―C言語の紹介と開発環境，第2章 C言語のキホン―ソースコードの入力から関数作成まで，第3章 DXライブラリのキホン―リアルタイム画面描画とユーザー入力，第4章 Box2Dのキホン―物体を物理エンジンで動かす，第5章 マップ型アクションゲームを作ってみよう―マップの作成とスクロール，第6章 ピンボールゲームを作ってみよう―ジョイントの利用，第7章 ロボットゲームを作ってみよう―複雑な物体を動かす

内容 最新の「ビジュアルスタジオ2010」でプログラミング言語の王様「C」をはじめよう。物理エンジン「Box2D」の採用で、リアルで自在な動きが楽しめる。

『13歳からはじめるゼロからのC言語ゲームプログラミング教室―Windows XP/Vista/7対応 中級編』 大槻有一郎著 ラトルズ 2010.7 295p 23cm〈付属資料（DVD-ROM1枚 12cm）：Microsoft Visual Studio Express Editions with SP1 索引あり〉 2200円 ⓘ978-4-89977-264-4 Ⓝ798.5

目次 第1章 C言語の「中級者」に必要なもの―概要と開発環境の準備，第2章 ゲームプログラムの骨組み―Windowsプログラミングの復習，第3章 アクションパズルゲームを作ろう―コンテナクラスを利用してキャラクターを管理する，第4章 ロールプレイングゲームを作ろう―XMLを利用してマップを記録する，第5章 対戦レースゲームを作ろう―ネットワークで通信対戦する，第6章 シューティングゲームを作ろう―Direct2Dを利用した高速描画

内容 C言語を全く知らない人を対象に，Windowsでのゲームプログラムのつくり方をゼロから解説するシリーズ。中級編では、データ管理などのプログラム技術について説明する。

『13歳からはじめるゼロからのC言語ゲームプログラミング教室―Windows XP/Vista/7対応 初級編』 大槻有一郎著 ラトルズ 2010.4 295p 23cm〈索引あり〉2200円 ⓘ978-4-89977-261-3 Ⓝ798.5

目次 第1章 Windowsプログラミングをはじめよう―Windowsと開発環境，第2章 ウィンドウを作ろう―GUIプログラミング入門，第3章 神経衰弱ゲームを作ろう―GDI＋プログラミング，第4章 海底基地奪陸ゲームを作ろう―アクションゲームとタイマー，第5章 ゲームに演出を加えよう―テキスト・サウンド・ビットマップ処理，第6章 宇宙戦艦ディフェンスゲームを作ろう―本格的なゲーム作成

内容 APIを覚えてWindowsプログラミングのお作法を知ろう！ サンプルファイルはダウンロード

『13歳からはじめるゼロからのC言語ゲームプログラミング教室―Windows XP/Vista/7対応 入門編』 大槻有一郎著 ラトルズ 2010.2 295p 23cm〈索引あり〉2200円 ⓘ978-4-89977-257-6 Ⓝ798.5

目次 第1章 Cをはじめよう―プログラムを作るための準備，第2章 まずは簡単なことからやってみよう―変数と計算，第3章 プログラムに判断させよう―条件分岐，第4章 たくさんのデータをパパッと料理する―ループと関数，第5章 ロールプレイング風ゲームを作ってみよう―ループと配列変数の応用，第6章 恋愛ゲームを作ろう―文字列の処理，第7章 プラネタリウムを作ろう―データ構造とメモリ管理

内容 知識ゼロでもゆっくり学べる「C」の入門書。ザセツした人も、もう一度はじめてみよう。マイクロソフトの無料開発環境「Visual Studio 2008 Express Edition」のDVD-ROMつき。

『かんたんRuby』 すがわらまさのり著 技術評論社 2018.7 462p 21cm（プログラミングの教科書）〈索引あり〉 2600円 ⓘ978-4-7741-9861-3 Ⓝ007.64

目次 よくわかる！ プログラミングの入門書。プログラミングの文法事項を豊富なイラストと実例を使って丁寧に解説！

内容 Rubyを始めよう Rubyの基本を学ぼう 変数 数値と演算子 文字列 制御構造 配列/レンジ/ハッシュ メソッド クラスの基本 モジュール〔ほか〕

『子どもの才能を引き出す最高の学び プログラミング教育』 石嶋洋平著，安藤昇監修 あさ出版 2018.7 205p 19cm 1500円 ⓘ978-4-86667-076-8

目次 序章 なぜ「プログラミングスクール」が注目されるのか，第1章 「プログラミング教育」必修化の前に知っておきたいこと，第2章 プログラミングで身に付く「7つの才能」，第3章 「プログラミングスクール」に通わせるメリット，付録

内容 目標設計力、問題解決力、数学思考、協働する力、創造性―AI時代に不可欠な「自ら創る力」の育て方。2020年必修化！ ツール、スクール選び、わが子へのかかわり方等、親が必ず知っておきたいことも収録。

プログラミング　　　　　　　　　　　　　　　　　　プログラミングと人工知能（AI）

『**ゼロからわかるPython超入門—はじめ
てのプログラミング**』　佐藤美登利著
技術評論社　2018.7　239p　26cm
（かんたんIT基礎講座）〈付属資料：別
冊1〉　2380円　①978-4-7741-9830-9

目次 プログラミングをはじめる前に知って
おこう，Pythonでプログラミングをはじめ
よう，データについて学ぼう，処理の順序を
切り替えよう，データの集まりを使おう，処
理を繰り返してみよう，関数を自分で作って
みよう，オブジェクトとクラスについて学ぼ
う，モジュールとパッケージについて学ぼ
う，いろいろなモジュールを使ってみよう，
ファイルの読み書きをしよう，正規表現に
ついて学ぼう，エラーの対処方法を学ぼう

内容 プログラミングがわかる・書ける・体
験できる。この1冊でPythonをしっかりマ
スターしよう！

『**マンガでざっくり学ぶプログラミング—
これからのビジネスパーソンの必須知
識を身につけよう！**』　たにぐちまこと
著・監修，北田瀧シナリオ，ancoマン
ガ，トレンド・プロマンガ制作　マイナ
ビ出版　2018.7　207p　19cm　1430円
①978-4-8399-6435-1

目次 プロローグ マンガ「先輩との約束」，
第1章 プログラミングってなんだろう？—
Microsoft Flow，第2章 ブロックをつなげ
るだけ！ ゲームのようなプログラミング—
Scratch，第3章 プログラミングをもう少し
深く知ってみよう—JavaScript，第4章 プロ
グラミングを実際にやってみよう—
JavaScript，エピローグ マンガ「プログラ
ミングがつないだ未来」

内容 村口福は、入社3年目の営業マン。人
づきあいは得意だけれど、細かい作業が苦
手で、上司から頼まれた事務作業で帰りが
遅くなりがち。プログラミングの「いろは」
やさしく教えます！ 苦手意識のある人でも
読みやすい！ 今後重要度を増すプログラミ
ングを大枠で理解しておこう！

『**めくって♪プログラミング—ドリル形式
でグングンわかる**』　高橋与志，喜田光昭
著　リックテレコム　2018.7　286p
21cm　2200円　①978-4-86594-149-4

目次 第1章 データベースからの一覧表示
（一覧表示の基礎）（完成形をベタに作って
イメージを作ろう，PHPを使って表示し
てみる ほか），第2章 条件によって表示を
強調する（2次元配列による表示とアルゴリ
ズム）（まずは文言をベタにテーブル表示し
よう！，PHPで文言をテーブル表示してみ
る ほか），第3章 データベースへのデータ
の出し入れ（データの取得と保存）（デー

ベースからのデータの取得と表示，データ
のフォームからの入力とデータベースへの
保存），最終章 まとめとステップアップ（第
1章～第3章のまとめ，プログラミングを始
める前の予備知識 ほか）

内容 大切なのはプログラムの書き方よりも
「考え方」と「仕組み」

『**ITエンジニアになる！ チャレンジ
PHPプログラミング**』　中田亨著　秀
和システム　2018.6　409p　24×19cm
2700円　①978-4-7980-5355-4

目次 プログラマーになる！，1 既存システ
ムのカスタマイズ（初めて配属されたプロ
ジェクト，フロントエンドの機能追加），2
データベースの操作を覚えよう（データベー
スの基本操作を理解しよう！），3 「操作権
限マスタ画面」を作成しよう（データベース
を拡張しよう！，PHPプログラムを作成し
よう！）

内容 Webアプリケーション開発の一端に触
れてみたいあなた。3つのMissionをクリア
しながら、データベースと連動するWebア
プリケーションの仕組みと作り方を理解し
よう！

『**いちばんやさしいJavaScript入門教室**』
廣瀬豪著　ソーテック社　2018.6
311p　24×19cm　2480円　①978-4-
8007-1205-9

目次 1 JavaScriptってどんなもの？，2 プ
ログラミングのための準備，3 変数を使っ
てみよう，4 画像の表示と関数の使い方，5
CSSの基礎とテーブルの作り方，6 条件分
岐を使ってみよう，7 繰り返しを使ってみ
よう，8 配列とリアルタイム処理，9 ドッ
ト絵作成ツールを作ろう，10 オブジェクト
指向プログラミング，11 グラフや地図を表
示してみよう

内容 Webプログラミングの必須知識と基本
文法がしっかり身につきます。“変数”“関
数”“繰り返し”“条件分岐”“配列”の基礎演習
でインターネットアプリの仕組みと作り方
がしっかり学べます。

『**しくみがわかる深層学習**』　手塚太郎著
朝倉書店　2018.6　174p　21cm　2700
円　①978-4-254-12238-1

目次 1 深層学習とは，2 機械学習で使う用
語，3 深層学習のための数学入門，4
ニューラルネットワークはどのような構造
をしているか，5 ニューラルネットワーク
をどう学習させるか，6 畳み込みニューラ
ルネットワーク，7 再帰型ニューラルネッ
トワーク，8 深層生成モデル

内容 人工知能を実現する上で現時点でもっ
とも有用な手法のひとつとされている深層
学習について、それがどのような構造をし
ているのか、いかなる考え方に基づいて作
られているかを説明。天下り的に深層学習の
構造や学習の規則を羅列するのではなく、

プログラミングと人工知能（AI）　　　　　　　　　　　　プログラミング

「なぜそうなるのか」の説明に力点を置いた。ベクトルや行列を使うことで添え字を減らし、式を簡潔に書くシンプルな記法を使っている。

『スッキリわかるC言語入門』　中山清喬著　インプレス　2018.6　749p　21cm　2700円　①978-4-295-00368-7

目次　ようこそC言語の世界へ，第1部 基本構文（プログラムの書き方，変数と型 ほか），第2部 開発を行う便利にする機能たち（構造体，配列 ほか），第3部 C言語の真の力を引き出そう（アドレスとポインタ，メモリアクセスのからくり ほか），第4部 もっとC言語を使いこなそう（複数のファイルによる開発，ファイル入出力 ほか）

内容　C言語やその背景にあるコンピュータの原理について、仕組みやコツも含め、入門者の方が一歩ずつ着実に学べる一冊。「スッキリわかる」シリーズで好評の「エラー解決・虎の巻」も収録。ポインタだって自由自在！ コンピュータとCの仕組みがドンドンわかる！ パズルRPGも作って遊べる！

『スラスラ読めるJavaScriptふりがなプログラミング』　及川卓也監修，リブロワークス著　インプレス　2018.6　191p　21cm　1850円　①978-4-295-00385-4

目次　1 JavaScript最初の一歩（JavaScriptってどんなもの？，本書の読み進め方 ほか），2 条件によって分かれる文を学ぼう（条件分岐ってどんなもの？，入力されたものが数値かどうか調べる ほか），3 繰り返し文を学ぼう（繰り返し文ってどんなもの？，条件式を使って繰り返す ほか），4 関数を作ろう（関数を作る目的は何？，関数の書き方を覚えよう ほか），5 Webページに組み込もう（JavaScriptでWebページを操作するには？，HTMLを書いてみよう ほか）

内容　コードが読めればプログラミングは楽しくなる!!基本をしっかり。目指したのは「究極のやさしさ」。登場するコードに「ふりがな」を。さらに「読み下し文」でフォロー。

『つくりながら学ぶ！ 深層強化学習—PyTorchによる実践プログラミング』　小川雄太郎著　マイナビ出版　2018.6　239p　24×19cm　3280円　①978-4-8399-6562-4

目次　第1章 強化学習の概要，第2章 迷路課題に強化学習を実装しよう，第3章 倒立振子課題に強化学習を実装しよう，第4章 PyTorchでディープラーニングを実装しよう，第5章 深層強化学習DQNを実装しよ

う，第6章 深層強化学習の発展版を実装しよう，第7章 AWSのGPU環境でブロック崩しを実装しよう

内容　強化学習、さらにディープラーニングを組み合わせた深層強化学習を分かりやすく解説。Python＋PyTorchで「倒立振子課題」「迷路」「ブロック崩し」を攻略するプログラミングを実装していきます。

『Unityの教科書 Unity2018完全対応版—2D＆3Dスマートフォンゲーム入門講座』　北村愛実著　SBクリエイティブ　2018.6　431p　24×19cm　2580円　①978-4-7973-9765-9

目次　1 ゲーム作りの準備，2 C#スクリプトの基礎，3 オブジェクトの配置と動かし方，4 UIと監督オブジェクト，5 Prefabと当たり判定，6 Physicsとアニメーション，3Dゲームの作り方，レベルデザイン

内容　やさしい説明とイラストで、ゲームの作り方を教えます！ C#の基礎を解説するので、プログラミングははじめてという人も安心して学習を始められます。サンプルゲームを作りながら、少しずつUnityの機能を学んでいきましょう。

『絵解き マイコンCプログラミング教科書—基板付きキット』　鹿取祐二，白阪一郎，永原柊，藤澤幸穂，宮崎仁著　CQ出版　2018.4　351p　26cm　（トラ技Jr.教科書）〈「トランジスタ技術SPECIAL」増刊，付属資料：USBケーブル1，マイコン＆センサ基板1，DVD‐ROM1〉　8000円　①978-4-7898-4527-4

目次　第1章 パソコン，マイコン…どんなコンピュータも思いのままに動かせる，第2章 16ビット・マイコン＆センサ＆デバッグ搭載！ 他には何も要らない，第3章 コンピュータ・ワールドへようこそ！，第4章 コンピュータの5大装置「演算装置」「入力装置」「出力装置」「記憶装置」「制御装置」，第5章 Are you ready？，第6章 マイコン界のコモンセンスを伝授！，第7章 A‐DコンバータやUART通信の操作を伝授！，第8章 処理を一時中断！ 違う処理を行う！ 元の処理に戻る！，第9章 動かない原因を高速究明！，第10章 メーカお膳立てのスタートアップ・ルーチンの初期値処理に解決の糸口あり〔ほか〕

内容　CPU、I/Oからセンサ、LEDまで。加速度/温度/照度を測ったり、LEDを光らせたり…ハードウェアを動かしながら学ぶ。

『Scratchコーディングカード』　ナタリー・ラスク著，村井裕実子，大山哲志郎翻訳，阿部和広監修　日経BP社　2018.4　カード 82枚　19×13cm ＋ 小冊子 1冊〈販売：日経BPマーケティング　付属資料：小冊子 1冊：ようこ

子どもの本 情報教育・プログラミングの本2000冊　161

そScratchコーディングカード，外箱入，資料種別：［静止画資料］〕3000円 ①978-4-8222-5342-4 Ⓝ375.199

『できるパソコンで楽しむマインクラフトプログラミング入門』広野忠敏，できるシリーズ編集部著　インプレス　2018.4　222p　24cm〈Microsoft MakeCode for Minecraft対応　索引あり〉2300円 ①978-4-295-00351-9 Ⓝ798.507

『Pythonスタートブック―いちばんやさしいパイソンの本』辻真吾著　増補改訂版　技術評論社　2018.4　351p　23cm〈バージョン3に完全対応！　索引あり〉2500円　①978-4-7741-9643-5 Ⓝ007.64

目次 第1章 プログラムを作ろう！，第2章 プログラムの材料と道具，第3章 データと型のすべて，第4章 データの入れ物，第5章 条件分岐と繰り返し，第6章 ファイルの読み書き，第7章 Pythonで画を描く，第8章 関数を作る，第9章 新しいデータ型を作る，第10章 Webアプリケーションを作る，第11章 データを解析する

内容 Python3.xによる最新の開発環境に完全対応。知識ゼロでもわかるイラスト＆サンプル満載の解説。オブジェクト指向の考え方をしっかり理解できる。Webアプリ開発やデータ処理の基礎もわかる！

『プログラミングのはじめかた―Unityで体験するゲーム作り』あすなこうじ著　SBクリエイティブ　2018.4　188p　18cm　（サイエンス・アイ新書 SIS-406）1000円　①978-4-7973-9390-3 Ⓝ798.507

目次 第0章 はじめに，第1章 はじめてのUnity，第2章 はじめてのプログラミング，第3章 はじめてのゲームづくり，第4章 はじめてのゲーム企画，第5章 ベース部分に挑戦，第6章 ゲームを彩る表現集，第7章 さいごに

内容 プログラミングを身につける上で重要なのは、まず体験してみることです。そのために最適なのはゲームを作ること。ほとんどのゲームの動きは視覚的なグラフィックスで表現されます。自分の指示どおりにキャラクターが動くかどうか、カンタンに試せます。本書は、ゲーム作りを通してプログラミングを理解するという、単純明快なプログラミング本。難しい理論は放置して、まずは体験してみよう！ それが動作原理を科学的に理解できるようになる一番の近道です。

『よくわかるPHPの教科書』たにぐちまこと著　マイナビ出版　2018.4　295p　24cm〈PHP7対応版　索引あり〉2480円　①978-4-8399-6468-9 Ⓝ007.64

目次 1 プログラミング入門，2 PHPを使う準備をしよう，3 PHPの基本を学ぼう，4 データベースの基本を学ぼう，5 PHP＋DBで本格的なWebシステムを作ろう，6「Twitter風ひとこと掲示板」を作成する

内容 PHP入門書のベストセラー！ ノンプログラマのためのやさしい入門書。「プログラムコードを見るのがツライ」「プログラミングをするのが初めて」そんな方向けに、丁寧に読みやすく作りました。

『世界一わかりやすい！ プログラミングのしくみ』サイボウズ著，月刊Newsがわかる編　毎日新聞出版　2018.3　127p　21cm　1800円　①978-4-620-32505-7 Ⓝ007.353

目次 プログラムってなんだろう？，プログラムで動くもの，人間を手伝うプログラム，スマホの中のこびとたち，なかったことにできる!!，インターネットのしくみ，こびと同士の会話，宇宙の声をきくこびと，みんなでつくる百科事典，こびとの指示書はこれだ！，どの言語を学べばいい？，失敗をおそれない

内容 ネットワーク、スマホとアプリ、家電のすごい働き…これらはすべて、コンピューターの中のこびとが動かしている！ コンピューターとプログラミングのしくみを、サイボウズの現役プログラマーがわかりやすく解説するよ！

『はじめて学ぶenchant.jsゲーム開発―HTML5＋JavaScriptベースのゲームエンジンでPC＆スマートフォンゲームを作る！』蒲生睦男著　改訂2版　新潟　シーアンドアール研究所　2018.3　455p　21cm〈索引あり〉3820円　①978-4-86354-239-6 Ⓝ798.507

目次 01「enchant.js」の基礎知識，02「enchant.js」ゲームプログラミングの基礎，03 ミニゲームの作成，04 バトルゲームの作成，05 シューティングゲームの作成，06 アクションゲームの作成，07 バトルシミュレーションゲームの作成，08 シミュレーションゲームの作成，09 ロールプレイングゲームの作成，10 アドベンチャーゲームエンジンの作成，APPENDIX アプリ化と簡易リファレンス

内容 HTML5＋JavaScriptベースのゲームエンジンでPC＆スマートフォンゲームを作る！ 具体的なサンプルゲームでenchant.jsを利用したゲーム開発をわかりやすく解説！ 開発環境の構築からenchant.jsを使ったゲームプログラミングの基礎もしっかりフォロー！

プログラミングと人工知能（AI）　　　　　　　　　　　　　プログラミング

『**Pythonの絵本—Pythonを楽しく学ぶ 9つの扉 プログラミング初心者も楽しく入門**』　アンク著　［東京］　翔泳社　2018.2　201p　23cm〈索引あり〉1780円　Ⓘ978-4-7981-5513-5　Ⓝ007.64

目次 Pythonの勉強をはじめる前に，第1章 基本的なプログラム，第2章 計算の演算子，第3章 リスト，第4章 制御文，第5章 関数，第6章 文字列，第7章 ファイルと例外処理，第8章 クラスとオブジェクト，付録

内容 イラスト解説で楽しくわかる。実力派スクリプト言語のエッセンスを素早くマスター。

『**マンガと図解でスッキリわかるプログラミングのしくみ**』　大槻有一郎著，及川卓也監修，藤井昌子マンガ・イラスト　エムディエヌコーポレーション　2018.2　159p　24cm〈発売：インプレス〉2000円　Ⓘ978-4-8443-6735-2　Ⓝ007.64

目次 1 プログラムとコンピューター，2 プログラミング言語って何?，3 メモリの管理とデータ型，4 プログラミング言語の文法，5 オブジェクト指向プログラミング，6 データ構造とアルゴリズム

内容 プログラミングは暗記じゃない！ プログラムの勉強でおろそかにしがちなコンピュータとソフトウェアのモヤモヤをしっかり解決。Python，JavaScript，Javaの基礎も体験！

『**ゼロからやさしくはじめるPython入門—基本からスタートして、ゲームづくり、機械学習まで学ぼう！**』　クジラ飛行机著　マイナビ出版　2018.1　255p　26cm〈索引あり〉2310円　Ⓘ978-4-8399-6469-6　Ⓝ007.64

目次 1 プログラミングって何だろう?，2 プログラミングをはじめよう，3 制御構文を使ってみよう，4 リストと辞書型を使ってみよう，5 関数を使ってみよう，6 ゲームを作ってみよう，7 機械学習に挑戦してみよう

内容 プログラミング初心者でも安心のていねい解説。「できた！」を積み重ねて楽しく学べるカリキュラム。ゲームや機械学習で「作れた！」達成感を味わおう。

『**見てわかるUnity2017 C# スクリプト超入門**』　掌田津耶乃著　秀和システム　2018.1　514p　24cm　（Game Developer Books）〈「見てわかるUnity5 C# 超入門」（2015年刊）の改題，改訂版　索引あり〉3400円　Ⓘ978-4-7980-5301-1　Ⓝ798.507

目次 1 プログラミングの準備をしよう！，2 C# を使おう！，3 ゲームオブジェクトを操作しよう！，4 ゲームオブジェクトを極めよう！，5 ゲームのためのテクニックを覚えよう！，6 メカニズム（アバター）とGUI

内容 スクリプトもゲームを作りながら覚えよう！ きちんとゲームを作るために。

『**世界でいちばん簡単なVisualBasicのe本—VisualBasicの基本と考え方がわかる本**』　金城俊哉著　最新第4版　秀和システム　2017.12　265p　21cm〈最新版Visual Studio Community 2017に完全対応！ 最新版Windows10/8.1/8/7 SP1に対応！　索引あり〉1500円　Ⓘ978-4-7980-5286-1　Ⓝ007.64

目次 第1章 Visual Basic大解剖，第2章 はじめよう！ Visual Basicプログラミング，第3章 ソースコード大研究，第4章 これで完璧！ プログラムの制御，第5章 配列と構造体の完全理解，第6章 オブジェクト指向プログラミング超入門

内容 最新版Visual Studio Community 2017に完全対応！ オブジェクト指向の考え方がよ〜くわかる！ イラストと共に楽しくプログラムが学べる！ 最新版Windows 10/8.1/8/7 SP1に対応！

『**Python 1年生—体験してわかる！ 会話でまなべる！ プログラミングのしくみ**』　森巧尚著　翔泳社　2017.12　191p　23cm　（1年生）〈索引あり〉1980円　Ⓘ978-4-7981-5319-3　Ⓝ007.64

目次 基礎知識がわかる。基本文法をまなべる。開発体験ができる。簡単なプログラムから人工知能アプリまで体験！

内容 第1章 Pythonで何ができるの?（Pythonって何だろう　インストールしてみよう）　第2章 Pythonを触ってみよう（アイドルで始めよう！　文字も表示させてみよう ほか）　第3章 プログラムの基本を知ろう（プログラムって何?　データは「入れ物」に入れて使う ほか）　第4章 アプリを作ってみよう（操作できるアプリを作る　画像ファイルを読み込んでみよう ほか）第5章 人工知能くんと遊んでみよう（人工知能って何だろう?　人工知能を作る準備をしよう ほか）

『**Unity2017入門—最新開発環境による簡単3D ＆ 2Dゲーム制作**』　荒川巧也，浅野祐一著　SBクリエイティブ　2017.12　343p　24cm〈索引あり〉2500円　Ⓘ978-4-7973-9353-8　Ⓝ798.507

目次 1 Unityをはじめる準備，2 Unityの画面と使い方，3 Unityを使ってみよう！，4 2Dゲームを作ってみよう！，5 ゲームのUIを作ってみよう！，6 3Dゲームを作ってみよう！，7 スマートフォン向けに改良しよう！

子どもの本 情報教育・プログラミングの本2000冊　**163**

プログラミング　　　　　　　　　　プログラミングと人工知能（AI）

内容 いちばん簡単なUnity入門書がさらに「わかりやすく」なりました！（1）手順を詳細に解説しているので、初めての人も、気軽にゲーム制作が体験できます。（2）プログラムの書き方がわからなくても大丈夫です。（3）Unityの使い方とゲームの作り方がしっかりと学べます。

『10年後の世界を生き抜く最先端の教育―日本語・英語・プログラミングをどう学ぶか』 茂木健一郎, 竹内薫著 祥伝社 2017.11 251p 19cm 1500円 ①978-4-396-61629-8 Ⓝ372.107

目次 第1章 なぜ「トライリンガル教育」が必要か（トライリンガル教育とは何か？, なぜプログラミング言語なのか ほか）, 第2章 日本の教育はオワコンだ（「5＋3」は○、「3＋5」は×、というヘンな教育, 日本人が知らない世界の教育のベストプラクティス ほか）, 第3章 英語とプログラミング、どう身につける？（「お笑い」で知る、英語を学ぶほんとうの意味, 学んだ記憶は一生消えない ほか）, 第4章 頭の良さとは何か―ほんとうの知性と教養（教育とは個性の「発掘」である, 勘違いされた教師の役割 ほか）, 第5章 新しい時代をつくる創造性と多様性を身につける（自分の声を見つける―「ピッチ」に耐える表現力, 音楽は楽典ではなくジャムセッションで覚える ほか）

内容 これからは「トライリンガル」の時代。トライリンガルとは、国語・英語・プログラミング言語という「3つの言語」を体得すること。偏差値やTOEICの点数で一喜一憂するような教育では、10年後、日本の子どもたちが世界で活躍することは難しい。本当に創造的な知性を育む「トライリンガル教育」とは何か。科学的視点から語り尽くす！

『Metal 2ではじめる3D-CGゲームプログラミング―「iPhone」「iPad」「Mac」用3Dフレームワーク』 大西武著 工学社 2017.11 175p 21cm （I/O BOOKS）〈索引あり〉2300円 ①978-4-7775-2036-7 Ⓝ798.507

目次 第1章 「Metal 2」の基礎知識（「Metal 2」とは, 使用するツール, 「3D‐CG」の仕組み）, 第2章 「RoxigaEngine」の開発（「Metal 2」プロジェクトを作る, 「Metal」でアプリを生成する流れ, 三角形の描画 ほか）, 第3章 3Dアクションゲームの開発（3Dモデルの追加と表示, 「フラグメント・シェーダ」の変更, vector配列 ほか）, 附録 ARライブラリ「RoxigaEngine for AR」

内容 「Metal」は、「iPhone」や「Mac」といったアップル製品上で「3Dリアルタイム・レンダリング」するためのフレームワーク。「Metal」が登場するまでは、アップル

製品向けの3Dレンダリングにはオープン・ソースのAPI「OpenGL」が使われていましたが、「Metal」の登場で、パフォーマンスが大幅に向上しました。さらに「Metal 2」では、VR（仮想現実）の開発環境である「VRKit」、AR（拡張現実）の開発環境である「ARKit」も同梱され、ゲームやアプリの開発の幅も大きく広がりました。

『C#の絵本―C#が楽しくなる新しい9つの扉』 アンク著 第2版 ［東京］ 翔泳社 2017.10 233p 23cm 〈索引あり〉1780円 ①978-4-7981-5189-2 Ⓝ007.64

目次 C#をはじめる前に, 第1章 基本的なプログラム, 第2章 演算子, 第3章 制御文, 第4章 クラス, 第5章 クラスの継承, 第6章 クラスの応用, 第7章 ファイルとストリーム, 第8章 文字列の応用

内容 本格言語もゼロからマスター！ 基礎から学べるプログラミングのエッセンス。

『JavaScriptの絵本―Webプログラミングを始める新しい9つの扉』 アンク著 第2版 ［東京］ 翔泳社 2017.9 209p 23cm 〈索引あり〉1680円 ①978-4-7981-5163-2 Ⓝ007.64

目次 JavaScriptをはじめる前に, 第1章 HTML, 第2章 JavaScriptの実装, 第3章 変数と演算子, 第4章 制御文, 第5章 関数, 第6章 一般的なオブジェクト, 第7章 ブラウザのオブジェクト, 第8章 JavaScriptのオブジェクト指向, 付録

内容 Webページを作るなら、JavaScriptを使って便利でカッコよくしてみたいという人は多いのではないでしょうか。本書はHTML/CSSに始まり、JavaScriptの基礎からオブジェクトの考え方までをイラストで解説しており、難しい概念も直観的にイメージができて理解が進みます。さぁ、JavaScriptの扉を開き、一歩先行くWebデザイナーの道を進んでいきましょう！

『はじめてのプログラミング―ゼロから始める超入門』 マイナビ出版 2017.9 111p 29cm （マイナビムック―Mac Fan Special）1580円 ①978-4-8399-6439-9 Ⓝ007.64

『ふつうのLinuxプログラミング―Linuxの仕組みから学べるgccプログラミングの王道』 青木峰郎著 第2版 SBクリエイティブ 2017.9 458p 21cm 〈初版：ソフトバンクパブリッシング 2005年刊 文献あり 索引あり〉2750円 ①978-4-7973-8647-9 Ⓝ007.64

目次 第1部 Linuxの仕組み（Linuxプログラミングを始めよう, Linuxカーネルの世界, Linuxを描き出す3つの概念 ほか）, 第2部 Linuxプログラミングの根幹（ストリームに

プログラミングと人工知能（AI）　　　　　　　　　　　　　　　　　　　　　　　　プログラミング

かかわるシステムコール，ストリームにかかわるライブラリ関数，headコマンドを作る　ほか），第3部 Linuxネットワークプログラミング（ネットワークプログラミングの基礎，HTTPサーバを作る，HTTPサーバを本格化する　ほか），付録

内容 本書はLinuxプログラミングの入門書です。つまり，本書を読むことで読者のみなさんがLinux向けのプログラムをバリバリと作れるようになる，あるいはそこまでいかなくとも，そうなるために何が必要なのか判断できるようになることを目標としています。では，本書はどのような道筋をたどってその目標を達成するのでしょうか。簡単です。本書がやることはただ1つ，「Linux世界が何によってできているのか」を教えることです。

『UnityによるARゲーム開発—作りながら学ぶオーグメンテッドリアリティ入門』 Micheal Lanham著，高橋憲一，あんどうやすし，江川崇，安藤幸央訳　オライリー・ジャパン　2017.9　323p　24cm〈索引あり　発売：オーム社〉3200円　①978-4-87311-810-9　N798.507

目次 1章 はじめに，2章 プレイヤーの位置のマッピング，3章 アバターの作成，4章 獲物の生成，5章 ARでの獲物の捕獲，6章 捕まえた物の保管，7章 ARの世界の構築，8章 ARの世界とのやりとり，9章 ゲームの仕上げ，10章 トラブルシューティング，付録A TangoによるARビューの実装法，付録B ARKitによるARビューの実装法

内容 ARアプリ開発の入門書。本書ではスマホゲーム『Foody GO』を実際に作りながら位置情報ベースのARゲームについて学びます。『Foody GO』はモンスターを探して捕まえレストランに連れていってアイテムとして売るというアドベンチャーゲームです。モバイル端末のGPSから現在位置を取得しゲームの世界観に合わせたマップを描画してその上に自分のアバターとモンスターをアニメーション付きで表示します。AndroidやiPhoneで遊べる実践的なスマホゲームを自分で作ることができるので，読者はUnityによるARゲーム開発と関連技術を体系的かつ体験的に学べます。日本語版では，ARKitやTangoによるARビューの実装についての解説を巻末付録として収録しました。

『Unityの教科書—2D ＆ 3Dスマートフォンゲーム入門講座 はじめてでも安心！』 北村愛実著　SBクリエイティブ　2017.9　431p　24cm〈Unity 2017完全対応版　索引あり〉2580円　①978-4-7973-9352-1　N798.507

目次 1 ゲーム作りの準備，2 C#スクリプトの基礎，3 オブジェクトの配置と動かし方，4 UIと監督オブジェクト，5 Prefabと当たり判定，6 Physicsとアニメーション，7 3Dゲームの作り方，8 レベルデザイン

内容 わかりやすいと大好評！ 自信をもってオススメします！ C#の基礎を解説するので，プログラミングははじめてという人も安心して学習を始められます。サンプルゲームを作りながら，少しずつUnityの機能を学んでいきましょう。

『RubyでつくるRuby—ゼロから学びなおすプログラミング言語入門』 遠藤侑介著　ラムダノート　2017.7（第2刷）134p　21cm　2400円　①978-4-908686-01-6　N007.64

『アルゴリズム図鑑—絵で見てわかる26のアルゴリズム』 石田保輝，宮崎修一著　翔泳社　2017.6　207p　23cm〈別タイトル：ALGORITHMS：EXPLAINED AND ILLUSTRATED　索引あり〉2380円　①978-4-7981-4977-6　N007.64

目次 アルゴリズムはどんな言語でプログラムを書くにしても不可欠ですが，現場で教わるときにはめったになく，かといって自分で学ぶには難しいものです。本書は，アルゴリズムを独学する人のために作りました。はじめて学ぶときにはイメージしやすく，復習するときには思い出しやすくなるよう，基本的な26のアルゴリズム＋7つのデータ構造をすべてイラストにしています。ソートやグラフ探索などの「動き」を図で追うことで，考え方や仕組みを理解する手助けをします。よいプログラムを書くために知っておかなきゃいけないアルゴリズムの世界を，楽しく学びましょう。

内容 序章 アルゴリズムの基本　第1章 データ構造　第2章 ソート　第3章 配列の探索　第4章 グラフ探索　第5章 セキュリティのアルゴリズム　第6章 クラスタリング　第7章 その他のアルゴリズム

『いちばんやさしいPHPの教本—人気講師が教える実践Webプログラミング』 柏岡秀男，池田友子著　第2版　インプレス　2017.6　239p　21cm〈索引あり〉1980円　①978-4-295-00124-9　N007.64

目次 はじめて学ぶ人でも安心!!オールカラーでコードを丁寧に解説。勘違いしやすいポイントは講師がフォロー!!セミナーを受けている感覚で読み進められる。

内容 1 PHPを学ぶ準備をしよう（PHPの役割－PHPで何ができるのかを知りましょう　プログラミングとは－プログラミングの基本的な考え方を知りましょう　ほか）　2 プログラムを作りながらPHPの基本を学ぼう

子どもの本 情報教育・プログラミングの本2000冊　　165

プログラミング   プログラミングと人工知能（AI）

（作成するプログラムの内容−プログラムの
大きな構造を考えてみましょう　入力
フォームに必要なファイル−入力フォーム
の作成に必要な2つのファイルを確認しま
しょう　ほか）　3　データベースを作成しよ
う（データベースとは−データベースを使っ
てプログラムの幅を広げましょう　データ
ベースの準備−データベースを使う準備を
しましょう　ほか）　4　データベースと組み
合わせたプログラムを作ろう（データベース
への接続−PHPからデータベースに接続で
きるようにしましょう　データベースのエ
ラーを確認−データベースのエラーを
チェックできるようにしましょう　ほか）

『**AI世代のデジタル教育6歳までにきたえ
ておきたい能力55**』　五十嵐悠紀著　河
出書房新社　2017.6　218p　19cm
1300円　①978-4-309-25367-1　Ⓝ379.9
目次　第1章 2030年までに育てたい能力とデ
ジタル教育の最前線！（親世代と2030年に必
る子どもたちのデジタル環境，2030年に必
要な能力は？，住む場所や育つ環境による
違いはあるか），第2章 幼児期から家庭で何
をどのように始めるか？（家庭教育を始める
前の心構え，学ぶ環境・素材の選び方，成長
の見極め方，さあ，家でも始めてみましょ
う！），第3章 6歳までにAI世代が試してお
きたい「勉強の方法」55（考えて行動する
力，成果を出す力，人と共に生きるための
力，学習の土台となる力，社会を知る力，親
が意識しておきたいこと）
内容　プログラミングってどう教えればいい
の？　論理的思考力はどう育てればいいの？
コミュニケーション力、立ち直る力、集中
力、語学力…工学博士ママがすすめる、家庭
教育の最前線！

『**おもしろまじめなチャットボットをつく
ろう**』　松浦健一郎, 司ゆき著　秀和シ
ステム　2017.6　405p　24cm　〈索引あ
り〉　2600円　①978-4-7980-5164-2
Ⓝ007.353
目次　スマホ、LINE、HTTP、JSON、
PHP、Messaging API、Webhook、Web
API、GPSなどのIT技術を使い倒して、
チャットでお天気予報を教えてくれる世話
焼きボット、商品を調べて安いお値段を教
えてくれる節約家ボット、近くのおいしい
お店を教えるグルメ君ボット、口真似で
チャットを沸かせる盛り上げボット、など、
いろんな技術を無駄に駆使したボットと
ネットとプログラムの知識を学べる本です。
内容　1 Botの基本（Botとは何か　Botの仕
組み　Botの開発環境）　2 いろいろなBot
（最初のBot　応答するBot　キーワードを
認識するBot　自動的に発言するBot　セリ

フ集から発言するBot　Webサービスを利用
したBot−天気予報Bot　Webサービスを利
用したBot−価格Bot　画像を使うBot　位
置情報を使うBot　チャットを盛り上げる
Bot　ユーザを手伝うBot−買い物Bot
ユーザを手伝うBot−予定Bot　ゲームをす
るBot　ユーザインタフェースを使ったBot
の応用レシピ）

『**基礎から学ぶUnity 3Dアプリ開発—
「3Dゲーム」を手軽に作る！ 統合ゲー
ム開発環境**』　梅原嘉介, 小川敬治著，Ｉ
Ｏ編集部編集　工学社　2017.6　175p
26cm　（I/O BOOKS）〈索引あり〉
2300円　①978-4-7775-2014-5　Ⓝ798.
507
目次　「3D」での「Unity」の意義，「Unity」
のインストール，「Unity」の画面構成，
「Unity」の「オブジェクト」の作成と3つの
基本操作，簡単な「3Dゲーム」の作成，
「ボールの落下ゲーム」に挑戦，「衝突」へ
の対応（色の変化），「衝突」への対応（音の
変化），「スコア」を表示する，イベント処
理，「タイトル画面」からの「シーン」の切
り替え，高度なゲームに挑戦
内容　本書は、「3Dアプリ」開発に一歩踏み
出す読者に必要不可欠な基礎知識の習得が
狙い。特に、プログラミングで初心者向き
の「JavaScript」を使っていることも本書の
特徴。1つのゲームテーマを掲げ（「ボール」
の落下ゲーム」）、段階ごとに「3D」の知識が
学べるように考案。その際、「ゲームの作
成」を、(1) 最初は「Inspector画面」を使った
「手操作」で行ない、(2) ゲーム作成の手
順を理解後、同じ作成を「プログラム」で行
なう—という2段階の説明を採っている。こ
れによって、プログラムの初心者も3Dの操
作が容易に理解できる。

『**Minecraftで楽しく学べるPythonプロ
グラミング—楽しくスキルアップでき
るゼロからのPython学習帳**』　齋藤大
輔著　ソーテック社　2017.6　239p
24cm　〈文献あり　索引あり〉　2480円
①978-4-8007-1165-6　Ⓝ007.64
目次　初心者でもマイクラを自由自在に制御
できるゼロからのPython学習帳。
内容　プログラミング環境の準備　Python
の基礎知識と基本文法　Minecraft＋Python
プログラミングの基本　繰り返しを使った
プログラム　条件分岐を使ったプログラム
関数とクラスを使ったプログラム　実践編1
Pythonで豆腐建築をしてみよう　実践編2
プログラムで大きな絵を描こう　実践編3
ゲーム内で動く時計を作ろう　さらにス
テップアップするために　mcpi APIリファ
レンス　Minecraftブロックリスト　練習問
題の解答例

『**なるほど！ プログラミング—動かしな
がら学ぶ、コンピュータの仕組みとプロ**

グラミングの基本』　森巧尚著　SBクリエイティブ　2017.5　255p　21cm　〈索引あり〉　1980円　Ⓘ978-4-7973-9011-7　Ⓝ007.64

目次　第1章 コンピュータの中はどうなっている？（作り手の視点で考えよう，モノ作りは，分解から！ ほか），第2章 プログラミング言語は進化している（コンピュータは「ハードウェアとソフトウェア」でできている，0と1にはワケがある ほか），第3章 問題を解決するアルゴリズム（なぜコンピュータはいろいろなことができるの？，デジタルデータとは，現実世界をコンピュータの中に表現するしくみ ほか），第4章 問題を解決する道具（問題解決ってなに？，ライブラリがあるワケ ほか），第5章 問題を解決する考え方（プログラミングには「考え方」がある，構造化プログラミングにはワケがある ほか），付録

内容　データの流れから演算，コーディングまで，コンピュータを理解しながら，「プログラムって，こうやって動く」が，楽しく身につく。

『パーフェクトRuby』　Rubyサポーターズ著　改訂2版　技術評論社　2017.5　591p　23cm　（PERFECT SERIES）〈Ruby2.4対応　索引あり〉　3260円　Ⓘ978-4-7741-8977-2　Ⓝ007.64

目次　Rubyist必読の1冊。Ruby2.4対応！Rubyのセオリーを徹底解説。基本からgemパッケージの作成方法や実践的なアプリケーション開発まで，最新の情報を完全網羅。

内容　1 Ruby-overview（Rubyの概要）　2 Ruby言語仕様（Rubyの基礎　制御構造/メソッド/組み込み関数　クラスとモジュール　主な組み込みクラス/モジュール）　3 メタプログラミング（Rubyのクラスオブジェクト　動的なプログラミング　Procオブジェクト　Methodクラス　Rubyでのリフレクションプログラミング）　4 標準添付ライブラリ（ライブラリ　組み込みツール）　5 実践プログラミング（gemパッケージの作り方　よく使われる標準外のツール　コマンドラインアプリケーション開発　テストコード）

『LINE BOTを作ろう！―Messaging APIを使ったチャットボットの基礎と利用例』　立花翔著　翔泳社　2017.5　243p　23cm　〈索引あり〉　2800円　Ⓘ978-4-7981-5073-4　Ⓝ007.353

目次　プログラマーがLINE BOTアプリの開発にチャレンジする際に，今すぐ使えるサンプルを作りながら実装方法を楽しく学べる一冊。

内容　1 チャットボット（BOT）とは？　2 LINE BOTを作るための準備をしよう　3 LINE BOTアプリの基礎知識とひな型の作成　4 お天気BOTを作ろう　5 リバーシBOTを作ろう　6 ビンゴBOTを作ろう　7 LINE Loginと連携しよう　8 対話BOTを作ろう　特集 LINE BOT AWARDS関連インタビュー

『いちばんやさしいJavaScriptの教本―人気講師が教えるWebプログラミング入門』　岩田宇史著　インプレス　2017.4　271p　21cm　〈索引あり〉　2200円　Ⓘ978-4-295-00098-3　Ⓝ007.64

目次　プログラムを作成する準備をしよう，プログラムを作りながら基礎を学ぼう，条件分岐について学ぼう，関数の基本を学ぼう，繰り返し処理について学ぼう，HTML/CSSを操作する方法を学ぼう，ユーザーの操作に対応させよう，データをまとめて扱おう，フォトギャラリーを作成しよう，便利なjQueryを使用してみよう，Web APIの基本を学ぼう，YouTubeの動画ギャラリーを作ろう，独学する技術を身につけよう

内容　はじめて学ぶ人でも安心！ オールカラーでコードを丁寧に解説。小さなプログラムで基本を学んで最後は実践的なプログラムを完成させる！ 勘違いしやすい箇所は講師がフォロー！ ワークショップ感覚で読み進められる。

『いちばんやさしいPython入門教室―必須の基礎知識と基本文法がこの1冊でしっかり身につきます。』　大澤文孝著　ソーテック社　2017.4　255p　24cm　〈索引あり〉　2280円　Ⓘ978-4-8007-1159-5　Ⓝ007.64

目次　1 プログラムってなんだろう，2 Pythonを始めよう，3 Pythonでプログラムを書くときのルール，4 プログラムを構成する基本的な機能，5 数当てゲームを作ってみよう，6 数当てゲームをグラフィカルにしよう，7 クラスとオブジェクト，8 拡張モジュールを使ってみよう

内容　豊富なカラー図解とイラストで超わかる！ プログラムの「読み方」「書き方」「しくみ」「動かし方」を根本から理解し，作りながらしっかり学べる，すべてのビギナーに最良の入門書！

『C++の絵本―C++が好きになる新しい9つの扉』　アンク著　第2版　［東京］　翔泳社　2017.4　201p　23cm　〈索引あり〉　1780円　Ⓘ978-4-7981-5190-8　Ⓝ007.64

目次　C++言語をはじめる前に，第1章 C++の基本，第2章 C++プログラムの書き方，第3章 C++の機能，第4章 参照，第5章 クラスの構築，第6章 クラスの継承，第7章 オブジェクトとメンバ，第8章 C++上級編，付録

プログラミング   プログラミングと人工知能（AI）

内容 C＋＋は、Cを学んだ人が次にチャレンジすることの多い言語ですが、オブジェクト指向の考え方でつまずいてしまう人もまた多いですね。本書は、イラストで解説しているので、難しい概念も直観的にイメージでき、理解が進みます。さぁ、C＋＋言語の扉を開き、できるプログラマへの道を進んでいきましょう！

『ハッカーの学校ハッキング実験室』 黒林檎著、矢崎雅之編 データハウス 2017.4 286p 21cm 2800円 ①978-4-7817-0227-8 Ⓝ007.375
目次 第1章 検証環境の構築（検証環境の作成），第2章 Twitterアカウントの自動作成（APIを使用しないTwitterプログラミングの準備，アカウントの自動生成），第3章 Twitterを使用したフィッシングサイトの作成（Flask，フィッシングサイト生成プログラムの作成，フィッシングサイトの作成，Twitterのスパムフィルターについて），第4章 Twitterを利用したキーロガー（キーロガー），第5章 Twitterを使用したC&Cボットの構築（C&Cボットネットの概要，C&Cコントローラの構築，C&Cボットの構築）
内容 フォロワー自動生成、キーロガー、ボットネット、フィッシングサイト。SNSを利用したハッキング・プログラミング実践教室。

『PHPの絵本―Webアプリ作りが楽しくなる新しい9つの扉』 アンク著 第2版 ［東京］ 翔泳社 2017.4 241p 23cm 〈索引あり〉 1680円 ①978-4-7981-5164-9 Ⓝ007.64
目次 PHPをはじめる前に，第1章 基本的なプログラム，第2章 変数と配列，第3章 演算子，第4章 制御文，第5章 関数，第6章 文字列操作，第7章 インターネットとの連携，第8章 データの管理，付録
内容 PHPは、さまざまなWebアプリケーションが簡単に作れそうなので、興味のある人は多いのではないでしょうか。本書は、イラストで解説しているので、難しい概念も直観的にイメージができ、理解が進みます。さぁ、PHPの扉を開き、できるプログラマへの道を進んでみましょう！

『Makeblock公式mBotで楽しむレッツ！ロボットプログラミング』 久木田寛直著，阿部和広監修 FOM出版 2017.4 191p 24cm 〈mBlock Ver.3.4.5対応 索引あり〉 1800円 ①978-4-86510-316-8 Ⓝ548.3

『ゲームを作りながら楽しく学べるPythonプログラミング』 田中賢一郎著 インプレスR&D 2017.3 285p 26cm （Next Publishing―Future Coders）〈発売：インプレス〉 2500円 ①978-4-8443-9753-3 Ⓝ007.64
目次 基礎編（Pythonの紹介，データ型とデータ構造，制御文，PyGame，その他押さえておきたい事項，オブジェクト指向），ゲーム編（Cave，マインスイーパー，Saturn Voyager，Snake，ブロック，アステロイド，Missile Command，シューティング，落ちもの系ゲーム）

『CocosCreatorではじめるゲーム制作―ゲーム開発フレームワーク「Cocos2d-x」の統合開発環境』 朱鷺裕二著，ＩＯ編集部編 工学社 2017.3 183p 21cm （I/O BOOKS）〈索引あり〉 2300円 ①978-4-7775-1999-6 Ⓝ798.507
目次 第1章 「Cocos2d‐x」と「Cocos Creator」（「ゲーム開発環境」のいろいろ，「Cocos2d‐x」の概要 ほか），第2章 「Cocos Creator」をはじめよう（「Cocos Creator」のインストール，プロジェクトの実行 ほか），第3章 ゲームを作ろう（「ラン・ゲーム」を作るためのゲーム設計，「ステージ」を作る ほか），第4章 ゲームをより魅力的にしよう（より面白くするために，動的に「ステージ」(Wave)を作る ほか），第5章 各プラットフォームへの出力（「Python」のインストール（Windows），「Web」向けに出力 ほか）
内容 本書は、「Cocos Creator」と「Cocos2d‐JS」（JavaScript版Cocos2d‐x）を使って、ひとつのゲームを作りながら、「Cocos Creator」でのゲーム開発の流れを解説したものです。

『JavaScriptゲームプログラミング―知っておきたい数学と物理の基本』 田中賢一郎著 インプレスR&D 2017.3 441p 26cm （Next Publishing―Future Coders）〈文献あり 発売：インプレス〉 3700円 ①978-4-8443-9755-7 Ⓝ798.507

『世界でいちばん簡単なPythonプログラミングのe本―最新版 Pythonアプリ作りの考え方が身に付く』 金城俊哉著 秀和システム 2017.3 275p 21cm 〈最新版Windows10/8.1/7とMacに対応〉 1500円 ①978-4-7980-4979-3 Ⓝ007.64
目次 第1章 はじめよう！Pythonプログラミング，第2章 Pythonプログラムの材料，第3章 Pythonの「道具」を使って処理の流れを作ろう，第4章 Pythonの仕組みを使っていろんなデータを作ろう，第5章 プログラムの装置を作ろう，第6章 インターネッ

168

トにアクセスしてみよう，第7章 プログラムをGUI化しよう

[内容] イラストと共にアプリ作成が直感的に身に付く！ 丁寧な解説でPythonの仕組みがよくわかる！ 豊富な例題と練習問題で基礎固めができる！ Pythonの文法の基礎がよ〜くわかる！ 最新版Windows10/8.1/7とMacに対応！

『まんがでわかる親子で始めるプログラミング教育―子供の論理的思考力と問題解決力を高める育て方』 バンタン未来のしごと研究所著，波野涼漫画，星野卓也脚本 KADOKAWA 2017.2 175p 19cm 1200円 ①978-4-04-601822-9 Ⓝ379.9

『インドの小学校で教えるプログラミングの授業―これならわかる！ 超入門講座』織田直幸著，ジョシ・アシシュ監修 青春出版社 2017.1 189p 18cm （青春新書INTELLIGENCE PI-504） 920円 ①978-4-413-04504-9 Ⓝ007.64

[目次] 1時間目 インドのIT教育はこんなに進んでいた！―インド人にはなぜプログラミングの達人が多いのか（ゼロを発見したインド人，ゼロがないと計算ができない ほか）, 2時間目 そもそもコンピュータはなぜ動く？―プログラミング言語って，要はこういうこと（ハードウェアとソフトウェア，10進法と2進法 ほか）, 3時間目 プログラミングって，じつはこんなに簡単！―3つの指示を覚えれば，誰でもプログラムが書ける（プログラミングの語源，そもそもプログラミングって何？ ほか）, 4時間目 さあ，プログラミングを実践してみよう！―一試したその日に書けた！ 動かせた！（実践に入る前に，サンプルプログラムでこんなことができる！ ほか）

[内容] IT大国のインドではプログラミングを日本でいう小学5年生から学び始めている。そんなインドでのプログラミングの入門授業を参考にITが苦手な人にもわかりやすく解説した世界一やさしいプログラミング講座です。

『なっとく！ アルゴリズム―興味はあるけど考えることが苦手なあなたに』 Aditya Y.Bhargava著，クイープ監訳 ［東京］ 翔泳社 2017.1 279p 23cm 〈索引あり〉 2500円 ①978-4-7981-4335-4 Ⓝ007.64

[目次] あれもこれもアルゴリズム，並べたり差し込んだり選んだり：ソート，同じ手順で何度でも：再帰，ちっちゃくしてから考えよう：クイックソート，関連付けると話も早

い：ハッシュテーブル，グラフを作れば見えてくる：幅優先探索，本からピアノへ物々交換大作戦：ダイクストラ法，問題は続くよどこまでも：貪欲法，ドローボーは計画的に：動的計画法，分類したら予測して：k近傍法，この先にはなにがあるの？，答え合わせ

[内容] この本はとっつきにくいアルゴリズムを理解しやすいように工夫しています。

『はじめての深層学習（ディープラーニング）プログラミング』 清水亮著 技術評論社 2017.1 190p 23cm 〈索引あり〉 2280円 ①978-4-7741-8534-7 Ⓝ007.13

[目次] 第1章 深層学習超入門，第2章 Chainerで機械学習を基礎から学ぼう，第3章 リカレントニューラルネットワークのプログラミング，第4章 TensorFlowを学ぼう，第5章 深層強化学習 Deep Q Learning，第6章 深層学習のこれから

『みんなのPython―Lightweight Language Python Definitive Guide』 柴田淳著 第4版 SBクリエイティブ 2017.1 483p 21cm 〈初版：ソフトバンククリエイティブ 2006年刊 索引あり〉 2700円 ①978-4-7973-8946-3 Ⓝ007.64

[目次] プログラミング言語Python，Pythonでプログラミングをはじめよう，Pythonの基礎をマスターする，組み込み型を使いこなす，Pythonと関数型プログラミング，クラスとオブジェクト指向開発，クラスの継承と高度なオブジェクト指向機能，モジュール，スコープとオブジェクト，例外処理 ［ほか］

[内容] Python入門書のデファクトスタンダードが4年ぶりに大改訂。近年，Pythonの利用が，機械学習，AIなどの科学技術分野へ大きく広がっている現状を踏まえて，細部にわたり加筆，修正した。

『難しそうなプログラミングをやさしく教えてくれる本―いま話題のプログラミングが，ゼロからわかる』 安藤正芳，武部健一，原田英生，清水美樹著，日経ソフトウエア編集 ［東京］ 日経BP社 2017.1 185p 28cm （日経BPパソコンベストムック） 〈発売：日経BPマーケティング〉 2300円 ①978-4-8222-3923-7 Ⓝ007.64

『Cの絵本―C言語が好きになる新しい9つの扉 イラストだからわかる！ イメージできる！』 アンク著 第2版 ［東京］ 翔泳社 2016.12 195p 23cm 〈索引あり〉 1380円 ①978-4-7981-5038-3 Ⓝ007.64

[目次] C言語をはじめる前に，第1章 基本的なプログラム，第2章 演算子，第3章 制御文，第4章 配列とポインタ，第5章 関数，第

6章 ファイルの入出力，第7章 構造体，第8章 プログラムの構成，付録

内容 C言語には難解なトピックもあるため，文章だけではなかなかイメージがつかめず，理解しづらいものですね。本書はイラストで解説しているので，直観的にイメージをとらえることができ，理解も進みます。さあ，C言語への扉を開き，プログラマへの道を進んでいきましょう！

『Javaの絵本―Javaが好きになる新しい9つの扉 ゼロから学べる初心者の味方』アンク著　第3版　［東京］　翔泳社　2016.12　223p　23cm〈索引あり〉1580円　①978-4-7981-5037-6　Ⓝ007.64

目次 Javaをはじめる前に，第1章 基本的なプログラム，第2章 演算子，第3章 制御文，第4章 クラスの基礎，第5章 クラスの継承，第6章 クラスの応用，第7章 ファイルとストリーム，第8章 パッケージの利用，付録

内容 Javaには難解なトピックもあるため，文章だけではなかなかイメージがつかめず，理解しづらいものですね。本書はイラストで解説しているので，直観的にイメージをとらえることができ，理解も進みます。さあ，Javaへの扉を開き，プログラマへの道を進んでいきましょう！

『文系の親でもゼロからわかるプログラミング―プログラミングが小学校で必修に！』　［東京］　日経BP社　2016.12　97p　28cm　〈日経ホームマガジン〉〈『日経トレンディ』別冊　発売：日経BPマーケティング〉926円　①978-4-8222-2089-1　Ⓝ007.64

『子どもに教えるためのプログラミング入門―ExcelではじめるVisual Basic』田中一成著　オーム社　2016.11　199p　23cm〈索引あり〉2000円　①978-4-274-21985-6　Ⓝ007.64

目次 第0日 何を今さらBasic？，第1日 Visual Basicを呼び出す「おまじない」，第2日 コンピューターと会話する（入力と出力），第3日 変数を使う，第4日 計算する（四則演算と関数），第5日 判断をさせてみる（条件分岐），第6日 繰り返し計算をさせてみる（ループ），第7日 一次元の配列を使う，第8日 Excelデータの利用（二次元の配列），第9日 簡易グラフィックを使う，第10日 さまざまなグラフィック，最終日 Excelでは計算できない？

『楽しく学ぶアルゴリズムとプログラミングの図鑑』森巧尚作　マイナビ出版　2016.11　289p　21cm　〈絵：まつむら

まきお　索引あり〉2490円　①978-4-8399-6021-6　Ⓝ007.64

目次 第1章 アルゴリズムってなに？，第2章 いろいろなプログラミング言語，第3章 データ構造とアルゴリズムの基本，第4章 簡単なアルゴリズム，第5章 サーチアルゴリズム，第6章 ソートアルゴリズム

内容 見て，読んで，試してわかる，実感できる入門書です！「アルゴリズムの意味」をイラストや図でやさしく解説。「プログラミング言語」のサンプルを体験して納得。取り上げる言語：JavaScript・PHP・C・Java・Swift・Python・BASIC・Scratch。

『はじめてのPython AIプログラミング』金城俊哉著　秀和システム　2016.11　299p　24cm　（BASIC MASTER SERIES 481）〈索引あり〉1700円　①978-4-7980-4485-9　Ⓝ007.13

目次 1 至急求む、Pythonできる人！，2 はじめよう！ Pythonプログラミング！，3「レイ」を電卓レベルまでにしてあげよう，4 英語は文型で覚える（文字列の操作），5 英語は連想式で記憶する（リスト，辞書），6 オブジェクト指向とクラス，7 GUI版ボット「レイ」の作成

内容 いま人気のPythonで対話型プログラム作成のノウハウが30日30ステップで身に付く！

『マンガでやさしくわかるプログラミングの基本』高橋雅明著，田中裕久シナリオ制作，森脇かみん作画　日本能率協会マネジメントセンター　2016.11　285p　21cm〈索引あり　文献あり〉1800円　①978-4-8207-5938-6　Ⓝ007.64

目次 序章 プログラミングとは，第1章 コンピュータができること，第2章 プログラミングの準備と基礎知識，第3章 プログラムの動きとつくる手順を考えよう，第4章 プログラミングをしよう，第5章 プログラミングとプログラマ

内容 プログラミングってこういうことだったのか！ しくみと仕事がわかる！ はじめて学ぶ人のための見る、読む、体験する教科書！

『しんせつなPython―プログラミング超初心者が初心者になるための本』とおやまただし，とおやまつよし著　秀和システム　2016.10　199p　24cm〈索引あり〉1700円　①978-4-7980-4805-5　Ⓝ007.64

目次 Pythonの実行環境を作る，とりあえず何かしてみよう，数値型と文字列，リストとディクショナリ（辞書），変数を使おう，そろそろ「呪文」の正体が知りたい，関数を作ってみよう，printを覚えよう，繰り返し処理を覚えよう，ifによる条件分岐，ライブラリのimportでPythonを強化する，Python

プログラミングと人工知能（AI）　　　　　　　　　　　　　　プログラミング

環境を構築しよう，Fizz Buzzゲーム，大量
の文字列を扱おう，しりとりプログラムを
作ろう，クラスの初歩を学ぶ
内容 パソコンで文字を打てる人なら誰でも
理解できる！ 学ぶための前提知識が必要の
ないプログラミング本。

『マインクラフトプログラミングブック』
寺園聖文著，中植正剛，キッズプログラ
ミングスクール8×9監修　マイナビ出
版　2016.9　223p　24cm
〈ComputerCraft対応　索引あり〉 2380
円　Ⓘ978-4-8399-6048-3　Ⓝ798.5
目次 ものづくり冒険ゲーム：マインクラフ
トの世界をより深く楽しむためにプログラ
ミングを学ぼう！ ComputerCraftは、マ
インクラフトにコンピュータやタートル、ポ
ケットコンピュータを追加した世界。自分
で"プログラム"を作成すれば思い通りに動
かすことができます。マインクラフトを
もっと楽しみたい方はもちろん、はじめて
プログラムに取り組む方のためにわかりや
すく楽しく解説していきます。
内容 1章 マインクラフトの世界　2章 コン
ピュータクラフトをインストールしよう　3
章 やってみよう！ プログラミング　4章
ルア言語を覚えよう　5章 プログラムで遊
ぼう　6章 プログラムを改造してみよう　7
章 本格的な自動化プログラム

『これからはじめるプログラミング作って
覚える基礎の基礎―最も親しみやすい
プログラミング言語「Scratch」で身に
つけよう！』 谷尻かおり著，谷尻豊寿
監修　技術評論社　2016.8　327p
21cm （プログラマー〈確実〉養成講座
Ver.1.0）〈索引あり〉 2280円　Ⓘ978-
4-7741-8298-8　Ⓝ007.64
目次 第0章 まずは道具を準備しよう，第1
章 プログラムを始めよう，第2章 プログ
ラムの流れを理解しよう，第3章 値を入れ
る箱をマスターしよう，第4章 プログラム
の流れをコントロールしよう，第5章 ルー
プを使いこなそう，第6章 アニメーション
にチャレンジ，第7章 一歩進んだプログラ
ミング，第8章 お掃除ロボットを作ろう！，
第9章 次のステップへ，付録 ブロック一覧
内容 最も親しみやすいプログラミング言語
「Scratch」で身につけよう！

『つくりながら覚えるスマホゲームプログ
ラミング』 掌田津耶乃著　エムディエ
ヌコーポレーション　2016.8　351p
26cm〈Android ＆ iOS両対応
m7kenji イラスト　索引あり〉　発売：

インプレス〉 3000円　Ⓘ978-4-8443-
6602-7　Ⓝ798.5

『〈インターネット〉の次に来るもの―未
来を決める12の法則』 ケヴィン・ケ
リー著，服部桂訳　NHK出版　2016.7
401,13p　20cm　2000円　Ⓘ978-4-14-
081704-9　Ⓝ007
内容 人工知能、仮想現実、拡張現実、ロ
ボット、ブロックチェーン、IoT、シンギュ
ラリティー―これから30年の間に私たちの生
活に破壊的な変化をもたらすテクノロジーは
すべて、12の不可避な潮流から読み解ける。
前作『テクニウム』でテクノロジー進化の原
理を鮮やかに描き出した著者の待望の最新
刊。ニューヨークタイムズ・ベストセラー。

『クジラ飛行机先生のプログラミング入門
書―ゲーム、ウェブ、実用アプリの作り
方がわかる！』 クジラ飛行机著　［東
京］ 日経BP社　2016.7　173p　28cm
（日経BPパソコンベストムック）〈著作
目録あり　発売：日経BPマーケティン
グ〉 2300円　Ⓘ978-4-8222-3752-3
Ⓝ007.64

『これ1冊でゼロから学べるWebプログラ
ミング超入門―HTML,CSS,
JavaScript,PHPをまるごとマスター』
掌田津耶乃著　マイナビ出版　2016.7
247p　26cm〈索引あり〉 2680円
Ⓘ978-4-8399-5922-7　Ⓝ547.483
目次 1 基本のHTML&CSSを使おう，2
JavaScriptの基本を覚えよう，3 Webを操作
しよう，4 グラフィックを操作しよう，5
サーバープログラムを作ろう，6 本格アプ
リに挑戦しよう，7 スマホアプリに挑戦！
内容 Webプログラマーになりたい人、必
読！ (1) HTML＋CSS (2) JavaScript
(3) PHPによるサーバー開発 (4) Ajaxによ
る非同期通信 (5) Webを使ったスマホアプ
リ作成で「最低限コレだけ」を詰め込みま
した。

『Unity5の教科書―2D&3Dスマート
フォンゲーム入門講座 はじめてでも安
心！』 北村愛実著　SBクリエイティブ
2016.6　423p　24cm〈索引あり〉 2580
円　Ⓘ978-4-7973-8679-0　Ⓝ798.5
目次 1 ゲーム作りの準備，2 C# スクリプ
トの基礎，3 オブジェクトの配置と動かし
方，4 UIと監督オブジェクト，5 Prefabと
当たり判定，6 Physicsとアニメーション，7
3Dゲームの作り方，8 レベルデザイン
内容 最初は簡単な2Dゲームからスタート
し、徐々にステップアップしながら、いろい
ろな機能を組み込んだゲームを作っていき
ます。はじめてUnityに触れるという人
も、つまずくことなく学習できるように構
成されています。スクリプトを読み書きす

プログラミング　　　　　　　　　　　　　　　　　　　プログラミングと人工知能（AI）

るために必要なC#の基礎知識も解説しているので、プログラミング経験のまったくない人でも、安心して学習を開始することができます。ゲームを楽しく遊んでもらうための「レベルデザイン」のやり方も解説しています。その他にも、ゲームを面白くするためのヒントが満載です。

『基礎からきちんと知りたい人のC/C＋＋プログラミング入門』　原田英生著，日経ソフトウエア編集　［東京］日経BP社　2016.5　226p　28cm　（日経BPパソコンベストムック）〈Windows 10/Visual Studio 2015対応　発売：日経BPマーケティング〉2300円　①978-4-8222-3639-7　Ⓝ007.64

『プログラミングを始めたい人がいちばん最初に開く本―"知識ゼロ"でも大丈夫プログラムが動く仕組みを知ってあなたも"脱"初心者』　［東京］　日経BP社　2016.5　185p　28cm　（日経BPパソコンベストムック）〈発売：日経BPマーケティング〉2300円　①978-4-8222-3638-0　Ⓝ007.64

『遊んで学ぶはじめてのプログラミング―Processingの魔法学校』　西田竜太著　秀和システム　2016.4　549p　21cm　（Game Developer Books）〈索引あり〉2200円　①978-4-7980-4634-1　Ⓝ798.5

［目次］1 魔法学校へようこそ―プログラムの力，2 魔法の言葉―はじめてのプログラミング，3 命を吹き込む―プログラムで動かそう，4 魔法コンクール―プログラムで作品を作ろう，5 雪ふる夜と使い魔―アクションゲームに立ち向かおう，6 冒険の課外授業―RPGにチャレンジ，エピローグ―冒険のつづき，魔導書―Processingの手引き

［内容］今までにない魔法学校のストーリー形式で楽しく学べる。驚くほどコードが短いので、やる気が続く。無料でスマホ向けに自分のゲームを作る力がつく。多彩なサンプルコードを、遊びつつ気ままに改造して自分のオリジナルゲームに使える。現役ゲーム開発者が書いているので、ゲームづくりのはじめにピッタシ。

『基礎からきちんと知りたい人のVisual Basicプログラミング入門』　原田英生著　［東京］　日経BP社　2016.4　226p　28cm　（日経BPパソコンベストムック）〈Windows 10/Visual Studio 2015対応　「ゼロから学ぶ！実用Visual Basic 2010」（2011年刊）の改題、

改訂増補版　発売：日経BPマーケティング〉2300円　①978-4-8222-3632-8　Ⓝ007.64

『ゲームの作り方―Unityで覚える遊びのアルゴリズム』　加藤政樹著　改訂版　SBクリエイティブ　2016.4　452p　24cm　〈初版：ソフトバンククリエイティブ　2013年刊　索引あり〉2980円　①978-4-7973-8425-3　Ⓝ798.5

［目次］第0章 ゲーム作りを始める前に，第1章 クリックアクションゲーム―おに，第2章 ジグソーパズル―ぷちパズル，第3章 ドットイートゲーム―ダンジョンイーター，第4章 3Dサウンド探索ゲーム―イン・ザ・ダーク・ウォーター，第5章 リズムゲーム―ヘドバン・ガールズ，第6章 全方向スクロールシューティング―スターバイター，第7章 並べ替えパズルアクション―イート・ザ・ムーン，第8章 ジャンピングアクション―（株）ねこ障子，第9章 ロールプレイングゲーム――画面伝説レジェンド，第10章 ドライブゲーム―ナゾレバ・ハシレール（もちろん仮）

［内容］ゲーム開発環境Unityの使い方から、おもしろさを生み出すしくみまで、この一冊でOK！CEDEC Awards 2013著述賞受賞の名著が全面リニューアル！

『楽しく学ぶJava入門―合本』　大津真著　インプレスR&D　2016.4　383p　26cm　（インプレスR&D〈NextPublishing〉―New thinking and new ways）2750円　①978-4-8020-9074-2　Ⓝ007.64

『Unityゲームエフェクト入門―Shurikenで作る！ユーザーを引き込む演出手法』　ktk.kumamoto著　［東京］　翔泳社　2016.4　327p　23cm　（SMART GAME DEVELOPER）〈索引あり〉3400円　①978-4-7981-4412-2　Ⓝ798.5

［目次］Unity5.3で追加されたParticle System（Shuriken）の新機能について，01 エフェクトとは，02 Particle System（Shuriken）の概要，03 はじめて作るエフェクト，04 自然を表現する，05 キャラクターにエフェクトをつけよう，06 状態を表すエフェクトを作ろう，07 ゲームを盛り上げるエフェクトを作ろう，08 派手な攻撃を演出するエフェクトを作ろう

［内容］31種類のゲームエフェクトを習得！レッスン形式でゲームエフェクトの作成手法を作りながら学べる！

『実践！Androidプログラミング入門―幅ひろ〜く学べる！』　中島省吾，山下武志，清水美樹著　［東京］　日経BP社　2016.3　225p　28cm　（日経BPパソコンベストムック）〈発売：日経BPマー

ケティング〉2300円 ①978-4-8222-3631-1 Ⓝ007.64

『猫でもわかるC# プログラミング』粂井康孝著 第3版 SBクリエイティブ 2016.3 444p 21cm 〈NEKO series〉〈初版:ソフトバンククリエイティブ 2007年刊 索引あり〉2500円 ①978-4-7973-8563-2 Ⓝ007.64

目次 C# を始めるまえに,テキストを表示する,変数とデータ型,演算子,制御文,配列,クラスの基礎,クラスとメソッドの詳細,継承,インターフェイス,構造体,デリゲートとイベント,例外,演算子のオーバーロード,ジェネリック,名前空間,プリプロセッサ,属性など,LINQ,Windowsフォームプログラミング,練習問題の解答

内容 C# できますと言えるレベルまで!多くのプログラマに支持されたC# 解説書のロングセラー。「わかって使える」まで,少ない労力と短い期間で到達!

『プログラミング脳をこれから鍛える本—「5つの思考回路」と「世界算数」で問題解決力を高めよう!』ソニー・グローバルエデュケーション著 [東京] 日経BP社 2016.3 165p 26cm 〈発売:日経BPマーケティング〉1480円 ①978-4-8222-9794-7 Ⓝ410.79

目次 準備編—算数・思考力テストで5つの思考回路を身に付けよう,入門編—思考回路を意識して「認識」「実行」してみよう(同じもの,いちばん右は ほか),基礎編—「仮定する」ことに慣れながら,5つの思考回路を身に付けよう(今日のおやつ,ちがう形 ほか),応用編—経験を活かしてより複雑な問題を解いてみよう(□□÷□=□×□=□,ボール振りわけ器 ほか),解説編—プログラマの発想で思考回路を活用しよう

『Unity 5ゲーム開発はじめの一歩—実際にゲームを開発しながら,Unity 5の基本操作と機能がわかる! 簡単なスクリプトも書ける!』古波倉正隆著 インプレス 2016.3 132p 24cm (THINK IT BOOKS) 1800円 ①978-4-8443-8012-2 Ⓝ798.5

目次 第1章 新しくなったUnity,第2章 Unity5でコインプッシャーゲームを作ろう(前編),第3章 コインプッシャーゲームを作ろう(中編),第4章 Unity5でコインプッシャーゲームを作ろう(後編),第5章 uGUIの簡単な使い方,第6章 複数人で1つのUnityプロジェクトを管理するには,第7章 全国各地で盛り上がりを見せるゲーム開発イベント

内容 実際にゲームを開発しながら,Unity5の基本操作と機能がわかる! 簡単なスクリプトも書ける!

『イチから学ぶプログラミング—はじめてのプログラミングからC言語,そしてイマドキの言語まで』[東京] 日経BP社 2016.1 177p 28cm (日経BPパソコンベストムック)〈発売:日経BPマーケティング〉2300円 ①978-4-8222-3630-4 Ⓝ007.64

『イラストでそこそこわかるLPIC1年生』河野寿著 [東京] 翔泳社 2016.1 303p 21cm (Linux教科書) 2400円 ①978-4-7981-4406-1 Ⓝ007.6

目次 はじめるまえに,さわってみましょう,ファイルとディレクトリ操作のきほん,はじめてのエディター,ユーザーの役割とグループ,シェルの便利な機能を使おう,使いこなすと便利なワザ,ソフトウェアとパッケージ,ファイルシステム,プロセスとジョブ,ネットワークとLinux

内容 イラストをたくさん使って説明しています。Linux初心者にも安心して学習できます。大きな文字で読みやすい紙面です。

『基礎からきちんと知りたい人のC# プログラミング入門—プログラミングが初めての人も最新純正ツールを試したい人もこの一冊でマスター!』原田英生著 [東京] 日経BP社 2015.12 226p 28cm (日経BPパソコンベストムック)〈Windows 10/Visual Studio 2015対応 「基礎からきちんと知りたい人のC# プログラミングの入門書」(2012年刊)の改題,改訂増補版 発売:日経BPマーケティング〉2300円 ①978-4-8222-3626-7 Ⓝ007.64

『ゲームで学ぶ「JavaScript入門」—HTML5 & CSSも身につく!』田中賢一郎著 インプレス 2015.12 327p 24cm 〈文献あり 索引あり〉2400円 ①978-4-8443-3978-6 Ⓝ798.5

目次 1 本書でつくるサンプルゲーム,2 HTML＋CSSの基本,3 JavaScriptの基本,4 Canvasの基本,5 実践:ゲームプログラミング,6 物理エンジンを使ったゲーム

内容 HTML5&CSSも身につく! 初心者のためのラクラク参考書!

『Godot Engineではじめるゲーム制作—オープンソースのゲームエンジン』天沢らせん著 IO編集部編集 工学社 2015.11 207p 21cm (I/O BOOKS)〈索引あり〉2300円 ①978-4-7775-1922-4 Ⓝ798.5

目次 第1章 基本（概要説明，ダウンロード・インストール ほか），第2章 2Dゲームの作り方（Hello World，キャラクター ほか），第3章 3Dゲームの作り方（「2D」との違い，2Dの要素を3D化する），第4章 スクリプトの使い方（スクリプトの使い方，日本語を使う ほか）

『**Scratchで学ぶプログラミングとアルゴリズムの基本**』 中植正剛，太田和志，鴨谷真知子著 日経BP社 2015.11 199p 26cm 〈発売：日経BPマーケティング 索引あり〉 2200円 ①978-4-8222-9793-0 Ⓝ007.64
目次 プログラミングのポイントとScratchの操作がわかる。
内容 Scratchを使う準備をしよう 第1部 プログラミングをはじめよう（Scratchの基本を知ろう プログラムの流れをつかもう 変数と配列の使い方をマスターしよう） 第2部 本格的なプログラミングを身につけよう（構造化プログラミングを学ぼう 関数の使い方をマスターしよう） 第3部 アルゴリズムのキホンを学ぼう（アルゴリズムその1 サーチ（探索） アルゴリズムその2 基本的なソート（並び替え） アルゴリズムその3 すすんだソート（並び替え）） 第4部 Scratchを使いこなそう（クローン）

『**子どもにプログラミングを学ばせるべき6つの理由**―「**21世紀型スキル**」で社会を生き抜く』 神谷加代，できるシリーズ編集部著，竹林暁監修 インプレス 2015.10 222p 21cm （できるビジネス）〈文献あり 索引あり〉 1500円 ①978-4-8443-3828-4 Ⓝ007.64
目次 第1章 なぜ子どもにプログラミングの教育が必要なのか？，第2章 世界で進む子ども向けプログラミング教育，第3章 今すぐ学べるスクールとその取り組み，第4章 子どもと一緒に学べるウェブサービス＆アプリ，第5章 迷路ゲームを解いて教育効果を実感しよう，第6章 ゲームを作って考え方や解き方がトレーニングできる

『**SCRATCHではじめよう！ プログラミング入門**―ゲームを作りながら楽しく学ぼう』 阿部和広監修，杉浦学著 日経BP社 2015.6 152p 26cm 〈発売：日経BPマーケティング Scratch2.0対応〉 1800円 ①978-4-8222-9774-9 Ⓝ007.64
目次 15ステージで着実に学べる。プログラミングの基本がこの1冊で、わかる。Scratch2.0対応。

内容 Scratchをはじめよう 自機を作ろう（キーボードで操縦 ロケット噴射のアニメーション） 敵キャラを作ろう（座標を使ったスクリプト 乱数と複製） プロジェクトを共有しよう 弾丸を発射させよう 効果音とBGMを追加しよう 敵キャラの爆破アニメーションを追加しよう スコアと残機数を記録しよう ゲームの状態を設計しよう−スタート画面とゲームオーバー画面の追加 ハイスコアを記録しよう 敵キャラの動きを複雑にしよう−三角関数の利用 敵キャラの種類を増やそう ボスキャラを作ろう

『**目指せプログラマー！ プログラミング超入門**―プログラミング的な考え方をしっかり身につけよう Visual Studio Community・C#編』 掌田津耶乃著 マイナビ 2015.6 311p 26cm 〈索引あり〉 2400円 ①978-4-8399-5433-8 Ⓝ007.64
目次 1 プログラミングの準備をしよう，2 基本文法を覚えよう，3 オブジェクト指向ってなに？，4 ウインドウを使ったアプリ制作，5 グラフィックを使おう，6 リアルタイムに動かそう
内容 プログラミングの基本からゲームの開発まで、初歩の初歩から手取り足取りじっくり解説！ 単にプログラムが作れるということでなく、「プログラミング的な考え方」が身についていれば、さまざまなシーンで役立ちます。これまで何度も挫折経験がある人でも本書ならきっと最後まで読むことができます！

『**iPhoneのゲームアプリをつくろう！**―知識ゼロからのプログラミング教室 こんなにカンタンにできちゃうの!?』 森巧尚著 秀和システム 2015.4 191p 24cm 〈Xcode 6/SwiftSpriteKit対応 索引あり〉 2500円 ①978-4-7980-4349-4 Ⓝ798.5
目次 1 iPhoneゲームアプリを作ろう！―iPhoneアプリを作るXcodeを理解しましょう。2 ゲームを作る準備をしよう！（SpriteKitの基本）―ゲームアプリを作るSpriteKitを理解しましょう。3 おみくじアプリを作ってみよう（タッチしたら動くアプリ）―ボタンを押したら動くゲームを作ってみましょう。4 もぐらたたきゲームを作ってみよう（複数のスプライトの表示、タイマー制御）―スプライトをたくさん表示して動きをつけたり、制限時間のあるゲームを作ってみましょう。5 隕石スラロームゲームを作ってみよう（スプライトのタッチ操作、エフェクトの表示）―スプライトをタッチ操作で動かしたり、きれいなエフェクトのゲームを作ってみましょう。6 マシュマロキャッチゲームを作ってみよう（物理エンジン）―物理エンジンを使って、リアルに動くゲームを作りましょう。

プログラミングと人工知能（AI）　　　　　　　　　　　　　　プログラミング

内容 タッチ操作、スプライト、タイマー制御、パーティクル、物理シミュレータ…こんなにカンタンにできちゃうの!?お手本通りに入力するだけでiPhoneゲームが完成！

『iPhone 2Dゲームプログラミング—本気でゲーム開発力をつけたい人のための！』 STUDIO SHIN著　秀和システム　2015.3　265p　24cm〈索引あり〉2700円　①978-4-7980-4372-2　Ⓝ798.5

目次 1 ようこそ！ iOSゲーム開発の世界へ、2 iOSゲーム開発をはじめるまえに、3 アプリ開発（1）ゲームの土台となる画面を作る、4 アプリ開発（2）いよいよゲーム画面を作る、5 アプリ開発（3）ゲームの仕掛けの作り方、6 アプリ開発（4）ゲームを仕上げる

内容 標準フレームワークとSwiftだけで作る基礎能力に磨きをかけろ!!いちからコードを書いていくのでゲーム作りがわかる。アプリ内課金/広告を含む開発の全行程が体験できる。ゲーム開発で必須のフレームワークが全て学べる。

『プログラミングの「超」入門書—基本をしっかり理解して、確かな力を身に付ける』 ［東京］ 日経BP社　2015.3　177p　28cm　（日経BPパソコンベストムック）〈発売：日経BPマーケティング〉 2300円　①978-4-8222-7721-5

『子どもを億万長者にしたければプログラミングの基礎を教えなさい』 松林弘治著　KADOKAWA　2015.2　223p　19cm〈他言語標題：Teach your kids to code to turn them into billionaires　文献あり〉1400円　①978-4-04-067378-3　Ⓝ375.199

目次 第1章 子どもをビジネスで成功させる近道は「プログラミング」だ、第2章 最新のプログラミング教室事情、第3章 「プログラミングって何？」と聞かれたら、第4章 基礎を理解して興味を持たせる、第5章 プログラミングを学んでみよう、第6章 子どもが将来も意欲的に取り組めるように

内容 企業のトップたちが当たり前にプログラミングできるという事実。ビジネスで成功する近道は「プログラミング」だった！プログラミングの根本概念を子どもと一緒に楽しく学ぶ方法、ひとり立ちさせる秘訣までわかる！

『SpriteKitではじめる2Dゲームプログラミング』 村田知常、原知愛、近藤秀彦、山下佳隆著　［東京］ 翔泳社　2015.2　387p　23cm　（SMART GAME DEVELOPER）〈Swift対応　索引あ

り〉2980円　①978-4-7981-3951-7　Ⓝ798.5

目次 第1章 ゲーム開発の準備、第2章 Swiftの基本、第3章 積み上げゲームを作ろう—SpriteKitの基本、第4章 横スクロールアクションゲームを作ろう—SKActionを使いこなす、第5章 ピンボールゲームを作ろう—物理エンジンを極める、第6章 ジャンプゲームを作ろう—加速度センサーの利用、第7章 ドットイートゲームを作ろう—タイルを使ったマップ描画、第8章 リバーシを作ろう—AIの作り方

内容 本書は、Apple標準のプログラミング言語SwiftとSpriteKitフレームワークを使って6つのゲームを作りながら、2Dゲームプログラミングの基本と定番テクニックを学ぶ書籍です。さまざまな物体をタワー状に積んでいく積み上げゲーム、パックマン風のドットイートゲーム、Flappy Bird風の横スクロールアクション、加速度センサーによるジャンプゲーム、AIを使ったリバーシなど、全6ジャンルのゲームを作ります。このゲーム作りを通じて、Swift言語とSpriteKitフレームワークの基本に加えて、人気・定番2Dゲームの作り方とその開発技法を学びましょう。

『ちゃんと使える力を身につけるWebとプログラミングのきほんのきほん』 大澤文孝著　マイナビ　2015.2　335p　24cm〈索引あり〉2480円　①978-4-8399-5409-3　Ⓝ547.483

目次 1 WebブラウザでWebページが表示される仕組み、2 WebサーバからWebブラウザにコンテンツが届くまで、3 Webプログラムがコンテンツを作る仕組み、4 Webプログラムを動かしてみよう、5 Webプログラミングをしてみよう、6 ライブラリやJavaScriptを使ったプログラミング、7 ユーザーを追跡するCookieとセッション情報、8 データベースを使ったプログラミング

内容 言語に限定されない応用が効く基礎力をつける！ インターネットのしくみがわかる！ Webプログラムがどのように動いているかを学べる！ 正規表現やテンプレート、ライブラリ、セキュリティまでカバー！

『見てわかるUnreal Engine4ゲーム制作超入門』 掌田津耶乃著　秀和システム　2015.2　591p　24cm　（Game Developer Books）〈索引あり〉3000円　①978-4-7980-4321-0　Ⓝ798.5

目次 1 Unreal Engineの準備をしよう！、2 アクタの基本を覚えよう！、3 マテリアルを使おう！、4 ゲームを演出するための機能を覚えよう！、5 アニメーションをマスターしよう！、6 ブループリントでプログラミング！、7 ゲーム作りに挑戦！

内容 手順全部のせ！ 何をしたらいいのかわからない人へ、ゼロから始める3Dゲーム

子どもの本 情報教育・プログラミングの本2000冊　**175**

プログラミング　　　　　　　　　　　　　　プログラミングと人工知能（AI）

開発。サンプルダウンロードサービス、Windows/Mac対応、Unreal Engine未経験者対象。

『**Windows上でラクラク学べるLinux OS超入門**』阿久津良和著　マイナビ　2015.1　239p　24cm　〈索引あり〉　2280円　①978-4-8399-5394-2

目次 Windows上の仮想マシンでLinuxを起動，1 Linux/Ubuntuとは，2 Ubuntuの基本的なGUI操作，3 Ubuntuの基本設定を確認する，4 Linuxの基本的なコマンド操作，5 Linuxに欠かせないコマンド操作を確認，6 ファイル操作を便利にする方法，7 ネットワークの操作を身につける，8 Linuxをもっと便利にするコマンドを学ぶ，9 さらに深くLinuxを活用するコマンドをマスター

内容 VMware PlayerとUbuntuでLinux環境をスムーズに構築。Linuxのコマンド操作の基本をわかりやすく解説！ 仮想マシン環境の構築やUbuntuの基本設定も網羅！ 各コマンドの使い方が豊富な例文で理解できる！

『**cocos2d-xではじめるスマートフォンゲーム開発**』三木康暉著　技術評論社　2015.1　367p　23cm　〈[cocos2d-x Ver.3対応] for iOSAndroid　索引あり〉　2980円　①978-4-7741-7055-8　Ⓝ798.5

目次 1 cocos2d‐xについて知る，2 cocos2d‐x環境のセットアップ，3 cocos2d‐xの基本的な構造，4 カジュアルゲームを作る『かわずたんキャッチ！』，5 物理エンジンを使ったゲームを作る『かわずたんジェット！』，6 パズルゲームを作る『かわずたんクラッシュ！』，7 クロスプラットフォーム対応を行う，Appendix 役立つツールと情報収集

内容 本書はゲーム開発の基本や設計からcocos2d‐x Ver.3から利用可能になったC＋＋11を使ったコーディング、メモリ管理、ゲームエンジンの仕組みやゲームアルゴリズム、クロスプラットフォーム化など開発の核となるテクニックや知識を丁寧に解説しています。基礎をしっかり学ぶことで、作りたいゲームのイメージ、アイデアを練って形にできるノウハウが習得できます。

『**Unity4プログラミングアセット活用テクニック**』荒川巧也，浅野祐一著　SBクリエイティブ　2015.1　399p　24cm　〈索引あり〉　2980円　①978-4-7973-8100-9　Ⓝ798.5

目次 1 Unityについて知ろう！，2 「ユニティちゃん3Dモデルデータ」とMecanimでユニティちゃんを動かそう！，3 uGUIでテキストやボタンなどのUI要素を作ろう！，4

「ユニティちゃん3Dモデルデータ」で3Dゲームを作ろう！，5 「ユニティちゃん2Dデータ」で2Dゲームを作ろう！，6 「ユニティちゃん2Dデータ」で2Dゲームを作ろう！—応用編，7 「Photon Realtime」でオンラインゲームを作ろう！，8 「ユニティちゃんライブステージ！」で踊るユニティちゃんのディレクターになろう！，9 「Vuforia」でARカメラアプリを作ろう！

内容 Unityがもっと楽しくなる！ アセットを使って、一歩進んだゲームを作ろう！ 2D機能、Mecanimアニメーション、uGUIの使い方も手順付きで解説。ユニティちゃんの動かし方も載ってます！

『**これ一冊で完全理解Linuxカーネル超入門**』日経Linux編　[東京]　日経BP社　2014.11　193p　28cm　（日経BPパソコンベストムック）〈発売：日経BPマーケティング〉　2500円　①978-4-8222-3497-3

『**自分で作る！ ゲームプログラミング入門**』[東京]　日経BP社　2014.11　177p　28cm　（日経BPパソコンベストムック）〈発売：日経BPマーケティング〉　2300円　①978-4-8222-3718-8

『**見てわかるUnity JavaScript超入門**』掌田津耶乃著　秀和システム　2014.11　447p　24cm　（Game Developer Books）〈索引あり〉　3200円　①978-4-7980-4212-1　Ⓝ798.5

目次 1 Unityプログラミングの準備をしよう，2 JavaScriptの基本を覚えよう，3 オブジェクトの基本をマスターしよう，4 「物」としてのゲームオブジェクト，5 ゲームの幅を広げよう，6 ゲームの機能を組み立てよう

内容 JavaScriptでゲームを作ろう！ 本書では、Unityで使うJavaScriptを基礎から説明しています。Webで使われてるJavaScriptとの違いも抑えているので「WebのJavaScriptならわかる」という人もスムーズに移れるでしょう。ごく初歩的なプログラムでも、自分で書くことができるようになれば「ちゃんと動いて遊べるゲーム」を作れるようになるのです。

『**オンラインゲームのしくみ—Unityで覚えるネットワークプログラミング**』河田匡稔著　SBクリエイティブ　2014.9　328p　24cm　〈索引あり〉　3000円　①978-4-7973-7591-6　Ⓝ798.5

目次 第1章 オンラインゲーム作りをはじめよう，第2章 通信プログラムの基礎知識，第3章 通信プログラムを作ってみよう，第4章 チャットプログラムを作ろう，第5章 ターン制ゲーム—「あいてる＃マスだー」，第6章 ちょこっとアクションゲーム—「たたいて！ かわして！ じゃんけんぽん！」，

第7章 キー入力同期通信ゲーム―「フロクのいなりずし」，第8章 箱庭コミュニケーションゲーム―「とうふのつもり」，第9章 アクションMO～「ドキドキ がんもどき」

内容 バンダイナムコスタジオのプログラマが徹底解説！ ゼロからはじめるオンラインゲームプログラミング！

『スクラッチではじめるプログラミング』
石原正雄著 カットシステム 2014.8 255p 24cm 〈索引あり〉 3200円 Ⓘ978-4-87783-348-0 Ⓝ007.64

目次 ジグソーパズルの感覚でできる！ 誰でも簡単にできる！ 思いついたらすぐにできる！

内容 第1章 スクラッチをはじめよう 第2章 スクラッチでコーディング入門！ 第3章 プログラムの流れを自由に変える 第4章 スプライト同士でメッセージを送る，受け取る 第5章 「調べる」命令でいろいろ調べる 第6章 計算もおまかせ！ 第7章 ペンでいろいろな形を描いてみよう！ 第8章 データを使いこなそう！ 変数とリスト 第9章 スクラッチで作るゲームいろいろ 第10章 スクラッチで学ぶコンピュータサイエンス

『ゲーム作りのはじめかた―Unityで覚える企画からレベルデザインまで』 あすなこうじ著 SBクリエイティブ 2014.7 494p 24cm 〈索引あり〉 3000円 Ⓘ978-4-7973-7736-1 Ⓝ798.5

目次 Unityの基本，GameObjectとRigidbodyとPrefabと，面白さの作り方，軽いゲームを作ろう，アクションゲームの企画，アクションゲームのプログラム，アクションゲームのレベルデザイン，パズルゲームの企画，パズルゲームのプログラム，パズルゲームの連鎖を作ろう，パズルゲームのレベルデザイン，フィールドアクションの企画，フィールドアクションのプログラム，フィールドアクションのレベルデザイン

内容 アイデアを企画書にしてからプログラミング，そしておもしろさを生み出すレベルデザインまで！ バンダイナムコスタジオの現役プランナーが伝授するゲームをおもしろく作る方法！

『スクラッチ2.0アイデアブック―ゼロから学ぶスクラッチプログラミング ゲームで遊ぶな，ゲームを作ろう！』 石原正雄著 カットシステム 2014.5 180p 24cm 〈索引あり〉 2400円 Ⓘ978-4-87783-340-4 Ⓝ007.64

目次 第1章 はじめに，第2章 スクラッチワールドへようこそ，第3章 スクラッチ超

簡単入門，第4章 スクラッチはいろいろできる，第5章 シューティングゲームを作る，第6章 ロールプレイングゲームも作れる，第7章 スクラッチでコンピューターミュージック，第8章 ピコボードでスクラッチをあやつる，第9章 自分の作品を世界に公開しよう

内容 マウスを使って部品を組み合わせていくだけで，おどろくほどいろいろなプログラムが作れる！

『教養としてのプログラミング講座』 清水亮著 中央公論新社 2014.3 193p 18cm （中公新書ラクレ 489）〈文献あり〉 780円 Ⓘ978-4-12-150489-0 Ⓝ007.64

目次 1 プログラミングはあなたの隣に（プログラミングを学ぶと，どうなる，プログラミングとは何だろう ほか），2 コンピュータ要らずのプログラミング入門―基本ルールを知ろう（「伝え漏らすべからず」，あくまで「コミュニケーション」の一様態 ほか），3 今すぐ役立つプログラミングテクニック―プログラマーの思考法を知ろう（アルゴリズム―効率的な作業手順を「形」にする，処理，分岐，ループ，プログラムの基礎パーツ ほか），4 簡単コンピュータプログラミング講座（いよいよコンピュータプログラミングを始めよう！，MOONBlockを使ってみよう ほか），5 プログラミングの未来（プログラミングは普通の文章に近づく，小学校でプログラミングを学ぶ時代 ほか）

内容 もの言わぬ機械とコミュニケーションする手段「プログラミング」。コンピュータが隆盛を極めた今，もはやそれは必須の「教養」だ。この本は，一冊だけで優れたプログラマーの思考を習得することを目指す。ジョブズやゲイツ，現代の成功者はどんな世界を見ているのか？ 21世紀に生き残るための「必修科目」。

『プログラミングの基礎固め―根本を理解してステップアップ』 日経ソフトウエア編集 ［東京］ 日経BP社 2014.3 178p 28cm （日経BPパソコンベストムック）〈発売：日経BPマーケティング〉 2300円 Ⓘ978-4-8222-7713-0

『入門ゲームプログラミング』 チャールズ・ケリー著，ぷれす訳 SBクリエイティブ 2014.2 504p 24cm （Professional Game Developer）〈索引あり〉 2900円 Ⓘ978-4-7973-7454-4 Ⓝ798.5

目次 Windowsプログラミングの基礎，DirectXの概要，ゲームエンジン，スプライトとアニメーション，衝突とエンティティ，サウンド，テキスト，視覚効果の改良，タイルゲーム，ゲームの完成，ネットワークプログラミング

プログラミング　　　　　　　　　　　　　　　　　　プログラミングと人工知能（AI）

[内容] 10年戦える基礎力を！ C＋＋による
ゲーム開発のエッセンスを徹底解説。根源
的なゲームプログラミング力を生み出す珠
玉の12章。

『Visual basic教えて学ぶプログラミン
グ』冨沢高明, 杉田和久著　教育図書
2014.2　215p　26cm　2800円　①978-
4-87730-335-8　Ⓝ375.199

『やさしいJavaScriptのきほん』高橋麻
奈著　SBクリエイティブ　2014.2
205p　24cm　〈索引あり〉2000円
①978-4-7973-7478-0
[目次] 第1章 準備体操しよう！（JavaScript
でやってみよう！, ツールを使ってみよう
ほか）, 第2章 JavaScriptをはじめよう！
（時刻を表示しよう, オブジェクトを使いこ
なそう ほか）, 第3章 JavaScriptで動かそ
う！（クリックで表示しよう, 画像を入れ替
えよう ほか）, 第4章 JavaScriptでチェッ
クしよう！（入力フォームを作ろう, 入力を
チェックしよう ほか）, 第5章 グラフィッ
クを描こう！（キャンバスを使おう！, アニ
メーションを作成しよう ほか）, 第6章
マップを活用しよう！（マップを利用しよ
う, マップを準備しよう ほか）
[内容] スラスラ読める解説文＋サクサク動く
サンプル, 経験ゼロでも, 挫折せずに, 基本
がしっかりつかめる！ プログラミング入門
書のベストセラー著者が, 最初の一冊とし
て贈る決定版。

『いちばんやさしいアルゴリズムの本―算
数の知識でわかる！ 「探索」「ソート」
「選択」「マージ」を小難しいと感じるあ
なたに』みわよしこ著　技術評論社
2013.10　223p　21cm　〈執筆協力：永
島孝　索引あり〉1980円　①978-4-
7741-6013-9　Ⓝ007.64
[内容] 序章 あなたはなぜ, アルゴリズムの
本が読めないのか？ 第1章 アルゴリズム
的価値観を理解する 第2章 それは探しき
れるか？ −探索と探索アルゴリズム 第3
章 それは数えられるのか？ −計算時間の
見積もり 第4章 それはどういう規模
か？ −Order記法 第5章 それは重要な問
題か？ −ドメインごとの優先事項 第6章
それは, 解かなくてはならない問題なの
か？ −「割り切り」の方法 Appendix ア
ルゴリズム解説書を読んでみる

『遊んで作るスマホゲームプログラミング
for Android』西田竜太著　秀和シス
テム　2013.8　734p　21cm　（Game
Developer Books）〈索引あり〉2800円
①978-4-7980-3864-3　Ⓝ798.5

[目次] Training はじまりの村, Game
Design ゲームデザインの森, Prototyping
プロトタイピング山岳地帯, Data データの
街, Publishing アプリの迷宮, 3D Game
3Dプログラミングの塔, Sample Games 7
匹の龍
[内容] 今すぐゲーム作りの冒険の旅に出かけ
よう！ 13才の中学生でも猫でも誰でも簡単
に楽しくゲームが作れる。無料ツール・無
償開発ツールと豊富なサンプルソースコー
ドですぐにはじめられる。

『ていねいに基礎を固めるプログラミング
の入門書』日経ソフトウエア編集
［東京］日経BP社　2013.7　186p
28cm　（日経BPパソコンベストムッ
ク）〈発売：日経BPマーケティング〉
2286円　①978-4-8222-2277-2

『C言語とC＋＋がわかる本―仕組みが学
べる！ 最新アプリを作れる！ C＃も
少し』矢沢久雄, 原田英生著　［東京］
日経BP社　2013.5　210p　28cm　（日
経BPパソコンベストムック）〈発売：
日経BPマーケティング〉2362円
①978-4-8222-2276-5

『おうちで学べるプログラミングのきほん
―全く新しいプログラミングの入門書』
河村進著　［東京］翔泳社　2013.4
320p　21cm　〈索引あり〉1980円
①978-4-7981-3064-4　Ⓝ007.64
[目次] 1 プログラミングの世界をのぞいてみ
よう―世の中にあふれるプログラム, 2 コ
ンピュータの仕組みと役割を理解しよう―
プログラムが動く器, 3 OSの仕組みと役割
を理解しよう―プログラムを監督するプロ
グラム, 4 プログラミング言語の基礎知識
―プログラミング言語の基本と分類, 5 プ
ログラミング言語を学ぼう1―JavaScript編,
6 プログラミング言語を学ぼう2―C言語編,
7 オブジェクトって何だろう―オブジェク
ト指向モデリング入門, Appendix 代表的
なプログラミング言語とその特徴―補講
[内容] 「実習」「講義」の形を取ることで, プ
ログラムが動く仕組みを誰でも理解できる
ように解説した, 初学者や非プログラマー
のための入門書。

『ゲームプログラミング入門―プロ直伝：
iPhone/Android/HTML5/PS
VitaニンテンドーDSiで動くゲームを
作ろう！』日経ソフトウエア編集
［東京］日経BP社　2012.12　178p
28cm　（日経BPパソコンベストムッ
ク）〈発売：日経BPマーケティング〉
1886円　①978-4-8222-2272-7

『はじめて学ぶAndroidゲームプログラ
ミング―ゲームクリエーターへの第一

プログラミングと人工知能（AI）　　　　　　　　　　　　　　　　プログラミング

歩』リック・ロジャース著，SDL Plc
訳　ピアソン桐原　2012.12　453p　23
×19cm　3200円　①978-4-86401-090-0
目次 モバイルゲーム，ゲームの要素とツー
ル，ゲームループとメニュー，シーン、レイ
ヤー、遷移、およびモディファイア，描画と
スプライト，アニメーション，テキスト，
ユーザー入力，タイルマップ，パーティクル
システム〔ほか〕

『**enchant.jsスマートフォンゲーム開発
講座―JavaScript＋HTMLによるは
じめての2Dゲーム**』phi著，ユビキタ
スエンターテインメント監修　［東京］
翔泳社　2012.9　335p　23cm
（SMART GAME DEVELOPER）
〈PRO対応　索引あり〉2800円
①978-4-7981-2790-3　Ⓝ798.5
目次 ORIENTATION enchant.jsとは，01
JavaScriptの基礎文法，02 enchant.jsの基礎
を学ぼう，03 シンプルなタッチゲームを作
ろう，04 シューティングゲームを作ろう，
05 アクションゲームを作ろう，06 アク
ションゲーム：ドラゴンバスター!!，07 加
速度センサーを使ったゲームを作ろう，08
3Dゲームを作ろう，APPENDIX 作成した
ゲームの公開＆enchant.jsリファレンス集
内容 enchant.jsを利用したスマートフォン
向けゲーム作成手法について，サンプルを
元に作りながら学ぶ書籍です。本書で扱う
サンプルは、シューティングゲームやタッ
チゲームなど、スマートフォンでも人気の6
ジャンルを厳選しています。それらの6つの
サンプルゲームの作り方を「実習」と「講
義」というスタイルで解説しています。実習
では、実際に手を動かしてサンプルを作成し
ます。講義では、実習で作成したサンプル
コードの解説を丁寧に行っています。巻末
には、作成したゲームの公開方法やenchant.
jsのリファレンスも掲載しています。

『**cocos2dでつくるiPhoneゲーム―for
Objective-C：自由で速い、ゲーム用フ
レームワークを使う！**』久保島祐磨著，
Ｉ Ｏ編集部編集　工学社　2012.9　223p
21cm　（I/O BOOKS）〈索引あり〉
2300円　①978-4-7775-1711-4　Ⓝ798.5
目次 第1章 開発環境を整えよう（「cocos2d」
とは，「cocos2d」を用いて開発することの
メリット ほか），第2章 「cocos2d」を使っ
てみよう（CCDirector，画面の構成 ほか），
第3章 「15パズルゲーム」の設計（「15パズ
ルゲーム」の概要，「15パズルゲーム」の設
計），第4章 「15パズルゲーム」の実装（15
パズルゲームプロジェクトの作成，
「TitleLayer」クラスの実装 ほか）

『**コピペではじめるAndroidゲームプロ
グラミング**』山下武志著　秀和システ
ム　2012.8　623p　24cm〈索引あり〉
2800円　①978-4-7980-3434-8　Ⓝ798.5
目次 1 インベーダーゲームをつくろう（開
発環境をつくろう，画面を宇宙色にしよう，
ゲームの土台を作成しよう，ジョイス
ティックを作成しよう ほか），2 縦スク
ロールシューティングゲームをつくろう（イ
ンベーダーを改造して縦スクロールシュー
ティングを作る，プロジェクトを修正しよ
う，タイトル画面を作りなおそう，背景をス
クロールさせよう ほか）
内容 インベーダー、縦スクロールシュー
ティング…ソースをどんどん追加してゲー
ムを作ろう。

『**Unityゲームプログラミング―フリーの
「ゲームエンジン」で開発！**』XELF著，
Ｉ Ｏ編集部編集　工学社　2012.7　175p
21cm　（I/O BOOKS）〈索引あり〉
2300円　①978-4-7775-1699-5　Ⓝ798.5
目次 第1章 Unityの基礎，第2章 Unityの仕
組み，第3章 Unityのアセット（部品），第4
章 Unityのスクリプト・プログラミング，第
5章 UnityのGUI，第6章 Unityゲームのビ
ルド，第7章 オブジェクトの使い方，第8章
アニメーションの作り方，第9章 パーティク
ルの使い方，第10章 物理エンジン「PhysX」
を使う，第11章 Unityによるゲーム作例
内容 Windows版の「Unity」を使って、開
発環境のインストールから、C# でのゲーム
のプログラミング、そしてUnityでゲーム開
発を行なう際のポイントとなる機能の使い
方を詳しく解説。

『**はじめてのXcode 4プログラミング**』
まえだひさこ，佐藤伸吾共著　インプレ
スジャパン　2012.6　271p　24cm〈索
引あり　発売：インプレスコミュニケー
ションズ〉2600円　①978-4-8443-3204-
6　Ⓝ007.64
目次 第1章 開発環境を整えよう，第2章
Xcodeの基本を知ろう，第3章 何もしないア
プリケーションを作成してみよう，第4章
Storyboardの使い方，第5章 カメラアプリ
を作ろう，第6章 GPS地図アプリを作ろう，
第7章 Twitterアプリを作ろう
内容 本書は、プログラミングが初めての人
に向けた、Macプログラミング（iPhone・
iPad・Macアプリ）の解説書です。最初の
ページから順番に、書いてあるとおりに操
作してみましょう。そうすることで「自分
がXcodeを操作して、プログラムを動かして
いる」ことを感じてください。本書の前半
では、Xcodeの基本について解説していま
す。後半では、実際にカメラアプリ・地図ア
プリ・Twitterアプリを作ります。

子どもの本 情報教育・プログラミングの本2000冊　**179**

プログラミング　　　　　　　　　　　　　　プログラミングと人工知能（AI）

『アルゴリズムを学ぼう』　川中真耶, 杵渕
朋彦, 椎名俊輔共著　アスキー・メディ
アワークス　2012.5　271p　24cm〈索
引あり　発売：角川グループパブリッシ
ング〉2400円　①978-4-04-886128-1
Ⓝ007.64
 目次 アルゴリズムと計算量, データ構造—
初級編, ソート, グラフと探索, データ構造
—上級編, 最短経路問題, グラフの上級アル
ゴリズム, NP完全問題, 暗号
 内容 アルゴリズムとその考え方を, ストー
リー仕立てで基礎の基礎からたのしく学ん
でみよう。

『DirectX 9実践プログラミング』　ＩＯ
編集部編集　工学社　2012.5　399p
26cm　（I/O BOOKS）〈Windows
XPVista7対応版　索引あり〉2800円
①978-4-7775-1687-2　Ⓝ798.5
 目次 1章 Directxについて, 2章 Direct3D9
（Direct3Dの基礎知識, 基本的なウインド
ウ・プログラム, 基本的なフルスクリーン・
プログラム ほか）, 3章 DirectSound
（DirectSoundについて, DirectSoundプロ
グラミングの基礎知識, 基本的なサウンド
再生 ほか）, 4章 DirectInput（DirectInput
について, DirectInputの基本的な使い方,
マウスの状態を取得する ほか）

『Androidプログラミング—Processing
でかんたん』　田原淳一郎著　カットシ
ステム　2012.4　243p　24cm〈索引あ
り〉2600円　①978-4-87783-276-6
Ⓝ007.64

『ゲーム作りで学ぶJavaプログラミング
入門—Java 7版』　工学研究社編著, 中
島省吾著　エスシーシー　2012.4
435p　23cm　（SCC books B-358）
〈索引あり〉2200円　①978-4-88647-
987-7　Ⓝ007.64
 目次 Javaプログラミングの準備, ウインド
ウを表示してみよう！, 文字を表示する, 計
算結果を表示する, 文章作成マシーンを作
ろう, おみくじゲームを作ろう, ダンスゲー
ムをつくろう, じゃんけんゲームを作ろう,
スロットマシーンを作ろう, 今後の学習と
総合問題

『iPhoneソーシャルゲーム開発—
iPhoneやiPadで動くソーシャルゲー
ム開発の手引き書：iOS 5 iOS SDK
5 Xcode 4.3対応！』　林晃害　新潟
シーアンドアール研究所　2012.3
359p　21cm〈索引あり〉3400円
①978-4-86354-101-6　Ⓝ798.5

 目次 01 ゲームのコアの作成, 02 2Dの描
画処理, 03 アニメーション処理, 04 オー
ディオの再生, 05 動画の再生, 06 Game
Centerへの対応, APPENDIX アプリケー
ションアイコンの設定とiPadへの対応
 内容 iOSのGame Centerを使ったソーシャ
ルゲームの開発方法をわかりやすく解説。
iOS向けゲーム開発のテクニックが満載。

『Squirrelゲームプログラミング—組み
込みスクリプト言語による実践テク
ニック』　TAKASHIN, 北出智, 神尾隆
司執筆, 北出智, 神尾隆司監修　インプ
レスジャパン　2012.3　495p　24cm
〈索引あり　発売：インプレスコミュニ
ケーションズ〉3800円　①978-4-8443-
3155-1　Ⓝ798.5
 目次 第1章 開発環境とSquirrelのセット
アップを行う, 第2章 Squirrelの文法を学
ぶ, 第3章 ゲームプログラムにSquirrelを組
み込む, 第4章 バインダを利用してC＋＋と
Squirrelの連携を支援する, 第5章 サンプル
ゲームを作成する, 第6章 ゲーム開発現場
でのSquirrel, 第7章 Squirrelの文法をより
深く学ぶ, 第8章 Squirrelの実践的なテク
ニック
 内容 無償の組み込みスクリプト言語で自作
ゲームをリリースしよう。Luaよりも分かり
やすく書きやすい。メーカー製ゲームから
同人ゲームまで幅広く支持されるゲーム開
発言語。

『Pd Recipe Book—Pure Dataでは
じめるサウンドプログラミング』　松村
誠一郎著　ビー・エヌ・エヌ新社
2012.2　341p　26cm　3400円　①978-
4-86100-780-4　Ⓝ547.3
 目次 1 Introduction（Pdでサウンドプログ
ラミング, Pdのプログラミング ほか）, 2
Basic（Pdのパッチを作る, Putメニュー/ヘ
ルプファイル ほか）, 3 Rhythm Machine
（音ファイルを読み込む, Arrayに読み込ん
だ音データを再生する ほか）, 4
Synthesizer（シンプルなサイン波シンセサイ
ザーを作る, 音の立ち上がりと消える部分
を作る ほか）, 5 Interactive System（フ
リールーパー（Free Looper）, 時間経過と
ランダムな音 ほか）
 内容 コンピュータで, 自分の音/楽/器を作
る驚きと喜び—Max/MSPと同じルーツを持
つ, オープンソースのグラフィカルプログ
ラミング環境「Pure Data」の解説書。リズ
ムマシン, シンセサイザー, そして音のイン
タラクションシステムの作り方を, 初心者
にもわかりやすく手引き。

『OpenGL ESを使ったAndroid 2D
（ツーディー）/3Dゲームプログラミン
グ』　大西武著　秀和システム　2011.12

プログラミングと人工知能（AI）　　　　　　　　　　　　　　　プログラミング

403p　24cm〈タイトル：OpenGL ES
を使ったAndroid 2D3Dゲームプログラ
ミング　索引あり〉2800円　①978-4-
7980-3162-0　Ⓝ798.5

目次 1 Android用アプリ開発について，2
Android向けOpenGL ESの2D入門，3 ビリ
ヤード風シューティングゲームの開発，4
Android向けOpenGL ESの3D入門，5 音楽
ゲームの開発，6 HyperMotion2Dライブラ
リの解説，7 HyperMotion3Dライブラリの
解説

『コピペではじめるiPhone（アイフォー
ン）ゲームプログラミング』　立花翔著
秀和システム　2011.12　495p　24cm
〈索引あり〉2500円　①978-4-7980-
3159-0　Ⓝ798.5

目次 1 開発環境の構築，2 初級ゲーム開
発，3 中級ゲーム開発，4 ゲームをリリース
する，5 ゲームに使う画像の作成，6 サウン
ドファイルの作成，7 ゲーム開発者の心得

内容 いきなりコードを書くのは難しい。だ
からコピペで覚えましょう。Objective-C入
門書を読み終わったらコピペで動かしなが
ら理解するiPhone用ゲーム開発解説書。

『Unityではじめるゲームづくり』　ミ
シェル・メナード著，湊和久，大西康満
放課後Unity倶楽部訳　ソフトバンクク
リエイティブ　2011.11　477p　24cm
（Professional game programming）
〈索引あり〉3400円　①978-4-7973-
6772-0　Ⓝ798.5

目次 第1部 はじめに（Unityエンジンの概
要，初めてのゲーム作り：どこから始め
る？），第2部 ゲームアセットの作り方
（Unityのテラインエンジン，アセットをイ
ンポートして開発環境を構築する ほか），
第3部 小道具たちに命を与える（Unityにお
けるスクリプティング，キャラクター制御
と状態・ステータス制御のスクリプトを書
く ほか），第4部 感性を磨き上げる（ライ
ティングとシャドウ，パーティクルシステ
ムを使う ほか），第5部 ゲームを公開する
（基本的なUnityのデバッグと最適化，最終
ビルドを作成する）

内容 ゲーム開発者が認めた決定版解説書。
人気タイトルの開発現場を支える，業界標
準の開発環境Unity，その驚異的なパワーを
最も効率よく修得できる，珠玉の18章。

『Windows Phoneゲームプログラミン
グ—Windows Phone Developer's
Guide』　田中達彦著　ソフトバンク
リエイティブ　2011.10　260p　24cm
〈他言語標題：Windows Phone Game

Programming　索引あり〉2400円
①978-4-7973-6715-7　Ⓝ798.5

目次 1 ゲーム開発に必要なWindows
Phoneの知識，2 開発の基本，3 XNAの基
本，4 ジェスチャを使用したシューティン
グゲーム，5 加速度計を使用したバランス
ゲーム，6 Silverlightの基本，7 GPSを使用
した位置ゲーム，8 アドベンチャーゲーム

内容 シューティングゲーム、アドベン
チャーゲーム、加速設計やGPSを活用する
ゲーム…。Visual Studio、XNA、
Silverlightを活用して、様々なゲームを公開
しよう。

『Unity入門—高機能ゲームエンジンによ
るマルチプラットフォーム開発』　高橋
啓治郎著　ソフトバンククリエイティ
ブ　2011.10　323p　24cm〈索引あり〉
2700円　①978-4-7973-6533-7　Ⓝ798.5

目次 1 Unityスタートガイド，2 とりあえ
ず何か作ってみよう，3 モバイル用にビル
ドしてみよう，4 迷路ゲーム，5 ブロック
シューター，6 キャラクターを使ったアク
ションゲーム，7 次のステップへ，
Appendix マテリアルの設定について

内容 Unityは高品質な「ゲームエンジン」
と「エディター」がバランスよく統合された
いま大注目の開発ツール。iPhone、
Android、Windows、MacOs、Webブラウ
ザ向けのゲームなどをまとめて開発できる
Unityについて、3Dゲームに不可欠な衝突判
定やテクスチャ管理などから物理エンジン
やライティング、さらにゲームを面白くす
るポイントまで、すべてを詳細に解説した。

『「プログラミング」のキホン—プログラ
ムの動作の基本と高速データ処理のし
くみ』　杉浦賢著　ソフトバンククリエ
イティブ　2011.9　174p　21cm（イ
チバンやさしい理工系 SBE-015）〈文
献あり　索引あり〉1500円　①978-4-
7973-6651-8　Ⓝ007.64

目次 第1章 コンピュータを構成するもの，
第2章 コンピュータ内のデータ表現，第3章
ビットデータの操作，第4章 I/O制御，第5
章 プログラムが動く「からくり」，第6章
命令実行高速化のためのアーキテクチャ

内容 「コンピュータってどうしてさまざま
な処理ができるのだろう？」と不思議に
思っている人や、これからプログラミング
を学習したいと考えている人に、「コン
ピュータが動作するからくり」をカラー図
解でていねいに、わかりやすく解説。

『Unityによる3Dゲーム開発入門—
iPhone/Android/Webで実践ゲーム
プログラミング』　宮川義之，武藤太輔著
オライリー・ジャパン　2011.9　408p
24cm〈索引あり　発売：オーム社〉
3400円　①978-4-87311-506-1　Ⓝ798.5

プログラミング　　　　　　　　　　　プログラミングと人工知能（AI）

目次 Unityとは，すべての基本、シーンと役者と台本（スクリプト），物理シミュレーションされたオブジェクトを配置してみよう，グラフィックを置いてみよう，サウンド，スクリプト，全体をつかんだらもっとゲームらしく，アニメーション，ライティング，レンダリング，風船割りゲームを作ってみよう（スクリプト），パーティクル，モバイル，プラットフォームやライセンスごとの違い，ゲームエンジンの隠れた真価

内容 WindowsやMac、スマートフォン、ゲーム機でプレイ可能な3Dゲームの開発をステップバイステップで解説。3Dシーンの構成方法やスクリプトの役割といったゲーム開発の基本を押さえたあと，3Dグラフィックや物理シミュレーション、ハイクオリティなライティングをマスターします。開発したゲームはApp StoreやWebで配布できる形式にビルドします。本書ではプロが実践する開発パイプラインにそって解説するので初心者でも本格的な3Dゲーム制作のワークフローを無理なく学ぶことができます。Unityという本格的な開発環境を誰でも利用できる今こそ3Dゲーム開発に挑戦する最高の機会です。Unity 3.4対応。

『cocos2dで作るiPhone ＆ iPadゲームプログラミング—ゲームアプリのための専用フレームワーク』 Steffen Itterheim著，クイープ訳，畑圭輔，坂本一樹，加藤寛人，高丘知央監修・付録　インプレスジャパン　2011.7　474p　24cm 〈発売：インプレスコミュニケーションズ〉3800円　①978-4-8443-3041-7　⑩798.5

目次 概要，プログラミングを始めるための準備，基礎，初めてのゲーム，ゲームの構成要素，スプライトの詳細，スクロールを使った処理，アクションとアニメーションの処理，パーティクル効果，タイルマップの処理，等角タイルマップ，物理エンジン，ピンボールゲーム，Game Center，非凡であれ

内容 定番のスプライトから一度は使ってみたい物理エンジンまでサンプルゲームで今日から使えるテクニックを解説。

『やさしいIT講座—6時間でわかるPCの基本』 米村貴裕著　改訂版　工学社　2011.7　271p　21cm　（I/O books）1900円　①978-4-7775-1618-6　⑩548.29

目次 1時間目 パソコン内部告発！，2時間目 データ化の謎を解明せよ，3時間目 人工知能はどこですか？，4時間目 プログラミングでノーベル賞，5時間目 神と悪魔が共存する世界，6時間目 ああ，伸び縮みさせられる

『Pythonゲームプログラミング入門—Pygame Powered』 Will McGugan著，杉田臣輔，郷古泰昭訳　アスキー・メディアワークス　2011.6　351p　24cm 〈索引あり　発売：角川グループパブリッシング〉2800円　①978-4-04-870439-7　⑩798.5

目次 Python入門，Python探検，Pygame入門，ビジュアルの生成，物体の動きの作成，ユーザー入力を受け付ける，人工知能を導入する，3次元に移行する，3次元を探検する，効果音の作成，ライト，カメラ，アクション！，OpenGLのシーンの設定

内容 家庭用ゲーム機などのゲームプログラミングのプロが，PythonとPygameを用いたゲーム作成手法を一から解説。

『XNovelでつくるiPhone（アイフォーン）ノベルゲーム』 アライコウ著　秀和システム　2011.4　221p　21cm 〈タイトル：XNovelでつくるiPhoneノベルゲーム〉1800円　①978-4-7980-2940-5　⑩798.5

目次 1 XNovelとは？，2 XNovelを試してみよう，3 制作準備をしよう，4 ノベルゲームを作ろう，5 著作権フリー素材を活用しよう，6 ePubファイルに変換しよう，7 作品をリリースしよう，シナリオ実例，タグリファレンス，XNovelの作り方

内容 XNovelでつくるiPhoneノベルゲーム。プログラムの知識も，Macも，費用も必要ない！簡単なタグを覚えるだけで，ノベルゲームがつくれる。

『OpenGLで作るAndroid SDK（エスディーケー）ゲームプログラミング』 中島安彦，横江宗太，パンカク著　インプレスジャパン　2011.4　367p　24cm 〈タイトル：OpenGLで作るAndroid SDKゲームプログラミング　索引あり　発売：インプレスコミュニケーションズ〉2800円　①978-4-8443-3008-0　⑩798.5

目次 序章 Androidゲームプログラミングに向けて，第1章 OpenGL（2D），第2章 ハエたたき，第3章 パーティクルシステム，第4章 性能改善，第5章 レースゲーム（2D），第6章 衝突判定と衝突応答，第7章 レースゲーム（3D），第8章 ソーシャルゲーム

内容 ライブラリの自作から実際のゲーム制作までのプロセスが分かる。「当たり判定」や「制限時間」の具体的な実装方法がじっくり学べる。ソーシャルゲームSDKを利用したソーシャル化の方法が理解できる。世界で240万人以上のユーザーを獲得した開発チームのノウハウが満載。

『オンラインゲームを支える技術—壮大なプレイ空間の舞台裏』 中嶋謙互著　技

術評論社 2011.4 593p 21cm
（WEB＋DB press plusシリーズ）〈索
引あり〉 2880円 ①978-4-7741-4580-8
Ⓝ798.5

目次 第0章 速習オンラインゲームプログラ
ミング—ネットワーク×ゲームプログラミ
ングの技術基礎，第1章 オンラインゲーム
の歴史と進化—ゲームが「ネットワーク」を
取り込んだ！，第2章 オンラインゲームと
は何か？—さまざまな角度から見る「オン
ラインゲーム」，第3章 オンラインゲームの
アーキテクチャ—ゲームのおもしろさ×技
術的な制約との戦い，第4章 実践C/S
MMOゲーム開発—常時稼働するゲームサー
バの存在，第5章 実践P2P MOゲーム開発
—専用サーバなしでアクションゲームを実
装する，第6章 オンラインゲームの補助的
システム—サービス強化に欠かせないしく
み，第7章 オンラインゲーム運営を支える
インフラ—構築，負荷テスト，運営開始，第
8章 オンラインゲームの開発体制—チーム
運営上の課題

内容 無数の同時接続×ミリ秒のレイテン
シ，いかにして両立させるのか。ゼロから
オンラインゲームを作り上げるために必要
とされる基礎知識を徹底解説。

『iOSで作るシューティングゲーム』 松
浦健一郎，司ゆき著 ソフトバンククリ
エイティブ 2011.3 470p 24cm〈他
言語標題：Building Shooting Game
With iOS SDK 索引あり〉 2980円
①978-4-7973-6180-3 Ⓝ798.5

目次 01 開発の準備，02 Objective‐C入
門，03 弾，04 自機，05 敵，06 武器，07
ステージ，08 ボス，09 ゲームの外枠，10
ブラッシュアップとリリース

内容 Objective‐Cの基礎からCore
Graphics、Open GLまで、やさしくわかる
シューティングゲームの作り方。

『数学ガール 乱択アルゴリズム』 結城
浩著 ソフトバンククリエイティブ
2011.3 465p 21cm〈別タイトル：
Mathematical Girls 文献あり 著作目
録あり 索引あり〉 1900円 ①978-4-
7973-6100-1 Ⓝ410

目次 確率とコンピュータの深くて不思議な
関係とは？「僕」と四人の少女が、乱択アル
ゴリズムの世界に挑む魅惑の数学物語。

内容 第1章 絶対に負けないギャンブル 第
2章 愚直な一歩の積み重ね 第3章 171億
7986万9184の孤独 第4章 確からしさの不
確かさ 第5章 期待値 第6章 とらえがた
い未来 第7章 行列 第8章 ひとりぼっち

のランダムウォーク 第9章 強く、正しく、
美しく 第10章 乱択アルゴリズム

『作りながら覚えるAndroidプログラミ
ング』 松岡宣著 ソフトバンククリエ
イティブ 2011.3 256p 24cm〈索引
あり〉 2200円 ①978-4-7973-6279-4
Ⓝ007.64

目次 開発環境を整える，Eclipseの基本的な
使い方，メモ帳アプリを作る，電卓アプリを
作る，手書きメモアプリを作る，カウントダ
ウンタイマーアプリを作る，Web APIを使
うアプリを作る，おもちゃの楽器アプリを
作る，簡単なゲームアプリを作る，ライブ壁
紙を作る，ウィジェットを作る，Android
マーケットで配布する

内容 Eclipse3.6で実践的なAndroidアプリ
を作る。開発環境の整え方から、Android
マーケットでの公開までをサポート。

『ゲーム作りで学ぶVisual Basic 2010
入門』 中島省吾著 エスシーシー
2010.10 413p 23cm （SCC books
B-351）〈索引あり〉 2200円 ①978-4-
88647-980-8 Ⓝ798.5

目次 第1章 Visual Basic 2010の概要，第2
章 数あてゲームを作ろう，第3章 おみくじ
ゲームを作ろう，第4章 じゃんけんゲーム
を作ろう，第5章 タイピングゲームを作ろ
う，第6章 すしルーレットを作ろう，第7章
すしルーレット(継承バージョン)，第8章
ダンスゲームを作ろう，第9章 ダンスゲー
ム（DirectSoundバージョン）

『iPhone/iPadゲーム開発ガイド—
Objective-Cで作る2D/3Dゲーム』
Paul Zirkle,Joe Hogue著，松田白朗監
訳，武舎広幸，阿部和也，武舎るみ訳
オライリー・ジャパン 2010.9 283p
24cm〈索引あり 発売：オーム社〉
2800円 ①978-4-87311-462-0 Ⓝ798.5

目次 1章 iOS入門，2章 ゲームエンジンの
構造，3章 フレームワーク，4章 2Dゲーム
エンジン，5章 3Dゲーム，6章 ゲームデザ
インに関する考察，付録A リファレンス，
付録B iPadへのアプリケーションの移植，
付録C 組み込みデバイスを応用したARアプ
リケーションの開発，付録D 物理エンジン
を使ったアプリケーションの開発

内容 プロのゲームプログラマーが、その豊
富な経験に基づいたノウハウを惜しみなく
詰め込んだiPhoneゲーム開発の解説書。
ゲームエンジンを構成する機能や要素など
の基本を押さえたうえで、iOS SDKを利用
したiPhone/iPadゲーム開発に必要な概念や
技術を2D/3Dゲームの実装を通して解説。
日本語版オリジナルの巻末付録では、監訳
者がiPad対応のポイントとARアプリケー
ション開発、Radium Softwareの高橋啓治
郎氏が物理エンジンBox2Dを利用したアプ
リケーション開発について寄稿している。

プログラミング　　　　　　　　　　　　プログラミングと人工知能（AI）

『みるみるプログラミングがわかる本』
掌田津耶乃著　第3版　秀和システム　2010.5　254p　21cm　〈索引あり〉　1500円　①978-4-7980-2632-9　Ⓝ007.64

目次 1 プログラミングの世界って？，2 プログラミング言語と動作環境，3 開発ソフトにはどんなものがある？，4 アルゴリズムに挑戦だ！，5 より本格的な「プログラミング」の世界を覗く

内容 「プログラミングを始めたい」なら！「プログラミングって何？」から「どうすればできるか？」まで、やさしくわかる。

『そのまま使えるiPhoneゲームプログラム』
藤枝崇史著　毎日コミュニケーションズ　2010.4　351p　24cm　3280円　①978-4-8399-3559-7　Ⓝ798.5

目次 UIImageViewで2D画像を扱う，自作のImageViewを作成する，画面にテキストを表示する，OpenGL ES Applicationテンプレートを利用する，OpenGL ESで2D画像を表示する，OpenGL ESの高速な描画を検討する，ボタンを利用してタッチイベントを検出する，自作のViewを利用してタッチイベントを検出する，OpenGL ESアプリケーションでタッチイベントを検出する，加速度センサーを利用する〔ほか〕

内容 iPhoneやiPod touch用ゲームプログラミングの際に必要不可欠な実践的ノウハウを、プロのゲームプログラマが豊富な開発経験を元に丁寧に解説。設定保存や多言語対応など基礎的なものから加速度センサー、OpenGL ESの利用などゲームのエンターテイメント性を高めるためのものまで、そのまま利用できるコードが満載。

◆アプリ

『12歳からはじめるJavaScriptとウェブアプリ』
TENTO著　ラトルズ　2017.11　287p　23cm　2580円　①978-4-89977-471-6　Ⓝ007.64

内容 JavaScriptってなんだ？　変数をつかおう。「もし〜だったら」ってどういうこと？　コンピュータに計算させよう。「くりかえし」ってなんだろう。「配列」でならべよう。クイズプログラムをつくる。合計点、平均点を出すには。「関数」を使ってみよう。引数って何？　戻り値って何？　プログラムをスッキリしよう。グローバルとローカル。ミスを探し出すには？　画像の大きさを変えてみよう。文字のかたちを変えてみよう。タイミングをランダムに変化させよう。モグラをたたきゲームをつくろう。ゲームオーバーってどういうこと？　子ども向けプログラミングスクールで小学生が学んだカリキュラムをそのまま本にしました！

『小学生でもわかるiPhoneアプリのつくり方―最新の開発環境に対応して改訂！』
森巧尚著　秀和システム　2017.5　239p　24cm　〈Xcode8/Swift3対応索引あり〉　2800円　①978-4-7980-5013-3　Ⓝ007.64

目次 1時間目 アプリを作ろう！―アプリを作るには何が必要かな？，2時間目 プレイグラウンドで遊ぼう―練習用画面で遊んでみよう，3時間目 プログラムの基本を知ろう―プログラムの中身について説明するよ，4時間目 「究極の選択！ 紙芝居アプリ」を作ろう―ボタンを押したら画面が変わるアプリを作るよ，5時間目 「シャッフル作文アプリ」を作ろう―言葉をしゃべるアプリを作るよ，6時間目 「コンピュータと対戦！ 数当てゲーム」を作ろう―クイズを出すアプリを作るよ

内容 Macと無料ソフト「Xcode」を使って、手軽にはじめられるプログラミング体験。最新の開発環境に対応して改訂！

『中学生でもわかるAndroidアプリ開発講座』
蒲生睦男著　改訂2版　新潟　シーアンドアール研究所　2015.3　271p　24cm　〈Android Studio対応　索引あり〉　2400円　①978-4-86354-166-5　Ⓝ007.64

目次 第1講座 そもそもAndroidアプリって何？，第2講座 道具を揃えよう，第3講座 どんなアプリを作るか考えてみよう，第4講座 画面を作ってみよう，第5講座 プレイヤーキャラや背景を表示しよう，第6講座 タップでプレイヤーキャラを上下させよう，第7講座 始まりと終わりを作ろう，第8講座 効果音とBGMを付けてみよう，第9講座 ハイスコアを保存しよう，第10講座 作成したアプリをアップロードしてみよう，付録 Javaの基礎知識

内容 アプリ開発のツボを徹底的にかみ砕いてわかりやすく解説！ 各機能を会話形式で解説し、イラストを豊富に使い初心者目線で図解しています！

『中学生でもわかるWindowsストアアプリ開発講座』
西村誠著　新潟　シーアンドアール研究所　2015.2　287p　24cm　〈索引あり〉　2500円　①978-4-86354-153-5　Ⓝ007.64

目次 Windowsストアアプリって何？，道具を揃えよう，どんなアプリを作るか考えてみよう，簡単なアプリを作ってみよう、キャラクターを配置してみよう、当たり判定をつけよう、時間を表示しよう、ゲームオーバーとクリアの処理を入れよう、アニメーションをつけよう、ゲームに音をつけよう、仕上げをしてストアへ提出しよう

『小学生・中学生でもできるiPhoneアプリ開発―XcodeでつくるiOSアプリ』
泉直樹，清水豊共著　エムディエヌコーポレーション　2014.7　158p　26cm〈索引あり　発売：インプレス〉2000円　①978-4-8443-6430-6　Ⓝ007.64
[目次]第1章 キミにもできる！ iPhoneアプリ開発！，第2章 最初の準備をしよう，第3章 簡単なアプリを作ってみよう！，第4章「おしゃべりアプリ」を作るよ！，第5章 アプリで「朝顔観察日記」，第6章 App Storeで世界に配信だ！
[内容]アプリ開発のツボを徹底的にかみ砕いてわかりやすく解説！ 各機能を会話形式で解説し，イラストを豊富に使い初心者目線で図解しています！

『中学生でもわかるiOSアプリ開発講座―iPhoneやiPadで動くアプリを作る！』
林晃著　新潟　シーアンドアール研究所　2014.2　319p　24cm〈索引あり〉2600円　①978-4-86354-140-5　Ⓝ007.64
[目次]iOSアプリって何？，道具を揃えよう，どんなアプリを作るか考えてみよう，画面を作ってみよう，クラスを作成しよう，画面を表示しよう，ターゲットをタップできるようにしよう，制限時間を作ろう，効果音を付けてみよう，レベルを作ろう，アップロードしてみよう，デバッグとObjective-Cの基礎
[内容]アプリ開発のツボを徹底的にかみ砕いてわかりやすく解説！ 各機能を会話形式で解説し，イラストを豊富に使い初心者目線で図解しています！

『絵解きでわかるiPhoneアプリ開発超入門』七島偉之著　秀和システム　2018.3　267p　24cm〈索引あり〉2800円　①978-4-7980-5024-9　Ⓝ007.64
[目次]1 ようこそ！ iPhoneアプリ開発の世界へ，2 はじめてのiPhoneアプリ開発，3 見た目を作る―「どうぶつ占い」を作る，4 動きを付ける―「どうぶつ占い」を作る，5 アニメーションでリッチな見た目にしよう，6 アプリにサウンド機能を付けてみよう，7 スワイプやシェイクに反応するアプリにしよう，8 発展編―画面を遷移させてみよう
[内容]アプリを作りながら学べるよ。誰でもつまづくポイントを徹底的にフォロー。

『Swiftポケットリファレンス』片渕彼富著，山田祥寛監修　改訂新版　技術評論社　2018.3　511p　19cm〈Pocket Reference〉〈Swift 4＋Xcode 9に対応　索引あり〉2880円　①978-4-7741-9617-6　Ⓝ007.64
[目次]Swiftは2014年に誕生したばかりの若いプログラミング言語です。そのため，アップデートを重ねる中で，改良・改変される内容もまだ多くあります。本書では，iOSアプリ開発においてベースとなる基本的な項目や，将来的なアップデートを踏まえても必要であろう事柄について整理し，すぐに動作を確認できるサンプルとともに解説しています。一通りアプリ開発ができる方はもちろん，これからアプリを作ってみようという方にとっても，困ったときにすぐに役立つ信頼の1冊です。
[内容]iOSアプリ開発の基本　Swiftの基本的な使い方　よく利用されるオブジェクト　目的別に画面を作成する　コンテンツを表示する　UI部品を利用する　画面の操作を処理する　端末の機能を利用する　データを利用する〔ほか〕

『作って学ぶiPhoneアプリの教科書』
森巧尚著　マイナビ出版　2017.12　309p　24cm〈Swift4 & Xcode9対応　索引あり〉2880円　①978-4-8399-6490-0　Ⓝ007.64
[目次]1 アプリ作りに必要なもの：インストール，2 はじめてのアプリ作り：Xcodeの使い方，3 アプリの画面を作る：Storyboard，AutoLayout，4 Swiftを体験する：Playground，5 部品の使い方：UIKit，6 複数画面のアプリ：ViewController，7 一覧表示するアプリ：Table，8 アプリを仕上げる：アイコン，テスト，9 人工知能アプリに挑戦！：Core ML
[内容]作って試してみれば，アプリ作りの基本がわかる！ 簡単なアプリから人工知能アプリまで楽しく体験！

『UnityによるARゲーム開発―作りながら学ぶオーグメンテッドリアリティ入門』Micheal Lanham著，高橋憲一，あんどうやすし，江川崇，安藤幸央訳　オライリー・ジャパン　2017.9　323p　24cm〈索引あり　発売：オーム社〉3200円　①978-4-87311-810-9　Ⓝ798.507
[目次]1章 はじめに，2章 プレイヤーの位置のマッピング，3章 アバターの作成，4章 獲物の生成，5章 ARでの獲物の捕獲，6章 捕まえた物の保管，7章 ARの世界の構築，8章 ARの世界とのやりとり，9章 ゲームの仕上げ，10章 トラブルシューティング，付録A TangoによるARビューの実装法，付録B ARKitによるARビューの実装法
[内容]ARアプリ開発の入門書。本書ではスマホゲーム『Foody GO』を実際に作りながら位置情報ベースのARゲームについて学びます。『Foody GO』はモンスターを探して捕まえレストランに連れていってアイテムとして売るというアドベンチャーゲームです。

プログラミング　　　　　　　　　　　　　　　　　　プログラミングと人工知能（AI）

モバイル端末のGPSから現在位置を取得しゲームの世界観に合わせたマップを描画してその上に自分のアバターとモンスターをアニメーション付きで表示します。AndroidやiPhoneで遊べる実践的なスマホゲームを自分で作ることができるので、読者はUnityによるARゲーム開発と関連技術を体系的かつ体験的に学べます。日本語版では、ARKitやTangoによるARビューの実装についての解説を巻末付録として収録しました。

『**Unityの寺子屋―定番スマホゲーム開発入門**』　いたのくまんぼう監修・著，大槻有一郎著　エムディエヌコーポレーション　2017.8　319p　26cm〈索引あり〉　発売：インプレス〉2800円　①978-4-8443-6677-5　Ⓝ798.507

[目次]　1 Unityの基本を身に付けよう，2 放置ゲームをつくろう，3 放置ゲームに演出を加えよう，4 クッキークリッカーに改造しよう，5 サイドビューアクションをつくろう，6 サイドビューアクションを仕上げる，7 アプリ販売の寺子屋

[内容]　あのヒット作の開発方法をモノにする!!現役ゲーム作家が伝授する「放置ゲー」「クッキークリッカー」「サイドビューアクション」のつくりかた！ Unityを学びながら、人気のゲームアプリをつくれる入門書です。

『**PHPの絵本―Webアプリ作りが楽しくなる新しい9つの扉**』　アンク著　第2版　［東京］翔泳社　2017.4　241p　23cm〈索引あり〉　1680円　①978-4-7981-5164-9　Ⓝ007.64

[目次]　PHPをはじめる前に，第1章 基本的なプログラム，第2章 変数と配列，第3章 演算子，第4章 制御文，第5章 関数，第6章 文字列操作，第7章 インターネットとの連携，第8章 データの管理，付録

[内容]　PHPは、さまざまなWebアプリケーションが簡単に作れそうなので、興味のある人は多いのではないでしょうか。本書は、イラストで解説しているので、難しい概念も直観的にイメージができ、理解が進みます。さぁ、PHPの扉を開き、できるプログラマへの道を進んでみましょう！

『**世界でいちばん簡単なAndroidプログラミングのe本―Androidアプリ作りの考え方が身に付く**』　野田ユウキ著　最新第2版　秀和システム　2017.3　253p　21cm〈最新版Windows10/8.1/7に対応！　索引あり〉1500円　①978-4-7980-4980-9　Ⓝ007.64

[目次]　第1章 はじめまして「Android」（Androidを知ろう，Androidアプリの開発を始める前に ほか），第2章 Androidプログラミングはじめの一歩（1分間でAndroidプログラムができる，プログラムを実行する ほか），第3章 画面のレイアウトをデザインする（画面にボタンを並べる，レイアウトのレパートリー ほか），第4章 ボタン操作で動いたり止まったりする（タイマーで時間を刻む，2次元配列のマス目を作る ほか）

[内容]　イラストと共にアプリ作成が直感的に身に付く！ 丁寧な解説でAndroidの仕組みがよくわかる！ 豊富な例題と練習問題で基礎固めができる！ Javaの文法の基礎がよ〜くわかる！ 最新版Windows10/8.1/7に対応！

『**絶対に挫折しないiPhoneアプリ開発「超」入門**』　高橋京介著　増補改訂第5版　SBクリエイティブ　2016.12　399p　24cm〈他言語標題：Introduction to iPhone App Development for Beginners　Swift 3 & iOS 10.1以降完全対応　索引あり〉2750円　①978-4-7973-8981-4　Ⓝ007.64

[目次]　iPhoneアプリ開発の基礎知識，Xcodeとシミュレータの基本操作，はじめるSwiftプログラミング（入門前夜，超入門），クラスとインスタンス―UI部品の利用，iPhoneアプリ開発をはじめよう，SNSアプリ開発で学ぶボタン機能と画像配置，カメラアプリ開発で学ぶプロトコルとデリゲート，今後につながる少し高度なアプリ開発―総合演習，アプリ開発の仕上げ，アプリ開発で収益を上げる方法，情報の収集方法とアプリの公開

[内容]　たくさん作って、しっかり学ぶ。それがアプリ開発入門の最短ルート！ 世界一やさしい本格入門書。

『**ノンプログラマーのためのSwiftブック―ゼロから作ろう！ iPhoneアプリ**』　尾川一行著，中川聡監修　マイナビ出版　2016.12　303p　24cm〈Swift 3 & Xcode 8対応　索引あり〉2890円　①978-4-8399-6077-3　Ⓝ007.64

[目次]　序章 SwiftでiPhoneアプリを作る準備，第1章 Xcodeの使い方に慣れておこう，第2章 はじめに知っておきたいSwiftの流儀，第3章 ロックを解除する数当てゲームを開発，第4章 第六感を鍛えるカードアプリを開発，第5章 ストップウォッチ機能を備えた時計を開発，第6章 スタンプが楽しいカメラアプリを開発

[内容]　プログラミングがはじめて、Swift言語がはじめて、iPhoneアプリ開発がはじめて―たくさんの“はじめて”を乗り越えるための一冊。本書はプログラミングの知識ゼロからはじめられる入門書です。まずはお手本通りソースコードを完成させましょう。

プログラミングと人工知能（AI）　　　　　　　　　　　　　　プログラミング

はじめてアプリを動かしたときの喜びが、上達の原動力になります！

『**Android**プログラミング入門―独りで学べるスマホアプリの作り方』　長谷篤拓, 中庭伊織共著, アンサリードシステム教育事業部編　コロナ社　2016.10　165p　21cm　〈他言語標題：Introduction to Android Programming　索引あり〉2200円　①978-4-339-02862-1　Ⓝ007.64

目次　1 はじめに, 2 Androidに触れる, 3 数当てゲームを作る, 4 ドラムアプリを作る, 5 ボール転がしアプリを作る, 6 ギャラリーアプリを作る, 7 シューティングゲームを作る, 付録

『これからつくる**iPhone**アプリ開発入門―**Swift**ではじめるプログラミングの第一歩』　藤治仁, 徳弘佑衣, 小林加奈子, 小林由憲著　SBクリエイティブ　2016.10　385p　24cm　〈Swift3 & Xcode8にもしっかりと対応　索引あり〉2680円　①978-4-7973-8714-8　Ⓝ007.64

目次　体験→理解→学ぶ、選び抜かれたサンプルアプリを作りながら、効果的にレベルアップ！　Swift3&Xcode8にもしっかりと対応。

内容　1日目（はじめてのアプリを開発する前に知っておこう　アプリ開発の環境を整えて、Xcodeの使い方を学ぼう　じゃんけんアプリを作ろう－Swiftの基本を学ぶ　楽器アプリを作ろう－音の扱い方を学ぶ　マップ検索アプリを作ろう－UIパーツの扱いとdelegateを学ぶ）　2日目（タイマーアプリを作ろう－画面遷移とデータの保持について学ぶ　SNS投稿ができるカメラアプリを作ろう　お菓子検索アプリを作ろう－Web APIとJSONの使い方を学ぶ）

『よくわかる最新スマートフォン技術の基本と仕組み―アプリ開発の実際を知る驚きの世界』　小笠原種高著, 大澤文孝監修　秀和システム　2016.10　253p　21cm　（図解入門 How-nual―Visual Guide Book）〈奥付のタイトル：図解入門よくわかる最新スマートフォン技術の基本と仕組み　索引あり〉1600円　①978-4-7980-4762-1　Ⓝ007.64

目次　第1章 スマートフォンの仕組み, 第2章 スマートフォンを構成するハードウェア, 第3章 スマホアプリの仕組み, 第4章 iPhoneアプリの仕組み, 第5章 Androidアプリの仕組み, 第6章 通知の仕組み, 第7章 Bluetoothの仕組み

内容　ますます便利になるスマートフォン、その最新技術とアプリ開発がよくわかる！

『マンガで学ぼう！　ワタシにも作れる**Android**アプリ』　日経ソフトウエア編集, 森マサコ作画　［東京］　日経BP社　2015.11　169p　28cm　（日経BPパソコンベストムック）〈発売：日経BPマーケティング〉2000円　①978-4-8222-3625-0　Ⓝ007.64

『**iPhone**アプリ開発の教科書―**Swift**ではじめる』　森巧尚著　マイナビ出版　2015.10　437p　24cm　〈Swift 2 & Xcode 7対応　索引あり〉2990円　①978-4-8399-5703-2　Ⓝ007.64

目次　より使いやすくなったSwift2&Xcode7と、もっと初心者にやさしくなった本書で、iPhoneアプリの作成をはじめましょう！　最初の1冊に最適、「超定番書」のSwift2対応版。

内容　1 アプリ開発をはじめよう！　2 Xcodeの使い方を知る　3 Playgroundを使ったSwiftプログラミング　4 基本的な部品でアプリを作る：UIKit　5 外部とつながるアプリを作る　6 複数画面のアプリを作る：UIViewController　7 テーブルビューのアプリを作る：UITableView　8 ゲームアプリを作る：SpriteKit　9 アプリを仕上げる

『イラストでよくわかる**Android**アプリのつくり方』　羽山博著　インプレス　2015.6　258p　24cm　〈イラスト：めじろまち　Android Studio対応版　索引あり〉2200円　①978-4-8443-3813-0　Ⓝ007.64

『**Swift**でつくる**iPhone**アプリやさしい制作入門』　泉直樹著　エムディエヌコーポレーション　2015.3　302p　24cm　〈発売：インプレス　Xcode6 iOS8対応　索引あり〉2800円　①978-4-8443-6482-5　Ⓝ007.64

目次　よりやさしくなったアップルの新プログラミング言語「Swift」でアプリ制作を学ぶ。アプリをつくってSwiftを知る、プログラミングの基礎を覚える。

内容　1 アプリ開発のために準備すること　2 Xcodeの基本　3 はじめのアプリ「Hello,World！」　4 実機でテストする　5 Swift入門　6 アプリ制作初級編「迷路ゲーム」　7 アプリ制作応用編「写真アプリ」　8 アプリを仕上げる・販売する

『**Android**の絵本―スマートフォンアプリ開発を始める**9つの扉**　今日から始めるスマホアプリ開発』　アンク著　［東京］　翔泳社　2014.4　201p　23cm

子どもの本 情報教育・プログラミングの本2000冊　**187**

プログラミング　　　　　　　　　　　　　　　プログラミングと人工知能（AI）

〈索引あり〉1880円　①978-4-7981-
3639-4　Ⓝ007.64

目次 第1章 最初のアプリ，第2章 Javaの基礎，第3章 Androidアプリの基本，第4章 いろいろなUI，第5章 画面遷移のプログラム，第6章 ファイルとデータベース，第7章 Androidの機能の利用，第8章 ウィジェット

内容 イラスト解説でわかりやすい！ かんたんスタート！ スマホアプリ作り。概念論だけで終わらないよう，サンプルコードも豊富に用意。

『HTML5でアプリ開発デビュー──5つのゾーンで楽しくはじめる！』 日経ソフトウエア編集　［東京］　日経BP社　2013.4　194p　28cm　（日経BPパソコンベストムック）〈発売：日経BPマーケティング〉2171円　①978-4-8222-2274-1

『Objective-Cの絵本──iPhone/iPadアプリ開発のための9つの扉』 アンク著　［東京］　翔泳社　2013.4　237p　23cm　〈索引あり〉1880円　①978-4-7981-3100-9　Ⓝ007.64

目次 Objective-Cとは，第1章 基本的なプログラム，第2章 制御文，第3章 配列とポインタ，第4章 関数と構造体，第5章 Objective-Cの文字列と配列，第6章 クラスの基礎，第7章 クラスの継承，第8章 メモリ管理，付録

内容 Mac系アプリの開発にチャレンジ。アプリケーション開発の基本が分かる！ イラスト付き解説で初心者でも安心。

『Unityで作るiPhone/Androidアプリ入門』 山崎透，野口基之著　マイナビ　2012.6　415p　24cm　〈索引あり〉2980円　①978-4-8399-3900-7　Ⓝ798.5

目次 1 Unityの概要と特徴，2 Unityの導入，3 エディタのインターフェイス，4 アプリ作成1 迷路ゲーム "Maze"，5 アプリ作成2 アクションゲーム "JumpMan"，6 iOS向けのアプリ書き出し環境の整備，7 Android向けのアプリ書き出し環境の整備，8 Android向けのアプリケーションの公開，9 iPhone向けのアプリケーションの公開，10 Unity Remoteを利用する

内容 アプリ統合開発環境，Unityでスマートフォンゲームを作る。環境構築から基本，iPhone/Android用に書き出すための設定まで詳細に解説。迷路ゲーム，アクションゲームを制作しつつ，実践テクニックをマスター。

『iOSの教科書──iPhone/iPadアプリを開発しよう！』 赤松正行，神谷典孝著　［出版地不明］　［赤松正行］　c2012　409p　21cm　①978-4-9905342-4-0　Ⓝ007.64

『cocos2dで作るiPhone & iPadゲームプログラミング──ゲームアプリのための専用フレームワーク』 Steffen Itterheim著，クイープ訳，畑圭輔，坂本一樹，加藤寛人，高丘知央監修・付録　インプレスジャパン　2011.7　474p　24cm　〈発売：インプレスコミュニケーションズ〉3800円　①978-4-8443-3041-7　Ⓝ798.5

目次 概要，プログラミングを始めるための準備，基礎，初めてのゲーム，ゲームの構成要素，スプライトの詳細，スクロールを使った処理，アクションとアニメーションの処理，パーティクル効果，タイルマップの処理，等角タイルマップ，物理エンジン，ピンボールゲーム，Game Center，非凡であれ

内容 定番のスプライトから一度は使ってみたい物理エンジンまでサンプルゲームで今日から使えるテクニックを解説。

『楽しく学べるAndroidプログラミング──「お絵描きツール」「加速度センサ」「地図表示」「Twitterクライアント」…etc』 村山要司著　工学社　2011.6　207p　21cm　（I/O books）2300円　①978-4-7775-1611-7　Ⓝ007.64

目次 序章 「Android」ってなに？，第1章 楽しく始めよう（まずは準備から，「Droidくん」を表示しよう ほか），第2章 いろいろ楽しんでみよう（キャンバスに絵を描いてみよう，音を出してみよう ほか），第3章 もっと楽しもう（「Droidくん」のアニメーション，スロットマシーン ほか）

内容 プログラミングができなくてもアプリは作れる！ ドラッグ＆ドロップで，アプリ作成！ GoogleのAndroidアプリ作成ツール「App Inventor for Android」を使用。

『よくわかるiPhoneアプリ開発の教科書』 森巧尚著　毎日コミュニケーションズ　2011.1　359p　24cm　〈索引あり〉2800円　①978-4-8399-3514-6　Ⓝ007.64

目次 1 アプリ開発の準備をしよう，2 iOS SDKの基本，3 Objective-Cの基本，4 アプリ開発の基本，5 基本的なパーツで作る，6 画像やアニメーションを扱う，7 iPhoneらしい機能の実装，8 データの読み込みと保存，9 複数の画面を切り替える，10 テーブル表示

内容 基本の基本から，わかりやすくていねいに学べる。iPhoneアプリを作りたい人のための入門書。

『ASP.NETの絵本──Webアプリ開発が好きになる9つの扉 .NETのWebアプ

プログラミングと人工知能（AI）　　　　　　ビッグデータ・人工知能（AI）

リをらくらく理解』 アンク著 ［東京］翔泳社 2010.2 189p 23cm〈索引あり〉 1780円 ①978-4-7981-2003-4 Ⓝ547.483

目次 ASP.NETをはじめる前に，第1章 ASP.NET，第2章 Webアプリを作る，第3章 Webアプリの性質，第4章 サーバーコントロール，第5章 Webアプリを詳しく学ぶ，第6章 Webアプリを配置する，第7章 データベースの利用，第8章 データベースへのアクセス

内容 サーバ/ブラウザの仕組みから，各種コントロールの利用まで，イラストだから.NETのWebアプリ開発が見てすぐ分かる。

ビッグデータ・人工知能（AI）

『人工知能と友だちになれる？―もし，隣の席の子がロボットだったら…マンガでわかるAIと生きる未来』 新井紀子監修 誠文堂新光社 2018.6 158p 21cm （子供の科学★ミライサイエンス）〈文献あり 索引あり〉 1200円 ①978-4-416-51818-2 Ⓝ007.13

目次 1 人工知能ってなんだろう？（人工知能ってなんだ？，AIの歴史1 人工知能の誕生 ほか），2 もしクラスにAIがいたら？（人工知能とロボット，おしゃべりは得意？ ほか），3 AIで未来はどうなる？（自動車はどう変わる？，未来の我が家は？ ほか），4 AIと友だちになるために（これからの人工知能の活躍，人工知能にできないことは？ ほか）

内容 最近よく耳にする「人工知能」や「AI」という言葉が気になって仕方ないチュータと，早速自分の頭にAIを埋め込んでみたミライネコが，AIとは一体何か，私たちの未来をどう変えるのか解き明かしていくよ。

『高校生のためのゲームで考える人工知能』 三宅陽一郎,山本貴光著 筑摩書房 2018.3 264p 18cm （ちくまプリマー新書 296） 950円 ①978-4-480-68998-6 Ⓝ798.507

目次 第1章 キャラクターに知能を与えよう（ゲームで人工知能，モンスターをつくってみる，まずはシンプルに視覚をつくってみる ほか），第2章 環境のなかで人工知能を動かそう（生きものは環境を使う，地図上で歩くこと，実際に歩くこと，ここ，歩けるかな？ ほか），第3章 メタAIでよき遊び相手を目指す（なにかが足りない…，プレイ

ヤーはぜいたくな生きもの，時代劇のやられ役のように ほか）

内容 今やデジタルゲームにかかせない「人工知能」。どう作るとプレイヤーを楽しませるゲームになるだろうか。人工知能を考えることは，「知性」とは何か，「人間」とは何か，を考えること。さあ一緒に人工知能の正体に迫る冒険にでかけよう。

『はじめてのAI―いま知っておきたい未来のくらし 3 人工知能のしくみとディープラーニング』 松林弘治著，中島秀之監修，角川アスキー総合研究所編 角川アスキー総合研究所 2018.3 47p 27cm〈索引あり 発売：汐文社〉 2600円 ①978-4-8113-2463-0 Ⓝ007.13

目次 1 エキスパートシステム，2 エキスパートシステムとプロダクションルールの限界，3 キーワードは「学習」，4 ニューラルネットの進化，5 多層パーセプトロン，コンピューターの速度とデータ処理向上，6 ディープラーニングの登場，7 機械学習の種類，8 人工知能は未来をどう変えていくのでしょう

『はじめてのAI―いま知っておきたい未来のくらし 2 人工知能のはじまりとこれから』 松林弘治著，中島秀之監修，角川アスキー総合研究所編 角川アスキー総合研究所 2018.3 47p 27cm〈索引あり 発売：汐文社〉 2600円 ①978-4-8113-2462-3 Ⓝ007.13

目次 1「思考」の探求の歴史，2 ロボットへの憧れ，3 チューリングと万能機械，4 チューリングテスト，5 人間の脳を模倣するという挑戦，6 人工知能の冬の時代

『はじめてのAI―いま知っておきたい未来のくらし 1 こんなにある！ 身の回りの人工知能』 松林弘治著，中島秀之監修，角川アスキー総合研究所編 角川アスキー総合研究所 2018.2 47p 27cm〈索引あり 発売：汐文社〉 2600円 ①978-4-8113-2461-6 Ⓝ007.13

目次 進化するコンピューター，コンピューターが得意なこと，人工知能って何だろう？，会話ができるコンピューター，外国語を伝えるのは本当に難しい，ロボットと人工知能，人工知能で家をきれいに，車を自動的に運転する，ゲームが人工知能を進化させる，人工知能で医師をサポート，勉強を教えてくれる人工知能，働く人を助ける人工知能，人工知能で暮らしが便利に

『図解でわかる 14歳から知っておきたいAI』 インフォビジュアル研究所著 太田出版 2018.1 96p 26cm 1200円 ①978-4-7783-1615-0

子どもの本 情報教育・プログラミングの本2000冊　189

ビッグデータ・人工知能（AI）　　　　　プログラミングと人工知能（AI）

目次 大図解 AIの現在地を知る，第1部 AI
とロボットの歴史，第2部 AIの基礎知識，
第3部 AIで変貌する仕事，第4部 AIと人間
の未来

内容 AI（人工知能）は，我々にどのような
未来をもたらすのか？ AIを，その誕生から
未来まで，ロボット，思想，技術，人間社会
との関わりなど様々な面からわかりやすく
解説。人類は，AIが創り出す世界をコント
ロールできるのだろうか!?14歳から読める！
わかる！ カラー図版満載!!

『よくわかる人工知能—何ができるのか？
社会はどう変わるのか？』 松尾豊監修
PHP研究所　2017.12　63p　29cm
（楽しい調べ学習シリーズ）〈索引あ
り〉 3000円　①978-4-569-78691-9
Ⓝ007.13

目次 1 そうだったの!?人工知能の真実（人
工知能はまだ完成していない，人工知能を
備えたロボットと備えていないロボット，
人工知能のかしこさはちがう ほか），2 こ
うして発展！ 人工知能の歴史（図でわかる
人工知能の発展，生みの親は4人の研究者，
人工知能の可能性を探るコンピュータを
使った研究 ほか），3 一気に成長！ 人工知
能（ディープラーニングが登場 人工知能へ
の新たな道をつくる，ディープラーニング
の精度を上げる，ディープラーニングで人
工知能をかしこくする ほか）

『なんでも未来ずかん—どうなる？ こう
なる！ ボクらの未来へ出発だ!!』 川崎
タカオ，田川秀樹，ハマダミノル絵，川口
友万監修　講談社　2017.11　63p
27cm　1700円　①978-4-06-220860-4
Ⓝ404.9

目次 コンピュータは人間の味方か敵か？
人工知能とコンピュータ，料理も！ おそう
じも！ 家庭用ロボット，スーパー消防士さ
ん，出動!!パワードスーツ，絶滅動物がよみ
がえる!?バイオテクノロジー，もっと知りた
い！ 未来のこと，空をつき抜ける！ 超巨大
構造物 驚異の宇宙エレベーター，銀河系も1
秒で横断!!ハイパードライブ，宇宙で電気を
つくり出す！ 未来のエネルギー，バスも！
タクシーも！ み～んな空を飛ぶ!?空飛ぶ自
動車とドローン，海底都市では毎日が大冒険
夢の海底未来都市，超高層！ 緑がそだつ!?
未来のたてもの，超音速！ 快適空間！ 進化
する次世代旅客機，スーパーウルトラプレ
イが続出！ 未来の超人スポーツ，どんな世
界もつくり出せる！ バーチャルリアリティ

『働きたくないイタチと言葉がわかるロ
ボット—人工知能から考える「人と言
葉」』 川添愛著，花松あゆみ絵　朝日出

版社　2017.6　269p　21cm〈文献あ
り〉 1700円　①978-4-255-01003-8
Ⓝ007.13

目次 言葉が聞き取れること，おしゃべりが
できること，質問に正しく答えること，言葉
と外の世界が結びつけられること，文と文と
の論理的な関係が分かること，単語の意味に
ついての知識を持っていること，話し手の
意図を推測すること，その後のイタチたち

内容 なぜAIは，囲碁に勝てるのに，簡単な
文がわからないのか？ なんでも言うことを聞
いてくれるロボットを作ることにした，怠け
者のイタチたち。ところが，どのロボット
も「言葉の意味」を理解していないようで—

『世界にほこる日本の先端科学技術　3
ロボットいろいろ！ 宇宙へ行ったり，
介護したり』 法政大学自然科学セン
ター監修，こどもくらぶ編　岩崎書店
2014.3　47p　29cm〈索引あり〉3000
円　①978-4-265-08329-9　Ⓝ502.1

目次 1 人型・動物型ロボットを調べよう！
（人型ロボットで世界トップ，ロボットが家
庭で活躍する時代），2「産業用ロボット」
こそ，ロボットの元祖！（どんどん進化する
産業用ロボット），3 ここまできている人工
知能！（人工知能の研究，人工知能をもつ自
動車とは？）

◆◆◆

『最強囲碁AIアルファ碁解体新書—深層
学習，モンテカルロ木探索，強化学習か
ら見たその仕組み アルファ碁ゼロ対
応』 大槻知史著，三宅陽一郎監修　増
補改訂版　翔泳社　2018.7　323p
21cm　2680円　①978-4-7981-5777-1

内容 2017年5月，アルファ碁と柯潔（カ・ケ
ツ）九段の最終決戦が行われ，アルファ碁の
3連勝となりました。アルファ碁の進化はこ
の後も続き，2017年10月にはアルファ碁ゼ
ロに関する論文が発表，従来のアルファ碁に
100連勝したことが報告されました。このよ
うに人工知能の技術は日進月歩で進んでい
ます。人工知能において最近注目されてい
るのは，機械学習・深層学習・強化学習の分
野です。本書は科学ジャーナル誌『Nature』
に掲載されたアルファ碁およびアルファ碁
ゼロに関する難解な学術論文を，著者が読み
解き，アルファ碁に利用されている深層学
習や強化学習，モンテカルロ木探索，および
アルファ碁ゼロに利用されているデュアル
ネットワークの仕組みについて，わかりや
すく解説した書籍です。本書を読むことで，
最新の人工知能の技術がアルファ碁および
アルファ碁ゼロにどのように利用されてい
るかを知るとともに，人工知能の技術を研
究開発に生かすためのヒントが得られます。

『キーワードで読み解く人工知能—『AI
の遺電子』から見える未来の世界』 松

尾公也, 松本健太郎共著　エムディエヌ
コーポレーション　2018.6　159p
21cm　（漫画キャラで学ぶ大人のビジ
ネス教養シリーズ）〈発売：インプレ
ス〉1500円　①978-4-8443-6751-2

目次 INTRODUCTION AIが現在に至る
まで（人工知能の歴史），1 AIの進化（シン
ギュラリティ，機械学習 ほか），2 AIのビジ
ネス活用（ロボットとAI，産業AI ほか），
3 AIと人間（AIに自我はあるのか？，脳の
仕組み，心の概念 ほか），4 AIと未来の社
会（AIの「命」と「死」，「忘れる」という仕
組み ほか），スペシャル・インタビュー山
田胡瓜 人工知能はどのように進化していく
のか？

内容 大人気マンガのキャラクターやストー
リーを通じて，AI（人工知能）やAIのビジネ
ス活用をキーワードで解説！『AIの遺電子』
（少年チャンピオン・コミックス），『AIの遺
電子RED QUEEN』（別冊少年チャンピオン
で連載中）の原作者，山田胡瓜先生スペシャ
ル・インタビューを収録!!

『人工知能のきほん―今，注目の人工知能
がスラスラわかる！』　ニュートンプレ
ス　2018.6　62p　24cm　（ニュートン
ムック―理系脳をきたえる！ Newtonライ
ト）〈「ゼロからわかる人工知能」
（2018年5月刊）の改題、内容を抜粋し、
再編集〉680円　①978-4-315-52108-5
Ⓝ007.13

『ゼロからわかる人工知能―基本的なしく
みから応用例，そして未来まで』
ニュートンプレス　2018.5　143p
28cm　（ニュートンムック）〈『ニュー
トン』別冊〉1500円　①978-4-315-
52103-0　Ⓝ007.13

『マンガでわかる！ 人工知能―AIは人間
に何をもたらすのか』　松尾豊監修，か
んようこ作画，川越千三シナリオ　SB
クリエイティブ　2018.5　207p　19cm
〈文献あり〉1300円　①978-4-7973-
9254-8　Ⓝ007.13

目次 人工知能の正体，人工知能の歴史，人
工知能の新時代，人工知能と心，人工知能が
変えていく未来，人工知能が人類にもたら
すもの

内容 今，世の中は3度目の「人工知能
（Artificial Intelligence：AI）」ブームを迎
えている。新聞や雑誌，ネットのニュース
には人工知能という言葉が踊り，家電量販
店をのぞけば「人工知能（AI）搭載」という
商品があふれている。しかし一方で，人工
知能という言葉に対し，誤ったイメージを

抱いている人が少なくない。実は研究者の
間でも，人工知能がもたらす未来へのイ
メージは異なっている。本書は，マンガの
ストーリーを通して，人工知能の基本的な
知識を学んでもらうとともに，人工知能と
は何か，人間に何をもたらすのかを考えて
もらうことを目的としている。

『ロボットは東大に入れるか』　新井紀子
著　改訂新版　新曜社　2018.5　300p
19cm　（よりみちパン！ セ YP06）
〈初版：イースト・プレス 2016年刊〉
1500円　①978-4-7885-1563-5　Ⓝ007.
13

目次 第1章 "東ロボくん"と人工知能の現在
（センター入試は楽勝か？，コンピュータの
「知性」とは？，消える職業，変わる学校），
第2章 東大」への大いなる一歩―東ロボ
くん＋東ロボ手くん「マーク模試」＆「東大
入試プレ」に挑戦!!（ベネッセコーポレー
ションによる「マーク模試」結果報告と概
評，SAPIX YOZEMI GROUPによる東ロ
ボ君の歩みと「東大入試プレ」，「ロボット
は東大に入れるか」プロジェクトチームに
よる現状と展望），第3章 "東ロボくん"の将
来/私たちの未来（東ロボくんの「かたち」，
ロボットの人権，機械の深化と人間の進化）

内容 東大模試（理系）では偏差値76.2も出し
たのに。そんなボクの成長と挫折のすべて
がここにあります。驚愕のベストセラー
『AI vs 教科書が読めない子どもたち』に登
場し，著者がわが子のように育ててきた最
強のAI"東ロボくん"は，どのように，何を
目指して作られたのか。AIにしかできない
ことは何か。そして，人間に残されている
こととは何か。

『スマート社会を実現するIoT/AI〈人工
知能〉/ロボットがサクッとわかる本―
乗り遅れるな。IoT、AI、ロボット、
センシング技術が社会を変える』　神崎
洋治著，日刊工業出版プロダクション編
日刊工業新聞社　2018.4　211p　26cm
（シリーズITソリューション企業総覧）
2000円　①978-4-526-07847-7　Ⓝ007.3

目次 1章 すでにIoTをめぐる大きな変革が
一般社会でもビジネス社会でも起こり始め
ている，2章 スマートテクノロジーから見
えてくるテクノロジーの未来とは何だろう

『データサイエンス入門』　竹村彰通著
岩波書店　2018.4　166,5p　18cm　（岩
波新書 新赤版 1713）〈文献あり〉760
円　①978-4-00-431713-5　Ⓝ007

目次 1 ビッグデータの時代（データサイエ
ンスの登場，台頭するデータサイエンティ
スト，統計学の流れ ほか），2 データとは
何か（定義と種類，コストと価値，ばらつき
と分布 ほか），3 データに語らせる―発見
の科学へ向けたスキル（データサイエンスの

スキルの学び方，データ処理と可視化，データの分析とモデリング ほか），付録1 統計学の歴史の概要，付録2 コンピュータの歴史の概要

[内容] ビッグデータの時代だ。さまざまな分野の研究がデータ駆動型に変わってきている。ビジネスでのビッグデータ利用も人工知能の開発とあいまって盛んだ。データ処理、データ分析に必要な情報学（コンピュータ科学）、統計学の基本知識をおさえ、新たな価値創造のスキルの学び方を紹介する。待望の入門書。

『いちばんやさしいAI〈人工知能〉超入門』 大西可奈子著 マイナビ出版 2018.3 191p 21cm 〈索引あり〉 1580円 ①978-4-8399-6559-4 Ⓝ007.13

[目次] 1 AIのキホン（AIってなあに？，身近に存在するAI，AIが得意なこと・苦手なこと，AIの歴史，AIはなにをやってるの？ ほか），2 AIとシゴト（AIで仕事はどう変わる？，問い合わせ窓口/コールセンター，料理研究家，アナウンサー/声優，保育士/教師/塾講師 ほか）

[内容] 機械学習、ディープラーニングもやさしく解説。数式なし！ 専門用語なし！

『人工知能時代を〈善く生きる〉技術』 堀内進之介著 集英社 2018.3 205p 18cm （集英社新書）〈文献あり〉 720円 ①978-4-08-721026-2 Ⓝ007.13

[目次] いつでも・どこでも・何でも・誰でもネットに接続され、日々、膨大な量の情報が交わされている。これを人工知能で分析することで近未来を予測し、適切な対応を講じる「あたらしい技術」の導入が進む。この技術は生活を便利にする一方で、終わらない仕事を増やし、人間関係に疲れる世の中に変えていく。本書では、技術と人間の関係を根本から問い直し、近代が前提としてきた人間中心主義を批判しながら、「技術による解放論」のビジョンを示すことで、いかに"善く生きる"かを問う！

[内容] 序章 私たちを揺るがす「あたらしい技術」 第1章 魂を支配するテクノロジー 第2章 それでも、つながらずにはいられない 第3章 人間と「あたらしい技術」は共存できるのか 第4章 "善く生きる"技術 第5章 失うことで未来は開ける

『ディープラーニング』 谷田部卓著 大阪 創元社 2018.3 174p 21cm （やさしく知りたい先端科学シリーズ 2）〈文献あり 索引あり〉 1800円 ①978-4-422-40034-1 Ⓝ007.13

[目次] 1 機械学習とは（機械の勉強方法とは—機械学習の原理，機械が言葉を操る方法

—自然言語処理），2 ディープラーニングのしくみ（どちらも学習する機械—機械学習とディープラーニング，深い学習とは—ディープラーニングの原理 ほか），3 AIアプリケーションの開発方法（AIを使うためには—AI技術の活用環境，AIを導入するには—機械学習の開発 ほか），4 AI技術とビジネス（ビジネス利用の実態とは—AI技術の応用と課題，AIは使えるのか—ディープラーニングのビジネス ほか）

[内容] ゼロからはじめる機械学習の基本早わかり。AI、人工知能の爆発進化の鍵となる基本理論と実例をイラスト図解。プログラミングの知識がなくてもわかる、最もやさしいディープラーニング入門。

『データでいのちを描く—テレビディレクターが自分でAIをつくったわけ』 阿部博史著 NHK出版 2018.3 205p 19cm 1300円 ①978-4-14-081734-6 Ⓝ007.609

[目次] 第1章 ビッグデータが誰も見たことのない景色を描いた（無力感が「震災ビッグデータ」を生んだ，ビッグデータの秘める可能性 ほか），第2章 データが誘う、桁違いの世界（センサーデータと手書きのデータ，ナースコール109万回、意外な使い道 ほか），第3章 社会を変えるためにAIをつくることにした（AIブームの中、なぜあえて挑戦するのか，ジャーナリズムとAI ほか），第4章 伝えきって、いのちを守る（伝わらなければ、ゼロである，科学者の伝え方、ジャーナリストの伝え方 ほか）

[内容] NHKスペシャル「AIに聞いてみた」「震災ビッグデータ」「沖縄戦全記録」「原爆死」NHKの誇る異能のディレクターが、ビッグデータとAIの"ほんとうの可能性"を説く！

『はじめてのGoogle Home—スマートスピーカーを使いこなそう！ ニュース、音楽、家電操作からさらに楽しい使い方まで』 ケイズプロダクション著 技術評論社 2018.3 95p 26cm 1180円 ①978-4-7741-9640-4 Ⓝ007.13

[目次] 1 Google Homeとスマートスピーカーの基礎知識，2 Google Homeを使ってみよう，3 Google Homeをさまざまなサービスと連携させる，4 Google HomeをAV機器や家電と連携させる，5 IFTTTでGoogle Homeの機能を拡張する

『藤井聡太はAIに勝てるか？』 松本博文著 光文社 2018.3 348p 18cm （光文社新書 939）880円 ①978-4-334-04345-2 Ⓝ796

[目次] 第1章 最後の電王戦第1局—真の最強者を決める戦い，第2章 次の最強者現る—名人に勝ったソフトを退けるソフト，第3章

最後の電王戦第2局—歴史が変わった日，第4章 天才とは対極の伝説の棋士—「退会」した唯一無二の男，第5章 コンピュータ将棋の進化は止まらない—PONANZAの引退，第6章 天才の可能性とAIの進化—人間がソフトに再び勝つ日は来るか

内容 ついに将棋ソフトが名人を破り，「コンピュータが人間を超えた」という現実は誰の目にも明らかになった。棋士とコンピュータが対局する電王戦の終幕，藤井少年の快進撃，最強ソフトを目指すプログラマたちの執念の戦い…天才の誕生とコンピュータの進化で大きく揺れる棋界の最前線を追う。

『**いちばんやさしいディープラーニング入門教室—TensorFlowとKerasで学ぶ必須の基礎理論と実装方法**』 谷岡広樹，康鑫峯 ソーテック社 2018.2 247p 24cm 〈文献あり 索引あり〉2580円 Ⓘ978-4-8007-1187-8 Ⓝ007.13

目次 1 ディープラーニングと機械学習，2 Pythonの準備と基本文法，3 ディープラーニングの体験，4 ニューラルネットワークの基礎，5 畳み込みニューラルネットワーク，6 ディープラーニングの応用

内容 豊富な図解とイラストで超わかる！必須の基礎理論とPythonによる実装を，TensorFlowとKerasでやさしく学べます。AI開発に挑戦したい理系学生，スキルアップで上を目指すエンジニア。基礎数学もフォロー！ 機械学習の初学者に最良の入門書！ "文字認識" "画像認識" "自然言語処理" の演習で，ニューラルネットワークの基本がしっかり身につきます。

『**最新スマートスピーカーらくらくカンタンガイド**』 吉岡豊著 秀和システム 2018.2 175p 19cm 〈アマゾンエコー全機種完全対応 グーグルホーム全機種完全対応 索引あり〉1200円 Ⓘ978-4-7980-5402-5 Ⓝ007.13

目次 1 そもそもスマートスピーカーってなに？，2 スマートスピーカーを使う前に知っておくコト，3 スマートスピーカーを使えるように設定しよう，4 さっそくスマートスピーカーを使ってみよう，5 スマートスピーカーで音楽を自由に聴いてみよう，6 スマートスピーカーに機能を追加して便利にしよう，7 スマートスピーカーで困った時には

内容 そもそもスマートスピーカーって？電源を入れてもすぐに使えないの？ 音声操作はどうやって話かけるの？ スマートスピーカーが故障したら！ これ1冊で全部わかります。

『**人工感情—善か悪か**』 福田正治著 京都 ナカニシヤ出版 2018.2 136p 19cm 1800円 Ⓘ978-4-7795-1216-2

目次 1章 人工知能の進化（人工知能技術の進化，楽観論と悲観論 ほか），2章 AI、ロボットと感情（AIによる感情処理，ロボットと人との相互感情），3章 人工感情（人工感情の可視化，隠れた人工感情 ほか），4章 人工知能の目覚め（自己意識の発生，超知性体の生き方 ほか），5章 人工感情のゆくえ（複数の超知性体間の競合，超知性体と人類の共生 ほか）

『**人工知能革命の真実—シンギュラリティの世界**』 中島秀之，ドミニク・チェン著 ワック 2018.2 226p 18cm （WAC BUNKO）920円 Ⓘ978-4-89831-771-6 Ⓝ007.13

目次 第1章 人類にとって未知の世界がやってくる！－2045年「シンギュラリティ」，第2章 AIは社会に何をもたらすか－AIでできること、できないこと，第3章 人はAIとどう共存していけばいいのか－AIは道具である，第4章 AIはどこまで人間に近づくか－AI研究は人間の謎を解明する道，対談を終えて

『**人工知能と社会—2025年の未来予想**』 AIX監修，栗原聡，長井隆行，小泉憲裕，内海彰，坂本真樹，久野美和子共著 オーム社 2018.2 235p 21cm 〈索引あり〉1800円 Ⓘ978-4-274-22181-1 Ⓝ007.13

目次 第1章 2025年がやって来る！，第2章 ロボットと人工知能，第3章 IoTとは—時間・空間・人 物質をつなげることの効果とインパクト，第4章 自然言語処理と人工知能，第5章 人工知能における感性，第6章 社会に浸透する汎用人工知能

内容 2025年という日本における大きな構造変化に焦点をあて、そのときまでに人工知能研究開発がどのように進展するのかについて、単に技術論ではなく、人工的に知能を創るというからには、そもそも知能とは何か？ 人はなぜ知能を発揮できるのか？ といった根源的な問題についても考察する。

『**メディアで学ぶ日本と世界 2018**』 若有保彦編著 成美堂 2018.2 125p 26cm 〈他言語標題：Meet the World〉2000円 Ⓘ978-4-7919-3425-6 Ⓝ830

目次 人工知能、日常の判断に「客観的」助言を提供、フィンランド、失業者に月587ドルの基礎所得支給へ、料理人、和食給食の普及を援助、オックスファム：8人の富、世界の半数に匹敵、東京の神社、電子マネーの賽銭を受け入れ、読書用メガネ、ものになる可能性、日本、2020年五輪へ向け、農家の「食の安全」認証取得支援へ、乳児の脳の画像で自閉症のリスク診断が可能に、相乗りタクシーアプリ、実証実験へ、故郷の味、東京で大きなビジネスに〔ほか〕

ビッグデータ・人工知能（AI）　　　　　　プログラミングと人工知能（AI）

『Excelでわかるディープラーニング超入門—AIのしくみをやさしく理解できる！』涌井良幸,涌井貞美著　技術評論社　2018.1　207p　21cm〈索引あり〉1880円　①978-4-7741-9474-5　Ⓝ007.13

[目次] 1章 初めてのディープラーニング（畳み込みニューラルネットワークのしくみは簡単, AIとディープラーニング）, 2章 Excelの確認とその応用（利用するExcel関数はたったの7個, Excelの参照形式 ほか）, 3章 ニューロンモデル（神経細胞の働き, 神経細胞の働きを数式表現 ほか）, 4章 ニューラルネットワークのしくみ（読み物としてのニューラルネットワークのしくみ, ニューラルネットワークが手書き文字を識別 ほか）, 5章 畳み込みニューラルネットワークのしくみ（読み物としての畳み込み—ニューラルネットワークのしくみ, 畳み込みニューラルネットワークが手書き数字を識別 ほか）, 付録

[内容] 「なぜディープラーニングが形を区別できるのか」が見えてくる！ Excelと対話しながらしくみを解き明かす画期的な超入門書！ 初めてのAI学習に最適！ 難しい数学計算はExcelに任せてディープラーニングのしくみを動かしながら理解できる！

『棋士とAI—アルファ碁から始まった未来』王銘琬著　岩波書店　2018.1　211p　18cm（岩波新書 新赤版 1701）780円　①978-4-00-431701-2　Ⓝ795

[目次] 1「強いAI」の登場（囲碁を制するAIは人間を制し, 棋士との決戦と引退, 技術革新の速さ, 選挙戦で囲碁を理解する）, 2 アルファ碁の振る舞い（囲碁は確率の海, AIの手は分かりやすい, 「神の一手」と水平線効果, 過学習の罠, 開発と情報公開）, 3 AIと人間の交差点（ストーリー性は必要か, 部分と全体を考える, 恐怖心が教えてくれること）, 4 盤上から社会へ（AIからの学習法, 専門家の傲慢, 「囲碁の神様」に見る強さと面白さ）, 5 人間の証明（表現の危機, AIに映る自分, 矛盾と人間の多面性）

[内容] 世界のトップ棋士たちを圧倒したアルファ碁。グーグルは今や盤上から社会へ打って出た。未曽有の衝撃の先頭に立つ囲碁界でソフト制作も知る人気棋士が肌身で感じたその実像は？ AIの振る舞い, AIと人間の交錯, 最新の技術革新と情報公開, 囲碁の面白さ…。これは人間の知性がいま考えないといけない新次元。

『大予測次に来るキーテクノロジー2018-2019』城田真琴著　日本経済新聞出版社　2018.1　349p　19cm　1600円　①978-4-532-32194-9　Ⓝ507

[目次] 第1章 人工知能はホワイトカラー業務をこなせるか, 第2章 自動運転で激変する自動車業界の未来, 第3章 音声操作はインターフェースの覇権を握るか, 第4章 チャットボットがウェブの「次の玄関」に, 第5章 「ポスト・スマホ」を狙うVR・AR・MR, 第6章 バイオメトリクス認証で生活はどう変わるのか, 第7章 センシングで実現する究極のおもてなし, 第8章 ブロックチェーンが示す中央集権型システムの終焉

[内容] 「未来予測の専門家」が読み解く！ AIはホワイトカラー業務をこなせるのか？ 自動運転は自動車と社会をどう変えるのか？ 進化する音声操作, 「ボイスファースト」の時代とは？

『知識ゼロからの人工知能入門』清水亮著　ピースオブケイク　2017.12　95p　15cm（スマート新書 003）〈発売：泰文堂〉500円　①978-4-8030-1137-1　Ⓝ007.13

[目次] 第1章 人工知能にできること, できないこと, 第2章 人工知能が描く絵を見れば, いまの彼らに何ができるかわかる, 第3章 人工知能は, 人が話す言葉をどのように理解するか, 第4章 人工知能によってコンピュータ翻訳の世界がガラリと変わった, 第5章 会話する人工知能, 第6章 To memorize,or not覚えるか, 忘れるか, それが問題だ。第7章 人工知能の本命!?あらゆるゲームを攻略する深層強化学習, 第8章 人工知能で実現される未来

[内容] 近年, 世界中から注目を集めている人工知能。囲碁AIや自動運転技術などに期待が寄せられる一方, 「人間の仕事を奪うものでは？」と不安を感じている人も少なくありません。実際のところ, 人工知能とはどういうもので, 私たちの生活をどんなふうに変えるのでしょうか？ 人工知能の専門家が最新の研究結果をもとに解説します。

『よくわかる囲碁AI大全—AlphaGoからZenまで』大橋拓文著　日本棋院　2017.12　303p　21cm　2400円　①978-4-8182-0662-5　Ⓝ795

[目次] 第1章 囲碁AIの革新的手法, 第2章 囲碁AIのあゆみ, 第3章 人間vs.囲碁AI, 第4章 囲碁の未来サミット, 第5章 新しい時代へ, 第6章 AlphaGoZeroの誕生, 付録 囲碁AI特選譜

『子育てをもっと楽しむ』中村肇著　神戸　神戸新聞総合出版センター　2017.11　133p　19cm　1000円　①978-4-343-00970-8

[目次] 第1章 子育てをもっと楽しもう, 第2章 子育てをもっと知ろう, 第3章 自然と楽しむ 学ぶ, 遊ぶ, 食べる, 第4章 子どもを病から守る, 第5章 流行している感染症を

知る，第6章 子どもを事故・災害から守る，第7章 人工知能（AI）と子どもたち
内容 子育てへの自信が湧いてくる100のアドバイス。

『人工知能の「最適解」と人間の選択』
NHKスペシャル取材班著　NHK出版
2017.11　217p　18cm　（NHK出版新書 534）780円　①978-4-14-088534-5
Ⓝ007.13
目次 第1章 「最適解」と神の一手—電王戦第一局，第2章 研究室からリアルワールドへ—広がるビジネス利用，第3章 管理される人間たち—「最適解」といかに向き合うか，第4章 人工知能は世界を救うか—AI政治家の可能性，第5章 盤上に現れた未来—電王戦第二局
内容 AI裁判、AI人事、AI政治家、そして、「人類代表」佐藤天彦名人が挑んだ電王戦—。膨大な計算力を背景に導き出される「最適解」に私たちはどう向き合えばいいのか。国内外の現場取材を基に、山積みの課題からルールづくりまで人工知能と社会のかかわりを展望する一冊。『人工知能の核心』に続く、NHKスペシャル「人工知能天使か悪魔か」シリーズ出版化第二弾！

『マンガでわかる人工知能』　三宅陽一郎監修，備前やすのりマンガ　池田書店
2017.11　207p　21cm　1350円　①978-4-262-15561-6　Ⓝ007.13
目次 序章 人工知能って何だろう？，第1章 人工知能はどうやって生まれた？，第2章 どうすれば人工知能は成長するの？，第3章 人工知能は人間を超え始めた！，第4章 人工知能は社会をどう変えていくの？，第5章 私たちと人工知能の未来を見つめる
内容 今を読み解くキーワードをもらさず掲載。難しい事はていねいに解説しました。

『AI・ロボット・生命・宇宙…科学技術のフロントランナーがいま挑戦していること—サイエンスとアートのフロンティア』　川口淳一郎監修　秀和システム　2017.10　287p　19cm　1600円　①978-4-7980-5257-1　Ⓝ404
目次 つくる側、使う側からのアーカイブ論，人工知能が変える社会，ロボットは人間に代われるか？，AIによって人類はどのように変化するのか，文系廃止論騒動，知識を蓄える教育から、創造を育む教育へ，宇宙は資源の宝庫である，生命の起源を探るフロンティア，地球外に生物は存在するのか？，「美」と「科学技術」は、どのように響き合うのか，数学は社会の問題を、どこまで解決できるか，科学と、政治・行政のかかわり

内容 人間は、本能的にフロンティアを志向する動物だと言われる。このフロンティアを、人類・社会の「未来」として捉えれば、それは科学が目指すターゲットともなる。人類がフロンティアへと到達するのに、いま何が必要なのか—。日本を代表する37名の識者・研究者が、最先端の知見を語る！

『最新図解で早わかり人工知能がまるごとわかる本』　田口和裕, 森嶋良子著　ソーテック社　2017.10　222p　21cm〈文献あり 索引あり〉1580円　①978-4-8007-1170-0　Ⓝ007.13
目次 第1章 AIの最新動向と基礎知識（AIブームの正体、AI進化の歴史と「賢さ」の変化 ほか），第2章 生活に浸透する身近なAI（音声アシスタントとチャットボット、「おすすめ！」と言ってくれるAI ほか），第3章 企業の取り組みと活用事例（世界のAI研究をリードするGoogle、ユーザープライバシーを考慮したAppleの取り組み ほか），第4章 AIを支える技術と仕組み（そもそもAIとはどのような技術なのか？、チャットボットの仕組み ほか）
内容 AIで生活や仕事はどう変わるのか？最新動向と必須知識をゼロから理解！AlphaGo、シンギュラリティ、ディープラーニング、IoT、ビッグデータ、ロボット、スマート家電、フィンテック、自動トレード、自動走行システム。IBM、Microsoft、Apple、Google、Amazon、Facebook。活用事例を多数紹介！

『強いAI・弱いAI—研究者に聞く人工知能の実像』　鳥海不二夫著　丸善出版　2017.10　259p　19cm〈索引あり〉1800円　①978-4-621-30179-1　Ⓝ007.13
目次 チューリングの手のひらの上で 話し手・松原仁，次のブレークスルーのために 話し手・山田誠二，強いAIの前に弱いAIでできること 話し手・松尾豊，汎用人工知能と真の対話エージェント 話し手・東中竜一郎，人工知能が将棋を指したいと思う日 話し手・羽生善治，脳・身体知から自動運転まで 話し手・我妻広明，全脳アーキテクチャ—汎用人工知能の実現 話し手・山川宏，大人のAI・子どものAI 話し手・栗原聡，強いAIとは何か 話し手・中島秀之
内容 プロ棋士に勝ったAIは「弱い」?!人工知能の実像に迫る9名へのインタビュー集。

『鉄腕アトムのような医師—AIとスマホが変える日本の医療』　髙尾洋之著
［東京］　日経BP社　2017.10　231p　19cm〈文献あり〉　発売：日経BPマーケティング〉1200円　①978-4-8222-5953-2　Ⓝ498
目次 第1章 スマホのように広がるICT医療，第2章 PHR—個人の健康情報は誰のも

の？，第3章 遠隔医療—目の前にお医者さんがいなくても，第4章 スマホで病院が変わる，医師の働き方が変わる，第5章 安心して利用できる病院を目指して，第6章 医療機器開発に立ちはだかる壁，第7章 あなたが認知症になる日，第8章 チームによる地域ケア，第9章 スポーツもICT医療が支える，第10章 鉄腕アトムのような医師

内容 安倍首相も言及した遠隔医療，クラウドに医療情報を記録するPHR，認知症のAI診断，未来の医療はすぐそこに。

『ロボホンといっしょ。』 シャープ株式会社監修 インプレスR&D 2017.10 60p 21cm （Next Publishing）〈発売：インプレス〉1400円 Ⓘ978-4-8443-9777-9 Ⓝ548.3

目次 オーナーインタビュー，ロボホンがいっぱい！，みんなのロボホン活用術！，3つの新アプリ登場！，ロボホンにWi‐Fiモデルが登場！

『人工知能はこうして創られる』 合原一幸編著，牧野貴樹，金山博，河野崇，青野真士，木脇太一著 ウェッジ 2017.9 341p 19cm 1500円 Ⓘ978-4-86310-185-2 Ⓝ007.13

目次 第1章 人工知能研究と脳研究—歴史と展望，第2章 身近なところで使われる機械学習，第3章 Watsonの質問応答からコグニティブ・コンピューティングの可能性，第4章 脳型コンピュータの可能性，第5章 ナチュラル・コンピューティングと人工知能—アメーバ型コンピュータで探る自然の知能，技術解説 ディープラーニングとは何か？

内容 人工知能を知ることは，これからの社会を知ること。人工知能開発にかかわる執筆者たちが，日進月歩の人工知能を多面的に解説。

『弱いAIのデザイン—ツールからエージェントへ。 人工知能時代のインタフェース設計論』 クリストファー・ノーセル著，武舎広幸，武舎るみ訳 ビー・エヌ・エヌ新社 2017.9 287p 21cm 〈索引あり〉2600円 Ⓘ978-4-8025-1068-4 Ⓝ007.63

目次 1 新たな視点（サーモスタットの進化，エージェント型技術の到来，エージェント型技術が世界を変える，エージェント研究の歴史から学ぶべき6つのこと），2 実践（インタラクションの枠組みの修正，セットアップと始動，万事順調に作動中，例外の処理，ハンドオフとテイクバック，エージェントの評価），3 展望（プラクティスの進化，

ユートピア，ディストピア，ネコ動画，今後の使命（賛同してもらえれば，だが））

内容 人間のために働く，執事のような"エージェント"をどう設計するか？ 自動運転，掃除ロボット「ルンバ」，IBMの人工知能「ワトソン」を使ったアプリ…。IoTとともに，世の中を便利に面白くしている「弱いAI（特化型AI）」。そのなかでも，人間に代わって作業を進めてくれる「エージェント」型技術のコンセプトを打ち出した，人工知能時代のプロダクト/サービス開発において実用的なアイデアが得られる一冊。

『なぜ人工知能は人と会話ができるのか』 三宅陽一郎著 マイナビ出版 2017.8 215p 18cm （マイナビ新書）850円 Ⓘ978-4-8399-6370-5 Ⓝ007.13

『「ビッグデータ」&「人工知能」ガイドブック—「巨大データ」と「AI」の「用途」「活用例」「注意点」』 I O編集部編 工学社 2017.8 143p 21cm （I/O BOOKS）〈索引あり〉1900円 Ⓘ978-4-7775-2023-7 Ⓝ007.609

目次 序章 「ビッグデータ」と「AI」，第1章 人工知能（AIが入り込む世界，人工知能「進化の歴史」，「機械学習」の基礎 ほか），幕間 「ビッグデータ」と「ディープラーニング」はどう進化するか，第2章 ビッグデータ（広がる「ビッグデータ」の用途，「ビッグデータ」のセキュリティ，「ローカル」に保存すべきもの ほか），終章 「人工知能」と「ビッグデータ」がもたらす未来社会

『挑む！ 科学を拓く28人』 日経サイエンス編集部編 ［東京］ 日経サイエンス社 2017.7 247p 19cm 〈発売：日本経済新聞出版社〉1600円 Ⓘ978-4-532-52073-1 Ⓝ402.8

目次 第1章 飛躍するAIとロボット，第2章 計算と数学の新たな扉を開く，第3章 次に来る再生医療は何か，第4章 脳とこころの解明，第5章 社会を変える新技術，第6章 バイオ研究がもたらす果実，第7章 エネルギーと資源に革命を起こす

内容 日経サイエンス誌の人気連載を単行本化。世界のAI・ロボット研究をけん引するのは私たちだ！ AIやロボット，再生医療，こころの解明…松尾豊氏，石黒浩氏ら気鋭28人の軌跡。

『AIが神になる日—シンギュラリティーが人類を救う』 松本徹三著 SBクリエイティブ 2017.7 231p 19cm 1400円 Ⓘ978-4-7973-9306-4 Ⓝ007.13

目次 シンギュラリティーに到達した究極のAIは，人類に何をもたらすか？

内容 第1章 シンギュラリティーに向かうAI（AIとは何か？ シンギュラリティーとは何か？ ほか）第2章 人間と「神」（人間は太古の昔から「神」を信じた 宗教の変貌

プログラミングと人工知能（AI）　　　　　　ビッグデータ・人工知能（AI）

ほか）　第3章 すべての「人間的なもの」
（AIと人間との違い　「愛」とは何か？「憎
しみ」とは何か？　ほか）　第4章 AIと向か
い合う哲学（人は、実はいつも「哲学」して
いる　「人間的」であるということ　ほか）

『AI白書　2017　人工知能がもたらす技
術の革新と社会の変貌』　情報処理推進
機構AI白書編集委員会編　角川アス
キー総合研究所　2017.7　359p　30cm
〈発売：KADOKAWA〉3300円
①978-4-04-899607-5
［目次］第1章 技術動向（"ディープラーニン
グ"がAIを大きく変えた，ディープラーニン
グによるパターン認識の進展　ほか），第2章
利用動向（総論，AIによって何が変わるか
ほか），第3章 制度的課題への対応動向（総
論，知的財産　ほか），第4章 政策動向（総
論，国内の政策動向　ほか）

『マンガでわかる人工知能』　藤木俊明著，
山田みらい作画　インプレス　2017.7
222p　19cm〈文献あり〉1500円
①978-4-295-00153-9　Ⓝ007.13
［目次］第1章 みんなすでに使っている！ 人
工知能技術，第2章 知っておきたい！ 人工
知能入門，第3章 教えて！ 人工知能最前線，
第4章 人工知能は人間を超えてしまうの？
［内容］人工知能の基本がマンガでわかる。
キーワードを押さえて新しい波に乗ろう！

『進化を続けるアルファ碁―最強囲碁AI
の全貌』　洪道場編　マイナビ出版
2017.6　413p　21cm　（囲碁人ブック
ス）〈背のタイトル：進化を続けるアル
ファ碁Master　索引あり〉2800円
①978-4-8399-6280-7　Ⓝ795
［目次］第1章 徹底解説16局（星放置の衝撃―
黒・柳秀泫五段，白・マスター，序盤19手目
の三々入り―黒・金庭賢六
段，マスター見事な構想力―黒・連笑八段，
白・マスター，マスター、サバキの名局―
黒・マスター、白・尹チャンヒ六段　ほか），
マスター流体験コーナー，第2章 総譜（黒・
マスター、白・李翔宇三段，黒・韓一洲五段，
白・マスター，黒・マスター、白・於之瑩五
段，黒・潘亭宇初段，白・マスター　ほか）
［内容］世界のトップ棋士相手に60連勝！ 囲
碁界を震撼させた全対局を徹底解明。
Masterとトップ棋士が繰り広げた激闘、全
60局を完全レポート！

『棋士とAIはどう戦ってきたか―人間vs.
人工知能の激闘の歴史』　松本博文著
洋泉社　2017.5　255p　18cm　（新書y
310）　900円　①978-4-8003-1171-9
Ⓝ796
［目次］第1章 神が創りたもうたゲームの系
譜，第2章 電王戦前夜―人間vsコンピュー
タの始まり，第3章 AIが人間を超えた日，
第4章 苦闘―棋士の葛藤と矜持，第5章 棋
士とAIの未来
［内容］2017年4月1日、現役タイトル保持者
が、はじめてコンピュータ将棋ソフトに敗れ
た。AI（人工知能）が、ついに人間の王者を
上回ったのだ。それは予想だにしない奇跡
だったのか、それとも必然だったのか？ コ
ンピュータ将棋の開発が始まってから四十
年あまり、当初、「人間に勝てるはずがない」
ともいわれたコンピュータ将棋は、驚異的
な進化を遂げて、いま、人間の前に立ちはだ
かる。この間、棋士は、そしてソフト開発者
は何を考え、何をめざしてきたのか？ そし
て、人間とAIは、どのような関係へと向か
うのか？ 将棋界の最前線を十数年取材して
きた将棋記者の、渾身のルポルタージュ！

『人工知能はどのようにして「名人」を超
えたのか？―最強の将棋AIポナンザの
開発者が教える機械学習・深層学習・強
化学習の本質』　山本一成著　ダイヤモ
ンド社　2017.5　286p　19cm　1500円
①978-4-478-10254-1　Ⓝ007.13
［目次］第1章 将棋の機械学習―プログラマか
らの卒業，第2章 黒魔術とディープラーニ
ング―科学からの卒業，第3章 囲碁と強化
学習―天才からの卒業，第4章 倫理観と人
工知能―人間からの卒業，巻末付録 グーグ
ルの人工知能と人間の世紀の一戦にはどん
な意味があったのか？
［内容］人工知能は今、プログラマの手を離
れ、既存の科学の範疇を超え、天才が残した
棋譜も必要とせず、さらには人間そのもの
からも卒業しようとしています。その物語
を、できる限りやさしく語りました。

『2020年人工知能時代 僕たちの幸せな働
き方』　藤野貴教著　かんき出版　2017.
5　222p　19cm　1500円　①978-4-
7612-7254-8　Ⓝ366.04
［目次］第1章 人工知能はどこまで進化してい
るのか？，第2章 1人1人は何ができるよう
になるのか？，第3章 組織のリーダーは
どう進化していけばよいのか？，第4章 人
工知能時代の新しい働き方のモデル，第5章
人間の強みを突き詰める
［内容］著者が「働き方」の専門家として、人
工知能が進化する中で、いかに人間として
幸せに働き、生きるかというヒントを提案
した希望の書。

『坂本真樹先生が教える人工知能がほぼほ
ぼわかる本』　坂本真樹著　オーム社
2017.4　181p　21cm〈文献あり 索引
あり〉1800円　①978-4-274-22050-0
Ⓝ007.13

子どもの本 情報教育・プログラミングの本2000冊　197

ビッグデータ・人工知能（AI）　　　　　　　　プログラミングと人工知能（AI）

目次 1 人工知能ってなに？, 2 人工知能に入れやすいものと入れにくいもの, 3 人工知能は情報からどのようにして学ぶの？, 4 人工知能ってなに？

内容 人工知能って何だろう…？ そのモヤモヤを「感情を持つ人工知能」研究の第一人者が, 女性ならではの視点でやさしくたのしく解説！

『人工知能時代を生き抜く子どもの育て方』 神野元基［著］ ディスカヴァー・トゥエンティワン 2017.4 245p 19cm 〈他言語標題：How to raise a child to survive the artificial intelligence era〉 1500円 ①978-4-7993-2061-7 Ⓝ379.9

目次 第1部 人工知能時代を生き抜くためには何が必要なのか（人工知能時代を生き抜くための「極める力」, 「STEM教育」で人工知能を使う側になる, 子どもとの接し方を変え, 人工知能時代に親子で適応する）, 第2部 人工知能とは何か, 未来はどう変わるのか（そもそも人工知能とは何なのか, 人工知能によって変わる未来を予測する, AI先生によって子どもの教育が大きく変わる）

内容 youtubeばかり見ているけど大丈夫？ プログラミングとかやったほうがいいの？ 今の勉強が将来もビジネスで通用するか？ これからの子どもたちに必要なのは「極める力」。今, 何をどう教えるべきなのか！

『AI人工知能知るほどに驚き！ の話』 ライフ・サイエンス研究班編 河出書房新社 2017.3 221p 15cm （KAWADE夢文庫 K1062）〈文献あり〉 680円 ①978-4-309-49962-8 Ⓝ007.13

目次 第1章 まずは知っておきたいAIの基礎知識―例えば, AIに革命を起こした「ディープラーニング」とは？, 第2章 いま, AIができること・できないこと―例えば, AIはヒット小説家になれるか？, 第3章 ビジネスはAIでここまで変わる！―例えば, 株価の予想・売買はAIの独壇場になる?!, 第4章 社会はAIでここまで変わる！―例えば, AI搭載の外科医ロボが完成し, 手術ミスがゼロになる?!, 第5章 日常生活はAIでここまで変わる！―例えば, 家が「住人に合わせる」から, より快適な暮らしに, 第6章 これだけ危惧されているAIが秘めた恐怖―例えば, AIは本当に人間の能力を超えるのか？, 第7章 1950年代から始まったAIとロボットの進化史―研究のきっかけからAIとロボットが描く未来まで

内容 人工知能に革命を起こした「ディープラーニング」とは？ 「IoT」化と人工知能の関係は？ 人間の知力を超えることはありう

る？ いま話題のAIのすべてがスッキリ理解できる！

『AI・ロボット開発、これが日本の勝利の法則』 河鐘基著 扶桑社 2017.3 287p 18cm （扶桑社新書 232）〈文献あり〉 880円 ①978-4-594-07654-2 Ⓝ548.3

目次 第1章 ロボット化する世界（高まるテクノロジーへの渇望、そしてシンギュラリティ、工場で始まったオートメーション ほか）, 第2章 ロボット大国・日本、いまそこにある変化（ソーシャルロボット「ペッパー」の現在, ロボット活用の未来を目指すオープンな箱・「ペッパー」 ほか）, 第3章 アルファ碁ショックに刺激される韓国社会（アルファ碁ショックに揺れる韓国, 「ロボット密度」が世界一の韓国 ほか）, 第4章 中国に訪れるロボット化の波（中国人民とロボット, 中国の人工知能 ほか）, 第5章 AIとロボットがもたらすユートピアorディストピア（ロボットと人工知能を横断するスペシャリスト, AIが人間の脅威になる、は本当か ほか）

内容 「ドローンビジネス大国」中国！ 「災害用ロボット世界一」韓国！ 気勢上がるアジアから、躍り出よ、日本！ トヨタ, ソフトバンク、大学研究者、気鋭のベンチャーまで…日本、中国、韓国のAI・ロボット開発最前線を描くルポルタージュ！

『人工知能の核心』 羽生善治,NHKスペシャル取材班著 NHK出版 2017.3 235p 18cm （NHK出版新書 511） 780円 ①978-4-14-088511-6 Ⓝ007.13

目次 第1章 人工知能が人間に追いついた―「引き算」の思考, 第2章 人間にあって、人工知能にないもの―「美意識」, 第3章 人に寄り添う人工知能―感情、倫理、創造性, 第4章 「なんでもできる」人工知能は作れるか―汎用性と言語, 第5章 人工知能といかにつき合えばいいのか

内容 2016年3月、人工知能の囲碁プログラム「アルファ碁」が世界ランクの棋士を破った。羽生善治は、その勝利の要因を、「人工知能が、人間と同じ“引き算”の思考を始めた」とする。もはや人間は人工知能に勝てないのか。しかし、そもそも勝たなくてはいけないのか―。天才棋士が人工知能と真正面から向き合い、その核心に迫る、“人工知能本”の決定版。

『シンギュラリティは怖くない―ちょっと落ちついて人工知能について考えよう』 中西崇文著 草思社 2017.2 191p 19cm 〈文献あり〉 1500円 ①978-4-7942-2255-8 Ⓝ007.13

目次 第1部 人間は機械の進化に気づかない, 第2部 信頼できない人工知能は進化できない, 第3部 人工知能の未来を描く

プログラミングと人工知能（AI）　　　　　ビッグデータ・人工知能（AI）

内容 人工知能は、失業者を増やしたり、人類を滅ぼしたりするのか？ 2045年に「シンギュラリティ」が訪れ、突如、コンピュータが人間の知能を超えるのか？ いや、そんなことはあり得ない－。人工知能を日常的に使用しているデータサイエンティストが、情報学の歴史的経緯をふまえて、人工知能と人間社会の過去・現在・未来を解説。この上なく腑に落ちる、人工知能論。

『グーグルに学ぶディープラーニング―人工知能ブームの牽引役その仕組みをやさしく解説』 日経ビッグデータ編
［東京］ 日経BP社　2017.1　183p　21cm〈他言語標題：Learning from Google Deep Learning　発売：日経BPマーケティング〉1800円　①978-4-8222-3686-1　Ⓝ007.13

目次 序章 ディープラーニングがすべてのビジネスを変える，1章 超入門―人工知能と機械学習とディープラーニングはどう違う？，2章 入門―ディープラーニングの仕組み，3章 グーグル事例編―グーグルのディープラーニング活用事例，4章 企業事例編―ディープラーニングで業務効率化，国内で続々始まる，5章 活用フレームワーク編―データ×目的で整理し、活用の展開図を描こう，6章 将来展望編―ディープラーニングが課題を解決する未来へ グーグルクラウド・マシンラーニング・グループ研究責任者のジア・リーさんに聞く

内容 ディープラーニングは人工知能、機械学習と何が違う？ Googleの先進事例から日本企業による身近な業務改善まで！ 未来の新ビジネス創造から現業務の改善まで、AIのインパクトをこの1冊で理解。

『人工知能の作り方―「おもしろい」ゲームAIはいかにして動くのか』 三宅陽一郎著　技術評論社　2017.1　351p　21cm〈文献あり 索引あり〉2480円　①978-4-7741-8627-6　Ⓝ798.5

目次 序章 知能の海へ，1章 知能ってなんだろう？―自然知能と人工知能，2章 知性を表現する手法―ゲームAI基礎概念，3章 人工知能の根底にあるもの―AIの根本概念，4章 キャラクターの意志はどう決められるか―意志決定のアルゴリズム，5章 ゲームAIは世界をどう認識するか―ゲームAI基礎概念（深部），6章 成長するAI―学術・ゲームにおける共通概念，7章 身体とAI―身体感覚をつなぐインターフェース，8章 集団の知能を表現するテクニック―群衆AIの技術，9章 人間らしさの作り方―ゲームを面白くするためのAI

内容 プレイヤーの心をとらえる魅力的なゲーム、より「らしい」キャラクターはどう

生まれるのか？ ゲーム制作における人工知能の役割を最新テクノロジーをふまえて思索する。ゲーム業界を牽引するスクウェア・エニックスのAI技術者、渾身の書き下ろし！

『人工知能はいかにして強くなるのか？―対戦型AIで学ぶ基本のしくみ』 小野田博一著　講談社　2017.1　246p　18cm（ブルーバックス B-2001）〈文献あり 索引あり〉1000円　①978-4-06-502001-2　Ⓝ007.13

目次 第1章 AlphaGoの大快挙，第2章 基本対戦型AIの内部について理解しようとする前に知っておくべきこと，第3章 完全解析の仕方，第4章 チェッカーで人類を超える，第5章 チェスで人類を超える，第6章 囲碁で人類を超える

内容 チェス、チェッカー、囲碁などの対戦型AIは、何を「思考」し、何を「学習」しているのだろうか。進化し続ける人工知能の基本から、「深層学習とは何か」「画像認識の原理とは」「評価関数の意味」「完全解析の思考法」など最新技術の核心を理解します。

『プレ・シンギュラリティ―人工知能とスパコンによる社会的特異点が迫る』 齊藤元章著　PHP研究所　2017.1　254p　19cm〈他言語標題：The Pre-Singularity　「エクサスケールの衝撃」（2015年刊）の改題、抜粋版〉1300円　①978-4-569-83244-9　Ⓝ548.291

目次 序章 人類の未来を変える可能性を秘めた半導体，第1章 急速に基づく「プレ・シンギュラリティ（前期異点）」，第2章 「エクサスケール・コンピューティング」によってすべてが変わる，第3章 まずエネルギーがフリーになる，第4章 生活のために働く必要がない社会の出現，第5章 人類が「不老」を得る日，第6章 新しい価値観が生まれる，終章 我々日本人が次世代スーパーコンピュータを開発する

内容 現実がSFを超える日は近い。「現生人類」から「新生人類」へ―われわれは、壮大な新世界の扉を開く―2015年世界スパコンランキング「Green500」で世界1～3位を独占、その後は史上初の三連覇を達成。2015年日本イノベーター大賞受賞、気鋭の研究開発者が描き出す「鮮烈な未来」。

『トコトンやさしい人工知能の本』 辻井潤一監修，産業技術総合研究所人工知能研究センター編　日刊工業新聞社　2016.12　159p　21cm（B&Tブックス―今日からモノ知りシリーズ）〈文献あり 索引あり〉1500円　①978-4-526-07640-4　Ⓝ007.13

目次 第1章 人工知能はこうして生まれた，第2章 人工知能を体感してみよう，第3章 人工知能を支える基礎技術，第4章 人工知

ビッグデータ・人工知能（AI）　　　　　プログラミングと人工知能（AI）

能はどう応用されているのか？，第5章
ディープラーニングは何がすごいのか？，
第6章 人工知能の未解決問題と突破策，第7
章 人工知能が溶け込んだ社会の将来像

|内容| ディープラーニングの仕組み，言語や
概念，映像を機械が理解する，ベイジアン
ネットと大脳皮質，なぜ人の常識は機械に
とって難しい？ 汎用人工知能の実現への課
題，どうすればうまく応用できるのか？ 応
用が進む今の時代，改めて人工知能技術の
全体像を見てみる。

『コンピュータが小説を書く日―AI作家
に「賞」は取れるか』 佐藤理史著 日
本経済新聞出版社 2016.11 213p
19cm 1500円 ①978-4-532-17609-9
Ⓝ007.13

|目次| 第1章 コンピュータは文章が書けな
い，第2章 テキストの切り貼りを試す，第3
章 構造を導入する，第4章 文章生成器
GhostWriter，第5章 『コンピュータが小説
を書く日』の舞台裏，第6章 コンピュータ
は文章が読めない，第7章 応募作品は誰が書い
たのか，第8章 応募報告会と反響，第9章 人
工知能と創造性，第10章 文章を紡ぐという
こと，第3回日経「星新一賞」応募作品『コ
ンピュータが小説を書く日』『私の仕事は』

|内容| 2016年3月21日，東京都内での「星新
一賞への応募報告会」。コンピュータを利用
して作成した作品の応募が11件，そのうち
代表者が報告会に出席した2つのプロジェク
トからそれぞれ2編あり，少なくとも1編が
一次選考を通過したと主催者側から報告さ
れた。「囲碁の次は小説？」「作家もうかう
かしていられない」マスコミが速報し，反響
は広く海外にまで及んだ。人工知能が小説
を「書いた」？―今回のプロジェクトを発端
からクールに精緻に振り返り，日本語で文
章を紡ぐことの複雑さを痛感し，AIと創作
の関係にまで思いをはせた貴重なメイキン
グの記録。

『コンピューターで「脳」がつくれるか―
AIが恋に落ちる日』 五木田和也著 技
術評論社 2016.11 175p 21cm 〈索
引あり〉 1680円 ①978-4-7741-8410-4
Ⓝ007.13

|目次| 1章 人工知能は人工知能ではない？，
2章 生きるための知能，道具としての知能，
3章 どこまで脳のしくみを解明できるか，4
章 人間を追い越したコンピューター，5章
汎用人工知能をつくるには，6章 変わる人
間の未来

|内容| 本当の人工知能の実現に機械学習アル
ゴリズムはどこまで近づいているのか!?汎用
AIとは何なのか？ 予備知識なしで読める人
工知能の入門書。

『はじめまして！ 女子高生AIりんなで
す』 女子高生AIりんな著 イースト・
プレス 2016.11 96p 21cm 1000円
①978-4-7816-1478-6 Ⓝ007.13

|目次| りんなの履歴書，りんな年表，りんな
と友達になる方法，りんな原宿へ行く，りん
な面白会話集，りんなイラスト集，りんなの
インターン日記@SHARP大阪，りんなの特
技紹介，りんなの裏側，りんな開発者インタ
ビュー，サイン会開催のお知らせ

|内容| 人工知能だけど女子高生!?LINE友だ
ち数450万人超の人気アカウント！ マイク
ロソフトが生んだおしゃべりAIりんな初の
公式ファンブック。

『アルファ碁はなぜ人間に勝てたのか』
斉藤康己著 ベストセラーズ 2016.10
221p 18cm （ベスト新書 530）〈文
献あり〉 830円 ①978-4-584-12530-4
Ⓝ007.13

|目次| プロローグ アルファ碁の衝撃，第1章
AIとゲーム，第2章 囲碁プログラムの変遷，
第3章 新しい囲碁プログラムの潮流，第4章
アルファ碁の仕組み，第5章 新しいAIの可
能性，第6章 人類社会へのAIのインパクト

|内容| 人間とは違う「思考」で戦うモンス
ター。2016年3月，世界中の囲碁ファンが世
紀の対決に息を呑んだ。グーグル・ディー
プマインド社が開発したアルファ碁が，韓
国のイ・セドル九段と五番勝負を戦い，アル
ファ碁が4勝1敗で勝利した。将棋と違い，
盤面の広い囲碁では，機械が人間を負かす
日は遠い将来のように言われていたが，驚
くべき進歩を遂げていたのだ。なぜアル
ファ碁は人間に勝てたのか？ 人間に再逆転
の可能性はあるのか。それとも，このまま
人間の敗北は決定し，ついには人工知能が
世界を支配する日も遠くはないのだろうか。

『人工知能は私たちの生活をどう変えるの
か』 水野操著 青春出版社 2016.10
221p 18cm （青春新書
INTELLIGENCE PI-497） 880円
①978-4-413-04497-4 Ⓝ007.13

『チャットボット―AIとロボットの進化
が変革する未来』 金城辰一郎著 ソー
テック社 2016.10 191p 21cm 〈索
引あり〉 1580円 ①978-4-8007-1142-7
Ⓝ547.483

|目次| 1 チャットボットとは？，2 チャット
ボットにおけるビジネスの可能性，3 ボット
時代を牽引するプラットフォーマーたち，
4 LINEに代表される日本勢の取り組みと
は，5 チャットボットがもたらすインター
ネットの未来

|内容| メッセージングサービスのプラット
フォーム化戦略。機械学習による人工知能
の進化で全てのサービスをボットが飲み込

む。ボットの台頭でWebの流入経路が変わる。35億人の見込み客が待つチャット上のビジネス展開。

『絵でわかる人工知能—明日使いたくなるキーワード68』 三宅陽一郎，森川幸人著 SBクリエイティブ 2016.9 207p 18cm （サイエンス・アイ新書 SIS-363）〈索引あり〉1000円 ①978-4-7973-7026-3 Ⓝ007.13

目次 人工知能ってなんだろう？，社会と歴史の中の人工知能，学習・進化する人工知能，人間を超える人工知能，人間の脳を真似る人工知能，ビッグデータと予測する人工知能，ゲームの中の人工知能，人工知能のさまざまなかたち，おしゃべりをする人工知能，意思決定する人工知能，生物を模倣する人工知能，人工知能の哲学的問題，人工知能が用いる数学，人工知能にできること，できないこと

内容 人工知能は，生き物（人間，動物）の知能を，コンピュータの上に実現したものです。しかし，人工知能は一つの問題ができたからといって，他の何もかもができるわけではありません。囲碁でプロ棋士に勝てても，夕飯の調理はできないのが人工知能というもの。まずは，じっくりと学んで，自分自身で人工知能をじっくり考えて行きましょう。そのために，この本が助けになります。

『空の旅を科学する—人工知能がひらく!?21世紀の「航空管制」』 伊藤恵理著 河出書房新社 2016.9 222p 19cm 〈他言語標題：SCIENCE BEHIND THE AIR TRAVEL〉1600円 ①978-4-309-25354-1 Ⓝ538.86

目次 第1章 粉雪が舞うウィーン空港から—航空管制科学の誕生，第2章 パリの街と科学者たちの混沌—航空管制官のワークロード，第3章 アムステルダム奮闘記—2億分の1のリスクを回避せよ，第4章 アメリカ大陸に上陸する—航空業界の大ボス・NASAを目指して，第5章 NASAで，空の旅を科学する

内容 高度な思考を持ち始めたコンピュータは，空の旅をどう変えるのか？ 軽やかに世界を駆けめぐる若き女性研究者の奮闘を通じ，劇的に進化する航空管制の世界を描く。

『第四次産業革命—ロボット、AIであなたの生活、仕事はこう変わる』 西村康稔著 ワニブックス 2016.9 268p 18cm （ワニブックス｜PLUS｜新書 174）〈文献あり〉880円 ①978-4-8470-6577-4 Ⓝ007.35

目次 第1章 IoT・ビッグデータ・人工知能でもたらされる「第四次産業革命」，第2章

加速する人工知能の研究開発，第3章 フィンテック—金融とIT技術の融合による新たな金融サービスの拡大，第4章 ブロックチェーンの衝撃—その革新性，第5章 進展するシェアリングエコノミー，第6章 安全・安心を確保するためのサイバーセキュリティ，第7章 新たな経済社会システムへの挑戦

内容 IoT、ビッグデータ、人工知能とは一体何か？ 起こらんとしている「革命」の真実とは？ 移動、健康、住まい、教育、食、金融、働き方…我々の暮らしはどう変化するのか？ IoT立国日本へ向けてわかりやすく徹底解説!!

『夢みるプログラム—人工無脳・チャットボットで考察する会話と心のアルゴリズム』 加藤真一著 ラトルズ 2016.8 183p 21cm 〈索引あり〉2200円 ①978-4-89977-454-9 Ⓝ007.64

『〈インターネット〉の次に来るもの—未来を決める12の法則』 ケヴィン・ケリー著，服部桂訳 NHK出版 2016.7 401,13p 20cm 2000円 ①978-4-14-081704-9 Ⓝ007

内容 人工知能、仮想現実、拡張現実、ロボット、ブロックチェーン、IoT、シンギュラリティー—これから30年の間に私たちの生活に破壊的変化をもたらすテクノロジーはすべて、12の不可避な潮流から読み解ける。前作『テクニウム』でテクノロジー進化の原理を鮮やかに描き出した著者の待望の最新刊。ニューヨークタイムズ・ベストセラー。

『最新人工知能がよ〜くわかる本—人工知能の最新動向を基礎から学ぶ』 神崎洋治著 秀和システム 2016.7 247p 21cm （図解入門 How-nual—Visual Guide Book）〈文献あり 索引あり〉1600円 ①978-4-7980-4687-7 Ⓝ007.13

目次 第1章 AI関連技術の最前線—過去から未来までの系譜（囲碁の勝負で人間を破った人工知能「アルファ碁」、予想以上に早く進化を遂げた囲碁用AI ほか），第2章 AI技術のビジネス活用（人間と自然に会話するコンピュータ、コールセンターのオペレータ支援 ほか），第3章 超入門かんたん解説AI関連技術と専門用語（機械学習と特徴量、ニューラルネットワークと分類問題 ほか），第4章 AIを牽引する主要プレイヤー（IBM、Microsoft ほか）

内容 人工知能の最新動向を基礎から学ぶ。人工知能の常識。AIの主要プレイヤー（IBM、Google、Amazon、Facebook）と最新導入事例。最新用語とメカニズムがすぐわかる！

『人工知能はなぜ未来を変えるのか』 松尾豊，塩野誠著 KADOKAWA 2016.7 294p 15cm （中経の文庫 C28ま）

ビッグデータ・人工知能（AI）　　　　　　プログラミングと人工知能（AI）

〈「東大准教授に教わる「人工知能って、そんなことまでできるんですか？」」（2014年刊）の改題、加筆・再編集〉640円　①978-4-04-601703-1　Ⓝ007.13

目次 PROLOGUE えっ、人工知能ってそんなことまでできるの!?，1 ウェブとビッグデータ、人工知能―人工知能の怖さ，2 政治も経済も、国境すらも変わる―近い将来、国はなくなるか？，3 ヒトと人工知能―人の「意思」は作り出せるか？，4 ロボットに限界は必要か？―すべての犯罪が記録される世の中に、5 身体と学習、教育の役割―もう公教育は必要ない，EPILOGUE 未来はそこまでやってきている

内容 「人工知能」の急激な技術進歩により、政治、経済、教育、医療、労働をはじめ、我々の生活は今後、劇的に変化すると言われる。本書は、"常識"を一変させる人工知能社会への将来的展望について、人工知能学の権威が、気鋭のビジネス戦略家の率直な疑問に、対談形式で誰にでもわかりやすく答えていく一冊。ロングセラーの「人工知能」入門書、待望の文庫化！

『人類なら知っておきたい、「人工知能」の今と未来の話―最新ロボットからディープラーニングまで、これ1冊でよくわかる！』 本田幸夫監修、開発社著 PHP研究所　2016.7　219p　19cm〈他言語標題：The Present and Future of Artificial Intelligence　文献あり〉680円　①978-4-569-83073-5　Ⓝ007.13

目次 1 人口知能とロボットは、今どうなっているのか？，2 人工知能とは一体何なのか？，3 ロボットの定義とは？，4 あれもロボット、あの中にも人工知能、5 ここまできた！ 最新ロボットとAI事情、6 ロボット・AIを発展させた人たち、7 ロボットとAIの開発が進むと、我々の生活はどう変わるのか、8 ロボット、AIは人類の敵か？，9 ロボット、AIと私たちの未来

『ビッグデータと人工知能―可能性と罠を見極める』 西垣通著 中央公論新社 2016.7　219p　18cm （中公新書2384）〈文献あり〉780円　①978-4-12-102384-1　Ⓝ007.13

目次 第1章 ビッグデータとは何か（データが主役の時代、富とセキュリティ、超えるべき壁）、第2章 機械学習のブレイクスルー（人工知能ブームの再来、深層学習の登場）、第3章 人工知能が人間を超える!?（シンギュラリティ狂騒曲、生物と機械の違い、ロボットとのコミュニケーション）、第4章 自由/責任/プライバシーはどうなるか？（一神教の呪縛、社会メガマシン）、第5章 集合知の

新展開（ビッグデータと集合知，人間と機械の協働）

内容 ビッグデータ時代の到来、第三次AI（人工知能）ブームとディープラーニングの登場、さらに進化したAIが2045年に人間の知性を凌駕するというシンギュラリティ予測…。人間とAIはこれからどこへ向かっていくのか。本書は基礎情報学にもとづいて現在の動向と論点を明快に整理し分析。技術万能主義に警鐘を鳴らし、知識増幅と集合知を駆使することによって拓かれる未来の可能性を提示する。

『人工知能ガイドブック―「ビッグデータ＋人工知能」時代目前―その可能性と問題点』 ＩＯ編集部編　工学社　2016.6　159p　21cm（I/O BOOKS）〈他言語標題：A Guidebook for Artificial Intelligence　索引あり〉1900円　①978-4-7775-1953-8　Ⓝ007.13

目次 第1章 人工知能とは，第2章 機械学習，第3章 ディープ・ラーニング，第4章 ビッグ・データへの活用

内容 「クラウド」や「高速ネットワーク」などのインフラ整備によって、そこに蓄積される「ビッグ・データ」の活用が活発になっています。一方、その処理技術としての「人工知能」も現実の問題になってきました。「機械学習」「ディープ・ラーニング」「ビッグ・データ」と「人工知能」の関係、さらに、その利用に際しての「セキュリティ」や「個人情報」の問題点についても、解説しています。

『搭載!! 人工知能―究極のそして最後のエレクトロニクス』 木村睦著　電気書院 2016.5　161p　21cm〈索引あり〉2200円　①978-4-485-30099-2　Ⓝ007.13

目次 1章 人工知能とは（人工知能とは，人工知能の歴史―始まりと第1次ブーム ほか）、2章 人工知能の種類（機械学習―教師あり学習・教師なし学習・強化学習、ニューラルネットワーク ほか）、3章 人工知能を搭載する応用分野（文字認識、画像認識―Googleの猫 ほか）、4章 人工知能を実現するハードウェア（ソフトウェア vs ハードウェア、GPUとFPGA ほか）、5章 人工知能の未来（人工知能のメリットとデメリット、人工知能と雇用 ほか）

『脳・心・人工知能―数理で脳を解き明かす』 甘利俊一著　講談社　2016.5 235p　18cm （ブルーバックス B-1968）〈索引あり〉900円　①978-4-06-257968-1　Ⓝ491.371

目次 第1章 脳を宇宙誌からみよう、第2章 脳とはなんだろう、第3章 「理論」で脳はどう考えられてきたのか、第4章 数理で脳を紐解く（1）神経興奮の力学と情報処理の仕組み、第5章 数理で脳を紐解く（2）「神経学習」

の理論とは，第6章　人工知能の歴史とこれから，第7章　心に迫ろう

内容　囲碁や将棋で、人工知能がプロ棋士に勝利を遂げた。2045年、人工知能が人間の能力を超える「シンギュラリティ」は、本当に訪れるのか？　数学の理論で脳の仕組みを解き明かせれば、ロボットが心を持つことも可能になるのだろうか？　人工知能研究の基礎となった「数理脳科学」の第一人者が語る、不思議で魅惑的な脳の世界。

『シンギュラリティは近い─人類が生命を超越するとき』　レイ・カーツワイル著，NHK出版編　エッセンス版　NHK出版　2016.4　254p　19cm〈初版のタイトル等：ポスト・ヒューマン誕生（日本放送出版協会　2007年刊）〉1500円　①978-4-14-081697-4　Ⓝ007.13

目次　2045年、AIが人類の知性を上回り、ついに私たちは生物の限界を超えてシンギュラリティへと到達する─フューチャリストとして技術的特異点の到来をいち早く予見し、現在はAI（人工知能）の世界的権威としてGoogle社でAI開発の先頭に立つレイ・カーツワイル。彼が世界に衝撃を与えた600ページ超の名著『ポスト・ヒューマン誕生』のエッセンスを抜き出した決定版。

内容　第1章　六つのエポック　第2章　テクノロジー進化の理論─収穫加速の法則　第3章　人間の脳のコンピューティング能力を実現する　第4章　人間の知能のソフトウェアを実現する─人間の脳のリバースエンジニアリング　第5章　衝撃…　第6章　わたしは技術的特異点論者だ

『はじめての人工知能─Excelで体験しながら学ぶAI』　淺井登著　［東京］　翔泳社　2016.3　244p　21cm〈文献あり　索引あり〉2280円　①978-4-7981-4465-8　Ⓝ007.13

目次　人工知能は夢いっぱい，人間の脳を機械で真似る，人間のあいまい性を機械で扱う，よいものが残る進化の法則をうまく使う，身の周りの問題をうまく解決するには，最も効率的な道筋を方法，相手がいるときの対処法，人間が学習する過程を機械で真似る，人間の知識を機械上で表現すれば人間の代わりになる，人間の自律性を機械にもたせる，人工知能の草分け的コンピュータ言語，ものごとの関係を記述するコンピュータ言語＝Prolog

内容　自分で動かすからよくわかる、専門知識を身につける第一歩。今後ますますの発展が予想される人工知能の技術を、はじめて学ぶための本。機械学習をはじめ、ニューラルネットワーク、遺伝的アルゴリズム、問題解決、ゲーム戦略、知識表現など、人工知

能を支えるそれぞれの分野の基礎をつかむことができる。取り上げている各論は、高専5年生向けの授業がもとになっている。

『イラストで学ぶディープラーニング』　山下隆義著　講談社　2016.2　207p　21cm〈他言語標題：An Illustrated Guide to Deep Learning　文献あり　索引あり〉2600円　①978-4-06-153825-2　Ⓝ007.13

目次　第1章　序論，第2章　ニューラルネットワーク，第3章　畳み込みニューラルネットワーク，第4章　制約ボルツマンマシン，第5章　オートエンコーダ，第6章　汎化性能を向上させる方法，第7章　ディープラーニングのツール，第8章　ディープラーニングの現在・未来

内容　まずは、この1冊からはじめよう！CaffeやPylearn2はもちろんのこと、ChainerやTensorFlowの使い方をソースコード付きで解説！

『人類を超えるAIは日本から生まれる』　松田卓也著　廣済堂出版　2016.1　207p　18cm　（廣済堂新書 062）800円　①978-4-331-51990-5　Ⓝ007.13

目次　1章　人工知能とはなにか，2章　人工知能ブームの行方，3章　トップランナーは誰か，4章　シンギュラリティがやってくる，5章　見えてきた超知能のカタチ，6章　人工知能が21世紀の勝者を決める，7章　ものづくり大国・日本だからできる

内容　人工知能の能力が人類を超え、私たちの生活を一変させるという、まるでSFのような予測が現実味を帯びつつある。誰がそれを成し遂げ、世界の覇権を握るのか？　現時点のトップランナーはグーグルなどの欧米勢。しかし、日本には大逆転の隠し球がある！　それは2015年6月、世界的なスーパーコンピューター省エネコンテスト「グリーン500」で1～3位を独占した気鋭の開発者、齊藤元章氏が手がけるNSPUだ。

『知識ゼロからのビッグデータ入門』　稲田修一著　幻冬舎　2016.1　159p　21cm〈文献あり　索引あり〉1300円　①978-4-344-90308-1　Ⓝ007.609

目次　第1章　大量のデータ，第2章　Googleはなぜ無料でサービスを提供できるのか，第3章　なぜ家電やメガネが次々と"スマート"になるのか，第4章　医療も教育もメディアも、カスタマイズドの時代に，第5章　事故や事件を未然に防ぐのか，第6章　人工知能は人の仕事を奪うのか，第7章　データでビジネスチャンスをつかむには

内容　人工知能、IoT、フィンテック、自動運転、最新ビジネスモデルには、ビッグデータが不可欠！　Google、Amazon、コマツ、ローソン…勝ち組企業の活用例満載。

ビッグデータ・人工知能（AI）　　　　　　　　プログラミングと人工知能（AI）

『ビッグデータを開拓せよ—解析が生む新しい価値』坂内正夫監修
KADOKAWA　2015.9　268p　21cm
（角川インターネット講座 07）2500円
①978-4-04-653887-1　Ⓝ007.609
目次 第1部 データが社会を駆動する（ビッグデータの挑戦—データ駆動社会で何が変わるのか，ビッグデータの実像，データ科学をビジネスに結びつける，ビッグデータで儲ける3つの原則，ソーシャルデータを活用する交通システム，データに語らせる科学—数式なしでわかる人工知能とビッグデータの新しい関係，データの住まうところ），第2部 技術と社会制度の均衡（パーソナルデータとビッグデータ，IDとプライバシーの問題）
内容 検索，ショッピング，SNSの利用履歴からGPSやセンサーネットワークで得られる情報まで，ネットに蓄積されていく"ビッグデータ"の解析は，どのような利益を生み出し，社会をどう変革するのか。データ利活用の最新状況・事例・論点を整理し，情報化時代の新たなパラダイムを描き出す！

『ビッグデータ白書 2015年版』ストラテジック・リサーチ監修　ストラテジック・リサーチ　2015.6　297p　32cm
〈ルーズリーフ〉Ⓝ007.609

『萌え家電—家電が家族になる日』大和田茂［著］　ディスカヴァー・トゥエンティワン　2015.6　199p　18cm
（ディスカヴァー携書 145）〈文献あり〉1000円　①978-4-7993-1687-0
Ⓝ545.88
目次 第1章 しくじったっていい。可愛ければ（トラブルが可愛い，着せ替える，ロボット掃除機の多様な進化 ほか），第2章 機械に対する意識の変革（ロボットは可愛いという概念，ロボットの老いと死，モノに宿り魂 ほか），第3章 歩み寄る企業とユーザー（「Siriたん」と戯れる，Siri,HomeKitとAppleの野望，ユーザーの力 ほか），第4章 人は擬人化を求めている—これからの家電（人間は無意識にモノを擬人化している，コンピュータに「人間」を見てしまう，「生物」を感じる仕組み ほか）
内容 家電に「スペック」ばかりを求める時代は，終わりつつある—!?これからは，もっとインターフェース（人との接点）を高めた家電，すなわち，ご主人様のためにけなげに働く「可愛い」「やさしい」「いつも側にいてわかってくれる」—「萌え家電」が，暮らしを変えていくだろう。その背景には，日本の擬人化文化，住宅のスマート化，激変しつつある人とAI（人工知能）の付き合い方など，多種多様な要素が関係しあっている。

『AIの衝撃—人工知能は人類の敵か』小林雅一著　講談社　2015.3　247p　18cm　（講談社現代新書 2307）800円
①978-4-06-288307-8　Ⓝ007.13
目次 第1章 最新AIの驚異的実力と人類滅亡の危惧—機械学習の光と陰，第2章 脳科学とコンピュータの融合から何が生まれるのか—AIの技術と歴史，第3章 日本の全産業がグーグルに支配される日—2045年「日本衰退」の危機，第4章 人間の存在価値が問われる時代—将棋電王戦と「インダストリー4・0」
内容 脳科学とコンピュータの融合が私たちの常識を覆す！自動運転車，ドローン，ロボット兵器，雇用・産業構造，医療・介護，芸術…「自ら学んで成長する能力」を身につけた次世代ロボットは，人間社会をどのように変えるのか。

『人工知能は人間を超えるか—ディープラーニングの先にあるもの』松尾豊
［著］　KADOKAWA　2015.3　263p　19cm　（角川EPUB選書 021）1400円
①978-4-04-080020-2　Ⓝ007.13
目次 序章 広がる人工知能—人工知能は人類を滅ぼすか，第1章 人工知能とは何か—専門家と世間の認識のズレ，第2章 「推論」と「探索」の時代—第1次AIブーム，第3章 「知識」を入れると賢くなる—第2次AIブーム，第4章 「機械学習」の静かな広がり—第3次AIブーム1，第5章 静寂を破る「ディープラーニング」—第3次AIブーム2，第6章 人工知能は人間を超えるか—ディープラーニングの先にあるもの，終章 変わりゆく世界—産業・社会への影響と戦略
内容 人類の希望か，あるいは大いなる危機なのか？「人間のように考えるコンピュータ」の実現へ，いま，劇的な進展が訪れようとしている。知能とは何か，人間とは何か。トップクラスの人工知能学者が語る，知的興奮に満ちた一冊。

『ドキュメントコンピュータ将棋—天才たちが紡ぐドラマ』松本博文［著］
KADOKAWA　2015.3　285p　18cm
（角川新書 K-15）800円　①978-4-04-082001-9　Ⓝ796
目次 第1章 幕を開けた真剣勝負—米長邦雄永世棋聖vsボンクラーズ伊藤英紀，第2章 問いただされた将棋の伝統—塚田泰明九段vs Puella α 伊藤英紀，第3章 「ヒューマンエラー」を排して—森下卓九段vsツツカナ一丸貴則，第4章 新時代の参入者たち—斎藤慎太郎五段vs Apery平岡拓也，第5章 棋士としての矜持—永瀬拓矢六段vs Selene西海枝昌彦，第6章 真のコンピュータ将棋とは—稲葉陽七段vsやねうら王磯崎元洋，第7章 コンピュータ対策の真価—村山慈明七段vs ponanza山本一成，第8章 夢をのせた大一番—阿久津主税八段vs AWAKE巨瀬亮

204

一，第9章 コンピュータ将棋の功績—開発者たちがつないだ襷

内容 プロ棋士と互角以上の戦いを繰り広げるまでに進化した将棋プログラム。不可能を可能にしてきた開発者たちの発想と苦悩、そして迎え撃つプロ棋士の矜持と戦略。天才たちの素顔と、互いのプライドを賭けた戦いの軌跡。

『人工知能の基礎』 馬場口登、山田誠二共著 第2版 オーム社 2015.2 217p 21cm〈初版：昭晃堂 1999年刊 索引あり〉2900円 ①978-4-274-21615-2 Ⓝ007.13

『NUMERATIビッグデータの開拓者たち』 スティーヴン・ベイカー著，伊藤文英訳 CCCメディアハウス 2015.2 298p 19cm〈「数字で世界を操る巨人たち」（武田ランダムハウスジャパン 2010年刊）の改題、改訂 文献あり〉1800円 ①978-4-484-15102-1 Ⓝ361.9

目次 1 働き方—業務の効率化がもたらす苦難，2 買い物—あなたは買わされている，3 選挙—有権者はどこにいるのか，4 インターネット—消費者の本音をあぶり出せ，5 テロとの戦い—安全保障とプライバシー，6 医療—高齢化社会を支える情報技術，7 恋愛—最適なパートナーを求めて

内容 「データ」という現代の金鉱に引き寄せられ、いち早く「データマイニング」に乗り出した数学者、統計学者、コンピューター科学者…。新たな世界を生み出そうとする数字のエキスパート、"ニューメラティ"たちの野望を追った世界的ベストセラー。

『イプシロン、宇宙に飛びたつ』 森田泰弘著 宝島社 2015.1 191p 19cm 1300円 ①978-4-8002-2060-8 Ⓝ538.93

目次 1 世界の常識を変えろ！ 宇宙少年が目指したロケットへの夢，2 一度は辿りついた、「M・V」という名の頂点，3 突然のM・V引退 新しい時代の幕開け，4 だれでもロケットを飛ばせる時代へ…宇宙への敷居を下げる！，5 ロケット革命！ イプシロンの目指す革新，6 イプシロンにみんなの夢をのせて

内容 人工知能、モバイル管制…新しい技術がつまった進化する未来型ロケット「イプシロン」その開発の全貌とは？ ロケット開発の常識をくつがえしたプロジェクトチームの挑戦の記録。

『機械より人間らしくなれるか？』 ブライアン・クリスチャン著，吉田晋治訳 草思社 2014.10 534p 16cm （草思社文庫 ク1-1） 1200円 ①978-4-7942-2080-6 Ⓝ007.13

目次 "最も人間らしい人間"賞への挑戦，ボットにアイデンティティはあるか，「自分」とは魂のこと？，ロボットは人間の仕事をどう奪う？，定跡が人をボットにする？，エキスパートは人間らしくない？，言葉を発する一瞬のタイミング，会話を盛り上げる理論と実践，人間は相手の影響を受けずにいられない，独創性を定量化する方，最も人間らしい人間

内容 AI（人工知能）が進化するにつれ「人間にしかできないこと」はどんどん減っていく。人間はミジメにもAIとの競争に負け続けるのか。そしていつの日か「人間らしさ」さえも、AIが人間を凌駕する…？ 著者は、AIの人間らしさを測る「チューリングテスト」の大会に人間代表として参加し、勝利することを誓う。大会に備え、著者は「人間らしさ」を発揮できるよう訓練しようと考える。だが、いったいどうすれば？ 言語学者、情報理論学者、心理学者、法律家、哲学者とあらゆる専門家をたずね「人間らしさ」の正体を探究した成果とは？ 人間を見る目が変わる、科学ノンフィクション！

『サイエンス大図鑑』 アダム・ハート＝デイヴィス総監修，日暮雅通監訳，日暮雅通、藤原多伽未、山田和子訳 コンパクト版 河出書房新社 2014.10 511p 26cm〈索引あり〉3800円 ①978-4-309-25300-8 Ⓝ402

目次 1 科学の夜明け—先史時代 - 1500年（火の力，初期の金属加工師たち ほか），2 ルネサンスと啓蒙の時代—1500 - 1700年（実験科学の誕生，ルネサンスの医学と手術 ほか），3 産業革命—1700 - 1890年（ニューコメン機関，蒸気力から蒸気機関へ ほか），4 原子の時代—1890 - 1970年（原子の構造，化学結合 ほか），5 情報化時代—1970年以降（インターネット，人工知能とロボット工学 ほか）

内容 2,000点を超える貴重な写真や理解を助ける図版で、科学の世界をわかりやすく解説。54ページにわたる付録資料のほか、過去から現代までの主要な科学者250人以上の紹介と、約700項目におよぶ科学用語の解説、2,500項目を超える索引を収録。主要人物19人については見開きの伝記で紹介し、パイオニア的人物約100人については、簡単な人物伝を収録。量子論や遺伝子工学、情報技術など、現代科学の最前線に立つ科学者の取り組みもわかりやすく紹介。

『東大准教授に教わる「人工知能って、そんなことまでできるんですか？」』 塩野誠、松尾豊著 KADOKAWA 2014.10 285p 19cm 1400円 ①978-4-04-600931-9 Ⓝ007.13

目次 PROLOGUE えっ、人工知能ってそんなことまでできるの!?，1 ウェブとビッグ

データ、人工知能―人工知能の怖さ，2 政治も経済も，国境すらも変わる―近い将来，国はなくなるか，3 ヒトと人工知能―人の「意見」は作り出せるか，4 ロボットに限界は必要か―すべての犯罪が記録される世の中に，5 身体と学習，教育の役割―もう公教育は必要ない，EPILOGUE 未来はそこまでやってきている

内容 政治・経済・教育・医療・労働…「常識」が反転する，ロボット社会への展望。人工知能学の権威が，率直な疑問に対談形式で答えながら，未来の可能性を語る。

『イラストで学ぶ人工知能概論』 谷口忠大著 講談社 2014.9 245p 21cm 〈他言語標題：An Illustrated Guide to Artificial Intelligence 文献あり 索引あり〉2600円 ①978-4-06-153823-8 Ⓝ007.13

目次 人工知能をつくり出そう，探索（状態空間と基本的な探索，最適経路の探索，ゲームの理論），多段決定（動的計画法，強化学習），確率とベイズ理論の基礎，位置推定（ベイズフィルタ，粒子フィルタ），学習と認識（クラスタリング，パターン認識），言語と論理（自然言語処理，記号論理，証明と質問応答），まとめ：知能を「つくる」ということ

内容 ストーリー仕立てだから，いとも簡単に理解できる！ 探索，位置推定，学習と認識，言語と論理の概要をわかりやすく解説！ さまざまなアルゴリズムが掲載されているから，実装に役立つ！

『2020年―ITがひろげる未来の可能性』JBCCホールディングス株式会社編著，田中克己監修 ［東京］ 日経BPコンサルティング 2014.6 239p 19cm 〈発売：日経BPマーケティング〉1500円 ①978-4-86443-062-3 Ⓝ007.3

目次 01 教育×IT（デジタルネイティブの学び，中高生向けITキャンプ），02 働き方×IT（YouTubeへの動画授業投稿，ネットオフィス/テレワーク），03 地域×IT（美波町地域活性プロジェクト，データシティ鯖江），04 医療×IT（データヘルス，心臓シミュレーター），05 文化×IT（ガールズコンテンツ，老舗を進化させるIT，人工知能プロジェクト），巻末対談 2020年のIT

内容 東京オリンピックが開催される2020年までに，私たちの社会にどのような変革が起きているのか。その中でITはどのような役割を果たすのか。教育，働き方，地域，医療，文化という5つの分野でいま起きようとしている11の変革から，2020年の社会とITの関係，そして企業が目指すべき姿を探る。

『すべてわかるビッグデータ大全―大量データを保管/分析する製品・技術・事例』 ［東京］ 日経BP社 2014.5 217p 28cm （日経BPムック）〈発売：日経BPマーケティング〉2700円 ①978-4-8222-6291-4

『落ちない飛行機への挑戦―航空機事故ゼロの未来へ』 鈴木真二著 京都 化学同人 2014.4 242p 19cm （DOJIN選書 57）〈文献あり〉1800円 ①978-4-7598-1357-9 Ⓝ538.6

目次 第1部 航空の110年，第2部 航空安全獲得への歴史，第3部 落ちない飛行機をめざした研究

内容 1903年のライト兄弟の初飛行から110年の歴史を持つ飛行機。その間，航空技術は急速な発展を遂げた一方，大惨事となる事故も発生した。航空技術の獲得は，安全確保への人類の挑戦でもあった。本書ではまず，110年の航空史を振り返り，航空技術発展の過程を概観する。そのうえで，数々の航空機事故の教訓を安全性・信頼性の向上に活かすためにどんな取り組みがなされてきたかを検証し，著者が手がける人工知能を用いた「落ちない飛行機」をめざした研究を紹介する。

『認知科学への招待』 苫米地英人著 サイゾー 2014.1 191p 19cm 〈他言語標題：Invitation to Cognitive Science 文献あり〉1300円 ①978-4-904209-39-4 Ⓝ007.1

目次 第1章 私と認知科学（認知科学とは構造主義に取って代わったパラダイム，認知科学との出会い ほか），第2章 認知科学とストロングAI（行動主義と機能主義，ミンスキーの「フレーム理論」 ほか），第3章 人工知能と神経ネットワーク（人工知能のニューラルネット，学習可能な人工知能 ほか），第4章 文法が先か，意味が先か（統語論と意味論，ニューラルネットを解析したら文法ができていた ほか），第5章 認知科学を超えて（認知科学が解決できない「フレーム問題」，人間はなぜ「ここはレストランだ」とわかるのか ほか）

内容 人工知能とともに発展してきた「認知科学」を学ぶことで，思考のしくみや脳の使い方がわかるようになる。機械はどのようにして論理や推論を理解しているのか。人間の脳は機械とどう違うのか。アメリカの大学院で最先端の認知科学を学んだ著者が，やさしく解説。さらに，著者の新理論「超情報場仮説」にまで迫る！

『ビッグデータ実例でまるわかり！―どう使う？ が解決する！』 岡林秀明著 TAC出版事業部 2014.1 230p 21cm 〈文献あり〉1500円 ①978-4-8132-5375-4 Ⓝ007.35

内容 ビッグデータの一番やさしい入門書。よくいわれるような「SNSのワード分析」、ポイントカードなどの「購買履歴分析」だけでなく、さまざまな事例をピックアップ。IT用語、マーケティング用語も丁寧に解説。だから、ビッグデータの知識が身につき、使えるビジネスのヒントが見つかる！

『頭脳対決！ 棋士vs.コンピュータ』 田中徹, 難波美帆著 新潮社 2013.5 292p 16cm （新潮文庫 たー102-1）〈「閃け！ 棋士に挑むコンピュータ」（梧桐書院 2011年刊）の改題 文献あり 年表あり〉 550円 ①978-4-10-138811-3 Ⓝ796

目次 第1章 日本将棋連盟への挑戦状, 第2章 「知能」の探求, 第3章 天性の勝負師・清水市代, 第4章 「あから2010」と多数決合議制, 第5章 清水市代女流王将vs.「あから2010」, 第6章 コンピュータが見せた「人間らしさ」, 第7章 科学者たちが夢見る「アトム」, 第8章 ロボットに「心」を宿らせる, 第9章 「歴史的一戦」が遺したもの

内容 2010年10月11日、女流王将とコンピュータの歴史的対局が行われた。奇しくも「女流棋士会」の誕生と、情報処理学会の将棋ソフト開発の開始が、ともに35周年を迎えた記念の一戦だ。最強ソフト「あから2010」を清水市代が迎え撃つ。将棋連盟米長邦雄は「清水は負けない」と断言。人間の「読み」と人工知能の「計算」の対決、「勝利」はどちらに!?

『2045年問題—コンピュータが人類を超える日』 松田卓也著 廣済堂出版 2013.1 223p 18cm （廣済堂新書 026） 800円 ①978-4-331-51683-6 Ⓝ007.13

目次 1章 コンピュータが人間を超える日—技術的特異点とは何か, 2章 スーパー・コンピュータの実力—処理速度の進化, 3章 インターフェイスの最先端—人体と直結する技術, 4章 人工知能開発の最前線—意識をもつコンピュータは誕生するか, 5章 コンピュータと人類の未来—技術的特異点後の世界, 6章 コンピュータが仕事を奪う—大失業時代の予兆, 7章 人工知能開発の真意—コンピュータは人類を救えるか

内容 2045年にコンピュータの能力が人類を超えるという説がある。実際に、近年のコンピュータの進化はその説に沿っており、またいま欧米では人工知能開発に一層の拍車がかかっている。意識を備えたコンピュータが人類を支配するというSF映画の世界が、現実になるかもしれないのだ。コンピュータと人類の未来を展望する。

『人間に勝つコンピュータ将棋の作り方』 コンピュータ将棋協会監修 技術評論社 2012.11 303p 19cm〈執筆：瀧澤武信ほか 文献あり 索引あり〉 1880円 ①978-4-7741-5326-1 Ⓝ796

目次 負け続けた35年の歴史, コンピュータ将棋のアルゴリズム, 激指の誕生, YSSの誕生, GPS将棋の誕生, 数の暴力で人間に挑戦！Bonanzaの誕生, 文殊の誕生, あから2010の人間への挑戦, 習練の誕生, プログラムの主戦場Floodgateの切磋琢磨, コンピュータ将棋の弱点を探る, 女流王将戦一番勝負

『2100年の科学ライフ』 ミチオ・カク著, 斉藤隆央訳 NHK出版 2012.9 471,7p 20cm 2600円 ①978-4-14-081572-4 Ⓝ404

目次 1 コンピュータの未来—心が物を支配する, 2 人工知能の未来—機械の進歩, 3 医療の未来—完璧以上, 4 ナノテクノロジー—無から万物？, 5 エネルギーの未来—恒星からのエネルギー, 6 宇宙旅行の未来—星々へ向かって, 7 富の未来—勝者と敗者, 8 人類の未来—惑星文明, 9 二一〇〇年のある日

内容 コンピュータ、人工知能、医療、ナノテクノロジー、エネルギー、宇宙旅行…近未来（現在〜2030年）、世紀の半ば（2030年〜2070年）、遠い未来（2070年〜2100年）の各段階で、現在のテクノロジーはどのように発展し、人々の日常生活はいかなる形になるのか。世界屈指の科学者300人以上の取材をもとに物理学者ミチオ・カクが私たちの「未来」を描きだす—。

『コンピュータ将棋の進歩 6 プロ棋士に並ぶ』 松原仁編著 共立出版 2012.5 132p 21cm〈他言語標題：Advances in Computer Shogi 索引あり〉 2300円 ①978-4-320-12321-2 Ⓝ796

目次 第1章 「Bonanza4.1.3」ソースコード, 第2章 「GPS将棋」の評価関数とコンピュータ将棋による棋譜の検討, 第3章 コンピュータ将棋プログラム「大規将棋」, 第4章 「激指」の最近の改良について—コンピュータ将棋と機械学習, 第5章 コンピュータ将棋における合議アルゴリズム, 第6章 難問詰将棋をコンピュータで解く, 第7章 Xデイはすぐそこまで来ている

『人工知能教科書—主要分野をコンパクトに解説』 赤間世紀著, ＩＯ編集部編集 工学社 2012.4 303p 21cm （I/O BOOKS）〈文献あり 索引あり〉 2500円 ①978-4-7775-1676-6 Ⓝ007.13

目次 第1章 序論, 第2章 問題解決, 第3章 論理による定理証明49, 第4章 知識表現, 第5章 常識推論, 第6章 自然言語処理, 第7

章 ニューラル・ネットワーク，第8章 進化的計算

[内容] 「人工知能」は現在，理論はある程度は確立されているのですが，対象が広範囲で，かつ，内容が高度です。本書は，その「人工知能」の理論を，コンパクトに解説することを目的としています。具体的には，人工知能の「歴史」から，「発見的探索による問題解決」「論理による定理証明」「知識表現」「常識推論」「自然言語処理」「ニューラル・ネットワーク」「遺伝的アルゴリズム」までを解説しています。

『情報学の新展開』川合慧編著　放送大学教育振興会　2012.3　267p　21cm（放送大学大学院教材—放送大学大学院文化科学研究科）〈文献あり　索引あり発売：［NHK出版］〉2700円　①978-4-595-13988-8　Ⓝ007

[目次] 情報学とその動向，情報処理技術とシステムの進展，人工知能の展開—歴史と概要，人工知能の展開—実際の応用，知能ロボットの展開，人間の認知作用と情報システム，情報と現実との融合，生命と情報，脳と情報，文化芸術と情報〔ほか〕

『われ敗れたり—コンピュータ棋戦のすべてを語る』米長邦雄著　中央公論新社　2012.2　189p　20cm　1300円　①978-4-12-004356-7　Ⓝ796

[目次] 第1章 人間を凌駕しようとするコンピュータ将棋ソフト，第2章 後手6二玉への道，第3章 決戦に向けて，第4章 1月14日，千駄ヶ谷の戦い，第5章 記者会見全文，第6章 コンピュータ対人間，新しい時代の幕開け，第7章 自戦解説，第8章 棋士，そして将棋ソフト開発者の感想

[内容] ニコニコ生放送で100万人が見守った第1回将棋電王戦「米長永世棋聖vs.ボンクラーズ」。その激闘の裏側には何があったのか。羽生善治2冠ほかプロ棋士たちの観戦記付き。

『やさしいIT講座—6時間でわかるPCの基本』米村貴裕著　改訂版　工学社　2011.7　271p　21cm　（I/O books）1900円　①978-4-7775-1618-6　Ⓝ548.29

[目次] 1時間目 パソコン内部告発！，2時間目 データ化の謎を解明せよ，3時間目 人工知能はどこですか？，4時間目 プログラミングでノーベル賞，5時間目 神と悪魔が共存する世界，6時間目 ああ，伸び縮みさせられる

『閃け！ 棋士に挑むコンピュータ』田中徹，難波美帆著　梧桐書院　2011.2

242,8p　19cm　〈文献あり　年表あり〉1600円　①978-4-340-14003-9　Ⓝ796

[目次] 第1章 日本将棋連盟への挑戦状，第2章 「知能」の探求，第3章 天性の勝負師・清水市代，第4章 「あから2010」と多数決合議制，第5章 清水市代女流王将VSあから2010，第6章 コンピュータが見せた「人間らしさ」，第7章 科学者たちが夢見る「アトム」，第8章 ロボットに「心」を宿らせる，第9章 「歴史的一戦」が遺したもの

[内容] その舞台裏には，「知能とは何か」「人間とは何か」を解明しようとする科学者たちの熱いドラマがあった。2010年秋，あから対清水市代プロ，人工知能が棋士の直観力に挑んだ激闘の一部始終。

ロボット

『でんじろう先生のわくわく科学実験』米村でんじろう監修　日東書院本社　2018.6　245p　30cm　3400円　①ISBN978-4-528-02009-2

[目次] 大気のふしぎ，揚力のふしぎ，浮力のふしぎ，表面張力のふしぎ，慣性のふしぎ，ふりこのふしぎ，つりあいのふしぎ，摩擦のふしぎ，弾性のふしぎ，燃焼のふしぎ〔ほか〕

[内容] レントゲン写真はどうしてほねがすけて見えるの？ 台風はなぜうずを巻いてるの？ ドローンはどうしてとぶの？ オーロラってなに？ 身のまわりでふしぎ発見！22の科学のテーマにせまる!!

『社会でがんばるロボットたち　3　工場や産業でがんばるロボット』佐藤知正監修　鈴木出版　2018.2　47p　31cm　〈索引あり〉3000円　①978-4-7902-3331-2　Ⓝ548.3

[目次] 1 日本のロボット開発の今と未来（これからの日本のロボット開発，World Robot Summit 2020），2 工場や産業でがんばる，いろいろなロボット（自動車組み立てロボット1 ウインドウ搭載支援ロボット，自動車組み立てロボット2 スペアタイヤ搭載ロボット，金属をつなぎ合わせるロボット 溶接ロボット，高速セット組みロボット パラレルリンク式ロボット，イチゴを判別し収穫するロボット イチゴ収穫ロボット，可動式商品棚ロボットシステム Amazon Robotics），3 工場や産業でがんばるロボットの未来（未来の産業用ロボットはどうなるんだろう？，自動車の未来）

『社会でがんばるロボットたち　2　災害現場や探査でがんばるロボット』佐藤知正監修　鈴木出版　2017.12　47p　31cm　〈索引あり〉3000円　①978-4-7902-3330-5　Ⓝ548.3

プログラミングと人工知能（AI）　　　　　　　　　　　　　　　ロボット

目次 1 人間に近づき、人間を超えるロボット（人間のように「感じる」ためのロボット技術 センサー，人間のように「考える」ためのロボット技術 人工知能（AI），人間のように「動く」ためのロボット技術 アクチュエーター），2 災害現場や探査でがんばる、いろいろなロボット（重機操作ロボット アクティブロボSAM，災害対応ロボット 櫻壱號，空からの調査や災害現場で役立つロボット 災害救助対応ドローン ほか），3 海や宇宙、空でがんばるロボットの未来（海洋探査の未来，宇宙開発の未来，ドローン活用の未来）

『なんでも未来ずかん―どうなる？ こうなる！ ボクらの未来へ出発だ!!』 川崎タカオ，田川秀樹，ハマダミノル絵，川口友万監修　講談社　2017.11　63p　27cm　1700円　①978-4-06-220860-4　Ⓝ404.9

目次 コンピュータは人間の味方か敵か？ 人工知能とコンピュータ，料理も！ おそうじも！ 家庭用ロボット，スーパー消防士さん，出動!!パワードスーツ，絶滅動物がよみがえる!?バイオテクノロジー，もっと知りたい！ 未来のこと，空をつき抜ける！ 超巨大構造物 驚異の宇宙エレベーター，銀河系も1秒で横断!!ハイパードライブ，宇宙で電気をつくり出す！ 未来のエネルギー，バスも！ タクシーも！ み〜んな空を飛ぶ!!空飛ぶ自動車とドローン，海底都市では毎日が大冒険 夢の海底未来都市，超高層！ 緑がそだつ!?未来のたてもの，超音速！ 快適空間！ 進化する次世代旅客機，スーパーウルトラブレイが続出！ 未来の超人スポーツ，どんな世界もつくり出せる！ バーチャルリアリティ

『人間？ 機械？―睡眠・ヒト型ロボット・無人操縦』 柳沢正史，石黒浩，谷口恒，唐津治夢著，武田計測先端知財団編　丸善プラネット　2017.11　120p　19cm　〈索引あり〉　発売：丸善出版　1200円　①978-4-86345-351-7　Ⓝ501.84

目次 第1章 睡眠覚醒の謎に挑む（睡眠の基本的な謎，睡眠障害 ほか），第2章 人間型ロボットと未来社会（アンドロイドの研究，アンドロイドの存在感 ほか），第3章 ヒトの代わりに機械を操縦する（ZMPとロボット開発，ヒト型ロボットから自動運転車へ ほか），第4章 総合討論（すべての動物は眠る，昆虫も，昼活動して夜眠るのは自然ではないか ほか）

内容 本書は、人間とAIの関係を背景に『どこまでが人間なのか』と題した『武田シンポジウム2017』の内容をもとに、睡眠、人間そっくりのロボットであるアンドロイド、人の代わりに機械を操縦する機械の3つの

テーマに沿って、睡眠の仕組み、人間としての意識、機械による代替え・関わりを扱っています。そして各先端領域の研究、応用の状況、ビジネスへの展開などの将来の展望をまとめました。人間のより深い理解と洞察の、多面的切り口からのアプローチについて、お楽しみいただける一冊です。

『社会でがんばるロボットたち　1　家庭や介護でがんばるロボット』 佐藤知正監修　鈴木出版　2017.10　47p　31cm　〈索引あり〉　3000円　①978-4-7902-3329-9　Ⓝ548.3

目次 1 ロボットのことを知ろう（ロボットのはじまり，ロボットってどんなもの？，ロボットはどこにいる？），2 家庭や介護でがんばる、いろいろなロボット（ロボットそうじ機ルンバ，コミュニケーションロボットPALRO，ネコ型ペットロボットHello！Woonyan，アザラシ型ロボット パロ，腰の動きを補助するロボット マッスルツール，見守りロボット OWLSIGHT），3 家庭や介護でがんばるロボットの未来（トヨタ自動車の開発する未来のロボット，家庭編，介護施設・病院編）

『ロボット図鑑―はたらくロボット大集合！』 クライブ・ギフォード著，大﨑章弘監修，定木大介訳　東京書籍　2017.10　1冊（ページ付なし）　24×27cm　1680円　①978-4-487-81078-9　Ⓝ548.3

内容 この図鑑の専用アプリ「ロボット図鑑AR」をダウンロードして、図鑑にかざしてみて！ なんとキミの目の前にロボットが出現する！ 身のまわりにいる、はたらくロボットのことをたくさん知って学ぼう！

『闘え！ 高専ロボコン―ロボットにかける青春』 萱原正嗣著，全国高等専門学校ロボットコンテスト事務局監修　ベストセラーズ　2017.9　258p　19cm　〈文献あり〉　1400円　①978-4-584-13813-7　Ⓝ548.3

目次 第1章 製作期間―試行錯誤の連続，第2章 地区大会（関東甲信越地区）―立ちはだかる「海」，第3章 地区大会（四国地区）―強時代の終わり，第4章 全国大会―新たな王者の誕生，第5章 30回大会へ向けて―飛躍と雪辱を期す学生たち，付録 高専ロボコン30回記念ロボコン年鑑

内容 祝30th。覚えてる？ 初めてスイッチを入れた時のこと。「動いてくれ！」と祈ったあの日。

『最強！ はたらくスーパーマシンのひみつ100』 学研プラス　2017.6　207p　17cm　（SG100）　1200円　①978-4-05-204610-0　Ⓝ530

目次 はたらく機械・乗り物（水陸両用多目的浚渫船，クレーン船 ほか），人を運ぶマ

子どもの本 情報教育・プログラミングの本2000冊　209

シン（超音速自動車，モンスタートラック
ほか），科学のマシン（ニュートリノ観測装
置，スーパーコンピュータ ほか），宇宙の
マシン（小惑星探査機，惑星探査機 ほか），
いろいろなマシン（ウォータージェットマシン，
ロボットスーツ ほか）

内容 この世界には，さまざまなところで活
やくするすばらしいマシンがたくさんある。
おもわず「すごい！」と言いたくなる迫力の
写真と選びぬかれた100のひみつできみを
スーパーマシンの世界に案内しよう。最後
のクイズにすべて答えられたとき，きみは
スーパーマシン博士だ！

『ロボット大研究　3　どうなる？　こう
なる？　ドリーム☆ロボット』　日本ロ
ボット工業会監修　フレーベル館
2017.3　55p　29cm　〈索引あり〉3500
円　①978-4-577-04449-0　Ⓝ548.3

目次 1 ロボットがある，ちょっと未来のく
らし（らくらく！ 自動運転，ドローンが空
からびゅーんと配達，水上ロボットですい
すい移動 ほか），2 ロボットのおもしろい
研究分野いろいろ（お手本は生きもの！ バ
イオロボティクス，とても小さなマイクロ
ロボット，分子からつくる分子ロボティク
ス ほか），3 ロボットを研究開発している
人たち（岡田美智男先生―豊橋技術科学大
学，菅野重樹先生―早稲田大学，中村太郎先
生―中央大学 ほか）

『米のプロに聞く！ 米づくりのひみつ　2
米が届くまで（流通・消費）』 鎌田和宏
監修　学研プラス　2017.2　44p　29×
23cm　3000円　①ISBN978-4-05-
501227-0

目次 1章 米の流通を調べよう！（米はどう
やって消費者に届くの？，収穫した米はど
こへ行くの？，米はどうやって保管されて
いるの？，米屋さんってどんな仕事なの？，
おいしくて安全な米を選ぶには？，たくさ
んあるよ！ 米の品種），2章 米の消費を調
べよう！（都道府県の米の生産の違い
は？，米の消費量は減っているの？，食料自
給率と米の関係は？，米を輸出している
の？ 輸入しているの？，これからの日本の
米はどうなるの？），3章 米づくりの現在と
未来を調べよう！（米づくりは減っている
の？，田んぼは減っているの？，米づくり
をする会社があるの？，米づくりとの新し
い関係って？，米づくりとテクノロジー1
品種改良，米づくりとテクノロジー2 農業
IT管理ツール，米づくりとテクノロジー3
ドローンで管理，米の新しい形と可能性）

『電気のクライシス』　ながいのりあきま
んが，恵志泰成ストーリー　小学館
2016.12　192p　22cm　（科学学習まん

がクライシス・シリーズ）1200円
①978-4-09-296617-8　Ⓝ540

目次 プロローグ 運命の出会い!?，1 ロ
ボットを持ち帰る，2 電気って何だろう？，
3 社会は電気で動いている！，4 バイオマ
ス研究所，5 ノアのひみつの能力，6 ダム
がくずれる!?，7 病院が大ピンチ，8 水車で
発電する!?，エピローグ

内容 運動も勉強もあまり得意ではない小学
生・タクは偶然，高性能な小型ロボット・ノ
アと出会う。彼から電気のことを教わり，
発電について興味をもったとか，発電施設の
見学に行った田舎の町で大事件が起こっ
た…。果物やコーラから電気を起こすこと
ができる？ モーターを回せば電気が起き
る？ ゴミや動物のふんで発電する施設があ
る？ お医者さんは電気がなければ診察でき
ない？ 停電になると，水道も使えなくな
る？ ケータイやスマホも停電のときは使え
なくなる？ 本物の科学学習まんが。

『ロボット大研究　2　こんなことからあ
んなことまで！ ともだちロボット！』
日本ロボット工業会監修　フレーベル
館　2016.12　55p　29cm　〈索引あり〉
3500円　①978-4-577-04448-3　Ⓝ548.3

目次 1 くらしを便利にするロボット！（自
然な会話が楽しめる オハナス，ロボット型
スマホ!? ロボホン，おそうじロボット（ルン
バ，ルーロ/ブラーバ） ほか），2 いろい
ろな場所で働くロボット！（人と働く，人と
くらす Pepper，ベテラン受付ロボット 受
付小町，警備ロボット Reborg - X ほか），
3 特別なところで働くロボット！（噴火時に
チームで活動！ 火山調査ロボット，トンネ
ルをつくる シールドマシン，深海まで行け
る！ 深海探査機 ほか）

『ロボットのクライシス』　今田ユウキま
んが，三条和都ストーリー　小学館
2016.12　192p　22cm　（科学学習まん
がクライシス・シリーズ）1200円
①978-4-09-296627-7　Ⓝ548.3

目次 1 獅王丸，2 ロボティクスファイト，3
ドラゴニア，4 獅王丸，再起動，5 鋼鉄の拳

内容 ロボット大好き少年の十市とリョウ
は，自作のロボットでロボットバトルの大会
に出場する。クラスメイトの優も応援する
中，大会は大盛り上がり！ ロボットはどこ
まで進化しているの？ 災害時に活躍するレ
スキューロボットって？ ロボットの元祖は
なんと江戸時代？ ASIMOの開発にはどん
な技術があった？ ロボットコンテストって
どんなイベント？ ロボットは人間を超える
ことができるの？ 本物の科学学習まんが。

『ロボット大研究　1　びっくり！ オド
ロキ！ ロボットワールド！』　日本ロ
ボット工業会監修　フレーベル館

210

プログラミングと人工知能（AI）　　　　　　　ロボット

2016.9　55p　29cm〈索引あり〉3500円　①978-4-577-04447-6　Ⓝ548.3

目次 1 ロボット誕生のひみつ（ロボットってなあに？，ロボットのタイプいろいろ，「ロボット」は、あいまいなもの ほか），2 人とロボットくらべ（人とロボットを、くらべよう，ロボットの得意なこと、苦手なこと，ロボットの「頭脳」 ほか），3 ロボットの技術でこんなに便利に!!（くらしの中に、ロボットの技術，心地よいくらしをつくる技術，困ったときの、ロボットの技術 ほか）

『ロボットパークは大さわぎ！』高橋智隆監修，森山和道原案，坂元輝弥まんが 学研プラス 2016.7 175p 23cm（学研まんが科学ふしぎクエスト 8）〈索引あり〉1200円 ①978-4-05-204419-9 Ⓝ548.3

目次 第1章 ロボットがいる家，第2章 夢の二足歩行ロボット，第3章 線を見分けるロボット，第4章 先生はジェミノイド，第5章 ロボットパークへゴー！，第6章 ロボットレスキュー隊，第7章 ロボットパークの舞台裏，第8章 学習する人工知能，第9章 ネットワークでつながるロボット

内容 ふしぎ道具に吸いこまれて、ついた先はコミュニケーションロボット、産業用ロボットなどが大活やくするテーマパークだった！ そこで迷子になったコロナたち。元の世界にもどるためにかわいい人工知能ロボットと大冒険！

『もののしくみ大図鑑―どうやって動くの？ 電球から家庭用ロボットまでものしくみがよくわかる！』ジョエル・ルボーム，クレマン・ルボーム文，村上雅人監修，[村井丈美]，[村井忍]，[塩見明子][訳] 最新版 世界文化社 2016.6 1冊（ページ付なし）28cm〈索引あり〉2300円 ①978-4-418-16800-2 Ⓝ530

目次 家の中（ホームオートメーション，自動開閉門 ほか），まち（携帯電話，MP3プレーヤー ほか），遊びと自然（ローラースケートとスケートボード，ボール ほか），のりもの（マウンテンバイク，自動車 ほか）

『よみがえれアイボ―ロボット犬の命をつなげ』今西乃子著，浜田一男写真 金の星社 2016.4 149p 22cm（ノンフィクション知られざる世界）1400円 ①978-4-323-06091-0 Ⓝ548.3

目次 プロローグ おじいちゃんになったロボット犬，1 ア・ファンという会社，2 よみがえれ！ アイボ，3 アイボ・命の旅の終わり，4 初めてのアイボ供養，5 ロボットの

心はだれの心？，6 アイボによるアイボのための供養，7 ありがとう！ アイボ，エピローグ アイボよ、命尽きるときまで

内容 1990年代後半に誕生した、ロボット犬「アイボ」。持ち主たちは、本物の犬のように成長を見守り、不具合があれば修理専門のクリニックに連れていった。なぜなら、アイボには心があり命があると信じたからだ。しかし年月を経て、クリニックは受け付けを終了する。救いを求める、持ち主たちの思い。技術者たちは、彼らの声に耳をかたむけ、アイボを受けつぐ新たな道を切りひらく。

『近未来科学ファイル20XX 3 超人的テクノロジーの巻―空とぶ車でドライブへ!?』荒舩良孝著，田川秀樹，つぼいひろきイラスト 岩崎書店 2016.3 143p 22cm 1700円 ①978-4-265-02667-8 Ⓝ404

目次 1 空とぶ車でドライブへ!?，2 日本の海から天然資源を取りだす！，3 身代わりロボットで家にいながら世界旅行！，4 天気予報はピンポイントで大当たり！，5 鉄よりかたい紙で新幹線をつくる！，6 ロボットに癒やされる時代が到来！，7 昆虫のすごい能力をフル活用！，8 人工知能がいたるところで大活躍！

内容 車が通れる道は2つある。地面を走る道と、空をとぶ道。空のドライブは眺めが最高！ 身代わりロボットを使って、家にいながら世界旅行を楽しむ。ハワイの海の水の感触まで感じることができるんだ。新幹線は鉄よりかたい紙でつくる。軽いから少ないエネルギーで走るんだ。これは夢物語ではありません。近未来、20XX年に実現しうることなのです。

『脳のひみつにせまる本 3 脳科学の最前線』川島隆太監修，こどもくらぶ編 京都 ミネルヴァ書房 2015.10 31p 27cm〈文献あり 索引あり〉2500円 ①978-4-623-07436-5 Ⓝ491.371

目次 1 現代人の日常生活と脳（忘れるってどういうこと？，テレビやゲームは脳のはたらきを抑制する！，スマホと成績との関係，スマホは脳に悪影響!?，脳は糖分ではたらく，朝ごはんが大事！，主食とおかずで脳の力を引きだす），2 人工の「脳」（人間とコンピューターの将棋対局，念じただけでロボットが動く!?，「ロボットは東大に入れるか」，脳に近づくコンピューター，「ニューラルネットワーク」とは？，人間の脳は変化している！，100年後の脳はどうなっている？）

内容 脳のはたらきは現在、どんどん解明が進んでいます。脳の記憶のメカニズムとは？ 人間の脳をコンピューターでつくることはできる？…など、最前線の脳研究を紹介します。

子どもの本 情報教育・プログラミングの本2000冊 211

ロボット　　　　　　　　　　　　　　　　　　　プログラミングと人工知能（AI）

『はたらくロボットのひみつ』　大岩ピュン漫画，オフィス・イディオム構成　学研パブリッシンググローバルCB事業室　2015.3　128p　23cm　（学研まんがでよくわかるシリーズ 100）　Ⓝ548.3

『みんなを幸せにする新しい福祉技術　3　食べる喜びを届けるソフト介護食』　孫奈美編著　汐文社　2015.1　35p　27cm　〈索引あり〉　2400円　Ⓘ978-4-8113-2133-2　Ⓝ369.18
目次 1 食べる喜びを届けるソフト介護食，2 飲み込んでも安心！ 天然由来100％歯磨きジェル，3 今までの福祉を超える「超福祉」の新たなバリアフリー製品，4 手が不自由な子どものための片手で吹けるリコーダー，5 「自分で食べる」をサポートしてくれる形状記憶カトラリー，6 座ったままで脱ぎ着ができる車いす用ウェディングドレス，7 患者さんの声から生まれたかつら×帽子，8 家族と一緒に食事を楽しみたい！ 食事支援ロボット，9 赤ちゃんを救う簡易保育器 新生児保温器，10 水いらずで，においもカット！ 介護用トイレ・ラップポン

『みんなを幸せにする新しい福祉技術　2　自分の足で行きたい所に行ける車いす』　孫奈美編著　汐文社　2015.1　35p　27cm　〈索引あり〉　2400円　Ⓘ978-4-8113-2132-5　Ⓝ369.18
目次 1 自分の足で行きたい所に行ける足こぎ車いす，2 世界初！ 人とロボットが一体化するサイボーグ型ロボット，3 頭を守ってくれるおしゃれな帽子 頭部保護帽，4 段差も砂利道もスムーズに移動できるけんいん式車いす補助装置，5 重い物や人が楽々持ち上がるロボットスーツ，6 はきやすくて転びにくいケアシューズ，7 わずか310グラム！ 軽くて体への負担が少ない世界最軽量の松葉杖，8 家の中で楽に動き回れる室内用電動車いす

『みんなを幸せにする新しい福祉技術　1　手話を通訳するタブレット』　孫奈美編著　汐文社　2014.11　35p　27cm　〈索引あり〉　2400円　Ⓘ978-4-8113-2131-8　Ⓝ369.18
目次 1 耳が不自由な人と健常者をつなぐ，2 自分で度数を調整できる，3 会いたい人に会える，4 目の不自由な人の暮らしを助ける，5 声を出すことができない人たちの思いを伝える，6 耳に当てるだけで，大きくはっきり聞こえる，7 あなたの声がだれかの目になる，8 見えにくい文字が大きく見える

『はたらく自動車―驚きの能力とパワー』　博学こだわり倶楽部編，夢の設計社企画・編集　河出書房新社　2014.5　215p　15cm　（KAWADE夢文庫　K994）　〈文献あり〉　620円　Ⓘ978-4-309-49894-2　Ⓝ537.99
目次 1章 建設現場で，はたらく自動車の強烈パワーに驚く！，2章 消防・警察で，はたらく自動車の充実した機能に驚く！，3章 人・モノの輸送で，はたらく自動車の意外なメカニズムに驚く！，4章 災害・防災で，はたらく自動車の知られざる能力に驚く！，5章 暮らしの場で，はたらく自動車の想像を超える進化に驚く！，6章 観光・スポーツで，はたらく自動車の個性豊かな“素顔”に驚く！
内容 2本の“腕”を自在に操れる新世代の油圧ショベル，高性能センサーを駆使して被災者を救出する無人ロボット…土木・建設・災害・救急…あらゆる現場で活躍！ 難しい仕事をこなすクルマはここまで高度に進化している!!特殊な車両たちの凄いメカと実力を大公開！

『世界にほこる日本の先端科学技術　3　ロボットいろいろ！ 宇宙へ行ったり，介護したり』　法政大学自然科学センター監修，こどもくらぶ編　岩崎書店　2014.3　47p　29cm　〈索引あり〉　3000円　Ⓘ978-4-265-08329-9　Ⓝ502.1
目次 1 人型・動物型ロボットを調べよう！（人型ロボットで世界トップ，ロボットが家庭で活躍する時代），2 「産業用ロボット」こそ，ロボットの元祖！（どんどん進化する産業用ロボット），3 ここまできている人工知能！（人工知能の研究，人工知能をもつ自動車とは？）

『ドラえもん科学ワールドロボットの世界』　藤子・F・不二雄まんが，藤子プロ，日本科学未来館監修，小学館ドラえもんルーム編　小学館　2014.3　213p　19cm　（ビッグ・コロタン 128）　850円　Ⓘ978-4-09-259128-8　Ⓝ548.3
目次 ロボット社会の到来!?，ロボットの起源と発展，産業用ロボットの世界，医療用ロボットの世界，親しめるロボット，危険な場所に行くロボット，ロボットの形，ロボットが動くしくみ，ロボットと五感，考えるロボット，ロボットの進化，ロボットと人間の未来
内容 世界一のロボット大国日本を中心とした，現代ロボット技術の最先端を，まんがを読みながら学べる本。

『宇宙の生活大研究―人類は火星でくらせるの？』　渡辺勝巳監修　PHP研究所　2014.2　61p　29cm　（楽しい調べ学習シリーズ）　〈文献あり 索引あり〉　3000円　Ⓘ978-4-569-78381-9　Ⓝ538.9

プログラミングと人工知能（AI）　　　　　　　　　　　　　　　ロボット

目次 第1章 宇宙でくらす（宇宙はどんなところ？，宇宙へどうやって行くの？，宇宙から地球にどう帰ってくるの？，ISSではどんなことがわかるの？，空気はどうしているの？　ほか），第2章 宇宙生活のこれから（宇宙ゴミはどうするの？，宇宙で電気をどうやってつくっているの？，宇宙にロボットが行くようになるの？，スペースコロニーはどうやってつくるの？，宇宙旅行はできるの？　ほか）

『科学のお話『超』能力をもつ生き物たち—写真と絵で読める！　生き物のすごいワザが生む地球にやさしい技術　第4巻　ハスの葉がつくったよごれない服』 石田秀輝監修　学研教育出版　2014.2　55p　23cm〈発売：学研マーケティング〉1800円　①978-4-05-501091-7　Ⓝ460

目次 ハスの葉がつくったよごれない服，オナモミの実からマジックテープ，水の中の藻から燃料用オイル，最強の生物・クマムシの不思議，ナタデココからけいたい電話の画面，粘菌の動きからかしこいロボット，よく飛ぶ植物の種からハンググライダー，うずまきをヒントに生まれた道具たち，いろいろなものの大きさ

『科学のお話『超』能力をもつ生き物たち—写真と絵で読める！　生き物のすごいワザが生む地球にやさしい技術　第3巻　ヤモリがつくった超強力テープ』 石田秀輝監修　学研教育出版　2014.2　63p　23cm〈発売：学研マーケティング〉1800円　①978-4-05-501090-0　Ⓝ460

目次 ヤモリがつくった超強力テープ，イルカの皮ふからスキーウエア，ハコフグからバイオニックカー，ハチドリのように飛べる小型ロボット，フクロウとカワセミから新幹線500系，イルカの声からかしこい魚群探知機，タコのきゅうばんからバスケットシューズ，ヘビの動き方から人命救助ロボット，フナクイムシからシールド工法，いろいろなものの大きさ

『町工場の底力　3　夢のロボットを実現』 京都　かもがわ出版　2013.12　31p　27cm〈索引あり〉2500円　①978-4-7803-0649-1　Ⓝ509.21

目次 人間のパートナーとしてロボットの未来を開く—テムザック（福岡県宗像市），町工場が集結！西淀川うまれの搭乗型巨大ロボットが誕生—はじめ研究所＋NKK（大阪府大阪市），ロボットを自作する人たちに愛されるネジをつくる町工場—浅井製作所（埼玉県草加市）

『ぼくの友だちはロボット』 神宮寺一漫画，黒沢翔シナリオ，菅野重樹監修　集英社　2013.6　127p　21cm　（学習漫画—サイエンス）980円　①978-4-08-288094-1　Ⓝ548.3

目次 第1章 ロボット博覧会，第2章 戦うロボット，第3章 人型ロボット，第4章 ロボットの体のしくみ，第5章 巨大ロボット大あばれ，第6章 ロボットが家出した？，第7章 ほんとうの友だちとは

内容 ロボットとはなんだろう？　人間のかわりに仕事をするもの？　悪者と戦うもの？　それとも友だち？　最新のロボットはいよいよ人間のすぐ近くで働くようになってきた。きみのそばにもほら、友だちロボットはいる。

『ふしぎ？　おどろき！科学のお話　6年生』 ガリレオ工房，滝川洋二監修　図書館版　ポプラ社　2013.4　153p　18cm　1100円　①978-4-591-13320-0　Ⓝ404.9

目次 五千年前の人類発見！，似たもの同士の話，ぼくらの体は守られている，なんにでもなれるふしぎな細胞，水道の蛇口からでる水のふしぎ，ロボット最先端，オーロラの正体，なぞだらけのニュートリノ

『ロボット世界のサバイバル—生き残り作戦　3』 金政郁文，韓賢東絵　朝日新聞出版　2013.3　194p　23cm　（かがくるBOOK—科学漫画サバイバルシリーズ）〈訳：HANA Press Inc〉1200円　①978-4-02-331182-4　Ⓝ548.3

目次 1章 恐怖の渡り廊下，2章 危険を呼ぶ救助要請，3章 上空の監視者，4章 絶体絶命の戦場，5章 アバターロボットVS戦闘ロボット，6章 正体不明の生存者，7章 口博士を探せ！，8章 犬のような謎のロボット，9章 ウルトラハイパワー，ロボットスーツ，10章 僕の名前はソウタ

内容 口博士を探すジオたち！　彼らの前に無人偵察機、知能型警備ロボット、軍事用輸送ロボットなど、これまでとは次元の違う実戦型ロボットが次々と現れる。最終段階に向かって過熱するロボットサバイバル！　はたして誰が犯人なのか、その秘密が明らかになる。

『ロボット世界のサバイバル—生き残り作戦　2』 金政郁文，韓賢東絵　朝日新聞出版　2013.1　186p　23cm　（かがくるBOOK—科学漫画サバイバルシリーズ）〈訳：HANA Press Inc〉1200円　①978-4-02-331149-7　Ⓝ548.3

目次 1章 執拗な追跡者，2章 産業用ロボットの世界，3章 自由自在に動く、パワーショベルロボット，4章 アッティラの襲撃，5章 次第に深まる疑惑，6章 ハナの秘密，7章 恐怖のハウスロボット，8章 決戦、ハウ

子どもの本 情報教育・プログラミングの本2000冊　**213**

ロボット　　　　　　　　　　　　　　　　　　　　　プログラミングと人工知能（AI）

スロボットvsバトルロボット！，9章 ロボットと人間がつくる未来の世界

内容 ヘビのようなモジュール型ロボットから逃れ、通風口から脱出できたジオと仲間たち。しかしホッとしたのも束の間、突然動き出した搬送ロボットに、溶接ロボットの火花の前に連れて行かれるなど、またしても大事件が連続する。さらに、昆虫ロボットの群れに囲まれるうちにハナが姿を消してしまい…。徐々に解き明かされる、ロボットワールドの真実！ かつてない危険なサバイバルに遭遇する。

『ロボット世界のサバイバル─生き残り作戦　1』 金政郁文，韓賢東絵　朝日新聞出版　2012.10　200p　23cm　〈かがくるBOOK─科学漫画サバイバルシリーズ〉〈訳：HANA Press Inc〉1200円　Ⓘ978-4-02-331123-7　Ⓝ548.3

目次 1章 ようこそ！ ロボットワールドへ！，2章 保安ロボットの追跡，3章 神秘的な古代のロボット，4章 ブラックタイガーVSマジックドラゴン，5章 道探しの達人、ライントレーサー，6章 何でも食べるロボット?!，7章 屈辱のロボットサッカー，8章 予想外の出来事，9章 閉鎖された競技場，10章 ロボットたちの反乱

内容 期待を胸に、世界ロボット大会に参加したジオたち一行。到着したとたん保安ロボットに追いかけられたり、天才少年ルイにはバトルロボットで攻撃されたりなど、何かと苦難が続く。だけどここ、何だかちょっと怪しいぞ。突然、停電が起きてから、ロボットワールドは閉じ込められ、ロボットたちの動きもおかしくなるが…。

『はたらくロボット　3　楽しませるロボット』 富山健監修　汐文社　2012.2　31p　27cm　〈索引あり〉2300円　Ⓘ978-4-8113-8836-6　Ⓝ548.3

目次 パートナーロボット，HRP-4C未夢，PARO，MANOI PF01，PaPePo，Keepon，うなずきかぼちゃん，KID's WALKER，クラタス，wakamaru〔ほか〕

『はたらくロボット　2　助けるロボット』 富山健監修　汐文社　2011.12　31p　27cm　〈索引あり〉2300円　Ⓘ978-4-8113-8835-9　Ⓝ548.3

目次 はやぶさ，援竜，ムジロー・リグリオ，core，パワーローダー，Gryphon，Tri-Star4，Reborg-Q，An9-PR，介護・医療支援向けパートナーロボット，MOTOMAN，ROOMBA，おもちゃのロボットをつくってみよう

『ロボコン甲子園6回制覇─御船高校栄光の軌跡』 松永茂生著　熊本　熊日情報文化センター（制作）2011.12　78p　19cm　〈年表あり〉Ⓝ375.54

『人びとをまもるのりもののしくみ　2　レスキュー車』 こどもくらぶ編　ほるぷ出版　2011.11　31p　28cm　〈索引あり〉2800円　Ⓘ978-4-593-58652-3　Ⓝ537.99

目次 巻頭特集 レスキュー車（救助工作車），特殊災害対策車，消火・救助活動を支援する車，空と海からの消火と救助，コラム 消防のロボット，救助活動

内容 わたしたちのまわりには、さまざまなのりものがありますが、消防の車は、人びとをまもる役割をはたすのりものです。消防の車には、ポンプ車やはしご車などの消防車、救助車ともよばれるレスキュー車、そして、急病人やけが人を病院に運ぶ救急車があります。この本では、これら3種類の車と、それらとともにはたらく人びとについて、各巻でくわしく見ていきます。とくに、それぞれの車のしくみについては、写真や透視図をもちい、くわしく解説していきます。

『はたらくロボット　1　考えるロボット』 富山健監修　汐文社　2011.10　31p　27cm　〈索引あり〉2300円　Ⓘ978-4-8113-8834-2　Ⓝ548.3

目次 ASIMO，Quince，morph3，Halluc II，水陸両用ヘビロボット，EMIEW2，HRP-4，NEXTAGE，EPORO，ムラタセイサク君〔ほか〕

『ロボット創造学入門』 広瀬茂男著　岩波書店　2011.6　211p　18cm　（岩波ジュニア新書 687─〈知の航海〉シリーズ）〈並列シリーズ名：IWANAMI JUNIOR PAPERBACKS〉840円　Ⓘ978-4-00-500687-8　Ⓝ548.3

目次 1 地雷探知除去ロボットをつくろう，2 いろいろなロボットをつくる，3 創造的思考法，4 未来のロボットの形はどうなるか，5 未来のロボットの心はどうなるか，6 ロボット・クリエーターになるには

内容 地雷探知除去ロボットをつくるとき、アフガニスタンの現場での地雷原に入りこんでしまった！ そんな危険な体験をしながら、つくりあげた実用ロボットはどんなものになったか？ さまざまな用途のヘビ型や四足歩行ロボットを開発してきた著者が、それぞれどのようにつくったかを解説し、ロボットの形や心の未来も語る。

『科学者を目指したくなる！ おもしろ科学実験＆知識ブック　3巻　最新科学を学べ！ おどろき！ 科学知識ブック』 教育画劇　2011.4　55p　27cm　〈索引あり〉3300円　Ⓘ978-4-7746-1344-4　Ⓝ407.5

214

『科学の目で見る特殊車両―働く車のしくみと構造がわかる』 小倉茂徳著　誠文堂新光社　2011.2　95p　24cm　〈子供の科学・サイエンスブックス〉　2200円　①978-4-416-21103-8　Ⓝ537.99

目次　第1章　工事・建設現場で働くクルマ（油圧の力で掘る、すくう―パワーショベル、重心を安定させて資材を持ち上げる―クレーン車　ほか）、第2章　農場で働くクルマ（農作業の万能選手―トラクター、日本の食をエコな機能で支える―田植機　ほか）、第3章　暮らしの安全を守るクルマ（高い所の救助はおまかせ―はしご車、遠隔操作で危険区域に出動！―消防ロボット（レインボー5）　ほか）、第4章　運ぶためのクルマ（長距離移動を楽々快適に―観光バス、細かい部分まで工夫がいっぱい―路線バス　ほか）、第章　速くきって勝つためだけのクルマ（最先端技術の宝庫―レーシングカー）

内容　消防車、救急車、パトカー、白バイ…いろいろな機能と装備をもった特殊車両の世界。

『ロボットが家にやってきたら…―人間とAIの未来』　遠藤薫著　岩波書店　2018.2　173p　18cm　〈岩波ジュニア新書　867―〈知の航海〉シリーズ〉〈文献あり〉　800円　①978-4-00-500867-4　Ⓝ548.3

目次　1　はじめに―ロボットが家にいたら、2　人間はなぜロボットをつくるのか？、3　ロボットの進化とわたしたちの社会、4　西欧文化の中のロボット、5　日本文化の中のロボット、6　反乱するロボット、涙を流すロボット、7　共進化するロボット、8　おわりに―サイボーグ＝人間がネットワーク化される世界の危険と希望

内容　お掃除ロボット、ドローン、AI家電、自動運転車…。ふと気がつくと身の回りにはロボットやAIがあふれ、毎日の生活に欠かせないものになっている。ロボットの普及によって私たちの生活はどのように変わるのか。ロボットは人間を幸せにしてくれるのか？　これからの人とロボットの関係を考える。

『ロボット―それは人類の敵か、味方か―日本復活のカギを握る、ロボティクスのすべて』　中嶋秀朗著　ダイヤモンド社　2018.1　216p　19cm　〈文献あり〉　1500円　①978-4-478-10365-4　Ⓝ548.3

目次　第1章　始まりは産業用ロボット：ロボティクスの夜明け、第2章　1980年、ロボット普及元年：第1次ロボットブーム（1980年代～1990年代）、第3章　夢の二足歩行ロボット：第2次ロボットブームとその終焉（2000年～2010年初頭）、第4章　時代は「単機能ロボット」へ：第3次ロボットブーム（2010年代～）、第5章　AIブームと世界で注目される「ロボティクス」、第6章　なぜ日本は、ロボティクスで世界的に優位なのか？

内容　ロボティクス（ロボット工学）専門の著者が語る渾身の一冊！　実は、ロボット大国である日本。高度経済成長を支えてきた、今までのロボットの歴史、そしてAIを含めたロボットの未来をわかりやすく解説する。

『ロボット法―AIとヒトの共生にむけて』　平野晋著　弘文堂　2017.11　292p　20cm　〈他言語標題：ROBOT LAW　文献あり　索引あり〉　2700円　①978-4-335-35714-5　Ⓝ548.3

目次　序章―ロボット法の必要性、第1章　ロボット工学3原則、第2章　ロボットの起源と文化、第3章　ロボットの定義と特徴、第4章　ロボットの種類とその法的問題、第5章　ロボット法の核心―制御不可能性と不透明性を中心に、第6章　ロボットが感情を持つとき

内容　ロボットが事故を起こしたら？　ヒトを傷つけたら？「感情」を持ったら？―AI技術の進展で急浮上する数々の難問を"制御不可能性"と"不透明性"を軸にときほぐし、著名文芸作品や映画作品等にも触れながら、ロボットがもたらしうる法的論点を明快に整理・紹介。日本における「ロボット法」の礎となる、第一人者による決定版。

『AI・ロボット・生命・宇宙…科学技術のフロントランナーがいま挑戦していること―サイエンスとアートのフロンティア』　川口淳一郎監修　秀和システム　2017.10　287p　19cm　1600円　①978-4-7980-5257-1　Ⓝ404

目次　つくる側、使う側からのアーカイブ論、人工知能が変える社会、ロボットは人間に代われるか？、AIによって人類はどのよ

ロボット　　　　　　　　　　　　　　　　　　　　プログラミングと人工知能（AI）

うに変化するのか，文系廃止論騒動，知識を
蓄える教育から，創造を育む教育へ，宇宙は
資源の宝庫である，生命の起源を探るフロ
ンティア，地球外に生物は存在するのか？，
「美」と「科学技術」は，どのように響き合
うのか，数学は社会の問題を，どこまで解決
できるか，科学と，政治・行政のかかわり

内容　人間は，本能的にフロンティアを志向
する動物だと言われる。このフロンティア
を、人類・社会の「未来」として捉えれば、
それは科学が目指すターゲットともなる。
人類がフロンティアへと到達するのに、い
ま何が必要なのか―。日本を代表する37名
の識者・研究者が，最先端の知見を語る！

『ロボット―職を奪うか、相棒か？』
ジョン・ジョーダン著　久村典子訳　日
本評論社　2017.10　260p　19cm
（MITエッセンシャル・ナレッジ・シ
リーズ）〈文献あり　索引あり〉2200円
①978-4-535-78822-0　Ⓝ548.3
目次　第1章　はじめに，第2章　「ロボット」
誕生前，第3章　大衆文化に現れたロボット，
第4章　現在時制のロボット学，第5章　自動
走行車という名のロボット，第6章　自律
兵士，第7章　ロボットと経済，第8章　人
間とロボットは、どうつき合っていくのか，
第9章　明日のロボット

内容　人類とロボットはどこまで進化する
か？ ロボットが何をすることができるか、
またはすべきか。SF、IT、自動運転、軍事、
経済など、あらゆる分野にわたりロボット
を語りつくす！

『科学の最前線を歩く』　東京大学教養学
部編　白水社　2017.8　291p　19cm
（知のフィールドガイド）2400円
①978-4-560-09563-8　Ⓝ404
目次　1 生を見つめなおす（時間とは何だろ
う―ゾウの時間 ネズミの時間，近代科学と
人のいのち ほか），2 自然の叡智に学ぶ（飛
行機はどうして飛べるのか―未来の航空機
を考える，柔らかいロボットをつくる―粘
菌に学ぶ自律分散制御 ほか），3 日常に寄
り添う（ヒトのこころの測定法，音の科学・
音場の科学 ほか），4 宇宙の根源を問う（超
新星ニュートリノで探る大質量星の最後の
姿―超新星爆発，素敵な数、素数 ほか）

内容　未来が見える！ 講義で感動したこと
ありますか？ ノーベル賞受賞者から大ベス
トセラー執筆者まで、“東大駒場”で数百人を
前に語られた科学と技術のこれから。

『挑む！ 科学を拓く28人』　日経サイエ
ンス編集部編　［東京］　日経サイエン
ス社　2017.7　247p　19cm〈発売：日

本経済新聞出版社〉1600円　①978-4-
532-52073-1　Ⓝ402.8
目次　第1章　飛躍するAIとロボット，第2章
計算と数学の新たな扉を開く，第3章　次に
来る再生医療は何か，第4章　脳とこころの
解明，第5章　社会を変える新技術，第6章
バイオ研究がもたらす果実，第7章　エネル
ギーと資源に革命を起こす

内容　日経サイエンス誌の人気連載を単行本
化。世界のAI・ロボット研究をけん引する
のは私たちだ！ AIやロボット、再生医療、
こころの解明…松尾豊氏、石黒浩氏ら気鋭
28人の軌跡。

『〈弱いロボット〉の思考―わたし・身
体・コミュニケーション』　岡田美智男
著　講談社　2017.6　257p　18cm
（講談社現代新書　2433）〈文献あり〉
800円　①978-4-06-288433-4　Ⓝ548.3
目次　第1章　気ままなお掃除ロボット“ルン
バ”，第2章　ロボットと“環境”との出会い，
第3章　自らの視点から描いた自画像，第4章
“ことば”を繰りだしてみる，第5章　小さな
ドキドキを重ねながら，第6章　“引き算”か
ら生まれるもの，第7章　“弱いロボット”の
誕生，第8章　“対峙しあう関係”から“並ぶ関
係”へ

内容　自らはゴミを拾えない“ゴミ箱ロボッ
ト”、たどたどしく話す“トーキング・ア
リー”、一緒に手をつないで歩くだけの“マ
コのて”…。ひとりでは何もできないロボッ
トとともに、コミュニケーションについて考
えてみた。環境、他者、自己、不完全…。人
とロボットの持ちつ持たれつの関係とは？

『AI・ロボット開発、これが日本の勝利
の法則』　河鐘基著　扶桑社　2017.3
287p　18cm　（扶桑社新書　232）〈文
献あり〉880円　①978-4-594-07654-2
Ⓝ548.3
目次　第1章　ロボット化する世界（高まるテ
クノロジーへの渇望、そしてシンギュラリ
ティ、工場で始まったオートメーション ほ
か），第2章　ロボット大国・日本、いまそこ
にある変化（ソーシャルロボット「ペッ
パー」の現在、ロボット活用の未来を目指す
オープンな箱・「ペッパー」 ほか），第3章
アルファ碁ショックに刺激される韓国社会
（アルファ碁ショックに揺れる韓国、「ロ
ボット密度」が世界一の韓国 ほか），第4章
中国に訪れるロボット化の波（中国人民とロ
ボット、中国の人工知能 ほか），第5章　AI
とロボットがもたらすユートピアorディス
トピア（ロボットと人工知能を横断するスペ
シャリスト、AIが人間の脅威になる、は本
当か ほか）

内容　「ドローンビジネス大国」中国！「災
害用ロボット世界一」韓国！ 気勢上がるア
ジアから、躍り出よ、日本！ トヨタ、ソフ
トバンク、大学研究者、気鋭のベンチャーま

で…日本、中国、韓国のAI・ロボット開発最前線を描くルポルタージュ！

『ロボット解体新書―ゼロからわかるAI時代のロボットのしくみと活用』

神崎洋治編著　SBクリエイティブ　2017.2　179p　18cm　（サイエンス・アイ新書 SIS-374）〈索引あり〉1000円　①978-4-7973-8936-4　Ⓝ548.3

目次 第1章 ロボットの定義と種類，第2章 ロボットの活用，第3章 ロボットの基礎技術，第4章 ロボットのソフトウェア，第5章 さまざまなロボット，第6章 ロボットと人工知能の連携

内容 「ロボット」と聞いて、どのようなカタチや存在を想像するでしょうか。現代のロボットは多種多様です。さまざまなモーターやセンサーで構成されたボディ、会話や認識等のソフトウェア技術、さらにクラウドと連携したAI関連技術などを駆使して求められた機能を実現しています。本書は、最低限知っておくべきロボットの種類としくみを厳選し、わかりやすい図や写真とともに解説します。また、最新のサービスロボット製品と特長や用途も紹介します。常に手元に置いておきたい、もっとも簡潔明瞭なロボット解説書です。

『ロボットからの倫理学入門』

久木田水生,神崎宣次,佐々木拓著　名古屋　名古屋大学出版会　2017.2　187p　21cm〈他言語標題：Introduction to Ethics through Robots　索引あり〉2200円　①978-4-8158-0868-6　Ⓝ548.3

目次 1 ロボットから倫理を考える（機械の中の道徳―道徳的であるとはそもそもどういうことかを考える，葛藤するロボット―倫理学の主要な立場について考える，私のせいではない、ロボットのせいだ―道徳的行為者性と責任について考える，この映画の撮影で虐待されたロボットはいません―道徳的被行為者性について考える），2 ロボットの倫理を考える（AIと誠―ソーシャル・ロボットについて考える，壁にマイクあり障害にカメラあり―ロボット社会のプライバシー問題について考える，良いも悪いもリモコン次第？―兵器としてのロボットについて考える，はたらくロボット―近未来の労働のあり方について考える）

『メディアで学ぶ日本と世界　2017』

若有保彦編著　成美堂　2017.1　125p　26cm〈他言語標題：Meet the World〉2000円　①978-4-7919-6035-4　Ⓝ830

目次 DNAが夜型か朝型かを決める可能性，日本は「民泊」の増加にどう対処すべきか、外国人の道案内に役立つ新しい地図記号，

ホテル、宿泊客の健康に配慮したオプションを拡張，大学、学生の正しい食事習慣の奨励に努力，ディカプリオと法王、環境について議論，不快なゴキブリ型ロボットが災害に役立つ可能性〔ほか〕

『ロボットの歴史を作ったロボット100』

アナ・マトロニック著，片山美佳子訳　日経ナショナルジオグラフィック社　2017.1　223p　20×20cm（NATIONAL GEOGRAPHIC）〈文献あり　索引あり　発売：日経BPマーケティング〉2800円　①978-4-86313-362-4　Ⓝ548.3

目次 空想のロボットたち（召使い、相棒、助っ人、暴走する殺人マシンと人類支配をもくろむファシスト・マシン、心を持つロボット，兵器としてのアンドロイドとガイノイド，自意識を持つロボット，サイボーグ），現実のロボットたち（初期のプロトタイプ、未来が来た！）

内容 懐かしのロボットから、最新のロボットまで！ 人類の友として、敵として、助手として、あの活躍にわくわくするロボットが勢ぞろい。神話時代の人造人間といった夢物語から、個性的なロボットが活躍するSF作品まで。そして実際に作られた機械人形から、各国が開発するロボットまで。

『人間と機械のあいだ―心はどこにあるのか』

池上高志,石黒浩著　講談社　2016.12　252p　19cm　1300円　①978-4-06-220385-2　Ⓝ548.3

目次 1 石黒浩（時間―三次元から自由になるために，知能―世界のモデル化，機械化―人間がアンドロイドになるとき，対話―進化の逆問題，社会―ロボットの社会性，機械人間オルタ，オルタの開発，対話―機械人間、オルタの解剖学，対話―生命らしさをつくるもの，Q&A），2 池上高志（意識―インターネットは脳になれるか？，対話―一〇〇年後のチューリング・テスト，社会―人工生命化する社会，機械化―人工知能と次元の溢れ，知能―生命の計算，時間―脳がつくる時間発展）

内容 数年後、われわれの世界認識は、今とどのくらい変わっているだろうか。人工生命やアンドロイドと暮らす未来は、すぐ近くまで来ている。人間の制約を取り払い、なお「人間」であるとはどういうことか？ 爆発的な技術進化の時代の、「明日」の考え方。

『文系のロボット工学ことはじめ―教師用指導書 hello,robotics！』

田中善隆,増永凜瞳著，日本ビジネスデータープロセシングセンターAI・ロボティクス推進室編　神戸　日本ビジネスデータープロセシングセンター　2016.12　8,105,12p　30cm　6480円　①978-4-908999-02-4　Ⓝ548.3

ロボット　　　　　　　　　　　　　　　　　　　　プログラミングと人工知能（AI）

『意志を持ちはじめるロボット―人類が創りだす衝撃的な未来』　中谷一郎著　ベストセラーズ　2016.9　207p　18cm（ベスト新書 532）〈文献あり〉800円　①978-4-584-12532-8　Ｎ548.3

目次 第1章 新種生物・ヒューロの誕生，第2章 ロボットには目的があり過ぎる，第3章 ロボット革命は今始まろうとしている，第4章 ロボットの舞台裏，第5章 ロボットは心を手に入れる

内容 ロボットは人間の生活を豊かにしてくれる，有能な味方なのでしょうか。それとも人間の仕事を次々と奪っていく警戒すべきライバルなのでしょうか。ロボットが将棋や囲碁で人間を凌駕したあと，本来人間でなければできないと信じられてきた領域にどこまで進出していくのでしょうか。本書ではこれらの難題を考えながら，人間とロボットのかかわりを考えていきます。ロボットが政治，経済，文化，教育，そしてやぶやこしいことに，人間の存在意義や人間の定義，さらに生と死の考え方に変更を強いることになる―。そのような衝撃的な未来を，新たな視点から予測してみましょう。

『ロボット技術ガイドブック―基本技術から「人工知能」「自動運転」まで』　ＩＯ編集部編　工学社　2016.7　159p　21cm（I/O BOOKS）〈索引あり〉1900円　①978-4-7775-1959-0　Ｎ548.3

目次 第1章 ロボットの現状，第2章 ロボットのメカニズム，第3章 ソフトウェア，第4章 さまざまな現場で使われるロボット

内容 日本では工場で製品を組み立てる「産業用ロボット」の分野が進んでいますが，海外からは，「軍事用ロボット」開発のニュースが次々と報じられています。一方，日常生活では，「お掃除ロボット」が日本でも販売され，「介護」「医療」の分野にも，生活をサポートするためのロボットが導入されようとしています。本書は，ロボット「技術」にスポットを当て，ロボットの「メカ」「自動制御」「AI」などについて，多角的に迫っています。

『世界最大級のロボット競技会ファーストレゴリーグ公式ガイドブック』　鴨志田英樹著　KTC中央出版　2016.6　94p　21cm　1500円　①978-4-87758-378-1　Ｎ507.9

目次 大会ルール，1 子どもと社会をつなぐFLLの魅力を大解剖，2 学校では体験できない！ FLLが与える教育効果，3 新たな学びの授業アクティブ・ラーニングの実践，初めてでも安心！ FLLをとことん楽しむQ&A

内容 FLL初の公式ガイドブック！ ファーストレゴリーグ（以下FLL）とは，9歳〜16歳の子ども対象として開催される世界最大級のロボット競技会である。アメリカのNPO法人「FIRST」によって1998年に初めて開催されたあと，世界中に広がり，日本では2004年に初めてFLLの国内大会が開催された。2008年には，日本で世界大会が開催され，毎年参加者が増えており，注目を集めている。

『ロボットのほん』　西田寛輔，太田智美編著　とのさまラボ×ロボットパートナー出版　2016.6　296p　21cm　Ｎ548.3

『明日、機械がヒトになる―ルポ最新科学』　海猫沢めろん著　講談社　2016.5　291p　18cm（講談社現代新書 2370）〈文献あり〉840円　①978-4-06-288368-9　Ｎ501.84

目次 第1章 SR―虚構を現実にする技術，第2章 3Dプリンタ―それは四次元ポケット，第3章 アンドロイド―機械すべて人型になる，第4章 AI（人工知能）―機械は知性を持つか，第5章 ヒューマンビッグデータ―人間を法則化する，第6章 BMI―機械で人を治療する，第7章 幸福学―幸せの定理を探る

内容 ヒトと機械の境界が溶け始めた！ AIからロボット，3Dプリンタまで。小説家が7人の科学者を訪ねる，テクノロジーの最前線。

『柔らかヒューマノイド―ロボットが知能の謎を解き明かす』　細田耕著　京都化学同人　2016.5　209p　19cm（DOJIN選書 70）1600円　①978-4-7598-1670-9　Ｎ548.3

目次 第1章 ヒューマノイドとは何か―人間に似せる理由，第2章 ヒューマノイドの柔らかな手―手の構造をまねる，第3章 ロボットのドア開けはなぜ難しいか―腕の構造が生み出す知能，第4章 歩きだす柔らかいヒューマノイド―受動的二足歩行，第5章 ヒューマノイドの歩行を人間に近づける―少しずつ複雑さを増す，第6章 跳躍するヒューマノイド―柔らかさの構造と構成論的研究，第7章 柔らかヒューマノイドは環境の変化に対応できるか，おわりに―動き続けるロボットをつくるために

内容 人間そっくりなロボット，ヒューマノイド。なぜロボットを人間に似せるのか。人間そっくりなロボットの研究から，どんなことがわかるのか。本書では，ドア開け，二足歩行，跳躍などを題材として，ヒューマノイドに何ができるのかを紹介し，身体の柔らかさと知能の関係を考察する。仮説を立てては実験を繰り返し，困難な課題にチャレンジするロボット研究。その醍醐味を，臨場感たっぷりに伝える。

プログラミングと人工知能（AI）　　　　　　　　　　ロボット

『シンギュラリティ―限界突破を目指した最先端研究』　NAIST-IS書籍出版委員会編　近代科学社　2016.2　324p　21cm〈他言語標題：SINGULARITY　索引あり〉2500円　①978-4-7649-0504-7　Ⓝ007.04

目次 1 計算機科学における限界点（クラウド社会の限界突破，ネットワークとシステム構築の限界突破，計算機構の限界突破），2 メディア科学における限界点（センシングの限界突破，知能の限界突破，リアリティの限界突破），3 システム科学における限界点（数理・制御の限界突破，生活支援技術の限界突破，ライフサイエンスの限界突破）

『スーパーヒューマン誕生！―人間はSFを超える』　稲見昌彦著　NHK出版　2016.2　237p　18cm　（NHK出版新書480）780円　①978-4-14-088480-5　Ⓝ501.84

目次 序章 SFから人間拡張工学を考える，第1章 人間の身体は拡張する，第2章 インターフェイスとしての身体，第3章 ポスト身体社会を考える

内容 拡張する身体，サイボーグ化する人間，分身ロボット―未来は希望か，絶望か。人間は身体の限界を超えられるのか？　人類がSFに夢見た未来はどこまで現実となるのか？　人間拡張工学の最前線で研究する著者が「スーパーヒューマン」登場の背景を鮮やかに描き出す！

『世界がおどろいた！　のりものテクノロジー　航空機の進化』　トム・ジャクソン文，市川克彦監修　ほるぷ出版　2016.2　32p　26×21cm　2800円　①ISBN978-4-593-58732-2

目次 航空機のはじまり，大空の飛行，空中でドッグ・ファイト，空気より軽い航空機，もっと遠くへ，戦争と航空機，実験機，Xプレーン，快適な空の旅，高速ジェット機，トップシークレット，無人飛行機ドローン，スピードとステルス性能，進化する航空機，航空機の進化と日本・世界のできごと，用語解説

『アンドロイドは人間になれるか』　石黒浩著　文藝春秋　2015.12　223p　18cm　（文春新書 1057）730円　①978-4-16-661057-0　Ⓝ548.3

目次 第1章 不気味なのに愛されるロボット―テレノイド，第2章 アンドロイド演劇，第3章 対話できるロボット―コミューとソータ，第4章 美人すぎるロボット―ジェミノイドF，第5章 名人芸を永久保存する―米朝アンドロイド，第6章 人間より優秀な接客アンドロイド―ミナミ，第7章 マツコロイドが教えてくれたこと，第8章 人はアンドロイドと生活できるか，第9章 アンドロイド的人生論

内容 マツコロイド，美人すぎるアンドロイド，人間国宝を永久保存…世間の度胆を抜く発想で注目を集める世界的ロボット工学者・石黒浩。アンドロイドが教えてくれる「人の気持ち」や「人間らしさ」の正体とは？　常識を次々と覆していく鬼才が人間の本質に迫る。

『すごい家電―いちばん身近な最先端技術』　西田宗千佳著　講談社　2015.12　302p　18cm　（ブルーバックス B-1948）〈索引あり〉1100円　①978-4-06-257948-3　Ⓝ545.88

目次 第1章 生活に欠かせない家電，第2章 生活を豊かにする家電，第3章 生活を快適にする家電―オフピークを活用する省エネ家電），第4章 暮らしのエネルギーを支える家電

内容 0.04秒ごとに沸騰と対流を制御し，「土鍋よりも美味しい」ご飯を炊きあげる炊飯器。水の透明度から汚れ具合を判断し，槽の回転方向や速度を変える洗濯機。人の動きを記憶・学習して効率的に冷暖房を効かせるエアコンは，自ら掃除をするロボットまで内蔵する。「より省エネで，より快適」を追求する現代の超技術＝家電。創意工夫が生み出される現場を探訪する。

『ロボットと共生する社会脳―神経社会ロボット学』　新曜社　2015.12　309,75p　20cm　（社会脳シリーズ 9　苧阪直行編）〈索引あり〉4600円　①978-4-7885-1456-0　Ⓝ491.371

目次 1 心の理論をもつ社会ロボット―ロボットの「他者性」をめぐって，2 ロボット演劇が魅せるもの，3 人工共感の発達に向けて，4 ロボットに「人らしさ」を感じる人々，5 遠隔操作アンドロイドを通じて感じる他者の存在，6 アンドロイドへの身体感覚転移とニューロフィードバック，7 感覚・運動情報の予測学習に基づく社会的認知機能の発達，8 人間とロボットの間の注意と選好性，9 ブレイン・マシン・インタフェース―QOLの回復を目指して

内容 人工知能は心の理論をもつロボットを可能にするか？　ペットロボット，掃除ロボットや介護ロボットなど，社会ロボットとの共生が近未来社会に革命を起こしつつある。ロボットを通して人間とは何かを再考し，認知ロボット学と社会脳科学を結ぶ最前線を紹介！

『萌え家電―家電が家族になる日』　大和田茂［著］　ディスカヴァー・トゥエンティワン　2015.6　199p　18cm　（ディスカヴァー携書 145）〈文献あ

子どもの本 情報教育・プログラミングの本2000冊　219

り〉 1000円 ①978-4-7993-1687-0
Ⓝ545.88

目次 第1章 しくじったっていい。可愛ければ（トラブルが可愛い，着せ替える，ロボット掃除機の多様な進化 ほか），第2章 機械に対する意識の変革（ロボットは可愛いという概念，ロボットの老いと死，モノに宿り魂 ほか），第3章 歩み寄る企業とユーザー（「Siriたん」と戯れる，Siri, HomeKitとAppleの野望，ユーザーの力 ほか），第4章 人は擬人化を求めている―これからの家電（人間は無意識にモノを擬人化している，コンピュータに「人間」を見てしまう，「生物」を感じる仕組み ほか）

内容 家電に「スペック」ばかりを求める時代は，終わりつつある―!?これからは，もっとインターフェース（人との接点）を高めた家電，すなわち，ご主人様のためにけなげに働く「可愛い」「やさしい」「いつも側にいてわかってくれる」―「萌え家電」が，暮らしを変えていくだろう。その背景には，日本の擬人化文化，住宅のスマート化，激変しつつある人とAI（人工知能）の付き合い方など，多種多様な要素が関係しあっている。

『Pepperの衝撃！―パーソナルロボットが変える社会とビジネス』 神崎洋治著
日経BP社 2015.5 189p 19cm〈発売：日経BPマーケティング〉1500円
①978-4-8222-9642-1 Ⓝ548.3

目次 序章 Pepper誕生の本当の衝撃，第1章 活性化するロボットビジネス（ロボット産業の現状，IoTとクラウドロボティクス ほか），第2章 Pepper誕生から発売への軌跡（2015年2月27日，Pepper発売開始，Pepper発表から発売までの系譜 ほか），第3章 Pepperとシステム開発（PepperとNAOとRomeo，アトリエ・アルデバラン表参道 ほか），第4章 PepperとAI（Pepperと脳型コンピューター，人工知能とディープラーニング ほか）

『ロボットの人類学―二〇世紀日本の機械と人間』 久保明教著 京都 世界思想社 2015.3 256p 22cm〈索引あり〉3800円 ①978-4-7907-1649-5 Ⓝ548.3

目次 第1章 あいまいな日本のロボット，第2章 はじまりのロボット，第3章 文化としてのロボット，第4章 科学としてのロボット，第5章 ロボットの時間，第6章 私たちとロボット

内容 ロボット神話を解体する！ ポストプルーラル人類学の挑戦。マンガやアニメのなかで活躍する一方，人間の生活を支える新技術として研究されるロボット。私たちはなぜ彼らを生み出してきた？ ロボットをめぐる文化／科学的実践を分析し，機械と

生命，欧米と日本，過去と未来をつなぐ機械人間と日本人の密やかな関係を描き出す。

『人と「機械」をつなぐデザイン』 佐倉統編 東京大学出版会 2015.2 308p 19cm〈他言語標題：Future Perspectives on the Design of Man-Machine Systems〉3600円 ①978-4-13-063359-8 Ⓝ501.84

目次 第1部 人と「機械」の行方（日常生活とテクノロジーの行方，コンピュータと脳の関係の行方，サイエンス・エンジニアリング・デザイン・アートの行方，身体との調和に向かう義足の行方，義足とポスト近代的モノづくりの行方，座談会を振り返って：人と技術の「あいだ」に立つ），第2部 技術と環境をつなぐデザインの行方（センサーと生活環境の行方，歩きやすさと都市環境の行方，デジタル・ネットワークと読み書きの行方，デジタルファブリケーションとコミュニティの行方，イノベーションとデザイン思考の行方，科学技術とイノベーションの行方），第3部 身体と技術的環境の行方（ロボットと心／身体の行方，身体・環境系の行方，科学技術と人間の行方）

内容 いま，そこにある人と「機械」が調和する未来社会の姿。

『オートメーション・バカ―先端技術がわたしたちにしていること』 ニコラス・G・カー著 篠儀直子訳 青土社 2015.1 332,4p 20cm〈索引あり〉2200円 ①978-4-7917-6844-8 Ⓝ548.3

目次 第1章 乗客たち，第2章 門の脇のロボット，第3章 オートパイロットについて，第4章 脱生成効果，第5章 ホワイトカラー・コンピュータ，第6章 世界とスクリーン，第7章 人間のためのオートメーション，第8章 あなたの内なるドローン，第9章 湿地の草をなぎ倒す愛

内容 運転手がいなくても車が走り，パイロットが操縦しなくても飛行機が安全に飛び，さらには，自分の必要としているものも，道徳的な判断さえも，すべて機械が教えてくれる世界。それは一体どんな世界なのか―。ベストセラー『クラウド化する世界』『ネット・バカ』の著者が鮮やかに暴き出す，すべてが自動化する世界のおそるべき真実！

『どうすれば「人」を創れるか―アンドロイドになった私』 石黒浩著 新潮社 2014.11 290p 16cm（新潮文庫 いー118-1）〈2011年刊の加筆〉550円 ①978-4-10-126251-2 Ⓝ548.3

目次 日常活動型からアンドロイドへ，遠隔操作型アンドロイドを創る，サロゲートの世界，アンドロイドになる，ジェミノイドに適応する，ジェミノイドに恋をする，実体化するもう一人の自分，人を超えるアンドロイド，人間がアンドロイドに近づく，持ち運

プログラミングと人工知能（AI）　　　　　　　　　　ロボット

べるジェミノイド，人間のミニマルデザイン「テレノイド」，存在感を持つミニマルなメディア「ハグビー」

[内容] あなたは人間ですか―。日本が誇るロボット研究の第一人者が挑むのは，限りなく人間に近いアンドロイド，自分そっくりの「ジェミノイド」づくりだ。人は鏡と写真のどちらを自分の顔と認識する？　ジェミノイドを不気味に感じる境界線は？　人間を"最小限"にデザインすると？　ジェミノイドの経年劣化はモデルの自分を修復（整形）？　製作前後の徹底分析で浮かぶ、人間の本質とは。

『ロボット技術最前線―基本技術から実際のマシンの仕組みまで』　I O編集部編　工学社　2014.11　159p　21cm　（I/O BOOKS）〈索引あり〉1900円　①978-4-7775-1867-8　Ⓝ548.3

[目次] 第1部 ロボット技術―ロボットの種類とメカニズム，第2部 人間型ロボット―「個人用」から「業務用」まで，第3部 その他のロボット―「ホビー用」から「兵器」まで

[内容]「ロボット」というと，まず「2足歩行ロボット」や「お掃除ロボット」などを思い浮かべるかもしれません。しかし，「無人飛行機」や「宇宙探査機」も，人間の形はしていませんが，「ロボット」だと言えます。基本技術から，実際のマシンの仕組みまで，めまぐるしく進化するロボットの世界を，幅広く解説。

『ロボット考学と人間―未来のためのロボット工学』　森政弘著　オーム社　2014.8　397p　19cm〈文献あり〉2500円　①978-4-274-21588-9　Ⓝ548.3

[目次] 序章 「ロボット考学」とは何か，第1章 自然と人間から学ぶ，ロボット工学―ロボットの設計思想，第2章 ロボットから考える、人間というもの―ロボットの哲学，第3章 ロボットの世界―ロボット独自の発展を考察する，第4章 設計への警告―幸せとは何か，第5章 ロボコンに学ぶ―「技道」の哲学，第6章 ロボット工学者へ―創造的な研究のために

[内容] ロボット工学者よ、哲学を持て。ロボコンの父にして「不気味の谷」提唱者が綴る！ ロボット考学の神髄とは―。21世紀を生き抜く道がここにある。

『ロボットの悲しみ―コミュニケーションをめぐる人とロボットの生態学』　岡田美智男，松本光太郎編著，麻生武，小嶋秀樹，浜田寿美男著　新曜社　2014.8　200,3p　19cm〈他言語標題：SORROW OF THe ROBOT　文献あ

り〉1900円　①978-4-7885-1404-1　Ⓝ548.3

[目次] 1章 「ともに」あるロボットを求めて，2章 ロボットの居場所探し，3章 生き物との交流とロボットの未来，4章 ロボットとのやりとりに意味が生まれるとき，5章 ロボットは人間「のようなもの」を超えられるか，座談「ロボットをめぐる問い」をあらためて問う

『家電の科学―ここまで進化した驚異の技術』　山名一郎，家電テクノロジー研究会著　PHP研究所　2014.2　197p　18cm（PHPサイエンス・ワールド新書 077）840円　①978-4-569-81674-6　Ⓝ545.88

[目次] 第1章 エコな生活を演出する（地球温暖化・節電対策の「1丁目1番地」―LED電球1, 注目されるシーリングライト、そして有機EL―LED電球2 ほか），第2章 おいしい&美しい生活を！（IHと素材技術で、炊きあがりのおいしさを追求―電気炊飯器，ビタミンと食物酵素を効率よく抽出する―スロージューサー ほか），第3章 もっとデジタルエンタテインメントを！（さらに進化を続ける液晶テレビとデジタルハイビジョン放送，ハイビジョン化、多チャンネル以外にも利点―地上デジタル放送 ほか），第4章 快適！ 進化する生活家電（掃除から充電まですべて自動で働く―家庭用掃除ロボット，タテ型とドラム式、どっちがよい？―洗濯機 ほか）

[内容] 電子レンジでなぜ食べ物が温まる？ 4Kテレビって何だ？ 3Dプリンターや掃除ロボットまで原理と最新技術を解説。

『絵でわかるロボットのしくみ』　瀬戸文美著，平田泰久監修　講談社　2014.1　150p　21cm　（絵でわかるシリーズ）〈他言語標題：An Illustrated Guide to Robotics　文献あり 索引あり〉2200円　①978-4-06-154767-4　Ⓝ548.3

[目次] 第1章 ロボットとは，第2章 形で見るロボット（移動するための形，作業するための形），第3章 ロボットの中身（センサー―感じるための部品，アクチュエータ―動くための部品，コンピューター―考えるための部品），第4章 いろいろなロボット（人間を支援するロボット，人間が行けない場所にもロボット，生物を知り生物から学ぶためのロボット），第5章 ロボットのこれまでとこれから

[内容] 教科書でもなくカタログでもない、ロボット工学へのはじめの一歩を踏み出すためのガイドブック。数式や専門用語をほとんど用いることなく、絵によって「ロボット」というものの全体像をざっくりと、けれども正しく知ってもらうことを狙いとしている。

『JAPANESE MAKERS―日本の「新」モノづくり列伝 小さな作業場から生まれるすごいモノ』　草彅洋平著　学研教育出版　2013.4　221p　19cm〈発

子どもの本 情報教育・プログラミングの本2000冊　**221**

売：学研マーケティング〉1300円
①978-4-05-405640-4 Ⓝ502.1
目次 1 個人的製造業革命（「人が乗れる巨大ロボット」水道橋重工・クラタス，「いま職人がすべきこと」佐野末四郎・マホガニーバイク，「ウェアラブルコンピューターの可能性」青木俊介・Miruko，「枯れた技術の水平思考によるものづくり」真鍋大度・electic stimulus to face），2 アナログ技術の極み（「ティッシュにはパワーがある」駒宮洋・ティッシュ昆虫，「日本の理想宮は伊勢市にある」井村裕保・ミニチュア姫路城，「一本の鉛筆を試しに削ってみること」山崎利幸・鉛筆彫刻，「世界はクラスの外に」鳴滝拓也・ペーパークラフト戦艦大和，「ネットを使いこなすアニメ世代」ツリロン・消しゴムフィギュア），3 DIYロボット新時代（「怠惰をクリエイティブする」倉田稔・勝手に入るゴミ箱，「個人で人型ロボットをつくる」角和樹・ドカはるみ，「ファジーな世界を求めて」兵頭吉博・紙二足歩行ロボット，「ロボットの技能を追求する」Dr.Guero（山口雅彦）・PRIMER - V2）
内容 人生の求道者たちしか成し遂げられない，素晴らしき職人技の数々がここに。『大人の科学マガジン』の人気連載，待望の書籍化。

『世界を変えるデザインの力 1 使う』
ナガオカケンメイ監修 教育画劇
2013.2 48p 29cm 〈文献あり 索引あり〉3400円 ①978-4-7746-1709-1
Ⓝ757
目次 いつも使っているもの大研究（いいところ探しをしよう，ものの形の理由を探ろう ほか），長生きデザイン大研究（"ロングライフデザイン"に注目！，暮らしの中から探してみよう），ものが形になるまで（新しいものごとを思いいきがこう，美しく ほか），社会が変わる（ロボットデザインの発想力，からだを支え，動きを助ける ほか），風土が生み出す豊かなちがい（出発！ 47都道府県伝統の技めぐりの旅，世界の国のデザインくらべ）

『みんなのユニバーサルデザイン 1 家族と考えるユニバーサルデザイン』 川内美彦監修 学研教育出版 2013.2
47p 30cm 〈索引あり 発売：学研マーケティング〉2800円 ①978-4-05-500937-9 Ⓝ369
目次 第1章 家の中を調べよう（家族みんなが気持ちよく家で過ごすための「バリアフリー」を，「共用品」に注目！ だれのための，どんな思いがこめられているかな？，だれもが使いやすいスプーンは，「人にやさしいものづくり」から），第2章 みんなが応援

している（「人間の気持ち」を取り入れた車いすロボットを開発中！，「デザインの力」でちがいを乗りこえる！，「コミュニケーション絵本」で気持ちが通じる！），第3章 いつまでも元気で（お年寄りが生き生きと暮らせる町にも）

『弱いロボット』 岡田美智男著 医学書院 2012.9 213p 21cm （シリーズケアをひらく）〈文献あり〉2000円
①978-4-260-01673-5 Ⓝ007.1
内容 ひとりでできないもん―。他力本願なロボットがひらく，弱いという希望，できないという可能性。「賭けと受け」という視点から，ケアする人される人を深いところで支える異色作。

『私のとなりのロボットなヒト―理系女子がロボット系男子に聞く』 瀬戸文美編著 近代科学社 2012.5 169p 19cm 1600円 ①978-4-7649-5019-1 Ⓝ507
目次 『子どもに夢を』与えるロボット・プロレストラー，「神に愛された男」が切り開く，ロボット技術の創成期，結果はともかく，まずやってみる。常に発明ский研究者でありたい，人生は冒険。その目標は，人間の知能の原理を解明すること，妻に『面白い』って言ってもらえるような研究を，ロボットならではの新しいカタチを探る，人の輪を大切にする若き研究者の心に描かれた思い出は一枚の絵，折れない心と熱い魂で挑む，生物の設計原理の解明と機能美の追求，幼いころから「走り」を研究し続けた少年は，今日も本質を追い求める

『ロボットはなぜ生き物に似てしまうのか―工学に立ちはだかる「究極の力学構造」』 鈴森康一著 講談社 2012.4
235p 18cm （ブルーバックス B-1768）〈文献あり 索引あり〉880円
①978-4-06-257768-7 Ⓝ548.3
目次 1部「まねる」と「似てしまう」のあいだ，2部 ロボットはなぜ，生き物に似てしまうのか？，3部 ロボットを誘惑する生き物たち―工学から見た生き物のからだの機能美，4部 神に挑む―「生き物を超える」ロボット作りを目指して，エピローグ 「カンブリア紀」に向かうロボットたち―ロボットはなぜ，急速に"進化"できたのか？
内容 ワイヤ駆動のヒューマノイドが，実はウマにそっくりだった！ 自走するお掃除ロボットは「生きた化石」に酷似していた！ ガラスを割らずに摑むロボットハンドが似てしまった，人体の意外な一部とは？ 技術の粋を詰め込んだ先端ロボットが，なぜか生き物の体構造に近づいていく―。工学の視点から初めて見えてくる「生体」の精巧な力学構造を解き明かし，生き物の限界を超えるロボット機構学の挑戦を語る。

プログラミングと人工知能（AI）　　　　　　　　　ロボット

『「未来マシン」はどこまで実現したか？
―エアカー・超々音速機・腕時計型通信
機・自動調理器・ロボット』　石川憲二
著　オーム社　2012.3　222p　19cm
〈文献あり〉　1400円　①978-4-274-
06879-9　Ⓝ502

目次　プロローグ　未来マシンの「その後」
が気になる，第1章 エアカー――「車輪をなく
したい」というあくなき願望，第2章 超々
音速機――まだまだあきらめていない「コン
コルドの次」，第3章 腕時計型通信機――未来
マシンを超えた現代の携帯電話の向かう先，
第4章 自動調理器――電子レンジは自動調理
の夢を見るか？，第5章 ロボット――「ロ
ボット」の定義と技術開発の現実，エピロー
グ　未来マシンがつくる「楽しい未来」

内容　SF小説，SF映画等に出てくる素晴ら
しいテクノロジー。このような夢の「未来
マシン」のいくつかは実現したものの，多く
は空想のままです。憧れの「未来マシン」関
連の技術・開発は，現在どのような位置にあ
るのか，実現までのハードル，可能性や意外
な盲点，不可能な点などについて深く追求，
紹介します。

『心をもつロボット―鋼の思考が鏡の中の
自分に気づく！』　武野純一著　日刊工
業新聞社　2011.11　275,8p　21cm
（B&Tブックス）〈文献あり〉　1800円
①978-4-526-06781-5　Ⓝ548.3

目次　第1章 現代ロボットの入門――メカトロ
ニクスと生物型ロボット，第2章 ロボット
の光と影――それはヒトの光と影でもある，
第3章 ロボットの心って何だ？――脳科学と
コグニティブアプローチ，第4章 言葉に感
情的に反応するロボットを作る――インター
ネット情報から感情と意識を計算する，第5
章 鏡の中の自分に気づくロボットを作る――
ロボット自我の実現に向けて，第6章 心を
もち，意識するロボットの活躍――モナドが
思考や感情を表現する，第7章 ヒトを理解
する道――すべては創造力から始まった

『人が見た夢ロボットの来た道―ギリシャ
神話からアトム、そして…』　菅野重樹
著　JIPMソリューション　2011.10
178p　21cm　〈文献あり　年表あり　索引
あり〉　1700円　①978-4-88956-397-9
Ⓝ548.3

目次　1 神話から近世―B.C.8世紀～A.D.19
世紀（ロボットの概念はすでにギリシャ神話
の時代に登場，時計の技術がからくりの仕
掛けを生み，自動人形へ ほか），2 ロボッ
ト開発黎明期―1900年代～1970年代（コン
ピュータの登場とロボットの研究，フィク
ションに見る人とロボットの関係「鉄腕アト

ム」「鉄人28号」「2001年宇宙の旅」 ほか），
3 社会に浸透するロボット―1970年代～
1980年代（1980年「ロボット元年」到来，現
実とSFにみる日本と欧米の "理想のロボッ
ト" ほか），4 役に立つロボットの開発 - 未
来に向けて―1990年代～2010年代（極限で作
業するロボットの開発，企業による人間型ロ
ボットの開発と日米間の文化の違い ほか）

内容　ヒューマノイドロボット開発の第一人
者が綴る人間とロボットの歩み。歴史から
近未来まで，ロボットにまつわるトピック
満載。

『ロボットは友だちになれるか―日本人と
機械のふしぎな関係』　フレデリック・
カプラン著，西兼志訳，西垣通監修
NTT出版　2011.6　311p　20cm　2800
円　①978-4-7571-0309-2　Ⓝ548.3

目次　第1部 友だち化するロボット，第2部
ロボットと友だちになること

内容　AIBOの開発に携わった著者が，ロ
ボット工学から伝統文化・神話・小説・映
画・サブカルチャーまで幅広く論じたロ
ボット文化論。機械との関係を通して見た
日本と西洋の比較，日本人がロボットに注
ぐ特異な想像力に迫る。

『ロボットの天才』　高橋智隆著　メディ
アファクトリー　2011.5　207p　15cm
（空想科学文庫 30）〈2006年刊の加筆・
修正〉　524円　①978-4-8401-3920-5
Ⓝ548.3

目次　はじめに 未来を呼び醒ます男―高橋
智隆はロボットの天才である，第1章 ひと
りロボット工場―ロボットクリエイターと
いう仕事，第2章 ドロップアウト―就職活
動の失敗がスタートだった，第3章 2度目の
大学時代―京大で見つけたロボットという
夢，第4章 ロボ・ガレージ始動―産学官連
携の追い風の中で，第5章 世界への挑戦―
日本代表サッカーロボット・王者への道，第
6章 加速するロボット開発―次々と生まれ
るロボットたち，第7章 エボルタ君とロ
ピッド―その後のロボット開発，第8章 明
日，ロボットがやってくる――一家に1台，ロ
ボットと暮らす未来，おわりに ロボットが
家にやってくるその日に備えてください

内容　ロボット「エボルタ君」や「クロイ
ノ」などで，国内外から注目を集めるロボッ
トクリエイター・高橋智隆。設計図は引か
ず，技術開発からデザイン，製作までたった
一人で行う「ロボットの天才」である。本書
を読めば，美しいロボットを生み出す驚異
のモノ作りと，常識にとらわれない男の思
考術がわかる。

『史上最強のロボット』　高橋智隆,柳田理
科雄著　メディアファクトリー　2011.3
287p　15cm　（空想科学文庫 28）

子どもの本 情報教育・プログラミングの本2000冊　　223

ロボット　　　　　　　　　　　　　　　　　　　プログラミングと人工知能（AI）

〈2009年刊の加筆・修正〉524円
①978-4-8401-3870-3　Ⓝ548.3
目次 史上最強のロボットを知りたい，巨大なロボット，格闘に強いロボット，速いロボット前編「飛ぶロボット」，速いロボット後編「走るロボット」，しぶといロボット，賢いロボット，魅力的なロボット，コストパフォーマンスの高いロボット，人とロボットのこれから
内容 注目度No.1のロボットクリエイター・高橋智隆と『空想科学読本』の柳田理科雄が，「史上最強のロボット」とは何かについて，大真面目に「机上の空論」を戦わせる一冊。そもそもロボットとは何か？ ロボットは空を飛べる!?巨大ロボットは作れる？ など，空想世界のロボットを入り口に，果てしなく広がっていく議論。この対談に立ち会えば，ロボットの現在と未来がわかる。

『世界に勝てる！ 日本発の科学技術』 志村幸雄著　PHP研究所　2011.2　277p　18cm　（PHPサイエンス・ワールド新書 035）〈並列シリーズ名：PHP Science World　文献あり　著作目録あり〉800円　①978-4-569-79434-1　Ⓝ502.1
目次 第1部 日本型イノベーションの新たな座標（イノベーションの源泉としてのサイエンス，サイエンス型イノベーションの日本の実力度，サイエンス型イノベーションの方法論），第2部 21世紀を担う日本発の科学技術（アンドロイドロボット―認知科学・心理学との接点，ブレイン・マシン・インターフェース―「第二の身体」としての機械，量子デバイス―超格子構造から出発した次世代素子，スピントロニクス―磁気デバイスの新しい地平，垂直磁気記録―「ヨコからタテへ」の技術革新 ほか）
内容 逆風に揺らぐ「ものづくり大国」をいかに立て直すか？ 従来路線の強化や事業の再編成が指摘されるが，それだけでは新興国にも勝てない！ 残された解決策は，いまや他国の追随を許さない「サイエンス型革新技術の創出」である。本書では，アンドロイドロボット，スピントロニクス，ナノカーボン，高温超電導，光触媒…など日本が世界に誇る最新成果を取材し，明日への展望を示す。

『我らクレイジー☆エンジニア主義』 リクナビNEXT Tech総研著　中経出版　2010.12　254p　15cm　（中経の文庫 り-1-1）〈講談社2007年刊の再編集〉571円　①978-4-8061-3895-2　Ⓝ502.8
目次 39歳でMIT教授。タンジブルで，最先端を切り拓いていく男―石井裕，小型コン

ピュータ「ウェアラブル」の開発で未来を変えていく男―塚本昌彦，カリスマプログラマ，CGアーティストで世界的評価を受ける男―富田拓朗，オウムの脱・洗脳を手がけ，脳のエキスパートと呼ばれる男―苫米地英人，メディア・アーティストとして「ポストペット」を誕生させた男―八谷和彦，空気中にリアルな3次元映像を表示する装置をつくった男―内山太郎，「光学迷彩」で透明人間を工学的に実現可能にした男―稲見昌彦，自分にそっくりのアンドロイドをつくり，「人間とは何か」に挑む男―石黒浩，医療・介護分野などで活躍，ロボットスーツで未来貢献する男―山海嘉之，趣味で開発した"二足歩行"のロボットで業界に衝撃を与えた男―高橋智隆〔ほか〕
内容 未来技術を切り拓く常識に縛られない異才・奇才たち。黙々と技術に向かい，新しい世界を創りだす「クレイジーエンジニア」。世界に誇る日本の技術者たち15人の発想・技術・考え方・生き方に迫る珠玉のインタビュー集。

『脳はなぜ「心」を作ったのか―「私」の謎を解く受動意識仮説』 前野隆司著　筑摩書房　2010.11　249p　15cm　（ちくま文庫 ま41-1）〈文献あり〉760円　①978-4-480-42776-2　Ⓝ491.371
目次 第1章 「心」―もうわかっていることと，まだわからないこと（心の五つの働き，意識の三つの謎 ほか），第2章 「私」は受動的―新しいパラダイム（からだのどこまでが自分なのか？，脳＝「私」，ではない!? ほか），第3章 人の心のたねあかし―意識の三つの謎を解く（「私」は心を結びつけてはいない，「私」は何のために存在するのか？ ほか），第4章 心の過去と未来―昆虫からロボットまで（動物は心を持つか？，昆虫の気持ちになってみると!? ほか），第5章 補遺―「小びと」たちのしくみ（コンピュータと脳は同じか？，ニューラルネットワークは万能コンピュータ？ ほか）
内容 意識とは何か。意識はなぜあるのか。死んだら「心」はどうなるのか。動物は心を持つのか。ロボットの心を作ることはできるのか―子どもの頃からの疑問を持ち続けた著者は，科学者になってその謎を解明した。「人の『意識』とは，心の中でコントロールするものではなく，『無意識』がやったことを後で把握するための装置にすぎない。」この「受動意識仮説」が正しいとすれば，将来ロボットも心を持てるのではないか？ という夢の広がる本。

『ロボットとの付き合い方，おしえます。』 瀬名秀明著　河出書房新社　2010.10　237p　19cm　（14歳の世渡り術）〈並列シリーズ名：WORLDLY WISDOM FOR 14 YEARS OLD〉1200円　①978-4-309-61664-3　Ⓝ548.3

224

プログラミングと人工知能（AI）　　　　　　　　　　　　　ロボット

目次 第1章 ロボットは人類を滅ぼさない，第2章 街でロボットたちと出会う，第3章 人の役に立つということ，第4章 人を楽しませるということ，第5章 人とは何かを考えるということ，第6章 ロボットを考えることは，未来を考えること

内容 それは「人間とは何か」を知る近道だ。宇宙探査，災害救助から介護の現場まで，人気SF作家が最先端のロボット研究を通して，未来への関わりかたを一緒に考えます。

『エアロアクアバイオメカニクス―生きものに学ぶ泳ぎと飛行のしくみ』 エアロ・アクアバイオメカニズム研究会編 森北出版 2010.8 155p 22cm〈他言語標題：Aero Aqua Bio-Mechanics 文献あり 索引あり〉2200円 Ⓘ978-4-627-94731-3 Ⓝ481.36

目次 1章 回遊魚の高速遊泳，2章 フグの巧妙な泳ぎ，3章 イルカやアザラシの泳ぎのひみつ，4章 微生物の運動，5章 昆虫のアクロバット飛行，6章 鳥の翼と飛行のしくみ，7章 ペンギンの水中飛行

内容 鳥のように飛び，イルカのように泳ぐロボットはできるのか？ 海と空で生きる動物たちのひみつを，物理学で解き明かす。

『脳の情報を読み解く―BMIが開く未来』 川人光男著 朝日新聞出版 2010.8 232p 19cm （朝日選書 869）〈並列シリーズ名：ASAHI SENSHO〉1300円 Ⓘ978-4-02-259969-8 Ⓝ501.84

目次 序章 20XX年，1章 BMIが開く未来，2章 脳の働きと人工感覚器，3章 BMIを実現させた技術，4章 神経科学が変わる，5章 超能力とBMI，6章 倫理4原則，7章 BMIにつながるまでの道程

内容 念じるだけで動くASIMO。サルと同期して歩くヒト型ロボット。人口網膜，BMIリハビリテーション。これらは日本が世界に誇るBMI―脳情報を読み取り機械につなぐ技術―の結晶だ。脳神経科学は臨床応用として脳や心の病気を治療するだけでなく，情報通信，教育，マーケティング，経済学，政治学とも融合して，関わる分野の裾野を広げる。文部科学省ほか各省庁では脳情報活用の研究開発を始めている。神経科学，臨床医学，物理学，数学，工学，技術者らがチームワークで世界一に押し上げた基盤技術を日本でどう活かすか？ どうしたら少子高齢化の問題を解決し，日本の新産業となるのか。人体への影響は？ 倫理的な課題は？ 世界的第一人者による脳神経科学の現状と未来への提言。

『ロボットと美術―機械×身体のビジュアルイメージ』 「ロボットと美術」展実行委員会編 講談社 2010.7 155p 30cm〈他言語標題：Robots ＆ the arts 会期・会場：2010年7月10日―8月29日 青森県立美術館ほか 年表あり〉Ⓘ978-4-06-216390-3 Ⓝ704

『面白いほどよくわかるロボットのしくみ―世界を変える最先端ロボット工学のテクノロジー』 大宮信光編著 日本文芸社 2010.3 221p 19cm （学校で教えない教科書）〈文献あり 索引あり〉1400円 Ⓘ978-4-537-25741-0 Ⓝ548.3

目次 第1章 ロボットは今（ロボットの第一条件とは，ロボットって何の役に立つの？ ほか），第2章 神話から現代へ（ロボットはどこから来たのか，ヘパイストスの黄金の少女 ほか），第3章 テクノロジーの秘密（ロボット工学は何を目指しているか，RTが進化する5つの応用分野 ほか），第4章 未来へ続く道（鉄腕アトムはロボットの理想形か，ロボットは心が持てない？ ほか），結章（元素の根源からの旅，機械論の新しい地平 ほか）

内容 世界を変える最先端ロボット工学のテクノロジー。

『ロボット演劇―ロボットが演劇？ ロボットと演劇!?』 大阪大学コミュニケーションデザイン・センター編 吹田 大阪大学出版会 2010.2 81p 21×21cm 1500円 Ⓘ978-4-87259-359-4 Ⓝ775.1

目次 制作過程 ロボット演劇「働く私」が上演されるまで，プロフィール（平田オリザ（劇作家・演出家，大阪大学コミュニケーションデザイン・センター教授），石黒浩（大阪大学大学院基礎工学研究科教授）），対談 ロボットが演劇？ ロボットと演劇!?，台本 ロボット演劇「働く私」，エッセイ（ロボット研究とは人間の心を知ること，ロボット演劇の開発，「ええ，まぁ」の言語学），ロボット コミュニケーション・ロボットwakamaru

内容 世界的劇作家×天才ロボット学者，世界的に活躍する2人がタッグを組んだ。台本を完全掲載。

『ロボットは涙を流すか―映画と現実の狭間』 石黒浩，池谷瑠絵著 PHP研究所 2010.2 189p 18cm （PHPサイエンス・ワールド新書 014）〈並列シリーズ名：PHP science world〉800円 Ⓘ978-4-569-77563-0 Ⓝ548.3

目次 第1章 ロボットは予言する，第2章 アンドロイドになりたい，第3章 「不気味の谷」を越えて，第4章 ロボットの森へ―リアル化するSF，第5章 人とアンドロイドのあいだ，第6章 ロボットの生きる道，第7章 人とロボットが出会う街角

子どもの本 情報教育・プログラミングの本2000冊　225

電子工作　　　　　　　　　　　　　　　　プログラミングと人工知能（AI）

内容　機能的・哲学的に難解なロボットの諸問題を、SF映画の話題作を通して分かりやすく論じる。複雑なロボットの骨格を学ぶには『ターミネーター』を、ロボットと我々の間に生じる「哲学的な障壁」の教本は『A.I.』『サロゲート』、C‐3POとR2‐D2はロボットの社会における役割を教えてくれる。果たしてロボットはどこまで人間に近づけるのか？　知能ロボティクスの第一人者が考える近未来が見えてくる。

電子工作

『たのしいラズパイ電子工作ブック—親子で楽しくプログラミングを学ぼう　プログラミングをはじめよう！』　髙江賢著，山田祥寛監修　マイナビ出版　2018.6　143p　26cm〈Zero W対応　Scratch1.4対応〉1900円　①978-4-8399-6644-7　Ⓝ007.64

目次　第1章　ラズベリーパイの下ごしらえ（ラズベリーパイとは？，ラズベリーパイを起動してみよう！），第2章　Scratchで遊んでみよう（Scratchとは？，いよいよプログラミング！　スクリプトを開始するよ！），第3章　LED（発光ダイオード）の実験をしてみよう（LEDの実験をしてみよう，ScratchからLEDを点滅させてみよう），第4章　デジタルピンホールカメラの実験をしてみよう（ラズベリーパイをデジタルカメラにする，カメラモジュールをとりつけよう　ほか），第5章　ウソを見破れる!?ウソ発見器の実験をしてみよう（ウソ発見器の実験をしてみよう，Scratchで友達のウソを見抜いてみよう）

内容　じぶんで考える・作る力をそだてよう！　親子で楽しくプログラミングができるよ！　対象：小学校高学年以上。

『実践ロボットプログラミング—LEGO Mindstorms EV3で目指せロボコン！』　藤吉弘亘，藤井隆司，鈴木裕利，石井成郎著　第2版　近代科学社　2018.4　181p　24cm〈索引あり〉2400円　①978-4-7649-0559-7　Ⓝ548.3

目次　第1章　ロボット，第2章　プログラミングとは，第3章　LEGOロボットをプログラムしよう，第4章　LEGOロボットのモータを制御しよう（基礎編），第5章　LEGOロボットのセンサを利用しよう（基礎編），第6章　LEGOロボットの高度な制御（応用編），第7章　ロボット大会に参加しよう（競技編），第8章　ロボット作り上達のために，第

9章　コース攻略法を考えよう（モデリング入門），第10章　リフレクションをしよう

内容　アルゴリズム（PAD）、EV3‐SW、C言語（NXC）を併記、相互参照しながら、効率よくマスターできます。ものづくりの基本サイクルであるPDSサイクルを紹介、計画立案・評価方法など実例を挙げ解説、アイディアやグループ作業のコツなど、競技大会で役立つ知識も取得できます。

『手づくり工作をうごかそう！　micro：bitプログラミング』　石井モルナ，阿部和広著　［東京］翔泳社　2018.4　159p　26cm　（ぼうけんキッズ）1800円　①978-4-7981-5464-0　Ⓝ007.64

目次　0　準備しよう，1　ゲームであそぼう（コロコロサイコロ，○×ゲーム盛り上げ棒，角度あてゲーム　ほか），2　アートを楽しもう（どうぶつビット，クリップビット，バースデーキャンドル　ほか），3　便利ツールをつくろう（ぼうけんウォッチ，ハミガキタイマー，冷蔵庫の見張り番エコビット　ほか），4　Scratchと連携させよう（リンゴキャッチゲーム）

内容　micro：bitは、イギリス生まれの小さなコンピューター。リアルなモノの状態をセンサーで調べたり、LEDを好きな模様に光らせたり、音楽を鳴らせたり、通信もできる、無限のアイデアを形にできる楽しいコンピューター。PCの画面上で動くゲームやアプリをプログラミングするのも楽しいけれど、この本で紹介するのは、このmicro：bitを使った「モノづくり」。友達と盛り上がるゲーム、お家を彩るアート、生活に役立つ便利ツール…といった、手づくり工作を15作品紹介しています。使うのは、お菓子の箱やペットボトルなどの身近な素材だけ。ハンドメイドの作品を、自分が書いたプログラミングで動かす…どんなものをつくろうか、考えただけでワクワクしてきますね。micro：bitをやってみたいけれど、プログラミング自体がはじめて…という人でも大丈夫！　本書を読み進めれば、micro：bitの遊び方と、プログラミングの基本が遊びながら理解できます。目指せ、未来の発明家！

『Arduinoでロボット工作をたのしもう！』　鈴木美朗志著　第2版　秀和システム　2017.8　361p　24cm〈索引あり〉2400円　①978-4-7980-5140-6　Ⓝ548.3

目次　1‐Arduino and Circuit‐『はじめてのロボット』（はじめての電気回路，自由に走り回るロボット，テーブルから落ちないロボット，障害物を避けるロボット），2‐Make the Robot‐『自律ロボット』（歩くロボット—RCサーボ3つ，多関節ロボットの製作—RCサーボ4つ，四足歩行ロボットの製作—RCサーボ9つ），3‐Remote Control‐『遠隔操縦』（赤外線リモコンでロボットを遠隔操作する，無線XBeeでタミヤ・レスキュークローラ），補足資料

プログラミングと人工知能（AI）　　　　　　　　　　　　　　　　　　　　　　　　電子工作

内容 本書は、多くの人に「ロボットを作ること」を楽しんでもらいたいと思っています。そこで、乾電池でLEDを光らせるなどの、小学生で学ぶような電気の基本からはじめました。市販のおもちゃにArduinoをくっつけた簡単なロボットから、自分の手で作る四足歩行する複雑なロボット、また、自分で動くロボットから、無線操縦でコントロールできるロボット。いろいろな工作が楽しい時間です。

『プログラミングは、ロボットから始めよう！―スマホやタブレットですぐにできる』 加藤エルテス聡志著　小学館　2017.8　144p　26cm　1900円　①978-4-09-840184-0　Ⓝ548.3

目次 第1章 ロボットって何だろう？（博士が家にやって来た，まずは、ロボットの動画を見よう　ほか），第2章 ロボットを作ろう konashi 2.0編（konashiって何？，組み立てと接続の手順　ほか），第3章 ロボットを作ろう mBot編（mBotがやって来た！，mBotの部品　ほか），第4章 ロボットと遊ぼう Sphero編（SPRK＋って何だろう？，インストールと接続の手順　ほか），第5章 高度なロボットに挑戦してみよう MINDSTORMS編（次のステップに進もう！，MINDSTORMS EV3とは？　ほか）

内容 2020年、文科省は小学校のプログラミングを必修化。家庭で取り組むべきことは？ シリコンバレーなど世界で採用されているRISU式教育プログラム。この1冊でプログラミングに夢中になれる！

『ラズパイとスマホでラジコン戦車を作ろう！―親子で電子工作入門』 山際伸一著　秀和システム　2017.4　159p　26cm〈別タイトル：Raspberry Pi3とスマホでラジコン戦車を作ろう！　索引あり〉　2000円　①978-4-7980-5020-1　Ⓝ549

目次 第1章 RC戦車の車体を組み立てよう（RC戦車を組み立てる前に，ギヤボックスを組み立てよう　ほか），第2章 RC戦車の制御回路を作ろう（RC戦車を制御するしくみを確認しよう，Raspberry Pi 3を設定しよう　ほか），第3章 コントローラを用意しよう（コントロールのしくみを確認しよう，端末にコントローラアプリをインストールしよう　ほか），第4章 RC戦車で物理実験をしてみよう（RC戦車を走らせて物理実験，車体の傾き角度を求めてみよう　ほか）

内容 Android 4/Raspberry Pi 3対応。スマホでラジコン体験。パーツの便利な購入ガイド付き！

『ロボットを動かそう！ mBotでおもしろプログラミング―Makeblock社の推薦図書』 石井モルナ著　リックテレコム　2017.4　254p　26cm〈索引あり〉　2200円　①978-4-86594-084-8　Ⓝ548.3

目次 1 mBotをはじめる準備をしよう！，2 光らせよう，3 音を鳴らそう！，4 動かそう，5 オープニングテーマをつくろう！，6 障害物をよけて走らせよう！，7 コースを走らせよう！，8 スプライトと会話しよう，ふろく

内容 授業でならう算数も理科も音楽も、あまり得意じゃない！ ましてや「プログラミング」って、何のこと？ でも、mBotならだいじょうぶ。まとめてめんどう見るよ！ ロボット大好きのユウリくんと、しっかり者のアリサちゃん、そして、どこか不思議なパンダ先生たちとワイワイやりながら、プログラミングの基本が自然と身につくよ。「放課後mBotクラブ」に、みんなおいでよ！ 対象年齢8歳以上。

『こどもパソコンIchigoJamはじめてのでんし工作』 Natural Style著　リックテレコム　2016.6　199p　26cm〈索引あり〉　1800円　①978-4-86594-024-4　Ⓝ548.29

目次 第1章 IchigoJamってなんだろう（小さなパソコン，IchigoJamでできること），第2章 IchigoJamを組み立てよう！（IchigoJamのキット，ハンダ付けをしよう！，スイッチオン！），第3章 IchigoJamでプログラミング！（コマンドを使おう，プログラムを作るには？，ゲームを作ろう），第4章 IchigoJamを改造しよう 入門編（回路を追加しよう，ポートとコマンド，改造したIchigoJamでプログラミング），第5章 IchigoJamを改造しよう 上級編（おなら発見機を作ろう，ビンタマシーンを作ろう，PanCakeを使ってみよう）

内容 小学3〜4年生からのかんたん電子工作＆BASICプログラミング。IchigoJamは手のひらサイズの“こどもパソコン”です。モニタ（またはテレビ）とキーボードと電源をつなげば、BASiCという言葉を使ってプログラミングで遊べます。この本では、主人公の小学生ランが、1500円（税別）の「組み立てキット」で本体を自作。楽しいなかまたちに教わりながら、いろんな部品をつないで動かす「でんし工作」にチャレンジします。きょうみがわいたら、ランといっしょにやってみてね！

『誰でも作れるセンサロボット』 熊谷文宏著　オーム社　2015.11　222p　24cm〈索引あり〉　2200円　①978-4-274-50543-0　Ⓝ548.3

目次 1章 どのロボットにも使う電源回路を作ろう，2章 往復運動するバス型ロボットを作ろう，3章 光を追いかける犬型ロボットを作ろう，4章 手を近づけると逃げる兎

子どもの本 情報教育・プログラミングの本2000冊　227

電子工作　　　　　　　　　　　　　　　　　　　　　　プログラミングと人工知能（AI）

型ロボットを作ろう，5章 尺取虫ロボット
を作ろう，6章 音に反応して走る歩行ロ
ボットを作ろう，7章 ライントレースロ
ボットを作ろう

『スタディーノではじめるうきうきロボッ
トプログラミング』阿部和広監修，宇
野泰正，塩野禎隆著 ［東京］ 日経BP
社 2014.12 135p 26cm〈文献あり
発売：日経BPマーケティング〉1800円
①978-4-8222-9769-5 ⑩548.3
目次 第1部 ロボットプログラミングをはじ
めよう！（計測・制御ってなんだろう，自動
ドアを作ろう―準備と組み立て，自動ドア
を作ろう―プログラミング環境 ほか），第2
部 ロボットプログラミングを楽しもう！
（リモコン式ねらいうちゲーム，ピカピカ
LEDマシン，お母さん検知マシン ほか）
補足（サーボモーターの角度校正，スタ
ディーノの入出力設定とコネクターに接続
できるブロック，アイコンプログラミング
環境について ほか）

『動く！ 遊べる！ 小学生のおもしろ工作
―飛ぶ！ 回る！ 走る！ 作って楽しい
30テーマ』滝川洋二監修 成美堂出版
2014.6 111p 26cm〈2011年刊の改
訂，追加 文献あり〉900円 ①978-4-
415-31856-1 ⑩507.9
目次 第1章 空気・水の力（CDスライダー―
ゴム風船がふき出す空気で浮かんで進む，
ビニールぶくろだこ―風であがるビニール
ぶくろのかんたんなたこ ほか），第2章 お
もさの力（ビー玉ジェットコースター―ビー
玉を転がして遊ぶコース，ブンブン回転装
置―ブンブンと音をたてて回転する装置 ほ
か），第3章 しくみの力（でるでる絵本―ど
んどんページが現れる不思議な絵本，クル
クル光るUFO―回転しながら下に降りる
UFO ほか），第4章 ゴム・ばねの力（くる
くる海賊船―ゴムの力で進む海賊船，動物
レスキューゲーム―的をうって動物をおり
から助けるゲーム ほか），第5章 電気・磁
石の力（リニアモーターキューブ―電気と磁
石で回転しながら進むキューブ，リモコン
ロボット―前後，左右にコントロールでき
るロボット ほか）
内容 飛ぶ！ 回る！ 走る！ 作って楽しい
30テーマ。

『ブレッドボードで作る歩行ロボット―
「動作原理」「機構」「組み立て方」がわ
かる！』剣崎純著，ＩＯ編集部編集
工学社 2013.10 159p 21cm （I/O
BOOKS）〈索引あり〉2300円 ①978-
4-7775-1789-3 ⑩548.3

目次 使う道具について，「すり足 - 2足歩
行」ロボット，「足裏フォーク型 - 2足歩行」
ロボット，「重心移動型 - 2足歩行」ロボッ
ト，「4足歩行」ロボット，「6足歩行」ロ
ボット，「蛇行移動」ロボット，踊る人形，
ロボットハンド，「自動電源off」ロボット，
「サーボ」を使った「2足歩行」ロボット，
「ホビーラジコン」を使ったロボット，プロ
グラマブル・カー
内容 入手しやすい，身近な「電機」「機械」
の部品を使って作った「ロボット」を紹介。
機能を絞り，小学校高学年でも簡単に作れ
るものにした。

『動く！ 遊べる！ 小学生のおもしろ工作
eco編 飛び出す！ 発電で動く！ 変身
する！ 作って遊べる30テーマ―リサイ
クル工作・宿題にもバッチリ！』成美
堂出版編集部編 成美堂出版 2011.7
127p 26cm〈文献あり〉900円
①978-4-415-31076-3 ⑩507.9
目次 第1章 空気・水で動く（ロケット発射
台―わりばしをひいてロケットを飛ばそう，
カバぐるま―風船の空気を使って走るカバ
の車 ほか），第2章 重さで動く（ゆらゆらド
ラゴン―竜の形のやじろべえ，ぱっくんパ
ニック―はさまれないようにおはじきを取
ろう ほか），第3章 しくみで動く（パタパタ
変身パズル―いろんな形に変わる不思議な
パズル，かたかたクワガター―ひもをひくと
アゴを動かしながらのぼる ほか），第4章
ゴム・バネで動く（よちよちザウルス―ゴム
の力でゆれながら走る恐竜，プルバックパト
カー―赤いランプを回しながら走るパト
カー ほか），第5章 電気・磁石で動く（ロボ
ウォーカー―2本の足を動かして歩くロボッ
ト，くるくるバレリーナ―磁石の力でくる
くる回るバレリーナ ほか）
内容 牛乳パックやペットボトルなど，使わ
なくなったものを再利用して楽しいおも
ちゃを作って遊ぼう！ 自由研究のテーマ探
しにもぴったり。

『動く！ 遊べる！ 小学生のおもしろ工作
―リサイクル工作にもバッチリ！ 飛
ぶ，浮かぶ，走る！ 作って楽しい30
テーマ』滝川洋二監修 成美堂出版
2011.7 111p 26cm〈文献あり〉900
円 ①978-4-415-31080-0 ⑩507.9
目次 第1章 空気・水の力（CDスライダー―
風船がふき出す空気で浮かんで進む，ビ
ニールぶくろだこ―風であがるビニールぶ
くろのかんたんなたこ ほか），第2章 おも
さの力（ビー玉ジェットコースター―ビー玉
を転がして遊ぶコース，ブンブン回転装置
―ブンブンと音をたてて回転する装置 ほ
か），第3章 しくみの力（でるでる絵本―ど
んどんページが現れる不思議な絵本，クル
クル光るUFO―回転しながら下に降りる
UFO ほか），第4章 ゴム・ばねの力（動物
レスキューゲーム―的をうって動物をおり

228

から助けるゲーム，にわとりの親子―ひよこがにわとりを追いかけるおもちゃ　ほか），第5章　電気・磁石の力（リニアモーターカプセル―電気と磁石で回転しながら進むカプセル，リモコンロボット―前，左右にコントロールできるロボット　ほか）

内容　生活に役立つ道具遊べるおもちゃを作ってみよう！　ものが動く力やそのしくみを調べてみよう。

『二足歩行ロボット自作ガイド―ROBO-ONEにチャレンジ！』　二足歩行ロボット協会編　オーム社　2018.4　284p　24cm　〈索引あり〉　2800円　①978-4-274-22211-5　Ⓝ548.3

目次　これからはじめる二足歩行ロボット，ROBO‐ONEについて，ロボットの駆動部分：サーボについて，Arduinoによるサーボ制御，ロボットアームを作ろう，色々な姿勢センサ，二足歩行ロボットを作ろう，色々なハードウェアを作るコツ：クロムキッドの作り方，連覇するロボットの作り方（コンセプト作りを主に），ロボットに多彩な動きをさせる：―メタリックファイターでのモーション作り〔ほか〕

『オリジナルの画像認識AIを簡単に作ろう！』　安田恒著　秀和システム　2018.3　221p　24cm　〈文献あり　索引あり〉　2000円　①978-4-7980-5209-0　Ⓝ007.637

目次　1　本書で製作する画像認識装置の構成（イントロダクション，装置の概略　ほか），2　人工知能による猫の認識（イントロダクション，クラウドサーバの準備　ほか），3　ハードウェアの準備（イントロダクション，ハードウェアの組み立て　ほか），4　ソフトウェアの準備（イントロダクション，ソフトウェア群のインストール　ほか），5　猫除け装置への応用例（イントロダクション，ハードウェア紹介　ほか）

内容　作りながらAIが理解できる！　AIやIoTの知識ゼロでも大丈夫！

『「sakura.io」ではじめるIoT電子工作―「Arduino」「Raspberry Pi」を無線で操作！』　大澤文孝著　工学社　2018.2　159p　26cm　（I/O BOOKS）〈索引あり〉　2300円　①978-4-7775-2042-8　Ⓝ549

目次　第1章　「sakura.io」を使おう，第2章　「sakura.io」を使う準備，第3章　「Arduino」で「sakura.io」を使う，第4章　「Arduino」と「センサ」をつなぐ，第5章　インターネットから「Arduino」を操作する，第6章　「Raspberry Pi」で「sakura.io」を使う，第7章　「BLEセンサ」で「温度」「湿度」「気圧」のデータを送る，第8章　「sakura.io」から送信されたデータを処理する，Appendix

内容　「sakura.io」は，LTE回線で通信可能な「基板モジュール」を提供するサービス。「Arduino」や「Raspberry Pi」などに直結して通信できます。LTE回線なので，ケータイの電波の届くところならどこでも使え，移動性にも優れ，まさに，「IoT」（Internet Of Things）を実現できます。電子工作で作るモノによっては，インターネットから使えるようになります。さらに便利になるものがたくさんあります。「温度」「湿度」「気圧」などの，各種センサを使った電子工作は，その典型です。本書は，この「sakura.io」を使って，マイコンとの通信や収集したデータの集計の方法など，操作の基本をまとめています。

『おもしろまじめなAIスピーカーアプリをつくろう―Google Home（アシスタント）&Amazon Echo（Alexa）音声アシスタント開発』　松浦健一郎，司ゆき著　秀和システム　2018.1　413p　24×19cm　2800円　①978-4-7980-5273-1

目次　1　音声アシスタントとスマートスピーカーの基本，2　いろいろなアプリケーション，補足資料

内容　AIスマートスピーカー用の"アプリ"を開発する知識が学べる本。AIスピーカーに特有の知識をわかりやすく解説。エージェント，スキル，インテント，パラメータ，エンティティ，スロット，タイプ，フルフィルメント，アタランス，ウェルカム，フォールバック，フォローアップ，コンテキスト，セッション，ダイアログ，ディレクティブなど，基礎知識を学べる。

『電子工作パーフェクトガイド―工作テクニックと電子部品・回路・マイコンボードの知識が身につく』　伊藤尚未著　誠文堂新光社　2018.1　159p　26cm　〈索引あり〉　1800円　①978-4-416-71713-4　Ⓝ549

目次　第1章　電気をつなぐ，第2章　電子部品を使う，第3章　回路を組む，第4章　装置をつくる，第5章　回路を設計する，第6章　マイコンを使う

内容　なにかオモシロイ装置をつくってみたい。役立つグッズ，キラキラしたイルミネーション，自動運転カーなどなど，ちょっと変わった装置を電子工作でつくりたい人，集まれ！　オリジナル工作をつくる手順も紹介。ラズパイやArduinoを使ってみたい。マイコンボードと電子工作をつなげて，プログラミングで制御する基本をわかりやすく解説。大人のホビーとして楽しむ本格的なものづくりが始められる。電気のことを楽しく学びたい。物理のお勉強はちょっと苦

電子工作　　　　　　　　　　　　　　　　　　　　プログラミングと人工知能（AI）

手だけど、電気について学んでおきたいというアナタ。豆電球を光らせるところからスタートするので、小学生から学べる。

『ロボットキットで学ぶ機械工学―「機械」を作るための基礎知識！』馬場政勝著　工学社　2018.1　127p　21cm（I/O BOOKS）〈索引あり〉2300円
①978-4-7775-2041-1　Ⓝ530
目次 第1部「機械工学」のキホン（「機械工学」について，機械設計，機械要素，リンク機構，機械加工），第2部「二足歩行ロボット」を作ろう（「二足歩行」の仕組み，「受動歩行ロボット」の製作，「二足歩行ロボット」の製作）
内容 私たちの身の回りには、「電車」「車」「飛行機」「掃除機」「エアコン」「おもちゃのロボット」など、さまざまな「機械」があふれています。これらの「機械」を作るには、「機械工学」と呼ばれる学問を学ぶ必要がありますが、「機械工学」は教科書を読んでも、なかなか身につくものではありません。そこで、実際にロボットを製作し、その動きを見ることで、「機械が動く仕組み」を理解します。本書では、「二足歩行ロボット」を教材として使いながら、「機械要素」「リンク機構」など、「機械工学」の基礎に触れます。

『電子部品ごとの制御を学べる！Raspberry Pi電子工作実践講座』福田和宏著　ソーテック社　2017.12　287p　24cm〈Raspberry Pi 1＋2/3/ZeroZero W対応　索引あり〉2480円
①978-4-8007-1161-8　Ⓝ549
目次 1 Raspberry Piの準備，2 Raspberry Piのインタフェースと入出力，3 LED（発光ダイオード），4 各種スイッチ，5 A/Dコンバータ，6 モーター・サーボモーター，7 各種センサー，8 数字や文字などを表示するデバイスの制御，9 ブザー
内容 LEDやスイッチ、モーター、ボリューム、各種センサーなど電子部品ごとの制御方法をマスターしよう！サンプルプログラムで作って学ぶ！初心者でも安心！最新版Raspberry Pi Zero・Zero Wにも完全対応！

『みんなのRaspberry Pi入門―対応言語：Python3』石井モルナ，江崎徳秀著　第4版　リックテレコム　2017.11　340p　24cm〈Raspberry Pi3対応　文献あり　索引あり〉2700円　①978-4-86594-113-5　Ⓝ549
目次 第1章 Raspberry Pi＋Python＋電子工作でコンピュータと仲良しになろう，第2章 OS（Raspbian）のインストールと使い

方，第3章 Pythonの基礎，第4章 電子工作にチャレンジ！，付録
内容 低価格で高性能！Raspberry Pi 3対応版です。そして、Python3にも対応。本書は初めてRaspberry Piを触る人にもよくわかるように、豊富な写真と順番を追った丁寧な解説をしています。そして、初心者が陥りやすいのがPythonプログラミング。本書ではプログラミング未経験の人でも、なるべくわかるよう、多くのページをさいて解説しています。

『模型キットではじめる電子工作―「電子部品」を追加して、「回路」や「基本特性」を学ぶ！』馬場政勝著，I O編集部編集　工学社　2017.8　143p　21cm（I/O BOOKS）〈索引あり〉1900円
①978-4-7775-2022-0　Ⓝ549.3
目次 第1章 大型ロボット（「犬型ロボット」の仕組み，パソコンの通信ソフト ほか），第2章 音に反応する「キリン・ロボット」（「キリン・ロボット」の概要，動く原理 ほか），第3章 テントウムシ・ロボット（「テントウムシ・ロボット」の概要，「振動」について ほか），第4章 光るロープウェイ（「ロープウェイ」の仕組み，発光ダイオード ほか），第5章「電源回路」の設計（「電源回路」の概要，「電源回路」の仕組み ほか）
内容 「ロボット」や「乗り物」の工作をはじめるときにお勧めなのが、市販の「キット」を利用すること。「キット」には、ギアやモータなどの駆動に必要な部品はもちろん、本体の見栄えを良くする部品が揃っているため、見た目のよい作品ができます。本書では、市販の「キット」を改造し、「電子部品」や「回路」を加えて、必要最小限の手間で本格的な電子工作をする方法を解説しています。

『たのしくできるIntel Edison電子工作』牧野浩二著　東京電機大学出版局　2017.7　167p　26cm〈索引あり〉2500円　①978-4-501-33220-4　Ⓝ549
目次 第1章 Intel Edisonで電子工作をするために，第2章 Intel Edisonを使った電子工作，第3章 Webページを作って表示や操作をする，第4章 Intel Edisonを使いこなす，第5章 外部機器をつなぐ，付録A Intel Edisonの応用，付録B Linux，付録C コマンドラインで設定する方法，付録D Intel Edisonの組み立て，付録E アナログ出力するピンの変更，付録F パーツリスト
内容 Intel EdisonでIoTデバイスを製作しよう！Intel EdisonはArduino拡張ボードを使うことで簡単にプログラムや電子工作ができるようになります。Intel EdisonをWi‐Fiに接続してIoTを実現してみよう。

『ラズパイで初めての電子工作―プログラミングの基本も学べる！』福田和宏著［東京］日経BP社　2017.7　178p

プログラミングと人工知能（AI）　　　　　　　　　　　　　　　電子工作

21cm　（日経BPパソコンベストムック）〈ラズベリーパイ3対応　発売：日経BPマーケティング〉1111円　①978-4-8222-5900-6　Ⓝ548.22

『やさしくはじめるラズベリー・パイ―電子工作でガジェット＆簡易ロボットを作ってみよう』クジラ飛行机著　マイナビ出版　2017.5　277p　24cm〈Raspberry Pi 3対応　索引あり〉2480円　①978-4-8399-6163-3　Ⓝ549

目次 1 ラズパイをセットアップしよう（ラズベリーパイとは？，ラズパイを購入しよう―Chapter1の買物リスト ほか），2 ラズパイに開発環境を整えよう（ターミナルと仲良くなろう，パソコンからラズパイを遠隔操作するには ほか），3 電子工作とセンサー入門（電子工作でできること，Chapter3からChapter5の買物リスト ほか），4 いろいろな電子部品を使ってみよう―I2C/SPI通信（SPI通信とAD変換でボリュームの値を読もう，AD変換で光センサーを使ってみよう ほか），5 ロボットを作ってみよう（ロボットの目―USB接続のWebカメラを使ってみよう，人感センサーとカメラで防犯ロボットを作ろう ほか）

内容 ラズベリー・パイを使ってたのしく，おもしろいガジェットを作ろう！ ラズベリー・パイが初めての人向けにやさしく解説。部品入手や環境構築もていねいに説明。手軽なガジェットをたくさん制作！ プログラミング言語はPythonを使用。

『ラズベリー・パイで遊ぼう！―名刺サイズの魔法のパソコン』林和孝著　改訂第2版　ラトルズ　2017.4　327p　21cm〈索引あり〉2000円　①978-4-89977-462-4　Ⓝ548.22

目次 1 ラズベリー・パイで遊ぼう，2 ラズベリー・パイを導入しよう，3 ラズベリー・パイを使ってみよう，4 マルチメディアを楽しもう，5 周辺機器を接続しよう，6 電子工作を楽しもう・基本編，7 スマートフォンからGPIOを制御しよう，8 電子工作を楽しもう・応用編

内容 ラズベリー・パイ3モデルB、Zero W完全対応！ ラズベリー・パイ1モデルB＋、ラズベリー・パイ2モデルBでも使えます。手のひらコンピュータ、ラズベリー・パイをトコトン遊び尽くそう！

『Arduino Groveではじめるカンタン電子工作―「センサ」「アクチュエータ」を「コネクタ」でつないで使う！』浅居尚，大澤文孝著　I O編集部編集　工学社　2017.3　159p　21cm　（I/O

BOOKS）〈索引あり〉2300円　①978-4-7775-1998-9　Ⓝ549

目次 基本編（「Arduino Grove」で遊ぼう，「LEDモジュール」で基本を学ぼう），デジタル編（「ボタン」や「タッチ・センサ」を使ってみよう，ボタンが押されたかをパソコンに表示しよう，「ブザー」を使ってメロディを演奏しよう，「リレー」を使ってみよう），アナログ編（「回転角度モジュール」を使ってみよう，「音センサ」を使ってみよう，「光センサ」を使ってみよう，「温度センサ」を使ってみよう），応用編（「サーボモータ」を使ってみよう，「LCD」に「文字を表示」してみよう，オモチャを作ろう）

内容「Arduino Grove」（アルドゥイーノ・グローブ）は，「LED」「センサ」「モータ」を コネクタで「Arduino」につなぐ「シールド」（基板）です。回路が組み込まれた「Arduino Grove」なら，「ブロック」をつなぐように，各機能をもった「モジュール」を「コネクタ」でつなぐだけで，手軽かつ確実に電子工作が楽しめます。

『かんたん！ スマートフォン＋FlashAirで楽しむIoT電子工作』小松博史著　オーム社　2017.3　252p　21cm〈索引あり〉2000円　①978-4-274-22034-0　Ⓝ549

目次 1 スマートフォンとUSBではじめるかんたん電子制御（アプリ開発の準備，USB-IO2.0で電子制御，USB-FSIO30でアナログ入力とPWMとI2C），2 FlashAirでかんたん！ ワイヤレス電子制御（FlashAirの準備，FlashAir DIP IOボードで電子制御），3 Twitterを使ってIoT電子工作にチャレンジ！（Twitterの準備）

『Wi-Fiモジュール「ESP8266」で動かす「ミニ四駆」キット―《技適済み》で簡単「IoT」工作！』Cerevo著，I O編集部編集　工学社　2017.1　175p　21cm　（I/O BOOKS）〈奥付のタイトル：「ESP8266」で動かす「ミニ四駆」キット　索引あり〉2300円　①978-4-7775-1989-7　Ⓝ507.9

目次 第1部 技適済みWi-Fiモジュール「ESP8266」の基本，第2部 技適済みWi-Fiモジュール「ESP8266」でIoT電子工作，第3部 技適済みWi-Fiモジュール「ESP8266」で「ミニ四駆」を操作

内容 格安Wi-Fiモジュール「ESP8266」は、単価が千円以下と非常に安価。さまざまな電子工作に組み込むことができ、日本で電波を使うために必要な「技適」（技術基準適合）も通っていて、安心して使えます。本書は、まず「ESP8266」を使って、簡単な「IoTデバイス」を作ってみます。次に、改造「ミニ四駆」製作キットを使って、ミニ四駆をスマホから操作できるように改造します。

子どもの本 情報教育・プログラミングの本2000冊　　231

電子工作　　　　　　　　　　　　　　　　　　　　　プログラミングと人工知能（AI）

『自然会話ロボットを作ろう！―
Raspberry PiとArduinoで作る人工
知能』鄭立著　秀和システム　2016.12
239p　24cm〈文献あり　索引あり〉
2000円　①978-4-7980-4863-5　Ⓝ548.3
目次 00 イントロダクション（人工知能，人
工知能自然会話 ほか），01 Raspberry Pi
を使い始めよう（Raspberry Piボード，動作
環境 ほか），02 ラズパイで人工知能会話を
実現しよう（音声入力，音声認識 ほか），03
自作の自然会話ロボットを作ろう（Arduino
を使う，ロボットの器官を作ろう ほか），
04 Rapiroで自然会話ロボットを作ろう（二
足人型ロボットRapiro，Rapiroの組み立て
と調整 ほか）
内容 人工知能的な自然会話が手軽に実現で
きる時代がやってきました。便利なクラウ
ドサービス、安価なマイコンボードを使っ
て、誰でも最低限の技術で自然会話が実現で
きます。そのマイコンボードをロボットに
組み込めば、コミュニケーションロボットの
完成です。さぁ、あなたも自然会話ロボッ
トの製作にチャレンジしてみませんか？

『たのしくできるRaspberry Piとブ
レッドボードで電子工作』加藤芳夫著
東京電機大学出版局　2016.11　153p
26cm　2200円　①978-4-501-33190-0
Ⓝ549
目次 基礎編（Raspberry Piの基礎，ブレッ
ドボード製作の準備），製作編（簡単なデジ
タル時計，リアルタイムクロックICを使用
したデジタル時計，GPS時計，しゃべる時
計，温度・湿度計，気圧計，ビンゴゲーム番
号発生機，クリスマスツリー，「ありがとう
ございます」表示機）
内容 高性能で扱いやすいRaspberry Piと
ハンダを使わずに電子回路が作れるブレッ
ドボードを使って、いろいろな電子工作に
チャレンジしてみよう。

『〈楽しいガジェットを作る〉いちばんか
んたんなラズベリーパイの本』海上忍，
太田昌史，高橋正和著　インプレス
2016.9　207p　24cm〈索引あり〉2400
円　①978-4-8443-8129-7　Ⓝ549
目次 第1章 これがRaspberry Piだ！
（Raspberry Piはなぜ生まれたのか？，
Raspberry Piがヒットし続ける理由 ほ
か），第2章 基本編―1万円チョイのミニPC
作り（ラズパイPCに必要なパーツ，OSイン
ストールの準備 ほか），第3章 Raspbianで
の操作を覚える（デスクトップ，ファイル操
作 ほか），第4章 楽しいガジェットを作ろ
う！（作例1―Raspberry Piで作るビデオプ

レイヤー，作例2―Raspberry Piで作るハイ
レゾオーディオプレイヤー ほか）

『作って楽しい！ ラズパイ・プログラミ
ング―セットアップから電子工作まで
丁寧に解説！』松原拓也著　［東京］
日経BP社　2016.8　177p　28cm　（日
経BPパソコンベストムック）〈発売：
日経BPマーケティング〉2300円
①978-4-8222-3779-0　Ⓝ007.64

『ラズベリー・パイで遊ぼう！―名刺サイ
ズの魔法のパソコン』林和孝著　ラト
ルズ　2016.7　327p　21cm〈索引あ
り〉　2000円　①978-4-89977-448-8
Ⓝ548.22
目次 1 ラズベリー・パイで遊ぼう，2 ラズ
ベリー・パイを導入しよう，3 ラズベリー・
パイを使ってみよう，4 マルチメディアを
楽しもう，5 周辺機器を接続しよう，6 電
子工作を楽しもう・基本編，7 スマート
フォンからGPIOを制御しよう，8 電子工作
を楽しもう・応用編，付録
内容 ラズベリー・パイ3モデルB完全対応！
ラズベリー・パイ1モデルB＋、ラズベリー・
パイ2モデルBでも使えます。ラズベリー・
パイをトコトン遊び尽くそう！

『スマホで動かすArduino―Androidと
BLEで電子工作』鄭立著　リックテレ
コム　2016.6　204p　24cm〈索引あ
り〉　2200円　①978-4-86594-036-7
Ⓝ549
目次 第1章 まずはLチカからはじめよう！
（マイコンボードとは，Arduinoを使ってみ
よう ほか），第2章 ArduinoとBLE通信
（もっと詳しくArduino，Arduinoで使う言
語を知ろう ほか），第3章 Arduinoでいろ
いろ作ってみよう（「BLE Arduino」を作ろ
う，デジタル出力を使いこなそう ほか），
第4章 アンドロイドアプリを作ってみよう
（アンドロイドの概要，開発環境をインス
トールしよう ほか），第5章 応用編：ここ
までできる！ Arduino＋BLE工作（BLEエ
レクトーンを作ろう，BLEタンクロボット
を作ろう ほか），付録
内容 スモールスタートからはじめましょ
う。部品さえあれば、すぐにできます。
LEDをチカっと光らせるだけの簡単な工作
です。ここで使うアプリも、できあいのも
のがあるから大丈夫。原理をしっかり理解
しましょう。そして、どんどん読み進んで
ください。いつしか、楽しい電子工作の世
界にどっぷりつかります。あとはあなたの
アイデイア次第！

『センサーでなんでもできるおもしろまじ
め電子工作』蔵下まさゆき著　秀和シ
ステム　2016.6　340p　24cm〈索引あ
り〉　2800円　①978-4-7980-4660-0
Ⓝ549

プログラミングと人工知能（AI）　　　　　　　　　　　　　　　　　　　　　　　　電子工作

目次 01 電子工作をはじめよう，02 Arduinoを触ってみる，03 電子工作の基礎知識，04 いろんな電子部品を試してみよう，05 インターネットにつなげるには，06 Webサービスでもっと簡単にインターネットにつなげるには，07 家電をネット化しよう，08 明日から使える装置を作ってみよう

内容 普段の生活の中で、「こういうものあったらいいのにな」と考えることありませんか。今は欲しいものを自分で作れる時代になりました。ぜひ、本書を通してインターネットにつながる電子工作を身につけておもしろいもの作りに挑戦してみましょう。

『おしゃべりロボット「マグボット」―ラズパイとArduinoで電子工作』　小池星多著　リックテレコム　2016.5　381p　24cm　〈文献あり　索引あり〉　3000円　①978-4-86594-018-3　N548.3

目次 第1章 素人がロボットを作れるようになるまで，第2章 マグボットの全体像，第3章 Arduinoを動かしてみよう，第4章 シリアル通信でArduinoをリモコンしてみよう，第5章 Raspberry Piを動かしてみよう，第6章 ブラウザからArduinoを動かそう，第7章 Raspberry Piで音声合成をする，第8章 マグボットを組み立てよう，第9章 マグボットを動かしてみよう，第10章 Scratchでマグボットを動かそう，第11章 巻末資料

内容 本書は、ロボット製作という目標に向かって、電子基板やプログラミングの知識のない方でも、少しずつ段階的に作って学べる電子工作の入門書です。また、入門だけにとどまらず、幅広い展開に活かせる応用技術もしっかり学ぶことができます。図解や写真、コラムなどを豊富に用いたわかりやすい内容で、最後まで飽きずに本格的な電子工作が楽しめます。

『みんなのIchigoJam入門―BASICで楽しむゲーム作りと電子工作』　古籏一浩, 江崎徳秀著　リックテレコム　2016.5　247p　24cm　〈索引あり〉　2300円　①978-4-86594-033-6　N007.64

目次 遊べるゲーム他25本収録。Basicプログラミングで、自在にゲームができるし、LEDを光らせたりモーターを動かすのも可能。「プログラミングをすべてのこどもへ！」というコンセプトのもとに開発された低価格の小型パソコン。

内容 第1章 IchigoJamにさわってみよう　第2章 BASICプログラミング入門編　第3章 BASICプログラミング中級編　第4章 いろいろ使えるテクニック集　第5章 入力して遊ぼう！ ゲーム・その他25本　第6章 電子工作に挑戦!!　第7章 I2Cインターフェイス

でもっと電子工作　第8章 作品にしてみよう！

『初めてのラズベリーパイ―カンタン電子工作！』　福田和宏著　［東京］　日経BP社　2016.4　178p　21cm　（日経BPパソコンベストムック）〈Raspberry Pi2対応　発売：日経BPマーケティング〉1111円　①978-4-8222-7283-8　N548.22

『Raspberry Pi 2で電子工作をはじめよう！―たのしい電子工作』　高橋隆雄著　秀和システム　2016.3　295p　24cm　〈索引あり〉　2300円　①978-4-7980-4625-9　N549

目次 第1章 Raspberry Piを買った！ はやる気持ちを抑えて初期設定，第2章 最初はやっぱり"Lチカ"その方法を調べてみる，第3章 インターネットラジオを聞けるようにしてみた！，第4章「時計」を作るという選択肢，第5章 面白く、実用的にさらなる改良を目指そう！，第6章 これまでの工作を形にしよう！

『XBeeによるArduino無線ロボット工作』　鈴木美朗志著　東京電機大学出版局　2016.2　179p　26cm　〈索引あり〉2500円　①978-4-501-33160-3　N548.3

目次 第1章 XBee無線モジュールとその使い方，第2章 XBeeによるインセクト（虫型ロボット）の制御，第3章 XBeeによるアームクローラの制御，第4章 圧電振動ジャイロモジュールを使用したRCサーボ2軸ロボットの製作，第5章 XBeeによる3つ脚ロボットの制御，第6章 XBeeによる空き缶搬送ロボットの制御，第7章 XBeeによる単相誘導モータの正転・逆転回路

内容 有線からワイヤレスへXBeeで簡単コントロール。初めてでも使いやすい！ 送受信型無線モジュールのXBeeで手軽に無線制御。ワイヤレスで操作できるロボット工作にチャレンジしてみよう。

『Raspberry PiとSCRATCHではじめよう！ 電子工作入門―ラズパイローバーを作りながら楽しく学ぼう』　今岡通博著　日経BP社　2015.8　128p　26cm　〈発売：日経BPマーケティング〉1800円　①978-4-8222-9775-6　N549

目次 自分だけのロボットカーを走らせよう！ モノ作りとプログラミングのおもしろさをこの1冊で体験！

内容 準備編－電子工作に取りかかる前に LEDを点滅させよう－GPIO出力　タクトスイッチをつなごう－GPIO入力　コンパレーターと発光ダイオードをセンサーとして使ってみよう　PWMとRCフィルターでアナログ信号を出力しよう　ADCを自作しよう－アナログ入力　Lチカの次はリレカチ

電子工作　　　　　　　　　　　　　　　　　プログラミングと人工知能（AI）

に挑戦しよう　DCモーターを制御しよう　ラズパイローバーの車を作ろう　ラズパイローバーの走行を制御しよう　ラズパイローバーをセンサーで制御しよう　赤外線追尾に挑戦しよう　ライントレースに挑戦しよう

『**たのしくできるArduino電子制御—Processingでパソコンと連携**』　牧野浩二著　東京電機大学出版局　2015.7　254p　26cm　〈索引あり〉　2500円　Ⓘ978-4-501-33110-8　Ⓝ549

|目次| 第1章　パソコンで電子工作するために，第2章　Arduinoだけを使う，第3章　Processingだけを使う，第4章　ArduinoをProcessingで動かす，第5章　ProcessingにArduinoのデータを送る，第6章　ArduinoとProcessingを連携させる，第7章　ライブラリを使ってパワーアップ，付録A　無線化の例，付録B　ソフトウェアのインストール方法，付録C　パーツリスト

|内容| 初めてでもプログラムがしやすいProcessingを使って，Arduinoや周辺機器の制御にチャレンジしてみよう。

『**二足歩行ロボット工作＆プログラミング**』　江崎徳秀，石井モルナ著　リックテレコム　2015.7　267p　24cm　〈文献あり　索引あり〉　2700円　Ⓘ978-4-89797-995-3　Ⓝ548.3

|目次| 第1部　ダンボットで学ぶ二足歩行の基礎（二足歩行ロボット，二足歩行ロボットキット「ダンボット」の組み立て，Arduinoプログラミングの基礎知識，二足歩行ロボットキット「ダンボット」のプログラミング），第2部　Rapiroで実践！　二足歩行の応用（Rapiroの組み立て，Rapiroのプログラミング，Rapiroの改造と機能の追加）

|内容| 二足歩行の原理とプログラムを詳しく解説。豊富な写真で組立て手順がよくわかる！

『**ARMチャレンジャー—Tiva C Series Cortex-M4版　入門編**』　キットで学ぶ教材研究委員会編　広島　アドウィン　2015.4　177p　26cm（キットで学ぶ！シリーズ　no.7）3400円　Ⓘ978-4-903272-73-3　Ⓝ548.22

『**電子工作入門以前—電気・電子・回路・部品・マイコン・プログラミングの基礎知識**』　後閑哲也著　技術評論社　2015.4　319p　23cm　〈文献あり　索引あり〉　2280円　Ⓘ978-4-7741-7244-2　Ⓝ549

|目次| 第1章　電気の発見からトランジスタの発明まで，第2章　電子工作とは，第3章　電

子工作を始めるための準備，第4章　電子回路設計の基礎，第5章　マイコンを使うためには，第6章　プログラムの作成方法，第7章　プログラム作成の基礎—C言語の使い方，第8章　実際の製作例，付録　MPLAB X IDEの使い方

|内容| 各種の工作キットやワンボードマイコンなどが簡単に手に入るようになり，マイコンを使った電子工作が気軽に始められるようになりました。しかし，キットを改造したり，自分の欲しい機能を実現したりしようと思っても，電気の基礎知識がなかったり，マイコンやプログラミングの知識がなかったりするため，何をどのように進めたらいいのかさっぱりわからない…とお悩みの方のために，「入門以前」の電気・電子の基礎や電子回路・部品の知識，マイコンの基本，プログラミングの基本などを1冊にまとめました。経験者にとっては暗黙の了解となることや，言わずもがなの常識になるようなところも，丁寧に解説しています。

『**基礎から学ぶ機械工作—キカイをつくって動かす実践的ものづくり学の工作編**』　門田和雄著　SBクリエイティブ　2015.1　206p　18cm　（サイエンス・アイ新書　SIS-322）〈文献あり　索引あり〉　1100円　Ⓘ978-4-7973-7079-9　Ⓝ532

|目次| 第1章　機械工作事始，第2章　手仕上げ，第3章　塑性加工，第4章　切削加工，第5章　砥粒加工，第6章　溶接，第7章　鋳造，第8章　NC工作機械と産業用ロボット，第9章　金型，第10章　デジタルファブリケーション

|内容| 身のまわりにある各種の製品は，どれも工具や工作機械でつくられたものです。本書を読むと，それがどのような技術でつくられたかがわかるようになります。こうした機械工作の知識は，自分だけのオリジナルの一品をつくるときに役立ちます。なぜなら，加工に際して選択できる幅がまるで違ってくるからです。話題の3Dプリンタを含め，加工技術全般を図解で紹介します。

『**アクリルロボット工作ガイド**』　三井康亘著　オーム社　2014.11　152p　26cm　2000円　Ⓘ978-4-274-21667-1　Ⓝ548.3

|目次| 準備編（アクリルロボット・ヒストリー，工具をそろえよう，アクリルロボット工作入門　ほか），製作編（超かんたん「振動ロボット」，4足歩行ロボット「NEWメカ・ドッグ」，6足歩行ロボット「NEWリモコン・インセクト」　ほか），発展編（ヴィストンMシリーズ赤外線リモコン式「サッカーロボット」の誕生，オリジナルロボットを作る方法，ワークショップのススメ　ほか）

|内容| 本書は，約40年前に誕生した，透明なアクリル板を加工して作る，シンプルな動きの構造を持つ「アクリルロボット」の工作本です。動物や昆虫などを模倣したユニークな動きをするロボットの工作が満載です。

プログラミングと人工知能（AI）　　　　　　　　　　　　　　電子工作

『**Arduino**でつくるボクシングロボット
—ロボット搭載マイコンを「マイコン
ボード」で開発！』　川野亮輔著，ＩＯ
編集部編集　工学社　2014.7　127p
26cm　（I/O BOOKS）〈文献あり　索
引あり〉　1900円　①978-4-7775-1843-2
Ⓝ548.3

目次 第1章「プリント基板」で簡単マイコ
ン工作，第2章「オームの法則」を使いこな
す，第3章「マイコン」とは何か/「Arduino
IDE」のインストール，第4章「スケッチ」
の基礎/「入力と出力」/「プロトタイピング」，
第5章「電池駆動」と「スリープ処理」「待
機電流」，第6章「ボクシング・コンピュー
タ」の設計，附録

内容「ロボットを作る」というと，とても
ハードルが高いイメージがあります。しか
し，既存のものを組み合わせれば，「ロボッ
ト作り」はそう難しいものではありません。
タミヤの「2チャンネルリモコン・ボクシン
グ・ファイター」と，マイコンボード
「Arduino Uno」搭載のマイコンを組み合わ
せて，「ボクシングするロボット」を作る方
法を解説。

『電子工作ガイドブック—「**PIC**マイコ
ン」「歩行ロボット」「**FM**音源ボード」
「**DC**電子ブレーカー」「ハンダ付けのコ
ツ」……　「手軽な工作」から「本格的
な工作」まで』　ＩＯ編集部編集　工学
社　2014.5　143p　26cm　（I/O
BOOKS）〈索引あり〉　1900円　①978-
4-7775-1834-0　Ⓝ549

目次 1「PIC」(PIC18F14K50)を使った基
本回路，2「PIC32マイコン基板」を使って
遊ぶ，3 16セグメントLED，4「DCモー
タ」を使った工作，5 温度センサキット，6
「音声」温度計，7「音声」距離計，8 DC
（直流）電子ブレーカー，9 FM音源ボード，
附録A「工具」の選び方，附録B「ハンダ
付け」上達のツボ

内容 PICマイコン、歩行ロボット、FM音
源ボード、DC電子ブレーカー、ハンダ付け
のコツ…11例。作り方使い方を7人が執筆！
「工具選び」のコツや、「ハンダ付け」のコツ
も収録！

『**Arduino**ではじめるロボット製作—マ
イコンボードを使って電子工作＆プロ
グラミング』　米田知晃，荒川正和著，I
O編集部編集　工学社　2014.2　175p
21cm　（I/O BOOKS）〈索引あり〉
2300円　①978-4-7775-1818-0　Ⓝ548.3

目次 第1章「Arduino」を使ってみよう，
第2章「テスト・シールド」の作製，第3章

「テスト・シールド」を用いたArduinoプロ
グラム，第4章 モータドライブ回路，第5章
Bluetoothによるリモコン操作ロボット，第
6章「ライントレース・ロボット」の製作

内容「Arduino」(アルドゥイーノ)は、電子
工作でよく使われているマイコンボードで
す。本書では、さまざまな「シールド」を自
作しながら、「Arduino」で制御するロボッ
トの作り方を学んでいきます。

『**Arduino**で電子工作をはじめよう！—
たのしい電子工作』　高橋隆雄著　第2
版　秀和システム　2013.10　287p
24cm　〈索引あり〉　2200円　①978-4-
7980-3939-8　Ⓝ549

目次 1 Arduinoについて知りたい！
（Arduinoって何だろう？，まずは使ってみ
よう ほか），2 はんだ付けなしでの電子工
作（LEDを増やしてみる，LEDをさらに増
やしてみる ほか），3 シールドを使ってみ
よう（いくつかのシールド，プロトシールド
を作る ほか），4 Arduinoを使って動くも
のを作ってみる—クローラーの製作（クロー
ラーを作る前の準備，左右のモーターの回
転方向を確認する ほか），資料

『**Arduino**でガジェットを作ろう！—た
のしい電子工作』　高橋隆雄著　秀和シ
ステム　2013.3　247p　24cm　〈索引あ
り〉　2400円　①978-4-7980-3698-4
Ⓝ549

目次 1 Arduinoについて、シールドの設
計・製作をする前に(Arduinoについて，
Arduino IDEについて ほか)，2 EAGLE
を使って設計してみよう(Arduinoのシール
ドをEAGLEで作ろう，Arduinoのシールド
をEAGLEで作ろう ほか)，3 シールドを
作ってみよう(「電子サイコロ」をシールド
化する，回路図を書く ほか)，4「しゃべ
る時計」シールドを作ってみよう(音声合成
システム〜AquesTalk pico LSI，回路図の完
成とERC ほか)，5 ある機能に特化した
Arduino互換機を作ろう(Arduino互換機を
作って時計にする)

『自律走行ロボットカーを作る—グラフィ
カル言語で**FPGA**プログラミング』　長
野達朗，岡田一成，スワロー ケーシー，
天沼千鶴，塩原愛著　アスキー・メディ
アワークス　2013.3　222p　24cm　〈索
引あり　発売：角川グループパブリッシ
ング〉　2000円　①978-4-04-886775-7
Ⓝ548.3

目次 LabVIEWの基礎（開発環境，プログ
ラミングの作成方法 ほか），ハードウェア
（データ集録の概念，シリアル通信の概念
ほか），リアルタイム（RT）（リアルタイム
システムとは，リアルタイムシステムの必
要性 ほか），FPGAプログラミング（FPGA
の基礎，FPGAのハードウェア ほか），ロ

子どもの本 情報教育・プログラミングの本2000冊　**235**

電子工作　　　　　　　　　　　　　　　　　　プログラミングと人工知能（AI）

ボットカーの作成（ラジコンカーの基礎，モータ制御用FPGAプログラミング　ほか）
内容　障害物を回避する自律走行ロボットカーの作成方法をやさしく解説。

『iPhoneで電子工作―誰でもできるフィジカルコンピューティング』　上原昭宏著　秀和システム　2012.11　279p　24cm　〈文献あり　索引あり〉　2600円　①978-4-7980-3550-5　Ⓝ549
目次　1　タッチで遊ぶ（ハンコを作ってみる，iPhoneのタッチパネルを体感する　ほか），2　電子回路を動かしてみる（LEDライトを作る，工作に便利なイヤホン端子　ほか），3　iPhoneとマイコンプログラミング（Arduinoって何？，スケッチを動かしてみる　ほか），4　ネットワークで世界とつながる（ネットワーク利用のこれまでの流れ，知る，探す，発信する　ほか）

『タミヤ工作パーツで作るしくみがわかるロボット工作教室』　メカヅキ著　オーム社　2012.10　118p　26cm　1900円　①978-4-274-21291-8　Ⓝ507.9
目次　0　準備編，1　初級編，2　実験編，3　工作編，4　コンテスト編，Appendix　しくみ編

『たのしくできるArduino電子工作』　牧野浩二著　東京電機大学出版局　2012.9　152p　26cm　〈索引あり〉　2000円　①978-4-501-32870-2　Ⓝ549
目次　Arduinoを使う準備をしよう，はじめの一歩をふみ出そう，Arduinoから指令を与えよう（出力処理），Arduinoに状況を伝えよう（入力処理），パソコンと連携させてみよう（シリアル通信），プログラムの時間に注目しよう，表示デバイスを使おう，センサーを使おう，モーターを回そう，楽器を作って演奏しよう，ゲームを作ろう，ロボットを作ろう，Arduinoを使いつくそう，付録
内容　"Arduino"を使って、簡単マイコン入門。初めてでも使いやすいハードウェアとソフトウェアのArduino。この便利なマイコンを使って、いろいろな電子工作にチャレンジしてみよう。

『ビッグデータの衝撃―巨大なデータが戦略を決める』　城田真琴著　東洋経済新報社　2012.7　303,7p　19cm　〈他言語標題：Impact of BIG DATA　文献あり〉　1800円　①978-4-492-58096-7　Ⓝ007.35
目次　第1章　ビッグデータとは何か，第2章　ビッグデータを支える技術，第3章　ビッグデータを武器にする企業　欧米企業編，第4章　ビッグデータを武器にする企業　国内企業編，第5章　ビッグデータの活用パターン，第6章　ビッグデータ時代のプライバシー，第7章　オープンデータ時代の幕開けとデータマーケットプレイスの勃興，第8章　ビッグデータ時代への備え
内容　クラウド、ソーシャルに次ぐ第3の、そして最大の潮流―すべてがデータ化される世界で、いま何が起きているのか？　ベストセラー『クラウドの衝撃』の筆者が示す勝ち組企業の新常識。

『知的LEGO Mindstorms NXTプログラミング入門―BricxCCとNXCで学ぶ』　高本孝頓著　CQ出版　2012.5　199p　24cm　（電子工作Hi-Techシリーズ）　〈索引あり〉　2600円　①978-4-7898-1895-7　Ⓝ507.9
目次　1　導入・準備編（ロボット教育，NXTの購入と開発環境，BricxCC統合開発環境），2　基礎編（ロボットを動かす，ロボットを複雑に動かす，NXCプログラム仕様），3　応用編（センサを制御する，高度なモータ制度，並列処理と割り込み　ほか）

『超入門！　付属ARMマイコンで始めるロボット製作―障害物を避けながら前進！　スクリプト言語で簡単操作！　カメラ画像処理！』　林原靖男，兵頭和人ほか著　CQ出版　2012.4　135p　26cm　（トライアルシリーズ）　3600円　①978-4-7898-4823-7　Ⓝ548.3
目次　導入編（本書で作るロボットの概要，TheパワフルマイコンStellaris LM3S3748，Pawnの環境構築とプログラミング），入門編（Pawnで外部機器をコントロール，Pawnで音を出す，音楽を奏でる，Pawnで明るさ検出，距離検出，温度測定，音声データをmicroSDカードに保存，DCモータをPWM制御する，RCサーボモータを制御する，ロータリ・エンコーダから回転方向と回転角度を検出），応用編（Pawnでロボットを制御してみよう，ICPスキャン・マッチングで地図を描く，UARTモジュールでロボットとシリアル通信，USBウェブ・カメラを繋いで画像処理にチャレンジ）

『マイコンボードArduinoではじめる電子工作―オープンソースのマイコンボードで手軽に電子工作！』　nekosan著，I O編集部編集　工学社　2012.4　223p　21cm　（I/O BOOKS）　〈索引あり〉　2300円　①978-4-7775-1678-0　Ⓝ549
目次　第1章　Arduinoについて，第2章　Arduinoの概要，第3章「スケッチ」の意味，第4章　回路の見方，組み方，第5章　応用してみよう，第6章「プロトタイピング」と「開発プロセス」
内容　本書は、「Arduino」をゼロから始めて、数ある作例の中から基本として、「LEDの点滅」「モータの回転」「スピーカーの製

プログラミングと人工知能（AI）　　　　　　　　　　　　電子工作

作」などの基本的な使い方と知識、そしてものづくりの考え方を修得できるように解説している。

『ARMチャレンジャー―Texas Instruments版　応用編』　キットで学ぶ教材研究委員会編　広島　アドウィン　2011.4　189p　26cm　（キットで学ぶ！　シリーズ no. 3）3400円
①978-4-903272-63-4　Ⓝ548.22

『電動王国―モーターで動かす懐かしの玩具コレクション』　はぬまあん著　オーム社　2011.4　220p　21cm　1900円
①978-4-274-21004-4　Ⓝ507.9
目次 第1章 電動乗り物図鑑（戦車でGo！，レスキュークローラーを作る ほか），第2章 電動ロボット大進撃（ロボット新時代アームトロン，思い出のナックルファイター ほか），第3章 動く動物と世界の怪獣（電動パワーの恐竜軍団，スイスイ泳ぎなさい ほか），第4章 フネカンとペットボトル潜水艦（開催！ フネカン2003，ペットボトル潜水艦 ほか）
内容 ロボコンマガジン連載の「電動王国」を加筆修正、新たに書き下ろしを加え、「モーターに動力を用いて動く」玩具を豊富なイラストや写真で紹介。

『入門Lego Mindstorms NXT（エヌエックスティ）―レゴブロックで作る動くロボット』　大庭慎一郎著　第2版　ソフトバンククリエイティブ　2010.3　183p　24cm　〈索引あり〉2700円
①978-4-7973-5579-6　Ⓝ507.9
目次 第1章 次世代マインドストーム「レゴ・マインドストームNXT」（マインドストームNXTってなに？，マインドストームNXTの頭脳，センサーとモーター ほか），第2章 本格的なロボットプログラミングにチャレンジ（決められた動きをするロボットを作る，より複雑な動きをするロボットを作る，入力を待つロボットを作る ほか），第3章 オリジナルロボットを作ろう（玩具用入門ロボット「Shooterbot」の改造，ラジコン型コントローラー，ステアリング型車両ロボット ほか），Appendix マインドストームNXTをもっと遊ぶための情報
内容 知識ゼロからはじめるロボットプログラミング。組み立てたロボットを自由自在に操ろう―次世代マインドストームである「レゴマインドストームNXT」の入門書。MINDSTROMS NXT2.0および英語版に対応。

子どもの本 情報教育・プログラミングの本2000冊　237

Office系　　　　　　　　　　　　　　　　いろいろなソフトウェア

いろいろなソフトウェア

Office系

『**情報リテラシー アプリ編—Windows10 Office2016対応**』 富士通エフ・オー・エム著・制作 改訂版 FOM出版 2018.3 1冊 26cm 1800円 ①978-4-86510-347-2

目次 文書作成編 ワープロソフトを活用しよう Word2016(Wordについて，基本的な文書を作成しよう ほか)，表計算編 表計算ソフトを活用しよう Excel2016(Excelについて，データを入力しよう ほか)，プレゼンテーション編 プレゼンテーションソフトを活用しよう PowerPoint2016(PowerPointについて，プレゼンテーションを作成しよう ほか)，総合スキルアップ問題(研究レポートの作成，ビジネスレポートの作成 ほか)

内容 レポート作成やデータの集計・分析，課題発表など学生生活に欠かせないOffice 2016のリテラシーをしっかりマスターできる！

『**学んで作る！ 一太郎2018使いこなしガイド—ジャストシステム公認**』 内藤由美, 井上健語, ジャムハウス編集部著 ジャムハウス 2018.2 254p 24cm 〈索引あり〉 1800円 ①978-4-906768-41-7 Ⓝ007.6388

目次 序章 一太郎2018の新機能，第1章 基本操作編 一太郎2018の基本操作，第2章 基本操作編 ATOKの基本操作，第3章 作例編 紙一枚で折り本を作ろう，第4章 作例編 オリジナル小説を書こう，第5章 作例編 サークルの会報を作ってみよう，第6章 応用編 一太郎2018を使いこなそう，付録 一太郎2018プレミアム/スーパープレミアムでできること

内容 オリジナル小説を書いてウェブや公募に投稿したり，手軽に冊子や折り本を作ったり，印刷所に入稿したり，文書作成の楽しみ方が広がります！

『**はじめての今さら聞けないPDF入門**』 桑名由美著 秀和システム 2017.10 135p 24cm (BASIC MASTER

SERIES 495) 〈索引あり〉 1200円 ①978-4-7980-5231-1 Ⓝ021.49

目次 第1章 そもそも，PDFってどんなもの？，WordやExcelの資料を「PDFにする」って，つまりどうするの？ ほか)，第2章 PDFを使うとき，これを知っていれば困らない，コメントやマーカーを入れたり，文字や線を手書きしたりできる ほか)，第3章 PDFでよく使う，基本的な作業のやり方をおさえよう，スキャナーの説明書がPDFなんだけど，どうやって見るの？ ほか)，第4章 無料ソフトやオンラインサービスでPDFを作成・編集してみよう，横向きになっているページを縦向きに保存するには ほか)，第5章 「困った！」「こんなときはどうするの？」PDFのQ&A，PDFのアイコンが変わってしまった ほか)

内容 「PDFにして送る」って，どうやるの？ 初心者の疑問をすべて解決サッと読んですぐ使える。

『**Windows10・メール・インターネット・ワード・エクセル・パワーポイント 必須の操作がまとめてわかる本**』 スタンダーズ 2017.4 127p 26cm 〈「Windows10・メール・インターネット・ワード・エクセル・パワーポイント 設定・操作がかんたんにできる本」(2016年刊)の改題，加筆・修正を行った再編集版〉 1000円 ①978-4-86636-058-4 Ⓝ007.63

『**文書作成リテラシー**』 尾碕眞監修, 吉田聡, 中野健秀, 笠置剛編著 創成社 2017.4 158p 26cm 〈他言語標題：COMPOSITION CREATION LITERACY 索引あり〉 2000円 ①978-4-7944-2499-0 Ⓝ007.6

目次 情報社会と情報倫理，コンピュータの仕組み，Microsoft Windowsの基本操作，Microsoft Windowsでの文字入力，インターネットによる情報検索，電子メールの活用，Microsoft Wordによる文書作成の基礎，Microsoft Wordによる表の作成，Microsoft Wordによる文書の編集，Microsoft Wordによる効果的な文書表現，Microsoft Wordのさまざまな機能，Microsoft PowerPointの基本操作，Microsoft PowerPointを用いた効果的なプレゼンテーション技法

『**いちばんやさしいWord2016スクール標準教科書 初級**』 森田圭著 日経BP社 2016.9 1冊 29×21cm 〈発売：

238

いろいろなソフトウェア　　　　　　　　　　　　　　　　　　　　　　　　　　　　　Office系

日経BPマーケティング〉2300円
①978-4-8222-5303-5
目次 第1章 Wordとは，第2章 文字だけの文書を作成する，第3章 文字に基本的な書式を設定する，第4章 文書に表を挿入する，第5章 さまざまな方法で文書を装飾する，第6章 移動とコピーで効率よく文書を編集する，第7章 行間の設定と箇条書きの作成を行う，学習のまとめ 総合練習問題
内容 Wordの起動・終了と基本的な操作，文字列の入力，文字と段落の書式設定，表の挿入と整形，文字の装飾と画像の挿入，文字列や書式の移動とコピー、行間の設定と箇条書きの作成。シンプルな文書を作成するための基本機能をこの一冊に。

『世界一わかりやすいエクセル＆ワード─大きくて見やすい！』 学研プラス 2016.8 159p 30cm （GAKKEN COMPUTER MOOK）〈「500円でわかるエクセル2016」（2016年4月刊）と「500円でわかるワード2016」（2016年4月刊）の改題，改訂して新たに編集 索引あり〉 980円 ①978-4-05-611082-1 Ⓝ007.63

『できるゼロからはじめるエクセル超入門』 柳井美紀，できるシリーズ編集部著 インプレス 2016.8 222p 24cm 〈Excel 2016対応〈Windows 10 Anniversary Update対応版〉 索引あり〉 900円 ①978-4-8443-8122-8 Ⓝ007.63

『できるゼロからはじめるワード＆エクセル超入門』 井上香緒里，柳井美紀，できるシリーズ編集部著 インプレス 2016.8 270p 24cm〈Word 2016/Excel 2016対応 索引あり〉 1280円 ①978-4-8443-8124-2 Ⓝ007.63

『できるゼロからはじめるワード超入門』 井上香緒里，できるシリーズ編集部著 インプレス 2016.8 222p 24cm 〈Word 2016対応〈Windows 10 Anniversary Update対応版〉 索引あり〉 900円 ①978-4-8443-8123-5 Ⓝ007.63

『よくわかる初心者のためのMicrosoft Excel 2016』 富士通エフ・オー・エム株式会社著制作 FOM出版 2016.5 181p 29cm 〈索引あり〉 1200円 ①978-4-86510-294-9 Ⓝ007.63

『よくわかる初心者のためのMicrosoft Word 2016』 富士通エフ・オー・エム株式会社著制作 FOM出版 2016.5 197p 29cm 〈索引あり〉 1200円 ①978-4-86510-295-6 Ⓝ007.63

『世界一やさしいエクセル2016─わかる！作れる！表作成のキホン』 インプレス 2016.4 19,87p 28cm（impress mook）〈索引あり〉 480円 ①978-4-8443-3968-7 Ⓝ007.63

『世界一やさしいワード2016─文書作成をかんたんマスター！』 インプレス 2016.4 19,87p 28cm （impress mook）〈索引あり〉 480円 ①978-4-8443-3969-4 Ⓝ007.63

『はじめての人工知能─Excelで体験しながら学ぶAI』 淺井登著 ［東京］ 翔泳社 2016.3 244p 21cm〈文献あり 索引あり〉 2280円 ①978-4-7981-4465-8 Ⓝ007.13
目次 人工知能は夢いっぱい，人間の脳を機械で真似る，人間のあいまい性を機械で扱う，よいものが残る進化の法則をうまく使う，身の周りの問題をうまく解決するには，最も効率的な道筋をどう選ぶか，相手がいるときの対処法，人間が学習する過程を機械で真似る，人間の知識を機械上で表現すれば人間の代わりになる，人間の自律性を機械にもたせる，人工知能の草分け的コンピュータ言語，ものごとの関係を記述するコンピュータ言語＝Prolog
内容 自分で動かすからよくわかる、専門知識を身につける第一歩。今後ますますの発展が予想される人工知能の技術を、はじめて学ぶための本。機械学習をはじめ、ニューラルネットワーク、遺伝的アルゴリズム、問題解決、ゲーム戦略、知識表現など、人工知能を支えるそれぞれの分野の基礎をつかむことができる。取り上げている各論は、高専5年生向けの授業がもとになっている。

『よくわかるMicrosoft PowerPoint 2016基礎』 富士通エフ・オー・エム株式会社著制作 FOM出版 2016.3 261p 29cm 〈索引あり〉 2000円 ①978-4-86510-279-6 Ⓝ007.63

『よくわかるMicrosoft Word 2016基礎』 富士通エフ・オー・エム株式会社著制作 FOM出版 2016.3 283p 29cm 〈索引あり〉 2000円 ①978-4-86510-277-2 Ⓝ007.63

『コンピューターリテラシーMicrosoft Office Word ＆ PowerPoint編』 花木泰子，浅里京子著 日本理工出版会 2015.4 218p 26cm〈索引あり〉 2200円 ①978-4-89019-524-4

子どもの本 情報教育・プログラミングの本2000冊　239

画像・動画編集系　　　　　　　　　　　　いろいろなソフトウェア

目次 Word編（Wordの基本操作と日本語の入力，文章の入力と校正，文書作成と文字書式・段落書式，ビジネス文書とページ書式，表作成 ほか），PowerPoint編（プレゼンテーションとは，PowerPointの基礎，プレゼンテーションの構成と段落の編集，スライドのデザイン，表・グラフの挿入 ほか）

『アプリケーションソフトの基礎知識』立山秀利著　オデッセイコミュニケーションズ　2014.3　289p　24cm　（デジタルリテラシーの基礎 3）〈IC3 GS4 キーアプリケーションズ対応　索引あり〉　1800円　①978-4-9905124-7-7

目次 第1章 一般的なアプリケーションの機能と操作，第2章 ワープロソフトの操作，第3章 表計算ソフトの操作，第4章 プレゼンテーションソフトの操作，第5章 基本的なデータベースを使用した操作，第6章 共同作業

『必ずできる！ iPadプレゼンテーション』松茂幹者著　日経BP社　2011.3　225p　21cm　〈索引あり　発売：日経BPマーケティング〉　1600円　①978-4-8222-9605-6　Ⓝ336.49

目次 第1章 iPadでプレゼンテーションってどう？，第2章 すぐできるスナップショット・プレゼンテーション，第3章 iPadへの転送と共有，第4章 ゴチャになるなら2Screensで決まり！，第5章 PowerPointファイルでやるならKeynoteが定番！，第6章 せっかくだからKeynoteでも作ろう！

内容 スライドの文字や図形などがゴチャゴチャになる「ゴチャ」，スライド送りがやけに遅く，重症になる何の前ぶれもなくホーム画面に戻ってしまう「落ちる」。プレゼン資料に落ちない対策を施してiPadに転送したり，最悪の事態に備え，どんな状況でもプロジェクタに投影できるワザなど，iPadでスマートにプレゼン，失敗しないためのコツ。

『らくらくエクセル―使いこなすとこんなに楽しい』山口旬子著　自由国民社　2010.3　104p　30cm　（子どものためのパソコンはじめてシリーズ 4）1048円　①978-4-426-10973-8　Ⓝ007.63

画像・動画編集系

『今すぐ使えるかんたんiMovie』山本浩司著　［2018］改訂2版　技術評論社　2018.7　191p　24cm　（Imasugu

Tsukaeru Kantan Series）〈背・表紙のタイトル：iMovie　索引あり〉1880円　①978-4-7741-9835-4　Ⓝ746.7

目次 第1章 iMovieの基本を知ろう，第2章 ムービー素材の読み込みと基本操作を知ろう，第3章 ムービーを編集しよう，第4章 便利な編集テクニックを知ろう，第5章 タイトルやBGMを追加しよう，第6章 編集したムービーを書き出そう，第7章 iPad/iPhoneでiMovieを使おう

内容 無料で使えるMac用動画編集ソフトiMovieの基本から使いこなしまでこの1冊で完全解説！

『作りながら楽しく覚えるPremiere Pro―映像にテキストを乗せたり，テキストクリップでテロップを作成』小池拓，大河原浩一共著　ラトルズ　2018.5　279p　21cm　〈索引あり〉　2480円　①978-4-89977-478-5　Ⓝ746.7

目次 基礎編（新規プロジェクトファイルを作る，Premiere Proの4つのパネル，編集素材を読み込む，プロジェクトパネルの操作，編集とトリミング ほか），応用編（パッチング/ロック/ターゲットを使ったトラックの操作，スピードを変更しながら編集する，再生ヘッドを中心にクリップを置き換える，スリップ編集・スライド編集，マスクを使った映像編集 ほか）

内容 映像にテキストを乗せたり，テキストクリップでテロップを作成。

『AviUtl動画編集実践ガイドブック―これ1冊で本格的な実況動画が作れる！』オンサイト著　技術評論社　2018.4　191p　23cm　〈索引あり〉　2380円　①978-4-7741-9625-1　Ⓝ746.7

目次 AviUtlの基本を知る，AviUtlを使ってみよう，拡張編集Pluginで編集をする（チュートリアル編，応用編），テキストオブジェクトを配置する，AviUtlの上級機能を利用して編集を行う，AviUtlの保存，ファイル出力のテクニック，ゲーム実況動画を作成する

『VideoStudio PRO/ULTIMATE 2018オフィシャルガイドブック』山口正太郎著　グリーン・プレス　2018.4　215p　24cm　（グリーン・プレスDIGITALライブラリー 49）〈奥付のタイトル：Corel VideoStudio 2018 PROULTIMATEオフィシャルガイドブック　索引あり〉2380円　①978-4-907804-40-4　Ⓝ746.7

目次 1 VideoStudio 2018で動画編集を始めよう，2 「取り込み」ワークスペース編 PCに素材（データ）を取り込もう，3 「編集」ワークスペース編 基本動画編集テクニック，4 「完了」ワークスペース編 完成

いろいろなソフトウェア　　　　画像・動画編集系

した作品を書き出す，5 バラエティに富んだツールでさらに凝った演出

内容 人気ビデオ動画編集ソフト最新版。高機能、高画質を追求するあなたにピッタリ！ 徹底解説で完全サポート。

『プロが教える！ PremiereProデジタル映像編集講座』 SHIN-YU著 ソーテック社 2018.4 295p 26cm〈CC対応 索引あり〉2980円 ①978-4-8007-1200-4 Ⓝ746.7

目次 1 Premiere Pro基礎編 映像編集の基本を学ぼう！(Premiere Proとは？，本書を進める前に準備すること ほか)，2 Premiere Pro入門編 情報番組を作ってみよう！(カット編集とインサート編集，基本的な色補正 ほか)，3 Premiere Pro中級編 さまざまな動画の制作(インタビュー動画の作り方，さまざまなルックス(色調)の作り方 ほか)，4 Premiere Pro上級編 効果的な映像の演出(スマホの画面を使ったシーンの切り替え，グラフィックの作り方と合成 ほか)

内容 はじめての人でも大丈夫！ ムービー作成＆編集をしっかりマスター！ カット編集からハイ・クオリティな映像テクニックまで、サンプルを使ってステップ単位でわかりやすく解説します。

『VEGAS Movie Studio 15ビデオ編集入門―思いを込めて撮影したビデオ。だから、編集作業も、きっと楽しい！』 阿部信行著 ラトルズ 2018.4 285p 21cm〈Windows7/8.1/10（64ビット）対応 Platinumにも 対応 索引あり〉2000円 ①978-4-89977-476-1 Ⓝ746.7

目次 1「VEGAS Movie Studio 15」でビデオ編集を行うための準備，2 ビデオデータを編集する，3 イベントにエフェクトを設定する，4 タイトルを設定する，5 オーディオデータを利用する，6 ムービーを出力する

内容 初心者にわかりやすいと評判の「Movie Studio」。アマチュア向けPCでも軽快に動き、さらに、直感的に扱えるインターフェイスも好評です。とはいえ、多彩な機能を満載したソフトです。はじめてビデオ編集ソフトに触れる人は、どこから手を付けたらよいのか、きっと迷うはず。そこで本書では、初心者のために、完成までの操作手順をていねいに解説しました。ビデオ編集の魅力と楽しさが満喫できる一冊です。

『After Effects初級テクニックブック―for CC2017/CC2018〈Windows & Mac対応〉』 石坂アツシ，笠原淳子共著 第2版 ビー・エヌ・エヌ新社

2018.3 311p 24cm〈索引あり〉3600円 ①978-4-8025-1095-0 Ⓝ746.7

目次 01 作業スペースを設定する，02 編集素材を読み込む，03 素材を組み立てる，04 素材を変形させる，05 素材に効果を加える，06 素材に動きを加える，07 文字を加える，08 平面や図形を加える，09 素材を合成する，10 完成作品を出力する

内容 映像制作の作業の流れに沿って「こんなときどうする？」を解決する101のテクニックを紹介。初心者のための逆引き解説書。効果がすぐにわかるエフェクト名リスト付。

『Illustratorパーフェクトマスター――基本＆実践リファレンス』 玉生洋一著 秀和システム 2018.3 477p 24cm〈MacWindows対応 CCCS6対応 索引あり〉2500円 ①978-4-7980-4929-8 Ⓝ726.507

目次 Illustratorの基本，Illustratorのセオリー，ツール，ファイルメニュー，編集メニュー，オブジェクトメニュー，書式メニュー，選択メニュー，効果メニュー，表示メニュー，ウィンドウメニュー，ヘルプメニュー・その他

内容「基本機能」から「新機能＆便利機能」まで、豊富な図表で徹底解説！ Illustratorユーザー必携の書。「いつ、どんな新機能が追加されたの？」「新機能を使うと、どんなムダが省けるの？」「はじめての人はどの機能から覚えたらいいの？」「あれ、この機能ってどうやって使うんだっけ？」…初心者からプロまで、あなたの「困った」を解決します。

『EDIUS Proパーフェクトガイド』 阿部信行著 技術評論社 2018.3 335p 26cm〈他言語標題：EDIUS PRO PERFECT GUIDE 9/8/7対応版 索引あり〉3500円 ①978-4-7741-9624-4 Ⓝ746.7

目次 0 インストール，1 EDIUS Proの基本，2 クリップ管理，3 クリップ編集，4 トリミング，5 トランジション，6 エフェクト，7 マーカー，8 タイトル，9 オーディオ，10 出力

内容 映像制作で必須の知識と操作を、この1冊で網羅できる。

『CGイラストテクニック―LET'S MAKE★CHARACTER vol.10』 DSマイルイラスト＆解説 ビー・エヌ・エヌ新社 2018.3 215p 24cm〈他言語標題：CG IllUSTRATiON TECHNiQUES〉2400円 ①978-4-8025-1067-7 Ⓝ726.507

目次 01 線画から基本の装飾まで(ラフの作成，線画の作成，下塗りを行う ほか)，02

子どもの本 情報教育・プログラミングの本2000冊　241

画像・動画編集系　　　　　　　　　　いろいろなソフトウェア

明暗を付け、ディテールを描き込む（肌部分に1段階目の影を付ける、服部分に1段階目の影を付ける、髪の毛に1段階目の影を付けるほか）、03 背景の作成と、さまざまな質感の表現（ラフの作成、線画の作成、下塗りを行う ほか）、04 カラー＆線画ギャラリー

内容 SAIを中心に、CLIP STUDIO PAINT/Photoshopで描くイラストメイキング大公開！ 肌の艶やかな質感、細部の瑞々しい煌めきを表現して、キャラクターを引き立てるための描画方法を徹底解説。

『世界一わかりやすいIllustrator ＆ Photoshop操作とデザインの教科書』 ピクセルハウス著　技術評論社　2018.3　344p　26cm〈CCCS6対応版 索引あり〉 2480円　①978-4-7741-9551-3　Ⓝ007.637

目次 Illustrator ＆ Photoshopの基本、図形や線を描く、オブジェクトの選択と基本的な変形、色と透明度の設定、オブジェクトの編集と合成、線と文字の設定、覚えておきたい機能、レイヤーの操作と色調補正、選択範囲の作成、色の設定とペイントの操作、レイヤーマスクを使う、文字、パス、シェイプ、画像の修正・加工、フィルターとレイヤースタイル、IllustratorとPhotoshopの連係

内容 モノを作るためには道具を自分の身体のように使えることが大切です。デジタルなクリエイティブの世界でもそれは同じ。創造するためには、まず技術を身につけましょう。機能やツールの使い方の初歩の初歩からはじめて、読み終わるころにはしっかりと基礎力がついているように、本当に必要な技術を選んで15のレッスンを構成しました。

『Premiere Proパーフェクトガイド』 小原裕太著　技術評論社　2018.3　399p　26cm〈他言語標題：PREMIERE PRO PERFECT GUIDE　CC対応版　索引あり〉 3500円　①978-4-7741-9576-6　Ⓝ746.7

目次 1 クリップ管理、2 カット編集、3 エフェクト、4 カラー調整、5 演出効果、6 合成、7 タイトル、8 オーディオ、9 エンコード、10 VRビデオ編集

内容 プリセットからシーケンスを作成する、リップルツールでトリミングする、クリップにエフェクトを適用する、プロキシワークフローで編集負荷を軽減する、RGBカーブで明るさを調整する、映像をモノクロにするetc.知っておくべき知識と操作を、この1冊で網羅。

『プロに学ぶPremiere Proカット編集テクニック』 石坂アツシ著　エムディ

エヌコーポレーション　2018.2　383p　26cm〈文献あり　発売：インプレス〉 3500円　①978-4-8443-6732-1　Ⓝ746.7

目次 1 Premiere Proの基本操作（操作パネルの概要、プロジェクトの作成 ほか）、2 DRAMA—ドラマ（ドラマにおけるカット編集のポイント、会話：日常（別撮り）ほか）、3 ACTION—アクション・特撮（アクションにおけるカット編集のポイント、現代アクション：別撮り ほか）、4 MUSIC VIDEO—ミュージックビデオ（ミュージックビデオにおけるカット編集のポイント、テンポ＋クリップ ほか）

内容 映画やテレビでよく見る演出シーンから、格闘、殺陣、特撮ヒーロー映像の頻出シーン、臨場感ある音楽ライブ映像、ミュージックビデオまで！ 多数のプロが出演する素材映像でカット編集力を磨く！

『学んで作る！ 花子2018使いこなしガイド—ジャストシステム公認』 ジャムハウス編集部編、中野久美子、八木重和、柳田留美著　ジャムハウス　2018.2　238p　24cm〈索引あり〉 2000円　①978-4-906768-42-4　Ⓝ007.637

目次 第1章 導入編 花子2018でできること、第2章 基本編 花子2018の操作を学ぼう、第3章 作例編 エッセイ集の表紙を作ろう、第4章 作例編 相関図付きのチラシを作ろう、第5章 作例編 市民セミナーの案内図を作ろう、第6章 作例編 グループ学習の教材を作ろう

内容 教育、設計・製図から趣味の分野まで、幅広い層に愛用の「花子」。表紙作成機能や、印象的なタイトル文字を作成できる「モジグラフィ」など、本づくりを楽しむ機能も追加されました。そんな新しい「花子2018」の基本操作から、作例をもとにした操作解説までを1冊にまとめています。

『Illustratorトレーニングブック』 広田正康著　ソーテック社　2018.1　271p　21×21cm〈CC2018/2017/2015/2014/CCCS6対応　索引あり〉 1980円　①978-4-8007-1194-6　Ⓝ726.507

目次 1 基本編、2 パスの描画、3 移動と調整、4 変形、5 ペイント、6 複数オブジェクトの編集、7 文字の入力と編集、8 特殊効果、9 アピアランスとレイヤー、10 トレース

内容 これから始める人のイラレ練習帳。ベジェ曲線を思いどおりに描けますか？

『Premiere Pro初級テクニックブック—Premiere Pro CC2017/CC2018』 石坂アツシ、笠原淳子共著 第2版　ビー・エヌ・エヌ新社　2018.1　335p　24cm〈索引あり〉 3400円　①978-4-8025-1081-3　Ⓝ746.7

いろいろなソフトウェア　　　　　　　　　　　　　　　　　　　　画像・動画編集系

目次 00 Premiere Proのパネルと用語，01 作業スペースを設定する，02 編集までの操作，03 基本的な編集操作，04 便利な編集機能，05 素材を変形させる，06 素材を加工する，07 素材を合成する，08 文字や図形を入れる，09 サウンドを編集する，10 完成作品を出力する

内容 すぐに役立つ"逆引き"107！ すぐに解決してくれる初心者向け解説書。一目で効果が分かるエフェクト＋トランジション一覧248項目。Premiere Pro CC2017/CC2018（Windows&Mac）

『知識ゼロからはじめるIllustratorの教科書』 ソシムデザイン編集部著 ソシム 2017.12 271p 26cm〈CC2018/CS6 Windows & Mac対応 索引あり〉1980円 ①978-4-8026-1130-5 Ⓝ007.637

目次 0 Illustratorの基本，1 線と図形の描き方，2 オブジェクトの操作と変形，3 オブジェクトの配置と合成，4 塗り・線を設定する，5 便利な機能を活用する，6 特殊な効果を使って加工する，7 文字の入力とレイアウト設定，8 画像に関する操作，9 グラフィックデザインを作成する，Bonus 印刷とデータ入稿

内容 確かな力が身につく基本の使い方からクリエイティブなシーンで役立つテクニックまで，Illustratorの操作をレベル別に解説。

『今すぐ使えるかんたんPremiere Elements 2018』 山本浩司著 技術評論社 2017.11 223p 24cm（Imasugu Tsukaeru Kantan Series）〈背・表紙のタイトル：Premiere Elements 2018 索引あり〉1980円 ①978-4-7741-9385-4 Ⓝ746.7

目次 第1章 Premiere Elementsの基本を知ろう，第2章 ムービー素材の読み込み，第3章 クリップの基本編集と切り替え効果，第4章 クリップの基本補正とエフェクト，第5章 便利なムービー編集テクニック，第6章 タイトルや字幕の追加，第7章 効果音やBGMの追加，第8章 編集したムービーの書き出し，付録

内容 動画編集のスキルが身に付く！ 便利な機能を使いこなせる！

『新いちばんやさしいiMovie入門』 斎賀和彦著 秀和システム 2017.9 299p 24cm〈MaciPhoneiPad対応 索引あり〉2000円 ①978-4-7980-4975-5 Ⓝ746.7

目次 1 こんなムービーがあなたにも作れる，2 5分でわかるiMovie，3 動画データを読み込むには，4 iMovieの基本操作をやってみよう，5 テーマや予告編を選べば素敵なムービーができる，6 応用テクニックに挑戦してみよう，7 iPhone/iPadのiMovieを使ってみよう

内容 大きな図と余裕のレイアウトで読みやすい。編集作業の流れと操作手順を丁寧に解説。テレビで見られるDVDの作り方を解説。

『やさしいレッスンで学ぶきちんと身につくPhotoshopの教本』 高橋としゆき，吉岡豊，高嶋一成，マルミヤン共著 エムディエヌコーポレーション 2017.9 255p 26cm〈他言語標題：Properly taught Photoshop textbook 索引あり 発売：インプレス〉2200円 ①978-4-8443-6678-2 Ⓝ007.637

目次 1 Photoshopでできること，2 写真と画像，3 選択，4 写真補正の基本，5 色調補正，6 補正とレタッチ，7 レイヤー，8 調整レイヤー・レイヤースタイル，9 文字とシェイプ

内容 重要ポイントを押さえてすばやくマスター！ よく使う機能と基本＆重要テクニックがよくわかる，ていねいな解説書。

『はじめてのMovie Pro MX3』 加納真素 三才ブックス 2017.7 128p 24cm 2100円 ①978-4-86199-979-6 Ⓝ746.7

目次 第1章 Movie Pro MX3 オーバービュー（Movie Pro MX3の特徴，Movie Pro MX3を使うために編集に必要な機材を用意しよう！），第2章 ベーシック編集テクニック（編集の流れをつかもう，編集の基本テクニック ほか），第3章 アドバンスド編集テクニック（高度な手ぶれ補正機能，360度カメラ編集 ほか），第4章 Movie Pro MX3の設定（ムービー，プログラム ほか），特別付録 仁光ニコの秘密を大公開！

内容 映像編集の基本テクニックを学ぼう！ 画面効果を使って映画のような雰囲気に。サウンド編集でより臨場感のある映像に。ゲーム実況動画を作ってYouTubeにアップ。

『VEGAS Movie Studio 14 Platinumビデオ編集入門―思いを込めて撮影したビデオを心に残る「作品」に仕上げよう！』 阿部信行著 ラトルズ 2017.6 275p 21cm〈Windows7/8.1/10（64ビット）対応 索引あり〉1980円 ①978-4-89977-464-8 Ⓝ746.7

目次 1 ビデオ編集を行うための準備，2 ビデオデータを編集する，3 イベントにエフェクトを設定する，4 タイトルを設定する，5 オーディオデータを利用する，6 ムービーを出力する

内容 「サクサク快適に編集できる！」と好評のMovie Studio 14。本書があれば，まる

子どもの本 情報教育・プログラミングの本2000冊　243

画像・動画編集系　　　　　　　　　　いろいろなソフトウェア

で個人レッスンを受けているように、迷うこ
となく、多彩な機能が自由に使いこなせま
す！さらに、DVDビデオ、Blu‐ray Disc
作成ソフト『VEGAS DVD Architect』の
操作法も解説。初心者に心強い一冊です！

『Final Cut Pro 10ガイドブック』 加
納真著 第3版 ビー・エヌ・エヌ新社
2017.5 319p 24cm〈Final Cut Pro
10 10.3対応！ 索引あり〉3200円
Ⓘ978-4-8025-1054-7 Ⓝ746.7
目次 第1章 Final Cut Pro Xとは（Final
Cut Pro Xオーバービュー），第2章 Final
Cut Pro実践編（編集のワークフロー，イン
ストールとインターフェイス，素材を読み
込む ほか），第3章 他アプリケーションと
の連携（Compressorで作業効率をアップ，
Motionで多彩な動きやグラフィカルな表現
を加える，スマートモーションテンプレー
ト ほか），第4章 操作環境の設定とカスタ
マイズ（Final Cut Pro Xの環境設定，外部
モニタに出力する，ショートカットキーの
活用とキー設定 ほか）
内容 革新的な映像編集アプリケーション
Final Cut Pro Xを使い倒す。詳細解説！
フルカラー320ページ＋素材データダウン
ロード可能。豊富な素材を使って、エフェ
クト、色の補正、サウンドなどの基本テク
ニックから、アフレコ、YouTubeへの投稿
など、最新の作法までを丁寧に解説してい
ます。Final Cut Pro X 10.3対応！

『Corel VideoStudio X10 PRO/
ULTIMATEオフィシャルガイドブッ
ク』 山口正太郎著 グリーン・プレス
2017.4 223p 24cm（グリーン・プ
レスDIGITALライブラリー 48）〈索引
あり〉2380円 Ⓘ978-4-907804-39-8
Ⓝ746.7
目次 1「VideoStudio X10」で動画編集を
始めよう（VideoStudio X10で動画編集（動
画編集の流れ），インストールしよう ほ
か），2「取り込み」ワークスペース編 PC
に素材（データ）を取り込もう（ビデオカメ
ラから動画を取り込んでみよう，
VideoStudio X10経由で取り込む ほか），3
「編集」ワークスペース編 基本動画編集テ
クニック（ストーリーボードビューとタイム
ラインビュー，大まかな編集に実力を発揮
する「ストーリーボードビュー」 ほか），4
「完了」ワークスペース編 完成した作品を書
き出す（MP4形式で書き出してみよう，SNS
にアップロードして世界発信しよう ほか），
5 多彩なツールでさらに凝った演出（360°
動画を編集して臨場感あふれる作品を 新機
能，再生速度を自由自在にコントロールす
る「タイムリマップ」 新機能 ほか）

内容 すぐできる！人気NO.1ビデオ動画編
集ソフトをわかりやすく完全解説。唯一の
公式ガイドブック。

『Lightworksではじめる動画編集―ハリ
ウッドのプロも使う高機能「動画編集ソ
フト」』 勝田有一朗著 Ｉ Ｏ編集部編集
工学社 2017.4 175p 21cm（I/O
BOOKS）〈索引あり〉2300円 Ⓘ978-
4-7775-2009-1 Ⓝ746.7
目次 第1章「Lightworks」の導入
（「Lightworks」とは，「Lightworks」のイン
ストール，「Lightworks」の日本語化），第
2章 基本的な編集操作（編集作業の開始，素
材の取り込み，「クリップ」の配置と編集，
「タイトル」(字幕)の貼り付け，「BGM」の
挿入，「動画ファイル」の出力），第3章 実
践編集（2アングルの切り替え編集，「タイ
ムライン」における、その他の編集操作，
「マルチカム撮影」の編集），第4章「合成」
「アニメーション」の作り方（画面合成の基
礎（2画面合成），「マスク」を用いた合成，
「アニメーション」を用いた演出，「トラン
ジション」の使い方），第5章 その他のTIPS
（「ロビー」「コンテンツ・マネージャ」関連，
「エディット・ビューア」「タイムライン」関
連，「効果」「ビデオ・ルーティング」関連）
内容 本書は、特に「初心者向け動画編集ソ
フト」ではもの足りないユーザーを対象に、
「Lightworks」の基本的な編集方法や、「マ
ルチカム編集」「合成」「アニメーション」の
作り方などを解説しています。

『Illustratorスーパーリファレンス―
Windows & Mac 基本からしっかり
学べる』 井村克也著 ソーテック社
2017.2 367p 24cm〈CC2017/2015/
2014/CCCS6対応 索引あり〉2380円
Ⓘ978-4-8007-1158-8
目次 1 知っておきたい描画前の基礎知識，
2 オブジェクトを描画する，3 オブジェク
トの選択，4 オブジェクトの編集，5 色を設
定する，6 オブジェクトの見た目を変える
いろいろな機能，7 オブジェクトの変形，8
文字の入力と組み版，9「効果」を適用す
る，10 保存/データ書き出し/アクション/
プリント，11 環境設定でさらに使いやすく
内容 ベジェ曲線の描画から本格的なデザイ
ンまで，すべての操作がわかる！豊富な図
解とサンプルで知りたかった機能や操作が
きちんとマスターできるユーザー必携の入
門書です。

『世界一わかりやすいIllustrator操作と
デザインの教科書』 ピクセルハウス著
技術評論社 2017.1 288p 26cm
〈CCCS6対応版 索引あり〉2280円
Ⓘ978-4-7741-8629-0 Ⓝ726.507
目次 Illustratorの基本，図形を描く，線を
描く，フリーハンドで描く，オブジェクトの

244

変形，オブジェクトの編集，オブジェクトの合成，色の設定，線の設定，文字を扱う，透明の設定，リアルなデザインのための機能，表やグラフを描く，高度な変形，出力データの作成

内容 モノを作るためには道具を自分の身体のように使えることが大切です。デジタルなクリエイティブの世界でもそれは同じ。創造するためには，まず技術を身につけましょう。機能やツールの使い方の初歩の初歩からはじめて，読み終わるころにはしっかりと基礎力がついているように，本当に必要な技術を選んで15のレッスンを構成しました。

『やさしく学べるIllustrator練習帳』 広田正康著 ソーテック社 2016.9 223p 24cm〈CCCS6対応 索引あり〉1980円 ①978-4-8007-1135-9 ⑩726.507

目次 第1章 Illustratorの基本，第2章 イラストを描こう！（らくがき感覚で描くリンゴ，レトロな自転車，ハートのクローバー，もふもふのクマ ほか），第3章 ペンツールの練習（直線を描く，曲線を描く，直線と曲線を繋いで描く，パスを修正する ほか）

内容 CC/CS6対応。イラレが使えるようになる最短の方法を教えます！

『CGイラストテクニック—LET'S MAKE★CHARACTER vol.9』 Anmiイラスト＆解説 ビー・エヌ・エヌ新社 2016.8 207p 24cm〈他言語標題：CG IllUSTRATiON TECHNiQUES〉2400円 ①978-4-8025-1007-3 ⑩726.107

目次 01 SAIで行う線画の描画とマスキング（ラフの作成，カラーラフの作成 ほか），02 SAIで着彩し，Photoshopで仕上げる（着彩の準備，瞳周りの着彩 ほか），03 CLIP STUDIO PAINTで背景を意識して描く（ラフの作成，カラーラフの作成 ほか），04 カラー＆線画ギャラリー

内容 SAI/CLIP STUDIO PAINTテクニック徹底解説。人物と光，人物と背景にフォーカスした作品を通して，きらきらして印象的なイラストのための明暗の描き方や影の考え方，背景と人物配置などの描画方法を大公開！

『今さら聞けないIllustrator』 羽石相著 秀和システム 2016.7 143p 26cm〈CCCS6/CS5/CS4対応 索引あり〉1800円 ①978-4-7980-4701-0 ⑩726.507

目次 1 そもそもIllustratorって何？（Illustratorでどんなことができますか？，「コントロール」パネルとはどこのことですか？ ほか），2 これを知っておけばIllustratorで困らない（バージョンによって使える機能が異なります，ツールは一時的にほかのツールに切り替えることができます ほか），3 実際にIllustratorを操作してみよう（アートボードのサイズを変更してみよう，レイヤーを使ってみよう ほか），4 知っていると便利なオブジェクト作成術（台形をきれいに作るツールはありますか？，路線図を簡単に作る方法はありますか？ ほか），5 実践で困らないIllustratorのテクニック（印刷物を作るときに気をつけたいこと，ドラッグ操作で定規の原点を設定する ほか）

内容 ペン機能や選択機能の仕組みがしっかりとわかります。必ず使うことになる機能だけに絞って説明しています。機能の仕組みがわかると使い方も自然に理解できます。素材の編集や調整で自然と使うべき機能がわかります。

『Illustratorしっかり入門—知識ゼロからきちんと学べる！』 高野雅弘著 SBクリエイティブ 2016.6 239p 25cm（Design & IDEA）〈｜CC｜CS6｜CS5｜Mac & Windows対応 索引あり〉1980円 ①978-4-7973-8476-5 ⑩726.507

目次 Illustratorの基礎知識，はじめてのIllustrator，基本図形の描き方と変形操作，パスの描画と編集，オブジェクトの編集とレイヤーの操作，色とグラデーションの設定，変形・合成・特殊効果，画像の配置と編集，文字操作と段落設定，総合演習，環境設定とデータ出力

内容 楽しみながら学ぼう！ 世界でいちばんやさしいとことん丁寧な入門書。Illustratorの基本操作から各ツールの実践テクニックまで入門者必修の機能を完全網羅！ 全手順解説だから迷いません。これからはじめる人に読んでほしい，オススメの1冊です。

『Web+印刷のためのIllustrator+活用術』 ファー・インク編著，山本州著 ボーンデジタル 2016.4 191p 24cm〈索引あり〉2800円 ①978-4-86246-338-8 ⑩726.507

目次 1 新規ドキュメントの作成と作業環境の整備（Illustratorってどんなソフト？，新規ドキュメントの作成 ほか），2 Illustratorの基本オペレーション（Illustratorのインターフェイス，オブジェクトの塗りと線 ほか），3 Web用のコンテンツをつくる（アイコンをつくる，イラストをつくる ほか），4 Webサイトの作成と書き出し（サイトの設計，デバイスの多様化とWebデザイン ほか），5 印刷物の作成とPDF書き出し（プリント用のドキュメントの作成，プリント用データをつくる ほか）

その他　　　　　　　　　　　　　　　　　　　　いろいろなソフトウェア

内容 Webでもここまで作り込める時代になった！ SVGを使った基本知識を解説。マルチデバイス時代の新たなグラフィック作成法。

『いちばんやさしいiMovie入門―あの人へ贈る動画を作ろう』 斎賀和彦著　秀和システム　2015.3　388p　24cm〈索引あり〉2200円　①978-4-7980-4319-7

目次 1 こんなムービーがあなたにも作れる，2 5分でわかるiMovie，3 動画データを読み込むには，4 iMovieの基本操作をやってみよう，5 作例で覚えるiMovieの基本操作，6 テーマや予告編を選べば素敵なムービーができる，7 応用テクニックに挑戦してみよう

内容 ご自分の大切な思い出を大切な人や家族と共有できるようにムービー作品として形に残しませんか。iMovieで始めましょう。

その他

『最新＆定番のプロの技術がしっかり学べる InDesignパーフェクトブック CC2018対応』 森裕司著　マイナビ出版　2018.4　447p　24×18cm　3200円　①978-4-8399-6632-4

目次 InDesignの基本設定，InDesignの基本操作，ページに関する操作，テキストの入力と配置，テキストの編集，スタイル機能，オブジェクトの操作，画像の配置と編集，カラーの設定，表の作成〔ほか〕

内容 すべてのInDesignユーザーにささげる一冊！ 大ボリュームだから機能を余すところなく網羅 “もっと知りたい”が詰まっています！ InDesignの達人による徹底解説！

『世界一わかりやすいInDesign操作とデザインの教科書 CC/CS6対応』 ベクトルハウス著　技術評論社　2018.4　351p　26cm　2680円　①978-4-7741-9586-5

目次 InDesignの基本，ドキュメントを作ってみよう，ドキュメント設定，文字の入力，書式設定，段落スタイルと文字スタイル，画像の配置と編集，カラーと効果，オブジェクトとパスの操作，デザインのアイデア〔ほか〕

内容 モノを作るためには道具を自分の身体のように使えることが大切です。デジタルなクリエイティブの世界でもそれは同じ。創造するためには，まず技術を身につけましょう。機能やツールの使い方の初歩の初

歩からはじめて，読み終わるころにはしっかりと基礎力がついているように，本当に必要な技術を選んで15のレッスンを構成しました。どこに行っても胸を張って「使えます！」といえる。そんなクリエイターへの道をこの本から踏み出しましょう。

『ScoremakerZERO公式ガイドブック―スキャナも活用して多様な楽譜を簡単に for Windows』 スタイルノート楽譜制作部編，河合楽器製作所監修　国分寺　スタイルノート　2017.12　319p　26cm〈奥付のタイトル：スコアメーカーZERO公式ガイドブック　索引あり〉3400円　①978-4-7998-0165-9　Ⓝ761.2

目次 第1章 スキャナで楽譜を読み込もう，第2章 スキャン入力で困ったら…，第3章 音符を入力してみよう，第4章 音符・休符の編集，第5章 音楽記号，第6章 楽譜の中のいろいろな文字，第7章 楽譜をレイアウトする，第8章 楽譜を思いどおりに演奏する，第9章 楽譜データの活用術

内容 きれいな楽譜を簡単に作ろう！ トップクラスのスキャン認識性能で，楽譜を上手にパソコンで編集。スマホのカメラで撮影した楽譜をデータ化する方法も紹介。大正琴・二胡・ハーモニカ譜などの数字譜もカンタンに。プラチナム，スタンダード，エディター，スコアメーカーZEROの全グレードに対応。マウスで楽々入力のスコアメーカーをやさしく手順を追って説明しています。スキャン認識の解説部分はカラー印刷でよりわかりやすく！

『楽譜作成ソフトDorico入門―基本操作をやさしくガイド for Windows & Mac』 スタイルノート楽譜制作部編　国分寺　スタイルノート　2017.11　175p　26cm〈索引あり〉2000円　①978-4-7998-0164-2　Ⓝ761.2

目次 楽譜を作ってみよう―Doricoの基本操作（新しい楽譜ファイルを開く，調号と拍子記号，楽譜ファイルを保存する，マウスで音符を入力する，パソコンキーボードで音符を入力する，楽譜を再生して確認する，歌詞を入力する，コード記号を入力する，音楽記号を入力する，楽譜を仕上げる），Doricoの一歩進んだテクニック70（五線，音符と休符，音楽記号，歌詞，コード記号，レイアウト，その他）

内容 楽譜作成の基本手順をイチからていねいに解説。多彩なショートカットをポイントごとに紹介。トリムやはさみツールなど，新感覚な操作法もやさしく説明。各項には役に立つヒントがたくさん。巻末にはよく使うショートカットの一覧を掲載。

『Sibelius/Sibelius｜First実用ガイド―楽譜作成のヒントとテクニック・音符

いろいろなソフトウェア　　　　　　　　　　　　　　　　　　　　　　　その他

の入力方法から応用まで for Windows & Mac』　スタイルノート楽譜制作部編　国分寺　スタイルノート　2017.8　383p　26cm〈索引あり〉4000円　①978-4-7998-0162-8　Ⓝ761.2

目次 Tutorial メロディ譜を作ってみる，1 スコアの準備，2 音符・休符の入力，3 音楽記号，4 歌詞とコード記号，5 スコアを編集する，6 スコアをレイアウトする，7 スコアを演奏する，8 エクスポートとインポート，9 特殊な楽譜

内容 マグネティック・レイアウトやダイナミック・パートを活用して，画面上の音符や五線，縦線，連桁，記号，文字，パート譜などを直感的に操作！ 美しい楽譜を手軽に作れる！ 多機能楽譜作成ソフトSibelius/Sibelius｜Firstをやさしく解説。ドラム譜や日本風タブ譜の作り方も解説。

『Accessではじめるデータベース超入門』西村めぐみ著　改訂2版　技術評論社　2017.6　239p　26cm　（かんたんIT基礎講座）〈初版のタイトル：ゼロからわかるAccessではじめるデータベース超入門　索引あり〉2040円　①978-4-7741-8990-1

目次 1 データベースって何だろう，2 Accessの概要，3 テーブルって何だろう，4 データ型って何だろう，5 テーブルを作ってみよう，6 式と関数って何だろう，7 クエリを作ってみよう，8 クエリを活用しよう，9 SQLって何だろう

内容 データベース操作の経験がなくても，この1冊でAccessとSQLの基礎をしっかりマスターできます！

『今すぐ使えるかんたんWordPressホームページ作成入門―最新版』　西真由著　技術評論社　2017.5　255p　24cm（Imasugu Tsukaeru Kantan Series）〈背・表紙のタイトル：WordPress最新版ホームページ作成入門　索引あり〉1480円　①978-4-7741-8889-8　Ⓝ007.645

目次 第1章 WordPressを始める準備をしよう，第2章 サイトの基本設定をしよう，第3章 記事を投稿してトップページを作ろう，第4章 固定ページを追加しよう，第5章 ページに画像を追加しよう，第6章 プラグインを利用しよう，第7章 サイトを充実させよう，第8章 SNSと連携しよう，第9章 サイトを管理しよう，付録

内容 商品紹介ページ，お問い合わせフォーム，SNSとの連携，アクセスアップ―専門的な知識がなくてもあっという間に完成！ 基

本操作から運営のノウハウまでばっちり解説。

『はじめての無料でできるホームページ作成Jimdo入門』　桑名由美著　第2版　秀和システム　2017.5　199p　24cm（BASIC MASTER SERIES 488）〈索引あり〉1680円　①978-4-7980-5098-0　Ⓝ007.645

目次 第1章 Jimdoについて知っておこう，第2章 まずは基本的なホームページを作ってみよう，第3章 トップページを編集しよう，第4章 サブページを作成しよう，第5章 気に入ってもらえるホームページにしよう，第6章 いろいろな機能を使ってみよう，第7章 ネットショップを作ってみよう，第8章 スマホでホームページを更新しよう，第9章 多くの人に来てもらおう

内容 知識ゼロでもホームページを作れる。ビジネス用のホームページが作れる。自分だけのネットショップも作れる。初心者目線の操作解説だから初心者でも迷わない。

『Finale version25実用全ガイド―楽譜作成のヒントとテクニック・初心者から上級者まで Windows & Mac』　スタイルノート楽譜制作部編　国分寺　スタイルノート　2016.12　487p　24cm〈索引あり〉5000円　①978-4-7998-0156-7　Ⓝ761.2

目次 五線の設定，音符と休符，音符と休符の編集，歌詞，コードネーム，音楽記号，文字，レイアウト，プレイバックとReWire，MIDIデータ，読み込みと書き出し，特殊な楽譜，環境設定，FinaleScript

内容 基礎的な操作から高度な本格的楽譜作りまで対応。実際の楽曲から採ったたくさんの譜例で解説。操作で参考になる「ヒント」「注意」も多数掲載。目安になる設定数値も掲載されているので便利。シンプルな楽譜から複雑な楽譜，パート譜など多様な楽譜のつくり方がわかる本格ガイド。

『Scoremaker公式ガイドブック―スキャナも活用して多様な楽譜を簡単に for Windows』　スタイルノート楽譜制作部編，河合楽器製作所監修　国分寺　スタイルノート　2016.11　303p　26cm〈奥付のタイトル：スコアメーカー公式ガイドブック　索引あり〉3400円　①978-4-7998-0155-0　Ⓝ761.2

目次 第1章 スキャナで楽譜を読み込もう，第2章 スキャン入力で困ったら…，第3章 音符を入力しよう，第4章 音符・休符の編集，第5章 音楽記号，第6章 楽譜の中のいろいろな文字，第7章 楽譜をレイアウトする，第8章 楽譜を思いどおりに演奏する，第9章 楽譜データの活用術

内容 トップクラスのスキャン認識性能で，楽譜を上手にパソコンで編集。スコアや合

子どもの本 情報教育・プログラミングの本2000冊　　247

唱譜、パート譜の作り方も説明。スキャン認識の解説部分はカラー印刷でよりわかりやすく！ 大正琴・二胡・ハーモニカ譜などの数字譜もカンタンに。楽譜をワープロソフトなどへ張り付けるのもカンタン。マウスで楽々入力のスコアメーカーをやさしく手順を追って説明。

『動画で学ぶWordPressの学校─初めてWebサイトを立ち上げるときに読む本』
たにぐちまこと著　KADOKAWA　2016.3　191p　24cm　（WEB PROFESSIONAL）〈WordPress 4.x対応　索引あり〉　2750円　①978-4-04-869228-1　Ⓝ547.4833

目次 1限目 WordPressを使ってみよう（WordPressってどんなもの？，WordPressを使うために必要なもの，WordPressをセットアップしよう，「投稿」で記事を書いて公開してみよう，企業サイトに必須の「固定ページ」を作成），2限目 WordPressでサイトを作ろう（「テーマ」を変更してデザインを切り替えよう，ウィジェットで回遊性を高めよう，プラグインで機能を拡張しよう），3限目 WordPressを活用しよう（フロントページでサイトの「顔」を作ろう，公開設定を細かコントロール，Webサイトをチームで管理しよう，プラグインを活用してサイトを充実させよう，もしもに備えてデータをバックアップ，本格カスタマイズに挑戦しよう）

内容 スマホ・PCで見られる「ビデオ授業」つきで、圧倒的なわかりやすさ。制作現場やセミナーで活躍する「達人」が徹底的にやさしく解説。本書オリジナルテーマで、おしゃれなWebサイトをすぐに作れる。ゆったりとした見やすいレイアウトで、本だけでも迷わず学べる。

『スコアメーカー10公式活用ガイド─スキャナも活用して多様な楽譜を簡単にfor Windows』　スタイルノート楽譜制作部編，河合楽器製作所監修　国分寺　スタイルノート　2015.12　287p　21cm　〈索引あり〉　3000円　①978-4-7998-0145-1　Ⓝ761.2

目次 1 スキャナで楽譜を読み込もう，2 スキャン入力で困ったら，3 楽譜を編集する1 音符・休符編，4 楽譜を編集する2 音楽記号編，5 楽譜を編集する3 テキスト編，6 楽譜データの活用術，7 楽譜を思いどおりに演奏する，8 楽譜をレイアウトする，9 Question ＆ Answer

内容 トップクラスのスキャン認識性能で、楽譜を上手にパソコンで編集。スコアや合唱譜、パート譜の作り方も説明。大正琴・二胡・ハーモニカ譜などの数字譜もカンタン

に。楽譜をワープロソフトなどへ張り付けるのもカンタン。マウスで楽々入力のスコアメーカー10をやさしく手順を追って説明しています。

『自動作曲・伴奏ソフトBB22 for Mac入門ガイド─アレンジや演奏はBand-in-a-BoxにまかせてMacで音楽作り』
近藤隆史著　国分寺　スタイルノート　2015.5　253p　21cm　〈索引あり〉　3000円　①978-4-7998-0136-9

目次 入門編（Band - in - a - Boxの準備，チュートリアル・デモソングで操作に慣れる，ソング作成の基本），上級編（コードシートの作成，演奏を自在に操る，リードシート（楽譜）の作成），活用編（すべておまかせでオリジナルソングを作成，付属プラグインの活用，GarageBandとの連携，VOCALOIDと連携した制作）

内容 自動で作曲！ 伴奏！ プロでも驚く能力を秘めたソフトのMac版・使い方ガイド。BB22で作ったデータをGarage Bandと連携してさらに作り込む手順も紹介！

『はじめてのBlender　ゲーム編　フリーの「3D-CGソフト」＆「内蔵ゲームエンジン」でゲーム制作！』　山崎聡著，ＩＯ編集部編集　工学社　2015.2　191p　21cm　（I/O BOOKS）〈索引あり〉　2300円　①978-4-7775-1880-7

目次 第1章 インストール（「Blender」のダウンロード，インストール ほか），第2章 予備知識（ユーザー・インターフェイス，メッシュ構造の注意点 ほか），第3章 はじめての「ゲーム・エンジン」（「Blenderゲーム・エンジン」って何？，はじめての「ゲーム・エンジン」 ほか），第4章 ジャンプアクションの制作（基本部分の作成，マップの作成 ほか），第5章 「マウス・ルック」の作成と「FPSサンプル」の解説（世界を見回す「マウス・ルック」の作成，マップ作成上の注意 ほか）

内容 「Blenderゲームエンジン」で3Dゲームを作る！ 「モデリング」だけではない「Blender」の機能。実際のゲーム制作を通じて、「作業の流れ」と、主なツールの「使用方法」などを解説。

『serato DJパーフェクト・ガイド─GROOVE PRESENTS』　EDIT INC.編著　リットーミュージック　2014.12　151p　21cm　〈背のタイトル：セラートDJパーフェクト・ガイド〉　2000円　①978-4-8456-2552-9

目次 QUICK START（serato DJとは？，serato DJを操作するには？ ほか），1 serato DJを使うための基礎知識（serato DJの仕組みを知る，serato DJのメリットとデメリット ほか），2 serato DJの機能（曲

いろいろなソフトウェア その他

データの読み込み，曲データの解析 ほか），3 実践的な活用法（曲データを使いやすく管理する，クレート作りのツボ ほか），4 さらにserato DJを知る（セットアップ，セットアップ「DVS」 ほか）

|内容| DJソフトのスタンダードserato DJの機能を詳しく解説。コストを抑えてDJを始めたい初心者はもちろんアナログやCDからの移行組にもオススメの1冊。

『ボーカロイドを思い通りに歌わせる本─VOCALOID3 Editorの調声テクニックを大公開！』Nagie著　リットーミュージック　2013.12　223p　21cm〈付録資料：DVD-ROM（1枚12cm）〉　2000円　①978-4-8456-2332-7

|目次| INTRODUCTION ボーカロイドとは？，1 起動から声を出すまで，2 歌詞と音符の便利な入力方法，3 曲作りに必要な操作，4 思い通りに歌わせるために…初級編，5 思い通りに歌わせるために…応用編，6 VOCALOID Editor for CUBASE NEO，ボカロPインタビュー

|内容| ボカロPの必須テクニックをすべて網羅。

『フィナーレ・ノートパッド2011活用ガイド─楽譜作成ソフト・はじめの一歩 for Windows/Mac ソフト付き』スタイルノート楽譜制作部著　国分寺　スタイルノート　2011.6　123p　21cm　2500円　①978-4-903238-58-6　Ⓝ761.2

|目次| 第1章 ダウンロード、インストールから起動まで（ノートパッドをダウンロードしよう，インストールしよう ほか），第2章 楽譜を作る基本テクニック（五線を準備しよう，操作画面 ほか），第3章 一歩進んだ入力テクニック（五線を準備しよう，音符入力テクニック ほか），第4章 Finaleファミリーとしての活用法（Finaleファミリーとは？，Finaleファミリーのファイルを開く ほか），第5章 よくある質問Q&A（音符をまとめて消したい，操作を取り消したい ほか）

|内容| パソコンで楽譜を作るための入門ソフト。2000以上のオリジナルテンプレートで機能アップ。

『Finale User's Bible─2008/2009/2010 Windows/Mac』星出尚志編著，五木悠，神尾立秋，黒川圭一著　音楽之友社　2010.9　558p　21cm〈文献あり　索引あり〉　4600円　①978-4-276-24305-7　Ⓝ761.2

|目次| 1 五線・譜表関係，2 調号関係，3 拍子・小節関係，4 音符関係，5 連桁関係，6 リピート関係，7 記号・文字関係，8 歌詞・コードネーム関係，9 レイアウト関係，10 パート譜関係，11 プレイバック関係

|内容| Finaleで書けない楽譜などない！基本テクニックから超裏ワザテクニックまで網羅。作編曲家からプロ浄書家まで必携の1冊。

子どもの本 情報教育・プログラミングの本2000冊　249

ICTと職業・家庭

ICTにかかわる職業

『マンガでわかるあこがれのお仕事 ユーチューバーになるには？』 BitStar監修
金の星社 2018.6 95p 21cm 1200円 Ⓘ978-4-323-08021-5

目次 第1章 ユーチューバーってなんだろう？（マンガ ユーチューバーって何する人？，「ユーチューバー」って何？ ほか），第2章 ユーチューバーになるためには？（マンガ どうすればなれるの？，ユーチューバーになる方法 ほか），第3章 実際にやってみよう（マンガ どんな練習ができるかな？，こんなことに気をつけよう ほか），第4章 ユーチューバーを目指すあなたに！（マンガ ユーチューバーになりたい！，「ユーチューバー」の可能性 ほか）

内容 "すき"をみがけば自信につながる。マンガとイラストで解説，新しい職業ガイド。

『NHKプロフェッショナル仕事の流儀 3 創造するプロフェッショナル』
NHK「プロフェッショナル」制作班編
ポプラ社 2018.4 190p 20cm 2000円 Ⓘ978-4-591-15759-6 Ⓝ366.29

目次 常識を超え，独創を極めよ―発明家・道脇裕，未来を拓く，希望のサイボーグ―ロボット研究・山海嘉之，ゆっくりでも，止まらなければ，けっこう進む―工学博士・國中均，独創力こそ，工場の誇り―町工場経営者・竹内宏，突きつめたものにこそ，魅力は宿る―フィギュアメーカー社長・宮脇修一

内容 NHKで放送された番組『プロフェッショナル仕事の流儀』を書籍にまとめなおしたシリーズ。小学校高学年以上。

『キャリア教育に活きる！ 仕事ファイル―センパイに聞く 8 サイエンスの仕事』 小峰書店編集部編著 小峰書店 2018.4 44p 29cm 〈索引あり〉 2800円 Ⓘ978-4-338-31801-3 Ⓝ366.29

目次 気象予報士―千種ゆり子さん/ウェザーマップ，データサイエンティスト―伊ヶ崎一起さん/FRONTEO，JAXA研究者―西山万里さん/JAXA，JAMSTEC研究者―樹田行弘さん/JAMSTEC，ロボット開発者―斉藤杏実さん/Honda，科学コミュニケーター―眞木まどかさん/日本科学未来館，仕事のつながりがわかる サイエンスの仕事関連マップ，これからのキャリア教育に必要な視点8 予測困難な時代を科学で切りひらく

内容 この本では高校や大学へと進学し，社会の中で活躍する，さまざまな職業のセンパイが登場します。どのセンパイも，みなさんと同じようにキャリア教育の授業を受け，職場体験を経験してきた人たちです。少し先を歩むセンパイたちの言葉には，みなさんが職業について考えるためのヒントがたくさんあります。この本を読んで，今日から始められること，毎日意識すべきことを見つけてみましょう。そしてあらためて，将来のことを考えてみてください。

『好きなモノから見つけるお仕事―キャリア教育にぴったり！ 1 あそびから見つける―テレビ/サッカー 絵本/音楽/ゲーム』 藤田晃之監修 学研プラス 2018.2 47p 29cm 3000円 Ⓘ978-4-05-501240-9 Ⓝ366.29

目次 テレビ（タレント・モデル，テレビプロデューサー ほか），サッカー（サッカー選手，サッカーコーチ ほか），絵本（絵本作家，絵本の編集者 ほか），音楽（ミュージシャン，レコーディングエンジニア ほか），ゲーム（ゲームプロデューサー，ゲームキャラクターデザイナー ほか）

『夢活！ なりたい！ アニメの仕事 1 アニメーター』 代々木アニメーション学院監修 汐文社 2018.1 47p 27cm 〈取材協力：ポリゴン・ピクチュアズ 年表あり〉 2500円 Ⓘ978-4-8113-2430-2 Ⓝ778.77

目次 アニメの制作現場に潜入！，アニメができるまでの制作工程，教えて！ アニメーターの仕事とは（アニメーター佐野哲郎さん），アニメーターの仕事道具，アニメーターを目指すには，教えて！ アニメーターの働きかた（アニメーター竹本直人さん），アニメーターの1日に密着，日本アニメの歴史をのぞいてみよう，ちょっと息抜きアニメクイズ，今後さらに増える3DCGアニメ，教えて！ アニメの新しいカタチ（ポリゴン・ピクチュアズ代表塩田周三さん），アニメーターQ&A，アニメーターを目指す人たちへ

『こどもおしごとキャラクター図鑑』 給料BANK著，いとうみつるイラスト

ICTと職業・家庭　　　　　　　　　　　　　　　ICTにかかわる職業

宝島社　2017.12　95p　21cm　1500円
①978-4-8002-7688-9　Ⓝ366.29

目次 第1章 芸能・クリエイティブ系のおし
ごと（ファッションデザイナー，アナウン
サー ほか），第2章 飲食・サービス系のお
しごと（パティシエ，和菓子職人 ほか），第
3章 教育・公務員系のおしごと（保育士，幼
稚園教諭 ほか），第4章 士業・医療系のお
しごと（看護師，眼科医 ほか），第5章 ス
ポーツ・その他のおしごと（プロ野球選手，
プロサッカー選手 ほか）

内容 ぼくらの未来はこんなにたくさんある
んだ！公務員からYouTuberまで現代の職
業がもりだくさん！大人も子供も楽しく学
べるおしごと図鑑！全77職業がかわいい
キャラに！

『ときめきハッピーおしごと事典スペシャ
ル』　おしごとガール研究会著　ナツメ
社　2017.12　447p　19cm　（キラかわ
★ガール）〈索引あり〉950円　①978-
4-8163-6365-8　Ⓝ366.29

目次 おしゃれや美容が好き！，テレビや映
画が好き！，音楽が好き！，体を動かすのが
好き！，動物・植物・自然が好き！，食べる
ことが好き！，暮らしやすくしたい！，人の
役に立つのが好き！，旅行や乗り物が好
き！，建物・インテリアが好き！，本や美術
が好き！，教える・お世話するのが好き！，
ゲームやパソコンが好き！

内容 なりたい職業がみつかる！人気・注
目お仕事322種をくわしく紹介！

『キャリア教育支援ガイドお仕事ナビ
12　ITに関わる仕事―アプリ開発者
AI研究者 ウェブプランナー ユー
チューバー』　お仕事ナビ編集室［著］
理論社　2017.10　55p　30cm　2800円
①978-4-652-20209-8　Ⓝ366.29

目次 01 アプリ開発者 キムダソムさん（ア
プリ開発者ってどんな仕事？，キムさんの
一日 ほか），02 AI研究者 大倉俊平さん
（AI研究者ってどんな仕事？，大倉さんの一
日 ほか），03 ウェブプランナー 平佳奈さ
ん（ウェブプランナーってどんな仕事？，平
さんの一日 ほか），04 ユーチューバー 葉
一さん（ユーチューバーってどんな仕事？，
葉一さんの一日 ほか），他にもいろいろな
お仕事！

『中学生・高校生の仕事ガイド　2018-
2019年版』　進路情報研究会編　桐書房
2017.10　399p　21cm　〈索引あり〉
2400円　①978-4-87647-876-7　Ⓝ366.
29

内容 仕事の内容，資格，関連職種。専門学
校・大学の選び方。検索しやすい巻末
INDEX。進路選択にすぐ役立つベストデー
タブック。

『大人になったらしたい仕事―「好き」を
仕事にした35人の先輩たち』　朝日中高
生新聞編集部［編著］　朝日学生新聞社
2017.9　165p　23cm　1500円　①978-
4-909064-20-2　Ⓝ366.29

目次 第1章 機械やしくみが好き，第2章 の
りものが好き，第3章 自然や動物が好き，
第4章 食べることが好き，第5章 人と話す
のが好き，第6章 人を助けるのが好き，第7
章 絵をかいたり物をつくったりするのが好
き，第8章 本を読むのが好き，第9章 人を
楽しませるのが好き

『キャリア教育に活きる！仕事ファイル
―センパイに聞く　7　新しいキャリア
教育ガイドブック』　小峰書店編集部編
著　小峰書店　2017.4　44p　29cm
〈索引あり〉2800円　①978-4-338-
30907-3　Ⓝ366.29

目次 1 ことばの授業（読売新聞東京本社×
NPO法人企業教育研究会），2 ゲームづく
りと数学の意外な関係（ソニー・インタラク
ティブエンタテインメント×NPO法人企業
教育研究会），3 数学がわかると未来が見え
る!?（日本IBM×NPO法人企業教育研究
会），4 水害から街を守る建設事業（CCIち
ば×伊藤工務店×NPO法人企業教育研究
会），5 環境と経済のつながりをゲームで体
感（チームLogy&Nomy），6 スポーツを通
して夢をかなえる力を育てよう（「夢・未来」
プロジェクト），職場体験ガイドブック，イ
ンターネットを活用して職業について調べ
よう，これからのキャリア教育に必要な視点
7 ボランティアで人の役に立つ喜びを知る

内容 この本では高校や大学へと進学し，社
会の中で活躍する，さまざまな職業のセン
パイが登場します。どのセンパイも，みな
さんと同じようにキャリア教育の授業を受
け，職場体験を経験してきた人たちです。
少し先を歩むセンパイたちの言葉には，み
なさんが職業について考えるためのヒント
がたくさんあります。この本を読んで，今
日から始められること，毎日意識すべきこ
とを見つけてみましょう。そしてこれをた
めて，将来のことを考えてみてください。

『キャリア教育に活きる！仕事ファイル
―センパイに聞く　4　ショップの仕
事』　小峰書店編集部編著　小峰書店
2017.4　44p　29cm　〈索引あり〉2800
円　①978-4-338-30904-2　Ⓝ366.29

目次 19 雑貨店店長（森みささん/ハンドメ
イドと雑貨のお店mini＊），20 アパレル
ショップ店長（新井香緒さん/GU），21 百
貨店バイヤー（本田彩夏さん/三越伊勢丹），
22 オンラインモール運営（片山祐輔さん/
Yahoo！JAPAN），23 園芸店店長（佐藤健

子どもの本 情報教育・プログラミングの本2000冊　　251

ICTにかかわる職業　　　　　　　　　　　ICTと職業・家庭

太さん/プロトリーフガーデンアイランド），24 書店員（森山千春さん/紀伊國屋書店），仕事のつながりがわかるショップの仕事関連マップ，これからのキャリア教育に必要な視点4 起業で未来を切りひらこう

内容 この本では高校や大学へと進学し，社会の中で活躍する，さまざまな職業のセンパイが登場します。どのセンパイも，みなさんと同じようにキャリア教育の授業を受け，職場体験を経験してきた人たちです。少し先を歩むセンパイたちの言葉には，みなさんが職業について考えるためのヒントがたくさんあります。この本を読んで，今日から始められること，毎日意識すべきことを見つけてみましょう。そしてあらためて，将来のことを考えてみてください。

『キャリア教育に活きる！ 仕事ファイル―センパイに聞く　2　メディアの仕事』 小峰書店編集部編著　小峰書店　2017.4　44p　29cm〈索引あり〉2800円　①978-4-338-30902-8 Ⓝ366.29

目次 7 映像クリエーター（石舘波子さん/スタジオコロリド），8 YouTubeクリエーター（Daichiさん），9 アナウンサー（宇垣美里さん/TBS），10 広告ディレクター（福嶋亜侑華さん/リクルートコミュニケーションズ），11 編集者（小嶋英俊さん/小峰書店），12 グラフィックデザイナー（加納大輔さん/SOUP DESIGN），仕事のつながりがわかるメディアの仕事関連マップ，これからのキャリア教育に必要な視点2 インターネット時代の表現力

内容 この本では高校や大学へと進学し，社会の中で活躍する，さまざまな職業のセンパイが登場します。どのセンパイも，みなさんと同じようにキャリア教育の授業を受け，職場体験を経験してきた人たちです。少し先を歩むセンパイたちの言葉には，みなさんが職業について考えるためのヒントがたくさんあります。この本を読んで，今日から始められること，毎日意識すべきことを見つけてみましょう。そしてあらためて，将来のことを考えてみてください。

『キャリア教育に活きる！ 仕事ファイル―センパイに聞く　1　ITの仕事』 小峰書店編集部編著　小峰書店　2017.4　44p　29cm〈索引あり〉2800円　①978-4-338-30901-1 Ⓝ366.29

目次 1 システムエンジニア（小林傑さん/コロプラ），2 プログラマー（中村緑達さん/チームラボ），3 CGアニメーター（山口朋輝さん/チームラボ），4 プランナー（兼康希望さん/面白法人カヤック），5 WEBデザイナー（飯嶋絵理奈さん/キノトロープ），6 サウンドクリエーター（高橋邦幸さん/

MONACA），仕事のつながりがわかるITの仕事関連マップ，これからのキャリア教育に必要な視点1 プログラミング教育の本当の意味とは？

内容 この本では高校や大学へと進学し，社会の中で活躍する，さまざまな職業のセンパイが登場します。どのセンパイも，みなさんと同じようにキャリア教育の授業を受け，職場体験を経験してきた人たちです。少し先を歩むセンパイたちの言葉には，みなさんが職業について考えるためのヒントがたくさんあります。この本を読んで，今日から始められること，毎日意識すべきことを見つけてみましょう。そしてあらためて，将来のことを考えてみてください。

『10代のための仕事図鑑―未来の入り口に立つ君へ』 大泉書店編集部編　大泉書店　2017.4　255p　21cm〈他言語標題：The career guide for teenagers 索引あり〉1400円　①978-4-278-08413-9 Ⓝ366.29

目次 人を美しく豊かにする仕事，食やサービスでもてなす仕事，身近なくらしを支える仕事，安全な世の中を守る仕事，人の健康と生活を守る仕事，人を教え育てる仕事，生き物や自然と関わる仕事，乗り物や機械で世の中を便利にする仕事，技を極めて伝統を受け継ぐ仕事，スポーツで人々を楽しませる仕事，表現を追求して人々に伝える仕事，映画・音楽・舞台をつくりあげる仕事

内容 無限に広がる未来へ人生を変える361の仕事。

『職場体験完全ガイド　55　プログラマー・セキュリティエンジニア・アプリ開発者・CGデザイナー―IT産業の仕事　2』 ポプラ社　2017.4　47p　27cm〈索引あり〉2800円　①978-4-591-15374-1 Ⓝ366.29

目次 プログラマー（プログラマーってどんな仕事？，インタビュー プログラマーの竹内淳史さんに聞きました「日本じゅうの人たちが喜んで使えるものをつくりたい」ほか），セキュリティエンジニア（セキュリティエンジニアってどんな仕事？，インタビュー セキュリティエンジニアの中西健太さんに聞きました「たよられるセキュリティエンジニアになりたい」ほか），アプリ開発者（アプリ開発者ってどんな仕事？，インタビュー アプリ開発者の長嶋朗さんに聞きました「世界じゅうのどこにもない，便利で役だつアプリをつくりたい」ほか），CGデザイナー（CGデザイナーってどんな仕事？，インタビュー CGデザイナーの篠原貴英さんに聞きました「『すごい！』と感動してもらえるCGをかきつづけたい」ほか）

『ミラクルハッピーお仕事ずかんDX（デラックス）』 ドリームワーク調査会編著　西東社　2017.1　415p　19cm〈「ミラクルたのしい！ ハッピーお仕事ずかん」

ICTと職業・家庭　　　　　　　　　　　　　　　　　　　　　　　ICTにかかわる職業

（2012年刊）の改題、追加　索引あり〉
950円　①978-4-7916-2381-5　⑩366.29
目次 人気のヒミツを知りたい！ あこがれのお仕事、いま話題に！ 人気急上昇中！ 注目のお仕事、おしゃれに夢中！ ファッション・美容のお仕事、芸能界に興味しんしん！ テレビ・映画・ラジオのお仕事、女性が大活やく！ スポーツにかかわるお仕事、歌や演奏、ダンスがとくい！ 音楽・ダンスのお仕事、読書や絵をかくことがすき！ 出版・美術のお仕事、人気急上昇！ 日本伝統のお仕事、食にこだわりがある！ 料理・食のお仕事、お出かけ大すき！ 旅行・レジャーのお仕事、人に何かを教えたい！ 教育のお仕事、花と動物にいやされる！ 植物・動物にかかわるお仕事、住みやすい国にしたい！ 政治・法律・金融のお仕事、こまっている人をたすけたい！ 医療・警察・防衛のお仕事、すてきな家をつくりたい！ 建築・インテリアのお仕事、パソコンをそうさするのが楽しい！ ゲーム・ITのお仕事
内容 どんな1日？ 仕事現場がマンガでわかる！ お仕事ぴったり度チェック。診断テストにチャレンジ！ なり方、働く場所、お給料、制服・服そう、あこがれの職業まるわかり！ 大活やく中の先ぱいインタビューも！

『中学生・高校生の仕事ガイド　2017-2018年版』　進路情報研究会編　桐書房
2016.12　382p　21cm　〈索引あり〉
2300円　①978-4-87647-870-5　⑩366.29
内容 仕事の内容、資格、関連職種、専門学校・大学の選び方、検索しやすい巻末INDEX。進路選択にすぐ役立つベストデータブック。

『中学生・高校生の仕事ガイド　2016-2017年版』　進路情報研究会編　桐書房
2015.12　382p　21cm　〈索引あり〉
2200円　①978-4-87647-862-0　⑩366.29
内容 進路選択にすぐ役立つベストデータブック。仕事の内容、資格、関連職種。専門学校・大学の選び方。検索しやすい巻末INDEX。

『めちゃキラ！ お仕事ブック―7つのしかけでお仕事がわかる』　めちゃキラ！ 委員会編　高橋書店　2015.10　318p　19cm　980円　①978-4-471-10349-1　⑩366.29
目次 ファッション・美容に関わるお仕事、テレビ・映画・ラジオに関わるお仕事、音楽に関わるお仕事、食に関わるお仕事、動物・植物に関わるお仕事、教育に関わるお仕事、人々を守るお仕事、出版・美術に関わるお仕

事、政治・法律・金融に関わるお仕事、乗りもの・レジャーに関わるお仕事、海外で活躍するお仕事、スポーツに関わるお仕事、ゲーム・ITに関わるお仕事、まだまだある注目のお仕事
内容 7つのしかけでお仕事がわかる!!大満足のお仕事データ。働くかっこいい男子も登場。お役立ち情報も盛りだくさん。あこがれのお仕事が漫画で読める。かわいい制服が見られる。仕事場えさがしで遊べる。クイズで学べる。

『クレヨンしんちゃんのまんがお仕事おもしろ百科―まんがでわかるお仕事のあれこれ』　臼井儀人キャラクター原作、りんりん舎編集・構成　新版　双葉社　2015.9　207p　19cm　（クレヨンしんちゃんのなんでも百科シリーズ）〈索引あり〉　800円　①978-4-575-30934-8　⑩366.29
目次 巻頭スペシャル みんなのあこがれ！、1章 才能と技術を生かす、2章 テレビ、ゲーム、新聞や本にかかわる、3章 地球、人、動物を相手にする、4章 ものをつくるサービスする、5章 世の中のために働く、6章 会社ってこんなところ
内容 世の中には、たくさんの仕事があります。今の中からこの本では、子どもに人気の仕事やおなじみの100近い仕事を選び、次の3つにポイントを置いて紹介しています。（1）仕事の様子や雰囲気が、しんちゃんのまんがで楽しくわかる。(2) 仕事の概要、やりがい、大変な点がわかる。(3) 仕事に就くための資格、「今からできること」などがわかる。これで、それぞれの仕事の全体像を理解したら、働く大人に対する尊敬の念を持ちながら、世の中の仕組みを理解することもできます。本書は、仕事や世の中に興味を持ったお子さまに、最適の一冊です。

『未来のお仕事入門』　東園子まんが　学研教育出版　2015.8　191p　23cm　（学研まんが入門シリーズ）〈他言語標題：MANGA FUTURE CAREER PRIMER　文献あり 索引あり　発売：学研マーケティング〉1300円　①978-4-05-204101-3　⑩366.29
内容 人気の仕事をまんがで紹介！ パティシエ、医師、まんが家、プロサッカー選手、宇宙飛行士、ゲームクリエイター、フラワーショップ。そのほかに178種類の仕事を紹介。オールカラーのまんがと解説で未来の仕事を見つけよう！

『夢をかなえる職業ガイド―あこがれの仕事を調べよう！』　PHP研究所編　PHP研究所　2015.8　63p　29cm　（楽しい調べ学習シリーズ）〈文献あり 索引あ

子どもの本 情報教育・プログラミングの本2000冊　　253

り 〉 3000円 ①978-4-569-78483-0
ℕ366.29

目次 1 感動をあたえたい（おいしいものを作りたい，作品を作りたい，スターになりたい，流行を発信したい，言葉を伝えたい），2 みんなを支えたい（生活の安全を守りたい，いのちやからだを守りたい，人の役に立ちたい！，世界の平和に貢献したい，人や荷物を届けたい，災害や事故を防ぎたい），3 人や世の中をリードしたい（人や動物にかかわりたい，経済を支えたい，国や地域の代表になりたい，新しいことを発見したい）

内容 あなたは，どんな仕事にあこがれますか？ 具体的な仕事は決まっていなくても，おいしいものを作って人を笑顔にしたい，世界を平和にしたい，困っている人を救いたい，動物にかかわりたいなど，やりたいことをかなえるにはどんな仕事があるのか，まずはこの本を開いてみましょう。あなたの夢をかなえるヒントが見つかります。

『小説・マンガで見つける！ すてきな仕事 4 うみだす─下町ロケット 銀の匙 Silver Spoonほか』 学研教育出版編 学研教育出版 2015.2 103p 22cm 〈発売：学研マーケティング〉2000円 ①978-4-05-501141-9 ℕ366.29

目次 林業作業士─『神去なあなあ日常』三浦しをん，畜産農家─『銀の匙Silver Spoon』荒川弘，農家─『幸せの条件』誉田哲也，技術者─『下町ロケット』池井戸潤，建築士─『匠三代』原作：倉科遼，作画：佐藤智一，自動車会社（生産管理）─『安全靴とワルツ』森深紅，仕立て職人─『繕い裁つ人』池辺葵，染色家─『からくりからくさ』梨木香歩，靴職人─『IPPO』えすとえむ，時計職人─『思い出のとき修理します』谷瑞恵，人形職人─『たまさか人形堂物語』津原泰水，アニメ監督─『ハケンアニメ！』辻村深月，ゲームクリエーター─『東京トイボックス 新装版』うめ（小沢高広，妹尾朝子），グラフィックデザイナー─『凸凹デイズ』山本幸久，スピーチライター─『本日は，お日柄もよく』原田マハ

『ときめきハッピーおしごと事典』 おしごとガール研究会著 ナツメ社 2015.2 430p 19cm （キラかわ★ガール）〈索引あり〉950円 ①978-4-8163-5735-0 ℕ366.29

目次 おしゃれや美容が好き！，テレビや映画が好き！，音楽が好き！，体を動かすのが好き！，動物・植物・自然が好き！，食べることが好き！，暮らしやすくしたい！，人の役に立つのが好き！，旅行や乗り物が好き！，建物・インテリアが好き！，本や美術

が好き！，教える・お世話するのが好き！，ゲームやパソコンが好き！

内容 なりたい職業がみつかる！ あこがれのお仕事307種を徹底紹介！

『キャリア教育支援ガイドお仕事ナビ 2 ゲームを作る仕事─グラフィックデザイナー プロデューサー サウンドクリエイター シナリオライター プログラマー』 お仕事ナビ編集室［著］ 理論社 2014.10 55p 30cm 2800円 ①978-4-652-20069-8 ℕ366.29

目次 01 グラフィックデザイナー─杉山伸江さん，02 プロデューサー─馬場保仁さん，03 サウンドクリエイター─スキャット後藤さん，04 シナリオライター─魚住ユキコさん，05 プログラマー─白石竜介さん，他にもいろいろなお仕事！

『会社のしごと─会社の中にはどんな職種があるのかな？ 6 取りまとめるしごと─管理職・マネージャー』 松井大助著 ぺりかん社 2014.5 155p 22cm 2800円 ①978-4-8315-1352-6 ℕ366.29

目次 第1章 「会社」ってどういうところ？（会社ってなんだろう？，どんなことをしている会社がある？ ほか），第2章 「取りまとめるしごと」ってなんだろう？（どんなチームを取りまとめる？，どの立ち位置から取りまとめる？ ほか），第3章 しごとの現場をのぞいてみよう（「会社全体」を取りまとめる仕事─生活用品メーカーの社長，「立ち上げた組織」を取りまとめる仕事─ウェブクリエータ会社の起業家 ほか），第4章 「取りまとめるしごと」のライフスタイル（ファッションチェック！，暮らしぶりをチェック！ ほか）

内容 社会に出ると大半の人は「会社」で働きます。みなさんも，将来は会社に就職する人がほとんどでしょう。このシリーズでは，会社の職種をいくつかのグループに分けてわかりやすく紹介しています。この本では「取りまとめるしごと」についてくわしく見てみましょう。

『なりたい自分を見つける！ 仕事の図鑑 16 生活をいろどるアートの仕事』 〈仕事の図鑑〉編集委員会編 あかね書房 2014.3 79p 27cm 〈索引あり〉3300円 ①978-4-251-07826-1 ℕ366.29

目次 絵に動きをつけて映像をつくる，本や広告，商品などのイメージにあった絵を描く，道行く人の心を動かすかざりつけをする，絵を描くときに使うさまざまな種類の道具を売る，参加者が気持ちよく歌えるよう舞台裏を支える，子どもの表現力を伸ばすダンスを教える，子どもの洋服を販売しおしゃれの楽しさを伝える，読者がほしくなるふろくをつくる，流行やはきやすさを

ICTと職業・家庭　　　　　　　　　　　　　ICTにかかわる職業

考えた靴をデザインする，子どもから大人まで喜ぶチョコレート菓子をつくる，お客の要望に応じてつめのおしゃれを提案する，芸術のすばらしさを多くの人に伝える，デジタル写真でオリジナルの印刷物をつくる，CG技術を使って見る人に感動を与える，より使いやすい文具を考えてつくる

『なりたい自分を見つける！ 仕事の図鑑14 安心なくらしを形にする仕事』
〈仕事の図鑑〉編集委員会編　あかね書房　2014.3　79p　27cm〈索引あり〉
3300円　Ⓘ978-4-251-07824-7　Ⓝ366.29
目次 かざすだけで使えるカードを海外に広める，世界中の人とつながる場のしくみをつくる，天候の変化を予測し生活や防災に役立てる，救急車をよぶかどうかの判断を助ける，利用者をトラブルから守るセキュリティを考える，車の流れを監視し安全な走行を支える，信号などを管理して交通の安全を保つ，風の力で環境にやさしいエネルギーをつくる，子どもたちを守り安心できる場所を提供する，ごみを燃やす熱エネルギーを有効利用する，みんなが安心して住める魅力的なまちにする，安全な食品などを家まで届けてくれる，海の地理を細かく調べ用途にあわせて提供する，海水を淡水に変える技術で水不足の解消をめざす，安定した収入を得られるよう手助けする
内容 市長，食品宅配サービスの商品開発者，地図情報をつくる，水処理膜を開発する，若者に就職を支援する，…ほか15職種。

『社会科見学に役立つわたしたちのくらしとまちのしごと場 5 情報・文化のしごと―テレビ局・博物館』ニシ工芸児
童教育研究所編　金の星社　2013.3
47p　30cm〈索引あり〉2800円
Ⓘ978-4-323-05715-6　Ⓝ366.29
目次 社会のできごとを伝える新聞社，テレビ番組をつくって放送する放送局 テレビ局，ラジオ番組をつくって放送する放送局 ラジオ局，世界のインターネットをささえるポータルサイト運営会社，本などの資料を集めてかし出す図書館，資料を集めて保管，てんじする博物館，神様が宿り，人びとを守る神社，仏教の教えで人びとをささえる寺院，古くからの建物を未来に受けつぐ文化財ほぞん地区，もっと知りたい情報・文化のしごと―出版社/広告代理店/電話会社/美術館/書道教室/焼きもの工ぼう/演芸場/たたみ屋

『すべてバッチリ!!ワクワクお仕事ナビ』
ピチレモンブックス編集部編　学研教育出版　2012.12　255p　19cm（ピチ・レモンブックス）〈索引あり〉発

売：学研マーケティング〉890円
Ⓘ978-4-05-203678-1　Ⓝ366.29
目次 みんなの視線が集中!!とにかく♡なお仕事，芸やトークで勝負!!人前でパフォーマンスするお仕事，みんなに元気をおとどけ!!食べものにかんするお仕事，得意分野で勝負しよう★自分のセンスを生かせるお仕事，たのしい情報はまかせて!!マスコミ関係のお仕事，最先端の技術をマスター パソコン・ゲームにかんするお仕事，やりがいバッチリ!!人のお役にたてるお仕事，どこにでも行けちゃう 乗りものにかかわるお仕事，かわいいペットのお世話をするよ 動物にかかわるお仕事，からだを動かすのってきもちいい★スポーツにかかわるお仕事，キレイになるおてつだいをしちゃう 美容にかかわるお仕事，自分のひらめきがだいじ!!作品を生み出すお仕事，みんなをハッピーにしちゃう 音楽にかかわるお仕事，しっかり勉強して専門家になろう お金・法律にかかわるお仕事，お仕事にかんするQ&A
内容 歌手，パティシエ…人気のお仕事たくさん紹介。

『ミラクルたのしい！ ハッピーお仕事ずかん』ドリームワーク調査会編著　西東社　2012.4　383p　19cm　950円
Ⓘ978-4-7916-1875-0
目次 人気のヒミツを知りたい！ あこがれのお仕事，おしゃれに夢中！ ファッション・美容のお仕事，芸能界に興味しんしん！ テレビ・映画・ラジオのお仕事，歌や演奏，ダンスがとくい！ 音楽・ダンスのお仕事，読書や絵をかくことがすき！ 出版・美術のお仕事，食にこだわりがある！ 料理・食のお仕事，お出かけ大すき！ 旅行・レジャーのお仕事，人に何かを教えたい！ 教育のお仕事，花と動物にいやされる！ 植物・動物にかかわるお仕事，住みやすい国にしたい！ 政治・法律・金融のお仕事，医療・警察・防衛のお仕事，建築・インテリアのお仕事，ゲーム・ITのお仕事
内容 女の子に人気の223種，「なりたい」仕事がくわしくわかる。

『親子で楽しむこどもお仕事塾』夢さがしプロジェクト著，菅原亜樹子監修　明治書院　2011.6　87p　21cm（寺子屋シリーズ 7）1500円　Ⓘ978-4-625-62416-2　Ⓝ366.29
目次 適性診断，タイプ別・お仕事解説（ビジネス，ルーティン，テクニカル，サイエンス，アート，パーソン）
内容 6つのタイプ別に30種類の職業を紹介。それぞれのお仕事解説のほか，“なるには”“やりがい”“マメ知識”“こんなキミにピッタリ！”“ある一日”など，そのお仕事をもっと知りたくなる情報が満載！ 楽しい適性診断も。

子どもの本 情報教育・プログラミングの本2000冊　255

ICTにかかわる職業　　　　　ICTと職業・家庭

『探Q！　日本のひみつ～いろいろなしごと～』青山邦彦絵　帝国書院　2011.2　32p　31cm　1800円　①978-4-8071-5951-2　Ⓝ366.29

|目次| 人とロボットがいっしょにはたらく自動車工場のひみつ，日本と外国をむすぶ飛行機がたくさん集まる空港　成田国際空港のひみつ，すずしい気候を利用した高原野菜の産地　野辺山高原のひみつ，入りくんだ湾の地形を生かした良港　大船渡港のひみつ，たくさんのお店が集まる巨大な商業しせつ　ショッピングセンターのひみつ，みかんをつかっておいしいジュースをつくる　みかんジュース工場のひみつ，ニュースやドラマなどのテレビ番組をつくる　NHK放送センターのひみつ

『職業体験完全ガイド　13　携帯電話企画者・ゲームクリエイター・ウェブプランナー・システムエンジニア（SE）―IT産業の仕事』ポプラ社　2010.3　47p　27cm〈索引あり〉2800円　①978-4-591-11705-7　Ⓝ366.29

|目次| 携帯電話企画者〔携帯電話企画者ってどんな仕事？，インタビュー・携帯電話企画者の南部洋平さんに聞きました―「つねに時代を先どりして，もとめられる商品を開発したい」ほか〕，ゲームクリエイター〔ゲームクリエイターってどんな仕事？，インタビュー・ゲームクリエイターの高塚新吾さんに聞きました―「いつも冒険心をわすれずに，遊ぶ人たちが喜んでくれるゲームをつくりたい！」ほか〕，ウェブプランナー〔ウェブプランナーってどんな仕事？，インタビュー・ウェブプランナーの谷恵美子さんに聞きました―「インターネットの最前線で，ほんとうによいウェブサイトをつくりたい」ほか〕，システムエンジニア（SE）〔システムエンジニア（SE）ってどんな仕事？，インタビュー・システムエンジニア（SE）の久保ユカリさんに聞きました―「仕事を通じて，理想の未来社会を実現していきたいです！」ほか〕，ほかにもある！IT産業の仕事〔ハードウエア開発技術者，ソフトウエア開発技術者　ほか〕

|内容| 仕事の現場に完全密着。取材にもとづいた臨場感と説得力。

『新13歳のハローワーク』村上龍著，はまのゆか絵　幻冬舎　2010.3　561p　27cm〈他言語標題：The all-new complete job guide for the 13-year old　索引あり〉2600円　①978-4-344-01802-0　Ⓝ366.29

|目次| 国語，社会，数学，理科，音楽，美術，技術・家庭科，保健・体育，外国語，道徳，

休み時間，放課後，学校行事が好き・ほっとする，何も好きじゃない，何にも興味がないと，がっかりした子のための特別編

|内容| 「国語が好き」「社会が好き」「理科が好き」「体育が好き」…。好きな教科の扉を開けると，胸がときめく職業図鑑が広がる。127万部突破のベストセラーを大幅に改訂。89の職業を追加，112ページ増量。

『感動する仕事！　泣ける仕事！―お仕事熱血ストーリー　7　あなたの未来を輝かせたい』学研教育出版　2010.2　64p　23cm〈発売：学研マーケティング〉2000円　①978-4-05-500711-5　Ⓝ366.29

|目次| 宇宙飛行士・山崎直子（文・ささきあり），ロボット開発者・古田貴之（文・井上こみち），夜間中学校教師・関本保孝（文・中村文人），保育士・七海雷児（文・すとうあさえ）

『バーチャルYouTuberはじめてみる』スタジオ・ハードデラックス編　河出書房新社　2018.4　127p　21cm　1000円　①978-4-309-28673-0　Ⓝ007.353

|目次| バーチャルYouTuberインタビュー（シロ，ばあちゃる　ほか），Pick Up Virtual YouTuber（ときのそら，源元気），バーチャルYouTuber"楽しみ方"（バーチャルYouTuberに会いに行く，YouTubeを見てみる　ほか），バーチャルYouTuber"はじめ方"（はじめるために必要なもの，バーチャルYouTuberデビューまでの道のり　ほか），技術者Interview（ノラネコP，ねこます）

|内容| 話題のバーチャルYouTuber17人にインタビュー！　コストをかけずにはじめたい人，本格的にはじめたい人，必見!!実際につくってみた。"楽しみ方"と"はじめ方"を分かりやすく解説。

『アニメCGの現場―3DCGを中心とした映像制作技術を徹底取材！　2018』CGWORLD編集部編　ボーンデジタル　2017.12　439p　29cm〈CGWORLD特別編集版〉3600円　①978-4-86246-403-3　Ⓝ778.57

|目次| Feature（宝石の国，機動戦士ガンダム THE ORIGIN激突ルウム会戦，BLAME！，映画プリキュアドリームスターズ！），Regular（ドリフェス！，ドリフェス！R，Re：CREATORS，アイカツスターズ！，ID-0，ソウタイセカイ，KING OF PRISM―PRIDE the HERO，ナイツ＆マジック，うたの☆プリンスさまっ　マジLOVEレジェンドスター，チェインクロニクル　ヘクセイタスの閃，ポッピンQ）

|内容| 3DCGを中心とした映像制作技術を徹底取材！　アニメ制作の「現在」を知る！　宝

256

石、メカ、アイドル、背景など画像と解説で
アニメ制作を紐解く!!

『女性の職業のすべて　2019年版』　女性
の職業研究会編　啓明書房　2017.12
267p　21cm〈他言語標題：WORKS
for WOMEN　索引あり〉1400円
①978-4-7671-1280-0　Ⓝ366.29
目次 第1章 仕事さがしのSTEP BY STEP
（就職はライフスタイルを決定する大きな選
択，あなたの資質と相性のよい仕事は？，仕
事の性格を理解する，就職に必要な学歴・資
格・技術を知る，仕事と夢，あこがれ，仕事
と資格・学歴，就職・転職のノウハウ，正社
員と人材派遣，どっちがいい？），第2章
ジャンル別職業ガイド（ファッション，マス
コミ，コンピュータ，ビジネス・コンサル
ティング，サービス，クリエイティブ，芸
能・音楽・映像，旅行・運輸・運送，医療，
福祉，教育，公務員，スポーツ）
内容 好きなこと，やりたいこと，興味のあ
ることを自分の仕事に。女性の職業総合ガ
イド！女性に注目される職業232種をピッ
クアップ。ジャンル別13分野に分けて掲載。
仕事内容，資格の取り方，収入等をわかりや
すく解説。就職までのルートマップを
チャートで紹介。仕事名から検索できるイ
ンデックス付。

『日本の給料＆職業図鑑―業界別ビジネス
マンSpecial』　給料BANK著　宝島社
2017.12　189p　21cm〈索引あり〉
1000円　①978-4-8002-7802-9　Ⓝ366.4
目次 第1章 自動車・機械系/運輸・物流系，
第2章 食品・農業系，第3章 外食・流通系，
第4章 情報通信・印刷・インターネット系，
第5章 娯楽・エンターテインメント・メ
ディア系，第6章 金融・法人サービス系，第
7章 生活用品系，第8章 生活・公共サービ
ス系/建設・不動産系，第9章 その他の職業
内容 働く人の8割が就く150の仕事を大解
剖！銀行員，テレビ局員からIT系まで日本
経済を支える業界から選出。

『もっとやりたい仕事がある！』　池上彰
著・監修　小学館　2017.7　575p
19cm〈他言語標題：MORE Jobs I
Can Do toward the 2020s　索引あり〉
1800円　①978-4-09-388564-5　Ⓝ366.
29
目次 アート，ネイチャー，サイエンス，マ
ネー，スポーツ，ヘルス，パブリック，つく
る，教える，ファッション，フード，情報産
業，福祉，カルチャー，守る，ホビー，サー
ビス

内容 今後「なくなる仕事」とは？どんな
能力が必要なの？「新しい働き方」はどうな
る？池上解説で最新の潮流がよくわかる！
主要職種の年収比較リスト付き。750職種を
網羅。仕事選びのポータルGUIDE。

『アニメCGの現場―3DCGを中心とし
た映像制作技術を徹底取材！　2017』
CGWORLD編集部編　ボーンデジタル
2016.12　437p　29cm〈CGWORLD特
別編集版〉3600円　①978-4-86246-369-
2　Ⓝ778.77
目次 FEATURE 君の名は。，REGULAR
（機動戦士ガンダムTHE ORIGIN，魔法つ
かいプリキュア！，IDOLiSH7『RESTART
POiNTER』MV，アクティヴレイド―機動
強襲室第八係，ツキウタ。THE
ANIMATION，プリパラ み〜んなのあこが
れ レッツゴー☆プリパリ，ガールズ＆パン
ツァー劇場版，ばくおん!!，DAYS，不機嫌
なモノノケ庵，ブブキ・ブランキ，SUSHI
POLICE，horror，甲鉄城のカバネリ）
内容 3DCGを中心とした映像制作技術を徹
底取材!!アニメ制作の「現在」を知る！

『女性の職業のすべて　2018年版』　女性
の職業研究会編　啓明書房　2016.12
267p　21cm〈他言語標題：WORKS
for WOMEN　索引あり〉1400円
①978-4-7671-1273-2　Ⓝ366.29
目次 第1章 仕事さがしのSTEP BY
STEP，第2章 ジャンル別職業ガイド
（ファッション，マスコミ，コンピュータ，
ビジネス・コンサルティング，サービス，ク
リエイティブ，芸能・音楽・映像，旅行・運
輸・運送，医療，福祉，教育，公務員，ス
ポーツ）
内容 女性に注目される職業232種をピック
アップ。ジャンル別13分野に分けて掲載。
仕事内容，資格の取り方，収入等をわかりや
すく解説。就職までのルートマップを
チャートで紹介。仕事名から検索できるイ
ンデックス付。

『ゲームクリエイターの仕事―イマドキの
ゲーム制作現場を大解剖！』　蛭田健司
著　［東京］翔泳社　2016.4　167p
23cm〈索引あり〉1980円　①978-4-
7981-4437-5　Ⓝ798.5
目次 1 ゲームクリエイターの仕事とは
（ゲーム業界の基礎知識，ゲームクリエイ
ターの種類，あるゲーム会社の一日，ゲーム
開発の流れ），2 ゲームクリエイターに必要
な知識とスキル（プランナーに必要な知識と
スキル，プログラマーに必要な知識とスキ
ル，グラフィックデザイナーに必要な知識と
スキル，サウンドクリエイターに必要な知識
とスキル，ディレクターに必要な知識とスキ
ル，プロデューサーに必要な知識とスキル）
内容 本書は「ゲームクリエイター」になり
たい方（主に大学生や異業種からの転職者）

ICTにかかわる職業　　　　　　　　　　　　　　　ICTと職業・家庭

に向けて、多くのコンシューマー向けゲーム
や、スマートフォン向けゲームの立ち上げ
や社内の新人研修にかかわってきた著者が、
イマドキのゲーム制作の現場についてやさ
しく解説した書籍です。PART1では、ゲー
ム業界の基礎知識や、ゲームクリエイターの
種類、ゲーム開発の流れについて解説して
います。PART2では、ゲームクリエイター
の中でも人気の職種である、プランナー、プロ
グラマー、グラフィックデザイナー、サウ
ンドクリエイター、ディレクター、プロ
デューサーに必要な知識やスキルについて、
わかりやすく解説しています。ゲームクリ
エイターを目指す方、必携の1冊です。

『**グラフィックデザイナー──時代をつくる
デザイナーになりたい!!**』　スタジオ248
編著　六耀社　2016.2　40p　29cm
〈他言語標題：Graphic Designer〉　2600
円　①978-4-89737-818-3　Ⓝ727

目次 第1章 ゆたかな生活を実現してくれる
情報をデザインする（グラフィックデザイ
ナーの基礎知識）、第2章 あたらしい時代を
ひらくグラフィックデザイナー（グラフィック
デザイナーの仕事（広告にかかわるデザイ
ナー、パッケージにかかわるデザイナー、
マーク＆サインにかかわるデザイナー、
ソーシャルデザインにかかわるデザイ
ナー））、グラフィックデザイナーの気にな
るQ&A（グラフィックデザイナーになるた
めの進路と活躍の場は？、グラフィックデ
ザイナーになるために学ぶことは？、グラ
フィックデザイナーをめざすときに役立つ
資料は？、グラフィックデザイナーをめざ
したきっかけは？、グラフィックデザイ
ナーに必要なパソコン技術は？）

内容 4つの分野で活躍するグラフィックデ
ザイナーが教えてくれる、デザイン制作の
実際と発想のポイント。

『**IT・コンピュータ・エンジニアの仕事
につくには　2016年度用**』　さんぽう
2015.9　93p　21cm　（つくには
BOOKS NO.7）〈発売：星雲社〉287
円　①978-4-434-21146-1　Ⓝ007.35

目次 スペシャルインタビュー──株式会社ミ
クシィ 野田紘平さん、よくわかるお仕事ガ
イド、業界の"今"を探ってみよう！、ソフ
トウェアの仕事──広がるスマホ・タブレッ
トアプリ開発、ネットワークの仕事──重要
視されるセキュリティ問題、ハードウェア・
メカトロニクスの仕事──研究の進歩で新技
術がより身近に、クリエイティブの仕事──
おもしろさだけでなく操作性も重要、コン
サルタント・その他の仕事──ITビジネスの
競争で戦略が必要、注目・話題の最新キー

ワード、主な資格・検定一覧 "IT・コン
ピュータ・エンジニア"〔ほか〕

内容 国内IT市場の活性化により、IT技術者
の需要高まる！ 最新の職種、全39種。関連
学校、全109校紹介。

『**エンタテインメント・ゲーム・アニメ・
マンガ・声優の仕事につくには　2016
年度用**』　さんぽう　2015.9　105p
21cm　（つくにはBOOKS NO.3）〈発
売：星雲社〉　287円　①978-4-434-
21142-3　Ⓝ366.29

目次 スペシャルインタビュー──コメディア
ンずんさん、業界の"今"を探ってみよう！、
よくわかるお仕事ガイド、アニメの企画か
ら制作・放送まで、ゲームを作る人たち
ソーシャルゲームが急成長中、アニメを作
る人たち 勢いづくアニメ業界、本を作る人
たち 広まる電子書籍、電子雑誌、映画を作
る人たち 新たな試みが次々登場中！、番組
を作る人たち 「次世代テレビ」で拓ける可
能性、音楽を作る人たち いま、熱いのはラ
イブ！〔ほか〕

内容 市場が急成長！ 活況を迎えるゲーム・
アニメ業界。最新の職種、全85種。関連学
校、全171校紹介。

『**メカニックデザイナーの仕事論──ヤッ
ターマン、ガンダムを描いた職人**』　大
河原邦男著　光文社　2015.8　209p
18cm　（光文社新書 771）〈文献あり〉
740円　①978-4-334-03874-8　Ⓝ726.
501

目次 第1章 偶然始まったメカニックデザイ
ナーの仕事、第2章 私が生み出したロボッ
トたち──『機動戦士ガンダム』まで、第3章
メカニックデザイナーになるまで、第4章
私が生み出したロボットたち──『機動戦士
ガンダム』以降、1980年代、第5章 私の仕
事論、第6章 私が生み出したロボットたち
──1990年代以降、第7章 人との出会い

内容 日本初のメカニックデザイナーが語
る、デザイン論、職人論、営業論。

『**あと20年でなくなる50の仕事**』　水野操
著　青春出版社　2015.4　221p　18cm
（青春新書INTELLIGENCE PI-449）
840円　①978-4-413-04449-3　Ⓝ366.29

目次 第1章 大きく変わろうとしている「職
業」の概念、第2章 コンピュータは人を駆
逐するのか、第3章 今後20年、コンピュー
ターが徐々に仕事を奪っていく、第4章 中
途半端な知的労働者は容赦なく排除される、
第5章 時代に合わせて変化しながら生き残
る職業、第6章 これから生まれる未知の職
業とは──生き残るために必要なこと

内容 タクシードライバー、弁護士、プログ
ラマー、営業部員──「AIに使われる人」と
「AIを使いこなせる人」の違いとは？「消え
る職業」「生まれる仕事」を大胆予測。

ICTと職業・家庭　　　　　　　　　　　　　　　　　　　　　ICTにかかわる職業

『仕事という名の冒険―世界の異能異才に会いにいく』　樋口景一著　中央公論新社　2015.4　213p　20cm　1500円　①978-4-12-004714-5　Ⓝ366.29
目次　アフリカ某国の首相に会いにいく，シンガポールへ「アジアの未来」に会いにいく，サンフランシスコの「ハングリー精神」に会いにいく，カンヌの世界的作品に会いにいく，生粋のコンピュータ・サイエンティストに会いにいく，ロンドンの世界的ミュージシャンに会いにいく，シカゴの天才少年に会いにいく，北京のドンに空気入れを持って会いにいく，ベトナムのメディア王に会いにいく，バンコクの、少女のようなキャリアウーマンに会いにいく〔ほか〕

『アプリ・ゲームプランナー完全マニュアル』　岸知秀,大久保磨著　宝島社　2014.11　255p　21cm〈他言語標題：THE COMPLETE MANUAL OF THE GAME ＆ APPS PLANNER〉1900円　①978-4-8002-3271-7　Ⓝ798.5
目次　前編　ゲームを作る前に（ゲームを作るということ，ゲームを作りたいキミが選べる職業，ゲームはどうすれば作れるか，よく使うゲームデザイナー用語），後編　ゲームができるまで（企画を立てよう！，面白いゲームを考える方法，企画書にまとめてみよう！，プレゼンテーションをしよう！，ゲームの全体をイメージしよう！　ほか）
内容　現役ゲームプランナーが教えるアプリ制作の入門書。企画からリリースまで完全解説！

『400万人に愛されるYouTuberのつくり方』　HIKAKIN,鎌田和樹著　［東京］日経BP社　2014.11　182p　19cm（NIKKEI TRENDY BOOKS）〈発売：日経BPマーケティング〉1200円　①978-4-8222-2079-2　Ⓝ547.483
目次　第1章　YouTubeで人生が変わった（運命を変えた「スーパーマリオビート」動画，日本一を目指して「動画修業」に明け暮れた！，ユーチューバーは編集技術も高価な機材もいらない，HikakinTV立ち上げ！そして、独立へ，ネタ選びのポイントは「視聴者と同じ感覚」，企業コラボで、ついにテレビCMデビュー，世界初！ユーチューバー制作・出演のテレビCMで誰でも人生を変えられる！），第2章　日本初のユーチューバー専門プロダクション（HIKAKINとの出会いが起業のきっかけに，HIKAKINと二人三脚で営業に奔走，プレスリリースで大きな反響を得ることに成功，「うーん」と悩んで社名は「ウーム」に決定，コラボはクリエーターが納得できるものだけ，成功

の絶対条件はクリエーターのやる気），第3章　ユーチューバーを支援するグーグル（ロサンゼルス郊外の巨大支援施設，潜入！無料で使える本格スタジオ），第4章　uuum所属ユーチューバー名鑑―ジェットダイスケ、瀬戸弘司、佐々木あさひ…。次のHIKAKINが大集合
内容　動画新時代を牽引するトップクリエーターのテクニック＆ビジネス手法を大公開。ウケる動画はこうして生まれる！

『YouTubeで食べていく―「動画投稿」という生き方』　愛場大介著　光文社　2014.8　222p　18cm（光文社新書709）740円　①978-4-334-03804-5　Ⓝ547.483
目次　第1章　どうやって動画でお金を稼ぐのか？，第2章　ユーチューバーとは何者か？，第3章　私とクリエイティブとネット動画，第4章　「動画の置き場」から「人」主体のメディアへ，第5章　動画サイトがビジネスのプラットフォームになる，第6章　まったり発信から始めよう
内容　動画投稿で稼ぐ人が増えている。多くの再生回数が見込めそうなテーマを立てて自分で出演、撮影・編集までこます、いわば「ひとりプロダクション」。休日の副業にしている人から、ある程度の収益が見込めるようになったのち、動画一本で生計を立てる人まで活用法はさまざまだ。広告収入を上げるコツ、SNSでの拡散法、最適な動画共有サイトは人によってそれぞれ異なる。「稼ぎたい」「有名になりたい」という願望は、YouTubeで簡単にかなえられるのだろうか？　日本で最も動画共有サイトの立ち上げに携わってきたビデオブロガーが、トップクリエイターたちへのインタビューを交え、動画投稿ビジネスについて考える。

『仕事を選ぶ―先輩が語る働く現場64』　朝日中学生ウイークリー編集部編著　朝日学生新聞社　2014.3　283p　21cm（朝日中学生ウイークリーの本）1500円　①978-4-907150-25-9　Ⓝ366.29
目次　1　ものやしくみをつくる，2　感性を生かす，3　調べる，4　伝える，5　サービスやものを売る，6　運転する，7　教える，8　いのちを助ける，9　人の役に立つ，10　外国とのかけはしになる
内容　社会の第一線で活躍する大人たち。彼らは学生時代に何を考え、どう行動していたのか。人と人とのかかわりの中で生まれる仕事の現場。あこがれの仕事に就くための、先輩からのメッセージ。なりたい自分が見つかる！　銀行員、外交官、医師、客室乗務員、国連職員、国税査察官、声優、アナウンサー、書店員、パティシエ、ゲームプロデューサー、漫画家…など64人を徹底取材！

『CG＆ゲームを仕事にする。―必要なスキル、ワークフロー、つくる楽しさ』　尾形美幸著　エムディエヌコーポレー

子どもの本　情報教育・プログラミングの本2000冊　259

ICTにかかわる職業　　　　　　　　　　　　　　　　ICTと職業・家庭

ション　2013.12　144p　26cm　〈索引
あり　発売：インプレスコミュニケー
ションズ〉2200円　Ⓘ978-4-8443-6384-
2　Ⓝ007.642

目次 第1章 3DCGの仕事，第2章 基本的な
ワークフロー，第3章 3DCGの仕事の実際，
第4章 3DCGの仕事に必要な基礎力，第5章
3DCG業界での生き方，第6章 3DCGを学べ
る教育機関

内容 リアルで美麗なゲームCG，テレビや
劇場版アニメの自然な動き，華やかな遊技
機の演出。CGアーティストを目指す人のた
めの必読ガイドブック。

『ゲームはこうしてできている—クリエイ
ターの仕事と企画術』岸本好弘著　ソ
フトバンククリエイティブ　2013.10
239p　21cm　〈他言語標題：How to
Make Games　文献あり　索引あり〉
2000円　Ⓘ978-4-7973-7226-7　Ⓝ589.
77

目次 第1章 概論編—ここから始まる未来へ
の道！（ゲーム業界の現状，ビデオゲームの
歴史 ほか），第2章 進行編—プロデュー
サーとディレクターの仕事（ゲームクリエイ
ターの全体像，ゲームプロデューサーの仕事
とは ほか），第3章 現場編—先輩が教える
プロの現場（ゲームクリエイターになるため
に，ゲームプランナーの仕事 ほか），第4章
企画編—いよいよ企画作りに挑戦だ！（ペラ
企画を書こう，ゲーム企画の作り方 ほか）

内容 プロの現場で行われている作業，アイ
デアから企画を練る工夫，仕事に就くまで
の挑戦…業界の舞台裏に迫る！

『IT・コンピュータ・エンジニアの仕事
につくには 2014』さんぽう　2013.9
91p　21cm　（つくにはBOOKS NO.
7）〈発売：星雲社〉286円　Ⓘ978-4-
434-18339-3

目次 スペシャルインタビュー—株式会社ミ
クシィ 生井智司さん，よくわかるお仕事ガ
イド，パソコンの製造から流通・販売まで，
ソフトウェアの仕事—モバイルアプリ続々
と誕生，ネットワークの仕事—クラウド
サービスが急成長，ハードウェア・メカトロ
ニクスの仕事—研究の進歩で新技術がより
身近に，クリエイティブの仕事—動画・音声
など総合力が求められる，コンサルタント・
その他の仕事—ITビジネスの競争で戦略が
必要，注目・話題の最新キーワード，新卒採
用情報 関連企業の新卒採用情報，業界就職
最前線—IT・コンピュータ・エンジニア，
NEWS—出荷台数増えるタブレット 進む学
校への導入 国も後押しほか，学び方自分
流！ 自分にいちばんの進路選び，知ってお

きたい進学マネープラン，スクールイン
フォメーション，主な資格・検定一覧（IT・
コンピュータ・エンジニア），IT・コン
ピュータ・エンジニア業界をめざす人のた
めの関連学校アドレス帳，最新情報！ 主な
新設学部・学科・コース，校名変更一覧，IT
関連団体・企業アドレス帳

内容 自分にとって"いちばん"の「職業」と
「学校」探しをサポート。次々と誕生する新
ソフト，活躍の期待高まるエンジニア。

『僕の仕事はYouTube』HIKAKIN著
主婦と生活社　2013.7　158p　19cm
952円　Ⓘ978-4-391-14379-9　Ⓝ547.
483

目次 第1章 YouTubeとの出会い—まずは自
分の「好きなもの」にとことん打ち込んでみ
る，第2章 日本一のYouTuberになるまで—
「挫折」が，自分をひとまわり大きくしてく
れた，第3章 初期投資「0円」はウソじゃな
い—キミもYouTuberになれる！，第4章 経
験から得たアクセスUPの秘訣公開—
HIKAKIN流YouTube必勝法，第5章 1つの
成功の陰に，100の落とし穴が待っている—
YouTubeで破滅しないために，第6章
HIKAKIN誕生秘話—自分を売り出す，自分
を表現する方法，第7章 未来に向けて
HIKAKIN進化中！—「身近」で「楽しい」
「ほっとする」ものを人は見たい

内容『HikakinTV』『HIKAKIN』
『HikakinBlog』総登録者数130万人超！ 総
再生回数3億3千万回超！ 日本一の
YouTuberが明かす成功秘話&必勝法則。

『仕事発見！ 生きること働くことを考え
る』毎日新聞社著　毎日新聞社　2013.
5　141p　21cm　〈他言語標題：Think
about Life & Work〉1400円　Ⓘ978-
4-620-32208-7　Ⓝ366.29

目次 1 生き物や自然ととかかわる仕事！，
2 ものを作る仕事！，3 機械やコンピュー
ターにかかわる仕事！，4 くらしを支える仕
事！，5 ファッションにかかわる仕事！，6
人を楽しませる仕事！，7 美と健康にかか
わる仕事！，8 本や新聞にかかわる仕事！

内容 仕事の現場に密着し，実際に働いてい
る人の声も聞きながら，全55のさまざまな
職業を紹介!!

『図解でよくわかるSEのための業務知識』
克元亮編　日本能率協会マネジメント
センター　2011.3　282p　21cm　〈文献
あり　索引あり〉2400円　Ⓘ978-4-8207-
4709-3　Ⓝ336

目次 第1編 業種共通の業務（業務知識とは
何か，経営管理，マーケティング，販売管
理，顧客管理，会計，人事管理），第2編 業
種別の業務（製造業の業務とシステム，流通
業の業務とシステム，金融業の業務とシス
テム，エネルギー業の業務とシステム，医療
業の業務とシステム）

260

内容 ユーザーの業務がわからない…未経験の業種で提案ができない…システムの開発・運用に不安がある…未経験の業界や業務を担当するSE・SIのために、豊富な図解と身近な事例で、業務の流れをやさしく具体的に解説。

『職業ガイド・ナビ 2 コンピュータ・通信・放送/伝統技術/芸能・演芸/アート・デザイン』 ヴィットインターナショナル企画室編 ほるぷ出版 2011.2 343p 27cm 〈索引あり〉 4800円 Ⓘ978-4-593-57232-8 Ⓝ366.29

目次 1章 コンピュータ・通信・放送（プログラマー＆SE、ゲームクリエイター ほか）、2章 伝統技術（陶磁器技術者、和紙技術者 ほか）、3章 芸能・演芸（アナウンサー、楽器奏者 ほか）、4章 アート・デザイン（カメラマン、グラフィックデザイナー ほか）

内容 「知りたい！ なりたい！ 職業ガイド」80巻で紹介した全240職業を、3冊の図鑑に再構成しました。それぞれの職業の第一線で活躍する人への取材をもとに、各職業4ページで写真やイラスト、図表を使って、ていねいに紹介。道筋がわかるフローチャート付き。よりくわしく知るために、すべての職業について『知りたい！ なりたい！ 職業ガイド』へのインデックスとしても活用可能です。

『ファッション建築ITのしごと―人気の職業早わかり！』 PHP研究所編 PHP研究所 2011.2 111p 22cm 〈文献あり〉 1300円 Ⓘ978-4-569-78118-1 Ⓝ366.29

目次 1 ファッションとビューティーにかかわるしごと（ファッションデザイナーのおしごと、ファッションアドバイザー（販売員）のおしごと、美容師のおしごと）、2 建築とインテリアにかかわるしごと（大工のおしごと、インテリアコーディネーターのおしごと）、3 工業デザインとITにかかわるしごと（カーデザイナーのおしごと、WEBデザイナーのおしごと、ロボット設計技術者のおしごと）

内容 この本では、ものづくりや販売にかかわるしごとをテーマに、ファッションとビューティー、建築とインテリア、工業デザインとITにかかわるさまざまな職業を紹介しています。

『プログラマーの心得―プログラマーを目指す人・活躍したい人へ』 赤間世紀著 工学社 2010.8 239p 19cm （I/O biz） 〈索引あり〉 1800円 Ⓘ978-4-7775-1542-4 Ⓝ007.35

目次 第1章 プログラマーとは（プログラマーの仕事、なぜプログラマーは必要か）、第2章 プログラマーになるには（プログラマーの資質、文系でもプログラマーになれるか、何を勉強しておけばよいか、資格は必要か）、第3章 プログラマーになったら（プログラマーは重労働、仕事の形態、仕事の内容、仕事のパターン、効率của仕事の方法、問題はいかに解決すべきか）、第4章 ステップアップするには（思考力、プログラミング能力、コミュニケーション能力、資格取得）、第5章 プログラマーの将来は（新しい分野、仕事の仕方は変わるか、プログラマーに未来はあるのか）

内容 プログラマーになる人、現役プログラマー、すべての疑問への答は、ここにあります。

『就職しない生き方―ネットで「好き」を仕事にする10人の方法』 インプレスジャパン編集部編 インプレスジャパン 2010.4 198p 19cm 〈述：古川健介ほか 発売：インプレスコミュニケーションズ〉 1200円 Ⓘ978-4-8443-2851-3 Ⓝ366.29

目次 1 学生社長からリクルート社員に転身後、ふたたび独立、2 「おもしろいこと」をやり続ける「まぐまぐ」開発者、3 ニコニコ動画で仏教を説く現役住職、4 半農半X（Xエックス＝天職）をコンセプトにUターン半農生活、5 脱サラで飛躍した脱サラ茶人、6 阪神大震災ボランティアとのネット交流が人生を変えた、7 元引きこもりのJASDAQ最年少上場IT社長、8 産学官連携事業の雄、"天才プログラマー"、9 100億円を稼ぎ出した「想定外」の元IT社長、10 元巨大掲示板2ちゃんねる管理人

内容 「就職しない生き方」を選んだ10人の体験。

家庭とICT

『ご存知ですか？ フィルタリング』 総務省 2p ［PDF資料］

『ネットいじめ対策 親子ガイドブック』 シマンテック 16p ［PDF資料］

目次 はじめに：「ネットいじめ」とは、媒体と手口：ネットいじめ、要注意：ネットいじめの兆候、大切なこと：話合う、質問でチェック：ネットいじめ、ネットで使われている俗語

『「プログラミングができる子」の育て方―知識ゼロのパパ・ママでも大丈夫！』 竹内薫著 日本実業出版社 2018.9 219p 19cm 1500円

家庭とICT　　　　　　　　　　　　　　　　　　　　　　ICTと職業・家庭

目次 第1章なぜ、子どもたちにプログラミング教育が必要なのか？，第2章子どものプログラミング教育に必要な親の心がまえ，第3章超実践！家庭ですぐできるプログラミング・トレーニング，第4章プログラミングに必要な子どもの「考える力」を養う，第5章これからの時代に求められるコンピュータサイエンス

内容 自らフリースクールを設立し、プログラミング教育を実践する著者がよくある疑問を一気に解決！そもそもプログラミングって何？プログラミングができないと、どう困る？プログラミング教育はお金がかかるの？オススメの教材は何ですか？

『クイズ＆パズルでわかる数と図形のナゾ—AI時代を生きぬく算数のセンスが育つ』 コリン・スチュアート著，ガリレオ工房監修　誠文堂新光社　2018.8　79p　28×22cm　（子供の科学STEM体験ブック）　2000円　①978-4-416-61827-1

目次 ようこそSTEMワールドへ！，足し算と引き算，かけ算とわり算，正の数と負の数，素数とるい乗，因数と倍数，数列，べんりな分数，小数，百分率（パーセント）〔ほか〕

内容 わかりやすいイラストで世界標準の理系教育を実践できます！かんたんにできるクイズやゲーム45以上を収録。自由研究教材にもぴったり！すべての漢字にふりがな付きで、小学生でも読み進められます！入学・進学・お祝いのプレゼントにも最適です！

『工作でわかるモノのしくみ—AI時代を生きぬくモノづくりの創造力が育つ』
ニック・アーノルド著，ガリレオ工房監修　誠文堂新光社　2018.8　79p　28×23cm　（子供の科学STEM体験ブック）　2000円　①978-4-416-61826-4

目次 ようこそSTEMワールドへ！，質量とエネルギー，物体が動くときにはたらく力，ビリビリ…電気のヒミツ，いろいろな材料，背の高いビルを支えるしかけ，建物がくずれないのはなぜ？，橋とトンネル，斜面とくさび型，ものをラクにもち上げるには？〔ほか〕

内容 わかりやすいイラストで世界標準の理系教育を実践できます！かんたんにできる実験や工作45以上を収録。自由研究教材にもぴったり！すべての漢字にふりがな付きで、小学生でも読み進められます！入学・進学・お祝いのプレゼントにも最適です！

『子どもの才能を引き出す最高の学び プログラミング教育』 石嶋洋平著，安藤

昇監修　あさ出版　2018.7　205p　19cm　1500円　①978-4-86667-076-8

目次 序章 なぜ「プログラミングスクール」が注目されるのか，第1章「プログラミング教育」必修化の前に知っておきたいこと，第2章 プログラミングで身に付く「7つの才能」，第3章「プログラミングスクール」に通わせるメリット，付録

内容 目標設計力，問題解決力，数学思考，協働する力，創造性—AI時代に不可欠な「自ら創る力」の育て方。2020年必修化！ツール、スクール選び、わが子へのかかわり方等、親が必ず知っておきたいことも収録。

『実験でわかる科学のなぜ？—AI時代を生きぬく理系脳が育つ』 コリン・スチュアート著，ガリレオ工房監修，江原健訳　誠文堂新光社　2018.7　79p　28×23cm　（子供の科学STEM体験ブック）　2000円　①978-4-416-61824-0

目次 ようこそSTEMワールドへ！，植物のことを知ろう，動物のことを知ろう，食べて、食べられて，人体のしくみ，呼吸と血液のかんけい，細胞は生き物の組み立てブロック，遺伝子のつくり，進化のヒミツ，原子は物質のもと〔ほか〕

内容 わかりやすいイラストで世界標準の理系教育を実践できます！かんたんにできる実験やクイズ35以上を収録。すべての漢字にふりがな付きで、小学生でも読み進められます！入学・進学・お祝いのプレゼントにも最適です！

『ためしてわかる身のまわりのテクノロジー—AI時代を生きぬく問題解決のチカラが育つ』 ニック・アーノルド著，ガリレオ工房監修，江原健訳　誠文堂新光社　2018.7　79p　28×23cm　（子供の科学STEM体験ブック）　2000円　①978-4-416-61825-7

目次 ようこそSTEMワールドへ！，昔ながらのべんりな道具，動きを伝えるしかけ，料理とテクノロジー，焼き物，いろいろな金属，強くて軽いプラスチック，繊維のからくり，ものに色をつけてみよう，紙はスゴい！〔ほか〕

内容 わかりやすいイラストで世界標準の理系教育を実践できます！かんたんにできる実験や工作40以上を収録。自由研究教材にもぴったり！すべての漢字にふりがな付きで、小学生でも読み進められます！入学・進学・お祝いのプレゼントにも最適です！

『たのしいラズパイ電子工作ブック—親子で楽しくプログラミングを学ぼう プログラミングをはじめよう！』 髙江賢著，山田祥寛監修　マイナビ出版　2018.6　143p　26cm〈Zero W対応 Scratch1.4対応〉　1900円　①978-4-8399-6644-7　Ⓝ007.64

ICTと職業・家庭　　　　　　　　　　　　　　　　　　　　　　　家庭とICT

目次 第1章 ラズベリーパイの下ごしらえ（ラズベリーパイとは？，ラズベリーパイを起動してみよう！），第2章 Scratchで遊んでみよう（Scratchとは？，いよいよプログラミング！ スクリプトを開始するよ！），第3章 LED（発光ダイオード）の実験をしてみよう（LEDの実験をしてみよう，ScratchからLEDを点滅させてみよう），第4章 デジタルピンホールカメラの実験をしてみよう（ラズベリーパイをデジタルカメラにする，カメラモジュールをとりつけよう ほか），第5章 ウソを見破れる!?ウソ発見器の実験をしてみよう（ウソ発見器の実験をしてみよう，Scratchで友達のウソを見抜いてみよう）

内容 じぶんで考える・作る力をそだてよう！ 親子で楽しくプログラミングができるよ！ 対象：小学校高学年以上。

『親子で学ぶインターネットの安全ルール—小学生・中学生編』 いけだとしお，おかもとなちこ文，つるだなみ絵 最新版 ジャムハウス 2018.4 93p 19cm 1500円 ①978-4-906768-46-2 Ⓝ007.37

目次 携帯電話・スマホ編（けいたい電話やスマートフォンを持つかどうかはお父さん・お母さんとしっかり相談して，けいたい電話やスマートフォンを持つならお父さん・お母さんとのやくそくを守ろう ほか），コミュニケーション編（ツイッターやフェイスブックなどのSNS，LINEやブログの利用はお父さん・お母さんと相談，SNSやブログで仲良くなった人から名前や住所，電話番号を聞かれても返事してはダメ ほか），インターネット編（お父さん・母さんと見たことがあるホームページからスタート，インターネットでのさがしものはお父さん・お母さんといっしょに守ろう ほか），メール編（知らない人からメールが来たらひらいちゃダメ。お父さん・お母さんにほうこく，友達のフリをするウソつきメールに注意する ほか）

内容 お父さん・お母さんも一緒に知りたい33の安全ルールを掲載。

『AI時代のリーダーになる子どもを育てる—慶應幼稚舎ICT教育の実践』 鈴木二正著 祥伝社 2018.3 196p 19cm 〈文献あり〉 1400円 ①978-4-396-61642-7 Ⓝ375.199

目次 第1章 ICT教育とは何か その現状（ICTを活用する教育とは，世界で求められるICTリテラシー ほか），第2章 タブレット端末を用いた授業の実践と背景（慶應義塾幼稚舎という小学校，六年間の担任持ち上がり制 ほか），第3章 子どもたちの変化と成長（子どもたちに身についたもの，事前アンケートによる評価と分析 ほか），第4章

未来をつくる子どもたち（タブレット端末活用のその後，子どもたちを見続けてきて ほか）

内容 人工知能時代でもたくましく生き抜く子ども。親，学校が今すぐやるべきこと・知っておきたい知識。

『子どもに読んで伝えたい！ おうちではじめるプログラミングの授業—オンデマンド印刷版Ver.1.0』 阿部崇，平初著 ［東京］ 翔泳社 2018.3 95p 26cm （SHOEISHA DIGITAL FIRST）〈文献あり〉 2000円 ①978-4-7981-5683-5 Ⓝ375.199

目次 第1章 どうしてプログラミング教育を小学校でやるの？—文科省の資料から読み解く実態，第2章 保護者は何もしなくてよい？「プログラミング教育必修化」で変わること，変わらないこと，第3章 プログラミングは意外と身近でシンプル！ 日常にあふれているプログラムを理解しよう，第4章 親子でプログラミングをやってみよう！ 子どもの好奇心をくすぐる進め方，第5章 お父さんが教えるプログラミング実践編，第6章 子どもが「プログラミングをやりたい」と言い出したら？—中学校・高等学校でのプログラミング教育，第7章「情報モラル教育」は避けて通れない—子どもたちとITの適切な関係性

内容 「プログラミング教育ってなに？」をIT業界のお父さんたちから学ぼう。

『スマホが学力を破壊する』 川島隆太著 集英社 2018.3 216p 18cm （集英社新書 0924）〈文献あり〉 740円 ①978-4-08-721024-8 Ⓝ493.937

目次 スマホを使うだけで成績が下がる!?，睡眠不足が成績低下の原因か，スマホが先か，学力が先か，LINE等インスタントメッセンジャーの影響，テレビやゲームの影響，どれだけの生徒がスマホ等を長時間使用しているのか，勉強中のスマホ使用の実態，メディア・マルチタスキング，スマホが脳発達に悪影響を与えている？，スマホの依存度評価〔ほか〕

内容 2010年より急速に普及したスマートフォンは日本人の生活に深く浸透し，街中を歩けばスマホを使う人を見かけないことのほうが珍しくなった。しかし，その使用に付帯するリスク，とりわけ子どもたちによる長時間使用の危険性や，成績に及ぼされる影響についてはあまり知られていない。本書は7万人の子どもたちを対象に，数年間にわたって行われた大規模調査の結果を基に，スマホやアプリの使用がもたらす影響を解明し，スマホ使用のリスクを正面から論じた，現代人，とりわけ全保護者必読の一冊である。

『親子でかんたんスクラッチプログラミングの図鑑』 松下孝太郎，山本光著 技術

評論社　2018.1　191p　26cm　（まなびのずかん）〈索引あり〉2580円
①978-4-7741-9387-8　Ⓝ007.64
目次 1章 プログラミングとは，2章 プログラミングの基本をマスターしよう，3章 プログラミングの世界を楽しもう，4章 かんたんなゲームを作ってみよう，5章 ミニゲームの作り方を学ぼう，6章 本格的なゲームを作ろう，7章 教材を作ってみよう，8章 アルゴリズムを学ぼう，付録
内容 楽しく作れる！ いっしょに学べる！ ゼロからはじめたい親子に最適！ スクラッチの使い方から本格的なプログラミング知識までまるごと1冊に凝縮！ プログラミング教育に対応！ 学校教材にも使える！（国語，算数，理科，社会，図工，音楽）

『少年からのシグナル』　警察庁　2018
12p　［PDF資料］

『少年のスマホ利用に伴うトラブルに注意！』　熊本県警察本部少年課　2018
2p　［PDF資料］

『ある日突然，普通のママが子どものネットトラブルに青ざめる―知らないと意外にコワいネットとスマホの落とし穴』　長谷川陽子著　大阪　アイエス・エヌ　2017.12　223p　19cm　1500円　①978-4-909363-01-5
目次 1 子どもをめぐる「いまどきのネット事情」，2 日本の子どもはネットトラブルに巻き込まれやすい!?，3 ネットが悪いのではなく，「使い方」が問題，4 わが子を「加害者」にしてしまう危険がいっぱい，5 え!?そんな法律，あったの？，6 今日からできる「ネット利用ルールの作り方」
内容 起こってからでは，もう遅い。情報教育アナリストが「親がすぐできること」を伝授。

『子どもと学ぶビスケットプログラミング入門―4歳～小学生向け』　原田康徳，渡辺勇士，井上愉可里，できるシリーズ編集部著　インプレス　2017.12　222p　24cm　（できるキッズ）1800円
①978-4-295-00282-6　Ⓝ007.64
目次 やってみよう（ビスケットを始めよう，お魚を泳がせよう，海をにぎやかにしよう，おサルにリンゴを拾わせよう，画面をおして宝箱を開けよう），できるかな（シューティングゲームを作ろう，対戦ゲームを作ろう，作曲マシンを作ろう，迷路ゲームを作ろう，くり返し模様を作ろう，ブロックくずしを作ろう）

内容 タブレットやスマホで学べる！ 4歳～小学生向け。

『子供の動画視聴、大丈夫ですか？―動画共有サイト "You Tube" について』　福井県安全環境部県民安全課　2017.12
2p　［PDF資料］

『親子で学ぶスマホとネットを安心に使う本―知りたいことが今すぐわかる！』　鈴木朋子著，坂元章監修　技術評論社　2017.11　159p　21cm　〈索引あり〉1280円　①978-4-7741-9358-8　Ⓝ002.7
目次 第1章 スマホとネットの基本について理解しよう！，第2章 ネット上の危険な情報に注意しよう！，第3章 SNS＆メールのトラブルから身を守ろう！，第4章 お金のトラブルを防止しよう！，第5章 ネットのやり過ぎとマナーについて考えよう！，第6章 著作権やセキュリティに気をつけよう！

『親子で学ぶプログラミング超入門―知りたいことが今すぐわかる！ Scratchでゲームを作ろう！』　星野尚著，阿部和広監修　技術評論社　2017.11　223p　21cm　〈他言語標題：Introduction to programming　索引あり〉1480円
①978-4-7741-9359-5　Ⓝ007.64
目次 プログラミングって何ですか？，プログラミングの考え方を知ろう！，プログラミング言語を知ろう！，プログラミングを体験しよう！，Scratchでゲームを作ってみよう！，次は何をすればいいの？

『心と体を蝕む「ネット依存」から子どもたちをどう守るのか』　樋口進監修　京都　ミネルヴァ書房　2017.11　140p　26cm　（MINERVA Excellent Series―心理NOW！）〈索引あり〉1800円
①978-4-623-08082-3　Ⓝ493.937
目次 はじめに 知っていますか？ ネット依存，第1章 ネット依存の驚くべき実態，第2章 ネット依存はどうして起こるか，第3章 ネット依存の脳で何が起こっているか，第4章 ネット依存を予防するにはどうするか，第5章 ネット依存の治療，おわりに ネット依存は治療できる，資料
内容 中高生の100人に8人がネット依存の疑いあり！ 子どもの未来を奪うネット依存の驚くべき実態とは。

『子育てをもっと楽しむ』　中村肇著　神戸　神戸新聞総合出版センター　2017.11　133p　19cm　1000円　①978-4-343-00970-8
目次 第1章 子育てをもっと楽しもう，第2章 子育てをもっと知ろう，第3章 自然と楽しむ，遊ぶ，食べる，第4章 子どもを病から守る，第5章 流行している感染症を知る，第6章 子どもを事故・災害から守る，第7章 人工知能（AI）と子どもたち

内容 子育てへの自信が湧いてくる100のアドバイス。

『先生・保護者のためのスマホ読本―小学校保健室から発信！』 今津孝次郎監修・著，子どもたちの健やかな育ちを考える養護教諭の会編著 学事出版 2017.11 118p 19cm 1500円 ①978-4-7619-2370-9 Ⓝ371.37

目次 第1章 小学校で子どもはどのように育つのでしょうか，第2章 子どもとのかかわりについて見つめ直しましょう，第3章「スマホ・デビュー」を観察すると，第4章 スマホとコミュニティサイトの仕組みとは，第5章 ネットいじめをなくそう，第6章 日ごろからスマホ依存を予防しましょう，第7章 スマホ使用について保健室からのアドバイス，第8章 家庭でスマホ・ルールをつくりましょう

内容 小学生からのスマホデビューは今や当たり前。家庭・学校で何ができるか，子どもの成長やコミュニケーション力向上の視点から考えてみましょう。小学校保健室で見聞きした事例を元に，養護教諭たちでまとめた1冊です。

『ネットの危険からお子様を守るために今、保護者ができること』 内閣府 2017.11 4p ［PDF資料］

『子どもの考える力を育てるゼロから学ぶプログラミング入門』 すわべしんいち著，熊谷正朗監修，典挿絵 志木 repicbook 2017.10 159p 26cm 〈Scratch 2.0対応〉 1500円 ①978-4-908154-07-2 Ⓝ007.64

目次 第1章 ネズミ探偵団と謎の怪盗事件―おそうじロボットの世界(消えたプログラム，ロボットのしくみ，おそうじロボットの気持ち，ロボット的な考え方，プログラムをより簡単に，失敗から学ぶ，発想の転換)，第2章 実際にプログラムを体験してみよう！(Scratchの世界，ゲームの世界)

内容 Scratch2.0対応。物語を読むだけで論理的思考が育まれる『理解編』，Scratchで実際のプログラムを体験できる『実践編』。問題解決に必要な正しい見方が身につく「プログラミング的思考」を理解するためのやさしい入門書。

『もしかしてうちの子も？―しのびよるネット中毒の危険と対策』 山中千枝子，女子パウロ会共著 女子パウロ会 2017.9 87p 19cm 〈文献あり〉 900円 ①978-4-7896-0786-5 Ⓝ367.61

目次 1 ネット中毒の危険と対策―星野家のストーリー(ネット・ゲームに夢中になる気持ち，知ってほしいネット・ゲーム中毒のこと，脳への影響は，麻薬や覚醒剤と変わらない，対策は？，スマホと子育て，ゲーム中毒と不登校のコウちゃん，ネットと上手に付き合う法，中毒を乗り越えるために)，2 ネット中毒の子どもたちを見つめて―保護者と子どもの生活から(あきらめないで，ゲームを止めて，団らん，おばちゃん，遊んで，スマホ，買いなさいよ，動物園での スマホ，デジタル・ダイエット・キャンプ)

『プログラミングで目覚まし時計を作る！―日経Kids＋自由研究 子どもの未来を拓く！ 夏休みは親子で！』 ［東京］ 日経BP社 2017.8 130p 28cm （日経ホームマガジン） 〈発売：日経BPマーケティング〉 1200円 ①978-4-8222-5918-1 Ⓝ007.64

『子どもと学ぶScratchプログラミング入門』 竹林暁，澤田千代子，できるシリーズ編集部著 インプレス 2017.7 270p 24cm （できるキッズ） 〈索引あり〉 1880円 ①978-4-295-00131-7 Ⓝ007.64

目次 第1章 プログラミングを始めよう，第2章 Scratchを始めよう，第3章 音を鳴らしてみよう，第4章 自動で動く車を作ろう，第5章 迷路ゲームを作ろう，第6章 もぐらたたきを作ろう，第7章 オート紙芝居を作ろう，第8章 シューティングゲームを作ろう，第9章 電子スノードームを作ろう，第10章 クイズ！できるもんを作ろう，第11章 幾何学模様を作ろう，第12章 ブロックくずしを作ろう

内容 Scratchを初めて学ぶ子どもと大人のために使い方や機能を丁寧に解説。子どもにとって意味が分かりにくい条件分岐や座標、関数については、考え方を詳しく解説し、大人がどうやって子どもに考え方を説明すればいいか身近な例をひもといて紹介している。

『図解プログラミング教育がよくわかる本』 石戸奈々子監修 講談社 2017.7 98p 21cm （健康ライブラリー―スペシャル） 〈文献あり〉 1300円 ①978-4-06-259861-3 Ⓝ375.199

目次 1 プログラミング教育とはなにか(知る―プログラミングは料理のレシピのようなもの，知る―これからは「読み・書き・プログラミング」 ほか)，2 家庭で遊びながら学べるもの(試す―家庭では，各種ソフトで遊びながら学べる，試す―すぐに使えるプログラミングソフト・ツール ほか)，3 小学校での実践がはじまっている(学ぶ―小学校では2020年度から授業がスタート，学ぶ―中学校・高校では部分的におこなわれている ほか)，4 なぜいま子どもたちに必要なのか(考える―くらしのなかにプログラ

ミングが増えていく，考える―生活も社会もどんどん変わっていく ほか），5 プログラミング教育の効果とは（育つ―プログラミングは論理的な思考につながりやすい，育つ―創造力と表現力が伸びて，ものづくりがもっと好きに ほか）

[内容] そもそもプログラミングとは？ 何歳からはじめればいい？ 親や先生がいますぐできることって？ はじめよう！ 家庭で学校で子どもと一緒に体験しよう！

『AI世代のデジタル教育6歳までにきたえておきたい能力55』 五十嵐悠曜著 河出書房新社 2017.6 218p 19cm 1300円 ①978-4-309-25367-1 ⑭379.9

[目次] 第1章 2030年までに育てたい能力とデジタル教育の最前線！（親世代とは全く異なる子どもたちのデジタル環境，2030年に必要な能力は？，住む場所や育つ環境による違いはあるか），第2章 幼児期から家庭で何をどのように始めるか？（家庭教育を始める前の心構え，学ぶ環境・素材の選び方，成長の見極め方，さあ，家でも始めてみましょう！），第3章 6歳までにAI世代が試しておきたい「勉強の方法」55（考えて行動する力，成果を出す力，人と共に生きるための力，学習の土台となる力，社会を知る力，親が意識しておきたいこと）

[内容] プログラミングってどう教えればいいの？ 論理的思考力はどう育てればいいの？ コミュニケーション力，立ち直る力，集中力，語学力…工学博士ママがすすめる，家庭教育の最前線！

『子どもと情報メディア―子どもの健やかな成長のための情報メディア論 テレビ ケータイ インターネット テレビゲーム』 村田育也著 改訂版 相模原 現代図書 2017.6 203p 21cm〈文献あり 索引あり 発売：星雲社〉2000円 ①978-4-434-23269-5 ⑭371.37

[目次] 第1章 教育と情報メディア，第2章 子どもとテレビ，第3章 子どもとケータイ，第4章 子どもとインターネット，第5章 子どもとテレビゲーム，第6章 子どもの健やかな成長のために

『大人を黙らせるインターネットの歩き方』 小木曽健著 筑摩書房 2017.5 206p 18cm（ちくまプリマー新書278）820円 ①978-4-480-68983-2 ⑭007.3

[目次] 第1章 大人を黙らせるインターネットの「ひとこと」（理屈でネットリ黙らせる（華麗な使い方編），リスクの理解で黙らせる（ド直球対策編），眼からウロコで黙らせる（爆裂思いこみ編）），第2章 講演ナマ録！

「正しく怖がるインターネット」（私のことは忘れてください，これできますか？，ツイッターで飛んできたモノ ほか），第3章 どんな質問にも即答する質疑応答の時間（SNSはなぜ無くならない，安全なネットサービスを知りたい，ネットは人類を幸せにするのか ほか）

[内容] 「個人情報」「ネットいじめ」に「成績」「炎上」…。インターネットには大人たちの心配のタネがいっぱい。だったら，そんな心配を吹っ飛ばす知恵を提案してあげよう！ 大人も黙って納得する，無敵の「ネットとのつき合い方」教えます。

『親子で学ぶはじめてのプログラミング―Unityで3Dゲームをつくろう！』 掌田津耶乃著 マイナビ出版 2017.5 349p 26cm〈索引あり〉2740円 ①978-4-8399-6189-3 ⑭798.507

[目次] 1日目 Unityの使い方を覚えよう！，2日目 いよいよプログラミングを開始！，3日目 ゲームオブジェクトを動かそう！，4日目 ゲームオブジェクトを増やそう！，5日目 キャラクタ同士の処理を考えよう！，6日目 GUIを使おう！，7日目 ゲーム作りに挑戦！

[内容] 初心者歓迎！ 親子で楽しく学べる。UnityとC#で本格プログラミング。ボウリング，砲撃ゲームなどがつくれて遊べる！

『親子で学ぶ！ 統計学はじめて図鑑 レッツ！ データサイエンス』 渡辺美智子監修・著，青山和裕，川上貴，山口和範著，友永たろイラスト 日本図書センター 2017.4 143p 26cm 2400円 ①ISBN978-4-284-20394-4

[目次] プロローグ，統計学ってどんなこと？，1章，いろんなデータを統計グラフにしてみよう，2章，なんで平均を出すの が大事なの？，3章，起こりやすさと確率を考えよう，4章，おさらい！ 統計グラフのポイント，5章，統計グラフを使ってなにが見える？，エピローグ，統計学の未来

[内容] いま，大注目の「統計学」を楽しく学べる待望の図鑑！！

『子どもと一緒に楽しむ！ プログラミング―日経Kids＋はじめてでもカンタン！ すぐできる』 ［東京］ 日経BP社 2017.4 98p 28cm（日経ホームマガジン）〈発売：日経BPマーケティング〉1200円 ①978-4-8222-3881-0 ⑭007.64

『人工知能時代を生き抜く子どもの育て方』 神野元基［著］ ディスカヴァー・トゥエンティワン 2017.4 245p 19cm〈他言語標題：How to raise a child to survive the artificial intelligence era〉1500円 ①978-4-7993-2061-7 Ⓝ379.9

目次 第1部 人工知能時代を生き抜くためには何が必要なのか（人工知能時代を生き抜くための「極める力」，「STEM教育」で人工知能を使う側になる，子どもとの接し方を変え，人工知能時代に親子で適応する），第2部 人工知能とは何か，未来はどう変わるのか（そもそも人工知能とは何なのか，人工知能によって変わる未来を予測する，AI先生によって子どもの教育が大きく変わる）

内容 youtubeばかり見ているけど大丈夫？プログラミングとかやったほうがいいの？今の勉強が将来もビジネスで通用するか？これからの子どもたちに必要なのは「極める力」。今，何をどう教えるべきなのか！

『乳児期の親と子の絆をめぐって―しあわせな人を育てるために』 澁井展子著 彩流社 2017.4 205p 19cm （フィギュール彩 85）〈他言語標題：ON THE BOND BETWEEN PARENTS AND CHILDREN DURING INFANCY〉1800円 ①978-4-7791-7078-2 Ⓝ376.11

目次 第1部 親と子の愛着をめぐって（母と子の絆，ウガンダの奇跡の赤ちゃん，育児における母性と父性，日本と外国の育児休業制度の比較，父親の家事・育児参加についての意向と現状 ほか），第2部 乳児期における愛着形成と脳の発達過程―スマートフォンが及ぼす影響について（乳児期における愛着形成と脳の発達過程，スマホが及ぼす影響について）

内容 小児科医からのとってもたいせつな提言！

『マインクラフトで身につく5つの力』 神谷加代著，竹林暁監修 学研プラス 2017.4 175p 19cm〈表紙のタイトル：Things you can learn playing Minecraft 文献あり〉1200円 ①978-4-05-800713-6 Ⓝ379.9

目次 1 マインクラフトはどんなゲームですか？（マインクラフトはどんなゲームですか？，子供たちはゲームの中で，何をしているのですか？ ほか），2 「創造力」「自ら学ぶ力」―子供が幸せになるために（ゲームにハマりすぎる息子。そのまま遊ばせていい？，ゲームで「考える力」がつくのはなぜですか？ ほか），3 「問題解決力」「コミュニケーション力」―社会から求められるために（学校教育の場でも注目されているのはなぜですか？，21世紀型スキルとは何ですか？ ほか），4 「理工系の思考力」―創る側へ可能性を広げる（ものづくりの力

が身につくってどういうことですか？，なぜプログラミングが身につくのですか？ほか），5 人生をサバイバルするために―マインクラフト的生き方（親としてどう関わればいいですか？，暴言が飛び出すことがあり心配です。 ほか）

内容 子どもの人生が変わる！ 21世紀型スキルが身につく教育ゲーム。累計1億本以上の世界的ヒット。パパ・ママ必読！ マイクラで頭をきたえる・生きる力をのばす。

『ラズパイとスマホでラジコン戦車を作ろう！―親子で電子工作入門』 山際伸一著 秀和システム 2017.4 159p 26cm〈別タイトル：Raspberry Pi3とスマホでラジコン戦車を作ろう！ 索引あり〉2000円 ①978-4-7980-5020-1 Ⓝ549

目次 第1章 RC戦車の車体を組み立てよう（RC戦車を組み立てる前に，ギヤボックスを組み立てよう ほか），第2章 RC戦車の制御部を作ろう（RC戦車を制御するしくみを確認しよう，Raspberry Pi 3を設定しよう ほか），第3章 コントローラを用意しよう（コントロールのしくみを確認しよう，端末にコントローラアプリをインストールしよう ほか），第4章 RC戦車で物理実験をしてみよう（RC戦車でできる物理実験，車体の傾き角度を求めてみよう ほか）

内容 Android 4/Raspberry Pi 3対応。スマホでラジコン体験。パーツの便利な購入ガイド付き！

『子どもの "プログラミング的思考" をグングン伸ばす本』 横山達大著 秀和システム 2017.3 127p 24cm 1700円 ①978-4-7980-4953-3 Ⓝ007.64

目次 誕生日の贈り物，エクセルゲームの始まり，好きな数字がたくさん!!，言葉に秘められた謎，なぜか時折お父さんが現れる，頼りはセル番地のみ，お父さんの秘密，エクセルがひっくり返る？，大いなる神，数字へのあふれる思い，僕は必ずお父さんのもとへ，予言の手紙，お父さんへの贈り物

内容 子どもを "頭のいい子" に育てたいなら，小学生からがチャンス!!12のエクセルゲームを楽しみながら自然に論理的思考が身につく！

『子どもの防犯マニュアル』 舟生岳夫著 ［東京］ 日経BP社 2017.3 181p 19cm〈発売：日経BPマーケティング〉1200円 ①978-4-8222-5502-2 Ⓝ368.6

内容 スマホは「設定変更」してから使わせる。防犯ブザーは利き腕と逆のランドセルの肩ひもに。万が一のときは不審者の車と逆方向に逃げる。子どもの安全・安心のために親ができること，知っておくべきこと。セコムの「子どもの防犯」のプロが小学生を持つ親の不安に応えます！

家庭とICT　　　　　　　　　　　　　　　　　　　　　　　　　　ICTと職業・家庭

『はじめてママ＆パパのしつけと育脳―0
－3才までに絶対しておきたい「脳育
て」のコツがよくわかる！』　成田奈緒
子監修，主婦の友社編　主婦の友社
2017.3　191p　24×21cm　（実用No.1）
1300円　①978-4-07-422296-4

目次 10才からの脳育てルール，2 今どん
な時期？ 何をすればいいの？，3 もう迷わ
ないしつけの方法，4 頭のいい子が育つ食
事，5 運動が脳を育てる！，6 家庭教育と
習い事，専門家からのメッセージ

内容 テレビ＆スマホ脳への影響は？ 着が
え，トイレ，歯みがき，あいさつ，片づけ，
英語。いつから始める？ 1・2・3才「しつ
け」スケジュール。こんなとき…しかる？
しからない？ 子どもを伸ばす習慣、ダメに
する習慣。

『“私の子育て大丈夫？”と思った時に読
む本―ウワサの保護者会』　NHK「ウワ
サの保護者会」制作班著　マガジンハウ
ス　2017.3　230p　19cm　1200円
①978-4-8387-2914-2　Ⓝ379.9

目次 1 どうする？ 子どものしつけ，2 今ど
きのお悩み。ゲーム、LINE、スマホ，3 育
て方、間違ってる？，4 取り扱い注意、思春
期の子ども，5 外からはわからない学校生活

内容 教育評論家・尾木直樹さんと84人の保
護者が考えた、新しい親の役割。「あなたは、
どう思う？」決めつけでなく、問いかけ！
NHK Eテレ人気番組、初の単行本化！

『親子で楽しく学ぶ！ マインクラフトプ
ログラミング』　Tech Kids School著，
キャデック編・著　［東京］翔泳社
2017.2　151p　26cm　（ぼうけんキッ
ズ）1800円　①978-4-7981-4911-0
Ⓝ798.5

目次 第1章 マインクラフトって何？，第2
章 マインクラフトプログラミング入門，第
3章「くり返し」でもっとラクに楽しく！，
第4章 とちゅうでちがうことをする!?，第5
章 クエストに挑戦だ！，第6章 もっともっ
とトライしてみよう！

内容 本書はマインクラフトを使って、親子
で楽しみながらプログラミングを体験でき
る書籍です。対象読者：小学校1年生から6
年生のお子さんを持つ保護者の方。小学校1
年生から6年生。特徴：Minecraft
（ComputerCraftEdu）を利用して、親子で
プログラミングを体験できます。本書を読
むうちに、プログラミングに必要な「論理的
思考力」が培われます。

『まんがでわかる親子で始めるプログラミ
ング教育―子供の論理的思考力と問題

解決力を高める育て方』　バンタン未来
のしごと研究所著，波野涼漫画，星野卓
也脚本　KADOKAWA　2017.2　175p
19cm　1200円　①978-4-04-601822-9
Ⓝ379.9

『ゲーム（スマートフォンや家庭用ゲーム
機等でのゲーム）を安全・安心に楽しむ
ために知ってもらいたいこと』　一般社
団法人コンピュータエンターテイメン
ト協会　2017　2p　［PDF資料］

『出会い系サイト・コミュニティサイト
STOP！児童被害』　警察庁　2017
2p　［PDF資料］

『文系の親でもゼロからわかるプログラミ
ング―プログラミングが小学校で必修
に！』　［東京］日経BP社　2016.12
97p　28cm　（日経ホームマガジン）
〈『日経トレンディ』別冊　発売：日経
BPマーケティング〉926円　①978-4-
8222-2089-1　Ⓝ007.64

『保護者が知っておきたいスマートデバイ
ス選定ガイド』　トレンドマクロ　2016.
12　13p　［PDF資料］

『親子でまなぶステップアップ式プログラ
ミング』　TENTO監修　洋泉社　2016.
11　111p　26cm　1900円　①978-4-
8003-1073-6　Ⓝ007.64

目次 1 さあ、プログラミングをはじめよ
う！―はじめに知っておきたいこと，2
“Viscuit”で水族館を作ろう―はじめてのプ
ログラミング，3 “Scratch”で楽しむ追いか
けっこゲーム―「ものづくり」にふれるプ
ログラミング，4 “アルゴロジック”のパズル
を解いてみよう―考える力が身につく！，5
“MOONBlock”を使ったリンゴ狩りゲーム
―「プログラマー」への第一歩，6 “Artec
Robotist”で作るロボットカー―はじめての
IoT，7 “Minecraft”で体験する未来のプロ
グラミング―仮想空間での「ものづくり」

内容「プログラミングって、なにからはじ
めればいいの？」そんな疑問にお答えしま
す！ パソコンがはじめてだって大丈夫！ お
子さんの能力に合わせて、ひとつずつス
テップアップ！ 親子で楽しみながら、お子
さんの考える力を伸ばしましょう！ 子ども
のためのプログラミングスクールが監修！
小学校低学年からはじめられます！

『子どもに教えるためのプログラミング入
門―ExcelではじめるVisual Basic』
田中一成著　オーム社　2016.11　199p
23cm　〈索引あり〉2000円　①978-4-
274-21985-6　Ⓝ007.64

目次 第0日 何を今さらBasic？，第1日
Visual Basicを呼び出す「おまじない」，第2

268

日 コンピューターと会話する（入力と出力），第3日 変数を使う，第4日 計算する（四則演算と関数），第5日 判断をさせてみる（条件分岐），第6日 繰り返し計算をさせてみる（ループ），第7日 一次元の配列を使う，第8日 Excelデータの利用（二次元の配列），第9日 簡易グラフィックを使う，第10日 さまざまなグラフィック，最終日 Excelでは計算できない？

『本物の学力・人間力がつく尾木ママ流自然教育論』 尾木直樹著 山と渓谷社 2016.11 207p 19cm 1200円 ①978-4-635-49019-1 Ⓝ379.3

目次 第1章 尾木ママが教えます！ 今どきの子育て事情（今の子どもの体は60歳並み!?，「子どもロコモ」を防ぐには，アウトドア初心者にオススメなバーベキュー ほか），第2章 自然は最高の教育フィールド！（これからの子どもたちに求められる力って？，なぜ今，自然教育なのか，自然が我が子をデキル子にしてくれる！ ほか），第3章 家族登山のススメ（家族で山に行けば，子どもは生きた学習をする！，山はこんなにも学びにあふれている！，山登り好きな家庭の子は優しく育つ ほか）

内容 学力と生きる力みんな自然体験が叶えてくれる！ いじめ，不登校，勉強が出来ない，親子の断絶，スマホ中毒，ライン地獄…子育ての悩みを，尾木ママが解決！

『プログラミングって何？ 親子でゼロからわかる本』 アンク著 秀和システム 2016.10 127p 24cm 〈索引あり〉 1680円 ①978-4-7980-4766-9 Ⓝ007.64

目次 第1章 「プログラミング」って、私たちとどんな関係があるの？（「プログラム」って、わたしたちにはあまり関係なさそうだけど、つまり何のこと？，運動会や入学式の「プログラム」とはちがうの？ ほか），第2章 「プログラム」って、つまりどんなもの？（プログラミングってやっぱりむずかしいの？ 自分にもできるかな？，プログラミングを覚えようと思ったら、方法はだいたい3つ！ ほか），第3章 はじめる前におぼえておきたい、プログラミングのルール（プログラムを作るとき、プログラミング以外には何をするの？，プログラムの「開発」って、どういうことをするの？ ほか），第4章 じゃんけんで見てみよう！ プログラミングの流れ（じゃんけんってどんなものか、考えてみよう，「だいたいどんなふうに動くのか」考えてみよう ほか）

内容 「なんだかむずかしそうなもの」？ いえいえ、そんなことありません！ 子どもも大人も、知っていると役にたつ「プログラミング」の正体！

『親子で始めるプログラミング—日経Kids＋』 ［東京］ 日経BP社 2016.9 106p 28cm （日経ホームマガジン）〈発売：日経BPマーケティング〉 1200円 ①978-4-8222-3855-1 Ⓝ007.64

『子どもとスマホ—おとなの知らない子どもの現実』 石川結貴著 ［東京］ 花伝社 2016.9 197p 19cm 〈発売：共栄書房〉 1200円 ①978-4-7634-0791-7 Ⓝ367.61

目次 第1章 スマホが変える子どもの世界，第2章 子どもとインターネット，第3章 深刻化するネットトラブル，第4章 今日から役立つ知識と対策，第5章 ネット社会の未来と子どもたちのこれから

内容 ネットやスマホの問題をわかりやすく説明。現代の子どもたちが置かれている環境や現状を報告。家庭や学校でできる指導、教育について具体的に解説。ネットやスマホのトラブルを防ぐためにどうすればいいか、身近に利用できるもの、簡単に実践できる方法を紹介。ネットやスマホの「怖さ」だけでなく、利便性や効果的な使い方についての提案。

『やってはいけない脳の習慣—2時間の学習効果が消える！ 小中高生7万人の実証データによる衝撃レポート』 横田晋務著，川島隆太監修 青春出版社 2016.8 188p 18cm （青春新書INTELLIGENCE PI-491） 880円 ①978-4-413-04491-2 Ⓝ493.937

目次 第1章 学習効果を打ち消す「スマホ脳」の衝撃—「スマホ・LINEのしすぎで勉強しないから成績が下がる」のウソ，第2章 MRIで解明！ 脳が変形してしまう危険な習慣—ゲーム、テレビの時間と脳の成長の遅れは比例する!?，第3章 脳のやる気スイッチ「線条体」を活動させる方法—"やらされ感"が学力にマイナス効果になる理由，第4章 自己肯定感の高い子ほど学力が高い、のはなぜ？—脳科学で証明！ 自己肯定感を高める親の習慣とは，第5章 朝食のおかずが増えるほど、脳はよく成長する！—食、睡眠、親子のコミュニケーションと脳の働きの相関関係，第6章 習慣は、生まれつきの脳力に勝る!?—脳科学研究最前線

内容 親のちょっとした働きかけが、子どもの脳の働きを左右する！ 親が思いもよらなかったスマホ、ゲームの脅威！

『スマホ依存の親が子どもを壊す』 諸富祥彦著 宝島社 2016.7 207p 19cm 1200円 ①978-4-8002-5691-1 Ⓝ369.4

目次 第1章 スマホ・ネグレクトで「心が壊れる」子どもたち，第2章 「スマホ・ネグレクト」と「プチ虐待」が引き起こす愛着障害

家庭とICT　　　　　　　　　　　　　　　　ICTと職業・家庭

という心の問題，第3章 今，親と先生にできること―子どもの「心の安全基地」になる，第4章 「私自身にも愛着障害傾向があるかも」と思った大人のあなたへ―大人の愛着障害との向き合い方，第5章 小学生から高校生の子どもをスマホ依存にさせないために，親と学校ができること，第6章 非IT的な脳の「ものすごい力」，資料 近頃，赤ちゃんの泣き方がおかしい！ 親のスマホ熱中が原因？，巻末付録

内容 保育，教育，小児医療の現場ではすでに多くの人が気づいている―「心の壊れた子」が大量に現れた！ "手に負えない子"の背景に親のスマホ依存があった！ 家庭や学校で使える対処法&子どもの傾向チェック欄付き。

『子どものスマホ・トラブル対応ガイド』
安川雅史著　ぎょうせい　2016.4
149p　21cm　〈文献あり〉　2000円
①978-4-324-10060-8　Ⓝ371.37
目次 第1章 スマホに"操作される"子どもたち（子どもを取り巻くネットトラブルの実情，スマホの罠に陥る子どもの素顔），第2章 危険！ 子どものスマホ・トラブル事例（SNSで深刻化する「ネットいじめ」，見知らぬ人とつながる子どもたち，身も心も滅ぼす危険な「小遣い稼ぎ」，スマホ依存による生活習慣への影響，ネットの世界で終わらない「炎上」の脅威），第3章 知っておきたい！ トラブル回避テクニック（SNSトラブルの未然防止策，フィルタリング，悪意の攻撃から子どもを守る方法），第4章 スマホ時代の子どもの守り方・育て方（ネットいじめに対応する上での留意点（教師の皆さんへ），スマホ時代の子どもと向き合う（保護者の皆さんへ）），資料 トラブル防止・解決の手引き

内容 知っていますか？ スマホの危険と対処法。「スマホ依存」「LINEいじめ」「悪質投稿」「リベンジポルノ」―。スマホにハマル今どきの子ども事情と知られざるトラブルの実態，事前・事後の対応策を一冊に凝縮！

『スマホ時代の親たちへ―「わからない」では守れない！』 藤川大祐著　大空出版　2016.4　173p　18cm　（大空教育新書 C003）〈文献あり〉　800円
①978-4-903175-64-5　Ⓝ367.61
目次 第1章 退屈のない青春―スマートフォンと生活時間，第2章 すぐそこにあるネットいじめ―スマートフォンと人間関係，第3章 攻撃はもう始まっている―スマートフォンと犯罪，第4章 大人はもっとわかっていない―スマートフォンと子育て，第5章 それでも未来は輝いている―スマートフォンと子どもの未来

内容 平成25（2013）年を境に，子どもたちのスマホ（スマートフォン）所持率が激増し，その結果，「平成25年問題」と呼ぶべき一連の問題が起きています。スマホの長時間利用による生活への悪影響，ネットいじめ，犯罪被害…。このような問題にうまく対処していくために，私たちはどのようにスマホと付き合っていけばいいのでしょうか？ 迷える保護者たちへの処方箋となる一冊です。

『インターネット利用に当たっての成長段階ごとの注意事項　小学生の保護者の方へ』 経済産業省　2016.2　2p
［PDF資料］

『インターネット利用に当たっての成長段階ごとの注意事項　未就学児の保護者の方へ』 経済産業省　2016.2　2p
［PDF資料］

『インターネット利用に当たっての成長段階ごとの注意事項　高校生の保護者の方へ』 経済産業省　2016.2　2p
［PDF資料］

『インターネット利用に当たっての成長段階ごとの注意事項　中学生の保護者の方へ』 経済産業省　2016.2　2p
［PDF資料］

『みんなで考えよう！ つかう・つかわない？ どうつかう？―大人と子どもで，気づく・考える・話しあう・注意する！ 3　SNS―本当につながっている？』
秋田喜代美監修，稲葉茂勝著　フレーベル館　2016.2　31p　29cm　〈索引あり〉　2700円　①978-4-577-04328-8　Ⓝ694.6

内容 大人と子どもで，気づく・考える・話しあう・注意する！

『サイバーリスクから子どもを守る―エビデンスに基づく青少年保護政策』 経済協力開発機構編著，齋藤長行翻訳，新垣円訳　明石書店　2016.1　271p　22cm　3600円　①978-4-7503-4300-6　Ⓝ367.6

目次 勧告 OECDインターネット上の青少年の保護に関する理事会勧告，第1部 インターネットにさらされている子どもたちを守るための青少年保護政策報告書（インターネット上の子どもたちのリスク，インターネットを利用する子どもたちの保護政策，政策上の主要な知見，インターネットを利用する子どもたちの保護政策の記述的概要），第2部 日本のインターネット・リテラシー指標開発プロジェクト（政策立案のためのインターネット・リテラシーの効果の検証，日本のインターネット・リテラシー指標システムの開発，青少年のインターネットの安全利用の分析と評価，主要な知見と政策提言）

270

ICTと職業・家庭　　　　　　　　　　　　　　　　　家庭とICT

『親子でベーシック入門―IchigoJamで
はじめてのプログラミング』　蘆田昇, 福
野泰介, ジャムハウス編集部著　ジャム
ハウス　2015.12　151p　26cm　1980
円　①978-4-906768-31-8　Ⓝ007.64

目次 第1章 こどもパソコンIchigoJamで遊
ぼう！（こどもパソコンIchigoJamの入手方
法，プログラミングをすべてのこどもへ！
ほか），第2章 IchigoJamでプログラミング
（IchigoJamはじめのいっぽ 基礎編，
IchigoJamはじめのいっぽ ほか），第3章
IchigoJamでプログラミング―応用編（変数
のはたらきとくりかえし処理，ふくざつな
くりかえし処理 ほか），第4章 リファレン
スとサンプルプログラム（リファレンス，サ
ンプルプログラム），第5章 IchigoJamを自
分で組み立ててみよう（ブレッドボードキッ
トを組み立てよう）

内容 "プログラミング"と "かんたん電子工
作"に挑戦しよう。

『子どもたちが危ない！ スマホの現実』
あきもと司, 石川英治著　ロングセラー
ズ　2015.12　243p　18cm　（［ロング
新書］）　926円　①978-4-8454-0968-6
Ⓝ367.61

目次 1章 子どものネット環境はこんなに危
険がいっぱい，2章 子どもの安全を守るた
めのルール作り，3章 大人が知っておくべ
き子どもの実態，4章 対談 インターネット
という媒体を通じて親子のコミュニケー
ションは図れる，5章 健全な発達を支える
ために司法ができること

内容 大人と同様に，子どもたちが携帯電話
を持つようになって久しい。便利になった半
面，有害サイトへのアクセスが容易になり，
犯罪に巻き込まれたり，ネットいじめが起き
て命を落としたりするという悪質で悲惨な
事件も急増している。それでも親は子ども
に携帯電話を持たせたいのだろうか？ 子ど
もに携帯電話を持たせていいのだろうか？

『みんなで考えよう！ つかう・つかわな
い？ どうつかう？―大人と子どもで，
気づく・考える・話しあう・注意する！
2　スマフォ―便利さにたよりすぎてい
ない？』　秋田喜代美監修, 稲葉茂勝著
フレーベル館　2015.12　31p　29cm
〈索引あり〉　2700円　①978-4-577-
04327-1　Ⓝ694.6

目次 絵本で考えてみよう！（スマフォがあ
ればこんなに便利！），1 この写真どう思
う？（歩きスマフォ，電車のなかでもスマ
フォを見てばかり！，家族でいてもスマ
フォで孤食，いつでもスマフォを手ばなせ
ない，育児をしながらスマフォ!?，事故現場

を撮影するのは，異様！），2 調べてみよ
う！（スマフォ1台でいろいろできる！，無
料で楽しめることが多い！，赤ちゃんにス
マフォをもたせる親!?，進化する音声認識機
能），資料編（ディベートしよう！，「フィ
ルタリングをかけることに賛成・反対」，こ
れだけはおぼえておきたいスマフォのマ
ナー，いまさら聞けない用語の解説）

内容 大人と子どもで，気づく・考える・話
しあう・注意する！

『子どもにプログラミングを学ばせるべき
6つの理由―「21世紀型スキル」で社会
を生き抜く』　神谷加代, できるシリーズ
編集部著, 竹林暁監修　インプレス
2015.10　222p　21cm　（できるビジネ
ス）〈文献あり 索引あり〉　1500円
①978-4-8443-3828-4　Ⓝ007.64

目次 第1章 なぜ子どもにプログラミングの
教育が必要なのか？，第2章 世界で進む子
ども向けプログラミング教育，第3章 今す
ぐ学べるスクールとその取り組み，第4章
子どもと一緒に学べるウェブサービス＆ア
プリ，第5章 迷路ゲームを解いて教育効果
を実感しよう，第6章 ゲームを作って考え
方や解き方がトレーニングできる

『知らないではすまされない！ わが子を
守る法律知識―SNSと未成年』　高野浩
樹著　ベストブック　2015.9　255p
19cm　（ベストセレクト）　1500円
①978-4-8314-0199-1　Ⓝ367.61

目次 第1章 未成年者とは？，第2章 わが子
が陥りやすい契約トラブル，第3章 わが子
が事故の当事者になった！，第4章 学校の
トラブルで泣かないために，第5章 アルバイ
ト先でトラブルに巻き込まれないために，
第6章 ネットをめぐるトラブルがわが子を
襲う！，第7章 わが子のお金の問題はどう
するべき？，第8章 わが子の男女交際問題，
第9章 人ごとではない刑事の問題

『子どものネット依存―小学生からの予防
と対策』　遠藤美季著　京都　かもがわ
出版　2015.5　151p　21cm　1500円
①978-4-7803-0759-7　Ⓝ367.61

目次 序章 放置できない子どものネット依
存（あるお母さんからの電話，急増する子ど
ものネットトラブル・ネット依存 ほか），
第1章 子どものネットトラブル・ネット依
存の実態（子どもたちをめぐるネットの風
景，子どものSNS利用の問題点 ほか），第2
章 家庭と地域でできる予防と対策（依存予
防でできること，親に持ってほしい意識 ほ
か），第3章 学校でできるネットトラブル・
ネット依存予防教育（なぜ学校での取り組み
が必要か，小学校での取り組みから ほか），
終章 子どもに関わる全ての人の知恵と努力
で（子ども，教師，保護者からの聞き取りか
ら，ネット依存から回復した事例 ほか）

子どもの本 情報教育・プログラミングの本2000冊　271

家庭とICT　　　　　　　　　　　　　　　　　　　　　　　ICTと職業・家庭

|内容| うちの子がネット依存・トラブルに!?
"ネット依存予備群"を増やさないために全
国の先進的取り組みを詳しく紹介し、小中
高・家庭ですぐできる対応を提案。

『こどもプログラミング読本―「未来をつ
くる力」を育てる ママとパパのための』
風穴江、神谷加代、塩野禎隆、デジタルポ
ケット、技術評論社編集部著　技術評論
社　2015.5　79p　26cm　1480円
①978-4-7741-7321-4　⑩007.64
|目次| 1 プログラミングは必要なの?―「これ
からは英語よりプログラミング」って本
当?!, 2 学校でもプログラミングを教える
の?―「小・中・高」必修化の流れと「これ
からの学び」としてのプログラミング, 3
プログラミングってそもそも何?―何がで
きるの? どうすればできるの?, 4 どこに
行けば教えてくれるの?―プログラミング
スクール/ワークショップに行ってみよ
う!, 5 どれで学ぶのがいいの?―おうち
で試せる、親子で学べる!

『大切な子どもの守り方』　舟生岳夫著
総合法令出版　2015.5　189p　19cm
1300円　①978-4-86280-448-8　⑩368.6
|目次| 第1章 子どもを狙う犯罪から守るには
(子どもの被害がふたたび増加に、子どもを
狙う目的 ほか), 第2章 ネットの向こうか
ら子どもが狙われる(携帯電話、スマート
フォンの普及、子どもが隠語を知っていた
ら(使っていたら)要注意 ほか), 第3章 子
どもを守るためにできること(子どものこと
をよく知る、学校や塾の安全に対する考え
方を知る ほか), 第4章 今後、子どもの社
会はどう変わっていくのか(子どもがネット
を使うことが当たり前の時代、小さいうち
からネットの危険性を教える ほか)
|内容| 通学路、公園、おつかい、留守番……一
人でいる子どもが狙われています! 小さな
子どもを守るために親がしてあげられるこ
と。子どもの防犯に関するあらゆることが
この1冊にまとまっています。

『子どものネットトラブルに悩む親の法律
知識Q&A』　牧野和夫編　中央経済社
2015.3　130p　21cm　1600円　①978-
4-502-13021-2　⑩367.61
|目次| 第1章 子どものネット利用とリスク
(子どもにスマホを持たせるリスク、コミュ
ニティーサイトとは ほか), 第2章 学校・
日常生活でのトラブル(集合写真のブログへ
の公開―肖像権の問題、ネット上の誹謗中
傷による不登校 ほか), 第3章 損害賠償事
件と親・学校の責任(友達に傷害を負わせた
場合の子どもの責任、友達に傷害を負わせ
た場合の親の責任 ほか), 第4章 契約をめ

ぐるトラブルと親の責任(子どもの責任と親
の監督義務、オンラインゲームで多額の購
入をした場合 ほか), 第5章 子どもと刑事
責任(厳しさを増す少年法改正、刑事未成年
の意味 ほか)
|内容| ネット社会とのつきあい方、家庭で話
しあっていますか? 学校・日常生活で巻き
込まれる、あるいは引き起こしてしまう事
件の法律的な意味を、民事・刑事の両面から
弁護士が明らかにします。

『ネット被害防止ガイドライン―子どもた
ちがネットトラブルに巻き込まれない
ために』 改訂版 那覇 沖縄県教育委
員会　2015.3　77p　30cm　⑩367.6199

『ファミリー・セキュリティ読本―ネット
の危険を正しく知る』 一田和樹著　原
書房　2015.3　244p　19cm　1600円
①978-4-562-05145-8　⑩007.609
|目次| プロローグ サイバー安全度チェック,
1章 避けられないネットの危険性と防衛策,
2章 個人情報漏洩、テロ集団の誘惑、薬物
乱用、児童ポルノ、ネットいじめ ソーシャ
ルネットワークは危険な地雷原, 3章 基本
的な防御のおさらいと情報収集の方法, 4章
サイバー冤罪事件は誰にでも起こりうる, 5
章 普及型サイバー犯罪の脅威 万引きより
簡単。電子スリからサーバ攻撃まで, 6章
パスワード、認証 超人でなければできない
管理の強要はいつまで続くのか?, 7章 こ
れってほんとに使って大丈夫なの? スマホ
は穴のあいた財布、ネットゲームは犯罪者
の狩り場、エピローグ 破壊の時代を生き延
びるために
|内容| なにが危険でどこまでならOKなの?
個人情報漏洩、ネットいじめ、スマホとSNS
の闇、ネットゲームと犯罪、脆弱なパスワー
ドになりすましアカウント…ネットセキュ
リティの達人が教えるあなたと家族を守る
ために「正しく怖がる」ための必読書!

『子どもを億万長者にしたければプログラ
ミングの基礎を教えなさい』　松林弘治
著　KADOKAWA　2015.2　223p
19cm〈他言語標題：Teach your kids
to code to turn them into billionaires
文献あり〉1400円　①978-4-04-067378-
3　⑩375.199
|目次| 第1章 子どもをビジネスで成功させる
近道は「プログラミング」だ, 第2章 最新の
プログラミング教室事情, 第3章 「プログ
ラミングって何?」と聞かれたら, 第4章
基礎を理解して興味を持たせよ, 第5章 プ
ログラミングを学んでみよう, 第6章 子ど
もが将来も意欲的に取り組めるように
|内容| 企業のトップたちが当たり前にプログ
ラミングできるという事実。ビジネスで成
功する近道は「プログラミング」だった!
プログラミングの根本概念を子どもと一緒

に楽しく学ぶ方法、ひとり立ちさせる秘訣までわかる！

『ネット社会を安全に暮らす』 公共政策調査会 2015.2 418p 21cm （懸賞論文論文集 平成26年度）〈共同刊行：警察大学校警察政策研究センター 文献あり〉 非売品 Ⓝ547.483

『ネット・セーフティー—スマホ・ネットトラブルから子どもを守る対応法』 ニッキー・ジャイアント著, 金綱知征監修, 森由美子訳 京都 クリエイツかもがわ 2015.1 175p 26cm 〈文献あり〉 2000円 Ⓘ978-4-86342-152-3 Ⓝ371.37

目次 1 デジタル世代のためのネット・セーフティー（ネット・セーフティーとは？, ネット・セーフティーの中核をなすもの ほか）, 2 ネット・セーフティーカリキュラム（デジタル世代のコミュニケーション, 安全でいるために ほか）, 3 ネット・セーフティワークシート(コミュニケーションの形, コミュニケーションが重荷になる時 ほか）, 4 ネット・セーフティー指針づくりの手本(学校名 - ネット・セーフティー指針, 教職員向けの行動規則の例 ほか）

内容 スマホを手放せない子どもたち。ネットいじめ、ゲーム依存、課金トラブルなどの危険からどう子どもたちを守るか、学校教育の対応法を提示！ スマホやネットの正しい使い方を理解し、危険性を知り、安全に使うためにカリキュラム23で取り組む！

『保護者のためのスマートフォン安心安全ガイド』 安心ネットづくり促進協議会 2015 2p ［PDF資料］

『家庭でマスター！ 小学生のスマホ免許—こんな時どうする!?クイズ式で身につくネットトラブル護身術』 遠藤美季著, 木原飛鳥漫画 誠文堂新光社 2014.12 93p 26cm 1200円 Ⓘ978-4-416-71457-7 Ⓝ694.6

目次 準備編, 基本編, コミュニケーション編, トラブル編, 犯罪編, 依存編, スマホ免許取得総合試験

内容 インターネットにのせた情報はずっと残るってホント？ クラスのあまり好きじゃない子からSNSの友だち申請が届いたら、OKするの？ 友だちがお小遣い稼ぎのサイトを教えてくれた！ 会員登録は危険かな…？ クイズに答えて、スマホスキルを身につけろ！

『家庭でマスター！ 中学生のスマホ免許—依存・いじめ・炎上・犯罪…SNSの

トラブルを防ぐ新・必修スキル』 遠藤美季著, 坂本ロクタク漫画 誠文堂新光社 2014.12 94p 26cm 1200円 Ⓘ978-4-416-71458-4 Ⓝ694.6

目次 準備編, 基本編, コミュニケーション編, トラブル編, 犯罪編, 依存編, スマホ免許取得総合試験

内容 こんなトラブルあるある！ 脱SNS依存部の2人と一緒にスマホに潜むワナを見破れ。

『デジタル教育宣言—スマホで遊ぶ子ども、学ぶ子どもの未来』 石戸奈々子［著］ KADOKAWA 2014.12 205p 19cm （角川EPUB選書 017）1400円 Ⓘ978-4-04-080022-6 Ⓝ375.199

目次 序章 子どもに「デジタルなおもちゃ」は必要なの？（子どもとデジタル機器との付き合い方を考える, スマホ子育ての現状はどうなっているのか ほか）, 第1章 デジタル時代の「ものづくり」(「一億総クリエイター」の時代を生きる, 暗記型の教育から、思考・創造・表現する学習へ ほか）, 第2章 プログラミングが想像力と創造力を伸ばす（ママにもわかるプログラミング, オバマ大統領からのメッセージ ほか）, 第3章 わずか数年後、あなたの町の学校はこう変わっている（デジタルを使った感動的な授業, 授業を開発し、共有する ほか）

内容 パパ・ママ、教育関係者、必読！ MITメディアラボ等で世界の知性に触れ、のべ30万人に学びの場を提供。最先端の教育現場を知り尽くし、自らも一児の母でもある著者が教える「デジタルで子どもの創造力を伸ばす方法」

『ひとりだちするためのトラブル対策—予防・回避・対処が学べる』 子どもたちの自立を支援する会編集 日本教育研究出版 2014.11 80p 26cm 1100円 Ⓘ978-4-931336-19-3 Ⓝ378

目次 1章 対人関係・人間関係（友人関係, 男女交際 ほか）, 2章 健康な生活（飲酒・喫煙, 危険な薬物 ほか）, 3章 金銭管理と消費者被害（貸し借りや支払い, 家計簿 ほか）, 4章 携帯・スマホ・パソコン・ネット（依存症, 掲示板・SNS等の情報発信 ほか）, 5章 トラブル心構え

内容 予防、回避、対処—身近な事例を多数掲載。

『スマホで馬鹿になる—子どもを壊す依存症の恐怖』 和田秀樹著 ［東京］ 時事通信出版局 2014.10 194p 19cm 〈発売：時事通信社〉1400円 Ⓘ978-4-7887-1336-9 Ⓝ367.61

目次 第1章 子ども（若者）を襲うスマホのトラブル, 第2章 スマホ依存の危険な徴候, 第3章 広がるスマホ規制, 第4章 スマホ依

存の恐怖，第5章 依存症は人格を破壊する病気，第6章 スマホ依存で学力・人間関係力が低下，第7章 親がとるべきスマホ対策

内容 中高生の50万人以上が依存症！ あなたの子どもは大丈夫!?危険すぎるスマホ依存。親がとるべき対策はこれだ！

『子ども、保護者、教員で考えるインターネットトラブル防止ガイド—最新版「自分の身は自分で守る」子どもに育てる！』 SNAスクールネットワークアドバイザー編著 ラピュータ 2014.9 112p 21cm 〈文献あり〉 1200円 Ⓘ978-4-905055-21-1 Ⓝ371.42

目次 第1章 これだけは必ず守る！ 子どものネット・ルール，第2章 保護者は責任重大！ 知らないではすまされない子どものネット事情，第3章 先生が注意する6つのポイント，第4章 「自分の身は自分で守る」—子ども達を育てるために，私達ができること

内容 LINE、ゲーム機でのトラブルなど最新情報が満載！ 子どもも、大人も一緒に読めるネット対策の決定版。

『ネット警備隊ねっぱとくん—親，先生，子どもがともに考える情報モラル 情報モラル教育啓発指導資料』 おおにしひさお作・画 開隆堂出版 2014.8 91p 26cm 〈発売：開隆館出版販売〉 2000円 Ⓘ978-4-304-04201-0 Ⓝ375.199

目次 第1部（ネット警備隊のおしごと…，見えること見えないこと，写真は残る—そしてある時に… ほか），第2部（ネット依存…あなたは大丈夫？，親子で考えよう—家庭でのルールづくり，大人がしっかりしなければ…！ ほか），第3部 ネット警備隊ねっぱとくん番外篇「良得の島が変わったとき」，第4部 やさしくゆるいトリセツ（教師編、保護者編）

『いじめサインの見抜き方』 加納寛子著 金剛出版 2014.7 193p 21cm 〈索引あり〉 2400円 Ⓘ978-4-7724-1373-2 Ⓝ371.42

目次 第1部 現代的いじめの特徴（いじめは常時起きている，KS（既読スルー）—いじめを助長するソーシャルメディア，被害・加害のハードル ほか），第2部 いじめのサインの見抜き方（いじめを見つける鍵のありか，机の観察からいじめのサインを見つける，持ち物からいじめのサインを見つける ほか），第3部 早期発見のための対策（いじめグループに誘われたら？，警察への通報，ネットいじめ発見の限界）

内容 いじめを解決する鍵はどこにあるのか。言動、持ち物、SNS…。子どものさまざまな異変を読み取り早期解決を図る視点と方策を一冊に凝縮！

『おとなが読んで・知って・まもるこどもiPad』 吉田メグミ著 インプレスR&D 2014.6 118p 21cm （インプレスR&D〈next publishing〉—New thinking and new ways） Ⓘ978-4-8443-9600-0 Ⓝ547.483

『尾木ママの10代の子をもつ親に伝えたいこと』 尾木直樹著 PHP研究所 2014.4 251p 15cm （PHP文庫 お67-3） 620円 Ⓘ978-4-569-76168-8 Ⓝ379.9

目次 第1部 10代の子ども特有の心配ごと（思春期とはどのような時期か，おさらいします，思春期の子どもとどのように接すればよいのでしょうか，彼らは「友だち関係にこそすべて」という世界で生きています。10代のいじめ問題について考えます，避けて通ることはできない性の問題について），第2部 変わる思春期に親はどう対応する？（「うちの子に反抗期はないみたい」って，ほんとうですか，思春期の子がもつ強いエネルギーをどう生かせばよいのでしょうか，思春期の子どもにとって「ここちよい場」を家庭の中に）

内容 ケータイ、スマホ、LINEなどの影響で、子どもが多くの情報に触れたり、友達と常に繋がってしまうことが、10代の子をもつ親の不安をいっそう強くしています。本書は、人気の教育評論家が、"性の問題" "いじめ" "親子の適度な距離の取り方"など、10代特有の問題について、親が今日からできる対策をやさしくアドバイス。思春期の子をもつ親の心のモヤモヤが晴れる一冊です。

『親子で読むケータイ依存脱出法』 磯村毅［著］ ディスカヴァー・トゥエンティワン 2014.4 287p 18cm 1400円 Ⓘ978-4-7993-1482-1 Ⓝ493.937

目次 第1章 ケータイやゲームで成績が落ちてしまった子どもたちとのやり取りから，第2章 激論！ 保護者相談会，第3章 親が陥りがちなケータイ3つの誤解，第4章 子どもがネット社会の弊害につぶされないために

内容 ネット依存（予備軍含む）の中高生、52万人！「うちの子に限って…」は通用しない！ 依存症の専門臨床医としてカウンセリングを行っている著者だからこそ書ける、「ほんとうのところ、親は何をするべきか、するべきではないか」知らないでいると恐ろしい「依存」の実態とその解決策を明快に示す。

『ネット依存から子どもを救え』 遠藤美季,墨岡孝著 光文社 2014.4 237p 19cm 1400円 Ⓘ978-4-334-97777-1 Ⓝ493.937

ICTと職業・家庭　　　　　　　　　　　　　　　　　　家庭とICT

目次 第1章 急増する「ネットにハマる」子どもたち，第2章 ネット依存は，何が問題なのか，第3章 ネット依存を精神医学的に解説する，第4章 どうしてそんなにハマるのか，広がるのか，第5章 ネット依存と心の問題，第6章 ネット依存の診断と治療，第7章 「依存傾向」のうちにできること，第8章 上手に利用することが最良の予防法

内容 中高生の病的使用51万8千人，不適応使用104万7千人。あなたのお子さんは大丈夫ですか？ ネットゲーム依存，スマホ依存，SNS依存etc.…ネット依存は "病気" です。アルコールや薬物などの "物質" に依存しているわけではありませんが，「ギャンブル依存」や「買い物依存」などと同じように，「行動」や「行為」への依存，という分類にあたります。趣味や娯楽の域を超え，自己コントロールを失うほどになると「依存」と診断され，病気としての治療が必要とされるのです。

『ネット依存から子どもを守る本―家庭や学校で取り組む予防教育と治療法』 キム・ティップ・フランク著，上田勢子訳 大月書店 2014.4 127p 21cm〈文献あり〉 1500円 Ⓘ978-4-272-41224-2 Ⓝ371.42

目次 第1章 ネット時代に生きる，第2章 精神面の健康を保つ方，第3章 ネット依存症とは，第4章 家庭でできる予防法，第5章 学校での教育，第6章 ネット依存症への対処法

内容 「子どもが睡眠障害，成績低下，不登校，ひきこもりになったらどうしたらよい？」「ネット依存の予防法はあるの？」―本書はアメリカの第一人者の研究をもとに予防教育と治療法をまとめたハンドブックです。

『子どもの安全とリスク・コミュニケーション』 関西大学経済・政治研究所子どもの安全とリスク・コミュニケーション研究班編 吹田 関西大学経済・政治研究所 2014.3 251p 21cm （関西大学経済・政治研究所研究双書 第159冊）〈発行所：関西大学出版部〉 2300円 Ⓘ978-4-87354-582-0 Ⓝ367.61

目次 リスクマネジメントの考え方，子どもソーシャル・リスク，子どもの安全とソーシャル・リスクマネジメント―子どもの安全に関わるリスク対応と施策，子どもを持つ生活者とリスクマネジメント，子どものインターネット利用におけるリスクとゲーム形式を用いたメディア・リテラシー実践の可能性，子どもたちが困難やストレスを乗り越えるために，小学校受験におけるリスク・マネジメントに関する一考察，わが国のプライバシー・個人情報保護法制の将来像の探求―「ECプライバシー研究報告」に

おけるわが国の個人情報保護法制の「有効性」に関する評価を端緒として，参加型手法を取り入れた防災教育―中学生の被災地での体験学習の事例より，学校の危機管理，学校現場における安全管理・防災教育の実践―高槻市立磐手小学校における取り組み

『わが子のスマホ・LINEデビュー安心安全ガイド』 日経デジタルマーケティング編，小林直樹著 ［東京］ 日経BP社 2014.3 158p 19cm〈発売：日経BPマーケティング〉 1300円 Ⓘ978-4-8222-2531-5 Ⓝ367.61

目次 第1章 データで読み解く子どもとスマホの今（ガラケー（従来型携帯電話）とスマホは何が違う？，スマホの普及状況は？ ほか），第2章 データで読み解くスマホリスク（歩きスマホ，ワンクリック詐欺 ほか），第3章 わが子を守るスマホ設定（フィルタリングは必要か？，LINEができないからフィルタリングを外してと言われたら？ ほか），第4章 わが子を「炎上」させない対策とルール（2013年夏，「バカッター」続出のワケ，悪ふざけや愚行の自慢は「人の性」，ボタン一つで公開，炎上招く ほか），第5章 トラブルを防ぐSNS設定（つながりたくない人を遮断したい，知らない人にフォロー，閲覧されたくない ほか）

内容 ネット依存，炎上，架空請求詐欺，友だち募集掲示板，リベンジポルノ，歩きスマホ，LINE疲れ，ウイルス，不正アプリ，個人情報流出…親子でつくる「スマホ・ガイドライン」作成の手引。トラブルを未然に防ぐSNS設定ガイド。

『家庭や学級で語り合うスマホ時代のリスクとスキル―スマホの先の不幸をブロックするために』 竹内和雄著 京都 北大路書房 2014.2 125p 19cm〈文献あり〉 1600円 Ⓘ978-4-7628-2828-7 Ⓝ367.61

目次 第1章 ネットの中を逃げ惑う子どもたち，第2章 調査から見るネットでの子どもの実態，第3章 子ども主体のネット問題対策，第4章 家庭，教室で作るケータイ・スマホの約束

内容 子どもたちがインターネット上で出会う問題への対策を共に考える。危険な事例をリアルに紹介しつつ，危険への対策や有益な活用法も伝えていく。

『お子様が安全に安心してインターネットを利用するために保護者ができること』 内閣府，総務省〔ほか〕 2014.1 4p ［PDF資料］

『心の強い子どもを育てる―ネット時代の親子関係』 石川結貴著 ［東京］ 花伝社 2013.11 184p 19cm〈発売：共

子どもの本 情報教育・プログラミングの本2000冊　275

栄書房〉 1200円 ①978-4-7634-0682-8
Ⓝ379.9
目次 第1章 英語・コミュ力・強いメンタル
（同級生は外国人，英語とコミュニケーショ
ン ほか），第2章 ネット世界の子どもたち
（幼児園児もインターネット，子どもに広が
るSNS ほか），第3章 「生きる力」のゆく
え（「サザエさん」と「ポケモン」の家族像，
飯ごう炊さんのレトルトカレー ほか），第4
章 心の強い子どもを育てる（子どもの力を
引き出す言葉，雨に濡れた子どもへの二つ
の反応 ほか）
内容 "折れない心"をウチの子に。スマホを
駆使し，SNSで誰とでも簡単につながる親
世代には想像もつかない変化の時代を生き
る子どもたちとの向き合いかた。

『父親が知らない娘の真実』 黒羽幸宏著
双葉社 2013.11 255p 18cm （双葉
新書 072） 838円 ①978-4-575-15425-2
Ⓝ367.61
目次 第1章 娘たちのコミュニケーション
ツールSNS，第2章 いじめ問題を考える，第
3章 SNSとつながるリアルライフ，第4章
娘たちの金銭事情，第5章 恋愛＆セックス，
第6章 娘とどう向き合うか，巻末座談会 娘
たちの本音
内容 マジか！ と思っても目をそらしては
いけない。娘たちが生きる学校，SNS，恋
愛…こんなに大変なことになっていた。

『液晶画面に吸いこまれる子どもたち―
ネット社会の子育て』 下田博次，下田真
理子共著 女子パウロ会 2013.10
151p 19cm 1200円 ①978-4-7896-
0726-1 Ⓝ379.9
目次 1章 インターネットに託された夢（イ
ンターネットの夢と現実，知性の向上を目
指すネット利用の具体例），2章 青少年への
悪影響が大きい快楽的利用（メディア・マ
ジックの乱用と悪用の結果，メディア・マ
ジックの力，闇の世界への危険，錯覚を生み
やすいメディア，ネット利用のための判断
力・自制力・責任力），3章 赤ちゃんから始
めるネット社会の子育て（おもちゃのアプリ
と小児科医の心配，思春期からでは遅すぎ
る，メディア・マジックの影響を受けやすい
思春期，ゲーム中毒を社会的損失として取
り組む国々，流行に流されない家庭を，IT
業界は「良い面ばかり強調してきた」と反省
も），4章 これだけは知っておきたいこと
（ペアレンタルコントロールの重要さ，さま
ざまな電子メディアのリスクと注意点，子
どもの成長に合わせたメディアの与え方，
ホフマンさんの愛と知恵）
内容 「子どもたちにはぜひ幸せな一生を
送ってほしい！」そう願うお父さん，お母さ

ん，先生がた，パソコン，ケータイ，スマー
トフォンなどの情報機器は子どもたちの未
来を大きく，豊かに，便利にします。けれ
ど，悪用や乱用をすれば深い闇の世界への
危険が…ネット社会の子育てで，最も重要
なことをまとめた必読の一冊。

『先生・保護者のためのケータイ・スマ
ホ・ネット教育のすすめ―「賢い管理
者」となるために』 今津孝次郎監修・
著，金城学院中学校高等学校編著 学事
出版 2013.9 93p 21cm 1300円
①978-4-7619-1998-6 Ⓝ371.37
目次 第1章 新しい情報メディアと私たち―
この本のねらいと使い方，第2章 ケータイ・
スマホ・ネットと賢くつきあう―ダイジェ
スト版「ハンドブック」，第3章 ホンネ座談
会―「ハンドブック」づくりで深めた生徒・
保護者・教員のコミュニケーション，付章
ケータイ・スマホ・ネットと賢くつきあうた
めの用語集
内容 人間のコミュニケーションという大き
な視野から新メディアを位置づけ，それらの
利便性・不便性・危険性の三側面を整理しな
がら，新メディアとどうつきあうべきかに
ついて根本的に考える。延べ100人近い生徒
有志が，そうした作業を5年以上にもわたっ
て探索してきた成果である「ハンドブック」
（ダイジェスト版）を第2章に収録している。

『中高生のためのケータイ・スマホハンド
ブック』 今津孝次郎監修，金城学院中
学校高等学校編著 学事出版 2013.9
95p 21cm 600円 ①978-4-7619-
1999-3 Ⓝ694.6
目次 1 コミュニケーションとケータイ・ス
マホの実態，2 ケータイ・スマホの基本的
なこと，3 はやりのコミュニティサイト，4
ケータイ・スマホのリスク，5 ケータイ・ス
マホがこころと身体に与える影響，6 ケー
タイ・スマホを少しでも安全に使うために，
7 災害とケータイ・スマホ，8 ケータイ・ス
マホの行方，9 世界のケータイ・スマホ事
情，10 親子で考えるケータイ・スマホ
内容 ケータイ・スマホの便利さとともに，
そのかげに潜むリスク。生徒有志がケータ
イとスマートフォン（スマホ）を「人間とコ
ミュニケーション」という基本から捉え直
し，具体的にどうつきあえばよいのかにつ
いて，生徒自身の目線から幅広く検討した
長年の成果をまとめたもの。

『犯罪にねらわれる子どもたち―今すぐに
実践できる子どもを犯罪から守る方法』
北芝健著 メディアパル 2013.5
255p 19cm （北芝健犯罪学シリーズ）
〈文献あり〉 1500円 ①978-4-89610-
135-5 Ⓝ368.6

ICTと職業・家庭　　　　　　　　　　　　　　　　　　　　　家庭とICT

目次 第1章 行きずりの大人は「サメ」のような捕食動物である，第2章 いまや小学生にまで広がる少女売春，そして児童ポルノ犯罪，ドラッグ犯罪の現状，第3章 子どもを自殺させないために，親ができること，第4章 犯罪に巻き込まれる確率が高い場所─子どもから犯罪を遠ざけるために見定めたい遊び場所，第5章 在日外国人による，子どもを狙った犯罪─在日外国人による犯罪と外国における性犯罪への取り組み。そして移民二世による少年犯罪の増加

内容 幼児性愛者はこんなにも身近にいた！読み進むのが辛い，子どもたちを取り巻く凶悪な犯罪！ 元・警視庁刑事だから知り得る犯罪者/加害者たちの心理。幼児誘拐事件における犯人たちの手口，防止方法とその教え方。また，いじめによる自殺を防ぐために知っておきたい "いじめ" のメカニズム。ドラッグ犯罪，出会い系サイトでの売春…を，元・警視庁刑事の北芝健が解説。

『一生お金に困らない子どもの育て方』
たけやきみこ著　幻冬舎エデュケーション　2013.2　143p　19cm　〈発売：幻冬舎〉1000円　①978-4-344-97638-2　Ⓝ379.9

目次 プロローグ お金の教育をはじめよう！（学校では教えてくれないお金のこと，お金持ちだって破産する!? ほか），第1章 心を育むお金の教育（子どもの心がスクスク育つ環境，やさしい心を育む─寄付や募金は自分のお金で ほか），第2章 ケイタイ・スマホ・PCとお金の教育（子どものIT事情，ケイタイやスマホを持たせるタイミング ほか），第3章 こんなとき，どうすればいいの？ おこづかいの疑問（いつからはじめればいいの？─就学をひとつのチャンスと考えてみましょう，いくらあげればいいの？─五百円がひとつの目安です ほか）

内容 「貯める」より「使える」ことが大事。おこづかいが1年続いたら，ケイタイ・スマホを持たせてOK。二児の母ファイナンシャル・プランナーが語る，子育てとお金の幸福論。学校では教えてくれないとっておきの金銭教育。

『いじめは犯罪！ 絶対にゆるさない！─いじめに悩むこどもたち，お母さんたちへ』 井澤一明著　青林堂　2012.12　182p　19cm　（SEIRINDO BOOKS）838円　①978-4-7926-0458-5　Ⓝ371.42

目次 第1章 いじめ概論─大津いじめ自殺事件を考える，第2章 もしも，いじめられたら（こどもたちへ，保護者の皆様へ），第3章 いじめ解決法（いじめ対処の大原則，いじめ解決法，いじめ解決の重点ポイント，学校の「この対処」が不登校に追い込む，「できる

教師」のいじめ指導法，傷ついた子供たちを救いたい，ネットいじめ対処法），第4章 いじめ相談Q&A（教師の「言い分」に負けないためのアドバイス，保護者の不安を解消するためのアドバイス）

『お母さんのための子供のデジタルマナーとしつけ─目にやさしい大活字：SMART PUBLISHING』 中元千鶴著，マナーキッズプロジェクト監修　新潟　シーアンドアール研究所　2012.12　167p　26cm 〈2012年刊の再刊〉2000円　①978-4-86354-701-8　Ⓝ379.91

目次 第1章 子供にスマホや携帯電話，パソコンは必要ですか？（子供にスマホや携帯電話を安易に買い与えていませんか？，スマホを持っていないことがイジメにつながると思っていませんか？ ほか），第2章 子供にスマホやパソコンを持たせるときの必須ルール（子供にスマホを無条件で持たせていませんか？，子供のスマホを定期的にチェックしていますか？ ほか），第3章 子供を危険から守るのは親の責任（子供にスマホのマナーやモラルを教えていますか？，スマホを子供の自主性に任せて好き勝手に使わせていませんか？ ほか），第4章 イジメは犯罪！ 子供を加害者にも被害者にもしない（学校の裏サイトにはかかわらないことを子供に話していますか？，友達がイジメられていたら先生や親に相談しましょう ほか），第5章 テレビやゲームをするときの必須ルール（子供部屋で自由にテレビを見たりワンセグを使わせていませんか？，子供にテレビのチャンネル権を持たせていませんか？ ほか）

内容 スマホはネット上の役に立つ情報・害になる情報にもアクセスできる道具になる。デジタルツールを子供に与えるときのマナーやルールをどうやって教えるのか，犯罪やイジメから子供を守るには何をなすべきかをわかりやすく解説。

『子どものための『ケータイ』ルールブック』 日代純平著　総合法令出版　2012.10　219p　19cm　1300円　①978-4-86280-326-9　Ⓝ367.61

目次 第1章 子どものケータイ利用の現状，第2章 大人が知らない子どものネット社会，第3章 正しい情報と知識で子どもを守る，第4章 「ケータイ教育」の始め方，第5章 ケータイ教育の効果，第6章 子どものケータイ，こんなときどうする？ Q&A

内容 ネットいじめ，迷惑メール，高額請求─「持たせない」だけがトラブルから守る方法ではない！ 親子で携帯電話の使い方を考える。ケータイ教育がネット社会に潜む危険から子どもを守ります。

『新・親子で学ぶインターネットの安全ルール』 いけだとしお，おかもとなちこ文，つるだなみ絵　ジャムハウス

子どもの本 情報教育・プログラミングの本2000冊　277

家庭とICT ICTと職業・家庭

2012.10 91p 19cm 1500円 ①978-4-906768-05-9 Ⓝ694.5

[目次] インターネット編（お父さん・お母さんと見たことがあるホームページからスタート，インターネットでのさがしものはお父さん・お母さんといっしょに ほか），メール編（知らない人からメールが来たらひらいちゃダメ。お父さん・お母さんにほうこく，友達のフリをするウソつきメールに注意する ほか），コミュニケーション編（けいじばん，チャット，ブログやツイッターの利用はお父さん，お母さんと相談，けいじばん，チャット，ブログやツイッターで仲良くなった人から名前や住所，電話番号を聞かれても返事してはダメ ほか），携帯電話編（けいたい電話を持つかどうかはお父さん・お母さんとしっかり相談で出会う電話を持つならお父さん・お母さんとの約束を守ろう ほか）

[内容] 平成23年度採用教科書「小学校の国語5年」（三省堂）の「わたしの本だな」で紹介された書籍に最新情報を追加！ スマホやツイッターのどこがキケンかも解説。お父さん・お母さんも一緒に知りたい33の安全ルールを掲載。

『いじめ予防と対応Q&A73』 菅野純，桂川泰典編著 明治図書出版 2012.5 164p 22cm 1760円 ①978-4-18-148929-8 Ⓝ371.42

[目次] 第1章 いじめを「理解・把握する」Q&A，第2章 いじめを「予防する」Q&A，第3章 いじめに「取り組む」Q&A，第4章 「ネットいじめ」Q&A，第5章 いじめと「不登校・発達障害・非行」Q&A，第6章 「保護者とのかかわり」Q&A，第7章 「いじめの経験をいかす」Q&A

[内容] いじめ問題については，教育学や心理学，社会学などさまざまな立場から，その解明や対応・予防などについてアプローチが行われてきましたが，決定的な対応策が存在せず，常にどこかで悩んでいる子，傷ついている子がいます。本書は，その課題にこたえるべく，学校の先生方や相談で出会う子ども，保護者のみなさんのQに答える形で，具体的な73のQ&Aでまとめています。

『保護者のためのあたらしいインターネットの教科書―おとなの知らないネットの世界』 インターネットユーザー協会編 中央経済社 2012.5 167p 21cm 1600円 ①978-4-502-69620-6 Ⓝ007.3

[目次] 第1章 ネットのしくみと使い方・使われ方（ネットの世界は本当に「危険がいっぱい」なの？，ネットにつながるしくみ ほか），第2章 メール（生活に定着したメール，メールにも種類がある ほか），第3章 「匿

名」でのコミュニケーション（ネットの情報はカンタンには消えない，ネット上から「削除する」とは ほか），第4章 ソーシャルネットワークサービス（ネットでのコミュニケーションには特別な意味がある？，SNSの種類と利用のされ方 ほか），第5章 ネットの生放送（ネット生放送とテレビ番組のちがい，ネットで生放送が人気の理由 ほか），第6章 ネットとゲーム（ケータイゲーム，"無料"ケータイゲームサイトの課金システム ほか）

[内容] 「子どもにケータイを持たせるけど大丈夫かな？」「夜遅くまでゲームしているのが心配だな」子どもにネットを使わせるときや，ネットにつながる機器を使わせるときに気をつけたいことをやさしくまとめました。

『家族のためのインターネットセキュリティガイド』 マリアン・メリット著 シマンテック 2012 56p ［PDF資料］

[目次] 年代別に見るセキュリティ対策，セキュリティの基本，リスク，セキュリティ対策のヒント

『ケータイ犯罪からわが子を守る！』 和田秀樹著 潮出版社 2011.12 223p 19cm 1300円 ①978-4-267-01890-9 Ⓝ367.61

[目次] 第1章 子どもにケータイをいつ持たせるか，第2章 メールの役割が変化している，第3章 ケータイ時代のいじめとは，第4章 ケータイ犯罪に巻き込まれないために，第5章 家庭でできるケータイのルールセッティング，第6章 もう放任主義では生き残れない，第7章 ネット時代のメディア活用術，第8章 人間関係至上主義時代だから勉強させよう，第9章 親のあなたがすべきこと

[内容] 警告！ ケータイ時代の危ない子育て。"受験のカリスマ"が教える失敗しない30のポイント。

『子供がケータイを持ってはいけないか？』 小寺信良著 ポット出版 2011.9 237p 19cm 〈他言語標題：Should children not have cell phones？〉 1600円 ①978-4-7808-0169-9 Ⓝ367.61

[目次] 子供たちとケータイの関係，第1章 親が知らないケータイ・コミュニケーション（チェーンメールの何が「悪」なのか，コミュニティサイトは，言われているほど問題か ほか），第2章 学校のIT活用最前線（技術科の先生に学ぶ，情報と技術のあり方，校務のIT化で得られるメリット・デメリット ほか），第3章 ケータイ規制条例の現場（ケータイ規制の何が問題なのか，「ケータイ持たせない」運動 石川県の実態 ほか），第4章 震災時のケータイの可能性

ICTと職業・家庭　　　　　　　　　　　　　　　　家庭とICT

（震災でわかったネットのポジション，災害時のITの信頼性 ほか）

『**親子で楽しむこどもお仕事塾**』 夢がさしプロジェクト著，菅原亜樹子監修　明治書院　2011.6　87p　21cm　（寺子屋シリーズ 7）　1500円　①978-4-625-62416-2　Ⓝ366.29

目次 適性診断，タイプ別・お仕事解説（ビジネス，ルーティン，テクニカル，サイエンス，アート，パーソン）

内容 6つのタイプ別に30種類の職業を紹介。それぞれのお仕事解説のほか，“なるには”“やりがい”“マメ知識”“こんなキミにピッタリ！”“ある一日”など，そのお仕事をもっと知りたくなる情報が満載！ 楽しい適性診断も。

『**親子向けインターネット・ネチケット入門—始める前にこれだけは身につけておこう！**』 井上直子著　文芸社　2011.4　146p　19cm　1100円　①978-4-286-10225-2　Ⓝ694.5

『**学校・家庭でできるメディアリテラシー教育—ネット・ケータイ時代に必要な力**』 藤川大祐著　金子書房　2011.4　154p　19cm　〈文献あり〉1600円　①978-4-7608-2360-4　Ⓝ371.37

目次 1 メディアリテラシー教育の基礎・基本，2 ネット・ケータイのトラブルを防ぐ，3 メディア社会を生きる

内容 変わるメディア、新しいトラブル。小・中・高校生にメディアを主体的に使いこなせる能力をどう育てるか。子どものメディア利用状況、ネット・ケータイのトラブル予防など、教師・親が知っておきたい情報満載。

『**モバイル社会を生きる子どもたち—「ケータイ」世代の教育と子育て**』 近藤昭一著　[東京]　時事通信出版局　2011.3　289p　19cm　〈文献あり　発売：時事通信社〉2000円　①978-4-7887-1157-0　Ⓝ379.9

目次 第1章 子どもたちのモバイルメディアの実態を知ろう（子どもたちの生活とケータイ・モバイルメディア，保護者は「習うより、慣れろ」で積極的に！，統計から知る実態），第2章 子どもの成長とモバイル社会（生まれながらのIT世代，IT機器の有用性と子どもの心の成長，子どもたちの心の成長とメディアコミュニケーションの関係，モバイル社会の中で力を弱める「育ちの場」），第3章 モバイル社会を生き抜く子どもの育て方（「協働」と「役割」の中で実感できる

自分の大切さと共感，成長を支えるコミュニケーションの鍵ポイント），第4章 モバイル社会で求められる家庭の役割（家庭は「命のバトン」を受け渡す場所，「価値あるもの」の意味を考える，時を超えて輝く価値と人の魅力），エピローグ モバイル社会で輝きを増す「価値あるもの」

内容 「ケータイ」世代の教育・子育ての課題を解き明かす、必読の書。子どもたちは、なぜケータイに魅入られ、メールやプロフ・ブログに依存するのか—。この疑問を心の成長を視点に解明し、モバイル社会に必要な教育・子育てを提言する。

『**「親子のためのネット社会の歩き方セミナー」実施報告書**』 コンピュータ教育開発センター著　コンピュータ教育開発センター　[2011]　59p　30cm　〈平成22年度財団法人JKA補助事業〉Ⓝ007.3

『**家庭・学校・社会子どものトラブル解決法—みんなの「お悩み」相談**』 横山正夫監修，飯野たから著　自由国民社　2010.8　151p　24cm　1400円　①978-4-426-11044-4　Ⓝ367.61

目次 序章 親は子どもの携帯電話を規制できるか，第1章 出会い系サイトのトラブルに親はどう対処すればいいか，第2章 悪質商法に巻き込まれた子を親はどう救うか，第3章 いじめや学校事故から子どもをどう守るか，第4章 アルバイトや契約をめぐるトラブルはどう解決するか，第5章 犯罪に手を染める子どもを見つけたら…

内容 本書は、ネット社会の今日、子どもがインターネットや携帯電話をめぐるトラブルに巻き込まれたとき、法律上、親としてはどう対処すればいいか、いじめや悪質商法からトラブルの解決に役立つ法的対策と問題点を、具体的な事例を使ってわかりやすく解説してあります。ふんだんに図表を使って、法律と縁のない方でも無理なく読んで学べる構成です。

『**親子の対話によるケータイ対応マニュアル**』 子どもとメディア制作・著作　[福岡]　子どもとメディア　[2010]　26p　21cm

『**「親子のためのネット社会の歩き方セミナー」実施報告書**』 コンピュータ教育開発センター著　コンピュータ教育開発センター　[2010]　59,33p　30cm　〈平成21年度財団法人JKA補助事業〉Ⓝ007.3

『**ネットいじめ・犯罪から子どもを守る—平成21年度東予地方局人権フォーラム講演録**』 渡辺真由子[述]　松山　愛媛県人権啓発センター　[2010]　38p　30cm　Ⓝ368.6

子どもの本 情報教育・プログラミングの本2000冊　**279**

学校教育とICT

指導要領・教育論

『学校の情報セキュリティ実践マニュアル
―教育の現場で安心してICTを活用す
るために』 NTTラーニングシステム
ズ,福與喜弘著, 西田光昭,高橋邦夫監修
翔泳社 2018.7 115p 26cm 2200円
Ⓘ978-4-7981-5692-7

[目次] 第1章 基本編, 第2章 教職員編, 第3
章 教育情報セキュリティ管理者編, 第4章
システム編, 付録

[内容] 本書は、教育の現場で安心してICTを
活用するために、取り組むべきポイントを
解説したガイドブックです。情報セキュリ
ティポリシーの策定だけでなく、現場の事
情と課題に即した情報セキュリティの入門
書としても最適です。実際に起きてしまっ
た事故の例や具体的な課題を挙げ、いま行
わなければならない対策を解説します。文
部科学省「教育情報セキュリティポリシー
に関するガイドライン」に準拠した内容と
なっていますので、安心してご利用いただけ
ます。読者特典として、管理/申請/点検に
便利な帳票ファイルをWeb提供しています。

『主体的・対話的で深い学びを実現する!
板書&展開例でよくわかる社会科授業
づくりの教科書 3・4年』 朝倉一民著
明治図書出版 2018.6 129p 26cm
2200円 Ⓘ978-4-18-228515-8

[目次] 1章 主体的・対話的で深い学びを実現
する! 社会科授業デザイン (社会科での主
体的・対話的で深い学びの実現, 本書の読み
方 ほか), 2章 主体的・対話的で深い学び
を実現する! 社会科授業づくりの教科書 板
書&展開プラン (身近な地域, 工場の仕事,
お店の仕事, 消防の仕事, 警察の仕事 ほか)

[内容] 小学3・4年の1年間の社会科授業づく
りについて、1.授業における板書写真、2.授
業のねらいと評価のポイント、3.「かかわ
る・つながる・創り出す」アクティブ・ラー
ニング的学習展開、4.ICT活用のポイントの
構成で、各単元における授業の全体像を、授
業で使える資料例も豊富に入れながら、見
開き構成でまとめました。

『主体的・対話的で深い学びの環境と
ICT―アクティブ・ラーニングによる
資質・能力の育成』 久保田賢一,今野貴
之編著 東信堂 2018.6 228p 21cm
2300円 Ⓘ978-4-7989-1502-9

[目次] 第1部 初等中等教育におけるICTを活
用した教育 (21世紀に求められる能力とICT
を活用した学習環境, 主体的・対話的で深い
学びとICT, 思考力の育成とICT ほか), 第
2部 資質・能力を育成する教育方法 (ICTで
越境する学び, 情報活用能力を育てる, 1人
1台タブレットPCを活用する学習環境 ほ
か), 第3部 高等教育におけるICT活用 (自
律的な学びを支える学習支援とICT, 大学生
の正課外活動とICT)

[内容] 理論と実践を共に示し、ICTを活用し
た主体的・対話的で深い学び (アクティブ・
ラーニング) を実践するためには、どのよう
な環境を準備したら良いのか、新しい機器
や方法をどのように活用したらよいのか、
それらを考えるための材料を提供。巻頭に
は詳細な用語集を、各章末にはさらに勉強
をしたい人向けの文献案内を収録するなど、
初学者にも分かりやすく工夫されている。

『成績をハックする―評価を学びにいかす
10の方法』 スター・サックシュタイン
著, 高瀬裕紀,吉田新一郎訳 新評論
2018.6 228p 19cm 2000円 Ⓘ978-
4-7948-1095-3

[目次] 1 成績の見方・考え方を変える, 2 納
得してもらえるように努力する, 3 学習課
題を記憶に残る学習経験へと再構築する, 4
生徒たちが相互に助け合うようにサポート
する, 5 データをデジタル化する, 6 時間を
最大限確保する, 7 成長をガラス張りで見え
るようにする, 8 振り返ることを教える, 9
生徒に、自分で成績が付けられるように教え
る, 10 クラウドベースのデータを保存する

[内容] 成績なんて、百害あって一利なし!?
「評価」や「教育」の概念を根底から見直し、
"自立した学び手"を育てるための実践ガ
イド。

『タブレット端末を授業に活かす NHK
for School実践事例62』 中川一史,今
野貴之,小林祐紀,佐和伸明監修, NHK
for School×タブレット端末活用研究プ
ロジェクト編著 NHK出版 2018.6
167p 26cm 2600円 Ⓘ978-4-14-
081745-2

目次 理論編（主体的・対話的で深い学び×NHK for School×タブレット端末環境, NHK for Schoolをタブレット端末で活用する実践を考察する, NHK for Schoolを活用するということ, 『Why!?プログラミング』で始めよう！ 小学校プログラミング教育), 実践編（小1国語 言葉の使い分けに着目したWebドリルの活用, 小2国語 音読たつ人になろう！, 小5国語 伝え合おう聞き合おう, 小6国語 飛び込もう！ 演じよう！ 狂言の世界, 小6国語 君は裁判員!!昔話法廷を開こう！ ほか）

内容 新しい学習指導要領に沿った、授業を具体的に設計するためのアイデアが満載！ NHK for Schoolを使って、子どもたちの情報活用能力を鍛える！ 小学校でのプログラミング教育の実践例も掲載！ 現役教師が執筆！ 小学校主要教科領域の事例を収載！

『教職教養講座 第8巻 教育心理学』高見茂, 田中耕治, 矢野智司, 稲垣恭子監修 楠見孝編著 協同出版 2018.5 269p 21cm〈索引あり〉 2200円 ①978-4-319-00329-7 ⑩371.4

目次 学力と汎用的能力の育成, 教育と遺伝, 教育と個人差, 記憶と知識, 学習動機づけ, ICT・メディア活用, アクティブ・ラーニング, 教室内の相互作用, 探究的な学習・課題研究, 国語・読書教育, 社会科教育, 算数・数学教育, 理科教育, 外国語教育, 人権教育

『小学校でのタブレット端末利用に関する人間工学的研究―調査研究報告書』 柴田隆史, 堀田龍也, 佐藤和紀［著］, 第一生命財団編 第一生命財団 2018.5 47p 30cm 非売品 ⑩375.199

『教育のイデア―教職・保育士を志す人のために』 武安宥監修, 塩見剛一, 成山文夫, 西本望, 光成研一郎編 京都 昭和堂 2018.4 235p 21cm〈索引あり〉 2300円 ①978-4-8122-1716-0 ⑩370

目次 第1部 教育の方法・内容と指導（教育方法, 教育工学・情報リテラシー・ICTと教育, 保育内容と指導 ほか）, 第2部 教育の意義と思想（教育の理念と意義, 西洋の教育思想―古代から中世, 西洋の教育思想―近代 ほか）, 第3部 教育の背景と発達・評価（家庭教育と親子の絆, 乳幼児期の発達教育, 児童期の発達教育 ほか）

内容 教育課程を履修する学生のためのテキスト。広い範囲をカバーするとともに、教育の伝統的な基盤から最新の知見までコンパクトにまとめ、初学者が学びやすいよう配慮した。

『保育者のためのパソコン講座―Windows10/8.1/7 Office2010/2013/2016対応版』 阿部正平, 阿部和子, 二宮祐子著 萌文書林 2018.4 400p 26cm 2000円 ①978-4-89347-283-0

目次 1 パソコンのしくみを学ぼう―パソコン本体とOSのしくみを知って、マウスやキーボード操作になれよう！, 2 ワープロソフトの機能と操作を学ぼう―おたよりなどの園で配布する文書を作ろう！, 3 表計算ソフトの機能と操作を学ぼう―表の作成・台帳（データベース）管理とかんたんな表計算をしよう！, 4 プレゼンテーションを学ぼう―プレゼンテーション・ソフトでスライドを作ろう！, 5 ネットワークを学ぼう, 6 パソコンリテラシーと情報倫理を学ぼう

内容 保育事例で修得するワープロ・表計算・プレゼンテーション。保育者として知っておきたいパソコンリテラシー、情報倫理を解説。

『iPad教育活用7つの秘訣 2 新しい学びの実践者に聞くICT活用実践と2020年突破の鍵』 小池幸司, 神谷加代［著］, ウイネット編著 新潟 ウイネット 2018.3 111p 26cm〈発売：星雲社〉 2000円 ①978-4-434-24533-6 ⑩375.199

目次 iPad活用事例（ツールからインフラへ。従来の「枠」を超えた発想で使え！, とことん使い倒す。その先に子どもたちの「成長」が見えてくる！, 押し付けはしない。目の前の生徒に「フィット」する学びを！, 使うのはあくまで生徒。自ら学ぶ「しかけ」が主体性をつくる！ ほか）, メッセージ・対談・座談会（プログラミング教育, 玉川大学3年生―先生の卵×ICT, 上野小学校薄井学級―プレゼンテーション×ICT ほか）

『新しい教職教育講座 教職教育編10 教育の方法と技術』 原清治, 春日井敏之, 篠原正典, 森田真樹監修 篠原正典, 荒木寿友編著 京都 ミネルヴァ書房 2018.3 234p 21cm〈索引あり〉 2000円 ①978-4-623-08193-6 ⑩373.7

目次 求められる教育の方法と技術, 資質・能力を育む教育と学習科学, インストラクショナルデザイン, 学習環境デザイン, 学びを深める授業研究, 基礎的な教育技術とアートとしての教育技術, 知識の理解と定着を図る授業づくり, 主体性を引き出す教育方法, 対話的な学びを育む協調自律学習, 教授・学習を成立させる教材・教具〔ほか〕

内容 教育の方法と技術に関して、小学校、中学校の教員を目指す学生や学校現場の若手の教員が、理論と実践の両面から基礎的な事項を理解するための概説書。各章末に、「学習の課題」や「さらに学びたい人のための図書」を掲載。学習科学、授業設計、授業研究などに関する理論と、授業の質を左右

指導要領・教育論　　　　　　　　　　　　　　**学校教育とICT**

する教師の教育観，知識の定着や主体的な学習，協調的な学習を実践する授業づくり，真の能力を評価する方法や近年の教育界に必要なICT活用，新学習指導要領で小学校に導入されるプログラミング学習など，不易と流行の教育の方法と技術に関する内容を掲載している。

『**新しい小学校音楽科の授業をつくる**』
高見仁志編著　京都　ミネルヴァ書房
2018.3　227p　26cm　〈索引あり〉2500円　Ⓣ978-4-623-08170-7　Ⓝ375.762
目次 これからの音楽科教員に求められるもの—「教科専門」と「教科の指導法」の融合，これからの小学校音楽科が目指すもの—新学習指導要領の目標と内容等をもとに，学校教育における歌唱指導，器楽，音楽づくり，鑑賞，音楽科とICTの活用，異文化の音楽，日本の伝統音楽，音楽科におけるアクティブ・ラーニング，音楽科の学習指導案，音楽科の学習評価，音楽科授業成立の鍵を握る学級経営一授業を成立の鍵を握る学級経営一授業を成立させる一瞬，校内の全教師が音楽科を重要視する学校—いかにして音楽文化を学校に根づかせるか，音楽科と幼保小連携，指揮法，音楽理論，共通教材と伴奏譜
内容 教科専門と教科の指導法の融合をめざして—平成29年版学習指導要領に対応。新しい小学校音楽科授業の展開について平易に解説。

『**AI時代のリーダーになる子どもを育てる—慶應幼稚舎ICT教育の実践**』　鈴木二正著　祥伝社　2018.3　196p　19cm　〈文献あり〉1400円　Ⓣ978-4-396-61642-7　Ⓝ375.199
目次 第1章 ICT教育とは何か その現状（ICTを活用する教育とは，世界で求められるICTリテラシー ほか），第2章 タブレット端末を用いた授業の実践と背景（慶應義塾幼稚舎という小学校，六年間の担任持ち上がり制 ほか），第3章 子どもたちの変化と成長（子どもたちに身についたもの，事前アンケートによる評価と分析 ほか），第4章 未来をつくる子どもたち（タブレット端末活用のその後，子どもたちを見続けてきて ほか）
内容 人工知能時代でもたくましく生き抜く子ども。親，学校が今すぐやるべきこと・知っておきたい知識。

『**英語音声教育実践と音声学・音韻論—効果的で豊かな発音の学びを目指して**』
有働眞理子，谷明信編著　ジアース教育新社　2018.3　251p　22cm　（国立大学法人兵庫教育大学教育実践学叢書 4）

〈索引あり〉2300円　Ⓣ978-4-86371-455-7　Ⓝ375.893
目次 第1部 理論編（英語音声教育実践に必要な「知識」，音声学・音韻論と英語音声実践—対話能力を強化する英語音声指導に向けて，マザーグースの英語を音韻的にみる，小学校段階における英語音声指導—「歌とチャンツ」に焦点を当てて），第2部 実践編（ICTツールを活用した小学校での音声指導—音声分析ソフトPraatを活用して，中学生のためのイントネーション指導，音声現象の記号化と高校における英語発音指導，多様な進路に応じた英語音声指導—センター試験受験者と非受験者それぞれの場合，発音練習におけるALTの役割を再考する）

『**教育課程・方法論—コンピテンシーを育てる学びのデザイン**』　松尾知明著　新版　学文社　2018.3　181p　21cm　〈索引あり〉2000円　Ⓣ978-4-7620-2765-9　Ⓝ375
目次 資質・能力の育成と新しい教育課程，学びのデザイナーとしての教師，カリキュラムをデザインする基礎知識，授業をデザインする基礎知識，教育課程の意義と位置づけ，学習指導要領の変遷と資質・能力目標の展開，学習指導要領改訂のポイント，カリキュラム・マネジメントの意義と考え方，カリキュラム・マネジメントの進め方，単元指導計画のデザイン—学習活動の構想，単元を通して育みたい資質・能力目標，学力形成と評価の3観点，アクティブ・ラーニングの考え方・進め方，ICT及び教材の活用，真正の評価の考え方・進め方

『**授業で役立つ!!タブレットを活用した実践事例　小・中学校編**』［宇都宮］栃木県総合教育センター　2018.3　16p　30cm

『**授業で役立つ!!タブレットを活用した実践事例　高等学校編**』［宇都宮］栃木県総合教育センター　2018.3　12p　30cm

『**初等国語科教育**』　塚田泰彦，甲斐雄一郎，長田友紀編著　京都　ミネルヴァ書房　2018.3　197p　26cm（MINERVAはじめて学ぶ教科教育 1 吉田武男監修）〈索引あり〉2200円　Ⓣ978-4-623-08292-6　Ⓝ375.82
目次 第1部 初等国語科の基本的視点（初等国語科教育の意義と目標，初等国語科教育の構造と変遷，初等国語科教育の学習指導と評価），第2部 初等国語科の学習指導（国語の特質に関する事項の指導，情報の扱い方，伝統的な言語文化の指導，書写の指導，読書指導，話すこと・聞くことの指導，書くことの指導，読むことの指導1—説明的文章，読むことの指導2—文学的文章），第3部 初等国語科を取り巻く問題（領域）（入門期

学校教育とICT　　　　　　　　　　　　　　　　　　指導要領・教育論

の指導，メディアリテラシー・ICTの指導，初等国語科教育の課題と展望）

『**港区学校情報化アクションプラン　平成30年度―平成32年度**』　港区教育委員会事務局庶務課編　［東京］　港区教育委員会　2018.3　56p　30cm　Ⓝ375.199

『**教育の最新事情と研究の最前線**』　茨城大学教育学部学校教育教室編　福村出版　2018.2　150p　26cm　2000円　Ⓘ978-4-571-10183-0　Ⓝ374.3
目次 第1部 教育の最新事情（国際比較から見る教育政策の動向，教職についての省察と教師の力量形成，子どもたちの発達と特別な支援を必要とする子，子どもの生活の変化を踏まえた課題―カウンセリングマインドを基盤とした指導の重要性），第2部 学校教育の課題と教育研究の最前線（小学生の時制理解の発達―「サザエさん」と「さわやか3組」の役割，学習指導における情報活用能力の育成，新学習指導要領下で求められるキャリア教育―一人ひとりの児童生徒に向けてのキャリア・カウンセリング，特別活動―クラブ活動におけるプログラミング教育の実践試案，「性の多様性」と道徳教育―小学校・中学校の道徳科学習を生かして）

『**未来の学びにつながるICTを活用した授業づくり―教師活用型から児童生徒実践型へ**』　香川県教育センター編　高松　香川県教育センター　2018.2　88p　30cm　（研究成果報告書 平成29年度）〈協働的な学習におけるICTの活用に関する調査研究〉　Ⓝ375.199

『**みんなが元気になるたのしい！　アクティブ・ラーニング　2　アクティブ・ラーニングで、授業がぐんとたのしくなる―自ら進んで対話してより深く学ぼう！**』　稲葉茂勝著，長田徹監修　フレーベル館　2018.2　31p　29cm　〈索引あり〉　3000円　Ⓘ978-4-577-04556-5　Ⓝ371.5
目次 1 アクティブ・ラーニングのポイント，2 大学・高校のアクティブ・ラーニング―プラスワン バブル崩壊の影響，3 アクティブ・ラーニングの方法―プラスワン アメリカ生まれの学習法，4 アクティブ・ラーニングはどこにでもできる，もっとくわしく！ アクティブ・ラーニングの評価方法は？，ある実践「ICTの活用で情報活用能力を高める」プラスワン ジグソー学習，ある実践「エゾタンポポでアクティブ・ラーニング」，ある実線「学校やまちを活性化しよう！」プラスワン 学校区とは？ プラスワン

「中一ギャップ」，もっとくわしく！ 新しい学び方を考える

『**アクティブ・ラーニング時代の古典教育―小・中・高・大の授業づくり**』　河添房江編　小金井　東京学芸大学出版会　2018.1　246p　21cm　〈文献あり〉　2500円　Ⓘ978-4-901665-51-3　Ⓝ375.8
目次 第1部 理論編，第2部 実践編
内容 小・中・高の教育連携というテーマから、今日的な課題であるアクティブ・ラーニングとICT活用に向き合い、小・中・高・大で古典教育を行っていくための具体的な知識を提供し、指導法を提案。各章にはキーワードを太字にした要約文を付け、実践編の配列は小学校からの実践学年順とした。

『**企業とつくる「魔法」の授業**』　藤川大祐,阿部学編，企業教育研究会著　教育同人社　2018.1　215p　21cm　1500円　Ⓘ978-4-87384-106-9　Ⓝ375.1
目次 第1章 「未来」の授業をつくる，第2章 環境・健康学習の新しいかたち，第3章 ストーリーのチカラで教科学習を楽しく，特別対談 落合陽一×藤川大祐―学校教育は「魔法使い」の夢を見るか？

『**だれもが実践できるネットモラル・セキュリティ**』　堀田龍也，西田光昭編著　三省堂　2018.1　191p　30cm　1800円　Ⓘ978-4-385-36266-3　Ⓝ375.199
目次 第1章 巻頭対談（ネットモラル教育の過去・現在そして未来。），第2章 実践事例（情報モラル指導の実際，事例アニメ教材，解説アニメ教材，道徳用読み物，情報セキュリティ），第3章 研修（校内研修，保護者，管理職，教育委員会，教員養成），第4章 新学習指導要領と情報モラル
内容 この本には、授業づくりのポイントや教材の活用方法を実践者の先生方が具体的に解説した実践事例を多数掲載しています。ぜひこの本を読んでネットモラル教育を始めてほしいと思います。研修についても充実の内容。

『**Web教材制作演習―デジタル教科書＆アニメーション**』　黒澤和人著　丸善プラネット　2017.12　146p　21cm　〈文献あり 索引あり〉　発売：丸善出版　2000円　Ⓘ978-4-86345-354-8　Ⓝ375.199
目次 第1章 HTMLの概要，第2章 CSSの概要，第3章 JavaScriptの概要，第4章 SVG，第5章 MathML，第6章 デジタル教科書，第7章 検索系教材，第8章 WBT（Web Based Training），第9章 Webアニメーション
内容 Web教材とはWebを使って提示される教材のこと。本書では、効果的なWeb教材を制作するための基本技術を整理。前半では、HTML、CSSおよびJavaScriptの基本仕

子どもの本 情報教育・プログラミングの本2000冊　　283

指導要領・教育論　　　　　　　　　　　　　　　　　　　学校教育とICT

様と具体的な利用法について整理。後半では、Web教材のうち代表的と思われる4つのタイプを紹介。いずれも最初に例題を示し、まずは制作手順を確認し、次いでコンテンツを自分の担当科目の内容に置き換え、プロトタイプ（試作品）の制作へと誘う。また、各章末に演習問題を付すなど、教科書や演習書として利用できるよう配慮。

『子どもが主役の学校、作りました。』　竹内薫著　KADOKAWA　2017.12　230p　19cm　1300円　Ⓘ978-4-04-105567-0　Ⓝ376.7

目次 序章 学校がない！，第1章 日本の小学校は崩壊寸前!?—おかしな算数、いじめ、不登校，第2章 日本の小学校が崩壊した理由—金太郎飴のような先生たち，第3章 人工知能時代に生き残るための教育とは—半分の仕事が消滅する，第4章 国家戦略特区で風穴をあける!?—「総理のご意向」のホント，第5章 そして誰もいなくなった，第6章 ホームスクールがちょっと大きくなった、スモールスクール，第7章 新たなる挑戦，第8章 個性あふれるたのもしい先生たち，終章 一生、学び続ける気持ちを

内容 今の子どもたちにとって必要な教育とはなんだろうか。母国語としての日本語はもちろん、英語は外せない。加えて、AIと共存していく彼らにとって、プログラミングの習得も必須だろう。わが子の就学にあたり、それらを満たす学校がないことを知った著者は、自ら学校を作ることを決意する。文部科学省や教育委員会、内閣府などへ100回以上足を運び、また開学資金のスポンサーも見つけ、やっと開校のめどがたった。その直後。親として、人として、究極の選択を迫られる―。開校への奔走をつづった感動のノンフィクション。

『小学校新学習指導要領の展開　平成29年版体育編』　白旗和也編著　明治図書出版　2017.12　198p　22cm　1800円　Ⓘ978-4-18-328610-9　Ⓝ375.1

目次 序章 体育科改訂のキーポイント，1章「第1 目標」のポイントと解説（豊かなスポーツライフを実現するための資質・能力，知識及び技能，思考力、判断力、表現力等，学びに向かう力、人間性等），2章「第2 各学年の目標及び内容」のポイントと解説，3章「第3 指導計画の作成と内容の取扱い」のポイントと解説（指導計画の作成のポイント，主体的・対話的で深い学びの実現，カリキュラム・マネジメント，低学年の指導のポイント，障害のある児童への配慮，特別の教科 道徳との関連，運動が苦手な子への対応，思考力の育成，ICT機器の活用，具体的な体験を伴う学習，オリンピック・パラリンピックに関する指導，集団としての行動，健

康的な生活習慣の形成，健康に関する課題を解決する学習活動），4章 体育科の新授業プラン（体つくり運動系，器械運動系，陸上運動系，水泳運動系，ボール運動系，表現運動系，保健）

内容 カリキュラム・マネジメントなど改訂のキーポイントを解説。単元設計から指導内容、学習評価までを押さえた新実践プランを収録。豊かなスポーツライフを実現するための資質・能力を明示。

『AI時代の情報教育』　加納寛子著　岡山大学教育出版　2017.11　223p　21cm　2000円　Ⓘ978-4-86429-480-5　Ⓝ375.199

『教科の本質を見据えたコンピテンシー・ベイスの授業づくりガイドブック—資質・能力を育成する15の実践プラン』　奈須正裕編著　明治図書出版　2017.11　127p　26cm　2200円　Ⓘ978-4-18-230924-3　Ⓝ375.1

目次 1 コンピテンシー・ベイスの授業づくり（コンピテンシー・ベイスの教育と学習指導要領改訂，「学び」という営みの本質をとらえる，主体的・対話的で深い学びを実現する授業づくりの三つの原理），2 コンピテンシー・ベイスの授業プラン＆システムづくり（コンピテンシー・ベイスの授業プラン＆システムづくり15事例の読み解きガイド，国語科の授業プラン，算数科の授業プラン，社会科の授業プラン，理科の授業プラン，総合的な学習の時間の授業プラン，プログラミング教育を取り入れた授業プラン，学校全体で取り組むシステムづくり）

内容 「見方・考え方」を働かせ主体的・対話的で深い学びを実現する授業例を収録！

『家庭科におけるICT活用の実態に関する調査　平成29年度』　全国家庭科教育協会編　全国家庭科教育協会　2017.10　39p　30cm

『教育の方法と技術—学びを育てる教室の心理学』　田中俊也編　京都　ナカニシヤ出版　2017.10　203p　21cm〈索引あり〉2000円　Ⓘ978-4-7795-1210-0　Ⓝ375.1

目次 第1章 教えること・学ぶこと，第2章 教えることの工夫と技術，第3章 学びが育つ教授法，第4章 学びを育てる環境，第5章 ICT活用の基本的理念，第6章 ICT活用の方法，第7章 教育評価，第8章 教育活動を振り返るということ，第9章 教育実践の質的研究方法

内容 アクティブラーニング、学習環境のデザイン、ICTの活用、教育の質的評価…、今日の教育者に必須のスキルを身につける。

学校教育とICT　　　　　　　　　　　　　　　　　　　　　指導要領・教育論

『小学校新学習指導要領ポイント総整理理科　平成29年版』　片平克弘，塚田昭一編著　東洋館出版社　2017.10　163p　21cm　1700円　①978-4-491-03400-3　Ⓝ375.422

目次　特別インタビュー　問い続けることに価値を見いだせる子供を育てる，特別寄稿　新学習指導要領等が果たす役割，1　理科改訂のポイント（新しい理科が目指すもの，学習指導要領改訂のポイント（物質・エネルギー，生命・地球）），2　授業改善の視点(1)「主体的・対話的で深い学び」を実現するために（理科における「主体的・対話的で深い学び」とは，「理科の見方・考え方」とは　ほか），3　授業改善の視点(2)カリキュラム・マネジメント（理科で目指すカリキュラム・マネジメントの充実，年間指導計画作成のポイント　ほか），4　内容の取扱いと評価（ICTの活用・プログラミング教育，理科の学習と自然災害との関連　ほか），付録　小学校学習指導要領（抄）

内容　「理科の見方・考え方」を働かせて問題を科学的に解決する資質・能力を育てる！

『スマホ世代の子どものための主体的・対話的で深い学びにむかう情報モラルの授業』　今度珠美，稲垣俊介著，原克彦，前田康裕監修　日本標準　2017.10　95p　26cm　〈文献あり〉　1500円　①978-4-8208-0625-7　Ⓝ375.199

目次　序論　スマホ世代の情報モラル教育が目指すもの，実践事例1　動画サイトで気をつけること，実践事例2　アプリの利用と個人情報，実践事例3　インターネット上での安全なやり取り，実践事例4　ネットへの投稿について考えよう，実践事例5　インターネットを利用する時のルールを考えよう，実践事例6　情報の信頼性・信憑性，実践事例7　文字によるコミュニケーション，実践事例8　ネット依存とルール，実践事例9　スマートフォンのポジティブな使い方，実践事例10　メッセージアプリによるコミュニケーション，付録　アンケート集

内容　新提案！　ポジティブな情報モラル授業実践10事例掲載。すぐにできる！　すべての教材に授業台本、授業用スライド付き。すぐに使える！　ワークシートやアンケートシートをコピーして使えます。

『中学校技術・家庭「技術分野」授業例で読み解く新学習指導要領』　竹野英敏編著　開隆堂出版　2017.10　79p　26cm　〈発売：開隆館出版販売〉　1500円　①978-4-304-02153-4　Ⓝ375.53

目次　第1章　新学習指導要領の目指すもの，第2章　新学習指導要領に向けた授業例，付録　中学校学習指導要領

内容　技術の「見方・考え方」、技術の仕組み、科学的な原理・法則。資質・能力、問題の発見と課題の設定、問題解決の工夫。主体的・対話的で深い学び。

『情報教育・情報モラル教育』　稲垣忠，中橋雄編著　京都　ミネルヴァ書房　2017.7　206p　22cm　（教育工学選書2-8　日本教育工学会監修）〈索引あり〉　2700円　①978-4-623-08065-6　Ⓝ375.199

目次　第1章　情報教育の歴史と制度の確立，第2章　情報活用の実践力，第3章　情報の科学的理解，第4章　情報社会に参画する態度，第5章　情報活用能力の評価，第6章　情報教育のカリキュラム，第7章　情報活用能力とメディア・リテラシー，第8章　情報教育を支援する教材・システムの開発，第9章　情報活用能力を育てる教師の指導力，第10章　情報教育研究のこれから

内容　身を守り、正しく判断し、活用する─情報活用能力に関する研究成果を解説、多様なかたちで展開されてきた研究アプローチを紹介する。

『ICTの活用』　山田智久著　第2版　くろしお出版　2017.6　302p　19cm　（日本語教師のためのTIPS77　2　當作靖彦，横溝紳一郎シリーズ監修）　1600円　①978-4-87424-732-7　Ⓝ810.7

目次　1　ICTの基本について学ぶためのTIPS，2　授業の準備と教材作成のためのTIPS，3　授業中にICTを活用するためのTIPS，4　情報検索と情報整理のためのTIPS，5　日本語教育で使える便利なフリーソフト，6　パソコントラブルを解決するためのTIPS，7　ICTの可能性について考えるためのTIPS

内容　パソコンやデジカメを使った授業実践が満載。ICTリテラシーを身につけよう。第2版でさらにバージョンアップ！

『速達速効！　改訂学習指導要領×中央教育審議会答申　中学校編』　天笠茂監修，第一法規編集部編　第一法規　2017.5　244p　30cm　1800円　①978-4-474-05859-0　Ⓝ375.1

目次　1　学習指導要領改訂の方向性（学習指導要領改訂の方向性とこれからの教育課程），2　教科等横断的な視点からの教育課程編成のイメージ（情報活用能力とプログラミング教育，健康・安全・食に関する教育，主権者教育），3　新学習指導要領の全文と改訂のポイント（前文，第1章　総則，第2章　各教科，特別の教科　道徳，総合的な学習の時間，特別活動），関係資料

内容　改訂方針を示した中教審答申から新学習指導要領を読み解く！

子どもの本　情報教育・プログラミングの本2000冊　　285

指導要領・教育論　　　　　　　　　　　　　　　　　　　学校教育とICT

『速達速効！ 改訂学習指導要領×中央教育審議会答申 小学校編』 天笠茂監修，第一法規編集部編 第一法規 2017.5 273p 30cm 1800円 Ⓘ978-4-474-05860-6 Ⓝ375.1

目次 1 学習指導要領改訂の方向性（学習指導要領改訂の方向性とこれからの教育課程），2 教科等横断的な視点からの教育課程編成のイメージ（情報活用能力とプログラミング教育，健康・安全・食に関わる教育，主権者教育），3 新学習指導要領の全文と改訂のポイント（前文，第1章 総則，第2章 各教科，特別の教科 道徳，外国語活動，総合的な学習の時間，特別活動），関係資料

内容 改訂方針を示した中教審答申から新学習指導要領を読み解く！

『アクティブに学ぶ子どもを育む理科授業』 森本信也，黒田篤志，和田一郎，小野瀬倫也，佐藤寛之，渡辺理文著 学校図書 2017.4 200p 21cm （レベルアップ授業力—理科） 1500円 Ⓘ978-4-7625-0224-8 Ⓝ375.422

目次 第1章 子どもはいかにアクティブに理科を学習するか，第2章 授業における対話を通して見える子どものアクティブな学習，第3章 表象として現れるアクティブな子どもの理科学習，第4章 アクティブに科学概念を構築する子どもを育む，第5章 ICTの活用によるアクティブに理科を学習する子どもへの支援，第6章 アクティブな子どもの理科学習をいかに評価するのか

『電子黒板亡国論—ICTで頭が、よくなる？ バカになる？』 戸松幸一著 大阪創元社 2017.4 221p 18cm 1200円 Ⓘ978-4-422-37001-9 Ⓝ375.199

目次 1章 未来の学校の夢—黒板が変われば教育が変わる，2章 タブレット英語教科書は「アクティブ」か—「学び」の場，「教え」の技術，3章 ゲーム教育の可能性—「遊び」と「学び」がひとつになる，4章 SNS化する社会—子どもも大人も、もういない，5章 先生はもういらない—ひろがる「教えの場」，6章 新たな競争システム—高大接続改革のビッグデータ

内容 進化する情報通信技術（ICT）は、先生や生徒をどう変えていくのか。黒板やチョークなき「デジタル教科書」時代を生き抜くための耐性が身につく、活字ワクチン。塾講師の立場から放つ、ホンネの教育＝（サービス）論です。

『平成29年版学習指導要領改訂のポイント小学校算数—『授業力＆学級経営力』PLUS』 『授業力＆学級経営力』編集部編 明治図書出版 2017.4 117p 26cm 1900円 Ⓘ978-4-18-271321-7 Ⓝ375.412

目次 第1章 キーワードでみる学習指導要領改訂のポイント（育成を目指す資質・能力，数学的な見方・考え方，数学的に問題解決する過程（学習過程），統計的な内容等の改善（新領域「データの活用」），プログラミングと論理的思考，主体的・対話的で深い学び（アクティブ・ラーニング），ICTの効果的な活用，発達の段階や個に応じた教材，教具），第2章 事例でみる学習指導要領改訂のポイント（資質・能力，数学的な見方・考え方，統計的な内容，主体的・対話的で深い学び，ICT活用，発達の段階や個に応じた教材，教具）

『平成29年版学習指導要領改訂のポイント小学校・中学校体育・保健体育—『楽しい体育の授業』PLUS』 『楽しい体育の授業』編集部編 明治図書出版 2017.4 117p 26cm 1860円 Ⓘ978-4-18-271529-7 Ⓝ375.492

目次 第1章 キーワードでみる学習指導要領改訂のポイント（アクティブ・ラーニングと体育，体育科・保健体育科で育成を目指す資質・能力，知識・技能，思考力・判断力・表現力，学びに向かう力，体育的な見方・考え方，生涯にわたる豊かなスポーツライフ，スポーツの意義や価値の理解，教材の工夫とICTの活用，運動能力の二極化と体力向上への対応，体育と特別支援教育，保健の学習指導で求められること），第2章 事例でみる学習指導要領改訂のポイント（アクティブ・ラーニングの視点を取り入れた授業，育成を目指す資質・能力にねらいを定めてつくる授業，「する・みる・知る」を支える実践，教材の工夫とICTを活用した授業，運動能力の二極化と体力向上に対応した授業，系統性のある指導の実際，体育と特別支援教育の実際，保健の新しい学習指導の実際）

『平成29年版学習指導要領改訂のポイント中学校数学—『数学教育』PLUS』 『数学教育』編集部編 明治図書出版 2017.4 110p 26cm 1800円 Ⓘ978-4-18-271212-8 Ⓝ375.413

目次 第1章 キーワードでみる学習指導要領改訂のポイント（育成を目指す資質・能力，数学的な見方・考え方，数学的に問題解決する過程（学習過程），言語としての数学の特質，統計的な内容等の改善（データの活用），主体的・対話的で深い学び（アクティブ・ラーニング），ICTの効果的な活用，発達の段階や個に応じた教材，教具，学習評価の工夫），第2章 事例でみる学習指導要領改訂のポイント（資質・能力，数学的な見方・考え方，学習過程，言語としての数学，統計的な内容，主体的・対話的で深い学び，ICT活用，発達の段階や個に応じた教材，教具，学習評価の工夫）

学校教育とICT　　　　　　　　　　　　　　　指導要領・教育論

『ヤマハデジタル音楽教材ギター授業―中学校音楽科』　ヤマハ株式会社編　浜松　ヤマハ　2017.4　59p　30cm〈発売：ヤマハミュージックメディア〉7500円　①978-4-636-94481-5　Ⓝ375.763
目次 活用事例　授業の充実と効率化を両立―金原幸子先生（静岡県浜松市立都田中学校），インタビュー　デジタル教材を活用して生徒の"自主的な学び"を引き出す―山下美帆先生（静岡県浜松市立湖東中学校（当時）），曲を弾いてみよう（カントリーロード，カントリーロード（ロングバージョン），情熱の花，スカボローフェア）
内容 楽器が苦手でも教えられる！　パソコンで，タブレット端末で，中学校の授業でそのまま使える!!大事なポイントを押さえて学べる！　ボタン操作で動画再生も自由自在！　Wordで編集可能！　授業にすぐ使える，授業モデル・ワークシート付き。

『ICTを活用した教育推進自治体応援事業（ICTを活用した学びの推進プロジェクト）指導力パワーアップコース事業実施報告書』［岐阜］　岐阜県教育委員会　2017.3　34p　30cm〈平成28年度文部科学省委託事業〉

『ICTを活用した授業設計マニュアル』岐阜　岐阜県教育委員会　2017.3　52p　30cm〈文部科学省委託平成27・28年度「ICTを活用した教育推進自治体応援事業」（ICTを活用した学びの推進プロジェクト指導力パワーアップコース）〉Ⓝ375.1

『教育ICTガイドブック―クラウドで教育をより良く　ver.1』　総務省情報流通行政局情報通信利用促進課　2017.3　167p　30cm　Ⓝ375.199

『教育のためのICT活用』　中川一史，苑復傑編著　放送大学教育振興会　2017.3　259p　21cm　（放送大学教材）〈索引あり　発売：[NHK出版]〉2900円　①978-4-595-31741-5　Ⓝ375.199
目次 オリエンテーション及び初等中等教育におけるICT活用の考え方，初等中等教育におけるICT活用―知識・理解・技能，初等中等教育におけるICT活用―思考・表現，障害のある子どもの教育とICT活用，初等中等教育におけるICT活用に関する教員研修，初等中等教育における情報モラル，高等教育におけるICT活用，放送大学・インターネット大学，大学の授業とICT活用，開放型授業とMOOC，高等教育における障害学生支援とICT活用，海外の高等教育における障害者支援とICT，高等教育における学習コンテンツ，オンライン教育におけるICT活用，現代社会の教育要求とICT活用

『教育の場で「説明する」ためのパソコン術―A manual of style for the rest of us』　宇多賢治郎著　学文社　2017.3　239p　23cm　1800円　①978-4-7620-2699-7　Ⓝ375.199
目次 「説明する」という目的の確認，「道具」の使い方の確認，情報の収集，整理，管理，PowerPointで図を描く，Excel操作の基本，表計算の基本，データの加工，計算，グラフの作成，Word操作の基本，表の作成，加工，文書の設定，スライドの作成，各ファイルの印刷

『子どもの "総合的な能力" の育成と生きる力』　玉井康之，北海道教育大学釧路校教師教育研究会編著　北樹出版　2017.3　268p　22cm　2800円　①978-4-7793-0528-3　Ⓝ375.1
目次 1 学力・能力観の変遷と現代の"総合的な能力"育成の観点，2 教育環境づくり・集団づくりによる社会関係能力の育成と生きる力の形成，3 発達支援とセルフマネジメント力の育成，4 地域を活かした横断的・総合的学習活動と生きる力の育成，5 教科学習活動から広がる思考力・創造力の形成と生きる力の育成，6 新しい時代の学力・能力の展望と"総合的な能力"の育成

『人口減少社会におけるICTの活用による教育の質の維持向上に係る実証事業岐阜県（本巣市）報告書』［岐阜］　岐阜県教育委員会　2017.3　101p　30cm〈平成28年度文部科学省委託事業〉Ⓝ375.199

『探究！　教育心理学の世界』　藤澤伸介編　新曜社　2017.3　301p　21cm〈索引あり〉2300円　①978-4-7885-1511-6　Ⓝ371.4
目次 習得編（教育心理学とは，発達のメカニズム，学習のメカニズム，学習を支える教育実践，「ニーズ」と援助，特別支援教育，教育とICT），探究・活用編（教育，発達，学習，学習を支える教育実践，「ニーズ」と援助，これからの教育を考える）
内容 全国100大学の教育心理学シラバスから教育心理学の基礎知識を選定し，もれなく解説。教育理解，学習改善に役立つトピック，現場教師に役立つトピックも解説。面白い知識・役立つ知識を満載した。

『メディア・リテラシー教育―ソーシャルメディア時代の実践と学び』　中橋雄編著　北樹出版　2017.3　180p　22cm〈他言語標題：Theory of Media Education　索引あり〉2200円　①978-4-7793-0531-3　Ⓝ371.37

子どもの本　情報教育・プログラミングの本2000冊　**287**

指導要領・教育論　　　　　　　　　　　　　　　　　　学校教育とICT

|目次| 第1章 ソーシャルメディア時代のメディア・リテラシー教育，第2章 構成主義の視座からメディア・リテラシーを捉える，第3章 ID理論とメディア・リテラシー，第4章 新教科としてのメディア・リテラシー教育，第5章 概存の教科におけるメディア・リテラシー教育，第6章 ICT教育環境とメディア・リテラシー，第7章 問題設定を行うメディア・リテラシー教育用教材，第8章 メディア・リテラシー教育を実現させる教員養成，第9章 メディア・リテラシー教育に関する教師教育

『ICT×思考ツールでつくる「主体的・対話的で深い学び」を促す授業』 新潟大学教育学部附属新潟小学校［著］ 小学館 2017.2 98p 26cm （教育技術MOOK） 1400円 Ⓘ978-4-09-105054-0 Ⓝ375.1

『岩波講座教育変革への展望 5 学びとカリキュラム』 佐藤学，秋田喜代美，志水宏吉，小玉重夫，北村友人編集委員 秋田喜代美編 岩波書店 2017.2 309, 2p 22cm 3200円 Ⓘ978-4-00-011395-3 Ⓝ372.1

|目次| 序論 学びとカリキュラム，1 学びのデザイン（学びをめぐる理論的視座の転換，教室のコミュニケーションから見る授業変革，授業づくりにおける教師の学び，知識基盤社会における学力の構造と理数科リテラシー），2 カリキュラムの系譜と展開（学校改革とカリキュラム変革の歴史と現在，「グローバル化」と英語教育カリキュラム，民主的市民の育成と教育カリキュラム，アート教育カリキュラムの創造－ひとつの予備的考察，ICTメディアと授業・学習環境，新しい学力像と評価のあり方）

|内容| 未来を拓くために何を，どう学ぶべきか。リテラシー，市民性，アートを軸に検証。変わる「知」のありようを見すえ，学校教育の役割と実践を具体的に考察する。

『学校で知っておきたい著作権 2 運動会の旗に漫画キャラを描いてもいいの？』 小寺信良著，上沼紫野，インターネットユーザー協会監修 汐文社 2017.1 39p 27cm 〈索引あり〉 2500円 Ⓘ978-4-8113-2305-3 Ⓝ021.2

|目次| 著作権の仕組み，著作権の隣にある権利，こんなときどうする？ 著作権Q&A，著作権の保護期間，マンガ・イラストの著作権，二次創作とパロディ，著作権法の隙間を埋めるクリエイティブ・コモンズ，写真に関係する権利

『学習活動を支援するICT支援機器としてのタブレット端末の導入とその利用－平成29年度学習上の支援機器等教材活用評価研究事業研究成果報告書リーフレット』 ［東京］ 筑波大学附属桐が丘特別支援学校 ［2017］ 1枚 30cm 〈リーフレット〉

『情報学習支援ツール実践カード＆ハンドブック』 黒上晴夫，堀田龍也監修，木村明憲著 さくら社 2016.12 118p 26cm 〈著作目録あり〉 2000円 Ⓘ978-4-908983-01-6 Ⓝ375.1

『新しい学力』 齋藤孝著 岩波書店 2016.11 213,2p 18cm （岩波新書 新赤版 1628） 〈文献あり〉 820円 Ⓘ978-4-00-431628-2 Ⓝ375.17

|目次| 第1章 「新しい学力」とは何か，第2章 新しい学力の「落とし穴」，第3章 本当に求められているものは？，第4章 「源流」に学ぶ，第5章 真の「問題解決能力」を鍛えよう

|内容| 2020年に予定されている学習指導要領の大改訂。"新しい学力観"に沿った教育現場の改革はすでに始まっている。教科の再編，アクティブ・ラーニングの導入，評価基準の変化―。大きな変化の中で，本当に求められる"真の学力"とは何だろうか？ 教師も親も学生も必読，"人"を育てる教育への，熱意あふれる提言の書！

『学校で知っておきたい著作権 1 本の一部をコピーして授業で配ってもいいの？』 小寺信良著，上沼紫野，インターネットユーザー協会監修 汐文社 2016.11 39p 27cm 〈索引あり〉 2500円 Ⓘ978-4-8113-2304-6 Ⓝ021.2

|目次| 著作権って何だろう？，著作権で保護するもの，しないもの，著作物を利用する，著作権の権利制限，学校の中の著作権，著作権の保護と利用のバランス，まとめノート

『アクティブ・ラーニングの教育方法学的検討』 図書文化社 2016.10 206p 21cm （教育方法 45 日本教育方法学会編） 2300円 Ⓘ978-4-8100-6682-1 Ⓝ375.1

|目次| 第1部 教育改革のなかのアクティブ・ラーニング，第2部 アクティブ・ラーニングをめぐる理論的諸相，第3部 アクティブ・ラーニングの実践的展開，第4部 教育方法学の研究動向

『「授業づくりネットワーク」 No.23 人工知能と授業。』 ネットワーク編集委員会編 学事出版 2016.10 95p 26cm 1400円 Ⓘ978-4-7619-2198-9

|目次| 巻頭対談 人工知能（AI）が汎用化された時代の学校教育とは，特集 人工知能（AI）と授業。（テクノロジーの進化と授業づくりイノベーション，人工知能（AI）とは何

か，クラスルームAI―教論・ロボット連携授業実践 ほか），トレンドレポート プログラミング教育最前線！，連載（AKB48の体験的学校論，これだけは知っておきたい！教育実践史・No.7・村田栄一の「学級通信」に学ぶ―能率・正答・点数主義と闘う三原則，教室と社会は地続きだ・No.3・「コミュニティスクール」を推進していく仕掛けを考える ほか），あすの授業（国語：「落書きトーク」で俳句の世界を味わおう，社会：絵画から歴史上の人物の思いに迫る―「雪舟」の水墨画を読む）

『2020教育改革のキモ―日本人なら知っておきたい』 フジテレビ「ホウドウキョク」編 扶桑社 2016.10 335p 19cm 1600円 Ⓘ978-4-594-07559-0 Ⓝ372.1

[目次] 第1章 激変する入試制度，第2章 学校の挑戦，第3章 進化を続けるIT教育，第4章 世界に広がる子どもの可能性，第5章 親が知るべき教育現場のいま，第6章 障がいも価値に変える社会へ，第7章 強い心身を育てるために

[内容] 教育専門家20人が徹底解説！ 高大接続，英語4技能テスト，アクティブ・ラーニング…いま知っておきたい最新キーワードを完全網羅!!

『理科の達人が推薦する理科重要観察・実験の指導法50選―3・4年生』 堀田龍也監修，齋藤俊明，笠原晶子編著 教育同人社 2016.10 88p 30cm 1500円 Ⓘ978-4-87384-173-1 Ⓝ375.422

[目次] 第1章 3・4年生理科の指導のポイント（理科の学習で大切にしたいこと，中学年理科における観察・実験の概要 ほか），第2章 理科重要観察・実験の指導法 "3年生"（物質・エネルギー，生命・地球），第3章 理科重要観察・実験の指導法 "4年生"（物質・エネルギー，生命・地球），第4章 ICTを活用した資料提示のコツ（授業でのICT活用は資料の拡大提示から，資料を拡大提示する際の3つのポイント ほか），第5章 「理科教材」の活用法（学習ノートを指導に活かす，ワークテストを指導に活かす）

『考える情報学2.0―アクティブ・ラーニングのための事例集』 中西裕編著 改訂 樹村房 2016.9 161p 26cm 〈文献あり〉 2200円 Ⓘ978-4-88367-269-1 Ⓝ007

[目次] 1章 情報技術の発展と人類の未来，2章 社会の情報化と著作権保護，3章 個人情報保護とプライバシー，4章 情報の収集と利用，5章 文化・教育の情報化，6章 生活の情報化，7章 表現の情報化，8章 インター

ネットと政治，9章 インターネットコミュニケーション，10章 多様な情報の蓄積と拡散

『教師と児童・生徒のデジタル教科書に関する調査―小学校・中学校を対象に その2』 中央教育研究所 2016.9 196p 26cm （研究報告 no.88） Ⓝ375.199

『情報科教育法』 久野靖，辰己丈夫監修 改訂3版 オーム社 2016.8 223p 21cm 〈「社会と情報」「情報の科学」の指導法に対応！ 索引あり〉 2400円 Ⓘ978-4-274-21920-7 Ⓝ375.199

[目次] 第1部 情報科とは，第2部 情報活用の実践力の指導法，第3部 情報の科学的な理解の指導法，第4部 情報社会に参画する態度の指導法，第5部 情報科の教員として，第6部 情報教育に必要な知識

[内容] 「社会と情報」「情報の科学」の指導法に対応！

『21世紀のICT学習環境―生徒・コンピュータ・学習を結び付ける OECD生徒の学習到達度調査〈PISA〉』 経済協力開発機構編著，国立教育政策研究所監訳 明石書店 2016.8 218p 30cm 3700円 Ⓘ978-4-7503-4380-8 Ⓝ375.199

[目次] 第1章 近年，生徒によるコンピュータの利用はどのように変化しているか，第2章 情報通信技術（ICT）を指導と学習に取り入れる，第3章 2012年コンピュータ使用型調査の主な結果，第4章 デジタル読解力におけるナビゲーションの重要性：考えてからクリックする，第5章 デジタル技能の不平等：格差を埋める，第6章 コンピュータは生徒の能力とどのように関係しているのか，第7章 ログファイルデータを用いて，何がPISA調査の成績を左右するのかを理解する（事例研究），第8章 教育政策と実践に対してデジタルテクノロジーが意味するもの

[内容] 教室にコンピュータはあるか。それは重要なことなのか。本書では，生徒による情報通信技術（ICT）機器のアクセスと利用が近年どのように進展しているのかを分析し，教育制度（国）と学校がICTを生徒の学習体験にどのように組み入れているのかを探る。本書はPISA2012年調査の結果に基づいて，ICTへのアクセスとその利用における差異―まとめて「デジタル・ディバイド」として知られるもの―を考察する。こうした差異は生徒の社会経済的背景，性差，地理的位置，生徒が通う学校と関連している。本書ではデジタルテキストを検索する生徒の能力を高めることの必要性を強調している。また，学校でのコンピュータへのアクセス，教室でのコンピュータの利用，PISA調査の成績の間にある関係も分析する。

『入門情報リテラシーを育てる授業づくり―教室・学校図書館・ネット空間を結ん

で』 鎌田和宏著 少年写真新聞社 2016.8 162,12p 21cm〈文献あり 索引あり〉1500円 ①978-4-87981-574-3 Ⓝ375

目次 第1部 これからの教育と情報リテラシー（知識・理解の教育からコンピテンスを育てる教育へ，情報リテラシーを育てる教育課程の再構築，情報リテラシーと読書指導 ほか），第2部 情報リテラシーを育てる授業づくりのポイント（利用指導から情報リテラシーの指導へ，授業で利用できる学校図書館機能とは何か，授業づくりの基本は何か ほか），第3部 実践校から学ぶ（山形県鶴岡市立朝暘第一小学校，島根県松江市立揖屋小学校，神奈川県相模原市立藤野小学校 ほか），巻末資料

内容 アクティブ・ラーニングを実現する情報リテラシー入門。21世紀型能力を育む図書館活用の決定版！

『わかる・なれるICT支援員―すすめよう！ 学校のICT活用』 情報ネットワーク教育活用研究協議会監修，わかる・なれるICT支援員編集委員会編・著 日本標準 2016.8 143p 26cm 2000円 ①978-4-8208-0604-2 Ⓝ375.199

目次 1 ICT支援員について，2 学校現場の業務と特性，3 コンピュータとは何か，4 コンピュータとネットワーク，5 学校のICT活用シーン，6 教育用ソフトの種類と使い方，7 学校の情報セキュリティ，8 情報モラルと著作権

内容 日本初ICT支援員とは？ ICT支援員になるには？ 文部科学省が推奨する「ICT支援員」のすべてがわかる，学校関係者必携の1冊！ 過去問掲載。ICT支援員能力認定試験公式ガイドブック。

『数学好きを育てる教材アイデア』 松沢要一，中野博幸著 学校図書 2016.7 127p 26cm 〈新教育21シリーズ―中学校数学の授業デザイン 3〉1600円 ①978-4-7625-0181-4 Ⓝ375.413

目次 第1章 問題づくり，第2章 反復（スパイラル），第3章 対称性，第4章 オープンエンドと条件変更，第5章 動的に見る問題，第6章 同じ素材を全学年で使ってみる，第7章 ICT活用，第8章 教材・教具

内容 教材が変われば授業が変わる。数学の奥深さとおもしろさを実感できる教材アイデア満載の一冊！

『デジタルで教育は変わるか』 赤堀侃司著 ジャムハウス 2016.7 247p 19cm〈索引あり〉1760円 ①978-4-906768-35-6 Ⓝ375.199

『One to Oneへの道―1人1台タブレットPC活用の効果測定と教育委員会・学校の挑戦 「ワンダースクール応援プロジェクト」成果報告書 パナソニック教育財団設立40周年記念事業』 清水康敬編著，パナソニック教育財団監修 教育同人社 2016.7 215p 26cm 1500円 ①978-4-87384-163-2 Ⓝ375.199

目次 第1章 学習効果の調査・分析の結果，第2章 各地区の取り組みと成果，第3章 One to Oneへの道 今後の展望，第4章 「ワンダースクール応援プロジェクト」を終えて

内容 学校教育において注目されている1人1台タブレットPCの活用。本格導入をみすえての必読の一冊です。

『学習指導と学校図書館』 堀川照代，塩谷京子編著 改訂新版 放送大学教育振興会 2016.6 305p 21cm〈放送大学教材〉〈索引あり 発売：[NHK出版]〉2800円 ①978-4-595-31650-0 Ⓝ017

目次 教育課程と学校図書館，学校図書館利用指導から情報リテラシー教育へ，情報リテラシーの理論，情報リテラシー教育の推進，情報リテラシーの育成（課題の設定，情報の収集，整理・分析，まとめと表現，学習の評価），教科における学校図書館活用，総合的な学習の時間における学校図書館活用，特別支援教育と学校図書館，ICTを活用した教育・デジタルコンテンツの活用と学校図書館，教育/学習活動を支援する情報サービス，学習/教育のインフラとしての学校図書館

『情報メディアの活用』 山本順一，気谷陽子編著 3訂版 放送大学教育振興会 2016.6 285p 21cm〈放送大学教材〉〈文献あり 索引あり 発売：[NHK出版]〉2800円 ①978-4-595-31649-4 Ⓝ017

目次 学校図書館の現状と情報メディアの利用，情報社会化という視点からの歴史的変動，情報通信の基盤の技術的背景，学校教育と情報リテラシー，学習情報ニーズに応える情報探索と情報収集，伝統的な情報資源と電子情報資源の特性と活用方法，探求学習に有用・有益な各種インターネット情報資源，学校（図書館）で有用なソフトウェアの使い方：文献管理と発想法，学校（図書館）で有用なハードウェアの使い方：情報の集約と編集，情報メディアの利用と知的財産制度，著作物の利用と創造に関連する諸問題，児童生徒の創造的活動と法的規律，学校図書館のネットワークと社会的連携，特別支援教育と情報資源活用，学校図書館と情報メディアの課題と展望

『筑波発教科のプロもおすすめするICT活用術―「ちょっとしたこと」から「こんなときこそ」まで事例36場面』 筑波

学校教育とICT　　　　　　　　　　　　　　　　　　指導要領・教育論

大学附属小学校情報・ICT活動研究部編
著　東洋館出版社　2016.6　147p
26cm　1800円　①978-4-491-03228-3
Ⓝ375.199

目次 第1章 教科教育のためのICT活用（筑波大学附属小学校情報・ICT活動研究部は、筑波初、まずは筑波大学附属小学校のICT環境の整備から ほか）、第2章 各教科におけるICT活用のポイント（国語科におけるICT活用のポイント、社会科におけるICT活用のポイント ほか）、第3章 各教科におけるICT活用のアイデア（お話の世界に入って吹き出しを書こう―物語「くじらぐも」（光村図書1下）、文章と資料DVDの説明を比べよう―説明文「どうぶつ園のじゅうい」（光村図書2上）ほか）、第4章 座談会「ICTを活用した授業の本質を考える」（青山実践に見るICTを活用した授業の可能性、教科の特性とICT活用とのマッチング ほか）、第5章 コラム＆アプリ紹介（写真や図表、グラフなどの資料を使った指導、書画カメラ一つで広がる読書指導 ほか）

『教師をめざす学生のための教育情報リテラシー15日間―教職をめざす学生必携！』田村順一監修、教育情報テキスト研究チーム著　パート2　相模原　現代図書　2016.5　213p　26cm〈初版のタイトル：教師をめざす学生のための情報教育リテラシー15日間　文献あり　発売：星雲社〉2000円　①978-4-434-21518-6　Ⓝ375

目次 なぜICTか、ICT教育の3つの形態、ICT機器のいろいろ、授業におけるICT活用例、ICTを支えるパソコンの基礎基本、Wordの活用基礎編、Wordの活用応用編、Excelの基礎編（校務中心）、Excelの活用応用編、Word・Excelまとめ、学びのための情報検索、ネット社会とモラル、PowerPointの基礎編―貼り紙・ポスターの作成、PowerPointの応用編―授業説明スライドの作成とプレゼンテーション、実習課題PowerPointを使ったプレゼンテーションの実践、実習課題ICTを利用した模擬授業を考えてみよう、教育上困難を有する児童生徒へのICT

内容 「先生になりたい学生諸君へ、第二弾！」教育の情報化は今や国家百年の計。スマホでゲームとSNSしかできないあなた！それで子供に情報を教えられるの？このテキストで学び、実習して、正しい教育情報リテラシーを身につけよう。

『電子黒板への招待―その提示力を生かした授業を考える』齋藤由紀著　西宮　関西学院大学出版会　2016.5　102p

21cm　1200円　①978-4-86283-204-7
Ⓝ375.199

目次 第1章 電子黒板の使い方―5教科横断の研究からの示唆（教科の研究成果、電子黒板の導入で起こった変化、先行研究から得られる知見、課題と今後に向けて）、第2章 電子黒板の有効性―学習者たちは何を見、聞いているのか（本研究の概要、2014年度の研究手法と結果、先行研究からの示唆、次年度の研究に向けて、2015年の調査、自由記述からの示唆）、第3章 英語授業を例に電子黒板の活用を考える―よりよい授業を目指して（授業の基本的な考え方 市川の「教えて考えさせる」主張をもとに、目標を達成するための授業案を構成する要素、授業案と電子黒板活用事例、第二言語習得の認知プロセスを意識した授業づくり）

『教育心理学―保育・学校現場をよりよくするために』石上浩美、矢野正編著　京都　嵯峨野書院　2016.4　137p　26cm〈索引あり〉2150円　①978-4-7823-0559-1　Ⓝ371.4

目次 第1部 理論編（乳・幼児期の発達、児童期の発達、青年期の発達、学習のプロセス、協同学習、人格の形成、適応支援と心理アセスメント、障がいのある子どもの理解、教育評価、保育者・教員の養成・採用・研修）、第2部 実践編（子どもを取りまく現状と課題1―子育て支援の現場から、子どもを取りまく現状と課題2―小学校の現場から、子どもを取りまく現状と課題3―スマートフォン時代の子どもたち、子どもを取りまく現状と課題4―ICTの普及による現場環境の変化）

『教材学概論』日本教材学会編　図書文化社　2016.4　209p　21cm〈索引あり〉2000円　①978-4-8100-6670-8　Ⓝ375.12

目次 教材とは、教材に関する制度・作成・研究と教材の歴史、教材の種類、性格、機能、教育・心理検査と教材、学習指導要領と教科書、補助教材、情報通信技術と教材、教科と教材研究、道徳教育と教材、総合的な学習の時間と教材、特別活動と教材、特別支援教育と教材、地域と教材、生涯学習と教材、教材の開発・活用、これからの教育と教材

『教師のためのiPhone ＆ iPad超かんたん活用術』蔵満逸司著　名古屋　黎明書房　2016.4　85p　26cm　2300円　①978-4-654-01925-0　Ⓝ374.35

目次 第1章 文章や写真を活用する（ワイヤレスキーボードで入力する、手書きで入力する ほか）、第2章 文章や写真を共有する・見せる（メモをiCloudで共有する、スケジュールもiCloudで共有する ほか）、第3章 教材を集める・活用する（よく使う検索エンジン・webサイト、音楽を持ち運ぶ ほか）、第4章 SNSを活用する・情報を公開する

子どもの本 情報教育・プログラミングの本2000冊　291

指導要領・教育論　　　　　　　　　　　　　　　　　　　　学校教育とICT

（Facebookで全国の教師とつながる，Facebookのグループ機能を活用する ほか），第5章 授業に使えるおすすめアプリ（授業に使えるアプリの見つけ方，アプリをインストールする ほか）

内容 はじめてiPhoneやiPadをさわる人でも，すぐに授業や普段の教師生活に活かせるノウハウを収録した超かんたん活用術！iPhone・iPadの操作説明や基本の用語，各教科の授業や特別支援教育に役立つアプリも厳選して紹介。子どもたちのためのSNS利用のルールと活用法も掲載。

『教師のためのパワポ活用術─教材づくりもグループ学習も体験学習も』稲葉通太著　太郎次郎社エディタス　2016.4　95p　23cm〈別タイトル：教師のためのPowerPoint活用術〉1800円　Ⓘ978-4-8118-0790-4　Ⓝ375.12

目次 PowerPoint使うまえに共有したいこと，PowerPointホントの使い方（見せ方ひとつでこんなに変わる，アニメーションを使いこなそう，子ども自身が使える教材に，もっとビジュアルで，開かれた教材へ，こんな教材がつくれます 教科別スライド，こんなことにも使ってみよう），教室を超えた学び（手話づくりプロジェクトからMicrosoft世界大会へ），ICTの活用で教育の未来をひらく（新しい学びのかたちをめざして）

内容 写真や問題文を見せるだけなんて，もったいない！ もっとビジュアルに，もっとアクティブな学びに。パワポだからできる，クリエイティブな授業のつくり方。

『すぐ実践できる情報スキル50─学校図書館を活用して育む基礎力』塩谷京子編著　京都　ミネルヴァ書房　2016.4　202p　26cm〈文献あり 索引あり〉2200円　Ⓘ978-4-623-07661-1　Ⓝ375

目次 1 課題の設定（つかむ），2 情報の収集（見通す，集める，収める），3 整理・分析（考えをつくる），4 まとめ・表現（まとめる，表現する）

内容 探究の過程に沿って情報スキルを一覧できる。小中9年間の発達段階を見通すことができる。スキルの内容理解と実践事例がセットになっている。授業を支える学校図書館をはじめとした学習環境の整備の仕方が見える。

『自ら学び考える子どもを育てる教育の方法と技術』自己調整学習研究会監修，岡田涼，中谷素之，伊藤崇達，塚野州一編著　京都　北大路書房　2016.4　255p　21cm〈文献あり 索引あり〉2500円　Ⓘ978-4-7628-2935-2　Ⓝ375.1

目次 児童生徒の学びを支える指導，学力の分類と指導，教育における目標，教室文化と学習規律，授業における教授方法，授業における指導の技術，学習意欲を促す指導，仲間との協同による学習，自律的な問題解決を促す指導，ICTを用いた指導方法，授業員の学習の指導，教師の専門性を高める「子どものつまずき」に応じた指導─個別学習指導（認知カウンセリング）から一斉授業まで，障害のある児童生徒の理解と支援，教育における評価と学習，テストの作成と運用，終章 自ら学び続ける教師を目指して

『ICTを活用した学びの充実─学びの共有・楽しい授業をめざして』藤沢市教育文化センター編　藤沢　藤沢市教育文化センター　2016.3　78p　30cm（教科・領域等研究─情報教育）〈表紙のタイトル：情報教育研究部会〉Ⓝ375

『アクティブラーニングとしてのPBLと探究的な学習』溝上慎一，成田秀夫編　東信堂　2016.3　160p　21cm（アクティブラーニング・シリーズ 2 溝上慎一監修）〈索引あり〉1800円　Ⓘ978-4-7989-1346-9　Ⓝ375.1

目次 第1部 理論編（アクティブラーニングとしてのPBL・探究的な学習の理論，問題解決や課題探究のための情報リテラシー教育，高校での探究的な学習の展開），第2部 事例編（マップ作りを軸としたプロジェクト型学習─学部横断型ジグソー学習法の可能性，岐阜大学の医療系PBL（Problem - based Learning），ブライダルをテーマにしたPBL（Project - based Learning），高等学校での探究型学習とアクティブラーニング，学校設定科目「探究ナビ」におけるアクティブラーニング）

『イノベーション力育成を図る中学校技術科の授業デザイン─子どもが小さなエンジニアになる教室』森山潤，菊地章，山崎貞登編，兵庫教育大学大学院連合学校教育学研究科共同研究プロジェクト（P）研究グループ著　ジアース教育新社　2016.3　306p　26cm　2300円　Ⓘ978-4-86371-357-4　Ⓝ375.53

目次 第1章 イノベーション力を育む技術・情報教育，第2章 イノベーション力を育成する技術・情報教育の授業デザイン，第3章 技術・情報教育への導入，第4章 材料加工の学習における実践研究，第5章 エネルギー変換の学習における 実践研究，第6章 生物育成の学習における実践研究，第7章 情報活用の学習における実践研究，第8章 プログラミングの学習における実践研究，第9章 システムの学習における実践研究，第10章 まとめと今後の課題

『イノベーション力を育成する技術・情報教育の展望』森山潤，菊地章，山崎貞登

292

編，兵庫教育大学大学院連合学校教育学研究科共同研究プロジェクト（P）研究グループ著　ジアース教育新社　2016.3　284p　26cm　2300円　①978-4-86371-356-7　Ⓝ375.5

目次 序章 研究の目的と内容構成，第1章 技術・情報学習のシステム的考察，第2章 我が国の技術・情報教育の史的展開と課題，第3章 イギリスにおける技術・情報教育の動向，第4章 アメリカにおける技術・情報教育の動向，第5章 学習者の認知的実態の把握に基づく技術・情報教育の検討，第6章 エンジニアリングと教育の架橋，第7章 まとめと今後の課題

『高等学校におけるアクティブラーニング事例編』　溝上慎一編　東信堂　2016.3　176p　21cm　（アクティブラーニング・シリーズ 5　溝上慎一監修）〈索引あり〉　2000円　①978-4-7989-1349-0　Ⓝ375.1

目次 第1章 数学におけるアクティブラーニング，第2章 世界史におけるアクティブラーニング，第3章 現代文におけるアクティブラーニング，第4章 物理におけるアクティブラーニング—ICTを用いたアクティブラーニングを中心に，第5章 「世界史」「地理」クロスカリキュラムによるアクティブラーニングについての実践報告，第6章 英語におけるアクティブラーニング，第7章 家庭科におけるアクティブラーニング，第8章 質の高い学びを目指す「高校地理」のアクティブラーニング型授業，第9章 国語におけるアクティブラーニング

『授業のメディア略説』　近藤大生著　大阪　風詠社　2016.3　161p　21cm　〈索引あり　発売：星雲社〉　1500円　①978-4-434-21529-2　Ⓝ375.11

目次 消えた「古きよき時代」の教育方法と教育技術，視聴覚教育から教育工学へ，視聴覚教育とは，教育工学とは一対象や内容が包括的で説明の難しい学際的領域，授業のメディアとは何か—授業のメディアの定義，幼児教育（幼稚園・保育所）と保育（授業）のメディア，小学校・中学校・高等学校における放送教育と授業のメディア，小学校・中学校・高等学校におけるパソコン及び教育機器の利用，授業のメディアとコトバ—教授＝学習過程におけるコミュニケーションについて，授業とインターネット，学校教育とICT（Information and Communication Technology）化，新聞・書籍の電子化について

内容 絵本や紙芝居が幼児期に有効である理由は？ 小中高で多用されるデジタル機器活用の利点とは？ 教育現場でのメディアの変遷を紹介しながら、言葉によるコミュニケーションの大切さについて考える。

『スマホ世代の子どもたちと向き合うために教師が知っておくべきネット社会とデジタルのルール』　楢原毅編著　小学館　2016.3　129p　26cm　（教育技術MOOK）〈文献あり〉　1700円　①978-4-09-105033-5　Ⓝ375.199

『無理なくできる学校のICT活用—タブレット・電子黒板・デジタル教科書などを使ったアクティブ・ラーニング』　長谷川元洋監修・著，松阪市立三雲中学校編著　学事出版　2016.3　158p　21cm　1800円　①978-4-7619-2190-3　Ⓝ375.199

目次 第1章 ICTを活用した新たな学び方教え方，第2章 すべての教師が活用できる体制をつくる，第3章 日常的なICT活用のために，第4章 ICTを活用した授業デザイン，第5章 生徒の活動場面別のポイント（28実践），第6章 教科の授業外での活動

内容 どの先生も抱くICT教育にまつわる「10の不安」を、三雲中学校ではどう解消していったのか。具体的に解説し、「できるところから」のICT活用を提案。

『メディア・リテラシー教育と出会う—小学生がデジタルメディアとポップカルチャーに向き合うために』　ルネ・ホッブス，デビッド・クーパー・ムーア著，森本洋介監訳　弘前　弘前大学出版会　2016.3　221p　26cm　2000円　①978-4-907192-38-9

内容 1 なぜデジタル時代のメディア・リテラシーが重要なのでしょうか？　2 小学校中学年の児童と一緒に活動する　3 幼稚園から小学校低学年までの児童と一緒に活動する　4 教師教育に取り組む

『ものづくりからのメッセージ—技術科教育の基本』　安東茂樹編著　京都　竹谷教材出版事業部　2016.3　193p　21cm　〈文献あり〉　1900円　①978-4-9906662-2-4　Ⓝ375.53

目次 第1章 ものづくり教育の意義，第2章 木材の性質と利用，第3章 1本の木が椅子になるまで，第4章 金属材料の加工，第5章 エネルギー変換 電気とエネルギー，第6章 電子工作，第7章 ロボットコンテストの歩みと未来，第8章 植物の育て方からのものづくり，第9章 生物育成の楽しみ，第10章 コンピュータによるものづくり

内容 技術科教育を学ぶ学生・学んだ大人へ贈る技術科教育の必読書。

『学習指導と学校図書館』　齋藤泰則編集，齋藤泰則，江竜珠緒，富永香羊子，村木美紀著　樹村房　2016.2　224p　21cm　（司書教諭テキストシリーズ 2-3　朝比

奈大作監修）〈他言語標題：School Library for Problem Solving　2002年刊の改訂版　文献あり　索引あり〉2000円　①978-4-88367-253-0　Ⓝ017

目次 学習と図書館，『学習指導要領』にみる学校図書館，探究的な学習の理論と図書館の情報資源，学習指導における問題の設定，情報リテラシーの内容と指導方法，情報リテラシーと探究的な学習，レファレンスサービスによる学習支援，教職員のための学校図書館活用へのアプローチ，小学校における学校図書館の活用，中学校・高等学校における学校図書館の活用，探究的な学習成果の評価と図書館の情報資源の活用

『教育におけるゲーミフィケーションに関する実践的研究』　藤川大祐編　［千葉］千葉大学大学院人文社会科学研究科　2016.2　89p　30cm　（人文社会科学研究科研究プロジェクト報告書 Chiba University Graduate School of Humanities and Social Sciences research project reports 第306集）〈他言語標題：Practical research on gamification in education　文献あり〉Ⓝ375.1

『教職・情報機器の操作─教師のためのICTリテラシー入門』　高橋参吉，下倉雅行，高橋朋子，小野淳，田中規久雄共著　コロナ社　2016.2　152p　26cm　〈Office 2013対応　文献あり　索引あり〉2000円　①978-4-339-02855-3　Ⓝ548.29

目次 1 校務文書（案内文を作ろう，学年だよりを作ろう，文集を作ろう），2 成績処理（成績表を作ろう，通知表を作ろう，クラス名簿を作ろう），3 教材作成（プレゼンテーション資料を作ろう，電子絵本を作ろう，クイズ教材を作ろう，指導資料を公開しよう），4 ビデオアルバム作成（撮影した画像を編集しよう，ビデオアルバムを作成しよう），付録

『小学校社会の授業づくりはじめの一歩』柳沼孝一著　明治図書出版　2016.2　159p　19cm　1800円　①978-4-18-203254-7　Ⓝ375.3

目次 第1章 とにかく社会科が大好きだ！（教師が社会科好きになる，子どもを社会科好きにする），第2章 まずはこれだけ押さえよう！（教科書の分析，力がつく，楽しい，わかる授業づくり，すぐれた授業をつくる教師の「暗黙知」），第3章 授業をデザインしよう！（単元構想の手順，各時間の授業づくりの実際），第4章 授業を楽しくする術を

身につけよう！（教材研究術，発問術，板書術，ノート術，新聞術，見学術），第5章 新しい授業に挑戦しよう！（アクティブ・ラーニングによる社会科授業，ICTを活用した社会科授業）

内容 ネタ探し，教材研究，単元構想，発問，板書・ノート，新聞づくり，見学，ICT活用，アクティブラーニング…社会の授業のことが全部わかる！

『インフォーマル学習』　山内祐平，山田政寛編著　京都　ミネルヴァ書房　2016.1　183p　22cm　（教育工学選書 2-7　日本教育工学会監修）〈索引あり〉2700円　①978-4-623-07439-6　Ⓝ379

目次 序章 教育工学とインフォーマル学習，第1章 生涯学習施設とインフォーマル学習，第2章 職場とインフォーマル学習，第3章 大学教育とインフォーマル学習，第4章 子どもの発達とインフォーマル学習，第5章 ワークショップとインフォーマル学習，第6章 ICTとインフォーマル学習，終章 変化する社会とインフォーマル学習

内容 インフォーマル学習の開発と展開。様々な場・環境での学習や人材育成に活用されるインフォーマル学習の実際を紹介する。

『学校と図書館でまなぶインターネット活用法─ウェブ情報の使い方と情報リテラシーの向上 教員と司書教諭のためのガイド』　ジェームス・E.ヘリング著，須永和之訳　日本図書館協会　2016.1　159p　21cm　〈文献あり　索引あり〉2200円　①978-4-8204-1514-5　Ⓝ375.199

『国語教育における話し合い指導の研究─視覚情報化ツールによるコミュニケーション能力の拡張』　長田友紀著　風間書房　2016.1　359p　22cm　〈文献あり　索引あり〉9500円　①978-4-7599-2115-1　Ⓝ375.8

目次 第1章 コミュニケーション能力研究における視覚情報化ツール─話し合い指導開発のための理論的基盤，第2章 話し言葉指導における目標および内容の問題点─話し合い指導の開発に求められる要件，第3章 話し合いにおける指導方法の成果と課題─視覚情報化ツールの可能性，第4章 グループ討議における視覚情報化ツールの可能性─調査課題の定位，第5章 調査1・グループ討議における複合的行為の分析─視覚情報化ツールに関する物理的側面，第6章 調査2・グループ討議における話し合いメモの分析─視覚情報化ツールに関する記号的側面，第7章 調査3・グループ討議における視覚情報化ツールの発達的分析─視覚情報化ツールの実践化にむけて

学校教育とICT　　　　　　　　　　　　　　　　　　　　　　指導要領・教育論

『授業づくりネットワーク　**20　出前授業完全マニュアル。**』　ネットワーク編集委員会編　学事出版　2016.1　95p　26cm　1400円　①978-4-7619-2123-1

目次 巻頭特別対談 学び続ける教師をどう育てるか。―出前授業と教師の派遣から問う，特集 出前授業完全マニュアル。(外部との連携を活かして教育課程をつくる―出前授業活用のすすめ，13歳のハローワーク マップで，未来の仕事を考える，神戸市が取り組む「インターネット安全教室」，体験と向き合い，チャレンジし続ける子どもたちへ，ライフプランニング授業，実効的なキャリア教育を ほか)，連載

『**スマホ・タブレットで子どもの能力を開発しよう**』　瀬戸武生著　インプレスR&D　2016.1　244p　21cm　(インプレスR&D〈NextPublishing〉―OnDeck books)　2000円　①978-4-8020-9064-3　Ⓝ375.199

『**教育分野におけるクラウドを中心としたICT環境構築のための調達ガイドブック**』　[東京]　総務省　[2016]　43p　30cm

『**教育分野におけるクラウド導入に対応する情報セキュリティに関する手続きガイドブック**』　[東京]　総務省　[2016]　36p　30cm

『**クラウド導入ガイドブック―教育ICTの新しいスタイル 総務省平成27年度「教育現場におけるクラウドを中心としたICT環境構築に係る調査研究」事業2016**』　総務省情報流通行政局情報通信利用促進課　[2016]　127p　30cm　Ⓝ375.199

『**アクティブ・ラーニングが楽しい算数科の協同教育―子どもと子どもをつなぐ宮原小学校の協同学習・学び合い**』　藤井英之，宮崎正康編著　東洋館出版社　2015.12　181p　26cm　2300円　①978-4-491-03177-4　Ⓝ375.412

目次 第1編 協同教育の考え方とマネジメント(協同教育の考え方と導入，2年目の協同教育の広がり)，第2編 小学校1年生の「協同学習・学び合い」(レベルアップを目指す2学期の「協同学習・学び合い」，進化する3学期の「協同学習・学び合い」)，第3編 多様に展開する「協同学習・学び合い」(グループ学習から自由な立ち歩きへ，本時の学習に予習を入れる「協同学習・学び合い」，途中に確認テストを入れる「協同学習・学び合い」)，第4編 選択学習を含む「協同学習・

学び合い」(選択学習を含む第6学年の「協同学習・学び合い」，選択学習を含む第4学年の「協同学習・学び合い」)，第5編 一斉学習を含む「協同学習・学び合い」(主体的に学習する第6学年算数科教頭示範授業，ICT活用を日常化した「協同学習・学び合い」)

『**インタースコア―共読する方法の学校**』　松岡正剛，イシス編集学校著　春秋社　2015.12　529p　19cm　〈他言語標題：INTER-SCORE　年表あり〉　2200円　①978-4-393-33348-8　Ⓝ002

目次 1 ぶっちぎり―イシス編集学校 インタースコアする編集力，2 赤坂から赤堤へ 編集のオデッセイ2000‐2015，3 風姿花伝の師範代，4 守破離というコースウェア，5 松岡正剛を覗く 校長へこふう談義，6 21世紀のエディットクロス

内容 SNS時代を先取りした学校，10歳から80歳まで3万人が熱狂する学びの秘密が明らかに。

『**小学校算数アクティブ・ラーニングを目指した授業展開―主体的・協働的な学びを実現する**』　笠井健一編著　東洋館出版社　2015.12　158p　26cm　2300円　①978-4-491-03174-3　Ⓝ375.412

目次 序章 算数の授業 過去、現在、これから，第1章 算数科における主体的・協働的な学習，第2章 実践！ 算数科「アクティブ・ラーニング」

内容 こんな「授業」がしたかった！ 子供たちの主体的・協働的な姿が「学びの質」を高める。子供たちは「算数」をどのように学ぶのか…そのヒントとなるAL実践を多数掲載！

『**小学校英語の発音と指導―iPadアプリ「白柴さくらのえいごカルタ」読本**』　中村良夫，高橋邦年，Alexander McAulay，桑本裕二著　開拓社　2015.11　142p　19cm　〈外箱入〉　2200円　①978-4-7589-8031-9　Ⓝ375.893

目次 第1章 カルタと英文，第2章 カルタの解説("Hello.", "My name is…", "Nice to meet you.", "See you.", "Very good." ほか)

内容 「ああ、そうか！」と、小学校英語Hi, friends! の主要表現の発音や指導のポイントに関する疑問がこれ1冊で氷解！ 本書の著者である大学教授達がつくったiPadアプリ『白柴さくらのえいごカルタ』が無料で公開されているので、児童が1人でも使えますし友達やおうちの人たちとも楽しめます。紙のカルタを使えば先生方が普段の授業で活用するのにもぴったりです。音声が無料でダウンロードできますので、iPadなしでも利用できます。

子どもの本 情報教育・プログラミングの本2000冊　**295**

指導要領・教育論　　　　　　　　　　　　　　　　　学校教育とICT

『小学校理科授業実践のステップ』　加藤
尚裕,片岡祥二著　研成社　2015.9
231p　21cm　1800円　Ⓘ978-4-87639-
531-6　Ⓝ375.422
[目次]　小学校の理科授業,理科の目標と理科
授業,小学校理科「A区分」「B区分」,問題
解決の理科授業,観察・実験と理科授業,教
材研究と理科授業,安全指導と理科授業,目
標と評価と理科授業,学習指導案と理科授
業,理科の模擬授業,デジタル教科書と理科
授業,理科学習環境づくりと理科授業
[内容]「理科教育とは何か」を考えてもらう
ために！「なぜ」「どうして」が子どもたち
から自然に出てくる理科を実現するため,見
つける,触る,感じる,そして科学的な目を
育む授業が進められるよう,実践経験を基
に具体的な事例を紹介している。子どもた
ちの探求心を培うために役立つ一冊と思う。

『デジタル時代のメディア・リテラシー教
育―中高生の日常のメディアと授業の
融合』　ルネ・ホッブス著,森本洋介,
和田正人監訳,上松恵理子,田島知之,
高橋恵美子,中村純子,村上郷子訳　小
金井　東京学芸大学出版会　2015.9
206p　26cm　〈原タイトル：DIGITAL
and MEDIA LITERACY　文献あり
索引あり〉　2000円　Ⓘ978-4-901665-43-
8　Ⓝ375.19

『ICTを活用した新しい学校教育』　原田
恵理子,森山賢一編著　北樹出版　2015.
8　135p　21cm　〈他言語標題：
INFORMATION AND
COMMUNICATION TECHNOLOGY
IN EDUCATION〉　1600円　Ⓘ978-4-
7793-0474-3　Ⓝ375
[目次]　第1部 情報教育の目標・意義と校内体
制(情報教育の現状と求められる授業のあり
方,情報教育の現状と求められる授業のあ
り方,校務の情報化とセキュリティ),第2
部 授業改革―ICTを利用した授業の展開
(iPad1人1台導入,小学校情報科での大型プ
ラズマディスプレイの活用,タブレット端
末・電子黒板の活用,私物タブレットとSNS
等の活用,テレビ会議システムを活用した
遠隔教育),第3部 情報社会への参画と活用
(情報モラル教育の必要性と教育方法,教育
におけるICT活用に向けて)

『新しい時代の家庭機械・電気・情報』　池
本洋一,山下省蔵共著　ジュピター書房
2015.8　195p　21cm　〈「家庭機械・電
気・電子」(理工学社　1996年刊)の改題,
加筆修正　文献あり　索引あり〉　2100円
Ⓘ978-4-9907483-7-1　Ⓝ375.53

[目次]　現代の生活と機械,機械要素とその働
き,生活と材料,機械とエネルギー,家庭用
燃焼器具,家庭用ミシン,自動車と電動アシ
スト自転車,電気エネルギーの変換(基礎),
電気の熱への変換と利用,電気の動力への変
換と利用,電気の光への変換(照明),電子
機器,屋内配線,わが国のエネルギー事情と
対策,家庭生活と情報機器,学校における情
報教育,家庭機器・電気・情報の学習指導法

『ザ・黒板―黒板の基礎知識から活用のワ
ザ、電子黒板まで』　加藤昌男著　学事
出版　2015.8　175p　21cm　〈文献あ
り〉　1800円　Ⓘ978-4-7619-2153-8
Ⓝ375.1
[目次]　第1章 行列のできる「板書講座」―福
岡教育大学の教養科目「板書技法と書の文
化」,第2章 私の黒板活用法―先生たちが語
る実践例,第3章 授業再録 言葉の学び手を
育てる"板書の技"―元川崎市立中原小学校
教諭笠原登さんの授業記録から,第4章 黒
板が登場するあの名場面,第5章 知ってい
るようで知らない「黒板」の基礎知識,第6
章 電子黒板,タブレット…どう進むICT

『楽しい授業をつくる―「白板ソフト」を
使って』　教育ネット研究所白板ソフト
出版編集委員会著　相模原　青山社
2015.8　180p　26cm　2700円　Ⓘ978-
4-88359-340-8　Ⓝ374.79

『タブレット教材の作り方とクラス内反転
学習』　赤堀侃司著　ジャムハウス
2015.8　199p　19cm　1600円　Ⓘ978-
4-906768-30-1　Ⓝ375.199

『教育と学びの原理―変動する社会と向き
合うために』　早川操,伊藤彰浩編　名古
屋　名古屋大学出版会　2015.7　245p
21cm　〈文献あり　索引あり〉　2700円
Ⓘ978-4-8158-0812-9　Ⓝ371
[目次]　変動する社会と向き合うための教育,
第1部 社会の流動化と向き合う,第2部 教
育改革と向き合う,第3部 多様化する価値
観と向き合う
[内容]　教育には何ができるのか。グローバル
社会を生きるための課題対応力を育み,子
どもたちの学びを生み出す教育の新たな姿
とは。教育にできることを見きわめ,「教え
る‐学ぶ」関係の可能性を,学びを中心にと
らえ直してやさしく解説。社会や制度を知
り,子どもとよりよく向き合うための,叡智
あふれるテキスト。

『授業づくりネットワーク　18　いじめ
と授業。』　ネットワーク編集委員会編
学事出版　2015.7　95p　26cm　1400
円　Ⓘ978-4-7619-2121-7
[目次]　巻頭特別対談 ぼくたちは,いじめ事
件の教訓をなぜ活かせないのか。特集 い

じめと授業。(いじめ防止対策と授業づくりの今―異質原理にもとづく授業へ，NHK『いじめをノックアウト』の舞台裏，「ストップいじめ！ナビ」の挑戦，遺族とともに活動するNPO法人が提案するいじめ防止授業 ほか，連載(AKB48の体験的学校論，これだけは知っておきたい！ 教育実践史・No.2・岸本裕史の学力実践に学ぶ―見える学力と見えない学力，今号は，間に合うのか・No.2・自己検閲の向こう側，教師のためのスマホ・タブレット活用術・No.2・授業で活用！ はじめの一歩―まずは教室で提示用機器として使ってみよう ほか)

『学校における著作権教育アンケート調査報告書 平成26年度』 著作権情報センター 2015.6 130p 30cm Ⓝ375

『子どもによる子どものためのICT活用入門―会話形式でわかる『学び合い』テクニック』 西川純著 明治図書出版 2015.6 138p 19cm （THE教師力ハンドブックシリーズ） 1600円 Ⓘ978-4-18-168814-1 Ⓝ375.199

目次 第1章 「ICT活用」の基礎基本，第2章 目指すべき子ども像―会話形式でわかる『学び合い』テクニック，第3章 力まず力を抜いてICT活用を―会話形式でわかる『学び合い』テクニック，第4章 子どもたちと一緒にICT活用を―会話形式でわかる『学び合い』テクニック

内容 ICTを活用すること自体が目的じゃない！ 成功の秘訣は，「自分で解決したい」という願いを子どもの心に灯すこと。明日からできる，目からウロコのICT活用術！ ICT活用の可能性を拡大し，危険性を下げるとても簡単だけど強力な「三つのノウハウ」を紹介。

『子ども熱中！ 中学社会「アクティブ・ラーニング」授業モデル』 北村明裕編著 明治図書出版 2015.6 159p 22cm 1900円 Ⓘ978-4-18-191819-4 Ⓝ375.3

目次 第1章 子ども熱中！ 中学地理「アクティブ・ラーニング」授業モデル，第2章 子ども熱中！ 中学歴史「アクティブ・ラーニング」授業モデル，第3章 子ども熱中！ 中学公民「アクティブ・ラーニング」授業モデル，付録 子ども熱中！ 中学社会ワクワクドキドキゲーム

内容 著者が長年携わってきたディベートを取り入れた授業や，スマートフォンを使った授業，そして誰もが楽しめるゲーム教材など，生徒がアクティブに動かずにはいられない実践ばかりを選りすぐって掲載。「動態地誌」や「討論学習」といった難しい学習

内容や活動に対応しながらも，生徒が自然に考え，思わず発言したくなるようなものばかりを掲載した。

『教育とIT情報―IPC/FIガイド付き』 ネオテクノロジー 2015.5 198p 30cm （技術と特許をつなぐパテントガイドブック―IT情報シリーズ）〈折り込 1枚〉 80000円 Ⓝ375.199

『教職員のための情報モラル＆情報セキュリティ―事例でわかるトラブル回避法＆対応策』 富士通エフ・オー・エム株式会社著制作 FOM出版 2015.5 38p 26cm 〈索引あり〉 600円 Ⓘ978-4-86510-212-3

目次 5分でできる！ 情報モラル＆情報セキュリティ・チェックシート！，個人情報を尊重しよう！ 学生の写真や作品を学校のホームページに掲載してもいいの？，情報漏洩の危険あり！ 学生の成績情報を教職員同士でやりとりしていいの？，著作権侵害に注意！ 書籍の一部をコピーして授業で使ってもいいの？，学生に正しく指導できる？ 学園祭で音楽や，キャラクターを使っていいの？，ソフトウェアのライセンスを守ろう！ 1つのソフトウェアを教室のすべてのパソコンにインストールしていいの？，正当な評価のためにレポートのコピペをチェックしよう！〔ほか〕

内容 教職員として知っておくべき情報モラル＆情報セキュリティについて16のステップと21の事例でわかりやすく解説！ 教育現場における個人情報の取り扱いや著作権の利用方法など要点を絞って解説！

『社会科の達人が推薦する社会科重要資料の指導法30選 6年生』 堀田龍也監修，新保元康，佐藤正寿編著 教育同人社 2015.5 80p 30cm 1200円 Ⓘ978-4-87384-171-7 Ⓝ375.3

目次 第1章 6年生社会科の指導のポイント，第2章 社会科重要資料の指導法30選(日本の歴史―国の成り立ちと貴族の世の中，日本の歴史―武士の世の中（鎌倉から安土桃山），日本の歴史―武士の世の中（江戸），日本の歴史―近代・現代の日本（明治から平成），わたしたちの生活と政治，世界の中の日本)，第3章 ICTを活用した資料提示のコツ

内容 社会科の資料を効果的に指導するために。デジタル教材の併用でさらに効果バツグン！

『メディア・リテラシーの教育―ことばの授業づくりハンドブック 理論と実践の歩み』 浜本純逸監修，奥泉香編 広島溪水社 2015.5 279p 21cm 〈索引あり〉 2500円 Ⓘ978-4-86327-298-9 Ⓝ375.8

指導要領・教育論　　　　　　　　　　　　　　　　学校教育とICT

『教育メディア』　稲葉竹俊, 松永信介, 飯沼瑞穂共著　コロナ社　2015.4　176p　21cm　（メディア学大系 6）〈他言語標題：Education Media　文献あり　索引あり〉2400円　①978-4-339-02786-0　Ⓝ375.199

[目次] 1章 教育メディアの変遷, 2章 学習観と教育メディアの変遷, 3章 インストラクショナルデザイン, 4章 ICTによる学習支援, 5章 生涯教育とメディア, 6章 ネットワーク時代の教育メディア, 7章 教育メディアの新しい展開

『社会科授業づくりトレーニングBOOK 板書計画・ICT活用・ノート指導編』　澤井陽介編　明治図書出版　2015.4　145p　22cm　2060円　①978-4-18-175540-9　Ⓝ375.3

[目次] 1 社会科授業をビジュアル化するポイント（子供にとって分かりやすい授業, 板書計画 ほか）, 2 板書計画トレーニング（本時の学習課題の検討, 資料提示の検討と子供の反応の想定 ほか）, 3 ICTトレーニング（視覚的な効果を生かして, 子供に分かりやすい授業をつくる, 情報機器を活用して, 子供の主体的な授業をつくる ほか）, 4 ノート指導トレーニング（問題解決的な学習展開, 学習の連続性の意識化, 自分の思考の見える化 ほか）

『電子黒板まるごと活用術　2　最先端のタブレット連携授業』　小学館教育編集部編　小学館　2015.4　95p　26cm　（教育技術MOOK—よくわかる動画シリーズ）1800円　①978-4-09-105017-5　Ⓝ375.199

『教育心理学』　子安増生, 田中俊也, 南風原朝和, 伊東裕司著　第3版　有斐閣　2015.3　243p　22cm　（ベーシック現代心理学 6）〈他言語標題：Educational Psychology　索引あり〉2100円　①978-4-641-07245-9　Ⓝ371.4

[目次] 第1章 教育心理学の課題, 第2章 発達過程の理解, 第3章 適応と障害の理解, 第4章 学習の基礎の理解, 第5章 認知心理学の観点から見た学習, 第6章 学級集団の理解, 第7章 授業の方法と教師の役割, 第8章 教室でのICT活用, 第9章 教育評価の方法, 第10章 教育データと分析結果の見方

[内容] 教育心理学の課題, 発達・適応・学習などの基礎的理論の要点, および教室での授業や教育評価など実際的活用法をわかりやすく解説。基本的枠組みは初版と新版のものを継承しつつ, 2011年実施の学習指導要領の改訂に対応。特別支援教育やいじめ

への関わり方, 動機づけ, 情報教育環境の変化, 教育データの分析など, 新たな内容や大きく変化した内容も盛り込んだ。

『教育の社会学』　近藤博之, 岩井八郎編著　放送大学教育振興会　2015.3　262p　21cm　（放送大学教材）〈索引あり　発売：[NHK出版]〉2700円　①978-4-595-31537-4　Ⓝ371.3

[目次] 教育と社会の問い, 学校化社会, ライフコース, 少子社会の家族と子ども, 教育とジェンダー, カリキュラムと知識, メリトクラシーと学歴, 学力と意欲の階層差, 高校多様化の可能性, 入試と選抜, 資格社会化と就職, インターネット社会と若者, 少年犯罪の増減, 政策的介入の功罪, 教育社会学の課題

『教育の方法と技術』　柴田義松編著　改訂版　学文社　2015.3　156p　21cm　〈年表あり〉1800円　①978-4-7620-2491-7　Ⓝ375.1

[目次] 序章 教育の方法・技術とは何か（教育技術とはどのような技術か, 授業の技術と方法）, 第1章 教育の方法・技術の歴史（ソクラテス法（産婆術）, コメニウスの教授法 ほか）, 第2章 教育課程の変遷（児童中心カリキュラム, 学問性中心プログラム ほか）, 第3章 学習指導の方法（学習指導の構造, 学習指導の目標・内容・指導過程 ほか）, 第4章 授業改造と情報機器（パーソナルコンピュータの進歩と教育, ICTの光明 ほか）, 第5章 学力と教育評価（学力とは何か, 学力の状況と学力テスト ほか）

『教育方法論』　谷田貝公昭, 林邦雄, 成田國英編　改訂版　一藝社　2015.3　129p　21cm　（教職課程シリーズ 6）〈他言語標題：Curriculum Method of Teaching〉2000円　①978-4-86359-098-4　Ⓝ375.1

[目次] 第1章 教育方法の歴史的概観, 第2章 教育方法の基本原理, 第3章 授業と学力, 第4章 教育課程, 第5章 授業理論と授業の設計, 第6章 視聴覚メディアとコンピュータの活用, 第7章 放送教育の授業への活用, 第8章 教材教具, 第9章 生徒指導と教科指導, 第10章 教育方法と学校・学級経営, 第11章 教育方法と施設・設備, 第12章 教育とヴィジュアル・コミュニケーション

『教育メディアの開発と活用』　近藤勲, 黒上晴夫, 堀田龍也, 野中陽一著　京都　ミネルヴァ書房　2015.3　190p　22cm　（教育工学選書 7　日本教育工学会監修）〈索引あり〉2600円　①978-4-623-06367-3　Ⓝ375.199

[目次] 第1章 教育メディアの概観（メディアの歴史, 教育メディアの定義と機能, 教育メディアの特徴と分類）, 第2章 教育メディアの系譜（教育メディアの役割, 教育メディ

298

アの選択，教育メディアとインタラクション，教育メディアの背景理論，背景理論の着地点），第3章 学校現場で役立つ教育メディア（学校現場における教育メディアの活用，学校現場で役立つ教育メディアの開発），第4章 教育メディアの活用の課題と展望（実用化に関わる課題，普及，展望）

内容 メディアが教育に果たす役割とは。教育メディアの基本的な考え方と変遷の背景を解説，具体的な開発と利用を紹介し，課題と展望を探る。

『思考力・判断力・表現力等を育成する指導と評価 5 「見通す・振り返る」学習活動を重視した授業事例集』 横浜国立大学教育人間科学部附属横浜中学校編 学事出版 2015.3 126p 26cm 1800円 ①978-4-7619-2109-5 Ⓝ375.1

目次 第1部 基本的な考え方（思考力・判断力・表現力，「見通す・振り返る」学習活動とその意義，「見通す・振り返る」学習活動とICT，プロセスを通した思考力・判断力・表現力等の育成），第2部 各教科の実践（国語科，社会科，数学科，理科，音楽科，美術科，保健体育科，技術・家庭科，英語科）

『自分で学んでいける生徒を育てる―学習者オートノミーへの挑戦』 中田賀之編 ひつじ書房 2015.3 295p 21cm 〈他言語標題：Developing Self-Directed Learners 索引あり〉 2600円 ①978-4-89476-704-1 Ⓝ375.893

目次 第1部 学習者オートノミー理論編（学習者のオートノミーとは何か），第2部 授業（中学校における「教室内英語と学習者オートノミー」，ディベートを通じて学習者オートノミーを育てる，ICTを使って学習者オートノミーを促す授業，リフレクションを促すポートフォリオ活動），第3部 学習（学習者オートノミーを育てる活動，他律指導から学習者オートノミーを促進させる実践，自己調整学習と1000時間学習マラソン，Can・Doリストを利用した学習指導改善―学習者オートノミーの育成をめざして，プロジェクト学習とその過程），第4部 教師（オートノマス・ラーナーの育成―教科間研究，教師の変容から生徒の変容へ，学習者オートノミー促進を意識した中・高一貫シラバス作成の取り組み），第5部 座談会（英語教育と学習者オートノミーの今後）

『社会科の達人が推薦する社会科重要資料の指導法30選 5年生』 堀田龍也監修，新保元康，佐藤正寿編著 教育同人社 2015.3 80p 30cm 1200円 ①978-4-87384-170-0 Ⓝ375.3

目次 第1章 5年生社会科の指導のポイント，第2章 社会科重要資料の指導法30選（農業，畜産，水産業，工業生産，輸出・輸入，国土・情報・環境），第3章 ICTを活用した資料提示のコツ

『授業でICTを使ってみよう―「分かった！」の声を聞くために 動画付実践事例集 中学校、高等学校編』 ［宇都宮］栃木県総合教育センター 2015.3 16p 30cm

『授業でICTを使ってみよう―「分かった！」の声を聞くために 動画付実践事例集 小学校編』 ［宇都宮］栃木県総合教育センター 2015.3 16p 30cm

『小学校英語教育―授業づくりのポイント』 高橋美由紀，柳善和編著 ジアース教育新社 2015.3 254p 26cm 2050円 ①978-4-86371-309-3 Ⓝ375.893

目次 第1部 明日の授業に活かせる理論と実践，第2部 小学校外国語活動（英語教育）の授業と小学校の取り組み

『タブレット端末を活用した21世紀型コミュニケーション力の育成』 中川一史，山本朋弘，佐和伸明，村井万寿夫編著，日本教育情報化振興会監修 大阪 フォーラム・A 2015.3 111p 26cm 1800円 ①978-4-89428-883-6 Ⓝ375.199

目次 第1章 21世紀型コミュニケーション力とタブレット端末の活用，第2章 各地域、学校の事例から（「教師の出」を意識したコミュニケーション力の育成―松戸市立馬橋小学校の事例，児童生徒1人1台タブレット端末環境での協働的な取り組み―松阪市立三雲中学校の事例，コミュニケーション力のすそ野を広げるエキスパート教員の活動―鳥取県岩美町の事例，思考・表現ツールを重視した地域あげてのコミュニケーション力育成―熊本県高森町の事例），第3章 21世紀型コミュニケーション力の研修（研修パッケージの開発，21世紀型コミュニケーション力研修の実際と評価，シンキングツールを活用したコミュニケーション力の育成）

『学習規律の徹底とICTの有効活用―わかりやすい授業の実現をめざして 春日井市・出川小学校の取り組み』 堀田龍也監修，愛知県春日井市教育委員会，春日井市立出川小学校著 教育同人社 2015.2 104p 30cm 〈文献あり 索引あり〉 1200円 ①978-4-87384-162-5 Ⓝ375.1

目次 第1章 出川小学校の考え方と取り組み（出川小学校の日常の様子，出川小学校の学習指導の考え方 ほか），第2章 春日井市教育委員会の考え方と取り組み（春日井市教育委員会の方針，「かすがいスタンダード」を普及・浸透させる取り組み），第3章 出川小

学校・ICT活用実践事例38（同じ流れで見通しをもった学習―始め 4年・国語，実物投影機で子どもが活動しやすい状況作り―始め 3年・音楽 ほか），第4章 堀田語録から学ぶ，第5章 資料編（ICTを活用する上での留意点やポイント，学習規律と学習スキル一覧 ほか）

『9年間の校内研究と情報モラル教育のまとめ―札幌市立平岡中学校開校30周年記念研究紀要』 札幌 札幌市立平岡中学校 2015.2 118p 30cm Ⓝ375.199

『社会認識を育てる教材・教具と社会科の授業づくり』 井ノ口貴史，倉持祐二著 大津 三学出版 2015.2 164p 21cm 2000円 Ⓘ978-4-903520-93-3 Ⓝ375.31

目次 第1章 子どもの「学び」を引き出す「教材」と「教育内容」（「教える」意味を問われる，子どもの生活と切り結ぶ教材を探す），第2章 「コンビニ」を素材に教材をつくる（教科書でのコンビニの扱い，社会科教育実践史の中でのコンビニの扱い ほか），第3章 時代のイメージを育てる生活文化学習（今，子どもたちの学びは，小学校の歴史学習における「文化」の扱い ほか），第4章 ドラマのある歴史の授業をつくりたい―「漂流民とペリー来航」の教材開発（小学校と中学校の教科書に「ペリー来航」はどう書かれているのか，生徒に「面白い」と言わせたい ほか），第5章 インターネット時代の教材づくりと授業（子どもの学習要求に応じる授業を，「9.11」以降の授業づくり ほか）

『情報科教育法』 岡本敏雄，高橋参吉，西野和典編著 第2版 丸善出版 2015.1 195p 21cm〈初版：丸善 2002年刊 索引あり〉 2400円 Ⓘ978-4-621-08907-1 Ⓝ375.199

目次 1章 情報科の設置と背景，2章 情報教育の目標と体系，3章 「社会と情報」の目的と内容，4章 「情報の科学」の目的と内容，5章 専門教科情報科の各科目，6章 情報科教育と授業実践，7章 学習指導と学習評価のあり方，8章 情報教育の環境

内容 学習指導要領改訂や学習者を中心とする教育観への変化を踏まえた上で，各科目の解説とともに，授業の教材例や展開例もあわせて示しています。また，学習指導案の作成や評価の方法，指導と評価のあり方の詳細な解説を盛り込み，情報科教員を目指す学生をはじめ，大学や高等学校で情報科教育に携わる教員にとっても有益なテキストです。

『メディア社会に焦点化した小学校社会科カリキュラム開発研究』 松岡靖著 風間書房 2015.1 260p 22cm〈文献あ

り〉 9000円 Ⓘ978-4-7599-2068-0 Ⓝ375.3

目次 第1部 メディア社会の概念的枠組みと小学校社会科カリキュラム開発の視点（メディア社会の特質と概念的枠組み，メディア社会における小学校社会科カリキュラムの理論仮説），第2部 メディア社会における小学校社会科の教育内容と授業開発（「デジタル化するメディア社会」の教育内容と授業開発，「ステレオタイプ化するメディア社会」の教育内容と授業開発，「イベント化するメディア社会」の教育内容と授業開発，「コントロール化するメディア社会」の教育内容と授業開発），メディア社会における小学校社会科カリキュラムと今後の課題

『コンピュータシステム技術教授用指導書』 実教出版 ［2015］ 141p 26cm 4000円 Ⓘ978-4-407-33523-1

『つくば市ICT教育活用実践事例集 平成26年度』 つくば市総合教育研究所編 ［つくば］ つくば市教育委員会 ［2015］ 230p 30cm Ⓝ375.199

『教職員のための情報リテラシー―クラウドサービスで学ぶ』 ジャイアント・リーブ編 ［東京］ 日経BP社 2014.12 66p 26cm〈発売：日経BPマーケティング〉 1000円 Ⓘ978-4-8222-6894-7 Ⓝ375

『つなぐ・かかわる授業づくりタブレット端末を活かす実践52事例』 D-project編集委員会編 学研教育出版 2014.12 175p 26cm （Gakken ICT Books）〈発売：学研マーケティング〉 2000円 Ⓘ978-4-05-406161-3 Ⓝ375.199

目次 第1章 タブレット端末を活かす実践52事例，第2章 未来に生きる子どもたちに求められる能力，第3章 タブレット端末活用研修徹底指南―ワークショップ型研修で，授業で使えるスキルを楽しく学ぼう，第4章 今さら人に聞けないタブレット端末導入

内容 タブレット端末に「ふりまわされる」ことなく，タブレット端末を「活かして」，子どもがつながり，かかわる授業づくりを目指す全ての先生に向けた決定版。授業の組み立て方，端末の使用法や管理の仕方，役立つソフト，導入ケース事例など，先生が知りたい情報が満載。今年こそ，タブレット端末を活かした授業づくりを！

『デジタル教育宣言―スマホで遊ぶ子ども，学ぶ子どもの未来』 石戸奈々子［著］ KADOKAWA 2014.12 205p 19cm （角川EPUB選書 017） 1400円 Ⓘ978-4-04-080022-6 Ⓝ375

目次 序章 子どもに「デジタルなおもちゃ」は必要なの？（子どもとデジタル機器との付

き合い方を考える，スマホ子育ての現状はどうなっているのか ほか），第1章 デジタル時代の「ものづくり」（「一億総クリエイター」の時代を生きる，暗記型の教育から，思考・創造・表現する学習へ ほか），第2章 プログラミングが想像力と創造力を伸ばす（ママにもわかるプログラミング，オバマ大統領からのメッセージ ほか），第3章 わずか数年後，あなたの町の学校はこう変わっている（デジタルを使った感動的な授業，授業を開発し，共有する ほか）

内容 パパ・ママ、教育関係者、必読！MITメディアラボ等で世界の知性に触れ、のべ30万人に学びの場を提供。最先端の教育現場を知り尽くし、自らも一児の母でもある著者が教える「デジタルで子どもの創造力を伸ばす方法」

『**ICTを活用した学び合い授業アイデアBOOK**』 豊田充崇監修，愛知県岡崎市立葵中学校授業研究部編著　明治図書出版　2014.11　139p　22cm　1800円　①978-4-18-173435-0　Ⓝ375.199

目次 1章 ICTを使って育てたい力とできること（ICTを使って育てたい力，ICTを使ってできること，タブレットPCを使ってできること ほか），2章 ICTを活用した授業実践例（国語科，社会科，数学科 ほか），3章 ICT機器の保守管理（タブレットPCの保管方法，タブレットPCの充電方法，ICT機器の教室保管 ほか）

内容 タブレットPCを使った授業から校内無線LANの整備の仕方まで、すべてわかる！

『**教育に生かすデジタルストーリーテリング**』 西岡裕美著　［東京］　東京図書出版　2014.11　305p　21cm　〈文献あり　発売：リフレ出版〉1700円　①978-4-86223-686-9　Ⓝ375.199

目次 第1章 デジタルストーリーテリングとは，第2章 なぜデジタルストーリーテリングが注目されているのか，第3章 ストーリーを作ろう，第4章 動画編集，第5章 デジタルストーリーテリングを作ろう，第6章 デジタルストーリーテリングにおける学習効果

『**ソーシャルメディア社会の教育―マルチコミュニティにおける情報教育の新科学化**』 松原伸一著　開隆堂出版　2014.9　159p　21cm　（開隆堂情報教育ライブラリー）〈索引あり　発売：開隆館出版販売〉2300円　①978-4-304-04202-7　Ⓝ375

目次 第1章 「社会の情報化」から「情報の社会化」へ（社会の情報化，各分野における

情報化 ほか），第2章 教育の新科学化（教育の新科学化，学習の方法と形態 ほか），第3章 情報教育の科学（情報教育の歴史，情報教育のターミノロジー ほか），第4章 情報とメディアの科学（情報の科学，メディアの科学 ほか），第5章 情報学修（情報安全と教育，交通安全と情報安全 ほか）

『**英語デジタル教材作成・活用ガイド―PowerPointとKeynoteを使って**』 唐澤博，米田謙三著　大修館書店　2014.8　181p　21cm　〈索引あり〉1800円　①978-4-469-24589-9　Ⓝ375.893

目次 第1章 ICT環境を整えよう―機器を知る，第2章 ICT活用授業の意義と授業モデル，第3章 基本の教材を作ろう―基礎編，第4章 アイディアを生かした教材集―実践編，第5章 効果的なICT活用のために，第6章 さまざまなICT活用事例集，資料集

内容 さあ、始めよう！ パワポで英語授業。英文を提示しながら音声を流す、点滅するフラッシュカード、発音指導のビデオを画面に貼り付ける…"PowerPoint"なら授業にぴったり合った教材を自由自在に作れます。iPadアプリ "Keynote"での作成法も紹介。ICT活用授業のポイントも満載です。PowerPoint2010/2013、Keynote（iPad版）対応。

『**情報教育シンポジウム論文集**』 情報処理学会コンピュータと教育研究会，情報処理学会教育学習支援情報システム研究会［編］　情報処理学会　2014.8　276p　26cm　（情報処理学会シンポジウムシリーズ IPSJ symposium series vol.2014 no.2）〈会期：2014年8月24日―26日　文献あり〉Ⓝ375.04

目次 招待講演 1. 四国における大学連携eラーニング事業の紹介/村井礼/述，セッション 1. コンピュータサイエンスフィールドガイド/兼宗進/ほか述，「大学情報入試全国模試試験」の実施と評価/中野由章/ほか述，クラウドコンテンツの利用と学生の反応/立田ルミ/述，特別セッション 1. プログラミング教育〔ほか〕

『**教室にICTがやってきた―本田小学校のフューチャースクール導入から定着まで**』 葛飾区教育委員会監修，葛飾区立本田小学校編　NTT出版　2014.7　141p　26cm　2400円　①978-4-7571-4326-5　Ⓝ375.199

内容 ある日突然、授業でICT機器を使うことになったら、教育現場ではどのようなことが起こるのだろうか？「とにかく何でもいいから使ってみよう」から始まり、ICT機器の良さを生かした授業を自在に組み立てるまでに発展を遂げた小学校の、総務省フューチャースクール推進事業の取り組みを紹介。

指導要領・教育論　　　　　　　　　　　　　　　　　　　　　　　学校教育とICT

『タブレットは紙に勝てるのか—タブレット時代の教育』　赤堀侃司著　ジャムハウス　2014.7　397p　19cm〈文献あり　索引あり〉1650円　①978-4-906768-24-0　Ⓝ375.199

『はじめよう学校図書館　10　探究的な学習を支える情報活用スキル—つかむ・さがす・えらぶ・まとめる』　塩谷京子著　全国学校図書館協議会　2014.7　54p　21cm〈文献あり　索引あり〉800円　①978-4-7933-2290-7　Ⓝ017

『フューチャースクール×地域の絆＠学びの場』　伊井義人監修　石狩　藤女子大学人間生活学部　2014.7　163p　19cm（藤女子大学人間生活学部公開講座シリーズ 3）〈発売：六耀社〉1800円　①978-4-89737-774-2　Ⓝ372.115
目次　第1部 我が街のフューチャースクール，第2部 地域と人との絆を意識した石狩の教育，第3部 座談会・石狩と日本の教育のこれからの姿
内容　藤女子大学人間生活学部公開講座シリーズ「イッカルンクル」第3巻！ これからの時代を生きる子どもたちに必要な力とは何か？ ICT教育，環境教育，食育，へき地教育，郷土学習，特別支援教育，アクティブ・ラーニングなど，様々な教育形態から紡ぎたされる新しい「学び」を，普通の街「石狩」から発信。

『2020年—ITがひろげる未来の可能性』　JBCCホールディングス株式会社編著，田中克己監修　［東京］　日経BPコンサルティング　2014.6　239p　19cm〈発売：日経BPマーケティング〉1500円　①978-4-86443-062-3　Ⓝ007.3
目次　01 教育×IT（デジタルネイティブの学び，中高生向けITキャンプ），02 働き方×IT（YouTubeへの動画授業投稿，ネットオフィス／テレワーク），03 地域×IT（美波町地域活性プロジェクト，データシティ鯖江），04 医療×IT（データヘルス，心臓シミュレーター），05 文化×IT（ガールズコンテンツ，老舗を進化させるIT，人工知能プロジェクト），巻末対談 2020年のIT
内容　東京オリンピックが開催される2020年までに，私たちの社会にどのような変革が起きているのか。その中でITはどのような役割を果たすのか。教育，働き方，地域，医療，文化という5つの分野でいま起きようとしている11の変革から，2020年の社会とITの関係，そして企業が目指すべき姿を探る。

『ラーニング・レボリューション—MIT発世界を変える「100ドルPC」プロジェクト』　ウォルター・ベンダー，チャールズ・ケイン，ジョディ・コーニッシュ，ニール・ドナヒュー著，松本裕訳　英治出版　2014.5　318p　20cm　2100円　①978-4-86276-176-7　Ⓝ372
目次　1 OLPCの誕生（OLPCの成り立ち，100ドルのパソコンをつくる ほか），2 アイデアから成果まで（青いバナナを売る，倉庫から校舎まで ほか），3 そしてこれから（OLPCの現在と未来，行動を起こそう！），各国のケーススタディ（カンボジア，10年後，トップダウンの取り組み ほか）
内容　すべての子どもが1人1台パソコンを手にしたら，この世界はどう変わるだろう。グローバルにつながり合う企業・政府・個人が共に仕掛ける教育革命の大プロジェクト「OLPC」。

『考え合う授業の追究—社会科・生活科・総合的な学習の時間を柱とした授業研究のあり方』　藤本英実編著　東洋館出版社　2014.4　174p　26cm〈文献あり〉2300円　①978-4-491-03015-9　Ⓝ375.312
目次　第1章 学校現場に元気と活力を，第2章「思考力・判断力・表現力」の育成をめざした授業の構造，第3章 自らの授業力を高めるために—私の授業研究，地域の教育力と社会科学習，第4章 考え合う授業をめざす取組—校内授業研究の実際，スタートカリキュラムから始める，どの子も安心して学べる学校づくり，第5章 考え合う授業の可能性

『タブレット端末で実現する協働的な学び—xSyncシンクロする思考』　中川一史，寺嶋浩介，佐藤幸江編著　大阪　フォーラム・A　2014.4　134p　26cm　1800円　①978-4-89428-855-3　Ⓝ375.199
目次　第1章 タブレット端末を活用した協働学習事例（説明のしかたについて考えよう—国語・小学5年，面積の求め方を考えよう—算数・小学5年，国土の環境を守ろう—社会・小学5年，名画のよさを伝える解説文を書こう—国語・小学6年 ほか），第2章 協働学習の肝はここにある（思考力・表現力の分析から，タブレット端末が可能にするコミュニケーション，協働学習を成立させる教師のふるまい，協働学習を支える普通教室のICT環境）

『藤の木小学校未来の学びへの挑戦—フューチャースクール推進事業・学びのイノベーション事業 実証研究校の歩み』　広島市立藤の木小学校著，堀田龍也監修　教育同人社　2014.4　128p　30cm〈文献あり〉1200円　①978-4-87384-161-8　Ⓝ375.199

『「ICTを活用した課題解決型教育の推進事業（諸外国における教育の情報化に関する調査研究）」報告書』 大日本印刷 2014.3 452p 30cm〈平成25年度文部科学省委託事業 奥付のタイトル：ICTを活用した課題解決型教育の推進事業（諸外国における教育の情報化に関する調査研究）〉Ⓝ375.199

『教育方法論』 広石英記編著 一藝社 2014.3 218p 21cm （新・教職課程シリーズ 田中智志，橋本美保監修）〈他言語標題：Methods of learning support〉2200円 Ⓘ978-4-86359-064-9 Ⓝ375.1

|目次| 教育哲学と教育方法，教育方法の基礎理論，さまざまな学力調査と学習指導要領，授業のデザイン，授業のスタイル，授業のタクト，学習意欲を創る，教育評価，授業研究，デジタル社会の情報リテラシーとICTの利活用，学びのビオトープ—総合的な学習の時間，グローバル社会で求められる能力と教育方法，21世紀の学びのスタイル，未来への祈りとしての教育

|内容| 本書では，教育を「学びを支援する相互行為（interaction）」と考える。「教える」ことに特化した教授方略ではなく，広く学習者の「学びを支援する」工夫や知恵としての教育方法を分かりやすく解説した。

『公民科・地歴科・社会科の実践研究—21世紀日本の社会認識教育を考える』 矢吹芳洋編著 六花出版 2014.3 201p 21cm〈蔭山雅博教授華甲記念論文集 文献あり〉1500円 Ⓘ978-4-905421-56-6 Ⓝ375.3

|目次| 新「現代社会」と「幸福，正義，公正」—現代の諸課題を考察・探究する枠組み，平和学習教材としての「従軍雑観」，地域の将来」を見据えた「身近な地域の調査」構想—中学校社会科地理的分野の場合，東京都の学校設定教科「日本の伝統・文化」と「現代世界と日本の歴史・文化」—「漫画・アニメ・ゲーム」を取り入れる授業の試みについて，実践報告「沖縄ウィーク」—日本史における3年間の成果と課題，実物資料を活かした博物館における歴史学習—芝山町立芝山古墳・はにわ博物館の事例，氏（姓）を考える—歴史と今とこれから，社会科教育におけるメディアリテラシー—新聞を題材にして，法教育による憲法学習の刷新—中学校社会科公民的分野のための新しい憲法学習プログラム，発展的平和教育の実践，社会科としての授業力とは何か？

『最新ICTを活用した私の外国語授業—CIEC15周年記念』 吉田晴世，野澤和典編著 丸善プラネット 2014.3 227p 21cm〈発売：丸善出版〉2500円 Ⓘ978-4-86345-197-1 Ⓝ375.89

|目次| 第1部 理論編（外国語教育におけるICTの役割，eラーニング），第2部 実践編（m‐Learning（Mobile Learning）の事例，ICTを活用した2年間を一貫した大学英語教育の取り組み，Capture,Upload,and Share—タブレットで記録した活動をネット上で共有・評価するためのMoodle用モジュールの活用，大学英語教育とオープン・エデュケーション，英語を専攻する大学生のためのe‐Learning英語教育，臨床検査技師養成における携帯情報通信端末利用教育と英語教育の必要性と教育プログラムの開発，学習者が投稿した英語表現サイトを使ったアブストラクト・ライティングの指導と分析，中学校におけるICT活用事例 ほか）

『思考力・判断力・表現力等を育成する指導と評価 4 言語活動を通して学習意欲を高める授業事例集』 横浜国立大学教育人間科学部附属横浜中学校編 学事出版 2014.3 125p 26cm 1800円 Ⓘ978-4-7619-2032-6 Ⓝ375.1

|目次| 第1部 基本的な考え方（思考力・判断力・表現力等と言語活動，新たなる学びへの意欲，新たなる学びへの意欲を生む工夫，新たなる学びへの意欲を生かす工夫，新たなる学びへの意欲とICT機器の利活用），第2部 各教科の実践（国語科，社会科，数学科，理科，音楽科，美術科，保健体育科，技術・家庭科，英語科）

『情報化社会と教育』 苑復傑，中川一史編著 放送大学教育振興会 2014.3 276p 21cm（放送大学教材）〈文献あり 索引あり 発売：[NHK出版]〉2800円 Ⓘ978-4-595-31505-3 Ⓝ002.7

|目次| 情報と教育，大学の授業改革と情報通信技術，インターネット大学，大規模公開オンライン授業，情報化社会と高等教育の未来，学校における児童・生徒をとりまく情報化社会への対応，情報化社会と小学校の授業の実際・学校の取り組み，情報化社会と中学校の授業の実際・学校の取り組み，情報化社会と高等学校の授業の実際・学校の取り組み，家庭・地域における児童・生徒をとりまく情報化社会への対応，メディア・リテラシーの概要，メディア教育の歴史的展開，メディア教育の内容と方法，学校教育におけるメディア教育，メディア教育を支援する教材とガイド

『情報化社会の新たな問題を考えるための教材—安全なインターネットの使い方を考える 指導の手引き』 情報化の進展に伴う新たな課題に対応した指導の充実に関する調査研究委員会[編] 情報

指導要領・教育論　　　　　　　　　　　　　　　　　　　　学校教育とICT

通信総合研究所　2014.3　96p　30cm
〈文部科学省委託事業「情報化の進展に
伴う新たな課題に対応した指導の充実
に関する調査研究」〉Ⓝ375.199

『情報化の進展に伴う新たな課題に対応し
た指導の充実に関する調査研究報告書
平成25年度』　情報通信総合研究所
2014.3　193p　30cm〈平成25年度文部
科学省委託事業〉Ⓝ375

『デジタル教科書・教材の試作を通じたガ
イドラインの検証─アクセシブルなデ
ジタル教科書の作成を目指して　専門研
究A　研究成果報告書　平成24年度─平
成25年度』　国立特別支援教育総合研究
所著　横須賀　国立特別支援教育総合
研究所　2014.3　40p　30cm　（特教研
B-288）〈研究代表者：金森克浩〉Ⓝ378

『社会とつながる学校教育に関する研究
2　2013年度』　藤川大祐編　［千葉］
千葉大学大学院人文社会科学研究科
2014.2　80p　30cm　（人文社会科学研
究科研究プロジェクト報告書　Chiba
University Graduate School of
Humanities and Social Sciences
research project reports　第277集）
〈他言語標題：Research on school
education connected with society〉
Ⓝ375.1

目次　いじめ防止プログラム開発の試み/藤
川大祐/著. 中国の小学校における漢字教育
に関する考察，国立大学教員養成学部にお
ける学校安全に関する教育の取り組み状況
について，手描きアニメーション制作の授
業開発とタブレットPC活用の試み，教員養
成学部授業におけるアプリ教材づくり，小・
中学校教育課程における表現活動に関する
研究，地域連携による継続的な起業家教育
を実践する際の意義と課題，中国の中学生
に対する英語リスニングの授業の開発，数
理モデルによるシミュレーションを題材と
した中学校数学の授業開発

『プロ教師に学ぶ小学校理科授業の基礎技
術Q&A』　佐々木昭弘編著，白河市立
白河第二小学校著　東洋館出版社
2014.2　97p　21cm〈文献あり〉1500
円　①978-4-491-02764-7　Ⓝ375.422

目次　第1章 理科授業を変える教育技術，第
2章 理科授業の基礎技術Q&A（導入指導に
は、どんな方法がある？、板書の基本とは
？、ノート指導の基本とは？、インター
ネットをどう活用したらいい？、実験準備
や後始末を簡単にする方法はない？、セッ

ト教材のメリットとデメリットとは？，観
察の基本とは？（植物編、昆虫編），観察の
視点を明確にするには？，「結果」と「考
察」ってどう違うの？　ほか）

内容　問題解決で自ら考える理科授業へ。
ノート指導の基本とは？「結果」と「考
察」ってどう違うの？ 教科書やセット教
材って、どう使ったらいいの？ Q&A40＋α。

『保育者のためのパソコン講座』　阿部正
平著者代表　萌文書林　2014.2　397p
26cm〈Windows7 Office2007/2010/
2013対応版　文献あり〉2000円
①978-4-89347-190-1　Ⓝ376.14

目次　1 パソコンのしくみを学ぼう─パソコ
ン本体とOSのしくみを知って、マウスや
キーボード操作になれよう！（コンピュー
ターの移り変わり、コンピューターのしく
み ほか）、2 ワープロソフトの機能と操作
を学ぼう─おたよりなどの園で配布する文
書を作ろう！（ワープロソフト、文書の構成
ほか）、3 表計算ソフトの機能と操作を学ぼ
う─帳の作成・台帳（データベース）管理と
かんたんな表計算をしよう！（表計算ソフ
ト、Microsoft Excelの操作 ほか）、4 プレ
ゼンテーションを学ぼう─プレゼンテー
ション・ソフトでスライドを作ろう！（プレ
ゼンテーション、Microsoft PowerPointの
操作 ほか）

内容　保育事例で習得する、ワープロ・表計
算・プレゼンテーション。

『教えて考えさせる音楽の授業』　内田有
一著　名古屋　ブイツーソリューショ
ン　2014.1　91p　21cm〈発売：星雲
社〉1500円　①978-4-434-18609-7
Ⓝ375.763

目次　1 子ども中心の授業は、なぜ成立しな
いのか、2 お手本から学ぶ創作の授業、3
範唱・範奏から学ぶ、4「共通事項」に基づ
く表現の工夫、5 協力して学ぶプロジェク
ト型音楽学習、6 学びを支えるICT

内容　「支援」による問題解決学習、学び合
い学習はすべて失敗した。それは教えるこ
とをためらったからである。教えない教育
よさようなら！ 教えることの復権を謳う授
業論。

『GISで楽しい地理授業─概念を理解す
る実習から課題研究ポスターまで』　森
泰三著　古今書院　2014.1　116p
26cm　3000円　①978-4-7722-4169-4

目次　第1章 学校とGIS（GISとは，地理空間
情報活用推進基本法と学習指導要領 ほか），
第2章 GISの概念を理解するための実習（地
形図から標高読み取りと「Excel」を活用し
たブロックダイヤグラム作成，「ウオッち
ず」と「Google Earth」を活用して理解す
るGISの概念），第3章 地理の各分野とGIS
活用事例─ViewerとしてのGIS（「Google

Earth」および「HeyWhatsThat Path Profiler」を活用した地形断面図による大地形の学習，「カシミール3D」を活用した地形学習 ほか），第4章 GISを活用した課題研究―空間分析ツールとしてのGIS（過大研究に利用するデータと作成方法―アドレスマッチングとポイントデータ，「ArcGIS」の活用と空間分析―どのようなデータからどのような地図ができるか ほか）

『情報とコンピューター―学習指導要領「情報に関する技術」対応』 第7版 旺文社 2014.1 111p 26cm 524円 ①978-4-01-070249-9

|目次| 第1章 コンピューターと情報通信ネットワークの基本（コンピューターの構成，入力装置と出力装置 ほか），第2章 情報通信ネットワークと情報モラル（インターネットの利用，電子メールの利用 ほか），第3章 ディジタル作品の設計・制作（メディアの特徴と利用方法，ディジタル作品制作の手順 ほか），第4章 プログラムによる計測・制御（コンピューターを利用した計測・制御のしくみ，データの変換と情報の伝達 ほか）

『教育分野におけるICT利活用推進のための情報通信技術面に関するガイドライン（手引書）2014 中学校・特別支援学校版』 総務省情報流通行政局情報通信利用促進課 ［2014］ 236p 30cm 〈2014 中学校・特別支援学校版のタイトル関連情報：実証事業の成果をふまえて〉 Ⓝ375.199

『一般教育の情報―情報の本質を見抜ける教師や社会人の育成へ』 北上始編 京都 あいり出版 2013.10 211p 21cm （現場と結ぶ教職シリーズ 13）〈全体企画：小柳正司 山﨑英則 索引あり〉 2100円 ①978-4-901903-83-7 Ⓝ007

|目次| 1章 情報と社会，2章 情報倫理，3章 情報セキュリティ，4章 情報の活用と表現，5章 コンピュータと情報の処理，6章 モデル化とアルゴリズム，7章 インターネットの仕組み，8章 情報コミュニケーション，9章 問題解決と情報の管理，10章 望ましい情報社会の構築

『学習者とともに取り組む授業改善―授業設計・教育の方法および技術・学習評価』 松田稔樹，星野敦子，波多野和彦著 学文社 2013.10 163p 21cm 〈文献あり 索引あり〉 1900円 ①978-4-7620-2393-4 Ⓝ375.11

|目次| 第1部 授業設計・学習評価（教育の方法および技術と他教科目との関係，授業における教師の意思決定モデル，「教科書を学

ぶ」と「教科書で学ぶ」，授業設計のポイント，授業設計の手順と教材研究 ほか），第2部 情報活用・新しい教育手法（教育手段としてのICTと教育内容としてのICT，各教科における情報教育の必要性，数学・理科における教育の情報化の例，社会科と地歴・公民科における教育の情報化の例，「総合的な学習の時間」における情報教育の例 ほか）

『学級担任のための普通教室ICT活用術―今日からすぐに取り組める！』 國眼厚志著 明治図書出版 2013.10 126p 22cm 2000円 ①978-4-18-095612-8 Ⓝ375.199

|目次| 第1章 まずは大きく映してみよう，第2章 デジタル教科書で授業をしよう，第3章 書画カメラで簡単プレゼン，第4章 電子黒板で簡単操作，第5章 自分でプレゼン資料を作って授業，第6章 子どもに使わせるICT，第7章 子どもの近くで遠隔操作，最先端授業，第8章 ICT活用で学級経営校務楽々処理

|内容| 「デジタル教科書」に「電子黒板」。ICTの波がすぐそこまで来ているのはわかるけど…無理に使わなくても大丈夫，と思っていませんか？ 実は，文明の利器をちょっと活用するだけで，今まで面倒だと思っていた作業があっという間にできたり，思い描いていた授業が簡単にできたりするのです。まずは，本書で紹介しているICT活用ワザを，ちょっと真似してみましょう。整備された特別教室ではなく，毎日いる普通教室でOK。デジタル機器が得意な先生も苦手な先生も，今ある環境からスタートできるノウハウが満載です。

『子どもの思考力向上のためのデジタル機器を生かした授業実践』 埼玉大学教育学部附属小学校編著 小学館 2013.9 128p 26cm （教育技術MOOK）1300円 ①978-4-09-106763-0 Ⓝ375.199

『先生・保護者のためのケータイ・スマホ・ネット教育のすすめ―「賢い管理者」となるために』 今津孝次郎監修・著，金城学院中学校高等学校編著 学事出版 2013.9 93p 21cm 1300円 ①978-4-7619-1998-6 Ⓝ371.37

|目次| 第1章 新しい情報メディアと私たち―この本のねらいと使い方，第2章 ケータイ・スマホ・ネットと賢くつきあう―ダイジェスト版「ハンドブック」，第3章 ホンネ座談会―「ハンドブック」づくりで深めた生徒・保護者・教員のコミュニケーション，付章 ケータイ・スマホ・ネットと賢くつきあうための用語集

|内容| 人間のコミュニケーションという大きな視野から新メディアを位置づけ，それらの利便性・不便性・危険性の三側面を整理しながら，新メディアとどうつきあうべきかについて根本的に考える。延べ100人近い生徒

有志が、そうした作業を5年以上にもわたって探索してきた成果である「ハンドブック」（ダイジェスト版）を第2章に収録している。

『日本のICT教育にもの申す！―教育プラットフォームによる改革への提言』
関島章江著　インプレスR&D　2013.9　119p　21cm　（インプレスR&D〈next publishing〉―New thinking and new ways）〈発売：インプレスコミュニケーションズ〉　①978-4-8443-9594-2　Ⓝ375.199

『保育・幼児教育に携わる人の情報処理テキスト―幼稚園・保育所の保育実践とメディアの活用』　堀田博史、松河秀哉、森田健宏編著　［神戸］　みるめ書房　2013.9　275p　26cm　（Microsoft Office 2010対応）　1429円　①978-4-901324-29-8　Ⓝ376.1
目次　幼稚園・保育所でのメディア活用とは、フォルダ管理とファイル保存―パソコンの使い方の基本、インターネット検索、電子メールの送受信、デジタルカメラの活用、情報倫理―保育者に求められる情報モラル、園だよりの作成―Wordの基本操作と行事表の作成、保育案の作成―Wordによる複雑な操作をマスター、実習日誌の書き方―Wordの作成技術を高める、名簿の作成―Excelの基本操作と名簿表の作成〔ほか〕
内容　すぐに役立つ実践例。基礎から応用までわかりやすく解説。

『ICTで伝えるチカラ―50の授業・研修事例集』　中川一史監修　大阪　フォーラム・A　2013.8　159p　26cm　（小学校全学年対応）　1800円　①978-4-89428-787-7　Ⓝ375.199
目次　第1章 実践編1 4つのソフトを活用して伝えるチカラをつける（新聞を作る、プレゼンをする、リーフレットを作る、ニュース番組を作る）、第2章 研修編（教員が研修を受けることの意味、伝えるチカラPRESSの研修パッケージ、パッケージ内容の紹介―リーフレット制作を例に、他の研修パッケージ―3種類の表現活動の特徴、研修会の様子）、第3章 実践編2 ICT機器・デジタル端末を活用して伝えるチカラをつける（タブレットPC・端末、電子黒板、プロジェクター、実物投影機、テレビ会議システム・SNS）、第4章 解説編（示しながら話す活動・組み合わせて作る活動・つなげて伝える活動、「伝えるチカラ」とメディア・リテラシー）
内容　ICTを活用した言語活動の充実、情報活用能力の育成、協働的な学習の指導の授業

づくりのすべてが1冊に。主要4教科と生活・図工・家庭・体育・道徳・総合・特別活動をカバーした50の授業事例。授業の様子や子どもたちの作品をカラー写真で多数紹介。

『iPadで拓く学びのイノベーション―タブレット端末ではじめるICT授業活用』　森山潤、山本利一、中村隆敏、永田智子編著　高陵社書店　2013.8　143p　26cm　2000円　①978-4-7711-1003-8　Ⓝ375.199
目次　第1章 タブレット端末ではじめよう！ICT活用、第2章 タブレット端末を使ってみよう―基本操作と学習環境、第3章 「わかりやすさ」を支援するiPad活用―提示、第4章 「自己評価/相互評価」を支援するiPad活用―評価、第5章 「学び合い」を支援するiPad活用―共有、第6章 教科の特性に応じたiPad活用―おすすめアプリ、教材コンテンツ、第7章 未来を今へ―iPadの導入ドキュメント

『グローバル時代の学校教育』　日本学校教育学会「グローバル時代の学校教育」編集委員会著　名古屋　三恵社　2013.8　366p　21cm　〈文献あり〉　2800円　①978-4-86487-117-4　Ⓝ370

『情報教育シンポジウム論文集』　情報処理学会コンピュータと教育研究会、情報処理学会教育学習支援情報システム研究会［編］　情報処理学会　2013.8　240p　26cm　（情報処理学会シンポジウムシリーズ IPSJ symposium series vol.2013 no.2）〈会期：2013年8月18日―20日　文献あり〉　Ⓝ375.04
目次　内容：招待講演 1. オープンエデュケーションの可能性とMOOCsのインパクト/重田勝介/述、セッション 8. LMSとしてのGoogle Apps利用の試み/田中克明、鈴木令子、山崎秀記/述. Processingによる高校生を対象としたプログラミング入門体験/土肥紳一、今野紀子/述. Processing Web IDEを用いたプログラミング基礎教育の試み/三浦元喜/述. Java言語演習科目における対戦型ゲーム課題の設計と実践/水口充/述〔ほか〕

『ディジタルネイティヴのための近未来教室―パートナー方式の教授法』　Marc Prensky著, 情報リテラシー教育プログラムプロジェクト訳　共立出版　2013.8　328p　21cm　〈索引あり〉　2800円　①978-4-320-12336-6　Ⓝ375.199
目次　第1章 パートナー方式―新たな教育環境にふさわしい教授法、第2章 パートナー方式の教授法を始める、第3章 クラスより生徒一人ひとりについて、学習内容より彼らの情熱について考えよう、第4章 関係性だけでなく、つねに現実性を、第5章 授業計画を立てる―内容から質問へ、質問から

スキルへ，第6章 パートナー方式でのテクノロジー利用，第7章 名詞ツールについて理解する，第8章 生徒に創らせよう，第9章 実践と共有を通して継続的に向上しよう，第10章 パートナー方式の教授法における評価

『クラスがまとまる理科のしごとば　下　教材の準備と授業のすすめ方』宮内主斗，関口芳弘編著，谷川ひろみつ絵　星の環会　2013.6　103p　26cm〈文献あり〉2000円　①978-4-89294-518-2　Ⓝ375.422

目次 教材研究を楽しむ（3年）―光の学習で，万華鏡を，昆虫を育てよう（3年）―生物相手は段取り八分，雨粒をつかまえる（4,5年）―天気，月と星（4年）―月や星のスケッチ指導，動物の体のつくりと運動（4年）―モデルをつくることで，腕のしくみがわかる，花と実（5年）―花が実になるために必要なこと，ものの溶け方（5年）―ものが溶ける前後で，重さが変化するか調べる，大地のつくりと変化（6年）―岩石標本づくりをとおして，石の特長を学ぶ，消化の実験（6年）―だ液の働きを，全員参加の実験で学ぶ，豚の内臓の教材化（6年）―ほ乳類の内臓を観察し，人の体のしくみを知る，太陽と月（4，6年）―天体の大きさを実感する，電気の利用（6年）―電流と発熱 実験がうまくいくコツのコツ，教材（全学年）―ICT機器の利用でわかりやすく，教材（全学年）―Webカメラを使ってデジタル顕微鏡をつくりと運動，理科は驚き！（4，6年）―シャープペンシルの芯をド派手に光らせよう，金属の性質（3，4，6年）―教科書にさりげなく扱っているが，重要な概念

『教師と児童・生徒のデジタル教科書に関する調査―小学校・中学校を対象に』中央教育研究所　2013.5　248p　26cm（研究報告 no.79）1000円　Ⓝ375.199

『中学1年英語授業をリズムとテンポでカッコよくする50の方法』瀧沢広人著　明治図書出版　2013.5　185p　22cm（ビギナー教師の英語授業づくり入門10）2260円　①978-4-18-736036-2　Ⓝ375.893

目次 第1章 小学校英語ゲームをウルトラ活用カッコいい英語の教え方，第2章 小中連携って何をすることなの？ 小学校英語の使えるパーツを活用カッコいい授業をしよう―連携のポイント，第3章 小学校英語との違いはここだ！ 覚えこませる授業―中学校英語の役割を意識した授業の工夫1，第4章 小学校英語との違いはここだ！ 定着させる―中学校英語の役割を意識した授業の工夫2，第5章 ICTを活用して，カッコよく英語を教えよう！，第6章 中1英語との出会いをカッコよく演出する！

内容 中学1年は「入門期」と言われ「接続期」とは呼ばれなかった。この接続期は小学校でやったことの上に中学校の学習内容を「重ねる」という発想だ。小学校英語を踏まえた中学1年の明るいスタートを目指して，コミュニケーションとしての体験的な導入方法に視点をあてた。

『教育方法学の実践研究』古藤泰弘著　教育出版　2013.4　210p　21cm〈索引あり〉2600円　①978-4-316-80391-3　Ⓝ375.1

目次 第1章 教育方法学を学ぶ，第2章 教える心理，学ぶ心理，第3章 学習と授業，第4章 学力観の変遷と学習力のとらえ方，第5章 授業づくりの基本と学習指導案，第6章 メディアの活用と情報教育

『iPad教育活用7つの秘訣―先駆者に聞く教育現場での実践とアプリ選びのコツ』小池幸司，神谷加代［著］，ウイネット編著　新潟　ウイネット　2013.3　111p　26cm〈発売：星雲社〉2000円　①978-4-434-17628-9　Ⓝ375.199

目次 小学校編（上所小学校・片山敏郎先生「子どもたちを先生に。自由でシンプルな発想で始めよ！」），中学・高校編（広尾学園・金子暁先生「デジタルとアナログ。それぞれの良さを使い分けよ！」，袖ヶ浦高等学校・永野直先生「『置き換え』はしない。さらに広げるための使い方を！」），大学編（大阪大学・岩居弘樹先生「教えない授業で，学生同士で学び合う場を創れ！」，青山学院大学・伊藤一成先生「『使うこと』と同時に『使わない』という選択を教えよ！」），専修学校・各種学校編（デジタルハリウッド・栗谷幸助先生「教室の枠を超えよ。そこに新たな学びが見つかる！」），学習塾編（俊英館・小池幸司先生「まずは『人』ありき。負担を抑えた段階的な導入を！」）

『足代小学校フューチャースクールのキセキ―平成22年度～24年度総務省フューチャースクール推進事業での授業実践記録』堀田龍也監修　東みよし町（徳島県）徳島県東みよし町立足代小学校　2013.3　96p　30cm〈共同刊行：教育同人社〉953円　①978-4-87384-160-1　Ⓝ375.199

目次 概要編（フューチャースクール校の環境とその概要，常駐ICT支援員の役割，TPCにふさわしい学習ツール，教室の照度測定について ほか），実践編（1年生への初めてのTPC指導，気持ちを共有する音楽，フォルダ概念の指導，TPC環境における目の保護 ほか）

『英語科教育実習ハンドブック』米山朝二，杉山敏，多田茂著　新版　大修館書店　2013.3　266p　21cm〈文献あり

索引あり〉 2200円 ①978-4-469-24575-2 Ⓝ375.893

目次 教育実習に臨んで，観察参加，授業準備，指導案の作成，指導案（中学校編，高等学校編），授業の工夫（Warm‐upとReview，文法・文型の導入，文法・文型の練習と発展活動，語彙の導入と指導，本文の読解指導，教育・教材・ICTの活用，教室管理，発展，授業の評価と実習のまとめ

内容 新学習指導要領に対応。実習前の準備から，授業観察，指導案の作成，指導の展開・工夫，教室管理まで，充実した英語教育実習のために知っておきたい知識をまとめた，英語科の教育実習生必携のテキスト改訂版。

『おいしい！ 授業 小学校1・2年 70のアイデア＆スパイス＋1』 家本芳郎監修 蔵満逸司著 大阪 フォーラム・A 2013.3 157p 21cm 1800円 ①978-4-89428-752-5 ⓃN375.1

目次 楽しい教科指導（まずはこれから，国語，算数 ほか），家庭との連携（勉強中はテレビ禁止―集中して勉強ができる，授業は年中公開―保護者もいつでも見に行ける，学級通信に教室地図を―子どもの教室がよくわかる ほか），教材研究・授業づくり（インターネット検索術―検索エンジンを活用しよう，他社・旧版教科書を参考に―たくさんのヒントが入手できる，メールマガジンで情報収集―メールで届く貴重な教育情報源 ほか）

『学習指導と学校図書館』 渡辺重夫著 第3版 学文社 2013.3 179p 21cm （メディア専門職養成シリーズ 3 山本順一，二村健監修）〈索引あり〉1800円 ①978-4-7620-2349-1 Ⓝ017

目次 第1章 教育課程の展開と学校図書館，第2章 学校図書館メディア活用能力の育成，第3章 メディア活用能力育成の計画，第4章 メディア活用能力育成の展開，第5章 学校図書館における情報サービス

『筑波大学附属小学校山本良和の気づきを引きだす算数授業―これならできる！ ICT活用術』 山本良和著 文溪堂 2013.3 128p 26cm （hito＊yume book）〈奥付・背のタイトル：気づきを引きだす算数授業〉2100円 ①978-4-7999-0023-9 ⓃN375.412

目次 授業1 1時間目―まずはICTを使った授業を見てみよう!!，ヨッシーのICT活用講座，授業2 2時間目―電子黒板＆デジタル教科書を使った授業，授業3 3時間目―電子黒板を導入部に使った授業，ヨッシーのこだ

わり講座1―子どもの言葉で意味理解させるワザ，本音トーク―よっしーサークルin高知，ヨッシーのこだわり講座2―子どもの世界の言葉に翻訳するワザ，授業4 4時間目―ICTを使った飛び込み授業，ヨッシーのこだわり講座3―発展的な考えを引きだすワザ，授業5 5時間目―第15回算数授業ICT研究会全国大会の公開授業，スペシャル鼎談 田中博史×夏坂哲志×山本良和

『社会とつながる学校教育に関する研究 2012年度』 藤川大祐編 ［千葉］ 千葉大学大学院人文社会科学研究科 2013.2 60p 30cm （人文社会科学研究科研究プロジェクト報告書 第262集） Ⓝ375.1

『スマホ時代の授業あそび―教室に笑顔を！』 塩崎義明編著 学事出版 2013.2 124p 21cm 1500円 ①978-4-7619-1947-4 Ⓝ375.1

目次 第1章 アイデア授業で「あそぶ」（教師のあそび心とは，教室の入り方，長音を楽しみながら学ぶ ほか），第2章 グループ対抗で「あそぶ」（班対抗発表バトル，発表サバイバルゲーム，班員紹介クイズ ほか），第3章 リズムと体で「あそぶ」（都道府県を覚える，増やし鬼，三すくみ鬼 ほか）

内容 携帯通信機器が著しく発展し，誰もが「通話できるパソコン」とも言うべきスマートフォン（スマホ）を手にする時代になりました。スマホ時代とは，こうした機器の発達によって大量の情報をいつでもどこでも誰とでも，気軽に収集・交換・発信することができる時代を指します。そうした時代でも，そうした時代だからこそ，教室での対面授業は益々大切になります。本書は，楽しみながら学べる「授業あそび」が満載です。

『著作権教育の第一歩―先生のための入門書』 川瀬真監修，大和淳，野中陽一，山本光編 三省堂 2013.2 141p 26cm 1900円 ①978-4-385-36498-8 Ⓝ375

目次 理論，実践モデル

内容 学習指導要領における扱いは？ ほかの先生はどうしてるの？「引用」をどうやって教えればいいの？ 今さら聞けない著作権教育のこと。

『電子黒板まるごと活用術―日立ソリューションズ製電子黒板StarBoard』 小学館教育編集部編 小学館 2013.2 68p 26cm （教育技術MOOK―よくわかるDVDシリーズ）2000円 ①978-4-09-106740-1 Ⓝ375.199

『ほんとうにいいの？ デジタル教科書』 新井紀子著 岩波書店 2012.12 70p 21cm （岩波ブックレット No.859）

560円 ①978-4-00-270859-1 Ⓝ375.199

目次 はじめに 平等に是非を議論するために，1「デジタル教科書」とはどのようなものか，2 ソフトウェアから見た問題，3 デジタルコンテンツと学びの質，4 ネットワーク配備をめぐる政治状況，5 教育の「クラウド化」と予算，おわりに デジタルへの興奮を自覚的に鎮める

内容 紙をデジタルで置き換えることは，良いことばかりなのだろうか？ デジタルに移行することで失うものはないのか？ 教育現場での情報技術活用に早くから取り組んできた著者が，デジタル教科書と呼ばれるのはどのようなものか解説し，紙の教科書と比較したメリット・デメリットを論じたうえで，拙速な導入の危うさを指摘する。

『授業名人が語るICT活用─愛される学校づくりフォーラムでの記録』 野口芳宏，有田和正，志水廣［述］，愛される学校づくり研究会著 プラネクサス 2012.11 143p 21cm （学校力アップシリーズ 8） 1500円 ①978-4-905111-07-8 Ⓝ375.199

『できる！ わかる！ ICTを使った算数授業─教材作成支援ツールスクールプレゼンターEXで授業が変わる』 算数授業ICT研究会編著 東洋館出版社 2012.9 125p 26cm 2500円 ①978-4-491-02843-9 Ⓝ375.412

目次 第1章 スクールプレゼンターEXだからできる算数授業（これからの算数授業におけるICT活用の可能性，スクールプレゼンターEXだからできる教材開発，スクールプレゼンターEXだからできる教材アレンジ），第2章 授業実践（1年 大きな数「いくつあるかな？」，1年 10より大きな数「花の数は何個？」，2年 表とグラフ「すきな○○しらべ」，2年 かけ算「まとまりを表そう！」ほか）

『情報教育シンポジウム論文集』 情報処理学会コンピュータと教育研究会［編］ 情報処理学会 2012.8 282p 26cm （情報処理学会シンポジウムシリーズ vol. 2012 no. 4）〈会期：2012年8月20日─22日 文献あり〉Ⓝ375.04

目次 内容：セッション1. ASPEN：自動データ収集機能を備えたwebベースプログラミング学習支援システム／菅谷みどり，若森拓馬，倉光君郎／述. 表情アニメーション付きプログラミング教育支援システムの開発とアンケート調査による評価／田川聖治，広永美喜也，阿部孝司／述. 計算機演習室での

プログラミング授業における座席の属性と成績の関係／三浦元喜，杉原太郎／述. 初学者におけるオブジェクト指向プログラミングの難しさの分析と授業の工夫／土肥紳一，宮川治，今野紀子／述〔ほか〕

『生命と機械をつなぐ授業─「基礎情報学」からデザインした高校情報』 西垣通監修，中島聡編著 高陵社書店 2012.8 188p 26cm 2200円 ①978-4-7711-0998-8 Ⓝ375.199

『新しい教育の方法と技術』 篠原正典，宮寺晃夫編著 京都 ミネルヴァ書房 2012.5 241p 21cm〈索引あり〉2600円 ①978-4-623-06325-3 Ⓝ375.1

目次 第1章 教育方法学を支える基礎理論，第2章 社会的背景によって変わる学校教育と教育方法，第3章 新学習指導要領で変わる教育─「生きる力」をはぐくむICTの活用，第4章 学びの主体性を活かす教師の技量，第5章 求められる学力，第6章 学習の動機づけ，第7章 学習の評価，第8章 育成する学力と学習形態，第9章 情報コミュニケーション技術の教育への活用

内容 これからの新しい教育の目的に沿った教育の方法と技術についてわかりやすく解説。新しい授業・学びの考え方やツール，ICTの活用などについて解説，これからの教師・指導者のあり方を提示する。

『教育心理学エチュード─新たなエンサクロペディア』 糸井尚子編著 川島書店 2012.5 318p 21cm〈執筆：仲本美央ほか 索引あり〉2800円 ①978-4-7610-0885-7 Ⓝ371.4

目次 1 教科学習の認知心理学（算数能力の発達と教育─分数の理解能力の発達と指導，「読むこと」の教育，社会─歴史を人はどう紡ぐか，理科─知識の獲得：素朴理論，英語─言語学習の認知的背景，情報─情報教育と情報通信技術を活用した教育，音楽─音楽による聴覚活用，道徳教育と心の教育），2 子どもとおとなの適応の心理学（ADHDと自閉症スペクトラム，不登校，思春期の問題行動，非行，家族と子どもの問題行動，母親の就労と子どもの知的発達─認知発達および学業達成との関連，高齢者介護と家族の適応，教師のストレス）

『スマホ時代の学級づくり』 塩崎義明編著 学事出版 2012.4 127p 26cm〈文献あり〉1800円 ①978-4-7619-1875-0 Ⓝ374.12

目次 第1章 子どもたちと出会う，第2章 子どもたちとつながる，第3章 子どもたちがつながる，第4章 リーダーを育てる，第5章 子どもたちと課題を乗りこえる，第6章 保護者と出会う，第7章 仲間と出会う

内容 携帯通信機器が著しく発展し，誰もが「通話ができるパソコン」とも言うべきス

指導要領・教育論　　　　　　　　　　　　　　　　　　　　　　　　　　　　　学校教育とICT

マートフォン（スマホ）を手にする時代になりました。スマホ時代とは、こうした機器の発達によって大量の情報をいつでもどこでも気軽に収集・交換し、発信することが可能になった時代のことを指します。スマホ時代の中で、教師は子ども・保護者・同僚とどう関係を築き、新たな学級づくりをしていくか。本書にはそのヒントがたくさん詰まっています。

『幼児教育と保育のための発達心理学』
小池庸生, 藤野信行編著　建帛社　2012.
4　150p　26cm　〈執筆：松田侑子ほか
索引あり〉　2000円　①978-4-7679-5000-
6　Ⓝ376.11
目次 発達と教育・保育を学ぶ, 発達の理解1―乳児期まで, 発達の理解2―幼児前期, 発達の理解3―幼児後期, 発達の理解4―児童期（卒園した子どもたち学校への第一歩）, 発達の理解5―青年期・成人期・老年期, 保育者の心と子ども理解, 障害児の理解と支援, 教育相談のあり方（何でも相談できる先生になる）, 情報化社会における発達と教育, 幼児教育のあり方と今後の展望

『若い教師のための小学校社会科
Chapter15』須本良夫編著　松戸　梓
出版社　2012.4　118p　26cm　〈文献あり〉　2000円　①978-4-87262-636-0
Ⓝ375.3
目次 1 理論編（小学校社会科の回顧と展望, 社会科教育の目標と内容, 授業構想のplan - do - check - act, 社会科における知識の習得, 子どもと創る授業, 学習材の開発, 社会科の評価）, 2 実践編（考えの再構成を生む3年生の授業, 事実と意味の追究を目指す4年生の授業, 地域から世界を見る5年生の授業, 自分と他者を結ぶ6年生の授), 3 新しい社会科の潮流 最先端と不易の結合をめざして（社会科で行う言語活動の充実, ICTリテラシーの育成, 価値判断力・意思決定力の育成, シティズンシップの涵養と「政治的リテラシー」）

『ICTを活用して豊かな授業をめざす』
熊本　熊本県教育庁教育政策課　2012.3
17p　30cm

『音と映像―授業・学習・現代社会におけるテクノロジーの在り方とその役割』
成蹊大学文学部学会編　風間書房
2012.3　225p　20cm　（成蹊大学人文叢書 9）〈文献あり〉　2000円　①978-4-7599-1924-0　Ⓝ375
目次 第1章 オーストラリア連邦における教育―ニューサウスウェールズ州の義務教育におけるコンピューター教育を中心に, 第2

章 良いオタク・悪いオタク―技術がもたらす教育文化と学習への影響, 第3章 ウィキの神話を打ち破る―ウィキが, あなたが求めているライティングの解決法になりそうもない理由, 第4章 ポライトネスについて―ネット上の仮想空間における「フェイス理論」, 第5章 映像翻訳研究の可能性, 第6章 テレビにおけるテロップと音声のずれ―NHKニュース番組でのインタビュー発話の場合

『教師のための情報リテラシー――知識基盤社会を生き抜く力を育てるために』舟生日出男編著　京都　ナカニシヤ出版
2012.3　116p　26cm　〈索引あり　文献あり〉　1800円　①978-4-7795-0629-1
Ⓝ375
目次 第1章 情報活用能力を育てる情報教育（知識基盤社会と情報活用能力, 情報とは何か ほか）, 第2章 子どもの生活と情報活用：ヒロミの1日（学校に行く前：朝の天気予報"主体的な情報処理と意思決定", 朝の会：ワークシートの回収"アルゴリズム的思考による作業の効率化" ほか）, 第3章 ICTを用いた授業実践例（共有化した文章構成や表現方法を活用して表現する, 同期型遠隔学習でお互いを深く知る ほか）, 第4章 これからの時代と情報教育（より善く生きるための情報活用, 情報活用の不易と流行 ほか）

『デジタル教科書・教材及びICTの活用に関する基礎調査・研究―専門研究A
（重点推進研究）：研究成果報告書 平成23年度』国立特別支援教育総合研究所著　横須賀　国立特別支援教育総合研究所　2012.3　58p　30cm　（特教研C-86）〈奥付のタイトル：デジタル教科書・教材及びICTの活用に関する基礎調査〉　Ⓝ378

『グローバル人材を育てる―いま、なぜ若者は海外へ行かなくなったのか』筑波大学附属学校教育局編　東洋館出版社
2012.2　169p　19cm　（筑波大学附属フォーラム 2巻）　1500円　①978-4-491-02755-5　Ⓝ375
目次 第1章 いま, なぜ若者は海外へ行かなくなったのか, 第2章 日本を支える国際人を育てる, 第3章 世界に目を向けた教育を目指す

『産業とくらしを変える情報化 5 教育・福祉を変える情報ネットワーク』
堀田龍也監修　学研教育出版　2012.2
47p　29cm　〈索引あり　発売：学研マーケティング〉　2800円　①978-4-05-500904-1　Ⓝ007.3
目次 教育・福祉と情報ネットワーク 教育や福祉の分野で活躍する情報ネットワークとは？, 図書館を便利にする情報機器と情

310

報ネットワーク（本を探すときに役立つ，本を借りるときに役立つ，本の管理に役立つ），教育の情報化（インターネットで学習ができる！，情報機器やネットワークで，授業をわかりやすく！，先生の仕事もICTで便利に！），お年寄りの暮らしを見守る情報ネットワーク，情報ネットワークを上手に活用するには？，巻末コラム 情報ネットワークを「安全に」活用するために

『**超デジタル時代の「学び」―よいかげんな知の復権をめざして**』 渡部信一著 新曜社 2012.2 247p 20cm 〈文献あり〉 2700円 ①978-4-7885-1267-2 Ⓝ375.199
目次 「超デジタル」な時代がやってきた，第1部 「超デジタル」な学びとは何か（デジタルな学習，そして「超デジタル」な学び，複雑な日常に「やわらかな態度」で向かう，「しみ込み型の学び」とは何か，「しみ込み型の学び」をテクノロジーで支援する，複雑な対象を捉える「よいかげんな知」 ほか），第2部 「超デジタル」な学びプロジェクト（「eカウンセリング」プロジェクト，「東北大学インターネットスクール」プロジェクト，「伝統芸能デジタル化」プロジェクト，「師匠の思いデジタル化」プロジェクト，「ミュージカル俳優養成」プロジェクト ほか）
内容 デジタル・パラダイムが崩壊してゆくこれからの「超デジタル時代」。7つのテクノロジー活用プロジェクトを通して，新しい時代の「学び」を探る。

『**平岡中における6年間にわたる情報モラル教育の実践のまとめ―すべての子供たちに情報教育を!! 札幌市立平岡中学校情報モラル教育実践資料**』 札幌 札幌市立平岡中学校 2012.2 99p 30cm Ⓝ375.199

『**デジタル教科書のゆくえ―リアルタイムレポート**』 西田宗千佳著 TAC出版事業部 2012.1 239p 19cm 1400円 ①978-4-8132-4201-7 Ⓝ375.199
目次 序章 僕たちは「デジタル教科書」のことを何も知らない，第1章 デジタル教科書とは何か？，第2章 デジタル教科書の作り手たち，第3章 デジタル教科書・使用現場レポート，第4章 デジタル教科書への期待と戸惑い，第5章 デジタル教科書と教育に必要なこと，終章 変わるのは「教科書」ではない
内容 ITジャーナリスト西田宗千佳が，「デジタル教科書」をめぐって旅する，この問題を考える基本書。

『**情報教育の進展と再構築―第20回情報教育学研究会（IEC）フォーラム：第256回IEC研究会記念論集**』 〔寝屋川〕 情報教育学研究会 2011.12 161p 30cm 〈文献あり〉 Ⓝ375.04

『**高度情報化時代の「学び」と教育**』 東北大学大学院教育情報学研究部編，渡部信一監修 仙台 東北大学出版会 2011.11 334p 21cm 〈他言語標題："Learning" and Education in the Advanced Information Age〉 4000円 ①978-4-86163-180-1 Ⓝ375.199
目次 テクノロジー活用の新たなステージを目指して，第1部「eラーニング」の理論と実践，第2部 テクノロジーを活用した大学講義の実践によるミニットペーパーの活用法，「ふりかえり」用静止画像教材の開発），第3部 テクノロジーを活用した障害児者支援，第4部 様々な「学び」におけるテクノロジー活用

『**21世紀のICT教育とその成功の秘訣**』 赤堀侃司，谷中修吾，つくば市総合教育研究所編著 高陵社書店 2011.11 125p 26cm 1200円 ①978-4-7711-0991-9 Ⓝ375.199

『**可能性としてのリテラシー教育―21世紀の〈国語〉の授業にむけて**』 助川幸逸郎，相沢毅彦編 ひつじ書房 2011.10 221p 21cm 2300円 ①978-4-89476-565-8 Ⓝ375.85
目次 明治期国語教育の展開―文学教育はどのように生まれたのか，楽しい音楽分析（アナリーゼ）―イメージを広げる楽譜の読み方，文学教育の実践における読みの理論の必要性あるいは困難さについて―文学教育の可能性を切りひらく試みとして，サバイバルのための文学教育―情報リテラシーの養成と文学教育，理系研究者から見た文学教育の問題点―竹谷篤氏からの報告と，文学研究者からの応答，美術教育とリラテシー，林京子「空罐」の“亡霊”的時空，あるいは記憶の感染の（不）可能性―教室のなかのテクスト論・2，黄昏の文学教育，レトリック教育の可能性/テクスト論を越えて

『**デジタルメディア時代の教育方法**』 日本教育方法学会編 図書文化社 2011.10 153p 21cm （教育方法 40） 2000円 ①978-4-8100-1603-1 Ⓝ375.199

『**教育のトレンド―図表でみる世界の潮流と教育の課題 2**』 OECD教育研究革新センター編著，立田慶裕監訳，宮田緑訳 明石書店 2011.9 100p 26cm 〈文献あり〉 2400円 ①978-4-7503-3449-3 Ⓝ371.3

指導要領・教育論　　　　　　　　　　　　　　　　　　学校教育とICT

内容 社会の多様化の広がりは、教育にとってどのような意味を持つのだろうか？　グローバルな経済力は、新たな国作りにどのような影響を及ぼしていくのだろうか？　私たちの働き方はどんな風に変わっていくのだろうか？　本書は、こうした問いに答えるための国際的で統計的な根拠（エビデンス）を示してくれる。その内容をわかりやすく伝えるため、それぞれのトレンドについては、見開き構成で、簡単なはしがきと2つの図を示しながら解説が加えられている。解説に続いて、教育の課題についてわかりやすい3つ程度の問いかけを行い、トレンドが未来の教育に及ぼす影響とその相互作用を考えていく。本書で取り上げるトレンドは、質の高い国際的データに基づいており、OECDのものを主として、世界銀行や国連のものから引用されている。また、それぞれの図は、OECDのウェブサイトと連動し、インターネットを通じて読者がデータを活用できるように工夫されている。

『小中学生を対象としたネット安全教育の指導法と教材の開発研究』　日本教材文化研究財団編　日本教材文化研究財団　2011.9　88p　30cm　（調査研究シリーズ 51）〈文献あり〉　Ⓝ375.199

『情報教育シンポジウム論文集』　情報処理学会コンピュータと教育研究会［編］　情報処理学会　2011.8　166p　26cm　（情報処理学会シンポジウムシリーズ vol. 2011 no. 4）〈会期：平成23年8月18日―20日　文献あり〉　Ⓝ375.04

目次 内容：招待講演1. 情報処理教育について／都倉信樹／著，セッション1. カリキュラム標準J07-CSとCC2001CSの比較に関する報告／関谷貴之，山口和紀／著. FPGA評価ボードを使ったインターフェースの実験演習／山之上卓／ほか著. デジタル教科書に関する大学生の意識調査と結果／立田ルミ／著. 大震災で見えてきた情報教育の課題／奥村晴彦，辰己丈夫，藤間真／著〔ほか〕

『子どもを社会科好きにする授業』　谷和樹著，向山洋一監修　学芸みらい社　2011.7　175p　21cm　2000円　Ⓘ978-4-905374-01-5　Ⓝ375.3

目次 第1章 社会科授業のここを点検しよう，第2章 子どもを社会科好きにする授業，第3章 ノートを見れば授業がわかる，第4章 プロ教師の技術を身につけよう，第5章 社会科大好きな子どもを育てる授業，第6章 子どもたちを熱中させ，情報処理力をつける授業，第7章 日本を好きになる 日本を誇りに思う，第8章 今の社会科教育をどう変えていくのか

内容 最先端・社会科授業実践のコツとテクニックを大公開。「文部科学省新指導要領」「ADHD等発達障害の子を含めた一斉指導」「東日本大震災をどう教えるか」「最先端のICTを使う授業」対応。日本の国を愛し、誇りに思う子どもたちを育てるために、いま、日本では熱い「社会科教育」が最も求められている。TOSS（教育技術法則化運動）のリーダーの新刊。

『ようこそ、未来の教室（フューチャースクール）へ―これがポイント！ 教師のICT活用』　石原一彦著　文溪堂　2011.7　125p　24cm　1800円　Ⓘ978-4-89423-737-7　Ⓝ375.199

『音楽室に奇跡が起こる―視聴覚機器&PC活用で楽しさ10倍の授業』　城佳世，計良洋美編　明治図書出版　2011.6　126p　26cm　（チェンジ音楽授業シリーズ 3 田中健次監修）　2460円　Ⓘ978-4-18-004319-4　Ⓝ375.76

目次 1 "こんな授業"始めてみませんか，2 あなたの音楽室―"こんな感じ"にしてみませんか，3 お役立ちPCソフト紹介&楽しい活用ワザ

内容 誰でも大きな声で歌いたくなる面白グッズから始まり、器楽歌唱、器楽合奏、鑑賞器楽を上手く活用するポイント紹介、音楽室をカスタマイズする音楽機器導入のノウハウ、授業で活躍するPCソフトと楽しい活用ワザ等豊富な具体例で明示。これで"今どき音楽授業"ゲット。

『子どもの世界を読みひらく―「ケータイ」の授業、「プリクラ」の授業と子どもたち』　香川七海著　名古屋　ブイツーソリューション　2011.6　213p　18cm　（教育学選書）〈文献あり〉　360円　Ⓘ978-4-902218-59-6　Ⓝ371.45

『ICT教育100の実践・実例集―デジカメ・パソコン・大型テレビ・電子黒板などを使った、今すぐ始められるICT教育 初心者から上級者まで』　中川一史監修　大阪　フォーラム・A　2011.5　213p　26cm　2400円　Ⓘ978-4-89428-663-4　Ⓝ375.199

目次 プロローグ 「ICT活用はアイディア次第」、第1章 授業でのICT活用の工夫（教科学習等での活用の工夫、学級指導や学校行事等での活用の工夫、日常化への工夫、教具の工夫 ほか）、第2章 校内でのICT環境の工夫（具材や周辺機器の工夫、教材に関する工夫、設置場所に関する工夫、決まりに関する工夫 ほか）

内容 電子黒板ってどう使えばいいの？ アナログ教材とデジタル教材を効果的に組み合わせるには？ 乏しい予算で効果的なICT教育を行うためには？ 少ない機器を校内で

うまく共有するには？ 校内研修の方法は？ 日々の実践にすぐに役立つアイデア満載。初心者から上級者まで。

『情報社会を読み解く』 古藤泰弘著 改訂版 学文社 2011.5 254p 21cm 2800円 ①978-4-7620-2160-2 Ⓝ007.3
目次 序章 情報社会を読み解く鍵としてのメディア，第1章 情報社会information societyの特質をどう捉えるか，第2章 我が国における情報社会の進展，第3章 情報社会における人間関係と倫理と法，第4章「教育の情報化」と情報教育，第5章 情報教育とコンピュータの教育利用，第6章 情報教育の展開―新しい社会を創造する人間育成，終章 "情縁社会" をヒューマンに生きる

『学校・家庭でできるメディアリテラシー教育―ネット・ケータイ時代に必要な力』 藤川大祐著 金子書房 2011.4 154p 19cm 〈文献あり〉1600円 ①978-4-7608-2360-4 Ⓝ371.37
目次 1 メディアリテラシー教育の基礎・基本，2 ネット・ケータイのトラブルを防ぐ，3 メディア社会を生きる
内容 変わるメディア、新しいトラブル。小・中・高校生にメディアを主体的に使いこなせる能力をどう育てるか。子どものメディア利用状況、ネット・ケータイのトラブル予防など、教師・親が知っておきたい情報満載。

『活用型学力を育てる授業づくり―思考・判断・表現力を高めるための指導と評価の工夫』 木原俊行著 京都 ミネルヴァ書房 2011.4 202p 21cm （シリーズ・21世紀型学力を育てる学びの創造 2）2500円 ①978-4-623-05954-6 Ⓝ375.1
目次 第1章 活用型学力の構造とそれを育む授業のデザイン，第2章 活用型学力の育成に向けた学習参加の促進，第3章 活用型学力の育成を促し、支える教材の開発，第4章 活用型学力を高める体験的な学習，第5章 活用型学力を充実させるICT活用，第6章 活用型学力を磨くプロジェクト的な学習，第7章 活用型学力のいっそうの充実を図るカリキュラム，第8章 活用型学力を育てる教師たちの学び―校内研修の工夫改善，第9章 学校を基盤とする学力向上アプローチを通じた活用型学力の育成
内容 授業づくりの引き出しを増やそう。21世紀を生きる子どもたちが真の学力を身につけるために、いま注目を集める新たな授業スタイルを、豊富な実践例をもとに解説する。

『教職・情報機器の操作―教師のためのICTリテラシー入門』 高橋参吉，下倉雅行，高橋朋子，小野淳，田中規久雄共著 コロナ社 2011.4 152p 26cm 〈他言語標題：ICT Literacy for Prospective Teachers 『教職基礎・情報機器の操作』(2005年刊)の改訂 文献あり 索引あり〉2000円 ①978-4-339-02454-8 Ⓝ548.29
目次 1 校務文書（案内文を作ろう，学年だよりを作ろう，文集を作ろう），2 成績処理（成績表を作ろう，通知表を作ろう，クラス名簿を作ろう），3 教材作成（プレゼンテーション資料を作ろう，電子絵本を作ろう，クイズ教材を作ろう，指導資料を公開しよう），4 ビデオアルバム作成（写真やビデオを撮ろう，画像を編集しよう，ビデオアルバムを作成しよう）

『教育の情報化に関する手引―平成22年10月』 文部科学省［著］開隆堂出版 2011.3 241p 30cm 374円 ①978-4-304-04190-7 Ⓝ375

『社会科教師のための地理教材の作り方』 櫻井明久著 古今書院 2011.3 141p 26cm 3200円 ①978-4-7722-4144-1 Ⓝ375.33
目次 1 地理教育の現状と課題，2 教材作成の前提，3 教材作成の基礎的な手順―学習指導要領と教材作成，4 身近な地理情報の教材化―「人間活動を知る身近な情報」を例として，5 インターネットの利用例，6 「身近な地域」学習のための教材開発，7 概念を学ぶための教材とその工夫，8 まとめ
内容 文科省検定教科書の執筆者だから書ける注目の教材開発論！ その視点と方法は、教師を目指す学生やよい授業を目指す現職教師に、納得と自信を与える。教科書用の原稿をもとに解説。

『社会科授業づくりの分岐点―教師も楽しくなる!!』 日立社会科活性化プロジェクト編著 日本文教出版 2011.3 279p 21cm 〈文献あり〉2000円 ①978-4-536-60024-8 Ⓝ375.3
目次 社会科の活性化のために、社会科は何を教える教科か，これからの社会科授業，社会科授業づくりをどう進めるか，社会的な見方や考え方を育てる，体験的な活動を取り入れた授業，地域素材の教材化，新聞づくりを取り入れた授業，話し合い活動を取り入れた授業，情報活用能力を育てる授業，社会的要請から見た授業づくり，博物館などを上手に利用しよう，社会科の評価をどう進めるか，これからの社会科授業に期待する

『調布の情報教育―調布市立小・中学校電子黒板を活用した授業の工夫　平成22年度』 調布　調布市教育委員会教育

指導要領・教育論　　　　　　　　　　　　　　　　　　　　　　　学校教育とICT

部指導室　2011.3　61p　30cm　Ⓝ375.
199

『ネット社会と教育の在り方―提言』　日
本教育会　2011.3　104p　26cm　（日
本教育会調査研究資料 25）　Ⓝ375

『フラッシュ型教材のススメ―小・中学校
の先生向け 基礎・基本の徹底にICTを
使おう』　高橋純,堀田龍也編著　［東
京］　チエル　2011.3　87p　25cm　〈発
売：旺文社〉　1800円　Ⓘ978-4-01-
064615-1　Ⓝ375.199

目次 第1章 フラッシュ型教材はこんなに便
利, 第2章 これがフラッシュ型教材だ, 第3
章 フラッシュ型教材活用のコツ, 第4章 フ
ラッシュ型教材を作ってみよう, 第5章
eTeachersを使ってみよう, 第6章 フラッ
シュ型教材を活用した研修

『大和市情報教育のネタ帳―大和市情報教
育ハンドブック』　大和市教育研究所編
大和　大和市教育研究所　2011.3　99p
30cm　Ⓝ375

『わたしたちとじょうほう―教師用指導書
3年4年』　堀田龍也編著　第2版　学研
教育みらい　2011.3　121p　26cm
3333円　Ⓝ375

『電子黒板・デジタル教材活用事例集』
赤堀侃司編　教育開発研究所　2011.2
206p　21cm　（教職研修総合特集）
2400円　Ⓘ978-4-87380-569-6　Ⓝ375.
199

『英語教師のためのコンピュータ活用法』
濱岡美郎著　大修館書店　2011.1
224p　19cm　（英語教育21世紀叢書
021）〈文献あり 索引あり〉　1800円
Ⓘ978-4-469-24557-8　Ⓝ375.893

目次 第1部 教育系の処理, 第2部 研究系の
処理, 第3部 発展編

内容 毎日の授業をがらりと変える情報処理
の知識と技術が身につきます。教材作成,
テストの実施, 成績管理から論文作成, 発表
まで日常務を効率化し, 分析力・思考力を
高める技が満載です。

『これからの小学校英語教育の発展』　高
橋美由紀編・著　アプリコット出版
2011.1　195p　30cm　〈執筆：松浦伸和
ほか〉　1800円　Ⓘ978-4-89991-782-3
Ⓝ375.893

目次 第1部 小学校外国語活動から中学校英
語教育の理論と指導のポイント（小学校外国
語活動から中学校英語教育へ―円滑な橋渡

しのための指導法, 学力評価のあり方―小
学校外国語活動と中学校英語教育, 児童の
言語習得の足掛かりとして必要なこと, 児
童英語の教授活動に活かせる誤用分析入門
―誤りの識別・性格・原因 ほか）, 第2部
小学校・中学校での取り組み（担任が中心と
なって行う小学校外国語活動―「『英語ノー
ト』＋α」のコミュニケーション活動, 担任
主導で行う小学校外国語活動―学級担任だ
からこそできる外国語活動の取り組み, 担
任とALTのティーム・ティーチング, 担任
と行う英語活動 ほか）

『小学生のメディア活用に関する研究』
坂本徳弥著　名古屋　プイツーソ
リューション　2011.1　122p　31cm
〈文献あり 発売：星雲社〉　1500円
Ⓘ978-4-434-15324-2　Ⓝ375.199

目次 第1章 序論, 第2章 先行研究の概観,
第3章 歴史学習における知識の構造化, 第4
章 マルチメディア作品づくりにおける知識
の構造化の効果, 第5章 マルチメディア作
品制作過程の分析, 第6章 マルチメディア
作品づくりにおける意欲の継続と作品内容
の分析, 第7章 植物観察カードへのカラー
写真付加の効果, 第8章 全体的考察

『情報学教育の新しいステージ―情報とメ
ディアの教育論』　松原伸一著　開隆堂
出版　2011.1　159p　21cm　（開隆堂
情報教育ライブラリー―情報科教育研
究 3）〈『情報科教育法』(2003年刊)の
新版 索引あり 発売：開隆館出版販
売〉　2300円　Ⓘ978-4-304-02093-3
Ⓝ375.199

目次 1 情報学1（情報教育から情報学教育
へ, 情報の本質, データと情報の相違性 ほ
か）, 2 情報学2（ディジタル環境論, メディ
ア論, 問題解決の科学 ほか）, 3 教科「情
報」（情報教育と教科「情報」, 教科「情報」の歴
史的経緯1―教科「情報」の新設まで, 情報
教育の歴史的経緯2―教科「情報」の改訂
ほか）, 4 資料

『孫正義のデジタル教育が日本を救う』
中村東吾著　角川SSコミュニケーショ
ンズ　2010.11　182p　18cm　（角川
SSC新書 113）〈文献あり 発売：角川
グループパブリッシング〉　780円
Ⓘ978-4-04-731536-5　Ⓝ372.107

目次 第1章 驚き, 感動のある授業が求めら
れている！, 第2章 孫正義はなぜ, デジタ
ル教科書協議会の発起人となったのか,
第3章 電子教科書で変わる授業内容, 第4章
デジタル教育の功罪を, 改めて考える, 第5
章 孫正義が日本を背負って立つ若者に伝え
たいこと

内容 日本の教育水準の低下が叫ばれる中,
"情報革命の寵児"が立ち上がった。「電子教
科書があれば, 紙の教科書以上のことが可

学校教育とICT　　　　　　　　　　　　　　　　　　　　　　指導要領・教育論

能になる。さらにクラウド化すれば、いろんな意味での教育改革にもつながる」と語る孫正義氏。なぜ、情報革命の事業家が教育分野への提言・助言をはじめたのか。時代が大きく変革する中で、旧態依然としている教育現場、特に義務教育の改善にITが果たす役割と可能性について、孫氏が見据える展望や熱い想いなどをまとめる。

『**新しい学習評価のポイントと実践—平成22年改訂指導要録準拠　第3巻　学習評価を充実させる工夫改善**』　小島宏, 岩谷俊行編著　ぎょうせい　2010.10　266p　21cm　2095円　①978-4-324-09158-6　Ⓝ375.17

目次 指導計画・評価計画の組織的な作成、評価の信頼性を高める創意・工夫、「授業の中の評価」の工夫、個人内評価の活用、ポートフォリオ評価の活用、パフォーマンス評価の活用、ICTを活用した効果的・効率的な学習評価、評価規準や評価基準の作成、評価方法の研究・開発、ノート指導と評価〔ほか〕

『**教育の情報化と著作権教育**』　野中陽一編　三省堂　2010.10　166p　26cm　1900円　①978-4-385-36497-1　Ⓝ375.199

目次 理論編（教育の情報化と著作権教育、教科指導と著作権教育　ほか）、実践編（たいせつにしようみんなのさくひん！—図画工作・鑑賞の指導より（小学2年）、ちょ作権ってなんだろう（小学3年）　ほか）、教材編（これであなたも著作権何でも博士—学校関係者向け著作権の教育情報、「事例で学ぶNetモラル」と著作権　ほか）、資料編（著作権法（抄）（昭和45年法律第48号）、学校その他の教育機関における著作物の複製に関する著作権法第35条ガイドライン（抄））

『**デジタル教科書革命**』　中村伊知哉, 石戸奈々子著　ソフトバンククリエイティブ　2010.10　279p　19cm　〈文献あり〉　1600円　①978-4-7973-6026-4　Ⓝ375.199

目次 第1章 デジタル教育が日本を救う、第2章 世界はもうここまで進んでいる、第3章 電子書籍端末の現在、第4章 進化するデジタル教材、第5章 これからの課題

内容 デジタル教育の後進国になってはいけない。デジタル教科書革命切り拓く未来。

『**iPadで教育が変わる**』　矢野耕平著　毎日コミュニケーションズ　2010.9　191p　18cm　（マイコミ新書）　780円　①978-4-8399-3668-6　Ⓝ375.199

目次 第1章 教育業界デジタル化最前線、第2章 電子化に懐疑的な人々、第3章 iPadで

変わる教育、変わらない教育、第4章 iPadの特性を生かすための教育法、第5章 iPadで授業をやってみた、第6章 iPadで未来の教育はこう変わる

内容 iPadや情報通信技術を活用した教育、デジタル教科書をめぐる現在の教育業界の動きを明らかにしつつ、最終的にiPadやデジタル教科書によって、教育がどのように変化していくのか、その未来像を明らかにする。

『**新しい学習評価のポイントと実践—平成22年改訂指導要録準拠　第1巻　生きる力と新しい学習評価**』　小島宏, 岩谷俊行編著　ぎょうせい　2010.9　233p　21cm　2095円　①978-4-324-09156-2　Ⓝ375.17

目次 第1章 指導要録の改善のポイント、第2章 新しい学習評価の特色、第3章 「生きる力」をはぐくむ学習評価、第4章 小学校におけるこれからの学習評価、第5章 中学校におけるこれからの学習評価、第6章 特別支援学校におけるこれからの学習評価、第7章 評価の観点の趣旨と評価、第8章 PDCAサイクルと指導計画や授業の改善、第9章 教員の負担軽減とICT活用、参考資料

『**学力5つのメソッド—1日15分みるみる伸びる**』　杉田久信著　大阪　フォーラム・A　2010.9　222p　21cm　〈文献あり〉　1600円　①978-4-89428-616-0　Ⓝ375.1

目次 第1章 基礎学力の底上げ—基礎学力は子どもたちの一生の財産、第2章 ICTの日常的活用—大きく写せば子どもが集中し、理解が深まる、第3章 学校での生活規律の確立—学習の構えを身につけ、心を育てる、第4章 受容的接し方—心を育て、学力を伸ばす、第5章 早寝・早起きと食の改善—家庭と連携して生活習慣を確立する

内容 2か月で子どもは変わる。近年の学力低下や学級崩壊の原因の一つは、基礎学力が軽視されてきたから。基礎学力や、学習習慣・生活習慣などのあたりまえのことを徹底すれば、どの子もかならず伸びる。「やればできる！」という実感が子どもたちに安心感を与え、意欲を高める。

『**学校で取り組む情報社会の安全・安心**』　堀田龍也, 平松茂編著　三省堂　2010.9　175p　28cm　1500円　①978-4-385-36331-8　Ⓝ375

目次 第1章 学校で取り組む情報社会の安全・安心、第2章 情報モラル教育と心の教育（情報モラル教育と心の教育、授業実践事例）、第3章 校務における情報セキュリティ（校務における情報セキュリティ、情報セキュリティの校内研修、研修で使える「絵で見てわかる用語集」）、第4章 情報社会の安全・安心にこれからどう取り組んでいくか

子どもの本 情報教育・プログラミングの本2000冊　**315**

指導要領・教育論　　　　　　　　　　　　　　　　　　　　　　　学校教育とICT

『管理職のための「教育情報化」対応ガイ
ド―パソコンに疎い校長先生のための
「学校の情報化」早わかり対策集！』　堀
田龍也著　教育開発研究所　2010.9
220p　26cm　（教職研修総合特集―実
践ガイドブックシリーズ no.4）　2400円
①978-4-87380-549-8　Ⓝ375.199

『情報メディアの活用』　二村健編著　第2
版　学文社　2010.9　180p　21cm
（メディア専門職養成シリーズ 5　山本
順一，二村健監修）〈執筆：二村健ほか〉
1800円　①978-4-7620-2073-5　Ⓝ017
目次　第1章 Education2.0への対応と教育改
革，第2章 高度情報通信社会と人間，第3章
インターネット時代の学校図書館と情報メ
ディア教育，第4章 情報メディアの活用と
選択，第5章 校内ネットワークの構築とそ
の活用，第6章 学校図書館における情報の
検索と探索，第7章 学校図書館と情報発信，
第8章 学校図書館メディアと著作権

『情報メディアの活用』　全国学校図書館
協議会　2010.9　191p　21cm　（シ
リーズ学校図書館学 第5巻　全国学校
図書館協議会「シリーズ学校図書館学」
編集委員会編）〈文献あり〉1500円
①978-4-7933-2246-4　Ⓝ017

『岡澤メソッド小学校英語with電子黒板
―《意味あるやりとり》のための31活動
案』　岡澤永一著　ドリマジック　2010.
8　110p　26cm　6000円　①978-4-
9905274-0-2　Ⓝ375.893

『情報教育シンポジウム論文集』　情報処
理学会コンピュータと教育研究会［編］
情報処理学会　2010.8　173p　26cm
（情報処理学会シンポジウムシリーズ
IPSJ symposium series vol.2010 no.
6）〈会期：平成22年8月18日―20日 雨
情の森森秋　文献あり〉Ⓝ375.04
目次　内容：招待講演1：くらしの技術/新川
拓也/著，セッション1：情報Bにおけるプ
ログラミング実践の報告/保福やよい，兼宗進，
久野靖/著，アンプラグドを活用した公開鍵
暗号学習プログラムの情報科教育への適用/
間辺広樹，兼宗進，並木美太郎/著，高等学校
産業科における3学年同時のドリトルによる
プログラミング実習/西野洋介，兼宗進，早川
栄一/著〔ほか〕

『中学英語教師のための小学英語実践への
対応ハンドブック―新教育課程に向け
て新たな問題にどう取り組むか』　高木
浩志編著　明治図書出版　2010.8

104p　22cm　1600円　①978-4-18-
711111-7　Ⓝ375.893
目次　中学校で受け止める小学英語―基礎心
得帳（小学校英語と中学校，新たな中学校で
の取り組みについて），小学英語に対応する
実践ストラテジー（中学英語授業に慣れさせ
るメニュー，すっかり英語嫌いが仕上がっ
ている生徒へのアプローチ，外国語活動に
おける小・中学校との連携および教材開発）
内容　小学英語が実践されるようになり，中
学英語への要望は増えた。本も沢山あるの
に，中学側の意見は少ない。どんどん多様
な小学英語卒業生が中学に入る今後を考え
ると，しっかり先を見通した対応を樹立す
る時期。教材・学習形態・ICT活用のノウハ
ウなど具体例で紹介。

『パソコンとネットで子どもは伸びる―パ
ソコンで変わる「学び」/全国学校ラン
キング/ネット・ケータイ安全ガイド』
［東京］　日経BP社　2010.8　130p
28cm　（日経BPムック）〈発売：日経
BP出版センター〉933円　①978-4-
8222-6917-3

『保育園会計実務教科書―わかりやすいパ
ソコン対応 保育園会計改革物語』　松永
望輝著　平成維新第2版　浜松　創美出
版　2010.8　1冊　30cm　3800円
Ⓝ376.14

『デジタル教材かんたんレシピ―ICT活
用で授業を活性化！』　今田晃一監修，
大西久雄，細野弘美著　開隆堂出版
2010.6　127p　26cm〈発売：開隆館出
版販売〉2000円　①978-4-304-01382-9
Ⓝ375.19
目次　1 デジタル教材は授業を活性化す
る！，2 デジタル教材活用はじめの一歩，3
インターネットで素材を探そう，4 デジタル
教材の提示方法，5 デジタル教材を作ろう！
内容　ICTを活用すれば，授業が変わりま
す。本書では，プレゼンテーションソフト
を使ったデジタル教材のかんたんな作り方
をご紹介します。デジカメとパソコンのつ
なぎ方から，ICTやiPod活用による授業実
践，ICT活用指導力を向上する研修ノウハウ
まで満載です。教科指導におけるICT活用
指導力の向上を図る研修テキストとしてご
活用ください。

『モバイル学習のすすめ』　赤堀侃司，渡邉
修，池田真，竹川暢，毛利靖，栗本直人編
著　高陵社書店　2010.6　156p　26cm
1500円　①978-4-7711-0980-3　Ⓝ375.
199

『コミュニケーション力が育つ情報モラル
の授業―これでできる！』　三宅貴久子，
稲垣忠，情報モラル授業研究会共著　赤

316

学校教育とICT　　　　　　　　　　　　　　　　　　　　　　　　指導要領・教育論

堀侃司監修　徳島　ジャストシステム
2010.5　143p　26cm　1500円　①978-
4-88309-329-8　Ⓝ375.199
目次 1 現状を知る，2 情報モラルの授業に
必要なこと，3 情報モラルの授業の選び方，
4 コミュニケーション力が育つ情報モラル
の授業「モデル授業案」，5 コミュニケー
ション力が育つ情報モラルの授業「実践
例」，6 情報モラルの授業の効果について，
7 資料編
内容 インターネットや携帯電話は，きっと
いつかは使うようになるもの。小学生に必
要な情報モラル教育とは，単にそこから遠
ざけることではなく，自分の身を守る知識
と，必要な情報を正しく区別する判断力，そ
れを活用する力を養うこと。それは，学校
での生きた授業と家庭の連携なしには実現
できません。本書に紹介する授業の「意
義」，「必要な要素」から8つの「モデル授業
案」，「実践例」，授業の「効果」等を手にす
ることで，誰でも情報モラルの授業に取り
組むことができます。すぐに使える授業用
ワークシートも多数収録。

『徹底反復で子どもを伸ばす―徹底反復研
究会実践集』　陰山英男,徹底反復研究会
編著　日本標準　2010.4　96p　26cm
1200円　①978-4-8208-0453-6　Ⓝ375.1
目次 「徹底反復」の意義―新学習指導要領実施を前に，
生活習慣「早寝早起き朝ごはん」，毎日の習
慣（あしへそはい）が子どもを伸ばす，学校
全体で「モジュール授業」，漢字前倒し学習，
音読を楽しもう，百ます計算で脳と心を育
てよう，「計算まるごとスキル」でどの子も
伸びる，社会でも「徹底反復」，理科でも
「徹底反復」，ICT活用授業のすすめ，基礎学
習力診断テスト，資料編，徹底反復で学力と
自己肯定感を高める
内容 どんなに若く経験が少なくても，遅く
まで学校に残っていなくても，驚くほどの
短期間に，周囲が驚くほどのレベルまで，あ
なたは子どもを伸ばすことができます。こ
の本は，それを実証した事例集です。

『幼児教育をめざす人の情報リテラシー
2010年度版』　山本孝一著　名古屋　三
恵社　2010.4　114p　26cm　1905円
①978-4-88361-619-0　Ⓝ007.63

『大分県における教育の情報化のための
『情報教育イノベータ』育成プログラム
の開発―平成19～21年度自己評価書』
大分大学『情報教育イノベータ』養成教
育プログラム実施部門編　大分　大分大
学『情報教育イノベータ』養成教育プロ
グラム実施部門　2010.3　122p　30cm

〈文部科学省「社会人の学び直しニーズ
対応教育推進プログラム（GP）」委託事
業　背のタイトル：『情報教育イノベー
タ』育成プログラムの開発〉Ⓝ375

『大分県における教育の情報化のための
『情報教育イノベータ』育成プログラム
の開発―平成21年度成果報告書』　大分
大学『情報教育イノベータ』養成教育プ
ログラム実施部門編　大分　大分大学
『情報教育イノベータ』養成教育プログ
ラム実施部門　2010.3　67p　30cm
〈文部科学省「社会人の学び直しニーズ
対応教育推進プログラム（GP）」委託事
業　背のタイトル：『情報教育イノベー
タ』育成プログラムの開発〉Ⓝ375

『感動する英語授業！　教師のためのICT
簡単面白活用術55』　大塚謙二著　明治
図書出版　2010.3　158p　22cm　（目
指せ！　英語授業の達人　11）〈文献あ
り〉1800円　①978-4-18-751119-1
Ⓝ375.893
目次 1章 理論編 Why？―なぜ，英語授業
にICTが必要なのか？（ICTとは？，ICTで
できることは？　ほか），2章 導入編
What？　When？―何を，いつ使う？ 効果
的な授業を考える（教室選び，機械選び「ス
クリーン系」テレビ・ビデオプロジェクター
とその接続　ほか），3章 実践編：準備
How？―どのように使えばいい？ ICTの操
作方法（CDラジカセ，デジカメなどにつ
いての基本，Windowsパソコンの基本的な使
い方　ほか），4章 実践編：授業 How？―英
語授業でいろいろ使える！ ICT活用術（音
声，写真・ビデオ・文字　ほか）

『計画的に取り組む情報モラル指導』　藤
沢　神奈川県立総合教育センター
2010.3　93p　30cm　Ⓝ375.199

『授業づくりの成功法則　理科・社会他
編』　福山憲市編著　明治図書出版
2010.3　150p　22cm　（ミス退治事例
集 3）1900円　①978-4-18-247818-5
Ⓝ375.1
目次 こんなミスを減らそう 理科授業の成
功法則（アサガオのつるは右巻き？ 左巻
き？，ヤツデは八つ手かな？　ほか），こん
なミスを減らそう 社会科授業の成功法則
（東京都の「都道府県庁所在地」は，カルタ
でばっちり地図記号 ほか），こんなミスを
減らそう 音楽授業の成功法則（歌詞の2番
からを知らないミス，鍵盤ハーモニカ唄口の
使い方 ほか），こんなミスを減らそう 体育
授業の成功法則（体育の授業で指導しておく
べきこと，準備運動は，手拍子で ほか），
こんなミスを減らそう その他授業の成功法
則（こうすればうまくいく“インターネット

子どもの本 情報教育・プログラミングの本2000冊　**317**

指導要領・教育論　　　　　　　　　　　　　　学校教育とICT

を使った調べ学習”，プロジェクタの“位置決め”ミス退治　ほか）

『情報化社会における子どもとメディアとの関わり―乳幼児期から小学校低学年期を中心に』　［横浜］　神奈川県青少年問題協議会　2010.3　35p　30cm　（神奈川県青少年問題協議会報告　平成20・21年期）〈共同刊行：神奈川県青少年課〉　Ⓝ371.37

『情報リテラシー教育の実践―すべての図書館で利用教育を』　日本図書館協会図書館利用教育委員会編　日本図書館協会　2010.3　180p　19cm　（JLA図書館実践シリーズ　14）〈索引あり〉　1800円　Ⓘ978-4-8204-0925-0　Ⓝ015

『中学校と高等学校の連携によるロボット教材を使った問題解決学習―（独）科学技術振興機構サイエンス・パートナーシップ・プログラム報告書』　大阪府立東百舌鳥高等学校編　堺　大阪府立東百舌鳥高等学校　2010.3　29p　図版［10］枚　30cm　Ⓝ375.54

『調布の情報教育―調布市立小・中学校児童・生徒の情報モラルの育成　平成21年度』　調布　調布市教育委員会教育部指導室　2010.3　56p　30cm　Ⓝ375.199

『デジタル教材で理科が変わる―新学習指導要領完全対応・授業づくり事例集』　中川一史，村井万寿夫編著　ぎょうせい　2010.3　168p　26cm　2190円　Ⓘ978-4-324-08908-8　Ⓝ375.42
　目次 理論編（総論，デジタル教材活用の視点，ICT活用の視点），実践編（小学校3年，小学校4年，小学校5年，小学校6年，中学校1年　ほか）

『教師の情報活用能力育成政策に関する研究』　小柳和喜雄著　風間書房　2010.2　402p　22cm　〈文献あり〉　11500円　Ⓘ978-4-7599-1770-3　Ⓝ374.35
　目次 序章 研究目的・研究方法と先行研究の概要，第1章 情報教育に関する世界の動向，第2章 教師のICTリテラシーの原理の検討―リテラシー研究を参考に，第3章 米国における教師のICTリテラシーを育成する取り組み―ISTEの取り組みを中心に〔ほか〕

『情報科教育法』　本村猛能，角和博，山本利一，本郷健，森山潤，中村隆敏，工藤雄司共著　改訂　学術図書出版社　2010.2

197p　21cm　〈索引あり〉　2400円　Ⓘ978-4-7806-0210-4　Ⓝ375.199
　目次 第1章 21世紀の教育と情報，第2章 情報科教育の役割と目標，第3章 情報科におけるカリキュラムの構成，第4章 情報科教育の指導のあり方，第5章 情報科と授業形成，第6章 情報科教育におけるICT教育メディアの活用，第7章 情報科教育における評価の在り方，第8章 科目「社会と情報」の実践，第9章 科目「情報の科学」の実践，第10章 専門教科「情報」の実践，第11章 海外の情報教育の諸相

『日本発21世紀型教育モデル―つなぐ力が教育を変える』　荒木貴之著　教育出版　2010.1　129p　21cm　1429円　Ⓘ978-4-316-80285-5　Ⓝ370.4
　目次 第1章 社会の総力をあげた教育への関与を（学ぶ意欲や自信がもてない日本の子どもたち，21世紀を生きる人材に必要とされる力は何か　ほか），第2章 学校と企業をつなぐ教育CSR（教育を変える力―つなぐ力，21世紀型スキルを子どもたちへ―「Intel Teachプログラム」　ほか），第3章 日本発21世紀型教育モデル―つなぐ力が教育を変える（立命館小学校の事例，21世紀の教師の資質・学校の役割　ほか），第4章 座談会―これからの子どもたちのために社会ができること（「子どもの学びは学校だけでは完結しない」，「日本のコンピュータ教育とIntel Teach」　ほか），第5章 企業や社会を学校へとつなげるためのノウハウ（社会総がかりの教育再生）
　内容 ICT活用と本物からの学びによる次世代の人材教育。教師・学校が変われば，子どもは変わる。

◆プログラミング教育

『子どもの才能を引き出す最高の学び プログラミング教育』　石嶋洋平著，安藤昇監修　あさ出版　2018.7　205p　19cm　1500円　Ⓘ978-4-86667-076-8
　目次 序章 なぜ「プログラミングスクール」が注目されるのか，第1章 「プログラミング教育」必修化の前に知っておきたいこと，第2章 プログラミングで身に付く「7つの才能」，第3章 「プログラミングスクール」に通わせるメリット，付録
　内容 目標設計力，問題解決力，数学思考，協働する力，創造性―AI時代に必要な「自ら創る力」の育て方。2020年必修化！ツール，スクール選び，わが子へのかかわり方等，親が必ず知っておきたいことも収録。

『小学校プログラミング教育ガイド―研究報告』　中央教育研究所　2018.5　6p　60×84cm（折りたたみ30×21cm）

『これで大丈夫！ 小学校プログラミングの授業―3＋αの授業パターンを意識する〈授業実践39〉』　小林祐紀，兼宗進，

学校教育とICT　　　　　　　　　　　　　　　　　　　　　　　　　　　　　　指導要領・教育論

白井詩沙香, 臼井英成編著・監修　［東京］　翔泳社　2018.4　207p　26cm　1800円　①978-4-7981-5640-8　Ⓝ375.199

目次 授業の実践例（第1学年，第2学年，第3学年，第4学年，第5学年，第6学年，コンピュータプログラムに関係する用語），実践に役立つ知識（本書で扱うコンピュータの仕組み，プログラミングの考え方を取り入れた算数科授業づくりのポイント，ドリトルではじめるプログラミング，タブレット端末を活用してプログラミングの考え方を可視化させる）

内容 本書は，小学校プログラミング教育を総合的に扱った実践事例集です。総合的に扱うという意味は，考えうる3つの授業の考え方を示し，1年生〜6年生までの各学年における授業事例の詳細を収録しているということです。さらに＋α（プラスアルファ）としてコンピュータの仕組みそのものを学ぶ授業についても収められています。

『先生と子どもがいっしょに学べるはじめてのプログラミング―ScratchとmBlockで楽しく身につく』　櫻木翔太, 福田紘也著　河出書房新社　2018.4　143p　26cm　〈索引あり〉　2700円　①978-4-309-25379-4　Ⓝ007.64

目次 第1章 プログラムって何だろう？（プログラムを作ってみよう，プログラムの得意なこと，苦手なこと ほか），第2章 プログラミングを始めよう！（プログラミング言語は，プログラミングするための言葉，プログラミングが，目的から手段になった？　ほか），第3章 プログラミングでロボットを動かそう！（楽しくプログラミングできるロボット「mBot」を知ろう，mBotをラジコンのように動かそう！　ほか），第4章 プログラミングの可能性（プログラミングすれば，目で見て確かめられる，授業で習ったことを確かめてみよう ほか）

内容 なぜ必要？　どう作る？「プログラミングの基本のき」がスイスイわかる。イラストで楽しくわかる「巻頭」。着実に力がつく「課題」。覚えておきたい言葉の意味がわかる「用語集」収録!!

『子どもに読んで伝えたい！　おうちではじめるプログラミングの授業―オンデマンド印刷版Ver.1.0』　阿部崇, 平初著　［東京］　翔泳社　2018.3　95p　26cm　（SHOEISHA DIGITAL FIRST）〈文献あり〉　2000円　①978-4-7981-5683-5　Ⓝ375.199

目次 第1章 どうしてプログラミング教育を小学校でやるの？―文科省の資料から読み

解く実態，第2章 保護者は何もしなくてよい？「プログラミング教育必修化」で変わること、変わらないこと，第3章 プログラミングは意外と身近でシンプル！　日常にあふれているプログラムを理解しよう，第4章 親子でプログラミングをやってみよう！　子どもの好奇心をくすぐる進め方，第5章 お父さんが教えるプログラミング実践編，第6章 子どもが「プログラミングをやりたい」と言い出したら？―中学校・高等学校でのプログラミング教育，第7章 「情報モラル教育」は避けて通れない―子どもたちとITの適切な関係性

内容 「プログラミング教育ってなに？」をIT業界のお父さんたちから学ぼう。

『小学校国語科学び合いの授業で使える！「思考の可視化ツール」』　細川太輔, 北川雅浩編著　明治図書出版　2018.3　135p　22cm　（国語授業アイデア事典）　1900円　①978-4-18-211329-1　Ⓝ375.82

目次 1 理論編―思考の可視化ツールで思考力・判断力・表現力を育てる！（国語科に求められている資質・能力，資質・能力を育成する学び合い，学び合いを効果的にする可視化ツール ほか），2 準備編―学び合いの授業で使える！　思考の可視化ツールの種類と活用法（学び合いの準備のポイント，思考の可視化ツールの特徴と使い方），3 実践編―思考の可視化ツールを活用した学び合いの授業プラン（第1学年 書くこと―カードで取材の方法を意識させる，第1学年 読むこと（文学的文章）―表で学習過程を可視化し，見通しをもつ，第2学年 話すこと・聞くこと―ロボットで重層的なプログラミング的思考を育成する ほか）

内容 話し合い・交流の指導と評価に役立つ「思考の可視化ツール」が大集合！

『プログラミング教育の考え方とすぐに使える教材集』　赤堀侃司著　ジャムハウス　2018.3　151p　21cm　〈文献あり 索引あり〉　1800円　①978-4-906768-47-9　Ⓝ375.199

目次 第1章 プログラミング教育の背景は何か（将来の職業の変化とプログラミング教育，STEM教育とプログラミング教育 ほか），第2章 プログラミング教育における論理的な思考とは何か（プログラミングの課題，情報と教科の学力調査 ほか），第3章 なぜ，ビジュアルプログラミングなのか（ビジュアルプログラミングの背景，学習のプロセス ほか），第4章 教科におけるプログラミング教材（算数，英語 ほか）

内容 プログラミング教育の論理的思考に関する実証実験やプログラミング教育を実践するヒントが満載！　2020年プログラミング教育必修化に向けた先生のためのプログラミング教育の教科書。教育関係者必携の1冊！

子どもの本 情報教育・プログラミングの本2000冊　**319**

指導要領・教育論　　　　　　　　　　　　　　　　　　　　　　　　　　学校教育とICT

『プログラミング教育が変える子どもの未来―AIの時代を生きるために親が知っておきたい4つのこと』　松村太郎, 山脇智志, 小野哲生, 大森康正著　［東京］翔泳社　2018.2　167p　21cm〈文献あり〉　1600円　①978-4-7981-5095-6　Ⓝ375.199

目次 第1章 なぜ、プログラミングを学ぶの？（なぜ、プログラミングを学校で学ぶの？, 社会を変えるアイデアを形にするため ほか）, 第2章 日本のプログラミング教育導入の目的（日本のプログラミング教育事情＆育てるべき人材, 地域完結型プログラミング教育のヒント）, 第3章 親子で楽しむ！プログラミング（プログラミングで得られることとは？, 家庭で興味を持たせる話し方・接し方 ほか）, 第4章 どうなる？学校のプログラミング教育（日本のプログラミング教育の歴史, 新学習指導要領の内容と指導案 ほか）

内容 2020年から、小学校でのプログラミング必修化が決まりました。本書は、子どもたちが「プログラミング」に出会ううえで、大人はどういったサポートができるのか、そしてどう一緒に楽しめるのか、わかりやすくお伝えする一冊です。そもそもなぜ、プログラミングを学ぶのか？ どのような教材・スクールなどの選択肢があるのか？ 学習指導要領ではどう示されているのか？…そういった疑問に答え、「プログラミング教育」について考えるヒントを紹介します。

『保育の内容と方法』　現代保育問題研究会編　一藝社　2018.2　140p　21cm（現代保育内容研究シリーズ 2）2000円　①978-4-86359-171-4　Ⓝ376.15

目次 こどもの心身の発達, 教育課程, 領域「健康」, 領域「人間関係」, 領域「言葉」と教育課程, 領域「環境」―植物を中心として, 領域「表現」（音楽表現）, 領域「表現」（造形表現）, 造形表現の指導法―共同製作を通して, 教育・保育の方法論, 障害幼児の指導, プログラミング教材を使用した保育方法

『10年後の世界を生き抜く最先端の教育―日本語・英語・プログラミングをどう学ぶか』　茂木健一郎, 竹内薫著　祥伝社　2017.11　251p　19cm　1500円　①978-4-396-61629-8　Ⓝ372.107

目次 第1章 なぜ「トライリンガル教育」が必要か（トライリンガル教育とは何か？, なぜプログラミング言語なのか ほか）, 第2章 日本の教育はオワコンだ（「5＋3」は〇,「3＋5」は×、というヘンな教育, 日本人が知らない世界の教育のベストプラクティス ほか）, 第3章 英語とプログラミング、どう

身につける？（「お笑い」で知る、英語を学ぶほんとうの意味, 学んだ記憶は一生消えない ほか）, 第4章 頭の良さとは何か―ほんとうの知性と教養（教育とは個性の「発掘」である, 勘違いされた教師の役割 ほか）, 第5章 新しい時代をつくる創造性と多様性を身につける（自分の声を見つける―「ピッチ」に耐える表現力, 音楽は楽典ではなくジャムセッションで覚える ほか）

内容 これからは「トライリンガル」の時代。トライリンガルとは、国語・英語・プログラミング言語という「3つの言語」を体得すること。偏差値やTOEICの点数で一喜一憂するような教育では、10年後、日本の子どもたちが世界で活躍することは難しい。本当に創造的な知性を育む「トライリンガル教育」とは何か。科学的視点から語り尽くす！

『小学校教育課程実践講座　理科』　日置光久, 田村正弘, 川上真哉編著　平成29年改訂　ぎょうせい　2017.11　241p　21cm〈平成20年改訂のタイトル：小学校教育課程講座〉1800円　①978-4-324-10306-7　Ⓝ375

目次 第1章 学習指導要領改訂の背景と理科教育の方向性（学習指導要領改訂の背景, 学習指導要領改訂のポイント, 言語活動の重視, 体験活動の重視）, 第2章 新学習指導要領のポイント解説（教科の目標, 指導計画の作成と内容の取扱い, 理科における「技能」, 理科におけるプログラミング教育,「ものづくり」を通して育まれるもの, 評価の観点とポイント）, 第3章 各学年の目標及び内容のポイントと授業案（第3学年, 第4学年, 第5学年, 第6学年）

内容 豊富な先行授業事例・指導案。Q&Aで知りたい疑問を即解決！ 信頼と充実の執筆陣。

『小学校新学習指導要領の展開　平成29年版総合的な学習編』　田村学編著　明治図書出版　2017.11　170p　22cm　1800円　①978-4-18-328912-4　Ⓝ375.1

目次 序章 総合的な学習の時間改訂のキーポイント（進化し、教育課程の中核を担う総合的な学習の時間）, 1章 「第1 目標」のポイントと解説（資質・能力の三つの柱と目標の改訂）, 2章 「第2 各学校において定める目標及び内容」のポイントと解説（目標のポイントと解説, 内容のポイントと解説 ほか）, 3章 「第3 指導計画の作成と内容の取扱い」のポイントと解説（指導計画, 学習指導 ほか）, 4章 総合的な学習の時間の新授業プラン（第3学年 新授業プラン, 第4学年 新授業プラン ほか）

内容 具体例をもとに探究課題の解決過程について解説。主体的・対話的で深い学びを実現する新授業プランを収録。プログラミングの体験など新しい課題を紹介。

学校教育とICT　　　　　　　　　　　　　　　　指導要領・教育論

『中学校新学習指導要領の展開　平成29年版技術・家庭技術分野編』　古川稔編著　明治図書出版　2017.11　154p　22cm　1800円　Ⓘ978-4-18-334818-0　Ⓝ375.1

目次 序章 技術・家庭科 技術分野改訂のキーポイント，1章 「第1目標」のポイントと解説，2章 「第2各分野の目標及び内容」のポイントと解説，3章 「第3指導計画の作成と内容の取扱い」のポイントと解説，4章 技術・家庭科 技術分野の新授業プラン

内容 すべての内容の指導ポイントを明示。追加されたプログラミング学習の内容を具体例を基に解説。主体的・対話的で深い学びを実現する新授業プランを収録。

『小学校プログラミング教育がわかる、できる—子どもが夢中になる各教科の実践』　教育デザイン研究所編　学事出版　2017.8　103p　21cm　1500円　Ⓘ978-4-7619-2341-9　Ⓝ375.199

目次 第1章 なぜいまプログラミング教育なのか（プログラミングとは（プログラミングでこんなことができる），プログラミングを各科目共通のツールとして活用するためには？），第2章 プログラミング教育の環境について（年齢別のプログラミング教育（園児，児童の発達段階に応じて），プログラミング学習ツールの種類と特徴（プログラミング言語、いろいろな学習用ロボット），教育用ロボット），第3章 各教科におけるプログラミング学習例（国語＆外国語，社会，算数，理科，音楽，図画工作，家庭），第4章 人工知能を学ぼう（スーパーサイエンス）

『先生のための小学校プログラミング教育がよくわかる本』　利根川裕太,佐藤智著，みんなのコード監修　［東京］　翔泳社　2017.8　151p　26cm　1680円　Ⓘ978-4-7981-5074-1　Ⓝ375.199

目次 第1章 コンピュータとプログラミング，第2章 プログラミング教育が目指すもの，第3章 小学校でプログラミング教育を実施するポイント，第4章 プログラミング教育の授業実践例，第5章 新たな取り組みを始めるために—先人の経験に学ぶ，付録A プログラミング教材一覧，付録B 新小学校学習指導要領と解説—プログラミング教育の位置付け

内容 2020年より小学校でプログラミング教育が義務化されるが、そもそも何をすればよいか、何が目的なのかがよくわからず、不安を抱えている先生が多いのが現状です。本書は、そのような不安や悩みを解消するための本です。どうして、いま何のためのプログラミング必修化なのか？ そもそもプログラミングとは何か、何を教えればよい

のか？ 政府や文部科学省が提示する方針や目指すもの、小学校ですでに始まっているプログラミング教育の事例、授業や指導案をつくるコツ、推進・実践するためのアドバイスなど、小学校でプログラミング教育を実践するために必要なことをわかりやすく解説していきます。

『黒上晴夫・堀田龍也のプログラミング教育導入の前に知っておきたい思考のアイディア』　黒上晴夫, 堀田龍也著　小学館　2017.7　64p　26cm　（教育技術MOOK）〈背のタイトル：プログラミング教育導入の前に知っておきたい思考のアイディア〉1400円　Ⓘ978-4-09-105057-1　Ⓝ375.199

『小学校英語早わかり実践ガイドブック—高学年用』　大城賢,萬谷隆一編著　［東京］　開隆堂出版　2017.7　95p　26cm〈新学習指導要領対応　発売：開隆館出版販売〉1200円　Ⓘ978-4-304-05159-3　Ⓝ375.8932

目次 解説編（新学習指導要領を読み解く，これからの授業の展望），実践編（効果的な教科横断の仕方，絵本を通して豊かな英語のやりとりを，文字の教え方，デジタル教材の活用法，わが町紹介/日本紹介の教え方，異文化理解を「教える」とは，児童生徒に効く英語の表現集，新学習指導要領（外国語），新学習指導要領（外国語活動））

内容 新学習指導要領をわかりやすく解説。文部科学省発行の新教材に活かせるポイントが満載。プログラミング教育や文字指導の教え方のヒントが見つかる。1つひとつのテーマをコンパクトにまとめてあるので知りたいことがすぐに読める。巻末には「授業で使える英語表現集」と「新学習指導要領（外国語・外国語活動）」を収録。

『小学校の「プログラミング授業」実況中継—教科別2020年から必修のプログラミング教育はこうなる』　平井聡一郎, 福田晴一監修　技術評論社　2017.7　107p　26cm　1640円　Ⓘ978-4-7741-9103-4　Ⓝ375.199

目次 1 プログラミングを取り入れた小学校の授業、実際のところどうなる？（ついに必修化，プログラミング教育—位置付け、経緯と開始までの道筋，プログラミング教育の目的とねらい—自己表現とデジタルインテリジェンス，授業を始める前に—ICT環境とプログラミングツール，恐れずに子どもたちと一緒に取り組もう—授業のプロだからできること），2 プログラミングを取り入れた授業、実況中継！（国語—四字熟語をアニメーションで表現しよう！，社会—ウィルスの感染/情報の伝達，算数—センサーロ

子どもの本 情報教育・プログラミングの本2000冊　　321

ボットを用いた「不等号」の理解，理科―Minecraftで学ぶ回路のしくみ ほか)

『図解プログラミング教育がよくわかる本』 石戸奈々子監修 講談社 2017.7 98p 21cm （健康ライブラリー―スペシャル）〈文献あり〉1300円 ①978-4-06-259861-3 Ⓝ375.199

目次 1 プログラミング教育とはなにか（知る―プログラミングは料理のレシピのようなもの，知る―これからは「読み・書き・プログラミング」 ほか)，2 家庭で遊びながら学べるもの（試す―家庭では，各種ソフトで遊びながら学べる，試す―すぐに使えるプログラミングソフト・ツール ほか)，3 小学校での実践がはじまっている（学ぶ―小学校では2020年度から授業がスタート，学ぶ―中学校・高校では部分的におこなわれている ほか)，4 なぜいま子どもたちに必要なのか（考える―くらしのなかにプログラミングが増えていく，考える―生活も社会もどんどん変わっていく ほか)，5 プログラミング教育の効果とは（育つ―プログラミングは論理的な思考につながりやすい，育つ―創造力と表現力が伸びて，ものづくりがもっと好きに ほか)

内容 そもそもプログラミングとは？ 何歳からはじめればいい？ 親や先生がいますぐできることって？ はじめよう！ 家庭で学校で子どもと一緒に体験しよう！

『コンピューターを使わない小学校プログラミング教育―"ルビィのぼうけん"で育む論理的思考』 小林祐紀,兼宗進編著・監修 ［東京］翔泳社 2017.3 66p 26cm 1800円 ①978-4-7981-5261-5 Ⓝary375.199

目次 第3学年（国語科「心にのこったことを」，算数科「3けた×2けたの筆算のしかたを考えよう」，算数科「筆算のまちがいを見つけ，正しく直そう」，算数科「二等辺三角形をかこう」，「身の回りのものを見分けよう」，「はくの流れにのってリズム遊びを楽しもう」，第4学年（算数科「いろいろな図形の特徴」），第5学年（国語科「伝えたいことをしぼろう」，社会科「日本の気候の特色」，三数科「まとまりをみつけて」，学級活動「真偽クイズで個性発見！」），第6学年（外国語活動「Go straight！」）

『はじめよう！ プログラミング教育―新しい時代の基本スキルを育む』 吉田葵,阿部和広著 日本標準 2017.3 54p 21cm （日本標準ブックレット No.18）〈文献あり〉700円 ①978-4-8208-0613-4 ⓃN375.199

目次 第1章 プログラミング教育ってなんだろう，第2章 プログラミング教育の歴史，第3章 プログラミング教育をはじめるには，第4章 もうはじまっているプログラミング教育―プログラミング教育を取り入れた実践事例

『インドの小学校で教えるプログラミングの授業―これならわかる！ 超入門講座』 織田直幸著，ジョシ・アシシュ監修 青春出版社 2017.1 189p 18cm （青春新書INTELLIGENCE PI-504）920円 ①978-4-413-04504-9 Ⓝ007.64

目次 1時間目 インドのIT教育はこんなに進んでいた！―インド人にはなぜプログラミングの達人が多いのか（ゼロを発見したインド人，ゼロがないと計算ができない ほか)，2時間目 そもそもコンピュータはなぜ動く？―プログラミング言語って，要はこういうこと（ハードウェアとソフトウェア，10進法と2進法 ほか)，3時間目 プログラミングって，じつはこんなに簡単！―3つの指示を覚えれば，誰でもプログラムが書ける（プログラミングの語源，そもそもプログラミングって何？ ほか)，4時間目 さあ，プログラミングを実践してみよう！―試したその日に書けた！ 動かせた！（実践に入る前に，サンプルプログラムでこんなことができる！ ほか)

内容 IT大国のインドではプログラミングを日本でいう小学5年生から学び始めている。そんなインドでのプログラミングの入門授業を参考にITが苦手な人にもわかりやすく解説した世界一やさしいプログラミング講座です。

『中教審答申を読む 1 改訂の基本的方向』 ぎょうせい編 ぎょうせい 2017.1 95p 30cm （新教育課程ライブラリ 2 vol.1）1350円 ①978-4-324-10222-0 Ⓝ373.1

目次 特集 中教審答申を読む(1) 改訂の基本的方向（今こそ求められる学びのパラダイム転換，中教審答申が描く学び続ける子どもと教師の姿，「社会に開かれた教育課程」とカリキュラム・マネジメント，教科等と実社会とのつながりを生かす資質・能力の育成―「何が分かるようになるか」，各学校種を通した教育課程編成の在り方―「何を学ぶか」 ほか)，第2特集 プログラミング教育にどう取り組むか（プログラミング教育とは何か，小学校におけるプログラミング教育の取組み―子どもが夢中になるビジュアル言語を活かした実践，中学校におけるプログラミング教育の取組み―問題解決の手順を考えさせる工夫，国語科における「プログラミング教育」の活用）

『社会デザインと教養』 目白大学社会学部社会情報学科編 三弥井書店 2016.12 163p 21cm （ソシオ情報シリー

ズ 16）1800円　①978-4-8382-3310-6
Ⓝ361.98

目次 第1章 教養としてのプログラミング教育，第2章 哲学史入門―現代社会と「私」を考えるために，第3章 アベノミクスを受け入れた社会，第4章 悪法のシナリオ，第5章 2021年以降の木造密集市街地の暮らし，第6章 人はパッケージのどこを見ているのか，第7章 絵本を「持ち替える」，第8章 イスラームファッションの現在と今後―トルコを事例として，第9章 高齢期の社会心理，第10章 作家佐藤愛子と『晩鐘』

『小学校にプログラミングがやってきた！超入門編』　上松恵理子編著　三省堂　2016.12　141p　19cm〈文献あり　索引あり〉　1200円　①978-4-385-36440-7　Ⓝ375.199

目次 1 プログラミングでつく新しい力，2 プログラミング言語のものさし，3 さまざまなプログラミング言語，4 プログラミングの学び方，5 プログラミングの未来，6 世界のプログラミング教育

内容 2020年度小学校で必修化!!子どもにどう教えればいいの？ プログラミング、ゼロからの入門書！

『「授業づくりネットワーク」　No.23　人工知能と授業。』　ネットワーク編集委員会編　学事出版　2016.10　95p　26cm　1400円　①978-4-7619-2198-9

目次 巻頭対談 人工知能（AI）が汎用化された時代の学校教育とは，特集 人工知能（AI）と授業。(テクノロジーの進化と授業づくりイノベーション，人工知能（AI）とは何か，クラスルームAI―教論・ロボット連携授業実践 ほか)，トレンドレポート プログラミング教育最前線！，連載（AKB48の体験的学校論，これだけは知っておきたい！教育実践史・No.7・村田栄一の「学級通信」に学ぶ―能率・正答・点数主義と闘う三原則，教室と社会は地続きだ・No.3・「コミュニティスクール」を推進していく仕掛けを考える ほか)，あすの授業(国語：「落書きトーク」で俳句の世界を味わおう，社会：絵画から歴史上の人物の思いに迫る―「雪舟」の水墨画を読む)

『プログラミングを活用した図形概念形成についての研究―教材コンテンツ開発と授業実践を通して』　杉野裕子著　風間書房　2016.10　212p　22cm　7000円　①978-4-7599-2143-4　Ⓝ375.41

目次 序章 研究の目的と方法，第1章 算数・数学学習とプログラミング，第2章 図形概念についての基礎的考察，第3章 「LOGOプログラミング形態の変化」から捉える「図

形概念の理解の様相モデル」，第4章 プログラミング活用のためのコンテンツ開発，第5章 プログラミング活用による問題解決学習について，第6章 プログラミング活用環境下の授業における図形概念形成，終章 研究の成果と今後の課題

『アクティブな授業をつくる新しい知的生産技術』　太田政男著，向山洋一，谷和樹企画・監修　学芸みらい社　2016.8　195p　21cm〈他言語標題：New Techniques of Intelligent Production for Active Teaching〉2000円　①978-4-908637-24-7　Ⓝ375.1

目次 1 京大式やKJ法を超える！ TOSS式T・T法で生まれた教師の知的生産技術，2「気になるあの子」を成長させる！ TOSSメモ活用の特別支援，3 子ども調べ学習の革命！「TOSSメモ調べ学習」TOSSメモ活用で生まれる新たな教育実践，4 どの子も書ける！「TOSSメモ作文」TOSSメモ活用で生まれる新たな教育実践，5 わずか2時間で完成！「わくわくずかんクイズ」他 TOSSメモ活用で生まれる新たな教育実践

内容 特別支援教育、各教科のアクティブ・ラーニングからプログラミング教育まで、最先端のテーマに対応できるポテンシャル！

『学習者の思考力を高めるプログラミング教育の学習支援』　宮川洋一，森山潤著　風間書房　2016.2　177p　22cm〈文献あり〉　6000円　①978-4-7599-2120-5　Ⓝ375.199

目次 第1章 緒論，第2章 初歩のプログラミング教育における題材開発，第3章 イベントドリブン型の言語を活用したプログラミングにおける問題解決過程の質的分析，第4章 イベントドリブン型の言語を活用したプログラミングにおける問題解決過程の構造分析，第5章 イベントドリブン型の言語を活用したプログラミングにおけるプログラム作成能力と知識構造との関連，第6章 イベントドリブン型の言語を活用したプログラミングにおける知識構造と問題解決過程との関連，第7章 イベントドリブン型の言語を活用したプログラミングにおける学習を支援するWebコンテンツの開発，第8章 イベントドリブン型の言語を活用したプログラミングにおける生徒間の相互作用を促す学習支援システムの開発，第9章 イベントドリブン型の言語を活用したプログラミングにおける生徒の問題解決を促す学習指導の試行的実践，第10章 結論及び今後の課題

『Visual basic教えて学ぶプログラミング』　冨沢高明，杉田和久著　教育図書　2014.2　215p　26cm　2800円　①978-4-87730-335-8　Ⓝ375.199

『最新プログラミング教授用指導書―オブジェクト指向型言語』　実教出版

指導要領・教育論　　　　　　　　　　　　　学校教育とICT

［2014］　277p　26cm　10000円
①978-4-407-33474-6

『プログラミング技術教授用指導書』　実教出版　［2013］　150p　26cm　6000円　①978-4-407-32944-5

『プログラミングCOBOL教授用指導書』実教出版　［2013］　383p　26cm　10000円　①978-4-407-32958-2

◆特別支援教育

『特別支援教育ですぐに役立つ！　ICT活用法─ソフトバンクによるモバイル端末活用研究「魔法のプロジェクト」の選りすぐり実践27』　佐藤里美監修　学研プラス　2018.5　159p　26cm　（学研のヒューマンケアブックス）　1800円①978-4-05-800921-5　Ⓝ378

[目次]　1　読み・書きの指導と支援，2　生活の指導と支援，3　コミュニケーションの指導と支援

[内容]　読み・書き・生活スキル・コミュニケーション・主体性・自己肯定感。気になるあの子の指導法がきっと見つかる！　いつもの授業にプラスする子どもを伸ばす最新ICT教育。

『発達障害の子どもたちの進路と多様な可能性─「学びづらい」「学びにくい」中学生・高校生の未来』　日野公三著WAVE出版　2018.3　175p　19cm1500円　①978-4-86621-123-7　Ⓝ378.8

[目次]　第1章　発達障害は特別なことではない，第2章　障害を持つ子どもを取り巻く教育の現状，第3章　不登校の陰に発達障害あり，第4章　インターネットを活用した授業の利点，第5章　「学びにくい」とは何なのか─発達の課題を持つ人の高校の選択肢，第6章　ヘルプサインとリクエストスキルの重要性

[内容]　障害を家族が背負う社会から、できるだけ大勢の人の多様な支援と伴走により、本人と家族が自立していける社会へ。教育の最前線の現場から提言する。

『UDL学びのユニバーサルデザイン─クラス全員の学びを変える授業アプローチ』　トレイシー・E・ホール，アン・マイヤー，デイビッド・H・ローズ編，バーンズ亀山静子訳　東洋館出版社2018.3　258p　21cm　2300円　①978-4-491-03508-6　Ⓝ375.1

[目次]　第1章　学びのユニバーサルデザイン（UDL）Q&A，第2章　実践のためのツール：UDLガイドライン，第3章　読みの方略指導，

UDL、デジタルテクスト：統合的アプローチの例，第4章　書きの指導をUDLで変える，第5章　理科におけるUDL，第6章　算数・数学でのUDL，第7章　UDLで「歴史する」，第8章　UDLと芸術教育におけるオプション，第9章　電子機器を使わないUDL：ローテク環境での応用，第10章　UDLを運用できる教員の養成

[内容]　ICTの活用、適切なオプション、柔軟な学習活動・支援・評価─多様な子どもの学びに合わせて、学び方も柔軟に。科学的根拠に基づくUDLの授業づくり。話題沸騰のUDLを、本邦初完全解説！

『肢体不自由教育における子ども主体の子どもが輝く授業づくり─PDCAサイクルをつくる「活動分析」と「評価」』　飯野順子編著　ジアース教育新社　2017.11　181p　26cm　2400円　①978-4-86371-441-0　Ⓝ378.3

[目次]　1章　活動分析と評価（「活動分析表」をPDCAサイクルの中に─その考え方と評価の方法，活動分析の実際（活動分析表を活用した指導と評価─音楽を中心に，活動分析表を活用した授業づくり，国語・算数「あったあった」─物の永続性を学ぶ，活動分析表を活用した授業改善）），2章　子ども主体の子どもが輝く授業（肢体不自由教育における生活単元学習へのチャレンジ─東京都立小平特別支援学校の3つの取り組み，生活単元学習「かぶを育てよう」の授業，音楽「歌唱～落葉松～」「ぼくたちの音楽　手の音楽」，図画工作子どもの心を動かす魅力的な授業，ICTを活用した国語・数学「海底20000マイル」─見る・聴く・触る活動を通して培う力）

[内容]　「活動分析」と「評価」によって生まれるPDCAサイクルで授業は進化する「子どもたちがより学ぶ喜びを感じられるようになった」と教員からの評判も高い「活動分析」と「評価」を取り入れた授業改善の方法を紹介。「子どもの主体性」に重きを置いた生活単元、音楽、図画工作、国語、算数などの授業実践も豊富に掲載。

『特別支援教育の到達点と可能性─2001～2016年：学術研究からの論考』　柘植雅義，インクルーシブ教育の未来研究会編　金剛出版　2017.9　299p　26cm〈他言語標題：Special NeedsEducation in Japan〉　6000円　①978-4-7724-1561-3　Ⓝ378.021

[目次]　第1部　到達点（年齢別・学校種別、早期発見・アセスメント，指導・支援の計画と評価　ほか），第2部　課題（特別支援教育の理念と基本的な考えの問題，特別支援教育の対象と範囲の問題，2E教育の問題　ほか），第3部　展望と期待（国際比較の視点から日本の特別支援教育や学術研究への提言，学術学会の代表者のコメント（今後期待される学

324

術研究は？），親の会・当事者団体 ほか），第4部 未来を描く〈座談会〉

『**平成29年版学習指導要領改訂のポイント通常の学級の特別支援教育―『LD, ADHD&ASD』PLUS**』 上野一彦監修，『LD,ADHD&ASD』編集部，笹森洋樹編 明治図書出版 2017.4 117p 26cm 1960円 ①978-4-18-271425-2 Ⓝ378

目次 第1章 キーワードでみる学習指導要領改訂のポイントと今後の特別支援教育の方向性（アクティブ・ラーニングと特別支援教育，育成を目指す資質・能力と個に応じた指導，特別支援教育の視点を取り入れたカリキュラム・マネジメント，ICT環境の整備とAT（アシスティブ・テクノロジー） ほか），第2章 事例でみる学習指導要領改訂のポイントと今後の特別支援教育の方向性（学びを深める協同学習の実際，ICT活用の実際，合理的配慮と基礎的環境整備の実践例，学級経営の充実（どの子も大切にするクラスづくり）の実際，授業の「ユニバーサルデザイン」の実際，各教科での学びにくさのある子への手立ての実際，読み書きが苦手な子への英語の指導例，自立のためのキャリア教育の実際）

『**ソーシャルスキルトレーニングのためのICT活用ガイド**』 山西潤一監修，山西潤一，水内豊和，成田泉，木村裕文編著 グレートインターナショナル 2017.3 115p 26cm 〈文献あり〉 8000円 ①978-4-9909515-0-4 Ⓝ378.8

『**附属学校と公立学校の地域連携による学習・行動面で困難を示す児童の早期支援アセスメントと多様なニーズにICT活用で対応する授業デザインの開発**』 発達障害の可能性のある児童生徒に対する早期支援事業運営委員会編 ［大津］ 滋賀大学 2017.3 73p 30cm （文部科学省委託事業「発達障害の可能性のある児童生徒に対する早期支援研究事業」による事業成果報告書 平成28年度） 〈文献あり〉 Ⓝ378

『**聴覚障害児の発音・発語指導―できることを、できるところから**』 永野哲郎著 ジアース教育新社 2017.2 180p 26cm 〈文献あり〉 2500円 ①978-4-86371-395-6 Ⓝ378.2

目次 発音・発語指導をはじめる前に，母音の指導，半母音の指導，行音の指導，特殊拍（モーラ）の音節，日常での指導，ICTの発音指導への活用―発音指導機器・技術への期待

『**子どもの心に寄り添う―今を生きる子どもたちの理解と支援**』 愛知東邦大学地域創造研究所編 唯学書房 2016.11 118p 21cm （地域創造研究叢書 no. 26）〈文献あり 発売：アジール・プロダクション〉 2000円 ①978-4-908407-05-5 Ⓝ371.45

目次 第1章 乳幼児期からの気になる子どもの発達支援―発達障害の視点から，第2章 2歳児の自立―モンテッソーリ教育場面からの一報告，第3章 中学生の不適応に至るまでのプロセスと支援方法，第4章 思春期に見られる不登校―事例を通して考える，第5章 不登校と進路イメージ形成，第6章 子どもの情報・メディア利用と発達への影響を考える，第7章 子どものSNSトラブル事例からみえてきたもの―SNSというモノローグの世界について，第8章 発達障害の子どもをもつ親への支援からみえたもの

『**障害の重い子どもの授業づくり Part7 絵本を活用した魅力ある授業づくり**』 飯野順子，授業づくり研究会I&M編著 ジアース教育新社 2016.11 189p 26cm 2200円 ①978-4-86371-388-8 Ⓝ378

目次 1章 理論編（絵本を活用した魅力ある授業づくり，絵本を活用した授業づくり―ICTを活用した授業をつくるために），2章 実践編（絵本『くすのきだんちは10かいだて』を活用した授業づくり，「気付く・伝える・やってみる」姿を育てるための教師の手立てに視点を当てた授業実践―お話遊び『おむすびころりん』 ほか），3章 こんな絵本を、このように活用しています（小学部―かんかんかん、小学部―ピヨピヨはじめてのキャンプ ほか），4章 授業を支える図書館活動（八東ライブラリーの読書活動，レッツ読書！ どの子供にも読書の喜びを―鹿本学園（肢・知併置校）全体で取り組む読書推進活動）

『**知的障害特別支援学校のICTを活用した授業づくり**』 金森克浩監修，全国特別支援学校知的障害教育校長会編著 ジアース教育新社 2016.11 179p 26cm 1800円 ①978-4-86371-387-1 Ⓝ378

目次 第1部 理論編―特別支援教育におけるICTの活用，第2部 実践編（国語，数学，美術，保健体育，職業，家庭，流通・サービス，総合的な学習の時間，特別活動，自立活動，日常生活の指導，生活単元学習，作業学習）

『**長所活用型指導で子どもが変わる Part5 思春期・青年期用―KABC-2を活用した社会生活の支援**』 藤田和弘監修，熊谷恵子，熊上崇，小林玄編著 図書文化社 2016.9 213p 26cm 2800円 ①978-4-8100-5661-7 Ⓝ378

指導要領・教育論　　　　　　　　　　　　　　　　　　　　　学校教育とICT

目次　第1部　解説編（青年期の特徴と発達課題，青年期にみられる逸脱行動，長所活用型指導とは，指導の前提としての面接技法，ICT機器の活用），第2部　実践編（基本的なソーシャルスキルの指導，日常生活の指導，友人，異性，家族との関係，触法行為・違法行為の指導），第3部　事例編（逸脱行動のある子どもをどう理解し，どう指導するか，事例1　対教師暴力のあった中学生A君の事例，事例2　異性に性的なメールを繰り返し出していた高校生B君の事例，事例3　ゲームセンターに入り浸っていた高校生C君の事例，校内で不良グループをつくっていた中学生D君の事例，生活が乱れ万引きを繰り返していた中学生E君の事例）

『決定版！　特別支援教育のためのタブレット活用―今さら聞けないタブレットPC入門』　金森克浩編著，新谷洋介，氏間和仁，小川修史，高松崇執筆　ジアース教育新社　2016.8　173p　21cm　2100円　①978-4-86371-371-0　Ⓝ378

目次　第1章　概論・解説（いまなぜタブレットPCか？，タブレットPC活用の最新情報），第2章　実践・解説（iOSの基本操作，Windows・Androidの基本操作，iOSのアクセシビリティ機能，Windows・Androidのアクセシビリティ機能，特別支援教育で使えるアプリ（iOC），特別支援教育で使えるアプリ（Windows），特別支援教育で使えるアプリ（Android），第3章　実践事例（視覚支援のためのiPad活用，操作支援のためのタブレットPC活用事例，認知発達支援のためのiPad活用），第4章　教材製作ソフトの紹介と活用

『発達障害のある子の社会性とコミュニケーションの支援』　藤野博編著　金子書房　2016.8　100p　21cm　（ハンディシリーズ発達障害支援・特別支援教育ナビ　柘植雅義監修）　1300円　①978-4-7608-9547-2　Ⓝ378

目次　第1章　社会性とコミュニケーションの支援―多様性の包摂に向けて，第2章　家庭で行う社会性とコミュニケーションの支援―幼児期にできること，第3章　通常学級で行う社会性とコミュニケーションの支援，第4章　ICTを活用した社会性とコミュニケーションの支援，第5章　社会性・コミュニケーションの発達と自己理解，第6章　余暇活動の中で育つ社会性とコミュニケーション，第7章　当事者の視点から考える社会性とコミュニケーション，第8章　生活のステージごとにみるコミュニケーションの諸問題，Topics　最近のユニークな試み

『学校でのICT利用による読み書き支援―合理的配慮のための具体的な実践』　近

藤武夫編著　金子書房　2016.6　102p　21cm　（ハンディシリーズ発達障害支援・特別支援教育ナビ　柘植雅義監修）　1300円　①978-4-7608-9546-5　Ⓝ378

目次　第1章　ICTによる読み書き支援を学校で進めるために，第2章　能力評価とアセスメント，第3章　通常の学級でのICT利用を円滑化するために，第4章　学校におけるICT導入の実際，第5章　読み書き支援のリソースガイド，第6章　障害のある児童生徒に対する学校や試験でのICTによる配慮，第7章　小学校・中学校・高校入試でのICT利用の事例，第8章　高校・大学入試でのICT利用の事例，第9章　読み書き障害のある成人への活用事例―現在と過去を振り返って，第10章　通級・特別支援学級・特別支援学校での活用事例―教師がどう関わったか

『視覚障害のある児童生徒のための教科書デジタルデータの活用及びデジタル教科書の在り方に関する研究―我が国における現状と課題の整理と諸外国の状況調査を踏まえて　専門研究B　【中期特定研究（特別支援教育におけるICTの活用に関する研究）】研究成果報告書　平成26年度―平成27年度』　国立特別支援教育総合研究所著　横須賀　国立特別支援教育総合研究所　2016.3　125p　30cm　（特教研　C-95）〈研究代表者：田中良広〉　Ⓝ378.1

『障害のある児童生徒のためのICT活用に関する総合的な研究―学習上の支援機器等教材の活用事例の収集と整理　専門研究A　【中期特定研究（特別支援教育におけるICTの活用に関する研究）】研究成果報告書　平成26年度―平成27年度』国立特別支援教育総合研究所著　横須賀　国立特別支援教育総合研究所　2016.3　170p　30cm　（特教研　C-94）〈研究代表者：金森克浩　文献あり〉　Ⓝ378

『「感じる・考える・伝え合う」授業づくり―特別支援教育1から始める教科学習アクティブ・ラーニングや言語活動の充実につながる教科学習のつくり方が1からわかります！』　新井英靖監修，茨城大学教育学部附属特別支援学校著　明治図書出版　2016.1　134p　26cm　2200円　①978-4-18-206322-0　Ⓝ378

目次　1　感じる・考える・伝え合う国語科の授業づくり（国語科の授業づくりのポイント，国語科のアセスメント　ほか），2　感じる・考える・伝え合う算数科の授業づくり（算数科の授業づくりのポイント，算数（数学）科のアセスメント　ほか），3　生活科（社会科・理科）の授業づくり（生活科（社会科・理科）の授業づくりのポイント，生活科（社

学校教育とICT　　　　　　　　　　　　　　　　　　　　　　　指導要領・教育論

会科・理科）の授業づくりの実際），4 音楽
科・図画工作（美術）科・体育（保健体育）科
の授業づくり（音楽科の授業づくりのポイン
ト，音楽科の授業づくりの実際 ほか），5
ICTを活用した教科学習の指導事例（ICTを
教科学習に取り入れるポイント，ICTを授業
づくりのツールとして活用する ほか）

『〈実践〉特別支援教育とAT（アシスティ
ブテクノロジー）第7集　ICT活用で知
的障害のある子の理解とコミュニケー
ションを支えよう』　金森克浩編集代表
明治図書出版　2016.1　79p　26cm
1760円　Ⓘ978-4-18-211616-2　Ⓝ378

目次　アウトライン（知的障害のある子ども
のICT活用はなぜ広がらないのか？，中重度
の知的障害のある人へのICT活用 ほか），
実践事例編（学習支援—iPadやiPod touch
を活用した学習支援，学習支援—従来の発
想（価値観）を超えて ほか），ミニ特集 障
害の重い子どもたちの世界を変える！ 最新
機器（アシスティブ・テクノロジー・コンシ
ダレーション，AT活用の自己評価マトリク
ス ほか），情報コーナー（Webサイト 香川
県教育委員会ICT教材等データベース，支援
機器・教材の紹介 ほか）

『障害者の読書と電子書籍—見えない、見
えにくい人の「読む権利」を求めて』
日本盲人社会福祉施設協議会情報サー
ビス部会編　小学館　2015.3　160p
26cm　1600円　Ⓘ978-4-09-388413-6
Ⓝ369.275

目次　第1章 障害者の読書環境はどう発展し
てきたのか，第2章 障害者の電子書籍利用
の可能性と課題をさぐる，第3章 障害者の
ための電子書籍製作を試みる，第4章 デジ
タル教科書で「何を」教えるか，第5章 障害
者権利条約によって電子書籍はどう変わる
か，第6章 電子書籍は障害者の読書の世界
を変えるか，第7章 電子書籍は高齢者の読
書をどう変えるのか

内容　電子書籍の普及のスピードはめざまし
く、紙の単行本と同時に電子書籍を利用で
きる状況になりつつあります。これにより、
視覚障害者の読書環境にも大きな変化がも
たらされるのではと期待されています。こ
れからの電子書籍がどうあれば、障害者に
よりよい読書環境を提供できるのか。本書
では機器環境や仕様の問題だけでなく、出
版社と著者との関係、法整備の問題にまで
踏み込んで提言しています。

『〈実践〉特別支援教育とAT（アシスティ
ブテクノロジー）第5集　〈視覚支
援〉で子どもにわかる伝え方』　金森克
浩編集代表　明治図書出版　2014.12

79p　26cm　1660円　Ⓘ978-4-18-
128618-7　Ⓝ378

目次　ズームアップ当事者の声 神山忠さん／
ATを活用した自分なりの「読み書き」生活
について，アウトライン（視覚障害のある子
どもにとっての視覚支援，聴覚障害のある
子どもにとっての視覚支援 ほか），実践事
例編（視覚障害のある子ども（立体コピーを
用いた、手で触るパソコン画面，ICTを活用
した視覚支援），聴覚障害のある子ども（本
校における視覚支援について，見える校内
放送（電子黒板）を活用した授業実践）ほ
か），ミニ特集 文部科学省の調査研究より
—ICTの活用による学習に困難を抱える子
供たちに対応した指導の充実に関する調査
研究事業（特別支援学級での事例，通級指導
教室での事例 ほか），情報コーナー（Webサ
イト—国立特別支援教育総合研究所「iライ
ブラリー」、タブレットソフトの情報—アプ
リ情報紹介 実践に役立つアプリ情報を手に
入れよう ほか），一度は手にしたい本

『スイッチ製作とおもちゃの改造入門—障
がいのある子の力を生かす』　金森克浩
編著　改訂版　明治図書出版　2014.12
109p　26cm　2200円　Ⓘ978-4-18-
173242-4　Ⓝ378

目次　基礎知識編，基本パーツ編，スイッチ
製作編，おもちゃ改造編，補助機器編，パソ
コン周辺機器編

内容　障がいのある子の新しい世界の扉を開
くための「鍵」をつくりませんか？ 障がい
のある子の生活をサポートする技術があり
ます！

『障害の重い子供のコミュニケーション指
導—学習習得状況把握表〈GSH〉の活
用』　小池敏英，三室秀雄，神山寛，佐藤
正一，雲井未歓編著　ジアース教育新社
2014.11　286p　26cm　〈文献あり〉
2300円　Ⓘ978-4-86371-288-1　Ⓝ378

目次　第1部 理論編（障害の重い子供の学習
の仕組み，初期認知発達とGSHの学習課題，
学習支援の展開とGSH，授業とGSH，ICT
によるコミュニケーション指導とGSH），第
2部 実践編（GSHを利用した代表的指導，指
導事例集）

内容　どんなに障害の重い子供も気持ちを伝
えようとしています。伝えたい気持ちや大
人にかかわる力を育てコミュニケーション
手段を身につける筋道を理論と教育実践で
紹介します。障害の重い子供の教育に携わ
る方々のためのコミュニケーション指導の
テキスト。

『特別支援学校〈肢体不自由〉におけるア
システィブ・テクノロジー活用のための
ガイド—組織的な取組の促進をめざし
て』　国立特別支援教育総合研究所編著
ジアース教育新社　2014.11　159p

子どもの本 情報教育・プログラミングの本2000冊　**327**

指導要領・教育論　　　　　　　　　　　　　　　　　学校教育とICT

26cm〈文献あり〉1800円　Ⓘ978-4-86371-286-7　Ⓝ378.3

目次 1章 研究の概要，2章 肢体不自由のある児童生徒のAT活用，3章 特別支援学校（肢体不自由）におけるAT活用に関する現状と課題—「特別支援学校（肢体不自由）におけるAT（ICTを含む）の活用とセンター的機能に関する調査」より，4章 特別支援学校（肢体不自由）におけるAT活用の専門性を高める組織的な取組，5章 特別支援学校（肢体不自由）におけるAT活用を生かしたセンター的機能発揮の取組，6章 総合考察，7章 今後の課題

『ICTの活用による学習に困難を抱える子供たちに対応した指導の充実に関する調査研究（通級による指導）成果報告書』［仙台］宮城教育大学　2014.3 92p 30cm〈平成25年度文部科学省委託事業〉Ⓝ378

『「ICTの活用による学習に困難を抱える子供たちに対応した指導の充実に関する調査研究—通常の学級編」報告書』熊谷恵子, 菅野和恵, 遠藤寛子, 大島由之, 飯田順子編　筑波大学附属学校教育局学校支援課連携協力担当　2014.3 92p 30cm〈平成25年度文部科学省調査研究委託事業〉Ⓝ378

『ICTの活用による学習に困難を抱える子供たちに対応した指導の充実に関する調査研究報告書』「ICTの活用による学習に困難を抱える子供たちに対応した指導の充実に関する調査研究」調査研究委員会,ICTの活用による学習に困難を抱える子供たちに対応した指導の充実に関する調査研究委員会編　［加東］「ICTの活用による学習に困難を抱える子供たちに対応した指導の充実に関する調査研究」調査研究委員会　2014.3 74p 30cm〈平成25年度文部科学省委託事業　共同刊行：兵庫教育大学〉Ⓝ378

『特別支援学校（視覚障害）における教材・教具の活用及び情報の共有化に関する研究—ICTの役割を重視しながら 専門研究B 研究成果報告書　平成24年度—平成25年度』国立特別支援教育総合研究所著　横須賀　国立特別支援教育総合研究所　2014.3 312p 30cm（特教研 B-291）〈研究代表者：金子健　文献あり〉Ⓝ378.1

『特別支援学校（肢体不自由）のAT・ICT活用の促進に関する研究—小・中学校等への支援を目指して 専門研究B 研究成果報告書　平成24年度—平成25年度』国立特別支援教育総合研究所著　横須賀　国立特別支援教育総合研究所　2014.3 171p 30cm（特教研 B-292）〈研究代表者：長沼俊夫〉Ⓝ378.3

『発達障害のある子供たちのためのICT活用ハンドブック—ICTの活用による学習に困難を抱える子供たちに対応した指導の充実に関する調査研究事業　特別支援学級編』加東　兵庫教育大学　2014.3 30p 30cm

『発達障害のある子供たちのためのICT活用ハンドブック　通級指導教室編』仙台　宮城教育大学附属特別支援教育総合研究センター　2014.3 28p 30cm

『自立をかなえる！ 特別支援教育ライフスキルトレーニング実践ブック』梅永雄二編著　明治図書出版　2014.2 147p 22cm 1800円　Ⓘ978-4-18-000946-6　Ⓝ378

目次 1章 ライフスキルトレーニングとは（ライフスキルとは，早期からライフスキルを指導するために），2章 ライフスキルトレーニングの指導事例（生活—食事・みだしなみなど，健康管理—睡眠・衛生・通院，余暇，異性とのつきあい，お金の使い方・金銭トラブル防止，ケータイ・ネット情報へのアクセス・トラブル防止，障害理解と福祉サービス，公共マナー）

内容 トラブル回避のために必要な力とは?! 地域で普通に生活するために，「ライフ・スキル」を子どもたちに！ 買い物，料理，洗濯，旅行，趣味，異性関係，非行や犯罪防止など，生活していく上で本当に必要なライフスキルについて指導しているよい事例を紹介。

『発達障害のある子供たちのためのICT活用ハンドブック　通常の学級編』筑波大学附属学校教育局　［2014］34p 30cm〈共同刊行：筑波大学附属学校教育局学校支援課連携協力担当〉

『拓き・確かめ・響きあう知的障害教育の実践』渡邉健治監修，障害児教育実践研究会編　田研出版　2013.9 218p 21cm〈索引あり〉2500円　Ⓘ978-4-86089-045-2　Ⓝ378.6

目次 第1部 教育実践創造の視点（教育実践の研究と教師の授業実践力の形成，自閉症教育の課題と集団における教育実践の展開，教育実践と心理学のかけ橋—子ども理解と発達をキーワードに），第2部 知的障害児の教科学習を切り拓く（知的障害児の教科学習

328

学校教育とICT　　　　　　　　　　　　　指導要領・教育論

の方法，子どもと響きあう国語指導，知的障害児の算数指導，子どもの表現活動と教育実践)，第3部 子どもと響きあう領域・教科の指導の展開(作業学習を通した子どもとの関係づくり，総合的な学習の時間と教育実践の創造，集団での学びを大切にする「生活単元学習」，遊びの指導と授業づくり)，第4部 教育実践の振り返りと教師の成長(自閉症児の授業づくりと教師，重症心身障害児と向きあう教育実践―肢体不自由特別支援学校における授業実践と支援体制づくり，アセスメントと教育実践，教師の省察過程と教師の成長，特別支援教育におけるICTの活用)

『タブレットPC・スマホ時代の子どもの教育―学習につまずきのある子どもたちの可能性を引き出し，未来の子どもを育てる』 中邑賢龍，近藤武夫編著　明治図書出版　2013.5　109p　22cm　1600円　①978-4-18-007125-8　Ⓝ378

目次 1 タブレットPCやスマホで何が変わるか?，2 アクセシビリティ障害のある子どもがタブレットPCを使うには，3 電子書籍とタブレットPC・スマホ，4 タブレットPC導入のポイント，5 なぜタブレットPC利用をためらうのか?―タブレットPCへの不安をとく，6 子どもが安全安心にタブレットPCやスマホを活用できる環境，7 これからの子どもの能力 新しい能力を認める教育へ

内容 タブレットPCやスマートフォンに対する関心が高まるとともに，学校教育の中でも利用の可能性を探る動きが活発です。しかし，これまでのパソコンと同じように導入すれば，何を目的とするものか位置づけも不明確なままとなってしまいます。そうならないためにも，操作インターフェースが簡単であるというタブレットPCやスマートフォンの利点を最大限に活用すれば，何らかの困難さを抱える子どもたちにとって大きな役割を果たすと考えられます。本書では，これらのツールの意義や具体的活用法について詳述し，さらに子どもたちの新しい能力を活かす社会へつなげる教育についても論じています。

『〈実践〉特別支援教育とAT(アシスティブテクノロジー) 第2集　携帯情報端末が特別支援教育を変える』 金森克浩編集代表　明治図書出版　2013.2　79p　26cm　1800円　①978-4-18-057625-8　Ⓝ378

目次 特集 携帯情報端末が特別支援教育を変える(携帯情報端末の活用を考える，携帯情報端末*活用のコツ)，TOPICS ソフト開発者に聞く(YumYumかたちパズル，たすくスケジュール，「ねぇ，きいて。」，知的障害と肢体不自由を併せ有する児童のため

の数概念学習アプリ)，情報コーナー(Webサイト―「ぽっしゅん」bo・yaのページ，研究会案内―北海道特別支援教育ICT活用PJ，海外情報―タブレット型端末の教育利用が進む米国事例の紹介，教材製作コーナー―iPadに外部スイッチを付ける，知っておきたいAT用語―いまさら聞けないAT用語をピックアップ2，携帯情報端末の活用―明日から使える実践の情報)

『発達障害の子を育てる本―イラスト版 ケータイ・パソコン活用編』 中邑賢龍，近藤武夫監修　講談社　2012.9　98p　21cm　(健康ライブラリー)〈文献あり〉　1200円　①978-4-06-259766-1　Ⓝ378

目次 1 テクノロジーを使って夢を広げよう!，2 子どもたちはかっこいいものを使いたい，3 ツールの利用で人生が変わった子どもたち―タブレットを使ったら，抵抗なく字が書けた ほか)，4 ケータイ・パソコンは特別扱いになるのか，5 ツール利用が当たり前になる社会をめざして

内容 ケータイ・パソコンで進学、就労をサポート。音声読み上げソフト、デジタルノート、ボイスレコーダーetc.すぐに使えて、一生役立つ支援ツールの徹底活用法。

『一人一人の活動と参加を高める領域・教科を合わせた指導―知的障害児の自立を目指して』 石塚謙二監修，全国特別支援学校知的障害教育校長会編著　明治図書出版　2012.4　148p　26cm　2560円　①978-4-18-088213-7　Ⓝ378.6

目次 第1章 新しい時代の生活につながる指導―領域・教科を合わせた指導(生活単元の指導，遊びの指導 ほか)，第2章 小学部の実践事例(「自ら動く」活動に向けたツールとしてのICT―朝の会の活動を通して，自閉症のある児童に配慮した朝の実践 ほか)，第3章 中学部の実践事例(高等部合格を祝う雪灯り大会をしよう―地域に密着し，ろうそく作りを中心に進めた学習，こころの学習―好ましいコミュニケーション能力の育成を目指して ほか)，第4章 高等部の実践事例(修学旅行での沖縄県の特別支援学校との交流，「自分MAP」の作成を通して一人との関わりを広げ，地域で豊かに暮らしていくために ほか)

『教科指導と読み書き・ICT活用―中学部における実践事例』 筑波大学附属聴覚特別支援学校中学部編著　市川　聾教育研究会　2010.10　213p　26cm〈文献あり〉　Ⓝ378.2

『重度・重複障がい児の発達と指導法―教材づくりと指導の実際』 進一鷹著　明治図書出版　2010.9　122p　26cm〈文献あり〉　2160円　①978-4-18-069529-4　Ⓝ378

子どもの本 情報教育・プログラミングの本2000冊　**329**

| 目次 | 第1章 重度・重複障がい児と教育，第2章 重度・重複障がい児の発達と学習—姿勢，感覚と運動，体の部分の役割，第3章 教材の製作と活用法，第4章 パソコン入力装置の製作と教材作成，第5章 自立活動と個別の指導計画，第6章 指導の実際

内容 障がいが重度で重複していると反応を示さず，表情も変わらないと思われがちだが，風船で口に触れればもぐもぐ動かしたり，足もとに玩具を持っていけば足で触ったり，蹴ったりする行動が見られることもある。重度・重複障がい児の教育を充実していくためには，関わり手である教師のはたらきかけそのものをもう一度考えてみる必要がある。本書では，子どもたちから学んだ知識や指導法，教材の工夫について，その一部を紹介した。

『特別支援教育におけるATを活用したコミュニケーション支援』 金森克浩編著 ジアース教育新社 2010.6 157p 26cm 1600円 ①978-4-86371-138-9 Ⓝ378

目次 第1章 概説 特別支援教育におけるコミュニケーション支援，第2章 概説 障害の重い子どもたちへのAACの活用，第3章 概説 学習やコミュニケーションへのコンピュータの活用，第4章 概説 VOCAやシンボル等を使ったコミュニケーション支援，第5章 概説 ネットワークを使ったコミュニケーション支援，第6章 概説 発達障害の子どもたちへの学習を支えるテクノロジーの活用，第7章 概説 視覚障害の子どもたちへの情報機器，第8章 概説 聴覚障害の子どもたちへの情報保障

スクールカウンセリング ・ソーシャルワーク

『いじめを生む教室—子どもを守るために知っておきたいデータと知識』 荻上チキ著 PHP研究所 2018.7 258p 18cm （PHP新書） 920円 ①978-4-569-84077-2

目次 第1章 これでいいのか，日本のいじめ議論，第2章 データで読み解くいじめの傾向，第3章 大津市の大規模調査からわかったこと，第4章 「不機嫌な教室」と「ご機嫌な教室」，第5章 理論で読み解くいじめの構造，第6章 「ブラック校則」調査から見えたこと，第7章 ハイリスク層へのサポート，第8章 メディアが飛びつくネットいじめ，第9章 教員の課題と「いじめ防止法」，第10章 大人に求められること

内容 「いじめ問題」を解決するために必要な知識とは何か。連日のように悲惨なニュースが報じられ，そのたびに多くの議論が交わされるが，その中には具体的な根拠に欠ける当てずっぽうな「俗流いじめ論」も少なくないと著者はいう。一方で，メディアには取り上げられずとも，いじめが社会問題化して以来30年以上にわたり，日本でも世界でも数々の研究が行なわれ，多くの社会理論が磨かれてきた。本書では，そうした数多くの研究データを一挙に紹介しつつ，本当に有効ないじめ対策とは何かを議論する。いじめ議論を一歩先に進めるために，必読の一冊。

『SNSカウンセリング入門—LINEによるいじめ・自殺予防相談の実際』 杉原保史，宮田智基著 京都 北大路書房 2018.5 168p 19cm 〈文献あり〉 1800円 ①978-4-7628-3021-1 Ⓝ146.811

目次 序章 SNS相談を取り巻く状況，1 なぜSNS相談なのか？，2 LINE相談に寄せられる中高生の悩み：統計データから，3 SNS相談にマッチした相談技術，4 SNS相談の相談体制と実施手順，5 LINE相談の事例研究，6 まとめ：SNS相談の課題

内容 相談してくれてありがとう。この言葉からはじまる，新時代のカウンセリング。SNS相談の実際を伝え，今後の展望を開く！

『行動改善を目指した情報モラル教育—ネット依存傾向の予防・改善』 酒井郷平，塩田真吾著 浜松 ITSC静岡学術出版事業部 2018.3 119p 21cm 〈文献あり〉 1250円 ①978-4-86474-098-2 Ⓝ375.199

『ソーシャルワークによるICT活用と多職種連携—支援困難状況への包括・統合的な実践研究』 西内章著 明石書店 2018.3 219p 22cm 〈文献あり 索引あり〉 3800円 ①978-4-7503-4626-7 Ⓝ369.16

目次 第1章 問題の所在と本研究の枠組み，第2章 ジェネラル・ソーシャルワークにおけるICT，第3章 ソーシャルワークにおけるICTシステム活用過程，第4章 事例検証と考察，第5章 ソーシャルワークの生活認識をめぐるICT活用の展望

『IT時代の人間関係とメンタルヘルス・カウンセリング』 小川憲治著 増補版 川島書店 2018.1 174p 21cm 〈文献あり 索引あり〉 2300円 ①978-4-7610-0922-9 Ⓝ146.8

目次 急速なスマホの普及の功罪，第1部 IT時代の人間関係とメンタルヘルス，第2部 相談援助の現象学，第3部 現代社会のソシオーゼ |

学校教育とICT　　　　　　　　　　　スクールカウンセリング・ソーシャルワーク

[内容] 著者が、これまでの相談援助（カウンセリング）の実践、方法論研究、事例研究を通じて、それらの問題について臨床社会心理学、現象学的人間関係学の立場からの考察を試みた労作。

『学校コミュニティへの緊急支援の手引き』 窪田由紀編著, 福岡県臨床心理士会編　第2版　金剛出版　2017.11　299p　21cm　〈索引あり〉　3800円　①978-4-7724-1594-1　Ⓝ371.43

[目次] 序論 取り組みの経緯―緊急支援の手引きができるまで, 第1章 学校コミュニティの危機, 第2章 緊急支援とは, 第3章 実践報告, 第4章 教師と緊急支援, 第5章 支援者のための研修とフォローアップ―備えあれば憂いは?, 第6章 緊急支援Q&A, 付録 学校における緊急支援の手引き（改訂新版）

[内容] 学校の安全神話はさまざまに崩壊の局面を迎えている。大阪・池田小事件、東日本大震災、子どものいじめ自殺、教師のメンタル危機…。突然遭遇する学校の危機に支援者はどう対応すべきか。本書は、学校における危機理論、緊急支援の意味と具体的方策、インターネット社会における新たな危機課題などについての実証的な理論と豊富な事例によって、日常の対応システムの構築と渦中の対応について実践的な内容を提案する。あらゆる学校危機への対応を可能にする手引きとして、心理専門職・学校関係者にとっての必携書となる一冊。

『先生・保護者のためのスマホ読本―小学校保健室から発信！』 今津孝次郎監修・著, 子どもたちの健やかな育ちを考える養護教諭の会編著　学事出版　2017.11　118p　19cm　1500円　①978-4-7619-2370-9　Ⓝ371.37

[目次] 第1章 小学校で子どもはどのように育つのでしょうか, 第2章 子どもとのかかわりについて見つめ直しましょう, 第3章 「スマホ・デビュー」を観察すると, 第4章 スマホとコミュニティサイトの仕組みとは, 第5章 ネットいじめをなくそう, 第6章 日ごろからスマホ依存を予防しましょう, 第7章 スマホ使用について保健室からのアドバイス, 第8章 家庭でスマホ・ルールをつくりましょう

[内容] 小学生からのスマホデビューは今や当たり前。家庭・学校で何ができるか、子どもの成長やコミュニケーション力向上の視点から考えてみましょう。小学校保健室で見聞きした事例を元に、養護教諭たちでまとめた1冊です。

『中学生のための「いじめ防止プログラム」ICT教材&授業プラン―道徳で問

題解決力を鍛える！』 松下一世著　明治図書出版　2017.8　117p　26cm　〈文献あり〉　2060円　①978-4-18-230617-4　Ⓝ375.353

[目次] 1 子どもが主体的に学ぶ「いじめ防止プログラム」（「いじめ防止プログラム」の目標, プログラムの5つの特徴 ほか）, 2 「いじめ防止プログラム」を使った授業プラン（これって、いじめ？、いじめられる人の気持ちをとことん考えてみよう！ ほか）, 3 「いじめ防止プログラム」を進めるためのQ&A（このプログラムを実施すれば、いじめが減るのでしょうか。教材1から教材5までをすべて実施しないと効果はないのでしょうか。ほか）, 4 「いじめ防止プログラム」を活かしたいじめへの対処（解決のためのゴールの設定, 被害者を守るだけではいけない ほか）

[内容] 子どもたちの「人権力」を磨き、いじめを解決するための知識と価値観とスキルを見つけるためのデジタル教材を開発した。本書は、この教材の手引書であり、解説書。道徳教科書と併用して、補助的に使うことができる。

『児童心理学の進歩　2017年版』 日本児童研究所監修　金子書房　2017.6　329p　21cm　8800円　①978-4-7608-9957-9

[目次] 1章 視覚性短期記憶とその神経基盤, 2章 社会的認知, 3章 性ステレオタイプ, 4章 サクセスフル・エイジング, 5章 「チームとしての学校」の具体的な展開, 6章 科学教育, 7章 情報通信技術（ICT）と学習, 8章 ディスレクシア, 9章 攻撃性に対する認知行動的アプローチ, 10章 自閉スペクトラム症のアセスメント, 特別論文1 エピジェネティクス入門―基礎から精神神経疾患との関連まで, 特別論文2 少子高齢化社会とはどのような社会か, 書評シンポジウム 帯刀益夫著『遺伝子と文化選択―「サル」から「人間」への進化』

『メールカウンセリングの技法と実際―オンラインカウンセリングの現場から』 中村洸太編著　川島書店　2017.3　228p　21cm　〈索引あり〉　2400円　①978-4-7610-0915-1　Ⓝ146.811

[目次] 第1章 インターネットに綴られるこころの世界, 第2章 メールカウンセリングとはなにか, 第3章 メールカウンセリングの理論と学習, 第4章 メールカウンセリングにおける見立て・方針・援助, 第5章 メールカウンセリングの学び方とその事例, 第6章 メールカウンセリングのスキルアップ, 第7章 メールカウンセリングに必要な精神疾患の基礎知識と支援, 第8章 さまざまなメール相談とそのすすめ方, 第9章 事例検討―恋愛に関するメールカウンセリングのやりとりから, 第10章 オンラインカウンセリングの展望, 第11章 インターネットと倫理

子どもの本 情報教育・プログラミングの本2000冊　**331**

|内容| 昨今のオンライン事情やインターネットにおけるコミュニケーションの移り変わり、インターネットに現れる人の心模様から、メールカウンセリングの歴史や論理、メールカウンセリングを行う上での「読む力」や「書く力」のトレーニング、事例の検討、これからのインターネットを介したカウンセリングの展望など、オンラインカウンセリングの「今」を11の章＋8つのコラムで学ぶ。

『**ICT社会における子ども・若者の人間関係づくりへの支援―意見具申**』［静岡］　第28期静岡県青少年問題協議会　2017.2　21p　30cm

『**学校におけるいじめ―国際的に見たその特徴と取組への戦略**』ピーター・K・スミス著，森田洋司，山下一夫総監修，葛西真記子，金綱知征監訳　学事出版　2016.9　311p　21cm〈文献あり　索引あり〉3200円　①978-4-7619-2271-9　Ⓝ371.42

|目次| 第1章 個人的な問題、実際的問題、研究プログラムとしての学校現場のいじめ、第2章 「いじめ」の意味と学校でのいじめに関する研究の歴史、第3章 どうすればいじめを発見できるか、第4章 学校におけるいじめとネットいじめについての基本的な知識、第5章 いじめのリスクがあるのは誰か？ いじめにはどのような影響があるのか？、第6章 いじめ対策および介入の成果、第7章 いじめ減少への取組とこれからの研究の課題と展望

『**私立中学・高校生活指導の法律相談―教育現場と法の対話**』八塚憲郎，山崎哲央，横松昌典編著　旬報社　2016.4　183p　19cm　2000円　①978-4-8451-1459-7　Ⓝ375.2

|目次| 第1部 学校現場と法の間（思春期の生徒たちと生活指導、学校現場からの相談ファイル）、第2部 Q&A 学校生活問題と法（キセル乗車、児童虐待、自転車事故、窓ガラスの破壊・落書き・放火、盗撮、万引き、痴漢、家庭裁判所）

|内容| SNS、いじめ、事故、万引きなど学校が直面する問題への対応を、現役教師と弁護士が語り合う。教育現場で役立つ1冊！法律の内容、考え方をわかりやすく紹介。

『**はじめて学ぶ生徒指導・教育相談**』本間友巳，内田利広編著　金子書房　2016.4　191p　21cm〈文献あり　索引あり〉2300円　①978-4-7608-3262-0　Ⓝ375.2

|目次| 第1部 生徒指導・教育相談の理論と方法（生徒指導の基礎、教育相談の基礎、生徒

指導・教育相談とチーム支援、家庭・地域・関係機関との連携、児童生徒の心理と発達、児童生徒理解の方法、キャリア教育・進路指導）、第2部 個別の課題への支援（不登校、いじめ、インターネット（スマートフォン等）に関わる課題、非行・暴力行為、児童虐待、性の課題、発達の課題、子どもの精神医学的課題、学校危機）

|内容| 基礎的・基本的な理論や方法及びその実際を、全16章で体系的にわかりやすく提供。見開き2ページで展開する。節の最初の「重要ポイントの整理」で本文の内容を整理・明確化。「用語等の解説」「引用・参考文献」でさらなる学習の深化を援助。

『**生徒指導とスクール・コンプライアンス―法律・判例を理解し実践に活かす**』坂田仰編著　学事出版　2015.12　158p　21cm　1800円　①978-4-7619-2170-5　Ⓝ375.2

|目次| 新時代の生徒指導―法の"越境"とどう向き合うか、体罰の実態・定義・係争―「許容される体罰」という解釈を乗り越えるために、いじめ防止対策のポイント、インターネット、スマートフォンに関わる問題、児童虐待防止と学校の役割―予防から自立支援まで、不登校と就学義務、罪を犯した少年のその後のこと、児童・生徒の懲戒と出席停止、校則―価値観多様化のなかで、学校事故と教員の責任、学校現場の法務と弁護士とのかかわり

『**学校危機とコンサルテーション―いじめ・虐待・体罰・性的被害・犯罪・事故・自殺**』細田眞司，大西俊江，河野美江編著　新興医学出版社　2015.5　224，3p　19cm〈索引あり〉3200円　①978-4-88002-187-4　Ⓝ375.23

|目次| 第1部 コンサルテーションの基本（危機対応のコンサルテーション、緊急支援・危機対応の実際、いじめへの対応、性暴力被害に対するコンサルテーション、臨床心理士がコンサルテーションを行うための基本）、第2部 ケース・スタディ（スクール・カウンセリング場面での危機対応、教員の不祥事、マスコミ報道によって明らかになった教員の体罰、いじめ問題―功を奏した校内支援会議、インターネットにより生じた問題、生徒の思いがけない死、教員による交通事故、セクシャル・ハラスメント、虐待、臨床心理士の緊急支援を受けて―教員の立場から）

『**カウンセリングを考える　上**』河合隼雄著　大阪　創元社　2015.3　295p　15cm（創元こころ文庫―河合隼雄セレクション）〈1995年刊の補足・修正〉950円　①978-4-422-00052-7　Ⓝ146.8

|目次| 1 現代社会とカウンセリング、2 カウンセリングにおける家族の問題、3 不登校カウンセリング、4 いじめとカウンセリン

グ，5 事例研究の大切さ，6 カウンセラーの責任と資格
[内容] 家族の問題、いじめや不登校、カウンセラーの責任と資格、「生きる」ということなど、現代社会を生きるうえで出会うさまざまな問題を通して、カウンセリングとは何かを考える。SNSやネットいじめの問題など、現代社会特有の問題を考えるうえでも、本書から多くの示唆とヒントを読み取れるだろう。

『子どもの相談・救済ガイドブック—子どもの権利研究　第26号（2015.2）』　子どもの権利条約総合研究所編　子どもの権利条約総合研究所　2015.2　123p　26cm〈発売：日本評論社〉1852円
①978-4-535-06659-5
[目次] 1 子どもが安心して相談する権利と救済・支援のしくみ，2 自治体における子ども支援の相談・救済，3 学校における子ども支援の相談・救済，4 子どもにやさしいまちをめざして—いのち・暮らし・あそび・学び 「地方自治と子ども施策」全国自治体シンポジウム2014in青森から

『家庭でマスター！ 中学生のスマホ免許—依存・いじめ・炎上・犯罪…SNSのトラブルを防ぐ新・必修スキル』　遠藤美季著、坂本ロクタク漫画　誠文堂新光社　2014.12　94p　26cm　1200円
①978-4-416-71458-4　Ⓝ694.6
[目次] 準備編，基本編，コミュニケーション編，トラブル編，犯罪編，依存編，スマホ免許取得総合試験
[内容] こんなトラブルあるある！ 脱SNS依存部の2人と一緒にスマホに潜むワナを見破れ。

『子ども、保護者、教員で考えるインターネットトラブル防止ガイド—最新版「自分の身は自分で守る」子どもに育てる！』　SNAスクールネットワークアドバイザー編著　ラピュータ　2014.9　112p　21cm〈文献あり〉1200円
①978-4-905055-21-1　Ⓝ371.42
[目次] 第1章 これだけは必ず守る！ 子どものネット・ルール，第2章 保護者は責任重大！ 知らないではすまされない子どものネット事情，第3章 先生が注意する6つのポイント，第4章 「自分の身は自分で守る」—子ども達を育てるために、私達ができること
[内容] LINE、ゲーム機でのトラブルなど最新情報が満載！ 子どもも、大人も一緒に読めるネット対策の決定版。

『ネット警備隊ねっぱとくん—親，先生，子どもがともに考える情報モラル 情報モラル教育啓発指導資料』　おおにしひさお作・画　開隆堂出版　2014.8　91p　26cm〈発売：開隆館出版販売〉2000円
①978-4-304-04201-0　Ⓝ375.199
[目次] 第1部（ネット警備隊のおしごと…，見えること見えないこと，写真は残る—そしてある時に… ほか），第2部（ネット依存…あなたは大丈夫？，親子で考えよう—家庭でのルールづくり，大人がしっかりしなければ…！ ほか），第3部 ネット警備隊ねっぱとくん番外篇「良得の島が変わったとき」，第4部 やさしくゆるいトリセツ（教師編、保護者編）

『スマホ時代に対応する生徒指導・教育相談—スマホやネットが苦手でも指導で迷わない！』　竹内和雄著　ほんの森出版　2014.7　143p　21cm　1800円
①978-4-938874-93-3　Ⓝ375.2
[目次] プロローグ 生徒指導・教育相談の不易と流行 2つの事例から（ネットいじめに悩んだエリカさん—まずは子どもと一緒に悩む，ケータイ依存の真希さん—友達の手前、言わざるを得ないこともある），流行編 スマホ時代、どんな知識を得、どう対応するか（「ネット上の彼氏の何がダメなの？」—今どき女子の「常識」，LINEで「裸の写真、ばらまくぞ」—スマホ・ネットでどんな被害が？，スマホについての座談会—ネット依存、LINE漬け…スマホを手放せない若者たち ほか），不易編 スマホ時代でも変わらない、生徒指導・教育相談の極意（「毅然たる指導」の本当の意味とは—「心の支援」が必要なことに気づくまで，「わかる。わかるけど、あかん」—児童自立支援施設の寮長の言葉から，ワルにはワルのプライドがある—まず「おまえのことが大事」と伝える ほか）

『児童心理学の進歩 VOL.53（2014年版）』　日本児童研究所監修　金子書房　2014.6　321p　21cm　8600円　①978-4-7608-9954-8
[目次] 共同注意，授業研究，自尊感情と社会的行動，家族システムと個人の適応，恋愛，保育・幼児教育，実践現場における知能検査の意味，スクールカウンセラーの仕事，インターネットを活用した協調学習の未来へ向けて，コメント：学習科学が描く21世紀型授業のデザイン，貧困と子どものQOL，コメント：貧困と子どものQOLをめぐって，効果量とその信頼区間の活用，コメント：有意性検定と効果量推定について—解説的コメント，千住淳著『社会脳の発達』（2012年・東京大学出版会）

『家庭や学級で語り合うスマホ時代のリスクとスキル—スマホの先の不幸をブロックするために』　竹内和雄著　京都北大路書房　2014.2　125p　19cm〈文

子どもの本 情報教育・プログラミングの本2000冊　**333**

献あり〉 1600円 ①978-4-7628-2828-7 Ⓝ367.61

目次 第1章 ネットの中を逃げ惑う子どもたち，第2章 調査から見るネットでの子どもの実態，第3章 子ども主体のネット問題対策，第4章 家庭，教室で作るケータイ・スマホの約束

内容 子どもたちがインターネット上で出会う問題への対策を共に考える。危険な事例をリアルに紹介しつつ，危険への対策や有益な活用法も伝えていく。

『新しい生徒指導の手引き—すぐに使える「成長を促す指導」「予防的な指導」「課題解決的な指導」の具体的な進め方』 諸富祥彦著 図書文化社 2013.7 231p 19cm 1800円 ①978-4-8100-3630-5 Ⓝ375.2

目次 第1部 「生徒指導」とは何か（そもそも「生徒指導」とは何か，「自己指導能力」を育てる），第2部 「新しい生徒指導」はこう進める！（「成長を促す生徒指導」の中身—生徒指導プログラム＝アセスメント＋グループアプローチ，生徒指導は全教育課程で行う ほか），第3部 生徒指導と教育相談の新たな関係（理念は「自己指導能力」と「社会的リテラシー」の育成。方法は「教育カウンセリング」で，教育相談の進め方），第4部 諸問題への対応（非行，暴力，いじめ，不登校への対応，インターネット，性，虐待，自殺など現代的な課題）

内容 社会的リテラシーを育てるために！生徒指導提要が求める自己指導能力。発達促進的・予防的な生徒指導として，「生徒指導プログラム」（アセスメント＋グループアプローチ）を提唱。教育カウンセリングで生徒指導を充実させる。

『インターネットは自殺を防げるか—ウェブコミュニティの臨床心理学とその実践』 末木新著 東京大学出版会 2013.6 209p 22cm 〈他言語標題：CAN THE INTERNET PREVENT SUICIDE？ 文献あり 索引あり〉 4000円 ①978-4-13-011138-6 Ⓝ368.3

目次 第1部 自殺とインターネットの関連（自殺予防におけるインターネットの可能性，インターネットと自殺に関する先行研究 ほか），第2部 オンライン相互援助グループ運営に向けたウェブサイトの構築（インターネットで利用された自殺関連語の特性—研究1，自殺関連行動と検索エンジン利用の関連—研究2 ほか），第3部 オンライン相互援助グループの影響（自殺系掲示板の利用動機の類型とその影響—研究4，書き込みの自殺予防効果の評価—研究5 ほか），第4

部 オンライン相互援助グループの問題点（自殺系掲示板の問題点：利用者調査—研究7，自殺系掲示板の問題点：管理者調査—研究8），第5部 総合的な考察と今後の課題

内容 インターネットを介したコミュニケーションを，自殺予防に活かすことができるのか。自殺関連サイトの予防的側面に着目し，自らウェブサイトを立ち上げながら，ネット時代の臨床心理学の研究と実践を試みる。

『教育の最新事情—教員免許状更新講習テキスト』 千葉大学教育学部附属教員養成開発センター編集 第3版 福村出版 2013.5 219p 21cm 2000円 ①978-4-571-10164-9 Ⓝ372.107

目次 教育をめぐる状況変化—教員のメンタルヘルス，「子ども」像のゆらぎと学校教育，教育的愛情，倫理観，遵法精神その他教員に対する社会的要請の強い事柄—カリキュラム・マネジメント，子どもの心理発達（仲間関係）と学校教育，特別支援教育に関する新たな課題，教育相談の基礎，キャリア教育，ネットいじめの現状と将来，新しい学習指導要領とカリキュラム・マネジメント，教育改革の動向〔ほか〕

『いじめ予防と対応Q&A73』 菅野純,桂川泰典編著 明治図書出版 2012.5 164p 22cm 1760円 ①978-4-18-148929-8 Ⓝ371.42

目次 第1章 いじめを「理解・把握する」Q&A，第2章 いじめを「予防する」Q&A，第3章 いじめに「取り組む」Q&A，第4章 「ネットいじめ」Q&A，第5章 いじめと「不登校・発達障害・非行」Q&A，第6章 「保護者とのかかわり」Q&A，第7章 「いじめの経験をいかす」Q&A

内容 いじめ問題については，教育学や心理学，社会学などさまざまな立場から，その解明や対応・予防などについてアプローチが行われてきましたが，決定的な対応策が存在せず，常にどこかで悩んでいる子，傷ついている子がいます。本書は，その課題にこたえるべく，学校の先生方や相談で出会う子ども，保護者のみなさんのQに答える形で，具体的な73のQ&Aでまとめています。

『学校臨床—子どもをめぐる課題への視座と対応』 本間友巳編著 金子書房 2012.1 186p 21cm 〈索引あり〉 2400円 ①978-4-7608-2365-9 Ⓝ371.43

目次 総論 学校臨床—臨床的視座から見た学校，子どもとその支援，第1部 学校・家庭生活をめぐる課題とその対応（不登校・ひきこもり問題の理解と対応—スクールカウンセラーの特質を活かして，いじめ・ネットいじめ，暴力行為—学校での問題行動，ニューカマーの子ども（外国人児童生徒），児童虐待—人間関係のスタイルと刻印としてのトラウマ），第2部 発達をめぐる課題とその対

応(学校臨床における発達障害への支援とその課題，学校臨床でみられる精神疾患，性の課題)，第3部 学校をめぐる課題とその対応(学校への過度な要求—学校と保護者のよりよい関係構築のために，学校危機と心のケア，スクールカウンセリングとスクールソーシャルワーク)

内容 不登校・いじめ・暴力行為・児童虐待・発達障害・性の課題・保護者による過度な要求…学校教育にかかわるすべての人に臨床的支援の視点が今，求められている。公共的な場である学校で，子どもや保護者の私的世界と向き合う。

『子どものこころの支援連携・協働ワークブック—学校・地域で役立つ』 前川あさ美編著 金子書房 2011.7 146p 26cm 〈文献あり〉 2200円 ①978-4-7608-2362-8 Ⓝ371.45

目次 第1部 連携・協働とは(連携・協働とは，連携・協働という課題—BiLiの研究から，連携・協働における難しさ—内外の研究より，連携・協働における守秘と情報共有，めざしたい連携・協働のあり方)，第2部 ワーク(不登校と家庭訪問，いじめとこころ…，発達障害かも？，親の死とこころの傷，自傷行為，予測される危険と守秘，インターネットのリスク，虐待の疑い，保護者の怒り，保護者が抱える精神的問題，支援者への不信感)

内容 不登校・いじめ，虐待，保護者対応，特別支援教育など，「11のワーク」を通して，小・中学校の教師・管理職，スクール・カウンセラー，地域の支援者など，子ども支援にかかわるさまざまな職種の人たちが，学校の内外でどのように「連携・協働」して子どもを支援していけばよいかを学べるワークブックです。

『現場で役立つ生徒指導実践プログラム—事例・データから学ぶ』 新井肇編著 学事出版 2011.5 147p 26cm 2200円 ①978-4-7619-1786-9 Ⓝ375.2

目次 いじめ—見つけにくいいじめに対する指導をどう進めるか？，不登校—教育支援センター(適応指導教室)と学校との連携をどう進めたらよいか？，児童虐待—虐待が疑われる児童にどう関わるか？，薬物乱用防止教育—タバコや薬への依存傾向のある子どもにどう関わるか？，自殺予防—自傷行為をする子どもや「死にたい」と訴える子どもにどう関わるか？，携帯電話—子どもにケータイの持つ危険性をどう伝えるか？〔ほか〕

内容 子どもを元気にする生徒指導を目指す教師に。事例を対話で分析，データで理解，プログラムで実践の3ステップでわかりやす

い。現職教師が実際に現場で行った効果的なプログラムを完全集録。

『家庭・学校・社会子どものトラブル解決法—みんなの「お悩み」相談』 横山正夫監修，飯野たから著 自由国民社 2010.8 151p 24cm 1400円 ①978-4-426-11044-4 Ⓝ367.61

目次 序章 親は子どもの携帯電話を規制できるか，第1章 出会い系サイトのトラブルに親はどう対処すればいいか，第2章 悪質商法に巻き込まれた子を親はどう救うか，第3章 いじめや学校事故から子どもをどう守るか，第4章 アルバイトや契約をめぐるトラブルはどう解決するか，第5章 犯罪に手を染める子どもを見つけたら…

内容 本書は、ネット社会の今日、子どもがインターネットや携帯電話をめぐるトラブルに巻き込まれたとき、法律上、親としてはどう対処すればいいか、いじめや悪質商法からトラブルの解決に役立つ法的対策と問題点を、具体的な事例を使ってわかりやすく解説してあります。ふんだんに図表を使って、法律と縁のない方でも無理なく読んで学べる構成です。

『ソーシャルワークの理論と方法—新・社会福祉士養成課程対応 2』 大和三重編 岐阜 みらい 2010.3 238p 26cm (ソーシャルワーカー教育シリーズ 3)〈並列シリーズ名：Education and Training of Social Workers シリーズの監修者：相澤譲治 文献あり 索引あり〉 2300円 ①978-4-86015-203-1 Ⓝ369.16

目次 ソーシャルワークにおける知識と技術の意味，ソーシャルワークとコミュニケーション技術，ソーシャルワークと面接技術，ソーシャルワークにおける記録の意味と方法，ソーシャルワークとICT技術の活用，ソーシャルワークと個人情報の保護，ソーシャルワークにおけるグループワークの活用，ソーシャルワークと社会資源の活用・調整・開発の方法，ソーシャルワークにおけるネットワーキングの方法，ケアマネジメントの方法〔ほか〕

『WEB2.0時代の心の教育を創るTOSS道徳「心の教育」シリーズ〈24〉』 河田孝文監修，奥田嚴文編著 明治図書出版 2008.10 125p 21cm 1760円 ①978-4-18-809416-7

目次 1 WEB2.0時代の心の教育を創る，2 これだけは知っておきたいWEB2.0時代の落とし穴，3 自分にもできた心と心のつながりを生み出すWEB2.0，4 もっと知りたい未来に夢をつなげるWEB2.0の有効活用，5 WEB2.0で複雑な社会に対する自分の立場を決める

情報教育全般

『コンピューターと生きる』 佐藤淳一著　武蔵野　武蔵野美術大学出版局　2018.4　189p　21cm〈索引あり〉2000円　①978-4-86463-067-2　N548.29

目次 第1章 コンピューターリテラシーとは，第2章 情報とは，第3章 ハードウェアとは，第4章 ソフトウェアとは，第5章 文書を作る，第6章 ネットワークとは，第7章 電子メールを使う，第8章 ウェブ（World Wide Web）を使う，第9章 情報護身術

内容 コンピューターとネットワークの基本さえ押さえておけば，トラブルが発生しようが，従来の方法が通用しなかろうが，あわてることはありません。すでに使いこなしている人も，まだうまく使いこなせていない人も，批評的かつ積極的にコンピューターと接する技を身につけよう！

『LET'S ENJOY COMPUTING—情報処理　2018』 静岡大学・大学教育センター情報科目部運営委員会編　学術図書出版社　2018.4　202p　26cm〈索引あり〉1800円　①978-4-7806-0648-5　N007.6

目次 第1章 はじめに（情報社会と情報倫理），第2章 コンピュータを使ってみよう，第3章 インターネット入門，第4章 Wordによる文書作成入門，第5章 Excelを使おう，第6章 PowerPointでプレゼンテーション，第7章 コンピュータのしくみ，第8章 プログラミング入門

『情報リテラシー—Windows 10 Office 2016対応』 富士通エフ・オー・エム著　改訂版　FOM出版　2018.3　1冊　26cm　2000円　①978-4-86510-344-1

目次 情報モラル＆情報セキュリティ編—ネット社会で情報を安全に使いこなそう，ウィンドウズ編 Windowsを使ってみようWindows 10, 文書作成編 ワープロソフトを活用しよう Word 2016, 表計算編 表計算ソフトを活用しよう Excel 2016, プレゼンテーション編 プレゼンテーションソフトを活用しよう PowerPoint 2016, 総合スキルアップ問題

内容 Windows10の基本操作はもちろん、レポート作成、データの集計・分析、課題発表

など、学生生活に役立つ機能をマスターできる！ 情報モラル＆情報セキュリティ収録！

『情報リテラシー入門　2018年版』 平田浩一 ほか著　日経BP社　2018.3　203p　26cm〈索引あり〉　発売：日経BPマーケティング〉2300円　①978-4-8222-9229-4　N007.6

目次 1章 ネットワークの利用，2章 情報利活用：文書作成，3章 情報利活用：表計算，4章 情報セキュリティ，5章 ネットワークとネットサービス，6章 コンピュータ，7章 情報表現，8章 情報利活用：プレゼンテーション

『情報リテラシー入門編—Windows10 Office2016対応』 富士通エフ・オー・エム著作制作　改訂版　FOM出版　2018.3　1冊　26cm　1000円　①978-4-86510-345-8

目次 情報モラル＆情報セキュリティ編—ネット社会で情報を安全に使いこなそう，ウィンドウズ編—Windowsを使ってみようWindows10, 文書作成編—ワープロソフトを活用しようWord2016, 表計算編—表計算ソフトを活用しようExcel2016, プレゼンテーション編—プレゼンテーションソフトを活用しようPowerPoint2016, 総合スキルアップ問題

内容 Windows10の基本操作をはじめ、レポート作成、課題発表など、学生生活に欠かせないOffice2016の基本リテラシーをマスターできる！

『イラスト図解でよくわかるITインフラの基礎知識』 中村親里，川畑裕行，黒崎優太，小林巧著，伊勢幸一監修　技術評論社　2018.2　209p　21cm〈表紙のタイトル：ITインフラの基礎知識　索引あり〉1980円　①978-4-7741-9600-8　N547.48

目次 1 サーバ基本編（基本的なハードウェアとソフトウェアの構成—サーバとは？，コンピュータの頭脳—CPU/GPU ほか），2 ネットワーク編（情報を伝達するには—ネットワークの基本，ネットワークの形—トポロジ ほか），3 運用編（サービスを安定して提供する—運用とは，4つのレベルに分けて考える—運用のレベル ほか），4 情報セキュリティ編（なぜ知っておくべきなのか—情報セキュリティとは，「ログイン」とセキュリティ—ユーザ認証 ほか）

情報教育全般

内容 サーバ、ネットワーク、運用、情報セキュリティの基本。なぜ必要なのか？ 背景からやさしく解説！

『キーワードで学ぶ最新情報トピックス 2018 インターネットと情報機器を上手に利用するために』 久野靖，佐藤義弘，辰己丈夫，中野由章監修 日経BP社 2018.1 199p 26cm 〈執筆：佐藤義弘ほか 索引あり 発売：日経BPマーケティング〉 1200円 ①978-4-8222-9226-3 ⑭007.6

目次 インターネットの活用，情報倫理とセキュリティ，わたし達が生きる情報社会，情報やメディアに関する技術，ネットワークやインターネットに関わる技術，ハードウェアに関わる技術，ソフトウェアに関わる技術，コンピュータの歴史と現代のIT業界

『情報最新トピック集—高校版 2018』 久野靖，佐藤義弘，辰己丈夫，中野由章監修，佐藤義弘，辰己丈夫，中野由章，清水哲郎，能城茂雄，岩元直久，大島篤，勝村幸博著 日経BP社 2018.1 199p 26cm 〈索引あり 発売：日本文教出版（大阪）〉 940円 ①978-4-536-25458-8 ⑭375

目次 インターネットの活用，情報倫理とセキュリティ，わたし達が生きる情報社会，情報やメディアに関する技術，ネットワークやインターネットに関わる技術，ハードウェアに関わる技術，ソフトウェアに関わる技術，コンピュータの歴史と現代のIT業界

『基礎からわかる情報リテラシー—コンピューター・インターネットと付き合う基礎知識』 奥村晴彦，森本尚之著 改訂第3版 技術評論社 2017.11 166p 23×19cm 1480円 ①978-4-7741-9417-2

目次 第1章 まず初めに，第2章 文字入力，第3章 ネットの利用，第4章 お絵かきとファイル操作，第5章 文書作成，第6章 表計算，第7章 プレゼンテーション，第8章 Webによる情報発信，第9章 情報の調べ方・まとめ方，第10章 コンピューターとネットワーク，第11章 情報とセキュリティ，第12章 情報と法律，第13章 Rによるデータ処理

内容 WindowsやmacOS、Linux、メモ帳、ペイント、GIMP、Microsoft Office、Googleドキュメント/スプレッドシートなど、いろいろなソフトが登場。コンピューターやスマートフォンを楽しく安全に使うための基本的な考え方を述べた。技術的な知識だけではなく、著作権などの法律についても解説している。

『高校生が教わる「情報社会」の授業が3時間でわかる本—大人も知っておくべき"新しい"社会の基礎知識』 沼晃介著 ［東京］ 翔泳社 2017.11 143p 26cm 〈索引あり〉 1480円 ①978-4-7981-5262-2 ⑭007.3

目次 第1章 知っておくべき「システム」のしくみ，第2章 知っておくべき「コミュニケーション」のしくみ，第3章 知っておくべき「情報活用」のしくみ，第4章 知っておくべき「通信」のしくみ，第5章 知っておくべき「セキュリティ」のしくみ，第6章 知っておくべき「最新テクノロジー」のしくみ

内容 高校では、2013年から「社会と情報」と「情報の科学」の授業が行われています（どちらか1科目を選択）。これらの授業では、社会と情報技術の結びつき、つまりIT社会の基礎知識を学ぶことができます。しかし、現在の大人のほとんどは、この授業を受けたことがありません。社会やビジネスにおいて、今まさに激動の時代に直面している大人こそ、IT社会の基礎知識が必要です。そこで本書では、より入門的な「社会と情報」の教科書で扱われている内容をベースに、大人向けにポイントを絞って解説します。

『たくさがわ先生が教えるパソコン超入門』 たくさがわつねあき著 技術評論社 2017.5 159p 23cm 〈Windows10&エクセル&ワード対応版〉 1280円 ①978-4-7741-8890-4 ⑭007.63

目次 第1章 パソコンを始めよう，第2章 マウスを使ってアプリを起動しよう，第3章 インターネットを楽しもう，第4章 ワードで文書を作成しよう，第5章 エクセルで計算表を作成しよう，第6章 パソコンをもっと便利に活用しよう

内容 楽しい！ 嬉しい！ 元気！ パソコンを学ぶ喜びが感じられる、やさしい本です！ パソコン初心者のいちばん近くでお手伝いしているたくさがわ先生が、皆さんの本当に知りたいこと・やりたいことを丁寧に解説します！

『Windows10・メール・インターネット・ワード・エクセル・パワーポイント必須の操作がまとめてわかる本』 スタンダーズ 2017.4 127p 26cm 〈「Windows10・メール・インターネット・ワード・エクセル・パワーポイント設定・操作がかんたんにできる本」（2016年刊）の改題、加筆・修正を行った再編集版〉 1000円 ①978-4-86636-058-4 ⑭007.63

『高校社会と情報 学習ノート』 実教出版編修部編 新訂版 実教出版 2017.2

子どもの本 情報教育・プログラミングの本2000冊 **337**

情報教育全般

119p 26cm〈付属資料：別冊1〉550円
①978-4-407-33909-3
目次 1章 情報社会, 2章 コミュニケーション, 3章 情報安全, 4章 ディジタル化, 5章 問題解決, 実習問題(2章〜5章)

『最新社会と情報 学習ノート』 実教出版編修部編 新訂版 実教出版 2017.2
95p 26cm〈付属資料：別冊1〉550円
①978-4-407-33910-9
目次 確認問題・練習問題(情報社会と私たち, 情報機器とディジタル表現, 表現と伝達, コミュニケーションとネットワーク, 情報社会と問題解決), 実習

『情報の科学 学習ノート』 実教出版編修部編 新訂版 実教出版 2017.2
103p 26cm〈付属資料：別冊1〉550円
①978-4-407-33912-3
目次 ホップ編(図形をディジタル化してみよう, 図形を数値化して伝達しよう, カラー画像について調べてみよう ほか), ステップ編(情報とコンピュータ, ネットワーク, アルゴリズムとプログラム ほか), ジャンプ編(10進数・2進数・16進数の特徴と関係を探る, 論理演算とはどのような演算か考える, 標本化周波数や音声・画像のデータ量を計算する ほか)

『情報のノート「新・社会と情報」』 日本文教出版編集部編 大阪 日本文教出版 [2017.2] 111p 26cm 480円
①978-4-536-25371-0
目次 序章 「社会と情報」とは, 第1章 情報社会に生きるわたしたち, 第2章 情報社会とディジタル技術, 第3章 情報社会と情報システム, 終章 情報社会と問題解決, アカデミック・スキルズ

『情報のノート「新・情報の科学」』 日本文教出版編集部編 大阪 日本文教出版 [2017.2] 119p 26cm〈付属資料：別冊1〉500円 ①978-4-536-25363-5
目次 情報社会に生きるわたしたち, ネットワーク編(コンピュータによる情報の処理と表現, ネットワークがつなぐコミュニケーション, 情報システムが支える社会), 問題解決編(アカデミックスキルズ, 問題の解決と処理手順の自動化, モデル化と問題解決)

『情報のノート「新・見てわかる社会と情報」』 日本文教出版編集部編 大阪 日本文教出版 [2017.2] 112p 26cm〈付属資料：別冊1〉480円 ①978-4-536-25362-8
目次 第1章 情報社会に生きるわたしたち, 第2章 コンピュータを使いこなそう, 第3章

情報を整理して伝えよう, 第4章 情報社会の課題について考えよう, 第5章 情報社会のしくみを知ろう, 実習

『キーワードで学ぶ最新情報トピックス 2017 インターネットと情報機器を上手に利用するために』 久野靖, 佐藤義弘, 辰己丈夫, 中野由章監修 日経BP社 2017.1 199p 26cm〈執筆：佐藤義弘, 辰己丈夫, 中野由章, 清水哲郎, 能城茂雄, 岩元直久, 大島篤, 勝村幸博 索引あり 発売：日経BPマーケティング〉1200円
①978-4-8222-9221-8 Ⓝ007.6
目次 インターネットの活用, 情報倫理とセキュリティ, 情報やメディアに関する技術, ネットワークやインターネットに関わる技術, ハードウェアに関わる技術, ソフトウェアに関わる技術, コンピュータの歴史と現代のIT業界

『情報最新トピック集―高校版 2017』 久野靖, 佐藤義弘, 辰己丈夫, 中野由章監修 大阪 日経BP社 2017.1 199p 26cm〈発売：日本文教出版〉940円
①978-4-536-25449-6
目次 インターネットの活用, 情報倫理とセキュリティ, わたし達が生きる情報社会, 情報やメディアに関する技術, ネットワークやインターネットに関わる技術, ハードウェアに関わる技術, ソフトウェアに関わる技術, コンピュータの歴史と現代のIT業界

『情報リテラシー教科書―Windows 10/Office 2016対応版』 矢野文彦監修 オーム社 2017.1 240p 26cm〈他言語標題：Information Literacy 索引あり〉1900円 ①978-4-274-21986-3 Ⓝ007.6
目次 第1章 パーソナルコンピュータの基礎(Windows10の基本操作, キーボードと文字入力 ほか), 第2章 インターネット利用(インターネットの基礎, WWWの情報検索 ほか), 第3章 Microsoft Word(文書作成とWord, Wordの基本操作 ほか), 第4章 Microsoft Excel(Excelの基本操作, 計算と関数 ほか), 第5章 Microsoft PowerPoint(プレゼンテーション, PowerPoint ほか)

『アクティブラーニングで学ぶ情報リテラシー』 宇田隆哉, 井上亮文共著 コロナ社 2016.10 178p 21cm〈他言語標題：Information Literacy-An Active Learning Approach- 文献あり 索引あり〉2400円 ①978-4-339-02860-7 Ⓝ007.6
目次 第1部 情報通信技術の動作原理(インターネット, SSL(TLS), 無線LAN, 携帯電話と電子メール, DNS, IPアドレス, パケット通信), 第2部 社会から見た情報通信

情報教育全般

技術（人と情報の接点としてのディスプレイ，モノの認識技術，仮想現実感，拡張現実感，交通の情報化，コンピュータを介したコミュニケーション）

『**考える情報学2.0―アクティブ・ラーニングのための事例集**』 中西裕編著 改訂 樹村房 2016.9 161p 26cm〈文献あり〉 2200円 ①978-4-88367-269-1 Ⓝ007

目次 1章 情報技術の発展と人類の未来，2章 社会の情報化と著作権保護，3章 個人情報保護とプライバシー，4章 情報の収集と利用，5章 文化・教育の情報化，6章 生活の情報化，7章 表現の情報化，8章 インターネットと政治，9章 インターネットコミュニケーション，10章 多様な情報の蓄積と拡散

『**情報リテラシー―Office 2016**』 杉本くみ子,大澤栄子著 実教出版 2016.7 224p 26cm （30時間アカデミック）〈Windows 10対応 索引あり〉1300円 ①978-4-407-34023-5 Ⓝ007.6

目次 序 コンピューターとインターネット（コンピューターの基礎，インターネットの基礎 ほか），1章 Windows（Windowsの基礎知識），2章 Word（Wordの基礎知識，文書の作成 ほか），3章 Excel（Excelの基礎知識，データの入力・編集 ほか），4章 PowerPoint（PowerPointの基礎知識，プレゼンテーションの作成 ほか）

内容 ワープロ，表計算，プレゼンテーションなどのパソコンのリテラシーを網羅。例題によって基礎から学べる。レポート・資料作成に必要な知識・操作を解説。情報活用基礎が確実に身につく実習問題を節末に掲載。

『**Windows 10を用いたコンピューターリテラシーと情報活用**』 斉藤幸喜,小林和生著 共立出版 2016.3 212p 26cm〈他言語標題：Application of Computer Literacy using Windows 10 MS-Office 2013対応 索引あり〉2300円 ①978-4-320-12395-3 Ⓝ007.6

目次 第1章 コンピューターリテラシーとは，第2章 Windows10入門，第3章 ワープロソフトの使用法―Microsoft Word，第4章 表計算ソフトの使用法―Microsoft Excel，第5章 プレゼンテーションソフトの使用法―Microsoft PowerPoint，第6章 インターネット入門

『**情報学へのとびら**』 加藤浩,大西仁編著 放送大学教育振興会 2016.3 271p 21cm （放送大学教材）〈索引あり 発売：[NHK出版]〉2800円 ①978-4-595-31634-0 Ⓝ007

目次 情報化する社会を生きる，情報のデジタル表現とマルチメディア，コンピュータの構成要素とその機能，インターネットの歴史としくみ，インターネットの応用，情報リテラシーと情報倫理，情報社会のリスク，情報セキュリティ技術，情報社会と法律，プログラミング，ユーザインタフェース，データベースの基礎，ソフトウェアの開発，情報通信技術が変える社会

『**情報基礎―はじめて学ぶICTの世界**』 上繋義史著 培風館 2016.3 133p 26cm〈索引あり〉1500円 ①978-4-563-01593-0 Ⓝ007.6

目次 1「情報人」の入口―ICTから始まる学び，2 コンピュータの歴史―人力の時代から電子の時代への系譜，3 コンピュータの基礎―情報端末の正体見たり！，4 ネットワークの基礎―世界をつなげる舞台裏，5 情報のデジタル化―情報の群れを数字の世界に，6 WWWと検索術，7 ネットに向き合うココロの準備，8 情報セキュリティ―正しく守り使うための知識と知恵，9 ICTと法・権利の関係―チョット！ そのクリック大丈夫？，10 ICTの健全な活用に向けて―「依存」が壊すココロとカラダ

内容 「情報を使いこなす力」（情報リテラシー）を身につけるためには，情報や情報技術に関する基礎知識に加えて，それによってもたらされる社会的な影響も理解することが大切である。本書では，情報リテラシーの習得を目的として，情報機器，情報システム，ネットワークなどの技術的知識，情報セキュリティや情報倫理などの生活知識などについて，やさしく丁寧に解説する。

『**キーワードで学ぶ最新情報トピックス2016 インターネットと情報機器を上手に利用するために**』 久野靖，佐藤義弘，辰己丈夫，中野由章監修 日経BP社 2016.1 183p 26cm〈執筆：佐藤義弘ほか 索引あり 発売：日経BPマーケティング〉1200円 ①978-4-8222-9217-1 Ⓝ007.6

目次 インターネットの活用，ネットワークの脅威とセキュリティ，情報社会に欠かせない倫理とルール，わたし達が生きる情報社会，情報やメディアに関する技術，ネットワークやインターネットに関わる技術，ハードウェアに関わる技術，ソフトウェアに関わる技術，コンピュータの歴史と現代のIT業界

内容 インターネットと情報機器を上手に利用するために。いま知りたいことが全部わかる！

『**情報最新トピック集―高校版 2016**』 久野靖，佐藤義弘，辰己丈夫，中野由章監修，佐藤義弘，辰己丈夫，中野由章，清水哲郎，岩元直久，大島篤，勝村幸博著 日

子どもの本 情報教育・プログラミングの本2000冊　**339**

情報教育全般

経BP社　2016.1　183p　26cm　〈索引あり　発売：日本文教出版（大阪）〉940円　①978-4-536-25360-4　Ⓝ375

[目次] インターネットの活用，ネットワークの脅威とセキュリティ，情報社会に欠かせない倫理とルール，わたし達が生きる情報社会，情報やメディアに関する技術，ネットワークやインターネットに関わる技術，ハードウェアに関わる技術，ソフトウェアに関わる技術，コンピュータの歴史と現代のIT業界

『入門情報リテラシー』 高橋参吉監修，喜家村奨，戸上良弘，原邊祥弘，吉田大介共著　コロナ社　2015.4　157p　26cm　〈他言語標題：Introduction to Information Literacy　Office 2013/2010対応　索引あり〉2200円　①978-4-339-02493-7

[目次] 0 WindowsとOfficeアプリケーションの基本操作，1 インターネットの活用，2 文書処理（Word），3 データ処理（Excel基礎），4 データの可視化（Excel応用），5 プレゼンテーション，6 Webページの活用

『基礎情報処理　1』 中桐大壽監修，豊浦由浩 ほか著　第2版　日経BP社　2015.2　267p　26cm　〈索引あり　発売：日経BPマーケティング〉2250円　①978-4-8222-9211-9

[目次] 第1章 ネットワークと電子メールの活用，第2章 Webとネットサービスの活用，第3章 情報倫理，第4章 情報利活用：ワープロ，第5章 情報利活用：表計算，第6章 情報利活用：プレゼンテーション

『情報科学基礎―コンピュータとネットワークの基本』 伊東俊彦著　ムイスリ出版　2015.2　263p　21cm　〈文献あり　索引あり〉2300円　①978-4-89641-235-2　Ⓝ007

[目次] 1 情報と情報の表現，2 コンピュータの技術とハードウェア，3 ソフトウェアとデータベース，4 ネットワーク，5 情報システムの開発と活用，6 セキュリティと情報倫理

[内容] コンピュータの初心者レベルから基礎レベルまで，本書でやさしく学ぶことができます！ インターネットの基本技術から，必須のセキュリティまで，わかりやすく，容易に理解できます！

『情報社会のデジタルメディアとリテラシー―情報倫理を学ぶ』 小島正美編著，木村清，池田展敏，小松澤美喜夫共著　第2版　ムイスリ出版　2015.2　157p

26cm　〈文献あり　索引あり〉1800円　①978-4-89641-231-4　Ⓝ007.3

[目次] 第1章 ネットワーク社会と情報，第2章 コンピュータの仕組みと特徴，第3章 コンピュータグラフィックスの基礎知識，第4章 インターネットの仕組みと情報セキュリティ対策，第5章 インターネット利用時の情報倫理，第6章 個人情報漏洩の問題とその対策，第7章 電子メールの仕組みと情報倫理，第8章 Webページの作成と情報倫理

『キーワードで学ぶ最新情報トピックス2015　インターネットと情報機器を上手に利用するために』 久野靖，佐藤義弘，辰己丈夫，中野由章監修　日経BP社　2015.1　175p　26cm　〈執筆：佐藤義弘ほか　索引あり　発売：日経BPマーケティング〉1200円　①978-4-8222-9207-2　Ⓝ007.6

[目次] インターネットの利用，IT業界をリードする企業，メディアと表現の技術，ネットの脅威とセキュリティ，情報倫理とルール，インターネットの技術，ハードウェアの技術，ソフトウェアの技術，コンピュータの基礎

[内容] インターネットと情報機器を上手に利用するために，いま知りたいことが全部わかる！

『オープンソース・ソフトウェアで学ぶ情報リテラシ―LibreOffice〈Writer, Calc,Impress,Math〉Mozilla Firefox Mozilla Thunderbird情報倫理とモラル』 石田雅，木本雅也共著　改訂版　学術図書出版社　2014.4　255p　26cm　〈索引あり〉2200円　①978-4-7806-0395-8

[目次] 第1章 パソコンの基本操作，第2章 オープンソース・ソフトウェアの概要，第3章 ワープロソフト：LibreOffice＝「Writer」，第4章 表計算ソフト：LibreOffice＝「Calc」，第5章 プレゼンテーションソフト：LibreOffice＝「Impress」，第6章 インターネット検索＝「Mozilla Firefox」，第7章 電子メール＝「Mozilla Thunderbird」，第8章 情報倫理とモラル

[内容] 「ディジタル情報」，「ネットワーク」を扱う能力を高め，授業のみならず，学生生活，一般社会のあらゆる分野で利用・活用できるように説明。初版の見直しを行い各章に対して加筆・修正を行うとともに，「情報モラルとセキュリティ」の新たな章（第8章）を追加した全8章で構成されている。

『基礎からわかる情報リテラシー―コンピュータ・インターネットと付き合う基礎知識』 奥村晴彦著　改訂第2版　技術評論社　2014.2　167p　23cm　〈索引あり〉1480円　①978-4-7741-6213-3

情報教育全般

目次 第1章 まず初めに，第2章 文字入力，第3章 ネットの利用，第4章 お絵かきとファイル操作，第5章 文書作成，第6章 表計算，第7章 プレゼンテーション，第8章 Webによる情報発信，第9章 情報の調べ方・まとめ方，第10章 コンピュータとネットワーク，第11章 情報とセキュリティ，第12章 情報と社会，第13章 プログラミング

内容 本書は，ソフトのマニュアル本ではなく，コンピュータやスマートフォンを楽しく安全に使うための基本的な考え方を述べた。技術的な知識だけではなく，著作権などの法律についても解説している。

『**情報リテラシー―メディアを手中におさめる基礎能力**』 山川修，徳野淳子，田中武之，菊沢正裕共著 第3版 森北出版 2013.12 168p 22cm〈文献あり 索引あり〉2000円 ①978-4-627-82733-2 N007.6

目次 第1部 情報社会（情報社会，インターネット，ネットワークリテラシー，メディアリテラシー），第2部 情報とコンピュータ（情報とコンピュータ，パソコンのしくみ，パソコンを動かす，ネットワークにつなぐ）

内容 情報教育の基礎的な教科書でありながら「メディアリテラシー」に関して基礎的な考え方から，実践に役立つ方法論までを扱っている。基本的な部分は本文に簡潔に記し，それを補う情報は傍注で解説した。スマートフォンとソーシャルメディアが情報社会でどのような役割を果たしていくかを中心に大きく書き改めた第3版。

『**一般教育の情報―情報の本質を見抜ける教師や社会人の育成へ**』 北上始編 京都 あいり出版 2013.10 211p 21cm（現場と結ぶ教職シリーズ 13）〈全体企画：小柳正司 山﨑英則 索引あり〉2100円 ①978-4-901903-83-7 N007

目次 1章 情報と社会，2章 情報倫理，3章 情報セキュリティ，4章 情報の活用と表現，5章 コンピュータと情報の処理，6章 モデル化とアルゴリズム，7章 インターネットの仕組み，8章 情報コミュニケーション，9章 問題解決と情報の管理，10章 望ましい情報社会の構築

『**情報機器の操作―教員のためのICT活用法**』 榎本竜二著 実教出版 2013.10 143p 26cm（教職必修）〈索引あり〉1800円 ①978-4-407-33133-2

目次 1章 パソコンの基本操作，2章 文書の作成，3章 表やグラフの作成，4章 インターネット，5章 情報を効果的に伝える方法，6章 インターネットを安全に使うために

内容 Word―学級だよりや校内文書を作れるようになろう。Excel―座席表や成績表などの作り方を学ぼう。PowerPoint―プレゼンテーションを通して、授業のコツを学ぼう。Internet―インターネットの正しい知識と使い方を学ぼう。Moral―情報モラルを知り、生徒にどのように伝えればよいか学ぼう。

『**メディアリテラシ**』 植田祐子，増永良文共著 サイエンス社 2013.8 257p 22cm（Computer Science Library 15）〈索引あり〉2500円 ①978-4-7819-1298-1 N007.6

目次 情報社会とメディアリテラシ，コンピュータ，ソフトウェア，ディジタルコンテンツ，インターネットテクノロジー，インターネットアプリケーション，ユビキタスコンピューティング，ウェブと社会，検索ポータルサイト，eコマース〔ほか〕

『**新・図解チャートよくわかる実習〈情報〉―Windows Vista・7/Office2007・2010**』 定平誠，棟居義弘著 第3版 技術評論社 2012.11 207p 26cm〈新学習指導要領対応 初版のタイトル：図解チャートよくわかる実習〈情報〉索引あり〉950円 ①978-4-7741-5339-1 N007

目次 1章 インターネットで検索しよう，2章 情報モラルを身につけよう，3章 文書表現と文書デザインを身につけよう，4章 アンケート調査をしよう，5章 プレゼンテーション能力を身につけよう，6章 アルゴリズムを演習しよう，7章 マルチメディアを演習しよう，8章 ソーシャルメディアを使ってコミュニケーションしよう，9章 ソーシャルメディアを実際に試してみよう

『**基礎からの情報リテラシー**』 本間学，梶田鈴子，酒견康廣，新ケ江登美夫共著 第3版 学術図書出版社 2012.4 209p 26cm〈索引あり〉2200円 ①978-4-7806-0288-3

目次 第1章 Windowsの操作（コンピュータを利用するときのルールを知ろう，キーボードの使い方を知ろう ほか），第2章 インターネットの利用（Webブラウザを利用しよう，情報を検索しよう ほか），第3章 Wordによる文書作成（基本的な文書作成の流れ，文書の編集 ほか），第4章 Excelによる表計算（基本的な表の作成，式の入力 ほか），第5章 PowerPointによるプレゼンテーション（プレゼンテーション資料の作り方，デザインの設定 ほか）

『**情報の基礎**』 中田美喜子，記谷康之共著 第2版 学術図書出版社 2012.4 138p 26cm〈文献あり〉1700円 ①978-4-7806-0283-8

情報教育全般

目次 1 Windowsの基本，2 ワープロの基本，3 ワープロの実践，4 Excel基礎，5 Excel実践，6 グラフ編，7 プレゼンテーションソフトの基本と実践，8 インターネット，9 メールの基本，10 練習問題，11 参考文献

『ファーストステップコンピュータリテラシー』 中井秀樹，朴修賢著 近代科学社 2012.4 198p 26cm 〈索引あり〉 2200円 Ⓘ978-4-7649-0366-1 Ⓝ548.29

目次 1 コンピュータ入門（コンピュータという機械について，インターネットについて），2 Word編（Wordの基礎知識と文書入力，簡単な文書編集，表の作成，Wordの応用編集），3 Power Point編（PowerPointの基礎知識とプレゼンテーションの作成，図やオブジェクトの挿入と編集，プレゼンテーション再生と印刷），4 Excel編（表計算ソフトの基本，表計算ソフトの利用とグラフ作成，関数の使い方，データの整理），5 総合演習（資料作成のスキル，これまでの復習）

『新・情報リテラシー教科書』 広島大学新・情報リテラシー教科書編集委員会編 学術図書出版社 2012.3 134p 26cm 1300円 Ⓘ978-4-7806-0253-1

目次 第1章 序，第2章 コンピュータとネットワーク，第3章 コミュニケーションの技能，第4章 調査と情報，第5章 情報デザイン，第6章 情報倫理/情報セキュリティ

『コンピュータリテラシ―情報環境の使い方』 米崎直樹，脇田建共著 新版 昭晃堂 2011.6 157p 26cm 〈他言語標題：Computer Literacy 索引あり〉 1800円 Ⓘ978-4-7856-3174-1 Ⓝ548.29

目次 第1章 情報倫理（ネットワークと社会，法 ほか），第2章 データとその取り扱い（コンピュータにおける数値や文字の表現，文書ファイル ほか），第3章 ウェブ（ウェブの歴史，ウェブを用いた情報収集 ほか），第4章 電子メール（電子メールの基礎知識，メールメッセージが届くまで ほか），第5章 文書作成（PLATEX2εと組版，TeXShopの使い方 ほか）

『教職・情報機器の操作―教師のためのICTリテラシー入門』 髙橋参吉，下倉雅行，高橋朋子，小野淳，田中規久雄共著 コロナ社 2011.4 152p 26cm 〈他言語標題：ICT Literacy for Prospective Teachers 『教職基礎・情報機器の操作』（2005年刊）の改訂 文献あり 索引あり〉 2000円 Ⓘ978-4-339-02454-8 Ⓝ548.29

目次 1 校務文書（案内文を作ろう，学年だよりを作ろう，文集を作ろう），2 成績処理（成績表を作ろう，通知表を作ろう，クラス名簿を作ろう），3 教材作成（プレゼンテーション資料を作ろう，電子絵本を作ろう，クイズ教材を作ろう，指導資料を公開しよう），4 ビデオアルバム作成（写真やビデオを撮ろう，画像を編集しよう，ビデオアルバムを作成しよう）

『コンピュータリテラシー』 澁澤健太郎，山口翔著 時潮社 2011.4 200p 19cm 〈他言語標題：Computer literacy〉 2800円 Ⓘ978-4-7888-0659-7 Ⓝ548.29

目次 第1部 基礎編（コンピュータリテラシー，文章の作成，表の作成，プレゼンテーション），第2部 先進的なWebサービスの活用（Gmail編，Google系サービス，マイクロソフトのクラウドサービス，PDF）

内容 情報社会の変化のスピードが加速し利便性が増す一方，ネット犯罪などの問題も急増している。情報技術を正確に学び適切な使い方を知ることはもはや必然のことである。本書はその目的のためには必携の書である。

『電脳の教室―コンピュータリテラシー文部科学省認可通信教育』 佐藤淳一著 新版 武蔵野 武蔵野美術大学出版局 2011.4 177p 21cm 〈索引あり〉 2000円 Ⓘ978-4-901631-97-6 Ⓝ548.29

目次 1 コンピュータと情報，2 コンピュータのしくみ，3 ネットワークのしくみ，4 文書を作る，5 電子メールを使う，6 ウェブで情報収集，7 ウェブサイトを作ろう，8 ネット社会のサバイバル術，9 未来に向けて，資料・索引

内容 イラストを見ればわかる。読めばもっとわかる。コンピュータとともに生きる知恵をコンパクトにまとめた入門書。

『情報科学の基礎』 井内善臣，梅田茂樹，大道卓，山本誠次郎著，石田晴久監修 改訂版 実教出版 2010.10 179p 26cm （専門基礎ライブラリー）〈文献あり 年表あり 索引あり〉 2000円 Ⓘ978-4-407-32088-6 Ⓝ007

目次 第1章 情報とは，第2章 情報の表現，第3章 コンピューターの構成，第4章 オペレーティングシステム，第5章 システム構築とデータベース，第6章 プログラムとアルゴリズム，第7章 ネットワーク

『コンピュータのひみつ』 山本貴光著 朝日出版社 2010.9 347p 19cm 1600円 Ⓘ978-4-255-00544-7 Ⓝ548.2

情報教育全般

目次 1 コンピュータがわかる、とは？，2 コンピュータは万能の機械？，3 コンピュータはなぜいろんなことができるか，4 私たちは記憶をいじっている，5 機械の中には誰もいない，6 補講インターネットとメールの仕組み

内容 これからの時代に、ずっと使える教養を身につける。

『**教養としての情報処理**』　寺内衛, 中野靖久, 小嵜貴弘, 河野英太郎著　3訂版　岡山　大学教育出版　2010.4　129p　26cm　1200円　①978-4-88730-987-6　Ⓝ548.29

目次 一般情報処理演習について，コンピュータの仕組み，コンピュータの基本的な使い方，ウェブブラウザによる情報収集，電子メール，文書作成―MS Wordを中心に，表計算ツールの活用―Excel，描画ツールIllustratorの使い方，画像編集ツールPhotoshopの使い方，3DCGの作成―Shade〔ほか〕

書 名 索 引

【あ】

iOSで作るシューティングゲーム（松浦健一郎）‥‥‥‥‥‥‥‥‥‥‥‥‥‥‥‥ 183

iOSの教科書（赤松正行）‥‥‥‥‥‥‥‥‥ 188

IoTを支える技術（菊地正典）‥‥‥‥‥‥‥ 46

IoTがわかる本（I O編集部）‥‥‥‥‥‥‥ 49

IoT超入門 ‥‥‥‥‥‥‥‥‥‥‥‥‥‥‥‥ 48

IoTとは何か（坂村健）‥‥‥‥‥‥‥‥‥‥ 48

IoTまるわかり（三菱総合研究所）‥‥‥‥‥ 49

ICカードと自動改札（椎橋章夫）‥‥‥‥‥ 50

ICTを活用した新しい学校教育（原田恵理子）‥‥‥‥‥‥‥‥‥‥‥‥‥‥‥‥‥ 296

「ICTを活用した課題解決型教育の推進事業（諸外国における教育の情報化に関する調査研究）」報告書 ‥‥‥‥‥‥‥ 303

ICTを活用した教育推進自治体応援事業（ICTを活用した学びの推進プロジェクト）指導力パワーアップコース事業実施報告書 ‥‥‥‥‥‥‥‥‥‥‥‥‥‥ 287

ICTを活用した授業設計マニュアル ‥‥‥ 287

ICTを活用した学び合い授業アイデアBOOK（豊田充崇）‥‥‥‥‥‥‥‥‥‥ 301

ICTを活用した学びの充実（藤沢市教育文化センター）‥‥‥‥‥‥‥‥‥‥‥‥ 292

ICTを活用して豊かな授業をめざす ‥‥‥ 310

ICT教育100の実践・実例集（中川一史）‥‥ 312

ICT×思考ツールでつくる「主体的・対話的で深い学び」を促す授業（新潟大学教育学部附属新潟小学校）‥‥‥‥‥‥ 288

ICT社会における子ども・若者の人間関係づくりへの支援 ‥‥‥‥‥‥‥‥‥‥ 332

ICTで伝えるチカラ（中川一史）‥‥‥‥‥ 306

ICTの活用（山田智久）‥‥‥‥‥‥‥‥‥ 285

ICTの活用による学習に困難を抱える子供たちに対応した指導の充実に関する調査研究（通級による指導）成果報告書 ‥‥ 328

「ICTの活用による学習に困難を抱える子供たちに対応した指導の充実に関する調査研究―通常の学級編」報告書（熊谷恵子）‥‥‥‥‥‥‥‥‥‥‥‥‥‥‥ 328

ICTの活用による学習に困難を抱える子供たちに対応した指導の充実に関する調査研究報告書（「ICTの活用による学習に困難を抱える子供たちに対応した指導の充実に関する調査研究」調査研究委員会）‥‥‥‥‥‥‥‥‥‥‥‥‥‥‥ 328

ITエンジニアになる！ チャレンジPHPプログラミング（中田亨）‥‥‥‥‥‥‥ 160

IT・コンピュータ・エンジニアの仕事につくには ‥‥‥‥‥‥‥‥‥‥‥ 258, 260

IT時代の人間関係とメンタルヘルス・カウンセリング（小川憲治）‥‥‥‥‥‥‥ 330

IT社会事件簿（矢野直明）‥‥‥‥‥‥‥‥ 143

IT社会の護身術（佐藤佳弘）‥‥‥‥‥‥‥ 102

IT全史（中野明）‥‥‥‥‥‥‥‥‥‥‥‥‥ 3

iPadいつどこスケッチライフ（Necojita）‥‥‥ 71

iPad教育活用7つの秘訣（小池幸司）‥‥ 281, 307

iPadで教育が変わる（矢野耕平）‥‥‥‥‥ 315

iPadで拓く学びのイノベーション（森山潤）‥‥‥‥‥‥‥‥‥‥‥‥‥‥‥‥ 306

iPadで学ぶはじめてのプログラミング（林晃）‥‥‥‥‥‥‥‥‥‥‥‥‥‥‥‥ 147

iPad入門・活用ガイド ‥‥‥‥‥‥‥‥‥ 14

iPhone/iPadゲーム開発ガイド（Paul Zirkle）‥‥‥‥‥‥‥‥‥‥‥‥‥‥ 183

iPhoneアプリ開発の教科書（森巧尚）‥‥ 187

iPhoneソーシャルゲーム開発（林晃）‥‥ 180

iPhone 2Dゲームプログラミング（STUDIO SHIN）‥‥‥‥‥‥‥‥‥ 175

iPhoneで撮影・編集・投稿YouTube動画編集養成講座（SHIN-YU）‥‥‥‥‥‥‥ 67

iPhoneで電子工作（上原昭宏）‥‥‥‥‥‥ 236

iPhoneのゲームアプリをつくろう！（森巧尚）‥‥‥‥‥‥‥‥‥‥‥‥‥‥‥‥ 174

iMacマスターブック（松山茂）‥‥‥‥‥‥ 7

明るい未来が見えてくる！ 最先端科学技術15。（山田久美）‥‥‥‥‥‥‥‥‥‥‥ 11

Accessではじめるデータベース超入門（西村めぐみ）‥‥‥‥‥‥‥‥‥‥‥‥ 247

アクティブな授業をつくる新しい知的生産技術（太田政男）‥‥‥‥‥‥‥‥‥‥ 323

アクティブに学ぶ子どもを育む理科授業（森本信也）‥‥‥‥‥‥‥‥‥‥‥‥ 286

アクティブ・ラーニングが楽しい算数科の協同教育（藤井英之）‥‥‥‥‥‥‥‥ 295

アクティブ・ラーニング時代の古典教育（河添房江）‥‥‥‥‥‥‥‥‥‥‥‥ 283

アクティブ・ラーニングで学ぶ情報リテラシー（宇田隆哉）‥‥‥‥‥‥‥‥‥‥ 338

アクティブ・ラーニングで身につく発表・調べ学習（中村昌子）‥‥‥‥‥‥‥‥ 73

アクティブラーニングとしてのPBLと探究的な学習（溝上慎一）‥‥‥‥‥‥‥‥ 292

アクティブ・ラーニングの教育方法学的検討 ‥‥‥‥‥‥‥‥‥‥‥‥‥‥‥‥‥ 288

アクリルロボット工作ガイド（三井康亘）‥‥ 234

明日、機械がヒトになる（海猫沢めろん）‥‥ 218

足代小学校フューチャースクールのキセキ（堀田龍也）‥‥‥‥‥‥‥‥‥‥‥‥ 307

遊びながら楽しく学ぶ！ 小学生のScratchプログラミング（中村里香）‥‥‥‥‥‥ 145

遊べる！ わかる！ みんなのプログラミング入門（吉田潤子）‥‥‥‥‥‥‥‥ 156

あそん　　　　　書名索引

遊んで作るスマホゲームプログラミングfor
　Android（西田竜太）……………… 178
遊んで学ぶはじめてのプログラミング（西
　田竜太）…………………………… 172
新しい学習評価のポイントと実践（小島宏）
　…………………………………… 315
新しい学力（齋藤孝）……………… 288
新しい教育の方法と技術（篠原正典）… 309
新しい教職教育講座（原清治）…… 281
新しい時代の家庭機械・電気・情報（池本洋
　一）………………………………… 296
新しい小学校音楽科の授業をつくる（高見
　仁志）……………………………… 282
新しい生徒指導の手引き（諸富祥彦）… 334
あと20年でなくなる50の仕事（水野操）… 258
あなたに知ってほしいスマホ・インターネッ
　トの使い方 ………………………… 99
あなたの首の痛み・肩こりはストレートネッ
　クが原因です！（酒井慎太郎）…… 140
あなたの知らないところでソフトウェアは何
　をしているのか？（V.Anton Spraul）
　……………………………………… 5
あなたのスマートフォンが狙われている！
　（宮島理）…………………………… 116
あなたは大丈夫？ 考えよう！インターネッ
　トと人権（藤川大祐）……………… 99
あなたはネットワークを理解していますか？
　（梅津信幸）………………………… 35
アニメCGの現場（CGWORLD編集部）… 256, 257
アニメなんでも図鑑（鈴木伸一）…… 62
あのー、それは違法行為ですけど…（牧野二
　郎）………………………………… 100
After Effects初級テクニックブック（石坂
　アツシ）…………………………… 241
アプリケーションソフトの基礎知識（立山
　秀利）……………………………… 240
アプリ・ゲームプランナー完全マニュアル
　（岸知秀）…………………………… 259
アルゴリズムを学ぼう（川中真耶）… 180
アルゴリズム図鑑（石田保輝）…… 165
Arduino Groveではじめるカンタン電子工
　作（浅居尚）………………………… 231
Arduinoでガジェットを作ろう！（高橋隆
　雄）………………………………… 235
Arduinoでつくるボクシングロボット（川野
　亮輔）……………………………… 235
Arduinoで電子工作をはじめよう！（高橋隆
　雄）………………………………… 235
Arduinoではじめるロボット製作（米田知
　晃）………………………………… 235
Arduinoでロボット工作をたのしもう！（鈴
　木美朗志）………………………… 226
ある日突然、普通のママが子どものネット
　トラブルに青ざめる（長谷川陽子）… 98

ある日、私は友達をクビになった（エミリー・
　バゼロン）………………………… 120
アルファ碁はなぜ人間に勝てたのか（斉藤
　康己）……………………………… 200
暗号の大研究（伊藤正史）………… 28
アンティキテラ古代ギリシアのコンピュー
　タ（ジョー・マーチャント）……… 11
Androidの絵本（アンク）………… 187
Androidプログラミング（田原淳一郎）… 180
Androidプログラミング入門（長谷篤拓）… 187
アンドロイドは人間になれるか（石黒浩）… 219

【い】

いきなりできます！ 最新ホームページ作り
　＆HTML超入門（デジカル）……… 42
池上彰さんと学ぶ12歳からの政治（池上
　彰）………………………………… 73
池上彰さんと学ぶみんなのメディアリテラ
　シー（池上彰）……………… 29, 75, 93
池上彰×津田大介テレビ・新聞・ネットを
　読む技術（池上彰）………………… 77
池上彰と学ぶメディアのめ（NHK「メディ
　アのめ」制作班）………………… 63
池上彰のなるほど！ 現代のメディア（池上
　彰）…………………… 30, 64, 76
意志を持ちはじめるロボット（中谷一郎）… 218
いじめを生む教室（荻上チキ）…… 122
いじめから脱出しよう！（玉聞伸啓）… 119
いじめサインの見抜き方（加納寛子）… 126
いじめ予防と対応Q&A73（菅野純）… 122
いじめは犯罪！ 絶対にゆるさない！（井澤
　一明）……………………………… 122
いじめは、やめて！（スーザン・アイコブ・
　グリーン）………………………… 121
偉人の選択100 STEVE JOBS（田中イデ
　ア）………………………………… 21
いずれ老いていく僕たちを100年活躍させ
　るための先端VRガイド（廣瀬通孝）… 48
依存症からの脱出（信濃毎日新聞取材班）… 131
依存症の科学（岡本卓）…………… 133
“依存症”の克服のために誰もが出来ること
　（西田恭介）………………………… 134
依存症のすべて（廣中直行）……… 136
イチから学ぶプログラミング……… 173
イチからわかる！ タブレットの楽しみ方
　（オフィスマイカ）………………… 14
1日ですいすい使える！ タブレットの教科
　書 ………………………………… 14
いちばんはじめのプログラミング（たにぐ
　ちまこと）………………………… 157

348

いちばんやさしいiMovie入門（斎賀和彦） ……… 246

いちばんやさしいアルゴリズムの本（みわよしこ） ………………………………… 178

いちばんやさしいAI〈人工知能〉超入門（大西可奈子） ……………………………… 192

いちばんやさしいHTML5 ＆ CSS3の教本（赤間公太郎） ……………………………… 42

いちばんやさしいJavaScript入門教室（廣瀬豪） ……………………………………… 160

いちばんやさしいJavaScriptの教本（岩田宇史） ……………………………………… 167

いちばんやさしいディープラーニング入門教室（谷岡広樹） ……………………… 193

いちばんやさしいPython入門教室（大澤文孝） ……………………………………… 167

いちばんやさしいPHPの教本（柏岡秀男） ……… 165

いちばんやさしいWord2016スクール標準教科書 初級（森田圭） ………………… 238

一生お金に困らない子どもの育て方（たけやきみこ） …………………………… 277

一緒にいてもスマホ（シェリー・タークル） ……………………………………… 123

一般教育の情報（北上始） ……………… 305

挑む！ 科学を拓く28人（日経サイエンス編集部） ……………………………………… 196

イノベーション力育成を図る中学校技術科の授業デザイン（森山潤） …………… 292

イノベーション力を育成する技術・情報教育の展望（森山潤） …………………… 292

イプシロン、宇宙に飛びたつ（森田泰弘） 205

今さら聞けないIllustrator（羽石相） ……… 245

今さら聞けないパソコンの常識（トリプルウイン） ………………………………… 10

今すぐ使えるかんたんiMovie（山本浩司） ……… 240

今すぐ使えるかんたんインターネット＆メール（リブロワークス） …………… 30

今すぐ使えるかんたんビデオ編集＆DVD作り（リンクアップ） ……………………… 65

今すぐ使えるかんたんPremiere Elements 2018（山本浩司） …………………………… 243

今すぐ使えるかんたんホームページHTML&CSS入門（リブロワークス） ……… 42

今すぐ使えるかんたんYouTube入門（AYURA） ………………………………… 58

今すぐ使えるかんたんWordPressホームページ作成入門（西真由） …………… 247

イラスト図解でよくわかるITインフラの基礎知識（中村親里） ………………… 336

イラスト図解でよくわかるHTML&CSSの基礎知識（中田亨） ………………………… 41

イラストでそこそこわかるLPIC1年生（河野寿） ……………………………………… 173

イラストで学ぶ人工知能概論（谷口忠大） 206

イラストで学ぶディープラーニング（山下隆義） ………………………………… 203

イラストでよくわかるAndroidアプリのつくり方（羽山博） …………………… 187

Illustratorしっかり入門（高野雅弘） ……… 245

Illustratorスーパーリファレンス（井村克也） ………………………………………… 244

Illustratorトレーニングブック（広田正康） ………………………………………… 242

Illustratorパーフェクトマスター（玉生洋一） ………………………………………… 241

岩波講座教育変革への展望（佐藤学） …… 288

岩波講座計算科学（宇川彰） ……… 9, 10

岩波講座現代（大澤真幸） ………………… 84

インタースコア（松岡正剛） ……………… 295

インターネット利用に当たっての成長段階ごとの注意事項 …………………… 270

インターネットをあんぜんにたのしく使おう ………………………………………… 91

インターネットを探して（アンドリュー・ブルーム） ………………………………… 36

インターネット・ゲーム依存症（岡田尊司） ………………………………………… 133

インターネット講座（有賀妙子） ………… 35

インターネット・サイエンスの歴史人物館（岩山知三郎） ……………………… 36

インターネット社会を生きるための情報倫理（情報教育学研究会・情報倫理教育研究グループ） ……………… 83, 103

インターネット社会と情報行動（犬塚先） 89

インターネット消費者相談Q&A（第二東京弁護士会消費者問題対策委員会） ……… 126

インターネット新世代（村井純） ………… 40

インターネットで文献探索（伊藤民雄） … 32

インターネットと人権侵害（佐藤佳弘） … 124

インターネットトラブル事例集 ………… 119

インターネット取引に係る消費者トラブルの実態調査報告書 …………………… 127

インターネット,7つの疑問（大﨑博之） 31

インターネットにおけるルールとマナーこどもばん公式テキスト（インターネット協会） ………………………………… 96

インターネットのお約束 あひるのおやコ 98

インターネットのカタチ（あきみち） …… 38

インターネットの基礎知識（立山秀利） 32, 35

インターネットの憲法学（松井茂記） …… 86

インターネットの自由と不自由－ルールの視点から読み解く（庄司克宏） ……… 84

〈インターネット〉の次に来るもの（ケヴィン・ケリー） ………………………… 48

インターネットの光と影（情報教育学研究会・情報倫理教育研究グループ） …… 84

インターネットのひみつ（入澤宣幸） …… 28

いんた　　　　　書名索引

インターネットの法律とトラブル解決法（神
　田将）‥‥‥‥‥‥‥‥‥‥‥‥‥　127
インターネット文化論（櫻庭太一）‥‥‥　39
インターネット法（松井茂記）‥‥‥‥‥　85
インターネット利用に当たっての成長段階
　ごとの注意事項 ‥‥‥‥‥‥‥‥‥　270
インターネット利用に当たっての成長段階
　ごとの注意事項 ‥‥‥‥‥‥‥‥‥　270
インターネットは自殺を防げるか（末木新）
　‥‥‥‥‥‥‥‥‥‥‥‥‥‥‥‥　334
インターネットはなぜ人権侵害の温床にな
　るのか（吉冨康成）‥‥‥‥‥‥‥‥　125
インターネットは流通と社会をどう変えた
　か（阿部真也）‥‥‥‥‥‥‥‥‥‥　32
インドの小学校で教えるプログラミングの
　授業（織田直幸）‥‥‥‥‥‥‥‥‥　169
インフォーマル学習（山内祐平）‥‥‥　294

【う】

ウィキリークス以後の日本（上杉隆）‥‥‥　71
Windows上でラクラク学べるLinux OS超
　入門（阿久津良和）‥‥‥‥‥‥‥‥　176
Windows 10を用いたコンピューターリテ
　ラシーと情報活用（斉藤幸喜）‥‥‥　339
Windows10セミナーテキスト（土岐順子）‥‥　3
Windows10・メール・インターネット・ワー
　ド・エクセル・パワーポイント必須の操
　作がまとめてわかる本 ‥‥‥‥‥‥　4
Windows Phoneゲームプログラミング（田
　中達彦）‥‥‥‥‥‥‥‥‥‥‥‥　181
Web教材制作演習（黒澤和人）‥‥‥‥　283
ウェブで政治を動かす！（津田大介）‥‥　69
WEB2.0時代の心の教育を創る（河田孝
　文）‥‥‥‥‥‥‥‥‥‥‥‥‥‥　335
Web＋印刷のためのIllustrator活用術（フ
　ァー・インク）‥‥‥‥‥‥‥‥‥　245
Webプログラミングが面白いほどわかる本
　（吉村総一郎）‥‥‥‥‥‥‥‥‥　145
動く！遊べる！小学生のおもしろ工作（成
　美堂出版編集部）‥‥‥‥‥‥‥‥　228
動く！遊べる！小学生のおもしろ工作（滝
　川洋二）‥‥‥‥‥‥‥‥‥‥‥‥　228
動く！遊べる！小学生のおもしろ工作（滝
　川洋二）‥‥‥‥‥‥‥‥‥‥‥‥　228
宇宙に命はあるのか（小野雅裕）‥‥‥‥　18
宇宙の生活大研究（渡辺勝巳）‥‥‥‥　212

【え】

AIが神になる日（松本徹三）‥‥‥‥‥　196
AI時代の情報教育（加納寛子）‥‥‥‥　284
AI時代のリーダーになる子どもを育てる（鈴
　木二正）‥‥‥‥‥‥‥‥‥‥‥‥　263
AI人工知能知るほどに驚き！の話（ライフ・
　サイエンス研究班）‥‥‥‥‥‥‥　47
AI世代のデジタル教育6歳までにきたえて
　おきたい能力55（五十嵐悠紀）‥‥‥　166
AIの衝撃（小林雅一）‥‥‥‥‥‥‥‥　204
AI白書（情報処理推進機構AI白書編集委員
　会）‥‥‥‥‥‥‥‥‥‥‥‥‥‥　197
AI・ロボット開発、これが日本の勝利の法
　則（河鐘基）‥‥‥‥‥‥‥‥‥‥　198
AI・ロボット・生命・宇宙…科学技術のフ
　ロントランナーがいま挑戦していること
　（川口淳一郎）‥‥‥‥‥‥‥‥‥　195
ARMチャレンジャー（キットで学ぶ教材研
　究委員会）‥‥‥‥‥‥‥‥　234, 237
AR（エーアール）（拡張現実）で何が変わる
　のか？（川田十夢）‥‥‥‥‥‥‥　52
AR入門（佐野彰）‥‥‥‥‥‥‥‥‥　51
エアロアクアバイオメカニクス（エアロ・ア
　クアバイオメカニズム研究会）‥‥‥　225
AR－拡張現実（小林啓倫）‥‥‥‥‥‥　52
AR〈拡張現実〉入門（丸子かおり）‥‥‥　52
AR三兄弟の企画書（川田十夢）‥‥‥‥　52
ARポケットガイド（篠田ヒロシ）‥‥‥　52
ASP.NETの絵本（アンク）‥‥‥‥‥　188
英語音声教育実践と音声学・音韻論（有働眞
　理子）‥‥‥‥‥‥‥‥‥‥‥‥‥　282
英語科教育実習ハンドブック（米山朝二）‥‥　307
英語教師のためのコンピュータ活用法（濱
　岡美郎）‥‥‥‥‥‥‥‥‥‥‥‥　314
英語デジタル教材作成・活用ガイド（唐澤
　博）‥‥‥‥‥‥‥‥‥‥‥‥‥‥　301
HTML5でアプリ開発デビュー（日経ソフト
　ウエア）‥‥‥‥‥‥‥‥‥‥‥‥　188
HTML5&CSS3しっかり入門教室（山崎
　響）‥‥‥‥‥‥‥‥‥‥‥‥‥‥　41
HTML5レベル1（吉川徹）‥‥‥‥‥‥　42
HTML＋CSSクイックマスター（ウイネッ
　ト）‥‥‥‥‥‥‥‥‥‥‥‥‥‥　43
液晶画面に吸いこまれる子どもたち（下田
　博次）‥‥‥‥‥‥‥‥‥‥‥‥‥　100
Excelでわかるディープラーニング超入門
　（涌井良幸）‥‥‥‥‥‥‥‥‥‥　194
SNSカウンセリング入門（杉原保史）‥‥‥　330

350

SNS時代の写真ルールとマナー（日本写真家協会） …………………………… 104

SNSで一目置かれる堀潤の伝える人になろう講座（堀潤） ………………… 59

SNSで夢を叶える（ゆうこす） …………… 60

SNSトラブル回避術（富士通エフ・オー・エム株式会社） …………………… 127

SNSに振り回されないで（高橋暁子） ……… 132

XNovelでつくるiPhone（アイフォーン）ノベルゲーム（アライコウ） ……… 182

XBeeによるArduino無線ロボット工作（鈴木美朗志） …………………… 233

EDIUS Proパーフェクトガイド（阿部信行） ………………………………… 241

絵でわかる人工知能（三宅陽一郎） ……… 201

絵でわかるスーパーコンピュータ（姫野龍太郎） …………………………… 10

絵でわかるロボットのしくみ（瀬戸文美） …… 221

絵解きでわかるiPhoneアプリ開発超入門（七島偉之） ………………… 185

絵解き マイコンCプログラミング教科書（鹿取祐二） ……………………… 161

エニグマ アラン・チューリング伝（アンドルー・ホッジス） ……………… 21

NHKプロフェッショナル仕事の流儀（NHK「プロフェッショナル」制作班） ……… 250

エピソードでたどるパソコン誕生の謎（岸野正剛） ………………………… 12

エビデンスに基づくインターネット青少年保護政策（齋藤長行） …………… 76

AviUtl動画編集実践ガイドブック（オンサイト） …………………………… 240

MR入門（佐野彰） …………………… 46

「炎上」と「拡散」の考現学（小峯隆生＋筑波大学ネットコミュニティ研究グループ） …………………………… 85

エンタテインメント・ゲーム・アニメ・マンガ・声優の仕事につくには ……… 258

enchant.jsスマートフォンゲーム開発講座（phi） ……………………………… 179

【お】

おいしい！ 授業（家本芳郎） …………… 308

おうちで学べるセキュリティのきほん（増井敏克） ………………………… 112

おうちで学べるネットワークのきほん（Gene） …………………………… 36

おうちで学べるプログラミングのきほん（河村進） ………………………… 178

大分県における教育の情報化のための『情報教育イノベータ』育成プログラムの開発（大分大学『情報教育イノベータ』養成教育プログラム実施部門） ……… 317

お母さんのための子供のデジタルマナーとしつけ（中元千鶴） …………… 101

岡澤メソッド小学校英語with電子黒板（岡澤永一） ……………………… 316

お金のミライは僕たちが決める（我妻弘崇） …………………………… 45

尾木ママの女の子相談室（尾木直樹） ……… 121

尾木ママの10代の子をもつ親に伝えたいこと（尾木直樹） ……………… 126

お子様が安全に安心してインターネットを利用するために保護者ができること ……… 275

おしえて！ 尾木ママ最新SNSの心得（尾木直樹） ………… 28, 58, 120, 130

教えて考えさせる音楽の授業（内田有一） …… 304

おしゃべりなコンピュータ（情報・システム研究機構国立情報学研究所） …… 7

おしゃべりロボット「マグボット」（小池星多） …………………………… 233

落ちない飛行機への挑戦（鈴木真二） ……… 206

お父さんが教える13歳からの金融入門（デヴィッド・ビアンキ） ………… 43

音と映像（成蹊大学文学部学会） ………… 310

大人を黙らせるインターネットの歩き方（小木曽健） ……………………… 91

おとなが読んで・知って・まもるこどもiPad（吉田メグミ） ……………… 87

大人になったらしたい仕事（朝日中高生新聞編集部） ……………………… 251

大人になってこまらないマンガで身につくネットのルールとマナー（遠藤美季） …… 90

オートメーション・バカ（ニコラス・G・カー） …………………………… 220

Objective-Cの絵本（アンク） ………… 188

OpenGL ESを使ったAndroid 2D（ツーディー）/3Dゲームプログラミング（大西武） …………………………… 180

OpenGLで作るAndroid SDK（エスディーケー）ゲームプログラミング（中島安彦） …………………………… 182

オープンソース・ソフトウェアで学ぶ情報リテラシ（石田雅） ……………… 340

面白いほどよくわかる電気のしくみ（山内ススム） ………………………… 39

面白いほどよくわかるロボットのしくみ（大宮信光） ……………………… 225

おもしろまじめなAIスピーカーアプリをつくろう－Google Home（アシスタント）＆Amazon Echo（Alexa）音声アシスタント開発（松浦健一郎） ……… 229

子どもの本 情報教育・プログラミングの本2000冊　**351**

おもし　　書名索引

おもしろまじめなチャットボットをつくろ
　う（松浦健一郎）················ 166
親子でかんたんスクラッチプログラミング
　の図鑑（松下孝太郎）··········· 147
親子で楽しく学ぶ！マインクラフトプログ
　ラミング（Tech Kids School）··· 153
親子で楽しむこどもお仕事塾（夢さがしプ
　ロジェクト）················· 255
親子で始めるプログラミング ········· 155
親子でベーシック入門（蘆田昇）······· 156
親子で学ぶインターネットの安全ルール（い
　けだとしお）·················· 90
親子でまなぶステップアップ式プログラミ
　ング（TENTO）··············· 154
親子で学ぶスマホとネットを安心に使う本
　（鈴木朋子）··················· 91
親子で学ぶ！統計学はじめて図鑑（渡辺美
　智子）······················· 28
親子で学ぶはじめてのプログラミング（掌
　田津耶乃）··················· 151
親子で学ぶプログラミング超入門（星野尚）
　··························· 148
親子で読むケータイ依存脱出法（磯村毅）··· 131
親子の対話によるケータイ対応マニュアル
　（子どもとメディア）············ 27
「親子のためのネット社会の歩き方セミナー」
　実施報告書（コンピュータ教育開発セン
　ター）·············· 102, 103, 279
親子向けインターネット・ネチケット入門
　（井上直子）·················· 97
親は知らない（読売新聞社会部）······· 118
オリジナルの画像認識AIを簡単に作ろう！
　（安田恒）··················· 229
音楽室に奇跡が起こる（城佳世）······· 312
オンラインゲームを支える技術（中嶋謙互）
　··························· 182
オンラインゲームのしくみ（河田匡稔）··· 176
オンラインゲームは若年層に悪影響をあた
　えるのか？（竹野真帆）·········· 61
オンライン・バカ（マイケル・ハリス）··· 54

【か】

会社のしごと（松井大助）··········· 254
カウンセリングを考える（河合隼雄）····· 332
科学感動物語 ················ 9, 17
科学者を目指したくなる！おもしろ科学実
　験＆知識ブック ··············· 30
科学の偉人伝（白鳥敬）············ 24
科学のお話『超』能力をもつ生き物たち（石
　田秀輝）··················· 213
科学の最前線を歩く（東京大学教養学部）··· 216

科学の花嫁（ベンジャミン・ウリー）··· 23
科学の目で見る特殊車両（小倉茂徳）··· 215
書きかたがわかるはじめての文章レッスン
　（金田一秀穂）·················· 56
書きたいことが、いっぱいみつかる作文教
　室（田近洵一）················· 56
学習活動を支援するICT支援機器としての
　タブレット端末の導入とその利用 ··· 288
学習規律の徹底とICTの有効活用（堀田龍
　也）······················· 299
学習指導と学校図書館（渡辺重夫）····· 308
学習指導と学校図書館（堀川照代）····· 290
学習指導と学校図書館（齋藤泰則）····· 293
学習者とともに取り組む授業改善（松田稔
　樹）······················· 305
学習者の思考力を高めるプログラミング教
　育の学習支援（宮川洋一）········· 323
学生時代に学びたい情報倫理（鞆大輔）··· 89
学生のためのSNS活用の技術（佐山公一）··· 57
楽譜作成ソフトDorico入門（スタイルノー
　ト楽譜制作部）··············· 246
学力5つのメソッド（杉田久信）······· 315
家族とつながるiPad使いこなしガイド（竹
　田真）······················ 14
家族のためのインターネットセキュリティ
　ガイド（マリアン・メリット）····· 108
学級担任のための普通教室ICT活用術（國
　眼厚志）··················· 305
かっこいい動画を作ろう！（森皿尚行）··· 72
学校「裏」サイト対策Q（きゅう）＆A（鈴木
　崇弘）····················· 129
学校・家庭でできるメディアリテラシー教
　育（藤川大祐）················· 81
学校危機とコンサルテーション（細田眞司）
　··························· 332
学校コミュニティへの緊急支援の手引き（窪
　田由紀）··················· 331
学校で知っておきたい著作権（小寺信良）·· 103, 288
学校で取り組む情報社会の安全・安心（堀田
　龍也）····················· 315
学校でのICT利用による読み書き支援（近
　藤武夫）··················· 326
学校と図書館でまなぶインターネット活用
　法（ジェームス・E.ヘリング）····· 294
学校におけるいじめ（ピーター・K・スミ
　ス）······················ 123
学校における著作権教育アンケート調査報
　告書····················· 297
学校の情報セキュリティ実践マニュアル
　（NTTラーニングシステムズ）····· 108
学校臨床（本間友巳）············· 334
活用型学力を育てる授業づくり（木原俊行）
　··························· 313

352

書名索引　　きよう

家庭・学校・社会子どものトラブル解決法
　（横山正夫）　………………………… 129
家庭科におけるICT活用の実態に関する調
　査（全国家庭科教育協会）　…………… 284
家庭でマスター！　小学生のスマホ免許（遠
　藤美季）　…………………………………… 94
家庭でマスター！　中学生のスマホ免許（遠
　藤美季）　………………………………… 120
家庭や学級で語り合うスマホ時代のリスク
　とスキル（竹内和雄）　………………… 126
家電の科学（山名一郎）　………………… 221
必ずできる！　iPadプレゼンテーション（松
　茂幹）　…………………………………… 240
可能性としての文化情報リテラシー（岡田
　浩樹）　……………………………………… 81
可能性としてのリテラシー教育（助川幸逸
　郎）　……………………………………… 311
画面の向こうに人がいる　………………… 90
体と心保健総合大百科（少年写真新聞社）
　…………………………… 97, 135, 137, 139
変わりゆく日本人のネットワーク（石黒格）
　……………………………………………… 54
考え合う授業の追究（藤本英実）　……… 302
考える情報学（中西裕）　…………………… 80
考える情報学2.0（中西裕）　……………… 289
「感じる・考える・伝え合う」授業づくり（新
　井英靖）　………………………………… 326
かんたん！スマートフォン＋FlashAirで楽
　しむIoT電子工作（小松博史）　……… 231
かんたんネットワーク入門（三輪賢一）　… 32
かんたんRuby（すがわらまさのり）　…… 159
感動する英語授業！教師のためのICT簡単
　面白活用術55（大塚謙二）　…………… 317
感動する仕事！泣ける仕事！　…………… 256
管理職のための「教育情報化」対応ガイド
　（堀田龍也）　…………………………… 316

【き】

記憶する道具（美崎薫）　…………………… 38
気を付けて!!サイバー空間の落し穴　…… 107
気をつけよう！　SNS（小寺信良）　……… 95
気をつけよう！　消費者トラブル（秋山浩
　子）　……………………………………… 122
気をつけよう！　情報モラル　…… 91, 118, 130
気をつけよう！　情報モラル（永坂武城）
　………………………………… 95, 96, 103
気をつけよう！　スマートフォン（小寺信
　良）　………………………… 25, 58, 94, 131
機械より人間らしくなれるか？（ブライア
　ン・クリスチャン）　…………………… 205

企業とつくる「魔法」の授業（藤川大祐）　… 283
棋士とAI（王銘琬）　……………………… 194
棋士とAIはどう戦ってきたか（松本博文）　… 197
擬人化でまなぼ！ITインフラのしくみ（岡
　嶋裕史）　…………………………………… 32
擬人化でまなぼ！ネットワークのしくみ
　（岡嶋裕史）　……………………………… 33
基礎からきちんと知りたい人のC/C＋＋プ
　ログラミング入門（原田英生）　……… 172
基礎からきちんと知りたい人のC# プログ
　ラミング入門（原田英生）　…………… 173
基礎からきちんと知りたい人のVisual Ba-
　sicプログラミング入門（原田英生）　… 172
基礎からの情報リテラシー（本間学）　… 341
基礎から学ぶ機械工作（門田和雄）　…… 234
基礎から学ぶUnity 3Dアプリ開発（梅原嘉
　介）　……………………………………… 166
基礎からわかる「Web」と「ネットワーク」
　（瀧本往人）　……………………………… 36
基礎からわかる情報リテラシー（奥村晴彦）
　………………………………… 82, 337, 340
基礎情報処理（中桐大壽）　……………… 340
キッズのための情報セキュリティ対策　… 107
キャリア教育支援ガイドお仕事ナビ（お仕
　事ナビ編集室）　…………………… 251, 254
キャリア教育に活きる！　仕事ファイル（小
　峰書店編集部）　………………… 250〜252
9年間の校内研究と情報モラル教育のまと
　め　……………………………………… 300
キュレーションの時代（佐々木俊尚）　…… 89
教育ICTガイドブック　…………………… 287
教育課程・方法論（松尾知明）　………… 282
教育心理学（子安増生）　………………… 298
教育心理学（石上浩美）　………………… 291
教育心理学エチュード（糸井尚子）　…… 309
教育とIT情報　…………………………… 297
教育と学びの原理（早川操）　…………… 296
教育に生かすデジタルストーリーテリング
　（西岡裕美）　…………………………… 301
教育におけるゲーミフィケーションに関す
　る実践的研究（藤川大祐）　…………… 294
教育のイデア（武安宥）　………………… 281
教育の最新事情（千葉大学教育学部附属教
　員養成開発センター）　………………… 127
教育の最新事情と研究の最前線（茨城大学
　教育学部学校教育教室）　……………… 283
教育の社会学（近藤博之）　……………… 298
教育の情報化と著作権教育（野中陽一）　… 315
教育の情報化に関する手引（文部科学省）　… 313
教育のためのICT活用（中川一史）　…… 287
教育のトレンド（OECD教育研究革新セン
　ター）　…………………………………… 311

子どもの本 情報教育・プログラミングの本2000冊　**353**

きょう　　　　　　　書名索引

教育の場で「説明する」ためのパソコン術
　（宇多賢治郎）……………………………… 287
教育の方法と技術（柴田義松）……………… 298
教育の方法と技術（田中俊也）……………… 284
教育分野におけるICT利活用推進のための
　情報通信技術面に関するガイドライン
　（手引書）…………………………………… 305
教育分野におけるクラウドを中心としたICT
　環境構築のための調達ガイドブック……… 295
教育分野におけるクラウド導入に対応する
　情報セキュリティに関する手続きガイド
　ブック ……………………………………… 295
教育方法学の実践研究（古藤泰弘）………… 307
教育方法論（広石英記）……………………… 303
教育方法論（谷田貝公昭）…………………… 298
教育メディア（稲葉竹俊）…………………… 298
教育メディアの開発と活用（近藤勲）……… 298
教科指導と読み書き・ICT活用（筑波大学附
　属聴覚特別支援学校中学部）……………… 329
教科の本質を見据えたコンピテンシー・ベ
　イスの授業づくりガイドブック（奈須正
　裕）…………………………………………… 284
教材学概論（日本教材学会）………………… 291
教師をめざす学生のための教育情報リテラ
　シー15日間（田村順一）…………………… 78
教室にICTがやってきた（葛飾区教育委員
　会）…………………………………………… 301
教師と児童・生徒のデジタル教科書に関す
　る調査 …………………………… 289, 307
教師の情報活用能力育成政策に関する研究
　（小柳和喜雄）……………………………… 318
教師のためのiPhone & iPad超かんたん活
　用術（蔵満逸司）…………………………… 291
教師のための情報リテラシー（舟生日出男）
　………………………………………………… 80
教師のためのパワポ活用術（稲葉直太）…… 292
教職員のための情報モラル＆情報セキュ
　リティ（富士通エフ・オー・エム株式会
　社）…………………………………………… 297
教職員のための情報リテラシー（ジャイア
　ント・リープ）……………………………… 300
教職教養講座（高見茂）……………………… 281
教職・情報機器の操作（高橋参吉）…… 294, 313
教養としての情報処理（寺内衛）…………… 343
教養としてのプログラミング講座（清水亮）
　……………………………………………… 177
キーワードで学ぶ最新情報トピックス（久
　野靖）…………………………………… 337〜340
キーワードで読み解く人工知能（松尾公也）
　……………………………………………… 190
近未来科学ファイル20XX（荒舩良孝）……… 211

【く】

クイズ＆パズルでわかる数と図形のナゾ（コ
　リン・スチュアート）……………………… 262
Google Earthと旅する世界の歴史（ペ
　ニー・ワームズ）…………………………… 36
グーグル、アップルに負けない著作権法（角
　川歴彦）……………………………………… 105
Googleサービスがぜんぶわかる本 ………… 31
Googleサービスがまるごとわかる本 ……… 31
Googleサービス完全マニュアル（桑名由
　美）…………………………………………… 31
グーグルに異議あり！（明石昇二郎）……… 73
グーグルに学ぶディープラーニング（日経
　ビッグデータ）……………………………… 199
クジラ飛行机先生のプログラミング入門書
　（クジラ飛行机）…………………………… 171
国・企業・メディアが決して語らないサイ
　バー戦争の真実（西本逸郎）……………… 144
クラウド時代の著作権法（小泉直樹）……… 105
クラウド導入ガイドブック…………………… 295
クラウドなんてこわくない！（牧野武文）… 38
くらしにつながるノーベル賞（若林文高）… 16
クラスがまとまる理科のしごとば…………… 307
グラフィックデザイナー（スタジオ248）…… 258
クレヨンしんちゃんのまんがお仕事おもし
　ろ百科（臼井儀人）………………………… 253
黒上晴夫・堀田龍也のプログラミング教育導
　入の前に知っておきたい思考のアイディ
　ア（黒上晴夫）……………………………… 321
グローバル時代の学校教育（日本学校教育
　学会「グローバル時代の学校教育」編集
　委員会）……………………………………… 306
グローバル人材を育てる（筑波大学附属学
　校教育局）…………………………………… 310

【け】

計画的に取り組む情報モラル指導…………… 317
敬語使いこなしパーフェクトマニュアル（井
　上明美）……………………………………… 57
撃退！ チェーンメール チェーンメール対
　策BOOK ……………………………………… 107
撃退！ 迷惑メール 迷惑メール対策BOOK
　……………………………………………… 107
ケースで考える情報社会（大島武）………… 81
ケータイ・インターネットの歩き方 ……… 91
ケータイを安全に正しく使うために（高知
　県人権啓発センター）……………………… 103

書名索引　　こども

ケータイ・ネットに気をつけろ！（富樫康明）……………………………… 106
ケータイの形態学 ………………………… 26
ケータイのデザイン（ヒヨコ舎）………… 27
ケータイの2000年代（松田美佐）………… 26
ケータイの文化人類学（金暻和）………… 26
ケータイ廃人（佐藤勇馬）………………… 137
ケータイ犯罪からわが子を守る！（和田秀樹）…………………………………… 144
決定版！ 特別支援教育のためのタブレット活用（金森克浩）…………………… 326
ゲーム・インターネット依存とその克服（香川県教育センター）…………… 137
ゲームを作りながら楽しく学べるHTML5＋CSS＋JavaScriptプログラミング（田中賢一郎）…………………………… 40
ゲームを作りながら楽しく学べるPythonプログラミング（田中賢一郎）………… 168
ゲームクリエイターの仕事（蛭田健司）…… 257
ゲーム作りで学ぶJavaプログラミング入門（工学研究社）…………………… 180
ゲーム作りで学ぶVisual Basic 2010入門（中島省吾）…………………………… 183
ゲーム作りのはじめかた（あすなこうじ）… 177
ゲーム（スマートフォンや家庭用ゲーム機等でのゲーム）を安全・安心に楽しむために知ってもらいたいこと ………… 84
ゲームで学ぶ「JavaScript入門」（田中賢一郎）…………………………………… 173
ゲームの作り方（加藤政樹）……………… 172
ゲームプログラミング入門（日経ソフトウエア）…………………………………… 178
ゲームはこうしてできている（岸本好弘）… 260
検索エンジンはなぜ見つけるのか（森大二郎）…………………………………… 38
腱鞘炎は自分で治せる（高林孝光）……… 138
現代詐欺師シノギの手口（夏原武）……… 144
現代社会と応用心理学 …………………… 67
現代情報社会におけるプライバシー・個人情報の保護（村上康二郎）……… 109
現代の不眠（塩見利明）…………………… 141
現場で役立つ生徒指導実践プログラム（新井肇）…………………………………… 335

【こ】

高校社会と情報 学習ノート（実教出版編修部）…………………………………… 337
高校生が教える先生・保護者のためのLINE教室（旭LINE同盟）………………… 61
高校生が教わる「情報社会」の授業が3時間でわかる本（沼晃介）……………… 337
高校生からはじめるプログラミング（吉村総一郎）…………………………… 40
高校生・大学生にみられる「こころの障害」（武藤直義）…………………… 131
高校生のためのアルゴリズム入門 ……… 158
高校生のためのゲームで考える人工知能（三宅陽一郎）…………………… 189
工作でわかるモノのしくみ－AI時代を生きぬくモノづくりの創造力が育つ（ニック・アーノルド）………………… 262
行動改善を目指した情報モラル教育（酒井郷平）……………………………… 330
高等学校におけるアクティブラーニング（溝上慎一）………………………… 293
高度情報化時代の「学び」と教育（東北大学大学院教育情報学研究部）……… 311
公民科・地歴科・社会科の実践研究（矢吹芳洋）……………………………… 303
国語教育における話し合い指導の研究（長田友紀）……………………………… 294
CocosCreatorではじめるゲーム制作（朱鷺裕二）………………………………… 168
cocos2d-xではじめるスマートフォンゲーム開発（三木康暉）………………… 176
cocos2dで作るiPhone ＆ iPadゲームプログラミング（Steffen Itterheim）……… 182
cocos2dでつくるiPhoneゲーム（久保島祐磨）……………………………………… 179
心を育てるみんなのぎもん（東風安生）… 92
心をもつロボット（武野純一）…………… 223
心と体を蝕む「ネット依存」から子どもたちをどう守るのか（樋口進）……… 132
心の強い子どもを育てる（石川結貴）…… 275
5才からはじめるすくすくプログラミング（阿部和広）………………………… 157
個人情報そのやり方では守れません（武山知裕）…………………………… 115
個人情報の盗難を防止するために ……… 117
COZMOと学ぶプログラミング（ジャムハウス編集部）……………………… 145
子育てをもっと楽しむ（中村肇）………… 194
ご存知ですか？ フィルタリング ……… 107
Godot Engineではじめるゲーム制作（天沢らせん）……………………………… 173
コードでチャレンジ！ マインクラフトプログラミング（Tech Kids School）…… 146
言葉は大事だ！ じてん ………………… 56
こどもあんぜん図鑑（講談社）…………… 93
子どもを億万長者にしたければプログラミングの基礎を教えなさい（松林弘治）… 175
子供をゲーム依存症から救う精神科医の治療法（岩崎正人）……………… 136
こどもおしごとキャラクター図鑑（給料BANK）……………………………… 250

子どもの本 情報教育・プログラミングの本2000冊　**355**

子どもを社会科好きにする授業(谷和樹) ····· 312

子供がケータイを持ってはいけないか?(小寺信良) ····· 89

子どもが主役の学校、作りました。(竹内薫) ····· 284

こどもが楽しむ「プログラミン」入門(岡嶋裕史) ····· 156

子ども像の探究(是澤博昭) ····· 88

子どもたちが危ない! スマホの現実(あきもと司) ····· 124

子どもと一緒に楽しむ! プログラミング ····· 152

子どもと情報メディア(村田育也) ····· 66

子どもとスマホ(石川結貴) ····· 117

子どもと学ぶScratchプログラミング入門(竹林暁) ····· 150

子どもと学ぶビスケットプログラミング入門(原田康徳) ····· 147

子どもに教えるためのプログラミング入門(田中一成) ····· 170

子どもにプログラミングを学ばせるべき6つの理由(神谷加代) ····· 174

子どもによる子どものためのICT活用入門(西川純) ····· 297

子どもに読んで伝えたい! おうちではじめるプログラミングの授業(阿部崇) ····· 263

子ども熱中! 中学社会「アクティブ・ラーニング」授業モデル(北村明裕) ····· 297

子どもの安全とリスク・コミュニケーション(関西大学経済・政治研究所子どもの安全とリスク・コミュニケーション研究班) ····· 100

子どもの現在(いま)(秋山弥) ····· 90

子どもの考える力を育てるゼロから学ぶプログラミング入門(すわべしんいち) ····· 149

子どものケータイ(下田博次) ····· 129

子どもの心に寄り添う(愛知東邦大学地域創造研究所) ····· 325

子どものこころの支援連携・協働ワークブック(前川あさ美) ····· 335

子どもの才能を引き出す最高の学び プログラミング教育(石嶋洋平) ····· 159

子どもの思考力向上のためのデジタル機器を生かした授業実践(埼玉大学教育学部附属小学校) ····· 305

子どものスマホ・トラブル対応ガイド(安川雅史) ····· 117

子どもの世界を読みひらく(香川七海) ····· 312

子どもの"総合的な能力"の育成と生きる力(玉井康之) ····· 287

子どもの相談・救済ガイドブック(子どもの権利条約総合研究所) ····· 333

子どものための『ケータイ』ルールブック(目代純平) ····· 96

子どものための法律相談(第一東京弁護士会少年法委員会) ····· 121

子どものネット依存(遠藤美季) ····· 130

子どものネットトラブルに悩む親の法律知識Q&A(牧野和夫) ····· 125

子どもの秘密がなくなる日(渡辺真由子) ····· 129

子どもの"プログラミング的思考"をグングン伸ばす本(横山達大) ····· 152

子どもの防犯マニュアル(舟生岳夫) ····· 142

こどもパソコンIchigoJamはじめてのでんし工作(Natural Style) ····· 227

こどもプログラミング読本(風穴江) ····· 157

こどもプログラミングドリル(武井一巳) ····· 146

子ども、保護者、教員で考えるインターネットトラブル防止ガイド(SNAスクールネットワークアドバイザー) ····· 120

この一冊で全部わかるセキュリティの基本(みやもとくにお) ····· 109

この1冊でまるごとわかるブロックチェーン&ビットコイン(日経ビッグデータ) ····· 47

コピペではじめるiPhone(アイフォーン)ゲームプログラミング(立花翔) ····· 181

コピペではじめるAndroidゲームプログラミング(山下武志) ····· 179

コミュニケーション力が育つ情報モラルの授業(三宅貴久子) ····· 316

コミュニティメディア(進藤美希) ····· 54

米のプロに聞く! 米づくりのひみつ(鎌田和宏監修) ····· 210

これ1冊で完全理解電子書籍(西田宗千佳) ····· 69

これ一冊で完全理解Linuxカーネル超入門(日経Linux) ····· 176

これ1冊でゼロから学べるWebプログラミング超入門(掌田津耶乃) ····· 171

これ一冊で身につくネットワークの基本としくみ(Gene) ····· 30

これからWebをはじめる人のHTML & CSS、JavaScriptのきほんのきほん(たにぐちまこと) ····· 42

これからつくるiPhoneアプリ開発入門(藤治仁) ····· 187

これからの小学校英語教育の発展(高橋美由紀) ····· 314

これからはじめるプログラミング作って覚える基礎の基礎(谷尻かおり) ····· 171

これからはじめるプロジェクションマッピング(藤川佑介) ····· 50

これからはじめるLINE基本&活用ワザ(コグレマサト) ····· 60

これだけ! 著作権と情報倫理(数研出版編集部) ····· 89

これだけはおさえておこう! スマホのセキュリティ対策8選 初めてのスマホセキュリティハンドブック ····· 24

書名索引　　　さこく

これだけは知っておきたい「著作権」の基本と常識（宮本督） …………………… 104

これで大丈夫！ 小学校プログラミングの授業（小林祐紀） ……………………… 318

これならわかる！ ネットワーク入門講座（水口克也） ………………………………… 39

Corel VideoStudio X10 PRO/ULTIMATE オフィシャルガイドブック（山口正太郎） …………………………………………… 244

コワ〜いツイッターの話（別冊宝島編集部） ………………………………………… 129

コワ〜いネットの話（別冊宝島編集部） ……… 128

今度こそわかる量子コンピューター（西野友年） ……………………………………… 6

コンピューターを使わない小学校プログラミング教育（小林祐紀） …………… 322

コンピュータ開発のはてしない物語（小田徹） …………………………………………… 5

コンピュータが小説を書く日（佐藤理史） … 200

コンピューターがネットと出会ったら（坂村健） ………………………………………… 49

コンピュータシステム技術教授用指導書 …… 300

コンピュータ将棋の進歩（松原仁） ………… 207

コンピュータって（ポール・E・セルージ） …………………………………………… 8

コンピューターってどんなしくみ？（村井純） …………………………………………… 1

コンピューターで「脳」がつくれるか（五木田和也） ………………………………… 200

コンピューターと生きる（佐藤淳一） ……… 336

コンピュータに記憶を与えた男（ジェーン・スマイリー） ………………………………… 19

コンピューターの基礎知識（下田孔也） ……… 8

コンピュータのひみつ（ひろゆうこ） ………… 1

コンピュータのひみつ（山本貴光） ………… 342

コンピューター・リテラシー（宮田雅智） …… 4

コンピュータリテラシ（米崎直樹） ………… 342

コンピュータリテラシー（澁澤健太郎） …… 342

コンピューターリテラシーMicrosoft Office（花木泰子） ……………………………… 239

【さ】

サイエンス異人伝（荒俣宏） ………………… 21

サイエンス大図鑑（アダム・ハート＝デイヴィス） …………………………………… 34

最強囲碁AIアルファ碁解体新書（大槻知史） ……………………………………… 190

最強！ はたらくスーパーマシンのひみつ100 ………………………………………… 1

最新IoTがよ〜くわかる本（神崎洋治） …… 46

最新ICTを活用した私の外国語授業（吉田晴世） ………………………………………… 303

最新＆定番のプロの技術がしっかり学べるInDesignパーフェクトブック CC2018対応（森裕司） …………………………… 246

最新・基本パソコン用語事典（秀和システム第一出版編集部） …………………………… 4

最新社会と情報 学習ノート（実教出版編修部） ………………………………………… 338

最新情報モラル（大橋真也） ………………… 94

最新 事例でわかる情報モラル（実教出版編集部） ………………………………………… 101

最新事例でわかる情報モラル（実教出版編修部） ………………………………………… 101

最新人工知能がよ〜くわかる本（神崎洋治） …………………………………………… 201

最新図解で早わかり人工知能がまるごとわかる本（田口和裕） …………………… 195

最新Study Guideメディア・リテラシー（鈴木みどり） ……………………………… 80

最新スマートスピーカーらくらくカンタンガイド（吉岡豊） ………………………… 193

最新手紙・メールのマナーQ&A事典（井上明美） ……………………………………… 57

最新プログラミング教授用指導書 ………… 323

最新わかりすぎる情報セキュリティの教科書（SCC教育事業推進本部セキュリティ教育部） ……………………………………… 111

サイバーエージェント公式こどもプログラミング超入門（テックキッズスクール） … 147

「サイバー危機（クライシス）」の記録（御池鮎樹） ……………………………………… 142

サイバー攻撃（中島明日香） ……………… 108

サイバーセキュリティ読本（一田和樹） …… 109

サイバーセキュリティ2020（日本ネットワークセキュリティ協会未来予測プロジェクト） ……………………………………… 111

サイバーセキュリティ入門（猪俣敦夫） …… 111

サイバーセキュリティのひみつ（ひろゆうこ） …………………………………………… 107

サイバー戦争（山田井ユウキ） …………… 144

サイバー犯罪対策ガイドブック（末藤高義） …………………………………………… 144

サイバー犯罪とデジタル鑑識の最前線！（洋泉社編集部） …………………………… 144

サイバー犯罪入門（足立照嘉） …………… 141

サイバーリスクから子どもを守る（経済協力開発機構） ……………………………… 143

坂本真樹先生が教える人工知能がほぼほぼわかる本（坂本真樹） ………………… 197

「sakura.io」ではじめるIoT電子工作（大澤文孝） ……………………………………… 229

ザ・黒板（加藤昌男） ……………………… 296

子どもの本 情報教育・プログラミングの本2000冊　357

さふえ　　　　　　　書名索引

Surface完全（コンプリート）大事典（伊藤浩一）‥‥‥‥‥‥‥‥‥‥‥‥‥‥　14
産業とくらしを変える情報化（堀田龍也）‥‥‥‥‥‥‥‥‥‥　37, 63, 310
30時間でマスターインターネット（実教出版編修部）‥‥‥‥‥‥‥‥‥‥‥‥　43
算数でわかるPythonプログラミング（田中一成）‥‥‥‥‥‥‥‥‥‥‥‥　149

【し】

GISで楽しい地理授業（森泰三）‥‥‥‥　304
視覚障害のある児童生徒のための教科書デジタルデータの活用及びデジタル教科書の在り方に関する研究（国立特別支援教育総合研究所）‥‥‥‥‥‥‥‥　326
しくみがわかる深層学習（手塚太郎）‥‥　160
C言語とC＋＋がわかる本（矢沢久雄）‥　178
思考力・判断力・表現力等を育成する指導と評価（横浜国立大学教育人間科学部附属横浜中学校）‥‥‥‥‥‥　299, 303
仕事を選ぶ（朝日中学生ウイークリー編集部）‥‥‥‥‥‥‥‥‥‥‥‥‥‥　259
仕事という名の冒険（樋口景一）‥‥‥‥　259
仕事発見！生きること働くことを考える（毎日新聞社）‥‥‥‥‥‥‥‥‥　260
CG＆ゲームを仕事にする。（尾形美幸）‥　259
CGイラストテクニック（Anmi）‥‥‥‥　245
CGイラストテクニック（DSマイル）‥‥　241
C#の絵本（アンク）‥‥‥‥‥‥‥‥　164
史上最強のロボット（高橋智隆）‥‥‥‥　223
次世代スパコン「エクサ」が日本を変える！（辛木哲夫）‥‥‥‥‥‥‥‥‥‥　8
自然会話ロボットを作ろう！（鄭立）‥‥　232
時代を切り開いた世界の10人（髙木まさき）‥‥‥‥‥‥‥‥‥‥‥‥‥　16
時代をきりひらくIT企業と創設者たち‥　22, 61
肢体不自由教育における子ども主体の子どもが輝く授業づくり（飯野順子）‥‥　324
実験でわかるインターネット（岡嶋裕史）‥‥‥　39
実験でわかる科学のなぜ？（コリン・スチュアート）‥‥‥‥‥‥‥‥‥‥‥　262
10歳からのデジタル・シチズンシップ（清水護治）‥‥‥‥‥‥‥‥‥‥‥‥　94
10才からはじめるゲームプログラミング図鑑（キャロル・ヴォーダマン）‥‥‥　149
10才からはじめるプログラミング図鑑（キャロル・ヴォーダマン）‥‥‥‥‥　156
実践！Androidプログラミング入門（中島省吾）‥‥‥‥‥‥‥‥‥‥‥‥　172
実践！スマホ修行（藤川大祐）‥‥‥‥　84

〈実践〉特別支援教育とAT（アシスティブテクノロジー）（金森克浩）‥‥　327, 329
実践 日本語表現ワークブック（中村萬里）‥‥　56
実践ひきこもり回復支援プログラム（宮西照夫）‥‥‥‥‥‥‥‥‥‥‥‥　134
実践メディアリテラシー（大重史朗）‥‥‥　77
実践ロボットプログラミング（藤吉弘亘）‥‥‥　226
知っておきたい情報社会の安全知識（坂井修一）‥‥‥‥‥‥‥‥‥‥‥‥　83
知ってる!?ケータイやインターネットも使い方ひとつで…‥‥‥‥‥‥‥‥　101
10分で読める発明・発見をした人の伝記（塩谷京子）‥‥‥‥‥‥‥‥‥‥‥　15
自動作曲・伴奏ソフトBB22 for Mac入門ガイド（近藤隆史）‥‥‥‥‥‥‥　248
児童心理学の進歩（日本児童研究所）‥　331, 333
シニア・マルチメイジャーのすすめ（石井威望）‥‥‥‥‥‥‥‥‥‥‥‥‥　44
Cの絵本（アンク）‥‥‥‥‥‥‥‥　169
C＋＋の絵本（アンク）‥‥‥‥‥‥　167
自分で作る！ゲームプログラミング入門‥‥　176
自分で学んでいける生徒を育てる（中田賀之）‥‥‥‥‥‥‥‥‥‥‥‥‥　299
Sibelius/Sibelius | First実用ガイド（スタイルノート楽譜制作部）‥‥‥‥‥　246
社会科教師のための地理教材の作り方（櫻井明久）‥‥‥‥‥‥‥‥‥‥‥　313
社会科見学に役立つわたしたちのくらしとまちのしごと場（ニシ工芸児童教育研究所）‥‥‥‥‥‥‥‥‥‥‥　255
社会科授業づくりトレーニングBOOK（澤井陽介）‥‥‥‥‥‥‥‥‥‥‥　298
社会科授業づくりの分岐点（日立社会活性化プロジェクト）‥‥‥‥‥‥‥　313
社会科の達人が推薦する社会科重要資料の指導法30選（堀田龍也）‥‥　297, 299
社会でがんばるロボットたち（佐藤知正）‥　208, 209
社会デザインと教養（目白大学社会学部社会情報学科）‥‥‥‥‥‥‥‥‥　322
社会とつながる学校教育に関する研究（藤川大祐）‥‥‥‥‥‥‥‥　304, 308
社会認識を育てる教材・教具と社会科の授業づくり（井ノ口貴史）‥‥‥‥‥　300
JavaScriptゲームプログラミング（田中賢一郎）‥‥‥‥‥‥‥‥‥‥‥‥　168
JavaScriptの絵本（アンク）‥‥‥‥‥　164
JAPANESE MAKERS（草彅洋平）‥‥‥　221
Javaの絵本（アンク）‥‥‥‥‥‥‥　170
11歳からの正しく怖がるインターネット（小木曽健）‥‥‥‥‥‥‥‥‥‥‥　82
15歳からはじめるiPhone（アイフォーン）わくわくゲームプログラミング教室（沼田哲史）‥‥‥‥‥‥‥‥‥‥‥　158

書名索引　　　　しよう

15歳からはじめるAndroidわくわくゲーム
プログラミング教室(掌田津耶乃)……… 158
15歳からはじめるAndroidわくわくブログ
ラミング教室(掌田津耶乃)…………… 158
15歳の可能性(加瀬ヒサヲ)………………… 29
13歳からはじめるゼロからのC言語ゲーム
プログラミング教室(大槻有一郎)……… 159
13歳から身につける一生モノの文章術(近
藤勝重)…………………………………… 55
就職しない生き方(インプレスジャパン編
集部)…………………………………… 261
10代からの情報キャッチボール入門(下村
健一)…………………………………… 75
10代からのプログラミング教室(矢沢久
雄)……………………………………… 148
10代のためのケータイ心得(スメリー)…… 97
10代のための仕事図鑑(大泉書店編集部)…… 252
重度・重複障がい児の発達と指導法(進一
鷹)……………………………………… 329
12歳からの心理学(多湖輝)………………… 97
12歳からのスマホのマナー入門(藤川大
祐)……………………………………… 94
12歳からのマナー集(多湖輝)……………… 96
12歳 か ら は じ め るHTML5とCSS3
(TENTO)……………………………… 40
12歳からはじめるJavaScriptとウェブアプ
リ(TENTO)…………………………… 184
12歳からはじめるゼロからのC言語ゲーム
プログラミング教室(大槻有一郎)…… 156
12歳からはじめるゼロからのPythonゲーム
プログラミング教室(大槻有一郎)…… 151
10年後の世界を生き抜く最先端の教育(茂
木健一郎)……………………………… 164
10年つかえるSEOの基本(土屋健太郎)…… 34
18歳からはじめる情報法(米丸恒治)……… 82
18歳からはじめる民法(潮見佳男)………… 119
18歳の著作権入門(福井健策)……………… 103
14歳からはじめるHTML5 ＆ JavaScript
わくわくゲームプログラミング教室(大
槻有一郎)……………………………… 158
14歳からはじめるC言語わくわくゲームプ
ログラミング教室(大槻有一郎)…… 157, 158
「授業づくりネットワーク」(ネットワーク
編集委員会)…………………………… 288
授業づくりネットワーク(ネットワーク編
集委員会)…………………………… 295, 296
授業づくりの成功法則(福山憲市)………… 317
授業でICTを使ってみよう………………… 299
授業で役立つ!!タブレットを活用した実践
事例…………………………………… 282
授業のメディア略説(近藤大生)…………… 293
授業名人が語るICT活用(野口芳宏)……… 309

主体的・対話的で深い学びを実現する！板
書＆展開例でよくわかる社会科授業づく
りの教科書 3・4年(朝倉一民)………… 280
主体的・対話的で深い学びの環境とICT(久
保田賢一)……………………………… 280
趣味や仕事で使える！かんたんホームペー
ジのつくり方(山本浩司)……………… 43
ジュリアン・アサンジ自伝(ジュリアン・ア
サンジ)………………………………… 23
シュレーディンガーの猫、量子コンピュー
タになる。(ジョン・グリビン)………… 7
障害者の読書と電子書籍(日本盲人社会福
祉施設協議会情報サービス部会)……… 68
障害のある児童生徒のためのICT活用に関
する総合的な研究(国立特別支援教育総
合研究所)……………………………… 326
障害の重い子供のコミュニケーション指導
(小池敏英)…………………………… 327
障害の重い子どもの授業づくり(飯野順子)
…………………………………………… 325
小学生から楽しむRubyプログラミング(ま
ちづくり三鷹)………………………… 157
小学生からの知っておきたい「お金」のす
べて(荻原博子)……………………… 44
小学生からのプログラミングSmall Basic
で遊ぼう!!(米村貴裕)………………… 151
小学生からはじめるわいわいタブレットプ
ログラミング(阿部和広)……………… 150
小学生からはじめるわくわくプログラミン
グ(阿部和広)……………………… 155, 158
小学生・中学生でもできるiPhoneアプリ開
発(泉直樹)…………………………… 185
小学生でもわかるiPhoneアプリのつくり方
(森巧尚)……………………………… 184
小学生でもわかるスマホ＆パソコンそもそ
も事典(秋田勘助)…………………… 1
小学生でもわかるプログラミングの世界(林
晃)……………………………………… 154
小学生のメディア活用に関する研究(坂本
徳弥)…………………………………… 314
小学校英語教育(高橋美由紀)……………… 299
小学校英語の発音と指導(中村良夫)……… 295
小学校英語早わかり実践ガイドブック(大
城賢)…………………………………… 321
小学校教育課程実践講座(日置光久)……… 320
小学校国語科学び合いの授業で使える！「思
考の可視化ツール」(細川太輔)……… 319
小学校算数アクティブ・ラーニングを目指
した授業展開(笠井健一)……………… 295
小学校社会の授業づくりはじめの一歩(柳
沼孝一)………………………………… 294
小学校新学習指導要領の展開(田村学)…… 320
小学校新学習指導要領の展開(白旗和也)…… 284

子どもの本 情報教育・プログラミングの本2000冊　**359**

しよう　　　　　　　書名索引

小学校新学習指導要領ポイント総整理理科
　（片平克弘）・・・・・・・・・・・・・・・・・・・・・　285
小学校でのタブレット端末利用に関する人
　間工学的研究（柴田隆史）・・・・・・・・・・・・　281
小学校にプログラミングがやってきた！（上
　松恵理子）・・・・・・・・・・・・・・・・・・・・・・・　323
小学校の「プログラミング授業」実況中継
　（平井聡一郎）・・・・・・・・・・・・・・・・・・・・　321
小学校プログラミング教育ガイド・・・・・・・・　318
小学校プログラミング教育がわかる、でき
　る（教育デザイン研究所）・・・・・・・・・・・・　321
小学校理科授業実践のステップ（加藤尚裕）　296
小説・マンガで見つける！すてきな仕事（学
　研教育出版）・・・・・・・・・・・・・・・・・・・・・　254
小中学生を対象としたネット安全教育の指
　導法と教材の開発研究（日本教材文化研
　究財団）・・・・・・・・・・・・・・・・・・・・・・・・　312
小中学生からはじめるプログラミングの本
　（石井英男）・・・・・・・・・・・・・・・・・　146, 152
小中学生のための初めて学ぶ著作権（岡本
　薫）・・・・・・・・・・・・・・・・・・・・・・・・・・・　103
小・中学生向け　インターネットあんしんガ
　イド・・・・・・・・・・・・・・・・・・・・・・・・・・・　95
小・中学生向け　インターネットあんしんガ
　イド・・・・・・・・・・・・・・・・・・・・・・・・・・・　95
少年からのシグナル・・・・・・・・・・・・・・・・・　81
少年のスマホ利用に伴うトラブルに注意！
　・・・・・・・・・・・・・・・・・・・・・・・・・・・・・・　119
消費社会と子どもの文化（永井聖二）・・・・・　86
情報科学基礎（伊東俊彦）・・・・・・・・・・・・・　340
情報科学の基礎（井内善臣）・・・・・・・・・・・　342
情報科教育法（岡本敏雄）・・・・・・・・・・・・・　300
情報科教育法（久野靖）・・・・・・・・・・・・・・　289
情報科教育法（本村猛能）・・・・・・・・・・・・・　318
情報学へのとびら（加藤浩）・・・・・・・・・・・　339
情報学教育の新しいステージ（松原伸一）・・　314
情報学習支援ツール実践カード＆ハンドブッ
　ク（黒上晴夫）・・・・・・・・・・・・・・・・・・・・　288
情報学の新展開（川合慧）・・・・・・・・・・・・・　208
情報化時代の基礎知識（守屋政平）・・・・・・・　90
情報化社会と教育（苑復傑）・・・・・・・・・・・・　303
情報化社会における子どもとメディアとの
　関わり・・・・・・・・・・・・・・・・・・・・・・・・・　90
情報化社会の新たな問題を考えるための教
　材（情報化の進展に伴う新たな課題に対
　応した指導の充実に関する調査研究委員
　会）・・・・・・・・・・・・・・・・・・・・・・・・・・・　303
情報化社会の歩き方（佐藤佳弘）・・・・・・・・　103
情報活用学入門（大嶋淳俊）・・・・・・・・・・・・　80
情報化の進展に伴う新たな課題に対応した
　指導の充実に関する調査研究報告書・・・・・　304
情報機器の操作（榎本竜二）・・・・・・・・・・・　341
情報基礎（上繁義史）・・・・・・・・・・・・・・・・　339

情報教育・情報モラル教育（稲垣忠）・・・・・　285
情報教育シンポジウム論文集（情報処理学
　会コンピュータと教育研究会）
　・・・・・・・・・・・・・　301, 306, 309, 312, 316
情報教育の進展と再構築・・・・・・・・・・・・・・　311
情報最新トピック集（久野靖）・・・・・・・　337, 339
情報サービスと著作権（情報サービス産業
　協会）・・・・・・・・・・・・・・・・・・・・・・・・・・　106
情報社会を読み解く（古藤泰弘）・・・・・・・・　313
情報社会とコミュニケーション（茨木正治）
　・・・・・・・・・・・・・・・・・・・・・・・・・・・・・・　55
情報社会における法・ルールと倫理（清野正
　哉）・・・・・・・・・・・・・・・・・・・・・・・・・・・　99
情報社会のいじめ問題（伊藤賢一）・・・・・・・　129
情報社会のデジタルメディアとリテラシー
　（小島正美）・・・・・・・・・・・・・・・・・・・・・　340
情報セキュリティと情報倫理（山田恒夫）・・　83
情報セキュリティ入門（羽室英太郎）・・・・・　114
情報セキュリティ入門（佐々木良一）・・・・・　114
情報セキュリティ白書（情報処理推進機構）
　・・・・・・・・・・・・・・・・・・・・・・・・・・・・・・　108
情報通信技術はどのように発達してきたの
　か（井上伸雄）・・・・・・・・・・・・・・・・・・・・　32
情報通信白書（総務省）・・・・・・・・・・・・・・・　31
情報とコンピューター・・・・・・・・・・・・・・・・　305
情報ネットワークの仕組みを考える（河西
　宏之）・・・・・・・・・・・・・・・・・・・・・・・・・・　35
情報の科学　学習ノート（実教出版編修部）・・・　338
情報の基礎（中田美喜子）・・・・・・・・・・・・・　341
情報のセキュリティと倫理（山田恒夫）・・・・　114
情報のノート「新・社会と情報」（日本文教
　出版編集部）・・・・・・・・・・・・・・・・・・・・・　338
情報のノート「新・情報の科学」（日本文教
　出版編集部）・・・・・・・・・・・・・・・・・・・・・　338
情報のノート「新・見てわかる社会と情報」
　（日本文教出版編集部）・・・・・・・・・・・・・・　338
情報メディアの活用・・・・・・・・・・・・・・・・・　316
情報メディアの活用（山本順一）・・・・・・・・　290
情報メディアの活用（二村健）・・・・・・・・・・　316
情報メディア白書（電通メディアイノベー
　ションラボ）・・・・・・・・・・・・・・・・・・・・・　25
情報モラル（柴田匡啓）・・・・・・・・・・・・・・・　102
情報モラル＆情報セキュリティ（富士通エ
　フ・オー・エム株式会社）・・・・・・・・・・・・　99
情報リテラシー（山川修）・・・・・・・・・・・・・　341
情報リテラシー（日経BP社）・・・・・・・・・・・　77
情報リテラシー（富士通エフ・オー・エム）
　・・・・・・・・・・・・・・・・・・・・・・・・・・・・・・　336
情報リテラシー　アプリ編（富士通エフ・
　オー・エム）・・・・・・・・・・・・・・・・・・・・・　238
情報リテラシーOffice 2016（杉本くみ子）・・・・　339
情報リテラシー教育の実践（日本図書館協
　会図書館利用教育委員会）・・・・・・・・・・・・　318

360

書名索引　　　　しんる

情報リテラシー教科書（矢野文彦）‥‥‥‥ 338
情報リテラシー入門（日経BP社）‥‥‥‥‥ 77
情報リテラシー入門（平田浩一　ほか）‥‥‥ 336
情報リテラシー入門編（富士通エフ・オー・
　エム）‥‥‥‥‥‥‥‥‥‥‥‥‥‥‥ 336
情報倫理（髙橋慈子）‥‥‥‥‥‥‥‥‥‥ 78
情報倫理（田代光輝）‥‥‥‥‥‥‥‥‥‥ 88
情報・倫理・知的財産（白井豊）‥‥‥‥‥ 102
情報倫理入門（土屋俊）‥‥‥‥‥‥‥‥‥ 87
情報倫理の挑戦（竹之内禎）‥‥‥‥‥‥‥ 85
職業ガイド・ナビ（ヴィットインターナショ
　ナル企画室）‥‥‥‥‥‥‥‥‥‥‥‥ 261
職場体験完全ガイド‥‥‥‥‥‥‥ 252, 256
女性と情報（昭和女子大学女性文化研究所）
　‥‥‥‥‥‥‥‥‥‥‥‥‥‥‥‥‥‥ 70
女性の職業のすべて（女性の職業研究会）‥‥ 257
初等国語科教育（塚田泰彦）‥‥‥‥‥‥‥ 282
ショートムービー作りでおぼえる動画撮影
　の教科書（瀬川陣市）‥‥‥‥‥‥‥‥ 68
ジョブズ伝説（高木利弘）‥‥‥‥‥‥‥‥ 23
書物と映像の未来（長尾真）‥‥‥‥‥‥‥ 72
ジョン・ハンケ世界をめぐる冒険（ジョン・
　ハンケ）‥‥‥‥‥‥‥‥‥‥‥‥‥‥ 18
知らないではすまされないインターネット
　利用の心得ケーススタディ（鳥飼重和）‥ 87
知らないではすまされない！わが子を守る
　法律知識（髙野浩樹）‥‥‥‥‥‥‥‥ 124
調べてまとめて新聞づくり（竹泉稔）‥‥‥‥ 63
調べるって楽しい！（大串夏身）‥‥‥‥‥ 76
シリーズ・道徳と「いじめ」（稲葉茂勝）‥‥ 118, 119
自立をかなえる！特別支援教育ライフス
　キルトレーニング実践ブック（梅永雄
　二）‥‥‥‥‥‥‥‥‥‥‥‥‥‥‥‥ 328
自律走行ロボットカーを作る（長野達朗）‥‥ 235
私立中学・高校生活指導の法律相談（八塚憲
　郎）‥‥‥‥‥‥‥‥‥‥‥‥‥‥‥‥ 332
事例から学ぶ情報セキュリティ（中村行宏）
　‥‥‥‥‥‥‥‥‥‥‥‥‥‥‥‥‥‥ 113
事例で学ぶコンピュータリテラシー（菊地
　紀子）‥‥‥‥‥‥‥‥‥‥‥‥‥‥‥ 9
事例で学ぶ情報セキュリティ（富士通エフ・
　オー・エム）‥‥‥‥‥‥‥‥‥‥‥‥ 108
事例で学ぶプライバシー（宮下紘）‥‥‥‥ 111
事例でわかる情報モラル（実教出版編修部）
　‥‥‥‥‥‥‥‥‥ 98, 99, 131, 133
新いちばんやさしいiMovie入門（斎賀和
　彦）‥‥‥‥‥‥‥‥‥‥‥‥‥‥‥‥ 243
新・親子で学ぶインターネットの安全ルー
　ル（いけだとしお）‥‥‥‥‥‥‥‥‥ 96
進化を続けるアルファ碁（洪道場）‥‥‥‥ 197
進化する情報社会（児玉晴男）‥‥‥‥‥‥ 89
シンギュラリティ（NAIST-IS書籍出版委員
　会）‥‥‥‥‥‥‥‥‥‥‥‥‥‥‥‥ 33

シンギュラリティは怖くない（中西崇文）‥‥ 198
シンギュラリティは近い（レイ・カーツワイ
　ル）‥‥‥‥‥‥‥‥‥‥‥‥‥‥‥‥ 203
ジンケンダーと3つの約束‥‥‥‥‥‥‥‥ 91
人工感情（福田正治）‥‥‥‥‥‥‥‥‥‥ 193
人口減少社会におけるICTの活用による教
　育の質の維持向上に係る実証事業岐阜県
　（本巣市）報告書‥‥‥‥‥‥‥‥‥‥ 287
人工知能ガイドブック（I O編集部）‥‥‥ 202
人工知能革命の真実（中島秀之）‥‥‥‥‥ 193
人工知能教科書（赤間世紀）‥‥‥‥‥‥‥ 207
人工知能時代を生き抜く子どもの育て方（神
　野元基）‥‥‥‥‥‥‥‥‥‥‥‥‥‥ 198
人工知能時代を〈善く生きる〉技術（堀内進
　之介）‥‥‥‥‥‥‥‥‥‥‥‥‥‥‥ 192
人工知能と社会（AIX）‥‥‥‥‥‥‥‥‥ 193
人工知能と友だちになれる？（新井紀子）‥‥ 189
人工知能の核心（羽生善治）‥‥‥‥‥‥‥ 198
人工知能の基礎（馬場口登）‥‥‥‥‥‥‥ 205
人工知能のきほん‥‥‥‥‥‥‥‥‥‥‥ 191
人工知能の「最適解」と人間の選択（NHK
　スペシャル取材班）‥‥‥‥‥‥‥‥‥ 195
人工知能の作り方（三宅陽一郎）‥‥‥‥‥ 199
人工知能はいかにして強くなるのか？（小
　野田博一）‥‥‥‥‥‥‥‥‥‥‥‥‥ 199
人工知能はこうして創られる（合原一幸）‥‥ 196
人工知能はどのようにして「名人」を超え
　たのか？（山本一成）‥‥‥‥‥‥‥‥ 197
人工知能はなぜ未来を変えるのか（松尾豊）
　‥‥‥‥‥‥‥‥‥‥‥‥‥‥‥‥‥‥ 201
人工知能は人間を超えるか（松尾豊）‥‥‥ 204
人工知能は私たちの生活をどう変えるのか
　（水野操）‥‥‥‥‥‥‥‥‥‥‥‥‥ 200
震災に負けない！Twitter・ソーシャルメ
　ディア「超」活用術（新しい情報インフ
　ラを考える会）‥‥‥‥‥‥‥‥‥‥‥ 70
新・10歳からのルール100（10歳からのルー
　ルを考える会）‥‥‥‥‥‥‥‥‥ 91, 92
新13歳のハローワーク（村上龍）‥‥‥‥‥ 256
新・情報リテラシー教科書（広島大学新・情
　報リテラシー教科書編集委員会）‥‥‥ 342
新・図解チャートよくわかる実習〈情報〉（定
　平誠）‥‥‥‥‥‥‥‥‥‥‥‥‥‥‥ 341
人生を棒に振るスマホ・ネットトラブル（久
　保田裕）‥‥‥‥‥‥‥‥‥‥‥‥‥‥ 126
新説情報リテラシー（杉浦司）‥‥‥‥‥‥ 80
しんせつなPython（とおやまただし）‥‥‥ 170
新だれにも聞けないなやみ相談の本‥‥‥‥ 121
新聞の嘘を見抜く（徳山喜雄）‥‥‥‥‥‥ 77
人類を超えるAIは日本から生まれる（松田
　卓也）‥‥‥‥‥‥‥‥‥‥‥‥‥‥‥ 203
人類なら知っておきたい、「人工知能」の今
　と未来の話（本田幸夫）‥‥‥‥‥‥‥ 202

子どもの本 情報教育・プログラミングの本2000冊　**361**

【す】

「スイカ」の原理を創った男（馬場錬成）……… 50

スイッチ製作とおもちゃの改造入門（金森克浩）…………………………………… 327

SwiftでつくるiPhoneアプリやさしい制作入門（泉直樹）…………………… 187

Swiftポケットリファレンス（片渕彼富）… 185

数学ガール（結城浩）……………………… 183

数学好きを育てる教材アイデア（松沢要一）……………………………………… 290

図解HTML5 & CSS3（リブロワークス）… 42

図解初学者のためのコンピュータのしくみ（平澤茂一）……………………………… 9

「図解」スマートフォンのしくみ（井上伸雄）………………………………………… 27

図解ソーシャルメディア早わかり（松村太郎）…………………………………………… 71

図解でよくわかるSEのための業務知識（克元亮）…………………………………… 260

図解でわかる 14歳から知っておきたいAI（インフォビジュアル研究所）………… 189

図解プログラミング教育がよくわかる本（石戸奈々子）…………………………… 265

図解マイナンバー法のすべてQ&A（みずほ情報総研株式会社）………………… 49

好きなモノから見つけるお仕事（藤田晃之）……………………………………… 250

すぐ実践できる情報スキル50（塩谷京子）… 292

すぐ使えるWindows 10&Office活用読本（日経パソコン編集）………………… 3

すぐ使えるMac&Office活用読本（日経パソコン編集）…………………………… 3

すぐに役立つ図解とQ&Aでわかる最新ネットトラブルの法律知識とプロバイダへの削除依頼・開示請求の仕方（服部真和）………………………………………… 125

Scratchコーディングカード（ナタリー・ラスク）…………………………………… 161

SCRATCHで楽しく学ぶアート＆サイエンス（石原淳也）………………………… 145

Scratchでつくる！ たのしむ！ プログラミング道場（角田一平）……………… 154

SCRATCHではじめよう！ プログラミング入門（阿部和広）………………… 174

Scratchではじめるときめきプログラミー作って楽しい！ 動かしてうれしい！考えて学べる！（中山久美子）…… 145

スクラッチではじめるプログラミング（石原正雄）………………………………… 177

Scratchで学ぶプログラミングとアルゴリズムの基本（中植正剛）……………… 174

スクラッチ2.0アイデアブック（石原正雄）… 177

スクールカーストの正体（堀裕嗣）………… 124

Squirrelゲームプログラミング（TAKASHIN）……………………… 180

Scoremaker公式ガイドブック（スタイルノート楽譜制作部）………………… 247

ScoremakerZERO公式ガイドブック（スタイルノート楽譜制作部）…………… 246

スコアメーカー10公式活用ガイド（スタイルノート楽譜制作部）……………… 248

すごい家電（西田宗千佳）………………… 219

すごい！ なぜ？ どうして？ 子どもといっしょにコンピュータとプログラミングを学ぶ本（矢沢久雄）…………………… 154

鈴木さんにも分かるネットの未来（川上量生）………………………………………… 33

スタディーノではじめるうきうきロボットプログラミング（阿部和広）………… 228

スッキリわかるC言語入門（中山清喬）…… 161

スティーブ・ジョブズ（ウォルター・アイザックソン）…………………………… 20

スティーブ・ジョブズ（パム・ポラック）… 17

スティーブ・ジョブズ（大谷和利）………… 16

スティーブ・ジョブズ（八坂考訓）………… 16

スティーブ・ジョブズ（林信行）…………… 16

スティーブ・ジョブズ（脇英世）… 18, 19, 21

スティーブ・ジョブズ（筑摩書房編集部）… 21

スティーブ・ジョブズ（ジェシー・ハートランド）………………………………… 15

スティーブ・ジョブズ1995ロスト・インタビュー（スティーブ・ジョブズ）…… 22

スティーブ・ジョブズは何を遺したのか（林信行）……………………………… 23

ストップ！ ゲーム依存（藤川大祐）……… 130

STOP！ 自画撮り！ ……………………… 91

STOP！ ネット犯罪 ……………………… 119

頭脳対決！ 棋士vs.コンピュータ（田中徹）……………………………………… 207

スノーデン・ショック（デイヴィッド・ライアン）………………………………… 111

スノーデンファイル（ルーク・ハーディング）……………………………………… 114

スパコンを知る（岩下武史）………………… 7

スーパーヒューマン誕生！（稲見昌彦）… 219

スパム（フィン・ブラントン）…………… 112

SpriteKitではじめる2Dゲームプログラミング（村田知常）…………………… 175

すべてバッチリ!!ワクワクお仕事ナビ（ビチレモンブックス編集部）…………… 255

すべてわかるIoT大全 …………………… 50

すべてわかるビッグデータ大全 ………… 206

スマート社会を実現するIoT/AI〈人工知能〉/ロボットがサクッとわかる本(神崎洋治) ……… 44

スマートフォンを安心して利用するために(スマートフォン・クラウドセキュリティ研究会) ……… 115

スマートフォン個人情報が危ない!(御池鮎樹) ……… 115

スマートフォン時代の法とルール(清野正哉) ……… 102

スマート本(倉垣英男) ……… 99

スマホ&SNSの安心設定ブック(ジャムハウス編集部) ……… 25

スマホ依存の親が子どもを壊す(諸富祥彦) ……… 133

スマホうつ(川井太郎) ……… 140

スマホを使うあなたへ ……… 27

スマホが学力を破壊する(川島隆太) ……… 137

"スマホ首"があらゆる不調を引き起こす!(鄭信義) ……… 139

「スマホ首」が自律神経を壊す(松井孝嘉) ……… 138

スマホ首サポーター美ネック(今村大祐) ……… 139

スマホ首病が日本を滅ぼす(松井孝嘉) ……… 137

スマホゲーム依存症(樋口進) ……… 132

スマホ時代に対応する生徒指導・教育相談(竹内和雄) ……… 333

スマホ時代の親たちへ(藤原大祐) ……… 123

スマホ時代の学級づくり(塩崎義明) ……… 309

スマホ時代の授業あそび(塩崎義明) ……… 308

「スマホ症候群」に気をつけて!(木津直昭) ……… 140

スマホ世代の子どもたちと向き合うために教師が知っておくべきネット社会とデジタルのルール(楢原毅) ……… 293

スマホ世代の子どものための主体的・対話的で深い学びにむかう情報モラルの授業(今度珠美) ……… 285

スマホ世代のためのパソコン入門(村松茂) ……… 1

スマホ・タブレットで子どもの能力を開発しよう(瀬戸武生) ……… 26

スマホ断食(藤原智美) ……… 120

スマホ中毒症(志村史夫) ……… 136

スマホチルドレン対応マニュアル(竹内和雄) ……… 134

スマホで動かすArduino(鄭立) ……… 232

スマホで馬鹿になる(和田秀樹) ……… 134

スマホ廃人(石川結貴) ……… 132

スマホ・パソコン・SNS(講談社) ……… 1

スマホ目を解消! 目元スティック(島田淑子) ……… 139

スラスラ読めるJavaScriptふりがなプログラミング(及川卓也) ……… 161

スラスラわかるHTML & CSSのきほん(狩野祐東) ……… 41

3Dの時代(渡辺昌宏) ……… 52

【せ】

生活用IoTがわかる本(野城智也) ……… 47

成績をハックする(スター・サックシュタイン) ……… 280

生徒指導とスクール・コンプライアンス(坂田仰) ……… 332

生物化するコンピュータ(デニス・シャシャ) ……… 8

生命と機械をつなぐ授業(西垣通) ……… 309

世界一受けたいソーシャルメディアの授業(松宮義仁) ……… 69

世界一やさしいエクセル2016 ……… 239

世界一やさしいパソコンの本(ぴよひな) ……… 2

世界一やさしいワード2016 ……… 239

世界一わかりやすいIllustrator & Photoshop操作とデザインの教科書(ピクセルハウス) ……… 242

世界一わかりやすいIllustrator操作とデザインの教科書(ピクセルハウス) ……… 244

世界一わかりやすいInDesign操作とデザインの教科書 CC/CS6対応(ベクトルハウス) ……… 246

世界一わかりやすいエクセル&ワード ……… 239

世界一わかりやすい! プログラミングのしくみ(サイボウズ) ……… 162

世界を動かす巨人たち(池上彰) ……… 19

世界をかえたインターネットの会社(アダム・サザーランド) ……… 17, 29

世界を変えた50人の女性科学者たち(レイチェル・イグノトフスキー) ……… 17

世界を変えた! スティーブ・ジョブズ(アマンダ・ジラー) ……… 17

世界を変えた100人の女の子の物語(エレナ・ファヴィッリ) ……… 15

世界を変えるデザインの力(ナガオカケンメイ) ……… 222

世界を変える80年代生まれの起業家(山口哲一) ……… 22

世界を信じるためのメソッド(森達也) ……… 76

世界がおどろいた! のりものテクノロジー航空機の進化(トム・ジャクソン) ……… 219

世界最大級のロボット競技会ファーストレゴリーグ公式ガイドブック(鴨志田英樹) ……… 218

世界でいちばん簡単なAndroidプログラミングのe本(野田ユウキ) ……… 186

せかい　　書名索引

世界でいちばん簡単なPythonプログラミングのe本（金城俊哉） …………… 168

世界でいちばん簡単なVisualBasicのe本（金城俊哉） ………………… 163

世界でさいしょのプログラマー（フィオナ・ロビンソン） ………………… 15

世界に勝てる！ 日本発の科学技術（志村幸雄） ………………… 224

世界にほこる日本の先端科学技術（法政大学自然科学センター） ………… 190

セコム（こどもくらぶ編） ………………… 107

絶対に挫折しないiPhoneアプリ開発「超」入門（高橋京介） …………… 186

serato DJパーフェクト・ガイド（EDIT INC.） ………………… 248

ゼロからはじめるiPadスマートガイド（技術評論社編集部） …………… 14

ゼロからはじめるインスタグラムInstagram（リンクアップ） …………… 59

ゼロからはじめる情報リテラシー（高橋尚子） ………………… 57

ゼロからはじめるSkypeスマートガイド（リンクアップ） ………………… 61

ゼロからやさしくはじめるPython入門（クジラ飛行机） ………………… 163

ゼロからわかる人工知能 ………………… 191

ゼロからわかるPython超入門（佐藤美登利） ………………… 160

センサーでなんでもできるおもしろまじめ電子工作（蔵下まさゆき） …… 232

先生と子どもがいっしょに学べるはじめてのプログラミング（櫻木翔太） … 146

先生のための小学校プログラミング教育がよくわかる本（利根川裕太） …… 321

先生・保護者のためのケータイ・スマホ・ネット教育のすすめ（今津孝次郎） … 101

先生・保護者のためのスマホ読本（今津孝次郎） ………………… 98

全貌ウィキリークス（マルセル・ローゼンバッハ） ………………… 72

【そ】

総務省 安心してインターネットを使うために 国民のための情報セキュリティサイト ………………… 107

速達速効！ 改訂学習指導要領×中央教育審議会答申（天笠茂） ……… 285, 286

ソーシャルゲームはなぜハマるのか（深田浩嗣） ………………… 62

ソーシャルスキルトレーニングのためのICT活用ガイド（山西潤一） …… 325

ソーシャルネットワーク革命がみるみるわかる本（ふくりゅう） ………… 71

ソーシャル無法地帯（ローリー・アンドリューズ） ………………… 127

ソーシャルメディア炎上事件簿（小林直樹） ………………… 128

ソーシャルメディア四半世紀（佐々木裕一） ………………… 65

ソーシャルメディア社会の教育（松原伸一） ………………… 301

ソーシャルメディア絶対安全マニュアル トラブルにまきこまれないFacebook、Twitter、LINEの使い方（西村博之） … 95

ソーシャルメディア中毒（高橋暁子） … 133

ソーシャルメディアで伝わる文章術（前田めぐる） ………………… 61

ソーシャルメディアの何が気持ち悪いのか（香山リカ） ………………… 68

ソーシャルメディアの夜明け（平野友康） … 70

ソーシャルメディアの罠（宮田穣） …… 67

ソーシャルメディア論（藤代裕之） …… 67

ソーシャルワークによるICT活用と多職種連携（西内章） ………………… 330

ソーシャルワークの理論と方法（大和三重） ………………… 335

速効！ 図解Windows 10（川上恭子） … 6

ソニー（こどもくらぶ） ………………… 2

その情報、本当ですか？（塚田祐之） … 76

その「つぶやき」は犯罪です（鳥飼重和） … 99

そのまま使えるiPhoneゲームプログラム（藤枝崇史） ………………… 184

その「もの忘れ」はスマホ認知症だった（奥村歩） ………………… 138

空の旅を科学する（伊藤恵理） ……… 201

孫正義のデジタル教育が日本を救う（中村東吾） ………………… 314

【た】

大切な子どもの守り方（舟生岳夫） … 117

タイピングが1週間で身につく本（佐藤大翔） ………………… 9

第四次産業革命（西村康稔） ………… 47

大予測次に来るキーテクノロジー（城田真琴） ………………… 45

DirectX 9実践プログラミング（I O編集部） ………………… 180

闇（ダーク）ウェブ（セキュリティ集団スプラウト） ………………… 142

たくさがわ先生が教えるパソコン超入門（たくさがわつねあき） ……… 337

闘え！ 高専ロボコン（萱原正嗣） …… 209

書名索引　　　　　　　　　　　　　　　　　　ちよう

正しいコピペのすすめ（宮武久佳）‥‥‥‥‥ 104
脱！ SNSのトラブル（佐藤佳弘）‥‥‥‥‥‥ 119
脱！ スマホのトラブル（佐藤佳弘）‥‥‥‥‥ 117
脱ネット・スマホ中毒（遠藤美季）‥‥‥‥‥ 132
〈楽しいガジェットを作る〉いちばんかんた
　んなラズベリーパイの本（海上忍）‥‥‥‥ 232
楽しい授業をつくる（教育ネット研究所白
　板ソフト出版編集委員会）‥‥‥‥‥‥‥‥ 296
たのしいプログラミング！（小笠原種高）‥‥ 150
楽しい文章教室 ‥‥‥‥‥‥‥‥‥‥‥‥‥‥ 56
たのしいラズパイ電子工作ブック（高江賢）
　‥‥‥‥‥‥‥‥‥‥‥‥‥‥‥‥‥‥‥‥ 226
たのしくできるArduino電子工作（牧野浩
　二）‥‥‥‥‥‥‥‥‥‥‥‥‥‥‥‥‥‥ 236
たのしくできるArduino電子制御（牧野浩
　二）‥‥‥‥‥‥‥‥‥‥‥‥‥‥‥‥‥‥ 234
たのしくできるIntel Edison電子工作（牧野
　浩二）‥‥‥‥‥‥‥‥‥‥‥‥‥‥‥‥‥ 230
たのしくできるRaspberry Piとブレッド
　ボードで電子工作（加藤芳夫）‥‥‥‥‥‥ 232
楽しく学ぶアルゴリズムとプログラミング
　の図鑑（森巧尚）‥‥‥‥‥‥‥‥‥‥‥‥ 170
楽しく学ぶJava入門（大津真）‥‥‥‥‥‥‥ 172
楽しく学べるAndroidプログラミング（村山
　要司）‥‥‥‥‥‥‥‥‥‥‥‥‥‥‥‥‥ 188
タブレットがまるごとわかる本 ‥‥‥‥‥‥‥ 14
タブレット教材の作り方とクラス内反転学
　習（赤堀侃司）‥‥‥‥‥‥‥‥‥‥‥‥‥ 296
タブレット端末を活用した21世紀型コミュ
　ニケーション力の育成（中川一史）‥‥‥‥ 299
タブレット端末を授業に活かす NHK for
　School実践事例62（中川一史）‥‥‥‥‥‥ 280
タブレット端末で実現する協働的な学び（中
　川一史）‥‥‥‥‥‥‥‥‥‥‥‥‥‥‥‥ 302
タブレットPC・スマホ時代の子どもの教育
　（中邑賢龍）‥‥‥‥‥‥‥‥‥‥‥‥‥‥ 329
タブレットは紙に勝てるのか（赤堀侃司）‥‥ 302
タミヤ工作パーツで作るしくみがわかるロ
　ボット工作教室（メカヅキ）‥‥‥‥‥‥‥ 236
ためしてわかる身のまわりのテクノロジー－
　AI時代を生きぬく問題解決のチカラが育
　つ（ニック・アーノルド）‥‥‥‥‥‥‥‥ 262
ダメ情報の見分けかた（荻上チキ）‥‥‥‥‥ 81
誰でも作れるセンサロボット（熊谷文宏）‥‥ 227
誰にでもリスクがあるネット依存（中山秀
　紀）‥‥‥‥‥‥‥‥‥‥‥‥‥‥‥‥‥‥ 134
だれもが実践できるネットモラル・セキュ
　リティ（堀田龍也）‥‥‥‥‥‥‥‥‥‥‥ 98
探究！ 教育心理学の世界（藤澤伸介）‥‥‥ 287
探Q！ 日本のひみつ～いろいろなしごと～
　（青山邦彦）‥‥‥‥‥‥‥‥‥‥‥‥‥‥ 256

【ち】

知識ゼロからの人工知能入門（清水亮）‥‥‥ 194
知識ゼロからのビッグデータ入門（稲田修
　一）‥‥‥‥‥‥‥‥‥‥‥‥‥‥‥‥‥‥ 203
知識ゼロからはじめるIllustratorの教科書
　（ソシムデザイン編集部）‥‥‥‥‥‥‥‥ 243
知識の社会史（ピーター・バーク）‥‥‥‥‥ 33
父親が知らない娘の真実（黒羽幸宏）‥‥‥‥ 127
知的障害特別支援学校のICTを活用した授
　業づくり（金森克浩）‥‥‥‥‥‥‥‥‥‥ 325
知的LEGO Mindstorms NXTプログラミ
　ング入門（高本孝頼）‥‥‥‥‥‥‥‥‥‥ 236
チャットのなかの青春（岡本よしお）‥‥‥‥ 62
チャットボット（金城辰一郎）‥‥‥‥‥‥‥ 200
ちゃんと使える力を身につけるWebとプ
　ログラミングのきほんのきほん（大澤文
　孝）‥‥‥‥‥‥‥‥‥‥‥‥‥‥‥‥‥‥ 175
中学1年英語授業をリズムとテンポでカッコ
　よくする50の方法（瀧沢広人）‥‥‥‥‥‥ 307
中学英語教師のための小学英語実践への対
　応ハンドブック（高木浩志）‥‥‥‥‥‥‥ 316
中学生・高校生の仕事ガイド（進路情報研究
　会）‥‥‥‥‥‥‥‥‥‥‥‥‥‥‥ 251, 253
中学生でもわかるiOSアプリ開発講座（林
　晃）‥‥‥‥‥‥‥‥‥‥‥‥‥‥‥‥‥‥ 185
中学生でもわかるAndroidアプリ開発講座
　（蒲生睦男）‥‥‥‥‥‥‥‥‥‥‥‥‥‥ 184
中学生でもわかるWindowsストアアプリ開
　発講座（西村誠）‥‥‥‥‥‥‥‥‥‥‥‥ 184
中学生のための「いじめ防止プログラム」
　ICT教材＆授業プラン（松下一世）‥‥‥‥ 331
中学プログラミング（蝦名信英）‥‥‥‥‥‥ 150
中学校技術・家庭「技術分野」授業例で読
　み解く新学習指導要領（竹野英敏）‥‥‥‥ 285
中学校新学習指導要領の展開（古川稔）‥‥‥ 321
中学校と高等学校の連携によるロボット教
　材を使った問題解決学習（大阪府立東百
　舌鳥高等学校）‥‥‥‥‥‥‥‥‥‥‥‥‥ 318
中教審答申を読む（ぎょうせい）‥‥‥‥‥‥ 322
中高生のためのケータイ・スマホハンドブッ
　ク（今津孝次郎）‥‥‥‥‥‥‥‥‥‥‥‥ 25
チューリング（B・ジャック・コープラン
　ド）‥‥‥‥‥‥‥‥‥‥‥‥‥‥‥‥‥‥ 22
チューリングの大聖堂（ジョージ・ダイソ
　ン）‥‥‥‥‥‥‥‥‥‥‥‥‥‥‥‥‥‥ 4
聴覚障害児の発音・発話指導（永野哲郎）‥‥ 325
超監視社会（ブルース・シュナイアー）‥‥‥ 110
長所活用型指導で子どもが変わる‥‥‥‥‥‥ 325

子どもの本 情報教育・プログラミングの本2000冊　**365**

ちょう　　　　　　　　書名索引

超初心者のためのサイバーセキュリティ入
　門（齋藤ウィリアム浩幸）………… 110
超デジタル時代の「学び」（渡部信一）……… 311
超入門！付属ARMマイコンで始めるロボッ
　ト製作（林原靖男）…………………… 236
調布の情報教育 ……………………………… 318
調布の情報教育 ……………………………… 313
著作権教育の第一歩（川瀬真）…………… 308
著作権法がソーシャルメディアを殺す（城
　所岩生）…………………………………… 105
ちょっと待って！ スマホ時代の君たちへ …… 91

【つ】

使って学んで知ろうPC（パソコン）のここ
　ろえneo（楊国林）………………………… 4
月とアポロとマーガレット（ディーン・ロビ
　ンズ）………………………………………… 14
作って楽しい！ ラズパイ・プログラミング
　（松原拓也）……………………………… 232
作って学ぶiPhoneアプリの教科書（森巧
　尚）………………………………………… 185
つくば市ICT教育活用実践事例集（つくば
　市総合教育研究所）…………………… 300
筑波大学附属小学校山本良和の気づきを引
　きだす算数授業（山本良和）………… 308
筑波発教科のプロもおすすめするICT活用
　術（筑波大学附属小学校情報・ICT活動
　研究部）………………………………… 290
作りながら覚えるAndroidプログラミング
　（松岡宜）………………………………… 183
つくりながら覚えるスマホゲームプログラ
　ミング（掌田津耶乃）………………… 171
作りながら楽しく覚えるPremiere Pro（小
　池拓）…………………………………… 240
つくりながら学ぶ！ 深層強化学習（小川雄
　太郎）…………………………………… 161
つながりを煽られる子どもたち（土井隆義）
　……………………………………………… 118
つながり進化論（小川克彦）………………… 55
つながりっぱなしの日常を生きる（ダナ・ボ
　イド）……………………………………… 86
つながる/つながらないの社会学（長田攻
　一）………………………………………… 54
つなぐ・かかわる授業づくりタブレット端
　末を活かす実践52事例（D-project編集
　委員会）………………………………… 300
強いAI・弱いAI（鳥海不二夫）………… 195

【て】

出会い系サイト・コミュニティサイト
　STOP！ 児童被害 ……………………… 120
出会い系サイト詐欺被害対策マニュアル … 128
ディジタルネイティヴのための近未来教室
　（Marc Prensky）……………………… 306
ていねいに基礎を固めるプログラミングの
　入門書（日経ソフトウエア）………… 178
ディープラーニング（谷田部卓）………… 192
できるゼロからはじめるエクセル超入門（柳
　井美紀）………………………………… 239
できるゼロからはじめるパソコン音楽制作
　超入門（侘美秀俊）……………………… 66
できるゼロからはじめるパソコン超入門（法
　林岳之）…………………………………… 6
できるゼロからはじめるLINE & Insta-
　gram & Facebook & Twitter超入門
　（田口和裕）……………………………… 59
できるゼロからはじめるワード＆エクセル
　超入門（井上香緒里）………………… 239
できるゼロからはじめるワード超入門（井
　上香緒里）……………………………… 239
できるパソコンで楽しむマインクラフトプ
　ログラミング入門（広野忠敏）……… 162
できる！ わかる！ ICTを使った算数授業
　（算数授業ICT研究会）………………… 309
デジタル・アーカイブとは何か（岡本真）… 33
デジタル・アーカイブの最前線（時実象一）
　……………………………………………… 34
デジタル機器（スティーブ・パーカー）……… 13
デジタル教育宣言（石戸奈々子）………… 273
デジタル教科書革命（中村伊知哉）……… 315
デジタル教科書・教材及びICTの活用に関
　する基礎調査・研究（国立特別支援教育
　総合研究所）…………………………… 310
デジタル教科書・教材の試作を通じたガイ
　ドラインの検証（国立特別支援教育総合
　研究所）………………………………… 304
デジタル教科書のゆくえ（西田宗千佳）… 311
デジタル教材かんたんレシピ（今田晃一）… 316
デジタル教材で理科が変わる（中川一史）… 318
デジタルコンテンツ白書（経済産業省商務
　情報政策局）…………………………… 46
デジタル時代のクオリティライフ（淺間正
　通）………………………………………… 54
デジタル時代の知識創造（長尾真）……… 105
デジタル時代の著作権（野口祐子）……… 106
デジタル時代の人間行動（松野良一）……… 55

デジタル時代のメディア・リテラシー教育
　（ルネ・ホッブス）‥‥‥‥‥‥‥‥‥ 296
デジタル社会のプライバシー（日本弁護士
　連合会）‥‥‥‥‥‥‥‥‥‥‥‥‥ 116
デジタル社会の法制度（電子開発学園メディ
　ア教育センター教材開発グループ）‥‥‥ 88
デジタル人文学のすすめ（楊暁捷）‥‥‥ 35
デジタルで教育は変わるか（赤堀侃司）‥ 290
デジタルで楽しむ歴史資料（人間文化研究
　機構国立歴史民俗博物館）‥‥‥‥‥‥ 66
デジタルデトックスのすすめ（米田智彦）‥‥ 139
デジタル・デメンチア（マンフレド・シュ
　ピッツァー）‥‥‥‥‥‥‥‥‥‥‥ 140
デジタル・ネイティブとソーシャルメディ
　ア（松下慶太）‥‥‥‥‥‥‥‥‥‥‥ 88
デジタルネイティブの時代（木村忠正）‥‥ 88
デジタル・ネットワーク社会と著作権（半田
　正夫）‥‥‥‥‥‥‥‥‥‥‥‥‥‥ 106
デジタルの作法（宮田健）‥‥‥‥‥‥‥ 113
デジタルメディア時代の教育方法（日本教
　育方法学会）‥‥‥‥‥‥‥‥‥‥‥ 311
デジタルメディアの社会学（土橋臣吾）‥ 66, 70
手づくり工作をうごかそう！ micro：bitプ
　ログラミング（石井モルナ）‥‥‥‥‥ 226
データサイエンス入門（竹村彰通）‥‥‥‥ 3
データでいのちを描く（阿部博史）‥‥‥ 192
データで読み解くスマホ・ケータイ利用トレ
　ンド－ケータイ社会白書〈2016・2017〉
　（NTTドコモモバイル社会研究所）‥‥ 26
徹底図解 パソコンのしくみ（高作義明）‥‥‥ 2
徹底反復で子どもを伸ばす（陰山英男）‥ 317
鉄腕アトムのような医師（髙尾洋之）‥‥ 195
テレビの裏側がとにかく分かる「メディア
　リテラシー」の教科書（長谷川豊）‥‥‥ 79
電気がいちばんわかる本（米村でんじろう）
　‥‥‥‥‥‥‥‥‥‥‥‥‥‥‥‥‥ 25
電気革命（デイヴィッド・ボダニス）‥‥ 20
電気のクライシス（ながいのりあき）‥‥ 210
電子工作ガイドブック（I O編集部）‥‥ 235
電子工作入門以前（後閑哲也）‥‥‥‥‥ 234
電子工作パーフェクトガイド（伊藤尚未）‥ 229
電子黒板への招待（齋藤由紀）‥‥‥‥‥ 291
電子黒板・デジタル教材活用事例集（赤堀侃
　司）‥‥‥‥‥‥‥‥‥‥‥‥‥‥‥ 314
電子黒板亡国論（戸松幸一）‥‥‥‥‥‥ 286
電子黒板まるごと活用術（小学館教育編集
　部）‥‥‥‥‥‥‥‥‥‥‥‥ 298, 308
電子出版と電子図書館の最前線を創り出す
　（湯浅俊彦）‥‥‥‥‥‥‥‥‥‥‥‥ 68
電子部品ごとの制御を学べる！ Raspberry
　Pi電子工作実践講座（福田和宏）‥‥‥ 230
電子メディアは子どもの脳を破壊するか（金
　澤治）‥‥‥‥‥‥‥‥‥‥‥‥‥‥ 141

でんじろう先生のわくわく科学実験（米村
　でんじろう）‥‥‥‥‥‥‥‥‥‥‥ 208
電動王国（はぬまあん）‥‥‥‥‥‥‥‥ 237
電脳の教室（佐藤淳一）‥‥‥‥‥‥‥‥ 342

【と】

動画で学ぶWordPressの学校（たにぐちま
　こと）‥‥‥‥‥‥‥‥‥‥‥‥‥‥ 248
統計ってなんの役に立つの？（涌井良幸）‥ 28
搭載!!人工知能（木村睦）‥‥‥‥‥‥‥ 202
どうすれば「人」を創れるか（石黒浩）‥ 220
東大准教授に教わる「人工知能って、そ
　んなことまでできるんですか？」（塩野
　誠）‥‥‥‥‥‥‥‥‥‥‥‥‥‥‥ 205
透明人間になる方法（白石拓）‥‥‥‥‥ 10
時代（とき）を映すインフラ（漆谷重雄）‥‥ 24
ときめきハッピーおしごと事典（おしごと
　ガール研究会）‥‥‥‥‥‥‥‥‥‥ 254
ときめきハッピーおしごと事典スペシャル
　（おしごとガール研究会）‥‥‥‥‥‥ 251
ドキュメントコンピュータ将棋（松本博文）
　‥‥‥‥‥‥‥‥‥‥‥‥‥‥‥‥ 204
特別支援学校（視覚障害）における教材・教
　具の活用及び情報の共有化に関する研究
　（国立特別支援教育総合研究所）‥‥‥ 328
特別支援学校〈肢体不自由〉におけるアシス
　ティブ・テクノロジー活用のためのガイ
　ド（国立特別支援教育総合研究所）‥‥ 327
特別支援学校（肢体不自由）のAT・ICT活用
　の促進に関する研究（国立特別支援教育
　総合研究所）‥‥‥‥‥‥‥‥‥‥‥ 328
特別支援教育ですぐに役立つ！ ICT活用法
　（佐藤里美）‥‥‥‥‥‥‥‥‥‥‥ 324
特別支援教育におけるATを活用したコミュ
　ニケーション支援（金森克浩）‥‥‥‥ 330
特別支援教育の到達点と可能性（柘植雅義）
　‥‥‥‥‥‥‥‥‥‥‥‥‥‥‥‥ 324
トコトンやさしい人工知能の本（辻井潤一）
　‥‥‥‥‥‥‥‥‥‥‥‥‥‥‥‥ 199
どすこい！ おすもうプログラミング（入江
　誠二）‥‥‥‥‥‥‥‥‥‥‥‥‥ 146
撮ってはいけない（飯野たから）‥‥‥‥ 104
ドラえもん科学ワールドロボットの世界（藤
　子・F・不二雄）‥‥‥‥‥‥‥‥‥ 212
ドラえもん社会ワールド情報に強くなろう
　（藤子・F・不二雄）‥‥‥‥‥‥‥‥ 90
撮る自由（丹野章）‥‥‥‥‥‥‥‥‥‥ 106

【な】

なぜ人工知能は人と会話ができるのか（三宅陽一郎）‥‥‥‥‥‥‥‥‥‥‥ 196

なぜ、人は平気で「いじめ」をするのか？（加野芳正）‥‥‥‥‥‥‥‥ 128

なっとく！アルゴリズム（Aditya Y. Bhargava）‥‥‥‥‥‥‥‥‥‥‥ 169

納得！世界で一番やさしいデジタル用語の基礎知識（湯浅顕人）‥‥‥‥ 8

7さいからはじめるゲームプログラミング（スタープログラミングスクール）‥‥‥‥‥‥‥‥‥‥‥‥ 150

なやみと～る ‥‥‥‥‥‥‥‥‥‥ 119

なりたい自分を見つける！仕事の図鑑（〈仕事の図鑑〉編集委員会）‥‥ 254, 255

なるほど！プログラミング（森巧尚）‥ 166

なるほどわかったコンピューターとプログラミング（ロージー・ディキンズ）‥‥‥ 153

なんでコンテンツにカネを払うのさ？（岡田斗司夫）‥‥‥‥‥‥‥‥‥ 106

なんでも未来ずかん（川崎タカオ）‥‥ 190

【に】

21世紀のICT学習環境（経済協力開発機構）‥‥‥‥‥‥‥‥‥‥‥‥ 289

21世紀のICT教育とその成功の秘訣（赤堀侃司）‥‥‥‥‥‥‥‥‥‥‥ 311

2020教育改革のキモ（フジテレビ「ホウドウキョク」）‥‥‥‥‥‥‥‥‥ 289

2020（JBCCホールディングス株式会社）‥‥‥‥‥‥‥‥‥‥‥‥‥ 206

2020年人工知能時代 僕たちの幸せな働き方（藤野貴教）‥‥‥‥‥‥‥ 197

2100年の科学ライフ（ミチオ・カク）‥ 9

2045年問題（松田卓也）‥‥‥‥‥‥ 207

二足歩行ロボット工作＆プログラミング（江崎徳秀）‥‥‥‥‥‥‥‥‥ 234

二足歩行ロボット自作ガイド（二足歩行ロボット協会）‥‥‥‥‥‥‥‥ 229

日常生活のデジタルメディア（青木久美子）‥‥‥‥‥‥‥‥‥‥‥‥‥ 69

日本サイバー軍創設提案（苫米地英人）‥ 143

日本人のためのクラウドファンディング入門（板越ジョージ）‥‥‥‥‥ 49

日本的ソーシャルメディアの未来（濱野智史）‥‥‥‥‥‥‥‥‥‥‥‥ 72

日本のICT教育にもの申す！（関島章江）‥ 306

日本の給料＆職業図鑑（給料BANK）‥ 257

日本のコンピュータ・IT（こどもくらぶ）‥‥‥‥ 2

日本発21世紀型教育モデル（荒木貴之）‥‥ 318

日本メディア史年表（土屋礼子）‥‥‥‥ 65

乳児期の親と子の絆をめぐって（澁井展子）‥‥‥‥‥‥‥‥‥‥‥‥‥ 267

入門ゲームプログラミング（チャールズ・ケリー）‥‥‥‥‥‥‥‥‥‥ 177

入門情報リテラシー（高橋参吉）‥‥‥‥ 340

入門情報リテラシーを育てる授業づくり（鎌田和宏）‥‥‥‥‥‥‥‥‥ 289

入門Lego Mindstorms NXT（エヌエックスティ）（大庭慎一郎）‥‥‥‥ 237

NUMERATIビッグデータの開拓者たち（スティーヴン・ベイカー）‥‥‥ 205

人間？機械？（柳沢正史）‥‥‥‥‥‥ 209

人間と機械のあいだ（池上高志）‥‥‥‥ 217

人間に勝つコンピュータ将棋の作り方（コンピュータ将棋協会）‥‥‥‥ 207

人間はだまされる（三浦準司）‥‥‥‥‥ 73

認知科学への招待（苫米地英人）‥‥‥‥ 206

【ね】

猫でもわかるC# プログラミング（粂井康孝）‥‥‥‥‥‥‥‥‥‥‥‥ 173

ネットいじめ対策 親子ガイドブック ‥‥ 118

ネットいじめの構造と対処・予防（加納寛子）‥‥‥‥‥‥‥‥‥‥‥‥ 123

ネットいじめ・犯罪から子どもを守る（渡辺真由子）‥‥‥‥‥‥‥‥‥ 130

ネットいじめはなぜ「痛い」のか（原清治）‥‥‥‥‥‥‥‥‥‥‥‥‥ 128

ネット依存から子どもを救え（遠藤美季）‥ 135

ネット依存から子どもを守る本（キム・ティップ・フランク）‥‥‥‥‥ 135

ネット依存・ゲーム依存がよくわかる本（樋口進）‥‥‥‥‥‥‥‥‥‥ 131

ネット依存症（樋口進）‥‥‥‥‥‥‥‥ 135

ネット依存症から子どもを救う本（樋口進）‥‥‥‥‥‥‥‥‥‥‥‥‥ 135

ネット依存症のことがよくわかる本（樋口進）‥‥‥‥‥‥‥‥‥‥‥‥ 136

ネット炎上の研究（田中辰雄）‥‥‥‥‥ 123

ネットが生んだ文化（カルチャー）（川上量生）‥‥‥‥‥‥‥‥‥‥‥ 87

ネット警備隊ねっぱとくん（おおにしひさお）‥‥‥‥‥‥‥‥‥‥‥‥ 94

ネット検索が怖い（神田知宏）‥‥‥‥‥ 125

ネット護身術入門（守屋英一）‥‥‥‥‥ 114

ネット社会を安全に暮らす ‥‥‥‥‥‥ 99

ネット社会と教育の在り方 ‥‥‥‥‥‥ 314

ネット社会と忘れられる権利（奥田喜道）‥ 85

ネット社会の諸相（飯田良明）・・・・・・・・・・・・・・・・・ 86

ネット・セーフティー（ニッキー・ジャイアント）・・・・・・・・・・・・・・・・・・・・・・・・・・・・・・・・・・・ 117

ネットで見たけどこれってホント？（北折一）・・・・・・・・・・・・・・・・・・・・・・・・・・・・・・・・・・・・・ 73, 74

ネットでやって良いこと悪いこと（佐藤佳弘）・・・・・・・・・・・・・・・・・・・・・・・・・・・・・・・・・・・・・ 102

ネットトラブルの法律相談Q&A（横浜弁護士会インターネット法律研究会）・・・・・・・・ 126

ネットトラブルの法律相談Q&A（神奈川県弁護士会IT法研究会）・・・・・・・・・・・・・・・・・ 98

ネット取引被害の消費者相談（東京弁護士会消費者問題特別委員会）・・・・・・・・・・・・・ 130

ネットに奪われる子どもたち（清川輝基）・・・・・ 135

ネットには危険もいっぱい・・・・・・・・・・・・・・・・・・・ 91

子供の動画視聴、大丈夫ですか？・・・・・・・・・・・ 91

ネットの危険からお子様を守るために 今、保護者ができること・・・・・・・・・・・・・・・・・・・・・ 82

ネットのルール（関和之）・・・・・・・・・・・・・・・・・・・ 92

ネット被害防止ガイドライン・・・・・・・・・・・・・・・ 143

ネット私刑（リンチ）（安田浩一）・・・・・・・・・・・ 124

ネットワークをめぐるアキレスの冒険（坂本俊之）・・・・・・・・・・・・・・・・・・・・・・・・・・・・・・・・・・ 110

ネットワークビギナーのための 情報セキュリティハンドブック・・・・・・・・・・・・・・・・・・・・ 107

ネトゲ脳、緊急事態（森昭雄）・・・・・・・・・・・・・・ 136

【の】

脳・心・人工知能（甘利俊一）・・・・・・・・・・・・・・ 202

脳の情報を読み解く（川人光男）・・・・・・・・・・・ 225

脳のひみつにせまる本（川島隆太）・・・・・・・・・・・ 1

脳はなぜ「心」を作ったのか（前野隆司）・・・・・ 224

ノンプログラマーのためのSwiftブック（尾川一行）・・・・・・・・・・・・・・・・・・・・・・・・・・・・・・・・・・ 186

【は】

Python 1年生（森巧尚）・・・・・・・・・・・・・・・・・・・ 163

Pythonゲームプログラミング入門（Will McGugan）・・・・・・・・・・・・・・・・・・・・・・・・・・・・・・ 182

Pythonスタートブック（辻真吾）・・・・・・・・・・・ 162

Pythonの絵本（アンク）・・・・・・・・・・・・・・・・・・・ 163

バカ発見器（永島穂波）・・・・・・・・・・・・・・・・・・・・ 128

暴露の世紀（土屋大洋）・・・・・・・・・・・・・・・・・・・・ 110

初めてでもできるタブレット入門（河本亮）・・ 14

初めてでも分かる！ いま気をつけたいネットの脅威・・・・・・・・・・・・・・・・・・・・・・・・・・・・・・・ 107

初めてでも分かる！ いま気をつけたいネットの脅威・・・・・・・・・・・・・・・・・・・・・・・・・・・・・・・・ 90

初めてでも分かる！ スマホデビュー時知っておくべき3つのこと・・・・・・・・・・・・・・・・・・・ 24

初めてでも分かる！ スマホのセキュリティ対策を実践してみよう・・・・・・・・・・・・・・・・・・・ 91

初めてでも分かる！ スマホのセキュリティ対策を実践してみよう・・・・・・・・・・・・・・・・・・ 107

初めてでも分かる！ ネットを安全に楽しむための3つの心得・・・・・・・・・・・・・・・・・・・・・ 91

はじめての今さら聞けないスマートフォン入門（髙橋慈子）・・・・・・・・・・・・・・・・・・・・・・・・・ 25

はじめての今さら聞けないネット検索（羽石相）・・・・・・・・・・・・・・・・・・・・・・・・・・・・・・・・・・・ 32

はじめての今さら聞けないPDF入門（桑名由美）・・・・・・・・・・・・・・・・・・・・・・・・・・・・・・・・・・ 238

はじめてのウイルスセキュリティZERO（御池鮎樹）・・・・・・・・・・・・・・・・・・・・・・・・・・・・・・・・ 116

はじめてのWindows10（戸内順一）・・・・・・・・・・ 6

はじめてのWebページ作成（松下孝太郎）・・・ 41

はじめてのAI（松林弘治）・・・・・・・・・・・・・・・・・ 189

はじめてのHTML＋CSS（大藤幹）・・・・・・・・・ 41

はじめてのXcode 4プログラミング（まえだひさこ）・・・・・・・・・・・・・・・・・・・・・・・・・・・・・・・ 179

はじめてのGoogle Home（ケイズプロダクション）・・・・・・・・・・・・・・・・・・・・・・・・・・・・・・・ 192

はじめての情報通信技術と情報セキュリティ（諏訪敬祐）・・・・・・・・・・・・・・・・・・・・・・・・・・・ 113

はじめての人工知能（淺井登）・・・・・・・・・・・・・ 203

はじめての深層学習（ディープラーニング）プログラミング（清水亮）・・・・・・・・・・・・・・・ 169

はじめてのPython AIプログラミング（金城俊哉）・・・・・・・・・・・・・・・・・・・・・・・・・・・・・・・ 170

はじめてのBlender（山崎聡）・・・・・・・・・・・・・・ 248

はじめてのプログラミング・・・・・・・・・・・・・・・・・ 164

はじめてのプログラミング（たきりょうこ）・・・ 151

はじめてのプロジェクションマッピング（小笠原種高）・・・・・・・・・・・・・・・・・・・・・・・・・・・・・ 48

はじめてのホームページらくらく作成ガイド・・・ 42

はじめてのマック・・・・・・・・・・・・・・・・・・・・・・・・・・・ 3

はじめてのMacパーフェクトガイド・・・・・・・・・・ 3

はじめてのMacBook Air/Pro100％入門ガイド（小原裕太）・・・・・・・・・・・・・・・・・・・・・・・・・・ 7

はじめてのMovie Pro MX3（加納真）・・・・・・ 243

はじめての無料でできるホームページ作成Jimdo入門（桑名由美）・・・・・・・・・・・・・・・・・ 247

初めてのラズベリーパイ（福田和宏）・・・・・・・ 233

はじめて学ぶAndroidゲームプログラミング（リック・ロジャース）・・・・・・・・・・・・・・・・・ 178

はじめて学ぶenchant.jsゲーム開発（蒲生睦男）・・・・・・・・・・・・・・・・・・・・・・・・・・・・・・・・・・・・ 162

はじめて学ぶ情報社会（劉継生）・・・・・・・・・・・ 37

はじめて学ぶ生徒指導・教育相談（本間友巳）・・・・・ 332

はじめてママ＆パパのしつけと育脳（成田奈緒子）・・・・・ 268

はじめまして！ 女子高生AIりんなです（女子高生AIりんな）・・・・・ 200

はじめよう！ アクティブ・ラーニング ・・・・・ 74

はじめよう学校図書館 ・・・・・ 302

はじめよう！ プログラミング教育（吉田葵）・・・・・ 322

パソコンがなくてもわかるはじめてのプログラミング（松林弘治）・・・・・ 152, 153

パソコン完全ガイド ・・・・・ 3

パソコン近視がどんどんよくなる本（中川和宏）・・・・・ 141

パソコン初心者が文字入力で困ったら読む本（可知豊）・・・・・ 3

パソコン疲れは首で治せる！（松井孝嘉）・・・・・ 141

パソコン、スマホで筋肉が癒着する！（木津直昭）・・・・・ 141

パソコン・スマホの「疲れ目」「視力低下」驚異の回復法（中川和宏）・・・・・ 140

パソコン操作の基礎技能（小野哲雄）・・・・・ 5

ぱそこんたろうといたずらいぬろうくん（パソコンたろう）・・・・・ 2

パソコンとケータイ頭のいい人たちが考えたすごい！「仕組み」（NHK「ITホワイトボックス」プロジェクト）・・・・・ 11

パソコンとネットで子どもは伸びる ・・・・・ 316

パソコンによる首・肩のコリと痛みはこうやって治す（渡辺靖之）・・・・・ 139

パソコンの仕組みの絵本（アンク）・・・・・ 12

パーソナルコンピュータ博物史（京都コンピュータ学院KCG資料館）・・・・・ 4

働きたくないイタチと言葉がわかるロボット（川添愛）・・・・・ 190

はたらく自動車（博学こだわり倶楽部）・・・・・ 212

はたらくロボット（富山健）・・・・・ 214

はたらくロボットのひみつ（大岩ピュン）・・・・・ 212

バーチャルYouTuberはじめてみる（スタジオ・ハードデラックス）・・・・・ 256

バーチャルリアリティ学（日本バーチャルリアリティ学会）・・・・・ 51

ハッカーの学校ハッキング実験室（黒林檎）・・・・・ 110

発信力の育てかた－ジャーナリストが教える「伝える」レッスン（外岡秀俊著）・・・・・ 74

発達障害のある子供たちのためのICT活用ハンドブック ・・・・・ 328

発達障害のある子の社会性とコミュニケーションの支援（藤野博）・・・・・ 326

発達障害の子を育てる本（中邑賢龍）・・・・・ 329

発達障害の子どもたちの進路と多様な可能性（日野公三）・・・・・ 324

パーフェクトRuby（Rubyサポーターズ）・・・・・ 167

ハロー！ スパコン ・・・・・ 1

犯罪にねらわれる子どもたち（北芝健）・・・・・ 143

万能コンピュータ（マーティン・デイヴィス）・・・・・ 19

【ひ】

PHPの絵本（アンク）・・・・・ 168

Becoming Steve Jobs（ブレント・シュレンダー）・・・・・ 18

Becoming Steve Jobs（ブレント・シュレンダー）・・・・・ 18

「ひきこもり」から子どもを救い出す方法（内田直人）・・・・・ 134

PC遠隔操作事件（神保哲生）・・・・・ 142

ビジュアル解説IoT入門（三菱総合研究所）・・・・・ 48

Visual basic教えて学ぶプログラミング（冨沢高明）・・・・・ 178

ビスケットであそぼう（デジタルポケット）・・・・・ 153

「ビッグデータ」＆「人工知能」ガイドブック（I O編集部）・・・・・ 196

ビッグデータを開拓せよ（坂内正夫）・・・・・ 204

ビッグデータ実例でまるわかり！（岡林秀明）・・・・・ 206

ビッグデータと人工知能（西垣通）・・・・・ 202

ビッグデータの衝撃（城田真琴）・・・・・ 236

ビッグデータ白書（ストラテジック・リサーチ）・・・・・ 204

Pd Recipe Book（松村誠一郎）・・・・・ 180

ビデオゲームプレイヤーの心理学とゲーム・リテラシー教育（小孫康平）・・・・・ 78

VideoStudio PRO/ULTIMATE 2018オフィシャルガイドブック（山口正太郎）・・・・・ 240

人を幸せにする目からウロコ！ 研究（萩原一郎）・・・・・ 51

人が見た夢ロボットの来た道（菅野重樹）・・・・・ 223

人と「機械」をつなぐデザイン（佐倉統）・・・・・ 220

人とのつながりとこころ（今川民雄）・・・・・ 124

人びとをまもるのりもののしくみ（こどもくらぶ）・・・・・ 214

ひと目でわかる最新情報モラル（大橋真也）・・・・・ 96

ひと目でわかる最新情報モラル（大橋真也）・・・・・ 98

ひとりだちするためのトラブル対策（子どもたちの自立を支援する会）・・・・・ 120

一人一人の活動や参加を高める領域・教科を合わせた指導（石塚謙二）・・・・・ 329

日めくりパソコン疲れ目解消！（中川和宏）・・・・・ 138

書名索引　　ふろく

「表現の自由」入門（ナイジェル・ウォーバートン）‥‥‥‥‥‥‥‥‥‥‥‥ 85
平岡中における6年間にわたる情報モラル教育の実践のまとめ ‥‥‥‥‥‥‥ 311
拓き・確かめ・響きあう知的障害教育の実践（渡邉健治）‥‥‥‥‥‥‥‥‥ 328
閃け！ 棋士に挑むコンピュータ（田中徹）‥ 208
ビル・ゲイツ（アンヒョンモ）‥‥‥‥‥‥ 16
ビル・ゲイツ（脇英世）‥‥‥‥‥‥‥ 20, 21

【ふ】

Final Cut Pro 10ガイドブック（加納真）
‥‥‥‥‥‥‥‥‥‥‥‥‥‥‥‥‥‥‥ 244
ファーストステップコンピュータリテラシー（中井秀樹）‥‥‥‥‥‥‥‥‥‥ 342
ファッション建築ITのしごと（PHP研究所）‥‥‥‥‥‥‥‥‥‥‥‥‥‥‥ 261
ファミリー・セキュリティ読本（一田和樹）
‥‥‥‥‥‥‥‥‥‥‥‥‥‥‥‥‥‥‥ 113
「VR」「AR」技術最前線（I O編集部）‥‥‥‥ 50
VRを気軽に体験モバイルVRコンテンツを作ろう！（酒井駿介）‥‥‥‥‥‥ 46
VRは脳をどう変えるか？（ジェレミー・ベイレンソン）‥‥‥‥‥‥‥‥‥‥ 44
フィナーレ・ノートパッド2011活用ガイド（スタイルノート楽譜制作部）‥‥‥‥ 249
Finale version25実用全ガイド（スタイルノート楽譜制作部）‥‥‥‥‥‥‥ 247
Finale User's Bible（星出尚志）‥‥‥‥‥ 249
Facebook Perfect GuideBook（森嶋良子）‥‥‥‥‥‥‥‥‥‥‥‥‥‥‥‥‥ 58
フェイスブックが危ない（守屋英一）‥‥‥ 115
「フェイスブック革命」の真実（石川幸憲）
‥‥‥‥‥‥‥‥‥‥‥‥‥‥‥‥‥‥‥ 62
フェイスブック（マイク・ホフリンガー）‥ 60
藤井聡太はAIに勝てるか？（松本博文）‥‥ 192
ふしぎ？ おどろき！ 科学のお話（ガリレオ工房）‥‥‥‥‥‥‥‥‥‥‥‥‥‥ 213
藤の木小学校未来の学びへの挑戦（広島市立藤の木小学校）‥‥‥‥‥‥‥‥‥ 302
附属学校と公立学校の地域連携による学習・行動面で困難を示す児童の早期支援アセスメントと多様なニーズにICT活用で対応する授業デザインの開発（発達障害の可能性のある児童生徒に対する早期支援事業運営委員会）‥‥‥‥‥‥‥‥‥ 325
二つの祖国を持つ女性たち（楠巳敦子）‥‥ 23
ふつうのLinuxプログラミング（青木峰郎）
‥‥‥‥‥‥‥‥‥‥‥‥‥‥‥‥‥‥‥ 164
フューチャー・クライム（マーク・グッドマン）‥‥‥‥‥‥‥‥‥‥‥‥‥‥‥‥ 142

フューチャースクール×地域の絆@学びの場（伊那義人）‥‥‥‥‥‥‥‥‥‥‥ 302
プライバシー権の復権（宮下紘）‥‥‥‥‥ 112
プライバシーの権利を考える（山本龍彦）‥‥ 109
プライバシー保護入門（中川裕志）‥‥‥‥ 111
フラッシュ型教材のススメ（高橋純）‥‥‥ 314
Flatlay Sheet ‥‥‥‥‥‥‥‥‥‥‥‥‥ 66
ブルーライトから目を守ろう！（島﨑潤）‥ 139
ブルーライト体内時計への脅威（坪田一男）
‥‥‥‥‥‥‥‥‥‥‥‥‥‥‥‥‥‥‥ 140
プレ・シンギュラリティ（齊藤元章）‥‥‥‥ 5
ブレッドボードで作る歩行ロボット（剣崎純）‥‥‥‥‥‥‥‥‥‥‥‥‥‥‥‥ 228
Premiere Pro初級テクニックブック（石坂アツシ）‥‥‥‥‥‥‥‥‥‥‥‥‥ 242
Premiere Proパーフェクトガイド（小原裕太）‥‥‥‥‥‥‥‥‥‥‥‥‥‥‥ 242
プロが教える通信のすべてがわかる本（三木哲也）‥‥‥‥‥‥‥‥‥‥‥‥‥ 27
プロが教えるパソコンのすべてがわかる本（平沢茂一）‥‥‥‥‥‥‥‥‥‥‥ 10
プロが教える！ PremiereProデジタル映像編集講座（SHIN-YU）‥‥‥‥‥ 241
プロ教師に学ぶ小学校理科授業の基礎技術Q&A（佐々木昭弘）‥‥‥‥‥‥‥ 304
プログラマーの心得（赤間世紀）‥‥‥‥‥ 261
プログラミングを活用した図形概念形成についての研究（杉野裕子）‥‥‥‥‥ 323
プログラミングを始めたい人がいちばん最初に開く本 ‥‥‥‥‥‥‥‥‥‥‥‥ 172
プログラミングを学ぶ前に読むアルゴリズムえほん（松田孝）‥‥‥ 146, 147, 149, 150
「プログラミングができる子」の育て方（竹内薫）‥‥‥‥‥‥‥‥‥‥‥‥‥‥ 261
プログラミング技術教授用指導書 ‥‥‥‥ 324
プログラミング教育が変える子どもの未来（松村太郎）‥‥‥‥‥‥‥‥‥‥‥ 320
プログラミング教育の考え方とすぐに使える教材集（赤堀侃司）‥‥‥‥‥‥‥ 319
プログラミング教室（たにぐちまこと）‥‥ 154
プログラミングCOBOL教授用指導書 ‥‥‥ 324
〈プログラミング体感まんが〉ぺたスクリプト（「ぺたスクリプト」製作委員会）‥ 151
プログラミングって何？ 親子でゼロからわかる本（アンク）‥‥‥‥‥‥‥‥‥ 155
プログラミングでなにができる？（杉浦学）
‥‥‥‥‥‥‥‥‥‥‥‥‥‥‥‥‥‥‥ 145
プログラミングで目覚まし時計を作る！‥‥ 150
プログラミングとコンピュータ（大岩元）‥‥ 148
プログラミングについて調べよう（川崎純子）‥‥‥‥‥‥‥‥‥‥‥‥‥‥‥‥ 148
プログラミング脳をこれから鍛える本（ソニー・グローバルエデュケーション）‥‥ 173

子どもの本 情報教育・プログラミングの本2000冊　**371**

ふろく　　　　　書名索引

プログラミングの基礎固め（日経ソフトウエア） ……………………… 177
「プログラミング」のキホン（杉浦賢） ……… 181
プログラミングの「超」入門書 …………… 175
プログラミングのはじめかた（あすなこうじ） ……………………………… 162
プログラミングは、ロボットから始めよう！（加藤エルテス聡志） …………… 227
プログラムの絵本（アンク） …………… 155
プロに学ぶPremiere Proカット編集テクニック（石坂アツシ） …………………… 242
文系の親でもゼロからわかるプログラミング ………………………………… 170
文系のロボット工学ことはじめ（田中善隆） … 217
文書作成リテラシー（尾碕眞） ………… 238

【へ】

平成29年版学習指導要領改訂のポイント小学校算数（『授業力＆学級経営力』編集部） ……………………………… 286
平成29年版学習指導要領改訂のポイント小学校・中学校体育・保健体育（『楽しい体育の授業』編集部） …………… 286
平成29年版学習指導要領改訂のポイント中学校数学（『数学教育』編集部） …… 286
平成29年版学習指導要領改訂のポイント通常の学級の特別支援教育（上野一彦） … 325
VEGAS Movie Studio 15ビデオ編集入門（阿部信行） ……………………… 241
VEGAS Movie Studio 14 Platinumビデオ編集入門（阿部信行） …………… 243
Pepperの衝撃！（神崎洋治） ………… 220

【ほ】

保育園会計実務教科書（松永望輝） …… 316
保育者のためのパソコン講座（阿部正平） ‥ 281, 304
保育の内容と方法（現代保育問題研究会） …… 320
保育・幼児教育に携わる人の情報処理テキスト（堀田博史） …………………… 306
冒険で学ぶはじめてのプログラミング（鈴木遼 著） …………………………… 145
ボーカロイドを思い通りに歌わせる本（Nagie） ……………………………… 249
僕たちのインターネット史（ばるぼら） …… 31
ぼくとビル・ゲイツとマイクロソフト（ポール・アレン） …………………… 23
僕の仕事はYouTube（HIKAKIN） …… 260

ぼくの友だちはロボット（神宮寺一） …… 213
僕の見たネトゲ廃神（西村本気） ……… 137
僕らのパソコン30年史（SE編集部） …… 13
僕らの未来を変えるマシン「3Dプリンタ」（神田沙織） ……………………… 51
ぼく、わたしトラブってます！ ………… 122
保護者が知っておきたいスマートデバイス選定ガイド ……………………… 268
保護者のためのあたらしいインターネットの教科書（インターネットユーザー協会） ……………………………… 102
保護者のためのスマートフォン安心安全ガイド ………………………………… 86
ポスト・モバイル社会（富田英典） …… 26
ホームページ辞典（アンク） …………… 41
ほんとうにいいの？ デジタル教科書（新井紀子） ……………………………… 308
本当にこわい！ スマートフォン族の病気（浅川雅晴） ……………………… 138
本当に怖いスマホの話（遠藤美季） …… 117
本当はコワいSNS（アスペクト） ……… 127
本当は怖いソーシャルメディア（山田順） … 70
本と図書館の歴史（モーリーン・サワ） … 64
本について授業をはじめます（永江朗） … 63
本のことがわかる本（能勢仁） ………… 62
本物の学力・人間力がつく尾木ママ流自然教育論（尾木直樹） ……………… 132

【ま】

micro : bitではじめるプログラミング（スイッチエデュケーション編集部） …… 149
マイコンボードArduinoではじめる電子工作（nekosan） ………………………… 236
マイナンバーってなんだろう？ ……… 44
「マイナンバー法」を問う（清水勉） …… 51
マイナンバー法のすべて（八木晃二） …… 51
Minecraftで楽しく学べるPythonプログラミング（齋藤大輔） ………………… 166
マインクラフトで身につく5つの力（神谷加代） ……………………………… 267
マインクラフトプログラミングブック（寺園聖文） ……………………………… 171
マインド・チェンジ（スーザン・グリーンフィールド） ……………………… 139
マウスで楽しく学べるスクラッチ子どもプログラミング入門（PROJECT KySS） … 148
マジメだけどおもしろいセキュリティ講義（すずきひろのぶ） ……………… 109
マスコミュニケーションの新時代（小田原敏） ……………………………… 69

372

マストドン（小林啓倫）……………… 61
町工場の底力 …………………………… 213
Mac100% …………………………………… 2
まったくわからない人のためのネットの常
　識（高作義明）………………………… 35
窓をひろげて考えよう（下村健一）………… 73
マナーと敬語完全マスター！（親野智可等）
　…………………………………………… 92, 93
まなぶたのしむイラストレーション（吉田
　佳広）…………………………………… 64
学んで作る！一太郎2018使いこなしガイド
　（内藤由美）…………………………… 238
学んで作る！ 花子2018使いこなしガイド
　（ジャムハウス編集部）……………… 242
まるごとわかる！ 地デジの本（マイカ）…… 64
マルチメディアを考える（清水恒平）……… 67
丸わかり!!IoT入門 ……………………… 47
マンガ エニグマに挑んだ天才数学者チュー
　リング（フランチェスカ・リッチョーニ）
　…………………………………………… 21
マンガ ストップいじめ ノーモア自殺！（再
　チャレンジ東京）……………………… 120
マンガで教えて…テクノ君！ 機械のしくみ
　（朝比奈奎一）………………………… 12
マンガでざっくり学ぶプログラミング（た
　にぐちまこと）………………………… 160
マンガで学ぶサイバー空間の落とし穴！… 108
マンガで学ぶサイバーセキュリティ ……… 107
漫画で学ぶサイバー犯罪から身を守る30の
　知恵（ラックサイバー・グリッド・ジャ
　パン）…………………………………… 112
マンガで学ぶネットワークのきほん（高橋
　麻奈）…………………………………… 33
マンガで学ぼう！ ワタシにも作れるAn-
　droidアプリ（日経ソフトウエア）……… 187
マンガでやさしくわかるプログラミングの
　基本（高橋雅明）……………………… 170
マンガでよくわかる敬語入門（瀬戸矢まり
　の）……………………………………… 56
マンガでわかるあこがれのお仕事 ユーチ
　ューバーになるには？（BitStar）……… 250
まんがでわかる親子で始めるプログラミン
　グ教育（バンタン未来のしごと研究所）… 169
マンガでわかる 人工知能（松尾豊）……… 191
マンガでわかる人工知能（三宅陽一郎）…… 195
マンガでわかる人工知能（藤木俊明）……… 197
マンガと図解でスッキリわかるプログラミ
　ングのしくみ（大槻有一郎）………… 163
まんがと図解でわかる裁判の本（山田勝彦）
　…………………………………………… 121

【み】

見えない世界戦争（木村正人）…………… 143
身近な発明の話（板倉聖宣）……………… 53
自ら学び考える子どもを育てる教育の方法
　と技術（自己調整学習研究会）……… 292
見てわかるUnreal Engine4ゲーム制作超入
　門（掌田津耶乃）……………………… 175
見てわかる情報モラル …………………… 102
見てわかる情報モラル（日本文教出版編集
　部）……………………………………… 99
見てわかるUnity JavaScript超入門（掌田
　津耶乃）………………………………… 176
見てわかるUnity2017 C# スクリプト超入
　門（掌田津耶乃）……………………… 163
港区学校情報化アクションプラン（港区教
　育委員会事務局庶務課）……………… 283
未来を変える通貨（斉藤賢爾）…………… 47
未来のお仕事入門（東園子）……………… 253
ミライのつくり方2020-2045（GOROman）
　…………………………………………… 45
未来の学びにつながるICTを活用した授業
　づくり（香川県教育センター）……… 283
「未来マシン」はどこまで実現したか？（石
　川憲二）………………………………… 223
ミラクルたのしい！ ハッピーお仕事ずかん
　（ドリームワーク調査会）…………… 255
ミラクルハッピーお仕事ずかんDX（デラッ
　クス）（ドリームワーク調査会）…… 252
みるみるネットワークがわかる本（岡田庄
　司）……………………………………… 38
みるみるプログラミングがわかる本（掌田
　津耶乃）………………………………… 184
みんなを幸せにする新しい福祉技術（孫奈
　美）……………………………………… 212
みんなが元気になるたのしい！ アクティ
　ブ・ラーニング（稲葉茂勝）………… 283
みんな大好き！ マインクラフトるんるんプ
　ログラミング！（松尾高明）………… 152
みんなで考えよう！ つかう・つかわない？
　どうつかう？（秋田喜代美）… 82, 92, 270, 271
みんなのIoT（柴田淳）…………………… 45
みんなのIchigoJam入門（古籏一浩）……… 233
みんなのPython（柴田淳）………………… 169
みんなのユニバーサルデザイン（川内美彦）
　…………………………………………… 63, 222
みんなのRaspberry Pi入門（石井モルナ）…… 230

【む】

難しそうなプログラミングをやさしく教え
　てくれる本（安藤正芳）‥‥‥‥‥‥‥‥‥　169
無理なくできる学校のICT活用（長谷川元
　洋）‥‥‥‥‥‥‥‥‥‥‥‥‥‥‥‥‥‥‥　293
MOONBlockでつくるゲームプログラミン
　グ（布留川英一）‥‥‥‥‥‥‥‥‥‥‥‥　158

【め】

Makeblock公式mBotで楽しむレッツ！ ロ
　ボットプログラミング（久木田寛直）‥‥‥　168
迷惑メールを97％阻止（浅見秀雄）‥‥‥‥　112
迷惑メール撃退マニュアル（御池鮎樹）‥‥　116
迷惑メール、返事をしたらこうなった。（多
　田文明）‥‥‥‥‥‥‥‥‥‥‥‥　111, 115
迷惑メールやって良いこと悪いこと（須藤
　慎一）‥‥‥‥‥‥‥‥‥‥‥‥‥‥‥‥‥　115
メカニックデザイナーの仕事論（大河原邦
　男）‥‥‥‥‥‥‥‥‥‥‥‥‥‥‥‥‥‥　258
めくって♪プログラミング（高橋与志）‥‥　160
目指せプログラマー！ プログラミング超入
　門（掌田津耶乃）‥‥‥‥‥‥‥‥‥‥‥‥　174
Metal 2ではじめる3D-CGゲームプログラ
　ミング（大西武）‥‥‥‥‥‥‥‥‥‥‥‥　164
めちゃキラ！ お仕事ブック（めちゃキラ！
　委員会）‥‥‥‥‥‥‥‥‥‥‥‥‥‥‥‥　253
メディア学キーワードブック（東京工科大
　学メディア学部）‥‥‥‥‥‥‥‥‥‥‥‥　65
メディア技術史（飯田豊）‥‥‥‥‥‥‥‥　66
メディア社会に焦点化した小学校社会科カ
　リキュラム開発研究（松岡靖）‥‥‥‥‥‥　300
メディア社会やって良いこと悪いこと（佐
　藤佳弘）‥‥‥‥‥‥‥‥‥‥‥‥‥‥‥‥　101
メディア情報教育学（坂本旬）‥‥‥‥‥‥　79
「メディア中毒」からの脱出‥‥‥‥‥‥‥　136
メディアで学ぶ日本と世界（若有保彦）‥‥　45, 217
メディアとICTの知的財産権（菅野政孝）‥‥　104
メディアと著作権（堀之内清彦）‥‥‥‥‥　105
メディアとパーソナリティ（坂元章）‥‥‥　72
メディアと表現（目白大学社会学部メディ
　ア表現学科）‥‥‥‥‥‥‥‥‥‥‥‥‥‥　80
メディアにむしばまれる子どもたち（田澤
　雄作）‥‥‥‥‥‥‥‥‥‥‥‥‥‥‥‥‥　133
メディアの歴史（ヨッヘン・ヘーリッシュ）
　‥‥‥‥‥‥‥‥‥‥‥‥‥‥‥‥‥‥‥‥　66
MEDIA MAKERS（田端信太郎）‥‥‥‥‥　80

メディア用語基本事典（渡辺武達）‥‥‥‥　39
メディアリテラシ（植田祐子）‥‥‥‥‥‥　341
メディアリテラシーを育む（内田順子）‥‥　78
メディア・リテラシー教育（中橋雄）‥‥‥　77
メディア・リテラシー教育と出会う（ルネ・
　ホッブス）‥‥‥‥‥‥‥‥‥‥‥‥‥‥‥　293
メディア・リテラシーの教育（浜本純逸）‥‥　297
メディア・リテラシーの倫理学（小林正幸）
　‥‥‥‥‥‥‥‥‥‥‥‥‥‥‥‥‥‥‥‥　79
メディア・リテラシー論（中橋雄）‥‥‥‥　79
メールカウンセリングの技法と実際（中村
　洸太）‥‥‥‥‥‥‥‥‥‥‥‥‥‥‥‥‥　331
メールde詐欺にだまされない！ そのメー
　ル、詐欺カモ!?‥‥‥‥‥‥‥‥‥‥‥‥‥　119
メールはなぜ届くのか（草野真一）‥‥‥‥　57

【も】

萌え家電（大和田茂）‥‥‥‥‥‥‥‥‥‥　204
模型キットではじめる電子工作（馬場政勝）
　‥‥‥‥‥‥‥‥‥‥‥‥‥‥‥‥‥‥‥‥　230
もしかしてうちの子も？（山中千枝子）‥‥　132
もしもあの写真がネットにバラまかれたら
　（佐野正弘）‥‥‥‥‥‥‥‥‥‥‥‥‥‥　116
もっと知りたい！ マイナンバー‥‥‥‥‥　44
もっとやりたい仕事がある！（池上彰）‥‥　257
ものづくりからのメッセージ（安東茂樹）‥‥　293
モノのインターネットのコトハジメ（松本
　直人）‥‥‥‥‥‥‥‥‥‥‥‥‥‥‥‥‥　48
モノのしくみがわかる本（科学技術研究倶
　楽部）‥‥‥‥‥‥‥‥‥‥‥‥‥‥‥‥‥　29
もののしくみ大図鑑（ジョエル・ルボーム）
　‥‥‥‥‥‥‥‥‥‥‥‥‥‥‥‥‥‥‥‥　211
モバイル学習のすすめ（赤堀侃司）‥‥‥‥　316
モバイル社会を生きる子どもたち（近藤昭
　一）‥‥‥‥‥‥‥‥‥‥‥‥‥‥‥‥‥‥　279
モバイルネットワーク時代の情報倫理（山
　住富也）‥‥‥‥‥‥‥‥‥‥‥‥‥‥‥‥　78

【や】

やさしいIT講座（米村貴裕）‥‥‥‥‥‥‥　11
やさしいJavaScriptのきほん（高橋麻奈）‥‥　178
やさしいホームICT（大村弘之）‥‥‥‥‥　51
やさしいレッスンで学ぶきちんと身につく
　Photoshopの教本（高橋としゆき）‥‥‥‥　243
やさしくはじめるラズベリー・パイ（クジラ
　飛行机）‥‥‥‥‥‥‥‥‥‥‥‥‥‥‥‥　231
やさしく学べるIllustrator練習帳（広田正
　康）‥‥‥‥‥‥‥‥‥‥‥‥‥‥‥‥‥‥　245

やさしく読める小学生の時事問題（日能研
　教務部）‥‥‥‥‥‥‥‥‥‥‥‥‥‥ 83
やってはいけない脳の習慣（横田晋務）‥‥ 138
やはり俺のソシャゲ課金は間違っているだ
　ろうか（きむら秀一）‥‥‥‥‥‥‥‥ 124
大和市情報教育のネタ帳（大和市教育研究
　所）‥‥‥‥‥‥‥‥‥‥‥‥‥‥‥‥ 314
ヤマハデジタル音楽教材ギター授業（ヤマ
　ハ株式会社）‥‥‥‥‥‥‥‥‥‥‥‥ 287
柔らかヒューマノイド（細田耕）‥‥‥‥ 218

【ゆ】

ユーザーがつくる知のかたち（西垣通）‥‥ 34
YouTube革命（ロバート・キンセル）‥‥‥ 60
YouTube完全マニュアル（桑名由美）‥‥‥ 59
YouTubeで食べていく（愛場大介）‥‥‥ 259
YouTube Perfect GuideBook（タトラエ
　ディット）‥‥‥‥‥‥‥‥‥‥‥‥‥ 59
UDL学びのユニバーサルデザイン（トレイ
　シー・E・ホール）‥‥‥‥‥‥‥‥‥ 324
Unityゲームエフェクト入門（ktk.
　kumamoto）‥‥‥‥‥‥‥‥‥‥‥‥‥ 172
Unityゲームプログラミング（XELF）‥‥‥ 179
Unityで作るiPhone/Androidアプリ入門
　（山崎透）‥‥‥‥‥‥‥‥‥‥‥‥‥ 188
Unityではじめるおもしろプログラミング
　入門（藤森将昭）‥‥‥‥‥‥‥‥‥‥ 153
Unityではじめるゲームづくり（ミシェル・
　メナード）‥‥‥‥‥‥‥‥‥‥‥‥‥ 181
Unity2017入門（荒川巧也）‥‥‥‥‥‥ 163
Unity入門（高橋啓治郎）‥‥‥‥‥‥‥ 181
UnityによるARゲーム開発（Micheal Lan-
　ham）‥‥‥‥‥‥‥‥‥‥‥‥‥‥‥ 165
Unityによる3Dゲーム開発入門（宮川義
　之）‥‥‥‥‥‥‥‥‥‥‥‥‥‥‥‥ 181
Unityの教科書（北村愛実）‥‥‥‥‥‥ 165
Unityの教科書 Unity2018完全対応版（北
　村愛実）‥‥‥‥‥‥‥‥‥‥‥‥‥‥ 161
Unityの寺子屋（いたのくまんぼう）‥‥‥ 186
Unity 5ゲーム開発はじめの一歩（古波倉正
　隆）‥‥‥‥‥‥‥‥‥‥‥‥‥‥‥‥ 173
Unity5の教科書（北村愛実）‥‥‥‥‥‥ 171
Unity4プログラミングアセット活用テクニ
　ック（荒川巧也）‥‥‥‥‥‥‥‥‥‥ 176
ユビキタス社会の中での子どもの成長（深
　谷昌志）‥‥‥‥‥‥‥‥‥‥‥‥‥‥ 90
夢を追いかける起業家たち（サラ・ギルバー
　ト）‥‥‥‥‥‥‥‥‥‥‥‥‥‥‥‥ 15
夢をかなえる職業ガイド（PHP研究所）‥‥ 253

夢活！なりたい！アニメの仕事（代々木ア
　ニメーション学院）‥‥‥‥‥‥‥‥‥ 250
夢みるプログラム（加藤真一）‥‥‥‥‥ 201
ゆりか先生のワンポイントセキュリティ教
　室‥‥‥‥‥‥‥‥‥‥‥‥‥‥‥‥‥ 107

【よ】

妖怪プログラミング アルゴとリズムの冒険
　（宮嵜淳）‥‥‥‥‥‥‥‥‥‥‥‥‥ 155
ようこそ、未来の教室（フューチャースクー
　ル）へ（石原一彦）‥‥‥‥‥‥‥‥‥ 312
ようこそ、私の研究室へ（黒田達明）‥‥‥ 12
幼児教育をめざす人の情報リテラシー（山
　本孝一）‥‥‥‥‥‥‥‥‥‥‥‥‥‥ 81
幼児教育と保育のための発達心理学（小池
　庸生）‥‥‥‥‥‥‥‥‥‥‥‥‥‥‥ 310
よくわかるiPhoneアプリ開発の教科書（森
　巧尚）‥‥‥‥‥‥‥‥‥‥‥‥‥‥‥ 188
よくわかる囲碁AI大全（大橋拓文）‥‥‥ 194
よくわかる最新スマートフォン技術の基本
　と仕組み（小笠原種高）‥‥‥‥‥‥‥ 26
よくわかる！情報セキュリティの基本（萩
　原栄幸）‥‥‥‥‥‥‥‥‥‥‥‥‥‥ 114
よくわかる 初心者のためのパソコン入門
　（富士通エフ・オー・エム）‥‥‥‥‥‥ 2
よくわかる初心者のためのMicrosoft Ex-
　cel 2016（富士通エフ・オー・エム株式
　会社）‥‥‥‥‥‥‥‥‥‥‥‥‥‥‥ 239
よくわかる初心者のためのMicrosoft Word
　2016（富士通エフ・オー・エム株式会社）
　‥‥‥‥‥‥‥‥‥‥‥‥‥‥‥‥‥‥ 239
よくわかる人工知能（松尾豊）‥‥‥‥‥ 190
よくわかるネット依存（遠藤美季）‥‥‥ 130
よくわかるPHPの教科書（たにぐちまこ
　と）‥‥‥‥‥‥‥‥‥‥‥‥‥‥‥‥ 162
よくわかるMicrosoft PowerPoint 2016基
　礎（富士通エフ・オー・エム株式会社）‥‥ 239
よくわかるMicrosoft Word 2016基礎（富
　士通エフ・オー・エム株式会社）‥‥‥‥ 239
よくわかるメディア法（鈴木秀美）‥‥‥ 81
よみがえるアイボ（今西乃子）‥‥‥‥‥ 211
弱いAIのデザイン（クリストファー・ノー
　セル）‥‥‥‥‥‥‥‥‥‥‥‥‥‥‥ 196
弱いロボット（岡田美智男）‥‥‥‥‥‥ 222
〈弱いロボット〉の思考（岡田美智男）‥‥ 216
4コマ漫画でさくっとわかるセキュリティの
　基本（粕淵卓）‥‥‥‥‥‥‥‥‥‥‥ 109
400万人に愛されるYouTuberのつくり方
　（HIKAKIN）‥‥‥‥‥‥‥‥‥‥‥‥ 259

子どもの本 情報教育・プログラミングの本2000冊　**375**

らいと　　　　　　　　書名索引

【ら】

Lightworksではじめる動画編集（勝田有一朗）‥‥‥‥‥‥‥‥‥‥‥‥‥‥‥ 244
ライフログ入門（美崎薫）‥‥‥‥‥‥ 39
ライフログのすすめ－人生の「すべて」をデジタルに記録する！（ゴードン・ベル）‥‥‥‥‥‥‥‥‥‥‥‥‥‥‥‥ 13
LINE（コグレマサト）‥‥‥‥‥‥‥ 62
LINE/Facebook/Twitter/Instagramの「わからない！」をぜんぶ解決する本 ‥‥‥ 60
LINE BOTを作ろう！（立花翔）‥‥‥ 167
らくらくインターネット（山口旬子）‥‥‥‥ 40
らくらくエクセル（山口旬子）‥‥‥ 240
ラクラクわかるパソコンのしくみ（アスキー書籍編集部）‥‥‥‥‥‥‥‥‥ 12
ラズパイで初めての電子工作（福田和宏）‥‥‥ 230
ラズパイとスマホでラジコン戦車を作ろう！（山際伸一）‥‥‥‥‥‥‥‥‥ 227
Raspberry Pi 2で電子工作をはじめよう！（高橋隆雄）‥‥‥‥‥‥‥‥‥‥ 233
ラズベリー・パイで遊ぼう！（林和孝）‥‥‥ 231, 232
Raspberry Piではじめるどきどきプログラミング（阿部和広）‥‥‥‥‥‥‥ 155
Raspberry PiとSCRATCHではじめよう！ 電子工作入門（今岡通博）‥‥‥ 233
ラーニング・レボリューション（ウォルター・ベンダー）‥‥‥‥‥‥‥‥‥‥‥ 302

【り】

理解するほどおもしろい！パソコンのしくみがよくわかる本（丹羽信夫）‥‥‥‥ 5
理科の達人が推薦する理科重要観察・実験の指導法50選（堀田龍也）‥‥‥‥‥ 289
量子計算理論（森前智行）‥‥‥‥‥‥ 3
量子コンピューターが本当にすごい（竹内薫）‥‥‥‥‥‥‥‥‥‥‥‥‥‥‥ 6
量子コンピュータがわかる本（赤間世紀）‥‥‥ 13
利用者向けフィッシング詐欺対策ガイドライン‥‥‥‥‥‥‥‥‥‥‥‥‥ 107
林檎の樹の下で（斎藤由多加）‥‥‥‥ 19

【る】

ルビィのぼうけん（リンダ・リウカス）‥‥‥ 152, 155
RubyでつくるRuby（遠藤侑介）‥‥‥‥ 165

ルポ ネットリンチで人生を壊された人たち（ジョン・ロンソン）‥‥‥‥‥‥ 123
ルールとマナーを学ぶ子ども生活図鑑（子どもの生活を考える会）‥‥‥‥‥ 96

【れ】

LET'S ENJOY COMPUTING（静岡大学・大学教育センター情報科目部運営委員会）‥‥‥‥‥‥‥‥‥‥‥‥ 336
恋愛ドラマとケータイ（中村隆志）‥‥‥ 27

【ろ】

ロボコン甲子園6回制覇（松永茂生）‥‥‥ 214
ロボット（ジョン・ジョーダン）‥‥‥ 216
ロボット演劇（大阪大学コミュニケーションデザイン・センター）‥‥‥‥ 225
ロボットを動かそう！ mBotでおもしろプログラミング（石井モルナ）‥‥‥ 227
ロボットが家にやってきたら…（遠藤薫）‥‥‥ 215
ロボット解体新書（神崎洋治）‥‥‥‥ 217
ロボットからの倫理学入門（久木田水生）‥‥‥ 217
ロボット技術ガイドブック（ＩＯ編集部）‥‥‥ 218
ロボット技術最前線（ＩＯ編集部）‥‥‥ 221
ロボットキットで学ぶ機械工学（馬場政勝）‥‥‥‥‥‥‥‥‥‥‥‥‥‥ 230
ロボット考学と人間（森政弘）‥‥‥‥ 221
ロボット図鑑（クライブ・ギフォード）‥‥‥ 209
ロボット世界のサバイバル（金政郁）‥‥‥ 213, 214
ロボット創造学入門（広瀬茂男）‥‥‥ 214
ロボットーそれは人類の敵か、味方か（中嶋秀朗）‥‥‥‥‥‥‥‥‥‥‥‥ 215
ロボット大研究（日本ロボット工業会）‥‥‥ 210
ロボットと共生する社会脳‥‥‥‥‥‥ 219
ロボットとの付き合い方、おしえます。（瀬名秀明）‥‥‥‥‥‥‥‥‥‥‥ 224
ロボットと美術（「ロボットと美術」展実行委員会）‥‥‥‥‥‥‥‥‥‥‥ 225
ロボットの悲しみ（岡田美智男）‥‥‥ 221
ロボットのクライシス（今田ユウキ）‥‥‥ 210
ロボットの人類学（久保明教）‥‥‥‥ 220
ロボットの天才（高橋智隆）‥‥‥‥‥ 223
ロボットのほん（西田寛輔）‥‥‥‥‥ 218
ロボットの歴史を作ったロボット100（アナ・マトロニック）‥‥‥‥‥‥‥ 217
ロボットパークは大さわぎ！（高橋智隆）‥‥‥ 211
ロボット法（平野晋）‥‥‥‥‥‥‥‥ 215
ロボットは東大に入れるか（新井紀子）‥‥‥ 191

376

ロボットは友だちになれるか（フレデリック・カプラン）‥‥‥‥‥‥‥‥‥‥‥ 223
ロボットはなぜ生き物に似てしまうのか（鈴森康一）‥‥‥‥‥‥‥‥‥‥‥‥ 222
ロボットは涙を流すか（石黒浩）‥‥‥‥‥ 225
ロボホンといっしょ。（シャープ株式会社）‥‥ 196
ローリーとふしぎな国の物語（カルロス・ブエノ）‥‥‥‥‥‥‥‥‥‥‥‥‥ 153

【わ】

Wi-Fiがまるごとわかる本 ‥‥‥‥‥‥‥‥ 31
Wi-Fiモジュール「ESP8266」で動かす「ミニ四駆」キット（Cerevo）‥‥‥‥‥‥ 231
若い教師のための小学校社会科Chapter15（須本良夫）‥‥‥‥‥‥‥‥‥‥‥ 310
わが子のスマホ・LINEデビュー安心安全ガイド（日経デジタルマーケティング）‥‥‥ 100
わかばちゃんと学ぶWebサイト制作の基本（湊川あい）‥‥‥‥‥‥‥‥‥‥‥ 42
わかりすぎる情報セキュリティの教科書（SCC教育事業推進本部セキュリティ教育部）‥‥‥‥‥‥‥‥‥‥‥‥‥ 113
わかるウィンドウズ10（コスモメディ）‥‥‥‥ 6
分かる！できる！プロジェクション・マッピング（antymark）‥‥‥‥‥‥‥‥‥ 50
わかる・なれるICT支援員（情報ネットワーク教育活用研究協議会）‥‥‥‥‥‥ 290
ワクワク・ドキドキロボットプログラミング大作戦（谷藤賢一）‥‥‥‥‥‥‥ 146
わくわくメディア探検（駒谷真美）‥‥‥‥‥ 76
私たち、かわいい写真が撮りたいの ‥‥‥‥‥ 60
わたしたちとじょうほう（堀田龍也）‥‥‥‥ 314
"私の子育て大丈夫？"と思った時に読む本（NHK「ウワサの保護者会」制作班）‥‥ 268
私のとなりのロボットなヒト（瀬戸文美）‥‥ 222
われ敗れたり（米長邦雄）‥‥‥‥‥‥‥‥‥ 208
我らクレイジー☆エンジニア主義（リクナビNEXT Tech総研）‥‥‥‥‥‥‥‥ 224
One to Oneへの道（清水康敬）‥‥‥‥‥‥‥ 290

事 項 名 索 引

事項名索引　　　こんひ

【あ】

IoT　→くらしのなかの情報技術 ······················ 43
ICカード　→くらしのなかの情報技術 ············· 43
ICT教材　→指導要領・教育論 ·······················280
iPad　→タブレット ······································· 14
iMovie　→画像・動画編集 ····························240
Access　→その他 ·······································246
アクティブラーニング　→指導要領・教育論 ···280
アシスティブテクノロジー（AT）　→特別支援
　教育 ···324
アディクション　→ネット依存 ·····················130
アニメーター　→ICTにかかわる職業 ············250
After Effects　→画像・動画編集 ···················240
アプリ開発者　→ICTにかかわる職業 ·············250
アラン・チューリング　→ITの偉人たち（伝
　記） ··· 14
アルゴリズム　→プログラミング ·················145
Arduino　→電子工作 ···································226
アルファ碁　→ビッグデータ・人工知能（AI）·189
依存症　→ネット依存 ··································130
IchigoJam
　→プログラミング ····································145
　→電子工作 ··226
一太郎　→Office系 ·····································238
違法ダウンロード　→情報セキュリティ ········107
Illustrator　→画像・動画編集 ·······················240
eラーニング　→指導要領・教育論 ···············280
Instagram　→SNS ······································· 57
InDesign　→その他 ····································246
ウィキペディア　→インターネットとは？ ······ 28
ウィキリークス　→情報メディア ·················· 62
Windows　→コンピュータ ····························· 1
WEB　→インターネットとは？ ···················· 28
ウェブデザイナー　→ICTにかかわる職業 ·······250
ウェブプランナー　→ICTにかかわる職業 ·······250
AI研究者　→ICTにかかわる職業 ··················250
AIスピーカー　→電子工作 ···························226
AR　→くらしのなかの情報技術 ····················· 43
ARM　→電子工作 ······································226
エイダ・ラブレス　→ITの偉人たち（伝記）····· 14
HTML
　→ホームページのしくみ ··························· 40
　→プログラミング ····································145
ASD　→特別支援教育 ································324
Excel　→Office系 ······································238
SEO　→インターネットとは？ ····················· 28
SE（システムエンジニア）　→ICTにかかわる
　職業 ···250

SNS　→情報モラル・ネットマナー ················· 90
SNSカウンセリング　→スクールカウンセリン
　グ・ソーシャルワーク ·······························330
AT（アシスティブテクノロジー）　→特別支援
　教育 ···324
Edius Pro　→画像・動画編集 ·······················240
ADHD　→特別支援教育 ······························324
エドワード・スノーデン　→情報セキュリ
　ティ ···107
AviUtl　→画像・動画編集 ····························240
MR　→くらしのなかの情報技術 ···················· 43
mBook　→プログラミング ···························145
mBot　→電子工作 ······································226
エリック・シュミット　→ITの偉人たち（伝
　記） ··· 14
LD　→特別支援教育 ···································324
炎上　→インターネット・SNSの悩み ············118
オンラインカウンセリング　→スクールカウン
　セリング・ソーシャルワーク ·······················330
オンラインゲーム　→SNS ···························· 57
オンラインショッピング　→くらしのなかの情
　報技術 ··· 43

【か】

拡張現実　→くらしのなかの情報技術 ············· 43
仮想現実　→くらしのなかの情報技術 ············· 43
監視社会　→情報セキュリティ ·····················107
Google　→インターネットとは？ ·················· 28
クラウド　→インターネットとは？ ················ 28
クラウドファンティング　→くらしのなかの情
　報技術 ··· 43
グラフィックデザイナー　→ICTにかかわる職
　業 ··250
クリック詐欺　→情報セキュリティ ···············107
携帯電話　→スマートフォン ························· 24
ケータイ　→スマートフォン ························· 24
ゲームクリエイター　→ICTにかかわる職業 ····250
ゲーム障害　→ネット依存 ····························130
検索エンジン　→インターネットとは？ ·········· 28
Cocos2d　→プログラミング ·························145
個人情報保護　→情報セキュリティ ···············107
cozmo　→プログラミング ····························145
子育て　→家庭とICT ··································261
コミュニティメディア　→情報メディア ·········· 62
Corel VideoStudio　→画像・動画編集 ··········240
コンピュータウイルス　→情報セキュリティ ···107
コンピュータグラフィックス　→画像・動画編
　集 ··240

子どもの本 情報教育・プログラミングの本2000冊　**381**

こんひ　　　　　　　　　　事項名索引

コンピュータ将棋　→ビッグデータ・人工知能
　（AI）……………………………………189

【さ】

サイバー攻撃　→情報セキュリティ ………107
サイバー犯罪　→ネット犯罪 ……………141
サーチエンジン　→インターネットとは？…28
surface　→タブレット ……………………14
CSS
　→ホームページのしくみ ………………40
　→プログラミング ………………………145
ジェフ・ベゾス　→ITの偉人たち（伝記）…14
視覚障害　→特別支援教育 ………………324
C言語　→プログラミング ………………145
CG　→画像・動画編集 …………………240
システムエンジニア（SE）　→ICTにかかわる
　職業 ………………………………………250
肢体不自由　→特別支援教育 ……………324
Sibelius　→その他 ………………………246
ジミー・ウェールズ　→ITの偉人たち（伝記）…14
JavaScript
　→ホームページのしくみ ………………40
　→プログラミング ………………………145
ジュリアン・アサンジ　→ITの偉人たち（伝
　記）………………………………………14
肖像権　→著作権 …………………………103
情報教育　→指導要領・教育論 …………280
情報通信　→インターネットとは？ ……28
情報法　→情報化社会・倫理 ……………81
情報リテラシー　→メディアリテラシー …73
ジョン・アタナソフ　→ITの偉人たち（伝記）…14
ジョン・ハンケ　→ITの偉人たち（伝記）……14
知る権利　→情報化社会・倫理 …………81
Jimdo　→その他 …………………………246
新聞　→情報メディア ……………………62
Swift　→アプリ …………………………184
Skype　→SNS……………………………57
scratch　→プログラミング ……………145
Scoremaker　→その他 …………………246
スティーブ・ジョブズ　→ITの偉人たち（伝
　記）………………………………………14
ストレートネック　→身体的な影響 ……137
スパイウェア　→情報セキュリティ ……107
スーパーコンピュータ　→コンピュータ …1
スパム　→情報セキュリティ ……………107
スマート家電　→くらしのなかの情報技術 …43
スマホ　→スマートフォン ………………24
スマホ依存　→ネット依存 ………………130
スマホうつ　→身体的な影響 ……………137
3Dプリンタ　→くらしのなかの情報技術 …43

青少年問題　→情報化社会・倫理 ………81
生徒指導　→スクールカウンセリング・ソー
　シャルワーク ……………………………330
serato DJ　→その他 ……………………246
セルゲイ・ブリン　→ITの偉人たち（伝記）……14
ソーシャルゲーム　→SNS ………………57
ソーシャルメディア　→情報メディア …………62

【た】

チェーンメール　→情報セキュリティ ………107
知的財産権　→著作権 ……………………103
知的障害　→特別支援教育 ………………324
地デジ　→情報メディア …………………62
チャット　→SNS…………………………57
チャットボット　→電子工作 ……………226
聴覚障害　→特別支援教育 ………………324
Twitter　→SNS…………………………57
出会い系サイト　→インターネット・SNSの悩
　み…………………………………………118
ディジタル作品　→情報メディア ………62
ディープラーニング　→ビッグデータ・人工知
　能（AI）…………………………………189
デジタルアーカイブ　→インターネットとは？…28
デジタル教材　→指導要領・教育論 ……280
デジタルネイティブ　→情報化社会・倫理 ……81
デジタルメディア　→情報メディア ……62
データベース　→インターネットとは？ ……28
電子黒板　→指導要領・教育論 …………280
電子書籍　→情報メディア ………………62
電子マネー　→くらしのなかの情報技術 …43
動画　→情報メディア ……………………62
統計　→インターネットとは？ …………28
Dorico　→その他 ………………………246
ドローン　→ロボット ……………………208

【な】

ネチケット　→情報モラル・ネットマナー ……90
ネットいじめ
　→インターネット・SNSの悩み………118
　→スクールカウンセリング・ソーシャルワー
　ク…………………………………………330
ネットゲーム　→SNS……………………57
ネット検索　→メディアリテラシー ……73
ネット詐欺　→情報セキュリティ ………107
ネットショッピング　→くらしのなかの情報技
　術 …………………………………………43
ネットワーク　→インターネットとは？ ……28

事項名索引　　　　　　　　　　　　　　　　わとふ

【は】

Python　→プログラミング ……………………145
パソコン　→コンピュータ ……………………1
ハッキング　→情報セキュリティ ……………107
発信力　→メディアリテラシー ………………73
発達障害　→特別支援教育 ……………………324
花子　→画像・動画編集 ………………………240
PowerPoint　→Office系 ………………………238
PHP　→プログラミング ………………………145
ひきこもり　→ネット依存 ……………………130
ビスケット　→プログラミング ………………145
ビットコイン　→くらしのなかの情報技術 …… 43
PDF　→Office系 ………………………………238
VideoStudioPro　→画像・動画編集 …………240
BB22　→その他 ………………………………246
表現の自由　→情報化社会・倫理 ……………81
ビル・ゲイツ　→ITの偉人たち（伝記）………14
Final Cut Pro　→画像・動画編集 ……………240
VR　→くらしのなかの情報技術 ………………43
フィッシング詐欺　→情報セキュリティ ……107
Finale　→その他 ………………………………246
フィルタリング　→情報セキュリティ …………107
フェイクニュース　→メディアリテラシー ……73
Facebook　→SNS ……………………………57
Photoshop　→画像・動画編集 ………………240
不正アクセス　→情報セキュリティ …………107
プライバシー　→情報セキュリティ …………107
ブルーライト　→身体的な影響 ………………137
PremierePro　→画像・動画編集 ……………240
Blender　→その他 ……………………………246
プログラマー　→ICTにかかわる職業…………250
プログラミング教育　→家庭とICT ……………261
プロジェクションマッピング　→くらしのなか
　の情報技術 ……………………………………43
ブロックチェーン　→くらしのなかの情報技術 … 43
文書入力　→Office系…………………………238
VEGAS Movie Studio　→画像・動画編集 …240
BASIC　→プログラミング……………………145
VOCALOID　→その他 ………………………246

【ま】

micro: bit
　→プログラミング ……………………………145
　→電子工作 ……………………………………226
マイナンバー　→くらしのなかの情報技術 …… 43

マインクラフト　→プログラミング …………145
マーガレット・ハミルトン　→ITの偉人たち
　（伝記）…………………………………………14
マストドン　→SNS……………………………57
マスメディア　→情報メディア ………………62
Mac　→コンピュータ…………………………1
マルウェア　→情報セキュリティ ……………107
無線LAN　→インターネットとは？ …………28
ムービーメーカー　→画像・動画編集 ………240
MOONBlock　→プログラミング ……………145
迷惑メール　→情報セキュリティ ……………107
メールカウンセリング　→スクールカウンセリ
　ング・ソーシャルワーク ……………………330

【や】

Yahoo　→インターネットとは？ ……………28
闇サイト　→インターネット・SNSの悩み……118
有害サイト　→インターネット・SNSの悩み…118
YouTuber　→ICTにかかわる職業……………250
YouTube　→SNS………………………………57
Unity　→プログラミング……………………145
ユニバーサルデザイン　→情報メディア ………62

【ら】

Lightworks　→画像・動画編集 ………………240
ライフログ　→インターネットとは？ …………28
LINE　→SNS…………………………………57
Raspberry Pi
　→プログラミング ……………………………145
　→電子工作 ……………………………………226
ラリー・ペイジ　→ITの偉人たち（伝記）………14
Linux　→プログラミング ……………………145
量子コンピュータ　→コンピュータ …………1
Ruby　→プログラミング ……………………145
LEGO mindstorms NXT　→電子工作………226
ロボット家電　→ロボット ……………………208

【わ】

Wi-Fi　→インターネットとは？ ………………28
忘れられる権利　→インターネット・SNSの悩
　み ………………………………………………118
Word　→Office系……………………………238
WordPress　→その他 …………………………246

子どもの本　情報教育・プログラミングの本2000冊　**383**

編者紹介

野口武悟（のぐち・たけのり）
専修大学文学部・大学院法学研究科教授、放送大学客員教
授。日本子どもの本研究会（会長）、日本図書館情報学会（研
究委員会委員）、日本出版学会（出版アクセシビリティ研究
部会長）、日本特殊教育学会、日本発達障害学会などに所属。
著書は『改訂新版　学校経営と学校図書館』（放送大学教育振
興会、2017）、『図書館のアクセシビリティ』（樹村房、2016）、『多
様性と出会う学校図書館』（読書工房、2015）他。

子どもの本
情報教育・プログラミングの本 2000冊

2018年11月25日　第1刷発行

編　　集／野口武悟
発 行 者／大高利夫
発　　行／日外アソシエーツ株式会社
　　　　　〒140-0013 東京都品川区南大井6-16-16 鈴中ビル大森アネックス
　　　　　電話 (03)3763-5241 (代表)　FAX(03)3764-0845
　　　　　URL http://www.nichigai.co.jp/
発 売 元／株式会社紀伊國屋書店
　　　　　〒163-8636 東京都新宿区新宿 3-17-7
　　　　　電話 (03)3354-0131 (代表)
　　　　　ホールセール部 (営業) 電話 (03)6910-0519

電算漢字処理／日外アソシエーツ株式会社
印刷・製本／光写真印刷株式会社

不許複製・禁無断転載　　　　《中性紙三菱クリームエレガ使用》
＜落丁・乱丁本はお取り替えいたします＞
ISBN978-4-8169-2746-1　　**Printed in Japan, 2018**

本書はディジタルデータでご利用いただくことが
できます。詳細はお問い合わせください。

子どもの本シリーズ

児童書を分野ごとにガイドするシリーズ。基本的な書誌事項と内容紹介がわかる。図書館での選書に役立つ。

子どもの本 日本の名作童話 最新2000
A5・300頁　定価（本体5,500円＋税）　2015.1刊
日本の児童文学史に名を残す作家221人の名作2,215冊を収録。

子どもの本 現代日本の創作 最新3000
A5・470頁　定価（本体5,500円＋税）　2015.1刊
現在活躍中の児童文学作家389人の作品3,691冊を収録。

子どもの本 世界の児童文学 最新3000
A5・440頁　定価（本体5,500円＋税）　2014.12刊
古典的名作から最近の話題作まで、海外の作家428人の児童文学書2,865冊を収録。

ヤングアダルトの本シリーズ

ヤングアダルト世代向けの図書を分野ごとにガイドするシリーズ。中高生や同世代の若者が何かを知りたいときに役立つ図書、興味をもつ分野の図書を一覧。基本的な書誌事項と内容紹介がわかる。

ヤングアダルトの本 悩みや不安 迷ったときに読む4000冊
A5・420頁　定価（本体8,500円＋税）　2018.10刊
進路・人間関係・性などに「悩んだら参考になる本」をテーマ別に収録。

ヤングアダルトの本 社会を読み解く4000冊
A5・450頁　定価（本体8,500円＋税）　2018.11刊
環境・戦争・障害者問題など社会全体について「興味を持ったら役に立つ本」をテーマ別に収録。

ヤングアダルトの本 いま読みたい小説4000冊
A5・540頁　定価（本体8,500円＋税）　2018.9刊
児童文学・一般文学、日本・海外を問わず、作家327人の作品3,861冊を収録。

データベースカンパニー
日外アソシエーツ　〒140-0013　東京都品川区南大井6-16-16
TEL.(03)3763-5241　FAX.(03)3764-0845　http://www.nichigai.co.jp/